Digitaler Tourismus

Lehr- und Handbücher zu Tourismus, Verkehr und Freizeit

Herausgegeben von
Univ.-Prof. Dr. Walter Freyer

Digitaler Tourismus

Informationsmanagement im Tourismus

Herausgegeben von
Uwe Weithöner, Robert Goecke, Eberhard Kurz,
Axel Schulz

3., aktualisierte und neu bearbeitete Auflage

DE GRUYTER
OLDENBOURG

ISBN 978-3-11-069039-2
e-ISBN (PDF) 978-3-11-078686-6
e-ISBN (EPUB) 978-3-11-071249-0
ISSN 2190-2909
e-ISSN 2190-2917

Library of Congress Control Number: 2022930267

Bibliografische Information der Deutschen Nationalbibliothek
Die Deutsche Nationalbibliothek verzeichnet diese Publikation in der Deutschen
Nationalbibliografie; detaillierte bibliografische Daten sind im Internet über
http://dnb.dnb.de abrufbar.

© 2022 Walter de Gruyter GmbH, Berlin/Boston
Einbandabbildung: Gettyimages/Yana Iskayeva
Satz: Integra Software Services Pvt. Ltd.
Druck und Bindung: CPI books GmbH, Leck

www.degruyter.com

Vorwort 3. Auflage

Ziel unseres Buches war es von Beginn an, die Brücke zwischen der Tourismuswirtschaft und der angewandten Informatik mit einem stets aktuellen Fundament zu festigen. Die Tourismus- und Reisewirtschaft als eine globale Industrie mit Serviceprodukten, die als Leistungsversprechen vermarktet und an entfernten Orten mit den Kunden erfüllt werden, erfordert elektronische und multimediale Informations- und Kommunikationssysteme sowie prozessorientierte operative und strategische Managementsysteme. Zur zukunftsorientierten Gewährleistung dieser Systeme sollen die Fachleute der angewandten Informatik die Strukturen der Branche verstehen, um innovative und sachgerechte Systeme entwickeln und bereitstellen zu können. Die Touristiker müssen in der Lage sein, IT-Entwicklungen voranzutreiben, kluge Investitionsentscheidungen für ihre Zukunft zu treffen und die IT-Systeme ergebnisorientiert zu nutzen. Dazu will dieses Buch nun in seiner 3. Auflage einen Beitrag leisten. Zu dieser aktualisierten und erweiterten Neuauflage hat uns auch der ITB BuchAward motiviert, den wir 2016, ein Jahr nach Erscheinen der 2. Auflage, verliehen bekommen haben.

Prozesse im Tourismus und Reiseverkehr werden seit Jahrzehnten von digitalen Systemen getragen. Als wir Herausgeber uns Ende 2019 zur 3. Auflage abgestimmt haben, stand natürlich die Frage im Raum, wie die Megathemen unserer Zeit die Tourismuswirtschaft und die Anforderungen an ihre IT-Systeme verändern werden. Die Erfordernisse von Energie- und Mobilitätswende durch den Klimawandel, das rasante Wachstum des Online-Handels in Vernetzung mit der flächendeckenden Verbreitung endkundenzentrierter, gemeinschaftlich genutzter (sozialer) Medien, Big Data und Künstliche Intelligenz u. a. m. sind auch Herausforderungen für die innovative Erneuerung und Weiterentwicklung digitaler Systeme. Wir teilen die wissenschaftliche Definition, dass das Ziel der Nachhaltigkeit ein Zielsystem auf drei Säulen ist: Ökologische, ökonomische und gesellschaftliche Ziele und Entwicklungen sind gemeinsam ausgewogen zu verfolgen, um dauerhaft ökologisch verträglich, finanzierbar und mit gesellschaftlicher Akzeptanz die Zukunft zu gestalten. In diesem Sinne sind wir überzeugt, dass die Produkte und Prozesse der Tourismus- und Reisewirtschaft beschleunigt, aber evolutionär verändert werden und dass neue Technologien diese Entwicklungen voranbringen werden. Auch die aktuelle Corona-Pandemie wird die Reisewünsche und die globalen Kooperationen nicht zum Erliegen bringen. Sie hat allerdings sehr deutlich gemacht, dass eine oft zu beobachtende konservative Haltung nach dem Motto „Never change a running system!" zu einer Systemlandschaft führt, die besonderen, neuen Herausforderungen nicht gewachsen ist. Innovation ist erforderlich, aber jeder planvolle Wandel hat seinen Ausgangspunkt im aktuellen Status quo. Den gilt es zu analysieren und seine Schwachpunkte zu ermitteln. Zukunftspotenziale in veränderten Rahmenbedingungen sind zu erkennen, um einen zukunftsorientierten nachhaltigen Wandel planvoll anstreben zu können. Dazu wollen wir mit unserem Buch beitragen.

https://doi.org/10.1515/9783110786866-202

Es mag einigen Leserinnen und Lesern aufgefallen sein, dass wir Veränderungen im Titelblatt des Buches vorgenommen haben. Während es sich beim Begriff „Digitaler Tourismus" (statt eTourismus) lediglich um eine Anpassung an den veränderten Sprachgebrauch handelt, hat die zweite Änderung große Bedeutung für die Qualität unseres Buches: Wir konnten unseren Kollegen Prof. Dr. Eberhard Kurz für unser Herausgeberteam gewinnen. Damit haben wir schon jetzt eine Voraussetzung geschaffen für eine 4. Auflage, auch für den Fall, dass der eine oder andere aktuelle Herausgeber nicht mehr zur Verfügung stehen wird. An dieser Stelle erlauben Sie mir (U. Weithöner) eine persönliche Anmerkung: Zum Ende des Jahres 2020 bin ich aus dem aktiven Professorenleben in den Ruhestand gewechselt und diese 3. Auflage ist für mich auch ein Abschied aus der überregionalen Tourismuswirtschaft. Meinen Kollegen danke ich sehr herzlich für diese langjährige vertrauensvolle Zusammenarbeit. Ohne die konkrete Initiative des Kollegen Schulz hätten wir wohl die 1. Auflage nicht in die Tat umgesetzt; es ist gut, dass so aus Worten sinnvolle Taten geworden sind. Als Team danken wir allen Autorinnen und Autoren für ihre kompetenten Beiträge und ihre engagierte Mitarbeit; ohne sie könnten wir das Ziel des Buches nicht erreichen.

Wilhelmshaven, München, Worms, Kempten im März 2022

Uwe Weithöner, Robert Goecke, Eberhard Kurz, Axel Schulz

PS: Unsere Webseiten zum Buch **www.tourismus-it.de** haben wir ebenfalls aktualisiert, um mit kurzen Zusammenfassungen der Kapitel einen anschaulichen fachlichen Überblick zu geben.

Vorwort 2. Auflage

Vier Jahre liegen zwischen beiden Auflagen des vorliegenden Werkes. In der IT-Branche kann ein Zeithorizont von vier Jahren mehreren Technologiesprüngen entsprechen. Dementsprechend beinhaltet die Neuauflage nicht nur eine einfache Weiterschreibung des Bisherigen, sondern in Teilbereichen eine vollständige Neukonzeption.

Ausgehend von der Wertschöpfungskette haben wir zudem einen Paradigmenwechsel vollzogen. Während in der ersten Auflage der Ausgangspunkt der Betrachtung die Leistungsanbieter mit ihren spezifischen Tourismusprodukten (Flug, Flughäfen, Hotel und Gastronomie, Bahn sowie Reiseveranstalter) waren, haben wir in der zweiten Auflage den Fokus der Betrachtung verändert.

In der heutigen nachfrageorientierten Dekade ist die Stellung der Produzenten unstrittig, allerdings ist die Leistungsfähigkeit und Innovationsfreude bei diesen proprietären IT-Systemwelten eingeschränkt. Häufig werden dort nur XML-Schnittstellen zur Verfügung gestellt und innovative Konzepte werden mithilfe serviceorientierter Architekturen (SOA), kleiner agiler Unternehmen und kundenorientierter Lösungsansätze verwirklicht. Aus diesem Grunde ist die in diesem Werk verwendete prozessorientierte Sichtweise der Leistungsanbieter relativ statisch. Die dynamischen Veränderungen sind in anderen Bereichen zu beobachten.

Der Fokus der Betrachtung liegt heute auf den letzten Gliedern der ursprünglichen Wertschöpfungskette: Marketing & Vertrieb sowie Kundenservice. Wir haben uns daher entschlossen, die touristische Wertschöpfungskette (Leistungsanbieter, Reisemittler, Endkunden sowie übergreifende Marketingmanagementsysteme) umzudrehen und unseren Fokus verstärkt auf kundenorientierten eTourismus zu legen.

Schließlich wurde auch unsere Internetseite www.tourismus-it.de in letzten Jahren stark nachgefragt, und auch sie wird entsprechend der neuen Struktur angepasst. Auch für die
2. Auflage gilt, dass die genannten Unternehmen, Dienste und Produkte lediglich als Beispiele zur Erläuterung dienen. Sie stellen weder eine vollständige Angebotsübersicht noch eine Wertung oder Empfehlung der Autoren dar. Entsprechend des in Abschnitt 1.3 dargestellten Vorgehensmodells muss jedes eTourism-Projekt individuell geeignete Systeme, Dienste und Anbieter recherchieren und nach projektspezifischen Kriterien auswählen.

Weiterhin gilt der herzliche Dank unseren Partnern und Familien, die unsere Arbeit an diesem Werk wieder mit Aufmunterung, konstruktiver Kritik und viel Geduld begleitet haben.

Kempten, Wilhelmshaven, Salzburg und München im November 2014

Axel Schulz, Uwe Weithöner, Roman Egger, Robert Goecke

https://doi.org/10.1515/9783110786866-203

Vorwort 1. Auflage

Das letzte deutschsprachige Lehrbuch, das eine zusammenhängende Darstellung der Informationstechnik im Tourismus beinhaltete, wurde 1996 unter dem Titel „Tourismus und EDV" von Axel Schulz, Klaus Frank und Erwin Seitz veröffentlicht. Es hat in der Lehre eine weite Verbreitung gefunden und zeigte bereits 1996 anhand von Beispielen die großen Potenziale des Internets für den Tourismus. Nun, mehr als 12 Jahre später, hat das Internet tatsächlich sowohl die IT-Landschaft als auch den Reisevertrieb und die Reiseproduktion nachhaltig verändert.

Die aktuell in allen Sektoren der Branche vorzufindende Symbiose aus bewährten Legacy-Systemen und innovativen Systemen und Diensten zeichnet sich neben den zahlreichen nutzbringenden neuen Möglichkeiten und Wahloptionen auch durch eine hohe Komplexität der Materie aus. Die regelmäßigen Treffen der praxisorientierten nationalen Branchenforen der Messen ITB und Hogatec sowie des FVW-Kongresses und der forschungsorientierten internationalen ENTER Konferenzen belegen, wie ungebrochen dynamisch sich die verschiedenen Felder der IT-Systeme im Tourismus weiterentwickeln und wie vielfältig und unüberschaubar die Auswirkungen, Querbeziehungen und Konvergenzen z. B. zu Suchmaschinen, Navigationssystemen oder Mobilfunk-Applikationen angrenzender Branchen sind. Dies alles hat das Informationsmanagement nicht einfacher gemacht, und selbst Experten haben heute mehr denn je Mühe, angesichts der Fülle an echten und vermeintlichen Neuheiten und Entscheidungsoptionen im Hyperwettbewerb nicht die Übersicht zu verlieren.

Gerade das Internet liefert sowohl den Studierenden als auch den Praktikern eine nie dagewesene Menge von wertvollen Informationen über diverse Produkte, Dienste und deren aktuelle Weiterentwicklung. Aus unserer Sicht ist es nun an der Zeit, die vielen einzelnen Entwicklungen der letzten Jahre erneut in einen Gesamtzusammenhang zu stellen und sowohl unseren Studierenden wie auch den Praktikern in den Betrieben das notwendige und im Internet eher schwer zu findende Zusammenhangswissen in Buchform zum Einlesen und zum Nachschlagen anzubieten. Schnell stellte sich jedoch während der Vorbereitung dieses Buches heraus, dass es unmöglich ist, alle wichtigen Aspekte von nur drei Autoren in einem Buch darzustellen. Wir konnten eine gute Auswahl hervorragender Experten, Praktiker und Anwender gewinnen, die in ihren Beiträgen aus unserer Sicht wesentliche und – wo Vollständigkeit nicht möglich war – zumindest typische Aspekte des Informationsmanagements im Tourismus beleuchten. Neben den eher der verallgemeinernden Strukturierung der komplexen Applikationslandschaften dienenden Lehrbeiträge finden sich einige der Veranschaulichung und nicht als wertende Firmen- oder Produktempfehlungen gedachte Fall- und Praxisbeispiele. In ihnen soll den Lesern ein exemplarischer Eindruck von den Arbeitsabläufen und der Systembedienung gegeben werden. Auch die anderen in diesem Werk genannten Firmen, Produkte und Dienste dienen ausschließlich als Belege und Beispiele für die vorgetragenen Thesen und Funktionen. Als Beispiele sind sie angesichts des großen und sich mit rasantem

https://doi.org/10.1515/9783110786866-204

Fortschritt weiterentwickelnden Angebots nicht vollständig aufzählbar. Es gibt viele weitere Produkte und Anbieter im In- und Ausland, die – auch wenn sie hier zufällig nicht genannt sind – genauso gut oder sogar besser für den konkreten Anwendungsfall geeignet sein können. Auch lässt sich manches System aufgrund seiner vielen unterschiedlichen Funktionen durchaus mehreren Systemkategorien gleichzeitig zuordnen, was ebenfalls in diesem Buch trotz aller Sorgfalt grundsätzlich weder eindeutig noch vollständig wiedergegeben werden kann. Gemäß unserem im ersten Kapitel vorgestellten Vorgehensmodell zur Systemauswahl empfehlen wir daher jedem Anwender, sich stets vor der Beschaffung einer Anwendung über die aktuell und für seine spezifische Situation passenden Angebote neu und detailliert zu informieren. Am besten sind für solche Recherchen neben dem Internet und den immer wieder zu bestimmten Produktkategorien erscheinenden Studien der Marktforschung und der Fachpresse die einschlägigen Branchenmessen und auch die Erfahrungen und Referenzen anderer vergleichbarer Anwender geeignet. Das vorliegende Buch ist für diesen Zweck ausdrücklich nicht geeignet, da wir keine der nur als Beispiele genannten Produkte und Dienste systematisch getestet oder bewertet haben. Trotz sorgfältiger wiederholter Recherchen auf Basis der veröffentlichten Angaben der Anbieter kann daher für keine der gemachten Aussagen zu Produkten, Diensten oder Anbietern eine Gewähr oder Haftung übernommen werden. Die einzelnen Beiträge sind so mit Definitionen, Erklärungen und Literaturangaben versehen, dass sie nicht unbedingt nacheinander, sondern auch in beliebiger Reihenfolge oder einzeln gelesen bzw. in voneinander unabhängigen Unterrichtsmodulen isoliert behandelt werden können. Das erste Kapitel sowie die zusammenfassenden Kapiteleinleitungen und Querverweise in den Beiträgen sollen dabei die Zusammenhänge der verschiedenen Beiträge transparent machen. Das umfangreiche Stichwortverzeichnis am Ende hilft dem Leser schließlich, alle Beiträge und Fundstellen zu identifizieren, die z. B. ein bestimmtes System oder Konzept behandeln.

Mit einem eigenen Webauftritt zum Buch wollen wir unseren Lesern zum einen weitere Fall- und Praxisbeispiele und zum anderen auch zusätzliche Beiträge über bisher nicht behandelte oder in den nächsten Jahren neu entstehende Entwicklungen bereitstellen. Er ist im Internet unter www.tourismus-it.de abrufbar.

Zu danken haben wir neben dem Oldenbourg Verlag und Herrn Prof. Dr. Walter Freyer als Herausgeber dieser Reihe auch unserem Lektor Herrn Dr. Schechler und der Herstellerin Frau Voit. Besonders verdient gemacht haben sich auch unsere Studentischen Hilfskräfte, die uns bei unseren redaktionellen Tätigkeiten hervorragend unterstützt haben.

Ein herzlicher Dank gilt unseren Partnern und Familien, die unsere Arbeit an diesem Werk mit Aufmunterung, konstruktiver Kritik und viel Geduld begleitet haben.

Kempten, Wilhelmshaven und München im März 2010

Axel Schulz, Uwe Weithöner, Robert Goecke

Inhaltsverzeichnis

1 Technologien und Informationsmanagement im Digitalen Tourismus

Robert Goecke, Eberhard Kurz

Die Organisation einer Reise und auch das Reisen selbst sind immer mit besonderen Informations- und Kommunikationsbedürfnissen über räumliche Distanzen hinweg verbunden. Entsprechend stellt der Tourismussektor mit seinen verschiedenen Teilbranchen schon seit langer Zeit besondere Anforderungen an das persönliche und betriebliche Informationsmanagement, die immer wieder sowohl zu Innovationen der Informationstechnik als auch zu entscheidenden Verbesserungen und Neuerungen der touristischen Leistungsangebote geführt haben.

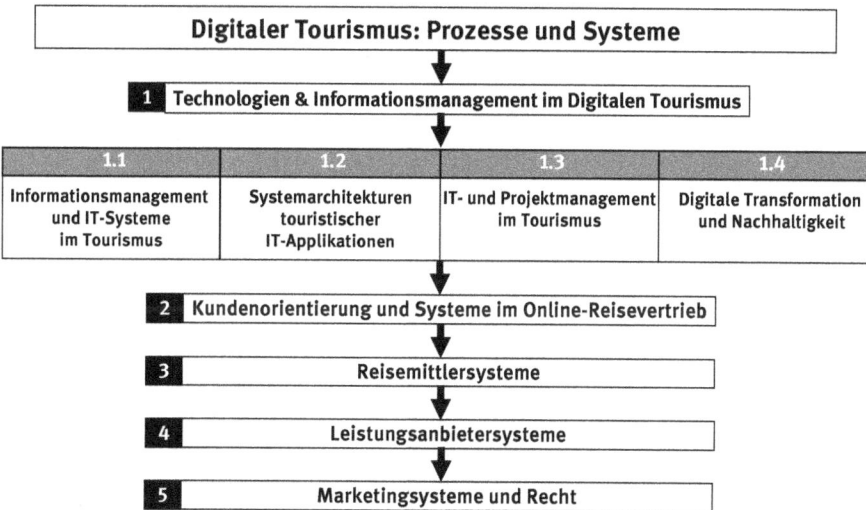

Abb. 1.1: Überblick Einführung.

Airline-Computerreservierungssysteme (CRS) gehören beispielsweise zu den ersten Systemen der kommerziellen Datenverarbeitung und waren mit ihrer Weiterentwicklung zu Global Distribution Systems (GDS) Vorreiter für die heute auch in anderen Branchen anzutreffenden global vernetzten Informations- und Kommunikationssysteme. Zur Vereinfachung der Zahlung für Restaurantkunden und Geschäftsreisende wurden die Kreditkartensysteme mit ihren weltweit vernetzten Akzeptanzstellen entwickelt, und auch im E-Commerce zählt der Verkauf von touristischen Leistungen über Internetportale nicht nur zu den umsatzstärksten, sondern auch zu den technisch besonders anspruchsvollen Entwicklungsfeldern. Mit dem E-Commerce ist für den Tourismus auch

https://doi.org/10.1515/9783110786866-001

das Dynamic Packaging als neue Form der kundenindividuellen Reiseproduktion (vgl. Reichwald/Piller 2009) entstanden. Schließlich sind touristische Anwendungen für Geo-Informationssysteme, mobile Endgeräte und soziale Netzwerke seit Jahren ein wichtiges Forschungsfeld. Der Tourismus bietet außerdem eine wichtige Basis für plattformbasierte neue Geschäftsmodelle, wie z. B. Expedia, Booking.com oder Airbnb. Auch hier stellt der Tourismus einerseits besondere Anforderungen und erhält andererseits durch die Innovationen entscheidende Impulse für die eigene Weiterentwicklung.

Bevor in den Kapiteln 2 bis 5 dieses Buches die aktuellen Einsatzformen von Informations- und Kommunikationssystemen in den verschiedenen Anwendungsfeldern des Tourismus systematisch an vielen Beispielen dargestellt werden, sollen in diesem ersten Kapitel die elementaren Grundstrukturen und einige Grundbegriffe erläutert werden (vgl. Abb. 1.1):

Kapitel 1.1 führt in wichtige Begriffe des Informationsmanagements ein. Es werden die touristischen Anwendungsfelder strukturiert und die drei Perspektiven der Akteure, Prozesse und Systeme vorgestellt, aus denen heraus das Informationsmanagement im Tourismus betrachtet wird.

Kapitel 1.2 dient der Erläuterung und Bewertung der in vielen Beiträgen dieses Buches erwähnten technischen Anwendungsarchitekturen in ihrer historischen Entwicklung. Sie sind nicht tourismusspezifisch, werden aber an Beispielanwendungen aus dem Tourismus erläutert. Ein besonderer Fokus wird auch auf Cloud-Architekturen, Big-Data-Anwendungen und Künstliche Intelligenz gelegt.

Kapitel 1.3 schlägt für Tourismusunternehmen ein generisches Vorgehensmodell zur Auswahl, Beschaffung und Migration touristischer IT-Applikationen vor. Es geht unter anderem auf die wichtigsten Aspekte der Anwendungsentwicklung und des Anwendungsbetriebs ein. Neuere Entwicklungen des agilen Projektmanagements oder der Design-Thinking-Ansatz werden ebenfalls erläutert.

Kapitel 1.4 schließlich fasst das Ergebnis der bisherigen digitalen Transformation der Tourismus-Wertschöpfungskette zusammen und analysiert die Anforderungen, die sich aus den Zielen der nachhaltigen Entwicklung (Sustainable Development Goals) ergeben und wie diese Ziele durch Digitalisierung unterstützt werden können. Abschließend wird diskutiert, wie sich Tourismus-Wertschöpfungssysteme und ihre Akteure an diese Anforderungen anpassen können.

Damit sind die notwendigen begrifflichen und theoretischen Grundlagen gelegt, um in den nachfolgenden Kapiteln die Beschreibungen der typischen Prozesse, Systemlandschaften und Funktionen zu verstehen, die in den zahlreichen touristischen Anwendungsfeldern auftreten.

Was bedeutet eigentlich Digitalisierung und Digitale Transformation?

Die ursprüngliche Bedeutung des Worts „Digitalisierung" bezog sich auf das Umwandeln von analogen Werten in digitale Formate und ihre Verarbeitung oder Speicherung in einem System, das mit Hilfe von Informationstechnik (IT) läuft. Beispiele dafür sind der Scan eines Bildes bzw. Textes oder die digitale Aufnahme eines Musikstücks. Dieser Begriff wurde bereits in den 80er-Jahren des 20. Jahrhunderts verwendet.

Seit ca. 2015 wird der Begriff seltener in seiner ursprünglichen Bedeutung und heute fast nur noch als allgemeiner Begriff für die digitale Transformation von Prozessen in Wirtschaft, Staat, Gesellschaft und Alltag verwendet.

In der deutschen Sprache werden also zwei Bedeutungen unter einem Begriff zusammengefasst. Die englische Sprache ist hier präziser: Sie unterscheidet „Digitization" und „Digitalization".

Zur Begriffsbestimmung hier die ausführliche Beschreibung (vgl. Gartner 2020):

Digitization ist der Prozess, um etwas von einer analogen in eine digitale Form zu bringen. Dabei wird der Prozess/die Funktion nicht verändert und nur 1:1 von einer analogen in eine digitale Form übertragen. Ein Beispiel ist der Scan einer Prüfung und die darauf aufbauende digitale Akte von Studierenden oder das eTicketing bei einer Fluggesellschaft. Primärer Fokus der „Digitization" ist die Effizienzsteigerung durch Kostensenkung/-optimierung z. B. durch Steigerung der Prozesseffizienz in der Verwaltung oder zur Beschleunigung und Automatisierung von Vorgängen.

Digitalization ist der Gebrauch von digitalen Technologien, um ein Geschäftsmodell zu verändern, geschäftlichen Mehrwert zu erlangen und neue Geschäftspotenziale zu erschließen (vgl. Keller et al. 2017). Beispiel hierfür ist eine Plattform wie Airbnb, die mithilfe digitaler Technologien einen elektronischen Marktplatz für Ferienwohnungssuchende und Anbieter erstellt und damit ein völlig neues Geschäft erschließt. „Digitalization" zielt primär auf Wachstum durch neues Geschäft und neue Geschäftsmodelle. Z. B. bietet Flixbus auf Basis einer digitalen Plattform Mobilitätsdienstleistungen von A nach B und hat sich damit einen zusätzlichen Markt der Linienbus-Fernreise erschlossen. Ein anderes Beispiel ist die Nutzung und der Verkauf von Daten aus Flugzeugturbinen zur vorbeugenden Wartung und Instandhaltung.

Unternehmen und die Einrichtungen der öffentlichen Hand befinden sich hierbei mit unterschiedlchen Geschwindigkeiten und Ausgangspositionen im Wandel. Diese Bewegung wird häufig Digitale Transformation bzw. Digitale Geschäftstransformation genannt. In der Regel umfasst die Digitale Transformation immer beide Aspekte der Digitalisierung: digitale Befähigung und neue digitale Geschäftsmodelle. Je nach Ausgangssituation gibt es Übergewicht für die eine oder die andere Seite. Wenn z. B. die Instandhaltung von Luftfahrzeugen digital sein soll, reicht es nicht, die neu konstruierten Flugzeuge mithilfe von Computer Aided Design/Computer Aided Engineering-Verfahren zu erstellen, sondern auch die Unterlagen der Flugzeuge, die möglicherweise seit mehr als 20 Jahren im Betrieb sind und vor 35 Jahren konstruiert wurden, müssen gescannt und damit erst einmal digitalisiert werden („Digitization"). Auf der anderen Seite kann ein Start-up „auf der grünen Wiese" beginnen und sich nur um sein neues Geschäftsmodell, z. B. die digitale Vermittlung von Bioprodukten für Gastronomen, kümmern und macht damit „Digitalization". In gewachsenen mittleren und größeren Organisationen hat man in der Regel immer eine Mischung beider Aspekte.

Eine derartige digitale Transformation dauert Jahre und umfasst Menschen, Organisation und Technik in einem Unternehmen/in einer Institution. Die eingesetzten Technologien kommen aus der Informationstechnik (IT): innovative Lösungen für Geschäftsprozesse wie z. B. Customer Relationship Management (CRM), Künstliche Intelligenz, Robotik, Internet of Things/Internet der Dinge (IoT), Blockchain-Technologien, neue Programmierparadigmen und Datenbanktechnologien, extrem schnelle Rechen- und Speicherchips und Übertragungstechnologien wie 5G, um nur einige zu nennen. Die Digitalisierung gibt es schon seit vielen Dekaden, wobei mit ihrer zunehmenden Verbreitung auch die Geschwindigkeit der Transformation rasant zugenommen hat. Das hat drei Gründe: 1) Geschäftsmodelle: Innovative Unternehmen und Start-ups entwickeln völlig neue Geschäftsmodelle mit hohem Risiko und viel Kapital; 2) die Einzel-Technologien haben sich zum Teil exponentiell weiterentwickelt (z. B. Moore's Law bei Halbleitern) und werden zu immer mehr neuen Produkten/Systemen kombiniert; 3) Technologien und Lösungen sind leicht zugänglich, einfach nutzbar und schnell skalierbar.

1.1 Informationsmanagement und IT-Systeme im Tourismus

Der Tourismus beinhaltet verschiedene Branchen. Allgemein lassen sich in der touristischen Wertschöpfungskette grob folgende Akteure bzw. Wertschöpfungsstufen und zugrundeliegende Geschäftsmodelle unterscheiden:

1. Reisende **Endkunden** sind Personen, die entweder allein oder in der Gruppe eine Urlaubs- oder Geschäftsreise unternehmen und die Leistungen der Leistungsanbieter in Anspruch nehmen. Unternehmen, welche die Dienstreisen für ihre Mitarbeiter bezahlen, sind zwar zu den Kunden der Tourismusbranche zu zählen. Ihre Firmenreisestellen sind aber mit dem Geschäftsreisemanagement betraut, organisieren wie ein Veranstalter Events, kaufen in großem Stil Reiseleistungen von Reisemittlern und Leistungsträgern ein und steuern die Nachfrage und das Angebot von Reiseleistungen in ihrem Unternehmen – z. T. über eigene Reiseportale für ihre Mitarbeiter – wie ein Reisemittler. Wir behandeln sie wegen ihres Tätigkeitsspektrums eher als speziellen unternehmensinternen Reisemittler, der auch als Eigenveranstalter (z. B. Vertriebstagungen, Kundenveranstaltungen etc.) auftritt.

2. **Reisemittler** vermitteln dem Kunden in dessen Auftrag gegen eine Gebühr (Service Fees, Buchungsgebühren etc.) Leistungen der Leistungsanbieter oder vermitteln umgekehrt den Leistungsanbietern als Handelsvertreter Kunden gegen Provision. Als Händler können sie z. B. Flugtickets zu Nettopreisen von einem sogenannten *Consolidator* beziehen und verkaufen diese mit einem individuellen Zuschlag an ihre Kunden weiter. Consolidator nennt man Großhändler, die den Leistungsträgern große Kontingente an Flügen und z. T. auch Bettenkapazitäten abnehmen und weiterverkaufen. Klassische Reisemittler sind die Reisebüros, die auf Urlaubs- oder Geschäftsreisen spezialisiert sein können. Seit der Einführung der Internet-Reiseportale unterscheidet man *stationäre Reisebüros* (Ladengeschäft/ Reisebüro – offline) und *Online-Reisebüros* (virtuelle Reisemittler bzw. OTA – Online Travel Agent). Beide setzen auch *Call-Center* ein. *Tourismusorganisationen* der Destinationen bewerben und vermitteln ebenfalls die Leistungsangebote ihrer jeweiligen Region und können zu den Mittlern gezählt werden, selbst wenn sie gegebenenfalls als staatliche oder halbstaatliche Organisationen durch Subventionen und Abgaben (Kurtaxe) anstelle von Provisionen finanziert werden.

3. **Leistungsanbieter** sind die *originären Leistungsträger*, die Transport-, Transfer-, Beherbergungs-, Gastronomieleistungen, Events, Attraktionen, Führungen, Wellness-Anwendungen etc. produzieren bzw. bereitstellen, und die *Veranstalter*, welche die Leistungen der originären Leistungsträger zu Pauschalreisen bündeln und das Gesamtangebot gegenüber dem Endkunden verantworten bzw. sichern. Zu den Leistungsanbietern kann man zudem die *Reiseversicherungen* zählen. Sie versichern verschiedene Risiken einer Reise gegen eine Versicherungsprämie.

Leistungsanbieter vertreiben ihre Leistungen direkt oder über Reisemittler an die Endkunden.

Die oben beschriebenen drei Wertschöpfungsstufen können noch beliebig feiner untergliedert werden, z. B. durch Trennung von originären Leistungsträgern und Veranstaltern oder durch Trennung der Reisemittler (Broker, Agents) von den Händlern (Merchants) und den Tourismusorganisationen (vgl. z. B. Buhalis 2003 oder Mundt 2013). Die EU-Pauschalreiserichtlinie definiert seit 2018 rechtlich bindend, wann eine reine Leistungsvermittlung, wann eine sog. verbunde Reiseleistung oder eine Pauschalreise vorliegt (vgl. Kap. 5.5).

1.1.1 IT-Systeme in der touristischen Wertschöpfungskette aus Anwendersicht

Für die Betrachtung des Informationsmanagements im Tourismus, insbesondere für eine systematische Darstellung der in den verschiedenen Wertschöpfungsstufen eingesetzten IT-Systeme, ist die zweigliedrige Wertschöpfungsstruktur mit dem reisenden Endkunden als Konsument der in den beiden vorgelagerten Stufen produzierten und an ihn vermittelten Leistungen gut geeignet (vgl. Abb. 1.1.1).

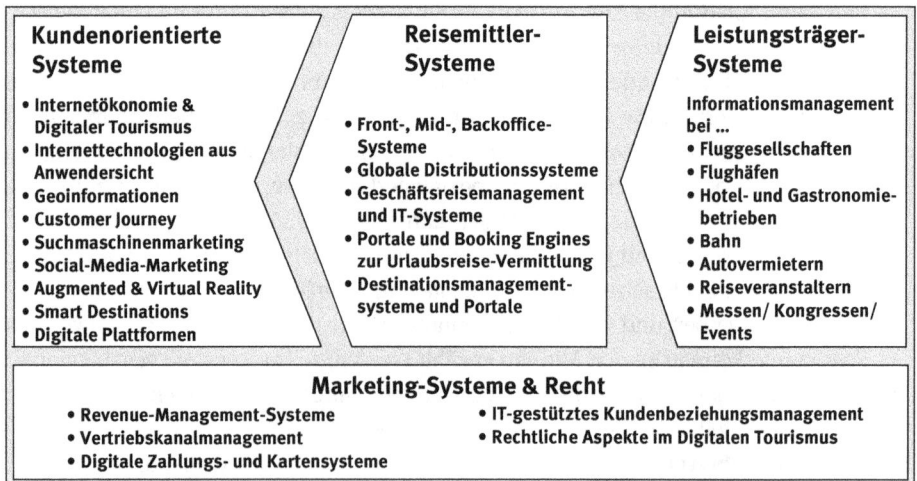

Kundenorientierte Systeme

- Internetökonomie & Digitaler Tourismus
- Internettechnologien aus Anwendersicht
- Geoinformationen
- Customer Journey
- Suchmaschinenmarketing
- Social-Media-Marketing
- Augmented & Virtual Reality
- Smart Destinations
- Digitale Plattformen

Reisemittler-Systeme

- Front-, Mid-, Backoffice-Systeme
- Globale Distributionssysteme
- Geschäftsreisemanagement und IT-Systeme
- Portale und Booking Engines zur Urlaubsreise-Vermittlung
- Destinationsmanagement-systeme und Portale

Leistungsträger-Systeme

Informationsmanagement bei …
- Fluggesellschaften
- Flughäfen
- Hotel- und Gastronomie-betrieben
- Bahn
- Autovermietern
- Reiseveranstaltern
- Messen/ Kongressen/ Events

Marketing-Systeme & Recht

- Revenue-Management-Systeme
- Vertriebskanalmanagement
- Digitale Zahlungs- und Kartensysteme
- IT-gestütztes Kundenbeziehungsmanagement
- Rechtliche Aspekte im Digitalen Tourismus

Abb. 1.1.1: IT-Systeme in verschiedenen Stufen der touristischen Wertschöpfung bzw. des touristischen Konsums.

Als Informationsmanagement wollen wir die organisatorische und technische Gestaltung der Systeme der Informations-, Kommunikations- und Medientechnik bezeichnen, mit dem Ziel der effizienten und effektiven Informationsversorgung und Koordination aller Akteure in den Prozessen der touristischen Wertschöpfung und des Konsums touristischer Leistungen durch den Endkunden (zum IM vgl. auch Krcmar 2015). Bei letzterem ist zusätzlich das Kundenbedürfnis nach Interaktion und multimedial vermittelter Unterhaltung (Entertainment, z. B. Games im Hotelzimmer) zu befriedigen. Die zugrunde liegenden technischen Systeme werden im internationalen angelsächsisch geprägten Sprachgebrauch zumeist auch als *Information Technology* (IT) bzw. *IT-Systeme* bezeichnet, was hier ebenfalls sowohl die Informations- als auch die Kommunikations- und Medientechnologien beinhaltet (vgl. Zerdick/Picot/ Schrape et al. 2001, Picot/Reichwald/Wigand 2008, Picot/Reichwald et al. 2020).

Herausforderungen für das Informationsmanagement ergeben sich zum einen innerhalb der Betriebe, z. B. der Leistungsträger, bei der optimalen Koordination und Allokation ihrer knappen Ressourcen: Speziell im Tourismus ist hierbei das durch die Nichtlagerbarkeit von Dienstleistungen bedingte Problem des unwiederbringlichen Verfalls einer typischerweise zu hohen Fixkosten vorgehaltenen Leistung, wenn diese vom Kunden nicht zum vereinbarten Bereitstellungstermin in Anspruch genommen wird. Beispiele sind die Platzkapazitäten von Restaurants und Veranstaltungen, die Bettenkapazitäten in Hotels oder die Sitzplätze in Linienfliegern und Zügen. Typisch für touristische Leistungsanbieter sind daher alle Informationsprozesse, die mit der Planung und Zuteilung der knappen Leistungspotenziale (Inventar) an Kunden vor dem Leistungskonsum stehen und die verallgemeinert als *Computerreservierungssysteme* (CRS) bezeichnet werden. Ist mit der Reservierung zusätzlich der Verkauf der Leistung verbunden, spricht man auch von *Buchungssystemen*. Diese sind auch das Rückgrat der Koordination des Vertriebs der touristischen Leistungen über die in der Fläche bzw. national und international verteilten Leistungsmittler (vgl. auch Goecke 2020a).

Das Inventar der Leistungsträger für den Vertrieb über stationäre oder Online-Reisemittler regional, national oder international-global elektronisch buchbar zu machen, ist ebenfalls eine für den Tourismus typische Aufgabe der sogenannten *computergestützten Distributionssysteme*. Eine besondere Rolle spielen dabei die aus den frühen Airline-Reservierungssystemen entstandenen *Global Distribution Systems* (GDS). Sie haben in ihrer historischen Entwicklung Ausgliederungs-, Integrations- und Konzentrationsprozesse durchlaufen, die zur Übernahme von Distributionsdiensten auch für andere Leistungsträger und Veranstalter, zu oligopolistischen Strukturen mit Regulierungsbedarf und schließlich – mit den neuen strategischen Optionen des Internet für die Airlines und andere touristische Gründungsorganisationen – zu einer weitgehenden Unabhängigkeit von diesen führte (vgl. z. B. Goecke 2020a und Kap 3.2). GDS werden deshalb auch nicht selten als eigenständige Wertschöpfungsstufe in die touristische Wertkette eingeordnet (vgl. z. B. Buhalis 2003, S. 37): Über ihre Rolle als IT-Systembetreiber für Leistungsanbieter und Reisemittler hinaus haben sie letzteren

viele Jahre lang provisionsartige Kick-back Fees bzw. Incentives für computergestützte Buchungen gewährt (vgl. z. B. Amadeus 2021) und neben der Technologie die
Geschäftsmodelle der computergestützten Distribution mitgestaltet. Zur ganzheitlichen Betrachtung der Distributionssysteme müssen daher neben den klassischen
GDS, zu denen wir auch die oftmals in diese integrierten, aber eher national geprägten klassischen touristischen Distributionsnetzwerke zwischen Veranstaltern und
Reisemittlern zählen (vgl. Kap. 3 und 4.6), auch die durch das Internet neu entstandenen „alternativen Internet-Distributionssysteme" (ADS/IDS) berücksichtigt werden.
Sie können die GDS durch Direktverbindungen zu den Leistungsanbietern umgehen
und machen z. T. als *Online Travel Agents* (OTA) auch den traditionellen Reisebüros
Konkurrenz. ADS/IDS-Unternehmen stellen einerseits eine konkurrierende Alternative zu den GDS dar, sind für jene aber andererseits auch interessante Kunden,
Kooperations- und Beteiligungspartner (vgl. VIR 2014). Mit dem Internet entstanden
zudem neue Akteure wie Content Aggregatoren, die die vielfältigen multimedialen Informationen zu Reisezielen, Leistungsanbietern und Reisekatalogen sammeln und
den Distributionssystemen elektronisch bereitstellen. Sie sind Grundlage für Internet-
Angebots- und Preisvergleichssysteme, die den Vertrieb sowohl im Reisebüro als
auch über die im Internet neu entstandenen *virtuellen Reisemittler* bzw. *Online-Reisebüros* durch allerlei multimediale Zusatzinformationen unterstützen. Wie verschiedene Beiträge dieses Buches zeigen, bieten die GDS-Konzerne in der letzten Zeit auch
immer mehr touristische Anwendungen jenseits der Distributionsdienste an. Sie wandeln sich somit von Distributionssystemen mit vertikal-einstufiger Wertschöpfungs-
funktion zu Technologie-/IT-Dienstleistern, Content Aggregatoren bzw. technischen
E-Commerce-Plattformen mit horizontal-mehrstufigen Querschnittsfunktionen in einer
immer stärker netzwerkartig organisierten touristischen Wertschöpfung (vgl. auch
Abb. 1.4.1). Dabei konkurrieren und kooperieren sie mit zahlreichen alten und neuen
Akteuren aus der IT-Branche, der Medien-/Werbebranche und der Internet-New-Eco-
nomy, wie z. B. Online-Reiseführern, (Reise-)Suchmaschinen oder Reise-Communities
und sozialen Netzwerken, die ebenfalls in diesem Buch vorgestellt werden. Diese Ent-
wicklung wird umso stärker gefördert, je mehr die touristischen Leistungsanbieter die
Distribution direkt über das Internet oder in Kooperation mit dem Handel und Neuen
Medien reorganisieren und z. T. unter Umgehung der klassischen Distributionssysteme
und Reisemittler den Endkunden Systeme bereitstellen, über die diese entweder am
PC, am Automaten oder mit mobilen Endgeräten mit oder ohne weitere Intermediäre in
Selbstbedienung buchen können. Weiter beschleunigt wird dieser Trend zu mehr
Kanal-Vielfalt durch die Endkunden und ihr Bedürfnis, direkt über das Internet mit
den touristischen Akteuren zu interagieren und über deren Angebote und ihre Urlaubserlebnisse öffentlich miteinander zu kommunizieren. Dabei finden die klassischen GDS-Unternehmen neue Geschäftsfelder, indem sie in Konkurrenz zu alten
und neuen, mehr oder weniger touristisch spezialisierten IT-Dienstleistern und Aggregatoren die hierzu notwendigen neuen Internetdienste im Auftrag der Leistungs-

anbieter und deren Allianzen, manchmal auch im Auftrag von Reisemittlern bzw. deren Kooperationen entwickeln und betreiben.

Die vollständige Internetvernetzung von Reiseveranstaltern sowohl mit originären Leistungsträgern als auch mit Endkunden ermöglichte außer den Informationsmanagement-Innovationen in der Distribution auch Innovationen in der *Reiseproduktion* wie das dynamische Paketieren (*Dynamic Packaging*). Bei dieser automatisierten kundenindividuellen Reiseproduktion werden erst zum Zeitpunkt einer Kundenanfrage von den sogenannten *virtuellen Veranstaltern* passende Transport- und Beherbergungsleistungen bei vernetzten Leistungsträgern angefragt, kombiniert, zu aktuellen, dynamischen Preisen kalkuliert und dem Kunden zur sofortigen Buchung angeboten. In den Buchbeiträgen wird dargestellt, wie neben den Veranstaltern auch die Destinationen mit ihren Destinationsportalen und mobilen ortsbezogenen Diensten immer stärker direkt den Endkunden adressieren. Tourismusspezifische Herausforderungen des Informationsmanagements sind dabei zum einen die möglichst anschauliche und passende Beschreibung des komplexen immateriellen Erlebnisprodukts Urlaubsreise und zum anderen die optimale Integration sämtlicher stationären und mobilen elektronischen Dienstangebote, die der Endkunde vor der Reise, auf der Reise und nach der Reise nutzt.

Während das Internet also einerseits in der Distribution zu einer Umgehung von Intermediären führt (Dis-Intermediation), entstehen andererseits für Leistungsträger, Veranstalter und Endkunden neue Systeme und Dienste, deren Anbieter durch Bereitstellung multimedialer Informationen oder Bewertungen zum Reiseprodukt als „neue Intermediäre" Beiträge zur touristischen Wertschöpfung leisten (vgl. Zerdick et al. 2001, Buhalis 2003 und Berchtenbreiter/Goecke 2014, Benckendorff et al. 2019). Daher ist es sinnvoll, die verschiedenen alten und neuen IT-Systeme und Dienste nicht trendabhängig als neue oder übergangene Stufen der touristischen Wertschöpfung ein- bzw. auszugliedern, sondern sich aus der Perspektive der touristischen Kernrollen des touristischen Leistungsanbieters, des Reisemittlers (für komplexere Produkte immer notwendig) und des Endkunden mit der Anwendung dieser Systeme im jeweiligen Geschäfts- und Reiseprozess zu beschäftigen. Diese an den Anwendungen und touristischen Kernrollen orientierte Vorgehensweise dieses Buches ist in Abb. 1.1.1 veranschaulicht und findet Ausdruck in der Gliederung der Kapitel:

Kapitel 2 erörtert touristische Informationssysteme, die die Informations- und Kommunikationsbedürfnisse der Endkunden als Anwender bedienen. Eine Einführung in die Internetökonomie aus mikroökonomischer Sichtweise und eine Analyse der Tauschprozesse der Marktteilnehmer ist der Ausgangspunkt der Betrachtungen. Anschließend wird in eigenständigen Beiträgen der derzeitige Status-quo und die wesentlichen Technologien erläutert. Zudem wird auf die Customer Journey und das anwenderorientierte Webdesign eingegangen. Es werden auch verschiedene Anwendungen vorgestellt, die den Kunden als Co-Produzenten in touristische Wertschöpfungsprozesse und soziale Netzwerke aktiv einbeziehen. Weitere eTourism-Innovationsfelder mit Fokus auf den Endkunden sind Geoinformationen und Mobile

Commerce, von denen wichtige Impulse für die weitere Entwicklung eines „personalisierten" Informationsmanagements im Tourismus ausgehen. Besonders behandelt werden dabei das Suchmaschinenmarketing und das Social-Media-Marketing. Die Beiträge danach beschäftigen sich mit den vieldiskutierten Virtual-/Augmented-Reality-Anwendungen im Tourismus und dem Konzept der Smart Destinations. Mit einem Beitrag zum Phänomen der digitalen Plattformen schließt dieses umfangreiche Kapitel.

Kapitel 3 behandelt das Informationsmanagement und die IT-Systemlandschaften aus der Perspektive der Reisemittler. Ausgangspunkt ist ein Überblick über die Front-, Mid- und Backoffice-Systeme für Reisebüros, die bisher von den GDS dominiert werden, aber Ergänzung und Konkurrenz durch Beratungs- und Preisvergleichssysteme, alternative Internet-Distributionssysteme sowie spezialisierte Mid- und Backoffice-Lösungen erhalten haben. Internet Booking Engines für Reisebüro-Websites werden ebenso vorgestellt, was zeigt, wie klein die Gratwanderung zwischen stationärem Reisebüro und Online-Reisebüro ist. Auch die auf Internet Booking Engines basierenden Business-Travel-Management-Systeme für das Geschäftsreisemanagement von Unternehmen werden deshalb mit ihren Effekten auf den Geschäftsreiseprozess in einem weiteren Beitrag behandelt. Da die Reisemittler die Hauptanwender der GDS sind, werden Global Distribution Systems mit ihrer Historie und Weiterentwicklung vorgestellt und die wichtigsten Funktionen eines ergänzenden Touristik-Computerreservierungssystems (Touristik-CRS) am Praxisbeispiel einer Flugbuchung und der Buchung einer Urlaubsreise aus Expedientensicht demonstriert. Amadeus, das im deutschen Markt aus seiner Historie heraus am weitesten verbreitet ist, wird als Praxis- und Fallbeispiel im Detail vorgestellt. Dies stellt aus Sicht der Herausgeber jedoch keine Wertung oder gar Produktempfehlung dar. Wir empfehlen immer einen situationsbezogenen Vergleich mit den aktuellen Produkt- und Dienstangeboten sowohl von Sabre, Travelport, Travel Sky und anderen. Sie haben mit ihren jeweiligen Tochtergesellschaften und Kooperationspartnern ähnliche Produkte und Dienste im Angebot wie der Amadeus-Verbund. Zudem gibt es viele weitere Unternehmen, die konkurrierende Produkte für einzelne Teilbereiche des Front-, Mid- und Backoffice von Reisemittlern anbieten. Neben den Systemen für stationäre Reisebüros werden in Kapitel 3 auch die Prozesse und IT-Systeme der Online-Reisebüros (OTAs) beschrieben. Hierzu zählen insbesondere Internet Booking Engines und die Architektur von Reiseportalen, bei denen Content-Management-Systeme (CMS) eine besondere Rolle spielen. Auch Destinationsportale von Destinations-Management-Organisationen (DMOs) bzw. im öffentlichen Auftrag agierenden Tourismusorganisationen sind außer mit der Online-Darstellung der Destinationsangebote ggf. als Vermittler von Reiseleistungen, Tickets oder Tourist Cards aktiv. Die zugrundeliegenden Informationssysteme werden als Destinations-Management-Systeme (DMS) bezeichnet.

Kapitel 4 analysiert das Informationsmanagement und die IT-Systemlandschaften typischer touristischer Leistungsanbieter. Dies sind zum einen die Leistungsträger aus der Passagierbeförderung (Fluggesellschaften, Flughäfen, Bahn, Mietwagen- und

Mobilitätsanbieter), zum anderen die Hotellerie und Gastronomie, sowie die Anbieter von Messen und Veranstaltungen. Weiterhin werden die IT-Systeme zur Reiseproduktion bei Reiseveranstaltern beschrieben, welche die Leistungen dieser originären Leistungsträger auf verschiedene Weise bündeln, vertreiben und abwickeln (Fulfillment). Allen Beiträgen ist gemeinsam, dass aus der Perspektive der Leistungsanbieter die für deren Kooperationspartner und Geschäftsprozesse relevanten IT-Applikationen mit ihren Funktionen und Schnittstellen dargestellt werden. Das heißt, auch hier werden neben den Einkaufs-, Planungs-, Produktions- und Abrechnungssystemen die Bereitstellung der Distributionssysteme (GDS, ADS/IDS etc.) und ihre Befüllung mit Produktinformationen und Vakanzen behandelt. Entsprechend befassen sich die Beiträge auch mit den aktuellen Schnittstellen- und Architekturinnovationen zum Datenaustausch, insbesondere dem Datenstandard des DRV (Deutscher Reise Verband) und der New Distribution Capability (NDC) der IATA (International Air Transportation Association). Ein besonderes Augenmerk gilt auch dem integrierten Management von Werbe- und Distributionskanälen durch Digital-Campaign-Management-Systeme (DCM) in den Anwendungslandschaften von Hotels, Reiseveranstaltern und Mobilitätsanbietern.

Kapitel 5 erläutert schließlich Informationssysteme, die typische Informationsmanagementprobleme aller Akteure der touristischen Wertschöpfung betreffen und daher keiner einzelnen Perspektive zugeordnet werden können. Der Beitrag Revenue Management beschreibt computergestützte Systeme zur Optimierung der Umsätze bzw. Gewinne durch geeignete Segmentierung der Nachfrage und Preisdiskriminierung (engl. Discriminatory Pricing) am Beispiel von Airlines, Hotels und Reiseveranstaltern und anderen Leistungsträgern und zeigt Wege zur Ergänzung eines rein ökonomischen zu einem nachhaltigen Revenue Management auf. Die Beiträge über das Vertriebskanalmanagement bzw. die elektronischen Zahlungs- und Kartensysteme systematisieren die immer zahlreicher werdenden touristischen Vertriebskanäle und Zahlungs- bzw. Kundenkartensysteme primär aus Anbietersicht (Leistungsanbieter und Reisemittler – von Zahlungssystemanbietern pauschal als Merchants/„Händler" subsummiert) bei Berücksichtigung der Endkunden-Bedürfnisse. Ein weiteres Kapitel befasst sich mit einem Beitrag zum computergestützten Kundenbeziehungsmanagement und stellt die für alle Akteure immer wichtigeren Prozesse und Systeme des Customer Relationship Management (CRM) und der Anwendung von Data-Mining bzw. Big Data in diesem Bereich vor. Das Kapitel schließt mit einer Betrachtung rechtlicher Aspekte im Tourismus ab, die den Rahmen für die Legalität aller Anwendungsformen innovativer digitaler Technologien im Tourismus darstellt.

1.1.2 Geschäftsprozesse, IT-Applikationen und Schnittstellen

Ziel des Informationsmanagements der verschiedenen Akteure bzw. Anwender in touristischen Wertschöpfungsprozessen ist die in Bezug auf ihre strategischen und operativen Ziele (bei Betrieben) bzw. ihre individuellen und kollektiven Bedürfnisse (bei reisenden Endkunden) optimale Unterstützung ihrer Geschäftsprozesse und Aktivitäten durch geeignete IT-Systeme (vgl. Abb. 1.1.2 sowie zu diesem und folgendem insbesondere Krcmar 2015, Timinger 2017 und Keller et al. 2017).

Geschäftsprozesse sind Folgen von zweckbezogenen Aktivitäten bzw. Arbeitsabläufen, um regelmäßig wiederkehrende betriebliche Aufgaben zu erfüllen und geschäftliche Ziele zu erreichen. Die einzelnen Aktivitäten eines Geschäftsprozesses sind durch Input-Output-Beziehungen (Aktivität A liefert Arbeitsergebnisse als Input an Aktivität B) verknüpft. Die Aktivitäten eines Geschäftsprozesses können je nach Input-Output-Beziehung sequenziell aufeinanderfolgen, parallel zueinander ausführbar sein oder nur alternativ unter bestimmten Bedingungen durchlaufen werden. Sie liefern zusammen den Output des Geschäftsprozesses, den man auch als Wertschöpfung bezeichnen kann. Geschäftsprozesse wie z. B. der Reiseverkauf (Kundenberatung, Reisebuchung, Ausstellung der Reiseunterlagen etc.) gehören zur

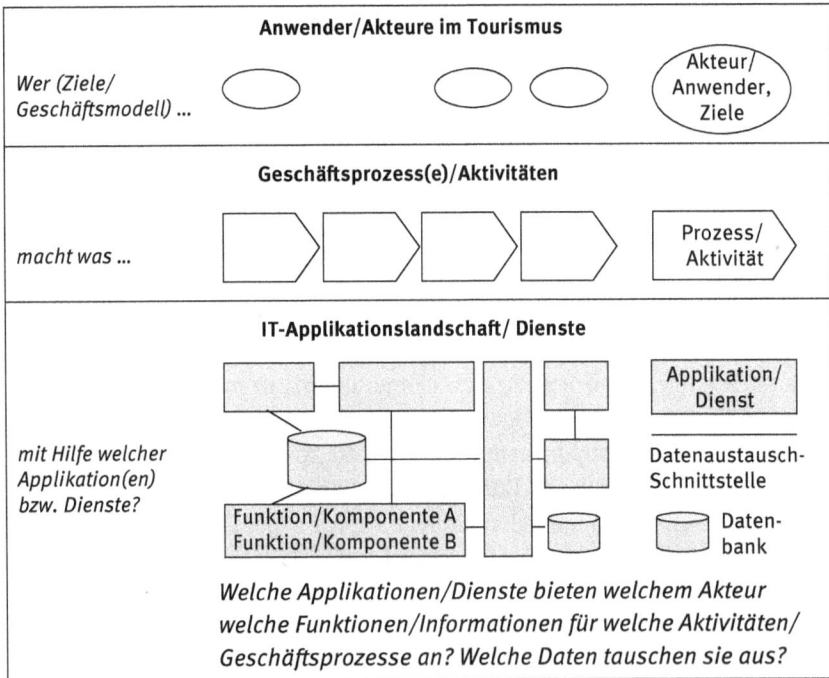

Abb. 1.1.2: Betrachtungsebenen zur Beschreibung der IT-Systeme in der touristischen Wertschöpfung.

Ablauforganisation und werden im Rahmen der normalen Aufbauorganisation abgewickelt, wobei an einem Geschäftsprozess auch mehrere Abteilungen und sogar Betriebe beteiligt sein können. Betriebe, deren Geschäftsprozesse durch Lieferanten- bzw. Kundenbeziehungen vernetzt sind (Betrieb A liefert mit seinem Geschäftsprozess Input für einen Geschäftsprozess in Betrieb B), bilden gemeinsam einen unternehmens- oder branchenübergreifenden Wertschöpfungsprozess bzw. eine Wertschöpfungskette oder auch ein Wertschöpfungsnetz (engl. Supply Chain, Business Web). Wertschöpfungsnetze, z. B. zwischen Leistungsträgern, Veranstaltern, Reisemittlern und Touristik-IT-Providern wie den touristischen Distributionssystemen, sind typisch für den Tourismus.

Projekte sind von normalen Geschäftsprozessen zu unterscheiden. Bei Projekten handelt es sich um Aktivitäten, die einem einmaligen Vorhaben dienen, das in dieser Form nicht regelmäßig wiederkehrt und daher individuell geplant und typischerweise in einer projektspezifischen Aufbauorganisation abgearbeitet werden muss. Events oder die Einführung von IT-Systemen oder Diensten im Tourismus werden meist als Projekte realisiert. Ein Vorgehensmodell für Projekte zur Einführung oder Migration von IT-Diensten gibt Abschnitt 1.3.

IT-Systeme bieten Funktionen zur Informationsspeicherung und -verarbeitung sowie zum Informationsaustausch an, welche die Aktivitäten der Nutzer bzw. der betrieblichen Anwender in den Geschäftsprozessen unterstützen oder (teil-)automatisieren und hierdurch einen Nutzen bieten. Die Anwender und Nutzer interagieren mit den IT-Systemen über Benutzerschnittstellen (engl. User Interface, z. B. eine PC-Tastatur mit Maus und Windows-Terminal oder der Touchscreen eines Ticketautomaten oder Smartphone). Neben den Funktionen ist die zweckmäßige, einfache Bedienbarkeit (engl. Usability) ein wesentliches Erfolgskriterium des IT-Einsatzes.

IT-Systeme bestehen aus Hardware-, Software- und Netzkomponenten. Bei der Software unterscheidet man im Allgemeinen zwischen der Systemsoftware (z. B. Betriebssystem, Treiber, Netzwerksoftware, Datenbanksysteme etc., vgl. Hansen/Neumann 2009) und der Anwendungssoftware (auch Lösung, Anwendung, Applikation, vgl. Mertens et al. 2012).

Während die meisten Hardwarekomponenten, die Systemsoftware und die Netzkomponenten gemäß dem Prinzip des Universalcomputers Basisfunktionen bereitstellen, die unabhängig von einem konkreten Anwendungsproblem sind (z. B. Daten speichern, Daten übertragen, Daten ausdrucken/anzeigen), sind in den Programmen der Anwendungssoftware diverse Funktionen zur Unterstützung eines konkreten Geschäftsprozesses oder der Aktivitäten zur Lösung eines Kundenbedürfnisses zusammengefasst. Erst diese Anwendungen oder Applikationen entfalten den Nutzen eines IT-Systems für Nutzer und Organisation und stehen mit ihren Funktionen daher im Fokus dieses betriebswirtschaftlich orientierten Buches.

Anwendungen können mit ihren Funktionen einzelne Aktivitäten (z. B. Textverarbeitung), einzelne betriebliche Funktionsbereiche (z. B. die Finanzbuchhaltung), einzelne Geschäftsprozesse (z. B. Bestellung, Annoncieren, Abrechnung von Speisen und Getränken in einem Kassensystem) oder mehrere Geschäftsprozesse und Abteilungen eines Unternehmens (z. B. Hotelmanagement-System) unterstützen. Als zwischenbetriebliche Globale Distributionsysteme oder Reiseportale unterstützen sie sogar viele verschiedene Geschäftsprozesse in unterschiedlichen Betrieben und integrieren auf diese Weise die verschiedenen Stufen der touristischen Wertschöpfungskette durch Vernetzung.

Anwendungen sind also Bündel von Funktionen, die auf gemeinsamen Daten operieren und logisch einem bestimmten Problemzusammenhang (z. B. der Finanzbuchhaltung, dem Reservierungssystem etc.) in einem oder mehreren Geschäftsprozessen zugeordnet sind. Hinsichtlich ihrer Veränderung im Ablauf der unterstützten Geschäftsprozesse lassen sich bei betriebswirtschaftlichen Anwendungen Stammdaten, Bestandsdaten und Bewegungsdaten unterscheiden (vgl. Abb. 1.1.3). Physikalisch können die Programme und Daten bzw. die Objekte einer Anwendung beliebig auf verschiedene Hard- und Softwarekomponenten verteilt sein und sich zum Datenaustausch beliebiger Netzkomponenten bedienen. Während eine einfache PC-Computerkasse z. B. als Anwendung nur auf einem PC installiert ist, kann ein Hotelmanagement-System in der Cloud auf Rechnern installiert sein und viele Client-PCs oder mobile Pads können über das Datennetzwerk mit dem Browser oder eine App darauf zugreifen.

Stamm-Grunddaten (master data) sind zustandsorientierte Daten, die der Identifikation, Klassifikation und Charakterisierung von Sachverhalten dienen und die unverändert über einen längeren Zeitraum zur Verfügung stehen. Sie werden auch als *feste Daten* bezeichnet.

Beispiel: Personaldaten, Kundendaten, Artikeldaten, Adressen

Bewegungsdaten (transaction data) sind abwicklungsorientierte Daten, die immer wieder neu durch die betrieblichen Leistungsprozesse entstehen, die laufend in die Vorgänge der Datenverarbeitung einfließen und dabei eine Veränderung der Bestandsdaten bewirken.

Beispiel: Reservierung, Bestellung, Rechnungsposition, Buchung, Zahlung

Bestandsdaten (inventory data) sind – wie Stammdaten – zustandsorientierte Daten, welche die betriebliche Mengen- und Wertstruktur kennzeichnen, und somit nicht unverändert. Sie unterliegen – anders als die Stammdaten – durch das Betriebsgeschehen einer systematischen Änderung, welche durch die Verarbeitung von Bewegungsdaten bewirkt wird.

Beispiel: Warenbestand, Zimmerbelegung, Kontostand

Abb. 1.1.3: Unterscheidung von Daten entsprechend ihrer Veränderung im Geschäftsprozess in Stamm-, Bewegungs- und Bestandsdaten in betriebswirtschaftlichen Anwendungen (Quelle: Scheithauer 2005).

Größere Anwendungen können zudem aus einzelnen Teilanwendungen (Komponenten, Modulen) bestehen wie z. B. die Front-, Mid- und Backoffice-Module einer Reisebüro-Verkaufsplattform oder eines Hotelmanagement-Systems, die mehr oder weniger integriert auf gemeinsamen Datenbeständen arbeiten oder über gemeinsame Schnittstellen Daten austauschen. Oft können die einzelnen Module einer Anwendung auch einzeln beschafft oder nur selektiv genutzt werden. Verschiedene Anwendungen, z. B. ein Hotelmanagement-System und ein Kassensystem, können über mehr oder weniger standardisierte Schnittstellen Daten in festgelegten Formaten nach fest definierten Regeln (Protokollen) austauschen. Auf diese Weise werden Mehrfacherfassungen von Daten für verschiedene Anwendungen vermieden und der Datenaustausch kann durch Vernetzung verschiedener Anwendungen auch über große Entfernungen hinweg automatisiert und in Echtzeit erfolgen. Zudem ist es möglich, dass komplexe Funktionen einer Anwendung auch von anderen Anwendungen mitgenutzt werden.

In der modernen Erstellung von Software wird das gesamte System in einzelne Funktionen, sogenannte Microservices zerlegt, die alle unterschiedliche Aufgaben wie z. B. Kundenverwaltung, Buchung oder Zahlung haben. Die Microservices greifen dann auf gemeinsame Daten zu oder speichern sie auch selbst ab. Durch diese Aufteilung können viele Teams gleichzeitig an der Projektierung und (Weiter-)Entwicklung der Gesamt-Anwendung arbeiten und Innovationen sind schneller durchführbar.

IT-Applikations- oder **Anwendungslandschaft** (vgl. Keller et al. 2017) nennt man die Gesamtheit der Anwendungen bzw. Applikationen, die ein Betrieb oder verschiedene Betriebe einer Branche in ihren Geschäfts- und Wertschöpfungsprozessen einsetzt. Sie kann veranschaulicht werden, indem man wie in Abb. 1.1.2 die wichtigsten Anwendungen bzw. deren Funktionsmodule grafisch darstellt. Die Schnittstellen, über welche die einzelnen Anwendungen miteinander Daten austauschen, können durch Linien symbolisiert werden. Auf diese Weise erhält man eine grobe Übersicht über die Anwendungen und ihr Zusammenwirken bei der Unterstützung der verschiedenen Akteure in den Geschäftsprozessen. In mehreren Beiträgen dieses Buches haben wir von den konkreten und zumeist historisch gewachsenen Applikationslandschaften einzelner Betriebe abstrahiert und idealtypische Applikationslandschaften dargestellt, die der Veranschaulichung der für eine Branche typischen gemeinsamen Aspekte des Informationsmanagements dienen. Sie ermöglichen eine verallgemeinerte Beschreibung und systematische Einordnung touristischer Applikationen entsprechend ihren Funktionen in den Geschäftsprozessen unter Vernachlässigung der zahlreichen unterschiedlichen produktspezifischen Ausprägungen. Diese generischen IT-Landschaften geben darüber Auskunft, welche Applikationen bzw. Dienste welchen Akteuren welche Funktionen und Informationen zur Unterstützung welcher Geschäftsaktivitäten typischerweise anbieten. In der Praxis sind die generischen Basisdienste und Funktionen immer dieselben, können aber durchaus anders auf verschiedene betriebs- und herstellerspezifische Applikationsprodukte verteilt sein. Beispielsweise kann eine Anwendung zum Kundenbeziehungsmanagement (CRM-System) in einem

Hotelbetrieb ein typisches Zusatzmodul des Hotelmanagement-Systems sein. Es kann aber auch dem zentralen Reservierungssystem (CRS) der Hotelkette oder Kooperation zugeordnet sein, oder es ist eine Einzelanwendung, die mit den beiden anderen Systemen Daten über eine Schnittstelle austauscht. Entsprechend sind auch die Schnittstellen in einer generischen Applikationslandschaft nur idealtypische Verbindungen, die im konkreten Fall auch über andere technische Wege, z. B. automatisiert in der Cloud, oder durch händischen Datenaustausch realisiert sein können. Sie werden, wenn sie seltener vorkommen, auch durch gestrichelte Linien dargestellt.

1.2 Systemarchitekturen touristischer IT-Applikationen

Der Fokus aller folgenden Buchbeiträge liegt auf der Anwendungsebene und den Funktionen der IT-Applikationen im Tourismus. Man kann jedoch die wesentlichen Entwicklungslinien der EDV im Tourismus nicht nachvollziehen, wenn man die historische Entwicklung der den Informationssystemen zugrundeliegenden anwendungsunabhängigen Systemarchitekturen nicht berücksichtigt. Bis heute finden sich in den touristischen Applikationslandschaften Systeme aller verschiedenen Architekturvarianten mit ihren spezifischen Vor- und Nachteilen für die Nutzung und den Betrieb. Dies muss beim Informationsmanagement berücksichtigt werden, insbesondere wenn alte Systeme mit neuen Systemen integriert oder durch diese weiterentwickelt oder abgelöst (migriert) werden sollen (vgl. Goecke 2020a).

1.2.1 IT-Basiskomponenten

Computersystem-Hardware basiert bis heute meist auf Varianten der sog. Von-Neumann-Architektur bestehend aus einem **Prozessor** (Central Processing Unit – CPU) mit **Steuerwerk** und **Rechenwerk** sowie einem **Speicher**, in dem die Daten und das Programm zur Verarbeitung der Daten abgelegt sind (Herrmann 2010). Das Steuerwerk liest die Programmbefehle aus dem Speicher ein und führt die von diesen vorgegebenen Berechnungen des Rechenwerks sowie den Transfer der Daten zwischen CPU, Speicher und den über Schnittstellen angeschlossenen Ein-/Ausgabegeräten über interne Datenleitungen (Bus-Systeme, Kanäle) oder externe Netze aus (Abb. 1.2.1).

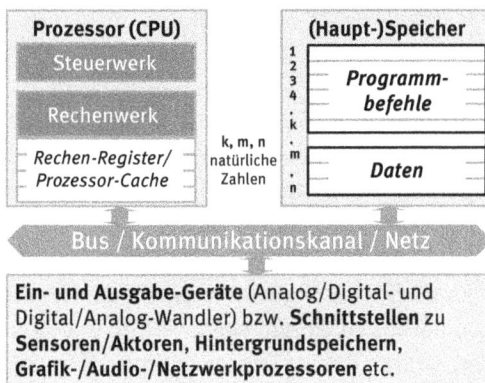

Abb. 1.2.1: Klassische Architektur eines Computersystems nach Von Neumann (Quelle: nach Herrmann 2010).

Neben **Ein-/Ausgabegeräten** wie Tastatur, Maus, Bildschirm, Drucker, Touch-Screen etc. werden über **Schnittstellen** die schnellen, teuren und flüchtig-speichernden Hauptspeicher-Chips durch billigere, langsamere, aber nichtflüchtig speichernde sog.

Hintergrundspeicher wie Solid State Discs (SSD), Festplatten, USB-Sticks etc. ergänzt, um große Programme und Datenmengen im ständigen Zugriff zu haben (Abb. 1.2.2). Programme bestehen aus prozessorspezifischen binär-codierten Steuerbefehlen, die sukzessive vom Steuerwerk aus dem Speicher geladen und abgearbeitet werden.

Für spezielle Aufgaben wie z. B. schnelle Netzwerkkommunikation, Grafik-/Video-verarbeitung oder die Simulation Künstlicher Neuronaler Netze in der Künstlichen Intelligenz wird die Von-Neumann-Architektur um CPU-Zwischenspeicher (Register/ Cache Memory), weitere parallele Rechenwerke oder spezielle Graphic Processing Units (GPUs) erweitert. Programme mit solchen prozessorspezifischen Befehlen erfordern detaillierte Kenntnisse über die Hardware-Architektur von Prozessoren und Geräten, laufen nur auf dem entsprechenden System und heißen auch Maschinensprachen oder Maschinencode.

Software sind alle Programme einschließlich deren Dokumentation, wobei man zwischen Systemprogrammen und Anwendungsprogrammen unterscheidet.

Systemprogramme dienen der Verwaltung des Computers und seiner Teilsysteme sowie der angeschlossenen Peripheriegeräte und bilden gemeinsam das sog. **Betriebssystem** (Operating System). Sie sind zum Teil in Maschinensprache geschrieben, insbesondere die Programme zur Gerätesteuerung, die man auch Gerätetreiber (Driver) nennt.

Anwendungsprogramme (**Applikationen**) sind dagegen die Programme, die einem nützlichen Zweck für den Anwender dienen, wie z. B. Text-, Grafik- und Datenverarbeitung, Kalkulations- und Steuerungssysteme, Reservierungs- und Buchungssysteme, Geoinformationssysteme, Computerspiele etc. Anwendungsprogramme nutzen die Dienste des Betriebssystems, um über sog. Dateien (Files) auf Daten der Hintergrundspeicher zuzugreifen und diese zur Verarbeitung in den Hauptspeicher zu laden bzw. nach der Verarbeitung dort wieder dauerhaft zu speichern.

Das **Betriebssystem** (vgl. Baun 2020) verwaltet neben dem Speicher und den Geräten auch die Nutzer eines Computers und ermöglicht bei sog. Multi-User-Betriebssystemen auch mehreren Nutzern denselben Computer quasi gleichzeitig zu nutzen, was eine wichtige Grundlage insbesondere für Reservierungs- und Buchungssysteme ist, wo mehrere Nutzer gleichzeitig nach Angeboten suchen können, ohne sich gegenseitig zu beeinträchtigen. Betriebssysteme nutzen die extrem schnellen Zentralprozessoren zur Bearbeitung mehrerer Aufgaben (Multitasking) einer oder mehrerer Nutzer, indem sie z. B. im Time-Sharing-Verfahren jeder Aufgabe bzw. jedem Nutzer nach kurzem Zeitslot den Prozessor wieder entziehen, um andere Aufgaben anderer Nutzer weiter zu bearbeiten und auf diese Weise alle Aufgaben abwechselnd vorantreiben. Dies bleibt für die Nutzer weitgehend unbemerkt, wenn die einzelnen Aufgaben wie Ein- und Ausgaben oder Berechnungen jede für sich den Zentralprozessor nur in geringem Umfang auslasten, was insbesondere bei Großrechnern und Servern normalerweise der Fall ist.

Da Anwendungsprogramme typischerweise auf vielen verschiedenen Computersystemen und Prozessoren ablaufen sollen und das Programmieren mit maschinennahen Prozessorbefehlen sehr anwendungsfern ist, wurden **höhere Programmiersprachen** wie z. B. C, Basic, JAVA, R, Python und viele andere entwickelt. Sie abstrahieren von einer konkreten Prozessorarchitektur und haben eher an der Mathematik orientierte Sprachkonstrukte wie z. B. Funktionen statt Befehle und Variable statt Speicherzelladressen etc. (vgl. Clausing 2011). In Maschinensprache vorliegende Übersetzerprogramme übersetzen die Programme dieser höheren Programmiersprachen komplett (Compiler) oder in kleinen Portionen (Interpreter) automatisch in die Maschinensprache der marktgängigen Prozessoren. Anwendungsprogrammierer können Anwendungsprogramme auf diese Weise in höheren Programmiersprachen mathematisch-problemnah und maschinenunabhängig formulieren. Um nicht für jeden neuen Prozessortyp neue Übersetzer entwickeln zu müssen, übersetzen JAVA-Compiler nicht direkt in Maschinencode, sondern in einen sog. Byte-Code einer standardisierten **virtuellen Maschine** (VM). Prozessorhersteller müssen dann nur noch eine prozessorspezifische virtuelle Maschine als einfacheren Übersetzer von Byte-Code in ihren spezifischen Maschinencode liefern, um diverse vorhandene JAVA-Programme lauffähig zu machen, ohne dass der Anwendungsprogrammierer seine JAVA-Anwendung neu programmieren muss. Bei den höheren Programmiersprachen kann man noch zwischen Allzweck-Programmiersprachen (General Purpose – z. B. C, Basic, JAVA, Python) und Spezial-Sprachen für bestimmte Anwendungsgebiete (VBA-Office, R-Statistik, JavaScript-Browser, SQL-Datenbanken s. u.) unterscheiden. Während vom Betriebssystem alle Daten in Dateien gehalten werden, ist für zahlreiche und insbesondere betriebliche Anwendungen die Arbeit mit hochstrukturierten Datensätzen (Records, Karteikarten) wichtig. Karteikarten einer Kartei haben immer den gleichen Aufbau (Kundenkartei, Reservierungskartei, Kassenjournal etc.) und können elektronisch als mathematische Tupel/Relationen bzw. Zeilen in Tabellen mit festgelegten Spaltenattributen und Datentypen gespeichert, durchsucht, sortiert, manipuliert und verknüpft werden.

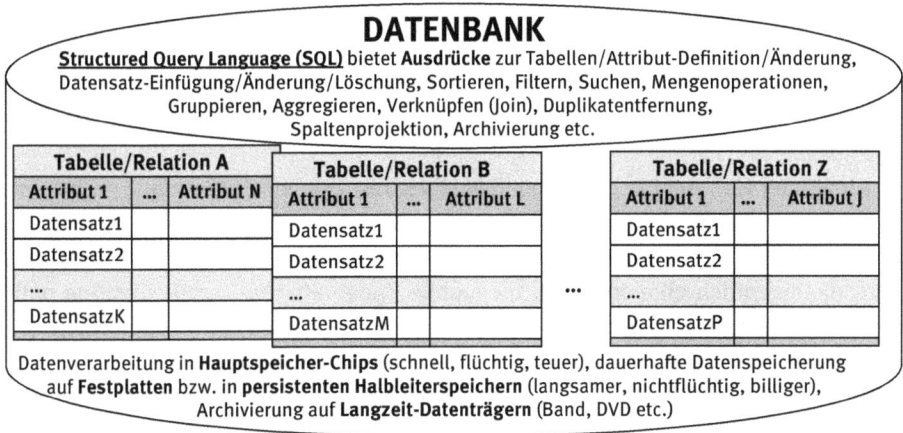

Abb. 1.2.2: Relationale Datenbanken modellieren elektronische Karteikästen (Tabellen für hochstrukturierte Datensätze/Records als Tabellenzeilen) als Basis-System für zahlreiche EDV-Anwendungen.

Datenbanksysteme sind spezielle systemnahe Programme, die nicht mehr zum Betriebssystem gehören, aber Basiskomponente zahlreicher IT-Anwendungen sind und aufbauend auf den Diensten des zugrundeliegenden Betriebssystems elektronische Karteikartensysteme zur Verwaltung gut strukturierter Massendaten bereitstellen (vgl. Kemper/Eickler 2015 und Elmasri/Shamkant 2017). Am weitesten verbreitet sind bis heute sog. relationale Datenbanksysteme, die wie in Abb. 1.2.2 dargestellt eine international genormte Datenabfrage- und -manipulationssprache SQL (Structured Query Language) anbieten, um beliebig komplexe Operationen auf Datensätzen von Tabellen bzw. Relationen entsprechend dem mathematischen Kalkül der Relationalen Algebra zu programmieren. Eine besonders für Computerreservierungssysteme im Tourismus wichtige Zusatzfunktion von Datenbanken ist das **Transaktions-Monitoring**, mit dem von der Datenbank auf Datensatzebene sichergestellt wird, dass Datenbanktransaktionen wie z. B. die Reservierung desselben Flug-Sitzplatzes im Mehrbenutzerbetrieb nicht von zwei Nutzern gleichzeitig erfolgen kann. Wer zu spät kommt, muss eine Fehlermeldung bekommen und ggf. zusammengehörige Umsteigeflüge nur gemeinsam oder gar nicht buchen können. Alle höheren Programmiersprachen haben Schnittstellen, um SQL-Befehle an relationale Datenbanksysteme zu senden und die Ergebnisse der Abfragen bzw. Manipulationen abzurufen. Die meisten touristischen Anwendungen wie z. B. Computerreservierungssysteme, Internet Booking Engines und auch diverse Reise-Apps etc. nutzen Datenbanksysteme, die in Anwendungslandschaften als Daten-Silos symbolisiert werden. Neben den relationalen Datenbanksystemen gibt es auch hierarchische, netz- oder graphorientierte Datenbanken für Spezialanwendungen.

1.2.2 Basisarchitekturen touristischer IT-Anwendungen

Aus den im vorigen Abschnitt vorgestellten Basiskomponenten haben sich über Jahrzehnte verschiedene Anwendungsarchitekturen für touristische IT-Anwendungen entwickelt.

Abbildung 1.2.3 zeigt in der Reihenfolge ihrer historischen Entwicklung sechs typische Systemarchitekturen, nach denen Informationssysteme strukturiert sein können (vgl. Hansen/ Neumann 2009). Mit den Mobile Apps hat sich eine weitere Variante etabliert, die eigentlich eine spezielle, für mobile Endgeräte und ihre Bedienung optimierte Mischform der PC- und der Webapplikation ist. Inzwischen (2020) werden alle Applikationen als „App" bezeichnet. Cloudbasierte Architekturen stellen eine Weiterentwicklung der Client-Server-Architektur dar und werden in Kapitel 1.2.3 erläutert.

Mainframe-Applikationen
Die ersten touristischen Computerreservierungssysteme (CRS) wurden von den Airlines auf der Basis von Großrechnern entwickelt. Großrechner (engl. Mainframe) sind extrem leistungsfähige, herstellerspezifische und teure Computersysteme, die in einem

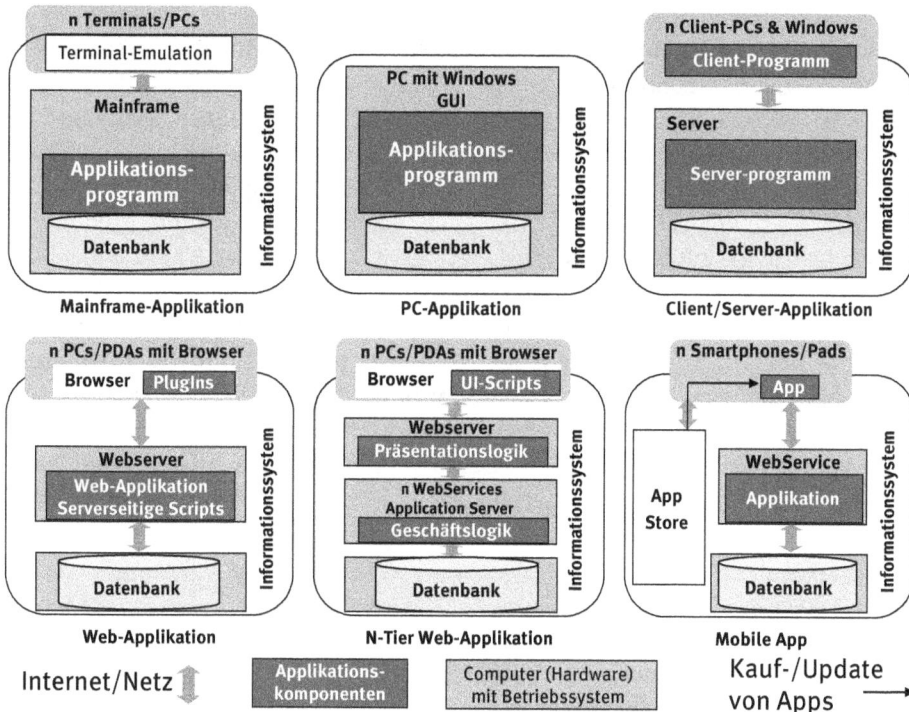

Abb. 1.2.3: Typische Systemarchitekturen von Informationssystemen für IT-Applikationen (Quelle: eigene Darstellung in Anlehnung an Hansen/Neumann 2009).

zentralen Rechenzentrum betrieben werden. Auf einem Großrechner können verschiedene Applikationsprogramme mit Zugriff auf gemeinsame Datenbanken ablaufen (gehosted – beherbergt werden) und sehr hohe Transaktionsraten (z. B. Abfragen, Reservierungen, Buchungen pro Sekunde) erreichen. Da vor Erfindung des Personal Computers (PC) die Anwender nur über alphanumerische Terminals ohne eigene Prozessorleistung verfügten, wurde neben der Geschäftslogik auch die gesamte Kommunikation mit den „dummen" Anwender-Terminals (Konsole) vollständig durch die zentrale Applikation gesteuert. Der bis heute auf alphanumerischen Befehlscodes beruhende kryptische Bedienmodus ist bei allen GDS ein typisches Relikt dieser Host-Applikationen. Während sich frühe Großrechneranwendungen sowohl um die Geschäftslogik als auch um die Datenhaltung kümmern mussten, wurden die anwendungsunabhängigen Funktionen zur Verwaltung von Massendaten sowie der Transaktionskontrolle zur Vermeidung von Inkonsistenzen durch parallelen Zugriff verschiedener Anwender auf dieselben Daten (typisch bei Reservierungen) in Datenbanksystemen zusammengefasst. Mainframe-Applikationen sind heute im touristischen Bereich nicht mehr im Einsatz bzw. die letzten Anwendungen werden gerade abgelöst.

PC-Applikationen

Mit der Einführung der auf massenweise hergestellten Standard-Hardware-Komponenten basierenden PCs konnte dem Bediener kostengünstig eigene Prozessorleistung im Endgerät bereitgestellt werden und es entstanden PC-Applikationen. Dies sind Programme wie z. B. Office, Finanzbuchhaltung oder Hotel-Zimmerverwaltungen, die auf einem PC installiert werden und dort mit lokaler Datenhaltung oder einer Datenbank vollständig dezentral auf dem Nutzer-Schreibtisch ablaufen. Die Einführung grafischer Bedienoberflächen mit Maus und Fenstertechnik war ein weiterer Schritt, der auf der lokalen Verfügbarkeit von Prozessorkapazität beruhte. Die menügesteuerten kryptischen Bedienoberflächen wurden immer mehr durch windowsbasierte grafische Oberflächen (GUI – Graphical User Interface) verdrängt. Sie sind für den gelegentlichen Nutzer bedienerfreundlicher und erfordern nicht das Erlernen von Befehlscodes, bieten aber häufig im sogenannten Expertenmodus schnelle tasten- und befehlsorientierte kryptische Bedienvarianten an. Durch Terminal-Emulationsprogramme kann auch jeder PC, der mit einem Großrechner vernetzt ist, in einem Fenster zentrale Host-Applikationen aufrufen und dem Anwender zur Bedienung anbieten.

Client/Server-Applikationen

Mit der PC-Vernetzung kamen zu den zentralen Host-Applikationen noch Client-Server-Applikationen als Innovation hinzu. Ein PC, der mit den PCs mehrerer Anwender vernetzt ist, kann als Server eine zentrale Datenbank und ein zentrales Applikationsprogramm, z. B. ein Hotelmanagement-System, beherbergen, das von allen angeschlossenen Anwendern gemeinsam benutzt wird. Auf jedem Nutzer-PC wird hierzu ein anwendungsspezifisches Client-Programm installiert, das die meist grafische Bedienoberfläche und gegebenenfalls lokale Geschäftslogik für den Anwender bereitstellt und als Client (Kunde) Aufträge zur Bearbeitung an die Server-Applikation (Diener) schickt. Diese enthält die zentralen Komponenten der Geschäftslogik und organisiert den Zugriff auf die gemeinsam genutzten Daten. Anders als bei Großrechnern ist bei dieser Architektur die „Intelligenz" der Applikation zwischen PC und Server auf zwei Ebenen verteilt. Man spricht auch von *2-Tier-Architecture*. Der Vorteil der PC-Server ist, dass sie auch für Abteilungen, kleine und mittlere Betriebe erschwinglich sind, und für den gemeinsamen Zugriff auf Funktionen und Daten eine ähnliche Funktionalität wie Großrechner über eine grafische Bedienoberfläche bieten. Aber auch im Client-Server-Computing wurde der aus dem Host-Betrieb bekannte Terminal-Zugriff weiterentwickelt. Auf einem PC-Server mit einer Terminal-Server-Software kann man von jedem vernetzten PC aus eine sogenannte Remote-Desktop-Verbindung aufbauen und wie als entfernter Nutzer in einem Fenster diverse Anwendungen auf dem Server starten und in einer Windows-Oberfläche bedienen. Der lokale PC des Nutzers fungiert hierbei als reines „dummes" Windows-Terminal, das nur den grafischen Benutzerdialog abbildet, der durch die vollständig auf dem Server ablaufenden Anwendungen erzeugt wird. Auf diese Weise können Betriebe externen Nutzern kurzfristig ohne Installationsaufwand Zugriff zu diversen Windows-Anwendungen geben. Dieselbe Technik liegt PC-

Support-Programmen zugrunde, mit denen z. B. Experten in einem Service Call-Center Anwendern am PC Hilfestellung geben können, indem sie mit Zustimmung des Anwenders als Remote User die Fernbedienung (Remote Control) des PC übernehmen können.

Web-Applikationen

Die Ausbreitung des Internets beschränkte sich viele Jahre lang auf die Ausbreitung der TCP/IP-Internet-Protokollfamilie zur Verbindung heterogener Computernetze auf dem Weg zu einem globalen Netzwerk. Es schließt diverse, bis heute physikalisch und von den Übertragungsverfahren her verschiedenartige, historisch gewachsene Subnetze zu einem logischen (virtuellen) Standard-Netzverbund zusammen. Auf Ebene der Anwendungen verbreitete sich zunächst Internet-E-Mail, das in Konkurrenz zu zahlreichen anderen Mail-Systemen stand. Die Revolution auf Anwendungsebene begann auf dieser Basis erst mit der Einführung des World Wide Web (WWW) als standardisiertes multimediales Hypertext-Informationssystem. Es bietet Anwendern über einen als Browser bezeichneten Web-Client beliebige in HTML (Hypertext Markup Language) beschriebene Multimedia-Dokumente zur Ansicht an, die auf verschiedenen Webservern bereitgestellt, weltweit über Uniform Resource Locators (URLs bzw. Links) aufeinander referenzierbar und über HTTP (Hypertext Transfer Protocol) abrufbar sind. Als Web-Applikationen bezeichnet man nun Anwendungsprogramme, die für den interaktiven Dialog mit dem Anwender Hypertext-Dokumente wie Eingabeformulare und multimediale Ausgabedokumente automatisch und in Echtzeit auf dem Webserver erzeugen, verarbeiten und mit dem Webbrowser des Anwenders austauschen. Zur Programmierung dieser webserverzentrierten Interaktions- und Anwendungslogik von Web-Applikationen wurden serverseitige Skriptsprachen (z. B. PHP – Personal Home Page, ASP – Active Server Pages und JSP – Java Server Pages) entwickelt. Web-Applikationen können daher von Anwendern sofort auf jedem Computer mit einem Webbrowser bedient werden, der über Internetverbindungen Zugang zum Webserver der Anwendung hat. Nach der einmaligen Installation eines Webbrowsers auf einem beliebigen Endgerät (PC, Smartphone, Pad etc.) kann jeder Anwender weltweit über das Internet sofort die meisten Web-Applikationen nutzen, ohne weitere anwendungsspezifische Client-Software installieren zu müssen. Neue Funktionen und Verbesserungen von Web-Applikationen, bei denen die Intelligenz zur Geschäftslogik und Dialogsteuerung wieder stärker zentralisiert ist, sind sofort nach Installation auf dem Webserver und ohne Softwareverteilung bzw. Client-Installation bei allen Anwendern weltweit nutzbar.

Internet, Intranet und **Extranet:** Um den allgemeinen Zugang zu Web-Applikationen, die auch Internet-Applikationen genannt werden, zu beschränken, können diese zur Autorisierung und Authentifizierung der Anwender ein Login- und Passwort vorsehen und durch differenzierte Rechtevergabe den Zugriff auf Funktionen und Daten einschränken. Netzwerkseitig kann der Zugriff auf Web-Applikationen auch durch Firewalls erfolgen, die bei einem Subnetz oder einem einzelnen Computer nur Internetpakete von Rechnern mit zugelassenen Internetadressen zum

Durchlass filtern. Auf diese Weise durch Firewalls vom allgemeinen Internetzugriff abgeschottete betriebseigene Subnetze nennt man auch Intranet. Die entsprechenden Webanwendungen, auf die nur von Rechnern im Subnetz zugegriffen werden kann, heißen auch Intranet-Anwendungen. Soll ausgewählten Anwendern (Kunden, Lieferanten, Mitarbeitern im Außendienst etc.) Zugriff zu besonders schützenswerten Web-Applikationen gewährt werden, ohne den Zugriff auf einzelne Rechner mit festen Internetadressen zu beschränken, kann auch eine Verschlüsselung der gesamten Kommunikation zwischen dem Intranet und ausgewählten Rechnern außerhalb des Intranets vorgesehen werden. Bei dieser auch als Extranet (Intranet für externe Nutzer) bezeichneten Erweiterung des Intranets benötigen Rechner außerhalb des Intranets meist eine anwendungsunabhängige VPN (Virtual Private Network) Client-Software, die nach einem dem Anwender individuell zugeteilten Schlüssel alle Daten zur Kommunikation mit den Webservern im Intranet ver- und entschlüsselt. Nur wer im Besitz eines Schlüssels ist, kann im offenen Internet über einen VPN-Server Kontakt zu ausgewählten Rechnern des ansonsten abgeschotteten Intranets aufnehmen und die ausgetauschten Datenpakete korrekt interpretieren – der Datenaustausch zwischen Browser und Webserver ist zudem im „offenen Internet" nicht abhörbar. Web-Applikationen für ausgewählte externe Nutzergruppen nennt man in Abgrenzung zu den offenen Internet-Applikationen und den auf bekannte Rechner und Subnetze beschränkten Intranet-Applikationen entsprechend Extranet-Applikationen.

Webportale: Die Möglichkeit verschiedenartige Web-Applikationen einfach per Link aufzurufen und zu verknüpfen, führte zu einer weiteren Innovation, die auch für den Tourismus wesentlich ist. Verschiedene Webanwendungen können den Anwendern auf einem Webportal gemeinsam angeboten werden. Reiseportale entstehen z. B. aus der Kombination verschiedener sog. Web Booking Engines (WBEs) zur Buchung unterschiedlicher touristischer Angebote (Flug, Hotel, Mietwagen, Pauschalreisen, Tickets) mit Anwendungen beispielsweise zur Anzeige von Sonderangeboten oder zum Abonnieren eines Newsletters. Je nach Integrationsgrad sind die verschiedenen Webanwendungen optimal aufeinander abgestimmt, z. B., indem sie im gleichen Layout gehalten sind oder der Kunde am „Portal" seine Daten nur einmal eingeben muss, um dann alle Anwendungen mit diesen Daten nutzen zu können. Durch das sog. Session-Monitoring der Nutzer-Interaktionen nach dem Login auf einem Portal und die Wiedererkennung von Nutzern über das Setzen von Mini-Dateien (Cookies) im Browser der Nutzer können Webportale ihre Besucher wiedererkennen und ihr Verhalten analysieren. Webportale mit großem Nutzerkreis können außerdem zusätzliche Einnahmen generieren, indem sie auf ihrem Portal Online-Werbeformen wie Bannerwerbung oder Pop-ups für werbetreibende Dritte schalten. Durch geeignete *Advertising Server* können die Bannerschaltungen automatisiert, Clicks der Nutzer auf Online-Werbung oder sogar erfolgreiche Weiterleitungen mit Anschlusskauf aufgezeichnet und die fälligen Pay-per-View-, Pay-per-Click- oder Pay-per-Sale-Werbevergütungen berechnet werden. Portale, die sich um den Betrieb von Advertising Servern oder die Akquisition von Werbekunden, die man auch als Affiliate-Partner eines Portals bezeichnet, nicht selbst kümmern wollen, können diese Aufgabe an sog. *Affiliate-Netzwerke* delegieren. Diese vermitteln gegen Provision Portal-Werbeflächen an Werbetreibende und übernehmen die Schaltung der Werbemittel, das Monitoring der Clickraten sowie die gegenseitigen Werbe-Abrechnungen vollautomatisch. Sie haben aufgrund ihrer Präsenz auf zahlreichen Portalen ähnlich wie Suchmaschinen-Betreiber erweiterte Möglichkeiten zum portalübergreifenden Tracking und Targeting eines Portal-Besuchers und können diesem auf seinem Weg durchs Internet (Customer Journey) auf verschiedenen Portalen passende Werbeempfehlungen einblenden. Portale ermöglichen also die zielgruppenspezifische Bündelung von Web-Applikationen, Multimedia-Content und Werbung verschiedener Anbieter und gehören zu den neuen Medien (New Media), die in Konkurrenz zu klassischen Medien wie Outdoor-Plakatierung, Print-, Funk- und Fernsehen treten bzw. diese komplementär ergänzen.

Content-Management-Systeme: In der Anfangsphase des WWW mussten Webseiten mit ihren Text- und Bildinhalten sowie mit ihrer kompletten Formatierung und dem Layout mühsam von Hand oder mit Hilfe spezieller Web-Editoren halbautomatisch in der von allen Browsern interpretierbaren Standard-Beschreibungssprache für Webdokumente HTML (Hypertext Markup Language) kodiert werden. Content-Management-Systeme sind spezielle Web-Applikationen, die die Entwicklung und Pflege von Webseiten durch konsequente Trennung des Layouts und der Formatierungen von den eigentlichen Text- und Bildinhalten (oder anderem multimedialem Content) erheblich erleichtern. Layout und Formatierungsvorgaben sind auf den meisten Seiten eines Webauftrittes gleichartig gestaltet und werden als Schablonen (sogenannte Web-Templates) von Designern vorgegeben. Eine in diesem Zusammenhang wichtige Erweiterung von HTML ist hierbei die Formatierungssprache CSS (Cascaded Style Sheets), welche die Trennung der Formatierung von der Struktur und den Inhalten einer Website unterstützt. Die Inhalte können dann von Redakteuren allein durch das Ausfüllen von Textformularen und das Hochladen von Foto, Audio und Video-Dateien einfach gepflegt werden, ohne grafische und technische Aspekte der Layout-Formatierung oder gar HTML-Programmierung kennen oder berücksichtigen zu müssen. Das Web-Content-Management-System formatiert automatisch die in einer Datenbank verwalteten Text- und Multimedia-Inhalte entsprechend den Layout- und Formatierungsregeln der Templates und gibt sie als vollständig automatisch generierte Webseite aus (vgl. Abb 1.2.4). Allein durch Verwendung verschiedener Templates und Cascaded Style Sheets können so dieselben Informationen auch für verschiedene Endgeräte wie Smartphone oder Drucker unterschiedlich aufbereitet werden. Dieselben Inhalte, z. B. Reiseinformationen zu einem Zielgebiet, können ebenfalls mittels verschiedener Templates auf verschiedenen Webauftritten bzw. verschiedenen Reiseportalen in unterschiedlichem markenabhängigen Format und Layout angezeigt werden.

So kann mittels Content Syndication derselbe Content an zahlreiche Abnehmer zur Wiederverwendung weiterverkauft werden. Ebenso werden Web-Applikationen wie z. B. Web-Buchungssysteme (IBE – Internet Booking Engines) als White-Label-Anwendungen mit individualisierbaren Templates bereitgestellt, damit sie von di-

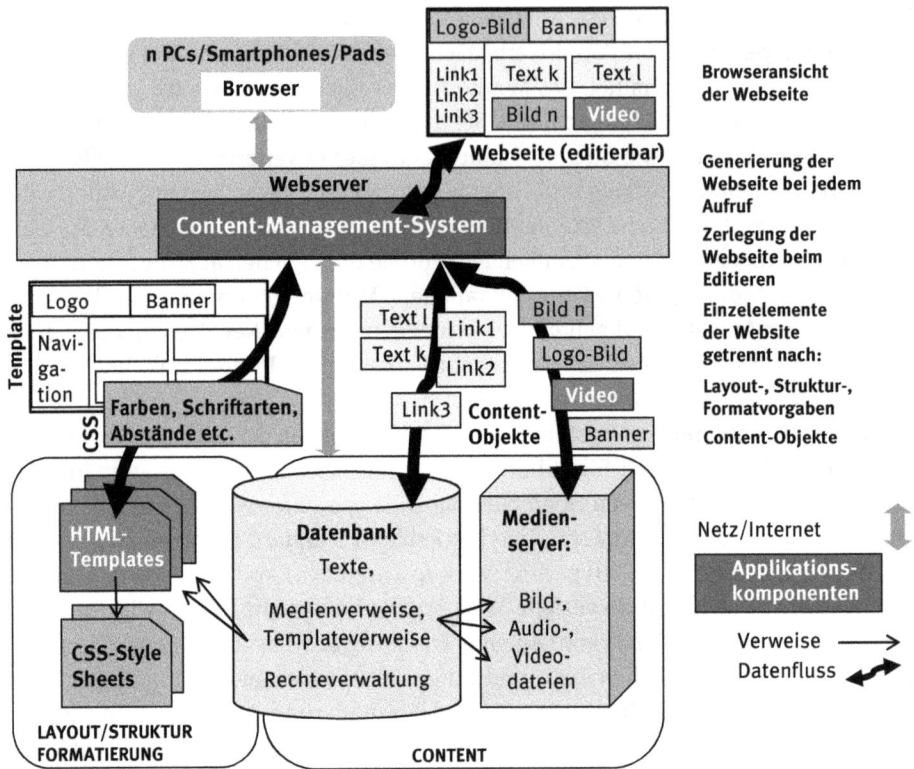

Abb. 1.2.4: Typische Architektur eines Content-Management-Systems.

versen Webportalen passend zum jeweiligen Portallayout integriert werden können. Die Verwaltung der Inhalte in einer Datenbank mit ihren mächtigen Verwaltungsfunktionen ermöglicht außerdem eine differenzierte Rechteverwaltung, die festlegt, wer welche Inhalte einstellen, ändern oder einsehen darf (vgl. Barker 2016). Sie ist Grundlage der Personalisierung, bei der man Portalnutzern nur die Inhalte zeigt, die vermeintlich zu ihnen passen.

Internet-Communities, Bewertungsportale, Blogs, Wikis, E-Learning-Plattformen und **Soziale Netzwerke** sind aus technischer Sicht speziell erweiterte Content-Management-Dienste. Sie ermöglichen Web-Teilnehmern ohne technische Kenntnisse und Redaktionssystem beliebige digitale Inhalte zu publizieren und mit anderen Web-Teilnehmern in Echtzeit auszutauschen. Als Weiterentwicklung des klassischen WWW bezeichnet man dies als Web 2.0 (vgl. Lammenett 2009, Conrady 2010 und Kreutzer 2012, Hinterholzer/Egger 2014). Systemspezifisch werden ausgefeilte Dienste zur Registrierung, Nutzerprofil-, Rechteverwaltung und Lokalisierung sowie zur Strukturierung, Sortierung, Filterung, Georeferenzierung und Propagierung der Inhalte und Kommunikationsereignisse angeboten. Vom Geschäftsmodell her sind diese Dienste entweder IT-Dienste (z. B. Blog-Hosting gegen Nutzungsgebühr), oder

Medien-, Werbe- und Marktforschungsdienste, die sich aus Werbeeinnahmen, Abos, ehrenamtlichen Beiträgen und Spenden finanzieren. Manche sind als Mash-ups in klassische Webauftritte und Reiseportale integrierbar oder werden mit Suchmaschinen (siehe unten), Virtual/Augmented Reality-Darstellungen oder Computerspielen (Gaming Apps) kombiniert. Nutzerinteraktionen, Beziehungen, Interessen- und Bewegungsprofile sind dabei auf vielfältige Weise protokollier- und auswertbar. Darauf basieren innovative Dienste zur nutzerspezifischen Werbeansprache (z. B. zielgruppen- und ortsspezifische Bannerwerbung, nutzerprofilbezogene Reisetipps und Routenempfehlungen), PR-Arbeit und Online-Marktforschung (Mining von Bewertungen, Interessenprofilen und Beziehungsnetzwerken), deren spezielle Ausprägungen in der Reisebranche breite Anwendung finden (Conrady 2010, Ricci et al. 2011 sowie Amersdorffer et al. 2010). Die besonderen rechtlichen Aspekte dieser Anwendungen behandelt Kapitel 5.5. Zur Aus- und Weiterbildung werden im Tourismus darüber hinaus spezielle CMS eingesetzt, die Lehrinhalte für Mitarbeiter, Kunden und Vertriebspartner als Texte, FAQs, Animationen oder Lern-, Plan- und Gewinnspiele mit Übungsfragen transportieren (vgl. Wilms 2010).

N-Tier-Web-Applikationen und serviceorientierte Architekturen
Der große Erfolg von Webanwendungen führte schnell zu Erweiterungen der Web-Systemarchitekturen durch Aufspaltung der 2-Schicht-Webanwendungen (2-Tier) durch neue Schnittstellen-Technologien wie insbesondere XML (eXtensible Markup Language) in weitere Komponenten und n-Schichten (n-Tier): Web-Frontends und Browsererweiterungen (User-Interface/UI-Scripts, Plug-ins, AJAX) entstanden auf Seite der Nutzerschnittstellen, sowie Application Server und verteilte XML-WebServices auf Seite der Anwendungskomponenten (vgl. Abb. 1.2.3). Diese serviceorientierten Mehrebenen-Architekturen und XML sind grundlegend für komplexe verteilte Webanwendungen wie Reiseportale mit mehreren WBEs, Suchmaschinen oder die Ergänzung klassischer Datenbanken um das sog. Semantic Web, die im Folgenden behandelt werden. Zahlreiche Anbieter entwickelten für ihre bestehenden alten Host- bzw. Client-Server-Applikationen neue Web-Bedienoberflächen, ohne die komplexen und seit Jahrzehnten erfolgreichen Anwendungen selbst zu verändern (vgl. Krcmar 2015). Vor die bewährten sog. Legacy-Systeme wurden *Web-Frontends* geschaltet, um die alten Funktionalitäten den Anwendern auf ihren Browsern mit moderner Bedienoberfläche zu präsentieren. Die Steuerung der Bedienoberfläche (Präsentationslogik) wurde von der eigentlichen Applikationslogik getrennt und auch zur Lastverteilung auf verschiedene Systeme (*Application Server*) verteilt. Beispiele für solche Architekturen sind die Web Booking Engines (WBEs), die vor klassische Tourismus-Applikationen als Internet-Frontends eingesetzt werden. Die intelligente Verteilung der Last auf zahlreiche Server eines Server-Clusters bzw. auf vernetzte Rechenzentren im Internet (Cloud-Computing) erlaubt auch technisch ähnliche oder sogar höhere Verarbeitungsleistungen, wie sie früher nur durch Großrechner erreichbar waren. Auch die Datenbanken, die inzwischen komplett in Hauptspeichern gehalten und zudem auf

beliebig viele Server verteilt werden können, tragen zur Leistungssteigerung bei. Die Fähigkeiten der Browser zur grafischen Darstellung z. B. von dynamischen Inhalten, 3D-Darstellungen, Animationen, Filmen etc. können durch nachladbare *Plug-ins* – im Browser ablaufende Softwaremodule, in HTML eingebettete User Interface Skriptprogramme (*UI-Scripts*, insb. JavaScript) und auf dem Endgerät ausführbare Applikationsmodule (Applets) – dynamisch erweitert werden. Auch eine Kommunikation zwischen Browser und Server, die asynchron zu den eigentlichen Aktionskommandos des Nutzers „im Hintergrund" erfolgt, wird hierdurch ermöglicht (z. B. *AJAX – Asynchronous JavaScript and XML*). Die Komponenten und die Intelligenz einer einzelnen Web-Applikation können auf diese Weise auf verschiedene Module und Systeme beim Anwender und beim Anbieter bzw. dessen Zulieferer verteilt werden – es entstehen verteilte Mehrebenen-(n-Tier-)Web-Applikationen. Frühe Beispiele für komplexe Mehrkomponenten-Web-Applikationen sind generell die *Suchmaschinen* und als spezifische Anwendung die *Reisesuchmaschinen*. Die im nachfolgenden Kapitel 1.2.3 noch detaillierter erläuterte serviceorientierte Architektur stellt eine Weiterentwicklung dieses Trends dar, bei der eine Applikation aus zahlreichen über standardisierte Schnittstellen kooperierenden Teil-Applikationen verschiedener Dienstanbieter, den „WebServices", besteht (vgl. Krcmar 2015). Die klassischen monolithischen Host- und Client-Server Applikationen werden hierbei in viele verteilte WebServices zerlegt, was neue Organisationsmodelle und Spezialisierungen in der Branche ermöglicht, aber auch neue Schnittstellen mit sich bringt (vgl. Abb 1.2.3 und Cloud Computing in Kap. 1.2.3).

XML: Ein wesentlicher Meilenstein zur Vereinfachung der Programmierung solcher Schnittstellen war die als XML (e**X**tensible **M**arkup **L**anguage) bezeichnete Verallgemeinerung von HTML (vgl. Abb. 1.2.5). Sie liefert eine standardisierte Technologie, mit der Datenaustauschformate zwischen beliebigen Anwendungen auf einfache Weise definiert und mit Hilfe von Standardwerkzeugen implementiert werden können. Die Definition von Standardaustauschformaten auf Basis von XML-Technologien, z. B. durch die Open Travel Alliance oder den Deutschen Reiseverband, hat die Direktverbindung touristischer Applikationen, z. B. von Leistungsträgern und Reisemittlern erheblich vereinfacht und den technischen Aufwand zur Umgehung der klassischen Intermediäre durch Direktanbindungen gesenkt. XML ist auch technologische Basis der WebService-Schnittstellen, mit deren Hilfe die Integration alter und neuer Applikationsmodule (*WebServices*) innerhalb und zwischen verschiedenen Betrieben im Rahmen einer serviceorientierten Architektur erleichtert wird. Webanwendungen können über WebService Schnittstellen nicht nur einzelne Application Server, sondern auch mehrere WebServices verschiedener sog. WebService-Provider nutzen, um verschiedene Inhalte und Dienste (z. B. Reiseangebote, Landkarten und Kundenbewertungen) in einem Webportal oder einer sogenannten Mashup-Applikation neuartig oder kundenindividuell zu kombinieren (vgl. auch Goecke 2020b).

Abbildung 1.2.5 zeigt die XML-Markierung schwach strukturierter Informationen, zu denen insbesondere Texte gehören, deren Gliederung zwar bei Textverarbeitungen maschinell erkennbar ist, deren Bedeutung aber im Gegensatz zu hochstrukturierten Datensätzen einer relationalen Datenbank oder zu formalen Programmiersprachen aufgrund der komplexen Grammatik und Mehrdeutigkeit natürlicher Sprachen für Computer ohne aufwändige Methoden der Künstlichen Intelligenz nicht automatisiert erschließbar wäre. HTML zeigte, wie Textdokumente durch Standard-Tags um Struktur- und Formatinformationen so angereichert werden können, dass Computer außer Layout- und Formatinformationen auch immer mehr Teilstrukturen wie Überschriften, Abschnitte, Bildbeschreibungen, Ober- und Unterpunkte, Tabellenzellen etc. automatisch erkennen und einordnen können, was insbesondere Suchmaschinen ausnutzen (vgl. nächsten Abschnitt). XML ermöglichte zusätzlich die Markierung von schwach-strukturierten Text-, Bild, Audio-, Video- oder auch GIS-Karten mit immer genaueren semantischen Metadaten, welche eine exakte maschinelle Interpretation der markierten Dokument- bzw. Dateiinhalte erlaubt. In Abb. 1.2.5 sieht man, wie z. B. ein Text mit Fluginformationen so durch XML-Tags markiert werden kann, dass nicht nur ein menschlicher Leser, sondern auch ein Computer die Bedeutung der Textstellen eindeutig interpretieren und verarbeiten kann. Die Open Travel Alliance, die IATA und der Deutsche Reiseverband DRV haben umfangreiche Tourismus-XML-Standards entwickelt, um z. B. touristische Angebots- und Buchungsdaten zwischen IBEs und GDS verschiedener Akteure über WebService-Schnittstellen auszutauschen und automatisiert weiterzuverarbeiten.

Semantic Web: XML und das Konzept der eindeutigen URIs (Uniform Resource Indicators) erlauben darüber hinaus die Definition weiterer Standardsprachen zur Wissensrepräsentation, auf denen das sogenannte Semantic Web aufbaut, das zur Erweiterung des WWW um Verfahren der intelligenten Suche und Künstlichen Intelligenz seit Jahren Gegenstand intensiver Forschungstätigkeit ist (vgl. Fensel et al. 2011, Sikos 2015, Hepp 2020, Wikidata.org 2020, Schema.org 2020).

Wie Abb. 1.2.5 zeigt, können Dokumente auch mit eindeutigen URIs, denen URL-Links auf Webseiten zugeordnet werden, welche dann als Wissensbasis (Knowledge Repository) für ein gewisses Wissensgebiet dienen (hier fiktiv flights.org), maschinenlesbare Wissensdokumente mit **Fakten-Attributen** (depart time:) und Aussagen in **Subjekt-Prädikat-Objekt**-Form (z. B. Flug *URL/SA112 depart*(s from) *URL/wiki/Q85*) bereitstellen. Programme können auf der Basis eines Flugangebots auf diese Weise Zusatzinformationen aus den Knowledge-Repositories automatisch abfragen, indem sie den URIs/URLs von einem zum anderen Repository (insbesondere auch Wikidata als Repository aus Wikipedia) folgen, und das Angebot automatisch für den Kunden mit nützlichen Zusatzinformationen, Bildern oder Landkartendarstellungen anreichern. Aus den mit URLs verknüpften Knowledge-Repositories, die auch zunehmend von Tourismusorganisationen für ihre Attraktionen aufgebaut werden, entsteht auf diese Weise ein weltweites Netz, aus dem **kooperierende Applikationen** sich mit Methoden der Künstlichen Intelligenz eindeutiges Wissen über die Bedeutung von

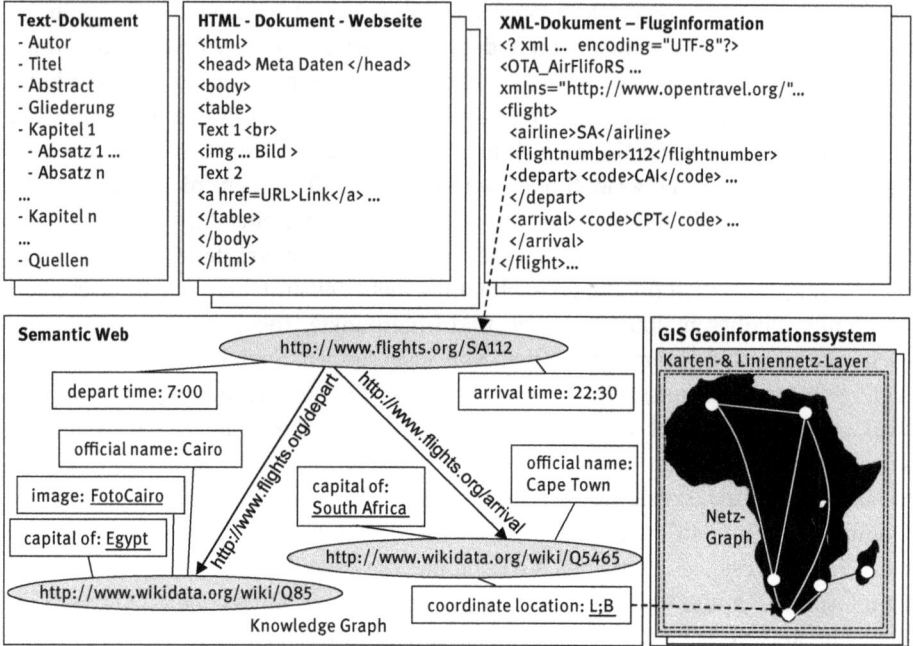

Abb. 1.2.5: Von XML zur Markierung und maschinellen Interpretation schwach strukturierter Daten zum Semantic Web als maschinell interpretierbare Wissensbasis (Quelle: eigene Darstellung nach OTA 2003).

Passagen aus ausgetauschten oder verlinkten HTML/XML-Dokumenten und entsprechende Zusammenhänge ableiten können, was man insgesamt auch als Semantic Web oder Knowledge Graph bezeichnet.

Suchmaschinen: Search Engines sind aus sogenannten *Verzeichnisdiensten* oder *Web-Directories* hervorgegangen. Dies sind spezielle Websites, die systematisch Links auf andere Websites branchen- oder themenbezogen sammeln, verschlagworten und durchsuchbare Web-Indexe (invertierte Listen, die einem Schlagwort, Stichwort, Schlüsselwort bzw. engl. Keyword eine Menge von URLs auf Webseiten mit Inhalten zu diesem Schlagwort oder Thema zuordnen) anlegen. Nutzern des WWW erleichtern sie die Suche nach Webseiten mit bestimmten Inhalten. Wichtige Search-Engine-Komponenten sind gemäß Abb. 1.2.6 (vgl. Lewandowski 2005, 2008–2013):

Web-Crawler, Web-Spider, Agents oder *Robots* sind Web-Applikationen, die regelmäßig alle bei einer Suchmaschine angemeldeten Webauftritte aufrufen und die Inhalte jeder einzelnen Webseite für die automatische Verschlagwortung im sog. Indexer einlesen. Dabei folgen sie jedem Verweis, den sie auf den eingelesenen Webseiten finden, um möglichst viele miteinander verlinkte Webauftritte und deren Webseiten im WWW zu erfassen.

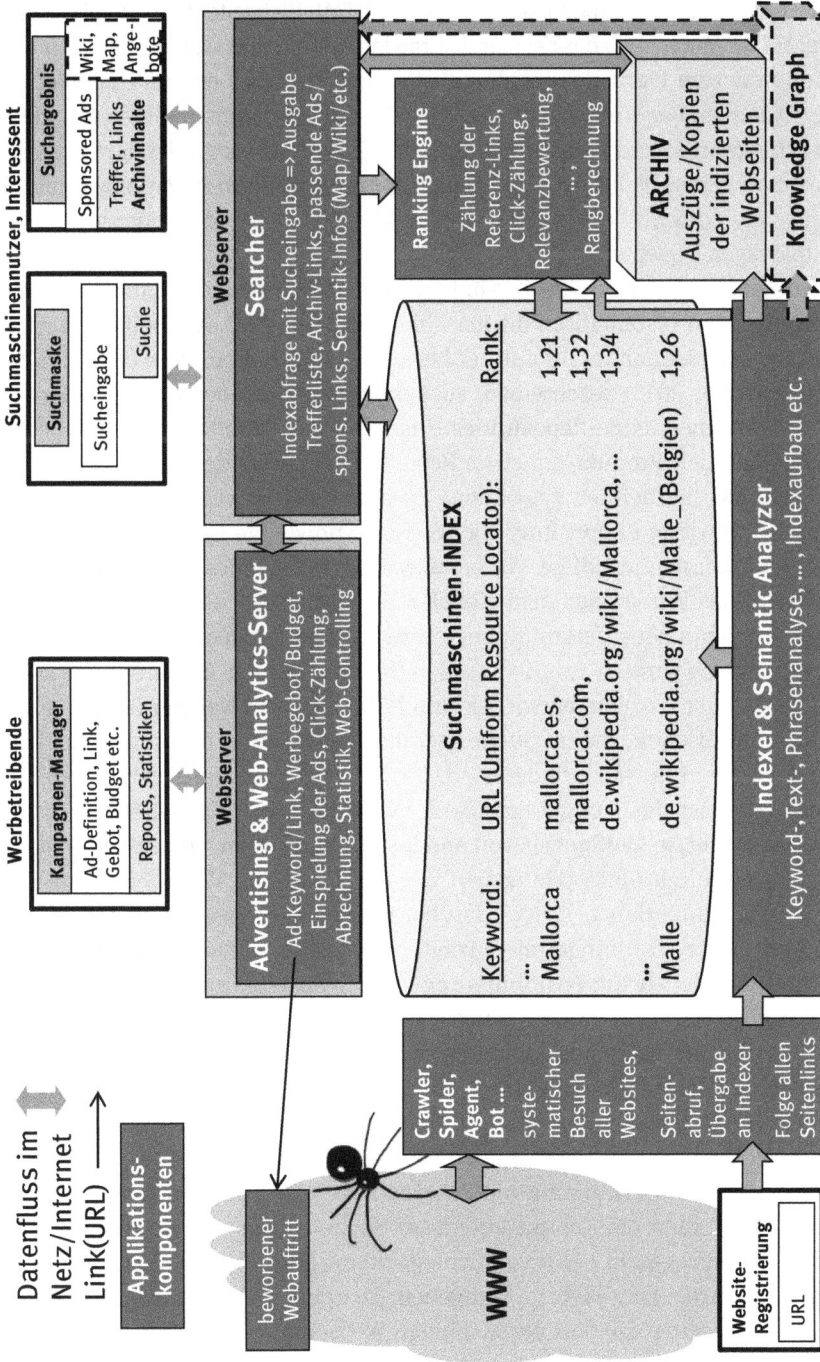

Abb. 1.2.6: Typische Architektur einer Suchmaschine.

Indexer indizieren maschinell jede eingelesene HTML-Webseite. Dazu kombinieren sie die sog. HTML-Meta-Tags, die Keywords, Crawler-Befehle und weitere Angaben des Webseiten-Autors zum Webseiten-Inhalt enthalten, mit statistischen und computerlinguistischen Analysen der Webseiten-Texte. Ziel ist es, die Webseite mit ihren charakteristischen Schlagworten und Phrasen richtig in den *Suchmaschinen-Index* einzuordnen. Kopien der analysierten Webseiten werden im sog. *Suchmaschinen-Archiv* abgelegt und ggf. mit weiteren Index-Strukturen zur schnellen Volltextsuche und Markierung gefundener Textpassagen versehen.

Semantic Analyzer entstanden erst mit zunehmender Verbreitung des Semantic Web. Sie analysieren systematisch die maschinenlesbaren XML-Annotationen, welche die Bedeutung bestimmter Inhalte der besuchten HTML-Webseiten (z. B. HTML5 Microdata vgl. Sikos 2015) beschreiben, suchen systematisch aus den ggf. hieraus referenzierbaren Knowledge-Repositories (insbesondere Wikidata von Wikipedia und zunehmend auch Produkt-Angebots-Repositories) passende Zusatzinformationen und legen das hierbei neu gewonnene Zusammenhangswissen in einem eigenen internen Knowledge-Repository (bei Google Knowledge Graph genannt) ab. Suchmaschinen können auf diese Weise sukzessive ihr eigenes Knowlegde Repository erstellen, das Wissen aus dem globalen Semantic Web nicht nur extrahiert, sondern ggf. auch um neue Verknüpfungen bzw. Assoziationen erweitert.

Ranking Engines wurden von den großen Suchmaschinen-Anbietern wie Google, Bing, Baidu oder Ask.com entwickelt, um festzulegen, in welcher Reihen- bzw. Rangfolge alle Webseiten, die im Suchmaschinen-Index unter demselben Schlagwort oder derselben Phrase zu finden sind, bei Suchanfragen ausgegeben werden. Am bekanntesten ist das Google-PageRank-Verfahren, das Webseiten im Index umso höher bewertet, je häufiger sie von anderen Webauftritten zum selben Schlagwort oder Thema durch Links referenziert werden. Links von Websites, die selbst einen hohen PageRank haben, liefern darüber hinaus einen besonders hohen Beitrag zum Ranking der von ihnen referenzierten Webseiten. Es gibt außerdem viele weitere Kriterien, die für die Positionierung einer Webseite in der ausgegebenen Trefferliste nach einer Suchanfrage herangezogen werden: die syntaktische, logische (bei Suchanfragen mit logischen Ausdrücken) oder semantische Übereinstimmung (*Semantic Analyzer*) mit der Suchanfrage, die Häufigkeit, mit der die Webseite von Nutzern nach ihrer Anzeige in der Trefferliste tatsächlich angeklickt wird, ihre technisch einwandfreie und barrierefreie Programmierung sowie diverse weitere Merkmale, unter anderem zur Erkennung von Ranking-Manipulationsversuchen.

Searcher nennt man die Komponente einer Suchmaschine, in welche die Endnutzer ihre Suchanfragen in Form von Schlagworten, Phrasen oder deren logische Verknüpfungen (AND, OR, NOT, ...) eingeben. Searcher fragen den Suchmaschinen-Index ab und geben die dort verzeichneten Webseiten-Links mit Textauszügen der Webseiten in einer Trefferliste aus, die entsprechend dem Webseiten-Ranking sortiert ist. Searcher-Zusatzfunktionen können dem Nutzer Filter und erweiterte Sortiermöglichkeiten anbieten. Wenn Nutzer den Link einer Website in der Trefferliste des Searchers anklicken, werden sie direkt auf die zugehörige Webseite weitergeleitet. Zusätzlich zur Ausgabe der Trefferliste können Suchmaschinen den Nutzern ins Suchergebnis zur Suchanfrage passende Werbeanzeigen (Ads) bzw. gesponserte Links von Werbetreibenden einblenden, für die sie sich von diesen Werbetreibenden nach Pay-per-Click-, Pay-per-View- oder Pay-per-Sales-Geschäftsmodellen ggf. im Bieterverfahren vergüten lassen. Die marktführenden Suchmaschinen bieten um diese Basisdienste herum viele Zusatzdienste wie Trefferanzeigen auf elektronischen Landkarten oder automatische Webseitenübersetzungen an. Sie eignen sich besonders als Werbemedien für schlagwort- und themenbezogene Werbekampagnen (engl. Keyword Advertising) und offerieren ihren Werbekunden *Advertising & Web-Analytics Server* zum Kampagnen-Management im Suchmaschinenmarketing sowie zum Monitoring der Nutzeraktionen auf den beworbenen Websites. Suchmaschinen, die über ihren Semantic Analyzer eigene Wissens- oder Produktangebots-Repositories bzw. einen Knowlegde Graph verfügen, blenden zusätzlich passende Zusatzinhalte aus diesen Repositories (Landkarten, Wiki-Definitionen, Angebote) in das Suchergebnis mit ein. Searcher und Advertising Server können ggf. auch mehr oder weniger anonymisiert tracken, welcher Nutzer welche Suchanfragen gestellt hat und dann welche Treffer-Links oder Werbeanzeigen angeklickt hat. Diese Suchverläufe können zur Personalisierung von Suchanfragen und zum Targeting von Werbung sowie zur Erforschung und Prognose von Trends genutzt werden, was zu neuen Überwachungsformen und Geschäftsmodellen des sog. Überwachungskapitalismus führen kann (vgl. Zuboff 2019).

Reisesuchmaschinen (Travel Search Engines) sind Suchmaschinen, die sich nur auf die Suche und den Preisvergleich aktueller Angebote von Flügen, Hotels, Mietwagen und Pauschalreisen spezialisiert haben, die auf Websites von Leistungsträgern, Reiseveranstaltern oder Reisemittlern buchbar sind (vgl. Schulz et al. 2014, Benkendorff et al. 2019, Goecke 2020b). Mit einer als Web-Scraping bezeichneten Technologie besuchen die Crawler einer Reisesuchmaschine regelmäßig die Webseiten mit den aktuellen Produktangeboten der Reiseanbieter, lesen dort die aktuellen Angebote und Preise aus und legen sie in einer nach diversen Kriterien indizierten, durchsuchbaren *Angebotsdatenbank* ab, welche an die Stelle des *Suchmaschinen-Indexes* tritt. Alternativ zum Web-Scraping liefern an Werbung interessierte Reiseanbieter den Reisesuchmaschinen ihre aktuellen Angebots- und Preisdaten über direkte XML-Schnittstellen an. Die Angebots- und Preisdaten enthalten dabei einen als Deep Link bezeichneten Verweis auf diejenige Webseite im Anbieter-Webauftritt, wo das Angebot in dessen WBE sofort gebucht werden kann. Die Nutzer einer Reisesuchmaschine können im Searcher Anfragen nach Zielgebieten und Reiseterminen eingeben und erhalten aus der Angebotsdatenbank bzw. nach Echtzeitabfragen bei den Reiseanbietern eine Liste mit passenden Reiseangeboten, die meist nach Preis sortiert sind und über den Link den Nutzer direkt auf die auch als *Landingpage* bezeichnete Webseite des Anbieters mit der Buchungsmöglichkeit weiterleiten. Auch das Geschäftsmodell der Reisesuchmaschinen basiert auf Vergütungen der Reiseanbieter für Werbeeinblendungen, gesponserte Links oder Treffer mit Deep Links zur Direktbuchung beim Anbieter. Überregionale Tourismusorganisationen nutzen Reisesuchmaschinen, um für Besucher ihrer Website alle Angebote aus den Systemen der lokalen Tourismusorganisationen aggregiert darstellen zu können. Anbieter der marktführenden allgemeinen Suchmaschinen haben eigene Reisesuchmaschinen entwickelt, die im Wettbewerb zu den Reisesuchmaschinen der Reisebranche und einzelner GDS stehen.

Mobile Apps für Smartphones und sonstige mobile Geräte
Insbesondere für mobile Geräte und Smartphones mit speziellen Bedienoberflächen wie z. B. Multi-Touch-Displays werden Endgerätehersteller-spezifische Apps entwickelt. Dies sind entweder Stand-Alone-Anwendungen, die wie eine PC-Applikation nur auf dem mobilen Endgerät ablaufen oder die vereinfachte Bedienung einer verteilten Web- oder n-Tier-Anwendung auf der speziellen Bedienoberfläche der jeweiligen Endgeräteklasse ermöglichen. *Mobile Apps* können über ebenfalls geräte- und herstellerspezifische *App Stores* kostenlos oder gegen eine Nutzungs- bzw. Lizenzgebühr auf das mobile Gerät geladen werden. Anwendungsmöglichkeiten im Tourismus ergeben sich für mobile Apps aus den Funktionen, die mobile Endgeräte zur Lokalisierung und Ortung anbieten (vgl. Egger/Horster 2014). Applikationen können nach Freigabe durch den Nutzer mittels eines integrierten GPS-Moduls (Global Positioning System), Kompass-Moduls oder durch funkzellenbasierte Location based Services der Mobilfunk-Netzbetreiber Standort und Ausrichtung des Endgerätes ermitteln. Auch die in mobilen Endgeräten integrierten Kameras erlauben dem Nutzer das Scannen von 2-D-Quick-Response-Barcodes (*QR-Codes*) an stationären Objekten oder die Übermittlung eines Fotos seiner Umgebung, welche zur Ortung mit bilderkennenden Verfahren genutzt werden können. Augmented-Reality-Apps bedienen sich solcher Ortungsverfahren und spielen den Anwendern auf der Basis ihrer Position und Blickrichtung, die von Kompass- und Gyrosensoren der mobilen Endgeräte ermittelt wird, Zusatzinformationen oder 3-D-Raumprojektionen in ihr Kamerabild ein. Eine weitere Zusatzfunktion, die Apps aufgrund ihrer Zwitterfunktion als installierbare Web-Applikation haben, ist die Möglichkeit, große Mengen an Content lokal auf dem Endgerät zu speichern. Dies ist insbesondere bei mobilen *Reiseführer-Apps* vorteilhaft, die ihren Anwendern auch bei fehlender Netzverbindung Inhalte präsentieren können. Der vollständig überarbeitete Standard HTML 5 integriert diese und andere Funktionsmerkmale von mobilen Apps auch für alle zukünftigen browserbasierten Web-Applikationen und schafft neue Möglichkeiten, multimediale Inhalte wie Filme, Videos und Animationen auch ohne Plug-ins direkt im Browser anzeigen zu können (vgl. w3schools.com 2020). HTML 5 beinhaltet, aufbauend auf der Technologie des Semantic Web, diverse neue Tags zur semantischen Auszeichnung von Webseiteninhalten, was hierbei insbesondere dazu dient, jedem Nutzer ein für sein Endgerät, seine aktuelle Anfrage und Bedienmöglichkeiten optimal angepasstes Design der ausgegebenen Webseite anzubieten (sog. *Responsive Web Design*). Die vielen Möglichkeiten, die Smartphones zusätzlich zu den QR-Codes durch Nearfield Communication (NFC),

Radio Frequency Identification (RFID) oder Bluetooth für die Funkkommunikation im Nahbereich anbieten, erlauben Apps, Informationen mit Schreib-/Lesegeräten, Automaten, Türen, Schranken, Kassen sowie mit Funkbaken (Beacons) an Attraktionen oder mit anderen Smartphones auszutauschen. Zusammen mit Sicherheitsfunktionen wie PIN-Eingabe, Fingerabdruck- und Kamera-Gesichtserkennung werden Smartphones zu mobilen Plattformen für persönliche, sicherheitsrelevante Apps, die als elektronische Tickets, Voucher, Ausweise, Fahrscheine, Skipässe, Geldkarten, Kredit-/Debitkarten, und sogar elektronisches Portemonnaie (Electronic oder Mobile Wallet) dienen können. Die Integration von Zahlungs- und Ausweisfunktionen mit Shopping-, Social-Media-, Navigations- und eGovernment-Funktionen in einer App hat in China zu sog. Super Apps wie z. B. WeChat geführt. Auch die Corona-Warn-Apps integrieren Ausweisfunktionen mit Registrierungsdiensten z. B. an Tischen in der Gastronomie oder anonym bei anderen Smartphones in der Nähe, was eine Kontaktverfolgung zur Unterbrechung von Infektionsketten ermöglicht.

In der Praxis sind aktuell alle hier vorgestellten Applikationsarchitekturen anzutreffen, wobei Systeme für einen Nutzer zumeist als PC-Applikation (inzwischen auch PC-App genannt) oder Mobile Apps, Systeme für sehr viele Benutzer vor allem als Web-Applikationen, zum Teil mit zu installierenden lokalen Browsererweiterungen oder nachzuladenden Skriptmodulen realisiert werden. Bei rein betriebsinternen Anwendungen finden sich neben vielen um selbsterstellte Makros und Cloud-Dienste erweiterten Office-Applikationen auch nach wie vor viele Client-Server-Anwendungen, welche die mächtigen Funktionalitäten der PC- und Smartphone-/Pad-Betriebssysteme ausnutzen. Mainframe-Applikationen befinden sich in der Ablösung durch moderne Architekturen.

1.2.3 Cloud- und Peer-to-Peer-Computing

Cloud-Computing („Rechnen in der Wolke") ist keine Anwendungsarchitektur, sondern ein Sammelbegriff für IT-Dienstleistungen, die über das Internet verfügbar gemacht wird. Sie können Rechenleistung, Speicherplatz, Plattformen (z. B. verschiedene Betriebssysteme, Datenbanken und Programmiersprachen) und Anwendungssoftware beinhalten. Diese IT-Dienstleistungen sind über ein Datennetz verfügbar und nutzbar, ohne dass sie auf dem eigenen, lokalen Rechner installiert sein müssen, d. h., sie können ortsunabhängig von jedem Gerät (z. B. über den Browser, eine App, oder eine WebService-Schnittstelle) abgerufen werden (vgl. Gabler 2020 und Abb. 1.2.8).

Die Grundidee dieser IT-Dienstleistungen ist, dass sie wie „Strom aus der Steckdose" abgerufen werden können. Cloud-Dienste sind dynamisch skalierbar, d. h., falls mehr Kapazitäten gebraucht werden, können diese genau zu dem Zeitpunkt „dazu geschaltet" werden, in dem Bedarf besteht. Besonders in der Reisebranche mit ihren stark wechselnden Nachfragen ist dies von besonderem Vorteil („eine cloudbasierte Lösung stürzt kaum wegen Über-Last ab"). Cloud-Dienstleistungen werden wie Strom, Gas oder Wasser nach Verbrauch abgerechnet, d. h., der Dienstleister verrechnet genau das, was man auch verbraucht hat. Die Kosten werden variabilisiert; es entstehen keine einmaligen Kosten, sondern nur noch laufende Kosten. Die Kunden können sich damit auf ihr Geschäftsmodell konzentrieren; eine schnellere Time-to-Market für innovative Geschäftsmodelle und neue Produkte ist machbar. Die cloudbasierte IT-Dienstleistung kann vor allem Konsumenten und kleineren Betrieben eine höhere IT-Sicherheit bieten als der Eigenbetrieb, weil Cloud Service Provider mit hochqualifiziertem Personal riesige Rechenzentren mit mehreren Redundanzen und aufwendigen Sicherheitsvorkehrungen effizient betreiben können. Die Cloud-Dienstleister bieten ein umfangreiches Portfolio an IT-Dienstleistungen von Rechenleistung über Standard-Software bis zu KI-Software, die als Application Service benutzt werden kann. Damit lassen sich auch innovative Vorhaben schnell erfolgreich durchführen.

Service- und Liefermodelle in der Cloud
Cloud-Dienstleistungen haben zwei wesentliche Dimensionen: Service-Modelle und Liefer-Modelle.

Service-Modelle: IT-Dienstleistungen in der Cloud bestehen aus drei wichtigen Service-Modellen, die aufeinander aufbauen: angefangen mit reiner Infrastruktur über zusätzliche Programmierwerkzeuge und Basissysteme bis hin zu kompletter Anwendungssoftware (vgl. Abb. 1.2.7).

a) Infrastructure-as-a-Service (IaaS): Kunden nutzen Cloud-Ressourcen wie Rechenleistung, Speicherkapazität und Netzwerkleistung, um Informationssysteme zu betreiben. Mit IaaS gestalten sich die Kunden ihre eigenen Cluster von Cloud-Rechenressourcen, sind aber für die Auswahl, die Installation, den Betrieb und das Funktionieren ihrer Software selbst verantwortlich.

b) Platform-as-a-Service (PaaS): Kunden nutzen Infrastruktur mit flexiblen, dynamisch anpassbaren Betriebssystem-, Datei- und Datenbankdiensten sowie Programmierwerkzeugen aus den Angeboten des Cloud-Anbieters, um ihre eigene Anwendung zu entwickeln oder innerhalb einer Softwareumgebung auszuführen.

c) Anwendung/Application-Service-Providing (ASP)/Software as a Service (SaaS): Kunden nutzen eine komplette Software, die durch den Anbieter (Vendor) bereitgestellt und als vollständiger Service skalierbar zur Verfügung gestellt wird. Cloud-Anbieter haben in der Regel eine Vielzahl von Anwendungsprogrammen als SaaS zur Auswahl. Der Begriff SaaS wird aktuell von den meisten Anbietern verwendet. SaaS bedeutet im engsten Sinne ein Komplettangebot von Software und technischen IT-Betriebsleistungen aus einer Hand, während ein Anbieter von ASP-Dienstleistungen die technischen Leistungen für eine cloudbasierte Software zur Verfügung stellt.

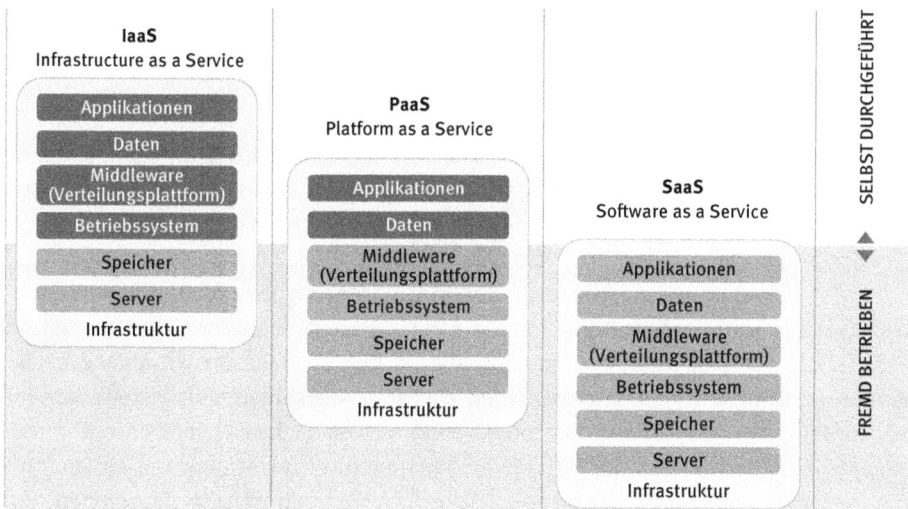

Abb. 1.2.7: Service-Modelle in der Cloud (Quelle: in Abänderung nach nextevolution.de 2020).

Liefermodelle: Bei den Liefermodellen der Cloud-Dienstleistungen sind im wesentlichen Public Cloud und Private Cloud zu unterscheiden. Die *Public Cloud* oder öffentliche Cloud ist ein Angebot eines frei zugänglichen IT-Dienstleisters, der seine Dienste über das Internet für alle zugänglich macht. Beispiele dazu sind: Microsoft 365 oder Webmailer-Dienste. Die *Private Cloud* verwendet technologisch dieselben Grundlagen wie die Public Cloud, nur dass die IT-Dienste aus Gründen von Datenschutz und IT-Sicherheit weiterhin selbst von internen IT-Abteilungen der Unternehmen betrieben werden und ausschließlich ihre eigenen Abteilungen und Mitarbeiter Zugang zu den Systemen haben. Durch die geringeren Skaleneffekte der Private Cloud können die Mehrwerte der Public Cloud (Kosten, Skalierbarkeit, Flexibilität etc.) in der Regel nicht oder nur teilweise erreicht werden. In der Praxis gibt es auch Mischformen von Public und Private Cloud, die dann *Hybrid Clouds* genannt werden. Hier sind die kritischen Geschäftsprozesse und Daten in der Private Cloud und die weniger kritischen in der Public Cloud.

Peer-to-Peer-Computing

Wenn Computer von Anwendern oder Server von Rechenzentren ohne eindeutige Kunden-Lieferanten bzw. Client-Server-Beziehung und ohne Koordination eines für den Gesamtdienst verantwortlichen Dienstleisters über Internet-Verbindungen Ressourcen ohne zentrale Koordinationsinstanz *gleichberechtigt* sharen oder miteinander mehr oder weniger anonym kollaborieren, nennt man das *Peer-to-Peer-Computing*. Obwohl auch hier gemeinsames Rechnen von über die Internet-Cloud vernetzten Computern stattfindet, ist in der Literatur umstritten, ob es sich beim Peer-to-Peer-Computing wie z. B. bei Kryprowährungen noch um echtes Cloud Computing handelt, da es sich nicht mehr um vollständig in der Cloud nach einem der oben genannen Service- oder Liefermodelle gemanagten Dienste handelt.

Technologien des Cloud- und Peer-to-Peer-Computing

Die grundlegenden technologischen Architekturen (vgl. Abb. 1.2.8) sind die *Netz- und Server-Virtualisierung*, die Weiterentwicklung der bereits erwähnten serviceorientierten Architekturen zu *SOA*, *Microservices* und *Map-Reduce-Algorithmen* sowie das *Peer-to-Peer-Computing* (vgl. Krcmar 2015, Marinescu 2018, Vu et al. 2010, Baun et al. 2009).

Netz- & Server-Virtualisierung: Schon Großrechner und heute auch alle modernen Prozessoren unterstützen *Virtualisierung*, indem sie außer Multitasking und Mehrbenutzerbetrieb auch den quasiparallelen Ablauf mehrerer *virtueller Maschinen* mit verschiedenen Betriebssystemen und sogar verschiedenen Prozessorarchitekturen auf ein- und demselben physischen Server-Rechner simulieren können. JAVA nutzte das Konzept der virtuellen Maschine auf Endgeräten, um einfach auf alle Prozessortypen portierbar zu sein. Web-Hoster nutzen virtuelle Maschinen, um auf einem leistungsstarken Server eher selten genutzte Anwendungen, wie z. B. kleinere Webauftritte, unabhängig voneinander zu betreiben. Umgekehrt können statt eines Großrechners mehrere Server und diverse Speicher in Server- bzw. Storage-Clustern gepoolt und je nach Bedarf zu einem virtuellen Großrechner lastabhängig zusammengeschaltet werden. Storage-Komponenten können zudem dynamisch zur virtuellen Erweiterung des lokalen Speicher-Adressraumes von Servern eingebunden werden. Netzwerk-Virtualisierung ermöglicht z. B. durch unterschiedliche kryprografische Ende-zu Ende-Verschlüsselung von Datenströmen im selben physischen Netz die Realisierung logisch separierter Virtual Private Networks (VPN) für virtuelle Intra-/Extranets und eine flexible Konfiguration der oben genannten Speicherzuteilung durch sog. virtuelle Storage Area Networks (VSAN). Mehrere als Global New Entrants (GNE) bezeichnete Unternehmen haben erfolgreich GDS-Systeme auf der Basis der Zusammenschaltung einer großen Menge von Standardservern in Serverfarmen als Ersatz für den Einsatz von Großrechnern entwickelt. Sie wurden von Akteuren wie Google, Hitchhiker, Travelport und Sabre übernommen, um ihre Technologie als Basis für die nächste GDS-Generation zu nutzen. Amadeus migrierte aus eigener Kraft zu einer verteilten GDS-Architektur (vgl. Goecke 2020a). Diese Virtualisierung von Servern, Storage und Netzen ermöglicht inzwischen auch die flexible kundenorientierte softwaregesteuerte Rekonfiguration und Zusammenschaltung ganzer Rechenzentren (*Software defined data center virtualization*).

Nicht selten gegensätzliche Ziele sind bei Software-Architekturen eine möglichst hohe Wiederverwendbarkeit, Skalierbarkeit und Ausfallsicherheit, eine flexible Einsatzfähigkeit sowie eine niedrige Komplexität der Softwarekomponenten, die aber oft eine hohe Komplexität des Gesamtsystems bedingen.

Die bereits erwähnten mehrschichtigen n-Tier-WebService-Architekturen wurden zu einer stärker standardisierten serviceorientierten Architektur (SOA) und zu Microservices weiterentwickelt.

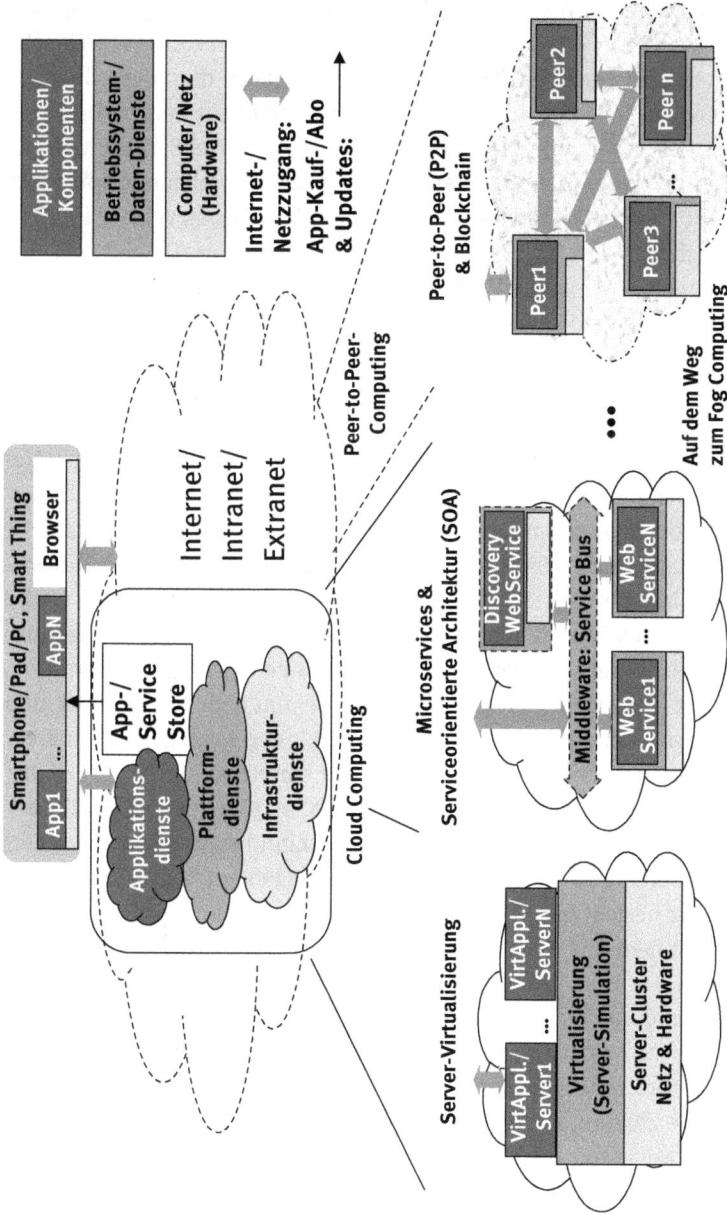

Abb. 1.2.8: Typische Architekturen des Cloud- und Peer-to-Peer-Computing.

SOA: Die serviceorientierte Architektur (SOA) ermöglicht durch Einführung sog. Service-Bus-Systeme mit Service-Verzeichnissen (Directories) auch nichthierarchische Ad-hoc-Kollaborationen zur verteilten Bearbeitung von Aufgaben durch verschiedene WebServices. Anbieter von WebServices tragen ihre Dienste in ein Service-Directory ein. Nachfragende Dienste können dort automatisch geeignete WebServices „on demand" nachschlagen und dann z. B. über den Service-Bus zur Abarbeitung von Tasks aufrufen, die ggf. auch monetär direkt abgerechnet werden. Einsatzgebiete für SOA sind die Anwendungsintegration (sog. Orchestrierung oder Choreografie mehrerer Anwendungen z. B. in prozessorientierten Vorgängen/Workflows) in und zwischen Unternehmen zur Digitalisierung und Automatisierung von Geschäftsprozessen sowie die Entwicklung und Pflege von großen Internetportal-Anwendungen aus der Kombination von internen und externen Web-Applikationen über standardisierte Web-Service-Schnittstellen. Die SOA unterstützt auf diese Weise vor allem die nichthierarchische lose gekoppelte Kollaboration zwischen verschiedenen Großanwendungen eines Unternehmens oder kooperierender Unternehmen, während Microservices die nichthierarchische Zerlegung von Großanwendungen in autonome Teildienste unterstützen.

Eine komplexe Anwendung kann nicht nur aus einigen wenigen Diensten bestehen, die hierarchisch in einer n-Tier-Schichtenarchitektur zusammenarbeiten. Große Applikationen können auch in viele kleinere, in sich abgeschlossene Teilanwendungen, sog. **Microservices,** zerlegt werden. Microservices können nicht nur in einer eigenen Systemumgebung und eigener Programmiersprache autonom administriert und weiterentwickelt werden, sondern auch nichthierarchisch lose gekoppelt kollaborieren, was Anwendungen in Microservices-Architektur flexibler einsetzbar macht (vgl. zu diesem und zu Folgendem Krcmar 2015, Kratzke 2016). Sollen alle Vorteile der Cloud-Techniken (besonders Skalierung, Flexibilität, schnelle Einführung neuer Produkte/Funktionen) genutzt werden, so werden die IT-Anwendungen mit dem Microservice-Ansatz entwickelt. Hier besteht die zu entwickelnde Software nicht aus einem großen Block („Monolith"), sondern aus vielen kleinen, unabhängigen Dienste, die über definierte Schnittstellen (API – Application Programming Interface) miteinander kommunizieren. Jeder Service wird von einem kleinen, eigenständigen Team komplett betreut. Damit ist der Microservice-Ansatz sowohl ein architekturbezogener als auch organisatorischer Ansatz in der Softwareentwicklung. Beispiele für Microservices sind z. B. eine Tarifauskunft oder eine Zahlung mit unterschiedlichen Zahlungsmitteln. Wird eine IT-Anwendung mit der Microservice-Architektur entwickelt, so verringert sich die Entwicklungszeit. Damit verkürzt sich die Markteinführungszeit neuer Funktionen. Zusätzlich vereinfachen Microservices die Skalierbarkeit (Flexibilität auf Lastschwankungen). Wenn z. B. ein neues Zahlungsmittel eingeführt werden soll, muss der Microservice „Zahlung" ergänzend programmiert und wieder bereitgestellt werden. Alle anderen Services sind nicht betroffen. Die Microservices können auch leichter als kleine Bausteine an anderen Stellen wiederverwendet werden. Ein großer Vorteil ist auch die Widerstandsfähigkeit: Selbst wenn ein Microservice ausfällt, wird nicht gleich die gesamte Anwendung zum Absturz gebracht.

Map-Reduce-Algorithmen: Durch *SOA* entstehen Applikationen, die mit anderen Applikationen kollaborieren könnnen. Mit Microservices können Applikationen durch lose gekoppelte Teildienste realisiert werden, die in verschiedenen Programmiersprachen programmiert und statisch auf mehreren Servern installiert werden können. Es ist darüber hinaus sogar möglich, Dienste erst bei Bedarf dynamisch zu erzeugen, einer gerade freien Rechnerressource zur Abarbeitung temporär zuzuweisen und nach erfolgreicher Bearbeitung wieder zu löschen. Immer mehr Anwendungsdienste zerlegen z. B. nach dem von Google eingeführten *Map-Reduce-Verfahren* große Aufgaben wie Content- oder Suchanfragen in viele kleine temporär erzeugte Teildienste (Aufgaben, Tasks), die zahlreichen Rechnern in einem Server-Cluster zur echt-parallelen Bearbeitung zugeordnet (gemappt) werden. Nach erfolgreicher Abarbeitung liefern die Rechner-Tasks ihre Teilergebnisse dann an den aufrufenden Dienst zurück, wo sie zu einem Gesamtergebnis zusammengefasst (reduziert) und ausgegeben werden können. So können Big-Data-Analysen von auf viele Server-Rechner verteilten Massendaten durch echt-parallele portionsweise Auswertung auf diesen Servern dezentral schneller als in monolithisch-zentralisierten Datenbanken durchgeführt werden (vgl. Wiktorski 2019).

Peer-to-Peer-Computing: Eine weitere Architekturvariante des Cloud-Computings jenseits der Rollenverteilung von beauftragenden Client- und dienenden bzw. liefernden Serverkomponenten sind die *Peer-to-Peer*-Anwendungen (P2P, vgl. Vu et al. 2010). Jedes Peer-Programm kann mit diversen anderen Peer-Programmen auf anderen Rechnern über Internetverbindungen gleichberechtigt Dienste anfordern oder anbieten, um gemeinsam einen verteilten, lose gekoppelten und parallel ablaufenden gleichartigen Dienst für jeden Nutzer eines der kollaborierenden P2P-Programme zu erbringen. Typische Beispiele für P2P-Anwendungen sind File-Sharing-Dienste oder die Blockchain-Dienste, welche Grundlage für Kryptowährungen und Smart Contracts sind. Jeder Nutzer eines *File-Sharing-Dienstes* stellt über sein lokales P2P-Programm seine eigenen Dateien zur Verfügung. Über verschiedene Mechanismen (zentrales oder verteiltes lernendes Directory oder Umfrage an alle/benachbarte Peers mit Weiterleitungstabellen etc.) werden Informationen bereitgestellt, welcher Peer welche Dateien hat, sodass jeder Peer über kurz oder lang Zugriff auf alle Dateien aller anderen Peers bekommen kann. File-Sharing-Dienste wurden in der Anfangszeit des Internetbooms auch für illegale Tauschbörsen von urheberrechtsgeschützten Musik- und Filmdateien missbraucht und können mit Verschlüsselungsmechanismen und Anonymisierungstechnologien dem anonymen und streng vertraulichen Austausch beliebiger Informationen dienen. Browser, die nicht direkt, sondern indirekt über mehrere Peers mehrfach verschlüsselt auf Websites zugreifen, sind Basis des sog. Darknets, mit dem man alle auf diese Weise mehr oder weniger anonymisierten Websites und Dienste des Internets bezeichnet. Websites oder Webseiten, die nicht öffentlich zugänglich oder durch HTML-Befehle des sog. Robots Exclusion Standards von Suchmaschinen nicht indexiert werden und schwer auffindbar sind, nennt man im allgemeinen Deep Web (vgl. Snow 2017).

Blockchain, Kryptowährungen und Smart Contracts

Bei der komplexeren **Blockchain** (vgl. Nakamoto 2008, Werbach 2018, Ragnedda/ Destefanis 2020) werden sämtliche Transaktionen jedes Peers bei allen anderen Peers redundant abgespeichert und so verschlüsselt, dass Fälschungen der Transaktionsdaten oder ihrer Reihenfolge durch Schlüsselprüfung bei allen Peers entdeckt würden, aber gleichzeitig jeder nur die Transaktionen zu Klartext entschlüsseln kann, an denen er selbst beteiligt war. Jede Transaktion muss von der Mehrheit aller Peers als korrekt bestätigt werden, bevor sie von allen in ihrer lokalen Version der Blockchain gespeichert wird. Alle Nutzer der Blockchain-Peer-Programme sind selbst wie bei einem Schweizer Nummernkonto anonym, wobei sämtliche Transaktionen eines Nummernkontos in dem Moment, wo die Nummer zugeordnet werden kann, sofort jedem Peer vollständig offengelegt sind. Das Prinzip der P2P-Blockchain-Dienste beruht also auf einer redundanten Speicherung aller Transaktionen bei allen Peers und rechenintensiver Verschlüsselungsmechanismen zur Sicherstellung der Korrektheit aller Transaktionen und der Anonymität. Ein Fälscher müsste bei einer Mehrheit der Peers mit riesigem Aufwand die Schlüssel aller vorangegangenen Transaktionen „korrekt" fälschen, wohingegen jeder Peer die Korrektheit aller neuen Transaktionen relativ einfach feststellen und den anderen Peers bestätigen kann. Jeder Peer kann zudem die vollständige Historie aller ihn betreffenden Transaktionen jederzeit auf seinem Rechner im Klartext einsehen und nachvollziehen, muss aber alle Transaktionen der gesamten Blockchain aller Nutzer halten, was mit ständig wachsendem Speicherbedarf für im Grunde wertlose Daten anderer Nutzer verbunden ist. Mit der Blockchain können also hochgradig fälschungssichere Transaktionslisten bzw. -journale geführt werden, die auch Basis jedes Kassenjournals und jeder Konto- bzw. Buchführung sind.

Die Blockchain realisiert somit einen auf kollektiver Korrektheitsprüfung beruhenden, verteilt redundant gespeicherten Distributed Ledger (verteilte Buchhaltung), mit dem sich nicht nur Zahlungen mit *Kryptowährungen* wie Bitcoin oder Ethereum realisieren lassen, sondern auch alle anderen Arten von „buchbaren" Geschäftstransaktionen gemeinsam und nicht verfälschbar speichern lassen. Speziell bei den Kryptowährungen wird die Verschlüsselung, die umfangreiche Rechenoperationen erfordert, nicht zwingend von allen Peers vorgenommen, sondern ist an sog. Mining-Peers delegierbar (vgl. Abb. 1.2.9). Im Gegensatz zu einfachen Wallet-Peers können alle Peers, die sich am Mining beteiligen, als Beitrag zur Kompensation des Verschlüsselungs-Rechenaufwandes mit Währungsgutschriften entlohnt werden. Sie stehen aber hierbei in Bezug auf Rechengeschwindigkeit im Wettbewerb zueinander, da eine Gutschrift nur der Miner erhält, der als erster ein Ergebnis liefert. Insbesondere von Rechenzentren wird Mining in Zeiten schwacher Auslastung zur Kofinanzierung der Stromkosten genutzt. Obwohl Kryptowährungen inzwischen an Börsen gehandelt werden und auch von Reiseportalen und Tourismusbetrieben in Pilotversuchen als Zahlungsmittel akzeptiert werden, sind sie dennoch umstritten: Die Anonymität der Zahlungen fördert Geldwäsche und den Missbrauch von Kryptowährungen für Interneterpressungen, z. B. durch Ransomware-Viren. Die Konzentration des Minings auf wenige, schnelle Rechenzentren konterkariert die dezentrale P2P-Philosophie, und sowohl die massiv redundante Speicherung überflüssiger Daten bei allen Peers als auch der unnötige Stromverbrauch der Mining-Prozesse wecken Zweifel an ihrer Skalierbarkeit für die Zukunft. Daher wurden verschiedene Vorschläge zur Weiterentwicklung der Blockchain gemacht, die als Blockchain nur noch die Transaktionen bei einem Peer speichert, die ihn auch selbst betreffen oder in einer privaten Blockchain nur die Transaktionen bestimmter miteinander bezüglich einer Anwendung intensiv kooperierender Partner speichert (vgl. Bayer 2017). Private Blockchains mutieren dann zu besonders kryptografisch gesicherten, verteilten Datenbanken, von denen jeder Partner eine Kopie oder auch nur einen ihn betreffenden Auszug hält. Dies wiederum ist durch bewährte und verteilte relationale Datenbanksysteme mit kryptografischen Erweiterungen besonders effizient und ohne die Nachteile der normalen Blockchains realisierbar, zu denen auch Wartezeiten auf die Transaktionsbestätigungen gehören.

Eine weitere Verallgemeinerung der Blockchain-Technologie ist die Anreicherung der Einzeltransaktionen um ausführbaren Programmcode, der auf allen Peers automatisch gestartet wird, wenn bestimmte Bedingungen in vorangehenden oder nachfolgenden Transaktionen erfüllt sind. Auf diese Weise können mit einer Geschäftstransaktion vertraglich vereinbarte Bedingungen und Aktionen verknüpft werden, die automatisch

Zentraler Intermediär/Plattform:
Banken und Zahlungssystembetreiber für Zahlungen, Central Reservation Systems, GDS, OTAs, Groß-Reiseveranstalter für Reisebuchungen wickeln Transaktionen über **zentrale Datenbank** ab.

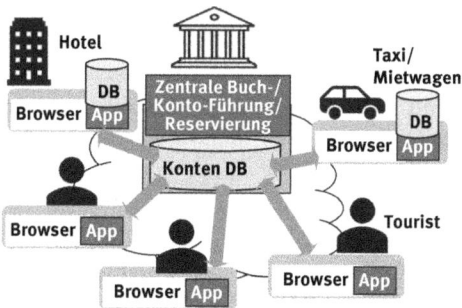

Verteilte Blockchain:
Jede Transaktion wird als verschlüsselter Block in der Blockchain als Kopie bei allen Teilnehmern gespeichert. Aufwendige Verschlüsselung wird von sog. „Miner"-Teilnehmern (unausgelastete Serverfarmen) übernommen, die dafür „bezahlt" werden.

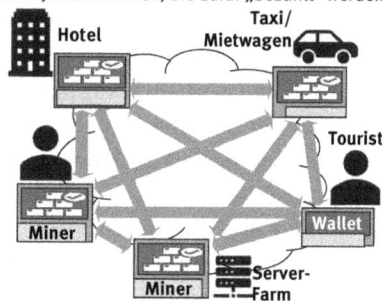

Eine Datenbank kann auch auf mehrere **dezentrale Datenbanken** partitioniert oder repliziert werden. Intermediäre können Einzeltransaktionen und Teile ihrer Datenbanken auch mit DBs anderer Intermediäre oder Geschäftspartner **synchronisieren**, z.B. bei Dynamic Packaging – jeder bestätigt seine Teilbuchung.
Auch Datenbanken können **verschlüsselt** werden. Sog. **Datenbank-Trigger** sind Programme, die bei bestimmten Datenkonstellationen Aktionen starten.

Alle Teilnehmer können Korrektheit jeder neuen Transaktion prüfen und per Mehrheitsvotum bestätigen. Sie können aber nur die sie betreffenden Transaktionen entschlüsseln. Teilnehmer können auf eigene Blockchain-Kopie verzichten und machen dann nur Transaktionen über sog. **Wallet-App**! Transaktionen können Programme zum Start von Folgetransaktionen unter vereinbarten Bedingungen enthalten (=>**Smart Contract**).

Abb. 1.2.9: Datenbankbasierte Intermediäre/Plattform-Anwendung versus Blockchain/Smart Contract-Anwendung.

bei allen Peers dieselben Folge-Geschäftstransaktionen auslösen, wenn die vereinbarten Bedingungen für alle in der eigenen Blockchain-Kopie nachvollziehbar eingetreten sind. Blockchains mit in Transaktionen eingebettetem Programmcode erlauben damit die Realisierung sog. **Smart Contracts** (vgl. Ethereum 2014). Die Einhaltung und Erfüllung komplexer, voneinander abhängiger geschäftlicher Transaktionen, die sich aus vielen Verträgen ergeben, kann in einem Smart Contract nicht nur für alle Beteiligten transparent überwacht, sondern auch ganz oder teilweise automatisiert werden. Smart Contracts sind damit eine neue Methode, um Geschäftsprozesse, die auf programmierbaren Vertragsbeziehungen beruhen, transparent für alle Beteiligten zu organisieren, wobei über einen geeigneten Programmcode auch alle Dienste bereits vorhandener Anwendungen und Microservices mitgenutzt werden können. Die Orchestrierung von Diensten über prozessorientierte Workflowsysteme zur Steuerung innerbetrieblicher Vorgangsbearbeitung wird ergänzt durch die zwischenbetriebliche Abwicklung automatisierter Smart Contracts. Gerade im Tourismus fallen viele zwischenbetriebliche Transaktionen, insb. Buchungen auf der Grundlage komplexer Verträge z. B. zwischen Leistungsträgern, Veranstaltern und Reisemittlern an, die bisher durch zentrale IT-Intermediäre wie GDS und sog. Touristik-IBEs abgewickelt wurden (vgl. Kap 3.3.3). Aber auch im Tracking wie z. B. in der Gepäcklogistik gibt es zahlreiche Anwendungen (zu diesem und zu Folgendem vgl. Treiblmeier 2020).

Smart Contracts haben das Potenzial, viele dieser zentralisierten Koordinationssysteme zu dezentralisieren und insbesondere indirekte vor- und nachgelagerte Leistungsbeziehungen für alle Beteiligten in der Wertschöpfungskette vollständig transparent zu gestalten (vgl. Abb. 1.2.9). Dies wird insbesondere als Chance für mehr Transparenz bei der lückenlosen Überwachung von Vereinbarungen zum Umwelt- und Klimaschutz sowie von Sozialstandards oder der Bio- und Kreislaufwirtschaft und Fairness in komplexen globalen Liefer- und Serviceketten gesehen (Fairtrade). Für Behörden ergeben sich neue Möglichkeiten, Steuern, Gebühren und Abgaben automatisiert zu erheben oder Geschäftsvorgänge zu erfassen und Auflagen zu kontrollieren, was insbesondere für die Meldepflicht von Gästen und die Erhebung der Kurtaxe bzw. Tourismusabgaben relevant ist. Wesentlicher Vorteil der Blockchain-Technologie ist es, dass Geschäftstransaktionen ohne validierte und zertifizierte Mittler durchgeführt werden können (z. B. Zahlungsdienstleister, Treuhänder etc.)

Smart Things, Internet of Things und Fog Computing
Durch fortschreitende Miniaturisierung und Vernetzung ist immer mehr Rechner-, Steuer-, Sensor- und Speicherleistung nicht nur in zentralen Rechenzentren und Serverfarmen, sondern in stationären und mobilen Endgeräten (Smartphones), elektronischen Karten (Smart Cards), Geräten des täglichen Lebens (**Smart Devices, Smart Things, Wearables**), eingebetteten Systemen/Sensoren in Straßen- und Schienenfahrzeugen, Flugzeugen und Drohnen, Schiffen, Maschinen, Anlagen, Gebäuden, Räumen, Kleidungsstücken etc. zu finden. Durch leistungsfähige kabelgebundene

Plug&Play-Datenübertragung via USB und Mobilfunktechnologien wie Wireless Local Area Networks (WLAN), Wireless Personal bzw. Wireless Body Area Networks (WPAN, WBAN, z. B. Bluetooth), Smart-Card-Kommunikation (RFID), Sensornetze und die neuen 5G-Mobilfunk-Standards (vgl. Trick 2020 und zu Netzen allgemein Kapitel 4.2.2) erfolgt die direkte Kollaboration zwischen diesen Geräten zunehmend über direkte Ad-hoc-Vernetzung in der Peripherie (Edge-Networks) und jenseits der zentralen Cloud-/Netz-Infrastrukturen (Core-Networks). Mit Hilfe von 5G lassen sich Maschinen über Funk auch in Notfall-Situationen steuern, da die Übertragungszeit so klein ist. Außerdem lassen sich über sog. *Softare defined Radio* virtuelle private Mobilfunksubnetze definieren.

Als **Internet of Things (IoT)** bzw. Web of Things (vgl. W3C 2017, Guinard/Trifa 2016, Not et al. 2020) bezeichnet man alle Technologien, die diese direkte Kommunikation mit und zwischen physischen Gegenständen mit eingebetteten IT-Systemen/Sensoren, die für den menschlichen Anwender in den Benutzeroberflächen dann als virtuelle Geräte bzw. digitaler Zwilling symbolisiert und bedienbar oder simulierbar gemacht werden, unterstützen. Hier entstehen vor allem im Verkehrs-, Sicherheits-, Energieverbrauchs- und Umweltmonitoring, im Facility- und Produktionsmanagement, beim Mobilitätsmanagement und autonomen Fahren sowie bei Virtual/Augmented-Reality-Anwendungen neue Anwendungsfelder, die für den Tourismus bedeutend sind (vgl. Egger/Neuburger 2020).

In Ergänzung zum Cloud- und Peer-to-Peer-Computing ergeben sich vor allem neue Anforderungen an die Echtzeit-Datenkommunikation und kollaborative Echtzeitverarbeitung von Datenströmen im direkten Austausch diverser Smart Things über Egde-Netzwerk-Verbindungen, die man auch als *Fog-Computing* bezeichnet (vgl. zu diesem und zu Folgendem Buyya/Srirama 2019). Dienste werden dabei nicht mehr nur zentral über konzentrierte Cloud-Infrastrukturen, sondern dezentral verstreut auf Geräten und Komponenten vor Ort bereitgestellt oder für eine effizientere Kollaboration mit zentralen Diensten vor Ort geeignet vorgefiltert bzw. vorverarbeitet. Je mehr Anwendungen in lokalisierbaren Smart Things oder Endgeräten mit Servern in der Cloud vernetzt werden, desto intensiver können Anwenderinteraktionen und Sensordaten aufgezeichnet und mittels leistungsfähiger Data-Mining-Verfahren zur statistischen Auswertung von Massendaten (Big Data) z. B. für Umwelt-Monitoring, CRM-Maßnahmen oder für autonomes Fahren genutzt werden. Neben der rein statistischen Auswertung spielen hierbei zunehmend Verfahren der Künstlichen Intelligenz (KI bzw. AI für Artificial Intelligence) und des maschinellen Lernens (ML) eine wichtige Rolle. Andererseits ergeben sich aus der globalen Verteilung von Daten und Diensten in der Cloud bzw. beim Fog-Computing besondere Anforderungen bzgl. Datenqualität, Datenschutz und Datensicherheit.

1.2.4 Big Data und Künstliche Intelligenz

Unabhängig von der Architektur entstehen in allen Organisationen in diversen Anwendungen permanent Daten, die mehr oder weniger strukturiert sein können. Jede einzelne Applikation bzw. App muss zur reibungslosen Abwicklung von aktuellen Geschäftsvorfällen und Online-Diensten in Echtzeit auf bestimmte Stamm-, Bestands- und Bewegungsdaten sowie diverse Dokumente und Medien zugreifen können, was man allgemein als anwendungsbezogenes Online Transaction Processing bezeichnet (OLTP). In vielen operativen Systemen wie z. B. Kassensystemen oder auch in Property-Management-Systemen von Hotels sind Transaktions- und Zahlungsdaten oft nur für einen Tag gespeichert. Die Daten werden beim Kassen-/Tagesabschluss in zentrale Systeme der Finanzbuchhaltung und des Rechnungswesens zur Verbuchung und Weiterverarbeitung sowie für Analysen des Management-Reportings (z. B. mit mittel- und langfristigen Betriebsstatistik-Auswertungen) überspielt und schließlich zur langfristigen Datenarchivierung auf Datenträger gespeichert.

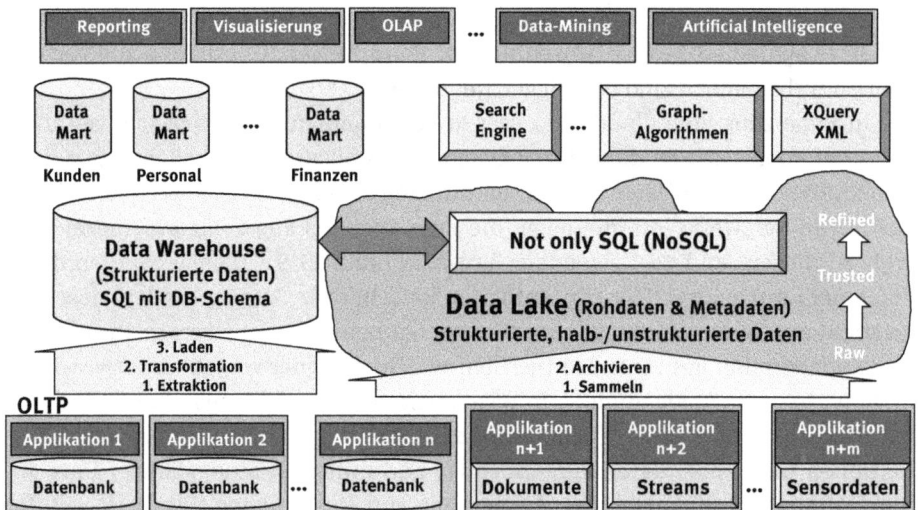

Abb. 1.2.10: Big Data: Aufbereitung von Massendaten für Data-Analytics-Anwendungen (Quelle: nach Albrecht 2018).

Data-Analytics-Systeme

Als *Data-Analytics-* oder *Business-Intelligence-Anwendungen* bezeichnet man Applikationen, die durch die Zusammenführung, Verknüpfung und statistische Analyse von aus vielen verschiedenen operativen Applikationen zusammengefassten Daten neue Erkenntnisse oder neues Wissen generieren (vgl Albrecht 2018, Abb. 1.2.10 und Kap. 5.4). Daten-Analytiker (Data Analysts) benötigen als Nutzer solcher On-Line-Analytical-Processing-Anwendungen (OLAP) lesenden Zugriff auf umfassende

Daten- und Dokumentbestände, um sie mit diversen Methoden der Statistik und Künstlichen Intelligenz möglichst flexibel auswerten zu können. Um die in den operativen OLTP-Systemen angefallenen Daten möglichst lückenlos, konsistent und zur Einhaltung der Datenschutzgesetze ggf. auch anonymisiert für Data-Analytics-OLAP-Anwendungen bereitzustellen, dienen Big-Data-Dienste wie *Data Warehouses*, *Data Marts* und *Data Lakes* (zu diesem und zu Folgendem vgl. Kemper/Eickler 2015 und Albrecht 2018):

Data Warehouses sind Weiterentwicklungen von relationalen Datenbanken für riesige Mengen von Datensätzen und ggf. auch stark strukturierten Dokumenten, die, aus diversen operativen Datenbanken extrahiert, in ein einheitliches und konsistentes anwendungs- und organisationsübergreifendes Datenmodell transformiert werden. Bei dieser Transformation geht es darum, Daten in einheitliche Datenformate zu konvertieren und auf der Basis der verfügbaren Metadaten in ein semantisch konsistentes und für Daten-Analysten unmissverständliches, übergeordnetes relationales oder hierarchisches Datenbankschema der Data-Warehouse-Datenbank zu überführen. Data-Warehouse-Datenbanken sind Hochleistungsdatenbanken, die auch für Datenmengen im Terabyte-Bereich hochperformante Such-, Filter-, Verknüpfungs-, und mehrdimensionale Aggregationsabfragen mit Erweiterungen der Structured Query Language ermöglichen. Für bestimmte Anwendergruppen können ausgewählte, häufig genutzte Fachdatenbestände aus dem Date Warehouse aus Effizienz- und ggf. auch Datenschutzgründen in sog. **Data Marts** für fach- oder funktionsbezogene Analysen bereitgestellt werden.

Neben strukturierten Datensätzen und Dokumenten fallen auch immer mehr schwach strukturierte Dokumente (Mails, Texte, Webseiten, Blog-Einträge etc.), Datenströme (Click-Streams, Bewegungsprofile etc.) und Medien (Bilder, Sprach-/Tonaufzeichnungen, Videos) für diverse Analysen (Suchen, Vergleiche, Profilerstellung etc.) an. In Ergänzung zu den Data Warehouses werden daher zunehmend auch schwach strukturierte Daten aller Art in einem sog. **Data Lake** gesammelt, aufbereitet und für den schnellen Zugriff für Data-Analytics-Anwendungen vorgehalten. Data Lakes sammeln Rohdaten und veredeln sie vielfach durch Technologien, die bei der Suchmaschinenentwicklung entstanden sind: Crawler, Indexer und semantische Analyseverfahren legen Indexe, mit Meta-Daten verschlagwortete Archive (Repositories) und Knowledge-Graphen an, über die schwach strukturierte Daten in hocheffizienten, verteilten Dateisystemen mit diversen innovativen Suchalgorithmen, Map-Reduce-Aggregations- und Filteralgorithmen, Graphalgorithmen und XML-Queries (XQuery) traversiert bzw. durchforstet werden können. Zusammen mit Data Warehouses bieten **Data Lakes** die Möglichkeit neben SQL-Abfragen auch diverse Non-SQL-Zusatzabfragen auf schwach strukturierten Daten durchzuführen und diese sogar miteinander zu verknüpfen, was den Begriff **NoSQL** für „Not only SQL" erklärt. Durch Anreicherung mit Metadaten und semantische Abgleich sowohl der Inhalte als auch der Datenquellen und Autoren können Daten in einem Data Lake auch hinsichtlich ihrer Vertrauenswürdigkeit und datenschutzrechtlichen

Anonymisierung/Freigabe als „trusted" klassifiziert werden. Die in klassischen rationalen Datenbanken sehr feingranular administrierbaren Rechteverwaltungen, die schon bei Content-Management-Systemen auf schwach strukturierte Websites ausgeweitet wurden, können hier auch für diverse Datensammlungen im Data Lake eingesetzt und um Klassifizierungssysteme erweitert werden.

Data Warehouses und Data Lakes bilden gemeinsam die Basisdienste für Data-Analytics-Anwendungen, die entweder durch Reporting-Werkzeuge Daten zu Berichten aggregieren, durch Visualisierungswerkzeuge Daten in Diagrammen oder auf geografischen Karten veranschaulichen oder für diverse statistische Auswertungen nutzen (Korrelations-, Regressions-, Zeitreihen-, Diskriminanz-, Cluster-, Faktor- und Conjoint-Analysen, Stichprobentests etc.). Wenn aus Massendaten durch statistische Analysen systematisch neues kommerziell verwertbares Wissen z. B. im Rahmen der Marktforschung gewonnen werden kann, spricht man auch von **Data-Mining** (vgl. Aggarwal 2020). Die klassischen statistischen Verfahren wurden um neue Algorithmen des statistischen maschinellen Lernens wie z. B. Bayes Learning, Decision Trees, Random Forests, Support Vector Machines (SVMs), Text-Mining, Graph Mining, Stream Mining etc. für Analysen und Vorhersagen z. B. des Gäste- und Einkaufsverhaltens auf der Basis von Warenkorbanalysen erweitert. Über die Anwendungsmöglichkeiten von Data Science im Tourismus vgl. Egger 2022 und Höpken et al. 2015. Beispiele für Big-Data-Reporting- und Visualisierungswerkzeuge sind Tableau oder PowerBI, die viele Funktionen aus Tabellenkalkulationsprogrammen und SQL cloudbasiert vereinigen. Beispiele für Statistikpakete sind SPSS, SAS und STATA für quantitative sowie MaxQDA für qualitative Analysen. Data-Mining-Suites, zu denen auch KNIME und Rapid Miner gehören, integrieren diverse Statistikverfahren mit neuartigen Verfahren der Künstlichen Intelligenz, die über Datenflussdiagramme beliebig miteinander und mit Auswertediagrammen zu Analyse- und Visualisierungprozessen kombiniert und automatisiert werden können. Programmierer können dies auch mit der Programmiersprache R direkt auf Codeebene realisieren. Geoinformationssysteme wie ARCGIS, GeoMedia oder QGIS bieten zahlreiche zusätzliche Methoden zur Visualisierung und raumbezogenen Analyse speziell von Geodaten an (Spatial/Trajectory Mining zum Beispiel für die Analyse von Mobilitätsdaten von Flügen, Schiffen, Besuchern vgl. Pelekis/Theodoridis 2014).

Neben den statistischen Methoden kommen seit den 1980er Jahren immer mehr Methoden der sog. Künstlichen Intelligenz bzw. des Machine Learning zum Einsatz. Man kann hierbei grundlegend zwischen Künstlicher Intelligenz der 1. Generation und der 2. Generation unterscheiden. KI-Systeme der ersten Generation basieren auf regelbasierten Expertensystemen, die man als Weiterentwicklung von Datenbanken auch wissensbasierte Systeme nennt. KI-Systeme der 2. Generation simulieren die intelligente Informationsverarbeitung in Nervennetzen aus der Biologie und Gehirnforschung durch Computermodelle, die als Künstliche Neuronale Netze (KNN) bezeichnet werden.

Regelbasierte Expertensysteme

Regelbasierte Expertensysteme, die man auch als wissensbasierte Systeme bezeichnet (vgl. hierzu und zu Folgendem Thiele et al. 2001, Ertel 2016, Kemper/Eickler 2015), entstehen, wenn man zu einem bestimmten Wissensgebiet, z. B. in der technischen oder medizinischen Diagnostik, oder auch zu komplexen Fahrplanauskunfts- und Tarifsystemen eine Datenbank mit ***Fakten*** (z. B. AStadt ist erreichbar von BStadt; AStadt liegt in derselben Tarifzone wie BStadt) um ***Regeln*** ergänzt (z. B. Für alle Städte X, Y, Z gilt: *Wenn* X erreichbar von Y ist *und* Y erreichbar von Z ist, *dann* ist X erreichbar von Z; *Wenn* Tarifzone X = Tarifzone Y *und* Tarifzone Y = Tarifzone Z, *dann* ist der Preis eine Tarifeinheit). Fakten und Regeln zusammen bilden eine ***Wissensbasis***, aus der durch einen logischen Schlussfolgerungs- bzw. Suchalgorithmus neues Faktenwissen abgeleitet (welche Städte sind überhaupt von AStadt erreichbar?) oder umgekehrt systematisch nach Antworten auf Anfragen (was ist der Preis einer Fahrt von AStadt nach BStadt?) gesucht werden kann (vgl. Abb. 1.2.11).

Ein allgemeiner Herleitungs-, Schlussfolgerungs- oder auch Suchalgorithmus sucht nun systematisch nach Fakten, aus denen sich eine eingegebene Anfrage direkt beantworten lässt. Ist die Anfrage nicht direkt aus Fakten beantwortbar, sucht der Algorithmus systematisch nach passenden Regeln, aus denen sich die Anfrage ggf. indirekt folgern lässt, indem entweder die in einer passenden Regel angegebenen Voraussetzungen als Fakten vorhanden sind oder aus weiteren Regeln gefolgert werden können.

Eine Anfrage, die weder aus Regeln noch aus Fakten herleitbar ist, wird vom Expertensystem als falsch beantwortet, während Anfragen, die über eine oder mehrere Regeln aus vorhandenen wahren Fakten herleitbar sind, zusammen mit der Herleitung und den in den Fakten abgelegten Zusatzinformationen, z. B. dem Preis, als wahr beantwortet werden. Da wissensbasierte Systeme auf der Basis von Fakten und Regeln sowie einem allgemeinen Schlussfolgerungsmechanismus/Suchverfahren erstmals selbstständig ohne spezielle Programmierung für jedes gut strukturierte und in sich konsistente Wissensgebiet sinnvolle Antworten auf zum Wissensgebiet passende Anfragen samt logischer Begründung (Herleitung) liefern können, kann man sie als erste Generation von Systemen der Künstlichen Intelligenz zählen. Sie implementieren auch ***„Maschinelles Lernen“***, indem sie z. B. alle Anfragen, die als wahr beantwortet wurden, als zusätzliche Fakten oder Regeln (Herleitung oder Teile davon) abspeichern und damit die Wissensbasis kontinuierlich um alle bereits „bewiesenen“ Fakten erweitern, was zukünftige Anfragen stark beschleunigen kann. Regelbasierte Systeme wurden in den 1990er und 2000er Jahren für diverse Spezialanwendungen auch im Tourismus perfektioniert. Neben Auskunfts- und Empfehlungssystemen (Recommender Systems) bilden sie auch die Grundlage für mathematische Theorembeweiser der Computeralgebra (z. B. Wolfram Alpha) oder für maschinelle Text-/Spracherkennungs- und Übersetzungssysteme der Computerlinguistik auf Basis grammatikalischer Regeln und Faktensammlungen über das Sprachvokabular und seine Bedeutung.

Dialog-Komponente:

Experten geben *Fakten* und *Regeln* ein!
Benutzer stellen *Anfragen*, z.B. **M?** und
erhalten *Antwort* inklusive *Herleitung*.

Bsp: Unterkunft(Adlon)?
⇒ **yes!**

Schlussfolgerungs-/Suchmechanismus:
Versuche *Anfrage:* **M?**
über geeignete *Regeln*
auf bekannte *Fakten* zurückzuführen.
Gib *Regeln* & *Fakten* zu **M** und **yes!** oder **no!** aus.
Lerne ggf. **M** als neu bewiesenes *Faktum*.

Bsp: Hotel(Adlon)
⇒ Unterkunft(Adlon)
⇒ **yes!**

Wissensbasis ggf. Datenbank-basiert:

Regeln

Regel 1:   FaktX, FaktY => Z
Regel 2:   Fakt1 => K
Regel 3:   FaktM, Z => M ...

Regel q: ...

Bsp: ∀x Hotel(x) ⇒ Unterkunft(x)

Fakten (auch Events)

Fakt 1, Fakt 2, ... , Fakt N

Bsp: Hotel(Adlon), Cafe(Kranzler)

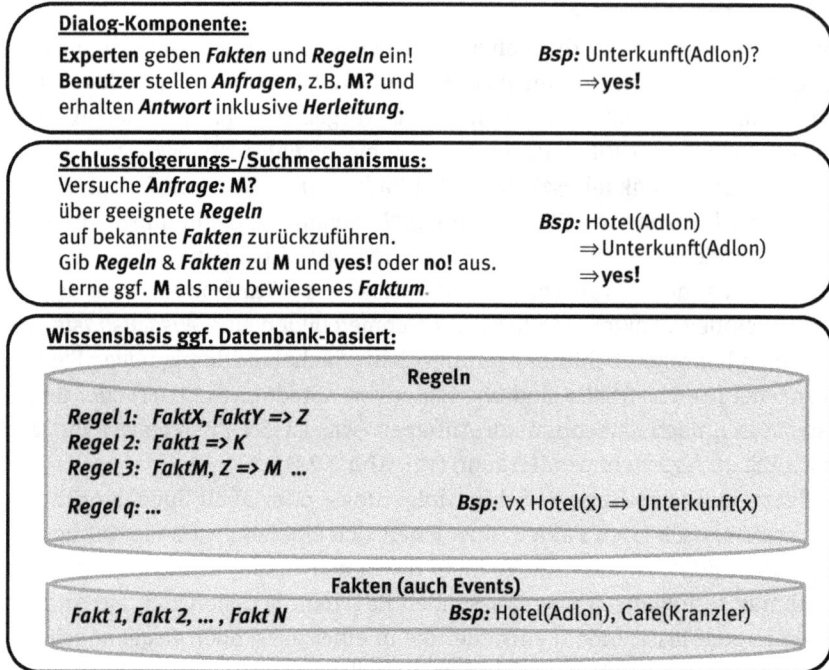

Abb. 1.2.11: Regelbasiertes Expertensystem als wissensbasiertes KI-System der 1. Generation.

Das Semantic Web und zahlreiche Verfahren zur semantischen Analyse von Suchanfragen und Anreicherung der Suchergebnisse um Wissen aus dem Knowledge Graph
beruhen auf Suchen bzw. Herleitungen aus Regelsystemen oder Wissensgraphen, die
Fakten miteinander verknüpfen (vgl. Szeredi et al. 2014, Angele et al. 2020). Da gerade
natürliche Sprachen im Gegensatz zu formalen Programmiersprachen oder konsistenten Wissensgebieten mehrdeutig sind, verlangt die Computerlinguistik nach einer Verallgemeinerung der zweiwertigen wahr/falsch-Logik bei Fakten, Regeln und Antworten
zu einer unscharfen „Fuzzy Logic", die auch mit statistischen Wahrscheinlichkeiten arbeitet. Statt als nur „wahr" oder „falsch" kann eine Anfrage nun auch als „mit einer
gewissen Wahrscheinlichkeit wahr bzw. falsch" bewertet werden. Dies ermöglicht mit
Wahrscheinlichkeiten bewertete Schlussfolgerungen aus mehrdeutigen oder nur auf
statistischen Wahrscheinlichkeitsaussagen beruhenden Wissensbasen. Mit Hilfe der
bedingten Wahrscheinlichkeiten nach der Theorie von Bayes können durch Kombination von unscharfem Vorwissen mit ggf. auch noch unpräzisen Zusatzinformationen
über den aktuellen Anfragekontext genauere Ergebnisse als bei zweiwertiger Logik
abgeleitet werden (vgl. Choi et al. 2019). Außerdem können verfeinerte Lernprozesse
durch Adjustierung der Wahrscheinlichkeiten in Fakten und Regeln entsprechend
neuen Herleitungen oder neuen empirischen Erkenntnissen realisiert werden. Insbesondere bei der maschinellen Textinterpretation von Website-Inhalten, Gästebewer-

tungen oder zur möglichst relevanten Beantwortung von Such- und Produktanfragen wurden nicht nur in Suchmaschinen und Bewertungsportalen, sondern auch in Reisesuchmaschinen, IBEs und Empfehlungsdiensten große Fortschritte gemacht. Neuste Entwicklungen sind hierbei Chatbots, die auf Websites auf der Basis von Regeln oder Künstlichen Neuronalen Netzen (siehe unten) kleine Text-Fragen beantworten.

Verbesserungen von maschinellen Textübersetzungssystemen (vgl. Poibeau 2017) sind insbesondere durch den Aufbau von statistisch lernenden Wissensbasen, Vokabularen und Regeln möglich, die aus dem automatisierten systematischen Textvergleich von weltweit gleichzeitig erscheinenden mehrsprachigen News zum gleichen Ereignis gewonnen werden. Weitere Quellen hierfür sind multilinguale Websites und Pressemitteilungen internationaler Firmen sowie in diverse Sprachen übersetzte Gesetzestexte und Verlautbarungen von multinationalen Organisationen. Bei diesen statistikbasierten Übersetzungssystemen werden statt einzelner Vokabeln zunehmend ganze Phrasen und ihre Übersetzung in einer immer umfangreicher werdenden Faktenbasis „maschinell gelernt" und unmittelbar ineinander übersetzt, während die Bedeutung der von Computerlinguistik-Experten einzupflegenden grammatikalischen Regeln in den Hintergrund tritt.

Künstliche Neuronale Netze
Parallel zu den regelbasierten Systemen der Künstlichen Intelligenz wurden nach dem Vorbild der biologischen Signalverarbeitung im Gehirn in neuronalen Netzen, die aus über ihre Synapsen vernetzten Nervenzellen bestehen, sog. Künstliche Neuronale Netze (KNN) entwickelt. Nach Versuchen mit fest verdrahteten, analogen „Lernmatrizen" aus elektrotechnischen Komponenten in den 1950er Jahren (Steinbuch 1961), die angelegte Signale speichern, wiedererkennen und assoziativ vervollständigen konnten, ging man mit den großen Fortschritten der digitalen Computer- und Mikroprozessortechnologien dazu über, neuronale Netze nicht als alternative Hardware-Architektur zu implementieren, sondern als rein mathematische Simulationsmodelle auf klassischen Computersystemen digital zu berechnen (vgl. Rojas 1996).

Ein Künstliches Neuronales Netz (KNN vgl. Abb. 1.2.12 und Backhaus et al. 2015) besteht mathematisch aus einem gerichteten Graphen mit **Neuronen** als Knoten und **Synapsen** aus gerichteten (Pfeile) und *gewichteten* Verbindungen (Kanten mit **Gewichten** G) zwischen diesen Neuronen. *Input-Neuronen* geben Eingabewerte (Input-Signale) über ihre gewichteten Verbindungen an Verarbeitungsneuronen weiter. Verarbeitungsneuronen, die aufgrund ihrer inneren Position im Netz auch als *„hidden" Neuronen* bezeichnet werden, addieren alle gewichteten Eingangswerte, die sie aus vorgelagerten Neuronen erreichen, auf und transformieren die Summe der gewichteten Eingangswerte mit Hilfe ihrer sog. nichtlinearen *Aktivierungsfunktion* zu einem *Ausgabewert*, der wiederum über gewichtete Synapsen ggf. an weitere Verarbeitungsneuronen und schließlich an Output-Neuronen weitergegeben wird. Jedes Ausgabeneuron liefert einen finalen Ausgabewert und trägt damit zum Netz-Output bei. Zusätzlich kann es noch sog. *Bias-Neuronen* geben, die

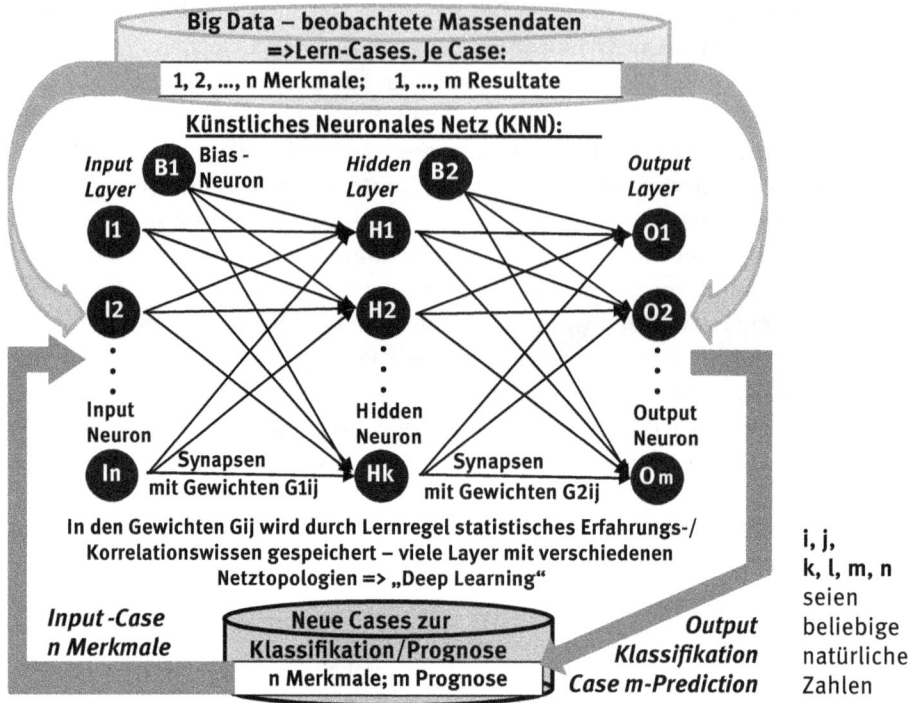

Abb. 1.2.12: Künstliches Neuronales Netz als Beispiel für ein KI-System der 2. Generation.

keine Eingangs-Signale erhalten und stets einen unverändert konstanten Ausgabe-wert wie ein „Vorurteil" über gewichtete Synapsen an nachgelagerte Neuronen lei-ten. Zu jedem **Input** liefert das künstliche neuronale Netz auf diese Weise einen **Output**, der von der **Netztopologie** (Anzahl Neuronen/Ebenen und Netzstruktur der Synapsenverbindungen), den *Gewichten* der *Synapsen* und den *Aktivierungs-funktionen* in den Neuronen abhängig ist. Das KNN bildet auf diese Weise Input-Si-gnale auf Output-Signale ab und kann durch *Veränderung der Synapsengewichte* **„lernen"**, zu bestimmten Input-Signalen „passende" Output-Signale auszugeben.

Das *Lernen* in KNN vollzieht sich induktiv, indem z. B. das Netz einen Lernda-tensatz von zusammenpassenden Input-Output-Daten/Signalvorgaben als Lernbei-spiele (Cases) vorgegeben bekommt. Zu jedem vorgegebenen Input-Datum/Signal berechnet das Netz in einem sog. *Forward-Propagation-Prozess* auf der Basis seiner aktuellen Gewichte ein Output-Signal, welches mit dem vorgegebenen Output-Sig-nal aus den Lerndaten verglichen wird. Wenn es Abweichungen (Fehler) zwischen dem errechnetem Output-Signal und dem vorgegebenen Output-Signal gibt, werden durch eine sog. **Lernregel** die Gewichte des Künstlichen Neuronalen Netzes so ad-justiert, dass die Abweichung/der Fehler vermindert wird (vgl. Rojas 1996 und Backhaus et al. 2015). Es gibt zahlreiche Lernregeln, wie ein künstliches neuronales

Netz seine Gewichte an die Trainingssignale anpassen kann. Das bekannteste Lernverfahren ist das sog. *Backpropagation-Learning*, wo aus den an den Output-Neuronen festgestellten Abweichungen sukzessive von hinten nach vorne die Korrekturwerte für alle beteiligten Synapsen des KNN ermittelt und die Gewichte rückwärts bis zu den Input-Neuronen-Synapsen korrigiert werden. Beim Lernen werden auch die Gewichte der Synapsen der *Bias-Neuronen* verändert, was zu einer Milderung, Neutralisierung, Verstärkung oder auch Umkehrung des „Vorurteils" führen kann. Nur die *Bias-Neuronen* können Signale liefern, die nach dem Lernprozess völlig unabhängig von allen an den Input-Neuronen angelegten Signalen/Daten sind.

Sogenannte *Multi-Layer-Perceptrons* mit einer hierarchischen Mehrebenen-Vernetzung wie in Abb. 1.2.12 können sich unter bestimmten Bedingungen sukzessiv wiederholt vorgelegte Input-Output-Signale bzw. Input-Output-Datensätze einprägen, indem sie ihre Gewichte so anpassen, dass nach der Lernphase bei Eingabe der Input-Signale/Daten als Stimulus das KNN die passenden Output-Signale als Response selbstständig errechnet bzw. korrekt ausgibt. Neben diesem „Auswendiglernen" von Input-/Output-Signal-Kombinationen aus dem Lerndatensatz kann ein KNN nach dem Lernprozess auch mit Input-Signalen/Daten konfrontiert werden, die es noch nicht gelernt hat (unbekannte/neue Cases). Es wird hierzu entsprechend den vorhandenen Gewichten auch Output-Signale/Daten liefern, die man als Assoziationen, Antworten bzw. Vorhersagen des Outputs zum gegebenen Frage-Input interpretieren kann. Wenn die Lerndaten tatsächlich gewissen verallgemeinerbaren Regeln, Strukturen, Korrelationen oder Mustern folgen, die sich in die KNN-Gewichte eingeprägt haben, kann ein KNN für bisher unbekannte Input-Signale/Daten den gelernten Korrelationen entsprechende Output-Signale/Daten ausgeben, die tatsächlich als intelligente Assoziationen/Antworten aus den ihnen unterliegenden Regeln, Korrelationen oder Mustern folgen. Große Erfolge wurden dabei auf den Gebieten der automatischen Text-, Schrift, Bild- und Spracherkennung, der Klassifizierung und Clusterung von Daten sowie der Vorhersage z. B. von Kaufverhalten und Kundenpräferenzen auf der Basis von beobachteten Verhaltensmustern erzielt (vgl. Backhaus et al. 2015). Kognitionspsychologen konnten sogar für spezielle bild-, text- und spracherkennende KNNs ähnliche Erfolgs- und Fehlermuster wie bei menschlichem Lernverhalten identifizieren, wenn die Lernregeln und die Struktur der KNNs ähnlich zu biologischen Neuronennetzen entsprechender Gehirnregionen aufgebaut sind (vgl. Rumelhart/McClelland 1986). Während Multi-Layer-Perceptrons den Aufbau der Gehirnregionen zur Wahrnehmung bzw. Filterung von Buchstaben, Texten, Bildern etc. simulieren, gibt es auch KNNs, deren Neuronen und Synapsen keine hierarchisch vernetzten Ebenen bilden. So wurden auch KNNs erfunden, deren Synapsen nicht nur Neuronen über mehrere Ebenen hinweg verbinden, sondern auch nachgelagerte Neuronen für Rückkoppelungs-Schleifen direkt mit vorgelagerten Neuronen vernetzen. Solche nichthierarchische bzw. rekurrente Netze spielen eine wichtige Rolle bei der sequenziellen Echtzeit-Sprachverarbeitung, Videoverarbeitung und maschinellen Übersetzung (vgl. Goodfellow et al. 2006): Rekurrente LSTM (Long Short-Term Memory Netze) simulieren z. B. ein Kurzzeitgedächtnis, das die Vorverarbeitung und Speicherung des aktuellen Kontextes eines gesprochenen Satzes ermöglicht, bei dem das „alles klärende" Verb erst ganz am Ende auftaucht. Große Anwendungserfolge mit künstlichen neuronalen Netzen konnten erst erreicht werden, als ausreichende Computerleistung zur Simulation großer und komplexer KNN aus der Kombination zahlreicher Netzebenen verschiedener Topologien und tausender Neuronen in der Cloud realisiert werden konnte, was allgemein als Deep Learning bezeichnet wird (Goodfellow et al. 2006). Da KNNs im Gegensatz zu regelbasierten Systemen nicht mit Expertenwissen gefüttert werden können, sondern ihre Gewichte nur aus möglichst vollständigen und repräsentativen Lerndaten adjustieren können, ist die Verfügbarkeit einer möglichst großen Menge von Lerndaten aus Big-Data-Anwendungen neben einer passenden Auswahl der Netztopologie und der richtigen Aktivierungsfunktionen und Lernregeln erfolgsentscheidend. Suchmaschinen, Online-Portale und Organisationen mit Zugang zu großen Datenmengen oder Möglichkeiten der massenhaften Datensammlung haben bei KNN-Anwendungen natürliche Wettbewerbsvorteile. Außer einer systematischen Analyse und Nachbildung biologischer Nervennetze werden zunehmend auch sog. evolutionäre Algorithmen eingesetzt, die zufällig KNNs mit verschiedenen Netztopologien erzeugen und diese im Wettbewerb zueinander lernen oder auch bei bestimmten Anwendungsproblemen (Spiele, Robotics, autonome Fahrsimulationen) direkt gegeneinander antreten lassen (vgl. Rojas 1996 und Goodfellow et al. 2006). In jeder Runde, die man in Anlehnung an die Evolution auch „Generation" nennt, werden nach dem Survival-of-the-Fittest-Prinzip nur die besten KNN-Varianten ausgewählt, um sie weiter zu trainieren. Die schlecht performenden KNNs werden für die neue Generation durch neue, zufällig erzeugte KNNs ersetzt, um möglichst viele unterschiedliche KNN-Varianten untersuchen zu können. Mit jeder Generation entstehen bessere KNNs, die das gegebene Lernproblem schneller, effizienter oder dank besserer Assoziationsfähigkeit auch für unbekannte Input-Daten intelligenter lösen. Die Assoziationsfähigkeit wird dadurch gemessen, dass der Lerndatensatz in vorzulegende *Trainingsdaten* zum Lernen und in *Testdaten* aufgeteilt wird. Die Testdatensätze werden im Lernprozess dem KNN vorenthalten und nach jeder Lernrunde zur Assoziation vorgelegt, um neben den Lernfehlern (beim Auswendiglernen) auch die Assoziationsfehler zu messen (vgl. Backhaus et al 2015). Die KNNs mit den niedrigsten Lern- und Assoziationsfehlern sind für das jeweilige Problem am besten geeignet.

Ein generelles Problem der Künstlichen Neuronalen Netze als KI-Technologie der 2. Generation ist, dass das gelernte Wissen nur implizit in der mit zunehmender Neuronenzahl exponentiell anwachsenden Zahl von Synapsen-Gewichten gespeichert ist (vgl. Rojas 1996). Das nur in Gewichten aus statistisch-zufälligen induktiven Lernvorgängen eingeprägte Wissen lässt bei großen und komplexen KNNs typischerweise keine direkte Interpretation der dem Wissen zugrundeliegenden Regeln, Korrelationen und Kausalzusammenhänge zu, weshalb KNN im Gegensatz zu regelbasierten Systemen der 1. KI-Generation auch keine nachvollziehbaren Begründungen oder gar Theorien für ihre Antworten, Assoziationen oder Prognosen mitliefern. Nur unter gewissen Umständen können aus der Analyse von Gewichten statistische Aussagen über die Stärke des Einflusses bestimmter Faktoren und Konstellationen in den Input-Daten auf das Output-Ergebnis abgeleitet werden. Insbesondere bei Fällen und Situationen, die wegen ihrer Seltenheit weder in Trainings- oder Testfällen vorgekommen sind, können KNNs schwere Assoziationsfehler machen, die mangels Begründung auch nicht an einer ggf. nicht nachzuvollziehenden Argumentation zu erkennen sind. Künstliche Neuronale Netze zeigen als komplexe nichtlineare Systeme sowohl während der Backpropagation-Lernprozesse als auch bei rekurrenten Netztopologien aufgrund der hiermit verbundenen Rückkoppelungen sogar chaotisches Verhalten, das Lern- und Testfehler plötzlich sprunghaft verbessert (Erkenntnisgewinn) oder verschlechtert (Verwirrung/Verlernen/Vergessen durch zufällig vermehrte Beobachtung von Ausreißern). Oft sind Lerndaten auch schlichtweg falsch erfasst/gemessen, widersprüchlich, gehorchen als reine Zufallsdaten keinen inneren Regeln oder erlauben grundsätzlich nur in begrenztem Umfang Rückschlüsse insbesondere auf die Zukunft.

Im Tourismus werden neuronale Netze z. B. für Forecasts in Revenue-Management-Systemen angewendet (vgl. Law/Au 1999, Weatherford et al. 2003, Zakhary et al. 2010, Wang/Duggasani 2018 und Kap. 5.1). Besonders anspruchsvolle Anwendungen wie dialogorientierte Sprachassistenten und Übersetzungssysteme oder Fahrerassistenzsysteme für das autonome Fahren (vgl. Herrmann/Brenner 2018) setzen daher auf Kombinationen aus klassischer Programmierung, deduktiv-regelbasierten lernfähigen Experten-Systemen der 1. Generation mit den überwiegend induktiv-selbstlernenden Deep-Learning-KNNs der 2. Generation (vgl. Poibeau 2017). Auf Grundlage der Text-/Phonem- und Spracherkennungsfunktionen jahrelang trainierter KNNs können regelbasierte Expertensysteme Antworten und Reaktionen auf Anfragen oder Situationen auf der Basis von gesichertem Wissen (Routen, Gesetze, Verkehrsregeln etc.) ableiten und zur Echtzeitsteuerung von Systemen, Prozessen und Apps (klassische Programmierung oder Fuzzy-Regelung) oder zur Echtzeit-Generierung/Übersetzung von Antworten (Text-/Sprachgenerator/Chatbot ggf. mit KNN-Sprachsynthese) verwenden. Cloudbasierte Sprachassistenten wie Apples Siri, Amazons Alexa oder Microsofts Cortana bieten für App-Programmierer Schnittstellen an, mit denen sie die Sprachdialogfunktionen in beliebige eigenentwickelte Anwendungen über herkömmliche Programmierung integrieren können. Auf diese Weise entstehen umgekehrt neue sog. Skills der Sprachassistenten, die immer mehr Apps und Webanwendungen insbesondere auch im Tourismus per Sprachdialog nutzbar machen. Beispiele reichen von sprachgesteuerten Auskunfts- und Empfehlungsdiensten, Automaten-, App- und Portalbedienungen über sprachgesteuerte Wegweisung bis hin zum automatischen Nacht-Check-in in Hotels. Da alle Dialogschritte über die cloudbasierte Sprach-KI laufen, wird diese zum zentralen Intermediär zwischen Nutzer und Applikation und kann sämtliche Sprachmerkmale und Interaktionsdaten des Nutzers zur Perfektionierung der personenbezogenen Spracherkennung und des nutzerspezifischen Dienstangebotes nutzen, was neue Fragen zum Datenschutz und zur Verwertung des gelernten Wissens aufwirft.

1.2.5 Quantencomputing

Klassische Computer basieren auf sehr kleinen elektronischen Schaltkreisen. Diese sind in Mikrochips eingebettet und enthalten aktive und passive Bauelemente sowie Leitungen, die die Bauelemente verbinden. Elementares Schaltelement sind sog. Halbleiter-Transistoren, elektronische Schalter, die man sich als Ein- und Ausschalter vorstellen kann (vgl. Abb. 1.2.13). Sie erzeugen ein Spannungspotenzial der Elektronen und repräsentieren ein Bit; dabei werden bei der Stellung „1" die Elektronen durchgelassen und bei „0" blockiert. Somit bilden diese zwei Zustände die kleinste binäre Informationseinheit, d. h. entweder „0" oder „1" (Arute et al. 2019). Durch Verdrahtung einzelner Transistorschalter miteinander entstehen sog. Schaltnetze bzw. Schaltwerke, die in der Lage sind, Binärdaten stabil zu speichern und auf ihnen beliebige binäre Rechenoperationen mit Hilfe der sog. Schaltalgebra durchzuführen. Die Daten werden dabei in sog. Registern aus aufeinanderfolgenden Transistorspeichern gehalten, von denen jeder zu jedem Schaltzeitpunkt genau einen Zustand, entweder 0 oder 1 haben kann. Abbildung 1.2.13 zeigt ein sog. 4-Bit-Register im Zustand „1000". Die Registerinhalte können nun für Rechnungen durch Schaltnetze bzw. Schaltwerke gezielt verändert werden. Die Rechenschaltnetze bzw. -schaltwerke bestehen aus beliebig kombinierbaren binären Schaltfunktionen wie Addierer, Multiplizierer, Integrator, Vergleicher etc., die nur durch Verdrahtung einfachster binärer Basisschalter wie UND, ODER bzw. NICHT zusammengesetzt werden, die man auch Gatter nennt. Wegen der stetigen Miniaturisierung der Transistoren passen immer mehr davon auf einen Mikrochip, der nach einem mathematischen Satz alle denkbaren digitalen Schaltfunktionen und Schaltnetze allein durch Kombination beliebig vieler NAND-Gatter = NICHT(UND (X,Y)) realisieren kann (vgl. Abb. 1.2.13), was die Grundlage sämtlicher digitaler Datenverarbeitung mit binärcodierten Daten ist.

Auf Basis der ständigen Miniaturisierung dieser digitalen Schaltnetz- und n-Bit-Register-Technologie hat sich die Rechenleistung in den letzten 50 Jahren etwa alle 18 Monate verdoppelt (das sogenannte „Moore'sche Gesetz"). Programmierer können komplizierteste Programme in höheren Programmiersprachen wie C, Java, Python, R etc. schreiben, die durch spezielle Übersetzerprogramme automatisch in binäre Steuerbefehle zur Steuerung der Register, Schaltnetze und Schaltwerke übersetzt werden, die sämtliche Computerberechnungen auf den Mikroprozessoren ausführen. Nachdem die Halbleitertechnik aber inzwischen in so kleine Dimensionen und so hohe Packungsdichten der Schaltkreise auf den Prozessoren vorgerückt ist, dass man die Grenzen der klassischen Physik und Elektrotechnik erreicht hat, stagniert seit mehreren Jahren die Fortsetzung des Gesetzes von Moore mit herkömmlicher Transistor-Technologie. Daher wird seit vielen Jahren schon intensiv an unkonventionellen

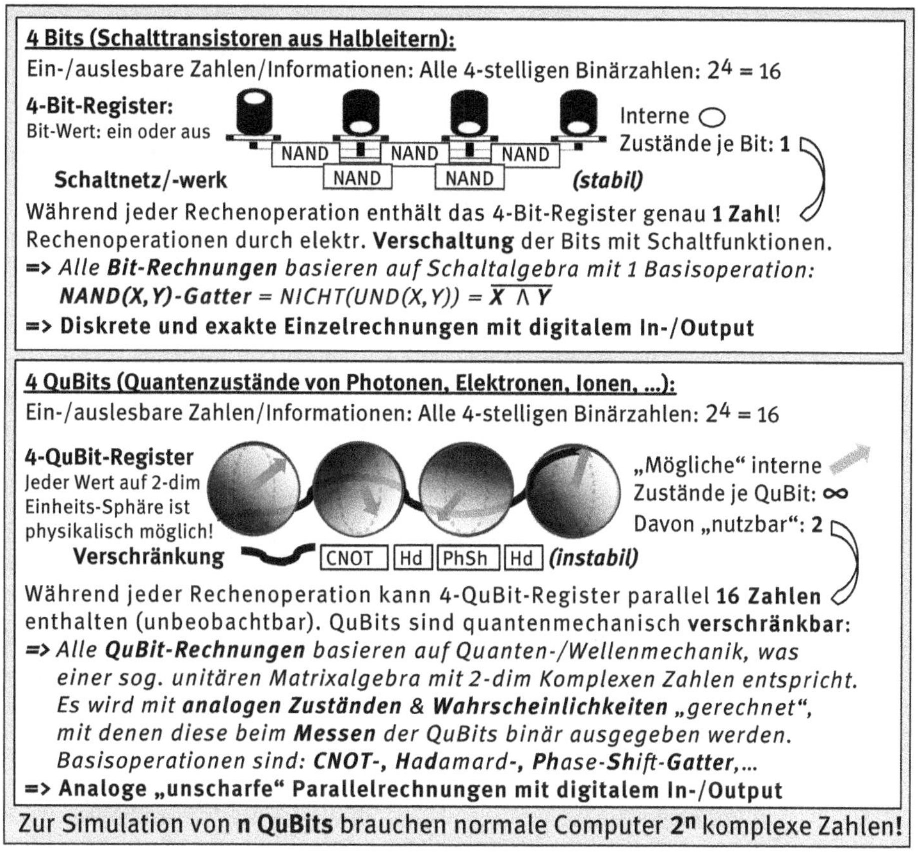

---

4 Bits (Schalttransistoren aus Halbleitern):

Ein-/auslesbare Zahlen/Informationen: Alle 4-stelligen Binärzahlen: $2^4 = 16$

4-Bit-Register:
Bit-Wert: ein oder aus

Interne ○
Zustände je Bit: **1**

NAND — NAND — NAND

NAND — NAND

Schaltnetz/-werk
(stabil)

Während jeder Rechenoperation enthält das 4-Bit-Register genau **1 Zahl!**
Rechenoperationen durch elektr. **Verschaltung** der Bits mit Schaltfunktionen.
=> Alle ***Bit-Rechnungen*** *basieren auf Schaltalgebra mit 1 Basisoperation:*
   $NAND(X,Y)$-*Gatter* $= NICHT(UND(X,Y)) = \overline{X \wedge Y}$
=> **Diskrete und exakte Einzelrechnungen mit digitalem In-/Output**

---

4 QuBits (Quantenzustände von Photonen, Elektronen, Ionen, ...):

Ein-/auslesbare Zahlen/Informationen: Alle 4-stelligen Binärzahlen: $2^4 = 16$

4-QuBit-Register
Jeder Wert auf 2-dim
Einheits-Sphäre ist
physikalisch möglich!

„Mögliche" interne
Zustände je QuBit: **∞**
Davon „nutzbar": **2**

Verschränkung — CNOT | Hd | PhSh | Hd *(instabil)*

Während jeder Rechenoperation kann 4-QuBit-Register parallel **16 Zahlen**
enthalten (unbeobachtbar). QuBits sind quantenmechanisch **verschränkbar**:
=> Alle ***QuBit-Rechnungen*** *basieren auf Quanten-/Wellenmechanik, was*
   einer sog. unitären Matrixalgebra mit 2-dim Komplexen Zahlen entspricht.
   *Es wird mit **analogen Zuständen & Wahrscheinlichkeiten** „gerechnet",*
   *mit denen diese beim **Messen** der QuBits binär ausgegeben werden.*
   *Basisoperationen sind: **CNOT-**, Hadamard-, Phase-Shift-Gatter,...*
=> **Analoge „unscharfe" Parallelrechnungen mit digitalem In-/Output**

Zur Simulation von n QuBits brauchen normale Computer 2^n komplexe Zahlen!

Abb. 1.2.13: Vergleich eines klassischen 4-Bit-Transistor-Registers mit einem 4-QuBit-Quantenregister (stark vereinfacht).

Rechnertechnologien auf der Basis kleinster physikalischer Strukturen geforscht, in denen nicht mehr die deterministische klassische Physik, sondern die Gesetze der probabilistischen Quantenphysik gelten.

Mit dem Begriff Quant wird in der Physik der kleinstmögliche Wert einer physikalischen Größe beschrieben, ähnlich wie die Pixel eines digitalen Fotos. Das Quant in einem Quantencomputer kann z. B. ein geladenes Atom, also ein Ion sein. Hier erlaubt die quantenmechanische Eigenschaft eine Überlagerung der beiden Zustände („0" und „1"). Ein Quanten-Bit, auch QuBit genannt, kann nicht nur „0" und „1" als „Entweder-oder"-Zustand annehmen, sondern kann intern viele verschiedene Zustände des „Sowohl-als-auch" annehmen. Diesen mehrdeutigen internen Zustand nennt man Überlagerung bzw. Superposition, und er kann durch einen kleinen Pfeil der Länge 1 vom Ursprung auf eine sog. Bloch-Kugeloberfläche veranschaulicht werden, der zu jedem Zeitpunkt in jede beliebige Richtung auf jeden Punkt der Oberfläche zeigen kann (Abb. 1.2.13). Zur Veranschaulichung wird in zahlreichen Publikationen folgendes Beispiel genannt (Quarks 2021): Ein „Sowohl-als-auch-Zustand" ist wie eine sich im Flug befindliche Münze, die während des Fluges sowohl „Kopf" als „Zahl" sein kann, die in alle Richtung orientiert sein kann, und von deren aktueller Ausrichtung im Raum die Wahrscheinlichkeit abhängt, dass sie bei einem Aufprall Kopf oder Zahl zeigt. Jedoch gilt dies nur so lange, wie das QuBit unbeobachtet bleibt. Wenn man den Zustand konkret abfragt (die Münze aufkommt), hat es mit einer gewissen Wahrscheinlichkeit den klar definierten Zustand „0" oder „1" (Kopf oder Zahl). Das heißt, durch die Messung (das Auf-den-Boden-Auftreffen) geht das QuBit wie die Münze in einen der beiden dann eindeutig definierten Zustände über und kann als ein einziges klassisches Bit abgespeichert werden (vgl. Dür/Heusler 2012, Marre 2019). Bis zur Messung kann ein QuBit aber durch die Superposition wie eine rotierende Münze oder ein Einheitspfeil auf einer Kugeloberfläche mit Radius 1 theoretisch sogar beliebig viele kontinuierliche Werte annehmen, die in zwei Dimensionen X und Y an zwei parallelen Rechnungen beteiligt sein können. Der Einheitspfeil, der den internen Zustand eines QuBits beschreibt, ist mathematisch als Einheitsvektor aus zwei komplexen Zahlen darstellbar, der durch kleine Drehoperationen wie von einem Münzjongleur, der immer mehrere Münzen in der Luft hat und jede einzelne immer wieder mit neuen Drehimpulsen „hochschubst", unbeobachtet manipuliert werden kann. Durch Verschränkung zweier QuBits miteinander können diese darüber hinaus so gekoppelt werden, dass sie einen gemeinsamen Zustand bilden und die Drehoperationen auf einem QuBit dann sogar gleichzeitig eine Drehoperation des Einheitsvektors des anderen verschränkten QuBits impliziert, und das sogar über größere Entfernungen hinweg. N QuBits können also nach Einlesen von n Bits-Information intern mehrdimensionale Rechnungen mit komplexen Zahlen ausführen, die durch eine Folge von Manipulationen mit Verschränkungen und Drehoperationen nicht nur binär-digital, sondern sogar mit kontinuierlich veränderbaren unendlich vielen Werten analog rechnen, bis deren Ergebnis am Ende durch Messung wieder auf n binäre Ausgabe-Bits reduziert (digitalisiert) wird. Die internen analogen Rechnungen legen dabei fest, mit welcher Wahrscheinlichkeit am Ende welches Ergebnis-Bit bei der Messung herauskommt, wodurch aber das Meiste der internen, nicht beobachtbaren analogen Zustandsinformation wieder verloren geht, bis auf die zwei möglichen Bits, die am Ende je QuBit durch die Messung entsprechend den intern berechneten Wahrscheinlichkeiten zu einem Ergebnis-Bit reduziert ausgegeben werden (Marre 2019):

> Ein QuBit enthält somit intern bis zur Messung mindestens den Informationsgehalt von zwei regulären Bits, zwei QuBits mindestens den von vier regulären Bits, drei QuBits mindestens den von acht Bits, vier QuBits mindestens den von 16 Bits und n QuBits mindestens den von 2^n Bits (Abb. 1.5.1).

Durch diese parallelen internen Rechenoperationen ist ein exponentielles Wachstum in der Parallelität und somit auch der Schnelligkeit der Rechenvorgänge möglich. Mit 50 QuBits würde ein Quantencomputer 2^{50} Berechnungen parallel durchführen können, was mit keinem aktuellen Super-Computer durchführbar wären. Auch die Verschränkung der Quantenzustände mehrerer QuBits ist mehr als nur die Verdrahtung der Bits eines normalen Bit-Registers über ein Schaltnetz mit logischen Schaltfunktionen. Verschränkte QuBits bilden quantenphysikalisch auch über größere Entfernungen hinweg ein gemeinsames System, das nur gemeinsam seinen Zustand ändert, wobei keine mit Zeitaufwand verbundene Energieübertragung, sondern nur ein sofortiger gemeinsamer Zustandsübergang des ggf. räumlich verteilten verschränkten Quantensystems stattfindet. Verändert sich also ein QuBit in einem Quantencomputer, so hat dies sofortige Auswirkungen auf alle mit ihm verschränkten QuBits. Dadurch kann man z. B. über größere Entfernungen Schlüsselcodes schicken, ohne dass jemand mitlesen kann: Versucht eine dritte Person unbemerkt eines der verschränkten QuBits zu messen, würde diese Messung für alle die aktuelle gemeinsame Zustandsveränderung sofort unterbrechen und die Nachricht für alle bemerkbar verändern. Ebenso ist es aber in Quantensystemen auch unmöglich, eine exakte Kopie eines internen Registerzustandes für spätere Rechnungen aufzuheben. Es können nur die Endergebnisse ausgelesen und gespeichert werden, was einen großen Informationsverlust bedeutet, da alle Parallelrechnungen durch die Messung für den Output wieder auf ein simples Binärergebnis reduziert werden.

Eine der physikalischen Methoden zur Erzeugung von QuBits ist das „Einsperren" von geladenen Atomen, den Ionen, in magnetische und elektrische Felder. In dieser „Ionen-Falle" können die Ionen mit Mikrowellenstrahlung in verschiedene Zustände gebracht werden (Quarks 2021) und auf diese Weise mit Information geladen werden. Auch das Ablesen ihrer Berechnung erfolgt mittels Mikrowellenstrahlung. Jedes einzelne Ion in der „Falle" ist ein QuBit. Andere Möglichkeiten sind die Nutzung schwacher, ringförmiger Ströme oder von Photonen (Lichtquanten z. B. in einem Laserstrahl). Damit die Teilchen manipuliert und gemessen werden können, ist eine möglichst tiefe Temperatur nötig. Die Quantenmechanik der QuBits funktioniert nur bei einer sehr starken Kühlung nahe am absoluten Nullpunkt (-273,15 Grad Celsius); die Betriebstemperatur der Quantenchips nähert sich diesem absoluten Nullpunkt bis auf wenige tausendstel Grad (50 Millikelvin) an. Quantencomputer sind dabei sehr empfindlich u. a. gegenüber Temperaturveränderungen, Luftfeuchtigkeit, Strahlungen und Erschütterungen. Zusätzlich bleiben die QuBits nur Bruchteile von Sekunden stabil und müssen in dieser Zeit die Input-Binärdaten einlesen, die Parallelrechnungen moduliert durch sog. Quantengatter durchführen und die Output-Binärdaten durch Messung auslesen. Weil Quantencomputer mit anderen Gesetzen als bisherige Computer arbeiten, muss auch ihre Programmierung neu erfunden werden: Wie bei konventionellen Computern sind auch bei Quantencomputern mehrere QuBits zusammen wirksam. Es entsteht ein „Register" von z. B. 10 Ionen (d. h. 10 QuBits), die wie auf einer Perlenschnur im Mikrometer-Abstand aufgereiht sind. Erst wenn das QuBit-Register komplett vermessen ist, kann man es einem Zustand zuordnen. Wobei jeder Zustand nur eine gewisse Wahrscheinlichkeit (analog dem Würfeln von mehreren Würfeln in einem Becher und dem Umdrehen auf dem Tisch oder dem Jonglieren mit mehreren Münzen) hat. Mit einem Register von z. B. 4 QuBits lassen sich dann Rechenoperationen durchführen, die einem klassischen Computer 2^4 Bits

(16 Bits) entsprechen (vgl. Abb. 1.2.13). Statt der Verdrahtung der QuBits über Schalt-netze und Schaltwerke mit Schaltgattern werden die QuBits eines Quantenregisters z. B. durch Mikrowellenstrahlung, Laserstrahlung, Magnetisierung etc. sukzessive miteinander verschränkt bzw. den erwähnten Drehoperationen der Wellen- bzw. Quantenmechanik unterworfen. Statt der diskreten Mathematik der binären Schaltal-gebra gilt für die internen Zustände von Quantensystemen die Mathematik der zwei-dimensionalen Vektor- und Matrizenrechnung mit komplexen Zahlen, welche die möglichen internen Zustände und deren Wahrscheinlichkeiten beschreiben. Auch hier lässt sich zeigen, dass selbst die kompliziertesten Berechnungen auf die sukzes-sive Ausführung von nur drei Basisoperationen zurückführbar sind: Das CNOT-Gatter zur Verschränkung von QuBits sowie das Hadamard-Gatter und das Phase-Shift Gat-ter für elementare Drehungen (Höfling/Ostler 2021). Die Programmierung von Quantencomputern besteht also aus der kombinierten sukzessiven Anwendung zahlreicher dieser Basisgatter auf Quantenregister, wofür seit 2020 auch eine hö-here Programmiersprache mit dem Namen Silq bereitsteht. Ein Problem ist wie bei allen Analog-Rechenformen aber die Empfindlichkeit der Quantenregister, die mit der Anzahl der QuBits überproportional steigt, was zu großen Rechenfehlern füh-ren kann. Sie müssen durch spezielle Fehlererkennungs- und Korrekturcodes ver-hindert werden und beeinträchtigen die Effizienz der Quantencomputer wegen der hierzu notwendigen Informations-Redundanzen und Korrekturschritte stark (Wilhelm-Mauch 2019). Andererseits ist die theoretische Leistungsfähigkeit der Quantencomputer noch lange nicht erreicht, da aktuell ein großer Teil der mögli-chen internen Zustände z. B. durch Beschränkung auf Drehoperationen mit genau 45 Grad noch nicht genutzt wird. Um ein n-QuBit-Register mit all seinen mögli-chen Quantenzuständen simulieren zu können, braucht ein herkömmlicher Com-puter nicht nur mindestens 2^n Bits, sondern sogar 2^n komplexe Zahlen mit je zwei Komponenten (Silveira Salles 2020), die heutzutage je nach Genauigkeit in 16/64/ 128 Bit Gleitkommadarstellung codiert werden müssen. Die Frage, ob man mit Quantencomputern außer schnellerer Rechnung auch neuartige Probleme lösen kann, die nicht z. B. auch durch das parallele Zusammenschalten diverser Super-Computer möglich wären, ist damit auch geklärt, da in dem Moment, wo ein Com-puter mit größerem Aufwand einen anderen simulieren kann, er auch in der Lage ist, dieselben Probleme zu lösen, auch wenn das sehr viel länger dauern würde. Umgekehrt wurde auch gezeigt, dass ein Quantencomputer einen klassischen Rechner simulieren kann.

Wie beschrieben benötigen Quantencomputer für Berechnungsoperationen wie insbesondere für die Parallelisierung und Simulation extrem rechenintensiver Algorith-men einen Bruchteil der Zeit, die ein normaler Computer dazu benötigen würde. Wich-tige Anwendungsfelder sind z. B. die Zerlegung großer Zahlen in Primfaktoren, die Voraussetzung für das Brechen diverser Verschlüsselungen ist, die wie heute meist da-rauf beruhen, dass der Aufwand, eine große Zahl in ihre unbekannten Primfaktoren zu zerlegen so hoch ist, dass ein Angreifer dies selbst mit Großrechnern nur mit exorbitant hohem Zeit- und Ressourcenaufwand bewerkstelligen kann. Die Nachricht, dass die weit verbreiteten RSA-Verschlüsselungen mittels Quantencomputer innerhalb eines Bruchteils der normalen Zeit entschlüsselt werden konnten, waren ein Schock für die IT-Security-Community. Sie sucht nun intensiv nach neuen Codierungs-Verfahren oder versucht mit längeren Schlüsseln für klassische Kryptografie zu arbeiten, bis die oben beschriebene abhör- und fälschungssichere Quantenkryptografie auf der Basis von Verschränkung z. B. von Laserkommunikation in Lichtwellenleitern allgemein einsetzbar ist, wobei auch hier die extreme Empfindlichkeit der Quantenkryptografie-Verfahren das größte Hindernis ist.

Im Tourismus- und Verkehrssektor zeichnen sich Anwendungsmöglichkeiten vor allem bei komplexen Optimierungsproblemen wie z. B. der Travelling Salesman Routenplanung oder der optimalen Verkehrssteuerung ab: Der Verkehr in großen Metropolen kann mit Hilfe von Quantencomputern simuliert und auch in Echtzeit gesteuert werden, sodass in Abhängigkeit der Verkehrssituation eine optimale dynamische Navigation erfolgt. Die Firma VW hat auf der Basis eines sog. adiabatischen Quantencomputers der kanadischen Firma DWAVE mit 2048 QuBits (Quarks 2021) Verfahren zur optimalen Verkehrsnavigation entwickelt und pilotiert. Adiabatische Quantencomputer verfolgen dabei noch einen anderen Ansatz des Quanten-Computing, der nicht die Entwicklung eines für beliebige Probleme „programmierbaren" Allzweck-Quantencomputer anstrebt, sondern die Entwicklung von Spezial-Computern nur für bestimmte Probleme wie Optimierungsaufgaben zum Ziel hat (Wilhelm-Mauch 2019). Adiabatische Quantencomputer nutzen das Naturgesetz, nachdem Systeme stets Grundzustände minimaler Gesamtenergie anstreben. Ein analoges Problem haben Verkehrssysteme, die eine vorgegebene Menge an Autos, Personen, Materialien etc. mit minimalem Zeit- oder Energieaufwand von ihren Quellen an ihre Ziele bringen wollen. Adiabatische Quantencomputer realisieren ein quantenmechanisches System, das dem zu lösenden Minimierungsproblem ähnlich ist und dessen energieminimaler Grundzustand bekannt ist. Dann wird das quantenmechanische System wie bei adiabatischen Zustandsänderungen der Wärmelehre sehr langsam und vorsichtig unter Beibehaltung aller für den korrekten Minimalzustand relevanten Parameter in ein Quantensystem überführt, das exakt dem zu lösenden Zielproblem analog ist. Am adiabatisch transformierten Zielsystem kann dann der ebenfalls mit transformierte energieminimale Grundzustand als analoge Lösung des ursprünglichen Minimierungsproblems ausgelesen werden. Quantencomputer gibt es in der Forschung bereits seit mehr als 20 Jahren. Sie werden sich wohl in den nächsten fünf bis zehn Jahren in einer Wachstumsphase befinden (BMBF 2020); die Einsatzpotenziale sind aber bisher durch die Empfindlichkeit und durch die niedrige Betriebstemperatur auf zentrale Einrichtungen wie z. B. Rechenzentren beschränkt. Bekannte Betreiber sind IBM und Google. Ein Google-Computer hat jüngst ein Problem in zehn Sekunden gelöst, für das ein Supercomputer 2,5 Tage bräuchte (vgl. Handelsblatt 2019). Quantencomputer haben also Potenzial, für bestimmte Probleme heutige Super-Computer abzulösen.

1.2.6 Cyber-Sicherheit

Je weiter die Digitalisierung voranschreitet, desto abhängiger werden Unternehmen, Organisationen, staatliche Stellen sowie Privatpersonen von IT-Geräten und Diensten, und desto größer sind die Gefahren durch Cyberkriminalität. Das Bundesamt für Sicherheit in der Informationstechnik listet 2021 folgende Bedrohungen der IT-Security auf (BSI 2021):

1. Malware: „Malicious software" bezeichnet Software wie z. B. Viren, Trojaner etc. die mit dem Ziel entwickelt wird, unerwünschte und schädliche Funktionen auf einem IT-System auszuführen. Dies geschieht in der Regel ohne Wissen des Benutzers.
2. Ransomware: Angriff auf Rechner, Anwendungen und Dienste, um die Daten zu verschlüsseln bzw. zu entwenden mit dem Ziel der räuberischen Erpressung. Es wird gedroht, die Daten nicht mehr zugänglich zu machen, zu löschen oder im Internet zu veröffentlichen, und ein Lösegeld gefordert.
3. Denial-of-Service-Angriffe: Webserver und Cloud-Dienste werden von gekaperten Servern der Angreifer durch permanente Anfragen lahmgelegt und sind für normale Nutzer nicht mehr erreichbar.
4. Advanced Persistant Threats: Hochqualifizierte, typischerweise staatlich gesteuerte Hacker greifen zum Zweck der Spionage oder Sabotage über einen längeren Zeitraum hinweg sehr gezielt Netze oder Systeme an.
5. Social Engineering: Nutzer werden z. B. durch Spam-E-Mails, Browser-Pop-ups oder Anrufe etc. dazu verleitet, Angreifern Zugang zu IT-Systemen zu geben, was diese dann für Folgeangriffe nach 1. bis 4. nutzen.

Weitere Bedrohungen sind systematische Fehlinformationen (Fake News) und Meinungsmache bei bestimmten Ziel-, Wähler- oder auch Kundengruppen in Sozialen Medien und Bewertungsportalen, der Handel mit illegalen Produkten und Dienstleistungen wie Drogen, Waffen, Kinderpornografie etc. im sog. Darknet oder über „gekaperte" Server und Nutzer-Accounts. Vielfach werden bei Angriffen sog. technische Sicherheitslücken wie Programmierfehler etc. genutzt, die in etablierten IT-Systemen unentdeckt geblieben sind oder durch fehlende Software-Updates nicht beseitigt wurden und im Darknet gehandelt werden. Es gibt auch Hardware-Sicherheitslücken, z. B. in Mikroprozessoren, die schwieriger zu beseitigen sind.

Es gibt zahlreiche technische und organisatorische Gegenmaßnahmen, die im Rahmen des IT-Security-Managements zur Vorbeugung gegen Cyber-Angriffe getroffen werden müssen und es gibt zum Teil im Rahmen der Datenschutz-Grundverordnung (DSGVO) gesetzliche, vorgeschriebene Meldepflichten und Gegenmaßnahmen, die im Falle eines Angriffes insbesondere auf personenbezogene Daten einzuleiten sind. Neben der DSGVO gibt es verschiedene nationale und internationale IT-Security-Management-Systeme und Frameworks, die sich zum Teil als zertifizierbare Industriestandards etabliert haben. Beispiele sind die Allgemeinen Sicherheitskriterien

(Common Criteria) nach ISO 15408, das NIST Cyber Security Framework (CSF), der BSI IT-Grundschutz und die ISO/IEC 27000 Standards zum Information Security Management. Ein weiterer für den Tourismus wichtiger Branchenstandard ist der Payment Card Industry Data Security Standard (PCI DSS), der in Kapitel 5.3 bei den Zahlungssystemen behandelt wird.

Neben diesen Standards zum IT-Security und Risikomanagement gibt es zahlreiche technische Vorkehrungen und Werkzeuge, um die IT-Sicherheit zu erhöhen. Hierzu gehören z. B. Antivirenprogramme, Kryptografie, Identity & Access Management-Systeme, Single Sign On Dienste (SSO) und viele andere Systeme und Dienste. Die sog. Cyber Defense Matrix (https://cyberdefensematrix.com/) wurde 2015 vom IT-Sicherheitsexperten Sounil Yu auf einer Konferenz präsentiert (Yu 2015) und 2019 vom Venture Capital Investor Omers Ventures um die Prozessdimension erweitert (Omers 2019).

Die Cyber Defense Matrix in Abb. 1.2.14 veranschaulicht beispielhaft, welche technischen und organisatorischen Vorkehrungen zum Schutz von Geräten, Applikationen und Diensten, Netzen und Daten auf der Ebene der Nutzer und der Prozesse vorgesehen werden können. Mit dem ständigen technischen Fortschritt, der in Bezug auf IT-Security ein dauerhaftes Wettrüsten sowohl auf Angreifer als auch auf Abwehrseite bedeutet, ist die Cyber Defense Matrix für jede Organisation stets aktuell zu halten und dient auch zur Strukturierung der florierenden IT-Security-Branche, die auf jedem Matrixfeld kontinuierlich neue Angebote, Dienstleistungen und Frameworks entwickelt.

IT-Security- & -Risikomanagement Phasen:

	Identifikation	Schutz	Entdeckung	Bekämpfung	Wieder-herstellung
Geräte (Endgeräte, Server, ...)	Inventur & Konfigurations-Management, Update-Management	Identity/Access Mgmt., Biometrie, KryptoChips, Virenschutz, Gerätefirewall,...	Login-Fehlversuche, Signaturen, Virenscanner etc.	Sperrung, Abschottung, Isolierung	Neuinstallation, Rekonfiguration der Geräte & Anwendungen
Applikationen & Dienste	Anwendungs- & Dienste-konfiguration & System-/Rechte-administration	Authentifizierung, Autorisierung, End-to-End-Verschlüsselung, Web-Security, eMail-Security,...	Login-Versuche, Zertifikate, Plausi-Checks, Process Mining, Predictive Analytics	Analyse & Identifizierung, Rückverfolgung, Schadens-Erhebung	
Netze	Cloud- & Netz-Management, Normal-Last	Cloud-/Netz-überwachung, Firewalls, VPN,...	Last-/Firewall-Monitoring, Port-Scanner	Warnung & Information	Netz-Rekonfiguration bzw. Neu-administration
Daten	Daten-Labeling/-klassifizierung	Verschlüsselung, DRM, Tokens, Backups,...	Quersummen-Checks, Data-Leaks, DRM,...	Betroffene, Datenschutz-Meldung	Daten-restauration, Backup-Reload
Nutzer	Nutzer-klassifizierung/Rollen/Rechte	Awareness, Verhaltens-Monitoring	Insider-Threat Monitoring, Forensic	Anzeige Polizei	Alle Passworte ändern
Prozesse	Assessments, Zertifizierung, DSGVO, BSI, ISO 27000	Compliance-Management, DSGVO, Audits, Test-Angriffe	Monitoring, Warnungen, Meldepflichten, Alarmpläne	Sicherheitslücken beheben, Lessons learnt	Recovery Management, ggf. Schadensersatz
	Vor einem Angriff		Während/nach einem Angriff		

Abb. 1.2.14: Cyber Defense Matrix nach Sounil Yu 2015 und Omers Ventures 2017, ergänzt um aktuelle Verfahren und Technologien.

1.3 IT- und Projektmanagement im Tourismus

Digitale Transformationsprozesse beinhalten sowohl die Einführung innovativer Applikationen als auch aufgrund des oben skizzierten schnellen technischen Wandels der IT-Technologien die vollständige oder teilweise Substitution von etablierten Altanwendungen (sog. Legacy Systeme; „Legacy": „Vermächtnis") durch neue Applikationen mit erweitertem Funktionsumfang. Sowohl die Neueinführung von IT-Applikationen als auch die sogenannte Migration von Legacy-Anwendungen sind mehr oder weniger große, komplexe Projekte. Insbesondere Neuentwicklungen und große Migrationsvorhaben werden typischerweise in Projekten abgewickelt, weshalb Projektmanagement-Methoden eine zentrale Rolle bei der erfolgreichen Umsetzung der Vorgehensmodelle spielen. Je mehr Software und IT-Systeme als Services angeboten und konsumiert werden, desto stärker werden Service Design und Design-Thinking-Ansätze in das agile Projektmanagement integriert.

Grundsätzlich ist bei IT-Vorhaben zwischen dem Kauf („Buy") und der Eigenentwicklung der IT-Lösung („Make") zu unterscheiden. Mittlerweile gibt es für praktisch alle zu unterstützenden Geschäftsprozesse im Tourismus Kauf- bzw. Mietlösungen auf der Basis von Standard-Hardware, -Software oder Cloud-Diensten. Sehr häufig müssen dann nur noch leichte Anpassungen der Software durchgeführt werden bzw. Schnittstellen zur bestehenden IT-Landschaft bedient werden. In Fällen, in denen keine adäquate Lösung am Markt verfügbar ist bzw. nur unter großen Anpassungen nutzbar wäre, oder wenn die Anwendung eine sehr hohe strategische Bedeutung hat, werden IT-Systeme vom eigenen Unternehmen oder gemeinsam mit Dienstleistern entwickelt. Kapitel 1.3.1 zeigt das Vorgehensmodell für Kauflösungen („Buy") auf.

1.3.1 Vorgehensmodell zur Realisierung und Migration touristischer Applikationen

Es wurden viele Vorgehensmodelle und Empfehlungen zu Auswahl, Beschaffung und Management von IT-Systemen und Applikationen entwickelt (vgl. Krcmar 2015 und Keller 2017). Im Tourismus sind insbesondere die Empfehlungen der Touristischen Informationsnorm TIN (vgl. DTV-TIN 2005, Bd. 2) zur Beschaffung von Destinationsmanagement-Systemen zu nennen. In diesem Buch sind zahlreiche Produkte zu finden, die als Beispiele für touristische Anwendungssysteme genannt werden. Diese Produkte dienen jedoch nur als mehr oder weniger typische Beispiele zur Veranschaulichung der in den einzelnen Beiträgen entwickelten Systematisierung. Es handelt sich hierbei aber keinesfalls um Produktempfehlungen der Autoren oder Herausgeber. Vielmehr empfehlen wir jedem Verantwortlichen in der Branche, sich bei der Auswahl und Beschaffung von IT-Systemen stets einen aktuellen Überblick über möglichst alle am Markt von diversen konkurrierenden Anbietern angebotenen Systeme in deren aktuellen Versionen zu verschaffen, und dann die für die jeweilige Situation besten Systeme auszuwählen. Eine situationsgerecht passende Auswahl ist jedoch nur dann möglich, wenn man bereits vorher gewisse Informationen gesammelt hat. Auch nach der Systemauswahl sind viele Dinge zu beachten, die wir in einem generischen Vorgehensmodell für entsprechende Projekte zusammengefasst haben.

Das Vorgehensmodell ist in der Abb. 1.3.1 als Abfolge von Aktivitäten und typischen Fragestellungen zusammengefasst und kann wie eine Art Checkliste verwendet werden. Es müssen aber nicht alle Schritte in der angegebenen Reihenfolge abgearbeitet werden, es können je nach Situation auch Schritte parallel bearbeitet, übersprungen oder um zusätzliche, hier vielleicht nicht berücksichtigte Aktivitäten ergänzt werden. Auch eine iterative Bearbeitung (erst werden die Schritte grob bzw. unvollständig oder nur für Teilfunktionen bzw. Prototypen durchlaufen und in späteren Iterationen immer weiter detailliert) ist möglich.

Am Anfang steht die *Bedarfs- bzw. Anforderungsanalyse* oder auch IST-Analyse. Es ist die aktuelle IT-Applikationslandschaft eines Betriebes in Bezug auf spezifische Schwachstellen bei der Unterstützung der aktuellen Strategie und der Geschäftsprozesse zu untersuchen. Welche Applikationen fehlen, die z. B. bei Konkurrenten zu Wettbewerbsvorteilen führen? Bei welchen Applikationen gibt es Probleme, weil wichtige Funktionen, Schnittstellen oder Leistungsmerkmale fehlen, die von Kunden, Mitarbeitern oder Kooperationspartnern gefordert werden? Gibt es Ideen für Geschäfts- und Prozessinnovationen, die neue Funktionen erfordern? In den letzten Jahren ist die sog. *Customer Journey* als stark an konkreten Kunden- und Nutzererfahrungen bzw. -erlebnissen (Experience) orientierte, ganzheitliche Analyse der gesamten Abfolge aller Service- und Bedieninteraktionen vor, während und nach der Nutzung einer Anwendung bzw. eines Dienstes zum Ausgangspunkt der Anforderungsanalyse geworden. Aus betriebswirtschaftlicher Sicht zentral ist insbesondere bei Innovationen zusätzlich der Entwurf eines Geschäftsmodells für einen neuen Dienst, das inzwischen am besten durch ein sog. *Business Model Canvas* anschaulich strukturiert und visualisiert wird.

Das Ergebnis einer Bedarfs- und Anforderungsanalyse sollte ein Lastenheft (auch Anforderungskatalog oder SOLL-Konzept, beschreibt das „WAS") sein, in dem aus Anwendersicht verbal beschrieben ist, was eine Anwendung zukünftig an Funktionen, Schnittstellen, Leistungsmerkmalen und Inhalten (Daten – Content) aus welchen Gründen welchen Anwendergruppen in welchem Geschäftsprozess anbieten soll. Dies kann in Form eines Anforderungskatalogs oder in Form von möglichst vollständigen Anwendungsfällen (engl. Use Cases) systematisch beschrieben werden. Hier sollten auch Anforderungen des Datenschutzes beschrieben werden. Ebenso ist als Detaillierung des Business Model Canvas auch in einer Wirtschaftlichkeitsbetrachtung bzw. einem Businessplan eine erste Bewertung des Nutzens erforderlich, den ein Betrieb aus der Applikation ziehen soll, denn die späteren Kosten für die Realisierung dürfen diesen Nutzen nicht überschreiten. Im Rahmen des Total-Quality-Managements bzw. der Vorgaben des betrieblichen- oder destinationsspezifischen Qualitätsmanagement-Systems z. B. nach ISO 9000 sind die Qualitätsziele für das Projekt sowie qualitätssichernde Maßnahmen, insbesondere auch Tests etc. festzulegen.

Bedarfsanalyse, Business Plan, Anforderungskatalog (Lastenheft)	Was soll die Applikation können? Anwendungsfälle? Geschäftsmodell? Wirtschaftlichkeit? Funktionen? Schnittstellen-Datenformate?
System-/ Anbieterauswahl (Pflichtenheft)	Wie erfüllen Anbieter/Systeme die Anforderungen? Zeit/Kosten? Standard- oder Individualsoftware? Funktionen/Dialoge/Schnittstellen?
Installation, Parametrisierung, Layout/Design, Programmierung	Eigen- oder Fremdentwicklung? Integration von Fremdsystemen über Intermediär oder Direktanbindung? Datenschutz/Datensicherheit?
Test, Pilotierung, Schulung, Launch	Usability & User Experience? Trainingskonzepte? Migration, Abschalten Altsystem? Hotline/Kundenbeziehungsmgmt.?
Betrieb, Wartung/Pflege, Optimierung	Eigenbetrieb oder Fremdbetrieb? Service Level Management im Betrieb Energieeffizienz? Nutzer-Support?

(Weiterentwicklung - Migration)

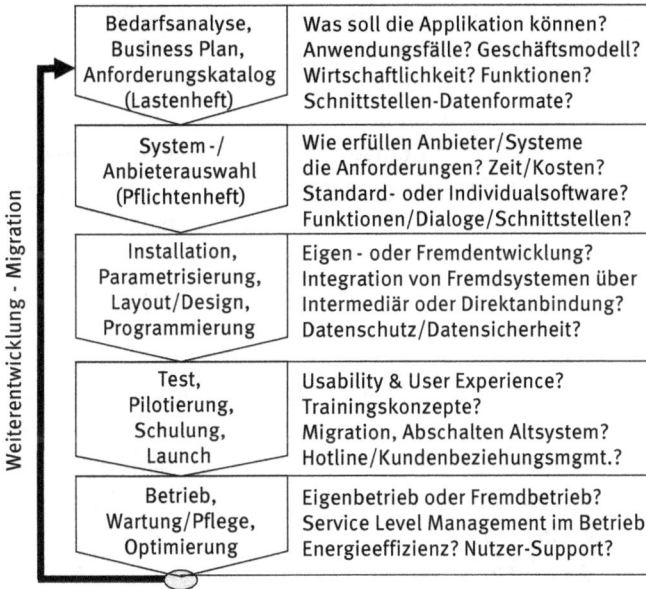

Abb. 1.3.1: Vorgehensmodell zur Beschaffung, Auswahl und Migration von IT-Applikationen.

Die *Phase der Anbieter-/Systemauswahl* beinhaltet die Analyse der am Markt angebotenen Applikationen und Dienste und ihren Vergleich auf der Basis des Erfüllungsgrads der im Anforderungskatalog dokumentierten Wunschmerkmale. Dabei kann es passieren, dass keine der am Markt für ein bestimmtes touristisches Anwendungsfeld als Standardsoftware angebotenen Applikationen und Dienste die gestellten Anforderungen erfüllt. Dann ist zu analysieren, ob der Nutzen bzw. die Wettbewerbsvorteile einer Innovation die Kosten der individuellen Programmierung einzelner Funktionen oder einer ganzen Applikation als Individualsoftware nur für den eigenen Betrieb rechtfertigen. Typische Beispiele für Individualprogrammierung ist auch das Design eines Webauftritts, da dies stets betriebsspezifisch gehalten ist. Content-Management-Systeme sollten dagegen als Standardsoftware, wenn möglich als kostenloses Open-Source-Produkt, bezogen werden. Gegebenenfalls ist auch abzuwägen, ob nicht eigene Geschäftsprozesse im Zuge der Einführung einer Standardsoftware an die dort bereits vorprogrammierten und meist bei vielen anderen Betrieben bewährten Arbeitsabläufe (engl. Workflows) anzupassen sind. Auf der Basis des Lastenhefts können dann in einer Ausschreibung von Softwareanbietern Angebote zur Einführung und Anpassung einer Standardsoftware bzw. zur Programmierung einer Individualsoftware eingeholt werden. Handelt es sich bei dem Betrieb um eine große Organisation mit eigener IT-Abteilung und eigener Anwendungsentwicklung, ist zudem festzulegen, ob eine Individualsoftware selbst zu entwickeln oder die Entwicklung fremd zu vergeben ist. In ihren Angeboten legen nun die externen und internen Anbieter gegebenenfalls auf Basis eines bis zum endgültigen Vertragsabschluss zu detaillierenden Pflichtenhefts (das „WIE") dar, wie sie mit ihrer Applikation oder ihrer Individualentwicklung die gestellten Anforderungen des Lastenhefts erfüllen wollen. Hierbei werden auch spätestens die Zeit- und Kostenrahmen bekannt, mit denen in der Wirtschaftlichkeitsbetrachtung zu rechnen ist. Anhand von Demosoftware oder Referenzinstallationen bei Referenzkunden oder einer möglichst genauen Beschreibung der Leistungsmerkmale, Funktionen und Dialoge des zu programmierenden Systems sollten die Fähigkeiten der Applikation transparent gemacht werden. Hier sollten rechtzeitig die wichtigsten Anwendervertreter zur Begutachtung mit in den Prozess einbezogen werden. Schließlich muss dargelegt sein, wie die im Anforderungskatalog geforderten Schnittstellen zu anderen Systemen realisiert werden.

Nach der Auswahl des Systems bzw. des Anbieters beginnt die *Phase der Entwicklung, Parametrisierung oder Installation* der Applikation. Individualsoftware muss nach Vorgehensmodellen der Softwareentwicklung entsprechend des Pflichtenhefts bzw. noch detaillierterer Spezifikationen implementiert werden. Bevor eine Anwendung aufwändig programmiert wird, sollte anhand eines Prototyps zumindest die Bedienung der Anwendungsfälle aus Sicht der verschiedenen Anwendergruppen evaluiert und freigegeben werden. Wenn es um Endkunden geht, können typische Testkunden in Fokusgruppen von Marktforschern um eine Bewertung des Prototyps bzw. alternativer Layout- und Designvorschläge gebeten werden. Standardsoftware kann entweder sofort installiert werden, oder es müssen die Spezifika der betrieblichen Geschäftsprozesse oder Schnittstellen durch geeignete Parametereinstellungen abgebildet werden. Häufig müssen zur Installation Wege gefunden werden, um alle bisher genutzten Daten in die neue Anwendung zu übernehmen und die Anwendungssoftware, falls nötig, auf diverse Anwender-Rechner zu verteilen. Schließlich ist eine neue Anwendung über geeignete Schnittstellen in die IT-Applikationslandschaft zu integrieren. Spätestens jetzt ist auch zu entscheiden, ob Anwendungen von externen Partnern, mit denen Daten ausgetauscht werden sollen, direkt oder über Intermediäre angebunden werden sollen. Generell gilt, dass eine Direktanbindung meist mit einer einmaligen Investition in die Programmierung der Schnittstelle verbunden ist, während Intermediäre ihre Leistung nach der Menge der Transaktionen oder der übertragenen Daten berechnen. Je höher das erwartete Transaktions- bzw. Datenvolumen ist, desto eher amortisiert sich in der Regel eine Direktanbindung. In der Inbetriebnahme und Installation von Anwendungen sowie ihrer Vernetzung über Schnittstellen muss das Konzept für Datenschutz und Datensicherung in Übereinstimmung mit den im jeweiligen Staat/Land geltenden gesetzlichen Vorgaben umgesetzt werden. Hier sind insbesondere auch die meist über Parameter konfigurierbaren Rechteverwaltungen festzulegen oder entsprechende Dienste zur zentralen und verteilten anwendungsbezogenen Rechte- und Zugangsverwaltung sowie Verschlüsselungen und Schutzmechanismen wie Virenschutz, Firewalls etc. zu etablieren.

Neue Applikationen sollten nicht ohne eine *Test- bzw. Pilotphase* flächendeckend in Betrieb genommen werden. Aus den Anwendungsfällen können Testfälle definiert werden, die eine Anwendung mindestens erfolgreich bedienen muss, um zum Regelbetrieb freigegeben zu werden. Hierfür ist wichtig, dass im Rahmen des Projektmanagements auch ein projektbezogenes Qualitätsmanagement durchgeführt wird, das im unternehmens- oder destinationsbezogenen Qualitätsmanagement z. B. nach ISO 9000 verankert ist. Besonders wichtig sind bei komplexeren Applikationen für Konsumenten im Internet oder an Automaten umfangreiche Usability-Tests, in denen erprobt wird, ob eine Anwendung von der Zielgruppe auch ohne Schulungsmaßnahmen einfach, intuitiv und fehlerfrei bedienbar ist. Bei komplexen Anwendungen für professionelle Anwender müssen ggf. entsprechende Bedienungsanleitungen und Schulungsmaßnahmen, z. B. *webbasiertes Training* etc., vorgesehen werden. Anwender-Hotlines sind hier einzuführen und zu erproben. Bei contentbasierten Systemen ist vor der Erstinbetriebnahme (Launch) die Beschaffung, Bereitstellung und Pflege des applikationsspezifischen Contents (Texte, Bilder, Angebote, Videos etc.) zu klären. Ein wichtiger Punkt ist es, hierbei sicherzustellen, dass keine Urheberrechte von Dritten verletzt werden und dass der Content (z. B. Angebots-, Vakanz- und Preisinformationen) den vorgegebenen Qualitätsanforderungen genügt.

Da IT-Applikationen vom Anwenderunternehmen nicht unbedingt selbst betrieben werden müssen, ist spätestens vor der *Phase des Regelbetriebs* zu entscheiden, wer die Anwendung mit welchen Servicelevels (z. B. 99,99 % Verfügbarkeit, maximale Antwortzeiten, maximale Ausfallzeiten etc.) betreiben soll. Seit dem Internetboom sind in der Regel genügend redundant auslegbare Netzkapazitäten vorhanden, um den Betrieb von Applikationen aus der eigenen Organisation in Service-Rechenzentren zu verlagern, die sich auf verschiedene Formen des externen Betriebs von IT-Systemen spezialisiert haben: Eine IT-Applikation, die vom Anwenderbetrieb mitsamt dem Server bereitgestellt wird, kann in einem Service-Rechenzentrum 24 Stunden/7 Tage in der Woche unter geschützten und überwachten Bedingungen am Netz betrieben werden (Server/System Housing). Eine IT-Applikation eines Anwenderbetriebs kann auch auf einer vom Service-Rechenzentrum bereitgestellten und administrierten Serverumgebung betrieben werden (Application Hosting), oder eine IT-Applikation wird vom Service-Rechenzentrum den Anwenderbetrieben komplett administriert samt Server zur Nutzung als sogenannter Application Service angeboten (Application Service Providing). Im Rahmen des Cloud- und Peer-to-Peer-Computing können Anwendungen auch beliebig auf verschiedene Rechner rund um den Globus verteilt werden, woraus sich neue Anforderungen zur Sicherstellung von Datenschutz und Datensicherheit ergeben. Bei allen Formen der Auslagerung des Betriebs kommt es auf die exakte vertragliche Vereinbarung messbarer und überwachter Service Levels (Service Level Agreement – dt. Dienstgütevereinbarung) an. Auch müssen alle Betreiber auf strikte Einhaltung des Datenschutzes verpflichtet werden (vgl. Kap 5.5), und es sind geeignete Vorkehrungen zur Datensicherung zu vereinbaren.

Mit der Inbetriebnahme einer Applikation beginnt die *Phase der Pflege und kontinuierlichen Verbesserung*. Zu empfehlen ist die Einrichtung einer Service-Hotline zur Betreuung der Anwender bei Problemen und die Dokumentation häufiger Probleme zur Behebung bzw. zur Hilfestellung durch eine FAQ-Liste (Frequently Asked Questions). Ein besonderes Problem bei der Inbetriebnahme von Webanwendungen ist ihre

Anmeldung in Suchmaschinen und die für ein gutes Listing erforderliche Optimierung der Webanwendung und ihrer Inhalte für ein gutes Suchmaschinenranking (SEO/SEM – Search Engine Optimization und Search Engine Marketing). Je nach Suchmaschine sind hier unterschiedliche und mit der Zeit auch wechselnde Verfahren erfolgversprechend. Sie umfassen neben einer Anpassung der Inhalte und Strukturen der Webseiten auch die Verlinkung mit anderen Webauftritten und einen Mix aus gezielten Maßnahmen des Suchmaschinenmarketings, des Online-Marketings und der zielgruppenspezifischen Offline-Werbung für den Webauftritt. Für das Erfolgscontrolling dieser z. T. sehr kostspieligen Optimierungsmaßnahmen ist ein als Web-Controlling bzw. Web-Analytics bezeichnetes Monitoring der Web-Applikation durch Zählung der Besucher, Auswertung der Seitenaufrufe und Besucheraktionen (Click-Stream-Analysen), Buchungsraten etc. notwendig. Als Ergebnis liefern Web-Controlling-Werkzeuge aggregierte Erfolgskennzahlen wie Besucherzahl, Look-to-book-Ratio oder Conversion Rates, die grafisch nach vielen Kriterien aufbereitet und in ihrer zeitlichen Entwicklung visualisiert werden. Neue Möglichkeiten zur Analyse des Kundenverhaltens bietet das Data-Mining der im Web massenweise aufgezeichneten Kundeninteraktionen (Big Data vgl. 1.2.4). Der Datenschutz ist auch hier genau zu beachten.

Der Lebenszyklus einer Applikation bzw. eines Dienstes endet erst mit dem endgültigen Abschalten sämtlicher Komponenten und mit der Migration zu einer neuen Applikation mit ähnlichem Funktionsumfang. Nicht selten werden aber wichtige Kernkomponenten einer selbst erstellten/programmierten Applikation jahrzehntelang weitergepflegt und weiterentwickelt oder als Module in Nachfolge-Applikationen übernommen. Für solche kritischen Komponenten kommt es entscheidend auf eine gute Software-Dokumentation an, damit sich neue Programmierer auch noch nach Jahrzehnten in die Logik einarbeiten können.

1.3.2 Agiles Projektmanagement und Design Thinking

Klassische Projektmanagement-Methoden wurden vor der Erfindung digitaler Computer für das Management von großen Bauvorhaben, Forschungsprogrammen und die Entwicklung materieller Produktinnovationen eingeführt. Abbildung 1.3.2 zeigt zwölf typische Aktivitäten und Instrumente des klassischen Projektmanagements entsprechend der zeitlichen Reihenfolge ihrer Anwendung im Projektverlauf. Grundlegend ist die Einführung einer eigenständigen temporären Projektorganisation mit eigenem Budget, eigenen Personalressourcen, eigener Aufbau- (Rollen) und Ablauforganisation sowie eigenem Zeit-, Qualitäts- und Budget-Controlling unter einer Projektleitung für die Projektlaufzeit (vgl. Timinger et al. 2020, Timinger 2017). Die Projektorganisation ist unabhängig von den Regelorganisationen der am Projekt beteiligten Fachabteilungen, Betriebe oder staatlichen Organisationen und soll eine allein an den Projektzielen orientierte effiziente Teamarbeit aller auf Zeit interdisziplinär kooperierenden Projektmitarbeiter/-innen sicherstellen. Die Projektleitung berichtet in der Regel an ein Gremium aus Auftraggeber(n), hochrangigen Repräsentant/-innen der in das Projekt einbezogenen Organisationen, Stakeholder sowie Expert/-innen und ggf. auch Anwender- bzw. Endkundenvertreter/-innen. Dieses als Steuer- bzw. Lenkungskreis bezeichnete Gremium überwacht nicht nur die Projektleitung, sondern wirkt auch als Bindeglied zu den am Projekt beteiligten Organisationen und unterstützt das Projekt mit Rat und Einfluss. Typisch für Bauprojekte und die Entwicklung materieller Produkte ist eine genaue Zeit- und Kostenplanung, die Projekte in streng sequenziell aufeinanderfolgende Phasen gliedert. Am Ende jeder Phase wird an sogenannten Meilensteinen vom Steuerkreis geprüft, ob die zum Meilenstein zu erreichenden Projektaufgaben erreicht wurden und der Meilenstein als erfolgreich abgeschlossen „erklärt" werden kann oder Nacharbeiten oder gar ein Abbruch des Projekts erforderlich sind. Erst nach Erklärung eines Meilensteins werden die Projektressourcen zur Bearbeitung der nächsten Projektphase freigegeben, was Projektrisiken senkt. Bei notwendigen Nacharbeiten werden die notwendige zeitliche Verschiebung der Meilensteine und die hierdurch verursachten Zusatzkosten geschätzt und eine Risikobewertung durchgeführt, die auch zur Projekteinstellung führen kann, um zu hohe Projektrisiken zu vermeiden. Das klassische Projektmanagement bietet ausgereifte Instrumente zur detaillierten Berechnung und Visualisierung sowohl von Projektplänen (Balkendiagramme, Netzplantechnik etc.), als auch zur Überwachung und Bewertung des Projektfortschritts (Meilenstein-Trendanalyse, Earned Value Analysis etc.) im Rahmen des Projektcontrollings. Sie alle orientieren sich am Konzept der Meilensteine und dem Wasserfallmodell, das Planungs- und Ausführungsphasen strikt voneinander trennt und nach Erklärung eines Meilensteins auch kaum Möglichkeiten zur nochmaligen Überarbeitung bereits abgeschlossener Planungen im Lichte neuer Erkenntnisse vorsieht. Dieses für Bauprojekte mit ihren typischen Genehmigungsverfahren und die Entwicklung materieller Produkte mit den zugehörigen Produktionsanlagen erfolgreiche klassische Projektmanagement erwies sich für Projekte zur Entwicklung immaterieller Softwareprodukte, die jederzeit umprogrammiert werden können, nicht selten als zu unflexibel.

IT-Projekte können in Betrieben, Organisationen und Destinationen auch erhebliche langfristige Veränderungen der Aufbauorganisation (Zentralisierung/ Dezentralisierung etc.), Arbeits- und Kooperationsprozesse, Qualifikationsprofile bis hin zu Verlusten von Einfluss und sogar Arbeitsplätzen insbesondere durch Automatisierung bedeuten. Nach Studien von Witte und Hauschildt in den 70er und 80er Jahren wurden die Risiken für EDV-Innovationsprojekte durch Opponenten, die Veränderungen fürchten oder tatsächlich negativ betroffen sind, und die wichtige Rolle sogenannter Promotoren für den Projekterfolg deutlich. Neben der Projektleitung hängt der Erfolg von Veränderungsprozessen von der Existenz eines Gespannes aus Machtpromotor (Durchsetzungsmacht, z. B. Geschäftsleitung, Bürgermeister etc.) und einem Fachpromotor (Expertise im Innovationsgebiet) ab. Weitere wichtige Rollen können Prozesspromotoren (Prozess-Expertise), Boundary Spanner (Akteure mit persönlichen Beziehungen außerhalb der internen Organisationsgrenzen) oder Gatekeeper (Personen mit Kon-

Klassisches Projektmanagement	Agiles Projektmanagement

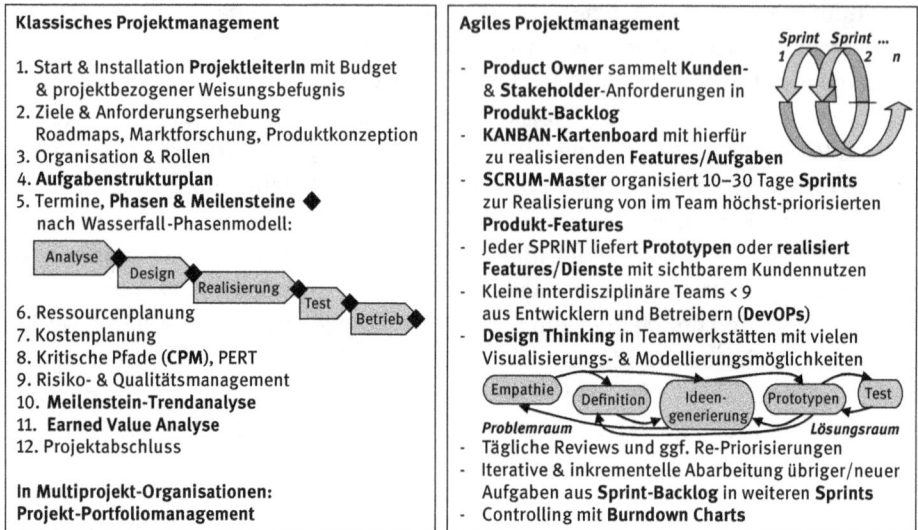

Abb. 1.3.2: Klassisches und agiles Projektmanagement mit Design-Thinking-Methodik.

takten zu externen Wissensträgern, Institutionen, Multiplikatoren) sein (vgl. Haus-childt/Gemünden 1998). Diese Erkenntnisse wurden bis zum Ende der 90er Jahre um zahlreiche Maßnahmen wie interne Kommunikationskampagnen, partizipative Organi-sationsentwicklung, Outplacement-Beratung und Umschulungsprogramme ergänzt, die heute als *Change-Management* bekannt sind und oft von spezialisierten Beratern, die als Change Agents/Manager bezeichnet werden begleitet (vgl. Harrington et al. 2000).

Die seit über 50 Jahren etablierten klassischen Projektmanagement-Ansätze wurden zuerst in den 90er Jahren mit dem Aufkommen der objektorientierten Programmierung und deren neuartigen Möglichkeiten zur Entkoppelung von Programmieraufgaben, der Wiederverwendung und der Erweiterung von Softwa-rekomponenten um iterative Projektmanagement-Ansätze ergänzt (vgl. Timinger 2017, Ziegler 2018 und techSphere 2020). Der objektorientierte Rational Unified Process ersetzt das Wasserfallmodell durch ein sog. Spiralmodell. Hierbei wer-den Softwareprodukte nicht erst vollständig geplant, dann vollständig program-miert und anschließend getestet und als „großer Wurf" auf den Markt gebracht. Stattdessen wird Software besser iterativ entwickelt, in überschaubaren Versio-nen, die zunächst mit nur den wichtigsten Grundfunktionen und dann von Ver-sion zu Version schrittweise erweitert und ggf. auch flexibel restrukturiert und verbessert werden können. Anwender und Kunden erhalten auf diese Weise schneller eine Basislösung, die dann durch regelmäßige Updates schrittweise und mit weniger Risiken durch neue Anforderungen oder Erkenntnisse bedarfs-gerecht zu umfassenderen Lösungen weiterentwickelt werden kann.

Mit der schnellen Verbreitung von Web-Applikationen und mobilen Apps sind IT-Anwendungen immer stärker zum Konsumgut mit Service-Charakter geworden. IT-Anwendungen werden weniger als zu installierende Systeme, sondern als automatisch aktualisierte Dienste wahrgenommen, die ohne große Anleitung von jedermann selbsterklärend bedienbar sein müssen. Für den Projekt- und Markterfolg entscheidend sind kurze Entwicklungszyklen, extreme Nutzerfreundlichkeit (Usability), die bei Konsumenten bis hin zur kreativen Inszenierung eines Nutzungserlebnisses reicht. Vor dem Hintergrund dieser Erfahrungen veröffentlichen 17 namhafte Programmierer 2001 das *Manifesto for Agile Software Development* (Beck et al. 2001):

> Wir erschließen bessere Wege, Software zu entwickeln, indem wir es selbst tun und anderen dabei helfen. Durch diese Tätigkeit haben wir diese Werte zu schätzen gelernt:
> - Individuen und Interaktionen mehr als Prozesse und Werkzeuge
> - Funktionierende Software mehr als umfassende Dokumentation
> - Zusammenarbeit mit dem Kunden mehr als Vertragsverhandlung
> - Reagieren auf Veränderung mehr als das Befolgen eines Plans

Damit rücken humanzentrierte Faktoren und Ergebnisse sowie Schnelligkeit und Flexibilität (Agilität) stärker in den Fokus des Projektmanagements als die bürokratisch-technokratische Planung, Dokumentation und Kontrolle von Entwicklungsprozessen. Um also schnelle IT-Implementierungen und unverzügliche Software-Updates zu erhalten, werden agile Projektmanagement-Ansätze durchgeführt. Projekte werden von kleinen Projektteams mit weniger als neun Personen in extrem kurzen Iterationen von einigen Wochen in sogenannten Sprints vorangetrieben. An die Stelle der Projektleitung tritt ein Gespann aus Product Owner und Scrum Master. Ein Product Owner ist für die Sammlung der Kunden- und Stakeholder-Anforderungen verantwortlich, während ein Scrum Master alle Ressourcen für die effiziente Durchführung der Sprints zur Verfügung stellt und für die kontinuierliche Verbesserung der Prozesse im Team und der Produktivität des Teams verantwortlich ist. Das Team selbst ist für die Umsetzung der Anforderungen zuständig und hat gemischte Qualifikationen in Abhängigkeit von der Aufgabe. Das Team trifft sich täglich zu kurzen Status-Meetings, einmal wöchentlich mit Kundenbzw. Stakeholdervertreter/-innen zur Vorstellung der aktuellen Ergebnisse und zusätzlich intern zur Optimierung der Vorgehensweisen und der Prozesse. „Scrum" bedeutet „Gedränge" und kommt aus dem Rugby-Sport. Alle im Team einschließlich Product Owner und Scrum Master arbeiten voll mit; es gibt keine „klassischen", reinen Führungsaufgaben. An die Stelle detaillierter und langfristig geplanter Aktivitäts- und Projektpläne treten sog. Product Backlogs mit Anforderungen, Aufgaben und Features, die vor jedem Sprint neu priorisiert werden. Jeder Sprint soll die erfolgsversprechendsten Aufgaben und Features bearbeiten, sodass am Ende ein für den Nutzer bzw. Kunden sichtbarer Implementierungserfolg steht, mindestens als nutzbarer Prototyp („Minimum Viable Product" – MVP, minimal funktionsfähige Iteration eines Produkts). Innerhalb eines Sprints werden täglich die mit Kanban-Karten auf einer Tafel (Kanban Board) visualisierten Aufgaben/Aktivitäten/Features von den Teammitgliedern gemeinsam zur

Bearbeitung ausgewählt. Aufgaben, die neu auftreten oder aufgeschoben werden müssen, werden über die Produkt- und Sprint-Backlogs nach dem Kanban-System in Selbstkoordination gemeinsam geplant/umgeplant. Informationen aus dem klassischen zeit- oder budgetorientierten Projektcontrolling werden besonders übersichtlich für alle Beteiligten in sog. Burndown-Charts visualisiert. Programmierer (Developer) und Systembetreiber (Operatoren) arbeiten im Team zusammen (DevOps), damit die neu entwickelten Features sofort in Betrieb gehen können. Im Rahmen des Extreme Programming programmieren, dokumentieren und reviewen Entwickler nach dem 4-Augen-Prinzip immer zu zweit mit permanent zwischengeschalteten Testaktivitäten, womit auch diese Aktivitäten nicht mehr zeitlich, räumlich und personell separiert sind.

Die humanzentrierte und dienstleistungsorientierte Ausrichtung des agilen Projektmanagements zeigt sich in dessen Fokussierung auf den umfassenden Prozess- und Methodenansatz des *Design Thinking* (vgl. HPI 2020, Blatt/Sauvonnet 2017). Es basiert auf einer möglichst einfühlsamen kunden- bzw. anwenderorientierten Analyse und Definition eines Anwendungsproblems auf der Basis der umfassenden Analyse der *Customer Journey* (Abfolge aller Service-Interaktionen und Erlebnisse des Kunden im Kontext mit Erwerb und Nutzung eines Produktes/Dienstes) und der Charakterisierung der Kunden-/Anwendertypen mit ihren Erwartungen und Zielen als sog. Personas. In Teamwerkstätten mit zahlreichen Visualisierungs- und Materialisierungsmöglichkeiten werden dann mit Kreativitätstechniken gemeinsam Lösungsansätze erarbeitet und umgehend als Prototypen modelliert (z. B. spielerisch mit Baukästen oder mit 3-D-Druckverfahren), simuliert, programmiert und getestet. Im Gegensatz zum Wasserfallmodell oder dem iterativ-inkrementellen Spiralmodell sind im Design Thinking auch aufgrund der kleinen Teams und der engen Zusammenarbeit in gemeinsamen Werkstatträumen zu jeder Zeit Iterationen und sogar Sprünge zwischen allen Aktivitäten des Problemraums und des Lösungsraums möglich. In der Arbeitsmethodik konvergieren hier also Methoden der Ingenieurwissenschaften, der Informatik, des betriebswirtschaftlichen Produkt- und Projektmanagements, der Psychologie und Soziologie mit handwerklich-kreativen Ansätzen aus Kunst und Design.

Agile Methoden werden bereits bei einem großen Anteil aller IT-Projekte eingesetzt und der Anteil steigt weiter. Daher wurden in den letzten Jahren viele Versuche gemacht, das agile Management als allgemeines Erfolgsrezept auf diverse Anwendungsgebiete jenseits der IT zu übertragen. Es zeigen sich hierbei aber auch deutlich die Grenzen des Konzepts, das wegen der schwachen Detaillierung von Langfristplanungen, Systemspezifikationen, unvollständigen Lasten- und Pflichtenheften und Werkverträgen für alle Stakeholder außerhalb des Teams doch intransparent, schlecht dokumentiert und im Falle von Fehlschlägen bei Haftungsfragen für Schäden juristisch nur schwer nachvollziehbar ist. Auch die Beschränkung der Teamgröße schließt die Anwendbarkeit auf komplexe Großvorhaben wie z. B. Bauten mit zahlreichen Gewerken, Subunternehmern und ggf. sequenziellen, gesetzlichen Darlegungs-, Kalkulations-, Genehmigungs- und Prüfpflichten aus. Die Chance der agilen Methoden liegt bei solchen komplexen Großprojekten eher in einem hybriden Projektmanagement-Ansatz: Innerhalb einer

Rahmenplanung, die weiter klassisch bzw. iterativ erfolgt, werden für das agile Projektmanagement passende und klar abgegrenzte Teilprobleme an kleine Teams delegiert, die diese dann innerhalb einer gewissen Zeit- und Budgetvorgabe mit agilen Methoden und dem Design-Thinking-Ansatz lösen, wobei sie die gefundenen Lösungsansätze und (Teil-)Ergebnisse sukzessive an das Gesamtprojekt liefern.

Für den Tourismus als personenzentrierte Dienstleistungsbranche mit Internetvertrieb über Reiseportale und großer Bedeutung der mobilen Apps für die Gästeführung vor Ort sind Design-Thinking-Ansätze zur Optimierung der Customer Journey und agiles Management aber nicht nur für das Informationsmanagement, sondern auch für alle Dienstleistungsentwicklungsprozesse relevant. Hybrides Projektmanagement wird dann wichtig, wenn im Rahmen des Service Designs auch Service Facilities und entsprechende Bauvorhaben realisiert werden müssen. Es muss also pro Vorhaben entschieden

Bedingungen	Vorteilhaft für agile Methode	Vorteilhaft für traditionelle Methode (Wasserfall)
Markt-umgebung	Kunden-Anforderungen und Präferenzen verändern sich häufig *Beispiel: App einer Check-In-Applikation*	Marktbedingungen sind stabil und auf längere Zeit vorhersehbar *Beispiel: Finanzbuchhaltung*
Einbezug der Kunden	Enge Zusammenarbeit mit den Kunden; schnelles Feedback der Kunden lässt sich sicherstellen; Kunden lernen mit der Zeit, was sie eigentlich wollen *Beispiel: Augmented Reality Lösung für ein Fremdenverkehrsamt*	Kundenanforderungen sind klar am Anfang und bleiben stabil über den gesamten Prozess; Kunden sind nicht verfügbar für eine dauerhafte Zusammenarbeit *Beispiel: Migration von Microsoft Office 2019 auf Microsoft 365*
Innovations-Typus	Aufgaben sind komplex und die Lösungen sind am Projektanfang noch nicht bestimmbar/festzulegen; Umfang ist nicht klar definiert; Spezifikationen verändern sich absehbar über den Projektverlauf; Zwischenergebnisse und Time-to-Market sind von großer Bedeutung; interaktive und cross-funktionale Zusammenarbeit ist machbar *Beispiel: neues Pricing System für eine Airline*	Ähnliche Aufgaben sind bereits zuvor erfolgreich durchgeführt worden; Innovationen sind klar und spezifiziert; detaillierte Produktspezifikationen und Arbeitspläne sind vorhanden; Spezifikationen werden über den Projektverlauf nicht geändert; Aufgaben können sequenziell in entsprechenden Teil-Teams gelöst werden *Beispiel: Rollout eines neuen Wifi-Systems für alle Flugzeuge einer Flotte*
Modularität des zu erbringenden Ergebnisses	Inkrementelle Entwicklungen/Lösungsbausteine haben einen Wert an sich für die Kunden; Arbeit kann modularisiert und schnell in iterativen Zyklen abgearbeitet werden; späte Änderungen sind machbar *Beispiel: verschiedenen Zahlungsarten in einem Web-Shop*	Späte Änderungen sind teuer oder unmöglich; Kunden können das Produkt nicht in Teilen testen, sondern erst, wenn es fertig ist; das „Minimum Viable Product" ist nur das fertig erstellte Produkt *Beispiel: Herstellung eines Flugzeugs*
Auswirkung von Fehlern zwischendurch im Projektverlauf	Fehler im Verlauf des Projekts führen zu Lerneffekten und können in folgenden Schritten als Erfahrungen genutzt werden *Beispiel: Benutzungsoberfläche für Buchungsplattform*	Fehler im Projektverlauf können eine katastrophale Auswirkungen haben *Beispiel: mangelhafte Auslegung eines Datennetzwerks für ein Unternehmen mit fehlenden Sicherheitsvorkehrungen*
Unter-nehmenskultur	Kultur im Unternehmen ist team-orientiert, auf Zusammenarbeit eingestellt, innovativ und ist sehr gerne bereit, Aufgaben und Verantwortung zu delegieren; Fluktuation ist relativ gering *Beispiel: Start-Up, mittelständisches Unternehmen*	Kultur im Unternehmen basiert auf Top-Down-Kommunikation und funktionaler Spezialisierung; formal-regelbasierte statt informell-vertrauens-basierte Kooperation; höhere Fluktuation *Beispiel: staatliche Verwaltung, traditionell aufgebautes Großunternehmen*

Abb. 1.3.3: Vergleich agile und traditionelle Methode.

werden, ob klassisch oder agil (siehe Abb. 1.3.3). Eine agile Methode schließt in der Regel eine Art Roadmap-Planung z. B. über ein Backlog mit ein.

1.4 Digitale Transformation und Nachhaltigkeit

Die Digitalisierung hat den Tourismus auf vielfältige Weise verändert, insbesondere auch die Struktur der Tourismus-Wertschöpfungskette mit ihren Akteuren, Rollen und Vertriebskanälen. Neben der Digitalisierung wird vor allem die Anforderung nach nachhaltigem Tourismus (Sustainable Tourism) die Tourismus-Wertschöpfungskette auch im nächsten Jahrzehnt weiter verändern, da hier in den letzten Jahren zahlreiche neue ökologische und soziale Standards von UN, EU und zahlreichen Nationen verabschiedet wurden.

1.4.1 Digitalisierung der Tourismus-Wertschöpfungskette

Abbildung 1.4.1 skizziert stark vereinfacht die aktuelle Struktur der Tourismus-Wertschöpfungskette (Stand 2022) als Ergebnis der durch die in den vorigen Abschnitten behandelten IT-Innovationen verursachten digitalen Transformationsprozesse.

Die klassischen Tourismus-Wertschöpfungsstufen (Leistungsträger, Reiseveranstalter und Reisemittler) sind über IT-Systeme und Service-Plattformen sowie direkt untereinander auf vielfältige Weise elektronisch vernetzt. Aus der Wertschöpfungskette ist ein Wertschöpfungsnetz geworden. Die Destinationen können auch über Destinationsportale diverse Leistungen bündeln und Online-Reisemittler sind zu den stationären Reisemittlern hinzugekommen. IT-Dienstleister stellen mit zahlreichen IT-Anwendungen Basisdienste bereit, und zahlreiche neue Formen der Reiseproduktion und der elektronischen Zahlung wurden eingeführt bzw. bieten sich für die Zukunft an. Zwischen die Tourismusakteure und die Reisenden haben sich zahlreiche neue Intermediäre der Medien- und Werbebranchen geschoben, die einen Teil der Wertschöpfung insbesondere für Online-Marketing vereinnahmen und zum anderen insbesondere für Leistungsträger die Möglichkeit eröffnen (vgl. Berchtenbreiter/Goecke 2014, Fried & Partner 2018, Laesser et al. 2018, Walsh/Rogl 2018, Rohleder 2018, VIR 2020) z. B. über Suchmaschinenmarketing Reisemittler oder auch Veranstalter zu umgehen (Dis-Intermediation). Insgesamt hat dabei die digitale Selbstbedienung und Individualisierbarkeit der Reisen zugenommen. Auch auf der Reise bieten die mobilen Apps den Touristen viele touristische Dienste an bis hin zu Virtual/Augmented-Reality-Anwendungen, die zum einen Reisen ergänzen (vgl. Landvogt et al. 2017), zum anderen aber auch einzelne Aktivitäten auf Reisen oder gewisse Reiseaktivitäten ersetzen können (vgl. z. B. Guttentag 2020).

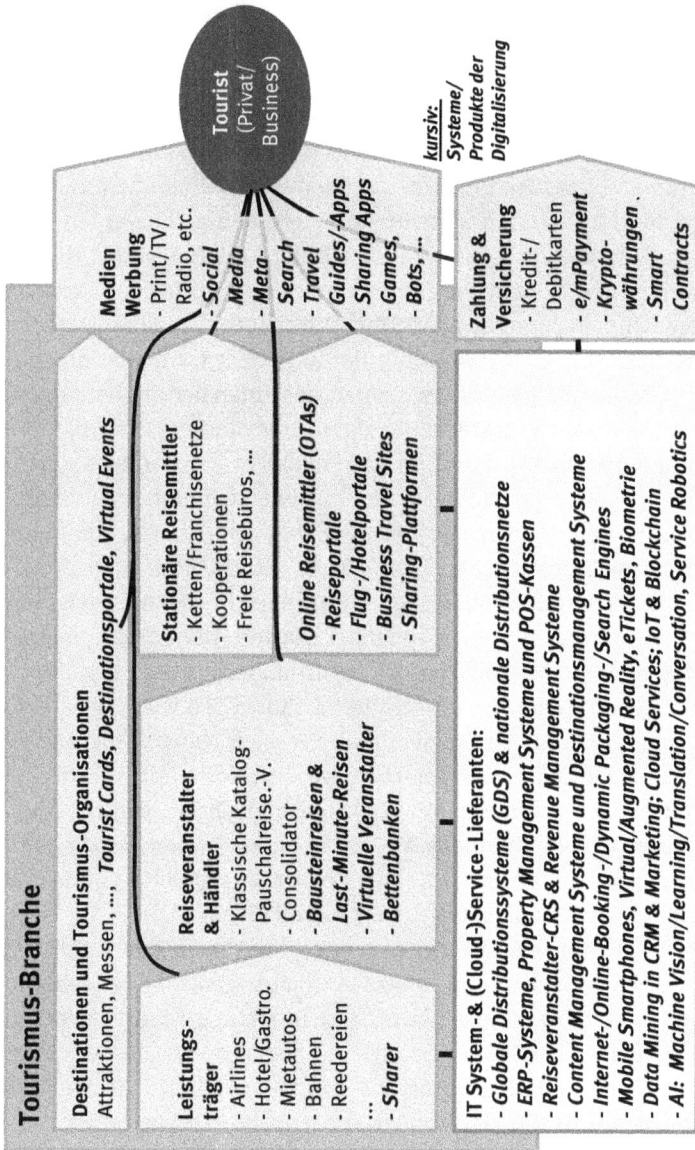

Abb. 1.4.1: Struktur der Tourismus-Wertschöpfungskette als Ergebnis der digitalen Transformation.

Die neuen Möglichkeiten zur Kooperation und Koordination über das Internet haben auch zu *Open-Source*-Projekten (vgl. Laurent 2004) geführt, in denen Programmierer gemeinsam Software entwickeln und jedermann mit offenem Quellcode kostenlos zur Verfügung stellen (z. B. LINUX, Apache WebServer, PHP, R etc.). Sie bieten Programmierern die Möglichkeit, aus dem offenen Code zu lernen und sich durch Programmierbeiträge bekannt zu machen. Unternehmen und Behörden, die nicht von marktführenden Softwareanbietern abhängig werden wollen und den gesamten Code transparent prüfen möchten, fördern solche Projekte durch Spende von weiterentwickelten Programmmodulen. Spenden für Projekte haben auch für andere Bereiche, zum Beispiel Tourismus-Vorhaben einer Destination zur Finanzierung über sog. Crowd-Funding-Portale geführt. Innovationsprojekte werden hier präsentiert und jeder kann sich an der Finanzierung beteiligen, was auch im Tourismus zur neuen Strategie der Open Innovation geführt hat, die neben der Finanzierung durch Crowd-Funding auch neue Formen der Zusammenarbeit zwischen Anbietern und potenziellen Kunden sowie Lieferanten beinhaltet (vgl. Egger et al. 2016). Die neuen Koordinationsmöglichkeiten des Web sind auch Grundlage der sog. Sharing Economy, wo Wohnungen, Autos, Fahrräder, Boote etc. zur partiellen Nutzung auf Gegenseitigkeit (Couch Surfing) oder gegen Entgelt (Carsharing, Bike Sharing etc.) angeboten werden, um die Auslastung der Objekte zu erhöhen und ggf. Mehreinnahmen oder auch besondere Urlaubserlebnisse (Urlaub in Privatwohnung) zu generieren. Neue Telekooperationstechnologien wie Videokonferenzen (vgl. BSI 2020) mit ergänzenden Collaboration-Diensten haben insbesondere während der Corona-Pandemie zahlreiche Meetings und Geschäftsreisen substituiert und einen Schub für Telearbeit in Betrieben und Telekooperation in sog. virtuellen Projektteams ausgelöst. Virtuelle Lehre, virtuelle Messe-, Kongress-, Ausstellungs-, und Aufführungsveranstaltungen wurden in Lockdown-Phasen erfolgreich erprobt und werden aktuell zu hybriden Event-Formaten weiterentwickelt (Stand 2021).

Die große weitere Herausforderung unserer Zeit ist das Thema Nachhaltigkeit (vgl. Müller 2020). Unsere Gesellschaft und unsere Welt muss „enkelfähig" sein. Im Allgemeinen wird unter Nachhaltigkeit die gleichzeitige Beachtung der drei Faktoren Ökologie (Umwelt), Ökonomie (Wirtschaftlichkeit) und Soziales (Soziale Gerechtigkeit) verstanden. Die zukünftige Entwicklung des Tourismus hängt entscheidend davon ab, in welchem Umfang es gelingt, das Reisen nachhaltiger zu gestalten. Digitalisierung kann zur Nachhaltigkeit des Tourismus einen wichtigen Beitrag leisten.

1.4.2 Nachhaltiger Tourismus und Digitalisierung

Ökonomisch hat sich der Tourismus in den letzten Jahrzehnten wegen der permanenten technischen Fortschritte im Land-, Schiffs- und Flugverkehr und wegen der Öffnung zahlreicher Länder für den Welthandel im Rahmen der Globalisierung sehr erfolgreich entwickelt. Er hat auch in großem Umfang mit dazu beigetragen, dass sich Schwellenländer vor allem im Tourismus neue Einkommensquellen erschließen konnten (vgl. Neligan et al. 2015, Partale 2020). Die soziale Bilanz der Tourismusaktivitäten fällt aber nicht in allen Destinationen positiv aus, insbesondere wenn die Einkünfte aus dem Tourismus nicht gerecht verteilt werden, wenn sog. *Over-Tourism* die Einwohner belästigt oder es gar zu diversen neuen Formen der Ausbeutung kommt. Noch gravierender als die sozialen Folgen sind aber die ökologischen Folgen des Tourismus für die Umwelt, sei es durch die mit dem Flug-, Schiffs- und Autoverkehr verbundenen CO_2-Emissionen oder die durch Übernutzung, überdimensionierte Hotelanlagen und Kreuzfahrtschiffe entstehenden langfristigen Verschmutzungen, Ressourcenverknappungen (insb. Wasser) und Gefährdungen von Natur- und Kulturgütern. Nachhaltiges Tourismusmanagement bedeutet ökonomische, soziale und ökologische Ziele dauerhaft miteinander in Einklang zu bringen, um auch den nachfolgenden Generationen gute Lebens- und Umweltbedingungen auf der Erde zu hinterlassen (vgl. Letzner 2010, Clausing 2013, EC 2016, Krause/Dresen 2016, Balàš/Strasdas 2018).

Die große aktuelle Forschungsfrage ist hierbei aus der Sicht des digitalen Tourismus, inwieweit innovative IT-Anwendungen einen positiven Beitrag zur Förderung des nachhaltigen Tourismus leisten können (vgl. UBA/Schmücker et al. 2020, Benckendorff et al. 2019, S. 312–340, Ali/Frew 2013). Es darf dabei aber nicht vergessen werden, dass auch die IT-Systeme selbst, trotz großer Fortschritte zur Verminderung des Energiebedarfs der Einzelgeräte, allein aufgrund der exponentiell wachsenden Verbreitung von IT-Geräten nicht unerheblich zum gesamten Strom- und Energieverbrauch und zum Verbrauch von „seltenen Erden" sowie zu Elektroschrott auf der Welt beitragen. Während Strom immer mehr durch erneuerbare Energien ohne zusätzlichen CO_2-Ausstoß und damit klimaneutral gewonnen werden kann, gilt dies für den Treibstoff für Passagierflugzeuge trotz einiger vielversprechender Experimente mit wasserstoff- oder algenbasiertem Treibstoff bisher nicht (vgl. Gates 2021, Gössling et al. 2021a und 2021b).

Abbildung 1.4.2 zeigt exemplarisch eine erste Formulierung von zwölf globalen Zielen für nachhaltigen Tourismus, die das United Nations Environment Programme in Kooperation mit der Welttourismusorganisation 2005 erarbeitet hat (vgl. UNEP und WTO 2005).

Jedes Ziel trägt dabei in unterschiedlichem Umfang zur ökonomischen, sozialen oder ökologischen Zieldimension bei. Darüber hinaus wurden 2015 von der UN branchenübergreifend 17 Sustainable Development Goals in der Agenda 2030 verabschiedet, die insbesondere auch Maßnahmen zum Klimaschutz enthalten (vgl. Martens/Obenland 2017). Die Ziele können nicht einzeln, sondern nur gemeinsam verfolgt werden, was nicht einfach ist, da es wie zwischen den drei Grunddimensionen auch zwischen einzelnen Zielen durchaus Zielkonflikte gibt. Um die vielfältigen direkten und indirekten Wechselwirkungen sowie Rückkoppelungen zwischen den verschiedenen Zielen wissenschaftlich analysieren zu können, werden zunächst die Einflussfaktoren

Schmücker, Horster, Kreilkamp: Auswirkungen der Digitalisierung und Big-Data Analyse auf eine nachhaltige Entwicklung des Tourismus und dessen Umweltwirkung; Umweltbundesamt 2020

Digitale Technologien bzw. Anwendungsfelder:

Digitale Plattformen · Cloud Computing · Digitale Zugänglichkeit, Open Data · Sicherheit, Datenschutz · Erweiterte Realität (VR/AR/MR) · Smart Mobile Devices & Digital Payment · Künstliche Intelligenz · Internet der Dinge & Geo-Intelligenz · Big Data Analytics

Substitution von Reisen durch Digitale Medien · Effizientere Produktion · Energie- und Ressourcenverbrauch Geräte/Netze · Erhöhung Personalproduktivität · Günstigere Verbraucherpreise · Arbeitsplatzverlust

50 Wirkpfade

positiv · negativ · unklar

Reisevolumen und Reisegestaltung als Haupttreiber der Nachhaltigkeitseffekte der Tourismus-Digitalisierung:

Ökologische und soziale Effekte (positive ökonomische Effekte sind bei den meisten IT-Investitionen vorausgesetzt):

Natur & Umwelt — *9 Wirkungsfelder*

Soziales — *4 Wirkungsfelder*

Reisevolumen (Anzahl, Distanz, Aufenthaltsdauer) — 2 positive, 9 negative Wirkpfade

Nachhaltigere Reisegestaltung (Customer Journey) — 32 positive, 7 negative Wirkpfade

United Nations Environment Programme and World Tourism Organization 2005

12 Ziele für nachhaltigen Tourismus · **Beitrag zu den 3 Dimensionen der Nachhaltigkeit**

Ökonomie · Soziales · Ökologie

0% 50% 100%

- Marktfähigkeit
- Lokaler Wohlstand
- Arbeitsqualität
- Soziale Gerechtigkeit
- Touristenzufriedenheit
- Lokale Selbstbestimmung
- Gemeinwohl
- Kultureller Reichtum
- Physikal. Unversehrtheit
- Biologische Diversität
- Ressourceneffizienz
- Saubere Umwelt

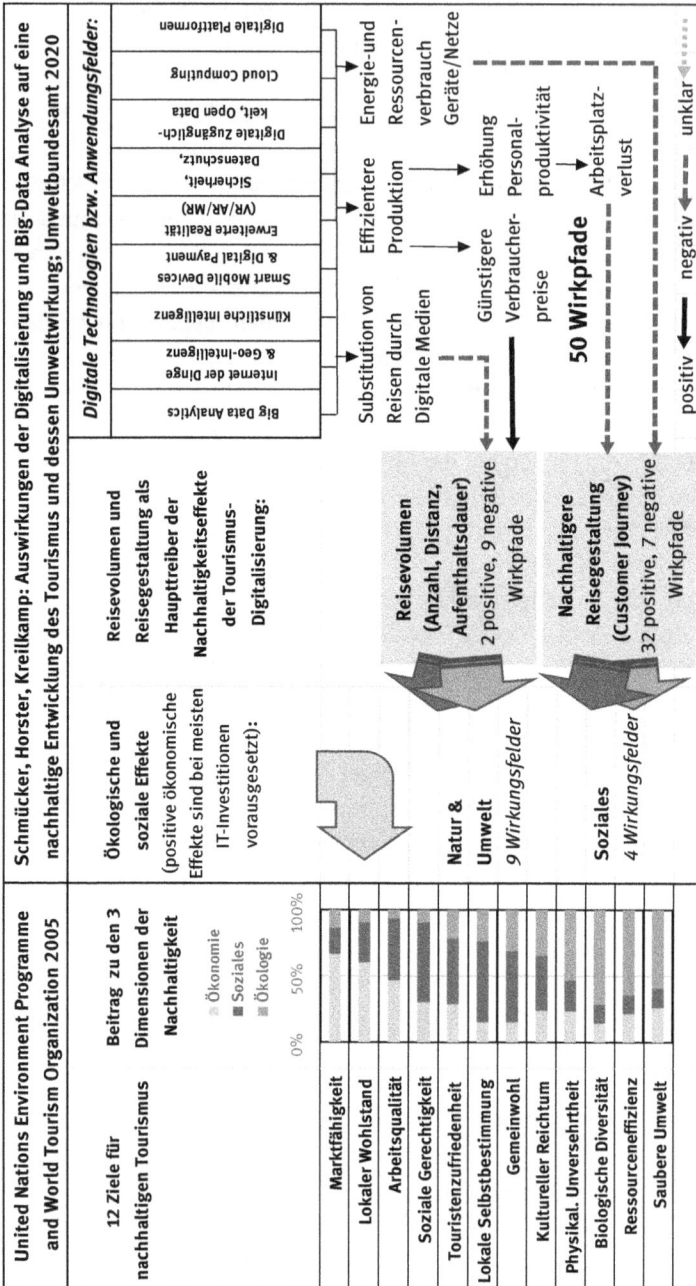

Abb. 1.4.2: Zwölf Ziele des nachhaltigen Tourismus (UNEP 2005) und Analyse der möglichen Auswirkungen aktueller digitaler Technologien und Anwendungsfelder auf eine nachhaltige Entwicklung des Tourismus (Quellen: nach UNEP & WTO 2005 und UBA/Schmücker et al. 2020).

der Zielerreichung sowie die ihnen zugrunde liegenden Ursache-Wirkungsketten erfasst.

Da viele Effekte, wie z. B. Umwelt- und Klimaveränderungen, erst langfristig wirken, muss man für die Bewertung der Nachhaltigkeitswirkungen von Strategien und Maßnahmenbündeln (Policies) auf mehrperiodige computergestützte Systemsimulationen mit Sensitivitätsanalysen und Planungshorizonten von zehn bis 30 Jahren zurückgreifen. Der Vorteil des Simulationsmodells als sog. Digitaler Zwilling (Digital Twin) des realen Systems ist, dass hier die Auswirkungen verschiedener Systemeingriffe ohne Schäden und zumeist mit weniger Aufwand als bei Pilotversuchen untersucht werden können. Ein Vergleich der hierbei errechneten Simulationsszenarien mit realen Beobachtungen ermöglicht eine realistische Kalibrierung der Similationsmodelle, deren Prognosen dann die Strategieauswahl erleichtern. Geoinformationssysteme und 3-D-Architektur- bzw. Städtebaumodelle ermöglichen darüber hinaus die Visualisierung der Simulationen und die anschauliche Verortung der Simulationsergebnisse im Raum. Von Verkehrssimulationen über Fußgängersimulationen von Besucherströmen bis hin zu den Auswirkungen des Klimawandels auf Tourismusregionen gibt es hier zahlreiche Anwendungsmöglichkeiten. Insbesondere bei Verkehrsanwendungen und Besucherlenkung ermöglichen Echtzeitsimulationen auf der Basis von Echtzeitdaten des aktuellen Geschehens bessere Vorhersagen der Auswirkungen, z. B. bei einer Störung oder Überlastung, auf Wartezeiten und können bessere und zukünftig auch energieeffizientere Ausweichrouten empfehlen.

Um die Erreichung von Nachhaltigkeitszielen in Unternehmen und Organisationen koordinieren und managen zu können, braucht man daher Managementsysteme, die zertifiziert werden können. Nach dem weltweiten Erfolg der zertifizierbaren ISO 9000 Standards für Qualitätsmanagement-Systeme wurden mit ISO 14000 auch ein zertifizierbarer Standard für Umweltmanagement und mit ISO 26000 ein Standard zur sozialen Verantwortung geschaffen, der als SA8000-Standard (Social Accountability) auch zertifizierbar ist (vgl. Kolbeck/Rauscher 2020, S. 319–332). Für den Tourismus bedeutsam ist der Global Sustainable Tourism Council (GSTC), eine Nicht-Regierungs-Organisation (NGO), welche aus den 17 UN-Nachhaltigkeitszielen sektorspezifische GSTC-Kriterien für Hotelbetriebe, Reiseveranstalter und Destinationen abgeleitet hat. Die GSTC-Kriterien bieten einen Rahmen mit Indikatoren zur Überprüfung und Zertifizierung eines nachhaltigen Managements, die genau auf die Besonderheiten dieser Tourismus-Teilbranchen angepasst sind (vgl. GSTC 2020).

Im Auftrag des Umweltbundesamtes (UBA) publizierten Schmücker, Horster und Kreilkamp 2020 eine Studie, die erstmals systematisch den Einfluss ausgewählter aktueller Innovations- und Anwendungsfelder der Digitalisierung auf das zukünftige Reisevolumen und eine zukünftig nachhaltigere Reisegestaltung untersucht. Aus den Veränderungen des Reisevolumens und der Nachhaltigkeit der Reisegestaltung werden dann die möglichen ökologischen und sozialen Auswirkungen in Hinblick auf insgesamt elf Wirkungsfelder diskutiert (vgl. Abb 1.4.2 und Schmücker et al. 2020). Obwohl keine Systemsimulationen durchgeführt werden, identifizieren die Autoren entsprechend dem oben vorgestellten systemorientierten Ansatz für alle betrachteten Digitaltechnologien und ihre Anwendungsfelder insgesamt 50 systemrelevante Ursache-Wirkungsketten, die sie als Wirkungspfade bezeichnen. Auf neun Wirkungspfaden führt die Digitalisierung zu einem Rückgang des Reisevolumens, während zwei Wirkungspfade das Reisevolumen erhöhen. 39 Wirkungspfade haben das Potenzial, eine nachhaltigere Reisegestaltung der Touristen zu fördern, wohingegen sieben Pfade das nachhaltigere Reisen konterkarieren. Obwohl hier mangels Daten zur Gewichtung der Effekte keine Simulation und keine Aussagen zur Stärke der jeweiligen Wirkpfade gemacht werden können, deutet die Überzahl der Wirkungspfade darauf hin, dass die Anwendung digitaler Technologien auf vielfältige Weise einen nachhaltigeren Tourismus und eine Senkung des Reisevolumens unterstützen kann, wobei die volumensenkenden Effekte der Corona-Pandemie natürlich noch nicht berücksichtigt wurden. Die für die Tourismusbranche essenziellen weiteren ökonomischen Wirkungspfade wurden in der Studie nicht direkt mitberücksichtigt, wobei man wie bisher auch in Zukunft voraussetzen kann, dass Investitionen in die Digitalisierung immer nur dann getätigt werden, wenn sie sich auch wirtschaftlich rechnen oder durch die Gesetzgebung vorgeschrieben bzw. durch entsprechende Anreize gefördert werden.

Die für die ökonomische Zukunft der Tourismusbranche essenzielle Frage wird sein, wie vielen Anbietern es mit Hilfe der aufgezeigten positiven Wirkungspfade der Digitalisierung gelingen kann, bei einem ggf. auch von außen vorgegebenem Rückgang des Reisevolumens durch nachhaltigere Reiseangebote, für die Kunden bereit sind, einen angemessenen Preis zu bezahlen, auch den ökonomischen Erfolg langfristig zu sichern. Während man davon ausgehen kann, dass es ein Grundbedürfnis von Menschen nach Reisen, Bildung, Handel, Erholung und Urlaub gibt, stellt sich hier insbesondere auch die Frage nach der zukünftig verfügbaren Kaufkraft der Privatreisenden und der Bereitschaft bzw. den Möglichkeiten von Organisationen, Geschäftsreisen zu finanzieren, die sich vielfach durch innovative Formen der Telekooperation substituieren lassen. Dabei kann ein im Sinne des Klimawandels sinnvoller Rückgang nichtnachhaltiger Fernreisen einerseits kurzfristig zu neuer Armut in zahlreichen Tourismusdestinationen führen und andererseits langfristig den dortigen Lebensraum vor Naturkatastrophen wie Stürmen und Überschwemmungen schützen.

Eine drastische Reduzierung der Reisetätigkeit kann nur vermieden werden, wenn es gelingt, neue Reiseformen zu entwickeln, die umweltschonend, sozialverträglich und klimaneutral sind. Klimaneutralität kann bei Reisen, die ohne fossile Energienutzung nicht durchgeführt werden können, auch durch die Finanzierung von sog. Kompensationsmaßnahmen erreicht werden, welche die freigesetzten CO_2 Emissionen an anderer Stelle einsparen. Der CO_2-Zertifikatehandel und Kompensationsprojekte wie die Wiederaufforstung von Wäldern gehen in diese Richtung, können aber zu spürbaren Preiserhöhungen und Wettbewerbsverzerrungen sowie unerwünschten Emissions-Verlagerungen in Regionen ohne CO_2-Regulierung führen, wenn sich nicht alle Nationen hierzu verpflichten und die Industrieländer und ihre Touristen sich nicht nur aus Soli-

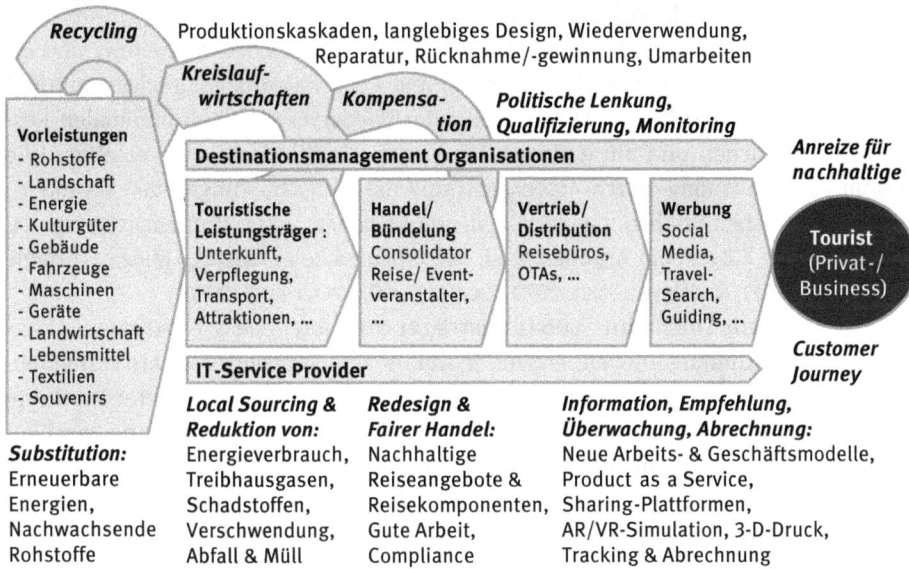

Abb. 1.4.3: Restrukturierung des Tourismus-Wertschöpfungssystems und zukünftige Beiträge der Digitalisierung zum nachhaltigen Tourismus.

darität, sondern auch als Hauptverursacher intensiver an der CO_2-Vermeidung und-Kompensation beteiligen (vgl. Gates 2021, Gössling et al. 2021a und 2021b, Müller 2020).

Mit der Verpflichtung zur Einhaltung der Sustainable Development Goals der UN-Agenda 2030 (Martens/Oberland 2017) wird sich das inzwischen durch Digitalisierung gut vernetzte Tourismus-Wertschöpfungssystem noch einmal stark verändern müssen (vgl. Abb. 1.4.3).

Sämtliche Akteure werden zukünftig gegenüber Behörden und Kunden darlegen müssen, dass ihre Produkte und Dienstleistungen in allen beteiligten Wertschöpfungsstufen unter Einhaltung der Nachhaltigkeitsziele produziert wurden und dies auch für alle Vorleistungen und Vorprodukte unabhängig von deren Entstehungsort gilt. Neben den bisher meist freiwilligen Zertifizierungen, die zum Teil auf reiner Selbstauskunft beruhen und auch als Greenwashing bezeichnet werden, sehen Lieferkettengesetze Verantwortlichkeiten und Haftungen der Anbieter auch für alle in ihrer gesamten Lieferkette entstehenden Schäden durch Verletzung von Nachhaltigkeitszielen vor. Im Rahmen von bereits bestehenden Gesetzen zur Kreislaufwirtschaft wird darüber hinaus der nachhaltige Umgang mit Waren und Produkten über den gesamten Produktlebenszyklus hinweg gefordert.

Die *R*-Prinzipien der sog. Circular Economy zeigen, dass ein Überdenken aller Wertschöpfungsprozesse mit materiellen Stoff- und Energieflüssen von einer linearen Struktur, bei der nach dem Rohstoff-Abbau, der Produktion und dem Konsum vor allem Abfall entsteht, notwendig ist. Durch *Rethink* (Überdenken von Geschäftsmodellen-/prozessen), Produkt-*Redesign*, *Reduzierung* von Verbrauch und Verschwendung, *Re*-use (Mehrfachnutzung), *Repair* (Reparatur), *Refurbish* (Wiederaufbereitung und Erneuerung), *Recover* (Energierückgewinnung) und *Recycling* (Materialrückgewinnung) sollen Wertschöpfungskreisläufe mit maximaler Wiederverwendung, minimalen Ressourcenverbräuchen und mit geringen/bis keinen Abfallemissionen entstehen. Wie dies im Tourismus umgesetzt werden kann und die Wertschöpfungsketten verändert, wird in zahlreichen Studien aus verschiedenen Regionen weltweit untersucht (vgl. zu diesem und zu Folgendem Arponen et al. 2020, Manniche et al. 2020, Midžić Kurtagić 2018, OECD 2020, Rodriguez et al. 2020, Zsakay 2020, Lutter et al. 2016).

Insbesondere **Tourismus-Leistungsträger** aus *Hotellerie & Gastronomie* können in großem Umfang umweltbelastende Abfälle und Wegwerfprodukte vermeiden und werden mit der umfassenderen Verwendung nachhaltig gestalteter Produkte verstärkt in die kaskadenartigen Kreislaufprozesse zur Wiederverwendung, zum Recycling und zur Reparatur solcher Produkte eingebunden. Sie sind es auch, die sowohl das sogenannte Local Sourcing vorantreiben können, bei dem überwiegend regionale Produkte mit kurzen Transportwegen und transparenten Produktionsbedingungen in kurzen und übersichtlichen Lieferketten verwendet werden. Inwieweit sich Lieferketten insbesondere für Ersatzteile durch 3-D-Druck verkürzen lassen, ist auch noch zu erforschen. Bei Waren und Produkten, die nur über den Fernhandel beziehbar sind, kann dieser zu Fairtrade-Bedingungen abgewickelt werden. Digitale Steuerungen und vernetzte Sensoren kommen bei Leistungsträgern vermehrt zur Senkung des Energieverbrauchs in Smart-Hotel-Room- und Smart-Facility-Management-Konzepten von *Hotelanlagen, Messe- & Kongresszentren, in Museen, Bahnhöfen* und *Flughäfen* zum Einsatz. Inwieweit z. B. für *Autovermieter* neben Bike Sharing auch das Sharing von Elektrofahrzeugen und Elektrorollern nachhaltig ist, kann erst eine abschließende Bewertung der Ökobilanzen von Elektrofahrzeugen über ihren gesamten Lebenszyklus hinweg entscheiden. Die Fortbewegung mit Ökostrom ist zwar ohne CO_2-Ausstoß möglich, die Herstellung, das Recycling und die Entsorgung der Batterien sind aber bisher wenig nachhaltig. Betreiber von *Attraktionen* und *Themenparks* entscheiden mit darüber, wie attraktiv eine Region und Naherholungsurlaube für Besucher und Gäste sind, und haben durch die Digitalisierung neue Möglichkeiten zur Realisierung immersiver Mixed-Reality-Erlebniswelten, wobei sie aber mit der Computer-Gaming-Branche konkurrieren, die zunehmend Augmented-Reality-Gaming-Apps in die reale Umgebung integriert (z. B. Pokemon, Ingress) und Gamer-Events in Hallen und Stadien organisiert. Geschützte Naturreservate oder empfindliche Kulturgüter können durch digitale VR/AR-Modelle, minimal-invasive Drohnenflüge oder gar durch digital eingescannte Nachbauten schonend und ggf. sogar unter Verzicht auf Fernreisen erfahrbar gemacht werden.

Für **Reiseveranstalter** ergibt sich die Chance, Wertschöpfung, die z. B. durch Selbstbedienung und automatisierte Paketierung von Standard-Reiseleistungen im Zuge der Digitalisierung verloren ging, durch neue Mehrwerte bei der Sicherstellung, Kontrolle und Garantie der Nachhaltigkeit der von ihnen zusammengestellten

Reisepakete zurückzugewinnen. War früher der Reiseveranstalter vor allem ein Qualitätsgarant für die von ihm als Gesamtpaket angebotenen Pauschalreisen, kann er zukünftig zum Nachhaltigkeitsgarant für alle im Rahmen der Reise angebotenen Dienstleistungen und Produkte mutieren und dabei seine Kompetenzen und Infrastrukturen in den Zielgebieten zur Überprüfung der sozialen und ökologischen Standards einsetzen (vgl. z. B. Löw 2021 und Kaiser 2021). Während man materiellen Produkten ihre Produktionsbedingungen nicht ansieht und viele Zwischenhandelsstufen hier manches verschleiern können, steht hinter dem *Product-as-a-Service*-Konzept der Gedanke, dass erst in dem Moment, wo Produkte im Rahmen einer umfassenden Dienstleistung angeboten oder vertrieben werden, der Anbieter auch für den gesamten Herstellungs- und Produktlebenszyklus die Verantwortung übernehmen kann und muss. Dies schließt auch eine verbindliche und garantierte Finanzierung wirksamer Kompensationsmaßnahmen bei allen Reisen mit unvermeidbaren CO_2-Emissionen ein. Die Digitalisierung liefert hierzu nicht nur umfassende Möglichkeiten der digitalen Spezifikation und Dokumentation der Liefer- und Prozessketten, sondern liefert mit dem Internet of Things auch innovative Überwachungsmöglichkeiten der Produktionsbedingungen, der Energie- und Materialflüsse sowie der Transportlogistik. Die Smart-Contracting-Technologie ist dabei in der Lage, auch komplexe Vertragsbedingungen zwischen allen an einer Lieferkette oder einem Servicenetzwerk beteiligten Akteure eindeutig und transparent zu spezifizieren und z. B. mit Hilfe des IoT zu überwachen. Da alle Geschäftstransaktionen, Kompensationszahlungen, Überwachungs- und Trackingereignisse in der Blockchain aller Vertragspartner automatisch und unverfälschbar erfasst und kollektiv bestätigt werden können, wird hier technisch zum ersten Mal eine lückenlose Transparenz und automatisierte Überprüfung der Vertragseinhaltung inklusive deren automatischer Abrechnung möglich. Dabei ist sicherzustellen, dass vertragsrelevante Informationen von legitimen Geschäftsgeheimnissen im Rahmen des Datenschutzes behandelt werden und Verhaltensdaten der Touristen und Arbeitnehmer nicht unzulässig erfasst werden.

Für den **Handel**, die **Reisemittler** und die **Medienplattformen** ist es wichtig, einerseits die Kunden und Touristen über die Nachhaltigkeit und ihre Effekte zu informieren und andererseits die Reiseangebote in Bezug auf ihre Nachhaltigkeitsmerkmale transparenter darzustellen und einfacher miteinander vergleichbar zu machen. So wie es durch Markenbildung gelungen ist, Produkte und Sortimente aufgrund ihrer Qualitätsmerkmale und emotionalen Aufladung vorteilhaft beim Kunden zu positionieren, sind nun erfolgreiche Marketing- und Promotionkampagnen für nachhaltige Reisen zu entwickeln. Incentives wie Bonusmeilen, die Anreize zu Kundenbindung und Vielfliegerei gesetzt haben, müssen in Anreize zu nachhaltigerem Reiseverhalten transformiert werden. Da viele Leistungsträger hiervon kaum profitieren können, kommt hier neben den Reiseveranstaltern vor allem innovativen Reisemittlern, die für ihren Kundenstamm einen nachhaltigen leistungsträgerübergreifenden Urlaubs-Mix zwischen Naherholung, Urlaub in der Region und gelegentlichen Fernreisen zusammenstellen können, zukünftig eine sehr wichtige

Rolle zu. Die Plattform-Ökonomie würde marktführenden Reiseportalen über ihre aggregierte Nachfragemacht viele Möglichkeiten geben, Nachhaltigkeitsstandards bei den vermittelten Leistungsträgern durchzusetzen. Dasselbe gilt für Einkaufsgenossenschaften und Beschaffungsportale für die Hotellerie und Gastronomie, die auf nachhaltige Warensortimente steuern können. So wie bisher Business-Travel-Reisemittler für Beiträge zur Senkung von Firmenreisekosten belohnt wurden, sollten sie zukünftig an Erfolgen zur Steigerung der Ökoeffizienz von Firmenreisen gemessen und beteiligt werden. Die Global Reporting Initiative (GRI), welche für Großunternehmen eine von Wirtschaftsprüfern zu testierende Nachhaltigkeitsberichterstattung als Teil des jährlichen Geschäftsberichts vorsieht, schafft hier wichtige Voraussetzungen. Auch hierfür ist es notwendig, dass Web Booking Engines für Geschäftsreisen die Reisealternativen hinsichtlich verschiedener Ökoeffizienz-Attribute und Nachhaltigkeitskriterien vergleichbar bzw. selektierbar machen (vgl. Kaiser 2021, Löw 2021 und Schönenberger 2021) und die Einhaltung von Nachhaltigkeitsregeln ähnlich wie bei Compliance Checks nun aber für GRI-Audits messbar belegen. Alle Unternehmen, die sich auf Kapitalmärkten finanzieren müssen, können Erfolge im nachhaltigen Management durch höhere Börsenkurse oder niedrigere Zinsen bei Kreditaufnahmen monetarisieren.

Wie **Endkunden** direkt zu nachhaltigem Reiseverhalten im Sinne einer nachhaltigen Customer Journey motiviert werden können, ist ebenfalls eine zentrale Zukunftsfrage. Mobile Apps, die als digitale Reiseführer für Touristen und Geschäftsreisende vor Ort dienen, sollten auch hier die Nachhaltigkeit konkurrierender lokaler Angebote transparent machen. Die Lösungsansätze reichen von Selbstmotivation durch Aufklärung und eigene Einsicht über die oben angesprochenen innovativen Marketingansätze bis hin zu staatlichen Anreizen, Besteuerungen oder Restriktionen, die zu Lenkung über Preismechanismen oder zur Gewährung oder Entziehung von Anerkennung und Privilegien auf der Basis von Social-Scoring-Modellen führen. Inwieweit IT-Systeme zur Beobachtung und Überwachung von mehr oder weniger nachhaltigem Konsumverhalten freiwillig oder obligatorisch eingesetzt werden sollten, ist dabei weltweit höchst umstritten. Touristen werden auf ihren Reisen schon heute mit verschiedenen Systemen und Rechtsstandards konfrontiert. Den Bildungsträgern, Medienportalen und Influencern fällt eine wichtige aufklärende und informierende Rolle zu mehr Nachhaltigkeit im Konsum- und Reiseverhalten zu. Investigativer Journalismus ist wichtig, um Nachhaltigkeitsprobleme bei Anbietern in komplexen internationalen Reise- und Lieferketten aufzudecken.

Destinationen sind sowohl als Leistungsträger als auch als Veranstalter oder Reisemittler und Destinationsportal-Betreiber von all diesen Entwicklungen betroffen. Zusätzlich sind Destinationen politisch zumindest auf kommunaler und regionaler Ebene für die Umsetzung der Nachhaltigkeitsziele mit verantwortlich. Sie wirken an Gesetzgebung und Verordnungen mit, welche die Rahmenbedingungen wie Anreize, Förderungen, Steuern und Abgaben, Auflagen, Genehmigungsverfahren und Regeln für nachhaltigen Tourismus festlegen. Ihre Verwaltung setzt die Maßnahmen um und ihre Aufsichtsorgane kontrollieren deren Einhaltung. Nach den Erfahrungen mit der Corona-Pandemie werden ein effizientes Krisenmanagement und ein wirksamer Infektionsschutz z. B. mit mobilen Registrierungs- und Warn-Apps auf Ebene der Destinationen auch in den nächsten Jahren wichtig sein. Destinationen stellen neben Verkehrsinfrastrukturen und Abfallwirtschaft auch teilweise Telekommunikationsinfrastruktur bereit und sind für den öffentlichen Personennahverkehr verantwortlich. Unter dem Begriff *Smart City* oder *Smart Destination* werden strategische Konzepte verstanden, wie Städte bzw. Destinationen mittel- bis langfristig fortschrittlicher, effizienter, nachhaltiger, sozialer und barrierefrei zum Wohle aller Bürger und Gäste gestaltet werden können (vgl. Buhalis/Amaranggana 2015, Guo et al. 2014, Gretzel 2018, Colombo 2020). Die besondere Rolle der Digitalisierung als Technologie-Enabler kommt dabei im Wort *Smart* besonders zum Ausdruck. Neben Technologie-Innovationen (aktuell z. B. E-Government-Dienste, IoT, Umwelt-Monitoring-Systeme und 5G-Breitband-Mobilfunk) sollen gesellschaftlich-soziale Innovationen (direkte Bürgerbeteiligung, transparente Governance, Social Scoring) und ökologische Innovationen (ökoeffiziente Energieversorgung und Mobilität, Kreislaufwirtschaft) umgesetzt werden. Eine wichtige Rolle spielen insbesondere bei der Verfolgung globaler Nachhaltigkeitsziele internationale Organisationen (wie die UN, EU etc.), diverse bilaterale und multilaterale Handelsabkommen und ihre Organisationen sowie zahlreiche Nichtregierungsorganisationen (BUND, Greenpeace, Human Rights Watch, Transparency International, Global Climate Forum). Soziale Medien spielen eine wichtige Rolle sowohl bei der Bürgerbeteiligung, der politischen Diskussion, der Vernetzung, Kooperation und für den Ideen- und Erfahrungsaustausch zwischen den Akteuren der Region. Die Komplexität der Nachhaltigkeitsstandards macht zudem Beratungs- und Qualifizierungsprogramme der DMOs notwendig nach dem Vorbild der Qualitäts- und eTourism-Initiativen der letzten Jahrzehnte. Der Transfer der zum Teil noch sehr komplexen und unübersichtlichen Erkenntnisse und Methoden zur Analyse und Gestaltung nachhaltigerer Produktions- und Lebensweisen unter Berücksichtigung der zahlreichen Wechselwirkungen und Zielkonflikte von der Forschung in die Lehre und Praxis ist Aufgabe der Hochschulen.

Quellen und weiterführende Literatur

Aggarwal, Ch. C., Data Mining: The Textbook, Cham 2020.

Albrecht, J., Data Warehouse vs. Data Lake – Wie Big Data Technologien das Data Warehouse erweitern, 2018, S. 10, www.trevisto.de/media/user_upload/DWH_vs_Data_Lake_-_Prof._Albrecht.pdf (Zugriff am 6.12.2020).

Ali, A., Frew, A., Information and Communication Technologies for Sustainable Tourism, London/New York 2013.

Amadeus, Amadeus Selling Platform Connect – Leistungen und Preise Juli 2021. Standard Incentives, S. 9, https://servicehub.amadeus.com/c/portal/view-solution/162382951/de_DE/selling-platform-connect-preisliste-de- (Zugriff am 10.9.2020).

Amersdorffer, D., Bauhuber, F., Egger, R., Oellrich, J. (Hrsg.), Social Web im Tourismus –
 Strategien, Konzepte, Einsatzfelder, Berlin/Heidelberg 2010.
Anderson, Ch., Makers – Das Internet der Dinge: die nächste industrielle Revolution, München 2012.
Angele K., Fensel, D., Huaman, E., Kärle, E., Panasiuk, O., Şimşek, U., Toma, I., et al., Semantic
 Web Empowered E-Tourism, in: Xiang Z., Fuchs M., Gretzel U., Höpken W. (Hrsg.), Handbook of
 e-Tourism, Cham 2020.
Arponen, J., Juvonen, L., Vanne, P., Circular economy business models for the manufacturing
 industry – Circular Economy Playbook for Finnish SMEs, https://teknologiateollisuus.fi/sites/
 default/files/inline-files/20180919_Circular%20Economy%20Playbook%20for%
 20Manufacturing_v1%200.pdf (Zugriff am 7.12.2020).
Arute, F., Arya, K., Babbush, R., et al., Quantum supremacy using a programmable superconducting
 processor, in: Nature, Vol. 574, No. 7779 (2019), S. 505–510.
Backhaus, K., Erichson, B., Plinke, W., Weiber, R., Neuronale Netze, in: Fortgeschrittene
 Multivariate Analysemethoden, 3. Aufl., Berlin/Heidelberg 2015, S. 295–347.
Balàš, M., Strasdas, W., Nachhaltigkeit im Tourismus: Entwicklungen, Ansätze und
 Begriffserklärung, Themenpapier, hrsg. vom Umweltbundesamt (UBA) Dessau-Rosslau 2018.
Baun, Ch., Betriebssysteme kompakt – Grundlagen, Daten, Speicher, Dateien, Prozesse und
 Kommunikation, Wiesbaden 2020.
Baun, Ch., Kunze, M., Nimis, J., Tai, St., Cloud Computing – Web-Based Dynamic IT Services, Berlin
 2009.
Barker, D., Web Content Management: Systems, Features, and Best Practices, Sebastopol (USA)
 2016.
Bayer, R., C-chain: a system for managing public and private ledgers, an alternative to blockchain,
 TU München Sept. 2017, https://db.in.tum.de/research/projects/C-chain/C-chain-Scient.pdf?
 lang=de (Zugriff am 19.12.2020).
Beck, K., Beedle, M., Bennekum, A. v., Cockburn, A. et al., Manifest für Agile Softwareentwicklung,
 2001, https://agilemanifesto.org/iso/de/manifesto.html (Zugriff am 6.12.2020).
Benckendorff, P.J., Xiang, Z., Sheldon, P., Tourism Information Technology, 3. Aufl., Wallingford/
 Boston 2019.
Berchtenbreiter, R., Goecke, R., Digital Tourism – Tourismus im digitalen Zeitalter, Passport – Heft
 07 (2014), S. 22–25, http://w3-mediapool.hm.edu/mediapool/media/fk14/fk14_lokal/
 passport/Passport_07_2014_Welt_des_Tourismus.pdf (Zugriff am 10.6.2014).
Blatt, M., Sauvonnet, E. (Hrsg.), Wo ist das Problem? Mit Design Thinking Innovationen entwickeln
 und umsetzen, 2. Aufl., München 2017.
BMBF (Hrsg.) & Karliczek A., Wir starten strategische Initiative zum Quantencomputing, 2012,
 https://www.bmbf.de/de/karliczek-wir-starten-strategische-initiative-zum-quantencompu
 ting-10748.html (Zugriff am 29.03.2021).
BSI – Bundesamt für Sicherheit in der Informationstechnik, Cyber Sicherheitsempfehlungen nach
 Gefährdungen, 2021, www.bsi.bund.de/DE/Themen/Unternehmen-und-Organisationen/
 Informationen-und-Empfehlungen/Empfehlungen-nach-Gefaehrdungen/empfehlungen-nach-
 gefaehrdungen_node.html (Zugriff am 8.4.2021).
BSI – Bundesamt für Sicherheit in der Informationstechnik, Kompendium Videokonferenzsysteme,
 KoViKo – Version 1.0.1, Bonn 2020.
Buhalis, D., eTourism – Information technology for strategic tourism management, Harlow 2003.
Buhalis, D., Amaranggana, A., Smart tourism destinations enhancing tourism experience through
 personalisation of services, in: Tussyadiah, I., Inversini, A. (Hrsg.), Information and
 communication technologies in tourism, Cham 2015, S. 377–389.
Buyya, R., Srirama, S.N. (Hrsg.), Fog and Edge Computing – Principles and Paradigms, Hoboken
 (New Jersey) 2019.

Choi, A., Wang, R., Darwiche, A., On the Relative Expressiveness of Bayesian and Neural Networks, International Journal of Approximate Reasoning, Vol. 113 (2019), S. 303–323.

Clausing, A., Programmiersprachen – Konzepte, Strukturen und Implementierung in Java, Heidelberg 2011.

Clausing, P., Die grüne Matrix – Naturschutz und Welternährung am Scheideweg, Münster 2013.

Colombo, E., Turismo Mega Trend – Smart Destination e turismo digitale: AI, Blockchain, Cyber, IoT e 5G, Milano 2020.

Conrady, R., Web 2.0 und soziale Netzwerke im Tourismus, in: Schulz, A., Goecke, R., Weithöner, U., Informationsmanagement im Tourismus, 1. Aufl., München 2010, S. 429–439.

DTV – Deutscher Tourismusverband e.V., Touristische Informationsnorm (TIN) Bd. 1 und 2, 2005, http://dtv-tin.de/ (Zugriff am 1.10.2009).

Dür, W., Heusler, St., Was man vom einzelnen Qubit über Quantenphysik lernen kann, in: Physik und Didaktik in Schule und Hochschule, PhyDi, 1/1 (2012), S. 1–16.

EC – European Commission, Commission Decision (EU) 2016/611 on the reference document on best environmental management practice, sector environmental performance indicators and benchmarks of excellence for the tourism sector under Regulation (EC) No 1221/2009 on the voluntary participation by organisations in a community eco-management and audit scheme (EMAS), 2016.

Egger, R., Horster, E., mTourism, in: Schulz, A., Weithöner, U., Egger, R., Goecke, R. (Hrsg.), eTourismus – Prozesse und Systeme, 2. Aufl., Berlin/München/Boston 2014, S. 166–183.

Egger, R., Gula, I., Walcher, D. (Hrsg.), Open Tourism – Open Innovation, Crowdsourcing and Co-Creation Challenging the Tourism Industry, Heidelberg 2016.

Egger, R., Neuburger, L., Augmented, Virtual, and Mixed Reality in Tourism, in: Xiang Z., Fuchs M., Gretzel U., Höpken W. (Hrsg.), Handbook of e-Tourism, Cham 2020.

Egger, R., Applied Data Science in Tourism, Interdisciplinary Approaches, Methodologies, And Applications, Berlin 2022.

Elmasri, R., Shamkant N., Fundamentals of Database Systems, 7. Aufl., Harlow 2017.

Ertel, W., Grundkurs Künstliche Intelligenz, 4. Aufl., Wiesbaden 2016.

Ethereum.org, Ethereum: A Next-Generation Generalized Smart Contract and Decentralized Application Platform, 2014, https://web.archive.org/web/20140111180823/http://ethereum.org/ethereum.html (Zugriff am 19.12.2020).

Fensel, D., Facca, F.M., Simperl, E., Toma, J., Semantic Web Services, Berlin 2011.

Freyer, W., Pompl, W., Reisebüro-Management: Gestaltung der Vertriebsstrukturen im Tourismus, 2. Aufl., München 2008.

Fried & Partner, Wer gewinnt, wer verliert? Tiefenanalyse der Strukturveränderungen im deutschen Reisemarkt, München 2018.

Gabler, Wirtschaftslexikon, https://wirtschaftslexikon.gabler.de/definition/cloud-computing-53360/version-276453.

Gartner, Glossary und Definitionen, https://www.gartner.com/en/information-technology/glossary/digitalization,https://www.gartner.com/en/information-technology/glossary/digitization.

Gates, B., Wie wir die Klima-Katastrophe verhindern – Welche Lösungen es gibt und welche Fortschritte nötig sind, München 2021.

Goecke, R., The Evolution of Online Booking Systems, in: Xiang, Zh., Fuchs, M., Gretzel, U., Höpken, W., Handbook of E-Tourism, Cham 2020 (Goecke 2020a).

Goecke R., Advanced Web Technologies & E-Tourism Web Applications, in: Xiang, Zh., Fuchs, M., Gretzel, U., Höpken, W., Handbook of E-Tourism, Cham 2020 (Goecke 2020b).

Gössling, St., Humpe, A., The global scale, distribution and growth of aviation: Implications for climate change, Journal of Global Environmental Change, 65, 2020, S. 102–194.

Gössling, S., Humpe, A., The global scale, distribution and growth of aviation: Implications for climate change. Global Environmental Change, 65 (2021), https://doi.org/10.1016/j.gloenvcha.2020.102194 (Gössling et al. 2021a).

Gössling, S., Meyer-Habighorst, C., Humpe, A., A global review of marine air pollution policies, their scope and effectiveness. Ocean and Coastal Management, 2021, https://doi.org/10.1016/j.ocecoaman.2021.105824 (Gössling et al. 2021b)

Goodfellow, I., Bengio, Y., Courville, A., Deep Learning, Boston 2006.

Guinard, D., Trifa, V., Building the Web of Things, Manning Publications 2016.

Guo, Y., Liu, H., Chai Y., The embedding convergence of smart cities and tourism internet of things in China: an advance perspective, Adv. Hosp. Tour. Res. (AHTR) 2(1), 2014, S. 54–69.

Guttentag, D., Virtual Reality and the End of Tourism? A Substitution Acceptance Model, in: Xiang, Zh., Fuchs, M., Gretzel, U., Höpken, W., Handbook of E-Tourism, Cham 2020.

Gretzel, U., From smart destinations to smart tourism regions, in: Journal of Regional Research, Vol 42 (2018), S. 171–184.

GSTC – Global Sustainable Tourism Council, www.gstcouncil.org/ (Zugriff am 6.12.2020)

Handelsblatt, Google verkündet Durchbruch beim Quantencomputer: Dem Internetkonzern ist nach eigener Darstellung die Demonstration der „Quantenüberlegenheit" gelungen. Doch der Erfolg ist umstritten, 2019, www.handelsblatt.com/technik/forschung-innovation/computertechnik-google-verkuendet-durchbruch-beim-quantencomputer/25146366.html (Zugriff am 7.4.2021).

Hansen, H.R., Neumann, G., Wirtschaftinformatik I und II, Stuttgart 2009.

Hauschildt, J., Gemünden, H.G., Promotoren – Champions der Innovation, Wiesbaden 1998.

Harrington, H.J., Conner, D., Horney, N., Project Change Management, New York 2000.

Hepp, M., Markup for Hotels, https://schema.org/docs/hotels.html (Zugriff am 20.12.2020).

Herrmann, A., Brenner, W., Die Autonome Revolution – Wie selbstfahrende Autos unsere Welt erobern: Nachhaltige Verkehrsentwicklung durch autonomes Fahren. Das müssen Automobilindustrie und Politik jetzt tun, Frankfurt am Main 2018.

Herrmann, P., Rechnerarchitektur – Aufbau, Organisation und Implementierung, inklusive 64-Bit-Technologie und Parallelrechner, Wiesbaden 2010.

Hinterholzer, St., Egger, R., Web 2.0, in: Schulz, A., Weithöner, U., Egger, R., Goecke, R. (Hrsg.), eTourismus – Prozesse und Systeme, 2. Aufl., Berlin/München/Boston 2014, S. 141–165.

Höfling, J., Ostler, U., Was sind Quantengatter – Das Dreigespann CNOT, Hadamard und Phasenschieber, 2021, www.datacenter-insider.de/was-sind-quantengatter-a-997700/ (Zugriff am 6.4.2021).

Höpken, W., Fuchs, M., Keil, D., Lexhagen, M., Business intelligence for cross-process knowledge extraction at tourism destinations, Information Technology & Tourism, 15 (2015).

HPI – Hasso-Plattner-Institut, Was ist Design Thinking? 2020, https://hpi-academy.de/design-thinking/was-ist-design-thinking.html (Zugriff am 6.12.2020)

Kaiser, T., Die Rolle potentieller Reiseveranstalter der Zukunft unter Berücksichtigung aktueller Nachhaltigkeitsaspekte, Datenstandards sowie der Pauschalreiserichtlinie, Masterarbeit Hochschule München 2021.

Keller, W., IT-Unternehmensstrategie – Von der Geschäftsstrategie zur optimalen IT-Unterstützung, 3. Aufl., Heidelberg 2017.

Keller, W., Kunz, M., Ladner, H., Digitale Transformation mit System – Ein Überblick über Trends, Technologien, Geschäftsmodelle, Organisation, Prozesse, Planung und Change-Management der digitalen Transformation, 2017, https://leanpub.com/digitaletransformation/ (Zugriff am 10.9.2021).

Kemper, A., Eickler, A., Datenbanksysteme – Eine Einführung, 10. Aufl., Berlin 2015.

Kolbeck, F., Rauscher, M., Tourismus-Management – Die betriebswirtschaftlichen Grundlagen, 3 Aufl., München 2020.

Kratzke, N., A Brief History of Cloud Application Architectures – From Deployment Monoliths via Microservices to Serverless Architectures and Possible Roads Ahead – Review from the Frontline, Lübeck University of Applied Science 2016.

Krause, S., Dresen, B., Projektpapier Nachhaltiger Tourismus – Green Travel Transformation, Oberhausen 2016.

Krcmar, H., Informationsmanagement, 6. Aufl., Berlin 2015.

Kreutzer, R. T., Praxisorientiertes Online-Marketing: Konzepte – Instrumente – Checklisten, 4. Aufl., Wiesbaden 2021.

Laesser, Ch., Schegg, R., Bandi Tanner, M., Liebrich, A., Lehmann Friedli, T., Fux, M., Stämpfli, A. (Hrsg.), Digitalisierung im Schweizer Tourismus: Chancen, Herausforderungen, Implikationen, Bericht im Auftrag des Staatssekretariats für Wirtschaft SECO, Bern 2018.

Lamenett, E., Praxiswissen Online-Marketing. Affiliate-, Influencer-, Content-, Social-Media-, Amazon-, Voice-, B2B-, Sprachassistenten- und E-Mail-Marketing, Google Ads, SEO, 8. Aufl., Wiesbaden 2021.

Landvogt, M., Brysch, A. A., Gardini, M.A. (Hrsg.), Tourismus, E-Tourismus – M-Tourismus – Herausforderungen und Trends der Digitalisierung im Tourismus, Berlin 2017.

Laurent, A.M. St., Understanding Open Source and Free Software Licensing, Beijing/Cambridge 2004.

Law, R., Au, N., A neural network model to forecast japanese demand for travel to Hong Kong, Tourism Management 20 (1999), S. 89–97.

Letzner, V., Tourismusökonomie, München 2010.

Lewandowski, D., Web Information Retrieval – Technologien zur Informationssuche im Internet, Frankfurt am Main: DGI, 2005 (Informationswissenschaft), www.durchdenken.de/lewandowski/web-ir/ (Zugriff am 10.6.2014).

Lewandowski, D., Handbuch Internet Suchmaschinen, Bde. 1 bis 3, Heidelberg 2008, 2011 und 2013.

Löw, N., Nachhaltigkeitszertifikate für Reisen – Funktionen der Reiseveranstalter und Merkmale nachhaltiger Reiseangebote, Bachelorarbeit Hochschule München 2021.

Lutter, St., Giljum, St., Randles, M., Regionale Kreislaufwirtschaft – Inputpapier für die Implementierung von Reset2020, im Auftrag des BMIFUW Österreich, Wien 2016.

Manniche, J., Topsø Larsen, K, Brand Broegaard R., Holland, E., Destination: A circular tourism economy – A handbook for transitioning toward a circular economy within the tourism and hospitality sector in the South Baltic Region, Version 2.0, CRT Nexoe (DK) 2020.

Marinescu, D.C., Cloud Computing – Theory and Practice, 2. Aufl., Cambridge (Massachusetts) 2018.

Marre, J., Quantencomputer-Info: Ein freies Online-Buch über Quantencomputer, 2019, www.quantencomputer-info.de (Zugriff am 8.4.2021).

Martens, J., Obenland W., Die Agenda 2030 – Globale Zukunftsziele für nachhaltige Entwicklung, Global Policy Forum und Terre des Hommes, Bonn/Osnabrück 2017.

Mertens, P., Bodendorf, F., König, W., Picot, A., Schumann, M., Hess, Th., Grundzüge der Wirtschaftsinformatik, 11. Aufl., Berlin 2012.

Midžić Kurtagić, S., Circular Economy in Tourism in South East Europe, 2018, https://open.unido.org/api/documents/13165892/download/Paper%20Circular%20Economy%20in%20Tourism%20SEE.PDF (Zugriff am 7.12.2020).

Müller, G., Umdenken – Überlebensfragen der Menschheit, 4. Aufl., Hamburg 2020.

Mundt, J., Tourismus, 4. Aufl., München 2013.

Nakamoto S., Bitcoin: a peer-to-peer electronic cash system, 2008, S. 1–9, https://bitcoin.org/bitcoin.pdf (Zugriff am 19.12.2020).

Neligan, A., van Baal, S., Kreilkamp, E., Lang, Th., Jürgens, L., Entwicklungsfaktor Tourismus – Der Beitrag des Tourismus zur regionalen Entwicklung und lokalen Wertschöpfung in Entwicklungs- und Schwellenländern – Langfassung, IDW Köln Consult GmbH, hrsg. von Bundesverband der Deutschen Tourismuswirtschaft (BTA), Berlin 2015.

Neukart, F., Compostella, G., Seidel, Ch., Von Dollen, D., System and method for predicting and maximizing traffic flow, Patent US20190164418A1, 2019 (Zugriff am 6.4.2021).

Nextevolution, https://www.nextevolution.de/de/loesungen/fachanwendungen/personalakte/itemlist/user/624-dominik?start=10 (Zugriff am 6.12.2020)

Not, E., Cavada, D., Venturini, A., Internet of Things and Ubiquitous Computing in the Tourism Domain, in: Xiang Z., Fuchs M., Gretzel U., Höpken W. (Hrsg.), Handbook of e-Tourism, Cham 2020.

OECD, OECD Tourism Trends and Policies 2020, OECD Publishing, Paris 2020, https://doi.org/10.1787/6b47b985-en (Zugriff am 7.12.2020).

OMERS Ventures, Cybersecurity: Industry Overview, Market Map, Global Investments, April 9th, 2019, https://medium.com/omers-ventures/cybersecurity-industry-overview-market-map-global-investments-636951b47e15 (Zugriff am 8.4.2021).

OTA – Open Travel Alliance, Open Travel Alliance Schema Descriptions and Examples, Version 2.0, 2003, http://xml.coverpages.org/OTA-2003ADescriptionsAndExamples.pdf (Zugriff am 22.12.2019).

Partale, K., Die Wertschöpfungskette Tourismus – Analyse und Anwendungansätze für Projekte der Entwicklungszusammenarbeit, hrsg. von GIZ – Deutsche Gesellschaft für internationale Zusammenarbeit GmbH, Bonn 2020.

Pelekis, N., Theodoridis, Y., Mobility Data Management and Exploration, New York 2014.

Picot, A., Reichwald, R., Wigand, R., Information, Organization and Management, Berlin/Heidelberg 2008.

Picot, A., Reichwald, R., Wigand, R.T., Möslein, K.M., Neuburger, R., Neyer, A.-K., Die grenzenlose Unternehmung – Information, Organisation & Führung, 6. Aufl., Wiesbaden 2020.

Poibeau, Th., Machine Translation, Cambridge (Massachusetts) & London 2017.

Quarks, https://www.quarks.de/technik/faq-so-funktioniert-ein-quantencomputer/ (Zugriff am 29.03.2021).

Ragnedda, M., Destefanis, J., Blockchain and Web 3.0: Social, Economic, and Technological Challenges, London/New York 2020.

Reichwald, R., Piller, F., Interaktive Wertschöpfung, 2. Aufl., Wiesbaden 2009.

Ricci, F., Rokach, L., Shapira, B., Kantor, P. B., Recommender Systems Handbook, New York 2011.

Rodriguez, C., Florido, C., Jacob, M., Circular Economy Contribution to the Tourism Sector: A Critical Literature Review, in: Sustainability 12 (2020).

Rohleder, B., Die Zukunft des Reisens ist digital, Berlin 2018.

Rojas, R., Neural Networks – A Systematic Introduction, Berlin 1996.

Rumelhart, D., McClelland, J., Parallel Distributed Processing, Cambridge (Massachusetts) 1986.

Scheithauer, E., Wirtschaftsinformatik II – DV-gestütztes Rechnungswesen mit SAP R/3 FI/CO, Frankfurt 2005, http://www.fb3-fh-frankfurt.de/intranet/fb3/dozenten_ablage/0828DVges tuetzestRE WEI.pdf (Zugriff am 27.9.2009).

Schema.org, www.schema.org (Zugriff am 1.12.2020).

Schmücker, D., Horster, E., Kreilkamp, E., Die Auswirkungen der Digitalisierung und Big Data-Analyse auf eine nachhaltige Entwicklung des Tourismus und dessen Umweltwirkung, Abschlussbericht eines Forschungsprojektes im Auftrag des Umweltbundesamtes (UBA) 2020, www.umweltbundesamt.de/publikationen/die-auswirkungen-der-digitalisierung-big-data (Zugriff am 3.12.2020).

Schönenberger, S. F., Nachhaltigkeitsinformationen und -zertifizierungen deutscher Hotels auf Online-Urlaubsbuchungsplattformen – Status Quo, kritische Betrachtung und Zukunftsperspektiven, Hochschule München 2021.

Schulz, A., Weithöner, U., Egger, R., Goecke, R. (Hrsg.), eTourismus – Prozesse und Systeme, 2. Aufl., Berlin/München/Boston 2014.

Schulz, A., Berg, W., Gardini, M.A., Kirstges, T., Eisenstein, B., Grundlagen des Tourismus – Lehrbuch in 5 Modulen, 2. Aufl., München 2013.

Sikos, L. F., Mastering Structured Data on the Semantic Web – From HTML5 Microdata to Linked Open Data, Apress, New York 2015.

Silveira Salles, T., Warum „0 und gleichzeitig 1" keine gute Erklärung ist: Eine Einführung in die Welt des Quanten Computing, 2020, https://www.imagineon.de/de/insight/quantum-bits-dont-byte (Zugriff am 7.4.2019).

Snow, A.W., The Deep Web, Amazon Kindle Edition 2017.

Steinbuch, K., Die Lernmatrix, Kybernetik, Vol. 1, No. 1 (1961), S. 36–45.

Szeredi, P., Lukaszy, G., Benkö, T. (Hrsg.), The Semantic Web Explained – The Technology and Mathematics behind Web 3.0, Cambridge (UK) 2014.

techSphere, Vorgehensmodelle und standardisierte Vorgehensweisen, www.techsphere.de/pageID=pm03.html (Zugriff am 6.12.2020).

Thiele, O., Kämmerer, M., Helbig, J., Merten, B., Logik-orientiertes Programmieren mit Prolog, Heft 16 Materialien, Thillm, Bad Berka 2001.

Timinger, H., Modernes Projektmanagement, Mit traditionellem, agilem und hybridem Vorgehen zum Erfolg, Weinheim 2017.

Timinger, H, Vieth, M, Wehnes, H., Das Hochschulzertifikat „Modernes Projektmanagement", in: Die neue Hochschule.DNH, Ausgabe 1 (2020), S. 26–29.

Treiblmeier, H., Blockchain and Tourism, in: Xiang Z., Fuchs M., Gretzel U., Höpken W. (Hrsg.), Handbook of e-Tourism, Cham 2020.

Trick, U., 5G – Eine Einführung in die Mobilfunknetze der 5. Generation, Berlin 2020.

UNEP, WTO – United Nations Environment Programme and World Tourism Organization, Making Tourism More Sustainable – A Guide for Policy Makers, Paris und Madrid 2005, https://wedocs.unep.org/bitstream/handle/20.500.11822/8741/-Making%20Tourism%20More%20Sustainable_%20A%20Guide%20for%20Policy%20Makers-2005445.pdf (Zugriff am 2.12.2005).

VIR – Verband Internet Reisevertrieb, Daten und Fakten zum Online Reisemarkt, München 2014.

VIR – Verband Internet Reisevertrieb, Daten und Fakten zum Online Reisemarkt, München 2020.

Vu, Q.H., Lupo, M., Oi, B.C., Peer-to-Peer Computing: Principles and Applications, Berlin 2010.

W3C, Web of Things (WoT) Architecture – W3C First Public Working Draft, 14. September 2017, www.w3.org/TR/2017/WD-wot-architecture-20170914/ (Zugriff am 6.3.2020).

W3Schools, 2020, www.w3schools.com (Zugriff am 19.12.2020).

Walsh Schetzina, C., Rogl, D., Phocuswirght Tourism in Germany 2030 Executive Summary, ProjektM Tourismus Kompetenzzentrum des Bundes 2018.

Wang, J., Duggasani, A., Forecasting hotel reservations with long short-term memory-based recurrent neural networks, International Journal of Data Science & Analysis, Cham 2018.

Weatherford, L.R., Gentry, T.W., Wilamowski, B., Neural network forecasting for airlines – A comparative analysis, Journal of Revenue and Pricing Management, Vol. 1, 4/2003, S. 319–331.

Werbach, K., The Blockchain and the New Architecture of Trust, Cambridge (Massachusetts) 2018.

Wilms, U., E-Learning im Tourismus, in: Schulz, A., Goecke, R., Weithöner, U., Informationsmanagement im Tourismus, 1. Aufl., München 2010, S. 429–444.

Wikidata, 2020, www.wikidata.org/wiki/Wikidata:Main_Page (Zugriff am 20.12.2020)

Wiktorski, T., Data-intensive Systems – Principles and Fundamentals using Hadoop and Spark, Cham 2019.

Wilhelm-Mauch, F.K., Quantencomputer: Anwendungen, Zeitskala – Plattformen in: Naturwissenschaftliche Rundschau, 72. Jg., Heft 9–10 (2019), S. 482–488.

Yu, S., Cyber Defense Matrix, https://cyberdefensematrix.com/ (Zugriff am 8.4.2021).

Yu, S., Understanding the cyber security vendor landscape, Presentation March 18th, 2015, https://de.slideshare.net/sounilyu/understanding-the-cyber-security-vendor-landscape (Zugriff am 8.4.2021).

Zakhary, A., El Gayar, N., El-Ola, S., Ahmed, H., Exploiting Neural Networks to Enhance Trend Forecastimg for Hotel Reservations, in: Schwenker, F., El Gayar, N. (Hrsg), ANNPR 2010, LNAI 5998, S. 241–251.

Zerdick, A., Picot, A., Schrape, Kl., et al., Die Internet-Ökonomie – Strategien für die digitale Wirtschaft, 3. Aufl., Berlin 2001.

Zhang, X., Cong, X., Research on the Tourism Circular Economy Mode – Mt.Emei Scenic Area, in: International Journal of Managerial Studies and Research, Vol. 3, Issue 6, June 2015.

Ziegler, M., Agiles Projektmanagement mit SCRUM für Einsteiger, hrsg. im Eigenverlag 2018.

Zsakay, A., Circular Systems for Tourism – The circular economy has the potential to create a thriving tourism industry, mindful of finite planetary sources, Präsentation Circular Asia, Malaysia, 2020, http://www.circulareconomyasia.org/circular-tourism/ (Zugriff am 7.12.2020).

Zuboff, S., Das Zeitalter des Überwachungskapitalismus, Frankfurt/New York 2018.

2 Kundenorientierung, digitale Medien und Services

Uwe Weithöner

Das Tourismusmarketing ist nicht mehr nur kundenzentriert, sondern wird von den Ansprüchen der Kunden getrieben, die eng verknüpft sind mit den Potenzialen der Digitalisierung. Durch die technische Entwicklung des Internets in Verbindung mit den mobilen Endgeräten und durch die aktive Teilnahme der Kunden in digitalen Communities und Sozialen Netzwerken sind die elektronischen Möglichkeiten und die Ansprüche an den Reiseservice, an Information und Kommunikation gewachsen. Digitale Services werden nicht mehr nur zur Reisebuchung erwartet, sondern Kontaktpunkte für Serviceleistungen bestehen während aller Reisephasen bzw. während der gesamten Customer Journey. Der Wettbewerb der Reiseanbieter wird nicht nur mit dem Angebot der touristischen Produkte, sondern auch mit digitalen Serviceleistungen und mit elektronischer Kommunikation geführt. Ortsbezogene und kundenindividuelle Angebote, in Echtzeit gesteuert über die Endgeräte der Kunden, sind ebenso Erfolgsfaktoren für das Tourismusmarketing wie ein zielgruppen- und kundenorientiertes Social-Media- und Plattformen-Management.

Durch orts-, zeit- und geräteunabhängige Kommunikationsmöglichkeiten entwickelt sich ein permanenter Austausch von Angeboten und Kundenwünschen in Echtzeit entlang der gesamten Customer Journey, der den Kunden auch in die Produktionsprozesse geeigneter Services integrieren kann. Neue Formen der direkten Kundeninteraktion und des digitalen Marketings auf Basis von Individualisierung bzw. Personalisierung sind entstanden. Im Zentrum dieses Kapitels stehen daher die Konsumenten und Reisenden, die digital interagieren, sowie technologische Innovationen, die sie unterstützten, Mehrwerte bieten und/oder Prozesse online und in Echtzeit automatisieren (vgl. Abb. 2.1).

Kapitel 2.1 gibt eine Einführung in die Internetökonomie aus mikroökonomischer Sicht. Das Kapitel analysiert das Verhalten der Marktteilnehmer und ihre Geschäftsprozesse mit dem Fokus auf internetbasierte Ökonomie der Tourismusbranche, Daten und Fakten der Entwicklungen werden aufgezeigt. Technische und wirtschaftliche Einflussfaktoren auf die Internetökonomie werden beschrieben, um ein Modell der Net Economy zu erklären und Thesen für die weitere Entwicklung abzuleiten.

Kapitel 2.2 versteht sich als Grundlage und thematischer Rahmen für eine Vielzahl von spezialisierten Beiträgen dieses Buches. Es werden zunächst die (synonym verwendeten) Begriffe des elektronischen oder digitalen Tourismus strukturiert und erläutert. Anschließend wird die Internet- und Web-Technologie als Basis des digitalen Online-Marketings und E-Commerce erläutert. Dabei wird der Fokus auf eine anwendungsorientierte, nicht technische Darstellung gelegt, um die Anforderungen und Möglichkeiten zu verdeutlichen, Systeme für das digitale Tourismusmarketing aufzubauen und wirkungsvoll zu betreiben. Ausgewählte Elemente des Online-Mar-

https://doi.org/10.1515/9783110786866-002

Digitaler Tourismus: Prozesse und Systeme

1	Einführung

2	Kundenorientierung, digitale Medien und Service

2.1	2.2	2.3	2.4
Internet- und Social-Media-Ökonomie	Grundlagen der Internettechnologie als Voraussetzungen für E-Commerce und Online-Reisevertrieb	Geoinformation im Tourismus	Customer Journey und Service Design im digitalen Tourismusmarketing

2.5	2.6	2.7	2.8	2.9
Suchmaschinen-Marketing	Social-Media-Marketing und Management	Virtual Reality und Augmented Reality im Tourismus	Smart Destinations	Plattformen

3	Reisemittlersysteme

4	Leistungsanbietersysteme

5	Marketingsysteme und Recht

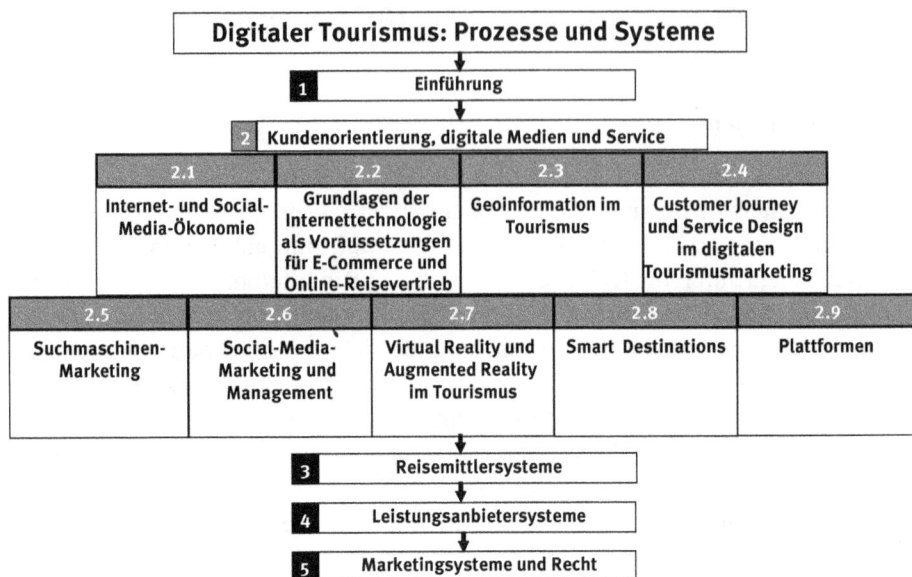

Abb. 2.1: Überblick Kundenorientierung, digitale Medien und Services.

ketings werden hinsichtlich ihrer Möglichkeiten und Grenzen punktuell vertieft bzw. vertiefende Kapitel dieses Buches werden weiterführend eingeordnet.

Kapitel 2.3 untersucht die Bedeutung von Geoinformationen im touristischen Umfeld. Die Mehrzahl touristischer Informationen enthält raumbezogene Angaben: die Lage des Hotels, die Route zum Flughafen, die Points of Interest etc. Das Angebot ortsbezogener Serviceleistungen basiert im Zusammenwirken mit mobilen Endgeräten auf Geoinformationen zum Standort des Reisenden. Zunächst werden grundlegende Begriffe der Geoinformation wie Raumbezug, Geometrie, Topologie und Karten eingeführt und die Themen der Standardisierung und Geodatenbeschaffung behandelt. Das Kapitel schließt mit der Darstellung von raumbezogenen touristischen Anwendungen in den Themenfeldern Orientierung, Reiseführung, Unterhaltung und Information, Reisevorbereitung und Dokumentation.

Während aller Reisephasen ergeben sich Kontaktpunkte zu den Kunden, an denen situations- und ortsbezogen Serviceleistungen angeboten und nachgefragt werden (können). Insbesondere durch mobile Technologien können den Reisenden im Verlauf ihrer Reisen Angebote gemacht und Serviceleistungen bedarfsgerecht erbracht werden. Ein digitales Tourismusmarketing hat damit die Aufgabe, alle relevanten Optionen des Kundenkontakts zu gestalten und individuelle bedarfsgerechte Serviceleistungen anzubieten.

Kapitel 2.4 erläutert das Marketingkonzept der Customer Journey als Grundlage des digitalen Tourismusmarketingmanagements. Dadurch wird eine umfassende Betrachtung der Customer Journey mit seinen digitalen Touchpoints in den einzelnen Reisephasen gegeben.

In **Kapitel 2.5** wird die Relevanz des Suchmaschinenmarketings für die Tourismuswirtschaft verdeutlicht. Aufgrund seiner Marktdominanz steht Google hier besonders im Fokus. Der Suchalgorithmus wird als zentrales Element erläutert, um mit dem Verständnis des Algorithmus die Grundlagen für das Suchmaschinenmarketing zu legen. Zudem wird mit der Vorstellung der Suchmaschinenarchitektur dargelegt, welche technischen Hilfsmittel Google seinen Nutzern im Suchprozess zur Verfügung stellt. Darauf aufbauend erfolgt eine Unterteilung des Suchmaschinenmarketings in die Komponenten Suchmaschinenoptimierung und Suchmaschinenwerbung. Mit dieser Differenzierung werden diese Bereiche im Detail separat erörtert.

Kapitel 2.6 befasst sich mit Social-Media-Marketing. Dass Menschen Beziehungen zueinander aufbauen und miteinander kommunizieren, steht bei der Nutzung von Sozialen Medien im Mittelpunkt. Das Internet bietet durch seine Technologie und seine vielfältigen Ausgestaltungsmöglichkeiten eine zeitlich und örtlich uneingeschränkte Plattform für soziale und ökonomische Aktivitäten. Den Unternehmen bieten sich Möglichkeiten, auf digitalem Weg einen persönlichen Kontakt zum Kunden herzustellen und zu interagieren. Social-Media-Kommunikation und -Marketing sind fester Bestandteil im Marketing-Mix und in der Marketingplanung der Unternehmen geworden. In Bezug auf die Customer Journey finden viele Reisen durch eine einfache Weitergabe von Reisetipps und Insiderinformationen ihren Ursprung. Der Tourismus wird von dieser Entwicklung besonders tangiert, denn das touristische Produkt wird oftmals als ein Leistungsversprechen gekauft bzw. gebucht, und die Dienstleistungen werden erst später und am Ziel der Reise für den Kunden erbracht. Für touristische Unternehmen ergibt sich daraus die Notwendigkeit eines gezielten Social-Media-Managements.

Extended Reality ist ein Oberbegriff im Sinne einer erweiterten Realität und steht für das Verschmelzen von Realität und Virtualität mithilfe elektronischer Technologien. Dem Nutzer werden erweiterte Wahrnehmungen und Erlebnisse ermöglicht.

Kapitel 2.7 befasst sich mit den touristisch bedeutenden Ausprägungen der Augmented Reality und der Virtual Reality.

Kap. 2.8 stellt exemplarisch die Potenziale der technologischen Entwicklungen für Reisedestinationen dar. Destinationsmanagementorganisationen suchen zunehmend den Kontakt zu den Endgeräten (Devices) ihrer Gäste, um digitale und reale Erlebniswelten miteinander zu verbinden und Services anzubieten – „Smart Destination". Unter „smart" wird etwas Cleveres und Einfallsreiches auf Basis digitaler Services verstanden. Mobile digitale Services sind zentrale Elemente zur Verbindung von physischem und digitalem Raum und können mobil mittels portabler Endgeräte erbracht werden.

Das **Kapitel 2.9** bildet die abschließende Klammer des zweiten Kapitels, indem digitale Plattformen des Online-Marketings und E-Commerce systemisch dargestellt werden. Eine Plattform ist ein Geschäftsmodell, das werteschaffende Interaktionen zwischen den Produzenten von Gütern/Dienstleistungen und den Konsumenten ermöglicht. Digitale Plattformen sorgen für ein optimales „Match" zwischen Bedarf und Angebot auch bei großen Nutzergruppen. Erst durch digitale Technologien lassen sich Plattformen auf Millionen und Milliarden von Menschen skalieren. Digitale Plattformen verändern unsere Wirtschaft und unser Leben. Technologiekonzerne wie z. B. „GAFAM" (Google, Apple, Facebook, Amazon, Microsoft) und Alibaba (China) prägen unsere Wirtschaftswelt. Auch in der Reise- und Tourismusindustrie findet durch Plattformen wie z. B. Booking.com ein massiver Wandel statt. In diesem Kapitel werden zunächst die Grundlagen von Plattformen beschrieben. Darauf aufbauend erfolgt die Darstellung von Architekturen und Funktionsweisen. Anhand von Beispielen aus der Branche werden die Potenziale nachvollziehbar.

2.1 Internetökonomie und digitaler Tourismus

Armin A. Brysch

2.1.1 Einführung in die Internetökonomie aus mikroökonomischer Sichtweise

Die Internetökonomie thematisiert Bedeutung, Funktionsweise und Geschäftsmodelle einer auf dem Internet basierenden Wirtschaft. In dieser speziellen Form der Wirtschaft werden weltweit Informationen, Wissen und Güter erzeugt, geteilt, transferiert, getauscht und bewertet. Die Internetökonomie bildet damit eine zentrale Grundlage des internationalen und nationalen Wirtschaftens im 21. Jahrhundert. Nach Clement et al. (2019) beschreibt die Internetökonomie den Anwendungsbereich von Informations- und Kommunikationstechnologien (IKT), die über digitale Märke und Netzwerke der Abwicklung von ökonomischen Transaktionen dienen, um digitale Wertschöpfung zu generieren.

Bereits 2013 stellte der Monitoring-Report *Digitale Wirtschaft* zur Relevanz und Bedeutung der digitalen Wirtschaft folgendes fest: „Digitale Anwendungen und Technologien sind ein Wachstumstreiber der gesamten deutschen Wirtschaft. Ob Industrie 4.0 oder Unified Communications, ob Social-Media-Marketing oder Online-Recruiting, kein Wirtschaftszweig kann heute auf die Errungenschaften der Digitalisierung verzichten. Das verändert auch die Arbeitswelt: Das Internet, neue Hard- und Software und die fortschreitende Digitalisierung aller Arbeitsbereiche erlauben mehr und mehr zeit- und ortsunabhängiges Arbeiten. Es entstehen neue Kommunikationsformen und Arbeitsabläufe. Diese Entwicklungen bringen viele Chancen, aber auch Herausforderungen für Unternehmen und Arbeitnehmer mit sich." (BMWi 2013, S. 7). Zu der IKT-Branche zählen in Deutschland ca. 100.000 Unternehmen mit fast 1,2 Mio. Beschäftigten, die ca. 230 Mrd. Euro Umsatz erwirtschaften (BMWi 2018). Damit entfällt, gemessen an der Wertschöpfung, ein Anteil von fast 5 % auf die IKT-Branche, die als eine Schlüsselbranche für die Zukunftsfähigkeit Deutschlands eingestuft wird. Kennzeichen sind eine rasante Entwicklungsgeschwindigkeit, eine starke Verknüpfung mit anderen Branchen und eine hohe Innovationsintensität, die zusammen die Digitalisierung der Wirtschaft treiben. Mit dem Begriff Digitalisierung werden sowohl eine besondere Ausprägung der Wirtschaft und deren Wirtschaftssubjekte im Sinne einer digitalen Wirtschaft bezeichnet als auch die technologischen, organisatorischen oder marketingspezifischen Folgen einer digitalen Ausrichtung (Brysch 2017). Das Marktforschungs- und Beratungsunternehmen Gartner definiert: „Digitalization is the use of digital technologies to change a business model and provide new revenue and value-producing opportunities; it is the process of moving to a digital business" (Gartner 2021).

Jedoch haben nicht alle Branchen in gleicher Weise die IKT genutzt und ihre unternehmensinternen und unternehmensexternen Aktivitäten digitalisiert, um die Chancen der Internetökonomie zu nutzen. Im Rahmen einer Studie des Projekts „Entwicklung und Messung der Digitalisierung der Wirtschaft am Standort Deutschland" im Auftrag des BMWi wurden vom Institut der deutschen Wirtschaft 2020 Branchenunterschiede bei der Digitalisierung analysiert (vgl. Abb. 2.1.1). Dazu wurde ein Digitalisierungsindex entwickelt, der den Stand der Digitalisierung der Wirtschaft am Standort Deutschland mithilfe von 37 einzelnen Indikatoren abbildet. Diese bilden jeweils verschiedene Dimensionen der Digitalisierung ab (vgl. BMWi 2020) wie Prozesse, Produkte, Geschäftsmodelle oder technische Infrastruktur. Während die IKT-Branche selbst erwartungsgemäß am weitesten fortgeschritten ist (273 Indexpunkte, gewichteter Durchschnitt aller Branchengruppen 2020 = 100), liegen das Baugewerbe (55,6 Indexpunkte) und die Tourismusbranche (64,4 Indexpunkte) weit zurück. Auch zeigt die Studie den Einfluss der Unternehmensgröße auf die Digitalisierung: Kleine Unternehmen bis 49 Beschäftigte weisen nur 88,9 Indexpunkte auf, große Unternehmen mit 250 und mehr Beschäftigten dagegen 199,9 Indexpunkte.

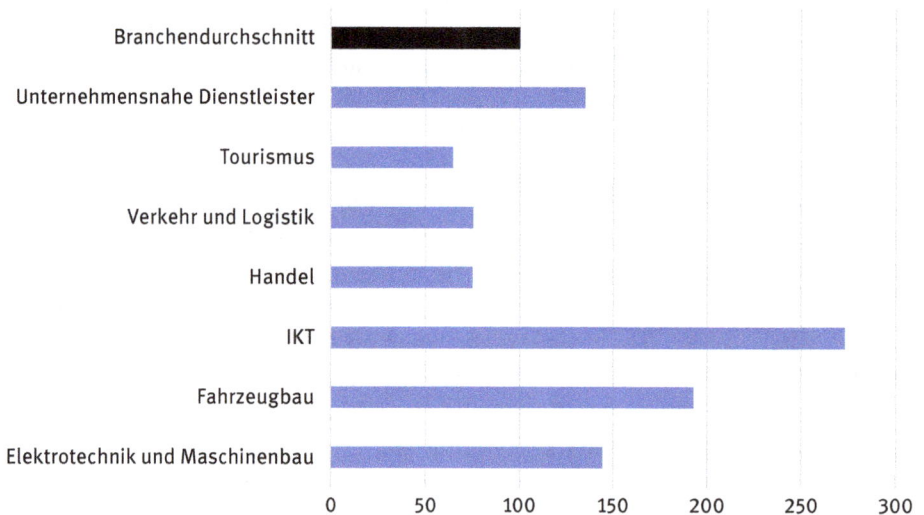

Abb. 2.1.1: Digitalisierung der Wirtschaft am Standort Deutschland (Quelle: BMWi 2020, Auszug).

Diese Kennzahlen beschreiben eindrucksvoll die ökonomische Bedeutung der Internetwirtschaft bzw. der Internetökonomie für die nationale Volkswirtschaft, die im weltweiten Wettstreit mit anderen Nationen maßgebliche Effekte auf Wertschöpfung und Beschäftigung in Deutschland generiert. Zukünftig wird Deutschland als stärkste Volkswirtschaft in der EU jedoch auch von dem Wettstreit der USA und China um die Vorherrschaft im Internet abhängen, der negative Folgen für Wachstum und Exportchancen der deutschen IKT in sich birgt. Während des Weltwirtschaftsforums 2020 in Davos wurde über eine Zersplitterung des Internets in verschiedene Systeme diskutiert und das Schlagwort „Splinternet" mit globalen Folgen beschrieben (Astheimer 2020).

Im vorliegenden Beitrag soll die Internetökonomie (engl. Net Economy, Internet Economy oder Digital Economy) vor allem aus mikroökonomischer Sichtweise betrachtet werden, die die Marktteilnehmer **Unternehmen** (mit ihren Produktionsmitteln), **Konsumenten** (einzelne Personen und Haushalte) und **Staat** bzw. Verwaltungen sowie deren ökonomische Beziehungen und Entscheidungen untersucht. Zunächst stellt sich die Frage, in welcher Form die Wirtschaftssubjekte ihre Güter über Märkte tauschen? Innerhalb eines organisatorischen und institutionellen Rahmens setzen Wirtschaftssubjekte ihre Fähigkeiten einschließlich ihrer finanziellen Mittel ein, um Güter einzukaufen, zu verarbeiten und abzusetzen und Einkommen zu erzielen (von Böventer/Illing 2019). Der Beitrag setzt bei dezentralen Allokationsverfahren an, bei denen die Wirtschaftssubjekte auf globalen, digitalen Märkten frei über Menge und Art der herzustellenden Produkte oder Dienstleistungen entscheiden, sich eigenständig Transaktionspartner suchen und nach selbst erstelltem Wirtschaftsplan ihre Güter tauschen (z. B. für digitale Güter wie Audio-Streaming-Dienste oder Onlineführungen durch Museen). Dieses Modell entspricht einer Marktwirtschaft, die traditionell als Verhaltenshypothese der Marktteilnehmer ein ökonomisches Prinzip unterstellt. Ein günstiges bzw. vorteilhaftes Tauschverhältnis kann u. a. erreicht werden, wenn durch die Kommunikation zwischen den Teilnehmern möglichst viele Informationen über die Bedingungen des Tauschprozesses bereitgestellt und genutzt werden können (z. B. auf Vergleichsportalen wie Check24.de). Nach dem Tausch empfinden die Wirtschaftssubjekte diesen als vorteilhaft, wenn sich ihre Präferenzordnung und damit ihre Vorstellungen und Nutzen im Zusammenhang mit digitalen Gütern verbessert haben. Bei der Bewertung von Gütern auf digitalen Märkten geht es auch um deren (teilweise eingeschränkte) Funktionsweise, die durch monopolartige Marktdominanz der Big-Tech-Unternehmen aus USA (Amazon, Apple, Google, Facebook, Microsoft, Netflix) und China (Alibaba, Tencent, Baidu, Xiaomi, Huawei, DiDi) beeinträchtigt wird.

Übertragen auf die Internetökonomie lassen sich auf Basis dieses mikroökonomischen Grundverständnisses einige prägende Kennzeichen beschreiben:

Tausch digitaler Güter

In der Internetökonomie werden digitale Güter bzw. Informationsgüter getauscht, die in immaterieller Form vorliegen. „Digitale Güter sind immaterielle Mittel zur Bedürfnisbefriedigung, die aus Binärdaten (0, 1) bestehen und sich mit Hilfe von IKT entwickeln, vertreiben oder anwenden lassen. Digitale Güter sind:

- digitalisierbare Produkte, z. B. Nachrichten, Zeitschriften, Bücher, Software, Computerspiele, Musik, Videos, Online-Beratungen, E-Learning-Angebote
- digitale Duplikate physischer Produkte, z. B. Bankschecks, Konzertkarten und Fotos
- digitale Dienstleistungen, z. B. Cloud-Computing, Kommunikations-, Informationsdienst- und Vermittlungsleistungen oder digitale Fernsehprogramme." (Clement et al., 2019, S. 34).

Als konstitutive Eigenschaften digitaler Güter können nach Leimeister (2020) folgende Merkmale genannt werden: Wahrnehmungsunterschiede (Konsumenten haben eingeschränkte Möglichkeiten der Beurteilung), Veränderbarkeit (Konsumenten erhalten individuell angepasste Güter zur Bedürfnisbefriedigung), Systemabhängigkeit (Konsumenten nutzen für komplexe Leistungsbündel ein bestimmtes System wie z. B. iTunes), Nicht-Abnutzbarkeit (Konsumenten sind i. d. R. nicht vom Werteverfall durch Abnutzung betroffen), Reproduzierbarkeit (Konsumenten erhalten vervielfältigte Güter ohne Qualitätseinbußen), Kostenstruktur (sehr geringe variable Kosten bzw. Grenzkosten bei rein digitalen Gütern tendieren gegen Null) und Preisgestaltung (Konsumenten nutzen kostenlose Grundleistungen oder kostenpflichtige Zusatzleistungen).

Allokation auf elektronischen, digitalen Märkten
Die Internetökonomie basiert auf Suchen, Finden und Kaufen in elektronischen, digitalen Märkten mit einer oftmals großen (z. T. unüberschaubaren) Zahl von Marktteilnehmern, die neben wirtschaftlichen auch nichtwirtschaftliche Interessen verfolgen. Letztere bezeichnen einen kollaborativen Konsum, der für eine Form des Teilens materieller Güter (Fahrzeuge, Konsumgüter, Wohnraum etc.) als auch immaterieller Ressourcen (Wissen, Zeit, Erfahrungen etc.) steht und als Sharing Economy bzw. Ökonomie des Teilens und Tauschens firmiert. Eine weitere Besonderheit ergibt sich aus dem multidisziplinären Charakter digitaler Märkte, die auch als konvergierende Märkte bezeichnet werden. Die Konvergenz bezieht sich z. B. im Fall der TIME-Märkte (Telekommunikation, Information, Media and Entertainment) auf das technologische und wirtschaftliche Zusammenwachsen der Märkte (Meisner 2017). So sind z. B. Streaming-Dienste aus der Verschmelzung von IT-, Unterhaltungs- und Telekommunikations-Dienstleistungen entstanden. Zudem spielen im Gegensatz zu realen Märkten auf digitalen Märkten räumliche und zeitliche Kriterien keine Rolle, so dass Clement et al. (2019) als Vorteile nennen:
- schnelle Abwicklung von Transaktionen
- große Rationalisierungspotenziale durch Kostensenkung
- individuelle Erfüllung von Kundenwünschen
- größere Volumen und Reichweite
- effektivere Marktforschung und Ansprache von Kunden.

Verhalten der Marktteilnehmer

Die Internetökonomie führt bei Nachfragern (z. B. privaten Konsumenten oder gewerblichen Unternehmen) oftmals zu wirtschaftlich vorteilhaften Tauschprozessen, die in den letzten zehn Jahren zu massiven Substitutionseffekten zwischen Online- versus Offline-Käufen geführt haben. Für die Zukunft wird mit einem Fortgang dieser Entwicklung gerechnet, da die Umsätze im Onlinehandel – nicht zuletzt beschleunigt durch die Corona Pandemie – weiter ansteigen und der stationäre Handel zunehmend unter Druck gerät (Heinemann 2020). Seitens der Konsumenten setzen sich in der Internetökonomie die kontinuierliche Speicherung und Auswertung ihrer Datenspuren im Internet entlang ihrer Customer Journey durch. Beispielsweise können Daten über Hotelgäste über die Plattform TrustYou vor der Reise (pre-arrival request), während der Reise bzw. des Aufenthaltes (on-site survey) und nach der Reise (post-stay reviews) erfasst werden. Die Plattform wertet dazu alle Gästebewertungen, Fragebögen, Anfragen und Nachrichten aus sämtlichen Kanälen aus (www.trustyou.com/de/). Unternehmen mit einem professionellen Informationsmanagement können dies nutzen, um dem Konsumenten die relevanten Güter bzw. Leistungen im relevanten Format über den relevanten Kanal zum relevanten Zeitpunkt zu liefern.

Kommunikation in Netzwerken und Plattformen

In der Internetökonomie werden Informationen und Wissen ebenso wie persönliche Meinungen und Erfahrungen vor, während und nach dem Tauschprozess geteilt, bevorzugt in sozialen Medien bzw. Netzwerken. Diese tragen maßgeblich zu Konsumentscheidungen der Wirtschaftssubjekte bei, sie bilden oder verändern Präferenzen und eröffnen zudem neue Möglichkeiten der Interaktion zwischen den Marktteilnehmern jenseits des ökonomischen Prinzips. Die Kommunikation der Konsumenten über Soziale Netzwerke und Plattformen ist vorteilhaft, da sie durch eine niedrige Eintrittsbarriere für die Produktion und die Verbreitung von Informationen gekennzeichnet ist sowie eine hohe Reichweite, permanente Verfügbarkeit und enorme Geschwindigkeit bietet (Clement et al. 2019, vgl. auch Kap. 2.6 u. 2.9). Für Unternehmen ist das Erreichen einer kritischen Masse bedeutsam. Unter einer kritischen Masse kann ein Punkt verstanden werden, „an dem eine Organisation genügend Eigendynamik entwickelt oder ein Produkt so viel Marktanteile auf sich vereinigt, um sich selbst zu erhalten und weiter an Bedeutung zu gewinnen. Auf digitalen Märkten wird die kritische Masse maßgeblich durch die Anzahl der Personen bestimmt, die ein identisches oder ein kompatibles Produkt nutzen." (ebenda, S. 211). Der Schwellenwert oder Tipping-Point, ab dem die kritische Masse erreicht und überschritten wird, beeinflusst das Verhalten von den Wirtschaftssubjekten, insbesondere die Preisbildung und Vermarktung.

Neben dem Begriff der Internetökonomie werden in diesem Kontext weitere, marktrelevante Bezeichnungen verwendet. Unter Electronic Business (E-Business) wird der Leistungsaustausch zwischen verschiedenen Marktteilnehmern zur Erzielung einer Wertschöpfung durch die Nutzung von IKT und internetbasierten An-

		Nachfrager von Leistungen		
		Consumer	Business	Administration
Anbieter von Leistungen	Consumer	**(C2C)** Consumer-to-Consumer z. B. Kleinanzeige auf eigener Website	**(C2B)** Consumer-to-Business z. B. Website mit persönl. Leistungsprofil	**(C2A)** Consumer-to-Administration z. B. Bürger bewerten öffentl. Tourismusprojekt
	Business	**(B2C)** Business-to-Consumer z. B. Tourismusangebote auf E-Commerce-Plattform	**(B2B)** Business-to-Business z. B. Bestellung tourist. Vorleistungen bei Lieferanten	**(B2A)** Business-to-Administration z. B. digitaler Meldeschein in der Hotellerie
	Administration	**(A2C)** Administration-to-Consumer z. B. digitale Abstimmung über kommunale Website	**(A2B)** Administration-to-Business z. B. öffentl. Ausschreibung eines Tourismuskonzepts	**(A2A)** Administration-to-Administration z. B. virtuelle Kooperationen von Tourismusgemeinden

Abb. 2.1.2: Zur Vielfalt elektronischer Geschäftsbeziehungen (Quelle: in Anlehnung an Meier/ Stormer 2012, S. 3).

wendungen verstanden. Für Barton (2014) stellen E-Government und E-Commerce Teilmengen des E-Business dar (vgl. auch Kap. 2.2).

Die Marktteilnehmer können typisiert und gebündelt in die drei Gruppen Unternehmen oder Business (abgekürzt B), Konsumenten oder Consumer (abgekürzt C) sowie öffentliche Verwaltungen bzw. Administrationen, Non Government Organizations oder Non Profit Organizations (abgekürzt A) am Markt sowohl als Leistungsanbieter und als Leistungsnachfrager auftreten. Abbildung 2.1.2 visualisiert mögliche Kombinationen, die über die in der Literatur breit diskutierte Betrachtung der B2C- oder B2B-Beziehungen hinausgehen. Als Teilmenge des E-Business werden B2C- und B2B-Beziehungen als Electronic Commerce (E-Commerce) definiert, der in der deutschsprachigen Literatur auch als Online-Handel bezeichnet wird (Heinemann 2014).

Kreutzer beschreibt den stufenweisen Einstieg in den Bereich **E-Commerce** auf verschiedenen Wegen und Ausprägungen (Kreutzer 2021). Während die erste Stufe des E-Commerce ein Engagement des Unternehmens auf bereits bestehenden Online-Verkaufsplattformen bzw. Online-Marktplätzen sein kann, sieht die zweite Stufe den Aufbau eines eigenen Basis- oder Premium-Shops bei etablierten Plattformen wie z. B. Amazon oder eBay vor und erst die dritte Stufe den Aufbau eines Online-Shops unter eigenem Namen mit selbstständiger Umsetzung der dafür notwendigen flankierenden Systeme.

2.1.2 Ausgewählte Einflussfaktoren auf die Internetökonomie

Technische Einflüsse: IuK und Künstliche Intelligenz (KI)

Technische Innovationen und Entwicklungen gelten bereits seit der Antike als Treiber für volkswirtschaftliche Veränderungen. Beginnend im 19. Jahrhundert beobachtet Kondratieff eine zyklische Wirtschaftsentwicklung, die als Theorie der Langen Wellen (Kondratieff-Zyklen) zur Erklärung der volkswirtschaftlichen Paradigmenwechsel und damit verbundenen innovationsinduzierten Investitionswellen zitiert wird. Ab 1990 wird der fünfte Kondratieff-Zyklus bzw. die Periode, die durch die Informations- und Kommunikationstechnik dominiert wird, beschrieben (Nefiodow 1991). In diesem Kontext gewinnt die Ressource Information eine wettbewerbsentscheidende Bedeutung und initiiert einen weltweiten Strukturwandel, der für nahezu jede industrielle Produktion und deren Anwendungen prägenden Charakter entfaltet. Für Unternehmen werden IT-gestützte Geschäftsprozesse und modelle Wachstumsquelle und Antriebsmotor zugleich.

Parallel entwickelt sich das Internet als verbindendes Netzwerk und bildet als World Wide Web die Basistechnologie für E-Business und E-Commerce (Meier/Stormer 2012) zwischen den Marktteilnehmern, deren (Ein-)Kaufverhalten ebenfalls grundlegend neu definiert wird. „Die Web-Technologie beinhaltet nicht nur den ungehinderten Zugang zu nahezu sämtlichen Informationen auf der Welt, sondern auch die Möglichkeit, Transaktionen effizienter und schneller abwickeln zu können. Mittlerweile nutzen fast alle Unternehmen aller Unternehmensformen, Größenklassen und Branchen diese technische Möglichkeit der Transaktionskostensenkung." (Heinemann 2014, S. 9). Zudem wird die technologiegetriebene Wertschöpfung durch innovative und technologieoffene Interaktions- und Kommunikationssysteme erweitert, die auf Basis großer Datenmengen verarbeitender Algorithmen (Big Data) neue, kundenzentrierte Lösungen und Mehrwerte erzeugen (Kirchner et al. 2018).

Technologisch kommt zukünftig der Künstlichen Intelligenz (KI) eine Schlüsselrolle zu, deren Transformationskraft als dritte große Innovationswelle mit der Bedeutung der Erfindung der Dampfmaschine sowie der Elektrizität verglichen wird. In einer frühen Definition formuliert McCarthy: „It is the science and engineering of making intelligent machines especially intelligent computer programs." (1998, S. 2). Breiter gefasst bezeichnen Kreutzer/Sirrenberg (2019, S. 4) die KI als „die Fähigkeit einer Maschine, kognitive Aufgaben auszuführen, die wir mit dem menschlichen Verstand verbinden. Dazu gehören Möglichkeiten zur Wahrnehmung sowie die Fähigkeiten zur Argumentation, zum selbstständigen Lernen und damit zum eigenständigen Finden von Problemlösungen." In der öffentlichen Wahrnehmung erlebt die KI einen Aufmerksamkeitsschub durch den Sieg des KI-Systems AlphaGo, das 2016 den koreanischen Weltmeister im Brettspiel Go geschlagen hat. Dazu zählt Rainsberger drei Faktoren und Gesetzmäßigkeiten auf, die als notwendige Voraussetzungen gelten und den Siegeszug der KI fördern (Rainsberger 2021, S. 3):

- „Die hohe Rechenleistung: Das Mooresche Gesetz besagt, dass sich die Leistung der Computer zur Verarbeitung von Informationen alle 18 Monate verdoppelt.
- Die hohe Kommunikationsgeschwindigkeit: Das Butters Gesetz besagt, dass sich die Menge der über eine einzige Glasfaser übertragenen Daten alle 9 Monate verdoppelt.
- Die hohe Speicherkapazität: Das Kryder Gesetz besagt, dass sich die pro Quadratzentimeter einer Festplatte gespeicherte Datenmenge alle 13 Monate verdoppelt."

Nach Meisner (2017) kann das Gildersche Gesetz ergänzt werden, wonach sich die Übertragungskapazitäten in den Backbone-Netzen als Rückgrat des Internet alle zwölf Monate verdreifachen.

Der starke Einfluss von KI auf die Internetökonomie liegt u. a. darin begründet, dass große Datenmengen sehr schnell und relativ kostengünstig verarbeitet, eigenständig Muster erkannt und auf deren Grundlage autonom Entscheidungen und/oder Vorhersagen getroffen werden können (Kreutzer/Sirrenberg 2019). Weiter kann mittels Analyse historischer Daten und Auswertung von (Echtzeit-)Datenspuren im Internet eine Personalisierung und Individualisierung von Gütern vorgenommen werden.

Durch die Vielfalt der Einsatzfelder (vgl. Abb. 2.1.3) innerhalb der IKT-Branche und nahezu allen konvergierenden Branchen sind neben großen Produktivitätsschüben durch Prozessautomatisierung und Entscheidungsunterstützungssysteme (engl. Decision Support Systems oder DSS) weitere disruptive Entwicklungen und Innovationen zu erwarten. Bereits heute werden in der Tourismusbranche Reiseziele per Sprachbefehl via Chatbot gesucht (Sprachverarbeitung), Ausweiskontrollen am Flughafen per Face Recognition (Bildverarbeitung) erledigt oder Reisewünsche durch Expertensysteme von Robotern in Hotels beantwortet. Neben diesen B2C bezogenen Aktivitäten wird eine neue Digitalisierungswelle für industrielle Geschäftsprozesse (B2B) erwartet.

Wirtschaftliche Einflüsse: Globalisierung, Internationalisierung und Beschäftigung

Die Internetökonomie erstreckt sich auf alle Märkte und Kontinente, sie ist zum globalen Treiber von wirtschaftlichen Transformationsprozessen geworden. Der Terminus Globalisierung ist umfassend und zugleich unscharf, wobei er sich nach Oschwald auf mehrere Teilprozesse bezieht (Oschwald 2010, S. 122) wie die „Globalisierung ...
- von Finanzen
- der Märkte und des Wettbewerbs
- von Technologien, Forschung und Entwicklung bzw. des Wissens
- von Lebensformen, Konsummustern und Kulturleben
- von Regulierungsmöglichkeiten und politischer Steuerung
- als politische Einigung der Welt."

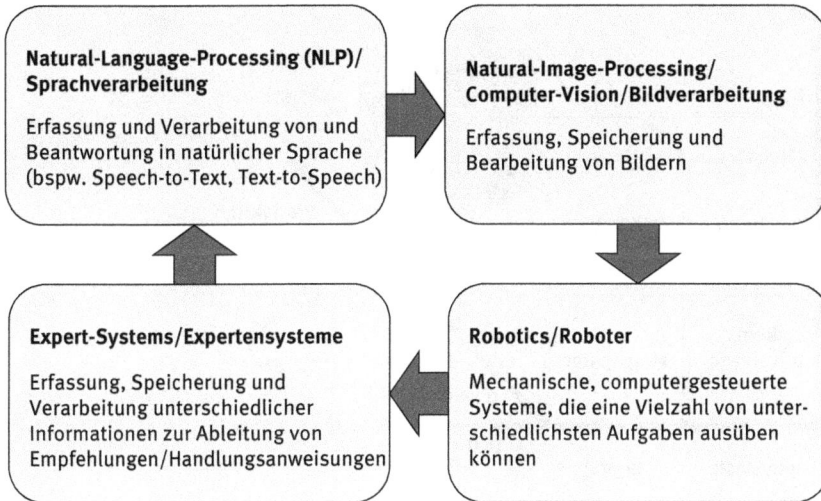

Abb. 2.1.3: Einsatzfelder der Künstlichen Intelligenz (eigene Darstellung nach Kreutzer/Sirrenberg 2019, S. 27).

Somit beschreibt **Globalisierung** nicht nur vielfältige Phänomene im sozialen, ökonomischen oder technischen Kontext, sondern umfasst auch deren direkte und indirekte Wirkungen auf die Marktteilnehmer (Brysch 2014). „In wirtschaftlicher Perspektive sind vor allem die Herstellung von Gütern in globalen Produktionsverbünden und die damit einhergehende Arbeitsteilung zwischen alteingesessenen Industrienationen und sich entwickelnden Volkswirtschaften gemeint." (Sattelberger 2011, S. 11). Diese Arbeitsteilung und die Digitalisierung von Waren und Dienstleistungen (siehe Abb. 2.1.4) wird durch die Internetökonomie beschleunigt, da Kostenvorteile in der Herstellung von digitalen Gütern bei nicht wettbewerbskritischer Wertschöpfung zu Verlagerungen in Niedriglohnländer führt (z. B. Leistungen in Call-Center, kaufmännische Administration, Softwareentwicklung), während sich die Unternehmen in den Hochlohnländern wie Deutschland bei ihrer wettbewerbskritischen Wertschöpfung (insbesondere bei wissensintensiven, kreativen oder innovativen Tätigkeiten) auf ihre Kernkompetenzen mit einer wettbewerbsfähigen Kern- oder Stammbelegschaft konzentrieren (Brysch 2014).

Weiter beeinflusst die zunehmende Internationalisierung die Internetökonomie. So führen der technische Fortschritt im Bereich Transport und Kommunikation sowie die (zunehmende) Konvergenz von Konsumbedürfnissen (Oschwald 2010) dazu, dass viele Konsumprodukte und Dienstleistungen weltweit über das Internet gesucht, getauscht und gehandelt werden. Speziell in der Reisebranche werden Mobilitätleistungen durch die erweiterte Angebotsvielfalt oftmals kostengünstiger, gleichzeitig können (virtuelle) Reiseinformationen quell- und zielmarktübergreifend und Reiseprodukte mit immensen Variationen international angeboten werden. Inter-

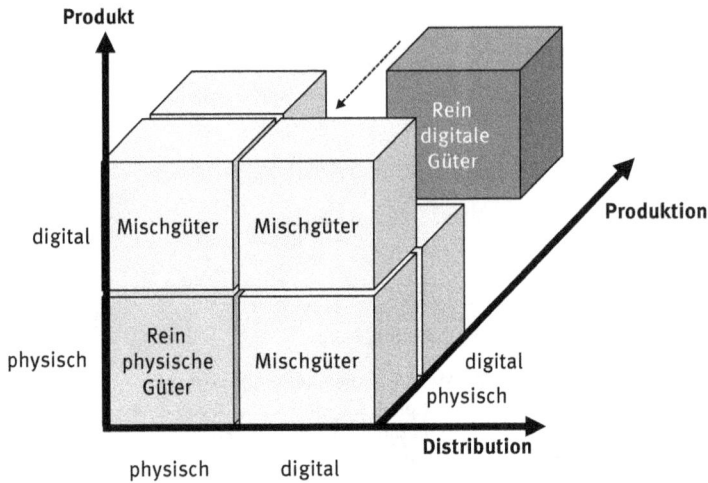

Abb. 2.1.4: Digitalisierung von Gütern (Quelle: eigene Darstellung nach Clement et al. 2019, S. 39).

nationale Lieferketten von physischen Gütern haben im Jahr 2020 pandemiebedingt eine kritische Phase erlebt, bis hin zu Forderungen nach einem Zurückholen von Wertschöpfungsschritten aus dem Ausland nach Deutschland, um diese möglicherweise widerstandsfähiger zu machen. Diese Diskussionen wird aktuell kritisch geführt, denn aus ökonomischer Sicht birgt ein Zurückzudrehen der Globalisierung ebenfalls die Gefahr von volkswirtschaftlichen Einbußen (IfW 2020). Dagegen sind im Jahr 2020 digitale Güter wie z. B. Streaming Dienste, Videokonferenzsysteme oder andere cloudbasierte Anwendungssysteme kaum betroffen oder sogar als Krisengewinner hervorgegangen. Gleichzeitig wird im internationalen Kontext deutlich, wie groß der Beitrag digitaler Technologien zur Bewältigung der Coronakrise sein kann sowie zukünftiges Wachstum stimuliert (vgl. Abb. 2.1.5).

Die Auswirkungen der Digitalisierung für den Arbeitsmarkt bzw. **Beschäftigung** sind komplex und schwer zu isolieren. Einerseits können positive oder negative Beschäftigungseffekte auf das Geschäftsmodell einzelner Unternehmen oder einer ganzen Branche wirken, anderseits werden durch neue Unternehmen wie Start-ups oder innovative Aktivitäten bislang branchenfremder Unternehmen ebenfalls Beschäftigungseffekte generiert. Daher werden die Auswirkungen uneinheitlich bewertet. „Sie bewegen sich im Ergebnis zwischen den Szenarien eines technologieinduzierten Rückgangs der Zahl der Erwerbstätigen und einem Wandel der Berufsprofile ohne gesamtwirtschaftliche Beschäftigungseffekte." (Schwahn et al. 2018, S. 36).

Zuvor wurde in der Studie von Frey/Osborne (2013) für die Vereinigten Staaten ermittelt, dass in den kommenden Jahrzehnten fast jeder zweite Beruf durch Digitalisierung und der damit einhergehenden hohen Automatisierungswahrscheinlichkeit wegfallen könnte (vgl. Abb. 2.1.6). Aktuelle Untersuchungen wie der HR-Report 2019 betrachten qualitative und quantitative Beschäftigungseffekte, die sich aus

Diagnose und Therapie

- KI-basierte Analyse von Proteinstrukturen des SARS-CoV-2-Virus
- Einsatz von Quantencomputern zur Erforschung von Wirkstoffen
- etc.

Gesundheitsprävention

- Nutzung digitaler Technologien (z. B. Cell-Broadcasting) zur Sicherstellung effektiver Frühwarnsysteme
- Auswertung anonymisierter Handydaten
- etc.

Wirtschaft

- Digitale Plattformen unterstützen die Anwender von Medizinprodukten bei der Suche nach (Notfall-)Lieferanten
- Fertigung dringend benötigter Bauteile für Medizingeräte im 3-D-Druckverfahren
- etc.

Bildung und Soziales

- Homeschooling: Vermittlung von Lerninhalten durch digitale Tools und Bildungsangebote
- Nutzung digitaler Plattformen zur Vermittlung von Hilfsangeboten
- etc.

Abb. 2.1.5: Beitrag digitaler Technologien zur Bewältigung der Coronakrise (Quelle: Klös 2020, S. 15, Auszug).

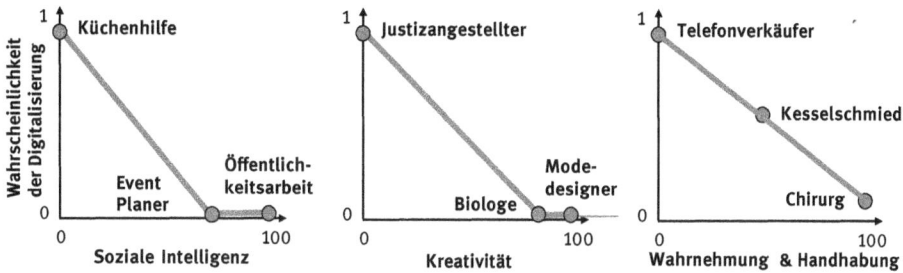

Abb. 2.1.6: Auswirkungen nach Wahrscheinlichkeit der Digitalisierung in Abhängigkeit von Engpassvariablen auf verschiedene Berufe (Quelle: nach Frey/Osborne 2013, S. 28).

den (digitalen) Entwicklungen der Arbeitswelt ergeben und stufen die Digitalisierung eher als Chance als Risiko ein (Rump/Eilers 2020). Einschränkend betonen die Autorinnen, dass dies nur unter der Voraussetzung gilt, dass Kompetenzen und Fähigkeiten (z. B. Soft Skills, technisches Fachwissen und IT-Kenntnisse) kontinuierlich auf dem neuesten Stand gehalten werden.

Modell der Internetökonomie

Vor dem Hintergrund der genannten Einflussfaktoren und Anwendungen liefert Kollmann (2019) ein Schalenmodell der digitalen Wirtschaft, das verschiedene Ebenen verzahnt (Abb. 2.1.7). Ausgangspunkt ist die Entwicklung zur Informationsgesellschaft, die auf Innovationen der Informationstechnik beruht und durch Anwendungen der Informationstechnologien seine Umsetzung erfährt. Im Zentrum der Informationsökonomie mit Fokus auf dem Produktionsfaktor Information steht die Netzwerkökonomie, in der Transaktionen verschiedene Formen des E-Business ermöglichen (Kollmann 2019).

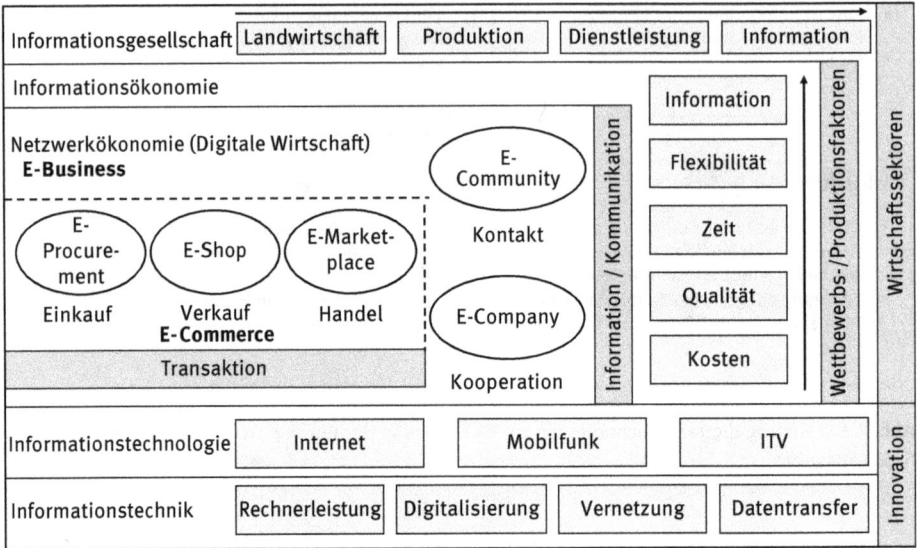

Abb. 2.1.7: Schalenmodell der Net Economy (Quelle: nach Kollmann 2019, S. 48).

Für die Zukunft leiten Ökonomen diverse Thesen zur Internetökonomie ab (Rifkin 2014, Anderson 2009), die u. a. folgende Entwicklungen betreffen:

Digitale Wertschöpfung und Aufmerksamkeit

Die Wertschöpfung wird weiter digitalisiert und erfasst alle Bereiche der Volkswirtschaft. Digitale Güter lassen sich einfach vervielfältigen und kosteneffizient verteilen, traditionelle Distributionswege und Lagerhallen entfallen. Die Grenzkosten für die Produktion zusätzlicher Einheiten digitaler Güter sind minimal oder tendieren gegen Null (Rifkin 2014), was die globale Verbreitung und den E-Commerce forciert. Die Märkte werden nicht durch Knappheit, sondern durch Überfluss bestimmt. Für die Marktteilnehmer wird aufgrund des Überflusses an Informationen und digitalen Gütern die Aufmerksamkeit der handelnden Wirtschaftssubjekte zum knappen Gut. Weiter wird für neue Marktteilnehmer der Zeitpunkt des Markteintritts immer entscheidender: Wer zu spät kommt, bleibt aufgrund der hohen Skaleneffekte oftmals chancenlos.

Kritische Masse und Netzeffekte

Im Sinne einer FreeConomics (Anderson 2009) kann das Verschenken von (Basis-)Gütern ein Schlüsselkonzept werden, wenn diese durch andere Erlösformen, insb. bei

Abb. 2.1.8: „Ringe der Marktmacht" in der Internetökonomie (Quelle: Clement et al. 2019, S. 244).

Premium-Gütern als Quersubventionierung, finanziert werden. Damit stoßen klassische ökonomische (Preis-)Strategien an ihre Grenzen, das Erreichen einer kritischen Masse mit hoher Geschwindigkeit wird oftmals zur Voraussetzung für kommerziellen Erfolg. Für die Marktteilnehmer, die über die Güter viele Informationen und Erfahrungen (Feedback) austauschen, steigt der Wert des Netzwerks und die Bindung zur gewählten Option bzw. System. Diese Auswirkungen auf die Wirtschaftssubjekte, auch als Netzwerkeffekte und Lock-in-Effekte bezeichnet, führen zu Rückkopplungen und nachhaltigen Marktveränderungen. Abb. 2.1.8 verdeutlicht diese Rückkopplungen, die Clement et al. als „Ringe der Marktmacht" beschreiben (2019). Die Kraft der Netzwerke ergibt sich u. a. daraus, dass der Wert des Netzwerks (Netzwert) im Quadrat der Teilnehmerzahl (n) steigen kann (Netzwerkwert = n^2, vgl. Meisner 2017).

Individualisierung und kundenorientierte Mehrwerte

Die Individualisierung des Massenmarkts schreitet weiter voran, indem z. B. Produktdifferenzierungen durch Versioning der Leistungen oder der Inhalte erreicht werden sowie durch die Vernetzung spezialisierter Anbieter kundenorientierte, personalisierte Marktleistungen erbracht werden. Die größere Leistungsvielfalt bei gleichzeitig geringen Transaktionskosten lässt traditionelle Wertschöpfungsketten erodieren, hingegen multimediale Wertschöpfungsprozesse mit vernetzten Medien- und Kommunikationsmöglichkeiten weiter wachsen. Besondere Chancen bietet die Internetökonomie für Intermediäre, indem die Vermittler spezialisierte Anbieter vernetzen und durch „die flexible Konfiguration von hochdifferenzierten und indi-

vidualisierten Marktleistungen" (Zerdick et al. 2001, S. 18) kundenorientierte Mehrwerte schaffen. Diese Mehrwerte können in digitalen Märkten auf Basis neuer
Leistungskombinationen von Kostenführern sowie von Qualitätsanbietern kreiert
werden (in traditionellen Märkten eher gegensätzliche Marktstrategien).

Die Internetökonomie prägt zukünftig die marktwirtschaftlichen Transaktionen,
E-Business und E-Commerce werden zum Regelfall. Die bestehenden ökonomischen
Gesetzmäßigkeiten werden nicht aufgehoben, mehr denn je tritt der Kunde mit seinen individuellen Präferenzen und unterschiedlichen Lebens- bzw. Konsumstilen in
den Mittelpunkt der Tauschprozesse. Jedoch verändern sich durch die IKT und deren
neue Möglichkeiten der Kommunikation zwischen Marktteilnehmern die traditionellen Spielregeln: Wettbewerbsvorteile entstehen durch das schnelle Erreichen einer
kritischen Masse, automatisierte Personalisierungssysteme (u. a. mit kollaborativen
Filter und intelligenten Agenten) sowie kundenbezogene Interaktionsangebote über
eine Vielzahl zunehmend digitaler Kundenkontaktpunkte (Touchpoints). Zusammenfassend werden zentrale Treiber und Einflüsse auf digitale Märkte, die maßgeblich auf technologischen Innovationen berufen, in Abb. 2.1.9 dargestellt.

Konsumenten	**Digitaler Markt**	**Unternehmen**
■ Digitale Touchpoints ■ 24/7-Erreichbarkeit ■ Allgegenwärtigkeit ■ Co-Produzenten ■ Bewertungen ■ Käufermarkt ■ Netwerkeffekte ■ Individualisierung ■ Datensicherheit	IKT als Basis Disruptive Geschäftsmodelle Big Tech als Wettbewerber Smart Services Aufmerksamkeit/Reichweite/ Engagement Oligopole/Monopole Digitale Plattformen Sharing Economy Null-Grenzkosten-Märkte	■ Transformation interner und externer Aktivitäten ■ Produktivitäts- steigerung ■ Internet der Dinge ■ Big Data ■ Agilität ■ Skalierbare Modelle ■ Transaktionskosten

		Technologie
■ Leistungsstarke Hardware ■ Künstliche Intelligenz (KI) ■ Natural Language Technologies NLP ■ Machine-/Deep Learning	■ Customized Software/SaaS ■ Mensch-Maschine-Interaktionen ■ Virtual/Augmented/Extended Reality ■ 5G / 6G	

Abb. 2.1.9: Treiber und Einflüsse auf digitalen Märkten auf Basis technologischer Innovation
(Quelle: eigene Darstellung).

2.1.3 Zentrale Determinanten des digitalen Tourismus

Aus Sicht der Tourismus- und Freizeitwirtschaft soll auf zentrale Determinanten der
branchenspezifischen Ausprägung der Internetökonomie eingegangen werden, die
auch als digitaler Tourismus (vormals E-Tourismus) bezeichnet wird. Ausgangspunkt ist

die Erkenntnis, dass Nachfrager touristischer Leistungen – nach dem Grund der Reise aufgeteilt in Urlauber, Geschäftsreisende oder Besucher von Freunden und Verwandten (engl. Purpose of Visit: Leisure, Business, VFR) – einen Paradigmenwechsel vollziehen:

- Gäste aller Altersgruppen nutzen im Konsumalltag selbstverständlich und regelmäßig das mobile Internet.
- Nahezu alle entscheidungsrelevanten Informationen über Reisen oder komplementäre Tourismusprodukte sind standort- und zeitunabhängig verfügbar.
- Die Gäste bewegen sich in einer sozialen Welt, in der sie ihre Meinungen und Bewertungen über den Urlaub oder die Geschäftsreise jederzeit und überall mit einer Vielzahl anderer Konsumenten teilen können.

In der Tourismusbranche führt diese digitale Sozialisierung zum anbieter- und nachfrageseitigen Strukturwandel bei allen Marktteilnehmern. Die Leistungsträger in touristischen Destinationen, Reiseveranstalter oder sonstige Intermediäre entwickeln neue Modelle der Kundenansprache, investieren in neue Vertriebskanäle und reorganisieren ihre Produktionsprozesse von Reise- und Freizeitangeboten. Die (potenziellen) Gäste sind noch mobiler geworden, ihre Informationsbedürfnisse wachsen stetig und nahezu keine Reiseentscheidung wird mehr ohne vorherige digitale Inspiration im Internet getroffen. Aus der Fülle der touristischen Online-Informationen entstehen neue Wünsche bzw. spezifische Reisebedürfnisse, die vermehrt auf digitalen Marktplätzen gesucht und gekauft bzw. gebucht werden. Innovative technische Lösungen und leistungsfähige Endgeräte (Hardware) bieten eine sehr große Anzahl „mobiler" touristischer Angebote: Durch Smartphones oder andere mobile Geräte mit ständigem Zugriff auf optimierte Websites oder native Social-Media-Apps wie z. B. Instagram werden touristische Informationen und Erfahrungswissen bis in den letzten Winkel des Urlaubs oder der Geschäftsreise gebracht bzw. „gepostet". Neben den Angeboten der Leistungsträger in der Hotellerie und Gastronomie, Reiseveranstaltern, Mobilitätsdienstleistern etc. kommen tourismusspezifischen und zunehmend branchenfremden Intermediären auf digitalen Märkten eine besondere Bedeutung zu, da diese die Aufmerksamkeit der Nachfrager auf sich ziehen. Im digitalen Tourismus prägen die Interaktionen in oder durch Netzwerke der Marktteilnehmer Gäste, Leistungsträger und Vermittler die Tauschprozesse (Abb. 2.1.10)

Im Zusammenspiel der Marktteilnehmer werden unterschiedliche Formen von tourismusrelevanten virtuellen Anwendungen genutzt, die sich besonders in touristischen Websites, Onlinebuchungsportalen bzw. OTAs, Reisevideos bzw. Stories, Social-Media-Apps und Content touristischer Dienstleistungsunternehmern, Reiseblogs, virtuellen Tourismus-Communities etc. konkretisieren. Der Begriff digitaler Tourismus wird wie folgt definiert:

Digitaler Tourismus umfasst die Planung, Konzeption und Umsetzung internetbasierter Anwendungen, um Einzelleistungen oder Leistungsbündel in Verbin-

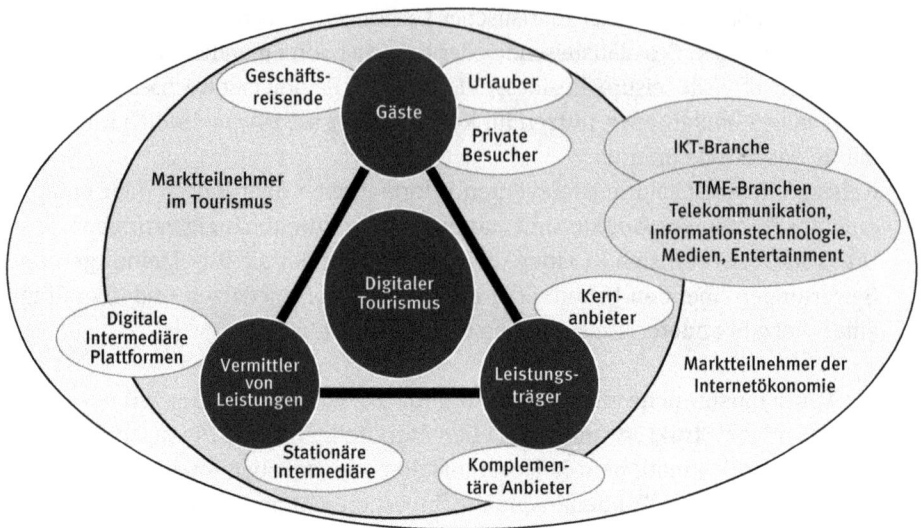

Abb. 2.1.10: Grundmodell des digitalen Tourismus.

dung mit privaten und geschäftlichen Reisen über digitale Märkte zu generieren, zu vermarkten und zu erfahren.

Der digitale Tourismus verändert strukturell die traditionellen Geschäftsmodelle touristischer Unternehmen, stellt den (informierten) Kunden mit seinen individuellen Bedürfnissen entlang der Customer Journey mit einer Vielzahl digitaler Kundenkontaktpunkte in den Mittelpunkt (vgl. Kap. 2.4) und nutzt (niederschwellige) Interaktionsangebote zur Co-Produktion bei der Leistungserstellung. Im Folgenden soll auf die zentralen Marktteilnehmer aus dem Grundmodell des digitalen Tourismus genauer eingegangen werden:

Gäste: Potenzielle und reale Konsumenten

Bei den touristischen Nachfragern, entweder potenzielle oder bestehende Gäste und Besucher, lassen sich signifikante Verhaltensänderungen und Ansprüche hinsichtlich des touristischen Konsums feststellen:

Suche nach abgestimmten Gesamterlebnissen

Der reiseerfahrene Gast hat in seiner persönlichen Reisebiografie bereits viele Ziele und Reiseformen erlebt. Er entwickelt aufgrund dieses Erfahrungswissens einerseits ein sensibles Gespür für ein (subjektiv) vorteilhaftes Preis-/ Leistungsverhältnis, andererseits ein steigendes Qualitätsbewusstsein für das komplexe Leistungsbündel einer Reise. Der Gast erwartet in der Folge überzeugende Dienstleistungsketten, die auf gleichbleibend hohem Niveau ohne Schwachpunkte bei Service und touristischer Infrastruktur dargeboten werden. Defizite bei erfolgskritischen Leistungskomponenten für das Gesamterlebnis der Reise (Critical Incidents) sind entweder schon im Vorfeld in Bewertungsportalen, sozialen Netzwerken und/oder Reiseblogs sichtbar oder können während der Reise recherchiert bzw. kommuniziert werden.

Differenzierung durch besonderen Service

Der Gast kann oftmals die Angebotsvielfalt touristischer Infrastrukturen (Hotels, Freizeiteinrichtungen, kulturelle Angebote etc.) kaum überblicken. Das Angebot – besonders für internationale Gäste – gleicht sich weltweit in den jeweiligen Kategorien an oder wird weitgehend standardisiert, d. h., es wird zunehmend austauschbar. Infrastrukturelle, thematische oder sonstige Präferenzen werden bereits in der Phase der Informationssuche durch Suchmaschinen oder Plattformen mit Internet Booking Engines (IBEs) herausgefiltert und dem Gast werden in der Regel aktuell kalkulierte und Vakanz geprüfte Angebote vorgestellt. Für eine nicht preisgetriebene Differenzierung im Wettbewerb werden „weiche" Angebotsfaktoren (Marke, Servicekultur, Ambiente, Stimmung, Gastfreundschaft, Authentizität etc.) immer bedeutsamer und bewusster wahrgenommen. Problematisch ist jedoch die glaubhafte, anbieterseitige Kommunikation dieser Merkmale auf digitalen Märkten, weshalb potenzielle Gäste vor der Buchung ihrer Reisekomponenten für die später zu produzierende Dienstleistung verschiedene Bewertungen (Reviews) auf entsprechenden Bewertungsplattformen als Referenz und Entscheidungshilfe nutzen. In diesen Kontext ist ein professionelles Bewertungsmanagement seitens der Leistungsträger bzw. Online Reputation Management (ORM) für die aktive Einflussnahme auf die Wahrnehmung der Erlebnisse, Produkte oder Marke im Internet erfolgskritisch. Zudem begegnen touristische Leistungsträger dieser Qualitätsorientierung, indem sie u. a. den sozialen Kompetenzen ihres Personals größere Bedeutung widmen. Qualitätsführer und Spitzenbetriebe in der Tourismuswirtschaft haben sich vor diesem Hintergrund dem Konzept der Service Excellence verschrieben.

Global orientierte Gäste mit multioptionalem Konsumverhalten

In Analogie zu anderen Konsumbereichen lassen sich Reisende bzw. Gäste zunehmend schwieriger durch soziodemografische Kriterien segmentieren. Unterschiedliche Lebens- und Konsumstile führen zu heterogen Gästegruppen oder -milieus. Durch Internetrecherchen und intensivem Austausch via soziale Netzwerke über die eigenen Reiseerfahrungen werden die medienkompetenten Gäste preisbewusster, anspruchsvoller, illoyaler, spontaner – insgesamt individueller. Die Nachfrager reagieren besonders auf Interaktionsangebote, die sie in ihren persönlichen Lebens- und Konsumwelten individuell ansprechen. Dazu zählt aus Sicht eines Gastes z. B. die Möglichkeit, spontan um 17 Uhr für den gleichen Abend über seine App via Smartphone ein Hotelzimmer zu buchen und kontaktlos dort einzuchecken oder während seines Stadtspaziergangs eine ortsbezogene, lokale Empfehlung für ein Restaurant mit bester Bewertung im Umkreis von 500 Metern, um seinen GPS-lokalisierten Standort abzurufen. Aus Sicht des digitalen Tourismus eröffnen sich für Gäste neue Kundenkontaktpunkte (Touchpoints), die sich entlang der Customer Journey orientieren (Abb. 2.1.11, vgl. auch Kap. 2.4). Die Reisenden suchen oder erfahren in jeder Phase relevante Inhalte (Content) oder emotional ansprechende Signale bzw. Botschaften, Texte, Bilder oder Videos, die das Gesamterlebnis der Reise beeinflussen können. Für den digitalen Gast müssen Informationen über Erlebnisse, Sehenswürdigkeiten oder touristische Dienstleistungen orts- und zeitunabhängig und bei Bedarf auch mit direkten Interaktionsmöglichkeiten (z. B. via Chatbots oder Voicebots) verfügbar sein.

Zentrale Kennzahlen zur digitalen Mediennutzung liefert die ARD/ZDF-Onlinestudie (2020). Die tägliche Internetnutzung in Deutschland liegt bei 72 %, bei den 14- bis 29-Jährigen sogar bei 97 %. Als tägliche Nutzungsdauer des Internets wurden fast 3,5 Stunden (204 Minuten) am Tag ermittelt, bei den unter 30-Jährigen 6,5 Stunden (388 Minuten). Der Fokus liegt auf Medienangeboten (120 Minuten), vor allem Videos (55 Minuten) und Audios (51 Minuten). Video-Streaming-Dienste und Mediatheken werden dabei oftmals zeitversetzt genutzt. Videos bei Social-Media-Angeboten werden von knapp einem Drittel (30 %) genutzt, bei unter 30-Jährigen von mehr als doppelt so vielen (72 %). Bei der mindestens wöchentlichen Nutzung von Social Media listet die Studie Facebook (26 %) vor Instagram (20 %) auf, bei den unter 30-Jährigen liegt die Nutzung von Instagram (65 %) eindeutig vorne.

Leistungsträger: Anbieter von touristischen Leistungsbündeln
Touristische Leistungsträger (Hotels, Reiseveranstalter, Mobilitätsanbieter etc.) und komplementäre Unternehmen (Reiseausstatter, Kulturanbieter, Einzelhandel etc.) setzen aufgrund der oben skizzierten Nachfrageveränderungen auf innovative, differenzierte und/oder qualitätsorientierte Dienstleistungen, um der vergrößerten Macht der Gäste auf den digitalen Marktplätzen gerecht zu werden. Folgende strukturelle Veränderungen wirken auf die Angebotsseite ein:

Globaler Wettbewerb der thematischen Reiseangebote und Destinationen
Durch ein partielles, reales Überangebot an Tourismusprodukten verschärft sich der internationale Verdrängungswettbewerb und neue Destinationen mit touristischen Leistungen kommen jährlich dazu. Durch politische Spannungen, krankheitsbedingte Krisen oder extreme Klimaeinflüsse in Urlaubsländern schwanken zwar die Kapazitäten in diesem Bereich, jedoch nimmt tendenziell die Vielfalt und Zahl von Reiseoptionen weiter zu. Dieses Angebot wird auf digitalen Märkten vor allem direkt über Online-Reisebüros oder direkt durch den Leistungsträger vermarket. Die beiden Begriffe „Deutschland" und „Urlaub" erzielen in der Google-Suche ca. 130 Millionen Ergebnisse in 0,77 Sekunden (abgerufen 27.2.2021; 2015: 30 Mio. Ergebnisse), die Kombination „Tauchen" und „Hotel" ca. 17 Millionen Ergebnisse (2015: 11 Mio.). Ohne eine entsprechende Strategie und Konzeption für

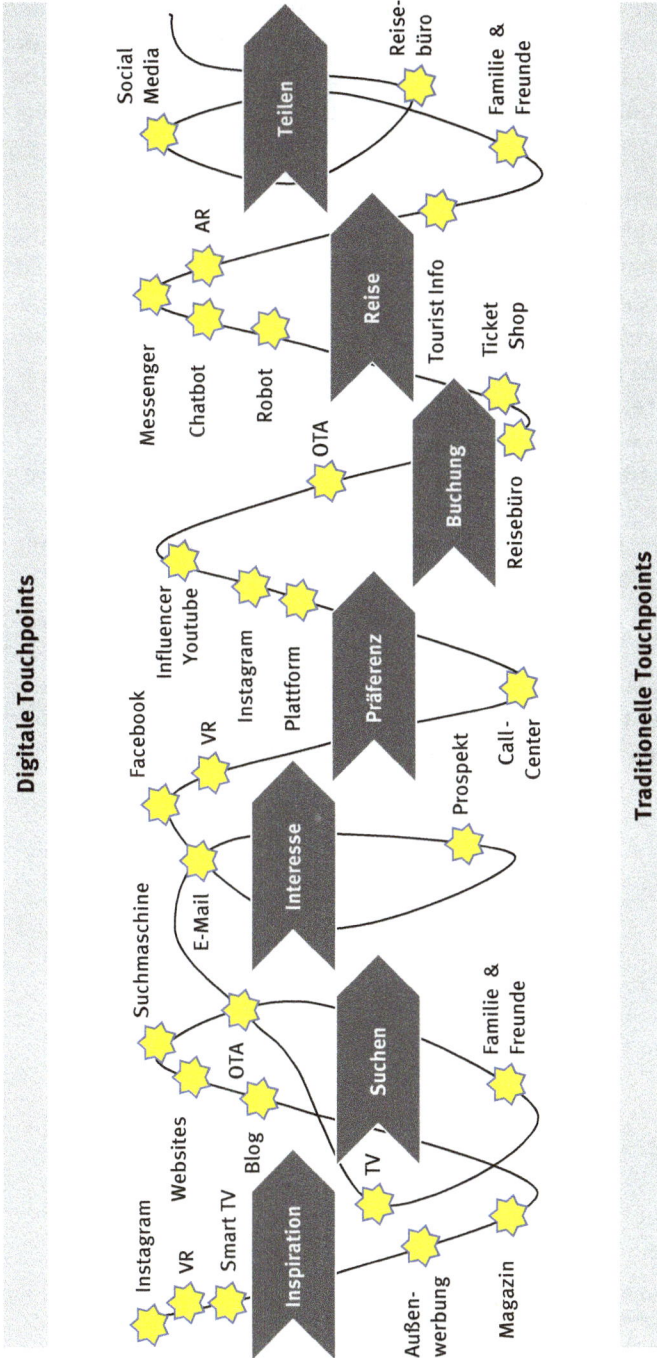

Abb. 2.1.11: Customer Journey mit sieben Phasen und exemplarischen Touchpoints.

digitales Marketing bzw. Online-Marketing, das über die relevanten Kanäle und Medien zielgerichtete Kampagnen kommuniziert und dabei die Datenspuren der Nutzer analysiert, verlieren die Anbieter im digitalen Tourismus erst Reichweite, dann Aufmerksamkeit und in der Folge mehr und mehr an Wettbewerbsfähigkeit.

Netzwerkbildung und zweiseitige Märkte

Besonders international ausgerichtete Tourismusunternehmen organisieren sich in Kooperationen oder Ketten (Hotel- oder Restaurantketten, Reisebürokooperationen etc.), die zunehmend Einzelunternehmen oder inhabergeführte Betriebe bedrängen. Zudem verschieben die vertikale Integration von Reisekonzernen und andere (virtuelle) Kooperationsmodelle die Marktmacht zulasten kleiner und mittelständisch geprägter Leistungsträger. Letztere können allein kaum die notwendige Aufmerksamkeit und Reichweite im Internet erzeugen, die Transaktionskosten für eine vergleichbare Sichtbarkeit ohne Intermediäre sind relativ hoch. Daher versuchen touristische KMUs u. a., über ein professionelles Customer Relationship Management (CRM) die Gäste zu binden und personalisierte Interaktionsangebote zu offerieren. Weiter suchen Nachfrager ebenso wie Anbieter oftmals Plattformen, da sie positive indirekte Netzeffekte vermuten. Diese „liegen vor, wenn die Anzahl der Teilnehmer auf der jeweils anderen Marktseite den Nutzen des Netzwerkes mitbestimmt. So bevorzugen Marktakteure [...] größere Marktplätze, da potenzielle Käufer davon ausgehen, dass auf einem Marktplatz mit vielen Verkäufern der Wettbewerb intensiver und die Preise niedriger sind." (Clement et al. 2019, S. 264). Plattformen bilden daher oftmals zweiseitige Märkte (vgl. Abb. 2.1.12).

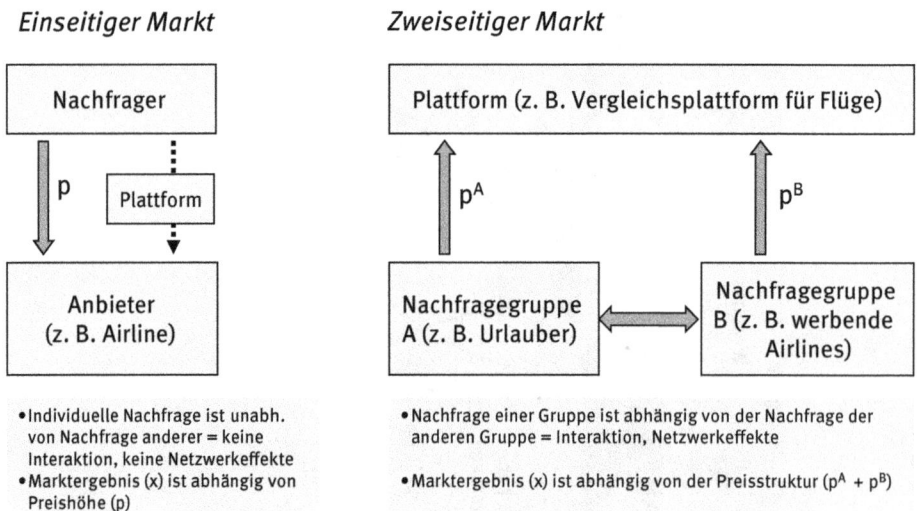

Einseitiger Markt *Zweiseitiger Markt*

- Individuelle Nachfrage ist unabh. von Nachfrage anderer = keine Interaktion, keine Netzwerkeffekte
- Marktergebnis (x) ist abhängig von Preishöhe (p)

- Nachfrage einer Gruppe ist abhängig von der Nachfrage der anderen Gruppe = Interaktion, Netzwerkeffekte
- Marktergebnis (x) ist abhängig von der Preisstruktur ($p^A + p^B$)

Abb. 2.1.12: Einseitiger und zweiseitiger Markt im Tourismus (Quelle: eigene Darstellung nach Clement et al. 2019, S. 263).

Wandel der IT-gestützten Geschäftsprozesse
Informationen und Wissen über die Gäste und deren Präferenzen werden besonders in der Informations- und Buchungsphase zu einem zentralen Erfolgsfaktor und verlangen durch immer schnellere und kurzfristigere Kommunikation der Gäste eine große Innovationsbereitschaft seitens der Anbieter. „Für die Leistungsträger im Gastgewerbe und in den touristischen Destinationen kann dies [...] zur Notwendigkeit führen, ihre Produktionsprozesse von Reise- und Freizeitangeboten zu reorganisieren, neue Modelle der Kundenansprache und Kundenbindung zu entwickeln und ihr traditionelles Marketing Mix neu auszurichten." (Brysch 2013, S. 148). Eine Konsequenz der anbieterseitigen Betrachtung des digitalen Tourismus betrifft die kommunikative Ausrichtung entlang der Customer Journey, sei es die inhaltliche Ausgestaltung der Online-Marketingaktivitäten oder die instrumentelle Nutzung neuer (digitaler) **Touchpoints** über Apps, Websites, Reiseblogs oder Soziale Netzwerke. Touristische Leistungsträger müssen auf digitalen Märkten alle Möglichkeiten nutzen, für ihre Gäste vor einer Reise individuelle und personalisierte Reiseangebote zu erstellen, während der Reise situative, ortgebundene Angebote zu generieren und nach der Reise durch ausgefeilte Kundenbindungsprogramme die Kundenbeziehungen und Markenwahrnehmung zu intensivieren.

Vermittler: Digitale Intermediäre und Plattformen
Buchungen von (Urlaubs-)Reisen erleben einen starken Wandel hin zu digitalen Kanälen und Plattformen, wo Intermediäre Angebot und Nachfrage zusammenbringen, ohne i. d. R. selbst Güter zu produzieren oder zu vermarkten. Sie sollen Transaktionen, z. B. Reisebuchungen zwischen Gästen und Leistungsträgern, schnell, einfach, sicher und zu geringen Transaktionskosten organisieren (vgl. Kap. 3.4 u. 2.9). Einige touristische Vermittler, wie z. B. die Urlaubspiraten (vgl. www.urlaubspiraten.de) der HolidayPirates GmbH, koordinieren und organisieren als Plattform sogar ein Netzwerk, das laut eigenen Angaben weltweit eine der größten Urlaubs-Communitys im Netz für Millionen Reisende zusammenführt und Websites in zehn verschiedenen Ländern anbietet. Ein Treiber für Plattformen liegt im Angebotsüberfluss von touristischen Dienstleistungen, der Markt wird intransparent und die direkte Beziehung zwischen Leistungsträger und Gästen wird aufwendiger bzw. die einzelne Suche ineffizient. Zudem liegen teilweise asymmetrische Informationen über die zu erwartenden Reiseerlebnisse vor, sodass Suchmaschinen oder Plattformen wie Preisvergleichs- oder Empfehlungssysteme präferiert werden.

Für Urlaubsreisen mit einer Dauer von fünf Tagen oder mehr der deutschsprachigen Bevölkerung ist der Anteil der Online-Buchungen in allen Organisationsformen innerhalb von fünf Jahren deutlich gestiegen (vgl. Abb. 2.1.13). Auch bei der Analyse der wichtigsten Urlaubsarten der Deutschen legen Buchungen über digitale Kanäle über alle Arten zu, sogar bei erklärungsbedürftigen Reiseleistungen wie Gesundheitsurlaube (vgl. Abb. 2.1.14).

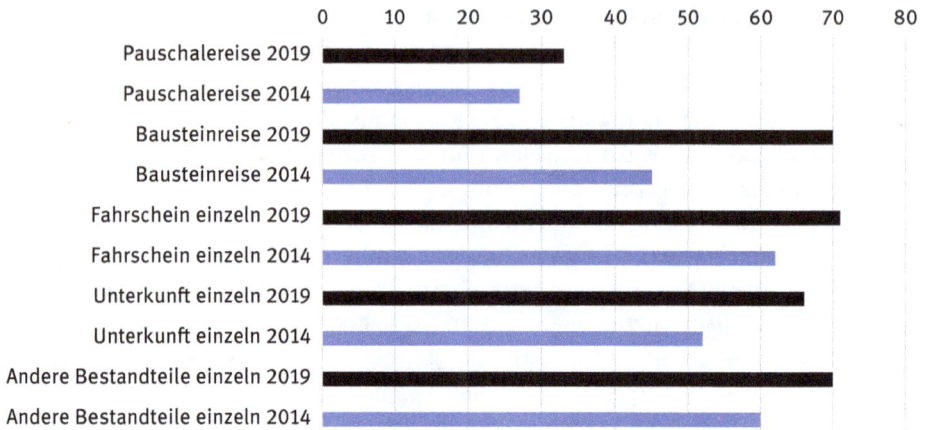

Abb. 2.1.13: Anteile der Buchungen über digitale Kanäle nach Reiseorganisation (Quelle: eigene Darstellung nach FUR, Reiseanalyse 2015 und 2020).

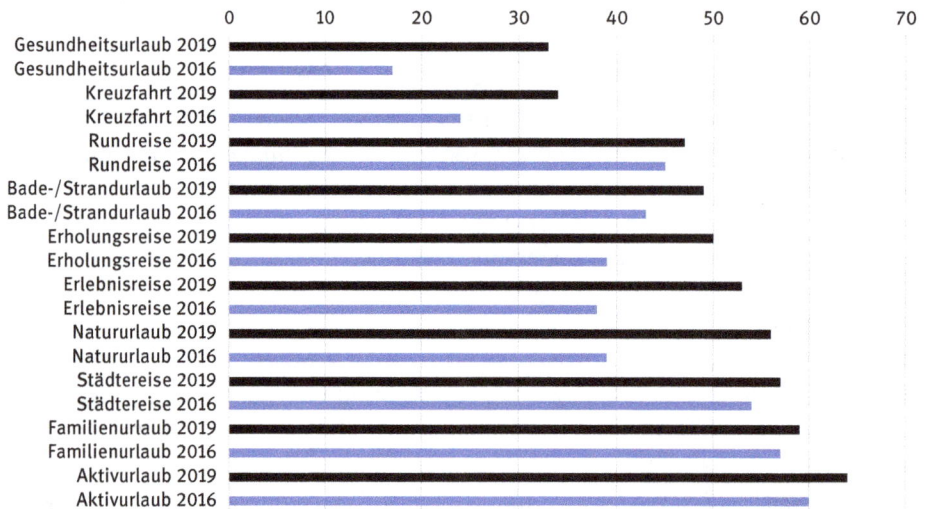

Abb. 2.1.14: Anteile der Buchungen über digitale Kanäle nach Urlaubsart (Quelle: Reiseanalyse 2017 und 2020, FUR, VIR Daten & Fakten 2020, S. 54).

Im digitalen Tourismus versuchen eine Vielzahl von branchenspezifischen Internetportalen und verstärkt auch branchenfremde Akteure wie Google das touristische Angebot und die Reisenachfrage zusammenzuführen. Die große Verfügbarkeit von tourismusrelevanten Informationen (z. B. Flugzeiten, Hotelausstattung, Routen, Preise) und detaillierte Angaben zur Beschaffenheit der Güter, z. B. Destinationsinformationen zum regionalen und kulturellen Kontext, senken die Suchkosten und verringern das Risiko von Fehlallokationen. Die Intermediäre in der Reisebranche reduzieren einerseits die Transaktionskosten, andererseits nutzen sie die besondere Eignung von vielen Tourismusleistungen zur Darstellung und zum Vergleich in Internet. Ein weiterer Nutzen von Intermediären wird deutlich, wenn Konsumentscheidungen in der Phase der Reisedurchführung in einer Destination mit Unterstützung von Reise-Apps betrachtet werden. Die Gäste treffen Entscheidungen, die durch situative Stimuli auf Basis von ortsabhängigen Diensten (LBS) hervorgerufen werden. So wird z. B. die Suche und Auswahl eines speziellen Restaurants vor Ort durch einen Intermediär, der Umgebungs- und Situationsparameter mit den Kunden- und Standortdaten verknüpft, maßgeblich beeinflusst. Kritisch bleibt anzumerken, dass nicht alle Vermittler und Plattformen von touristischen Informationen und Leistungen überzeugen. So können wie in anderen Branchen auch bei Such- und Vergleichsprozessen Risiken auftreten:

– Die Informationsvielfalt kann potenzielle Gäste überfordern und die Treffsicherheit, eine „perfekte" Reise unter vielen Alternativen herauszufiltern, hängt vom Vorwissen und dem zielgerichteten Auswahlverfahren des Gastes ab.
– Die Aussagekraft und Vertrauenswürdigkeit von Reise- oder Destinationsinformationen werden durch die intersubjektiv unterschiedliche Wahrnehmung der Dienstleistungsqualität beeinträchtigt.
– Die Darstellbarkeit von Informationen zu Tourismusprodukten, die viele Erfahrungseigenschaften besitzen, stößt digital an Grenzen.
– Das Risiko eines Datenmissbrauchs der persönlichen Angaben auf einem Portal bzw. einer Plattform muss gegen den potenziellen Nutzen für den Reisenden individuell abgewogen werden.

Ausblick

Die Digitalisierung der Wirtschaft und Gesellschaft schreitet weiter voran, auch wenn die Digitalisierungsfortschritte innerhalb einzelner Volkswirtschaften unterschiedlich schnell und groß ausfallen. So zeigt der Digital Economy and Society Index (DESI) mittels fünf Schlüsselindikatoren für die digitale Leistungsfähigkeit in Europa ein differenziertes Bild und dient dem Benchmarking der Digitalisierungsfortschritte der Mitgliedsstaaten (Dredge et al. 2018, vgl. Abb. 2.1.15). Jedoch sind Tauschprozesse zwischen den Marktteilnehmern im Tourismus ohne digitale Märkte nicht mehr vorstellbar. Viele Gäste aus der Generation Y und Z nutzen bereits unterschiedliche Formen von digitalen Anwendungen wie Social-Media-Apps oder touristische Websites, Onlinebuchungsportale, native Reise-Apps oder Blogs. Sie posten, liken und kommentieren Reiseerlebnisse, die zunehmend „instagrammable" und digital verwertbar sein müssen, in Sozialen Netzwerken entlang ihrer Customer Journey und bewerten Videoclips, Stories oder Fotos von besuchten Urlaubsorten. Leistungsträger reagieren darauf und versprechen „instagrammable moments", bauen digitale Kommunikationsmaßnahmen aus und optimieren Produkte auf Basis von (Echtzeit-)Datenauswertungen ihrer Besucher.

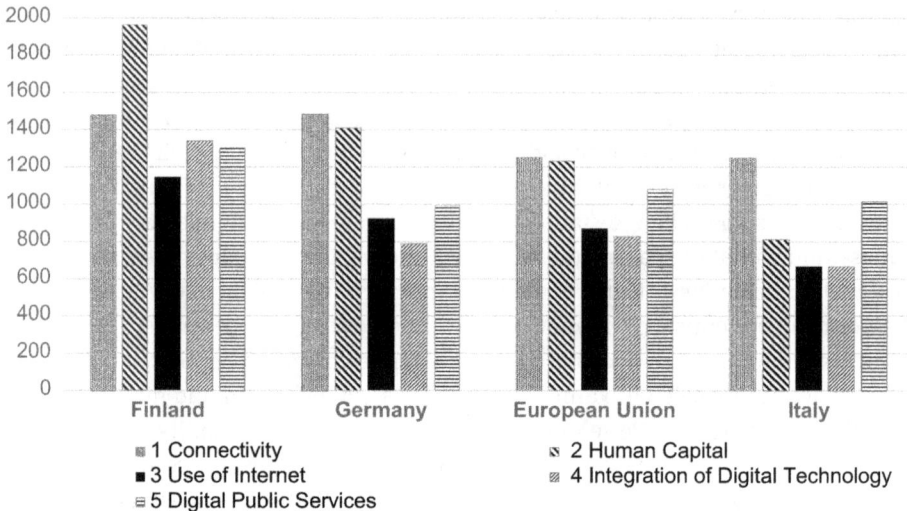

Abb. 2.1.15: Digital Economy and Society Index (DESI) 2018 (Quelle: eigene Darstellung nach European Commission, Digital Economy and Society Index Report Connectivity, 2018).

Damit stellt der digitale Tourismus – als ein Tourismus 4.0 mit Smart Services (Brysch 2017b) – einen wichtigen Teil der Internetökonomie dar, der nicht zuletzt aufgrund seiner volkswirtschaftlichen Bedeutung in Deutschland weiter an Gewicht zunehmen wird. Der Pandemie bedingte Lockdown 2020 nahezu der gesamten Tourismusbranche kann kurzfristig zu einer Konsolidierungsphase führen, jedoch an der Digitalisierung der Tourismusbranche mittel- und langfristig nichts ändern. Für Gäste bieten digitale Märkte hohe Transparenz und geringe Suchkosten, für Leistungsträger und Intermediäre eine große Vermittlungseffizienz und geringe Transaktionskosten. Die Internetökonomie und der digitale Tourismus haben die traditionellen Strukturen der Branche grundlegend und fortwährend verändert. Perspektivisch bieten technologische Innovationen wie Augmented-Reality- und Virtual-Reality-Anwendungen völlig neue Möglichkeiten, emotionale Reiseerlebnisse zu kreieren oder auch traditionelle, analoge Formate durch virtuelle Trips zu ersetzen (vgl. Kap. 2.7 u. 2.8). Der digitale Tourismus bleibt somit innovativ und chancenreich.

Quellen

Anderson, C., Free - kostenlos - Geschäftsmodelle für die Herausforderungen des Internets, Frankfurt am Main 2009.
ARD-ZDF Online Studie, 2020, www.ard-zdf-onlinestudie.de/ (Zugriff am 28.2.2021).
Astheimer, S., „Wir reden von einem kompletten kalten Krieg", FAZ 21.1.2020, www.faz.net/aktuell/wirtschaft/weltwirtschaftsforum/davos-wettstreit-zwischen-usa-und-china-um-herrschaft-im-internet-16593988.html (Zugriff am 27.2.2021).

Barton, T., E-Business mit Cloud Computing, Wiesbaden 2014.

Brysch, A., Innovative Interaktionsformen im Tourismus durch Reise-Apps und Smartphones, in: Quack, H.-D., Klemm, K. (Hrsg.), Kulturtourismus zu Beginn des 21. Jahrhunderts, München 2013, S. 143–151.

Brysch, A., Personalmanagement im Umbruch – Erfolgsfaktoren und Trends aus Sicht der Tourismus- und Freizeitwirtschaft, in: Gardini, M., Brysch, A. (Hrsg.), Personalmanagement im Tourismus, Berlin 2014, S. 3–33.

Brysch, A., Marketing, Digitalisierung und E-Tourismus - Quo Vadis?, in: Gardini, M. (Hrsg.), Marketingexzellenz im Tourismus, Berlin 2017, S. 55–78.

Brysch, A., Tourismus 4.0 – Digitale Herausforderungen für die Reisebranche, in: Landvogt, M., Brysch, A., Gardini, M. (Hrsg.), Tourismus – E-Tourismus – M-Tourismus; Herausforderungen und Trends der Digitalisierung im Tourismus, Berlin 2017, S. 35–42 (2017b).

Bundesministerium für Wirtschaft und Technologie (Hrsg.), Monitoring-Report Digitale Wirtschaft 2013 - Digitalisierung und neue Arbeitswelten, Berlin 2013.

Bundesministerium für Wirtschaft und Technologie (Hrsg.), Monitoring-Report Wirtschaft DIGITAL 2018 - Der IKT-Standort Deutschland und seine Position im internationalen Vergleich, Berlin 2018.

Bundesministerium für Wirtschaft und Technologie (Hrsg.), Digitalisierung der Wirtschaft in Deutschland - Digitalisierungsindex 2020, 2020, – Digitalisierung der Wirtschaft in Deutschland, www.de.digital/DIGITAL/Redaktion/DE/Digitalisierungsindex/Dossier/wie-digital-ist-deutschlands-wirtschaft.html (Zugriff am 27.2.2021).

Clement, R., Schreiber, D., Bossauer, P., Pakusch, C., Internet-Ökonomie, Berlin/Heidelberg 2019.

Dredge, D., Phi, G., Mahadevan, R., Meehan, E., Popescu, E.S., Digitalisation in Tourism: In-depth analysis of challenges and opportunities. Low Value procedure GRO-SME-17-C-091-A for Executive Agency for Small and Medium-sized Enterprises (EASME) Virtual Tourism Observatory, Aalborg University, Copenhagen 2018.

European Commission, Digital Economy and Society, Index Report Connectivity, 2018.

Forschungsgemeinschaft Urlaub und Reisen e.V. (FUR), Reiseanalyse 2015, 2017, 2020.

Frey, C. B., Osborne, M. A., The future of employment: How susceptible are jobs to computerisation?, Technological Forecasting & Social Change 114, 2014, S. 254–280.

Gartner, www.gartner.com/en/information-technology/glossary/digitalization (Zugriff am 27.2.2021).

Heinemann, G., Der neue Online-Handel, Wiesbaden 2014.

Heinemann, G., Die neue Kundenorientierung – Geschäftsmodelle und Geschäftssysteme der Zukunft im Einzelhandel, in: Tewes, S., Niestroj, B., Tewes, C. (Hrsg.), Geschäftsmodelle in die Zukunft denken. Erfolgsfaktoren für Branchen, Unternehmen und Veränderer, 2020, S. 35–50.

Institut für Weltwirtschaft (IfW), Lieferketten in der Zeit nach Corona, Kiel 2020, www.ifw-kiel.de/fileadmin/Dateiverwaltung/IfW-Publications/-ifw/Policy_Papers/2021/Lieferketten_in_der_Zeit_nach_Corona_Endbericht.pdf (Zugriff am 27.2.2021).

Kirchner, K., Lemke, C., Brenner, W., Neue Formen der Wertschöpfung im digitalen Zeitalter, in: Digitalisierung in Unternehmen, Wiesbaden 2018, S. 27–45.

Klös, H.-P., Nach dem Corona-Schock: Digitalisierungspotenziale für Deutschland, IW Policy Paper 14/20, 2020, www.iwkoeln.de/fileadmin/user_upload/Studien/policy_papers/PDF/2020/IW-Policy-Paper_2020_Digitalisierungspotenziale_nach_Corona.pdf (Zugriff am 27.2.2021).

Kollmann, T., E-Business. Grundlagen elektronischer Geschäftsprozesse in der Net Economy, Wiesbaden 2019.

Kreutzer, R. T., Praxisorientiertes Online-Marketing, Wiesbaden 2021.

Kreutzer, R. T., Sirrenberg, M., Künstliche Intelligenz verstehen, Wiesbaden 2019.

Leimeister, J. M., Dienstleistungsengineering und -management, Berlin/Heidelberg 2020.

McCarthy, J., What is artificial intelligence?, 1998.

Meier, A./Stormer, H., eBusiness & eCommerce – Management der digitalen Wertschöpfungskette, Berlin u. a. 2012.

Meisner H., Finanzwirtschaft in der Internetökonomie, Wiesbaden 2017.

Nefiodow, Leo A., Der fünfte Kondratieff - Strategien zum Strukturwandel in Wirtschaft und Gesellschaft, Frankfurt/Main u.a. 1991.

Oschwald, T., Informationsmanagement und Wissensvermittlung im „Global Village", in: Redwitz, G. (Hrsg.), Die digital-vernetzte Wissensgesellschaft – Aufbruch ins 21. Jahrhundert, München 2010, S. 122–136.

Prensky, M., Digital Natives, Digital Immigrants, On The Horizon, MCB University Press, Vol. 9, 5/2001.

Rainsberger, KI – die neue Intelligenz im Vertrieb, 2021.

Rifkin, J., The zero marginal cost society: The internet of things, the collaborative commons, and the eclipse of capitalism, St. Martin's Press, 2014.

Rump J., Eilers S., Beschäftigungseffekte der Digitalisierung, in: Rump J., Eilers S. (Hrsg.), Die vierte Dimension der Digitalisierung, IBE-Reihe, Berlin/Heidelberg 2020.

Sattelberger, Thomas, Wurzeln der Employability: Grundlegende Einführung, in: Rump, J., Sattelberger, T. (Hrsg.): Employability Management 2.0., Sternenfels 2011, S. 7–39.

Schwahn, F., Mai, C.M., Braig, M., Arbeitsmarkt im Wandel – Wirtschaftsstrukturen, Erwerbsformen und Digitalisierung, WISTA, 3/2018, S. 36.

Verband Internet Reisevertrieb e.V. (VIR), VIR Daten & Fakten 2020 zum Online-Reisemarkt, Unterhaching 2020.

Von Böventer, E., Illing, G., Einführung in die Mikroökonomie, München 2019.

Zerdick, A., Picot, A., Schrape, K., Artopé, A., Goldhammer, K., Lange, U., Vierkant, E., López-Escobar, E., Silverstone, R., Die Internet-Ökonomie – Strategien für die digitale Wirtschaft, Berlin u. a. 2001.

2.2 Grundlagen der Internettechnologie als Voraussetzungen für E-Commerce und Online-Reisevertrieb

Uwe Weithöner

Electronic Business, kurz E-Business, ist der Oberbegriff für die elektronische, informationstechnologische Automatisierung interner und externer Unternehmensprozesse mit dem Ziel betriebswirtschaftlich optimaler vernetzter Prozessketten und Kommunikationen. Die elektronischen bzw. informationstechnologischen (IT-)Systeme unterstützen oder automatisieren die Prozessabläufe und Kommunikationen auf Basis der Internettechnologie. In diese Prozesse werden die datenbankbasierten Unternehmenssysteme mit z. B. ihren Warenwirtschafts- bzw. Reservierungssystemen (vgl. Kap. 4) und ihren personal- und finanzwirtschaftlichen Enterprise-Resource-Planning-and-Management-Systemen (ERP) eingebunden. Sie automatisieren oder unterstützen die Durchführung der jeweiligen Prozessstufen im Front-, Mid- und Back-Office der Unternehmen (vgl. Kap. 3.1). Digitaler Tourismus oder elektronischer Tourismus (synonym, E-Tourism) ist die branchenspezifische tourismuswirtschaftliche Ausprägung des E-Business.

Als E-Commerce soll die Teilmenge des E-Business bezeichnet werden, deren Prozesse und Systeme ausgerichtet sind auf die Vermarktung und Beschaffung von Produkten und Dienstleistungen sowie auf das Beziehungs- und Bindungsmanagement. E-Commerce ist nicht nur im engen Sinne einer konkreten Verkaufs- oder Vermittlungtransaktion zu verstehen (z. B. Buchung einer Reise), sondern der Begriff umfasst alle Beschaffungs- und Vermarktungsaktivitäten in Bezug auf Produktangebote und Geschäftsbeziehungen. Der Begriff E-Commerce ist im operativen Sinne handlungs- und entscheidungsorientiert ausgerichtet (vgl. Abb. 2.2.1). Mobile/M-Commerce ist eine Teilmenge des E-Commerce mit spezieller Ausrichtung auf die Nutzung mobiler Endgeräte.

Die synonymen Begriffe digitales, elektronisches oder Online-Marketing fassen E-Commerce und das langfristig, strategisch planende Marketing zusammen. Strategisches digitales Marketing steht für die Entwicklung langfristiger markt-, kunden- und partnerorientierter Planungen und Konzeptionen auf der Basis elektronischer IT-Systeme und Medien.

Der Begriff E-Administration umfasst die eher unternehmensinternen Aufgaben und Prozesse z. B. des Rechnungswesens, zum Ressourcenmanagement oder zur Datenanalyse im Rahmen eines Enterprise-Resource-Planning-and-Management-Systems (ERP).

Abbildung 2.2.1 gibt einen Überblick über die Begriffe und ihre Zusammenhänge.

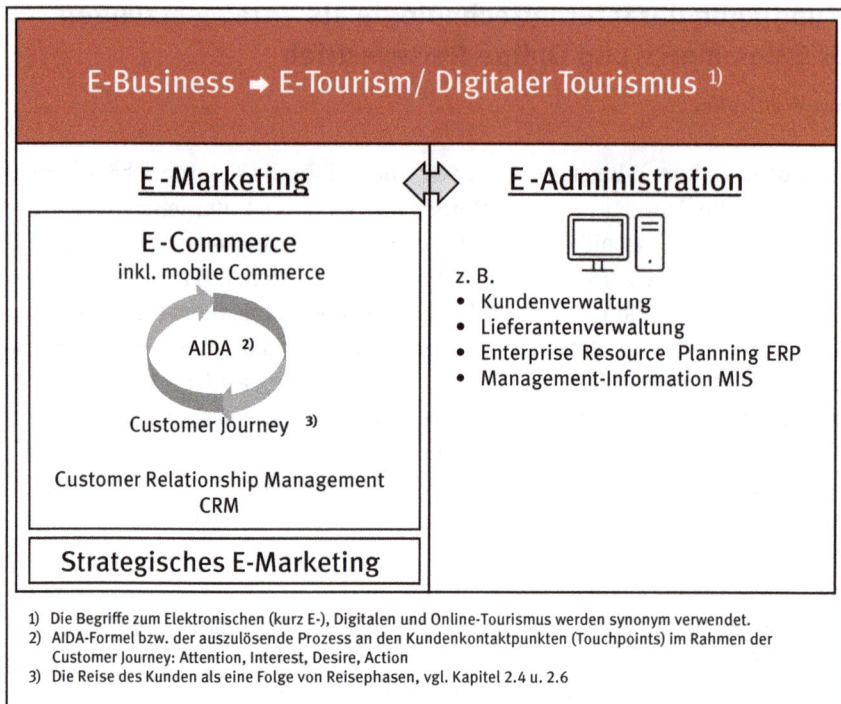

Abb. 2.2.1: Strukturierung der Begriffe zum E-Business und Digitalen Tourismus (Quelle: eigene Darstellung).

2.2.1 Internettechnologie als Basis des Online-Marketing

Das Internet ist im Grundsatz ein offenes und dezentrales Netzwerk. Es gibt keine zentralen, umfassenden Besitzverhältnisse mit zentralen Leitungs- und Kontrollstrukturen, sondern es basiert auf der Akzeptanz technologischer und organisatorischer Standards und ihrer Weiterentwicklungen im Verbund seiner Teilnehmer. Diese Standards sind weltweit offen zugänglich, sodass die IT-Systeme und ihre Komponenten kompatibel entwickelt und eingesetzt werden können.[1]

Die Kommunikations- und Technologiestandards des Internets zum Senden, Übertragen und Empfangen von Daten über Telekommunikationsnetzwerke werden im Transmission Control Protocol/Internet Protocol (TCP/IP) zusammengefasst. Darauf bauen die Standards bzw. Protokolle der konkreten Dienste zur Nutzung des Internets auf (z. B. World Wide Web und E-Mail).

---

1 Kapitel 2.2 hat weniger zum Ziel, technisches Wissen zu vermitteln, sondern soll aufzeigen, welche Bedingungen, Anforderungen und Möglichkeiten sich aus der technischen Grundstruktur des Internets ergeben, um Systeme zum Online-Marketing aufzubauen und erfolgreich zu betreiben.

Ein Protokoll ist im technischen Sinne ein informationstechnologisches Regelwerk zur Entwicklung, Herstellung und zum kooperativen Betrieb von IT-Systemen und ihrer Komponenten. Ein Protokoll kann offen verfügbar sein, oder es kann proprietär sein, das heißt geschützt und im Eigentum eines Rechteinhabers, der Nutzungslizenzen kostenpflichtig vergibt.

Das offene TCP/IP ist die Basis der Internetkommunikation, auf der die standardisierten Protokolle für die internetbasierten Dienste aufbauen, z. B.:

- World Wide Web mit dem HyperText Transfer Protocol (HTTP). Das World Wide Web Consortium (W3C), dem weltweit über 430 bedeutende Unternehmen und Organisationen angehören, fungiert als empfehlende Standardisierungsinstitution zur technologischen Weiterentwicklung (www.w3c.org, Stand 5/2021)
- E-Mail-Kommunikation mit dem Simple Mail Transport Protocol (SMTP) zum Senden und Übertragen von E-Mails im Verbund mit dem Internet-Message-Access-Protokoll (IMAP) zum Empfangen und Verwalten der E-Mails.

Das Internet hat die Topologie, d. h. den Aufbau eines Maschennetzes. Bei einem Maschennetzwerk sind Hauptverkehrsknoten zur Datenkommunikation i. d. R. mit anderen Hauptverkehrsknoten direkt über Hochgeschwindigkeitsleitungen (Backbones) verbunden. Daraus ergeben sich redundante bzw. alternative Verbindungswege, ein Grundprinzip des Internets (vgl. Abb. 2.2.2).

Die Hauptverkehrsknoten und die sie weltweit verbindenden Backbone-Leitungen werden jeweils betrieben von großen internationalen Telekommunikationsdienstleistern (globale Internet-Provider). Sie vermaschen sich auf diese Weise zu einem globalen Verbund ihrer Hochgeschwindigkeitsnetzwerke. Verbundene Internet-Service-Provider ermöglichen als Access-Provider den Nutzern den Zugang zum Internet und seinen Diensten. Sie setzen im Auftrag ihrer Nutzer die Dienste und Kommunikationen technisch um, inklusive allgemeiner Datenschutz- und Datensicherheitstechniken. Abbildung 2.2.2 gibt einen Überblick zum Aufbau des Internets.

In den Netzwerkknoten z. B. beginnend beim Internetnutzer (via WLAN-Router, mobilen Hotspot oder LAN-Access) und in den verbindenden Knoten der Provider werden zum Versenden, Weiterleiten und Empfangen automatisiert arbeitende Router eingesetzt. Die zu kommunizierenden Daten werden in Datenpakete von standardisierter Größe aufgeteilt, die mit den gemäß Standard vergebenen IP-Adressen des Senders und des Empfängers versehen werden (IP-Nummer). Die Router empfangen diese Datenpakete und leiten sie im Netzwerkverbund weiter, bis sie ihren Empfänger gemäß IP-Adresse erreichen. Abbildung 2.2.2 zeigt, dass es redundante und damit alternative Verbindungswege zum Datentransfer gibt. Die Router können untereinander kommunizieren, um automatisiert freie und performante Übertragungswege zu wählen.

Dieses Routing kann sich folglich je Kommunikationsprozess ändern. Somit gibt es im offenen Internet keine eindeutig vorgegebenen und nachträglich überprüfbaren Verbindungswege, ein Risikofaktor für rechtswirksame Geschäftsprozesse mit sensiblen Daten. Soweit nicht zusätzliche Vorkehrungen getroffen werden, besteht ein weiterer, ergänzender Risikofaktor darin, dass die Daten unverschlüsselt in einem jedermann zugänglichen Code (American Standard Code for Information Interchange – ASCII)) binär dargestellt werden. Jeder weiterleitende Router hat die Möglichkeit, die Daten zu kopieren, um sie missbräuchlich zu verwenden oder zu verfälschen (vgl. Kap. 2.2.4).

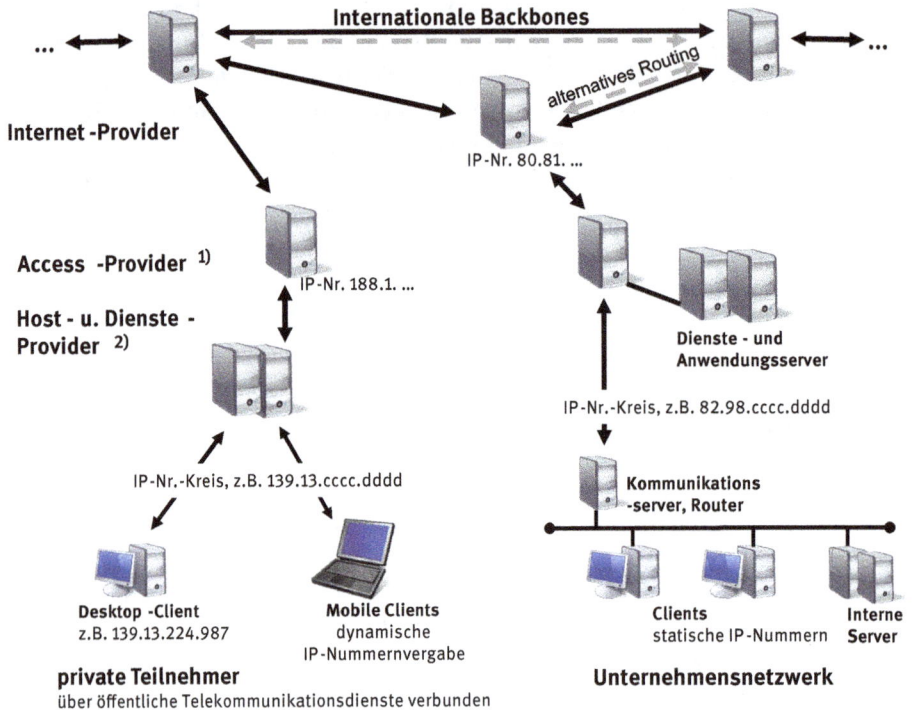

Internationale Backbones

alternatives Routing

Internet -Provider

IP-Nr. 80.81. ...

Access -Provider [1]

IP-Nr. 188.1. ...

Host - u. Dienste - Provider [2]

Dienste - und Anwendungsserver

IP-Nr.-Kreis, z.B. 82.98.cccc.dddd

IP-Nr.-Kreis, z.B. 139.13.cccc.dddd

Kommunikations -server, Router

Desktop -Client z.B. 139.13.224.987

Mobile Clients dynamische IP-Nummernvergabe

Clients statische IP-Nummern

Interne Server

private Teilnehmer über öffentliche Telekommunikationsdienste verbunden

Unternehmensnetzwerk

[1] Internet-Access -Provider - Basis-Dienste:
• Routing, Domain Name Server
• Sicherheitsdienste: Proxy, Firewall, Virenschutz u.a.

[2] Anwendungs - u. Dienste -Provider (Host)
• Web -Server, E -Mail-Server u.a.
• Application Server, Software as a Service
• Cloud-Services

Abb. 2.2.2: Modell zum global vermaschten Internet mit Beispiel eines Routings (Quelle: eigene Darstellung). Die konkreten, teilweise alternativen Kommunikationswege zwischen einem (privaten) Teilnehmer und einem Unternehmenssystem können in der Abbildung nachvollzogen werden. Der Anwendungsserver (z. B. das Reservierungssystem eines Reiseanbieters) wird hier durch einen Dienste-Provider technisch betrieben.

Die Internet-Provider übernehmen im Verbund technisch organisatorische Aufgaben. Das Internet ist weltweit in hierarchisch strukturierte Verwaltungsbereiche aufgeteilt, die durch IP-Nummernkreise weltweit eindeutig abgegrenzt werden. Im Rahmen des ihnen übertragenen IP-Nummernkreises vergeben die Provider untergeordnete Nummern an die Systeme oder Geräte der Internetnutzer als deren Adressen im IPv4-Format „aaa.bbb.ccc.ddd". Da dieser Adressraum heute weltweit ausgeschöpft ist, wird er auf sechs Gruppen erweitert (IPv6). Diese IP-Adressen dienen der weltweit eindeutigen Adressierung zum Routing und zur Kommunikation.[2]

Die Kommunikationen erfolgen über IP-Nummern, die einem elektronischen Gerät, aber nicht einer konkreten Person zugeordnet werden. Wenn die IP-Nummern statisch, d. h. dauerhaft vergeben werden, kann rückblickend nachvollzogen werden, welche Geräte an einem Kommunikationsprozess beteiligt waren. Aber insbesondere Provider, die eine große Zahl von Nutzern bedienen, vergeben bedingt durch die Knappheit der ihnen verfügbaren Nummern die IP-Adressen an ihre Clients dynamisch und temporär: Eine aktuell freie Nummer aus dem IP-Nummernkreis wird nur für die gewünschte Internet-Session des Nutzers und bis zu deren Beendigung vergeben. Das Internet ist folglich im Grundsatz ein anonymes Medium. Das stellt neben den oben genannten Risiken des Routings ein weiteres Risiko für verbindliche E-Commerce-Prozesse dar, das durch zusätzliche Vorkehrungen abgesichert werden muss, um die E-Commerce-Kommunikationen verbindlich, nachvollziehbar und rechtlich abzusichern (vgl. Kap. 2.2.4).[3] An dieser Stelle setzt auch die Gesetzgebung zur sogenannten Vorratsdatenspeicherung an. In datenschutzrechtlich eng gesetzten Grenzen werden Provider verpflichtet, für Zwecke der Strafermittlungen und -verfolgungen die temporäre Vergabe dynamischer IP-Nummern zu speichern und ggf. verfügbar zu machen (vgl. Kap. 5.5).

2.2.2 World Wide Web als integrierender Internetdienst

Auf diesen Standards, die durch TCP/IP technisch detailliert und offen beschrieben werden, setzen Internetdienste auf mit ihren spezifischen anwendungsorientierten Standards, z. B. World Wide Web, E-Mail, Internet-Telefonie/Voice-over-IP (VoIP), multimediale Streaming-Dienste und File Transfer (FTP). Diese Dienste werden vielfach im World Wide Web integriert bzw. über Websites zugänglich gemacht.

---

2 Die Jade-Hochschule in Wilhelmshaven verwaltet z. B. als Provider den Adressraum 139.13.ccc. ddd und vergibt den Computern der Hochschule (Clients, Server u. a.) untergeordnete Adressen im dritten und vierten Segment.

3 Der Verfasser empfiehlt, in der zeichenorientierten „Eingabeaufforderung" des Windows-Systems das Kommando zur Routenverfolgung abzusetzen, z. B.: *tracert*www.tui.de. Der aktuelle Weg, über den auch sensible Zahlungsdaten übertragen würden, wird mit den IP-Nummern der Router und der Backbones deutlich. Dieser Befehl simuliert aktuell einen Zugriff auf den genannten Webserver. Vgl. dazu auch Abb. 2.2.2.

Unter www.utrace.de kann mit der Eingabe einer IP-Nummer der zugehörige Webserver oder Provider identifiziert werden. Der Verfasser empfiehlt, es mit den unter *tracert* ermittelten IP-Nummern durchzuführen. Diese Möglichkeiten der Nachverfolgung können auch zur Web-Erfolgsanalyse genutzt werden (vgl. Kap. 2.2.5).

Die Teilnahme am World Wide Web erfolgt in unterschiedlichen Rollen (vgl. Abb. 2.2.2):

- Ein Web-Client hat Zugang zum World Wide Web über sein stationäres oder mobiles Endgerät mit entsprechender Browser-Software, die die Web-Seiten darstellt, integrierte Funktionen ausführt und die Kommunikation mit dem Webserver steuert, z. B. zur Buchung einer Reise in einem Webportal (vgl. Kap. 3.4).
- Ein Webserver stellt die Website (Gesamtheit aller Webseiten des Webauftritts) eines Anbieters und damit die Informationen, die Leistungs- und Kommunikationsangebote zur Online-Nutzung zur Verfügung (z. B. ein Webportal eines Reiseanbieters). Der Webserver wird i. d. R. durch einen Internet-Service-Provider betrieben (Web-Hosting, vgl. Abb. 2.2.2).
- Auf einem im Web integrierten Anwendungs-/Application-Server wird ein Anwendungssystem (z. B. Reservierungssystem, vgl. Kap. 4.6) betrieben, auf das (auch) über den Webserver zugegriffen wird, um konkrete Geschäftstransaktionen (z. B. Reisebuchungen) online und in Echtzeit zu ermöglichen (vgl. Kap. 2.2.4). Der Application-Server wird vielfach durch einen Provider technisch betrieben (Application-Service-Provider ASP oder Host-Provider, und seine Dienste und Funktionen werden als Software as a Service (SaaS) verfügbar gemacht.

Im Zusammenwirken zwischen Web-Clients und Servern wird ein wesentlicher Bezug zum Online-Marketing deutlich: Das Web ist ein Pull-Medium zur Kundenkommunikation und im Unterschied zu TV-, Radio- oder Print-Werbung kein Push-Medium. Der Online-Kontakt wird vom Nutzer/Kunden gemäß seinen individuellen Wünschen und Anforderungen initiiert, und er entscheidet über Umfang und Beendigung der Web-Kommunikation. Kunden bzw. Zielgruppen müssen folglich auf das Online-Angebot aufmerksam gemacht und durch Befriedigung ihrer Interessen gebunden werden. Begleitende Maßnahmen der Online- und Offline-Werbung sowie das zielgruppenorientierte Suchmaschinenmanagement haben hier besondere Bedeutung zur Interessenten- und Kundengewinnung.

Mit der vernetzten Kommunikation in Social-Media-Systemen ist aus der reinen One-to-Many-Kommunikation des Anbieters an seine Zielgruppe(n) eine zirkuläre, virale Many-to-Many Kommunikation entstanden mit einem Mix aus Push- und Pull-Elementen und der Notwendigkeit, die von den Nutzern erzeugten Inhalte (User generated Content) zu moderieren und zu begleiten.

Um gewonnene Interessenten nicht zu verlieren bzw. um sie zu Geschäftstransaktionen (z. B. Reisebuchungen) zu führen, muss die Website nicht nur ein an den Zielgruppen orientiertes Design aufweisen, sie muss für die Nutzer eine hohe, zufriedenstellende Usability aufweisen. Das heißt, sie muss dem Nutzer die Erfüllung seines Vorhabens durch vollständige Funktionalität und aktuelle Inhalte in möglichst effizienter Weise ermöglichen, z. B. durch kurze Antwortzeiten, intuitive und barrierefreie Navigationssicherheit und Verständlichkeit sowie durch Funktionssicherheit vollständiger Prozesse ohne Medienbrüche (vgl. Kap. 2.4). Mit diesen Ansprüchen muss sich die Website auf allen Endgeräten der Nutzer responsiv verhalten, d. h., die Darstellung muss sich automatisch an die Bedingungen des aufrufenden Endgeräts anpassen, z. B. an einen Desktopbildschirm wie auch an ein Smartphone und unabhängig vom Betriebssystem des Endgeräts. Das ist möglich, weil nicht nur die IP-Nummer des Endgeräts an den Webserver übermittelt wird, sondern auch Daten seiner technischen Ausstattung (vgl. dazu auch Kap. 2.2.5 – Weberfolgskontrolle).

Der Aufruf der Homepage (offizielle Startseite) einer Website erfolgt über ihren „sprechenden" eindeutigen Domain-Namen, der der IP-Adressierung des Servers vorgeschaltet wird. Die Provider betreiben Domain-Name-Server (DNS) , die mit übergeordneten DNS weltweit in Verbindung stehen zur gegenseitigen Aktualisierung. Wie ein elektronisches Telefonbuch stellen die DNS zu dem „sprechenden" Domain-Namen die zugehörigen Server-IP-Nummern zur Verfügung. Der Name einer Domain setzt sich wie folgt zusammen, z. B.: standard-dienstprotokoll:// dienst.domain.top-level-domain (z. B. http://www.jade-hs.de). Eine Domain muss weltweit eindeutig sein. Dazu ist sie bei der für die Top-Level-Domain zuständigen Registrierungsorganisation direkt oder über einen Provider zu beantragen. Ist der Name bisher nicht vergeben, kann er für die Zukunft geschützt übernommen werden. Die deutsche Top-Level-Domain „.de" wird beispielsweise vom „de-network-information-center" (www.denic.de) verwaltet. Internationale Unternehmen wählen (auch) die Top-Level-Domain „.com" (verwaltet unter www.nic.com, z. B. www.tui.com).

Für das Online-Marketing hat der Domain-Name eine wichtige Bedeutung (s. o. Pull-Medium). Er soll intuitiv mit dem Unternehmen bzw. der Marke verbunden werden, eingängig und leicht zu merken sein, sodass er gut und nachhaltig beworben werden kann bzw. der Interessent ohne Vorkenntnisse intuitiv diesen Namen im Browser oder in einer Suchmaschine nutzt. Aus diesem Grund werden oftmals auch typische Schreibfehler als Domain registriert und automatisiert auf den richtigen Namen umgeleitet. Geeignete Domains und sprechende URL-Namen (s. u.) sind auch wichtige Kriterien, um in Suchmaschinen an führender Stelle gefunden zu werden (vgl. Kap. 2.2.5). Grundsätzlich erfolgt die Vergabe der Domain-Namen nach dem Prinzip „first-come-first-served", es hat sich aber im Streit um die besten Namen eine umfangreiche Rechtsprechung insbesondere im Zusammenwirken mit dem Marken- und Wettbewerbsrecht entwickelt (vgl. Kap. 5.5).

Die Domain repräsentiert die Website insgesamt und mit Aufruf des Domain-Namens wird die Homepage der Website im Webbrowser zur Anzeige gebracht. Die Webseiten und die Elemente, die im Rahmen der Webseiten dargestellt und angeboten werden (z. B. Bilder und Downloads) werden auf dem Webserver gespeichert. Um sie vom Client nutzen zu können, muss der vollständige Name und Zugriffspfad auf dem Server z. B. über einen Hyperlink (s. u.) aufgerufen werden (z. B. www.tui.com/ pauschalreisen/suchen/regionen/ ...). Dieser vollständige Zugriffsweg wird als Uniform Resource Locator (URL) bezeichnet. In Verbindung mit der IP-Adresse der Nutzer bzw. ihrer Client-Endgeräte können so Navigations-/Klickpfade der Nutzer und damit ihre Interessen ermittelt und ausgewertet werden, die z. B. für die Suchmaschinenoptimierung (vgl. Kap. 2.2.5 u. Kap. 2.5) und das Kundenbeziehungsmanagement genutzt werden können (vgl. Kap. 5.4).

Eine Website setzt sich aus einer Vielzahl von Webseiten zusammen, die untereinander und über eine integrierte Navigation verknüpft/verlinkt sind. Eine Webseite wird auf der Basis der Präsentationssprache HyperText Markup Language (HTML) entwickelt. Nach den technischen Regeln des HyperText Transfer Protocol (HTTP) werden die Webseiten zum anfordernden Web-Client übermittelt, und sein Browser interpretiert den erhaltenen HTML basierten Code, um ihn als Webseite darzustellen. HTML selbst ist nur eine einfache Text- und Beschreibungssprache mit wenigen Gestaltungsmöglichkeiten. HTML kann aber weitere Internetdienste und Funktionen einbinden und Medienobjekte wie Bild-, Ton-, Videodateien und Streaming-Dienste verfügbar machen.[4]

Um das Corporate Design eines Unternehmens auch im Rahmen seiner Website einheitlich und standardisiert umzusetzen, können Formatierungsvorlagen aufgebaut und vorgegeben werden, Cascading Style Sheets (CSS). CSS werden zentral definiert und unter einem Namen zentral abgespeichert. Unter ihrem Namen wird eine Gestaltungsvorlage in die Web-/HTML-Seiten integriert und zur Formatierung von z. B. Textabschnitten, Überschriften, Tabellen mit Schriftgröße, Hintergrundfarbe festgelegt. Um die Formatierung aller HTML-Seiten einer Website einheitlich zu ändern, müssen nicht alle HTML-Seiten einzeln, sondern nur noch ihre gemeinsamen Stylesheets geändert werden.

Darüber hinaus kann die Funktionalität durch die Integration von HTML-kompatiblen Skript-Programmiersprachen erweitert werden. Clientseitige Skripte werden durch den Browser ausgeführt. So können beispielsweise durch integrierte Java-Scripts-Eingaben, die der Nutzer in Formulare einträgt (z. B. zur Buchung einer Reise), auf Plausibilität überprüft werden, bevor sie an den Server übermittelt werden.

Webseiten werden nicht (mehr) Seite für Seite mit vollständigen Inhalten (Content) durch einen HTML-Spezialisten programmiert, sondern Grundstruktur, Design und Funktionalität werden getrennt vom redaktionellen Inhalt. Die Webseiten werden mit ihrem standardisierten Aufbau, ihrem Layout gemäß Corporate Design (z. B. mit CSS) und mit ihrer Skript-Funktionalität als Seitenvorlagen (Templates) von spezialisierten Programmierern entwickelt. Die konkreten Inhalte, die in den Templates zur Darstellung kommen, werden in einem datenbankbasierten Content-Management-System (CMS) erfasst und gepflegt. Das erfolgt durch die jeweils fachlich Verantwortlichen. Sie benötigen dazu keine Programmierkenntnisse, sondern das CMS ermöglicht die Pflege der Inhalte über Editoren, die wie allgemeine Office-Programme (z. B. Word) bedient werden. Das CMS wandelt automatisch in HTML um und speichert die Inhalte in seiner Datenbank. Diese Inhalte werden dann beim Aufruf

---

4 Freies Kompendium zur HTML-Programmierung, ihren Elementen und Erweiterungen: www.selfhtml.org.

einer Webseite vom CMS automatisch in das Layout der Templates übertragen und als HTML-Code an den Client zur Darstellung in seinem Browser übermittelt (vgl. Kap. 2.2.4).

Alle Elemente, die im Webbrowser dargestellt werden sollen, müssen in einem kompatiblen Format verfügbar sein. Bilder beispielsweise können integriert werden, wenn sie im JPG-Format (Joint Photographic Experts Group) oder im PNG-Format (Portable Network Graphics) digitalisiert und komprimiert worden sind. Das W3C-Konsortium empfiehlt diese Standards und entwickelt sie weiter (www.w3c.com). Mediendateien, die kein Web-Standardformat haben, können ggf. vom Browser trotzdem mit Hilfe nachladbarer Erweiterungen (Plug-in) angezeigt werden. Hier sind z. B. Leseprogramme (Reader) für PDF-Dokumente (Portable Document Format) und Player für Video- und Audiodateien zu nennen.

Mit HTML entwickelte Webseiten sind vom Grundsatz her statisch, d. h., ihre Inhalte sind in der Vergangenheit geschrieben und dann via Webserver öffentlich zur Verfügung gestellt worden. Damit werden einem Nutzer aber nur Informationen gegeben, die nicht automatisiert in Echtzeit der laufenden Unternehmensprozesse und Wertebewegungen (z. B. Reservierungen und Verfügbarkeiten) aktualisiert werden. Um automatisierte E-Commerce-Prozesse zu ermöglichen, ist es daher erforderlich, dynamische Webseiten zu integrieren, die online und in Echtzeit Zugriff auf die Unternehmenssysteme nehmen und somit im Zeitablauf automatisch jederzeit aktuelle Inhalte liefern (z. B. Verfügbarkeiten und Preise von Reiseleistungen).

Zusammenfassend: Mit den dargestellten Grundlagen des Internets und des World Wide Web können noch keine verbindlichen und rechtssicheren E-Commerce-Prozesse realisiert werden. Die Echtheit der Handeltreibenden und ihrer Datenkommunikationen sowie die Datensicherheit können nicht überprüfbar gewährleistet und elektronisch signiert werden und über statische HTML-Seiten kann keine Aktualität und Verbindlichkeit der geschäftsrelevanten Daten gewährleistet werden. Daher müssen weitere technische Voraussetzungen gegeben sein, die in Kapitel 2.2.4 dargestellt werden.

2.2.3 Mobiles Web und mobile Applikationen

Wenn Informationen und Dienste über mobile Endgeräte angeboten werden sollen, sind grundsätzlich zwei Optionen zu unterscheiden:

Responsive Webseiten

Responsivität bezeichnet die automatische Anpassungsfähigkeit zur Darstellung der Webseiten an die Bildschirmgröße bzw. an das Browser-Fenster eines Endgeräts (z. B. Smartphone, Tablet oder Desktop-PC). Vorteil responsiver Webseiten ist die Standardisierung in der Web-Technologie und damit die weitgehende Kompatibilität mit den unterschiedlichen Endgeräten und ihren Betriebssystemen. Das Layout responsiver Webseiten kann so gestaltet werden, dass automatisch durch das Content-Management-System (CMS) eine nutzerfreundliche Darstellung online generiert wird. Unabhängig vom Endgerät werden stets dieselben Inhalte angeboten und im automatisch angepassten Layout dargestellt. Die Inhalte können somit zentral und redundanzfrei im CMS verwaltet und gepflegt werden. Diese Responsivität ist zum Standard geworden und wird vom Nutzer erwartet. Sie kann aber nur als ausreichend angesehen werden, wenn die besonderen Möglichkeiten mobiler Endgeräte nicht benötigt werden: Die Webseiten können nicht im Offline-Modus, z. B. während eines Fluges genutzt werden, und sie können die volle Funktionalität mobiler Geräte, z. B. Kamera, Bewegungssensor oder geografisches Positionierungssystem (GPS), nicht oder zumindest nicht mit gleicher funktionaler Qualität integrieren und nutzen.

Mobile Applikationen

Mobile Applikationen (App) sind Anwendungsprogramme für mobile Endgeräte. In der Anfangsphase war die Entwicklung von Apps zunächst darauf fokussiert, die Funktionalität der Mobiltelefone zu erweitern durch Nutzung zusätzlicher gerätespezifischer Möglichkeiten (z. B. Kamera oder Kurzmitteilungsdienst auf Basis der Mobilfunkverbindungen).

Durch die hardware- und netzwerktechnische Entwicklung (z. B. zur geografischen Positionierung durch Satelliten-Kommunikation) und durch die Integration in die Internettechnologie sind Mobiltelefone zu multifunktionalen Smartphones im Sinne von mobilen Kleincomputern weiterentwickelt worden. Applikationen können somit die volle technische Funktionsbreite mobiler Endgeräte nutzen, und sie sind als hybride Applikationen aufgebaut, die die Vorteile einer Netzunabhängigkeit mit der Online-Aktualität in Echtzeit der Ereignisse und Bedarfe kombinieren. Apps zur Navigation beispielsweise basieren auf gespeichertem Kartenmaterial, das auch offline im Zusammenwirken mit der Satellitenkommunikation genutzt werden kann. Durch eine Online-Verbindung wird der Navigationsservice erweitert, indem z. B. die aktuelle Verkehrslage mit Stau und Umleitung stets aktuell dargestellt wird. Die Navigation zur Stauumfahrung ist ein Beispiel für ortsbezogene Dienste (Location based Services) mobiler hybrider Applikationen. Als weiteres Beispiel können QR-Code (Quick Response Code) basierte Webservices genannt werden. Sie benötigen die Kamera, um den grafischen QR-Code zu scannen, die Applikation interpretiert das Bild des Codes und nimmt mit diesen Informationen online Zugriff zu dem gewünschten Webservice (vgl. auch Kap. 2.7 u. 2.8.).

Mobile Applikationen sind teilweise hersteller- und betriebssystemabhängig. Es fehlt an vollständiger Standardisierung, sodass eine Applikation für alle relevanten Betriebssysteme der mobilen Endgeräte entwickelt und gewartet werden muss.

2.2.4 Spezielle Voraussetzungen zum E-Commerce

Um sicher und verbindlich E-Commerce-Prozesse im Web oder per mobiler App betreiben zu können, sind, wie aus Kapitel 2.2.1 und 2.2.2 abgeleitet werden kann, Voraussetzungen zu schaffen und Systemelemente aufzubauen, die die Sicherheit des Datentransfers und der Geschäftstransaktionen sowie die Aktualität der Daten gewährleisten. Im Folgenden werden daher die Grundlagen zur Transaktionssicherheit sensibler Daten sowie dynamische Datenbankschnittstellen zu den Warenwirtschafts- bzw. Reservierungssystemen und Content-Management-Systemen der Anbieter mit Fokus auf anonyme Business-to-Consumer-Prozesse (B2B) dargestellt.[5]

Transaktionssicherung
Der gesicherte Transfer sensibler Daten, insb. zum Zahlungsverkehr und zur Übermittlung von Registrierungsdaten, ist Voraussetzung für automatisierten E-Commerce. Die Erläuterungen in Kapitel 2.2.1 zum Routing und zur Adressierung im offenen Internet haben gezeigt, dass die Authentizität (Echtheit) der Handeltreibenden und ihrer Datenkommunikation sowie die Datensicherheit überprüfbar gewährleistet werden müssen, um die Rechtswirksamkeit von Geschäftstransaktionen zu gewährleisten. Folgende in der Grundstruktur des Internets begründete Missbrauchsmöglichkeiten sind auszuschließen:

Missbrauch durch weiterleitende Router
– Abhören bzw. Kopieren der weiterzuleitenden Daten, um sie anschließend missbräuchlich zu verwenden: Als Gegenmaßnahme sind sensible Daten kryptografisch so zu verschlüsseln, dass nur der adressierte Datenempfänger sie decodieren und nutzen kann.
– Verfälschen, Verändern der weiterzuleitenden Daten: Als Gegenmaßnahme ist aus den zu übermittelnden Daten ein Fingerabdruck, d. h. eine Prüfziffer zu berechnen und den Daten als Signatur mitzugeben. Diese Prüfziffer berechnet der Datenempfänger nach demselben mathematischen Algorithmus aus den erhaltenen Daten. Wenn die übermittelte Prüfziffer und die berechnete Prüfziffer beim Datenempfänger übereinstimmen, sind die übermittelten Daten beim Transfer nicht verfälscht worden.

---

5 Zu allgemeinen informationstechnologischen Sicherungs- und Schutzelementen, z. B. zu virtuellen privaten Netzwerken (VPN) zum Schutz des Datentransfers, zu Proxy-Servern zur Anonymisierung von IP-Adressen oder zu Firewalls zur Abweisung gefährdender Kontakte sowie zum Schutz von Daten in Datenbank- und Cloud-Systemen vgl. die einschlägige Literatur der Wirtschaftsinformatik (z. B. Hansen, H. R. u. a., 2019).

Missbrauch durch die Handelspartner

Wenn elektronisch handelnde Geschäftspartner sich kennen und vertrauen, z. B. durch Registrierung und Geschäftstransaktionen in der Vergangenheit, identifiziert sich der Kunde im System des Anbieters mit verschlüsselten Kennwörtern, die dem Anbietersystem als Stammkundendaten bekannt sind und die nach verschlüsselter Übermittlung online im System des Anbieters überprüft werden, um die Echtheit der Handelspartner gewährleisten zu können.

Wenn aber Reiseleistungen kurzfristig am anonymen Markt vertrieben werden, sind die Echtheit der Anbieter und Nachfrager und die Ehrlichkeit ihrer Geschäftsabsichten online zu überprüfen, um sie gegenseitig vor Missbrauch zu schützen.

– Missbrauch durch Händler, Angabe falscher Händler- und Angebotsdaten, um Kundendaten zum späteren Missbrauch zu gewinnen: Um seine Echtheit auszuweisen und als Basis der Online-Geschäftstransaktionen lässt sich der (ehrliche) Händler zertifizieren. Er übermittelt sein elektronisches Zertifikat vor Beginn eines sensiblen Datenverkehrs an den Kunden. Dieses Zertifikat wird vom Client-Browser automatisch überprüft und seine Inhalte sind die Basis für den weiteren Fortgang der Geschäftstransaktion.

– Missbrauch durch Kunden durch fehlende Bonität oder Vorgabe falscher persönlicher Daten, z. B., um die Bezahlung zu umgehen: Als Gegenmaßnahme bzw. zur Prüfung kann der Händler die Kunden- und Rechnungsdaten automatisiert und in Echtzeit der Geschäftstransaktion an ein Banken- oder Zahlungsdienstleistersystem weiterleiten.

– Missbrauch durch Kunden durch fehlende Ernsthaftigkeit bzw. späteres Abstreiten einer verbindlichen Bestellung oder Buchung: Der verfahrensgebundene Einsatz aller dargestellten Einzelmaßnahmen stellt in Verbindung mit der aktiven Anerkennung der Allgemeinen Geschäftsbedingungen des Händlers (AGB) einen verbindlichen Vertragsabschluss dar und ist im juristischen Sinne eine verbindliche elektronische Unterschrift (Signatur) der Geschäftstransaktion.

Das SSL-Verfahren (Secure Socket Layer) ist der Standard zur rechtsverbindlichen elektronischen Signatur und als HTTPSecure Teil des HTTP-Protokolls zur Transaktionssicherheit. Die SSL-Funktionalität ist standardmäßig in den Browsern der Clients integriert und wird mit den Daten eines jeweiligen Zertifikats zur Kommunikation mit den Servern der Händler und ihrer Zahlungsdienstleister (Payment-Server) umgesetzt. Das SSL-Verfahren basiert auf der Zertifizierung des Verkäufers/Händlers durch eine staatlich legitimierte Certification Authority (CA). Der (seriöse) Händler erhält ein elektronisches Zertifikat, mit dessen Daten er sich gegenüber den Kunden bzw. deren Browsern ausweist. Der Browser überprüft dieses Zertifikat, indem er sich bei der Certification Authority automatisiert rückversichert. Kann das Zertifikat nicht aktuell verifiziert werden, erhält der Kunde eine Warnung und kann die Transaktion abbrechen. Das Zertifikat enthält einen öffentlichen Teil, der dem Kunden übermittelt wird und einen geheimen/privaten Teil, den der Server des Händlers nutzt. Es enthält

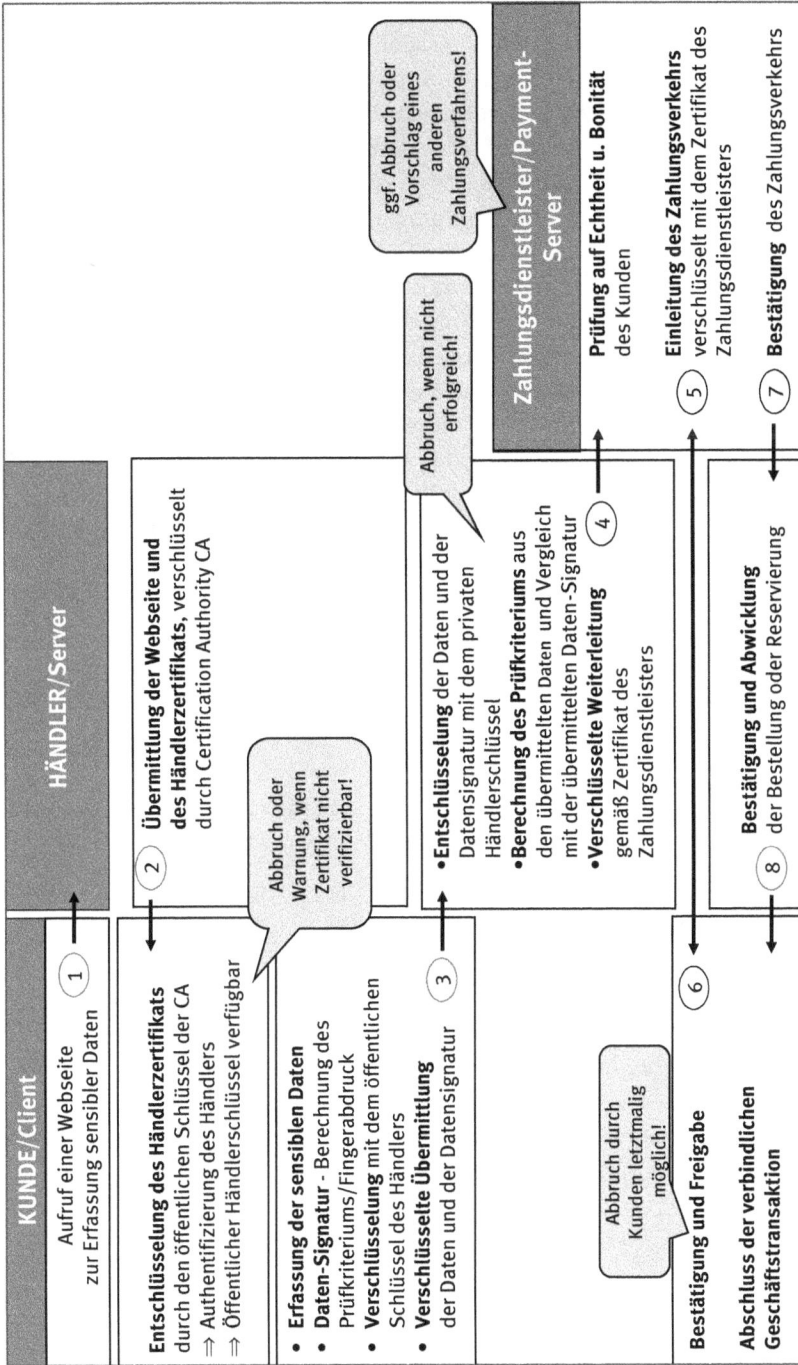

KUNDE/Client

Aufruf einer Webseite
zur Erfassung sensibler Daten ①

Entschlüsselung des Händlerzertifikats
durch den öffentlichen Schlüssel der CA
⇑ Authentifizierung des Händlers
⇑ Öffentlicher Händlerschlüssel verfügbar

Abbruch oder Warnung, wenn Zertifikat nicht verifizierbar!

• **Erfassung der sensiblen Daten**
• **Daten-Signatur** - Berechnung des
  Prüfkriteriums/Fingerabdruck
• **Verschlüsselung** mit dem öffentlichen
  Schlüssel des Händlers
• **Verschlüsselte Übermittlung**
  der Daten und der Datensignatur ③

Abbruch durch Kunden letztmalig möglich!

Bestätigung und Freigabe ⑥

**Abschluss der verbindlichen
Geschäftstransaktion**

HÄNDLER/Server

**Übermittlung der Webseite und
des Händlerzertifikats**, verschlüsselt
durch Certification Authority CA ②

•**Entschlüsselung** der Daten und der
  Datensignatur mit dem privaten
  Händlerschlüssel
•**Berechnung des Prüfkriteriums** aus
  den übermittelten Daten und Vergleich
  mit der übermittelten Daten-Signatur
•**Verschlüsselte Weiterleitung**
  gemäß Zertifikat des
  Zahlungsdienstleisters ④

Abbruch, wenn nicht erfolgreich!

Bestätigung und Abwicklung
der Bestellung oder Reservierung ⑧

**Zahlungsdienstleister/Payment-
Server**

Prüfung auf Echtheit u. Bonität
des Kunden

Einleitung des Zahlungsverkehrs
⑤ verschlüsselt mit dem Zertifikat des
  Zahlungsdienstleisters

⑦ **Bestätigung** des Zahlungsverkehrs

ggf. Abbruch oder Vorschlag eines anderen Zahlungsverfahrens!

Abb. 2.2.3: Darstellung eines (vereinfachten) SSL-Prozesses (Quelle: eigene Darstellung).

alle Informationen, die einen gesicherten und individuellen Datenaustausch mit kryptografischer Verschlüsselung und Datensignatur ermöglichen (vgl. Abb. 2.2.3):

- Die sensiblen Daten des Kunden werden vor ihrer Übertragung mit dem im Zertifikat angegebenen mathematischen Standard-Algorithmus verschlüsselt. Dazu nutzt das mathematisch-kryptografische Standardverfahren den mitgelieferten öffentlichen Schlüssel des Händlers. Mit diesem Schlüssel (z. B. 2048 Bit lang) wird die zu übertragende Information umgerechnet/verschlüsselt. Das mathematische Verschlüsselungsverfahren gewährleistet, dass nur unter Einsatz des privaten Schlüssels, den nur der Server des Händlers kennt, die Daten wieder entschlüsselt werden können. Für Fremde sind diese verschlüsselten Daten wertlos, weil sie für sie nicht entschlüsselbar sind.
- Bevor die Daten verschlüsselt versendet werden, wird aus ihnen ein Prüfkriterium berechnet nach einem weiteren über das Zertifikat vorgegebenen Standardverfahren. Der berechnete Prüfwert ist der elektronische Fingerabdruck bzw. die Datensignatur und wird ebenfalls verschlüsselt an den Server übermittelt. Der Server berechnet nun seinerseits aus den empfangenen Daten der Geschäftstransaktion das Prüfkriterium nach dem festgelegten Algorithmus. Wenn der empfangene elektronische Fingerabdruck und der vom Server selbst errechnete Wert identisch sind, ist davon auszugehen, dass die Daten unterwegs nicht verfälscht worden sind. Anderenfalls wird die Transaktion abgewiesen.

Abbildung 2.2.3 fasst den SSL-Prozess vereinfacht zusammen.[6]

Der dargestellte automatisch ablaufende SSL-Verfahrensprozess mit Zertifikatausweis, Verschlüsselung und Datensignatur/Fingerabdruck gilt als rechtswirksame elektronische Signatur der Geschäftstransaktion.[7]

Dynamische Webseiten und Datenbank-Schnittstellen

Online-Zugriffe auf die Systeme der Reiseanbieter

Die Reservierungssysteme der Reiseanbieter verwalten die Stammdaten der Geschäftspartner, z. B. Reisekunden, die Bestandsdaten der Reiseangebote, z. B. Preise und Kontingente sowie die Bewegungsdaten der Reisebuchungen in ihren Datenbanken (vgl. die Beiträge in Kap. 4, z. B. 4.6). Alle Geschäftstransaktionen nehmen Zugriff auf diese Reservierungssysteme und ihre Datenbanken.

---

6 So wie der Browser des Clients dieses Zertifikat automatisch überprüft, kann es auch durch den Kunden in Augenschein genommen werden. Mit Betätigen der rechten Maustaste im relevanten Bereich einer Webseite erhält man Zugriff auf Informationen zu der Webseite und damit auch zu den Sicherheitselementen. Der Leser möge es in seinem Browser ausprobieren.

7 Zu den konkreten Verfahren und Algorithmen sowie zu Zertifizierungs- und Verschlüsselungsverfahren für andere Dienste, z. B. E-Mail, sei verwiesen auf die einschlägige Fachliteratur, z. B. Ertel/ Löhmann 2020.

Wenn E-Commerce-Prozesse automatisiert und in Echtzeit über Websites durchgeführt werden, übernehmen Webseiten die Funktionen eines Händlers. Sie müssen folglich dynamisch sein, d. h. im Zeitablauf veränderlich gemäß dem aktuellen Geschäftsgeschehen. Konkret bedeutet das am Beispiel einer Reisebuchung, dass sie gemäß dem aktuellen und individuellen Kundenwunsch online und in Echtzeit über automatisierte Schnittstellen auf die Angebotsdatenbank(en) zugreifen, um verfügbare Reiseangebote zu recherchieren und mit Preisinformationen darzustellen. Nach der Auswahl einer Reise durch den Kunden sind die Kundendaten zu registrieren und die gebuchten Leistungen zu reservieren (vgl. zu Webportalen und Reisemittlern Kap. 3.4).

Der Webserver, der die Website zur Vermittlung von Reisen zur Verfügung stellt, muss folglich auf die Angebots- und Reservierungssysteme automatisiert zugreifen können. Dazu müssen technische Schnittstellen zwischen Webserver und Application-Server bzw. zwischen der Webseite und dem Reservierungssystem aufgebaut werden. Abbildung 2.2.4 zeigt das grundsätzliche Zusammenwirken (vgl. auch Abb. 2.2.2) und visualisiert damit den Ablauf am Beispiel einer Angebotsabfrage in vier Schritten.

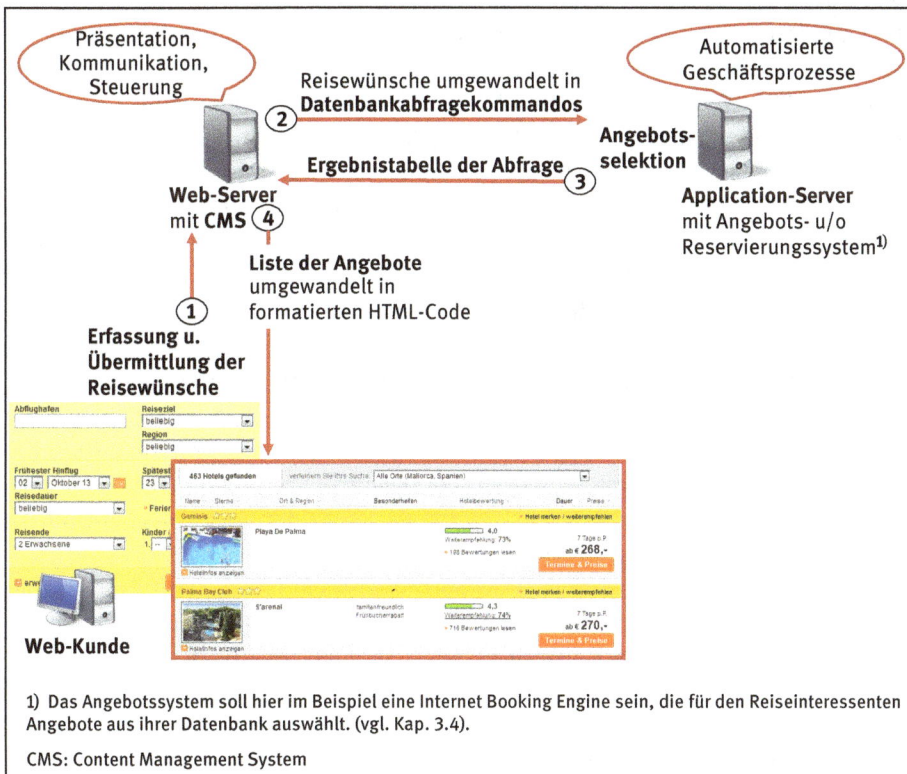

Abb. 2.2.4: Ablauf eines dynamischen Datenbankzugriffs am Beispiel einer Abfrage von Reiseangeboten (Quelle: eigene Darstellung).

Damit erhält der Reiseinteressent eine dynamisch, gemäß seinen individuellen Wünschen online und in Echtzeit generierte Antwort mit aktuellen Angeboten. Er kann ein Angebot auswählen und buchen. Dazu wird er seine persönlichen Daten, inklusive der sensiblen Zahlungsdaten, in weiteren Webformularen erfassen, um sie verschlüsselt und signiert (s. o.) zur Speicherung und Weiterverarbeitung an das Reservierungssystem zu versenden.

Datenbank basierte Content-Management-Systeme (CMS)

Wie oben am Beispiel der Client-Abfrage dargestellt, werden durch Datenbankzugriffe die HTML-Seiten dynamisch mit aktuellen Inhalten gefüllt, d. h., die aus Datenbanken gewonnenen aktuellen Inhalte werden in die Seitenlayouts an den definierten Stellen eingebunden, um sie im Browser des Kunden darzustellen.

Doch nicht nur die Daten der Geschäftstransaktionen sind aktuell zu kommunizieren, sondern auch allgemein beschreibende und darstellende Inhalte sind regelmäßig zu pflegen und in definierten Zeitabständen oder situationsabhängig zu aktualisieren. Um wiederkehrenden Programmieraufwand zu vermeiden und um diese Pflege der Webseiten arbeitsteilig durch Fachabteilungen und ohne Programmierkapazität durchführen zu können, stehen datenbankbasierte Content-Management-Systeme (CMS) zur Verfügung (vgl. auch Kap. 1.2). Heute basieren nahezu alle professionellen Websites auf einem CMS mit Integration oben beschriebener dynamischer Webseiten zur online Durchführung der Geschäftstransaktionen.

Content-Management-Systeme trennen die Webseitengestaltung (standardisiertes Layout gemäß Corporate Design) von den Inhalten (Content). Mit der HTML-Programmierung von Templates werden die Seitenlayouts statisch festgelegt. Die Seiten werden in Standardbereiche aufgeteilt und gemäß Layout-Vorgaben strukturiert und gestaltet. Diese Bereiche sind die Design-Vorlagen und Platzhalter für die aufzunehmenden Inhalte, die aus der CMS-Datenbank zugeführt werden. Die Bereiche der Templates beinhalten die für sie jeweils relevanten Datenbankzugriffsschlüssel auf die Content-Elemente in der CMS-Datenbank. Ruft ein Web-Client eine CMS-basierte Webseite auf, werden auf Seite des Servers die lesenden CMS-Datenbankzugriffe durchgeführt, die zugehörigen Inhalte aus der Datenbank selektiert und in die jeweils vorgesehenen Template-Bereiche als HTML-Codes eingefügt. Anschließend wird die vollständige HTML-Datei an den Client gesendet.

Templates können geschachtelt werden, sodass ein Ganzseiten-Template mit Navigations-, Kopf- und Fußbereichen sowie alternative integrierbare Content-Templates definiert werden. Das Ganzseiten-Layout wird beispielsweise unternehmensweit für die Website einheitlich gestaltet. Für den Content-Bereich gibt es mehrere Template-Standards, die für unterschiedliche Zwecke geeignet sind. In ein entsprechendes Content-Template werden auch die dynamischen Zugriffe auf die Geschäftsdatenbanken gemäß Abb. 2.2.4 integriert. Abbildung 2.2.5 zeigt die Struktur einer CMS-basierten Webseite.

Logo-Position für Logo_1.jpg	**Kopf-Template** CMS-Zugriff mit Identifikationsschlüssel, ID = 210 [1]	
Navigation-Template CMS-ID = 220	**Content-Template** (z. B. Standard-Typ: Liste), CMS-ID = 310	**Template Rechte-Spalte** CMS-ID = 230

Content-Template (z. B. Standard-Typ: Liste), CMS-ID = 310

Listenkopfzeile

Bild-Position	1. Listen-Eintrag
Bild-Position	2. Listen-Eintrag

Fuß-Template – CMS-ID = 240

1) Die CMS-IDs sind hier als Beispiele kurz gehalten. Oftmals werden die CMS-Zugriffsschlüssel in der URL einer aufgerufenen Webseite sichtbar, wenn sie nicht zur besseren Anschaulichkeit und Suchmaschinenoptimierung als inhaltlich „sprechende" Zugriffspfade vom CMS dargestellt werden.

Das umrandete Content-Template soll hier die Angebotsanzeige aus Abb. 2.2.4 symbolisieren. Die Listeneinträge werden inkl. Bild in Echtzeit der Kundenanfrage (dynamisch) aus dem Angebotssystem abgefragt und vom CMS-Layout gerecht dargestellt. Die weiteren Elemente der Webseite werden aus der CMS-Datenbank aufgerufen.

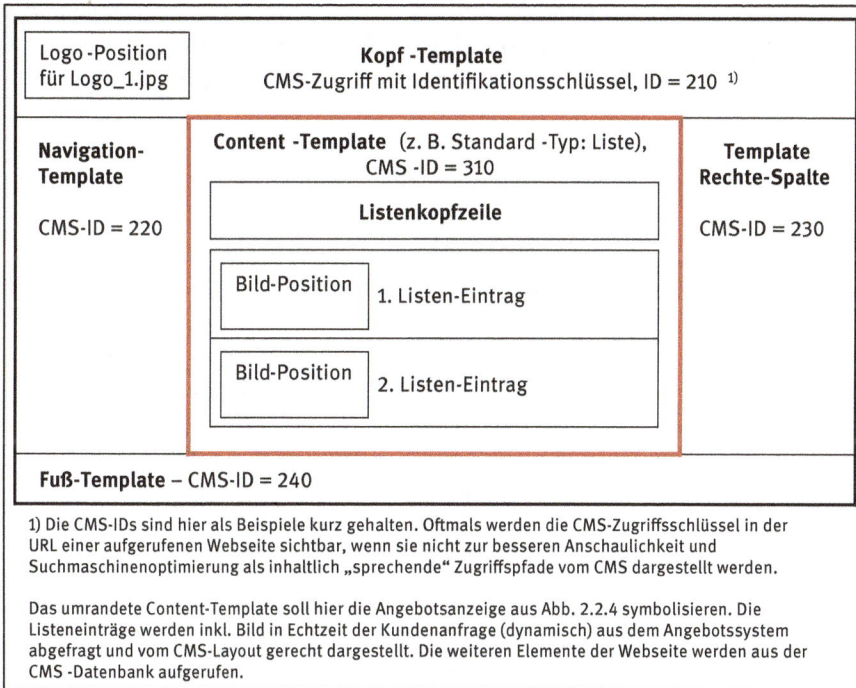

Abb. 2.2.5: Aufbau eines CMS-Templates, hier: Ganzseiten-Template mit integriertem Content-Template (Quelle: eigene Darstellung).

Eine mit einem CMS erstellte Website sollte gleich strukturierte Standard-Templates haben, sodass mit diesen Vorlagen die Erstellung neuer Seiten schnell und rationell erfolgen kann. Die beschreibenden und darstellenden Text- oder Medienelemente (der Content für die Templates) werden über benutzerfreundliche Bildschirmoberflächen, die verbreiteten Office-Programmen gleichen, erfasst, aktualisiert und in der CMS-Datenbank verwaltet. Dies erfolgt über den Webbrowser ohne Erfordernis von Programmier-/HTML-Kenntnissen. Die Inhalte können arbeitsteilig z. B. in den jeweiligen Fachabteilungen durch fachlich kompetente Content-Manager gepflegt werden. Um die Zugriffsrechte und Kompetenzen („wer darf welche Seiten und Inhalte pflegen") gesichert und verbindlich festzulegen, sind durch einen Administrator jedem Content-Manager Zugriffsrechte individuell und abhängig von seiner Funktion zuzuordnen. Diese Berechtigungen werden ebenfalls in der CMS-Datenbank verwaltet und kontrolliert. Darüber hinaus kann der Arbeitsablauf von der Änderung bis zur Veröffentlichung der geänderten Inhalte durch das CMS standardisiert gesteuert werden:

– Ein Mitarbeiter hat beispielsweise im Rahmen seiner Berechtigungen Inhalte geändert.

- Das CMS übermittelt die Information über diese geänderten Inhalte an einen in der Datenbank eingetragenen Verantwortlichen zur Überprüfung der Änderungen.
- Erst nach seiner Bestätigung und ggf. Korrektur stehen die geänderten Inhalte im Web zur Verfügung.

Zur Gewährleistung der Responsivität sind für alle Endgerätetypen Templates im CMS vorzusehen. Das CMS erkennt den Typ des aufrufenden Clients (z. B. Desktop-PC oder Smartphone) und wählt das geeignete Template zur Darstellung der (nur einmal gespeicherten) Inhalte. Auf dieser Basis der CMS-Technologie können Web-Clients bzw. die konkreten Nutzer individuell oder zielgruppenspezifisch mit Inhalten versorgt werden. Es kann differenziert werden, wem zu welchem Zeitpunkt an welchem Ort und in welchem Kontext welche Inhalte angezeigt werden. Auf diese Weise werden Content-Management-Systeme zur Plattform für die Realisierung zielgruppenspezifischer, personalisierter, orts- und kontextbezogener Angebote (vgl. Kap 2.2.5), z. B.:
- Hat sich ein registrierter Kunde durch sein Login identifiziert, erhält er seinem Kundenprofil entsprechende Inhalte angezeigt.
- Der aktuelle Aufenthaltsort oder das aktuell benutzte Endgerät des Kunden können berücksichtigt werden, z. B. um ortsbezogene Inhalte und Dienste in den für sein mobiles Endgerät passenden Templates darzustellen und anzubieten (Location based Services (LbS), vgl. Kap. 2.4 u. 2.8).

Derselbe Inhalt kann durch Verwendung verschiedener Templates auf unterschiedlichen Web-Seiten und Websites angezeigt werden, was Content-Syndikation ermöglicht. Beispielsweise können touristische Inhalte und Dienste wie Reiseinformationen als White Label-Dienste verschiedenen anderen Websites zur Verfügung gestellt werden, die diesen Content dann unter ihrer Marke mit eigenen Templates nutzen.

Content-Management-Systeme werden von Internet-Providern als Application-Services bzw. als „Software as a Service (SaaS)" angeboten, die sie als Provider technisch betreiben (Web-Hosting).

XML-Datenbankschnittstellen zum periodischen oder situativen Datentransfer im Hintergrund

In den oben stehenden Erläuterungen ist der webbasierte Zugriff auf Angebotssysteme online und in Echtzeit der Kundenanfrage dargestellt worden. Anbietersysteme kooperieren aber auch untereinander im Hintergrund und aktualisieren gegenseitig ihre Angebotsdaten, bevor sie sie am Markt den Kunden anbieten. Ein Reiseveranstaltersystem transferiert beispielsweise nachts Restkontingente zur Vermarktung an das System eines Last-Minute-Anbieters. Um diesen Prozess des Datentransfers im Hintergrund zu automatisieren, müssen zwischen den Datenbanken Software-Schnittstellen vorhanden sein, die auf der Basis der Internet-Übertragungstechnologie mit einheitlichen Standards arbeiten.

Die XML-Programmierung (Extensible Markup Language – XML) hat sich hierfür zum Standard entwickelt. XML ist eine Metasprache, die es ermöglicht, die zu transferierenden Datentypen vergleichbar den Datenstrukturen der kommunizierenden Datenbanken zu beschreiben. Der konkrete Transfer der binär codierten Daten wird dann begleitet durch die Beschreibungen der Datentypen, die bei der Schnittstellendefinition vereinbart worden sind. Die jeweils transferierten Daten können durch das Empfängersystem eindeutig interpretiert und in seine Datenbank überführt werden. Die Beschreibung der Datentypen ist vergleichbar mit der Datenbeschreibung in relationalen Datenbanken, die Basis der Reservierungssysteme sind. Dadurch wird die Schnittstellenprogrammierung vereinfacht, weil begrifflich „sprechend" und standardisierbar (http://de.selfhtml.org/xml/index.htm). Neue Partner können damit schnell in einen Kooperations- und Transferverbund aufgenommen werden. Die Open Travel Alliance hat für die Reisebranche spezifische XML-Schemata unter dem Namen OTA-XML standardisiert (www.opentravel.org).[8]

Zusammenfassend

Die bisherigen Ausführungen machen deutlich, dass folgende Voraussetzungen für automatisierte E-Commerce-Prozesse gegeben sein müssen und gegeben sind:
–   Weltweiter standardisierter Netzwerkverbund, öffentlich und geschützt nutzbar und mit schnellen Leitungsverbindungen verfügbar
–   verbreitete, intuitiv bedienbare und multimediafähige Endgeräte auf Basis akzeptierter Standards
–   Sicherungstechnologien für sensible Datentransaktionen und Geschäftsprozesse
–   Datenaktualität durch Integration der Warenwirtschaftssysteme und standardisierte Schnittstellentechnologien
–   komfortable Möglichkeiten der kundenorientierten Content-Pflege und zum Online-Marketing.

Auf dieser Basis können tourismuswirtschaftliche Geschäftsprozesse und -systeme entwickelt und betrieben werden.

2.2.5 Ausgewählte Elemente des Online-Marketing

Online-Werbung und Kommunikation sowie elektronisches Beziehungsmanagement umfassen im Rahmen des Online-Marketings einerseits die Übertragung traditioneller Werbemaßnahmen und kundenorientierter Informations- und Kommunikationsaktivitäten auf die Online-Medien. Andererseits sind spezifische Aktivitäten möglich, not-

---

8 Neue Datenformate werden zurzeit in der Tourismuswirtschaft als Standards etabliert (vgl. z. B. Kap. 3.4).

wendig und verbreitet. Grundsätzlich ist hervorzuheben, dass traditionelle Aktivitäten, die insbesondere über Print-, Tele- und Broadcasting-Medien umgesetzt werden, und internetbasierte Aktivitäten im Rahmen einer umfassenden Marketingstrategie kooperierend und wechselseitig unterstützend eingesetzt werden müssen. Dabei steht vielfach folgendes Zusammenspiel im Vordergrund: Die traditionellen Medien sind Push-Medien, und die darauf basierenden Werbeaktivitäten werden vom Werbetreibenden ausgesandt, um Aufmerksamkeit zu erregen und den Wunsch beim potenziellen Kunden zu erzeugen, initiativ zu werden und sich selbst des Pull-Mediums World Wide Web zu bedienen, um die Angebote des Werbetreibenden zu nutzen.

Durch die Social-Media-Communities und die vernetzte Kommunikation ihrer Mitglieder ist eine zirkuläre oder virale Kommunikation entstanden mit einem Mix aus Push- und Pull-Elementen, zusammenfassend:

- Push-Kommunikation: one (Anbieter) to many (Kunde/Zielgruppe)
- Pull-Kommunikation: one (Kunde) from many (im Wettbewerb stehende Anbieter)
- virale und zirkuläre Kommunikation: many (Kunde) to many (Kunde) about many (Anbieter) = > Moderation der Kommunikation durch Anbieter erforderlich.

Abbildung 2.2.6 gibt einen Überblick über ausgewählte Elemente der Online-Kommunikation und bezieht die Erfolgsanalyse und Auswertung ein. Grundlagen zu diesen Elementen werden im Folgenden dargestellt, und/oder es wird auf entsprechende Kapitel dieses Buches verwiesen.

Suchmaschinenmanagement, Search Engine Management (SEM)

Suchmaschinenoptimierung (SEO)

Da das Web ein Pull-Medium ist, muss ein Interessent (vom Grundsatz her) sich gemäß seinen aktuellen Wünschen und Interessen selbst informieren, ob bzw. wo gewünschte Informationen, Dienste und Produkte angeboten werden. Für die Suche im Web sind daher Suchmaschinen unverzichtbar, sie werden darüber hinaus auch genutzt, um bereits bekannte Websites aufzurufen, da sie auch im Falle von Schreibfehlern oder Ungenauigkeiten Ergebnisse liefern.[9]

Echte Suchmaschinen (z. B. www.google.de, www.bing.com) setzen automatisiert arbeitende Programme (Robots oder Crawler) ein, die permanent und im Hintergrund das World Wide Web durchsuchen. Sie suchen auf Webservern nach neuen Websites und neuen Inhalten und verfolgen Links zu und von anderen Websites. Die echten Suchmaschinen analysieren diese Web-Quellen und werten sie aus, wie folgt:

- Suche: Die Crawler suchen in den Web-Quellen (z. B. Webseiten und Dokumente) nach Schlagworten (Keywords), die die Inhalte der Quellen beschreiben.

---

9 Über die folgenden Grundlagen hinausgehend siehe weiterführend Kap. 2.5.

Suchmaschinen-Management (SEM)	Onpage-Aktivitäten (eigene Website, mobile Applikation)	Offpage-Aktivitäten (Online-Partner, Offene Systeme)

Suchmaschinen-Optimierung (SEO)[1]
Robots/Crawler
- Onpage
- Offpage: PageRanku. Linkpopularity

Landing Pages

Paid Placements, AdWords

Touristische (Meta-) Suchmaschinen[2]

anonyme Daten zum allgemeinen Nutzerverhalten

Mehrwerte und Services
für anonyme Nutzer

Anreize

Personalisierung u. Beziehungsmanagement[3]
für registrierte Nutzer
personalisierte u. zielgruppen-orientierte Services u. Mehrwerte

Web-Nutzungs- u. Erfolgsanalyse
(anonym)

Elektronische Anzeigen
- Banner-u. Pop-up-Werbung
- Werbe-Dienstleister

Content-und Angebots-integration[4]
- Affiliate-Programme
- Content-Partnersysteme
- Offene Systeme

Social Media Communities[5]

Personalisierte Daten der Kunden

Data Warehouse und Data-Mining (Big Data)[6]
(Knowledge Discovery in Databases) z. B.:
- Ermittlung von Kunden- u. Zielgruppenprofilen, Personalisierung, Bewegungsprofile
- Kunden- u. Zielgruppenanalysen u. -bewertungen
- Erfolgsanalyse von Online-Aktivitäten

Daten aus weiteren Kommunikations- und Vertriebskanälen sowie aus den Geschäftstransaktionen[7]

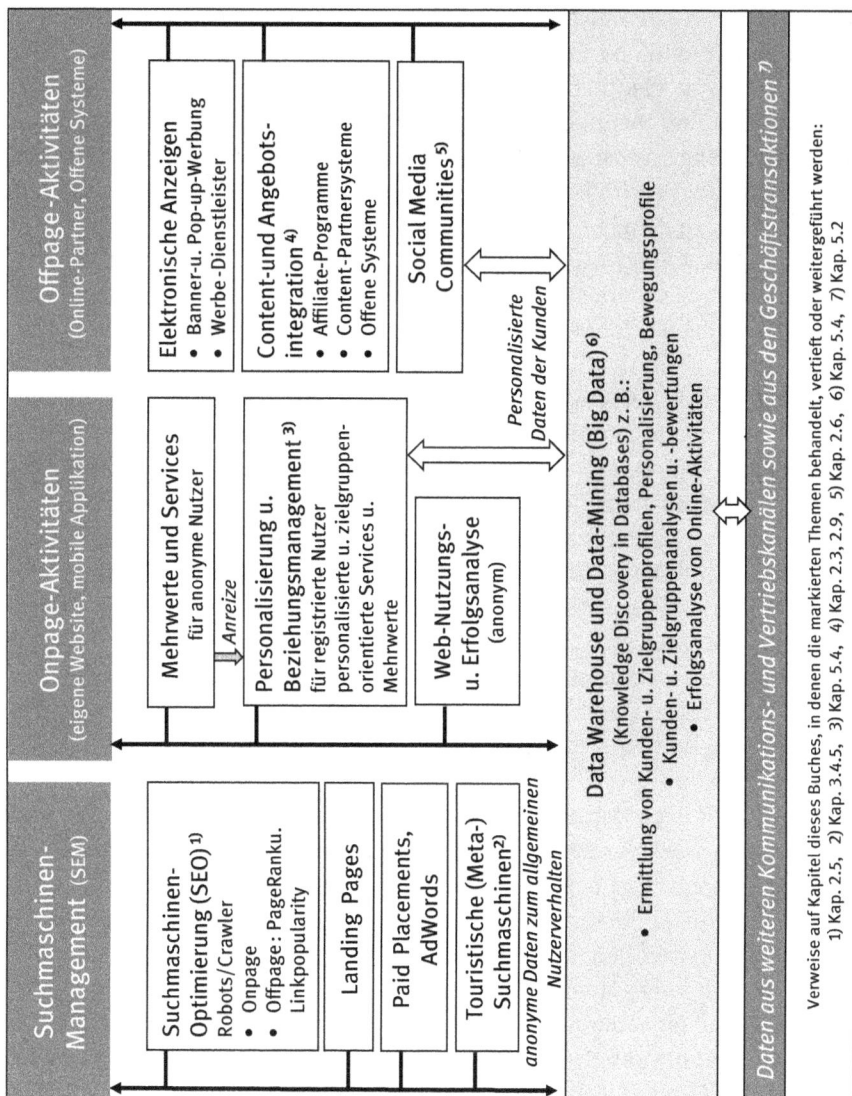

Verweise auf Kapitel dieses Buches, in denen die markierten Themen behandelt, vertieft oder weitergeführt werden:
1) Kap. 2.5, 2) Kap. 3.4.5, 3) Kap. 5.4, 4) Kap. 2.3, 2.9, 5) Kap. 2.6, 6) Kap. 5.4, 7) Kap. 5.2

Abb. 2.2.6: Ausgewählte Elemente des Online-Marketings (Quelle: eigene Darstellung).

- Bewertung: Sie messen diesen gefundenen Schlagworten nach vorgegebenen Kriterien eine inhaltliche Bedeutung für die jeweiligen Web-Quellen zu. Wird ein als Schlagwort identifizierter Begriff beispielsweise fett gedruckt, in einer Überschriftzeile und mehrfach verwendet, wird ihm eine höhere Bedeutung zur Beschreibung einer Webseite beigemessen als ein seltener und ohne Hervorhebung verwendeter Begriff. Die Web-Quelle wird damit als entsprechend informativ und wertvoll zu dem jeweiligen Schlagwort bewertet.
- Indexierung/Verschlagwortung: Die URLs der Web-Quellen werden indexiert/verschlagwortet. Sie werden mit ihren Keywords und ihrer zugeordneten Bewertung zum jeweiligen Schlagwort gespeichert.

Damit stehen sie dem Nutzer zur Suche zur Verfügung. Seine Suchbegriffe werden als Schlagworte/Keywords in den Datenbanken der Suchmaschine recherchiert, um die URLs der gefunden Web-Quellen gemäß ihrer Bewertung sortiert anzuzeigen. Ein Online-Anbieter und Werbetreibender muss folglich mit den relevanten Schlagworten, die seine Kunden und Zielgruppen zur Suche einsetzen, in den Suchmaschinen gefunden werden und in der Liste der Suchergebnisse an einer vorderen Stelle aufgeführt werden. Dazu muss er seine Website (onpage) und seine Vernetzung mit externen Webseiten (offpage) optimieren.

- Mit der **Onpage-Suchmaschinenoptimierung** wird durch Aufbau, Inhalte, Gestaltung und interner Verlinkung der Website Einfluss genommen auf die automatisch bewertende Verschlagwortung. Die Keywords, die bedeutend sind für die relevanten Kunden und Zielgruppen und die sie daher zu ihrer Suche nutzen werden, müssen nach den Bewertungskriterien der Suchmaschinen so herausgestellt werden, dass der Crawler die inhaltliche Bedeutung der Web-Quelle erkennt und entsprechend bewertet. Die Suchmaschine sortiert die Ergebnisliste, bevor sie dem Nutzer übermittelt wird, gemäß der Bedeutung, die sie den einzelnen Suchergebnissen beimisst. URLs bzw. Web-Quellen, denen eine hohe Bedeutung und Übereinstimmung mit dem Suchbegriff des Nutzers beigemessen wird, werden zuerst genannt, d. h., die Suchergebnisse werden einem Ranking unterzogen. Bedingt durch den großen Umfang von Suchergebnislisten, aber auch durch die Qualität der zuerst gelisteten Ergebniseinträge beachten die Nutzer von Suchmaschinen i. d. R. nur die ersten zwei Ergebnisseiten.
- **Offpage Suchmaschinenoptimierung:** Da die Suchmaschinen von Google überragende Marktanteile haben und andere Suchmaschinen im Hintergrund auf Google zurückgreifen können, ist eine gute Ranking-Position insbesondere bei der Google-Suche von herausragender Bedeutung. Daher sind neben den allgemeinen Kriterien zur Suchmaschinenoptimierung auch die speziellen Google-Kriterien zum Ranking zu beachten bzw. zu optimieren. Der PageRank-Algorithmus von Google ist eine spezielle Methode, die Linkpopularität einer Website oder Web-Quelle festzulegen. Das Grundprinzip lautet: Je mehr fremde/externe Links auf eine Domain oder URL verweisen (Backlinks), umso höher ist ihr PageRank, und je höher der Rank-Wert

der externen verweisenden Seiten ist, desto größer ist dieser Effekt für die zu bewertende Web-Quelle. Die Linkpopularität ist damit ein Maßstab für die Bedeutung einer Website im Netzwerk. Der PageRank quantifiziert die Linkpopularität und beeinflusst damit erheblich die Positionierung in den Suchergebnislisten. Für einen Online-Anbieter ist es daher wichtig, von externen Websites (z. B. Partner, Portale, Communities) verlinkt zu werden, deren PageRank höher ist als der eigene.[10]

Erweitertes Suchmaschinenmanagement

Die Website eines Unternehmens und Anbieters ist i. d. R. sehr umfassend und hat den Anspruch auf Vollständigkeit der Informationen und Angebote. Darunter kann die Usability für den Interessenten leiden, wenn er z. B. erst tief in die Navigation eindringen muss, um (vielleicht) zu den gewünschten Informationen und Angeboten zu gelangen. Zudem entsteht der Eindruck, dass alles, was nicht am Anfang z. B. auf der Homepage oder in der Hauptnavigation steht, nicht so bedeutend ist oder nicht der Kernkompetenz entspricht. Vergleichbar bewerten das auch die Suchmaschinen. Je tiefer und verborgener ein Schlagwort in der Navigation der Website angesiedelt ist, umso geringer wird der Wert dieser Seiten für das Schlagwort angesehen. Um diese mögliche Fehlinterpretation zu korrigieren, können **Landing Pages** eingerichtet werden, die die Website zum (ersten) Kontakt umgeben, zur Aktion animieren und zu den konkreten Webseiten weiterleiten. Bei einer Landing Page stehen nur ein bestimmtes Angebot und seine Zielgruppe im Mittelpunkt (z. B. Golfreisen am Mittelmeer). Sie ist klein, übersichtlich und konzentriert sich ohne Ablenkung auf das konkrete Angebot. Sie soll das Vertrauen des Interessenten gewinnen und ihn auf den Hauptinformations- oder Vertriebskanal führen, z. B. durch gezielte Verlinkung auf die konkrete Angebotsseite der Website des Anbieters. Eine Landing Page wird in Bezug auf das konkrete Angebot und die Zielgruppe für Suchmaschinen optimiert. Auf diese Weise können eine Vielzahl von Landing Pages mit unterschiedlichen konkreten Angeboten die Website des Unternehmens umgeben und die Interessenten über die Suchmaschinen gezielt zu den Angeboten im Rahmen der Website führen. Auch entsprechende Unternehmensauftritte in Social-Media-Systemen und Communities können als Landing Pages fungieren.

Bei Suchmaschinen ist zwischen den wie oben beschriebenen offenen Suchergebnissen und den bezahlten Platzierungen zu unterscheiden, die als **Paid Placements** und bei Google als **AdWords** bezeichnet werden. Merkmale dieser auf Keywords basierenden elektronischen Anzeigen (Keyword Advertising) sind:

---

10 Durch Integration der Google-Toolbar in den Webbrowser kann der PageRank einer aufgerufenen URL angezeigt werden. Die Links fremder Seiten auf die eigene Website werden Backlinks genannt. Es gibt Web-Dienste, die diese Backlinks ermitteln und die verweisenden externen Seiten mit ihrem PageRank darstellen. Da die Qualität dieser Dienste, wenn sie kostenfrei angeboten werden, aber nicht gewährleistet ist und sie nur vereinfacht zur Kundengewinnung angeboten werden, wird hier auf konkrete Verweise verzichtet.

- Sie erscheinen nur bei Suchvorgängen zu den Begriffen, die beworben werden sollen. Das von den Interessenten aktuell Gesuchte wird beworben.
- Die Suchbegriffe/Keywords werden durch den Werbetreibenden selbst definiert (AdWords).
- Das Ranking richtet sich nach dem Gebot des Werbenden im Wettbewerb mit anderen, die zu demselben Keyword Gebote an die Suchmaschine gemacht haben. Es wird ein Geldbetrag pro Weiterleitung geboten, und die Kosten der Werbekampagne ermitteln sich aus dem gebotenen Betrag und der Anzahl der Weiterleitungen auf die Website des Werbenden (Cost per Click). Sie können zeitlich budgetiert werden. Die Einträge und Links zu den beworbenen Keywords werden als Anzeigen gekennzeichnet.

Offpage-Aktivitäten

Im Folgenden werden Werbemaßnahmen auf Partnerwebsites angesprochen, die Interessenten relevanter Zielgruppen zur beworbenen Website führen sollen:

- **Banner und Pop-up** sind elektronische Anzeigen in Verbindung mit externen Websites, die entsprechende Werbeplätze kostenpflichtig oder im Tausch unter Partnern anbieten. Um die passenden Zielgruppen mit dieser elektronischen Werbung zu erreichen, sollten die Werbepartner thematisch und in ihren Angeboten zueinander passen (z. B. Hotel-Werbung auf Websites von Verkehrsträgern). Während Banner als Elemente in die Partnerwebsite integriert werden, werden Pop-ups in einem eigenen Browser-Fenster mit definierter Größe geöffnet. Pop-ups werden vielfach vom Webnutzer als störend empfunden, und er hat die Möglichkeit, Pop-ups durch seine Browser-Einstellungen zu unterbinden. Die Positionierung von elektronischen Anzeigen wird auch durch Online-Dienstleister angeboten, die den Austausch der Anzeigen automatisiert durchführen. Werbende beauftragen den Dienstleister, Anzeigen auf Websites zu platzieren, die zum Angebot des Werbenden passen. Dazu gibt der Werbende Keywords/Schlagworte vor, die sein zu bewerbendes Angebot beschreiben. Die Anbieter von Werbeplätzen stellen Werbeflächen für Banner auf ihrer Website zur Verfügung, oder sie akzeptieren, dass mit Aufruf ihrer Website Pop-up-Fenster zusätzlich übermittelt werden. Sie können dazu die passenden Themen (Keywords) vorgeben, zu denen sie Werbeplätze anbieten. Wird nun von einem Web-Client eine werbungtragende Webseite aufgerufen, fordert diese per Verlinkung die Werbebotschaft vom Dienstleister ab, die dann in den Werbeplatz eingebunden wird. Der Dienstleister arbeitet mit automatisierten Regeln, welche Werbung übermittelt wird, wenn mehrere Werbetreibende mit denselben Keywords um knappe Werbeplätze konkurrieren, z. B. Bieterverfahren mit dem Abrechnungsmodell „Cost per Click".[11]

---

11 Google bietet in Erweiterung seines AdWords-Service (s. o.) den Dienst AdSense an. Die Anzeigen von AdWords-Kunden werden auf Webseiten angezeigt, die Google entsprechende Werbeplätze

- Ein **Affiliate-Programm** ist eine Vermittlungsvereinbarung zwischen einem On-line-Anbieter (Händler) und einem Vertriebspartner (Affiliate), der die Leistungen des Händlers auf seiner Website zur Vermittlung anbietet. Die Vermittlung geschieht durch einen Affiliate-Link, der einen speziellen Code enthält, der den Affiliate eindeutig beim Händler identifiziert, sodass er erkennt, von wem der Kunde vermittelt wurde. Affiliate-Systeme basieren auf Vermittlungsprovisionen, bei tatsächlichem Umsatz oder messbarem Kommunikationserfolg werden Provisionen bezahlt (Cost per Transaction).[12]
- Insbesondere themen- und branchenorientierte oder regional ausgerichtete Webportale bieten **Content-Partnerschaften** an. Content-Partner können ihre Inhalte an definierte Stellen in die Portale integrieren. Arbeitstechnisch kann das umgesetzt werden, indem die Partner im Content-Management-System des Portals Zugriffsrechte für die Webinhalte bekommen, die sie betreffen und für die sie verantwortlich sind (z. B. www.germany.travel/de/staedte-kultur/staedte/, www.reiseland-niedersachsen.de/reiseziele).
- Der Begriff der **Offenen Systeme** wird zunächst dadurch definiert, dass die Nutzer selbst Inhalte und Beiträge in die Systeme einbringen (User generated Content). Einerseits kann es sich dabei um eigentümer- bzw. unternehmensgebundene Systeme handeln, in die über offene Schnittstellen Content und Angebote integriert werden können, z. B. Google Maps, YouTube. Andererseits kann es sich um Systeme handeln, die in offenen Communities gemeinschaftlich betrieben werden (z. B. www.openstreetmap.de, www.wikipedia.de, www.wikitravel.org). Offene Systeme beteiligen die Webnutzer an der Erstellung und Pflege ihrer Inhalte, um dadurch die Intelligenz und das Wissen der Masse verfügbar zu machen und um virtuelle Gemeinschaften zu bilden (Social Communities, vgl. Kap. 2.9). Mashup kann als Ausprägung Offener Systeme gesehen werden, die Inhalte verknüpfen. Ein Anbieter einer Website kann beispielsweise Kartenmaterial (Google Maps) in die eigene Website einbinden und zusätzlich mit werbenden Markierungen versehen, die z. B. auf Medien in Foto- oder Video-Communities verweisen (vgl. Kap. 2.3).

Anonyme Webnutzungs- und Erfolgsanalyse

Logfile-Analyse und skriptbasierte Analyse
Eine anonyme Auswertung und Erfolgsanalyse der Onpage- und Offpage-Aktivitäten ist bedingt durch die technische Struktur des Internets vergleichsweise einfach

---

zur Verfügung stellen. Google stimmt dabei automatisch die Keywords der AdWords-Kunden mit den Inhalten der die Werbung tragenden Webseiten ab (Crawler-Technik). So können beispielsweise auf Webseiten mit Reisereportagen einer Online-Zeitschrift Anzeigen von Ferienhausanbietern oder Hotels von Google gesteuert angezeigt werden.

12 Der Online-Händler Amazon bietet ein entsprechendes Affiliate-Programm an. Reise-Portale nutzen das, um als Affiliate z. B. den Kauf von Reiseutensilien zu vermitteln.

und automatisiert für jeden Website-Anbieter möglich. Jeder Abruf einer Webdatei bzw. einer URL durch einen Web-Client wird standardmäßig vom Webserver in einer Zugriffsprotokoll-Datei (Logfile) mit zumindest folgenden Daten gespeichert:
- IP-Nummer des abrufenden Clients
- Zeitpunkt des Aufrufs und URL der aufgerufenen Datei
- verweisende Domain oder URL (Referrer), die zum Aufruf geführt hat
- Angaben zum Endgerät des Clients (Gerätetyp, Betriebssystem, Browser, Bildschirmauflösung).

Diese Zugriffsdaten ermöglichen Nutzungs- und Erfolgsanalysen mit beispielsweise folgenden Fragen, die statistisch ausgewertet beantwortet werden können (Logfile-Analyse), z. B.:
- Wann erfolgen die Aufrufe bzw. gibt es Stoßzeiten, zu denen die technische und performante Verfügbarkeit gesichert werden muss?
- Wie viele Seiten werden in einem Zeitraum insgesamt abgerufen bzw. wie hoch ist die Kennzahl der Page Impressions (Webseitenaufrufe pro Tag, pro Woche oder Monat)?
- Welche Klickpfade werden genutzt, wie navigieren die Nutzer in der Website?
- Wie groß ist die Zeitdifferenz, bis eine Folgeseite aufgerufen wird, d. h. näherungsweise, wie lange verweilt der Nutzer auf einer Seite?
- Verlässt er die Site schon nach Ansicht der Homepage oder nach wenigen Seiten, sodass angenommen werden muss, dass seine Wünsche nicht befriedigt werden?
- Bei welchen Webseiten beenden die Nutzer die Seitenfolge und verlassen die Website, z. B. bei Seiten, in denen persönliche Daten vom Nutzer oder Kaufentscheidungen verlangt werden?
- Wie viele zeitlich und inhaltlich zusammenhängende Aufrufe erfolgen und wie hoch sind die Kennzahlen der Visits als Merkmale für das Interesse an der Website,
  - wie viele Besuche bzw. zusammenhängende Aufruffolgen pro Tag, pro Woche oder Monat?
  - Wie viele Seiten (Page Impressions) schaut der Nutzer in Folge an, wie viele Seiten pro Visit?
- Welche Webdateien/URLs werden wie häufig genutzt? Gibt es Favoriten, die evtl. einer besonderen Aufmerksamkeit und Pflege bedürfen, oder gibt es unbeachtete Dokumente, für die ein weiterer Aufwand nicht lohnt?
- Die Client-IP-Nummern geben, auch wenn sie dynamisch vergeben werden, Auskunft über die Provider der Clients und über ihre regionale Verortung. Mit Providern, die in der Nutzerschaft sehr verbreitet sind, können beispielsweise werbende Kooperationen eingegangen werden. Bei örtlichen Clustern können Aktionen regional fokussiert werden. Wiederkehrende statische IP-Nummern lassen auf Online-Bindungen schließen.

- Wer sind die Referrer?
  - Sind die Online-Werbepartner erfolgreiche Referrer und wie viele Visits vermitteln sie?
  - In welchem Umfang werden Suchmaschinen genutzt? Welche Suchbegriffe werden genutzt?
- Wie sind die Endgeräte der Clients ausgestattet? Die Programmierung und Gestaltung der Website müssen an die technische Entwicklung der Endgeräte und ihrer Browser angepasst werden.
- Wie entwickeln sich diese statistischen Werte im Zeitablauf und in der Folge von Werbekampagnen? Wie entwickeln sich die eigenen Analyseergebnisse im Vergleich zu den allgemeinen Ergebnissen der Online-Marktforschung?

Zu diesen Fragen liefern die Logfiles die Datenbasis, die mit einer Analyse-Software statistisch ausgewertet werden kann. Die genannten Fragen und Beispiele zeigen, dass damit wertvolle Erkenntnisse zur Steuerung und Konzeption von Online-Aktivitäten gewonnen werden. Die Provider der Webserver bieten i. d. R. die Durchführung der Analyse an und stellen die Ergebnisse den Anbietern der Website online, durch Login geschützt zur Verfügung. Einfache Analysen werden vielfach ohne zusätzliche Kosten angeboten.

Technisch bedingt können die Logfiles nicht alle Zugriffe detailliert erfassen, sodass es sich um eine große Stichprobe handelt. Um eine nahezu Vollerhebung zu realisieren oder um Analysen durchführen zu können, deren Datenbasis noch detaillierter und umfassender ist, kann die Technik der integrierten Skripte eingesetzt werden. Sie werden von Dienstleistern zur Verfügung gestellt und in die HTML-Codierung der zu analysierenden Webseiten eingebaut. Mit diesen Skripten werden die Mess- und Analyseparameter festgelegt und beim Aufruf oder Verlassen einer jeweiligen Seite ihre Werte ermittelt, z. B. zusätzliche Angaben zu den Aktionen und Auswahlentscheidungen des Clients. Das Skript schickt diese Werte an die Datenbank des Dienstleisters, der sie mit einer entsprechenden Analyse-Software statistisch auswertet.[13,14]

IVW-Skript zur Nutzungs- und Erfolgsanalyse
Ergänzend sei auf die Informationsgemeinschaft zur Feststellung der Verbreitung von Werbeträgern (IVW) hingewiesen, die die Förderung der Wahrheit und Klarheit der Werbung auf Basis freiwilliger Mitgliedschaften zum Ziel hat. Ein IVW-Skript wird

---

13 Clientseitige Scriptsprachen wie JavaScript haben einen standardisierten Befehlsvorrat, der mit HTML kompatibel ist und integriert werden kann, um den Funktionsumfang der reinen HTML-Programmierung zu erweitern.
14 Google Analytics bietet dies einfach und kostenfrei an. Die Demo-Versionen unter www.matomo.org (frei nutzbares System) oder www.etracker.com (kostenpflichtiges System) zeigen umfangreichere Systeme.

in die Webseiten integriert, deren Nutzung protokolliert und mit wenigen, aber wichtigen Kennzahlen veröffentlicht werden soll. Oben genannte Kennzahlen wie z. B. Page Impressions und Visits werden aktuell für die ca. 1.500 Teilnehmer ermittelt und veröffentlicht. Mit ihren Nutzungszahlen weisen sich die Teilnehmer (z. B. Verlage und Medienunternehmen) gegenüber Werbenden mit ehrlichen, von einem unabhängigen Dritten (IVW) gemessenen Zahlen aus (www.ivw.eu bzw. ivw-online.de, Stand 5/2021).

Zur Bedeutung von Cookies in Bezug zum Nutzerverhalten
Ein Cookie bezeichnet eine kleine Datei (Datenkeks) mit Informationen, die ein Webserver über das aufgerufene HTML-Dokument an den Browser sendet oder durch ein integriertes Script (JavaScript) im Browser des Clients erzeugen lässt. Ein Cookie wird mit einer definierten Gültigkeitsdauer (max. 30 Jahre) und verschlüsselten Informationen im Endgerät des Clients gespeichert. Er kann bei späteren Zugriffen von demselben Webserver oder seinen autorisierten Partnern ausgelesen werden, die seine verschlüsselte Information interpretieren können.

Zur Umsetzung verbindlicher Geschäftstransaktionen sind Cookies erforderlich, da sie nicht über eine von Transaktionsanfang bis -ende stehende Verbindung vollzogen werden (vergleichbar einem Telefongespräch), sondern als eine Folge von einzelnen Kommunikationsvorgängen (gemäß Grundstruktur des Internets), z. B. zur Produktrecherche, zur Auswahl mit Warenkorb und zum Bezahlen. Die als eine Geschäftstransaktion zusammenhängenden Kommunikationsvorgänge werden durch ein Cookie, der zu Beginn der Transaktion gesetzt und durch die Folgevorgänge wiedererkannt wird, als Prozess zusammengeführt. Nach Abschluss einer Geschäftstransaktion (z. B. Buchung einer Reise) werden diese temporären Cookies nicht mehr benötigt und gelöscht.

Cookies werden aber auch eingesetzt, um Werbedienste über einen längeren Zeitraum zu realisieren, indem z. B. aufgerufene Webseiten Informationen zu genutzten Inhalten, zum Nutzerverhalten und damit zu seinen Interessen hinterlassen. Bei einem späteren Aufruf derselben Website oder eines Werbepartners können diese Cookies interpretiert werden, um vermeintlich passende Werbung und Angebote an den Client zu übermitteln.

Die Cookies können auch von kooperierenden Werbedienstlern und -partnern gesetzt, ausgewertet und genutzt werden, und mit ihnen kann die Navigation eines Nutzers nachvollzogen werden (Tracking)[15]. Mit dem Klick auf eine Bannerwerbung kann ein Cookie gesetzt werden. Kauft der Kunde dann später (z. B. bis 14 Tage nach der Markierung) mit demselben Endgerät und Browser, wird dies als Konversion der Werbemaßnahme registriert. Damit können Konversionsraten von Online-Werbung ermittelt, Werbekampagnen analysiert und zwischen den Werbepartnern abgerechnet werden.

---

15 Die Google-Tochtergesellschaft (ehemals) Doubleclick ist ein bedeutendes Beispiel (heute unter: https://marketingplatform.google.com/, vgl. auch die Darstellung zur Nutzung der Cookies unter www.google.de/intl/de/policies/technologies/cookies, Stand: 5/2021).

Cookies sind für Geschäftstransaktionen erforderlich und müssen dafür vom Nutzer bzw. seinem jeweiligen Browser zugelassen werden. Wenn die weitergehende Nutzung von Cookies als störend empfunden wird, hat der Nutzer mit den Einstellungen seines Browsers die Möglichkeit, das Setzen von Cookies einzuschränken und/oder mit dem Schließen des Browser-Programmes alle gesetzten Cookies automatisch zu löschen. Die Webnutzung kann im privaten Modus des Browsers erfolgen, dann werden derartige Einschränkungen standardmäßig im Browser vorgesehen. Cookies und ihre Einschränkungen werden stets einem Browser zugeordnet und können bei Nutzung mehrerer Browser nicht übergreifend genutzt werden.

Diese Steuerungsmöglichkeiten durch den Nutzer und die technischen Einschränkungen lassen deutlich werden, warum aus Sicht der Werbetreibenden und ihrer Dienstleister das Arbeiten mit Cookies unzureichend ist für weitergehende Analysen des Zielgruppen- und Kundenverhaltens mit dem Ziel der direkten Ansprache und Personalisierung. Diesbezüglich werden serverseitige Technologien entwickelt und eingesetzt. Dynamische Preisangebote während bzw. in Echtzeit eines Kundenbesuchs zur Angebotssuche und -auswahl können als Beispiel zur gezielten Kundengewinnung genannt werden (z. B. Preis- und Beratungsangebote in Echtzeit einer Suche nach Flügen.)

Durch ihre freiwilligen Registrierungen in Web- und Social Media-Systemen ermöglichen die Kunden, dass ihre Online-Bewegungsdaten, ihre Aktionen (z. B. elektronische Warenkörbe und Geschäftstransaktionen) zusammengeführt und individuell oder im Rahmen von Zielgruppen analysiert und für geeignete Online-Marketingmaßnahmen genutzt werden können. Das Ziel ist ein kundenindividuelles Beziehungsmanagement.

Elektronisches Beziehungsmanagement und Datawarehouse
Das elektronische Beziehungsmanagement hat die zielorientierte Pflege gewonnener Kontakte und bestehender Beziehungen mithilfe internetbasierter Kommunikationen zur Aufgabe (Electronic Customer Relationship Management – E-CRM). Um ein elektronisches Beziehungs- und Kundenbindungsmanagement aufzubauen, müssen mit einer hohen Usability, geeigneten Services und Mehrwerten Anreize geschaffen werden, sodass die Besucher bereit sind, in eine personalisierte Beziehung mit dem Online-Händler einzutreten. Durch Service und Mehrwerte, die nur einer dafür registrierten Nutzerschaft zur Verfügung gestellt werden, können Anreize zu einer persönlichen Registrierung geschaffen werden. Die Registrierung und die anmeldepflichtige Nutzung der Mehrwerte sind die Basis für ein elektronisches personalisiertes Customer Relationship Management. Die konkrete Nutzung anmeldepflichtiger Dienste kann in Datenbanken gespeichert und unter Wahrung der Persönlichkeits- und Datenschutzrechte ausgewertet werden (vgl. weiterführend Kap. 5.4). Newsletter beispielsweise werden i.d.R. so aufgebaut, dass zu einem Thema ein kurzer Anrisstext (Teaser) mit einem kleinem Vorschaubild (Thumbnail) dargestellt wird, der auf

eine detaillierte Darstellung des Themas verweist. Klickt der Leser den Verweis an, wird das Dokument vom Server des Newsletter-Versenders an den Leser übermittelt. Dieser Aufruf und jeder weiterführende Link kann serverseitig gespeichert werden, um damit Informationen über das gezeigte, vertiefte Interesse der registrierten Leser zu gewinnen.[16]

Diese Daten werden in einem Datawarehouse gemeinsam mit den Daten aus weiteren Kommunikations- und Vertriebskanälen sowie aus den Geschäftstransaktionen des Unternehmens strukturiert verwaltet (sogenannt: „Big Data"). Sie sind die Basis für Analysemethoden zum Data-Mining, um beispielsweise detaillierte Kunden- und Zielgruppenprofile, Verhaltensmuster und Kundenwerte zu ermitteln. Diese Erkenntnisse können Strategien und Aktionen zum One-to-One-Marketing mit personalisierten individuellen Angeboten ermöglichen. Ein sehr weit gehendes Ziel kann die Produktion individueller Angebote mit der Effizienz einer Massenproduktion (Mass Customization) sein. Für Reiseveranstalter kann die Produktion individueller Reiseangebote auf Basis der Dynamic-Packaging-Technologie ein Beispiel sein (vgl. Kap. 4.6).

Literaturquellen

Ertel, W., Löhmann, E., Angewandte Kryptographie, 6. Aufl., München 2020.
Hansen, H. R., Mendling, J., Neumann, Wirtschaftsinformatik, 12. Aufl., Berlin/Boston 2019.
Horster, E., Suchmaschinenmarketing im Tourismus: Digitales Tourismusmanagement, München 2014.
Kreutzer, R. T., Online-Marketing, 2. Aufl., Wiesbaden 2019.
Lammenett, E., Praxiswissen Online-Marketing, 8. Aufl., Wiesbaden 2021.

Internetquellen (Stand 5/2021)

BITKOM – der Hightech-Verband, www.bitkom.org.
DENIC eG, Non-Profit-Dienstleister für die Domain-Vergabe unter der Top Level Domain „.de", www. denic.de.
IVW, Informationsgemeinschaft zur Feststellung der Verbreitung von Werbeträgern e.V., www.ivw.eu.
Open Travel Alliance, Guidelines des World Travel & Tourism Councils WTTC, www.opentravel.org.
Web-Projekt SELFHTML, deutschsprachige offene Dokumentation zu HTML und verwandten Technologien, www.selfhtml.org.
Verband Internet Reisevertrieb e.V., www.v-i-r.de.
World Wide Web Consortium zur Standardisierung der Web-Technologien, www.w3c.org.
Weitere Verweise zu konkreten Service-Anbietern werden als Beispiele im Text genannt.

---

16 Dies ist nicht nur eine technische, sondern auch eine persönlichkeits- und datenschutzrechtliche Frage. Wenn eine personalisierte Beziehung zum Webkunden aufgebaut werden soll, muss er seine Daten dafür zur Verfügung stellen und mit der definierten Verwendung beweisbar einverstanden sein (vgl. Kap. 5.5).

2.3 Geoinformationen im touristischen Umfeld

Thomas Brinkhoff

Die Mehrzahl touristischer Informationen enthalten raumbezogene Angaben: Die Lage des Hotels, die Anfahrtsskizze zum Flughafen, der Plan mit den wichtigsten Points of Interest (POI) in der Innenstadt, die Ströme touristischer Mobilität im Sommer oder die Geocaches in einer Destination sind einige wenige Beispiele. Von daher ist es für Tourismusexperten wichtig, einen Einblick in die Grundlagen von Geoinformation zu haben („What is special about spatial?") und die wesentlichen Eigenschaften der IT-Systeme zu kennen, die für die Verarbeitung von Geoinformationen eingesetzt werden. Auf dieser Basis ist es möglich, bestehende touristische IT-Anwendungen zu bewerten und innovative Systeme zu entwickeln.

2.3.1 Geoinformation

Mit Geoinformationen sind Informationen gemeint, die einen Raumbezug aufweisen. Sie beschreiben typischerweise einen Teil der Erdoberfläche und die darauf befindlichen technischen und administrativen Einrichtungen. Liegen Geoinformationen kodiert vor, so spricht man von Geodaten.

Raumbezug
Ein Raumbezug kann in unterschiedlicher Weise hergestellt werden:
Direkter Raumbezug: Hierbei wird die Lage von Punkten durch Koordinaten bezüglich eines Koordinatensystems beschrieben. Dabei ist zu beachten, dass die Gestalt der Erde sich mathematisch nicht exakt definieren lässt. Eine gute Annäherung stellen Ellipsoide dar. Bei geografischen Koordinatensystemen wird eine Position der Erdoberfläche über Angaben im Winkelmaß bezogen auf den Äquator und einen Nullmeridian des Ellipsoiden festgelegt. Die Abweichung vom Äquator wird als geografische Breite und die Abweichung vom Nullmeridian als geografische Länge bezeichnet; ggf. erfolgt zusätzlich eine Höhenangabe. So sind zum Beispiel die WGS84-Koordinaten des Navigationssatellitensystems GPS geografische Koordinaten, die auf der linken Seite von Abb. 2.3.1 illustriert werden.

Um Geoinformationen auf einer ebenen Oberfläche (z. B. Papier oder Bildschirm) darzustellen, wird eine mathematische Abbildung von Positionen der Erdoberfläche in die Ebene benötigt. In Abhängigkeit von dem dazu gewählten projizierten Koordinatensystem kann es – je nach Lage und Größe des Gebietes – zu Verzerrungen kommen. Öffentliche Einrichtungen geben Geodaten oftmals mit projizierten Koordinaten ab (z. B. in ETRS89/UTM Zone 32N).

Eine weitere Form des direkten Raumbezugs stellen Kilometrierungen bezüglich eines Linienverlaufs (z. B. Straßen) dar.

Indirekter Raumbezug: Die Beschreibung der Lage erfolgt über Ortsbezeichnungen, Adressangaben oder Kennziffern. Verbreitete Kennziffersysteme sind Postleitzahlbezirke, Vorwahlgebiete und amtliche Gemeindenummern.

Symbolischer Raumbezug: Hierbei erfolgt der Raumbezug durch Angaben, die die Lage für den Menschen verständlich wiedergeben und sich dabei auf andere Objekte beziehen. Die Fahrtanweisung eines Navigationssystems („an der nächsten Kreuzung rechts abbiegen") ist ein typischer Vertreter des symbolischen Raumbezugs.

In touristischen Anwendungen treten alle drei Formen des Raumbezugs auf, oftmals auch in Kombination.

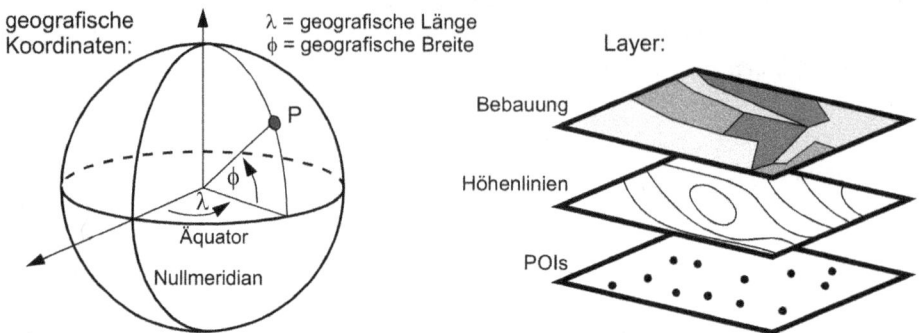

Abb. 2.3.1: Geografische Koordinaten (links) und Layer (rechts).

Modellierung von Geoinformation

Um Informationen der realen Welt in einem rechnergestützten System verarbeiten zu können, ist es erforderlich, diese Informationen und Vorgänge in ein Datenmodell zu überführen. Für die rechnergestützte Repräsentation von Geodaten müssen dazu die wesentlichen Eigenschaften von Geoinformationen berücksichtigt werden, namentlich die Geometrie, die Topologie, die Thematik und die Zeit. Während die beiden erstgenannten Eigenschaften speziell für Geodaten sind, treten thematische und temporale Attribute (also ganz normale Sachdaten bzw. Zeitangaben) auch bei herkömmlichen Daten auf. Die Kombination von Raum und Zeit ist von spezieller Bedeutung, da sich dadurch die Dynamik eines Objektes oder Gebietes beschreiben lässt (z. B. die Auslastung von Skipisten im Laufe eines Tages).

Geometriemodelle

Die geometrischen Eigenschaften von Geodaten dienen zur Beschreibung der Lage und Ausdehnung im Raum. Für ihre Repräsentation lassen sich zwei grundsätzliche Ansätze voneinander unterscheiden:

Vektormodell: Die Geometriebeschreibung beruht auf Punkten, auf deren Basis Linien, Flächen und (in 3-D) Körper gebildet werden. Koordinaten beschreiben die Lage eines Punktes und eine Folge von zwei oder mehr Punkten erzeugt eine Linie.

Eine Fläche wird durch eine oder mehrere geschlossene Linien begrenzt; sie kann ggf. eine oder mehrere Aussparungen (Löcher) aufweisen. Die linke Seite von Abb. 2.3.2 illustriert das Vektormodell.

Bei Nutzung des Vektormodells wird in der Regel die Geometrieeigenschaft mit anderen thematischen Attributen, die für den beschriebenen Raum gelten, und einer eindeutigen Identifikationsnummer zu einem Geoobjekt zusammengefasst, das im Englischen als Geospatial Feature oder kurz nur als Feature bezeichnet wird.

Rastermodell: Dieser Ansatz zerlegt den Datenraum in gleichartige Rasterzellen. Die Rasterzellen (auch Pixel genannt) sind meist quadratisch oder rechteckig und werden über einen Spalten- und Zeilenindex identifiziert. Die Zellen können jeweils einen Wert annehmen; bei Rasterbildern ist dies ein Farb- oder Helligkeitswert; im allgemeinen Fall können aber beliebige Sachattribute in den Rasterzellen hinterlegt sein ("Rasterdaten"). Der Raumbezug muss durch eine Georeferenzierung hergestellt werden, z. B. durch die Angabe der Koordinaten der Eckpunkte eines Rasters. Abbildung 2.3.2 zeigt rechts das Rastermodell.

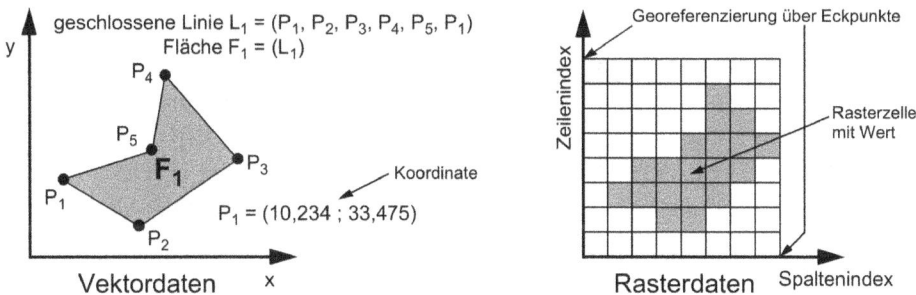

Abb. 2.3.2: Vektor- und Rastermodell.

Beide Repräsentationsformen unterscheiden sich wesentlich in ihren Eigenschaften. So erlaubt das Vektormodell eine höhere Genauigkeit und kann besser in unterschiedliche Auflösungen skaliert werden. Das Vektormodell weist einen Objektbezug auf (so kann z. B. nach Anklicken einfach das zugehörige Geoobjekt mit seinen übrigen Eigenschaften identifiziert werden) und kann damit weitgehend analysiert werden. Letzteres möchte man aber oftmals dem Endnutzer nicht ermöglichen, sodass man dann lieber "dumme" Rasterbilder ausliefert. Auch harmoniert das Rastermodell gut mit wichtigen Aufnahmeverfahren (z. B. für Luft- oder Satellitenbilder) und Ausgabegeräten (Bildschirm). Von daher muss jeweils im Einzelfall bei einer touristischen Anwendung entschieden werden, ob das Vektor- und/oder Rastermodell für die Geodatenrepräsentation verwendet werden soll.

Gleichartige Geoobjekte oder zusammengehörige Rasterdaten werden zu einem Layer (thematische Ebene) zusammengefasst (z. B. Straßen, Eisenbahnlinien, Sehenswürdigkeiten, Hotels, Pensionen usw.); Abbildung 2.3.1 zeigt auf der rechten

Seite drei Layer. Thematisch verwandte Layer (z. B. alle Verkehrswege oder Beherbergungsbetriebe) können gruppiert werden.

Topologie

Die topologischen Eigenschaften dienen zur Beschreibung der relativen räumlichen Beziehungen von Objekten zueinander, wobei von der Geometrie abstrahiert wird. Typische Fragestellungen sind:

– Welche Flächen grenzen aneinander?
– Welche Linien schneiden ein Gebiet?
– Welche Linien folgen einer Linie?
– Welche Punkte liegen auf einer Linie oder in einem Gebiet?

Topologische Eigenschaften können entweder aus den geometrischen Eigenschaften abgeleitet werden oder explizit im Datenmodell repräsentiert werden. Meist wird man für touristische Anwendungen dem ersten Ansatz folgen (z. B., um zu bestimmen, in welcher Stadt sich ein Tourist sich mit seiner mobilen Anwendung befindet), da es sich hier meist um Fragestellungen handelt, die (anders als z. B. im Katasterwesen) nicht hoch präzise und widerspruchsfrei beantwortet werden müssen. Eine wichtige Ausnahme stellen aber Navigationsanwendungen dar. Für die Berechnung des kürzesten Weges von einer aktuellen Position zu einem Ziel oder den drei nächstgelegenen Restaurants benötigt man ein Netzwerk als topologisches Knoten-Kanten-Datenmodell, bei dem die Knoten die Punkte im Raum und die Kanten die direkten Verbindungen zwischen zwei Knoten mit ihren wesentlichen Eigenschaften (oftmals Entfernung oder Zeitbedarf) repräsentieren.

Karten und Pläne

Karten dienen der Präsentation von Geoinformationen. Dazu werden die Geodaten so visualisiert, dass die Informationen, die vermittelt werden sollen, möglichst hervorgehoben dargestellt werden.

Für die Präsentation von Geodaten in Karten auf dem Bildschirm oder in gedruckter Form muss daher zusätzlich die Gestaltung (engl. Styling) der Geodaten festgelegt werden. Vektordaten werden durch grafische Stellvertreter („Signaturen") visualisierbar. Da Punkte keine Ausdehnung besitzen, müssen sie durch spezielle Punktsymbole („Icons") darstellbar gemacht werden. Auch für Linien gibt es spezifische Signatureigenschaften (Strichmuster, Anzahl der Linien usw.). Für Flächen stehen Liniensignaturen für den Rand sowie Füllmuster/Schraffuren für das Flächeninnere zur Verfügung. Bei allen Signaturen ist deren Größe (Symbolgröße, Liniendicke, Abstand der Schraffuren usw.) ein wichtiges Gestaltungsmittel. Gleiches gilt für die Wahl der Farben bzw. Graustufen sowie der Sichtbarkeit bzw. Transparenz. Abbildung 2.3.3 illustriert verschiedene Punkt-, Linien- und Flächensignaturen.

Auch für die thematischen Eigenschaften von Geoobjekten bzw. die Werte in den Rasterzellen sind geeignete Gestaltungsregeln festzulegen. Qualitative Eigenschaften, die sich durch (endliche) Aufzählungen repräsentieren lassen (z. B. die Hotelkategorie), können durch eine abgestufte Farbgebung, durch Symbole o. ä. visualisiert werden. Quantitative Eigenschaften, die aus einem (im Prinzip unendlichen) Zahlenbereich stammen, lassen sich über einen Farbverlauf darstellen. Alternativ kann eine Intervallbildung vorgenommen werden (z. B. Hotels mit weniger als 20 Betten, Hotels mit 20 bis 49 Betten usw.), sodass die gleichen Gestaltungsmittel wie bei den qualitativen Eigenschaften einsetzbar sind und Kategorien damit voneinander unterscheidbar werden. Nominale Eigenschaften wie Namen und Kodierungen, aber auch schlecht visuell darstellbare quantitative oder qualitative Eigenschaften können über Textsignaturen in eine Karte aufgenommen werden. Spezifische Textsignatureigenschaften sind u. a. Schriftarten, Textdekorationen und Platzierungsregeln in der Karte.

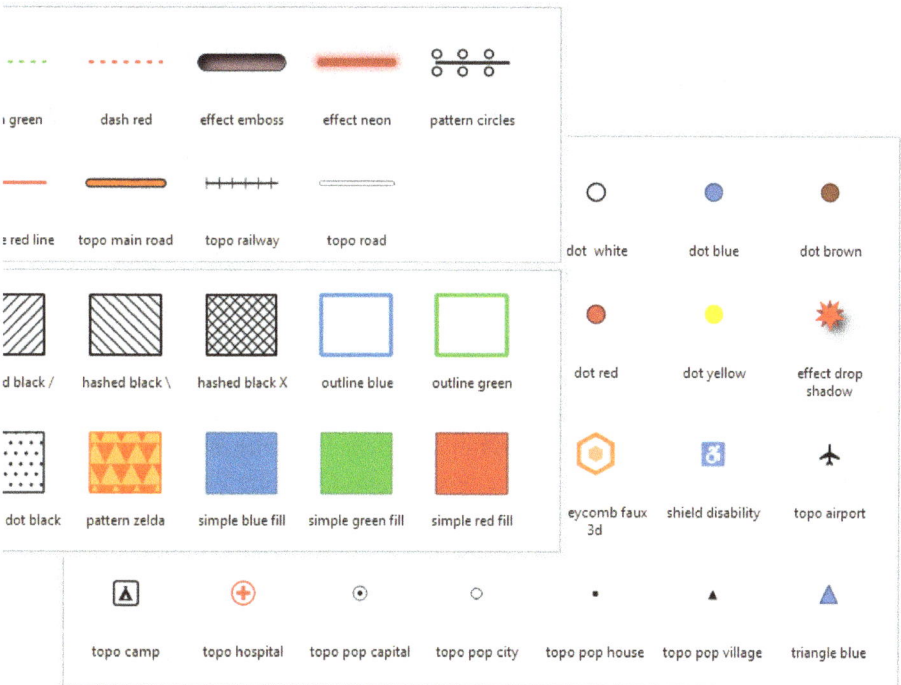

Abb. 2.3.3: Eine Auswahl von in QGIS vordefinierten Punkt-, Linien- und Flächensignaturen.

Die Sichtbarkeit von Signaturen hängt zudem von einem weiteren Faktor ab: Layer werden in einer vorgegebenen Reihenfolge dargestellt. Damit überdecken später dargestellte Signaturen vorher gezeichnete. Auch lassen sich für unterschiedliche Maßstabsbereiche unterschiedliche Gestaltungseigenschaften definieren.

Ein wichtiges Konzept zur Gestaltung von Karten ist die Generalisierung; dabei werden für die Erstellung einer lesbaren Karte

- wichtige Informationen ausgewählt (z. B. nur Städte mit mehr als 10.000 Hotelbetten oder nur Städte, die von touristischem Interesse sind),
- die Informationen in Abhängigkeit vom aktuellen Maßstab hinreichend vereinfacht, zusammengefasst und/oder klassifiziert (z. B. die Anzahl der Stützpunkte einer Linie, die Darstellung von Einzelhäusern oder Häuserblöcken, die Anzahl oder Sichtbarkeit von POI-Kategorien),
- wichtige Informationen betont (z. B. durch eine vergrößerte Darstellung von Museen in einem Stadtplan oder durch Freistellung von deren Umgebung),
- Objekte verschoben, damit sie nicht mit anderen Objekten überlappen.

Bei Schemaplänen werden Geoinformationen dargestellt, deren topologische Beziehungen im Vordergrund stehen. Im touristischen Umfeld sind hier u. a. Verkehrsverbindungspläne, vereinfachte Wegschreibungen oder Übersichtspläne zu nennen. Auch bei der Darstellung von Skipisten hat die topologische Situation Vorrang vor geometrischer Lagetreue.

Standardisierung und Datenformate

Für einen reibungslosen Datenaustausch („Interoperabilität") sind anerkannte Standards Grundvoraussetzung. Dies gilt auch für Geodaten. Im Bereich der Geoinformation sind auf internationaler Ebene für die Standardisierung zwei Organisationen von Bedeutung: Das „Open Geospatial Consortium" (OGC) ist ein Zusammenschluss von rund 500 Unternehmen, Behörden, Organisationen, Forschungseinrichtungen und Hochschulen. Im Rahmen seiner Programme hat das OGC eine Vielzahl von konzeptionellen Spezifikationen, implementierbaren Standards, Anwendungsempfehlungen und Diskussionspapieren vorgelegt, die meist konkret Anwendung finden. Die Spezifikationen und Standards des OGC werden oftmals vom Technischen Komitee 211 der „International Organization for Standardization" (ISO/TC 211) aufgegriffen, weiterentwickelt und als Normen der 19100er-Reihe publiziert. Wichtige Normen sind:

- ISO 19107 „Spatial Schema" ist ein konzeptionelles Datenmodell, das die räumlichen Eigenschaften von Geoobjekten beschreibt. ISO 19136 „Geography Markup Language" (GML) setzt dieses Modell zum interoperablen Geodatenaustausch in XML um.
- ISO 19125 „Simple Feature Access" spezifiziert eine Untermenge von ISO 19107 insbesondere für die Nutzung in Geodatenbanken.
- ISO 19115 „Metadata" ist das anerkannte Metadatenmodell für Geodaten.

Die Geodatenformate „GeoPackage" und KML, letzteres ursprünglich von Google Earth eingeführt, sind zwei wichtige OGC-Standards zum Datenaustausch. Neben den Geodatenstandards von ISO und OGC werden auch andere Datenformate zum Datenaustausch verwendet. Für Vektordaten sind hier insbesondere ESRI Shapefiles und das textbasierte GeoJSON-Format zu nennen. Für georeferenzierte Rasterdaten wird oftmals GeoTIFF zur Repräsentation genutzt. Die Spezifikation von Koordinatensystemen zum Raumbezug erfolgt fast ausschließlich über EPSG-Schlüssel.

Karten und Pläne können ebenso wie Geodaten entweder in einem Raster- oder in einem Vektorformat bereitgestellt werden. Für Rasterkarten werden dazu die üblichen Rasterbildformate (JPG, PNG, GIF) verwendet. Als Vektorformat für Karten und Pläne hat im Rahmen von HTML5 insbesondere SVG (Scalable Vector Graphics) stark an Bedeutung gewonnen.

Geodatenbeschaffung

Viele Geodaten sind inzwischen frei beziehbar. So bietet das Bundesamt für Kartografie und Geodäsie (BKG) deutschlandweite Geodaten und Geodienste an. Dort können digitale Landschaftsmodelle, Geländemodelle, topografische Karten (bis 1:200.000), Gemeindegrenzen und geokodierte Ortsbezeichnungen frei heruntergeladen werden. Auch offene Datenportale (z. B. das „GovData – Datenportal für Deutschland" und „Open Data Österreich") enthalten (zum Teil recht unstrukturiert) viele landesweite oder regionale Geodatensätze.

Spezifische touristische Geoinformationen wie POIs oder Straßennetze können von kommerziellen oder öffentlichen Anbietern kostenpflichtig bezogen werden. Eine interessante kostenfreie Quelle von solchen (und anderen) Geodaten stellt das Projekt „Open Street Map" (OSM) dar, das die weltweite Kartierung von Straßen und anderen Geodaten durch Freiwillige betreibt. Diese Datenbasis enthält u. a. Informationen über Straßen, Fuß-, Fahrrad-, Feld- und Wanderwege, über natürliche Objekte und Landnutzung, über Freizeit- und Sporteinrichtungen und über Geschäfte. In der Kategorie „Tourismus" sind u. a. Campingplätze, Ferienwohnungen, Freizeitparks, Hotels, Jugendherbergen, Kunstwerke, Museen, Pensionen, Rastplätze, Sehenswürdigkeiten und Touristeninformationen enthalten (vgl. Abbildung 2.3.4). Das tatsächliche Vorhandensein dieser Informationen variiert sehr stark; eine touristische Destination sollte das Einpflegen solcher Daten als Marketingmaßnahme forcieren.

2.3.2 IT-Systeme für Geoinformationen

Für die Verarbeitung und Präsentation von Geoinformationen steht eine Reihe von allgemeinen oder spezifischen IT-Systemen zur Verfügung. Die Wahl des Systems ist u. a. von Aufgabe, Nutzerkreis, Kommunikationsweg, Datenbasis und Budget abhängig.

Geoinformationssysteme

Ein Geoinformationssystem (GIS) ist ein rechnergestütztes System zur Erfassung, Verwaltung, Analyse und Präsentation von raumbezogenen Informationen:

- Die Erfassung von Geoinformation meint neben der unmittelbaren Dateneingabe am Rechner auch den Import von Geodaten aus unterschiedlichen Datenformaten.
- Die Verwaltung umfasst die geeignete Beschreibung, Strukturierung, Speicherung und Abfrage von Geodaten. Neben den eigentlichen Daten sind auch Metadaten vorzuhalten, die die Geoinformationen beschreiben (z. B. abgedecktes Gebiet, Alter, Datenformat, Erfassungsart usw.).
- Die Analyse dient der Informations- und Erkenntnisgewinnung aus den Geodaten. Das Ergebnis können Geodaten, Karten, Sachdaten, statistische Kennziffern, Berichte, Grafiken und andere Formen von Daten sein.
- Die Präsentation umfasst die Visualisierung von Geodaten mittels Karten.

Geoinformationssysteme dienen im touristischen Umfeld insbesondere der Aufbereitung und Bereitstellung von Geodaten für endkundenorientierte Informationssysteme und Anwendungen. Bekannte Systeme sind u. a. ArcGIS von ESRI, GeoMedia von Hexagon und das Open Source System QGIS, dessen Benutzeroberfläche exemplarisch in Abb. 2.3.4 dargestellt ist.

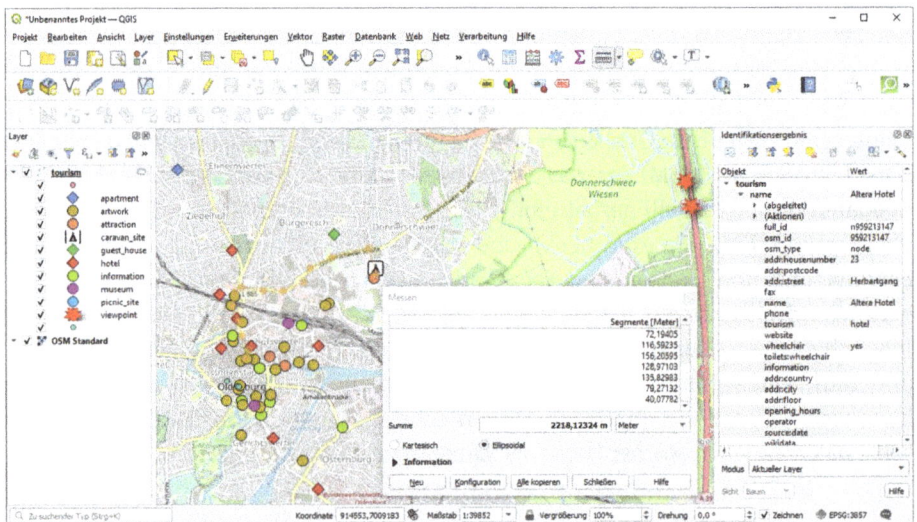

Abb. 2.3.4: QGIS mit touristischen Geoobjekten aus Open Street Map.

Geodatenbanksysteme

Datenbanksysteme erlauben es, große Datenmengen dauerhaft, sicher und effizient zu speichern und bedarfsgerecht abzufragen. Die Struktur der gespeicherten Daten (also der Datenbank) folgt dabei den Vorgaben eines Datenbankmodells, um eine einheitliche und widerspruchfreie Speicherung und Fortführung zu gewährleisten. Die Verwaltungssoftware (das Datenbankmanagementsystem) hat insbesondere auch einen zeitgleichen Mehrbenutzerbetrieb zu unterstützen.

Datenbanksysteme, die die integrierte Speicherung und raumbezogene Abfrage von Geodaten erlauben, werden als Geodatenbanksysteme bezeichnet. Die Struktur und Semantik der Geodaten und der Funktionen, die das Geodatenbanksystem für sie bereitstellt, folgen dabei international anerkannten Standards, um einen interoperablen Datenaustausch zu gewährleisten. Ein Geodatenbanksystem kann zur Verwaltung der Daten eines Geoinformationssystems genutzt werden. Man kann es aber auch unabhängig von einem GIS verwenden, um die nachfolgend vorgestellten Geodienste oder Anwendungen mit Daten zu versorgen. Geodatenbanksysteme mit dem größten Funktionsumfang sind Oracle Spatial sowie PostgreSQL mit der Erweiterung PostGIS.

Geodienste

Eine sehr wichtige Form der Geodaten- und Kartenbereitstellung sind Geodienste (engl. Geospatial Web Services). Ein Geodienst stellt im Internet (oder Intranet) raumbezogene Daten oder Verarbeitungsfunktionalitäten mittels gängiger Webprotokolle zur Verfügung. Als Datenquelle dienen in der Regel Geodatenbanksysteme.

Bei den Geodiensten lassen sich geschlossene Dienste von offenen Geodiensten unterscheiden. Geschlossene Geodienste stellen ausschließlich für spezifische Anwendungsprogramme oder -bibliotheken Geodaten bereit; das Protokoll ist nicht offen und kann daher nicht von anderen Systemen genutzt werden. Ein Beispiel hierfür sind die Luft- und Satellitenbilder, die von Google Earth abgerufen werden. Auch die Kartendienste, auf denen beispielsweise Google Maps, Microsoft Bing Maps oder Apple Maps beruhen, fallen in diese Kategorie.

Offene Geodienste basieren in der Regel auf allgemeinen Geodatenstandards. Sie werden vielfach durch öffentliche Einrichtungen wie z. B. Landesvermessungsämter oder Landkreise angeboten. Für touristische Anwendungen haben insbesondere folgende offene Geodienste Bedeutung:
– Der OGC Web Map Service (WMS) (ISO 19128) liefert frei spezifizierbare Kartenausschnitte in gängigen Raster- und Vektorkartenformaten. Zudem können ggf. für eine Kartenposition Sachdaten abgefragt werden (z. B. eine Beschreibung eines POIs, auf dessen Symbol der Benutzer in der Karte geklickt hat).
– Der OGC Web Map Tile Service (WMTS) produziert anstelle von beliebigen Kartenausschnitten Rasterkacheln in vorgegebenen Größen und Maßstäben. Dies kann die Serverleistung deutlich steigern.
– Die OGC Location Services (OpenLS) stellen Dienste u. a. für Ortssuche, Geokodierung und Navigation zur Verfügung. Der Directory Service dient dazu, nächstgelegene oder anderweitig spezifizierte Orte, Produkte oder Dienste zu finden („Welche

Restaurants befinden sich in 500 m Nähe zu meinem Hotel?"). Der Geocode Service erlaubt eine Geokodierung, die zu einer gegebenen Adresse die Koordinaten berechnet; beim Reverse Geocode Service wird für eine Positionskoordinate die Adresse bestimmt. Der Route Service berechnet serverseitig eine Route unter Berücksichtigung verschiedener Vorgaben. Ergebnisse können Navigationsanweisungen, die Geometrie der Route oder eine Karte mit eingezeichneter Route sein.

Eine Geodateninfrastruktur (GDI) umfasst die technologischen und organisatorischen Maßnahmen und Einrichtungen zur Bereitstellung von Geoinformationen über Geodienste. Der Zugang von (potenziellen) Nutzern zu einer GDI wird in der Regel durch ein Geoportal unterstützt: Dieses ermöglicht die Suche nach den Geodiensten, erläutert die angebotenen Daten und Dienste und stellt außerdem einen Zugriff auf die Geodienste bereit. Ein Beispiel ist das Geoportal der GDI Deutschland, das zum Themenbereich Tourismus Hunderte von Geodatensätzen, Karten und Diensten auflistet.

Web Mapping

Unter Web Mapping versteht man die Bereitstellung von Karten für das World Wide Web. Die Karte wird dazu in eine Webseite eingebettet und mit Navigations- und Auskunftsfunktionen versehen. Die Geodaten werden in der Regel über Geodienste bezogen.

Die Erstellung von Web-Mapping-Anwendungen wird durch diverse Java-Script-basierte Softwarebibliotheken (engl. Application Programming Interfaces – APIs) unterstützt. So bieten die meisten GIS-Hersteller spezifische Softwarepakete an, mit deren Hilfe die Daten eines Geoinformationssystems einfach in eine Webanwendung überführt werden kann. Insbesondere bleiben dabei die Gestaltungsdefinitionen, die bereits im GIS definiert worden sind, für das Web Mapping erhalten.

Sehr populär sind Web-Mapping-Lösungen, die auf Google Maps, Microsoft Bing Maps oder ähnlichen Angeboten beruhen. Hierbei besteht eine enge Kopplung zwischen den Geodiensten und den APIs dieser Anbieter. Die Verwendung solcher Paketlösungen hat eine Reihe von Vorteilen: Die Programmierung ist meist recht einfach und gut dokumentiert, die Basisdaten sind „mit dabei", es stehen Zusatzdienste wie Navigation, Geokodierung und Panoramabilder (z. B. Google Street View) zur Verfügung, das Look-and-Feel ist den Nutzern vertraut, die Kartenbereitstellung ist hoch performant und man kann eigene Daten integrieren. Es sind aber auch Nachteile einzukalkulieren: Der eigene Einfluss auf die Basiskarten ist gering, es fallen häufig nutzungsabhängige Kosten an und die Nutzungsdaten werden an den Dienstanbieter durchgereicht.

Durch das Einbringen eigener Geodaten in eine mit Basisdaten ausgestattete Web-Mapping-Lösung entsteht eine Anwendung, die als „Mashup" bezeichnet wird. Im Anwendungsbereich Tourismus können dies beispielsweise die POIs einer Destination, Wanderwege, Schutzgebiete oder die aktuelle bzw. künftige Belegung von Beherbergungsbetrieben sein. Abbildung 2.3.5 zeigt ein typisches Beispiel für ein Mashup auf Basis von Google Maps.

Einen dritten Lösungsansatz stellen systemunabhängige Softwarebibliotheken dar, die Geodienste integrieren. Prominenter Vertreter ist die freie Open Source Software „OpenLayers", die es erlaubt, diverse Datenformate (u. a. GeoJSON, GML, KML, OSM) und offene Geodienste (u. a. WMS, WMTS, OSM Tile Service) direkt einzubinden. Eine beliebte Alternative dazu stellt die JavaScript-Bibliothek „Leaflet" dar, die einen etwas geringeren Funktionsumfang aufweist, aber einfacher zu nutzen ist.

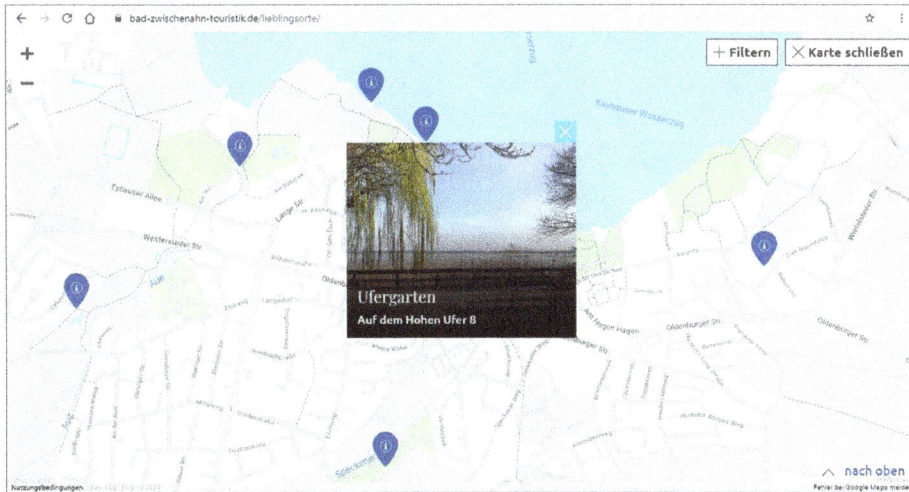

Abb. 2.3.5: Touristisches Mashup auf Basis von Google Maps (Quelle: www.bad-zwischenahn-touristik.de/).

Virtuelle Globen

Virtuelle Globen sind Programme, die die Darstellung der Erde (oder – für touristische Anwendungen zurzeit noch weniger relevant – anderer Himmelskörper) auf Basis eines dreidimensionalen Modells ermöglichen. Ein virtueller Globus erlaubt es, sich die Erde von frei wählbaren Positionen, Höhen und Blickwickeln anzuschauen. Neben Satelliten- und Luftbildern enthält ein virtueller Globus weitere Geodaten (z. B. Straßen, Bahnlinien, Ortsbezeichnungen) und geokodierte Objekte (z. B. Fotos, Wikipedia-Artikel, 3-D-Gebäudemodelle). Google Earth ist der wohl bekannteste virtuelle Globus. Meist werden virtuelle Globen als normale Rechnerapplikationen installiert und genutzt. Alternativ besteht oftmals auch die Möglichkeit, sie in Webbrowsern auszuführen und damit als Web-Mapping-Anwendung zu betreiben. Dies setzt aber beim Nutzer in der Regel die Installation eines entsprechenden Browser-Plug-ins voraus.

Virtuelle Globen erlauben durch die Integration von Nutzerdaten ebenfalls die Schaffung von Mashups. In Google Earth kann dazu das Datenformat KML genutzt werden. Damit können Punkt-, Linien- und Flächengeometrien definiert und mit entsprechenden Signaturen gestaltet werden. Auch ist es möglich, Rasterkarten und WMS-Dienste sowie eigene 3-D-Gebäudemodelle einzubinden. Eine touristische Destination kann beispielsweise entsprechende KML-Dateien bereitstellen, damit potenzielle Besucher die Region bereits mit einem virtuellen Globus vorerkunden können. Wenn Sehenswürdigkeiten als 3-D-Modelle zur Verfügung stehen, ist es zweckmäßig, diese bereits durch den Betreiber des virtuellen Globus serverseitig integrieren zu lassen, wie zum Beispiel Berlin (vgl. Abbildung 2.3.6).

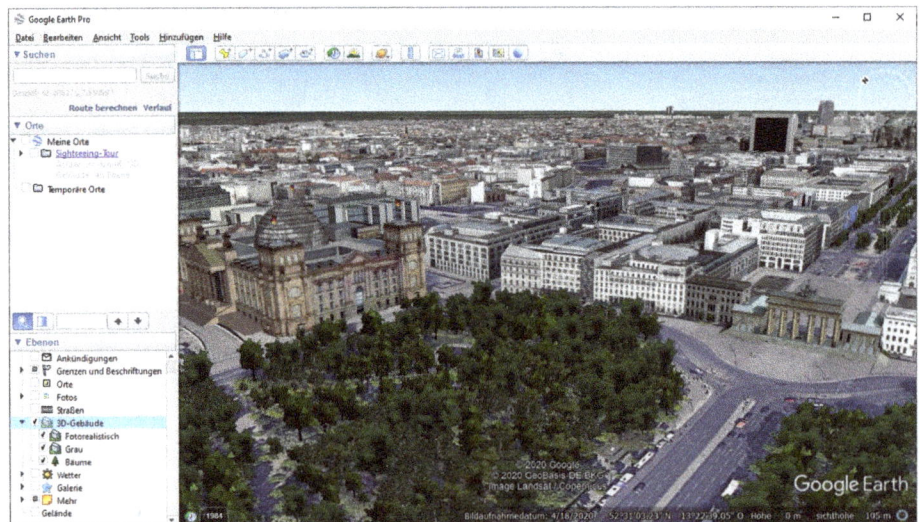

Abb. 2.3.6: Google Earth mit integriertem 3-D-Stadtmodell von Berlin.

Mobile standortbezogene Geo-Anwendungen

Ein wichtiger Anwendungsbereich von Geoinformationen im touristischen Umfeld stellen standortbezogene Dienste (engl. Location based Services – LbS) dar. Die dafür erforderliche Positionsbestimmung erfolgt oftmals über ein globales Navigationssatellitensystem (GNSS) wie GPS, GLONASS und Galileo. Falls kein GNSS verfügbar ist (z. B. in Gebäuden oder Tunneln) oder die vorliegende Positionierung präzisiert werden soll (z. B. aufgrund einer Gebäudeabschattung), werden weitere Verfahren eingesetzt. So ist die WLAN-basierte Ortung eine weit verbreitete Technik.

Eine weiterführende Darstellung der Einsatzmöglichkeiten mobiler Technologien erfolgt im Kapitel 2.8.

LbS werden auf mobilen Geräten genutzt. Hierbei handelt es sich in der Regel um Smartphones und Tablets. Damit muss Software entweder direkt auf Basis des Betriebssystems des mobilen Geräts (derzeit also meist Android oder iOS) oder als Webanwendung in dessen Webbrowser ablaufen. Im ersten Fall spricht man von einer nativen App, im zweiten Fall von einer Web-App. Die Positionierungsinformationen sind in beiden Fällen verfügbar; für Web-Apps wurde dazu im Rahmen von HTML5 die Geolocation API eingeführt. Zudem ist eine Kommunikation mit anderen Geräten, wie beispielsweise Smartwatches oder Action-Camcorder, möglich.

Zweite wichtige Anforderung für Apps und Web-Apps, die Geoinformationen verwenden, ist die Verfügbarkeit einer Kartenanzeige. Eine Kartenanzeige auf einem mobilen Gerät erlaubt i. d. R. die Zentrierung des Kartenausschnitts nach der aktuellen Position und die Ausrichtung der Karte gemäß der Ausrichtung des Gerätes. Hilfreich sind 3-D-Visualisierungen; hierbei kann es aber noch zu Beschränkungen durch die Hardware und/oder Datenübertragung kommen. Für Web-Apps stehen zur Kartenanzeige mobile Versionen von einem Großteil der im Abschnitt „Web Mapping" genannten Systeme zur Verfügung (also z. B. von Google Maps oder OpenLayers). Bei der Entwicklung nativer Apps benötigt man hierfür ein spezifisches SDK (Software Development Kit). So stehen beispielsweise das Google Maps SDK und die ArcGIS Runtime SDK für iOS und Android zur Verfügung. Die Ausführungen machen deutlich, dass eine touristische Anwendung mit Kartenfunktionalität sowohl als native App für spezifische Plattformen oder plattformübergreifend als Web-App realisiert werden kann.

Einen wichtigen Sonderfall von LbS stellen Navigationsanwendungen dar. Während sie früher nur in speziellen Systemen bzw. gekapselten Softwareanwendungen verfügbar waren, lassen sie sich nun über entsprechende APIs leicht in eigene Anwendungen integrieren. Somit stellt aus Nutzersicht eine leicht nutzbare Anfahrtsnavigation zu einer touristischen Destination oder einem Beherbergungsbetrieb eine Muss-Anforderung dar.

2.3.3 Anwendungsbeispiele

Die beiden vorigen Abschnitte haben in die Grundlagen von Geoinformationen und dazugehöriger IT-Systeme eingeführt und dies mit touristischen Anforderungen motiviert bzw. illustriert. In diesem Abschnitt soll nun die Darstellung von touristischen Anwendungen, die Geoinformationen nutzen, strukturiert nach Aufgabengebieten erfolgen. Die Anzahl solcher Anwendungsbeispiele ist quasi endlos; von daher kann der nachfolgende Überblick nur einen kleinen Ausschnitt wiedergeben (vgl. weiterführend Kap. 2.8).

Orientierung

Ein Reisender befindet sich in einem Umfeld, das ihm nicht vertraut ist. Er bedarf also einer geeigneten Unterstützung. Neben gedruckten Karten – die weiterhin ihre Berechtigung haben – können LbS mit einer standortabhängigen Kartenanzeige und Navigationssysteme bei der Orientierung helfen.

Kfz-Navigationssysteme können sowohl der Anreise also auch beim Transport im Urlaubsgebiet bzw. bei einer Rundreise Verwendung finden. Wanderer und Radfahrer haben andere Bedürfnisse: Meist ist nicht die kürzeste, sondern die touristisch interessanteste Route von Interesse. Auch das Wegenetz unterscheidet sich: Wander-, Rad- und Waldwege sollten als navigierbare Geodaten verfügbar sein. Tourenportale und Tourenplaner können die Reisenden bei der Orientierung unterstützen: Dies kann mit vorgefertigten Routen erfolgen, die der Urlauber nach unterschiedlichen Kriterien auswählen kann, oder mittels individueller Routen, die nach den spezifischen Bedürfnissen des Reisenden (Zeit, Interessen, Fitness usw.) berechnet werden. Abbildung 2.3.7 zeigt ein entsprechendes Beispiel.

Bei einer Umkreissuche werden dem Reisenden interessante POIs kenntlich gemacht, die sich in der Nähe von dessen aktuellem Standort befinden, aber (z. B. aufgrund der Bebauung) ansonsten gar nicht beachtet oder gefunden worden wären.

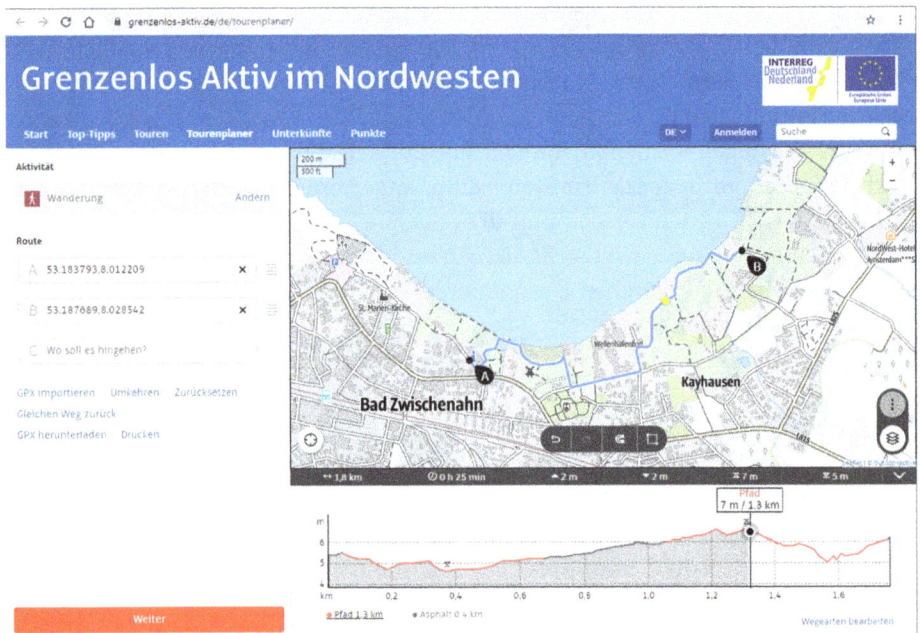

Abb. 2.3.7: Berechnung eines Wanderwegs mit Höhenprofil im Freizeitportal „Grenzenlos aktiv im Nordwesten" (Quelle: www.grenzenlos-aktiv.de/). Die Kartendarstellung erfolgt auf Basis von Leaflet und einer Karte des BKG.

Reiseführer und andere Informationsmaterialien über Reiseziele beinhalten von jeher Karten. Neben der Orientierung ist hier die Verknüpfung der POIs mit Hintergrundinformationen die Aufgabe. Bei der Überführung solcher Systeme in eine digitale Version ist es oftmals nicht ausreichend, eine statische Karte in digitaler Form aufzunehmen.

Dynamische Karten ermöglichen dem Nutzer, das Kartenmaterial zu verschieben, in unterschiedlichen Maßstäben darzustellen oder zwischen unterschiedlichen Karten-Layern zu wechseln. Es können weitere Informationsquellen hinzugefügt werden (z. B. geokodierte Wikipedia-Artikel, Audio- oder Videodaten) oder dem Nutzer die Möglichkeit gegeben werden, die Objekte in den Karten mit eigenen Informationen zu annotieren.

Lehrpfade können einen wichtigen Beitrag für die Urlaubsgestaltung darstellen. Während früher solche Pfade physisch mit Schildern und Schautafeln ausgestattet wurden, kann man nun über LbS virtuelle Lehrpfade entwickeln. Da LbS die orts-, zeit- und interessensbezogene Auswahl von Informationen ermöglichen, können (auf Basis von Geodaten) individuelle Lehrpfade abgeleitet und – je nach Wunsch und Verhalten des Reisenden – angepasst werden. Ein Beispiel wird in Abb. 2.3.8 dargestellt.

Abb. 2.3.8: Energielehrpfad Wilhelmshaven als native Android App (Quelle: studentisches Projekt im Studiengang Geoinformatik, Jade Hochschule Wilhelmshaven/Oldenburg/Elsfleth).

Augmented Reality (AR), also die Anreicherung der Realität um virtuell eingeblendete Informationen, wird in den nächsten Jahren voraussichtlich stark an Bedeutung gewinnen (vgl. Kap. 2.7). So lässt sich über die eingebaute Kamera ein dynamisches Bild der Umgebung auf dem Bildschirm eines Smartphones oder Tablets anzeigen. Zusätzlich können (wiederum interessensbezogen) im Kamerabild weitere Informationen zu den dort sichtbaren Objekten eingeblendet werden (z. B. Baudaten zu einem Gebäude oder Öffnungszeiten eines Restaurants). Hierfür sind zwei raumbezogene Fragestellungen zu lösen: Zunächst ist es erforderlich, relevante Objekte im Bild (mit Hilfe der Position und Ausrichtung des mobilen Geräts) zu identifizieren. Im zweiten Schritt müssen die zu den Objekten vorliegenden Informationen geeignet in das Bild eingeblendet werden. Dabei braucht es sich nicht nur um Sachdaten handeln: So können z. B. auch die Gebäudeumrisse, wie sie in der Vergangenheit existierten oder nach Planungen zukünftig gelten sollen, dargestellt werden. Smartglasses werden es eventuell künftig erlauben, für solche Aufgabenstellungen nicht mehr auf das mobile Gerät in der Hand blicken zu müssen.

Unterhaltung
Die bekannteste Form von Spielen, bei denen der Ortsbezug im Vordergrund steht, ist das Geocaching. Mit Hilfe eines Geräts, das eine (möglichst gute) Positionsbestimmung erlaubt (GPS-Gerät, Smartphone), werden bei dieser modernen Form der Schnitzeljagd Verstecke gesucht, die (Geo-)Cache genannt werden. Dabei handelt es sich meist um einen wasserdichten Behälter, in dem sich ein Logbuch und mehrere kleine Tauschgegenstände befinden. Ein Finder trägt sich in das Logbuch ein und ersetzt einen Tauschgegenstand gegen einen anderen. Da Geocaching eine inzwischen sehr beliebte Freizeit- und Urlaubsaktivität ist, wird Geocaching von vielen Destinationen unterstützt und propagiert. Durch gezielt gelegte Caches können wenig besuchte Orte an Zuspruch gewinnen. Dies kann auch dazu genutzt werden, Geocaching von z. B. besonders geschützten Bio- und Geotopen fernzuhalten. Neben Geocaching finden aber auch andere positionsbezogene Spiele Verbreitung, die beispielsweise angepasste Versionen bekannter Geländespiele wie „Räuber und Gendarm" sind, sich aus verbreiteten Computerspielen herleiten oder adaptierte Rollenspiele darstellen. Vielfach findet dabei ein Informationsaustausch zwischen mehreren Spielern statt. Durch ein entsprechendes Event Management kann eine Destination versuchen, Spielort solcher Spiele zu werden. Auch für Betriebsausflüge und das Teambuilding im Rahmen von Weiterbildungsmaßnahmen eignen sich positionsbezogene Spiele. Über Edutainment-Angebote lassen sich Reiseführung und Unterhaltung zusammenführen. Quizfragen, die sich durch Suche (z. B. in einem Museum) beantworten lassen, stellen einen sinnvollen Ansatz dar. Sowohl bei Planung (z. B., um eine Schülergruppe möglichst schnell auf das Gebäude oder Gelände zu verteilen) als auch bei Durchführung sollten raumbezogene Aspekte beachtet werden (z. B. Hilfestellungen, falls man sich verlaufen hat, oder Hinweise wie „kalt" oder „warm" wie beim Topfschlagen).

Reisevorbereitung
Geoinformationen spielen eine essenzielle Rolle bei der Reisevorbereitung. Über digitale Karten kann ein potenzieller Reisender sich über das Leistungsangebot, über die Landschaft und über die Erreichbarkeit einer Destination informieren. Dementsprechend sollte der Webauftritt einer Destination sowohl dynamische Karten der

Region als auch PDF-Versionen enthalten, die nach Download auch offline zur Verfügung stehen.

Gleiches gilt für Hotels und andere Beherbergungsbetriebe. Hier stehen allerdings meist kleinräumigere Fragestellungen im Vordergrund (Entfernung zum Meer, Weg in das Stadtzentrum; Störfaktoren wie Straßen, Bahnlinie, Industriebetriebe; Parkmöglichkeiten etc.); dies sollte sich im bereitgestellten Kartenmaterial widerspiegeln. Auch kann eine direkte Einbindung eines digitalen Globus oder die Bereitstellung von Informationen als KML-Datei zweckmäßig sein.

Einen wichtigen Aspekt der Reiseplanung stellt die Planung der An- und Abreise dar. Neben der bereits erwähnten Navigation spielt eine Reihe von weiterer raumbezogenen Aspekten bei der lang- und kurzfristen Planung eine Rolle: die Planung von Zwischenstationen und -übernachtungen, Informationen über die Verkehrslage und Wetter, Nutzungsmöglichkeiten (Linien, Fahrpläne) des öffentlichen Personennahverkehrs etc. Die Abb. 2.3.9 zeigt eine Reiseauskunft für unterschiedliche Verkehrsmittel.

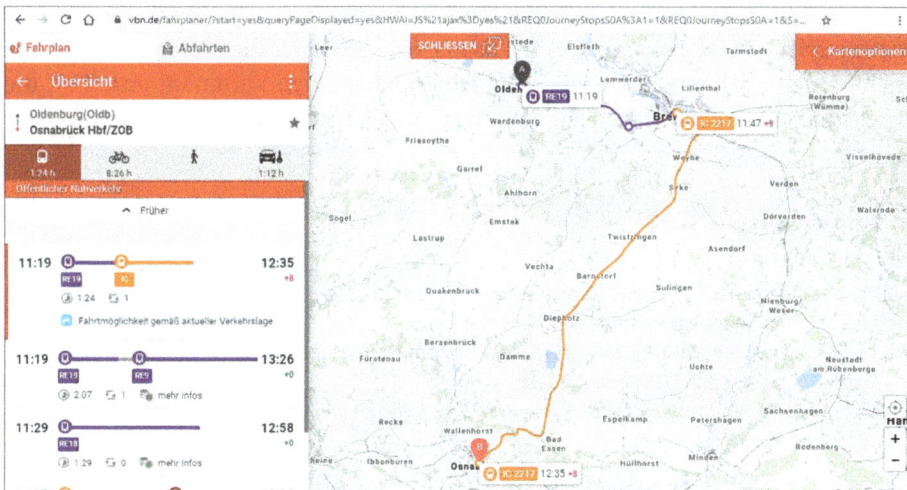

Abb. 2.3.9: Reiseauskunft des Verkehrsverbunds Bremen/Niedersachsen mit Leaflet und Open Street Map (Quelle: https://vbn.de).

Dokumentation

Eine wichtige Aufgabe stellt die Dokumentation einer Reise- oder Freizeitaktivität dar. Während früher der Diaabend die Aufgabe hatte, Verwandte und Bekannte über den letzten Urlaub zu informieren, haben inzwischen digitale Daten mit Raumbezug diese Aufgabe übernommen:

Tracking: Das Tracking erlaubt die wiederholte Aufzeichnung von Zeit- und GNSS-Standortpositionen (plus evtl. zusätzlich gemessener Informationen wie Höhe/

Wassertiefe, Geschwindigkeit, Temperatur usw.). Zum Datenaustausch wird oftmals das XML-basierte GPX (GPS Exchange Format) genutzt (vgl. Abb. 2.3.7). Viele Programme erlauben es, GPX-Dateien einzulesen, zu verwalten und in Karten zu visualisieren. Das Aufzeichnen von Tracks hat sich bei vielen Sport- und Freizeitaktivitäten etabliert. Eine Variante aus Sport und Kunst ist das „GPS-Drawing", bei dem Touren gelaufen oder gefahren werden, deren Tracks Wörter oder Grafiken ergeben. Diese werden erst nach Laden des Tracks in ein GIS oder einen virtuellen Globus als solche erkennbar.

Geotagging: Hierbei werden Fotos geokodiert. Dies kann direkt bei der Aufnahme durch die Kamera erfolgen. Alternativ besteht die Möglichkeit, das Bild später mit Hilfe von GPX-Tracks oder unter Nutzung einer Karte oder eines virtuellen Globus mit einer Koordinatenangabe zu versehen. Bei JPEG-Bildern werden diese Informationen in den Metadaten abgelegt; diese liegen meist in Exif (Exchangeable image file format) oder XMP (Extensible Metadata Platform) vor. Eine Veröffentlichung von geokodierten Fotos über öffentliche Plattformen wie „flickr" ist möglich, hat aber in den letzten Jahren deutlich an Popularität verloren. Die Unterstützung von Karten, GPX-Tracks und geokodierten Bildern durch private Fotobücher hat hingegen an Bedeutung gewonnen. So ist es mit wenigen Mausklicks möglich, ein Fotobuch von einer Urlaubsreise mit individuell angepassten Karten zu erstellen, die eigene Routen und Signaturen mit Fotominiaturen („Fotomarkierungen") enthalten.

Literaturquellen

Bill R., Grundlagen der Geo-Informationssysteme, 6. Aufl., Berlin 2016.
Brinkhoff T., Geodatenbanksysteme in Theorie und Praxis, 4. Aufl., Berlin 2021.
Groß S., Groß M., Biohlawek K., Menzel A., GPS im Tourismus – Grundlagen – Einsatzbereiche – Produktentwicklung, ITD-Verlag, 2013.
de Lange, N., Geoinformatik in Theorie und Praxis, 4. Aufl., Heidelberg 2020.

Internetquellen

Dienstleistungszentrum Bundesamt für Kartographie und Geodäsie (BKG), https://gdz.bkg.bund.de/.
Open Street Map (OSM), https://wiki.openstreetmap.org/wiki/DE:Hauptseite.
Geoportal der GDI Deutschland, www.geoportal.de/.
ISO/TC 211, www.isotc211.org.
Open Geospatial Consortium (OGC), www.ogc.org/.

2.4 Die Customer Journey im digitalen Tourismusmarketing

Eric Horster

Tourismusmarketing ist ein Informationsgeschäft. Im Internet können diese Informationen digital übertragen werden (vgl. Clement/Schreiber 2016, S. 28). Daher ist die Symbiose beider eine naheliegende Konsequenz. Vor diesem Hintergrund rückt auch das digitale Tourismusmarketing in den Fokus. Übergeordnet ist es das Ziel des Marketings, Marktteilnehmer dem eigenen Unternehmen zuzuführen, um damit eine Steigerung der Transaktionen zu erzielen. Bruhn (2019, S. 14) betont den ganzheitlichen Ansatz eines modernen Marketingverständnisses und bezeichnet es daher auch als „eine unternehmerische Denkhaltung", die darauf abzielt, „durch eine Ausrichtung der Unternehmensleistungen am Kundennutzen im Sinne einer konsequenten Kundenorientierung (...) absatzorientierte Unternehmensziele zu erreichen". Dieses Ziel kann auch und zunehmend mehr mithilfe digitaler Marketingmaßnahmen erreicht werden (vgl. Meffert et al. 2018, S. 88). Die Entwicklung eines Marketingkonzepts, das die Anforderungen der digitalen Wirtschaft berücksichtigt, wird daher für touristische Akteure zum kritischen Erfolgsfaktor. Das Dienstleistungsmarketing, dem der Tourismus zugeordnet werden kann, gilt häufig als Teilkomponente des Marketingmanagements (vgl. Horster 2016, S. 81f.). Dennoch setzt sich zunehmend eine neue Marketingperspektive durch, die auch als „Service-Dominant Logic" bezeichnet wird (vgl. Vargo/Lusch 2004). Servicefunktionen erfahren eine Aufwertung und werden entlang der gesamten Customer Journey sichtbar. Durch mobile Technologien können auch digitale Kontaktpunkte integriert werden und müssen konsistent und beständig auf die Bedarfe der Gäste abgestimmt werden. Ein digitales Tourismusmarketing bedeutet demnach auch und zunehmend mehr, dass alle Customer Touchpoints nahtlos aufeinander abgestimmt und die individuellen Bedarfe der Gäste durch digitale Interaktionen gestaltet und berücksichtigt werden (vgl. Kruse Brandão/Wolfram 2018, S. 9ff.).

Ziel ist es nun, eine umfassende Perspektive und Herleitung der Customer Journey zu ermöglichen. Denn diese bildet die Grundlage vieler Instrumente und Methoden des digitalen Tourismusmarketings. Bevor jedoch auf die Customer Journey selbst eingegangen werden kann, bedarf es einer Erläuterung der Entscheidungsprozesse im digitalen Tourismusmarketing, um darauf aufbauend die Customer Journey herzuleiten.[17]

---

17 Für den gesamten hier vorliegenden Beitrag wurden Teile des Buches des Autors (Horster, Digitales Tourismusmarketing, München 2021) zusammengefasst.

2.4.1 Entscheidungsprozesse im digitalen Tourismusmarketing

Bei einer Phasenbetrachtung des Transaktionsprozesses stellt sich zunächst die Frage, wie der Entscheidungsprozess des Kunden aussieht.[18] Dieser Prozess kann in sehr unterschiedliche Phasen eingeteilt werden. In der touristischen Marketingpraxis hat sich die Customer Journey, also die Betrachtung der Entscheidungsabläufe im Zeitverlauf, etabliert. Erbeldinger und Ramge (2013, S. 126) stellen in diesem Zusammenhang fest: „Die Customer Journey ist die wichtigste Methode, um aus der Kunden-, Anwender- oder auch Mitarbeiterperspektive heraus Ansatzpunkte für die Innovation von Abläufen, Leistungen und Produkten zu finden". Für den Bundesverband Digitale Wirtschaft (BVDW) stellt die Customer Journey „alle messbaren Kontaktpunkte eines Nutzers auf dem Weg zu einer definierten Aktion dar. Hierbei werden alle Marketingkanäle berücksichtigt, mit denen ein Konsument im Rahmen dieser Aktion in Berührung kommt" (BVDW 2012, S. 7). Über diese Begriffsbestimmung kann der Wechsel zwischen digitalen und analogen Kontaktpunkten des Kunden auf dem Weg zu einer Reisebuchung erläutert werden. Dementsprechend darf das digitale Erlebnis nicht auf virtuelle Kontaktpunkte beschränkt werden, wodurch auch eine klare Trennung zwischen digitalem und analogem Marketing nicht mehr möglich ist: „Ein potenzieller Kunde springt nicht nur im Web hin und her, er verquickt vielmehr die reale mit der virtuellen Welt" (Schüller 2013, S 20).

2.4.2 Wahrnehmungsebene des Reiseentscheidungsprozesses

Janson (2011, S. 2) identifiziert als Basis der Customer Journey sogenannte trichter- oder funnelorientierte Kaufentscheidungsprozessmodelle. Grundgedanke solcher Modelle ist es, dass der Kunde verschiedene Wahrnehmungsebenen durchläuft, bei denen sich der Kauf sukzessiv konkretisiert – die sogenannte Set-Bildung (vgl. Abb. 2.4.1).

Am Anfang eines Entscheidungsprozesses wird der Kunde stets mit allen Anbieteroptionen konfrontiert. Dies gilt insbesondere im Internet, da dort auch Nischenanbieter in Abhängigkeit vom gesuchten Angebot eine Sichtbarkeit erreichen können. Diese Auswahl nennt sich „Total Set" (vgl. Narayana/Markin 1975, S. 2).

Den Kunden ist ein Angebot entweder bekannt oder nicht, wobei alle bekannten Alternativen als „Awareness Set" bezeichnet werden. Da dies jedoch meist zu viele Angebote sind, zieht der Kunde lediglich einige wenige in Betracht. Eine Auswahl bezieht sich dann auf alle Alternativen, die vom Kunden berücksichtigt werden – das „Consideration Set" (vgl. Kuß/Tomczak 2007, S. 124).

---

18 Das Kapitel „Entscheidungsprozesse im digitalen Tourismusmarketing" ist in einem Lernvideo kompakt zusammengefasst: www.t1p.de/entscheidungsprozesse.

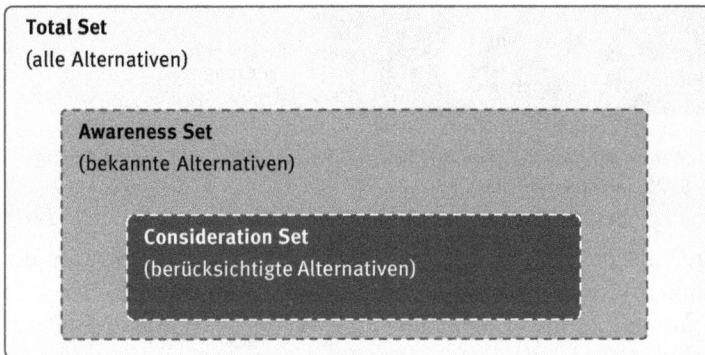

Abb. 2.4.1: Wahrnehmungsebenen im Kaufprozess (Quelle: eigene Darstellung basierend auf Narayana/Markin 1975, S. 2 sowie Bieger et al. 2011, S. 13).

Um in diesem Berücksichtigungsfeld des Kunden erscheinen zu können, müssen die Maßnahmen des digitalen Tourismusmarketings so abgestimmt sein, dass der Anbieter nicht nur wahrgenommen, sondern zusätzlich positiv evaluiert wird. Dabei konzentriert sich der Kunde auf sogenannte Schlüsselinformationen. Diese „ersetzen Einzelinformationen, d. h., sie helfen dem Konsumenten, eine Entscheidung zu fällen, ohne einzelne Prüfprozesse durchführen zu müssen" (Kroeber-Riel/ Gröppel-Klein 2019, S. 397 f.). Beispiele solcher Schlüsselinformationen sind Qualitätssiegel, die verschiedene entscheidungsrelevante Informationen subsumieren und zudem extern verifiziert wurden. Zunehmend relevant sind in diesem Zusammenhang aber auch Online-Bewertungen anderer Kunden (vgl. Horster 2013, S. 42). Sowohl die Begrenzung auf das Consideration Set als auch das Hinzuziehen von Schlüsselinformationen dienen der Vereinfachung von komplexen Prozessen, wie der Reiseentscheidung.

2.4.3 Die Kundenperspektive des Reiseentscheidungsprozesses

Es gibt mannigfaltige Ansätze, um diesen komplexen Prozess der Reiseentscheidung zu modellieren. Grundlegende Überlegung ist dabei stets, dass der Prozess lange vor der eigentlichen Entscheidung beginnt und es auch nachgelagerte Prozesse gibt, die mit dem Kauf in Verbindung stehen (vgl. Kotler et al. 2011, S. 298). Eine etablierte Differenzierung ist die in Vorkauf-, Kauf- und Nachkaufphase (vgl. Horster 2013, S. 72).

Eine Erweiterung dieser drei Phasen ist ein Modell, welches von fünf Kaufentscheidungsphasen ausgeht (vgl. Abb. 2.4.2). Dieses Modell gilt insbesondere für komplexe Kaufentscheidungen. Bei Gewohnheitskäufen oder impulsiven Entscheidungen können einzelne Phasen übersprungen werden. Auch eine Änderung der Reihenfolge ist denkbar. Trotz dieser Einschränkungen bietet sich diese differenzierte Betrachtungsweise an, um den Entscheidungsprozess beispielhaft zu modellieren.

Abb. 2.4.2: Fünf-Phasen-Modell der Kaufentscheidung (Quelle: Horster 2013, S. 72 in Anlehnung an Hofbauer/Dürr 2007, S. 20, leicht modifiziert).

Beginn einer Kaufentscheidung ist demnach stets die Wahrnehmung eines Bedürfnisses. Dieses äußert sich in einer Diskrepanz zwischen einem aktuellen und einem erwünschten Zustand. Es findet somit ein Soll-Ist-Vergleich statt, bei dem sich der Kunde durch den Bezug einer Leistung ein bestimmtes Ergebnis erhofft. Besteht nun ein solcher Bedarf beim Kunden, so nimmt er die Suche nach Informationen auf, um sich über die (Reise-)Leistung zu informieren (vgl. Kotler et al. 2011, S. 298–299). Der Umfang der Suchaktivitäten kann dabei aufgrund von Produkteigenschaften, Persönlichkeitsmerkmalen oder dem individuellen Problemlösungsverhalten stark variieren (vgl. Hofbauer/Dürr 2007, S. 21). Innerhalb des Suchprozesses werden verschiedene Anbieter betrachtet. Die Informationen über die Anbieter werden dem Modell zufolge in einem weiteren Schritt verarbeitet, um die beste Variante auszuwählen. Die Gewinnung potenzieller Kunden kann auf verschiedene Weise erfolgen. Eine Fokussierung auf das Suchmaschinenmarketing (vgl. Kap. 2.5) ist in diesem Prozessschritt aber sinnvoll, da dieses gerade im digitalen Tourismusmarketing ein bestimmender Faktor ist.

Bei der Bewertung der Alternativen wird zur Vereinfachung der Entscheidung häufig auf Heuristiken zurückgegriffen, die auf der Sammlung und dem Vergleich von Schlüsselinformationen aufbauen (vgl. Hofbauer/Dürr 2007, S. 24 ff.). Hat ein Kunde dann die Alternativen bewertet und sich für einen Anbieter entschieden, entwickelt er die Absicht, die Leistung des Anbieters zu beziehen. Zwischen der Kaufabsicht und der tatsächlichen Entscheidung kann jedoch noch eine undefinierte Zeitspanne liegen. Kommt es zur konkreten Kaufentscheidung, steht bei einer Online-Reisebuchung die Usability der Webanwendung im Fokus. Die Gestaltung der Navigation ist häufig entscheidend für einen positiven Rechercheprozess, der dann in eine Kaufentscheidung münden kann. Hat sich der Kunde dazu entschlossen, das jeweilige Angebot zu beziehen, kommt der Buchungsstrecke eine elementare Rolle zu. Wenn diese intuitiv verstanden wird, den Erwartungen des Nutzers entspricht und keine Barrieren aufweist (bspw. durch unzureichende Möglichkeiten der Online-Bezahlung), kann die Abbruchrate minimiert werden, was eine erhöhte Konvertierung zur Folge hat.

Ist die Entscheidung getroffen, so evaluiert der Kunde die Leistung auch nach ihrer Inanspruchnahme. Beim Nachkaufverhalten steht somit die Kundenzufriedenheit im Mittelpunkt (vgl. Wiedmann et al. 2004, S. 18–19). Der Grad der Zufriedenheit ist dabei stark davon abhängig, welche Erwartungen im Vorfeld an den Leistungsbezug geknüpft wurden (vgl. Hofbauer/Dürr 2007, S. 33). Dieser Soll-Ist-Vergleich wird auch als Confirmation-Disconfirmation-Paradigma (oder kurz C/D-Paradigma) bezeichnet. Er kann sich bei Zufriedenheit in einer Weiterempfehlung – beispielsweise in sozialen Netzwerken wie Facebook oder auf Bewertungsplattformen wie Holiday-Check – äußern. Bei Unzufriedenheit kann es aber auch zu kritischen Äußerungen in den genannten Kanälen kommen (vgl. Horster 2013, S. 72–73). Das Social-Media-Marketing ist somit in dieser Phase des Kaufprozesses von besonderer Relevanz. Darüber hinaus wird vor und insbesondere während der Reise das Mobile Marketing immer wichtiger.

2.4.4 Werbewirkungsprozesse

Es ist elementar, dass die Werbewirkung der im vorherigen Abschnitt genannten Teilbereiche des digitalen Tourismusmarketings erfasst werden kann. Als klassische, wenn auch umstrittene Heuristik kann dabei das AIDA-Modell dienen. Dieses wird den hierarchischen Modellen der Werbewirkung zugeordnet. Das Akronym verweist auf die einzelnen Bausteine, mit denen eine Werbung ihre Wirkung beim Kunden entwickelt. Dabei stehen die einzelnen Buchstaben für: Attention (Aufmerksamkeit erzeugen), Interest (Interesse aufbauen), Desire (Wünsche wecken) und Action (Handlung auslösen) (vgl. Kroeber-Riel/Gröppel-Klein 2019, S. 557). Es wird also davon ausgegangen, dass im Entscheidungsprozess des Kunden die Aufmerksamkeit (Attention) Voraussetzung dafür ist, um ein Interesse (Interest) zu erzeugen. Wenn dieses Interesse besteht, kann sich beim Kunden auch der Wunsch (Desire) entwickeln, eine Leistung zu beziehen. Diesen Wunsch kann er sich dann durch den Kauf (Action) erfüllen (vgl. Abb. 2.4.3).

Abb. 2.4.3: AIDA-Modell der Werbewirkung (Quelle: eigene Darstellung basierend auf Trommsdorff 2009, S. 46 sowie Meffert et al. 2012, S. 742).

Während Meffert et al. (2012, S. 742) von Teilprozessen sprechen und damit von einem Stufenmodell ausgehen, bezeichnet Trommsdorff (2009, S. 46) die einzelnen Elemente des AIDA-Modells als Teilwirkungen. Daher könne es als Checkliste bei der Werbegestaltung angewandt werden. Das Modell sollte jedoch nicht als „Theorie der Werbewirkung" verstanden werden. Vielmehr gibt es einen Überblick der

Elemente, die in einer Werbebotschaft berücksichtigt werden sollen. Dementsprechend sollte keine der angesprochenen Teilwirkungen unberücksichtigt bleiben. Beide genannten Sichtweisen haben ihre Legitimität. Die Auffassung von Meffert et al. kann dahingehend interpretiert werden, dass zu unterschiedlichen Phasen der Wahrnehmung und Informationsverarbeitung verschiedene Reaktionen beim Kunden provoziert werden sollen. Es bleibt jedoch zu betonen, dass dieses Reiz-Reaktion-Schema eine starke Vereinfachung darstellt. Nach der Logik des Neobehaviorismus müssen neben Stimuli und Reaktion selbstverständlich auch Vorgänge im sogenannten Organismus des Kunden berücksichtigt werden – die S-O-R Modelle (vgl. hierzu auch Kuß/Tomczak 2007, S. 1–7).

2.4.5 Synopse der Wirkungsebenen

Bieger et al. (2011, S. 13) fassen die oben skizzierten Prozesse auf mehreren Ebenen zusammen. Die Abb. 2.4.4 kann daher als Synopse der zuerst genannten Modellansätze verstanden werden.

Kundenperspektive

Bedürfnis ⟶ Informations- ⟶ Evaluation ⟶ Kaufent- ⟶ Nachkauf-
suche der scheidung verhalten
Alternativen

**Werbewirkungs-
prozess**
⟶ Attention ⟶ Interest ⟶ Desire ⟶ Action

**Wahrnehmungs-
ebene**

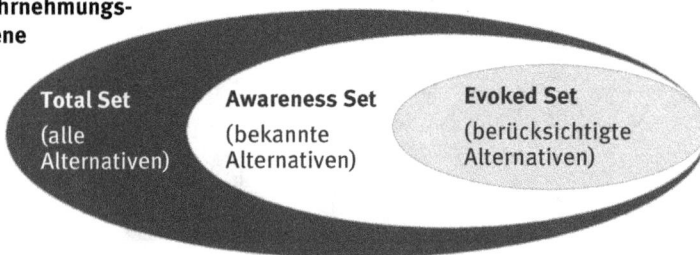

Total Set
(alle
Alternativen)

Awareness Set
(bekannte
Alternativen)

Evoked Set
(berücksichtigte
Alternativen)

**Marketing-
ebene**

| Suchmaschinen-marketing | User-Experience-Design | Social-Media-Marketing | Mobile Marketing |

Abb. 2.4.4: Kaufentscheidungsmodelle im digitalen Tourismusmarketing (Quelle: in grober Anlehnung an Bieger et al. 2011, S. 13).

Der Reiseentscheidungsprozess wird dadurch sowohl auf der Kundenebene als auch auf der Ebene des digitalen Tourismusmarketings betrachtet. Grundsätzlicher Vorteil einer solch umfassenden Sichtweise ist es, dass die Stärken und Schwächen der Marketingaktivitäten mehrstufig entlang des Reiseentscheidungsprozesses des Kunden analysiert werden können (vgl. Esch 2010, S. 587).

Im Zeitalter des Social Web (vgl. Kap. 2.6) sollte hierbei ergänzend festgehalten werden, dass die digitale Informationsweitergabe durch die Allgegenwärtigkeit sozialer Medien wie Facebook natürlich immer möglich ist. Anschaulich dargestellt wird diese Tatsache in einer Abbildung der Reiseanalyse 2014, bei der deutlich wird, dass das Teilen von Inhalten im digitalen Raum in jeder Phase des Reiseentscheidungsprozesses relevant ist. Interessant ist hierbei auch der Rückbezug auf das Dreiphasenmodell der Kaufentscheidung, welche dann wiederum in viele Teilentscheidungen untergliedert wird (vgl. Abb. 2.4.5).

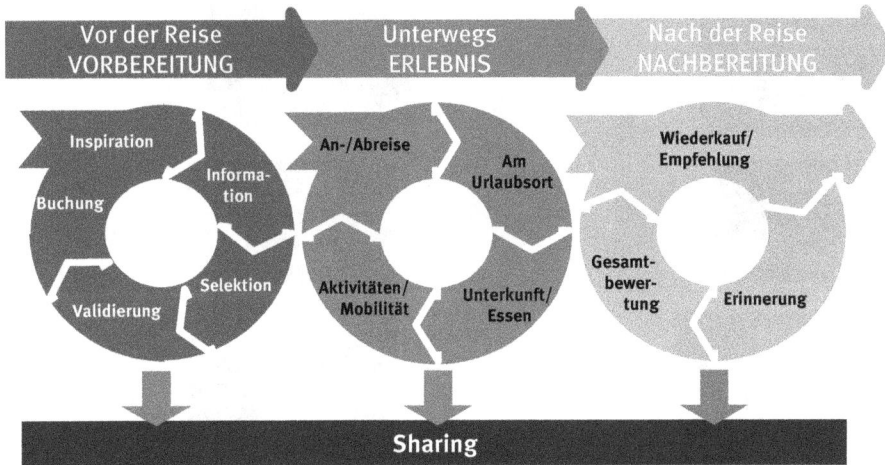

Abb. 2.4.5: Kaufentscheidungsphasen im digitalen Tourismusmarketing (Quelle: in Anlehnung an Schmücker 2014).

2.4.6 Die Customer Journey

Die Reiseentscheidung, die also in der Tat aus einer Vielzahl von Teilentscheidungen besteht, ist zudem äußerst relevant, da in der Regel für die Inanspruchnahme sowohl zeitliche als auch monetäre Ressourcen aufgebracht werden müssen (vgl. Horster 2013, S. 75–76). In der Marketingpraxis hat sich daher die kreisförmige Visualisierung der Reiseentscheidung etabliert, die als Customer Journey, also als Reise des Kunden, bezeichnet wird (vgl. Abb. 2.4.6).[19]

In der Inspirationsphase werden insbesondere Reiseberichte gelesen. Diese können je nach Präferenz in Printform, als Bewegtbild oder auch als Erzählungen rezipiert werden (vgl. Egger 2007, S. 438). Im Internet kommen daher insbesondere Blogbeiträge, Bewertungen bei HolidayCheck, YouTube, Videos, Reisepodcasts sowie Fotos bei Instagram und anderen äquivalenten Plattformen in Betracht. Denkbar ist aber auch die kundenseitige Aufnahme von Anbieterinformationen, wenn hierzu entsprechende Inspirationsquellen angeboten werden.

Abb. 2.4.6: Die Customer Journey im Tourismus (Quelle: in Anlehnung an Kreilkamp 2012, S. 10 sowie Reich 2012).

In der Informationsphase werden Informationen bezogen, um die in der Inspirationsphase erfassten Optionen einschätzen zu können. Dabei sind entsprechende Qualitätssignale seitens der Anbieter relevant, insbesondere Zertifikate und Qualitätssiegel. Dies können beispielsweise Hotelsterne oder auch der HolidayCheck

---

[19] Das Kapitel „Customer Journey" ist in einem Lernvideo kompakt zusammengefasst: www.t1p.de/customer-journey.

Award sein. Suchmaschinen nehmen im Rahmen der Informationsrecherche eine bedeutende Stellung ein, da grundsätzlich 67 % der Deutschen das Internet als Quelle für Reiseinformationen heranziehen. Bei denjenigen, die im Anschluss auch eine Reise gebucht haben, sind es sogar 86 % (vgl. VIR 2019, S. 36).

Im Rahmen der Selektionsphase müssen die Informationen bewertet werden, um Anbieter und/oder Destinationen ausschließen zu können. Dabei kann u. a. auf die Anbieter- und Destinationsseiten selbst zurückgegriffen werden. Die Informationstiefe ist maßgeblich von dem individuellen Bedürfnis der Nutzer nach Informationen abhängig. Das Informationsvolumen, das für eine Selektion benötigt wird, kann daher stark variieren. In der Regel wird hierbei auf Schlüsselinformationen zurückgegriffen. In der Hotellerie können dies beispielsweise Angaben zu Lage, Sauberkeit, Atmosphäre oder Preisklasse sein (vgl. Hofbauer/Dürr 2007, S. 23–24). Daraus lässt sich schließen, dass in der Selektionsphase neben den Leistungsträgerseiten auch Vergleichsportale wie Metasuchmaschinen (z. B. Trivago, Kayak), Bewertungsplattformen (HolidayCheck, TripAdvisor) oder auch Buchungsportale (HRS, Booking) rekrutiert werden, um Informationen einzuholen (vgl. auch Kap. 3.4).

Innerhalb der Validierungsphase wird die Qualität der ausgewählten Angebote geprüft. Grundsätzlich besteht also beim Kunden die Absicht, die Leistung eines Anbieters zu beziehen. Der Kunde ist sich aber noch nicht sicher und prüft daher durch den Bezug weiterer Informationen, ob seine Tendenz durch die zusätzlichen Angaben eher bestätigt wird oder seine Zweifel größer werden. Dabei können Dritte, die sich über eine Leistung positiv oder negativ äußern, einen maßgeblichen Einfluss ausüben, je nach Bereitschaft des Kunden, sich von der Meinung Dritter lenken zu lassen (vgl. Hofbauer/Dürr 2007, S. 29). Solche Kundenbewertungen werden im Tourismus klassischerweise auf HolidayCheck oder TripAdvisor und zunehmend auch auf Buchungsplattformen wie booking.com, HRS und insbesondere auch Airbnb veröffentlicht. Aber auch in sozialen Netzwerken wie Facebook werden zunehmend Meinungen zu Urlaubsregionen ausgetauscht (vgl. auch Kap. 2.6).

Wenn die Entscheidung für einen Anbieter getroffen wurde, stellt sich in der Buchungsphase die Frage, wo eine Reise gekauft wird. Das Internet spielt auch hier eine entscheidende Rolle, da bereits rund 51 % der Reisen online gebucht werden (vgl. VIR 2020, S. 56). Insofern ist in dieser Phase insbesondere eine nutzerfreundliche Buchungsstrecke relevant und damit aus Marketingsicht das User-Experience-Design. Hier können Anbieterwechsel fließend erfolgen. Es ist möglich, dass sich Kunden zunächst auf einem Vergleichsportal wie Trivago über die zur Verfügung stehenden Alternativen informieren und dann die Buchung direkt auf der Internetseite des Hotels vornehmen. Man spricht in diesem Zusammenhang vom sogenannten Billboard-Effekt, da das Portal zwar die Vergleichsinformationen des Leistungsanbieters zur Verfügung stellt, aber keine Provision erhält. Die Präsentation auf dem Portal wird in diesen Fällen also zu einem kostenlosen Werbeplakat (Billboard) für den Leistungsanbieter. Nichtsdestotrotz erfolgen aufgrund der oft komfortableren Buchungsstrecke viele Online-Käufe über Reisevermittlerportale wie z. B. booking.com.

Innerhalb der Planungsphase wird die Reise vorbereitet. Dieser Abschnitt bezieht sich also auf den Zeitraum nach der Buchung und vor dem Reiseantritt. Das Internet dient in diesem Fall erneut als Informationsquelle, um Exkursionen und Aktivitäten am Urlaubsort zu recherchieren und sich auf diese emotional einzustimmen. Es ist somit elementar, dass diese Informationen von den touristischen Akteuren bereitgestellt werden, damit Kunden diese unmittelbar finden können. Hier spielen Kartendienste wie Google Maps eine entscheidende Rolle, da mithilfe der dort hinterlegten Informationen und Bilder die Destination bereits von zu Hause aus inspiziert werden kann – insbesondere mithilfe des in Google Maps integrierten Dienstes Google StreetView.

Ein wichtiger Berührungspunkt ist auch die An- bzw. Abreise (Reisephase). Denn hier können insbesondere Transportunternehmen Kontakt zum Kunden aufnehmen. Auf Kundenseite sind in dieser Phase der Reise vor allem Anwendungen von Transportunternehmen relevant. Dies können Navigationsapplikationen wie Google Maps sein. Aber auch die Anwendung FreeNow (ein digitaler Taxiruf), Uber oder ÖPNV-Applikationen (bspw. der DB-Navigator), die Fahrpläne in Echtzeit übermitteln, sind hier von Interesse. Zunehmend geht es dabei um eine nahtlose Transportkette, die der Gast in Anspruch nehmen kann – ein intermodaler Personenverkehr, der ohne Barrieren verläuft.

In der Erlebnisphase, wenn der Gast schließlich vor Ort ist, bekommen mobile Technologien und damit das Mobile Marketing eine übergeordnete Relevanz. Nicht zuletzt steht hier die Reise selbst im Fokus. Denn dieses entscheidet darüber, ob die vor Ort geteilten Erlebnisse in sozialen Netzwerken positiv oder negativ aufgeladen sind. Sozialen Netzwerken wie Facebook, Instagram oder auch WhatsApp kommt eine entsprechende Bedeutung zu. Sowohl positive wie auch negative Erlebnisse können unmittelbar geteilt werden. Als Grundvoraussetzung sollte dem Gast die Möglichkeit geboten werden, diese Erlebnisse digital zu teilen. Daher ist eine Anbindung an den digitalen Raum erforderlich, was in der Regel über ein flächendeckendes und kostenfreies WLAN in der Urlaubsdestination gelingen kann. Insbesondere standortbezogene Dienste, sogenannte Location based Services (LbS), werden in Kombination mit der Erweiterung der Realität über Smartphones (Augmented Reality, vgl. Kap. 2.7) von Gästen zunehmend genutzt und vorausgesetzt. Verbunden mit dieser Entwicklung sind Anforderungen an eine digitale Infrastruktur von Leistungsträgern und Destinationen. Im Zusammenhang mit dem digitalen Tourismusmarketing kommt es in dieser Phase vor allem auf das Zusammenspiel der Reiseerlebnisse an. Die Digitalisierung nimmt während der Reise mittlerweile Einfluss auf fast alle Erlebnisse des Gastes. Destinationsmanagementorganisationen (DMO) suchen daher Verknüpfungspunkte zwischen digitalen und realen Erlebniswelten (vgl. Kap. 2.7 u. 2.8). Gut beobachten lassen sich digitale Trends innerhalb von geschlossenen touristischen Räumen wie Festivals, Freizeitparks, Kreuzfahrtschiffen oder Skigebieten. Für den Gast sind die Grenzen zwischen realer und digitaler Welt zunehmend fließend. Hier kann man mit digitalen Gästekarten ansetzen, die zahlreiche Möglichkeiten eröffnen: automatisierte Zugangskontrollen (access control) innerhalb von Destinationen, bargeldloses Bezahlen, Bereitstellung von Navigationshilfen, Übermittlung aller erdenklichen Informationen in Echtzeit und auf der Basis der Auswertung von Nutzerprofilen auch individuelle Vorschläge (Real-time Recommendations). Die Interaktion der DMO mit dem Gast findet über die Technologie als Intermediär statt. Da in der Regel mit dieser Interaktion Formen von digitalen Serviceleistungen verbunden sind, erfolgen diese meist kontextsensitiv, weshalb der Aufenthaltsort des Gastes und damit die Destination selbst ein Bestandteil der Interaktion ist. Man spricht bei solchen Smart Destinations von einem wechselseitigen Dreiklang der Interaktion zwischen Mensch, Technologie und Destination. Die Basis einer solchen Smart Destination ist eine digitale Infrastruktur, die in der Lage ist, die Umgebung mithilfe des Internets und weiterer Technologien zugänglich zu machen. In der Kombination mit Bluetooth und sogenannten Wearables sowie Smartphones und dazugehörigen Anwendungen (Apps, vgl. auch Kap. 2.2.3) können permanent Daten ausgetauscht werden, was für ein digital angereichertes Urlaubserlebnis elementar ist.

In der Nachbereitungsphase werden die Reiseerlebnisse reflektiert. Dabei werden Fotos, Videos, Berichte usw. geordnet und strukturiert. Dies geschieht meist zunächst in einem privaten Rahmen (bspw. via WhatsApp), um so eine Auswahl zu erstellen, die dann veröffentlicht werden kann. Es konnte bereits verdeutlicht werden, dass dieser Prozess zunehmend parallel zur Erlebnisphase entsteht. Die Reiseerlebnisse werden also im selben Augenblick, in dem sie passieren, dokumentiert und in sozialen Netzwerken wie Facebook oder Instagram geteilt. Je nachdem, ob die Reiseerlebnisse positiv oder negativ waren, werden diese im Anschluss entsprechend bewertet. Eine Weitergabe des Erlebnisses ist dann besonders wahrscheinlich, wenn die wahrgenommene Dienstleistung ein bestimmtes Toleranzniveau unter- oder überschreitet und Gäste verärgert oder begeistert sind. Bei negativen Erlebnissen müssen diese nicht zwingend in sichtbaren Handlungen resultieren. Es ist auch möglich, dass Kunden einen Anbieter wechseln, ohne anderen davon zu berichten. Erfolgt jedoch ein Bericht, so wird dieser mit der entsprechenden Konnotation weitergegeben (vgl. Zeithaml et al. 2009, S. 80, sowie Kap. 2.6).

In der Weitergabephase teilen Kunden ihre Erlebnisse mit anderen. Dies kann über verschiedene Instanzen erfolgen. So kann sich ein Kunde direkt an den Anbieter wenden und diesem von seinen positiven oder auch negativen Reiseerfahrungen berichten. Mögliche Konsequenzen sind dabei die Abwanderung bei negativer Evaluierung der Leistung oder auch Loyalität, wenn das Leistungsergebnis retrospektiv positiv bewertet wird. Gleichzeitig kann sich ein Kunde an Freunde wenden und diesen von seiner Bewertung des Anbieters berichten. Dies kann im Internet in einem relativ privaten Rahmen erfolgen, wenn Fotos oder Videos lediglich via Dropbox, WhatsApp, Threema oder anderen kollaborativen Filesharing-Diensten geteilt werden. Es ist aber auch möglich, dass hier die Öffentlichkeit gewählt wird. Dann kann der Kunde sich für soziale Netzwerke wie Facebook oder Instagram entscheiden oder aber für Bewertungsportale wie HolidayCheck oder TripAdvisor bzw. zunehmend auch für Buchungsportale wie booking.com.

Festzuhalten ist, dass in den Phasen nach dem eigentlichen Reiseerlebnis ein enormes Potenzial im elektronischen Word-of-Mouth (eWoM) liegt. Bedenkt man die ringförmige Anordnung der Customer Journey, so wird deutlich, dass die öffentliche Evaluation der Leistung Ausgangspunkt für die Inspirationsphase ist, bei der potenzielle Kunden Berichte von Bestandskunden rezipieren. Insgesamt konnte verdeutlicht werden, dass sich durch die Customer Journey die Bedürfnisse der Kunden adäquat abbilden lassen, sodass dieses Modell eine Hilfestellung im digitalen Tourismusmarketing ist.

2.4.7 Exkurs: Customer Journey Mapping

Customer Journey Maps visualisieren ein Kundenerlebnis über eine definierte Zeitspanne hinweg. Innerhalb der Map werden wichtige Schritte des Erlebnisses definiert, unabhängig davon, ob die Erlebnisse im Kontakt mit einem Dienstleister stehen oder nicht. Unter Zuhilfenahme des Customer Journey Mappings tritt das Unternehmen in die Fußstapfen bereits vorhandener Kunden. Über die Visualisierung des Erlebnisses können Lücken in der Servicekette aufgedeckt werden und Lösungsansätze an einem konkreten Touchpoint diskutiert werden. So stellt Gerstbach fest (2017, S. 77 f.): „Mit dieser Methode gelingt es Unternehmen und Herstellern, mehr Empathie zu Kunden, Mitarbeitern und anderen Nutzern aufzubauen."

Dabei ist der Einsatz flexibel. Es kann sowohl ein bestehendes Erlebnis definiert als auch eine mögliche Zukunftslösung durchgespielt werden. Dabei sollte die Journey Map ähnlich wie bei einem Film als Sequenz von Szenen, die aufeinander folgen, gesehen und entwickelt werden. Der Fokus kann dabei sehr grob sein, wenn zum Beispiel eine ganze Reise betrachtet werden soll (Makro-Interaktion), er kann sich aber auch auf eine sehr kurze, aber wichtige Sequenz beziehen, wie das Einchecken in einem Hotel (Mikro-Interaktion) (vgl. Stickdorn et al. 2018, S. 45).

Beim Customer Journey Mapping können aber nicht alle Kunden in nur einer Map betrachtet werden. Hier ist zu beachten, dass jeder Kunde eigene Wünsche und Bedürfnisse hat und eine Customer Journey somit individuell wahrnimmt. Hilfreich ist es daher, ein Customer Journey Mapping mit der Entwicklung von Personas zu kombinieren und auf Basis unterschiedlicher Personas auch differenziertere Reiseerlebnisse in der Journey Map zu definieren.

Bei der Entwicklung einer Customer Journey Map sollte zunächst definiert werden, welcher Gast die Journey durchlaufen soll, damit deutlich wird, auf wen sich das Erlebnis bezieht. Es sollte dann der Fokus festlegt und überlegt werden, wie lange die Journey dauert. Auf dieser Basis können alle enthaltenen Kontaktpunkte (Touchpoints) identifiziert und gesammelt und diese von Anfang bis zum Ende so sortiert werden, dass sie chronologisch korrekt sind. Zusätzlich kann die Journey in

Phasen wie Anreise, Aufenthalt, Abreise usw. unterteilt werden, um die Touchpoints besser verorten zu können. Dann sollten die Touchpoints beschrieben werden: Was passiert beim jeweiligen Kontakt und wie geht es dem Gast dabei? In einem Storyboard können abschließend die Szenen skizziert werden, damit immer direkt visuell erkennbar ist, worum es geht. Alternativ können auch Fotos gemacht werden, die dann ausgedruckt werden.

Ein Customer Journey Mapping kann ein wesentliches Hilfsmittel bei der Entwicklung einer Strategie im digitalen Tourismusmarketing sein. Software-Tools, die bei der Visualisierung der Customer Journey sehr hilfreich sein können, sind Smaply oder UXPressia. Hier können sowohl Personas als auch unterschiedliche Customer Journey Maps erstellt oder die Ergebnisse aus Workshops aufbereitet werden.[20]

Auf dieser Basis kann eine Analyse der Customer Journey erfolgen, die zunächst darin besteht, Schlüsselmomente zu identifizieren: Was ist besonders gut? Wo hakt es? Ziel ist es, mögliche Innovationen bei den einzelnen Schritten ausfindig zu machen und diese zu konkretisieren.

Entscheidend innerhalb des Reiseentscheidungsprozesses sind die Kontaktpunkte, die zwischen den Reisenden und den touristischen Anbietern bestehen (vgl. Bieger/Laesser 2000, S. 82). Die meisten Komponenten des touristischen Angebots sind Services, die erst im Moment der Inanspruchnahme gemeinsam mit dem Kunden „produziert" werden (Co-Creation). Die touristische Leistung stellt lediglich ein Leistungsversprechen dar. Der Kunde muss auf der Basis von Qualität und Quantität der Informationen, die er innerhalb seines Entscheidungsprozesses recherchiert, das Leistungspotenzial des Anbieters antizipieren (vgl. Horster 2013, S. 19). Die Customer Journey wird damit zum Marketingwerkzeug, um dem Kunden diejenigen Informationen zur Verfügung zu stellen, die er im jeweiligen Entscheidungsschritt benötigt (vgl. Schüller 2016, S. 155).

2.4.8 Struktur des digitalen Tourismusmarketings

Analog zum Prozess der Reiseentscheidung kann auch die Struktur dieser Entscheidung im Zusammenhang mit dem digitalen Tourismusmarketing illustriert werden. Kollmann (2011, S. 496) differenziert in diesem Kontext zwischen einem Zugangs-, einem Nutzungs- und einem Bindungsakt. Der Zugang zu einer Internetseite wird somit über das Suchmaschinenmarketing eröffnet. Ist der Nutzer auf der Seite, so steht die konkrete Nutzung im Vordergrund, weshalb das User-Experience-Design hier elementar ist. Schließlich besteht das Ziel darin, dass der Kunde wiederholt

---

20 Eine kostenfreie Testversion ist bei Smaply verfügbar: www.smaply.com und eine eingeschränkte Basisversion bei UXPressia: uxpressia.com

eine Buchung beim jeweiligen Anbieter vollzieht. Hier ist das Social-Media-Marketing das zentrale Marketinginstrument.[21]

Diese Struktur der Reiseentscheidung im Internet aus Anbietersicht kann auch anhand einer populären Differenzierung erläutert werden, welche den Absatz bzw. die Verbreitung kaufrelevanter Informationen berücksichtigt. Im digitalen Tourismusmarketing sind dies vor allem die Medientypen Paid, Owned und Earned. Also bezahlte Werbung (Paid), eigene Distributionskanäle (Owned) und Multiplikatoren (Earned), die sich ein Anbieter verdienen muss. Das Modell, welches dieser Kategorisierung zugrunde liegt, geht auf einen Blogbeitrag von Daniel Goodall (2009) zurück. Es wurde im Anschluss von dem Marktforschungsunternehmen Forrester im Rahmen einer Studie aufgegriffen und wird seitdem in der Marketingpraxis zur Erläuterung der digitalen Medientypen eingesetzt. Nach Goodall (2009) bezieht sich „Owned Media" auf jene Bereiche, auf welche Unternehmen direkten Einfluss haben. Im Tourismus wäre dies typischerweise die Internetseite des jeweiligen Anbieters selbst. Nach Corcoran (2009) können hierzu aber auch „partially-owned media" gezählt werden, wie beispielsweise eine Facebook-Fanpage, bei der die Inhalte rein rechtlich gesehen nicht dem touristischen Anbieter selbst gehören. Die gekauften Medien (bought bzw. paid) sind solche, bei denen Geld für die Verlinkung (bspw. Google Ads) der Internetseite oder aber die Abbildung von Werbebotschaften in klassischer Weise (bspw. durch Bannerwerbung) durch fremde Firmen erfolgt. Der verdiente (earned) Medientypus ist jener, der im Internet das eigentliche Novum darstellt. Nach Goodall (2009) wird dieser erst dann möglich, wenn Unternehmen „have done something so cool or interesting that people want to use their own media to tell others about it". Ausgangspunkt verdienter Medien sind die digitalen sozialen Netzwerke der Kunden. Dies sind in der Regel private Nutzerprofile bei Facebook, Instagram oder WhatsApp, es können aber auch themenspezifische Blogs sein. Also alle digitalen Medienformen, die dem jeweiligen Kunden zur Verfügung stehen, um selbst Reiseinformationen zu teilen.

Aus diesen drei Medienformen lassen sich auf struktureller Ebene die Grundlagen der Reiseentscheidung im Internet ableiten (vgl. Abb. 2.4.7). So lässt sich argumentieren, dass die Kundenakquise vornehmlich durch die bezahlten Medien erfolgen kann, bei denen das Suchmaschinenmarketing (vgl. Kap. 2.5) sowie in Teilen die Werbung in sozialen Netzwerken wie Facebook oder Instagram im Vordergrund steht. Sind die Nutzer erst einmal auf der Internetseite des touristischen Akteurs, so ist das übergeordnete Ziel, diese zu einer Buchung zu bewegen. Die Wahrscheinlichkeit, dass dies erreicht werden kann, steigt durch eine systematische Optimierung der Informationsarchitektur einer Internetseite mithilfe des User-Experience-Designs. Schließlich geht es bei den verdienten Medien im Kontext des Internets um alle Plattformen, auf denen

---

[21] Das Kapitel „Struktur des digitalen Tourismusmarketings" ist in einem Lernvideo kompakt zusammengefasst: www.t1p.de/digitales-tourismusmarketing.

den Nutzern eine Interaktionsmöglichkeit angeboten wird, im Tourismus also in erster Instanz um die sozialen Netzwerke wie Facebook, Instagram, WhatsApp oder Twitter Plus sowie um Bewertungsportale wie HolidayCheck, TripAdvisor oder auch booking. com. Das Informationsmanagement dieser Kanäle mittels Social-Media-Marketing ist daher der dritte große Baustein des digitalen Tourismusmarketings (vgl. Abb. 2.4.8 sowie Kap. 2.6).

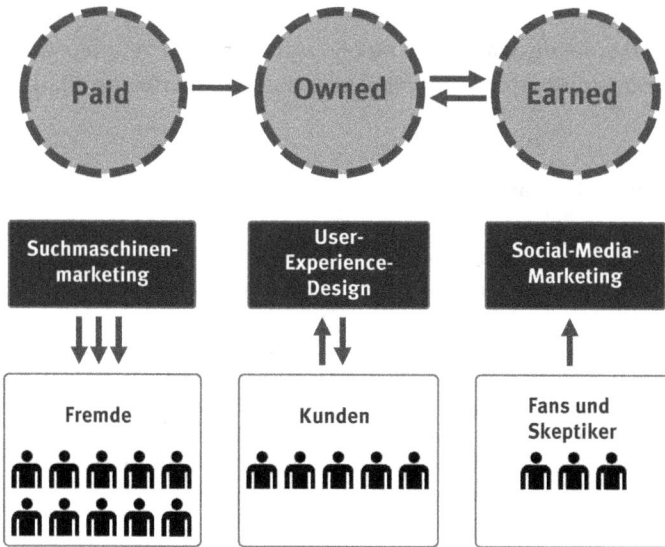

Abb. 2.4.7: Paid, Owned und Earned Media (Quelle: eigene Darstellung in Anlehnung an Lewis 2013).

Abb. 2.4.8: Die vier Säulen des digitalen Tourismusmarketings (Quelle: eigene Darstellung).

Als ein letzter Aspekt, dessen Entwicklung derzeit starken Veränderungen unterworfen ist, stellt sich das Mobile Marketing dar. Im Marketingmanagement können darunter alle Formen des Marketings mittels mobiler Endgeräte subsumiert werden. Aufgrund der Omnipräsenz mobiler Endgeräte konvergieren hier die drei erstgenannten Bereiche des digitalen Tourismusmarketings. Das Mobile Marketing betrifft daher alle Formen des digitalen Tourismusmarketings – mit einem Fokus auf das Marketing vor Ort in der Urlaubsdestination (vgl. Kap. 2.7 u. 2.8). Es ergeben sich aus diesen Ausführungen mit dem Suchmaschinenmarketing, dem User-Experience-Design, dem Social-Media-Marketing sowie dem Mobile Marketing vier zentrale Komponenten des digitalen Tourismusmarketings (vgl. hierzu ausführlich Horster 2021).

Quellen und weiterführende Literatur

Bieger, T., Laesser, C., Das Informationsverhalten der Schweizer Reisenden. Ergebnisse einer Clusteranalyse, in: Jahrbuch der Schweizerischen Tourismuswirtschaft 1999/2000, St. Gallen 2000, S. 81–99.

Bieger, T., Laesser, C., Beritelli, P., Destinationsstrukturen der 3. Generation. Der Anschluss zum Markt, St. Gallen 2011.

Bruhn, M., Marketing. Grundlagen für Studium und Praxis. 14. Aufl., Wiesbaden 2019.

Bundesverband Digitaler Wirtschaft e.V. (BVDW), Customer Journey – Definitionen und Ausprägungen, 14. September 2012, www.bvdw.org/fileadmin/bvdw/upload/publikationen/affiliate_marketing/bvdw_customer_journey_dmexco_120912_final.pdf, (Zugriff am 6.4.2020).

Clement, R., Schreiber, D., Internet-Ökonomie. Grundlagen und Fallbeispiele der vernetzten Wirtschaft. 3. Aufl., Berlin/Heidelberg 2016.

Corcoran, S., Defining Earned, Owned and Paid Media, 16. Dezember 2009, www.blogs.forrester. com/interactive_marketing/2009/12/defining-earned-owned-and-paid-media.html (Zugriff am 1.5.2013).

Egger, R., Cyberglobetrotter. Touristen im Informationszeitalter, in: Egger, R. und Herdin, T. (Hrsg.), Tourismus-Herausforderung-Zukunft, Münster 2007, S. 433–451.

Erbeldinger, J., Ramge, T., Durch die Decke denken. Design Thinking in der Praxis, München 2013.

Esch, F.-R., Strategie und Technik der Markenführung, 6. Aufl., München 2010.

Gerstbach, I., 77 Tools für Design Thinker, Offenbach 2017.

Goodall, D., Owned, Earned and Bought Media, 2009, www.danielgoodall.com/2009/03/02/owned-bought-and-earned-media.

Hofbauer, G., Dürr, K., Der Kunde: Das unbekannte Wesen. Psychologische und soziologische Einflüsse auf die Kaufentscheidung, Berlin 2007.

Horster, E., Reputation und Reiseentscheidung im Internet. Grundlagen, Messung und Praxis, Wiesbaden 2013.

Horster, E., Digital Tourism Marketing, in: Lück, M., Ritalahti, J. und Scherer, A. (Hrsg.), International Perspectives on Destination Management and Tourist Experiences, Frankfurt/Main 2016, S. 79–100.

Horster, E., Digitales Tourismusmarketing: Grundlagen, Suchmaschinenmarketing, User-Experience-Design, Social-Media-Marketing und Mobile Marketing, Wiesbaden 2021.

Janson, A., Der Kunde im Fokus. Das Konzept der Customer Journey, München 2011.

Kreilkamp, E., Destinationsmanagement 3.0. Paradigmenwechsel im Tourismusmarketing, 23. November 2012, www.de.slideshare.net/EdgarKreilkamp/destinationsmanagement-30-metropolregion-hamburg (Zugriff am 17.2.2013).

Kruse Brandão, T., Wolfram, G., Digital Connection. Die bessere Customer Journey mit smarten Technologien – Strategie und Praxisbeispiele, Wiesbaden 2018.

Kollmann, T., E-Business. Grundlagen elektronischer Geschäftsprozesse in der Net Economy. 4. Aufl., Wiesbaden 2011.

Kotler, P., Armstrong, G, Wong, V., Saunders, J., Grundlagen des Marketing. 5. Aufl., München 2011.

Kroeber-Riel, W., Gröppel-Klein, A., Konsumentenverhalten, 11. Aufl., München 2019.

Kuß, A., Tomczak, T., Käuferverhalten. Eine marketingorientierte Einführung, 4. Aufl., Stuttgart 2007.

Lewis, M., Paid, Owned, Earned Illustration, 2013, www.blog.valtech.dk/2013/02/do-you-really-know-your-customers/paid-owned-earned-illustration.

Meffert, H., Bruhn, M., Hadwich, K., Dienstleistungsmarketing. Grundlagen – Konzepte – Methoden. 9. Aufl., Wiesbaden 2018.

Meffert, H., Burmann, Ch., Kirchgeorg, M., Marketing. Grundlagen marktorientierter Unternehmensführung. 11. Aufl., Wiesbaden 2012.

Narayana, C. L., Markin, R. J., Consumer Behavior and Product Performance. An Alternative Conceptualization, Journal of Marketing, 39, 4/1975, S. 1–6.

Reich, T., Die Zukunft der Touristeninformationen. Präsentation im Rahmen des Nordsee Tourismustages 2012, 2012, www.prezi.com/6v539mjvhsqu/die-zukunft-der-touristeninformationen.

Schmücker, D., Customer Journey und Teilen von Urlaubserlebnissen. Modulbericht zur Reiseanalyse 2014, Kiel 2014.

Schüller, A. M., Touchpoints. Auf Tuchfühlung mit den Kunden von heute, 3. Aufl., Offenbach 2013.

Schüller, A., Touch. Point. Sieg. Kommunikation in Zeiten der digitalen Transformation, Offenbach 2016.

Stickdorn, M., Hormess, M., Lawrence, A., Schneider, J., This is Service Design Doing. Applying Service Design Thinking in the real world, Sebastopol 2018.

Trommsdorff, V., Konsumentenverhalten. 7. Aufl., Stuttgart 2009.

Verband Internet Reisevertrieb (VIR) (Hrsg.), Daten und Fakten 2019, 2020, www.v-i-r.de/wp-content/uploads/2019/03/webversion_vir_df2019.pdf.

Verband Internet Reisevertrieb (VIR) (Hrsg.), Daten und Fakten 2020, 2020, www.v-i-r.de/wp-content/uploads/2020/03/web_VIR-DF-2020.pdf.

Vargo, S. L., Lusch, R. F., Evolving to a New Dominant Logic for Marketing [online], Journal of Marketing, Vol. 68, 1/2004, S. 1–17.

Wiedmann, K-P., Walsh, G., Frenzel, T., Buxel, H., Konsumentenverhalten im Internet. Eine Einführung, in: Wiedmann, K-P., Buxel, H., Frenzel, T. und Walsh, G. (Hrsg.), Konsumentenverhalten im Internet. Konzepte – Erfahrungen – Methoden, Wiesbaden 2004, S. 11–32.

Zeithaml, V.A., Bitner, M. J., Gremler, D. D., Services Marketing. Integrating Customer Focus Across the Firm. 5. Aufl., New York 2009.

2.5 Suchmaschinenmarketing im Tourismus

Eric Horster

In diesem Beitrag wird die Relevanz des Suchmaschinenmarketings für die Tourismuswirtschaft verdeutlicht. Aufgrund seiner Marktdominanz hat Google im Suchmaschinenmarketing eine Sonderstellung und steht daher auch hier im Fokus. Es wird der Suchalgorithmus erklärt, der ein zentrales Element des Geschäftserfolges von Google in der Zeit der Unternehmensgründung war. Gleichzeitig ist ein Verständnis der Funktion des Algorithmus elementar für das Suchmaschinenmarketing. Zudem wird mit der Vorstellung der Suchmaschinenarchitektur dargelegt, welche technischen Hilfsmittel Google den Nutzern im Suchprozess zur Verfügung stellt. Darauf aufbauend erfolgt eine Unterteilung des Suchmaschinenmarketings in die Komponenten Suchmaschinenoptimierung und Suchmaschinenwerbung. Diese Differenzierung ist zugleich Ausgangspunkt für die Ausführungen, in denen diese Bereiche im Detail separat erörtert werden.[22]

2.5.1 Relevanz des Suchmaschinenmarketings im Tourismus

Bei der Reisebuchung ist das Suchmaschinenmarketing von elementarer Bedeutung. Dies gilt für alle relevanten Akteure der Tourismuswirtschaft und betrifft damit sowohl Zielregionen und deren Managementorganisationen als auch Leistungsträger von Transport, Unterkunft, Verpflegung und Freizeit. Aber auch für Reiseveranstalter und -vermittler sind Suchmaschinen ein wichtiger Partner, wenn es um die Generierung von Besuchern auf der eigenen Website geht.

Dabei stellt sich die Frage, auf welcher Suchmaschine der Fokus des Suchmaschinenmarketings liegen sollte. Bei Betrachtung der Abb. 2.5.1, welche die weltweiten Marktanteile der Suchmaschinen zeigt, wird sehr deutlich, um welche Suchmaschine es auch im Folgenden gehen muss: um Google. Es ist daher auch kein Zufall, dass das Wort „googeln" inzwischen als Synonym für die Suche im Internet steht. Während Google auf dem deutschen Markt quasi eine Monopolstellung genießt, ist der Marktanteil in anderen Ländern nicht ganz so hoch, aber dennoch dominierend, sodass weltweit keine andere Suchmaschine annähernd eine ähnliche Position einnimmt.

Der damals als PageRank bezeichnete Algorithmus stellt den Ausgangspunkt des Geschäftserfolges von Google dar. Während im Gründungsjahr von Google 1998 andere Suchmaschinen Websites solitär bewerteten, entwickelten die Google-Gründer Larry Page und Sergey Brin einen Algorithmus, welcher die Verbindung von

---

22 Für den gesamten hier vorliegenden Beitrag wurden unterschiedliche Abschnitte des Buches des Autors (Horster, Digitales Tourismusmarketing, München 2021) zusammengetragen.

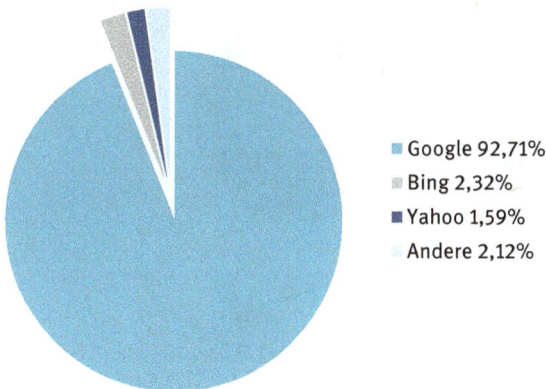

- Google 92,71%
- Bing 2,32%
- Yahoo 1,59%
- Andere 2,12%

Abb. 2.5.1: Marktanteile der Suchmaschinen weltweit, Stand: Januar 2021 (Quelle: eigene Darstellung, Datenbasis: StatCounter 2021).

Websites untereinander mit einbezieht (vgl. Broschart 2011, S. 54). Andere Suchmaschinen hatten zu dieser Zeit mit massiven Manipulationen zu kämpfen. Google konnte dies durch den PageRank eingrenzen. Da der PageRank auf der Analyse der Vernetzung von unterschiedlichen Websites basiert, war dieses Verfahren deutlich schwerer zu beeinflussen, was die Qualität der Suchergebnisse verbesserte (vgl. Keßler et al. 2019, S. 175).

Grundlegendes Prinzip des PageRank war es und ist auch heute noch ein Teil des Google-Algorithmus, dass ein Link als Empfehlung interpretiert werden kann. Verweist also eine Website auf eine andere, so steigt die Relevanz der referenzierten Seite. Den Einfluss, welchen der PageRank auf Googles Gesamtkonzept hatte, fasst Urchs (2007, S. 17) als „eine Suchmaschine, die die Relevanz und Bedeutung der Suchergebnisse in Abhängigkeit vom Grad ihrer Verlinkung, also der Qualität ihrer Vernetzung, interpretierte und darstellte", zusammen. Wichtig ist hierbei der Hinweis auf die Qualität der Vernetzung. Denn nicht nur die Anzahl eingehender Links ist entscheidend, sondern auch deren Bedeutung im Web (vgl. Keßler et al. 2019, S. 175–176). Es gibt also Internetseiten, die eine hohe Relevanz haben, und solche, die eher unbedeutend sind. Abbildung 2.5.2 veranschaulicht dabei, dass die (in Prozent dargestellte) Relevanz einer Website immer in Abhängigkeit sowohl von der Quantität als auch der Qualität der eingehenden Links zu sehen ist.

Die Software beschränkt sich aber nicht mehr auf den PageRank, sodass das ursprüngliche Prinzip zwar weiterhin relevant ist, aber längst nicht mehr der einzige Aspekt, der zu berücksichtigen ist, was das moderne Suchmaschinenmarketing sehr komplex macht. Google besitzt die Rechte an über 1600 Patenten, von denen viele im Bereich von Software und Analysemethoden einzuordnen sind. Das Betriebssystem für mobile Endgeräte Android, der Internetbrowser Chrome, der Kartendienst Google Maps sowie unzählige weitere softwarebasierte Produkte Googles sichern ihnen eine hegemoniale Marktposition (vgl. auch Kap. 2.9).

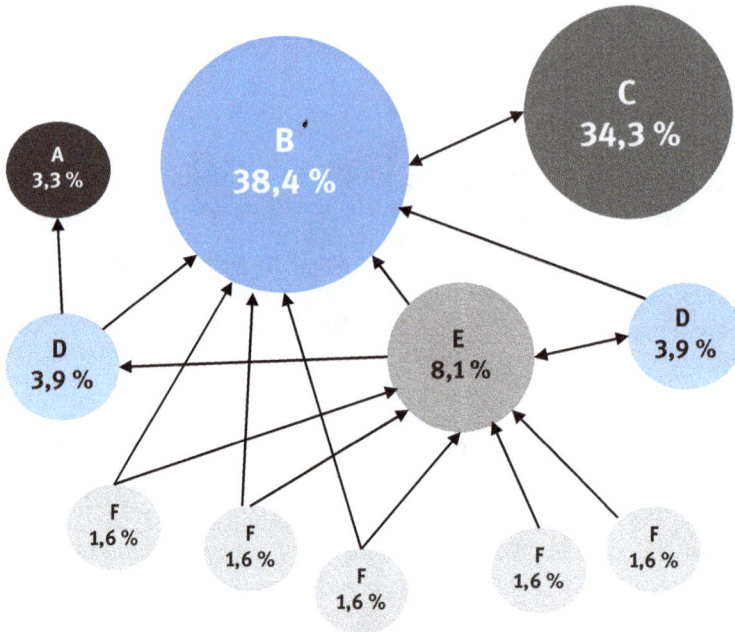

Abb. 2.5.2: Grundprinzip des ursprünglichen Google-Algorithmus PageRank (Quelle: Arno 2012).

Aber auch die Hardware wie beispielsweise das Servernetzwerk von Google, welches aufgrund des hohen Suchvolumens notwendig ist, ist wichtiger Bestandteil des Markterfolges (vgl. Kaumanns/Siegenheim 2007, S. 24–27). Daneben kauft und entwickelt Google weitere hardwarebasierte Produkte wie die Smart-Home-Anwendungen der Google-Nest-Serie, die Google-Phones (Pixel) oder die Google-Home-Lautsprecher, die mit dem Sprachassistenten Google Assistant kombinierbar sind.

Die Monetarisierung beruht in weiten Teilen auf Anzeigen bei Google Ads. Dabei handelt es sich um ein kontextsensitives Werbeformat. Die Grundidee ist, dass Werbeanzeigen inhaltlich abgestimmt zu den jeweiligen Suchanfragen platziert werden. Diese Form der Anzeigenschaltung bietet Werbetreibenden die Möglichkeit, ihre Werbung an Nutzerbedürfnisse anzupassen und so zielgenau auszuliefern. Das Abrechnungsmodell, welches den Anzeigen zugrunde liegt, beruht auf der Zahl der getätigten Klicks und ist damit äußerst transparent und nachvollziehbar.

Das Geschäftsmodell ist auch deshalb so erfolgreich, weil Unternehmen jeder Größe die Möglichkeit offeriert wird, im Internet zu werben. Denn die Klickpreise starten bei nur einem Cent und orientieren sich an der Nachfrage des jeweiligen Schlüsselbegriffes (Keywords). Das Schalten von Anzeigen ist somit – in Abhängigkeit von der Wettbewerbssituation – zunächst für jedes Unternehmen möglich. Das Bezahlsystem basiert, ähnlich wie bei eBay, auf einem Auktionsmodell (vgl. Kap. 2.5.5). Die Anzeigenpositionen werden also für jedes Keyword ersteigert. Unternehmen, die Google Ads schalten, bekommen so stets einen am Marktwert angepassten Preis für ihre Anzeigen-schaltung sowie mit dem Klick auf die Anzeige einen nachvollziehbaren Gegenwert (vgl. Lammenett 2019, S. 186 f.).

Insgesamt helfen diese Hintergrundinformationen, um die strategische Ausrich-tung von Google zu verstehen. Dies ist im Rahmen des Suchmaschinenmarketings mit Google elementar, da häufig die geschäftlichen Ziele von Google in direktem oder indirektem Zusammenhang mit den Anpassungen der verschiedenen Suchal-gorithmen stehen, was dann Konsequenzen für das Suchmaschinenmarketing mit sich bringt.

2.5.2 Aufbau der Suchmaschinenarchitektur

Das übergeordnete Ziel einer Suchmaschine ist es, die Informationsbedürfnisse der Nutzer in Echtzeit bestmöglich befriedigen zu können. Das Informationsbedürfnis der Nutzer spiegelt sich in den Suchanfragen wider. Die Nutzer äußern ihre Absich-ten also durch die Eingabe von Suchbegriffen. Suchmaschinen sind dabei so konfi-guriert, dass sie durch die wiederholte Eingabe lernen: „Link für Link und Klick für Klick baut die Suchmaschine das wohl dauerhafteste, massivste und aussagekräftigste kulturelle Artefakt der Menschheitsgeschichte auf: die Datenbank der Absichten" (Battelle 2006, S. 17).

Ausgangspunkt der Suchanfragen sind die Sucheingabemasken (vgl. Broschart 2011, S. 82 f.). Gibt ein Nutzer einen Suchbegriff ein, so wird ihm während der Eingabe eine Ergänzung der bereits eingegebenen Wörter vorgeschlagen. Wenn beispielsweise „hotel berlin" eingegeben wird, dann wird von Google vorgeschlagen, die Suche durch „mitte", „günstig" oder „alexanderplatz" zu ergänzen (vgl. Abb. 2.5.3).

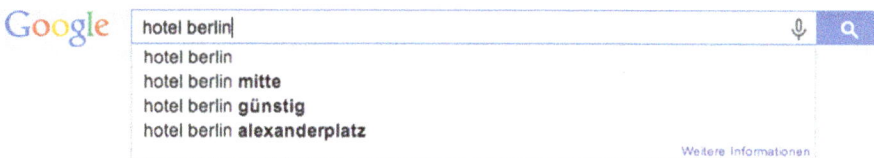

Abb. 2.5.3: Beispiel Google Suggest (Quelle: www.google.de).

Ist eine Suchanfrage erfolgt, so zeigt sich dem Nutzer die sogenannte Suchergebnis-seite. Innerhalb dieser wird klassischerweise in organische und bezahlte Suchergeb-nisse differenziert. Es zeichnet sich dabei ab, dass die organischen Suchergebnisse zunehmend an Relevanz verlieren. Im Beispiel „hotel sankt peter ording" in Abb. 2.5.4 ist lediglich ein Ergebnis vorhanden, welches aufgrund der „organischen" Platzierung in den sichtbaren Bereich des Nutzers gelangt, wohingegen die ersten beiden Ergeb-nisse nur durch bezahlte Anzeigen erreicht werden können. Eine hohe Relevanz kann

auch der Karte, die auf Google Maps basiert, zugesprochen werden, welche bei ortsbezogenen Suchanfragen oftmals sehr prominent in den Suchergebnissen dargestellt
wird (vgl. Kap. 2.5.4 zu Local SEO).

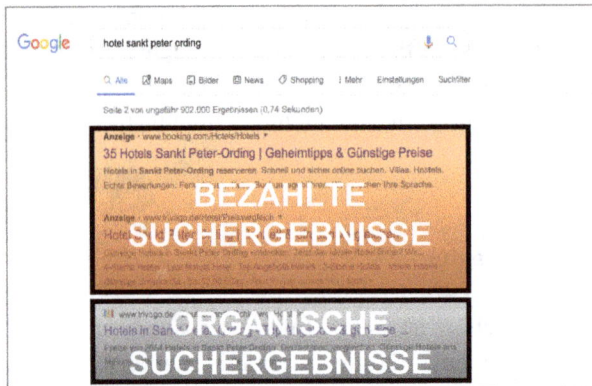

Abb. 2.5.4: Differenzierung in bezahlte und organische Suchergebnisse
(Quelle: www.google.de).

Wie aber kommen diese Platzierungen genau zustande? Die organischen Ergebnisse
werden von Google anhand eines komplexen Algorithmus ermittelt (vgl. Kapitel 2.5.1). Diese Ergebnisse können also mithilfe von Suchmaschinenoptimierung
beeinflusst werden (vgl. Lammenett 2017, S. 192). Grundsätzlich geht es bei diesen
Maßnahmen darum, Google die für das Unternehmen relevanten Schlüsselbegriffe
möglichst gut zu vermitteln, damit die Seite entsprechend weit oben auf der Suchergebnisseite gelistet wird. Denn durch eine prominente Platzierung bei den richtigen Suchanfragen können Besucher – und damit potenzielle Kunden – gewonnen
werden. Da der Google-Algorithmus nicht nur die Qualität der Internetseite selbst
bewertet, sondern auch die Vernetzung der Site innerhalb des Internets, differenziert man zwischen Onpage- und Offpage-Optimierung. Zur Onpage-Optimierung
zählen alle Maßnahmen, die innerhalb einer Seite erfolgen können, wohingegen
die Offpage-Optimierung den Fokus auf die Vernetzung der Domain legt (vgl. Erlhofer
2020, S. 37).

Die bezahlten Suchmaschinenergebnisse fallen hingegen in den Bereich der
Suchmaschinenwerbung. Hierbei können Textanzeigen (die sogenannten Ads) gegen
Geld geschaltet werden (vgl. Kapitel 2.5.5). In der Regel finden sich diese Anzeigen
im oberen sowie im unteren Abschnitt der Suchergebnisseite. Im Suchmaschinenmarketing unterscheidet man dementsprechend zwischen Suchmaschinenwerbung
und Suchmaschinenoptimierung (vgl. Abb. 2.5.5). Angelehnt an die englischen Be-
grifflichkeiten spricht man auch häufig von Search Engine Advertising (SEA) und
Search Engine Optimization (SEO) (vgl. auch Kap. 2.2.5).

Suchmaschinenmarketing	
Suchmaschinen-werbung	Suchmaschinen-optimierung

Abb. 2.5.5: Begriffsdefinition des Suchmaschinenmarketings (Quelle: in Anlehnung an von Bischopinck/Ceyp 2007, S. 7).

Im Vergleich zu den organischen Ergebnissen können durch die Anzeigenschaltung sehr schnell obere Platzierungen erreicht werden. Voraussetzung hierfür ist natürlich, dass ein entsprechendes Marketingbudget zur Verfügung gestellt wird. Der Vorteil besteht dann darin, dass sich Google Ads präzise planen lassen. Dies impliziert auch, dass die Investitionen kurzfristig pausiert oder gestoppt werden können (vgl. Pelzer und Gerigk 2020, S. 231–233).

Aufbauend auf dieser Einteilung werden im Folgenden zunächst strategische Vorüberlegungen erläutert, die sowohl für die Suchmaschinenoptimierung als auch für die Suchmaschinenwerbung elementar sind. Im Anschluss werden die Bereiche SEO und SEA gesondert behandelt.

2.5.3 Voraussetzungen für ein effektives Suchmaschinenmarketing

Voraussetzung für ein effektives Suchmaschinenmarketing ist zunächst die Identifizierung jener Wörter, die für den Nutzer dann eine besondere Relevanz besitzen, wenn dieser die Produkte des marketingtreibenden Anbieters sucht. Im Rahmen des Suchmaschinenmarketings ist die Identifikation dieser sogenannten relevanten Schlüsselbegriffe bzw. Keywords elementar. Denn ineffektive Keywords verursachen Kosten durch Optimierungs- und Werbemaßnahmen, bringen aber keinen entsprechenden Umsatz und Gewinn. Insofern ist eine umfassende Keyword-Analyse eine wichtige strategische Vorarbeit beim Suchmaschinenmarketing.[23]

Eine Keyword-Analyse ist ein Verfahren, um eine Liste mit den Schlüsselbegriffen und Suchphrasen zu erstellen, die von potenziellen Kunden in eine Suchmaschine eingegeben werden, um – bezogen auf den Tourismus – eine Reise zu buchen. Der erste und zentrale Schritt der Keyword-Analyse ist das Sammeln von Suchbegriffen, die er-

---

23 Lernvideos: Die Keyword-Analyse ist in drei Videos auf dem YouTube-Kanal der Fachhochschule Westküste veröffentlicht worden:
– Ziele der Keyword-Analyse unter www.t1p.de/keyword-analyse-1
– Keyword-Recherche unter www.t1p.de/keyword-analyse-2
– Ablauf der Keyword-Analyse unter www.t1p.de/keyword-analyse-3.

folgsversprechend erscheinen. Hierzu gibt es diverse Möglichkeiten der Recherche. Beispiele sind hier ein unternehmensinternes Brainstorming, eine (Online-)Umfrage oder auch eine Mitbewerberanalyse. Nachdem die ersten Keywords gesammelt wurden, kann der Prozess der Keyword-Analyse in weitere Schritte untergliedert werden. Die Keywords werden dabei gruppiert, priorisiert, bereinigt und variiert. Im Anschluss daran werden konkrete Keyword-Phrasen entwickelt, die dann als Grundlage für die Maßnahmen bei der Suchmaschinenoptimierung und Suchmaschinenwerbung dienen. Die Formulierung von Phrasen ist auch deshalb elementar, weil dem „Long Tail", also Nischen-Keywords, beim Suchmaschinenmarketing eine hohe Relevanz zugesprochen werden kann (vgl. Keßler et al. 2019, S. 191f., vgl. auch Kap. 2.2.5).

Die Keyword-Analyse stellt eine elementare Vorbereitungsmaßnahme im strategischen Suchmaschinenmarketing dar (vgl. Broschart 2011, S. 131). Nur wenn Keywords produktadäquat ausgewählt werden, kann eine Übereinstimmung zwischen Kundenbedürfnissen bzw. eingegebenen Suchbegriffen und den angebotenen Produkten und Informationen erfolgen. Die Keywords sind damit das Bindeglied zwischen Angebot und Suchanfrage. Dies gilt sowohl für die Suchmaschinenwerbung als auch für die Suchmaschinenoptimierung, da die richtigen Keywords für beide Bereiche die Basis darstellen (vgl. Pelzer und Gerigk 2020, S. 164). Falsch ausgewählte Suchbegriffe verursachen Kosten, da zum einen im Rahmen der Suchmaschinenwerbung für jeden Klick Geld bezahlt wird und zum anderen eine Optimierung der falschen Begriffe Besucher generiert, die unter Umständen kein oder nur ein geringes Interesse an den angebotenen Produkten haben. Hinzu kommt, dass bei der Suchmaschinenoptimierung zwischen Initialisierung einer Maßnahme (in diesem Fall die Verwendung eines Keywords) und deren Auswirkung auf das Ranking in der Regel eine gewisse Zeitspanne liegt. Stellt sich erst im Nachhinein heraus, dass die falschen Schlüsselbegriffe gewählt wurden, so kann ein „Nachsteuern" entsprechend aufwendig sein (vgl. Broschart 2011, S. 140). Deshalb ist die Keyword-Analyse ein zentrales Element einer Suchmaschinenmarketingstrategie und sollte auch kontinuierlich überprüft und optimiert werden (vgl. Keßler et al. 2019, S. 191).

Insgesamt können dabei drei zentrale Ziele beim Einsatz eines Keywords differenziert werden (vgl. Abb. 2.5.6): Erstens sollte das Keyword Klicks von potenziellen Kunden generieren, zweitens sollten solche Keywords vermieden werden, bei denen Nutzer etwas anderes suchen, und drittens sollte das Angebot zu den Keywords Erwartungen schaffen, die dann auf der Internetseite des Anbieters eingelöst werden. Ist eine Keyword-Analyse erfolgreich durchgeführt worden, kann auf dieser Basis die Suchmaschinenoptimierung und auch die Suchmaschinenwerbung erfolgen (vgl. hierzu ausführlich auch Horster 2021).

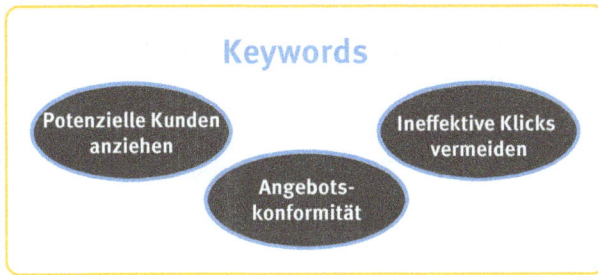

Abb. 2.5.6: Aufgaben von Keywords (Quelle: eigene Darstellung).

2.5.4 Suchmaschinenoptimierung

Die Suchmaschinenoptimierung kann in die Bereiche Offpage und Onpage differenziert werden. Dies hat den Hintergrund, dass Google und andere Suchmaschinen zur Festlegung der Positionen (Ranking) einen sogenannten Crawler einsetzen. Es sind automatisiert arbeitende Programme, die kontinuierlich das Web durchsuchen und die gefundenen Quellen analysieren und bewerten, um das Ranking festzulegen. Auf Basis dieser durch den Robot gesammelten Informationen kann den untersuchten Seiten eine inhaltliche Bedeutung zugeschrieben werden, die für das Suchmaschinenranking relevant ist (vgl. Kap. 2.2.5). Dementsprechend müssen zum einen Maßnahmen auf der Website selbst erfolgen, um Suchmaschinen einen Hinweis für die Thematik der Domain sowie ihrer Unterseiten zu geben (Onpage-Optimierung), und zum anderen muss die grundsätzliche Relevanz der Site im Web durch externe Verlinkungen verbessert werden, da Suchmaschinen jeden eingehenden Link als eine Empfehlung interpretieren, was den Rang der verlinkten Seite sukzessive steigert (Offpage-Optimierung).[24]

Wird die Suchmaschinenoptimierung strategisch entwickelt, so kann diese in verschiedene Stufen gegliedert werden. In einem ersten Schritt müssen die recherchierten Keywords bzw. Keyword-Phrasen inhaltlich mit allen Unterseiten abgestimmt werden. Die Startseite ist dabei die wichtigste, da diese am häufigsten frequentiert und von Google auch am höchsten bewertet wird. Dort sollten also diejenigen Schlüsselbegriffe hinterlegt werden, welche das größte Potenzial haben (vgl. Erlhofer 2020, S. 488). Alle anderen Keywords, die im Rahmen der Keyword-Analyse ermittelt wurden, werden dann themenspezifisch den einzelnen Unterseiten zugeordnet. Auf dieser Basis kann dann die Onpage-Optimierung erfolgen. Keßler et al. (2019, S. 189) empfehlen hierbei das Anlegen einer Liste, bei der drei Keyword-

---

24 Für eine globale SEO-Bewertung einer Website gibt es viele unterschiedliches Tools. Besonders hilfreich ist Google Lighthouse, das eine automatische Analyse unterschiedlicher SEO-Aspekte auf einer Website abprüft: developers.google.com/web/tools/lighthouse.

Phrasen pro Unterseite festgelegt werden, damit die Akzentuierung der relevanten Schlüsselbegriffe deutlich hervorgehoben werden kann. Für ein Hotel in Berlin könnte diese Liste wie in Abb. 2.5.7 dargestellt aussehen.

(Unter-)Seite	Haupt-Keyword	Zusätzliche Keywords
Startseite	Hotel Berlin	Unterkunft Berlin, Zimmer Berlin
Wellness-Angebot	Wellness Berlin	Massage/n Berlin, Sauna Berlin
Konferenzen	Konferenzhotel Berlin	Tagungshotel Berlin, Seminarraum Berlin
Restaurant	Restaurant Berlin	Gaststätte Berlin

Abb. 2.5.7: Zuordnung von Keywords zu Unterseiten (Quelle: in Anlehnung an Keßler et al. 2019, S. 188–189).

Der zweite Schritt, der sich zeitlich jedoch mit dem ersten überschneiden kann bzw. sollte, erfolgt im Rahmen der Offpage-Optimierung durch die kontinuierliche Vernetzung einer Website. Es muss dabei sichergestellt sein, dass die Links von Websites, die auf die eigene Seite verweisen, thematisch kongruent sind. So kann der Suchmaschine bereits auf Basis des Vernetzungsumfeldes ein Signal für das Themengebiet der eigenen Website gegeben werden. Im Anschluss sowie parallel dazu müssen die in der Onpage-Optimierung betonten Keywords ein entsprechendes Gewicht bei Suchmaschinen erhalten, was über die Offpage-Optimierung erhöht werden kann.

Onpage-Optimierung

Die Onpage-Optimierung zählt zu den Grundlagen der SEO-Maßnahmen. Dabei geht es zum einen um die Formatierung des HTML-Codes einer Internetseite und zum anderen um das suchmaschinenoptimierte Schreiben. Beide Aspekte sind das Basishandwerkzeug und bilden damit ein Fundament, auf dem weiterführende und strategische Optimierungsmaßnahmen geplant werden können (vgl. Broschart 2011, S. 233, vgl. auch Kap. 2.2). Weithöner definiert dementsprechend das Ziel der Onpage-Optimierung treffend: „Die Keywords (...) müssen nach den Kriterien der Suchmaschinen so herausgestellt werden, dass der Crawler die inhaltliche Bedeutung für die Website erkennt und die Website entsprechend bewertet" (Kap. 2.2.5).

Dabei sind die relevanten Aspekte größtenteils technisch geprägt. Es ist zu beachten, dass HTML-Dokumente grundsätzlich aus zwei Bereichen bestehen: dem Kopf (Head) und dem Körper (Body). Im Head befinden sich Informationen, welche für die Nutzer einer Seite nicht sichtbar sind. Es sind sogenannte Meta-Informationen. Diese dienen beispielsweise dem Browser, um vorzugeben, welche Schriftart genutzt werden soll. Gleichzeitig werden in diesem Abschnitt auch Informationen hinterlegt, welche den Suchmaschinen Hilfestellungen bei der thematischen Einordnung der jeweiligen (Unter-)Seite bieten. Die Informationen im Body sind hingegen für den Nutzer sichtbar. Dennoch können auch hier HTML-Formatierungen genutzt werden, um bestimmte Begriffe zu betonen und so die wichtigen Keywords für die Suchmaschinen herauszustellen (vgl. Erlhofer 2018, S. 174 f.). In beiden Bereichen kann also mithilfe einer Kombination aus relevanten Inhalten und dazu passenden HTML-Formatierungen eine Suchmaschinenoptimierung erfolgen. Im Folgenden wird daher zum einen auf die Formatierungen eines HTML-Dokumentes eingegangen und zum anderen besprochen, was beim Schreiben von Textelementen im sogenannten Body auf einer Internetseite beachtet werden sollte.[25]

Die Elemente der Formatierung können in vier zentrale Gebiete gegliedert werden (vgl. Abb. 2.5.8): die Meta-Tags im Head sowie die Formatierungen des Textes und Attribute für Bilder im Body. Hinzu kommen mit den Entwicklungen des Semantic Web auch strukturierte Daten (Mark-ups), die in den Formaten JSON-LD, Mikrodaten oder RDFa ausgegeben werden können, welche im Head eingebunden werden und dazu führen, dass bestimmte Inhaltselemente bei Google präferiert in Form von Featured Snippets angezeigt werden.

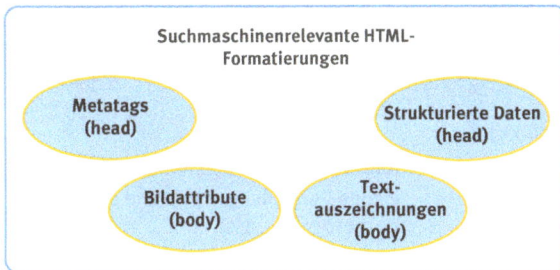

Abb. 2.5.8: Elemente der HTML-Struktur (Quelle: eigene Darstellung).

Offpage-Optimierung

Im Zentrum der Offpage-Optimierung steht der Aufbau von Backlinks. Mit „Backlinks" sind dabei alle eingehenden Verlinkungen gemeint, welche den Vernetzungsgrad einer Seite erhöhen (vgl. Pelzer/Düssel 2013, S. 150 f.). Diese Maßnahme wird auch als „Linkbuilding" bezeichnet und dient dazu, die allgemeine Relevanz einer Internetseite zu erhöhen. Der Algorithmus, welcher das Suchmaschinenran-

---

25 Freies Kompendium zur HTML-Programmierung, ihren Elementen und Erweiterungen: www. selfhtml.org.

king von Google bestimmt, interpretiert dabei Links, die auf einer Internetseite eingehen, als Empfehlung (vgl. Keßler et al. 2019, S. 204 f.).

Um das Linkbuilding möglichst effektiv zu gestalten, sollten mehrere Kriterien berücksichtigt werden. So ist es wie bei den internen Verlinkungen wichtig, wie die Verlinkung bezeichnet wird, damit Google eine thematische Eingrenzung vornehmen
kann. Daneben ist das Thema der referenzierenden Seite von Bedeutung. Ist dieses
ähnlich, so ist die Relevanz eines solchen eingehenden Links höher zu bewerten. Wie
in Kapitel 2.5.1 beschrieben, steigt mit der Vernetzung auch die Wichtigkeit einer Seite
und deren ausgehende Links gewinnen damit ebenfalls an Bedeutung (vgl. Broschart
2011, S. 282 f.). Dies wird auch als Linkpopularität bezeichnet. Auch das Alter einer
Seite kann als Qualitätsfaktor betrachtet werden. Insgesamt sollten die in Abb. 2.5.9
zusammengefassten Kriterien bei einem Linkaufbau berücksichtigt werden.

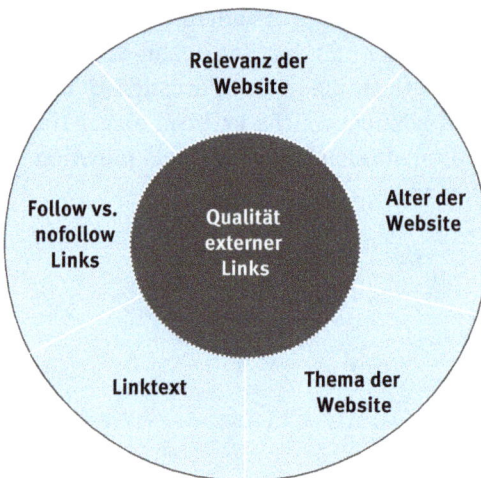

Abb. 2.5.9: Qualität externer Links (Quelle: eigene Darstellung, basierend auf Pelzer/ Düssel 2013, S. 151).

Daneben spielen Kriterien des sogenannten TrustRank eine entscheidende Rolle.
Dieser – von Google nicht offiziell bestätigte – Algorithmus bewertet Internetseiten
in Abhängigkeit von ihrer Vertrauenswürdigkeit. In diesem Kontext spricht man von
„Good Neighbourhood" bzw. „Bad Neighbourhood" (vgl. Broschart 2011, S. 106).
Somit spielt also nicht nur der Grad der Vernetzung eine Rolle für das Suchmaschinenranking, sondern auch das thematische Netzwerk, in welches eine Seite eingebunden ist. Diese Überlegung ist nachvollziehbar, und in der praxisorientierten
Literatur besteht Einigkeit darüber, dass eine Positionierung in einer „guten Nachbarschaft" dem Ranking der relevanten Schlüsselbegriffe zuträglich ist (vgl. Keßler et al.
2019, S. 253 sowie Schiff 2012, S. 56 f.). In diesem Zusammenhang muss deutlich darauf hingewiesen werden, dass von gekauften Links abzuraten ist. Manche Internetseiten haben sich darauf spezialisiert, gezielt Links zu verkaufen. Da dort dann eine
Unmenge verschiedener Links anzutreffen ist, werden solche Seiten auch als „Link-
Farmen" bezeichnet (vgl. Lammenett 2017, S. 224). Google identifiziert diese Link-Far-

men jedoch immer besser. Links, die von solchen Seiten gekauft werden, haben daher in den seltensten Fällen einen Wert. Im Gegenteil: Der Ankauf von vielen externen Backlinks kann im ungünstigsten Fall sogar zur Abstrafung führen und sich negativ auf das Ranking einer Internetseite auswirken (vgl. Erlhofer 2020, S. 403).[26]

Sind sowohl diese positiven als auch negativen Merkmale bekannt, kann der Linkaufbau (Linkbuilding) sehr zielgerichtet erfolgen. Der strategische Aufbau von eingehenden Verweisen ist ein kontinuierlicher Prozess (vgl. Keßler et al. 2019, S. 253). Der Aufbau guter Backlinks ist die schwierigste Aufgabe des SEO. Denn eine Verlinkung von einer relevanten Seite erhält man in der Regel nicht ohne einen entsprechenden Aufwand bzw. eine Form der Gegenleistung (vgl. Pelzer/Düssel 2013, S. 153).

Local SEO als Besonderheit im Tourismus

Unter dem Begriff der Local SEO werden Maßnahmen zur Optimierung einer Website zusammengefasst, welche die Suchergebnisse mit lokalem Bezug positiv beeinflussen. Zu der lokalen Suche gehören zum einen Suchanfragen nach Hotels, Restaurants, Geschäften oder anderen touristisch relevanten Betrieben in einem bestimmten Ort. Der Google-Eintrag „My Business" ist ein zentraler Faktor bei der Suchmaschinenoptimierung von lokalen Betrieben und sollte daher sehr gut gepflegt und ständig aktuell gehalten werden (vgl. Keßler et al. 2019, S. 185 f.). Wenn in der Suchanfrage dann ein lokaler Bezug hergestellt wird, wird dies von Google berücksichtigt. Wenn beispielsweise nach „Hotel in Hamburg" gesucht wird, dann schließt Google hieraus einen lokalen Bezug und zeigt somit vornehmlich lokale Ergebnisse an – in diesem Fall also Hotels in Hamburg.

Zum anderen zählen zur lokalen Suche aber auch pauschale Anfragen, die am Urlaubsort selbst eingegeben werden. Ein Beispiel hierfür wäre, wenn ein Gast beispielsweise in Sankt Peter-Ording im Urlaub ist und die Anfrage „Restaurant" eingibt. Die Position der Nutzer, die eine Suchanfrage stellen, hat dann einen großen Einfluss auf das jeweilige Suchergebnis. Wenn zum Beispiel ein Restaurant oder eine Übernachtungsmöglichkeit gesucht wird, bezieht Google die Position des Suchenden mit ein. Lokale Suchmaschinenoptimierung ist somit für regional tätige Unternehmen relevant (vgl. Erlhofer 2018, S. 292 f.).

Die Einbeziehung von Karten bzw. Google Maps ist im Tourismus wichtig, weil der Kartendienst oftmals direkt in die Suchergebnisseite integriert ist. Auf Leistungsträgerebene bietet sich für Hotels, Restaurants, Museen und weitere lokale Tourismusbetriebe der Eintrag in Unternehmensverzeichnisse an. Hier ist vor allem der Eintrag bei „Google My Business" wichtig. Diese Google-Orte können als ein Bran-

---

26 Mit dem Backlink-Checker von Majestics kann für eine Domain ein guter Überblick über die derzeitige Struktur und den Aufbau von Backlinks in der Vergangenheit gewonnen werden. Das Tool ist in einer kostenfreien Version verfügbar: de.majestic.com.

chenbuch verstanden werden, in das sich Unternehmen entweder selbst eintragen oder aber von Kunden eingetragen werden (vgl. Broschart 2011, S. 323). Je nachdem, wie diese Einträge mit Inhalten gefüllt werden, werden diese in den Suchergebnissen bevorzugt behandelt. Mittlerweile gibt es dementsprechend bereits sehr genaue Angaben dazu, welche Faktoren die Position der Google-My-Business-Einträge beeinflussen. Es können viele Daten wie Name, Adresse, Öffnungszeiten, Bilder oder relevante Links für die Suchenden eingepflegt werden. Potenzielle Gäste können über das Profil direkt Anrufe tätigen, sich eine Route anzeigen lassen oder auf die Website des Unternehmens gehen. Ist ein Eintrag beansprucht, so können Unternehmen auch auf Bewertungen antworten oder Statistiken einsehen (vgl. Keßler et al. 2019, S. 262f.). Die Beantwortung der Bewertungen fließt dabei ebenfalls in das Ranking ein und verbessert bei entsprechendem Feedback des Gastgebers die Sichtbarkeit des Eintrages zusätzlich (vgl. Erlhofer 2018, S. 756). Wenn der jeweilige Betrieb mit einem Buchungsportal wie booking.com zusammenarbeitet, können auch aktuelle Übernachtungspreise angezeigt werden.

Daneben sind weitere Verzeichnisse wie Bing Places, Facebook Places sowie Bewertungsportale (z. B. HolidayCheck und TripAdvisor) relevant (vgl. auch Kap. 2.6 u. 2.9). Letztlich gibt es viele weitere Branchenverzeichnisse, in die sich Unternehmen eintragen können. Hier sollte bei der Wahl der Portale darauf geachtet werden, dass diese im Hinblick auf Branche und Region zum eigenen Unternehmen passen. Es ist dabei zu beachten, dass die Unternehmensdaten zuverlässig gepflegt werden. Man spricht im Fachjargon auch von den NAP-Angaben, was für Name, Adresse und Phone-Number steht. Es ist wichtig, dass diese Daten in den unterschiedlichen Verzeichnissen konsistent mit denen auf der unternehmenseigenen Website sind. Während der Corona-Pandemie hat Google es Unternehmen ermöglicht, den aktuellen Status der Öffnungszeiten und weitere Informationen prominent im Google-My-Business-Profil zu hinterlegen.[27]

Ein weiterer wichtiger Aspekt beim lokalen SEO ist die Optimierung des Inhalts auf der Website des Unternehmens selbst. Hierbei sollten die wichtigsten Keywords der Seite mit dem lokalen Bezug verbunden und in den Meta-Angaben wie Title und Description sowie im Fließtext selbst hinterlegt werden. Auch bei Bildern sollte im Namen sowie im Title und Alt-Attribut auf einen Ortsbezug geachtet werden. Es können also Keywords in Kombination mit Ortsnennung oder lokalen Bezügen wie Stadtteilen oder Postleitzahlen kombiniert werden (z. B. Restaurant Deichkind in Sankt Peter-Ording). Daneben sollten die NAP-Daten gut sichtbar positioniert werden. Bei mehreren Standorten ist es sinnvoll, für jeden Standort eine eigene Lan-

---

[27] Um den Status der eigenen Brancheneinträge zu untersuchen, eignet sich ein Tool, welches einen Branchenverzeichnis-Check durchführt und so einen schnellen Überblick darüber gibt, welche Verzeichnisse gepflegt werden müssen. Das Tool ist unter folgendem Link aufrufbar: www.greven.de/unser-service/localcheck.

dingpage zu nutzen, die jeweils nur die Unternehmensdaten und Keywords für den jeweiligen Standort beinhaltet.

In Verbindung mit dem Semantic SEO sind die strukturierten NAP-Informationen sowie Geokoordinaten und etwaige weitere Informationen wie Öffnungszeiten ebenfalls relevant und sollten in einem Mark-up wie beispielsweise JSON-LD direkt im Head der Website angegeben werden (vgl. Keßler et al. 2019, S. 243 f.).

Auch Mobile SEO ist mit der lokalen Suchmaschinenoptimierung verbunden, da viele Suchanfragen mit lokalem Bezug vom Smartphone aus getätigt werden. Einer Studie von Sistrix (2018) zufolge, bei der für das Jahr 2017 rund 250 Mio. Klicks ausgewertet wurden, gingen 49 % des organischen Google Traffic von mobilen Geräten wie Smartphones oder Tablets aus. Die Websites von touristischen Betrieben vor Ort (Restaurants, Hotels, Museen) sollten somit für mobile Geräte optimiert sein. Alle Funktionen und Elemente sollten mit dem mobilen Endgerät bedienbar und wichtige Informationen wie Telefonnummer, Adresse oder Öffnungszeiten einfach und schnell zu erfahren sein. Neben einem responsiven Design (die Website passt sich der Größe des Ausgabebildschirms an) ist insbesondere eine schnelle Ladezeit (Page Speed) ein wichtiger Rankingfaktor (vgl. Lammenett 2017, S. 211 f.).

Für Unternehmen, die in stationären Geschäften im Tourismus tätig sind, ist Local SEO ein wichtiger Bestandteil der Suchmaschinenoptimierung und wird aufgrund der zunehmenden Nutzung des Smartphones durch die Gäste am Urlaubsort selbst noch wichtiger. Übergeordnetes Ziel ist es, in das Local Pack zu gelangen. Dies sind die ersten drei lokalen Unternehmen, die in der Suchergebnisseite zu einer Anfrage prominent mit Kontaktangaben erscheinen (vgl. Erlhofer 2018, S. 928 f.).

2.5.5 Suchmaschinenwerbung

Der Erfolg von Google ist eng verbunden mit dem Konzept der sogenannten Google Ads. Diese sind sowohl für Suchende als auch für Werbetreibende interessant, weil sie stets kontextuell eingebettet sind. Das bedeutet, dass der Nutzer spezifisch zu seinem Informationsbedürfnis eine Werbeanzeige erhält (vgl. Abb. 2.5.10). So werden dem Nutzer neben den eigentlichen Suchtreffern immer auch Werbeangebote unterbreitet, die der Suchintention des Nutzers entsprechen (vgl. Lammenett 2019, S. 185).

Google Ads sind als Werbeform sowohl für sehr große als auch für mittelständische Unternehmen und gerade für Kleinstbetriebe attraktiv. Das Bezahlmodell von Google basiert auf zwei Elementen.

Erstens wird für eine Werbeanzeige erst dann Geld verlangt, wenn ein Nutzer auf eine Anzeige klickt. Dieses als Cost-per-Click (CPC) bekannte Abrechnungsmodell bietet einen klaren Zusammenhang von Kosten und Nutzen (vgl. Pelzer/Gerigk 2018, S. 63 f.). Der Ausdruck „Cost-per-Click" bezeichnet den Betrag, der jeweils für einen Klick auf eine Anzeige bezahlt werden müssen. Abhängig vom jeweiligen

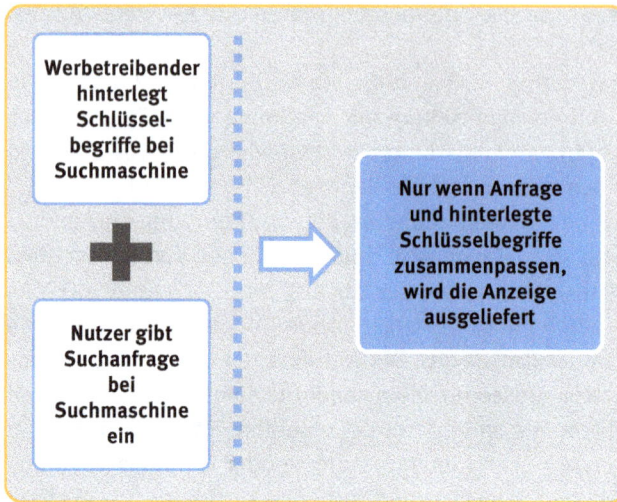

Abb. 2.5.10: Kontextuelle Werbung durch Ads (Quelle: eigene Darstellung).

Keyword sind die Kosten dabei variabel und abhängig von der Wettbewerbsintensität, saisonalen und regionalen sowie weiteren Faktoren (vgl. auch Erlhofer 2020, S. 51).

Zweitens legt Google keine starren Preise für einen Suchbegriff fest. Stattdessen werden die Suchbegriffe – ähnlich dem Auktionsprinzip von eBay – versteigert. Somit kann jeder Werbetreibende ein Maximalgebot zu einem bzw. mehreren Suchbegriffen festlegen. Die Position ergibt sich dann auf Basis des gebotenen Preises. Vereinfacht gesprochen (ohne Berücksichtigung vom sogenannten Qualitätsfaktor): Wer mehr zahlt, erscheint auch weiter oben. Jansen (2011, S. 178) nennt drei Hauptgründe, warum ein Bietermodell festgesetzten Preisen vorzuziehen ist (vgl. auch Abb. 2.5.11):

1 Unterschiedliche Keywords haben auch verschiedene Wertigkeiten. Das bedeutet, dass man mit einigen Begriffen hohe Kaufabschlüsse generieren kann und über andere nicht.
2 Es gibt auf jeder Suchergebnisseite nur einen begrenzten Platz für die Anzeigen.
3 Die Platzierungen besitzen unterschiedliche Wertigkeiten. Somit sind die Positionen umkämpft und ein Gebotssystem ermöglicht die Festlegung der Reihenfolge.

Neben Nutzern und Werbetreibenden profitiert auch Google von diesem Modell, denn durch das Auktionsprinzip kann potenziell jede einzelne Suchanfrage monetarisiert werden. Mit diesem Konzept wurde Google zu einem der führenden Unternehmen im Internet und zum Treiber der Online-Werbung allgemein (vgl. Pelzer/ Gerigk 2018, S. 63 f.). Daneben bietet Google jedoch noch weitere Werbeformate wie Displayanzeigen und viele mehr an (vgl. hierzu ausführlich Horster 2021).

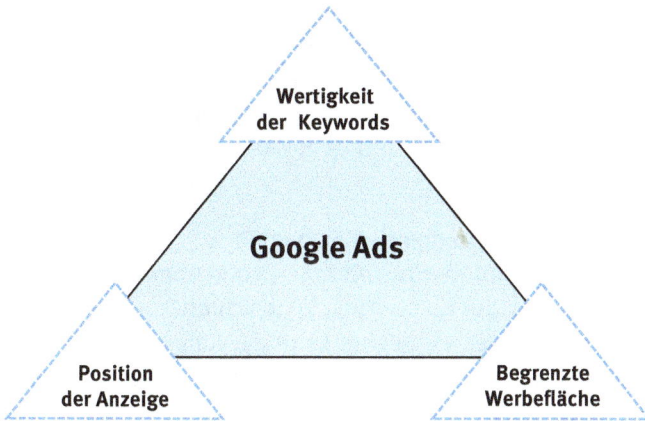

Abb. 2.5.11: Gründe für das Bietermodell bei Google Ads (Quelle: eigene Darstellung, basierend auf Jansen 2011, S. 178).

Struktur einer Google-Ads-Kampagne

Bei der Erstellung einer Google-Ads-Kampagne werden zahlreiche Einstellungsoptionen offeriert. Eine Auswahl der wichtigsten Parameter wird im Folgenden dargestellt und deren Konsequenzen auf die Wirkung einer Kampagne werden erläutert.[28]

Die Kampagnen sind dabei die oberste Ebene eines Google-Ads-Kontos und lassen sich wiederum in verschiedene Anzeigengruppen unterteilen. Innerhalb der einzelnen Anzeigengruppen sind sowohl die Keywords definiert, die eine Anzeigenschaltung auslösen, als auch die Anzeigen selbst (vgl. Abb. 2.5.12).

Abb. 2.5.12: Typischer Aufbau eines Google-Ads-Kontos (Quelle: in Anlehnung an Pelzer/Düssel 2013, S. 168).

---

28 Die Struktur einer Google-Ads-Kampagne wird in einem Erklärvideo auf dem YouTube-Kanal der Fachhochschule Westküste zusammengefasst, das hier eingesehen werden kann: www.t1p.de/google-ads.

Es können verschiedene Kampagnen angelegt werden, die nach unterschiedlichen Kriterien sortiert werden können. Denkbar ist eine Strukturierung nach Themen (z. B. Wandern und Radfahren), nach geografischer Lage, in der die Anzeige geschaltet werden soll (z. B. Deutschland) oder Produktsegment (z. B. Apartments) (vgl. Pelzer/ Düssel 2013, S. 169 f.).

Grundlegende Einstellungen bei einer Google-Ads-Kampagne

Auf der Kampagnenebene können weitere Einstellungen vorgenommen werden. Hierzu zählen das Ziel der Kampagne, der Kampagnentyp, das Start- und Enddatum einer Kampagne sowie das Werbebudget. Zu Beginn kann der Kampagnentyp ausgewählt werden. Hier ist es möglich, zwischen Suchnetzwerk, Displaynetzwerk, Shopping, Video, App oder Smart zu differenzieren. Geläufig und verbreitet ist das Werben im Suchnetzwerk und ggf. im Displaynetzwerk.

Ein interessanter Kanal ist auch Video, da hier Werbeanzeigen direkt über Google Ads in YouTube geschaltet werden können. YouTube ist die weltweit größte Video-Plattform (vgl. Kap. 2.6 u. 2.9). Mithilfe von Google Ads ist es möglich, Videoanzeigen von 15 bis 20 Sekunden Dauer vor, während oder nach dem regulären Video darzustellen, die nach fünf Sekunden vom Nutzer übersprungen werden können. Ein weiteres Format sind die Bumper-Anzeigen. Dies sind sechs Sekunden lange Werbeclips, die vor dem Video laufen und nicht übersprungen werden können. Des Weiteren gibt es mit Overlay-Anzeigen auch text- oder bildbasierte Banner, die im unteren Bereich der Videos eingeblendet werden, während dieses abgespielt wird. Ähnlich wie konventionelle Google-Ads-Anzeigen können auch die Videoanzeigen nach bestimmten Keywords, Interessen oder Themengebieten ausgerichtet werden, um ein entsprechendes Targeting vorzunehmen. Kosten fallen dabei ebenfalls nur dann an, wenn der Nutzer auf die Anzeige klickt oder wenn diese mehr als 30 Sekunden bzw. komplett wiedergegeben wird.

Es kann dann ein Ziel für eine Kampagne definiert werden. Wenn eine Auswahl zwischen Umsätzen, Leads, Zugriffen auf die Website, Produkt- und Markenkaufbereitschaft, Markenbekanntheit und Reichweite oder App-Werbung erfolgt, sind damit bereits Voreinstellungen für den weiteren Verlauf der Kampagneneinrichtung verbunden (vgl. auch Kap. 2.6.5). Es empfiehlt sich, zu Beginn eine Kampagne ohne Zielvorhaben einzurichten, da dann weiterhin alle Auswahlmöglichkeiten zur Verfügung stehen.

Das Werbebudget wird in der Regel in einem täglichen Maximalbetrag angegeben (Tagesbudget). Die Höhe ist dabei stark davon abhängig, wie effizient eine Anzeige für das eigene Unternehmen ist. Denn wenn mit der Schaltung eine Gewinnerzielung möglich ist und dieser Gewinn über dem Werbeeinsatz liegt, kann die Höhe dank diesem positiven Saldo natürlich nach oben hin angepasst werden. Auf der Basis der Angabe des Tagesbudgets wird auch berechnet, wie häufig und an welcher Stelle eine Anzeige eingeblendet wird. Der von Google bereitgestellte „Traffic Estimator" gibt eine Schätzung über die zu erwartende Frequenz der Anzeigenschaltung ab. Das Tagesbudget konnte dabei bis April 2020 standardmäßig oder beschleunigt ausgespielt werden. Bei dieser Variante erfolgte bei jeder Suchanfrage eine Einblendung (Impression) der Werbeanzeige (vgl. Pelzer/Gerigk 2020, S. 239f.). Mit „Impressionen" (Impression) ist dabei die Anzahl der Einblendungen einer Anzeige gemeint. Diese Werbeeinblendungen sind im Google-Suchnetzwerk im Gegensatz zum Klick jeweils kostenlos (vgl. Pelzer/Düssel 2013, S. 164). Allerdings ist nur noch die standardmäßige Auslieferung möglich, bei der die Einblendungen über den Tag hinweg verteilt werden. Damit die Kontrolle über eine Kampagne besteht und diese nicht ungeplant weiterläuft, sollten bei jeder Kampagne immer das Start- und Enddatum der Ausspielung definiert werden.

Google bietet zudem an, im Tagesverlauf Pausen bei der Anzeigenschaltung vorzunehmen. Diese Einstellungen können über den sogenannten Werbezeitplaner vorgenommen werden. Die Nutzung des Werbezeitplaners kann somit dabei helfen, eine Anzeige zu einem bestimmten Zeitpunkt auszuliefern. Wird beispielsweise davon ausgegangen, dass die Recherche für den nächsten Urlaub vornehmlich in der Mittagspause erfolgt, dann ist eine verstärkte Auslieferung der Anzeigen zu diesem Zeitpunkt sinnvoll. Gleichzeitig kann die Anzeigenschaltung zu anderen Tageszeiten pausieren (vgl. Pelzer/Gerigk 2020, S. 240).

Neben diesen Steuerungselementen gibt es verschiedene Möglichkeiten des Targetings (Zielausrichtung), von denen die wichtigsten nachfolgend dargestellt werden: Auswahl der Anzeigenschaltung für bestimmte Endgeräte, regionale und sprachliche Eingrenzung der Ausspielung einer Anzeige sowie die Zielgruppenansprache (vgl. Abb. 2.5.13).

Abb. 2.5.13: Einstellungsoptionen einer Google-Ads-Kampagne (Quelle: eigene Darstellung).

Eine Auslieferung auf mobilen Endgeräten kann insbesondere für Bereiche sinnvoll sein, in denen es häufig Ad-hoc-Entscheidungen gibt, wie beispielsweise die Suche nach einem Restaurant im Urlaub. Google bietet dabei für mobile Endgeräte eine Anruferweiterung an, bei der durch den Klick ein Anruf beim jeweiligen Restaurant erfolgt. Von besonderer Relevanz ist bei mobilen Anzeigen die Landingpage. Diese sollte für das Ausgabegerät optimiert sein, damit mit der Anzeigenschaltung eine entsprechende Konversionsrate erzielt werden kann (vgl. Pelzer/Gerigk 2020, S. 358). Daneben ist es möglich, die Anzeigen nur auf dem stationären PC, auf Tablets oder auch auf TV-Bildschirmen auszuspielen.

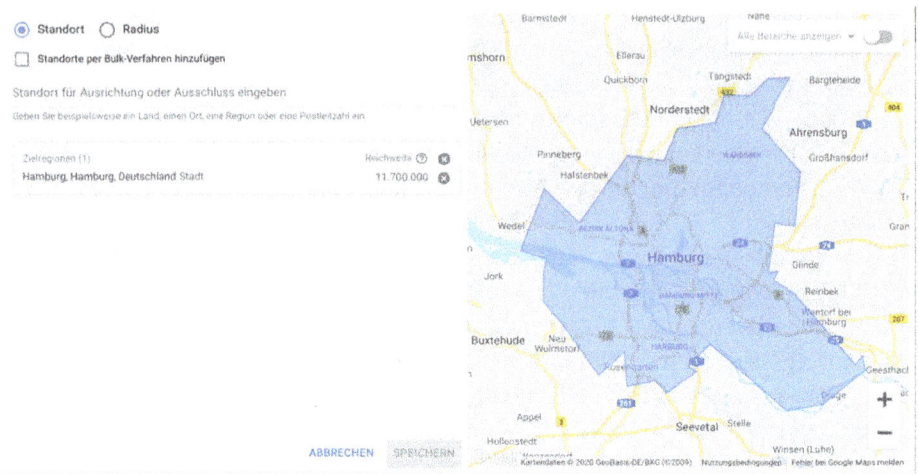

Abb. 2.5.14: Geografische Eingrenzung einer Google-Ads-Kampagne (Quelle: ads.google.com).

Eine weitere Möglichkeit der Personalisierung bietet sich durch die Auswahl der Zielregion, in der die Anzeigen ausgespielt wird (vgl. Abb. 2.5.14). Die Wahl der Zielregion ist dabei in Abhängigkeit vom jeweiligen Produkt bzw. von der Dienstleistung zu wählen. Die Eingrenzung kann in Bezug auf Sprache oder Region erfolgen, was eine genaue Aussteuerung der Anzeigen ermöglicht (vgl. Keßler et al. 2019, S. 43 f.). Die Eingrenzung auf eine Region auf Kampagnenebene bezieht sich auf alle dieser Kampagne untergeordneten Anzeigen (vgl. Beck 2011, S. 82). Dies sollte insbesondere dann beachtet werden, wenn eine entsprechend differenzierte Keyword-Analyse erfolgte, welche auch das geografische Potenzial der jeweiligen Suchphrasen berücksichtigt. Denn dann können die Anzeigen, die auf eine bestimmte Zielregion optimiert wurden, auch dort geschaltet werden. Die Möglichkeit der geografischen Eingrenzung ist zudem für alle Betriebe sinnvoll, die einen begrenzten Raumbezug haben, wie Restaurants mit einem Lieferservice, der sich auf einen bestimmten Radius beschränkt (Pelzer/Gerigk 2020, S. 228).

Google Ads bietet die Möglichkeit, Anzeigen auf bestimmte Zielgruppen auszurichten. Diese werden anhand von demografischen Merkmalen, Interessen und Gewohnheiten sowie dem Suchverhalten eingegrenzt. Es ist daher erforderlich, dass bereits im Vorfeld eine Auseinandersetzung mit der Zielgruppe erfolgt ist, um diese auch präzise bestimmen zu können. Technisch bietet Google hierfür sehr viele Optionen, die jedoch nur dann effizient eingesetzt werden können, wenn ein Werbetreibender weiß, für welche genaue Zielgruppe die Anzeigen geschaltet werden

sollen. Neben demografischen Angaben wie Alter, Geschlecht, Standort und Sprache bietet die Option „detaillierte demografische Merkmale" weitere auswählbare
Charakteristika. Darunter fallen Eigenschaften wie der Familienstand, das Alter
der Kinder oder die Art des Schulabschlusses. Unter dem Punkt „Zielgruppen mit
gemeinsamen Interessen" können Hobbys und Interessen bezüglich Unterhal-
tungsmedien, Essen, Politik oder Reisen eingegrenzt werden (vgl. Pelzer/Gerigk 2018,
S. 299 f.)

Bei der Option, nach einer kaufbereiten Zielgruppe zu differenzieren, wählt
Google diejenigen Nutzer für eine Anzeige aus, bei denen aufgrund des Suchver-
haltens ein Kauf der jeweiligen Leistung wahrscheinlich ist (vgl. Pelzer/Gerigk
2018, S. 301). Hier können Werbetreibende aus einer Auswahl an unterschiedlichen Produkten und Dienstleistungen wie Automarken oder Reisedestinationen
wählen, um die Zielgruppe einzugrenzen. Dabei kann eine Kombination mit einer
Remarketingkampagne sinnvoll sein. Damit werden Nutzer gezielt angesprochen,
die sich bereits über bestimmte Produkte informiert haben (vgl. Pelzer/Gerigk 2018,
S. 422 f.).

Eine weitere Funktion im Rahmen der Zielgruppendefinition bei Google Ads ist
die dynamische Kundengewinnung. Zu diesem Zweck wird mithilfe von maschinellem Lernen ermittelt, welche Nutzer als potenzielle Käufer infrage kommen. Komplementär gibt es dazu das dynamische Remarketing, um mit bestehenden Kunden
möglichst viele Conversions zu erzielen (vgl. Pelzer/Gerigk 2018, S. 436 sowie
Kap. 2.6.5).

Die Möglichkeiten der Zielgruppenausrichtung unterscheiden sich zwischen
den jeweiligen Kampagnentypen leicht, jedoch sind die Hauptmerkmale identisch.
Für fortgeschrittene Werbetreibende ist es zudem möglich, benutzerdefinierte Interessen festzulegen. Dabei können Zielgruppen noch spezifischer eingegrenzt werden
(vgl. Pelzer/Gerigk 2018, S. 318 f.).

Die einzelnen Zielgruppen können innerhalb einer Kampagne auch kombiniert
werden. So ist es möglich, dass zwischen unterschiedlichen Zielgruppen verschieden hohe Gebote definiert werden. So kann für diejenigen, die eine Kaufabsicht
haben, oder jenen, die bereits auf der Website des Werbetreibenden waren, ein hö-
heres Gebot innerhalb der Kampagne definiert werden.

Es wird deutlich, dass das Suchmaschinenmarketing sehr komplex ist und sich
dynamisch weiterentwickelt. Die Steuerung und Ausgestaltung sind kontinuierlich
laufende Aufgaben. Mit diesem Beitrag wurde ein erster Überblick gegeben und es
wurden wichtige Aspekte erläutert, die im Rahmen des digitalen Tourismusmarketings wichtig sind (vgl. hierzu ausführlich Horster 2021).

Quellen und weiterführende Literatur

Arno, M., Example of a PageRanking, www.commons.wikimedia.org/w/index.php?curid=20368368 (erstellt 22.07.2012).

Battelle, J., Die Suche. Geschäftsleben und Kultur im Banne von Google & Co, Kulmbach 2006.

Beck, A., Google AdWords. 3. Aufl., Heidelberg u. a. 2011.

Broschart, S., Suchmaschinenoptimierung und Usability. Website-Ranking und Nutzerfreundlichkeit verbessern, 2. Aufl., Poing 2011.

Erlhofer, S., Suchmaschinen-Optimierung. Das umfassende Handbuch, 9. Aufl., Bonn 2018.

Erlhofer, S., Suchmaschinen-Optimierung. Das umfassende Handbuch, 10. Aufl., Bonn 2020.

Horster, E., Digitales Tourismusmarketing: Grundlagen, Suchmaschinenmarketing, User-Experience-Design, Social-Media-Marketing und Mobile Marketing, Wiesbaden 2021.

Jansen, B. J., Understanding Sponsored Search. Core Elements of Keyword Advertising, Cambridge u.a. 2011.

Kaumanns, R., Siegenheim, V., Die Google-Ökonomie. Wie Google die Wirtschaft verändert, Norderstedt 2007.

Keßler, E., Rabsch, S., Mandic, M., Erfolgreiche Websites. SEO, SEM, Onlinemarketing, Usability, Bonn 2019.

Lammenett, E., Online-Marketing. Affiliate- und e-Mail-Marketing, Suchmaschinenmarke-ting, Online-Werbung, Social Media, Facebook-Werbung, 6. Aufl., Wiesbaden 2017.

Lammenett, E., Praxiswissen Online-Marketing: Affiliate-, Influencer-, Content- und E-Mail-Marketing, Google Ads, SEO, Social Media, Online- inklusive Facebook-Werbung. 7. Aufl., Wiesbaden 2019.

Pelzer, G., Düssel, M., Online-Marketing mit Google. Mit SEO und SEA werden Sie gefunden, München 2013.

Pelzer, G., Gerigk, D., Google AdWords: Das umfassende Handbuch, 2. Aufl., Bonn 2018.

Pelzer, G., Gerigk, D., Google AdWords: Das umfassende Handbuch, 3. Aufl., Bonn 2020.

Schiff, D., Geheimnis SEO. Tipps, Tricks und Know-How aus der Praxis eines erfahrenen SEO-Experten, Heidelberg u. a. 2012.

Sistrix (Hrsg.), Mobile First: Daten & Fakten der mobilen SERPs, 2018, www.sistrix.de/downloads/study/sistrix_mobile_seo_study_de.pdf (Zugriff am 23.2.2021).

StatCounter, Mobile & Tablet Operating System Market Share in Germany, 31. Dezember 2020, www.gs.statcounter.com/os-market-share/mobile-tablet/germany/#monthly-202001-202012-bar (Zugriff 01/2021).

Urchs, O., 13 Jahre Web-Marketing. Was hat sich verändert?, in: Schwarz, T. (Hrsg.), Leitfaden Online Marketing. Das kompakte Wissen der Branche, Heusenstamm 2007, S. 9–23.

von Bischopinck, Y., Ceyp, M., Suchmaschinen-Marketing. Konzepte, Umsetzung und Controlling für SEO und SEM, Berlin/Heidelberg 2007.

2.6 Social-Media-Marketing und -Management

Janina Freimann, Uwe Weithöner

Social-Media-Kommunikation und -Marketing ist fester Bestandteil im Marketing-Mix und in der Marketingplanung der Unternehmen geworden. Zunächst als Hype abgetan, hielt es schon bald Einzug in verschiedenste Lebensbereiche der Zielgruppen und Kunden. Insbesondere im Tourismus, einer Branche, die von menschlichen Beziehungen geprägt ist, nehmen Social Media eine besondere Stellung ein. In Bezug auf die Customer Journey finden viele Reisen hier ihren Ursprung, ermöglichen sie doch eine einfache Weitergabe von Reisetipps und Insiderinformationen (vgl. auch Kap. 2.1 u. 2.4).

Dass Menschen Beziehungen zueinander aufbauen und miteinander kommunizieren, steht bei der Nutzung von Social Media im Mittelpunkt. Es werden Kontakte geknüpft, Meinungen geäußert und Informationen ausgetauscht. Der Unterschied zu traditionellen Kommunikationsmedien besteht in der Reichweite und den interaktiven Möglichkeiten, die sich den Nutzern eröffnen. Das Internet bietet durch seine Technologie (vgl. Kap. 2.2) und seine vielfältigen Ausgestaltungsmöglichkeiten eine zeitlich und örtlich uneingeschränkte Plattform für soziale und ökonomische Aktivitäten. Die Interaktionen sind dabei nicht länger auf abstrakte Nutzer- und Zielgruppen beschränkt, sondern den Unternehmen bieten sich Möglichkeiten, auf digitalem Weg einen persönlichen Kontakt zum Kunden herzustellen und zu interagieren.

Der Tourismus ist von dieser Entwicklung besonders tangiert, denn das touristische Produkt wird oftmals als ein Leistungsversprechen gekauft bzw. gebucht und die Dienstleistungen werden erst später und am Ziel einer Reise für den Kunden erbracht. Die Nutzer tauschen sich zu ihren Reisen aus, bewerten Hotels oder schreiben Berichte und geben damit häufig einen maßgeblichen Impuls für die Reiseentscheidung. Für touristische Unternehmen ergibt sich daraus die Notwendigkeit eines gezielten Social-Media-Managements.

2.6.1 Ursprung und Abgrenzung von Social Media

Der Gemeinschafts- und Kommunikationsgedanke, der Social Media prägt, liegt im Ursprung des Internets begründet. Die Art der Kommunikation im Internet hat sich seitdem stetig weiterentwickelt, insbesondere bezüglich der vermaschten, interaktiven Kommunikation der verschiedenen Nutzer(-gruppen). Entwickelt haben sich Social Media aus dem vorangegangenen „Web 2.0". Entgegen der Erwartung an diesen Begriff, dass es sich um eine neue Version des World Wide Web handelt, steht dieser vielmehr für eine Wandlung im Internet. Vielfach als die neue Ära des Internets betitelt, bezieht sich der Begriff Web 2.0 auf neue Applikationen, Vernetzungen, neue Webseiten-Designs sowie Partizipation. Im Mittelpunkt agiert dabei stets der jeweilige Internetnutzer. Beim „Mitmach-Web", als welches das Web 2.0 bezeichnet wird/wurde, geht es nicht mehr ausschließlich um Inhalte, die von einem Sender bereitgestellt und von Empfängern abgerufen werden können. Vielmehr gestaltet der Nutzer die Inhalte des Internets bzw. seiner webbasierten Kommunikationsdienste aktiv mit (User generated Content) und interagiert mit anderen Internetnutzern.

Entstanden ist der Begriff „Web 2.0" während einer Konferenz des O'Reilly-Verlags im Jahre 2004 in Folge der seinerzeit sogenannten „geplatzten Dotcom-Blase", die zunächst den ökonomischen Aufschwung neuer Medien, dann aber den Zusammenbruch vieler neuer Geschäftsmodelle und damit verbundene Fehlinvestitionen beschreibt. Seitdem steht der Begriff „Web 2.0" für eine Vielzahl neuer Entwicklungen im Internet. Um ihn konkreter zu machen, hat der Verleger Tim O'Reilly die Attribute und Kernelemente in dem Artikel „What is Web 2.0?" (vgl. O'Reilly 2005) wie folgt präzisiert:

– World Wide Web als Plattform
– Nutzung kollektiver Intelligenz
– datengetriebene Anwendungen
– Abschaffung des Software-Lebenszyklus
– Leightwight Programming Models („leichtgewichtige" Programmiermodelle) für eine beliebige Kombinierbarkeit von Anwendungen
– Software über die Grenzen einzelner Geräte hinaus (Geräteunabhängigkeit)
– und einfache Benutzerführung (Rich User Experience) und Anwenderfreundlichkeit.

Wird das Web 2.0 in Beziehung zu Social Media gebracht, so steht beim Social Web[29] das soziale Beziehungsgeflecht der Nutzer (die Community) im Vordergrund. Der Begriff „Web 2.0" ist in diesem Zusammenhang eher als technische Grundlage zu verstehen, auf deren Basis Social-Media-Anwendungssysteme realisiert werden können. Damit soziale Interaktionen im Internet, auch als Basis ökonomischer Transaktionen, zustande kommen, werden Begegnungsplattformen zur Erstellung gemeinschaftlicher Informationen und zum Beziehungsaufbau benötigt (vgl. Ebersbach/Glaser/ Heigl 2008, S. 30). Diese gelten als zentrale Voraussetzung für gemeinschaftliche Aktivitäten und die elektronische Vernetzung.

Die Motive für die Beteiligung der Nutzer an sozialen Netzwerken sind dabei sehr unterschiedlich. Während bei einem Teil der Nutzer die Gemeinschaft an sich und das Erleben im Mittelpunkt stehen, beteiligen sich andere aus rationalen Gründen (z. B. Informationsbeschaffung) an sozialen Gemeinschaften. Die Marketing- und Kommunikationspolitik der Unternehmen fokussiert diese privaten Nutzer als Ziel- und (potenzielle) Kundengruppen.

Zusammenfassend ergeben sich nach Ebersbach et al. (2008, S. 31) folgende definierende Komponenten für den Begriff Social Web bzw. Social Media:

---

[29] Der Begriff Social Web wird synonym zum Begriff der Sozialen Medien bzw. Social Media verwendet.

- **webbasierte Anwendungen** für Menschen, ihren Informationsaustausch und Beziehungsaufbau, für ihre Kommunikation und kollaborative Zusammenarbeit in einem gemeinschaftlichen Kontext
- die **Daten**, die dabei entstehen
- und die aktiven **Beziehungen** und deren **Inhalte**.

Es geht bei Social Media somit um Kommunikation und Interaktion, die durch verschiedene Funktionen und Anwendungen ermöglicht werden. Das Kommunikationsprinzip im Rahmen verfügbarer Systeme geht vom Individuum aus. Jeder Nutzer kann entsprechend seinem Wissen, seinen Bedürfnissen und Kenntnissen Inhalte im Internet erstellen (**User generated Content**), die von anderen Internetnutzern verfolgt und ergänzt werden können. Die Struktur, die sich daraus ergibt, ist eine Vernetzung der User zu einer Gemeinschaft, die sich im Verbund zum Ausdruck bringt und kollektives Wissen aufbauen kann (Schwarmintelligenz). Die Dienste, die der Internetnutzer bzw. die Gemeinschaft verwendet, sind personenbezogen und die Aktionen werden für Dritte sichtbar und nachvollziehbar, sodass sie zum Mitmachen anregen können. Das stellt aber auch besondere Herausforderungen an den Schutz der Personen und ihrer Daten (vgl. Kap. 5.5).

Durch die Vernetzung der Internetnutzer entsteht eine immer größere Gemeinschaft. Diese begründet sich nicht allein auf Bekanntschaften aus dem realen Leben. Neue Kontakte, die sich durch virtuelle Begegnungen aufgrund der hohen Transparenz der Profilseiten der Nutzer und ihrer Aktionen ergeben, erweitern das individuelle Kontaktfeld. **Awareness** bezeichnet dieses Phänomen, bei dem sich Internetnutzer gegenseitig Aufmerksamkeit schenken.

Ihre Verbreitung und Nutzung finden Social-Media-Systeme in vielen Lebensbereichen, sie spiegeln somit die hohe gesellschaftliche und ökonomische Bedeutung wider (vgl. Kap. 2.1). Ebenso vielfältig wie zahlreich sind die Funktionen, die damit einhergehen, sowie unterschiedliche Erscheinungsformen, was nachfolgend aufgezeigt wird.

2.6.2 Funktionen und Nutzungsbereiche von Social Media

Social Media sind in hohem Maße geprägt von einem gegenseitigen Austausch der Nutzer untereinander. Dabei wird der Konsument (der Empfänger der Nachrichten, auch als Consumer bezeichnet) zum Produzenten von Inhalten (**Prosumer**). Es steht jedoch nicht nur das Erstellen neuer Inhalte im Vordergrund; ebenso kommentieren, korrigieren oder bewerten die Nutzer Beiträge anderer (Schindler/Liller 2012, S. 5). In diesem Zusammenhang wird der Begriff Many-to-Many-Kommunikation verwendet, da mehrere Nutzer sowohl miteinander als auch über andere kommunizieren und Meinungen und Gedanken offen und öffentlich preisgeben (Pein

2018, S. 26). Das stellt eine Erweiterung der One-to-Many-Kommunikation dar, die Grundlage für z. B. traditionelle Werbebotschaften war (vgl. auch Kap. 2.2).

Schmidt und Taddicken (2017, S. 25 ff.) bringen die elementaren **Funktionen** von Social Media, wie in Tab. 2.6.1 dargestellt, zusammen.

Tab. 2.6.1: Funktionen von Social Media (Quelle: Schmidt/Taddicken 2017, S. 25 ff.).

Funktion	Beschreibung
Erstellen	Kreieren neuer Inhalte (Text, Bild, Video, Audio) innerhalb einer Plattform oder Einspeisen bestehenden Contents in eine Anwendung oder Plattform durch Hochladen oder Verlinken.
Veröffentlichen	Inhalte auf einer ausgewählten Plattform für einen vorab definierten Personenkreis zugänglich machen.
Kommentieren	Ermöglichen einer Anschlusskommunikation für erstellte und veröffentlichte Inhalte.
Annotieren	Bewerten: Hinzufügen von Präferenzen oder Urteilen für denvorgefundenen Beitrag über unterschiedliche Formen derBewertungsoptionen, z. B. Like-Button oder Emojis. Verschlagworten: Hinzufügen von Schlagworten anhand vorgegebener Kategorien und Klassifikationsschemata oder frei wählbarer Schlagworte zur Kategorisierung der vorgefundenen oder selbst veröffentlichten Inhalte.
Weiterleiten	Verbreiten von Inhalten innerhalb einer Plattform oder plattformübergreifend für eine definierte Personengruppe.
Abonnieren	Erhalten von Aktualisierungen einer Person oder eines Inhalteanbieters, in der Regel innerhalb einer Plattform.
Vernetzen	Verknüpfen von Elementen, die sich entweder auf die Beziehungen unter Nutzern (wechselseitige oder einseitige Beziehungen) oder auf die Vernetzung und Verknüpfung von Inhalten beziehen.

Diese Funktionen lassen sich mit den zentralen **Nutzungsmotiven** von Social Media zusammenführen. So sind nach einer Studie von Bitkom Research (2018, S. 7) die dargestellten Kernelemente Interaktion, Kommunikation und Beziehungspflege die zentralen Elemente. Aufbau und Pflege von privaten Kontakten sowie das Organisieren des Privatlebens dominieren die Nutzungsfelder im privaten Bereich. Auf Produkte und Unternehmen bezogen fokussiert sich die Nutzung auf das Finden von Angeboten für Produkte und Dienstleistungen sowie auf aktuelle Informationen über Unternehmen und Marken. Zudem werden die Sozialen Medien als Beschwerdekanal genutzt. Im Bereich der Nachrichten werden aktuelle Informationen über das Tagesgeschehen oder über Personen des öffentlichen Lebens als Nutzungsgrund von Social Media dargestellt. Im privaten Bereich ist die aktive Beteiligung der Nutzer feststellbar. So sind die beliebtesten Aktivitäten das Versenden privater Inhalte und Nachrichten sowie das Interagieren mit Beiträgen anderer User. Dazu gehört das Teilen und Annotieren von Textbeiträgen und weiterer Content-Medien wie Fotos oder Videos (Bitkom 2018, S. 10). Diese Motive werden in vergleichbarer Form von Krämer/Eimler/Neubaum (2017, S. 43) aufgegriffen und ergänzt. Neben dem Bedürfnis nach Zugehörigkeit wird das Bedürfnis genannt, individuell und verschieden von anderen zu sein, das wiederum mit dem Motiv der Selbstdarstellung einhergeht. Weitere Nutzungsmotive finden sich im Altruismus und dem Aufrechterhalten von befriedigenden Beziehungen sowie dem Bedürfnis nach Kontrolle und Selbstverwirklichung. Selbstdarstellung wird als ein zentrales Nutzungsmotiv Sozialer Medien festgestellt. Dabei obliegt es dem jeweiligen Nutzer, welche Informationen zu welchem Zeitpunkt und in welcher Form preisgegeben werden.[30]

Ein zentrales Element von Social Media ist folglich, dass personen- und sachbezogene Beziehungen, Vorlieben, Interessen und Abneigungen abgebildet werden können. Dabei kann es sich sowohl um reale persönliche Beziehungen und Einschätzungen handeln als auch um virtuelle Beziehungsformen, die beispielsweise aus dem Folgen eines bestimmten Profils als Fan oder Follower hervorgehen (Pein 2018, S. 27). Beziehungen können dabei nicht nur unter Menschen gepflegt werden, die in Austausch zueinanderstehen; Unternehmen nutzen die Möglichkeiten, direkt mit ihren Zielgruppen in Kontakt zu treten und Interaktionen zu unterhalten und zu moderieren.

Somit hat das **Social-Media-Management**, also das strategische Planen und Gestalten sowie das kurzfristige Steuern und Moderieren von Social-Media-Maßnahmen, große Bedeutung für das Marketingmanagement eines Unternehmens bekommen. Im Sinne der Customer Journey (vgl. unten 2.6.5 u. 2.4) werden einerseits gezielt Informationen für Kunden(-gruppen) und Interessenten bereitgestellt, die die benötigten Informationen zum gewünschten Zeitpunkt über ihre favorisierten Plattformen abrufen wollen. Andererseits können durch Interaktionen Beziehungen zu Nutzern und Nutzergruppen aufgebaut und mit dem Ziel der Bindung intensiviert werden. Weitere Komponente und Managementaufgabe ist die digitale Darstellung der eigenen Unternehmensidentität und des daraus abgeleiteten Handelns im Rahmen des Geschäftsmodells (Corporate Identity). Diese Ansätze finden sich in den von Schmidt aufgeführten Managementaufgaben wieder, die eine enge Verzahnung von „digitaler Kommunikation und übergreifenden gesellschaftlichen Handlungsweisen und Anforderungen" beinhalten (Schmidt/Taddicken 2017, S. 31). Es handelt sich um Identitätsmanagement, Beziehungsmanagement und Informationsmanagement. Anhand dieser Einsatzbereiche lassen sich die vielfältigen Erscheinungsformen von Social Media strukturieren (Hettler 2010, S. 13).

---

30 Mit der Preisgabe persönlicher Daten steht die rechtliche Frage im Raum, wer anschließend welche Nutzungsrechte an diesen Daten hat, verbunden mit dem „Recht auf Vergessen" bzw. auf späteres Löschen der Daten (vgl. Kap. 5.5)

Das **Identitätsmanagements** befasst sich mit der Darstellung der eigenen Person bzw. des eigenen Unternehmens. Über das **Beziehungsmanagement** können bestehende Kontakte gepflegt und unterhalten oder neue Kontakte geknüpft werden. Das **Informationsmanagement** umfasst das Erstellen, Veröffentlichen, Pflegen, Bewerten und Analysieren von Informationen. Mit Tab. 2.6.2 werden die Rollen bzw. Aufgaben für Nutzer und Unternehmen den drei Bereichen exemplarisch zugeordnet.

Tab. 2.6.2: Einsatzbereich von Social Media und deren Funktionen (Quelle: eigene Darstellung in Anlehnung an Schmidt/Taddicken 2017, S. 32).

Einsatzbereich	Funktion	Beispiel für Internetnutzer	Beispiel für Unternehmen
Identitäts-management	Erstellen, Veröffentlichen, Kommentieren, Annotieren	Hinterlegen von persönlichen Informationen auf einer Profilseite, Einstellen von Bildern der eigenen Person	Publizieren mit ausgewählter Bildwelt und Sprache im Rahmen der Corporate Identity, Moderieren, Imagepflege
Beziehungsmanagement	Vernetzen, Kommentieren, Annotieren	Reaktion (z. B. Kommentar oder Bewertung) auf einen Beitrag einer anderen Person oder Institution, diskursive Interaktionen	Reaktion auf Kundenbeiträge, Eingehen auf Bewertungen, Differenzierung und Moderation von Inhalten je nach Personengruppe (z. B. Zielgruppe, Kunde oder Nicht-Kunde)
Informationsmanagement	Erstellen, Veröffentlichen, Annotieren, Weiterleiten, Abonnieren, Hashtags	Verfassen, Bewerten von Beiträgen, Hashtags zum Kategorisieren von Inhalten, Pflege der chronologischen Timeline	Veröffentlichen von Unternehmens-, Markt-, Produkt- und Angebotsinformationen, plattformübergreifendes Vernetzen von Inhalten, Zielgruppenorientierung, Analysen und Bewertungen von Aktionen u. Reaktionen

Grundsätzlich kann zwischen statischen und dynamischen Elementen zur Identitäts- bzw. Selbstdarstellung unterschieden werden (Krämer/Eimler/Neubaum 2017, S. 44 ff.). Die statischen Elemente basieren überwiegend auf standardisierten Profilelementen sozialer Netzwerke, wie beispielsweise einem Foto, Angaben zur persönlichen Vita und weiteren soziodemografischen Daten. Dynamische Inhalte werden aktuellen Gegebenheiten angepasst und besitzen einen eher kommunikativen Charakter, wie zum Beispiel Statusmeldungen, Blogbeiträge oder Kommentare.

Im Unterschied zu einer physischen Face-to-Face-Präsentation und Kommunikation ist die Selbstdarstellung natürlicher Personen in Sozialen Medien bedachter (Krämer/Klatt o. J., S. 33). Dies lässt sich einerseits auf den zeitlichen Faktor zurückführen, denn in Sozialen Medien erfolgt die Kommunikation nicht nur spontan, sondern überwiegend zeitversetzt, sodass über Botschaften mehr nachgedacht werden kann. Zudem handelt es sich oftmals um heterogene Rezipienten, z. B. Kollegen, Freunde oder auch fremde Personen, die einer gleichen Interessengruppe angehören. Außerdem sind die Informationen langfristig verfügbar und wieder abrufbar (Boyd 2008, S. 37). Dies führt häufig zu einer mit Bedacht und mit Kommunikationszielen versehenen Selbstdarstellung. Wie authentisch die Darstellung tatsächlich ist, das heißt, wie weit das Bild, das eine natürliche Person vermitteln möchte, durch Hinzufügen oder Weglassen von Informationen verfälscht wird, hängt im Wesentlichen von der Zielsetzung ab. Laut Baumeister (1982, S. 3) unterscheidet sie sich in zwei Hauptmotiven: Entweder geht es um die Schaffung eines öffentlichen Bildes der eigenen Person, das möglichst nah an der eigenen Selbstwahrnehmung liegt und somit der Realität entsprechen soll, oder es geht es um die Zufriedenstellung und positive Beeindruckung des Publikums, verbunden mit der Erwartung positiver Resonanz.

Für Unternehmen bedeutet das einerseits, die Bedürfnisse und Nutzungsmotive der Ziel- und Kundengruppen zu erkennen und in Bezug auf das eigene Geschäftsmodell zu analysieren. Andererseits müssen das Erscheinungsbild des Unternehmens und seine Wahrnehmung beobachtet, moderiert und gesteuert werden, um Kommunikationen und Beziehungen zu den relevanten Gruppen aufbauen und unterhalten zu können. Elementare Basis des Beziehungsmanagements ist die Analyse, wie Menschen zueinander stehen bzw. zu einem Unternehmen und seinen Angeboten eingestellt sind. Für Unternehmen liegt darin insbesondere die Chance, bestehende Kunden auf einfachem Wege im gewohnten Umfeld zu erreichen und neue Kunden hinzuzugewinnen. Dabei ist ein Erfolgskriterium stets zu beachten: die **Glaubwürdigkeit der Botschaften**. Nach Rengelshausen und Schmeißer (2007, S. 31) gilt die Glaubwürdigkeit als der Faktor, der über Erfolg und Misserfolg von Inhalten entscheidet, insbesondere bei dem Vorhaben, eine Reise zu buchen. Sie unterscheiden dazu vier Kriterien, ob Inhalte als glaubwürdig eingestuft werden (hier am Beispiel touristischer Bewertungssysteme):

– Reiseinteressenten beispielsweise erwarten die **Unabhängigkeit** der Nutzer, die ihre Reisen öffentlich bewerten. Sie erwarten, dass keine Beeinflussung seitens des Anbieters vorgenommen worden ist und eine realitätsnahe, wenngleich subjektiv empfundene Bewertung abgegeben wird.

– Darum geht es auch bei der **Authentizität**. Die Interessenten wollen davon ausgehen können, dass die Reisen, die von anderen Nutzern bewertet worden sind, auch tatsächlich den eigenen Erfahrungen ihrer durchgeführten Reise entsprechen.

- Die **Vielfalt** weist darauf hin, dass die Meinungen vieler verschiedener Personen ein ausgewogenes und facettenreiches Bild der gewünschten Reise abbilden (Schwarmintelligenz). Die Vielzahl der im Internet vorhandenen Meinungen, Bewertungen und Beiträge soll möglichst zu einem Gesamtbild führen, das sowohl positiv als auch negativ empfundene Aspekte widerspiegelt.
- Die **Aktualität** ist eine Grundvoraussetzung für die Qualität der Botschaften und Inhalte. Um Glaubwürdigkeit zu unterstützen, sind Informationen, Parameter und Kontrollen erforderlich, die dem Interessenten eine Einschätzung der Aktualität ermöglichen.

Auch das Informationsmanagement beinhaltet insbesondere die Aspekte der Vielfalt und Aktualität. Soziale Medien fördern, dass ihre Nutzer Inhalte publizieren, teilen, kommentieren, neu strukturieren oder mit Relevanz für die eigene Person selektieren. Je aktueller und relevanter die Inhalte eines Unternehmens sind, desto eher kann sich ein Unternehmen im positiven Sinne gegenüber seiner Ziel- und Kundengruppen positionieren. Unternehmen müssen daran interessiert sein, dass potenzielle Kunden die relevanten Informationen in den Unternehmensprofilen oder Plattformen finden, um sie im Sinne der Customer Journey (vgl. Kap. 2.4) von den eigenen Produkten zu überzeugen und so zur Reiseentscheidung beizutragen. Dazu sind Daten zum bisherigen Kunden- und Zielgruppenverhalten und ihre Analysen von großer Bedeutung, um die richtigen Informationen zur richtigen Zeit und in den richtigen Systemen für die jeweiligen Zielgruppen zu platzieren und zu moderieren. Dazu können standardisierte Analysen des Nutzungsverhaltens in den Social-Media-Systemen selbst durchgeführt oder beauftragt werden (vgl. Kap. 2.2.5 sowie folgend 2.6.3). Weiterführend können Wissensdatenbanken aufgebaut und/oder genutzt werden, um auf Basis umfänglicher Datenmengen und -analysen Verhaltensstrukturen und Nutzerprofile zu erkennen (Big Data, vgl. Kap. 5.4). Diese Analyseergebnisse sind dann die Grundlage für ein zielorientiertes Informationsmanagement.

2.6.3 Erscheinungsformen von Social Media

Einhergehend mit den dargestellten Funktionen und Einsatzbereichen von Social Media lassen sich diverse Erscheinungsformen klassifizieren. Es existieren in der Literatur bereits verschiedene Ansätze zur Kategorisierung, die jedoch aufgrund der Dynamik in der Weiterentwicklung von Social-Media-Angeboten schnell überholt erscheinen. Zudem sind viele Erscheinungsformen nicht exakt voneinander abgrenzbar, da beispielsweise Facebook sowohl Networking-Elemente als auch Messaging-Dienste oder Media-Sharing-Angebote in einer Plattform vereint. Im Folgenden wird eine Systematisierung der Systeme und eine Einordnung der populärsten Social-Media-Plattformen (ohne Anspruch auf aktuelle Vollständigkeit) vorgenommen, die für den Tourismus von großer Relevanz sind:

Social Networking

Die Social-Networking-Dienste oder Online Social Networks[31] stellen insbesondere den Aufbau und die Pflege von Beziehungen in den Vordergrund. Als Zutrittsvoraussetzung für ein soziales Netzwerk ist in der Regel eine Registrierung erforderlich. Im Anschluss wird vom User eine eigene Profilseite angelegt, die dessen Daten in strukturierter Form darstellt. Dem User ermöglicht dies, Kontakte zu anderen Mitgliedern des sozialen Netzwerkes aufzunehmen und wiederum dessen Kontakte zu verfolgen und unterhalten. Zum Wachstum der sozialen Netzwerke tragen Einladungen bei, über die Dritte angeworben und einbezogen werden, die wiederum Bekannte in das Netzwerk einladen. In kürzester Zeit entsteht durch ein Schneeballsystem ein Netzwerk mit einer wachsenden Vielzahl an Mitgliedern. Somit geht es vorrangig um das Vernetzen und Kommunizieren der Mitglieder untereinander. Über das Erstellen, Veröffentlichen, Kommentieren und Annotieren von Beiträgen haben private Nutzer und Unternehmen die Möglichkeit, auserwählte Informationen über sich preiszugeben und so ein bestimmtes Bild von sich in der Öffentlichkeit darzustellen und zu pflegen (Identitätsmanagement).

Aus touristischer Sicht sind Identitäts- und Informationsmanagement in den sozialen Netzwerken unverzichtbar; denn in den digital vernetzten Gruppen kommunizieren Nutzer als potenzielle Kunden und Reisende mit gleichen Interessen, beispielsweise Reiseempfehlungen werden erfragt und ausgesprochen, Insider-Tipps oder auch negative Bewertungen werden weitergegeben.

Das über alle Altersgruppen seiner Nutzer wohl populärste Beispiel eines sozialen Netzwerks ist **Facebook**, das seit seiner Gründung im Februar 2004 mittlerweile eine täglich aktive Nutzerzahl von 2,6 Milliarden (Stand Januar 2021, AllFacebook. de)[32] aufweist. Zunächst auf private Personen ausgerichtet, ist Facebook auch zu einer Businessplattform gewachsen, die derweil nicht nur unterschiedlichste Funktionen für Personen und Unternehmen anbietet, sondern verschiedene Plattformen (beispielsweise den Messaging-Dienst WhatsApp oder die Foto-Sharing-Plattform Instagram unter einem Dach vereint.[33]

Weitere erfolgreiche soziale Netzwerke sind die Business-Plattformen **XING** oder **LinkedIn**, die auf einem ähnlichen Prinzip basieren, jedoch die geschäftlichen Kontakte in den Vordergrund stellen.

---

31 Häufig wird der Begriff des *Social Network* oder *soziales Netzwerk* synonym mit weiteren Social-Media-Plattformen verwendet. Das soll an dieser Stelle differenziert betrachtet werden, da den Plattformen verschiedene Funktionen zugrunde liegen.
32 AllFacebook.de ist eine bedeutende Quelle bezüglich aktueller Informationen zu Facebook und weiteren Social-Media-Plattformen (vgl. www.allfacebook.de).
33 Weitere Informationen unter www.facebook.com/business.

Social Sharing

Beim Social Sharing stehen nicht nur die Beziehungen der Menschen zueinander im Vordergrund, sondern die Inhalte, die von den einzelnen Usern erstellt und veröffentlicht werden. Die User haben die Möglichkeit, Inhalte zu kommentieren, zu bewerten oder zu verschlagworten (taggen). Hervorzuheben sind Foto- und Video-Plattformen, die es ihren Nutzern ermöglichen, ohne tiefergehende Kenntnisse Inhalte auf einfache Weise zu erstellen und auf der Plattform hochzuladen, um sie mit anderen Usern teilen zu können. Je nach Plattform geht es bei dieser Kategorie auch um Beziehungspflege, ermöglichen sie doch das Abonnieren von Profilen bzw. Inhalten oder das Hinzufügen von Kommentaren und Annotationen.

Eine besondere und populäre Nutzung erfahren (nicht nur) diese Dienste durch Influencer, die diese Plattformen vermehrt als (verdeckte) Werbeplattform für die Vermarktung ausgewählter Produkte bzw. für die Empfehlung kooperierender Produktanbieter verwenden. Die werbende Kommunikation über Influencer ist zu einem eigenen Medium des Informations- und Identitätsmanagements geworden: Unabhängig erscheinende und von ihren Abonnenten wertgeschätzte Personen publizieren und teilen ihre Erfahrungen und Empfehlungen mit (vermeintlicher) Empathie für ihre Gefolgschaft, wobei der Bezug zum beworbenen Unternehmen und damit auch die Honorierung im Hintergrund bleiben (sollen). Das steht allerdings in einem Widerstreit zum oben dargestellten Postulat der Glaubwürdigkeit durch Unabhängigkeit und zum rechtlichen Gebot der Transparenz.

In Deutschland sind **YouTube**, **Instagram**, **TikTok** oder **Snapchat** als Beispiele für Social-Sharing-Plattformen zu nennen. Zwar weisen diese Plattformen unterschiedliche Nutzungsfunktionen und Nutzergruppen mit unterschiedlichen Verhaltensmustern auf, dennoch eint sie das Teilen von medialen Inhalten, was in dieser Kategorie im Vordergrund steht. YouTube nimmt dabei eine besondere Stellung ein. Es ist ein 2005 gegründetes Videoportal, das 2006 von Google übernommen wurde und zu den reichweitenstärksten Plattformen weltweit gehört sowie eine breite Akzeptanz erfährt.[34] Nach eigenen Angaben des Konzerns steht die Plattform in 80 Sprachen mit über 91 Länderversionen zur Verfügung. Täglich werden Videos mit einer Gesamtdauer von über einer Milliarde Stunden wiedergegeben. Indem die Videos von Usern bewertet und kommentiert werden, kommt die soziale, gemeinschaftliche Komponente zum Tragen.

Social Publishing

Beim Social Publishing steht ebenfalls das Erstellen und Veröffentlichen von Inhalten im Vordergrund. In Abgrenzung zu den zuvor aufgeführten Kategorien werden hier jedoch die Publikationen selbst und ihre Autoren fokussiert. Zu nennen sind insbesondere Blogging-, Microblogging- und Podcast-Dienste.

---

34 Weitere Informationen unter www.youtube.com/intl/de/about/.

Blogs stellen aufgrund ihrer Anwendungsvielfalt nicht nur für Privatpersonen ein populäres Kommunikationsmittel dar. Ein Blog, früher häufig als Online-Tagebuch bezeichnet, ist eine Webseite, die chronologisch sortierte Beiträge enthält, die von anderen Usern kommentiert und verschlagwortet werden können. Es handelt sich um leicht bedienbare Anwendungen, die besonders durch die entstehende Blogosphäre[35] für eine schnelle Verbreitung der Inhalte sorgen. Aufgrund dieser Eigenschaften nutzen viele Unternehmen Blogs als Kommunikationsmittel. Neben diesen sogenannten **Corporate Blogs** existieren weitere Arten an Blogs, die verschiedenen Einteilungskriterien unterliegen. Je nach Inhalten, den eingestellten Medien oder den Betreibern werden diese kategorisiert (vgl. Ebersbach/Glaser/Heigl 2008, S. 60). Blogs ermöglichen Funktionen, die auf klassischen Webseiten nicht vorhanden sind, Trackbacks[36] oder Permalinks[37] sind Beispiele hierfür. Auf diese Weise können Nutzer die Beiträge anderer Blogger verfolgen, und es entstehen Beziehungen zwischen den Bloggern und den Bloginhalten. Somit werden auch hier die soziale Interaktion und die Beziehungspflege unterstützt. Blogs sind ebenfalls ein bevorzugtes Kommunikationsmedium für Influencer (s. o.).

Auch bei den **Microblogging-Diensten** werden Beiträge in chronologischer Reihenfolge auf einer Seite dargestellt. Allerdings ist die Anzahl der Zeichen beschränkt, sodass sich derartige Dienste ausschließlich für kurze Mitteilungen eignen. Durch das gegenseitige Verfolgen entstehen ebenfalls soziale Vernetzungen mit Informationsaustausch. Als bekanntes Beispiel gilt der Microblogging-Dienst **Twitter**, der 2006 gegründet wurde und sich insbesondere als Kurznachrichtenkanal etabliert hat.

Social Messaging

Plattformen, die ein Instant-Messaging ermöglichen, werden den (Social-)Messaging-Plattformen zugerechnet. Die Funktionen unterscheiden sich je nach Plattform: Während es beim originären Messenger-Dienst, wie beispielsweise **WhatsApp**, **Threema** oder dem **Facebook Messenger** um die Übermittlung von (Text-)Nachrichten geht, wird bei **Skype** der Fokus auf Videotelefonie gelegt. Der Anbieter **Slack** hat sich hingegen auf Dateiübermittlungen für Arbeitsgruppen spezialisiert, während **Snapchat** die Übermittlung von nur temporär einsehbaren Bildnachrichten fokussiert. Auch wenn sich die jeweiligen Schwerpunkte unterscheiden, so steht bei allen die sofortige Übermittlung von Inhalten mit Speicherung der Chronologie auf Seiten der Empfänger

---

35 Die Blogosphäre ist die Umgebung, die sich aus der Vernetzung einzelner Blogs bzw. deren Blogger ergibt.

36 Bei Trackbacks handelt es sich um gegenseitige Verlinkungen von Blogs. Dabei wird Bezug zu dem jeweils anderen Beitrag genommen, z. B. in Form von Kommentaren oder Textauszügen.

37 Permalinks ermöglichen das Aufrufen eines einzelnen Beitrages über eine individuell zugewiesene URL.

und Absender im Vordergrund. Dabei kann es sich um persönlich adressierte bilaterale Kommunikationen handeln oder um Kommunikationen in moderierten Gruppen.

Die Messaging-Dienste haben in den vergangenen Jahren einem grundlegenden Wandel erfahren. Während zu Beginn primär persönliche bilaterale Beziehungen gepflegt wurden, sind sie zunehmend auch zu wichtigen Bausteinen für die Kundenkommunikation der Unternehmen geworden, insbesondere um zeitkritische Informationen auszutauschen. Die Kommunikation kann mit einzelnen Kunden im Rahmen konkreter Geschäftsvorgänge erfolgen, oder Botschaften können an homogene Kundengruppen übermittelt werden. Standardisierbare Kommunikationsvorgänge können dabei auch maschinell (z. B. mit Chatbots oder im Rahmen von Location based Services) durchgeführt werden. Die Übermittlung von Emotionen mittels so genannter Emojis sowie eine insgesamt recht kurz gefasste Kommunikation prägen dabei die Messaging-Dienste (Mehner 2019, S. 3). Mittlerweile weisen die Messaging-Dienste eine bedeutende Relevanz für nahezu alle Phasen der Customer Journey auf (vgl. Kap. 2.4 u. 2.8).

Wiki

Bei der Erscheinungsform der Wikis stellen ebenfalls die Inhalte das primäre Ziel dar. Wikis sind Plattformen, bei denen jeder Nutzer einen vorhandenen Text editieren kann. Auf diese Weise kann vorhandener Inhalt ergänzt, geändert oder neuer Inhalt geschaffen werden. Es entsteht eine kollektive (Schwarm-)Intelligenz, die Wissen ansammelt sowie in einem selbst regulierenden Mechanismus die Beiträge aktuell hält und auf Richtigkeit prüft. Entdeckt ein Nutzer beispielsweise eine Information in einem nicht von ihm verfassten Artikel, die er als nicht vollständig oder falsch betrachtet, kann der User den Artikel selbstständig korrigieren. Über eine Historie kann anschließend verfolgt werden, welche Änderungen von welchem User wann vorgenommen wurden. Prominentes Beispiel ist die Online-Enzyklopädie **Wikipedia**, die in der deutschen Sprachversion ca. 2,5 Millionen Artikel enthält (Wikipedia 2021).

Bewertungsplattformen

Das Bewerten von Produkten und Dienstleistungen sowie das Nutzen von Bewertungen im Rahmen von Auswahl- und Kaufentscheidungsprozessen hat sich im Kundenverhalten etabliert. Auf nahezu jeden Online-Kauf folgt umgehend eine Aufforderung, das erworbene Produkt zu bewerten. Besonders für den Tourismus ist diese Entwicklung bedeutend, gehören Reisen doch zu den Themenbereichen, die am häufigsten im Internet bewertet werden (vgl. HolidayCheck 2016, S. 14). Reiseentscheidungen werden vom Kunden mit großem emotionalem Engagement getroffen, sie basieren aber insbesondere bei neuen Reisezielen auf multimedial dargestellten Reiseversprechen. Entsprechend groß ist die Bedeutung, die Erfahrungen/Bewertungen Gleichgesinnter kennenzulernen und sie in die Entscheidungen einzubeziehen. Für Reiseanbieter ist es daher unumgänglich, die Bewertungen seiner Produkte zu ermöglichen, zu fördern und zu analysieren, um damit informieren und werben zu können oder auch um schlechte Bewertungen moderieren und über die Angebotsqualität steuern zu können.

Dabei können Online-Bewertungen sowohl in die Webseiten der jeweiligen Anbieter integriert werden als auch über eigens darauf ausgerichteten Webportalen wie **HolidayCheck** oder **Check24,** die im Folgenden als Bewertungsplattformen bezeichnet werden, vorgenommen werden. Bewertungsplattformen ermöglichen den Nutzern, ihre Erfahrungen zu Produkten, Unternehmen oder Dienstleistungen öffentlich zu publizieren und zu teilen. Die Bewertungsplattformen können auf unterschiedliche Kategorien ausgerichtet sein oder ein bestimmtes Themengebiet fokussieren (Janner/Holst/Kopp 2011, S. 79). Das Publizieren von Online-Bewertungen wird in der Literatur häufig dem Bereich der digitalen Mundpropaganda (electronic Word of Mouth, kurz eWoM) zugeordnet, nach Hennig-Thurau/Gwinner/Walsh/Gremler (2004, S. 39) ist eWOM: [...] „any positive or negative statement made by potential, actual, or former customers about a product or company, which is made available to a multitude of people and institutions via the Internet." Demnach bezieht sich der Begriff ebenso auf Foren und alle Webseiten, auf denen nutzergenerierte Inhalte kommuniziert und Bewertungen vorgenommen werden können. Mehrere aktuelle Studien attestieren die steigende Bedeutung von Online-Bewertungen, sprechen sogar von einer Bewertungsgesellschaft (DFG, 2020), sie analysieren auch die Motivationen zum Verfassen und Nutzen von Bewertungen[38] (vgl. folgend Kap. 2.6.5). Es sei auch darauf hingewiesen, dass die großen, ehedem als Bewertungssysteme gegründeten und betriebenen Plattformen sich zu Reisemittlern entwickelt haben und die Bewertungen mit ihren Vermittlungsangeboten verknüpfen (vgl. Kap. 3.4).

Abschließend soll die Nutzung der einzelnen Plattformen im Vergleich aufgezeigt werden (vgl. Abb. 2.6.1). Unter den originären Networking- und Sharing-Plattformen erreicht Instagram mittlerweile knapp die Hälfte der jüngeren Nutzer (oft als digital Natives bezeichnet) und löst Facebook als meistgenutzte Networking- und Sharing-Plattform ab. WhatsApp bleibt mit 68% täglicher Nutzung der verbreitetste Messenger-Dienst, der zunehmend auch von älteren Altersgruppen verwendet wird. Knapp zwei Drittel der 50- bis 69-Jährigen sowie 32 % der über 70-Jährigen greifen täglich auf den Dienst zu. Weitere Social-Media-Plattformen wie TikTok oder Twitch[39] verzeichnen ebenfalls ein Wachstum bei den Nutzerzahlen (ARD/ZDF-Onlinestudie 2020, S. 4). Die Zahl der Plattformen, ihre Verbreitung und ihre Nutzung durch unterschiedliche Ziel- und Altersgruppen ist aber in einem permanenten dynamischen Wandel, der von nutzenden Unternehmen ständig im Rahmen ihres Informations- und Kommunikationsmanagements beobachtet und ausgewertet werden muss.

---

38 Für weitere Informationen siehe Bitkom Research (2019), Bitkom Research (2020), HolidayCheck (2019). Vgl. auch Kap. 2.9.

39 Twitch ist eine 2011 gegründete Live-Streaming-Plattform für Videospiele, deren Hauptmerkmal in einer Community für Gamer begründet liegt. Daher verzeichnet sie, insbesondere nach dem Aufkauf durch Amazon im Jahr 2014, stetig steigende Nutzerzahlen.

	Gesamt			Geschlecht		Alter			
	2018	2019	2020	Frauen	Männer	14-29 J.	30-49 J.	50-69 J.	Ab 70 J.
WhatsApp*	65	63	68	73	63	92	79	62	32
Facebook	19	21	14	15	13	24	19	10	1
Instagram	9	13	15	16	14	53	13	1	1
Snapchat	6	5	6	5	7	27	1	-	0
Twitter	1	2	2	1	4	4	3	2	1
Weitere									
Basis: Deutschspr. Bevölkerung ab 14 Jahren (2020: n=3 003; 2019: n=2 000; 2018: n=2 009).									

Abb. 2.6.1: Nutzung von WhatsApp und Social Media-Angeboten 2018–2020, täglich genutzt in % (Quelle: ARD/ZDF-Onlinestudien 2018-2020).

Kenntnisse über die Nutzung und die Nutzergruppen der einzelnen Plattformen stellen einen wichtigen Bestandteil für die Gestaltung der Unternehmenskommunikation dar, auf den im Folgenden eingegangen wird.

2.6.4 Anwendungsfelder des Social-Media-Marketing

In den vergangenen Jahren ist eine zunehmende Nutzung des Internets und damit einhergehend von Social Media zu verzeichnen. 94% der deutschen Bevölkerung haben, zumindest gelegentlich, Zugang zum Internet (ARD/ZDF-Onlinestudie 2020, S. 1). Dabei nutzen 75% der deutschen Internutzer Plattformen wie Facebook, Instagram, Xing (vgl. Bitkom Research 2020). Folglich haben viele touristische Unternehmen das Marketingpotenzial, das aus diesen hohen Nutzungszahlen hervorgeht, erkannt und sind regelmäßig in Sozialen Medien aktiv.

Die Marketingmaßnahmen in Sozialen Medien, nachfolgend als Social-Media-Marketing bezeichnet, unterscheiden sich jedoch grundlegend von denen des begrifflich übergeordneten Internet-Marketing. Mit einem gezielten Einsatz von Social-Media-Marketing sollen eigene Inhalte, Produkte oder Dienstleistungen bekannt gemacht und mit (potenziellen) Kunden in Verbindung gebracht werden. In dieser Definition werden jedoch die Kommunikationskomponente, das Informieren, aktive Zuhören sowie das angemessene Reagieren und Moderieren in den Vordergrund gestellt. Es ist daher eher der Begriff **Social-Media-Kommunikation** einzusetzen und deutlich vom eher distributiv geprägten Internet-Marketing und vom klassischen Marketing, das allgemein über Massenmedien im Sinne der Push- oder One-to-Many-Kommunikation agiert, ab-zugrenzen (Kürble/Gondek 2018, S. 206).

Neben der entscheidenden Komponente der Interkation, die mit der Nutzung von Social Media einhergeht, liegt eine weitere Unterscheidung zu den klassischen Medien, wie Radio, TV oder Printwerbung, in der **Intermediaselektion** und der **Intramediaselektion**. Bei der Intermediaselektion wird die geeignete Wahl der Me-diengattung, ob Bild, Ton oder Text, festgelegt. Social Media weisen diesbezüglich den großen Vorteil auf, dass sie multimedial, also unter Einsatz aller Mediengattun-gen, genutzt werden können und nicht wie z. B. beim Radio nur auf den Ton be-grenzt sind. Mit der Intramediaselektion wird der geeignete Werbeträger der zu vermittelnden Botschaft ausgewählt (Kürble/Gondek 2018, S. 210 f.). Auf Social Media übertragen bedeutet das, dass jede Social-Media-Plattform ihre eigenen Spe-zifika zur Nutzung und zu den Nutzergruppen aufweist (vgl. Kap. 2.6.3), die bei einer Entscheidung berücksichtigt werden müssen. So legt das Netzwerk Instagram den Fokus auf aussagekräftige Bilder, während bei Twitter Kurznachrichten im Vor-dergrund stehen. Es gilt, dem Kunden in der richtigen Situation seinen Nutzenvor-teil aufzuzeigen und ihn mittels des geeigneten Kanals und Trägermediums zu erreichen. Im Rahmen internationaler Märkte sind dazu die Kommunikationen nicht nur in den jeweils relevanten Landessprachen zu führen, sondern auch unter Berücksichtigung kultureller Unterschiede bzw. mit interkultureller Kompetenz.

Im Rahmen der Social-Media-Kommunikation werden User, als Interessenten und Kunden, aktiv in die Kommunikationsmaßnahmen eines Unternehmens integ-riert (Runia/ Wahl/Geyer/Thewißen 2019, S. 356), verbunden mit einer zuvor definier-ten Zielsetzung seitens des Unternehmens. Das belegt eine Umfrage des Statistischen Bundesamtes (2017), die die **Nutzungsziele** von Social Media für Unternehmen dar-stellt. Vorrangiges Ziel ist demnach die Gestaltung des Unternehmensprofils und die Darstellung von Produkten zu Zwecken der Neueinführung oder Werbung. Weiterhin relevant für Unternehmen ist der Erhalt von Kundenanfragen, -kritik und -meinungen sowie die Kundeneinbindung in die Entwicklung und Innovation von Waren oder Dienstleistungen.

Um diese Ziele erreichen zu können, stehen, wie in Kapitel 2.6.3 aufgeführt, den Unternehmen verschiedene Social-Media-Plattformen mit jeweils unterschiedlichen Funktionen und Schwerpunkten zur Verfügung. Die Funktionen, die die Social-Media-Systeme bieten, stellen dabei eine zentrale Determinante für die Social-Media-Kommu-nikation eines Unternehmens dar. Wird beispielsweise eine Zielsetzung angestrebt, die eine Erhöhung des Bekanntheitsgrades einer Marke oder eines Unternehmens beinhal-tet, so werden Funktionen benötigt, die auf die Verbreitung von Inhalten setzen (z. B. Funktion zum Teilen von Inhalten). Wird hingegen eine nachhaltige Kundenbindung über Social Media als Ziel definiert, so sind eher dialogorientierte Funktionen auswäh-len, die den individuellen Kunden ansprechen. Bezogen auf die allgemeine Marketing-kommunikation lassen sich demzufolge verallgemeinernd folgende Ziele festhalten (vgl. Tab. 2.6.3 sowie Schindler/Liller 2012, S. 245).

Tab. 2.6.3: Klassische Marketingziele (Quelle: eigene Darstellung in Anlehnung an Schindler/Liller 2012, S. 245).

Kundeninformation und Kundenbindung
Produktlaunch und -relaunch
(Ab-)Verkauf
Erschließung neuer Zielgruppen und/oder Märkte
Anregung zur Weiterempfehlungen durch Kunden
Kundensupport und Services
Produkt-/Angebotsoptimierung mittels Kundenfeedback (i. S.v. Marktforschung)

Um zielführend in Social Media als Unternehmen agieren zu können, werden diese Ziele gemäß dem **POST-Modell** mit fünf grundsätzlichen operativen Handlungszielen/-optionen verknüpft und in Social Media übertragen (Li/Bernoff 2011, S. 68):

- Zuhören (Listening)
- Mitteilen (Talking)
- Anregen (Energizing)
- Unterstützen (Supporting)
- Beteiligen (Embracing).

Je unternehmerischer Zielsetzung sollte demnach geprüft werden, inwieweit sie sich mit den genannten Handlungsoptionen in geeigneten Social-Media-Systemen umsetzen lässt. Das nachfolgende Beispiel verdeutlicht eine entsprechende Aufgabenstellung:

Möchte ein Reiseveranstalter sein Pauschalreiseangebot gezielter auf die Kundennachfrage abstimmen (Marketingziel: Angebotsoptimierung), so sollte der Reiseveranstalter seine Kunden über geeignete Kanäle (*unterstützen*) zu einem gezielten Feedback motivieren (*anregen*), mit ihnen diskutieren (*beteiligen*) und den Kunden Gehör verschaffen (*zuhören*), um das Feedback richtig aufnehmen und zielgerecht verarbeiten zu können.

Das POST-Modell, ein Akronym für „**P**eople, **O**bjectives, **S**trategy, **T**echnology", gilt als Basismodell für die Umsetzung von strategischen Marketingzielen in Social-Media-Aktivitäten. „People" bezieht sich dabei auf die Zielgruppe, „Objectives" auf die handlungsorientierten Ziele des Social-Media-Einsatzes, „Strategy" auf die Marketingplanung und „Technology" auf die verwendete Technologie bzw. Plattform (en), was Tab. 2.6.4 veranschaulicht.

Es ist herauszustellen, dass die Grundidee der Teilnahme von Unternehmen an Social Media darin besteht, eine aktive Kundenbeziehung aufzubauen sowie zu führen, deren Potenziale sinnvoll einzusetzen sind. So kann die Nähe zum Kunden genutzt werden, um die Bindung zu bestehenden Kunden zu stärken und neue Kunden hinzuzugewinnen. Dazu ist ein Dialog mit dem (potenziellen) Kunden zu führen und zu fördern. Auf diese Weise können Wünsche oder Unsicherheiten der Kunden ermittelt und bei der Angebotsgestaltung berücksichtigt werden. Um eine positive Image-

Tab. 2.6.4: POST-Modell mit Fragestellungen (Quelle: eigene Darstellung in Anlehnung an Li/ Bernoff 2011, S. 67 f.).

Ziel	Mit dem Ziel verbundene Fragestellungen
People	Wer ist die Zielgruppe? Wo ist die Zielgruppe aktiv? Welche Funktionen verwendet sie vorrangig? Wie kann sie angesprochen werden? Worüber spricht die Zielgruppe?
Objectives	Welche operativen Handlungsziele werden mit den Social-Media-Aktivitäten verfolgt?
Strategy	Wie kann die Planung/Strategie kommunikativ unterstützt und vorangetrieben werden?
Technology	Welcher Einsatz von Technologien ist sinnvoll? Auf welchen Plattformen sollen die Maßnahmen durchgeführt werden?

bildung der beteiligten Unternehmen zu erzielen, sollte ein Unternehmen stets daran interessiert sein, den Dialog mit den Kunden positiv zu beeinflussen. Darüber hinaus können Mehrwert bietende Informationen und Services zur Verfügung gestellt werden. Mittels einer durchdachten Kundenkommunikation haben Unternehmen die Chance, sich authentisch und nahbar zu präsentieren, was sich wiederum positiv auf die Reputation eines Unternehmens auswirken kann.

Durch die Nutzung verschiedener Social-Media-Plattformen wird eine breite Präsenz angestrebt, die verschiedene Zielgruppen bedient. Über diese Präsenz kann die Bekanntheit von Unternehmen vergrößert sowie die allgemeine Sichtbarkeit in Social Media, in Suchmaschinen und damit im gesamten Internet gesteigert werden. Ein weiteres Ziel sollte zudem sein, die hohe Reichweite der Social Media zu nutzen, um bei geplanten Marketingkampagnen von viralen Effekten[40] profitieren zu können. Der Marketingkanal kann auf diese Weise gestärkt werden und verkaufsfördernd wirken. Die Grundvoraussetzungen für ein erfolgreiches Agieren von Unternehmen in Social Media sind Kenntnisse über die (potenziellen) Kunden sowie ein Verständnis über die kommunikativen Funktionsweisen und die Strukturen der Sozialen Medien. Im touristischen Kontext kommt diesen Aspekten eine besondere Bedeutung zu, da Reiseentscheidungen mit großem emotionalem Engagement getroffen werden.

---

40 Virale Effekte meint das rasante Verbreiten von Nachrichten über eine Vielzahl von Nutzern und Plattformen hinweg (virtuelle „Von-Mund-zu-Mund-Werbung").

2.6.5 Social Media im touristischen Kontext

Es stellt sich touristischen Unternehmen folglich die Frage, wie relevante Zielgruppen erreicht, angesprochen und gebunden werden können, um Reiseentscheidungen positiv zu beeinflussen. Entscheidungen werden auf Basis von Informationen getroffen. Jedoch ist dieser Vorgang komplex und schwer zu analysieren, da die Entscheidung in der Regel sehr subjektiv und der Entscheidungsvorgang nicht beobachtbar ist. Nach Freyer sind zwei Prozesse bzw. Phasen ausschlaggebend für die Reiseentscheidung: der Informationsprozess und der Entscheidungsprozess (Freyer 2015, S. 113). Beide Prozesse sind mehrfach Bestandteil der **Customer Journey** (vgl. auch Kap. 2.4).

Abbildung 2.6.2 zeigt einen idealtypischen Verlauf der Customer Journey und ordnet Social-Media-Systeme ein. Es ist dabei zu beachten, dass aufgrund der zunehmenden mobilen Nutzung via Smartphone und Tablet mobile Kundenkontaktpunkte an Bedeutung gewinnen und in allen Reisephasen angeboten und genutzt werden (können) (vgl. Kap. 2.8). Dabei ist keine trennscharfe Zuordnung einzelner Social-Media-Plattformen zu den jeweiligen Phasen der Customer Journey möglich, da einerseits die Systeme vergleichbare und für den Nutzer alternative Kommunikationen und Services anbieten und somit das Kundenverhalten und seine Systemvorlieben unterschiedlich sind. Touristische Anbieter müssen daher alle potenziellen Kontaktpunkte (Touchpoints) während der Reise analysieren und sie im Sinne der traditionellen AIDA-Marketingformel (Attention-Interest-Desire-Action) in allen relevanten Systemen anbieten und aktiv betreiben.

Die Dienste des Internets spielen eine übergeordnete Rolle in der **Inspirations- und Informationsphase** (FUR ReiseAnalyse 2020, S. 5). Dem Kunden stehen eine Vielzahl an Informationsquellen zur Verfügung, aus denen der Reisende auswählen kann. Neben Informationen von Freunden oder Verwandten (z. B. via Soziale Medien) sind beispielsweise Webseiten der jeweiligen Leistungsanbieter, journalistische Beiträge oder Bewertungen bedeutsam. Inspiration und Information werden von den Interessenten, die gemäß ihren aktuellen Reisewünschen noch keine Reiseerfahrung haben, über Suchmaschinen gesucht. Daher hat das Suchmaschinenmanagement im Zusammenwirken mit den genannten Medien große Bedeutung für die Gewinnung von Erstkontakten und Neukunden (vgl. Kap. 2.5 u. 2.2.5, auf die weiterführende Bedeutung von Reisebewertungen für Entscheidungen im Rahmen der gesamten Customer Journey wird unten stehend näher eingegangen).

Dass das Internet mit dem World Wide Web und Social Media eine der primären touristischen Informationsquellen darstellen, haben die Anbieter der Social-Media-Plattformen erkannt. Exemplarisch zu nennen ist das Social Network Facebook, das einen eigenen Bereich für „Reisewerbung auf Facebook"[41] geschaffen hat, um touristischen Unternehmen Inspirationen zu liefern und Kontakte und Kommunikationen zu fördern. In den Fokus werden Werbeanzeigen und eigene Anwendungen

---

41 Siehe auch www.facebook.com/business/industries/travel (Stand 5/2021).

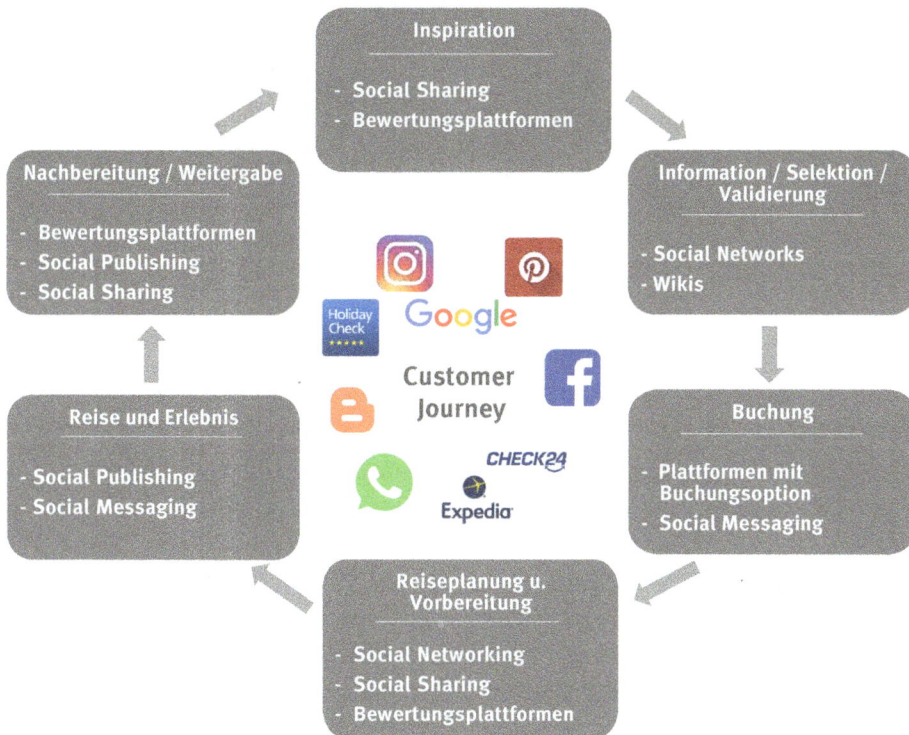

Abb. 2.6.2: Die touristische Customer Journey in Social Media (Quelle: in Anlehnung an Kreilkamp 2012, S. 10).

innerhalb der Plattform (Facebook-Apps) gestellt, die auf die Phasen der **Reisein-spiration, Reiseinformation** und **Reisevorbereitung** abzielen.

Touristische Anbieter können auch Schnittstellen zu ihren Angeboten und Bu-chungssystemen in ihre Social-Media-Auftritte integrieren (Deep Links zum Ange-bot im Buchungs- u. Reservierungssystem, vgl. z. B. Kap. 4.6). Diese technische Einbindung wird zunehmend in Social Media-Plattformen genutzt, um den Interes-senten und Kunden komfortable Buchungsstrecken (möglichst) ohne Medienbrüche zu bieten und damit die **Usability** bzw. den Gebrauchswert des Auftritts für den Nutzer zu erhöhen. Somit kann auch die **Buchungsphase** in Sozialen Medien abge-bildet und umgesetzt werden.

Auch die allgemeine Internetsuchmaschine Google hat mit dem Portal „Google Travel" eine touristische Suchmaschine geschaffen (Travel Search Engine, vgl. Kap. 2.2.5 und 3.4). Über das Reiseportal können Destinationen erkundet, eigene Aktivitäten und Reisen geplant, Flüge, Hotels oder weitere Ferienunterkünfte mit integrierten Schnitt-stellen und Deep Links gebucht werden. Im Rahmen von Reisevorschlägen werden be-wertete Orte und Points of Interest angezeigt, die auf der Basis von Empfehlungen Impulse für die Reiseentscheidung liefern sollen (vgl. Abb. 2.6.3).

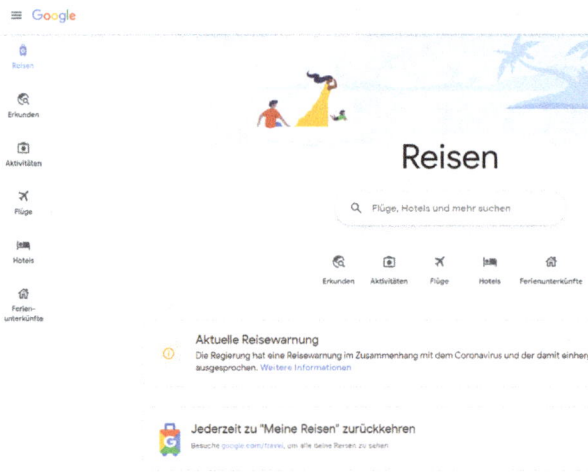

Abb. 2.6.3: Webangebot Google Travel-Bereich (Quelle: www.google.de/travel, Stand 5/2021).

Während der **Reisevorbereitung und -planung** werden Entscheidungen zur konkreten und detaillierten Ausgestaltung der Reise getroffen (z. B. zu Ausflügen, Animations- und Sportangeboten). Bewertungen und Informationen, die auf Social-Sharing- oder Social Networking-Plattformen angeboten werden, motivieren und unterstützen die Entscheidungen. Häufig werden auch Blogs von Autoren, die der eigenen Person ähnlich sind und/oder denen vertraut wird (s. o. zu Influencer), konsultiert, um weitere Reisetipps für die eigene Reiseplanung zu erhalten.

Im Rahmen der **Reisedurchführung** und der **Reisenachbereitung** gelangt das Publizieren der Erlebnisse in den Fokus. Vorranging werden dazu Bewertungsplattformen, Social-Publishing- und Social-Networking-Plattformen herangezogen, um Bilder, Videos oder Beiträge der erlebten Erfahrungen zu teilen.

Meinungen und **Bewertungen** anderer Reisender geben dem Interessenten und Reisenden Orientierung, Motivation und Unterstützung, wenn Entscheidungen getroffen werden sollen. Einer Studie von HolidayCheck (2016, S. 6 ff.) folgend, vertrauen Konsumenten Online-Bewertungen im ähnlichen Maße wie den Meinungen von Familienangehörigen oder Freunden. Ein Unternehmen kann folglich in hohem Maße davon profitieren, ein gezieltes **Bewertungsmanagement**, synonym **Review Management**, zu betreiben. Nach eigener Definition ist hierunter das systematische Organisieren, Analysieren und Moderieren von Bewertungen zu verstehen, um zuvor festgelegte Ziele zu erreichen. Das Bewertungsmanagement ist Teil des **Reputationsmanagements**, das übergeordnet fungiert und die Gesamtheit aller systematischen Aktivitäten eines Unternehmens zur Etablierung, Erhaltung und Verbesserung seiner Reputation mit dem Ziel umfasst, den nachhaltigen Unternehmenswert zu steigern (Burkhardt 2008, S. 19). So beeinflussen nicht nur gute Bewertungen das Image des Unternehmens und seiner Produkte positiv, sondern auch ein aktiver Umgang des

Unternehmens mit den Bewertungen seiner Kunden schafft Vertrauen, Bindung und Transparenz. Das Bewertungsmanagement gehört zum professionellen Medienauftritt und guten Kundenservice (Milz 2019). Durch diese Kommunikationen werden darüber hinaus Daten über die Kundenwünsche und -anforderungen gewonnen, die als Basis für die Entwicklung neuer Marketingaktivitäten und -strategien, neuer Produkte und Services genutzt werden können (vgl. Kap. 5.4).

2.6.6 Erfolgsanalyse von Social-Media-Aktivitäten (Measurement und Monitoring)

Auch bei umfangreicher Planung und Umsetzung von Marketingaktivitäten ist im Verlauf und nach Abschluss der Aktivitäten zu analysieren, welche Beiträge sie zum Erreichen der gesetzten Ziele geleistet haben. Eine Ergebniskontrolle ist erforderlich, um im Verlauf der Aktivitäten steuern zu können und um neue Aktivitäten mit den gewonnenen Analyseergebnissen erfolgsorientiert planen zu können. Zum Teil basieren auch die Kosten der Werbeaktivitäten auf den messbaren Erfolgsfaktoren (z. B. Pay per Click). Mit der zunehmenden Vielzahl, der Social-Media-Plattformen und ihrer Funktionen steigt zugleich die Komplexität einer Erfolgsmessung. Jede Erscheinungsform weist eigene Kriterien auf, mittels derer eine Entwicklung bewertet werden kann. So können die Anzahl der Follower oder Fans ebenso einen Aufschluss geben, wie Klickraten oder Reaktionen von Usern in Form von Kommentaren oder weiteren Aktivitäten. Mit regelmäßigen Erfolgsmessungen werden die Aktivitäten hinsichtlich ihrer Wirkung bewertet, um daraus weitere Maßnahmen abzuleiten und zu optimieren. Darüber hinaus gehende Beobachtungen und Analysen von allgemeinen aber im Rahmen von Unternehmensentscheidungen relevanten Kommunikationen liefern markt- und zielgruppenorientierte Rahmenbedingungen für eigene Maßnahmen eines Unternehmens. Ein Ignorieren von Social-Media-Kommunikationen birgt hingegen das Risiko negativer Folgen für das Markenimage (vgl. Weiss, Kontrolle sozialen Erfolgs, S. 12).

Zunächst ist daher zu unterscheiden zwischen der Messung der Performance[42] der eigenen (Unternehmens-)Aktivitäten in Sozialen Medien, dem **Social-Media-Measurement** und der Auswertung von Inhalten, die von Nutzern zu einem bestimmten Thema, Unternehmen oder Produkt veröffentlicht wurden, dem **Social-Media-Monitoring**. Während die von Unternehmen selbst initiierten Aktivitäten in der Regel mittels in die Plattform integrierter Analysetools festgestellt werden können, ist zur Analyse externer, nutzergenerierter Inhalte der Einsatz externer Monitoring-Tools erforderlich. Um einen Dialog messbar zu machen bzw. Maßnahmen auf ihre Wirksamkeit hin

---

[42] Performance wird hier als Oberbegriff verstanden für das Maß der Erfüllung vorgegebener Ziele.

überprüfen zu können, sind Key-Performance-Indikatoren (KPI)[43] zur Erfolgsmessung (vgl. auch Kap. 2.2.5) zu definieren. Sie ermöglichen eine kontinuierliche Bewertung der Social-Media-Aktivitäten.

Im Rahmen einer umfassenden Konzeption und Optimierung von Social-Media-Aktivitäten nehmen die Definitionen von Zielen sowie die Kontrolle ihrer Zielerreichung einen wichtigen Stellenwert ein. Die Messbarkeit der in Kapitel 2.6.4 genannten Ziele sollte daher ermittelt und festgelegt sowie in Relation zu geeigneten Kennzahlen des Marktes und der Branche gestellt werden. Welche KPI sich für die zentralen Social-Media-Ziele eignen, wird nachfolgend dargestellt (vgl. Tab. 2.6.5). Es ist jedoch darauf hinzuweisen, dass viele Aspekte in Social Media, wie z. B. ein wertschätzender Kundendialog, kaum quantifizierbar und im Sinne eines Return on Investment (ROI)[44] schwer zu bewerten sind (Kreutzer 2018, S. 169). Dennoch geben ausgewählte KPI einen Anhaltspunkt für den Erfolg einer Maßnahme.

Tab. 2.6.5: Social-Media-Ziele und deren Messbarkeit (Quelle: eigene Darstellung in Anlehnung an Schindler/Liller 2012, S. 245; Kreutzer 2018, S. 170).

Marketingziele	Erkenntnisziele der KPI
Kundeninformation und Kundenbindung	Stimmungsbild, Engagement
Produktlaunch und -relaunch	Reichweite, Stimmungsbild, Bekanntheit
(Ab-)Verkauf	Conversion
Erschließung neuer Zielgruppen und/oder Märkte	Reichweite, Engagement, Bekanntheit
Anregung zur Weiterempfehlungen durch Kunden	Einfluss, Engagement
Kundensupport und Services	Engagement, Stimmungsbild, Conversion
Produkt-undAngebotsoptimierungmittelsKundenfeedback (i. S.v. Marktforschung)	Engagement

Eine besondere Relevanz trägt die Förderung der Kundenbeziehung und des Kundendialogs im Sinne einer gezielten Kundeninformation und Kundenbindung. Messbar ist dieser Kundenkontakt durch die Anzahl der Beiträge, Kommentare oder Empfeh-

---

43 KPI = Key Performance Indikatoren sind Kennzahlen, anhand derer der Fortschritt oder die Leistung eines Unternehmens hinsichtlich verschiedener Kriterien und Zielsetzungen gemessen werden kann.
44 ROI = Return on Investment, betriebswirtschaftliche Kennzahl, die aufzeigt, mit welchem Mitteleinsatz (Investment) ein Erlös (Return) erzielt wird.

lungen in Reaktion auf Inhalte, die von Unternehmen auf Social-Media-Plattformen veröffentlicht wurden (**Reichweite**). Der KPI zur Reichweite wird als Anzahl der Kontakte mit der Zielgruppe durch eine kommunikative Aktivität definiert. Neben dieser Zahl (pro Zeiteinheit) können weitere Informationen aus den Kontakten gewonnen werden, z. B. soziodemografische, orts- und verhaltensbezogene Informationen zu den Nutzern.[45] Diese Daten werden von den jeweiligen Plattformen oder Web-Providern teilweise automatisiert ermittelt und zur Verfügung gestellt. Weitere Interaktionen, wie das Hochladen von Bildern oder Videos, auf den Social-Media-Kanälen der Unternehmen geben Aufschluss, ob die Nutzer die zur Verfügung gestellte Plattform annehmen bzw. ihr vertrauen, was sich wiederum auf eine mögliche Kundenbeziehung auswirken kann.

Über diese quantitativen Größen hinaus geben die Inhalte der generierten Kommentare Aufschluss für eine ganzheitliche Auswertung. Die Einstellung der Nutzer zum Unternehmen, seinen Angeboten und Leistungen kann mit dem Verhältnis der positiven zu den negativen Nutzerbeiträgen gemessen werden (**Stimmungsbild**).

Die Entwicklung des **Bekanntheitsgrads**, dessen Steigerung beispielsweise in Verbindung mit einem Produktlaunch und/oder der Erschließung neuer Zielgruppen als Erkenntnisziel definiert worden ist, kann kontrolliert werden, indem gezielt die Reichweiten der Unternehmensaktivitäten zu dem konkreten Produkt bzw. zu der konkreten Kommunikationskampagne ermittelt werden. Dazu eignet sich auch das Durchsuchen nach relevanten Schlagworten (Hashtags) innerhalb der jeweiligen Plattformen.

Die Unternehmensprofile und -auftritte in den Social-Media-Plattformen geben mit der Anzahl der Abonnenten weiteren Aufschluss über die Bekanntheit und Beliebtheit bzw. Stimmung. Mit einer hohen Anzahl an Fans oder Followern ist auf eine hohe Reichweite, verbunden mit einer grundsätzlich positiven Wertschätzung, zu schließen. Durch die Vernetzung und die Kommunikationen der Abonnenten, Fans, Follower u. ä. wird eine schnelle und nahezu kostenfreie Bekanntheit und Image-Kommunikation ermöglicht. Hierin liegt einerseits die Chance für kleinere und/oder Start-up-Unternehmen, schnell und ohne große Werbebudgets bekannt zu werden. Andererseits birgt die Vernetzung der Nutzer und ihre Reichweite die Gefahr, dass negative Wertungen schnell zu einem schlechten Image und zur Minderung der Beliebtheit führen können.

Die **Conversion**[46] bzw. ihre Kennzahl der Konversionsrate (KPI conversion rate) gibt Aufschluss, in welchem Maß eine Marketingmaßnahme zur gewünschten Aktion

---

45 Vgl. Kap. 2.2.5, die dort genannten Analysekriterien können ebenfalls als Performance-Indikatoren herangezogen werden.

46 Conversion (Umwandlung) meint im Kontext des Online-Marketings die Änderung eines Status. So kann sich durch den Online-Kauf eines Produktes der Status von Interessent zu Kunde ändern. Conversion können sich aber auch auf eine Anmeldung und Registrierung u. a. m. beziehen. Das Ergebnis ist immer aktionsbezogen.

in der Zielgruppe geführt hat. Diese Performance-Messung kann sich z. B. auf eine Verkaufsmaßnahme beziehen. Wenn ein (Last-Minute-)Reiseanbieter seine Angebote in einem Online-System bewirbt und einen Deep Link auf diese Angebote in sein Buchungssystem integriert, entsteht eine Konversion, wenn ein Interessent mit Nutzung dieses Links ein Angebot verbindlich bucht und so zum Reisekunden wird. Diese Konversionsprozesse können in offene Social-Media-Systeme integriert werden, sie werden aber auch in Vertriebspartnersysteme integriert (Affiliate) und der Partner erhält nach einer Konversion eine Provision. Zur Ermittlung und Auswertung der Konversionen werden spezielle Trackingtools zur Nachverfolgung eingesetzt.

Interaktionen stellen eine der Kernfunktionen in Social Media dar. Geht es um einen aktiven Austausch mit den Interessenten und Kunden, um beispielsweise Kundenfeedback zu erhalten (z. B. zu Zwecken des Kundensupports oder zur Produktoptimierung), so können diese Interaktionen über das **Engagement** bewertet werden. Die Nutzer zeigen mit ihren Beiträgen oder Mentions (Erwähnungen), wie aktiv sie mit einem Unternehmen in Bezug auf die Marken, Services und Produkte interagieren. Häufig werden diese Daten ins Verhältnis zur Reichweite gesetzt, um eine aussagekräftigere Kennzahl zu erhalten (KPI: Interaktionen pro Kontakt).

Ähnliches gilt, wenn es um die Anregung zur Weiterempfehlung durch den Kunden geht, denn auch für diesen Indikator werden die Beiträge der User quantitativ wie qualitativ analysiert. Das Engagement der Nutzer zur Weiterempfehlung kann durch Anreize und Mehrwerte gestärkt werden; es kann somit **Einfluss** genommen werden, der über die Inanspruchnahme der Mehrwerte und Anreize gemessen werden kann.

Bei der Messung z. B. der Reichweite, der Förderung des Kundendialogs oder der Steigerung des Bekanntheitsgrades bzw. der Medienpräsenz überwiegen quantitative Kriterien, die mittels spezieller Measure- und Monitoring-Tools ermittelbar oder direkt bei den Social-Media-Plattformen einsehbar sind. Bezüglich Zielkriterien wie beispielsweise Beliebtheit und Stimmungsbild zum Unternehmen und seinem Image sind ergänzend qualitative Einschätzungen und Ausprägungen zu ermitteln. Hier stehen die Inhalte der Interaktionen und Kommunikationen im Vordergrund der Analyse.

Geeignete Key-Performance-Indikatoren sind im Sinne eines Bewertungssystems Teil der Social-Media-Strategie im Marketing. Die **kontinuierliche Erfolgskontrolle** mit im Zeitablauf vergleichenden Analysen der Messergebnisse eigener Aktivitäten (Measurement) mit den umgebenden Markt- und Medienentwicklungen (Monitoring) sind erforderlich, um entscheidungsrelevante Veränderungen rechtzeitig zu erkennen, aktuell steuern und längerfristig planen zu können.

Eine Auswahl der genannten Erkenntnisziele und ihrer Quantifizierung zu Indikatoren wird abschließend in Tab. 2.6.6 dargestellt.

Tab. 2.6.6: Social-Media-KPI (Quelle: eigene Darstellung und Auszug in Anlehnung an Kreutzer 2018, S. 170).

KPI	Kennzahl	Formel, Quantifizierung
Reichweite	Social Buzz	Anzahl Mentions (Erwähnungen)
	Share of Buzz	Anzahl eigener Mentions im Vergleich zu Gesamtzahl / Wettbewerbszahlen
	Entwicklung Social Buzz / Share of Buzz	Anzahl Mentions im Zeitverlauf
	Anzahl Abonnenten, Fans, Follower o. ä.	Auszählung bzw. Werte aus betreffender Plattform (z. B. Facebook, Twitter, YouTube)
	Reichweite 1. und 2. Grades	Anzahl der direkt (1. Grad) und indirekt (2. Grad) erreichten Personen
Stimmungsbild	Anzahl positiver, negativer und neutraler Mentions (Bestimmung der Sentiments)	Sentimentsberechnung (Zuordnung der Beiträge zu Bewertungsklassen)
	Relative Anzahl positiver, negativer und neutraler Mentions (Bestimmung der Sentimentslage)	Anzahl der Beiträge pro Bewertungsklasse in Relation zur Gesamtzahl der Mentions
	Weiterempfehlungsrate	Anzahl empfehlender Mentions im Vergleich zur Gesamtzahl der Mentions
Engagement	Anzahl Beiträge (gesamt) sowie der Kommentare, Likes, Shares (je Beitrag)	Werte aus betreffender Plattform
	Beiträge in Communities und Foren, inkl. Bestimmung der Sentiments	Werte aus den Communities und Foren mit Sentimentsberechnung (Zuordnung der Beiträge zu Bewertungsklassen)
	Teilnahme an Gewinnspielen, Bewertungswettbewerben, Kreativprozessen etc.	Anzahl der Beteiligungen im Vergleich zur Gesamtzahl der Kunden
Einfluss	Social Buzz durch Kanäle / Seiten	Anzahl Mentions nach Kanälen / Seiten
	Social Buzz durch relevante Autoren (Influencer)	Anzahl Mentions nach Autoren
	Besetzung relevanter Themen	Meistgenannte Themen zur Marke

Tab. 2.6.6 (fortgesetzt)

KPI	Kennzahl	Formel, Quantifizierung
Conversion	Webseiten-Traffic	Seitenaufrufe, Absprungrate, Sitzungsdauer, Anzahl der Webseitenbesuche
	Newsletter-Abonnements / Downloads	Anzahl der neu abgeschlossenen Newsletter-Abonnements / der erfolgten Downloads

Quellen

AllFacebook.de, Nutzerzahlen: Facebook, Instagram, Messenger und WhatsApp, Highlights, Umsätze, u. v. m., 2021, www.allfacebook.de/toll/state-of-facebook (Zugriff 05/2021).

ARD/ZDF-Onlinestudie, Ergebnisse der ARD/ZDF-Onlinestudie 2020 Internetnutzung mit großer Dynamik: Medien, Kommunikation, Social Media, 2020, www.ard-zdf-onlinestudie.de/files/2020/0920_Beisch_Schaefer.pdf (Zugriff 05/2021)

Baumeister, R., A self-presentational view of social phenomena. Psychological Bulletin, Jg. 91, 1/1982, S. 3–26.

Bitkom Research, Social-Media-Trends 2018. Bitkom Research, 2018, www.bitkom.org/sites/default/files/file/import/180227-Bitkom-PK-Charts-Social-Media-Trends-2.pdf (Zugriff 05/2021).

Bitkom Research, Jeder Zweite liest Online-Bewertungen vor dem Kauf, 2019/2020, www.bitkom.org/Presse/Presseinformation/Jeder-Zweite-liest-Online-Bewertungen-vor-dem-Kauf (Zugriff 05/2021).

Bitkom Research, 7 von 10 Urlaubern lesen vor der Buchung Online-Bewertungen, 2020, www.bitkom-research.de/de/pressemitteilung/7-von-10-urlaubern-lesen-vor-der-buchung-online-bewertungen (Zugriff 05/2021).

Bitkom Research, Social-Media-Nutzung steigt durch Corona stark an, 2020, www.bitkom.org/Presse/Presseinformation/Social-Media-Nutzung-steigt-durch-Corona-stark-an (Zugriff 5/2021).

Boyd, D., Taken out of context. American teen sociality in networked publics, Dissertation, University of California, Berkeley 2008.

Burkhardt, R., Reputation Management in Small and Medium-sized Enterprises: Analysis and evaluation of the use of Reputation Management. A survey of Small and Medium-sized Enterprises in Germany, 2008.

DFG - Deutsche Forschungsgemeinschaft, Auf dem Weg in die Bewertungsgesellschaft?, 2020, www.gepris.dfg.de/gepris/projekt/390589611?language=de (Zugriff 05/2021).

Ebersbach, A., Glaser, M., Heigl, R., Social Web, Konstanz 2008.

Facebook, Reisewerbung auf Facebook, 2021, www.facebook.com/business/industries/travel (Zugriff 05/2021).

Freyer, W., Tourismus, 11. Aufl., Berlin/München/Boston 2015.

FUR, ReiseAnalyse 2020. Erste ausgewählte Ergebnisse der 50. Reiseanalyse zur ITB 2020, 2020, www.reiseanalyse.de/wp-content/uploads/2020/03/RA2020_Erste-Ergebnisse_DE.pdf (Zugriff 05/2021).

Google Travel, Reisen, 2021, www.google.com/travel/ (Zugriff 05/2021).

Hennig-Thurau, T., Gwinner, K., Walsh, G., Gremler, D., Electronic Word-of-Mouth via consumer-opinion platforms: What motivates consumers to articulate-themselves on the internet?, Journal of Interactive Marketing, Vol. 18, 1/2004, S. 38–52.

Hettler, U., Social Media Marketing. Marketing mit Blogs, Sozialen Netzwerken und weiteren Anwendungen des Web 2.0, München 2010.

HolidayCheck, Studie zur Psychologie des Bewertens – Erweiterte Hintergrunddaten, 2016, www.newsroom.holidaycheck.de/file/die-stimme-aus-dem-netz_hintergrunddaten.pdf (Zugriff 05/2021).

Janner, K., Holst, C., Kopp, A., Social Media im Kulturmanagement. Grundlagen, Fallbeispiele, Geschäftsmodelle, Studien, München 2011.

Krämer, N., Eimler, S. und Neubaum, G., Selbstpräsentation und Beziehungsmanagement in sozialen Medien, in: Schmidt, J.-H. und Taddicken, M. (Hrsg.), Handbuch Soziale Medien, Wiesbaden 2017, S. 41–60.

Krämer, N., Klatt, J., Facebook, Twitter und Co. – Sozialpsychologische Aspekte der Nutzung und Wirkung von Social Media, Universität Duisburg Essen o.J., www.uni-due.de/lll/docs/Vortraege/FacebookTwitterundCo.pdf (Zugriff 05/2021).

Kreilkamp, E., Destinationsmanagement 3.0. Paradigmenwechsel im Tourismusmarketing, 2012, www.de.slideshare.net/EdgarKreilkamp/destinationsmanagement-30-metropolregion-hamburg (Zugriff 05/2021).

Kreutzer, R. T., Social-Media-Marketing kompakt, Wiesbaden 2018.

Kürble, P., Gondek, C., Social Media und Influencer-Marketing, in: Kürble, P., Lischka, M., (Hrsg.), Trends und Forschung im Marketing-Management, Berlin/Boston 2018, S. 202–229.

Li, C., Bernoff, J., groundswell – winning in a world transformated by social technologies. Boston (Massachusetts) 2001.

Mehner, M., Messenger Marketing. Wie Unternehmen WhatsApp & Co erfolgreich für Kommunikation und Kundenservice nutzen, Wiesbaden 2019.

Milz, A., Studie zeigt: Potential von Online-Bewertungen oft ungenutzt, 2019, www.onlinemarketing.de/news/studie-potential-online-bewertungen-ungenutzt (Zugriff 05/2020).

O'Reilly, T., What is Web 2.0?, 2005, www.oreilly.com/pub/a/web2/archive/what-is-web-20.html (Zugriff 05/2021).

Pein, V., Der Social Media Manager. Handbuch für Ausbildung und Beruf, 3. Aufl., Bonn 2018.

Rengelshausen, O., Schmeißer, D., Touristik 2.0 – Chancen und Risiken von User generated Content für den Online Reisevertrieb. Planung & Analyse, Zeitschrift für Marktforschung und Marketing, 6/2007, S. 31–37.

Runia, P., Wahl, F., Geyer, O., Thewißen, C., Marketing: Prozess- und Praxisorientierte Grundlagen, 5. Aufl., Berlin/Boston 2019.

Schindler, M.-Ch., Liller, T., PR im Social Web. Das Handbuch für Kommunikationsprofis, 2. Aufl., Köln 2012.

Schmidt, J.-H./Taddicken, M., (Hrsg.), Handbuch Soziale Medien, Wiesbaden 2017.

Schmidt, J.-H., Das neue Netz. Merkmale, Praktiken und Folgen des Web 2.0, 2. überarb. Aufl., Konstanz 2011.

YouTube, YouTube in Zahlen, 2021, www.youtube.com/intl/de/about/press/ (Zugriff 05/2021).

Weiß, S., Kontrolle sozialen Erfolgs, in: Internet World Business, Fachzeitschrift für Online Werbung, E-Commerce und Technik, 21/2009), S. 12.

2.7 Augmented Reality und Virtual Reality im Tourismus

Armin A. Brysch

2.7.1 Extended Reality als Grundlage für neue Erlebnisse im Tourismus

Im Februar 2021 verkündete Mark Zuckerberg, Gründer von Facebook, zu dem auch das Tech-Unternehmens Oculus als Hersteller von virtuellen Geräten und digitalen Dienstleistungen gehört, dass in der Arbeit der Zukunft die physischen Barrieren überwunden werden und die Ebene der virtuellen Realität (VR) und augmentierten Realität (AR) betreten wird (zitiert nach Entrepreneur Europe vom 8.2.2021, www.entrepreneur. com). Realität und Virtualität verschmelzen und ermöglichen dem Nutzer auf Basis technologischer Systeme neue Erlebnisse und eine erweiterte Wahrnehmung. Diese Extended Reality (XR) bzw. erweiterte Realität kann als ein Oberbegriff verstanden werden, der die Art und Weise des Erlebens der tatsächlichen (realen) Umwelt, der computergenerierten (virtuellen) Umwelt sowie Mischformen davon unter Nutzung von primär auf das Sichtfeld eines Nutzers fokussierten Technologien beschreibt. Dazu bedarf es sowohl bestimmter Hardware-Komponenten wie z. B. Brillen mit integrierten Monitoren (Head-Mounted Displays – HMD), als auch entsprechender Software zur primär visuellen Darstellung von Informationen, Bildern, Objekten oder Räumen. Dörner et al. (2019) verweisen darauf, dass bisher noch keine einheitliche, wissenschaftliche Definition von „Virtueller Realität" formuliert wurde und führen dies auf unterschiedliche Blickwinkel zurück. So kann die Schwerpunktsetzung auf technologischen Aspekten, auf neuen Formen der Mensch-Computer-Interaktion (Human-Computer-Interaction, kurz HCI) oder auf mentalen Erfahrungen im Kontext einer virtuellen Realität liegen. Die unterschiedlichen Formen lassen sich laut Milgram und Kishino in einem Kontinuum der Virtualität darstellen, das die Autoren schon vor fast 30 Jahren als „representation of the reality-virtuality (RV) continuum" beschrieben (1994). Dieses Kontinuum reicht von
- der Darstellung echter Objekte in der Wirklichkeit (Real Environment) z. B. auf einem TV-Monitor
- über die Einblendung computergenerierter Objekte in die Wirklichkeit (Augmented Reality – AR), z. B. virtuelle Möbel im eigenen Wohnzimmer sichtbar auf dem Smartphone mit z. B. der App Ikea Places
- weiter über die Projektion von computergenerierten Objekten in virtuellen Räumen mit Bezug zur Wirklichkeit (Augmented Virtuality – AV), z. B. virtuelle Ersatzteile in einem digitalisierten Flugzeug, das als zusätzliche, sichtbare Schicht über einem realen Flugzeug im Hangar eingeblendet wird und eine Interaktion mit dem Nutzer zulässt wie z. B. mit der Microsoft HoloLens

– bis zur letzten Stufe des Kontinuums mit computergenerierten Objekten in vollständig virtuellen Welten (Virtual Reality – VR) inklusive dem Abbild des Nutzers als Avatar oder Teilavatar mit Händen, z. B. ein Treffen verschiedener Avatare auf einer virtuellen Messe, um gemeinsam ein virtuelles Modell einer Maschine auszuprobieren, z. B. mit der Software Arthur Technologies.

Etwas später präzisierten Drascic und Milgram mögliche Erscheinungsformen des Kontinuums (1996), in dem sie das Spektrum der Mixed Reality (MR) mit diversen Kombinationen der realen Welt und Ansichten einer virtuellen Umgebung kombinierten und klassifizierten. Zudem fügten sie die Merkmale direkte Ansicht (DV), stereoskopisches Video (SV) und stereoskopische Grafik (SG) hinzu und veranschaulichten die vereinfachten Wahrnehmungsmöglichkeiten in einem modifizierten Kontinuum (vgl. Abb. 2.7.1).

Realitäts-Virtualitäts-Kontinuum			
Virtuelle Realität (VR) Direkte Sicht (DV) Stereo Video (SV)	Erweiterte Realität (AR) DV mit SG SV mit SG	Erweiterte Virtualität (AV) SG mit DV SG mit SV	Virtuelle Realität (VR) Stereo Grafik (SG)
	Gemischte Realität (MR)		

Abb. 2.7.1: Realitäts-Virtualitäts-Kontinuum (Quelle: eigene Darstellung nach Drascic/Milgram 1996, S. 124).

Verkürzt kann Extended Reality (XR) als Oberbegriff der technologischen Anwendungen und Mixed Reality (MR) als breite Teilmenge davon mit den beiden für die Praxis bedeutenden Ausprägungen VR und AR verstanden werden. Während die Technologie der VR mittels spezieller VR-Brillen oder Projektoren eine künstliche, computergenerierte und zunehmend realitätsgetreue Umgebung schafft, reichert die Technologie der AR das direkte Blickfeld des Nutzers auf eigenen (oftmals dem Smartphone) oder fremden Bildschirmen mit virtuellen Inhalten an (vgl. Abb. 2.7.2).

Die Verbreitung von Virtual Reality Hardware für Endverbraucher erfuhr einen Schub im Bereich der Unterhaltungselektronik mit der Einführung der VR-Brillen (z. B. Oculus Rift im Jahr 2015, HTC Vive und Samsung Gear-VR 2016). Die Anwendungen für den Endverbraucher sind zunächst vor allem auf virtuelle Spiele fokussiert, die auf Internet-Vertriebsplattformen wie z. B. Steam VR (www.steamvr.com/de) oder speziellen VR-Plattformen eine Vielzahl von Computerspielen und Filmen anbieten (vgl. auch Kap. 2.9). Dazu zählen Rollenspiele oder Shooter, VR-Rennspiele, Achterbahn-VR-Simulationen oder beliebte Rhythmusspiele mit Musik. Laut einer Studie von PwC (2019) stieg in Deutschland im Jahr 2018 der Umsatz von VR-Software im Vergleich zum Vorjahr um 38 %, der Umsatz von VR-Brillen um 48 % (PwC 2019). Dennoch blieben die Verkaufszahlen bei Hard- und Software bislang noch hinter den Erwartungen der gro-

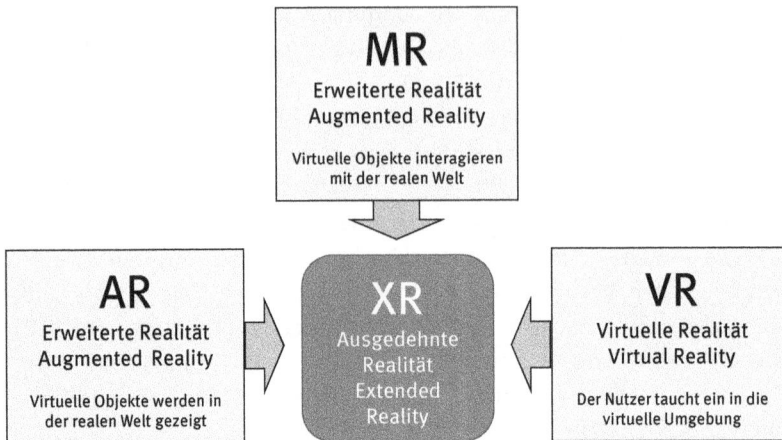

Abb. 2.7.2: AR, VR und MR formen den Begriff XR (Quelle: eigene Darstellung nach Vartanian 2020).

ßen Hersteller zurück, die in VR-Anwendungen einen „Game Changer" sehen. Mit sinkenden Kosten für die notwendige VR-Hardware und zunehmendem Konkurrenzdruck
ist zukünftig mit einer weiteren Marktdurchdringung im Endkundenbereich zu rechnen. Für eine gewisse Reife der Technologie spricht auch die Einschätzung des Markt-
forschungsunternehmens Gartner, das bereits Ende 2018 in ihren „Hype Cycle for
Emerging Technologies" sowohl VR, AR als auch MR entfernte, da diese nicht mehr als
neue Technologie (somit als etabliert) gewertet wurden (vgl. Abb. 2.7.3).

Der kommerzielle Einsatz von XR entwickelt sich ebenfalls positiv. Die Einsatzfelder sind vielfältig: Im Dienstleistungsmarketing finden VR-Brillen u. a. Einsatz in der
Kundenberatung (z. B. Neuwagenkonfiguration im Automobilhandel, Beratung und
Buchung von Hotels oder Kreuzfahrten im Reisebüro) oder bei Produktpräsentationen
(z. B. virtuelle Fachmessen, VR im Bauprozess oder bei der Visualisierung bzw. Präsentation von Immobilien). AR-Anwendungen werden vermehrt für Freizeit- oder Werbe-
zwecke in Social Media oder Apps genutzt (z. B. im interaktiven Spiel Pokémon GO, bei
Filtern in Snapchat, bei der App Ikea Places für Möbel oder der Douglas-App in der
dekorativen Kosmetik). Zudem werden MR-Anwendungen auch für neue virtuelle
Dienstleistungen selbst eingesetzt (z. B. bei Flugzeugherstellern zur Wartungsunterstüt-
zung, bei Hochschulen zu Simulations- und Trainingszwecken, in Krankenhäusern zur
Planung von Operationen). Durch die Corona-Pandemie im Jahr 2020 sind die XR-An-
wendungen noch stärker in den Fokus gerückt. „Wo reale Treffen, Messen, Besuche
nicht möglich sind und Videokonferenzen an ihre Grenzen stoßen, bieten AR und VR
neue Möglichkeiten. Entsprechend groß ist seit dem Frühjahr das Interesse an Messen,
Teambesprechungen, Trainings, Fernwartung und gemeinsamem Planen und Konstruieren über AR und VR" (Bitkom 2020, S. 34).

Ein besonderer Effekt im Zusammenhang mit der Nutzung der erweiterten Realität ist die veränderte Sichtweise, wie Menschen die reale und virtuelle Umgebung

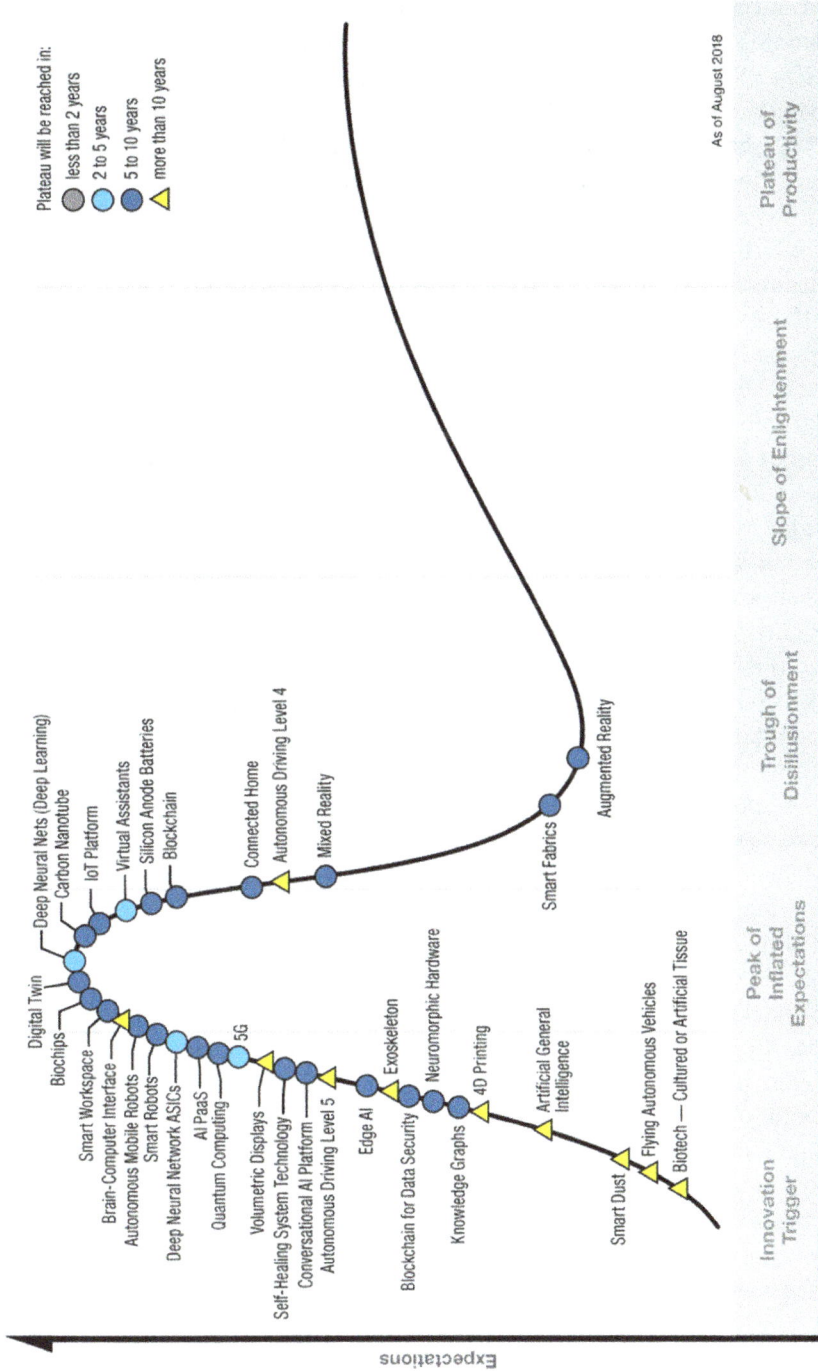

Abb. 2.7.3: Hype Cycle for Emerging Technologies (Quelle: Gartner 2018).

bzw. die damit verbundenen Erlebnisse wahrnehmen. Diese Wahrnehmung wird in der Literatur als Immersion bezeichnet und betrifft insbesondere die VR: „The goal of Immersive VR is to completely immerse the user inside the computer generated world, giving the impression to the user that he/she has stepped inside the synthetic world" (Furht 2008, S. 345). Diese Wirkungen werden weiter gefördert, da aktuelle Modelle der VR-Brillen neben dem Display auch (integrierte) Kopfhörer für audiovisuelle Reize einsetzen. Zusammen mit haptischen Elementen wie vibrierenden Controllern entsteht somit ein ganzheitlicher, immersiver Effekt. „In der VR läuft die Immersion auch im praktischen Sinne ab, da Augen, Ohren und manchmal sogar die Hände und der Körper des Benutzers in Anspruch genommen werden, wodurch jegliche Hinweise oder Sinneseindrücke aus der Realität ausgeblendet werden" (Phocus Brand Contact 2020, S. 15). Um die heterogenen Einsatzmöglichkeiten und Effekte von XR besser zu verstehen und für die Praxis Erfolgsfaktoren abzuleiten, fokussiert die Forschung oftmals auf branchenspezifische Ansätze. Beispielhaft setzen im Kontext des Tourismus 4.0 (Brysch 2017) touristische Unternehmen (z. B. Freizeitparks, Museen, Weltkulturerbestätten) zur Weiterentwicklung der Kundenerlebnisse auf den gezielten Einsatz von AR-Applikationen in und außerhalb der touristischen Attraktionen. Dagegen kommen VR-Anwendungen oftmals stationär an Ort und Stelle der Attraktionen zum Einsatz oder zuhause im vertrauten Umfeld der Nutzer. Die praktischen Einsatzfelder, deren Merkmale und Wirkungen sind zunehmend Gegenstand der Tourismusforschung (vgl. u. a. Yung/Khoo-Lattimore 2019; Tussyadiah et al. 2018; Guttentag 2010).

Die moderne XR-Technologie birgt großes Potenzial für die Weiterentwicklung bestehender und die Schaffung neuer Produkte und Dienstleistungen in der Tourismusbranche, die sich auf dem Weg zum Erlebnis 2.0 (Kagermeier 2013) befindet. Weg von der bloßen Bereitstellung von Attraktionen oder Infrastruktur, hin zu einem holistischen Erlebnis ermöglicht XR durch das Eintauchen in vergangene Zeiten (in Form von virtuellen Zeitreisen), das Entdecken unbekannter oder nicht mehr existierender Welten (z. B. zerstörte Bauten, verborgene Architekturen oder verschwundene Kulturen) und die Interaktion mit unbekannten Wesen oder Avataren eine neue Form von Reisen. XR kann aus der Perspektive der Tourismussoziologie intensive Erlebnisse kreieren, ein gefühlsbetontes Ergriffensein (Kiefl/Bachleitner 2005) mittels virtueller Stimuli erzeugen oder verstärken. Die große Vielfalt der bereits bestehenden oder zukünftig möglichen individuellen augmentierten oder virtuellen Angebote wird damit nicht Gefahr laufen, in eine Erlebnisspirale (Opaschowski 2000) zu laufen. Vielmehr bieten neue Erlebnisse wie virtuelle Rundgänge im Museum, virtuelle Besuche von geschützten Naturräumen oder barrierefreie VR-Exkursionen in unwegsames Terrain die Chance, das explorative und soziale Erleben im Tourismus maßgeblich zu fördern.

2.7.2 Augmented Reality (AR) im Tourismus

Die Technologie der AR kann das direkte Sichtfeld eines Nutzers primär auf dem Bildschirm seines Smartphones oder Tablets mit virtuellen Inhalten anreichern und dadurch zusätzliche Informationen multimedial visualisieren. Laut Aichner et al. (2019) lassen sich folgende Merkmale zusammenfassen:
- „AR verbindet reale und virtuelle Objekte in einem realen Umfeld
- AR lässt reale und virtuelle Objekte ineinander verschmelzen
- AR ist interaktiv in 3-D und in Echtzeit erlebbar" (ebd., S. 6).

Aus technischer Sicht sind für den praktischen AR-Einsatz mittels Smartphone oder anderer Geräte zwei Voraussetzungen notwendig: Einerseits muss eine leistungsfähige Hardware mit Kamera, Sensoren und Bildschirm vorhanden sein, anderseits eine „Tracking-Software und Renderer für die Berechnung und Anzeige der korrekten Überlagerung sowie als Szenengenerator" (Schart/Tschanz 2018, S. 45). Seit 2017 ist ein Entwicklungsschub mit dem ARKit als Bestandteil im Apple-Betriebssystems iOS und ARCore im Google-Betriebssystem Android zu beobachten, die Anzahl und Verbreitung von AR-Anwendungen stark gefördert haben. Auch wenn der Fokus auf optischen Ergänzungen liegt, weist Lässig (2019) zurecht auf andere digitale Erweiterungsmöglichkeiten der Realität hin. Bereits umgesetzt werden akustische Elemente wie Töne, Sprache oder Musik, zukünftig sind vielleicht auch taktile, olfaktorische oder gustatorische Elemente denkbar. Für die Qualität von AR-Anwendungen sind u. a. hohe Prozessorleistungen, hochauflösende Bildschirme und Kameras, sensible GPS-Sensoren, schnellere Internetverbindungen und Bewegungssensoren verantwortlich (Aichner et al. 2019).

Für die Erkennung der AR kann grundsätzlich zwischen einer ortsbezogenen (Location based AR) und einer optischen (Vision based AR) Methode unterschieden werden (Lässig 2019). Erstere wird vor allem im Außenraum mittels GPS-Ortungssignal eingesetzt und „basiert auf der Identifizierung des Ortes, wo sich das für die Erkennung verwendete Gerät aktuell befindet und allenfalls auf der Blickrichtung des Gerätes" (ebd., S. 190, vgl. auch Kap. 2.3). Letztere fußt auf der optischen Erfassung von Objekten auf Grundlage von Marker-, 2D- und 3D-Erkennung, die oftmals als Barcodes oder QR-Codes präsentiert werden. Erkennt die Kamera im Blickfeld befindliche Objekte wie z. B. einen QR-Code neben einem Kunstobjekt, werden weiterführende Informationen wie Bilder, Texte, Animationen und Videos eingeblendet. Über AR im engeren Sinne hinaus geht die Microsoft HoloLens, ein Beispiel für eine intelligente AR-Brille im Bereich von MR-Anwendungen angesiedelt, die digitale Informationen in das Sichtfeld des Benutzers einblendet und Interaktionen mit den virtuellen Objekten ermöglicht.

AR-Anwendungen finden seit ca. fünf Jahren größere Verbreitung in der Tourismus- und Freizeitbranche. In der Praxis lassen sich verschiedene Einsatzfelder beobachten, die beginnend im Jahr 2016 immer komplexer und multimedialer wurden:

– Ergänzung touristischer Materialien und Kommunikationsmittel (Kataloge, Werbebroschüren, Pläne etc.)
– Ergänzung der naturräumlichen, touristischen Umgebung (Navigationshilfen, Übersetzungen von Schildern etc.)
– Ergänzung von realen Bauten, Attraktionen oder Kunstwerken (Burgen, Museen, Skulpturen etc.).

Denkbar sind jeweils einzelne oder Kombinationen von virtuellen Informationstexten mit und ohne Grafiken, Schilder, Wegzeichen oder Details, aktuelle und historische Bilder oder Ansichten sowie Videos mit und ohne Audioeinblendungen (vgl. Abb. 2.7.4 bis 2.7.6).

Abb. 2.7.4: Kataloge mit AR-Zusatzinformationen: ITS Family Katalog, Reisemagazin Lüneburger Heide.

Im Jahr 2016 hat der Pauschalreiseveranstalter ITS eine App veröffentlicht, um Reisekataloge mit dem Smartphone zu erleben. Mittels AR wurden für einzelne Hotels z. B. Drohnenvideos, 360-Grad-Rundumsichten, Videobeschreibungen und ausführliche Bildergalerien zur Verfügung gestellt (vgl. www.appear2media.de/appear2media-macht-its-family-reisekataloge-interaktiv-erlebbar/, abgerufen 10.4.2021). Für die Destination Lüneburger Heide wurde eine App entwickelt, um Leser des Reisemagazins interaktiv mit Videos und 360-Grad-Bildern zu inspirieren. Im Katalog werden mittels Kamera einzelne Heftseiten erkannt und zusätzliche Informationen im Display aktiviert, die in der App abgespeichert werden können (apps.apple.com/de/app/l%C3% BCneburger-heide-katalog-plus/id1126043345#?platform = ipad, abgerufen 10.4.2021). Auch Übersetzungen von Schildern, Postern oder Plakaten wurden seinerzeit mit der App Word Lens Translator via Smartphone-Kamera in Echtzeit möglich. Die Entwicklerfirma Quest Visual wurde 2015 von Google aufgekauft und in die App Google Translate integriert. Aktuell sind dort Textübersetzungen zwischen 108 Sprachen (offline 59 Sprachen) und mittels AR sog. „Instant camera translation", z. B. Übersetzungen nur durch Fokussieren auf ein Bild, Schild oder ähnliches, in 94 Sprachen möglich (vgl. https:// play.google.com/store/apps/details?id=com.google.android.apps.translate&hl=en&gl=us,

abgerufen 10.4.2021). In Google Maps ist zudem in der Live-View-Ansicht eine AR-Navigation möglich, wo mittels Pfeilen und Hinweisen in der Kameraansicht die gewünschte Richtung angezeigt wird.

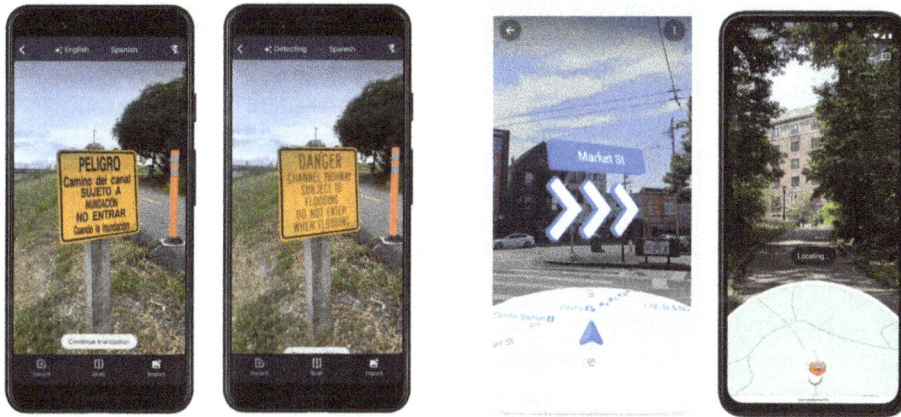

Abb. 2.7.5: Instant Camera Translation mit der App Google Translate (li); Google Live View in Google Maps mit AR Pfeilen zur Navigation (Quelle: blog.google 2019 u. 2020).

Abb. 2.7.6: Interaktive Entdeckungstour mit dem HistoPad auf der Albrechtsburg Meissen (Quelle: Schlösserland Sachsen 2021).

Ein weiteres Feld sind AR-Anwendungen im Kulturbereich wie z. B. in Museen, Galerien oder Ausstellungen. Neuburger/Egger R. (2018) haben in ihren Untersuchungen gezeigt, dass AR das Gesamterlebnis von Museumsbesuchern steigert. Sie haben die positiven Effekte bei einer Erkundung einer Museumsausstellung mit AR-Anwendung im Vergleich zum Ausstellungsbesuch nur mit Audioguide oder ohne zusätzliche Informationen ermittelt. So haben sich diverse AR-Einsatzformen im Museumskontext etabliert. Durch virtuell gestützte Navigationswege in Museen, Erweiterungen von Objekten um Abbildungen eines historischen Zustands oder durch die Verortung eines Exponats in seinem ursprünglichen Verwendungskontext können Besucher zusätzliche Details sowie spielerisch neue Erlebnisse erfahren (Franken-Wendelstorf et al. 2019).

2.7.3 Virtual Reality (VR) im Tourismus

Im Realitäts-Virtualitäts-Kontinuum sind die VR-Anwendungen vollständig im virtuellen Bereich angesiedelt. Kennzeichnend für den praktischen Einsatz im Tourismus sind spezielle, hochauflösende VR-Brillen, die für Gäste und Besucher eine gänzlich computergenerierte und zumindest audiovisuelle Umgebung schaffen. Mittels Steuergeräten bzw. Hand-Controllern sind auch haptische Simulationen wie z. B. das virtuelle Greifen von Objekten, Klettern in Bergen oder Jagen im Dschungel ebenso wie das Laufen durch virtuelle Räume mit und ohne omnidirektionalen Laufbändern bzw. Treadmills oder ähnlichen Fortbewegungs-Controllern möglich. Diese Controller stellen technisch betrachtet Input-Geräte dar (Aichner et al. 2019), die das Handeln des Nutzers interpretieren und sowohl in die virtuelle Umgebung übertragen als auch auf den Nutzer selbst als Avatar projizieren (teilweise auf die Hände oder mit entsprechender Zusatzausrüstung auf den ganzen Körper). In VR können im Tourismus neue Erlebnisse kreiert und angeboten werden, die von Schnuppertouren in 3-D im Wunschhotel über virtuelle Führungen im zeitweise geschlossenen Museum bis hin zu Abenteuerreisen im Freizeitpark reichen.

Die Qualität des VR-Erlebnisses aus Sicht der Nutzer, seien es Besucher eines Freizeitparks oder Technikmuseums, hängt stark von der visuellen Darstellung ab. Dazu werden in VR jeweils zwei Bilder aus unterschiedlichen Perspektiven verwendet, um einen stereoskopischen 3-D-Effekt zu erzeugen. Diese 3-D-Bilder werden synchron mit der Blickrichtung des Nutzers dargestellt, die auf jede noch so kleine Drehung des Kopfes reagieren. Aktuelle VR-Brillen bilden fast 4K Auflösung ab und verfügen zudem über eine sehr hohe Bildfrequenz von 72 oder 90 Herz. Damit werden flüssige Bewegungen und Wahrnehmungen produziert, die den Nutzer völlig in die virtuelle Realität eintauchen lassen (Immersion) ohne jegliche Referenzpunkte in der Realität. Damit verschmilzt der Nutzer mit der virtuellen Umgebung, eine wichtige Grundlage für emotionale Erlebnisse. Eine aktuelle Untersuchung von Bitkom (2020) zeigt, dass in Deutschland 2020 etwa 14 % der Befragten hin und wieder auf privater Basis eine VR-Brille nutzen, jedoch 37 % sich eine Nutzung vollstellen können. Nach Gaming (79 % der aktuellen Nutzer) sind virtuelle Reiseerlebnisse (58 %) bereits das zweitbeliebteste Einsatzszenario, gefolgt von Filme-Schauen mit VR-Brille (51 %) und sportlichen Aktivitäten (33 %). VR-Anwendungen in Museen, bei Ausstellungen oder auf Messen haben 14 % der Befragten im Jahr 2020 erlebt (vgl. Abb. 2.7.7 und 2.7.8 sowie Kap. 2.8).

VR-Brillen: Nutzung und Nutzungsinteresse

Nutzen Sie privat eine VR-Brille? Können Sie sich vorstellen, künftig eine VR-Brille zu nutzen?

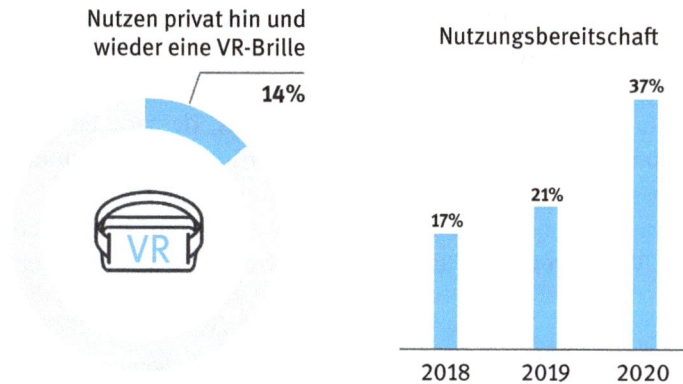

Abb. 2.7.7: Nutzung und Nutzungsinteresse von VR-Brillen (Quelle: Bitkom 2020).

Abb. 2.7.8: VR-Erlebnisse auf Achterbahnen (Quelle: Europa-Park 2021).[47]

Zu den Vorreitern gehören VR-Brillen der Unternehmen Sony, Oculus oder HTC, die auf entsprechenden Plattformen Inhalte wie Spiele oder Reisen anbieten.

---

47 „Mit „Eurosat Coastiality" bietet der Europa-Park seinen Besuchern ein weltweit einzigartiges Virtual-Reality-Erlebnis. Alle Besucher ziehen das VR-Headset schon vor der eigentlichen VR-Achterbahnfahrt in einem Pre-Show-Raum auf. Die Besucher laufen danach mit aufgesetztem VR-Headset in der Virtuellen Realität nicht nur über den Bahnhof zum Zug, sondern steigen dann auch in die Achterbahn ein, ohne das VR-Headset zwischendurch abzunehmen. Sobald alle Besucher ihren Platz eingenommen haben, folgt nahtlos die eigentliche VR-Fahrt auf der Achterbahn. Die reale, physische Umgebung wird in der Virtuellen Realität exakt nachgebaut, wodurch ermöglicht wird, dass der Besucher ohne Probleme in den Zug einsteigen kann, während er das VR-Headset trägt", Quelle: https://www.europapark.de/de/freizeitpark/attraktionen/eurosat-coastiality, abgerufen 11.4.2021.

So wird auf den Webseiten Steamvr.com oder Oculus.com kostenloser und kostenpflichtiger Content präsentiert. Aus touristischer Perspektive sind diverse virtuelle Reisen z. B. auf Berge oder in die Höhlenwelt möglich (z. B. Everest VR oder Blautopf VR – Abenteuer Höhlenwelt). Neben VR-Anwendungen zuhause über die jeweiligen Plattformen bieten touristische Leistungsträger auch selbst VR-Erlebnisse an, die sich in Form und Komplexität unterscheiden:

- eigenständige VR-Erlebnisse und Systeme mit spezieller Infrastruktur in Freizeitparks und bei Freizeitanbietern (Europapark Rust, Exit Rooms, Tierparks etc.)
- ergänzende VR-Erlebnisse mit begleitender Infrastruktur im Kunstbereich und Kulturtourismus (Museen, Galerien, Burgen, Welterbestätten etc.)
- Reisevertrieb, Destinationen oder Medien mit VR-Anwendungen Dritter (360-Grad-Darstellungen, VR-Touren, VR-Videos, VR-App wie z. B. DW World Heritage 360)

Während die erste Kategorie an VR-Erlebnissen kommerziell als eigenes Produkt vermarktet werden kann, gestaltet sich eine Monetarisierung bei den anderen Kategorien schwierig. Für ergänzende VR-Erlebnisse in Museen fehlt oftmals die Kaufbereitschaft, gleichzeitig sind virtuelle Idealrekonstruktionen sehr zeit- und kostenintensiv (Franken-Wendelstorf et al 2019). Dennoch können sie für Museumsträger einen Mehrwert darstellen, wenn sie integraler Bestandteil der Ausstellungsplanung mit einer fundierten Vermittlungsidee sind (ebd.). Bei Vermittler in der dritten Kategorie hingegen sind VR-Angebote eher als Marketinginstrument einzustufen, die ggf. bei Verkäufen von touristischen Produkten wie Kreuzfahrten Upselling-Potenziale bieten.

Vor dem Hintergrund innovativer und ergänzender VR-Erlebnisse reifen Planungen von Welterbestätten, im Kontext sehr bzw. zu hoher Besucherzahlen (nahe ihrer Tragfähigkeitsgrenze durch Over Tourism) neue VR-Erlebnisse anzubieten. Auch aufgrund pandemiebedingter Schließungen werden bereits virtuelle (Ersatz-) Erlebnisse angeboten (entsprechend der Idee des Physical Distancing). Um fragile Bereiche vor Überlastung zu schützen, können vor Ort z. B. für einzelne Räume, sensible Bauten oder Kernbereiche von Naturschutzgebieten gezielt VR-Ersatzerlebnisse angeboten werden, die real nur eingeschränkt oder nicht mehr zugänglich sind. Für historische Stätten werden bereits virtuelle Touren und Führungen angeboten, z. B. für die Zeche Zollverein (vgl. www.zollverein.de/kalender/virtueller-denkmalpfad, abgerufen 10.4.2021). Als VR-Variante können Welterbestätten wie Höhlen als 3-D-Modelle erfahren werden, z. B. Höhlen und Eiszeitkunst der Schwäbischen Alb (www.iceageart.de/3d/3d-modelle-hoehlen/, abgerufen 10.4.2021). Ebenso zieht die VR-Technologie trotz hohen Aufwands weiter in Museen ein. Franken-Wendelstorf et al. (2019) nennen exemplarisch VR-Projekte im Deutschen Museum in München, im Städel und im Senckenberg Museum in Frankfurt a. M. oder im Ozeaneum in Stralsund (zur Einbindung der Technologien in das Marketingmanagement von Destinationen vgl. auch Kap. 2.4 u. 2.8 sowie Abb. 2.7.9).

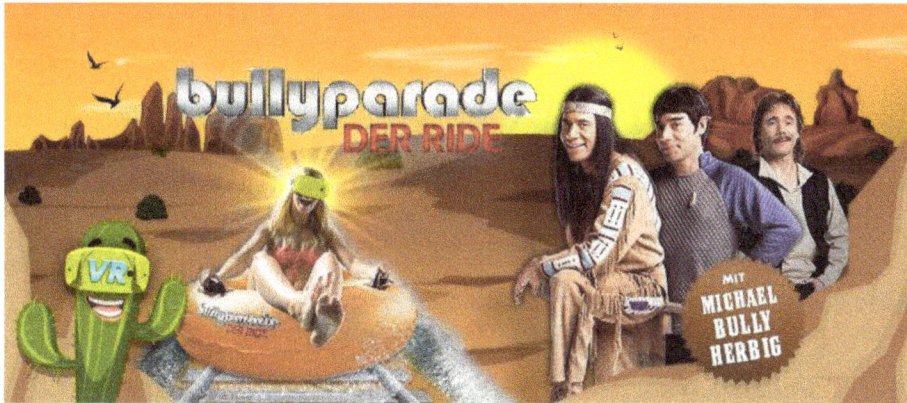

Abb. 2.7.9: VR-Rutschen in der Therme Erding (Quelle: Therme Erding 2021).[48]

Quellen

Aichner, T., Maurer, O., Nippa, M., & Tonezzani, S., Virtual Reality im Tourismus, Wiesbaden 2019.

Bitkom, Die Zukunft der Consumer Technology – 2020, Berlin 2020.

Brysch, A., Tourismus 4.0 – Digitale Herausforderungen für die Reisebranche, in: Landvogt, M., Brysch, A., Gardini, M. (Hrsg.): Tourismus – E-Tourismus – M-Tourismus, Herausforderungen und Trends der Digitalisierung im Tourismus, Berlin 2017, S. 35–42.

Dörner, R., Broll, W., Grimm, P., Jung, B., Virtual und Augmented Reality, Grundlagen und Methoden der Virtuellen und Augmentierten Realität, Berlin/Heidelberg 2019.

Drascic, D., & Milgram, P., Perceptual issues in augmented reality, in: Stereoscopic displays and virtual reality systems. III. International Society for Optics and Photonics, 1996, S. 123–134.

Entrepreneur Europe (Hrsg.), This Is Mark Zuckerberg's Version of the Future of the Home Office, 2021, https://www.entrepreneur.com/article/365002 (Zugriff 04/2021).

Franken-Wendelstorf, R., Greisinger, S., Gries, C., Das erweiterte Museum: Medien, Technologien und Internet, Berlin/Boston 2019.

Furht, B. (Hrsg.), Encyclopedia of multimedia. Springer Science & Business Media, Boston 2008.

Guttentag, D. A., Virtual reality: Applications and implications for tourism, in: Tourism management, 31. Jg., Nr. 5 (2010), S. 637–651.

Jung, T., tom Dieck, M. C., Lee, H., Chung, N., Effects of virtual reality and augmented reality on visitor experiences in museum, Information and communication technologies in tourism 2016, S. 621–635.

---

48 „In der Galaxy Rutschenwelt können Sie mit Hilfe von Virtual Reality Technik ferne Galaxien, fabelhafte Himmelswelten oder tropische Dschungelwelten entdecken. Auf der 160 m langen Reifenrutsche Space Glider, lassen wir das erste Water Slide-Erlebnis mit Virtual Reality-Brille wahr werden! … Hier werden Sie selbst zum Akteur! Während Sie die rasanten Auf- und Abwärtsstrecken der Space Glider bezwingen, tragen Sie eine VR-Brille mit 360°-Rundumsicht. Diese ermöglicht es Ihnen, beim Rutschen eine virtuelle Umgebung live wahrzunehmen", Quelle: https://www.therme-erding.de/therme-sauna/therme-erlebnisbad/virtual-reality/virtual-reality-rutschen/, abgerufen 11.4.2021

Kagermeier, A., Auf dem Weg zum Erlebnis 2.0. Das Weiterwirken der Erlebniswelten zu Beginn des 21. Jahrhunderts, in: Quack, H.-D., Klemm, K. (Hrsg.), Kulturtourismus zu Beginn des 21. Jahrhunderts, München 2013. S. 1–10.

Kiefl, W., Bachleitner, R., Lexikon zur Tourismussoziologie, München 2005.

Lässig, J., Unsichtbares sichtbar machen – Augmented Reality in der Kulturvermittlung, in: Der digitale Kulturbetrieb, Wiesbaden 2019, S. 189–217.

Milgram, P., Kishino, F., A taxonomy of mixed reality visual displays, in: IEICE TRANSACTIONS on Information and Systems, 77/12 (1994), S. 1321–1329.

Neuburger L., Egger R., Augmented Reality: Providing a Different Dimension for Museum Visitors, in: Jung T., tom Dieck M. (Hrsg.), Augmented Reality and Virtual Reality, Cham. 2018.

Opaschowski, H. W., Kathedralen des 21. Jahrhunderts, Hamburg 2000.

Phocus Brand Contact GmbH & Co. KG (Hrsg.), Beyond Realities, Nürnberg 2020.

Pine, B. J., Gilmore, J. H., The experience economy, Boston 2011.

PWC (Hrsg.), Deutscher Virtual-Reality-Markt wächst über die Nische hinaus, 2019.

Schart, D., Tschanz, N., Augmented und mixed reality: Für Marketing, Medien und Public Relations, 2. Aufl., Konstanz 2018.

Tussyadiah, I. P., Wang, D., Jung, T. H., & tom Dieck, M. C., Virtual reality, presence, and attitude change: Empirical evidence from tourism, in: Tourism Management, 66 (2018), S. 140–154.

Vartanian, A., ProXR2025 - the future of VR for professional use, https://blog.techviz.net/future-of-professional-vr (Zugriff am 22.9.2021).

Yung, R., & Khoo-Lattimore, C., New realities: A systematic literature review on virtual reality and augmented reality in tourism research, in: Current Issues in Tourism, 22/17 (2019), S. 2056–2081.

2.8 Smart Destinations

Eric Horster, Constantin Foltin
unter Mitarbeit von Kristine Honig, Florian Bauhuber und Elias Kärle

2.8.1 Smartness im Rahmen des Destinationsmanagements

Technologische Entwicklungen vor Ort in der Reisedestination werden zunehmend relevant. Destinationsmanagementorganisationen (DMO, vgl. Kap. 3.5) suchen zunehmend Anknüpfungspunkte zu den Endgeräten (Devices) ihrer Gäste, um digitale und reale Erlebniswelten miteinander zu verbinden. Die Entstehung von „Smart Destination" verdeutlicht dies. Unter „smart" wird gemeinhin etwas Cleveres, Findiges oder Einfallsreiches auf Basis digitaler Services verstanden. Gretzel et al. (2015, S. 181) verstehen unter „Smart Destination" einen Teilbereich des Smart Tourism.[49]

Innerhalb einer Destination finden Smart Services Anwendung. Zentral ist die Nutzung von Daten, die aus einer physischen Infrastruktur heraus erhoben und verarbeitet werden und mittels digitaler Endgeräte ein reales oder digitales Erlebnis für den Gast schaffen, welches durch die Interaktivität der Anwendung im Sinne einer „co-creation" auch auf Kundenseite mitgestaltet wird (vgl. hierzu auch Vargo/Lusch 2004). Die Koordination der einzelnen Leistungskomponenten ist beim Verständnis einer Destination wichtig und gilt analog auch für deren „Smartness": Technologien in Form von mobilen Services, die in Applikationen verwendet und auf Kunden-Devices, wie Smartphones oder Informationsterminals, ausgegeben werden, sind zentrale Elemente bei der Verbindung von analogem und digitalem Raum. Mobile Services können in Form von Apps (Software) für den Nutzer bereitgestellt und mittels portabler sowie stationärer Endgeräte (Hardware) transportiert werden. Der Gast trägt das Smartphone im Urlaub mit sich und nutzt dieses, womit die Hardwarekomponente auf Gastseite häufig bereits vorausgesetzt werden kann. Man nutzt hier das Akronym BYOD, was eine Abkürzung für „Bring Your Own Device" ist. BYOD steht übertragen auf den Tourismus dafür, dass Gäste ihr digitales Endgerät mit zum Urlaubsort bringen. Es wird so möglich, mit geringen Kosten digitale Services anzubieten. Für das Management einer Urlaubsdestination bietet sich der Vorteil, dass die Technik schon vorhanden ist und darauf aufgebaut werden kann. Es wird somit für digitale Services oftmals keine eigene Hardware benötigt. Die digitalen Services reichen dann von digitalen Gästekarten in Destinationen über Schlüsselfunktionen in Hotels bis hin zu Entertainmentangeboten in Museen, beispielsweise

---

49 Der gesamte hier vorliegenden Beitrag wurde aus unterschiedlichen Publikationen zusammengetragen, die hier jeweils referenziert sind. Eine ausführliche Betrachtung – insbesondere des touristischen Datenmanagements – findet sich zudem im Buches des Autors (Horster, Digitales Tourismusmarketing, München 2021).

in Form von Audio- und/oder Augmented-Reality-Guides (vgl. Schmücker et al. 2020, S. 82 sowie Kap. 2.7).[50]

Die einzelnen digitalen Komponenten eines Urlaubsortes werden in der Regel von unterschiedlichen Akteuren angeboten und können über die Technologie als Hilfsmittel harmonisiert werden, um die Smartness einer Destination zu realisieren (vgl. Foltin/Horster 2019, S. 197 f.).

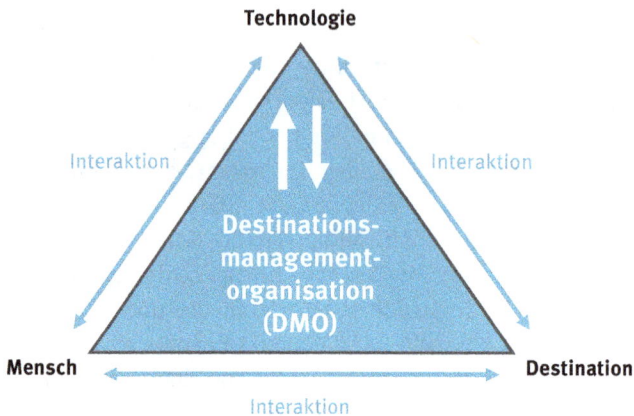

Abb. 2.8.1: Das Gesamtsystem einer Smart Destination (Quelle: Foltin/Horster 2019, S. 203).

Dieses gesamte System kann als Smart Destination angesehen werden, welches die vier miteinander in Beziehung stehenden Teilbereiche vereint (vgl. Abb. 2.8.1). Die Basis von Smart Destination ist eine digitale Infrastruktur, die dazu in der Lage ist, die Umgebung mithilfe von Technologien der Außenwelt zugänglich zu machen. Die Einsatzmöglichkeiten smarter Services im touristischen Kontext, die über eine Infrastruktur aus Hardware, Internetzugang, Sensoren und weiteren technologischen Komponenten die Verbindung von analoger und digitaler Welt realisieren, sind umfassend (vgl. hierzu ausführlich auch Horster 2021).

2.8.2 Elemente von Smart Destination

Die Entwicklung von Smart Destination vollzieht sich in tourismuswirtschaftlichen Netzwerken. Als Destination kann hierbei ein geografischer Raum verstanden werden, den Gäste als ihr Reiseziel auswählen (vgl. Bieger 2002, S. 56) und in dem „sämtliche für einen Aufenthalt notwendigen Einrichtungen für Beherbergung, Ver-

---

50 Die grundlegende Idee von Smart Destinations ist in einem Lernvideo kompakt zusammengefasst: www.t1p.de/smart-destinations.

pflegung, Unterkunft, Beschäftigung" vorhanden sind. Die meisten touristischen Destinationen besitzen jedoch keinen so eindeutig geschlossenen Aktionsraum, wie dies bei Festivals, Freizeitparks, Kreuzfahrtanbietern oder in Skigebieten der Fall ist. Innerhalb von touristischen Räumen agieren in der Regel zusätzlich unterschiedliche Akteure. Eisenstein und Koch (2015, S. 12) betonen daher die Eigenständigkeit der in einer Destination handelnden Akteure einerseits sowie andererseits deren oftmals vorliegende kooperative Netzwerke untereinander.

Aus einer netzwerktheoretischen Perspektive auf die Destination umschreiben sie diese als „interorganisationale strategische Netzwerke co-produzierender rechtlich selbstständiger und zugleich zu einem gewissen Grad wirtschaftlich interdependenter Akteure (...), die das Ziel der Realisierung von Wettbewerbsvorteilen verfolgen". Eisenstein (2014, S. 109–112) unterscheidet zwischen einem Corporate-Ansatz und einem Community-Ansatz (vgl. Abb. 2.8.2). Mit Bezug auf erstgenannten macht er deutlich, dass es sich hierbei um Skigebiete, Themen- und Freizeitparks, Ferienresorts oder Kreuzfahrtschiffe handeln könne, und fügt an: „Der Corporate-Ansatz hat den Vorteil, dass aufgrund von Weisungsbefugnissen und Durchgriffsrechten eine umfassende Koordination und Strategieimplementierung zur touristischen Entwicklung des Zielgebiets erleichtert wird" (Eisenstein 2014, S. 111). Im Gegensatz dazu steht der Community-Ansatz, bei dem es eine Vielzahl unabhängiger Akteure gibt, die zunächst der eigenen Wirtschaftlichkeit verpflichtet sind. Die Harmonisierung der unterschiedlichen Interessen ist dabei Aufgabe der Tourismusorganisation, die auf einem Kontinuum zwischen Weisung und Kooperation eine Balance zwischen den einzelnen Akteuren finden muss (vgl. auch Kap. 3.5).

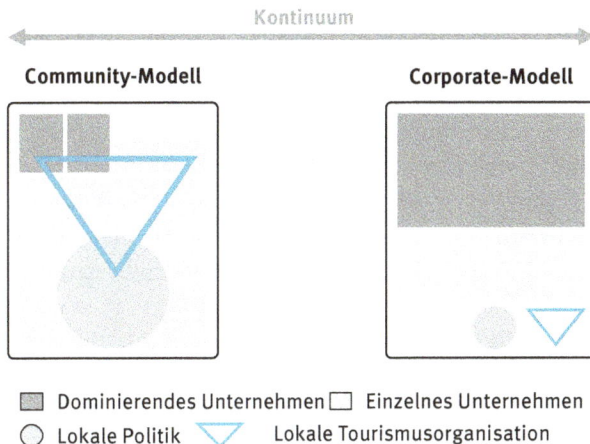

Abb. 2.8.2: Community- und Corporate-Modell einer Destination (Quelle: angelehnt an Eisenstein 2014, S. 110).

Um ein solches Netzwerk zu harmonisieren, kann eine digitale Infrastruktur den Weg zu einer Smart Destination unterstützen. Gretzel (2018, S. 176) betont: „Connectivity is essential for the functioning of smart tourism. Whether connectivity is embedded in the smart tourism infrastructure, is needed at the interface with smart tourists, or supports data exchanges to facilitate innovation". Demnach können drei Elemente einer Smart Destination differenziert werden: digitale Ausstattung (Infrastructure), digitale Anwendungen (Interface) sowie Dateninfrastruktur (Data Exchange) (vgl. Abb. 2.8.3).

Die digitale Infrastruktur bezieht sich somit längst nicht mehr nur auf eine moderne Website. Gäste informieren sich über den Urlaubsort auf unterschiedlichen Kanälen und sollten daher digital dort abgeholt werden, wo sie sich bewegen.

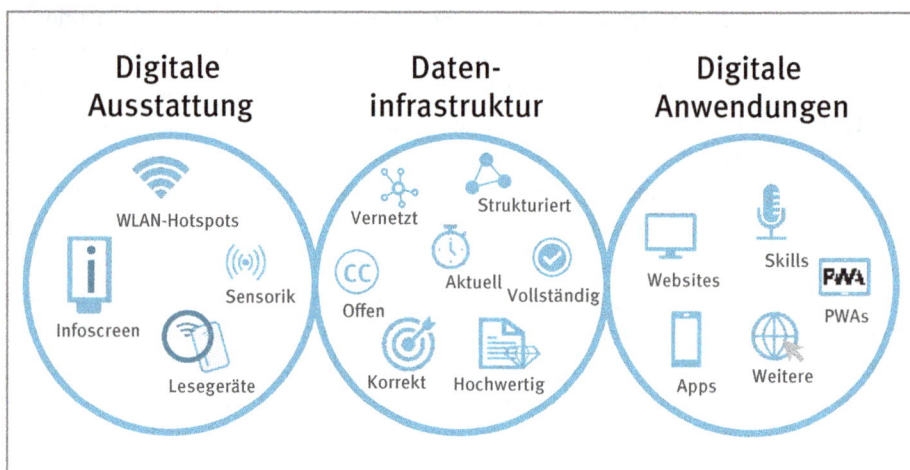

Abb. 2.8.3: Elemente einer digitalen Infrastruktur von Urlaubsorten (Quelle: angelehnt an Horster et al. 2020, S. 19).

Dateninfrastruktur: Die digitalen Hardwaresysteme sind nur dann für Gäste von Nutzen, wenn eine entsprechende Datenqualität gegeben ist. Gute Daten zeichnen sich insbesondere durch ihre Vollständigkeit, Richtigkeit und Aktualität aus. Zudem sollten redaktionelle Inhalte hochwertig erstellt werden, damit die Destination entsprechend gut digital präsentiert wird. Im Fokus stehen bei der Dateninfrastruktur für die Destination alle Angaben, die für die Orientierung am Urlaubsort selbst wichtig sind. Die Informationen sollten dabei auf allen wichtigen eigenen und fremden Kanälen verfügbar sein, damit die unterschiedlichen „digitalen Gewohnheiten" der Gäste berücksichtigt werden. Das bedeutet im Umkehrschluss, dass Daten so aufbereitet werden sollten, dass sie unabhängig vom Ausgabemedium sind und mithin auf allen erdenklichen Kanälen zur Verfügung stehen. Hierzu müssen sie in einer Weise strukturiert werden, dass sie maschinenlesbar sind und in einem offenen Standard sowie frei lizenziert zur Verfügung stehen. Dann können sie mit anderen in Beziehung (Vernetzung) gesetzt und unabhängig vom jeweiligen Ausgabegerät ausgespielt werden (vgl. Horster et al. 2020, S. 19–21).

Digitale Anwendungen: Alle Benutzeroberflächen können als digitale Anwendungen verstanden werden. Darunter fallen in erster Linie Apps, Sprachassistenten, Websites usw. Sie können entweder von der Destination selbst bereitgestellt werden, oder es sind fremde Anwendungen (bspw. Google Maps). Alle diese digitalen Touchpoints wirken sich auf das Gesamterlebnis der Gäste aus. Anwendungen sind somit die Schnittstelle zum Gast, verbinden die Dateninfrastruktur mit der digitalen Ausstattung und setzen sie in Wert.

Digitale Ausstattung: Damit digitale Services genutzt werden können, muss ein Datenaustausch gewährleistet sein. Eine gute Internetversorgung ist dabei elementar, aber längst kein Standard in ländlichen Tourismusregionen. Für Gäste sind kostenfreie WLAN-Hotspots aber umso wichtiger. Zur Ausstattung gehören auch Transponder (Lesegeräte) für digitale Einlasskontrollsysteme bei Ausflugszielen wie beispielsweise Schwimmbädern oder Museen. Zudem sollte die Möglichkeit bestehen, unterschiedlichste Leistungen bis hin zur Strandkorbmiete digital mit dem Smartphone zu bezahlen. An Relevanz gewinnen wird künftig die Sensorik in Form von Sendern, die Parkplatzbelegungen oder Auslastungen von Restaurants in Echtzeit messen und an digitale Anwendungen weiterleiten und so die Besucherlenkung unterstützen.

Gut beobachten lassen sich digitale Trends innerhalb von geschlossenen touristischen Räumen wie Festivals, Freizeitparks, Kreuzfahrtschiffen oder Skigebieten (vgl. Abb. 2.8.4), die dem Corporate-Ansatz zuzuordnen sind (vgl. Eisenstein 2014, S. 109–112).

| Freizeitparks | Festivals | Skigebiete | Kreuzfahrt-schiffe | Hotelresorts |

Beherbergung	Transport	Shopping
Verpflegung	(Sportliche) Aktivitäten	Entertainment
	Erholung (und Entspannung)	

Abb. 2.8.4: Beispiele von weitestgehend geschlossenen touristischen Systemen (Quelle: eigene Darstellung).

Diese örtlich klar begrenzten touristischen Räume haben zudem den Vorteil, dass sie in der Regel von einer zentralen Instanz gesteuert werden und nicht, wie Eisenstein und Koch (2015, S. 12) in Bezug auf Tourismusdestinationen betonen, ein interorganisationales Netzwerk diverser Akteure sind. Somit ist die Harmonisierung unterschiedlicher technologischer Komponenten über eine zentrale Steuerungsinstanz dort deutlich leichter zu realisieren. Sie profitieren von technologischen Entwicklungen und nutzen diese zur Gestaltung ihrer Angebote vor Ort, sodass für den Gast die Grenzen zwischen realer und digitaler Welt zunehmend verschwimmen. So können innerhalb von Destinationen automatisierte Zugangskontrollen (Access Control) durchgeführt, bargeldlose Bezahlmöglichkeiten angeboten, Navigationshilfen gegeben, alle erdenklichen Informationen in Echtzeit übermittelt und auf Basis der Auswertung von Nutzerprofilen auch individuelle Vorschläge (Real-time Recommendations) gemacht werden. Gleichwohl sei betont, dass die meisten touristischen Destinationen keinen so eindeutig geschlossenen Aktionsraum darstellen und dieser Raum gleichzeitig durch unterschiedliche Akteure und deren singuläre Handlungen bestimmt wird. Sie sind nach Eisenstein (2014, S. 110) dem Community-Ansatz zuzuordnen. Daher werden im Folgenden zunächst die konkreten Fälle vorgestellt, und dann wird anhand des Beispiels der digitalen Gästekarte erläutert, wie eine solche Harmonisierung vor Ort auch im Community-Ansatz möglich sein könnte.

2.8.3 Festivals als Smart Destinations

Ein Anwendungsfeld smarter Services, welches reale Erlebnisse mit digitaler Technologie verbindet, sind Musikfestivals wie Wacken, Hurricane, Coachella oder Tomorrowland. Innerhalb dieser zeitlich begrenzten und lokal abgeschlossenen touristischen Aktionsräume ist insbesondere das bargeldlose Bezahlen seitens der Veranstalter von Interesse, indem Festivalbändchen mit RFID-Chips ausgestattet werden, welche diese digitalen Bezahlvorgänge ermöglichen (Tischbein 2016, S. 1). Die dominierenden Technologien sind hier RFID und/oder NFC, die das Digital Payment (z. B. in Kombination mit Apple Pay, vgl. auch Kap. 5.3) sowie digitale Eingangskontrollen (Access Control) ermöglichen.

Konkret kann das größte internationale Elektro-Festival Tomorrowland in Belgien genannt werden, welches im Jahr 2017 rund 400.000 Besucher zählte. Beim Ticketkauf erhalten Festivalgäste automatisch ein RFID-Armband, das sie im Vorfeld online aktivieren müssen, um Zugriff auf den Funktionsumfang zu haben. Das Armband kann dann als Zugang zu verschiedenen Bereichen innerhalb des Festivalgeländes eingesetzt werden (vgl. Foltin/Horster 2019, S. 207). Da es das einzige Zahlungsmittel für Getränke und Speisen vor Ort ist, ist es obligatorisch. Es gibt zu diesen Technologien eine komplementäre Smartphone-Applikation, die Informationen wie Line-up des Festivals, Kartenmaterial sowie eine persönliche Kostenabrechnung vorhält. Erwähnenswert ist in diesem Zusammenhang, dass die Abrechnung nicht in einer realen Währung erfolgt, sondern vor Ort mit sogenannten „Pearls" kalkuliert wird – einer virtuellen Festivalwährung (Malivuk 2015). Das System stammt nicht von den Veranstaltern von Tomorrowland selbst, sondern von einem externen Technologie-Dienstleister, der seine Lösungen auch für andere Festivals und Live-Events anbietet. Dementsprechend werden das digitale Bezahlen sowie die Identifikation und Zugangskontrolle neben dem Tomorrowland auch auf Events wie dem Ryders Cup oder Coachella in Kalifornien eingesetzt (vgl. hierzu auch Horster/Foltin 2019a).

Auf Kundenseite resultiert aus der Digitalisierung von Bezahlung und Check-in auf solchen Großereignissen eine verringerte Wartezeit an Einlasspunkten sowie eine Verringerung des Diebstahl- und Verlustrisikos. Auf Veranstalterseite bedeutet die Nutzung des RFID-Systems zum einen eine Personalersparnis durch die Möglichkeit, Stoßzeiten live nachzuvollziehen und so das Personal besser zu koordinieren. Zum anderen ergibt sich durch das Tracking aber auch eine erhöhte Kontrolle der Besucherströme. Letzteres vor allen Dingen deshalb, weil Festivalgelände in verschiedene Bereiche eingeteilt werden können (z. B. Campingplatz, Bühnen, Food Court), in die sich die Besucher mit dem RFID-Armband an den dazugehörigen Terminals der jeweiligen Bereiche ein- oder ausloggen müssen (vgl. Malivuk 2014).

Ähnlich, aber ohne RFID-Armband realisiert das Festival Coachella in Kalifornien das Bezahlen auf dem Gelände (vgl. Foltin/Horster 2019, S. 207). Seit 2016 können dort Zahlungen via Apple Pay, Android Pay und Samsung Pay getätigt werden (vgl. Hernandez 2016). Hiermit wird das bargeldlose Bezahlen auf Festivals als wichtiges Element betont. Auch bei diesem Festival gibt es eine dazugehörige App. Diese ist zudem an eine iBeacon-Technologie gekoppelt, mit der die Besucher innerhalb des Festivalgeländes navigieren können (vgl. Wuerthele 2016).

Es wurde bereits erwähnt, dass nicht alle technologischen Komponenten von Eventveranstaltern selbst entwickelt werden müssen. Im Bereich der kleinräumigen Navigation kann eine festivalunabhängige App namens WOOV genutzt werden, um Freunde zu lokalisieren oder auch die eigene Position auf einer interaktiven Karte zu orten. Je nach digitaler Infrastruktur vor Ort ist auch ein internetunabhängiger Einsatz möglich – beispielsweise über die erwähnten Beacons. Innerhalb der Applikation sind weitere Funktionen integriert, die bei Festivals übergeordnet relevant sein können, etwa Informationen über Bands, Kontakt zum Veranstalter oder eine Chat-Funktion (vgl. Spotfolio 2019).

Die genannten Technologien haben einen Fokus auf das Vor-Ort-Erlebnis. Das Heavy-Metal-Festival Wacken Open Air in Norddeutschland hat hingegen eine immersive Erlebniswelt entwickelt, die insbesondere zur Inspiration dient. Über Rundumsimulationen, die über eine VR-Brille ausgegeben werden, können sich potenzielle Besucher vorab einen Eindruck vom Festival verschaffen, indem sie mittels eines interaktiven Virtual-Reality-Films in das Festivalgeschehen „eintauchen" (vgl. Frischknecht 2017, vgl. auch Kap. 2.7).

Es wird deutlich, dass durch die technologischen Komponenten eine Vielzahl von Anwendungen entwickelt werden kann, welche potenzielle Barrieren vor Ort abbauen können (vgl. auch Kap. 4.7). Diese Lösungen sind aber stets auch mit einer Datensammlung seitens der Anbieter verbunden. Die personenbezogenen Daten wie Name, Anschrift und Kreditkartendaten werden dabei oftmals ebenso erhoben wie die Position der Personen auf dem Festivalgelände oder auch Informationen über das Konsumverhalten. Zugleich mangelt es vielerorts aber an Transparenz hinsichtlich Informationen darüber, wer Daten auslesen und nutzen kann oder wie lange diese gespeichert werden (vgl. Tischbein 2016, vgl. auch Kap. 5.5).

2.8.4 Freizeitparks als Smart Destinations

In Freizeitparks sind technologische Komponenten insbesondere durch immersive Erlebniswelten sehr populär geworden. Der Europa-Park hat mit dem Alpenexpress Coastiality im Jahr 2015 sowie Eurosat Coastiality im Jahr 2018 zwei Virtual-Reality-Achterbahnen eröffnet. Bei der Fahrt mit den VR-Coastern wird den Gästen ein VR-Headset zur Verfügung gestellt (vgl. Abb. 2.8.5). Bei Eurosat Coastiality ziehen die Besucher schon vor dem eigentlichen Achterbahn-Erlebnis die VR-Headsets auf, um durch die virtuelle Realität zum Zug zu gelangen.

Abb. 2.8.5: Virtual-Reality-Coaster im Europa-Park (Quelle: www.coastiality.com).

Danach können Nutzer auch nach ihrem Besuch das VR-Abenteuer von zu Hause aus durch die Smartphone-App „Coastiality" nacherleben. Die VR-Coaster-Rides sind eine neue Form der Unterhaltung, bei welcher das Abenteuer einer realen Achterbahn mit verschiedenen Geschichten in einer virtuellen Realität verbunden wird. Es kann zwischen mehreren Themenwelten gewählt werden (Weltraum, Filmgeschichten etc.). Hier bekommt der Gast vor Beginn der Achterbahnfahrt eine VR-Brille, auf der eine Animation abläuft, die mit den Fahrbewegungen der Achterbahn korrespondiert. Dadurch wird das reale Erlebnis des Fahrgeschäfts mit einem animierten Film kombiniert und infolgedessen das Empfinden bzw. die Wahrnehmung des Kunden erweitert (vgl. Foltin/Horster 2019, S. 205). Um derartige Erlebnisse noch realistischer konstruieren zu können, wird mittlerweile an der Implementierung von Augmented Reality in Verbindung mit Achterbahnfahrten experimentiert. Dabei werden dann in die reale Umgebung, in der sich die Achterbahn befindet, virtuelle Elemente integriert (Wagner 2014).

Ein weiteres Anwendungsbeispiel ist das des Volcano-Bay-Wasserparks in Orlando. Mittels eines interaktiven Wearables können Gäste bargeldlos bezahlen, sich virtuell in Warteschlangen („Virtual Lines") einreihen, Fontänen und Wasserwerfer steuern, versteckte illuminierte Bilder sichtbar machen, auf Schließfächer zugreifen oder Fotos über Selfie-Automaten im Park im persönlichen Konto verwalten (Universal Orlando Resort 2020).

Mit Bezug auf das Gasterlebnis kann die „Virtual Line" hervorgehoben werden, da diese als Instrument der Besucherlenkung eingesetzt wird und so reale Wartezeiten minimiert. Gäste loggen sich an einer gewünschten Attraktion ein und erhalten auf ihrem Wearable dann eine Anzeige der verbleibenden Wartezeit. In der Zwischenzeit können sie sich frei im Park bewegen. Über eine Vibration am Handgelenk werden sie dann rechtzeitig vor Beginn der Fahrtzeit informiert, damit sie sich rechtzeitig am Fahrgeschäft einfinden (vgl. hierzu auch Horster/Foltin 2019b).

In den Walt-Disney-Parks in Florida werden die sogenannten MagicBands bereits mit großem Erfolg eingesetzt (vgl. Abb. 2.8.6). Dabei handelt es sich um bunte und wasserdichte Wearables (Armbänder), die unterschiedliche Funktionen integrieren und insbesondere den Zugang sowie die Bezahlung zu verschiedenen Attraktionen innerhalb des jeweiligen Parks ermöglichen (vgl. Foltin/Horster 2019, S. 210).

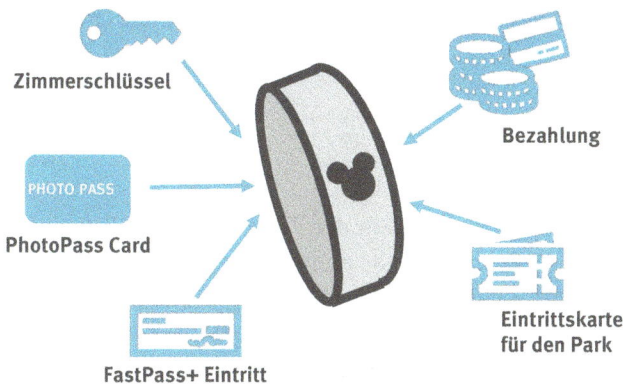

Zimmerschlüssel

Bezahlung

PHOTO PASS

PhotoPass Card

Eintrittskarte für den Park

FastPass+ Eintritt

Abb. 2.8.6: Funktionen des MagicBand bei Disney (Quelle: eigene Darstellung).

Ziel ist es, dass entlang der gesamten Customer Journey (vgl. Kap. 2.4) dem Besucher vor Ort durch die Integration von digitalen Services ein optimales Kundenerlebnis geschaffen wird. Damit die Wearables eine möglichst hohe Verbreitung haben, bekommen Besucher diese bereits vor ihrer Anreise per Post zugeschickt. Sie können das MagicBand dann mit der dazugehörigen App verbinden und einrichten. Dies vereinfacht insbesondere für Familien mit Kindern die Planung des Aufenthalts und die Vorauswahl von unterschiedlichen Aktivitäten vor Ort. Dort dient das MagicBand als Einlassticket für den Park, als Zimmerschlüssel für ein Disney-Hotel, als Zahlungsmittel im Park selbst (Bargeld wird gar nicht mehr benötigt), zur Navigation mittels einer interaktiven Karte, und es können Fotos bei unterschiedlichen Punkten (Selfie-Stationen) gemacht werden und direkt in der App angesehen werden. Ein Sicherheitsfeature ist die Möglichkeit, die eigenen Kinder im Park elektronisch zu verfolgen (tracken), um sie so leichter wiederzufinden (vgl. Horster/ Foltin 2019b).

Disney selbst erhält durch die Nutzung der Wearables in großem Umfang Daten über die Bewegungen und das Konsumverhalten der Gäste. So kann unter anderem eine Besucherlenkung in Echtzeit im Park erfolgen: Durch kurzfristige Special Acts in Bereichen des Parks, die wenig frequentiert sind, können große Menschenansammlungen an anderen Stellen vermieden werden. Auch die temporäre Öffnung von Attraktionen oder Restaurants ist möglich, um die Verteilung der Besucher im Park zu optimieren. Das übergeordnete Ziel dabei ist eine bestmögliche Auslastung, um die Kapazitäten des Parks zu erhöhen und gleichzeitig ein verbessertes Nutzungserlebnis der Gäste zu erreichen (vgl. MickeyBlog 2018).

Es lässt sich festhalten, dass bei Freizeitparks die smarte Technologie aktuell primär aus zwei komplementären Komponenten besteht: aus einem Wearable zur Identifikation und Bezahlung im Park selbst sowie einer Applikation für das Smartphone, welche ergänzende Services enthält, die je nach Anbieter und Park unterschiedlich sind und den Funktionsumfang des Wearables ergänzen können. Daneben werden VR- und AR-Technologien insbesondere für immersive Erlebnisse vor Ort eingesetzt (vgl. auch Kap. 2.7).

2.8.5 Kreuzfahrtschiffe als Smart Destinations

Das weltweite Wachstum des Kreuzfahrtmarktes in der Vergangenheit führte dazu, dass Reedereien bis zu der Covid-19-Pandemie mit zahlreichen Schiffsneubauten reagierten. Diese Schiffe wurden mit neuer digitaler Infrastruktur ausgestattet. Zugleich bedeutete diese Entwicklung eine steigende Konkurrenzsituation, auf die Kreuzfahrtanbieter oftmals mit neuartigen Angeboten reagierten. Exemplarisch werden nachstehend drei Reedereien sowie deren digitale Anwendungen vorgestellt, wodurch das Spektrum von Smart Ships deutlich werden soll (vgl. Foltin/ Horster 2019, S. 201 f.).

Ein wichtiger Aspekt bei Smart Ships ist die digitale Infrastruktur in Form eines konstanten WLANs auf See. Das System VOOM der Royal Caribbean International (RCL) ist nach Angaben des Unternehmens das schnellste WLAN auf See. Komplementär dazu sind die Anwendungen „Cruise Planner" und „Royal IQ" entwickelt worden. Ziel dieser Apps ist die Erleichterung der Reise für den Gast – inklusive der Reisevorbereitung. Im Cruise Planner lassen sich vor Beginn einer Reise diverse Zusatzleistungen buchen. Darüber hinaus wird der Cruise Planner genutzt, um den Check-in-Prozess digital durchzuführen und die von der Reederei benötigten Daten, wie zum Beispiel Notfallkontakt, Passdaten, An- und Abreiseinformationen oder

Abrechnungsart des Bordkontos (Kreditkarte), vorab zu übermitteln. Ein vom Gast hochgeladenes Foto dient zur Sicht-Identifikation während des Einlesens der Bordkarte beim Betreten und Verlassen des Schiffes, sodass die Kontrollzeit verringert werden kann (vgl. Depenbrock 2017, S. 1).

Zusätzlich wurde in einigen Schiffen die Funktion eines Luggage-Trackings eingeführt, bei welcher der Gast seine Koffer in Echtzeit mithilfe seines Smartphones sowie eines RFID-Tags am Gepäck in der App „Royal IQ" verfolgen kann. Es wird dann angezeigt, wo sich die Koffer gerade befinden bzw. ob diese bereits an der Kabine eingetroffen sind.

Ergänzend zu den genannten technologischen Komponenten können Passagiere ein sogenanntes WOW-Band (kurz für Worn-on-the-Wrist-Band), welches mit RFID-Technologie ausgestattet ist, nutzen (vgl. Abb. 2.8.7). Dieses Armband vereint verschiedene digitale Anwendungen in einem Device. So können Bestellungen von Getränken (digitales Bezahlsystem), die Registrierung bei Aktivitäten an Bord (an verschiedenen sogenannten iQ-Stationen) sowie der Zugang zur Kabine (Access Control) realisiert werden (vgl. Foltin/Horster 2019, S. 205). Gäste in Suiten oder Klubmitglieder erhalten mit den Armbändern Eintritt in die verschiedenen Lounges an Bord. Das System ersetzt somit die „klassische" Bordkarte, die lediglich noch zum Verlassen und Betreten des Schiffes zur Identifikation verwendet werden muss (vgl. auch Horster/Foltin 2019c sowie Kap. 4.3).

Abb. 2.8.7: Wow-Band von Royal Caribbean (Quelle: www.royalcaribbeanpresscenter.com/video/481/quantum-of-the-seas-rfid-wow band-wristbands-b-roll, Stand 05.2021).

Anbieterseitig können über die digitalen Anwendungen auch Kundendaten erhoben und zur Personalisierung sowie zur Gästelenkung eingesetzt werden. Präferenzen von Gästen können passiv gesammelt werden, da der „digitale Schatten" in einem zentralen System gespeichert wird und somit keine aktive Übermittlung der Daten durch die Gäste erforderlich ist. So werden Zeiten der Mahlzeiten, Auswahl der Speisen und Getränke sowie der Besuch unterschiedlicher Aktivitäten gespeichert und können zu einem Gästeprofil zusammengeführt werden (Depenbrock 2017, S. 2).

MSC Cruises setzt ein integriertes System ein, welches Gäste mit dem Schiff und der Crew vernetzen soll. Da die Kommunikation durch die verschiedenen Nationalitäten und Sprachen sowie die kulturelle Diversität der Gäste und der Crew sehr komplex wird, kann ein solch digitales System ein Stück weit zur Harmonisierung beitragen. Gäste sollen durch die Smartphone-App „MSC for Me" die für sie relevanten Informationen erhalten und es kann bei Fragen stets ein digitales Informations- und Serviceangebot bereitgehalten werden. „MSC for me" besitzt Funktionen, die vorab zur Reiseinformation eingesetzt werden können sowie zur Unterstützung bei der Reisevorbereitung durch Routeninformationen, Kabinennummer, Einreiseregularien, Visainformationen oder Gepäckregelungen beitragen. Bei Einwahl in das Schiffsnetzwerk aktualisiert sich die App und es wird ein neuer Funktionsumfang freigegeben, wodurch der Übergang fließend und für den Gast unmerklich (seamless) erfolgt. Teilfunktionen können auch über Touchscreens auf dem Schiff, interaktive Fernseher sowie den virtuellen Kreuzfahrtassistenten Zoe in den Kabinen abgerufen werden (vgl. auch Horster/Foltin 2019c).

Die Funktionen an Bord umfassen unter anderem eine interaktive Karte zur Navigation, diverse Interaktionsmöglichkeiten mit dem Personal oder die Möglichkeit, Zusatzleistungen zu buchen. Hervorzuheben ist ein interaktives Armband (Wearable), welches ergänzend dazu eingesetzt werden kann und unter anderem dem automatischen Türöffnen dient. Für Kinder bis elf Jahre ist dieses Armband verpflichtend; es wird bei ihnen zur Echtzeit-Lokalisation eingesetzt (vgl. Abb. 2.8.8).

Entspannen, in Verbindung bleiben und den Aufenthalt genießen mit dem MSC For Me Family and Friends Locator

Abb. 2.8.8: Ortungssystem an Bord von MSC Cruises für Kinder (Quelle: www.msccruises.de/an-bord/internet-und-apps/msc-for-me/family-and-friends-locator-armband-plus, Stand 05/2021).

Die bordeigenen Wearables sind eine Ergänzung zu dem Device (in der Regel das Smartphone), das der Gast selbst mit sich führt. Im System der Reederei Princess Cruises ist es als „Ocean Medallion" verfügbar: ein NFC-Chip in Form eines Medaillons, in das der Name des Gastes per Lasergravur eingraviert ist (vgl. Foltin/Horster 2019, S. 207). Es kann angenommen werden, dass diese Personalisierung und Wertigkeit der Akzeptanzsteigerung des Systems dienen sollen. Das Gesamtsystem setzt sich aus Smartphone-Anwendungen (Cruise Personalizer und Ocean Compass), einem Bordinternet, dem genannten Chip (Ocean Medallion) sowie Sensoren und Transpondern auf dem Schiff selbst zusammen. Mithilfe des Wearables können vor Ort verschiedene digitale Services genutzt werden (Bezahlung, Eintritt usw.). Ziel ist auch hier ein personalisiertes Reiseerlebnis sowie der Abbau von Barrieren hinsichtlich Zugängen, Bezahlung und weiterer potenzieller zeitaufwendiger Administrationsprozessen (vgl. Nieländer 2017).

Erwähnenswert ist, dass das „Ocean Medallion" bereits mit den Reiseunterlagen zugestellt wird. Gäste müssen dann ein persönliches Profil in der komplementären App hinterlegen. Der Chip ist an das Profil gekoppelt und kann während der Reise als digitale Identifikation (im weiteren Sinne ein Digital Twin) eingesetzt werden. Über das Medaillon ist – ähnlich wie bei dem Beispiel der Kinderlokalisation von MSC – eine Ortung des Gastes auf dem Schiff möglich. Das System wird hier dafür eingesetzt, die Zimmerreinigung so abzustimmen, dass Gäste in ihren Kabinen nicht unnötig gestört werden. Zusätzliche Services, die auf der Geolokalisierung (Location based Services, vgl. Kap. 2.3) beruhen, sind beispielsweise das Bestellen und Liefern von Getränken oder Artikeln des Bordshops. Weitere Funktionen wie digitale Bezahlung oder die Türöffnung mittels Smartphone sind auch hier integriert. Es wird deutlich, dass die meisten Services nur mithilfe eines umfangreichen Trackings möglich sind. Bedenken von Gästen wird daher mit einer Einstellung namens „Safety Only" begegnet. Sofern diese aktiviert ist, werden keine Daten gesammelt und Gäste können mittels konventioneller Bordkarte reisen (Princess Cruises 2020).

2.8.6 Skigebiete als Smart Destinations

In Skigebieten sind Informationen zum Wetter sowie zur Beschaffenheit von Loipen oder Pisten elementar, da diese die Wintersportaktivitäten maßgeblich beeinflussen. Viele Skiregionen haben mittlerweile ganzheitliche Informationssysteme implementiert, die Nutzern eine schnelle und übersichtliche Information vor Ort ermöglichen.

Da diese Informationen auch über einzelne Skigebietsgrenzen hinweg relevant sind, sammelt der mobile Skigebietsführer „3D Superski" beispielsweise sämtliche Informationen zur Region der Dolomiten in einer Anwendung (vgl. Foltin/Horster 2019, S. 209). Mit ihr kann der Nutzer – vorausgesetzt, er verfügt über einen mobilen Internetzugang – umfassende Informationen zu Wetter und Pistenbeschaffenheit einholen. Dies erfolgt auf unterschiedlichen Wegen mithilfe von Live-Webcam-Bildern, aktuellen Wetterinformationen, Informationen zu Öffnungszeiten von Liften und Pisten, Schneehöhe und -beschaffenheit oder Zeitpunkt des letzten Schneefalls. Weitere Informationen werden zu Skiverleihen, Skischulen und Hütten vorgehalten, zusätzlich gibt es Auskünfte zu Einrichtungen neben der Skipiste, wie zum Beispiel Veranstaltungen, Restaurants oder Schwimmbädern (vgl. hierzu auch Horster/Foltin 2019d).

Mit einer Funktion namens Pisten-Navigator können Tagesrouten geplant und eine dreidimensionale Karte der Loipen aufgerufen werden. Kartenmaterial kann auf das Smartphone heruntergeladen werden, um dieses auch offline zugänglich zu machen. Komplementär dazu ist eine digitale Infrastruktur in Form von kostenlosen Hotspots im Skigebiet installiert und nutzbar. So sind individuelle Touren auch auf der Piste selbst planbar. Die Aktivitäten auf der Piste können aufgezeichnet und in einer Community geteilt werden. Durch die Community können sich Nutzer mit anderen vergleichen und erhalten ein tägliches Ranking (Diego 2019).

Ein ähnliches Konzept verfolgt das System „EpicMix" ebenfalls seit einigen Jahren. Das zehn Skigebiete in Kalifornien, Utah und Colorado umfassende Projekt bietet dem Nutzer durch eine App Zugang zu aktuellen Informationen, etwa zum Zustand der Pisten, zum Wetter, zu Webcams oder zum Verkehr. Auch können die eigenen Aktivitäten auf der Piste aufgezeichnet, analysiert und in der Community geteilt werden. Auf einem persönlichen Ski- oder Liftpass ist ein RFID-Chip integriert, welcher sämtliche standortbezogenen Daten innerhalb des Skigebietes über Empfänger an bestimmten Positionen (bspw. beim Zugang zum Lift) automatisch aufzeichnet (vgl. Horster 2013, S. 204 f.).

Um diese Daten dann abrufen zu können, meldet sich der Nutzer mit seiner Skipass-Nummer in der mobilen Anwendung oder auf der Webseite an. Auch hier ist der Wettkampf- und Spielcharakter Teil der Anwendung. So erhalten Nutzer für verschiedene Aktivitäten digitale Badges oder können reale Rennen fahren, deren Ergebnis dann mit der genannten Technologie aufgezeichnet wird und im persönlichen Dashboard einsehbar ist. Da die Position der einzelnen Personen innerhalb der Community freigegeben werden kann, ist es möglich zu sehen, wo auf der Piste sich Freunde gerade befinden und welche besonderen Leistungen diese bereits erreicht haben. Die App wird kostenlos angeboten und kann mithilfe der WLAN-Infrastruktur in den Gebieten dauerhaft genutzt werden (Vail Resorts Management Company 2020).

Das Skigebiet Amadé im Salzburger Land bietet zur Navigation eine Datenbrille an. Mit der „Smart Ski Goggles" können Informationen zur Umgebung und zur Navigation mittels Augmented Reality direkt auf die Skibrille projiziert werden, sodass nicht mehr das Smartphone als Intermediär fungieren muss, welches gerade bei dieser Art von Aktivität für den Nutzer unzweckmäßig ist. Das Ausziehen von Handschuhen, um das Device in der Hand zu halten, kann der Nutzer dadurch umgehen. Sämtliche Daten lassen sich von der Smartphone-App in die Brille übertragen und aktualisieren sich an ca. 400 WLAN-Hotspots, die im Skigebiet verbaut sind, laufend. Die Brille wird durch eine Fernbedienung am Handgelenk gesteuert und das Display schaltet sich bei einer Geschwindigkeit von über 20 km/h ab, um Unfälle durch Ablenkung zu vermeiden. Daneben bietet die App Routenplanung, Mobile Ticketing und einen Kalorienzähler (Kuch 2015).

Es kann festgehalten werden, dass der Fokus bei Skigebieten auf Echtzeitinformationen zu Wetter und Pistenbeschaffenheit sowie der Navigation liegt. Daneben sind die Community sowie der sportliche Vergleich Besonderheiten, die in den Anwendungen berücksichtigt werden.

2.8.7 Smart Destination am Beispiel einer digitalen Gästekarte

Digitale Gästekarten ermöglichen es den DMOs, selbst zu einer digitalen Plattform zu werden. Der Begriff der Gästekarte wird hierbei jedoch deutlich weitergedacht. Eine digitale Gästekarte ist dann zum einen diejenige Instanz, die Nutzerdaten (nach erfolgter Einwilligung) sammeln kann. Zum anderen stehen offene Daten zu allen relevanten Touchpoints innerhalb der Destination bereit und können den Gästen über eine komplementäre App angezeigt werden. Das physische Element der Karte bzw. das Wearable ist dabei der Enabler (Ermöglicher), um Zugang zu realen Angeboten zu bekommen (vgl. Abb. 2.8.9).

Abb. 2.8.9: Digitale Gästekarte als Schnittstelle zwischen Gast und Leistungsträge (Quelle: eigene Darstellung).

Angebote einer Destination können mithilfe einer Gästekarte in digitale Services überführt werden. Die traditionelle Gästekarte kann dabei ein zentrales strategisches Instrument werden, wenn sie eine digitale Ergänzung erhält. Sie kann weiterhin als reale Karte angeboten werden, damit Gäste in ihren Gewohnheiten nicht irritiert werden. Gleichzeitig kann für diejenigen Gäste, die digital routiniert sind, die Möglichkeit gegeben werden, das digitale Endgerät als Ersatz für die Gästekarte zu nutzen. Die parallele Nutzung von Gästekarte und Smartphone ist möglich, wenn komplementär eine Anwendung in Form einer nativen App, einer Progressive-Web-App (PWA) oder aber einer mobilen Website angeboten wird, über die zusätzliche Services und Informationen integriert werden. Bei dem digitalen Gegenstück sollte ein Login erfolgen, damit über die Identifikation Daten der Nutzer (nach deren Einwilligung) erfasst werden können.

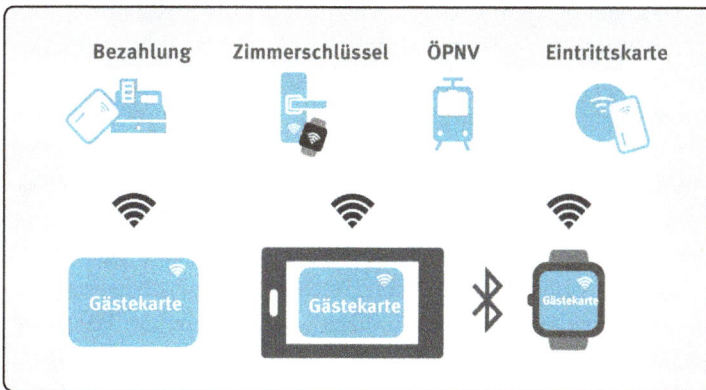

Abb. 2.8.10: Elemente einer digitalen Infrastruktur von Urlaubsorten (Quelle: eigene Darstellung, in Anlehnung an Horster et al. 2020, S. 21.).

Ähnlich wie bei den Beispielen zu Festivals, Freizeitparks, Kreuzfahrtschiffen oder Skigebieten kann im Destinationsmanagement die digitale Gästekarte zur Integration unterschiedlichster Funktionen eingesetzt werden (vgl. Abb. 2.8.10). Insbesondere kann man darüber die Bezahlung von Angeboten vor Ort abwickeln. Ziel wäre es, mit ihr sämtliche an die Gästekarte angeschlossenen Leistungen zu kaufen sowie darüber Rabatte bei den Eintrittsgeldern zu gewähren. Für die DMO ist es dabei wichtig, dass alle teilnehmenden Partner der Gästekarte ein entsprechendes Lesegerät vorhalten, um das Bezahlen auch digital zu ermöglichen. So bekommen Gäste eine „One-fits-all"-Lösung. Die rabattierte Online-Buchbarkeit von Ausflugszielen kann einen großen Mehrwert für die Gäste bedeuten und zugleich öffnet dies Chancen für eine Besucherlenkung über dynamisches Pricing. Ergänzende Funktionen wie Routenführung zum Ausflugziel, Informationen zur besten ÖPNV-Verbindung oder zu alternativen Ausflugszielen können in einer solchen digitalen Anbindung den Service deutlich erweitern (vgl. Horster et al. 2020, S. 22–25).

Die digitale Erweiterung erlaubt es also, die Gästekarte als Schnittstelle zum Gast und für unterschiedliche Services innerhalb der Destination einzusetzen. Kernleistungen sind dabei meist der kostenfreie Nahverkehr, teilweise kostenfreies WLAN sowie der rabattierte oder sogar kostenfreie Zugang zu Attraktionen der Region wie Skipisten, Schwimmbädern oder Museen. Mit diesen Kernleistungen können durch die Möglichkeiten der Digitalisierung unzählige Zusatz- und Begeisterungsleistungen entwickelt werden (vgl. auch Kap. 3.5).

Zusatzleistungen können unterschiedlich sein und sind von den Gegebenheiten der Destination abhängig. Im Zusammenhang mit der Besucherlenkung können bestimmte Parkplätze kostenfrei zur Verfügung gestellt werden, um Gäste gezielt zu weniger frequentierten Parkplätzen zu lenken. Weitere Mobilitätsangebote durch Flotten von E-Autos, E-Scootern, E-Bikes, Fahrrädern usw., die von der Destination vorgehalten werden, können ebenfalls als zusätzliche Leistung angeboten werden, sodass Besitzer einer Gästekarte diese Angebote vergünstigt oder kostenfrei nutzen können. Der Bereich des Mobility-Sharings hat dabei großes Potenzial. Als Schlüssel und zur Abrechnung dient dabei ebenfalls die digitale Gästekarte.

Mit der Hochschwarzwald Card können Besucher verschiedene Attraktionen und Veranstaltungen in der Destination weitestgehend kostenlos besuchen. Die Gäste erhalten die Hochschwarzwald Card als kostenlose Zusatzleistung von ihrem jeweiligen Gastgeber (Hotel, FeWo etc.). Die digitale Gästekarte der Hochschwarzwald Tourismus GmbH bietet neben den üblichen Leistungen auch die Nutzung einer E-Carsharing-Flotte für Kartenbesitzer an, damit sich diese umweltfreundlich am Urlaubsort bewegen können. Nach der Registrierung für das Carsharing und einer Überprüfung des Führerscheins können Besucher (und auch Bürger) das Angebot nutzen. Die Fahrzeuge können per App reserviert werden und die Hochschwarzwald Card dient den Gästen dann durch einen integrierten berührungslosen Chip als Autoschlüssel. Die Nutzung der E-Fahrzeuge ist für die Gäste täglich für drei Stunden kostenlos. Ziel ist es, den Urlaub in einer ländlichen Region auch ohne eigenes Auto zu ermöglichen. Das Angebot ist dabei komplementär zum ÖPNV zu sehen, und es sollen damit insbesondere Ausflugsziele abgedeckt werden, die weiter entfernt oder schlecht mit öffentlichen Verkehrsmitteln zu erreichen sind. Das übergeordnete Ziel ist es, ein nachhaltiges Mobilitätsangebot zu fördern und zu entwickeln (vgl. Hochschwarzwald Tourismus GmbH 2020)[51].

Im Bereich der Begeisterungsleistungen sind ebenfalls mannigfaltige Möglichkeiten gegeben. So könnten zum Beispiel Themenrouten in der digitalen Gästekarte hinterlegt werden, bei denen für das Absolvieren einer solchen Strecke Punkte vergeben werden, wenn diese zum Beispiel nachweislich zu Fuß oder mit dem Fahrrad zurückgelegt wurden. Eine solche digitale Schnitzeljagd verbindet nachhaltiges Verhalten, Edutainment und Gamification. Auch unabhängig von solchen Routen kann nachhaltiges Mobilitätsverhalten wie die Nutzung von ÖPNV oder Fahrrad mit digitalen Coins honoriert werden, die dann als zusätzlicher Rabatt bei Freizeiteinrichtungen genutzt werden können (vgl. Schmücker et al. 2020, S. 88).

Die Gästekarte wird so zum Herzstück der digitalen Destination und ein wichtiges Steuerungsinstrument der DMO. Mit ihr wird die Bezahlung realisiert, der Zugang zu touristischen Angeboten vor Ort sichergestellt und der Gast gezielt zu einem spezifischen Verhalten animiert. Ein niederschwelliger Zugang zur Gästekarte ist dabei von Vorteil, damit die Karte eine möglichst hohe Verbreitung findet. Denn je mehr Gäste die Karte nutzen, desto attraktiver und wichtiger ist sie für die Region und ihre Gäste. Für die DMO kann eine gut funktionierende digitale Gästekarte so zu einem wichtigen Steuerungselement werden.

Insgesamt konnte verdeutlicht werden, wie das Gesamtsystem einer Smart Destination aussehen kann. Dabei sind digitale Anwendungen, die in einer Destination zur Verfügung stehen als Schnittstelle in Richtung Gast elementar. Damit diese Anwendungen nutzenstiftend sein können, bedarf es einer guten Dateninfrastruktur sowie einer umfassenden digitalen Ausstattung der Destination selbst. Wie diese digitalen Elemente am Urlaubsort zusammenspielen können, konnte anhand mehrerer Beispiele illustriert werden. Insgesamt stehen touristische Destinationen hier vor einem Transformationsprozess, oder befinden sich bereits in diesem. Die Coronapandemie wirkt dabei als beschleunigendes Element, was insbesondere im Bereich des Besuchermanagements deutlich wird, welches aufgrund von Abstands- und Hygieneregeln zur Notwendigkeit geworden ist und wo über digitale Infrastrukturelemente sehr effizient Lösungen entwickelt werden können, die auch nachhaltig eingesetzt werden können. Diese Entwicklungen sind hinsichtlich der „Smartness" von Urlaubsdestinationen zu begrüßen, bergen aber auch Gefahren durch Doppelarbeiten aufgrund von Parallelentwicklungen, mögliche Datenschutzverletzungen durch umfassende Gästeanalysen und dergleichen mehr. Die gesamte Bran-

---

[51] In der Saison 2020 haben 25 Fahrzeuge an 18 Standorten in der Destination zur Verfügung gestanden.

che steht somit vor großen Herausforderungen, die insbesondere durch Vernetzung und Austausch untereinander zielgerichtet bewältigt werden können.

Quellen und weiterführende Literatur

AVS (Hrsg.), Das digitale Update für die Basel Card, www.avs.de/das-digitale-update-fuer-die-basel-card.htm (erstellt am 24.09.2020).

Basel Tourismus (Hrsg.), Unser Upgrade für Sie. Die kostenlose BaselCard, www.basel.com/de/BaselCard (Zugriff am 28.07.2020).

Bieger, Th., Management von Destinationen, 5. Aufl., München/Wien 2002.

Bitkom Research, Zukunft der Consumer Technology – 2019. Marktentwicklung, Trends, Mediennutzung, Technologien, Geschäftsmodelle, www.bitkom.org/sites/default/files/2019-09/190903_ct_studie_2019_online.pdf (Zugriff am 3.9.2019).

Depenbrock, J. (Hrsg.), Digitale Meilensteine bei Royal Caribbean, www.azur.de/magazin-kreuz fahrt-news/2017/die-digitalen-meilensteine-von-royal-caribbean/40861 (erstellt am 9.11.2017).

Diego, C., Dolomiti Superski. Die Wintersaison 2019–20, www.dolomitisuperski.com/de/Service/Presse.

Eisenstein, B., Koch, A., Kooperative Destinationsentwicklung: Grundlagen – Nutzen – Hemmschwellen, in: Eisenstein, B., Eilzer, Ch., Dörr, M. (Hrsg.), Kooperation im Destinationsmanagement: Erfolgsfaktoren, Hemmschwellen, Beispiele. Ergebnisse der 1. Deidesheimer Gespräche zur Tourismuswissenschaft, Frankfurt a.M. u. a. 2015.

Eisenstein, B., Grundlagen des Destinationsmanagements, 2. Aufl., München 2014.

Foltin, C., Horster, E., Smart Destinations – die Vernetzung von analoger und digitaler Welt am Beispiel des Kreuzfahrttourismus, in: Eisenstein, B., Reif, J. (Hrsg.), Tourismus und Gesellschaft: Kontakte, Konflikte, Konzepte, Berlin 2019, S. 197–216.

Frischknecht, D., Wacken wird virtuelle Realität, www.rocknews.ch/wacken-wird-virtuelle-realitaet (erstellt am 5.12.2017).

Gretzel, U., From smart destinations to smart tourism regions, in: Investigaciones Regionales – Journal of Regional Research, 42 (2018), S. 171–184, www.investigacionesregionales.org/wp-content/uploads/sites/3/2019/01/10-GRETZEL.pdf (erstellt am 1.10.2019).

Gretzel, U., Werthner, H., Koo, Ch., Lamsfus, C., Conceptual foundations for understanding smart tourism ecosystems, Computers in Human Behavior, St. Lucia 2015.

Hernandez, B. A., No Cash, No Card, No Problem at Coachella as Cashless Payments evolve with mobile Wallets, www.forbes.com/sites/brianhernandez1/2016/04/15/cashless-coachella-mo bile-payments-apple-android-samsung-pay (erstellt am 15.4.2016).

Hochschwarzwald Tourismus GmbH (Hrsg.), Hochschwarzwald Card. Zeigen Sie teurem Urlaub die rote Karte, www.hochschwarzwald.de/Card (erstellt am 1.11.2020).

Horster, E., Digitales Tourismusmarketing: Grundlagen, Suchmaschinenmarketing, User-Experience-Design, Social-Media-Marketing und Mobile Marketing, Wiesbaden 2021.

Horster, E., Reputation und Reiseentscheidung im Internet. Grundlagen, Messung und Praxis, Wiesbaden 2013.

Horster, E., Foltin, C., Smart Destinations. Festivals im Fokus, 2019, www.neusta-ds.de/blog/smart-destinations/smart-destinations-festivals-im-fokus (2019a).

Horster, E., Foltin, C., Smart Destinations. Freizeitparks im Fokus, 2019, www.neusta-ds.de/blog/smart-destinations/smart-destinations-freizeitparks-im-fokus (2019b).

Horster, E./Foltin, C., Smart Destinations. Kreuzfahrtschiffe im Fokus, www.neusta-ds.de/blog/smart-destinations/smart-destinations-kreuzfahrtschiffe-im-fokus (2019c).

Horster, E./Foltin, C., Smart Destinations. Skigebiete im Fokus, www.neusta-ds.de/blog/smart-destinations/smart-destinations-skigebiete-im-fokus (2019d).

Horster, E., Kärle, E., Linked Open Data und künstliche Intelligenz, www.open-data-germany.org/linked-open-data-und-kuenstliche-intelligenz (erstellt am 13.11.2019).

Horster, E.; Honig, K.; Kärle, E., Bauhuber, F., Open Data im Deutschlandtourismus. Ein Wegweiser zur digitalen Destination (im Auftrag der Deutschen Zentrale für Tourismus e.V.), www.open-data-germany.org/handbuch-open-data (erstellt am 1.11.2020).

Koerfgen, R., Auch dank Fähri-Gratisfahrten: Basel Tourismus zieht positive Zwischenbilanz zu Basel Card, www.bzbasel.ch/basel/basel-stadt/auch-dank-faehri-gratisfahrten-basel-tourismus-zieht-positive-zwischenbilanz-zu-basel-card-132672867 (erstellt am 11.6.2018).

Kuch, A., Skifahren mit der Datenbrille: Navigation auf der Piste, www.teltarif.de/smart-ski-goggles-datenbrille/news/58745.html (erstellt am 22.2.2015).

Malivuk, M., Tomorrowland Delivers a Fully Cashless Experience, www.intellitix.com/hub/tomorrowland-delivers-fully-cashless-experience-photoset (erstellt am 30.7.2015).

Malivuk, M., TomorrowWorld Goes Fully Cashless in Intellitix's Biggest Ever RFID Deployment, www.intellitix.com/hub/tomorrowworld-goes-fully-cashless-intellitixs-biggest-ever-rfid-deployment (erstellt am 8.10.2014).

MickeyBlog, Six Secret Abilities of Magic Bands, www.mickeyblog.com/2018/01/15/six-secret-abilities-magic-bands (erstellt am 15.1.2018).

Nieländer, R., Das Ocean Medallion revolutioniert die Kreuzfahrt, www.princesscruises.de/de/das-ocean-medallion-revolutioniert-die-kreuzfahrt (erstellt am 10.1.2017).

Princess Cruises, Ocean Medallion, www.princesscruises.de/de/urlaub-mit-princess/ocean-medallion, 2020.

Remshardt, P., Öffentliches Voting für den Publikumspreis – jede Stimme zählt, www.der-reporter.de/neustadt/neustadt-in-holstein/artikel/oeffentliches-voting-fuer-den-publikumspreis-jede-stimme-zaehlt (erstellt am 8.11.2020)

Schmücker, D.; Horster, E., Kreilkamp, E., Digitalisierung. Chance oder Risiko für nachhaltigen Tourismus? Ergebnisse einer Studie im Auftrag des Umweltbundesamtes zu den Auswirkungen der Digitalisierung und Big- Data-Analyse auf eine nachhaltige Entwicklung des Tourismus und dessen Umweltwirkung, Frankfurt a.M. 2020.

Ski amadé, Digital Ski amadé. Digitale Services, www.skiamade.com/de/Ski-amade-erleben/Digital-Ski-amade, 2020.

Spotfolio GmbH, M-Venture bestätigt strategisches Investment in Festival-Plattform Woov aus Amsterdam, www.spotfolio.com/2019/07/03/m-venture-bestaetigt-strategisches-investment-in-festival-plattform-woov-aus-amsterdam (erstellt am 3.7.2019).

Tischbein, V., RFID-Chips auf Festivals – Business as usual?, www.netzpolitik.org/2016/rfid-chips-bei-festivals-business-as-usual (erstellt am 1.9.2016).

Universal Orlando Resort, Experience All the Benefits Of TapuTapu, www.universalorlando.co.uk/Theme_Parks/Volcano-Bay-TapuTapu.aspx, 2020.

Vail Resorts Management Company, Experience more. Get the new EpicMix App, www.epicpass.com/benefits/epicmix, 2020.

Vargo, S. L., Lusch, R. F., Evolving to a New Dominant Logic for Marketing, Journal of Marketing, Vol. 68, 1/2004, S. 1–17.

Wagner, Th., Hochschule Kaiserslautern bringt virtuelle Realität auf die Achterbahn, www.digital-engineering-magazin.de/hochschule-kaiserslautern-bringt-virtuelle-realitaet-auf-die-achterbahn (erstellt am 4.9.2014).

Wuerthele, M., Coachella 2016 to support Apple Pay transactions with new Square Reader, www.appleinsider.com/articles/16/04/07/coachella-2016-to-support-apple-pay-transactions-with-new-square-reader (erstellt am 7.4.2016).

2.9 Digitale Plattformen – Strategische Bedeutung, Aufbau und IT-Architekturen

Eberhard Kurz

Digitale Plattformen verändern und revolutionieren unsere Wirtschaft und unser Leben. Technologiekonzerne wie „GAFAM" (Google, Apple, Facebook, Amazon, Microsoft) und Alibaba sowie Tencent (China) prägen unsere Wirtschaftswelt. Auch in der Reise- und Tourismusindustrie findet durch Plattformen wie z. B. Booking.com ein massiver Wandel statt. In diesem Kapitel werden zunächst die Grundlagen von Plattformen beschrieben. Darauf aufbauend erfolgt die Darstellung von Architekturen und Funktionsweisen. Anhand von Beispielen aus der Branche werden die Potenziale nachvollziehbar.

Plattformen führen die Liste der am schnellsten wachsenden Unternehmen an. Die am Börsenwert gemessenen größten Konzerne weltweit sind Plattformen (Parker et al. 2017, S. 15). Eine aktuelle Übersicht zur Entwicklung gibt die folgende Quelle über Plattform-Ökonomie www.platform-fund.com. Da die Werte sich sehr schnell ändern, wird von einer Abbildung an dieser Stelle abgesehen. Plattformen ziehen auf Nachfrager wie auf Anbieterseite eine große Zahl von Marktteilnehmern an und die Wertschöpfung in Netzwerken wird von Anbietern und Nachfragern erzielt. Auf diese Aspekte soll später noch einmal eingegangen werden. Plattformen eignen sich besonders in folgenden Branchen und Anwendungsgebieten (Parker et al. 2017, S. 261 ff.): informationsintensive Industrien wie die Medien- oder Telekommunikationsindustrie (z. B. Spotify), Bereiche mit nicht bzw. schwierig skalierbaren „Gatekeepern" wie z. B. Einkäufern, hochgradig fragmentierte Segmente wie z. B. verstreute lokale Anbieter und Nachfrage bei Waren oder Branchen mit einer starken Informationsasymmetrie (z. B. Gebrauchtwagenmärkte mit hohem Wissen der Verkäufer über Geschichte der Autos).

2.9.1 Grundlagen und Charakteristiken von Plattformen

Plattformen können grundsätzlich mit der Theorie von zwei- bzw. mehrseitigen Märkten erklärt werden. Ein im einfachsten Fall zweiseitiger Markt verbindet Anbieter und mögliche Kunden/Nachfrager. Im analogen Fall ist das z. B. eine Zeitung, eine klassische Börse mit Handelsparkett, ein Auktionshaus, ein Fremdenverkehrsamt zur Vermittlung von Ferienwohnungen oder ein Flohmarkt. Beispielsweise werden über eine Zeitung mit Stellenanzeigen Unternehmen und Bewerber/-innen zusammengebracht. Schon hier zeigt sich ein auch für digitale Geschäftsmodelle wesentlicher Effekt: der sogenannte Netzwerkeffekt. Je mehr Leser eine Zeitung hat, umso mehr Stelleninserate von Unternehmen werden veröffentlicht. Der höhere Umsatz an Inserateeinnahmen führt bei der Zeitung zu einem Umsatzwachstum und zu Investitionen in die

Zeitung, was dann als Folge mehr Leser anzieht usw. In klassischen Plattformen ist die Skalierbarkeit (z. B. die Reichweite einer Zeitung) begrenzt. Leserzahlen lassen sich nicht beliebig nach oben treiben. Digitale Technologien hebeln diese Grenzen aus: Sie sind zu geringen Grenzkosten (fast) beliebig skalierbar, verstärken Netzwerkeffekte, ermöglichen eine bisher nicht gekannte Personalisierung, bieten eine Schnelligkeit in Aktion und Reaktion auf bestimmte Ereignisse, sind global und einheitlich mit Hilfe von Internettechnologien verfügbar und ermöglichen auch weltweit den Zugang zu selten nachgefragten Produkten/Dienstleistungen. Diese Basiseffekte im digitalen Plattformgeschäft werden später noch einmal detailliert erläutert.

Plattformen sollen Anbieter und Nachfrager zusammenbringen (siehe Abb. 2.9.1). Über diese Plattformen wird dann Handel getrieben. Das können Informationen, Güter bzw. Dienstleistungen oder Währung sein. Die Plattform stellt den Anwendern eine Infrastruktur, Werkzeuge und Rahmenbedingungen bereit, um den Austausch für beide Seiten einfach und lohnend zu gestalten (Parker et al. 2017, S. 48).

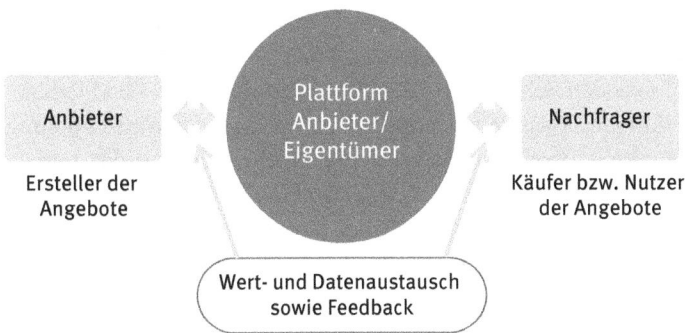

Abb. 2.9.1: Charakteristik einer Plattform.

Für die Plattform ist die Interaktion die wichtigste Aktivität, die die Benutzer veranlasst, eine Plattform aufzusuchen. Zu einer Interaktion gehören nach Parker et al. (2017, S. 51) die Elemente Teilnehmer, Werteinheit und Filter. Teilnehmer sind z. B. bei Airbnb die möglichen Mieter als Nachfrager und die Vermieter als Anbieter. Die Werteinheit bei Airbnb sind die in der Plattform enthaltenen Wohnungen/Zimmer mit den Informationen und den Bewertungen. Filter sind die Mechanismen wie z. B. Such- und Matching-Algorithmen, die Nachfrager und Anbieter zusammenbringen; d. h. zusammengefasst:

$$\text{Schlüsselinteraktion} = \text{Teilnehmer} + \text{Werteinheit} + \text{Filter}$$

Die Wertschöpfung selbst wie z. B. das Wohnen in einer Ferienwohnung bei Airbnb oder der Transport von A nach B mit einem Uber-Fahrer/Fahrzeug kann durch die Plattform nicht beeinflusst/kontrolliert werden. Deshalb hängt der Erfolg umso mehr von dem Filter, dem Matching zwischen Anbieter und Nachfrager ab. Je mehr

Daten (z. B. Bewertungen) der Plattform zur Verfügung stehen, umso besser und treffsicherer ist das Matching. Wenn sich Plattformen entwickeln, können weitere Schlüsselinteraktionen dazu kommen. Bei Uber und Lyft kamen zu den ursprünglichen „Taxi-Diensten" das neue Produkt Fahrgemeinschaft als weitere Interaktion dazu. Plattformen besitzen das Potential zu disruptiven Innovationen. Dabei wird das Erfolgsmodell bestehender Produkte/Dienstleistungen und Unternehmen dadurch gebrochen, dass technologische, sprunghafte Innovationen auf den Markt kommen. Wenn sich diese Neuerungen durchsetzen, kann das zu einem kompletten Austritt der bisher führenden Marktteilnehmer kommen. Ein typisches Beispiel dafür ist der Niedergang der CD/DVD-Industrie nach dem Aufkommen von Streaming-Diensten wie Spotify oder Netflix. Disruptive Innovationen können also zu einer völligen Veränderung der Struktur einer Branche führen.

Das Plattform-Geschäft ist völlig anders als das klassische Geschäftsmodell entlang der Wertschöpfungskette. Ein klassisches Unternehmen arbeitet mit einer linearen Wertschöpfung bestehend aus Eingangslogistik/Einkauf, Fertigung, Marketing/Vertrieb, Distributionslogistik und Kundenservice. Dieses Modell wird auch als „Pipeline-Unternehmen" bezeichnet (siehe Abb. 2.9.2), weil der Ablauf der Wertschöpfung „eingleisig" in aufeinander folgenden Schritten durchgeführt wird. Im Fokus von Pipeline-Unternehmen sind die Kunden. Klassische Unternehmen nehmen die Wertschöpfung und die Wertsteigerung mittels ihrer jeweiligen Produktionsfaktoren vor; die digitale Plattform erzielt die Wertschöpfung durch das Management der Interaktionen.

Sehr häufig verfügen digitale Plattformen über keine Produktionsmittel wie z. B. Hotels, Maschinen, Flugzeuge, Busse oder Züge, sondern kommen ohne eigene (Produktions-)Güter aus. Man spricht in dem Kontext von „Asset-light-Geschäftsmodellen" der digitalen Plattformen. Wenn Plattformen über keine materiellen Werte verfügen, wird die Kapitalbindung gesenkt und die Risiken in Bezug auf Besitz z. B. von Hotels oder Flugzeugen an Dritte ausgelagert.

Plattformen unterscheiden sich von der klassischen „Pipeline" auch dadurch, dass die Nachfrager/Nutzer durch Bewertung, Feedback etc. einen Teil der Wertschöpfung selbst durchführen. Plattformen können als digitale Marktplätze neue Quellen der Wertschöpfung erschließen und neue Angebote erbringen. Plattformen sind Pipelines überlegen, weil sie datenbasierte Werkzeuge verwenden, um durch Feedback von Anbietern und Nachfragern bestehende Produkte zu bewerten und zu verbessern oder auch neue Produkte entstehen zu lassen (Parker et al. 2017, S. 72ff.).

Digitale Plattformen haben sowohl Kunden als auch Anbieter durch ihre Mehrseitigkeit im Blick. Eine Schlüssel-Erfolgsfunktion ist der Matching-Algorithmus zwischen Anbietern und Nachfragern. Die Wertschöpfung einer Plattform entsteht durch Interaktion zwischen Anbieter und Nachfrager und sie findet partnerschaftlich und unmittelbar statt. Ebenso können Nachfrager auch zu Anbietern werden (siehe Beispiel Airbnb: Mieter kann auch Vermieter werden). Eine Plattform ist nur dann erfolgreich, wenn sowohl Anbieter als auch Nachfrager einen nachhaltigen Nutzen haben. Häufig werden digitale Plattformen wie Airbnb als Start-ups völlig neu gegründet. Es

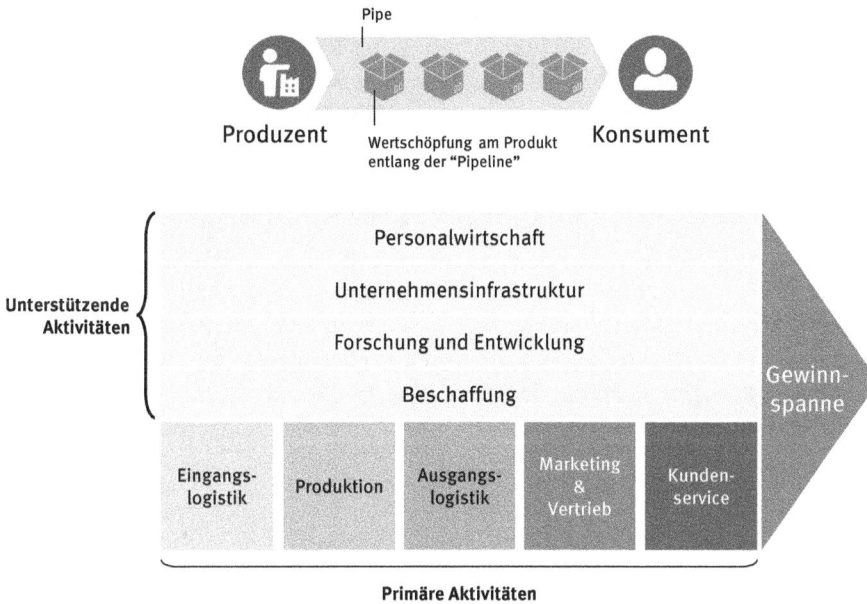

Abb. 2.9.2: Wertschöpfungskette eines klassischen Pipeline-Unternehmens (nach Porter 2014).

gibt aber auch die Möglichkeit, dass Pipeline-Unternehmen zu Plattformen werden. Apple ist so ein Beispiel. Aus dem früheren Produkthersteller von Computern wurde ein Ökosystem mit App-Store, verschiedenen Endgeräten (Smartphone, Computer) bis hin zum Medienangebot Apple TV.

Das Zusammenspiel zwischen Anbietern, Nachfragern und Betreibern wird sehr häufig auch als Digitales Ökosystem bezeichnet. Die Plattform übernimmt durchgängig die Steuerung und hat Zugriff und Überblick zu allen Daten, die zwischen Anbietern und Nachfragern ausgetauscht werden. Damit kann laufend ein Optimierungs- und Anpassungsprozess der Dienstleistung durchgeführt werden.

Die Plattform übernimmt den direkten Kundenkontakt. Dadurch entkoppeln sich die eigentlichen Marktteilnehmer wie Hotels oder Fluggesellschaften von den Kunden. Dies birgt die Gefahr der Austauschbarkeit und der mangelnden Bindung von Kunden an bestimmte Leistungsträger. Plattformen erzeugen eine Preistransparenz und bewirken tendenziell eine erhöhte Wettbewerbsintensität und setzen teilweise eine Preissenkungsspirale in Gang. Gewinner dieser Entwicklung sind einerseits die Kunden und andererseits die Plattformen selbst.

Viele Plattformen sind dadurch erfolgreich, dass sie spezialisiert beginnen und sich dann erweitern. Flixbus und Uber sind Beispiele dieser Strategie. Sie starten mit wenigen Produkten und Märkten und erweitern dann systematisch ihren Fußabdruck. Dabei wird sehr häufig langfristig in Expansion und weitere Kunden investiert.

Klassische Händler verkaufen z. B. in einem Ladengeschäft gemäß der 80/20-Regel (Paretoprinzip) gängige Produkte und führen in der Regel eine ABC-Analyse durch. Dies führt dazu, dass der Großteil des Umsatzes mit wenigen A-Produkten erzielt wird, während die selten nachgefragten C-Produkte nicht im Sortiment sind. Digitale Plattformen haben aber nur geringe „Lagerhaltungskosten". Wenn eine Buchungs- und Reservierungsplattform wie Airbnb eine selten gebuchte Ferienwohnung mit Bild-, Video- und Textinformationen in ihrem System aufnimmt, so verursacht diese weitere Wohnung kaum zusätzliche IT-Kosten (Rechenleistung und Speicherplatz). Damit sind digitale Plattformen auch sehr attraktiv für den so genannten Long Tail, d. h. wenig nachgefragte Spezialprodukte und Dienstleistungen (siehe Abb. 2.9.3). Eine Plattform wird dann sowohl für Anbieter selten nachgefragter Produkte als auch für Kunden dieser Produkte hoch attraktiv, weil eine intelligente Suche mit hochwirksamem Algorithmus beide (Anbieter und Nachfrager) zusammenbringt (das „Matching").

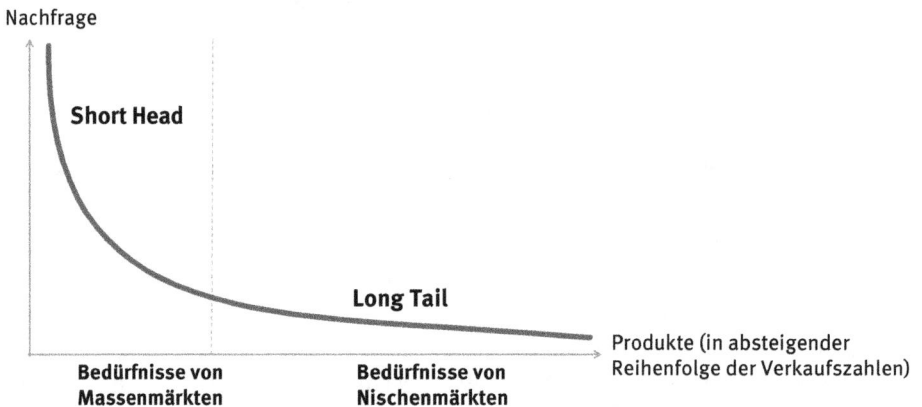

Abb. 2.9.3: Digitale Plattformen für selten nachgefragte Produkte („Long Tail") (nach Anderson 2007, S. 287).

Plattformen bieten aber auch das Potenzial für völlig neue Dienstleistungen. Das Sharing von Produkten gehört dazu; das gemeinsame Nutzen von z. B. Autos, Wohnungen oder Werkzeug setzt ein Vertrauen voraus. Plattformen stellen durch die gegenseitige Bewertung des Verhaltens der Marktteilnehmer sicher, dass dieses Vertrauen vorhanden ist. Nur deshalb lässt man andere Menschen während der eigenen Abwesenheit in seine Wohnung oder verleiht das Hausboot.

Drei wesentliche Erfolgsfaktoren, die voneinander abhängen, sind für Digitale Plattformen zu nennen: Netzwerk-, Skalen- und Verbund/Lock-in-Effekte. Abbildung 2.9.4 zeigt die drei Effekte im Überblick. Im Folgenden sollen sie vorgestellt und erklärt werden.

Netzwerkeffekte

Wie beim Beispiel mit der Zeitung dargestellt, ziehen mehr Nachfrager zusätzliche Anbieter an. Weitere Netzwerkeffekte kommen dadurch zustande, dass bei steigender Nachfrager-Zahl auch Anbieter von Zusatzprodukten eine höhere Attraktivität zur Teilnahme haben. Dieser Netzwerkeffekt wird auch als „Metcalfe Gesetz" bezeichnet. Die Anzahl der Verbindungen beträgt bei n Mitgliedern im Netzwerk: Anzahl = n * (n-1) / 2. D. h., bei einem Netzwerk von fünf Mitgliedern gibt es zehn Verbindungsmöglichkeiten, bei einem mit zehn Mitgliedern 45 und mit 1 Mio. Mitgliedern knapp 500 Mrd. Verbindungen. Facebook hat heute bereits mehrere Milliarden Nutzer weltweit. Man sieht hier die Potenziale aus dem Netzwerkeffekt. Ein klassischer analoger Plattformansatz wie z. B. ein Marktplatz ist dazu nicht in der Lage. Eine steigende Anzahl von Teilnehmern zieht immer mehr Teilnahmen nach sich. Andere Plattformen verlieren dadurch. Diese Wirkung wird auch „Winner-takes-it-all"-Prinzip genannt. Man unterscheidet dabei direkte und indirekte Effekte. Direkte Effekte sind dadurch gekennzeichnet, dass, wenn sich die Attraktivität der Plattform erhöht, auch immer mehr Nutzer auf dieser sind. Als indirekt bezeichnet man den Effekt, wenn z. B. auf einer Verkaufsplattform immer mehr Anbieter/Verkäufer sind, die sich wohl einerseits gegenseitig Konkurrenz machen, andererseits aber durch ihre Zahl die Attraktivität der Plattform erhöhen. Von dieser Steigerung hat dann trotz des erhöhten Wettbewerbs auch wieder der einzelne Verkäufer seinen Vorteil (Lenz 2020, S. 6 ff).

Produktionsseitige Skaleneffekte/Economies of Scale (Lenz 2020, S. 6 ff.)

In allen Industrien gibt es Skaleneffekte („Economies of Scale"), d. h. Preisdegression durch die Produktion großer Mengen (z. B. in der Automobilindustrie). In der Digitalindustrie sind diese Skaleneffekte aber um ein Vielfaches größer, weil die Produktionskosten für eine zusätzliche Einheit (ein zusätzliches Produkt, die sogenannten Grenzkosten) minimal sind. So bereitet auf einer bereits funktionsfähigen Plattform für Hotelbuchungen die Hinzunahme von weiteren Hotelzimmern und Hotels kaum Kosten. Deshalb können mit steigender Nutzerzahl die Kosten pro Nutzer stark sinken. Die Skalierung einer digitalen Plattform führt daher zu erheblichen stärker sinkenden Durchschnittskosten als dies bei physischer Produktion der Fall wäre. Auch bei erhobenen und in der Plattform bereits vorhandenen Daten stellt Größe ein Vorteil dar. Wenn zum Beispiel KI-Algorithmen Bewertungen durchführen sollen, so muss „zum Lernen" eine große Menge von Daten vorhanden sein. Bei der Skalierung eines Netzwerks müssen beide Seiten proportional wachsen (Parker et al. 2017, S. 36). Für Uber oder Lyft würde es zum Beispiel keinen Sinn ergeben, für nur zehn Fahrgäste 1.000 Fahrer zur Verfügung zu haben; ebenso wird das Geschäftsmodell nicht funktionieren, wenn 1.000 Fahrgäste auf nur zehn Fahrer treffen. Ein Wachstum einer Plattform kann auch stattfinden, wenn z. B. Anbieter und Nachfrager die Seiten wechseln. Ein Fahrer kann bei Uber zum Kunden werden; ebenso kann ein Kunde zum Fahrer werden.

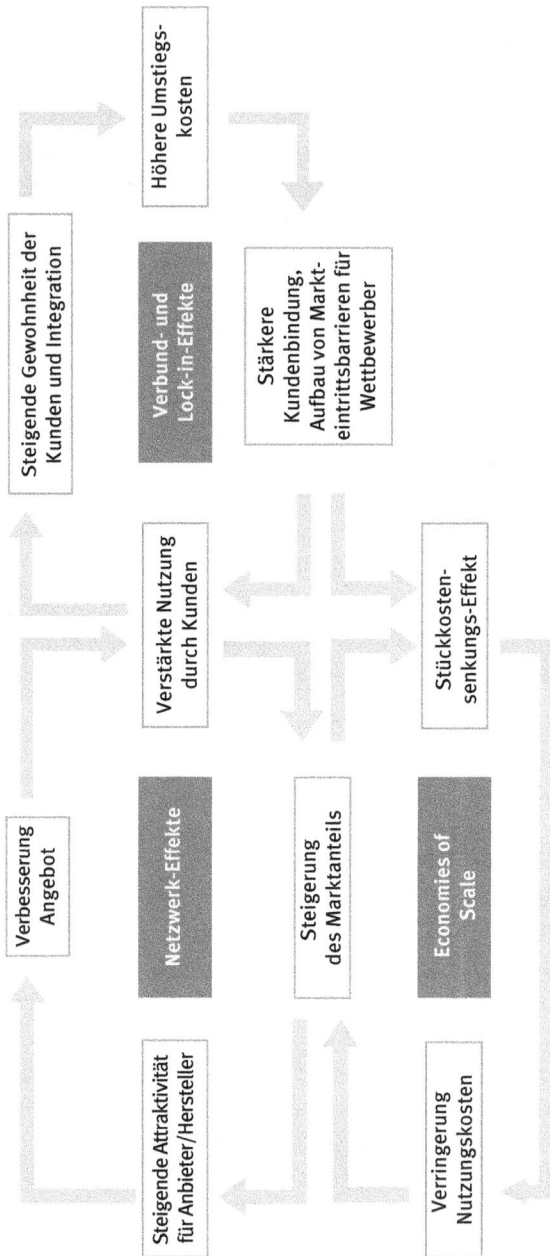

Abb. 2.9.4: Basiseffekte im Plattformgeschäft.

Verbund- und Lock-in-Effekte/Economies of Scope

Die großen Plattformen können einen großen Nutzen durch Verbundvorteile ziehen. Diese werden auch im Englischen als „Economies of Scope" bezeichnet. Google liefert seinen Kunden Anwendungen von Cloud-Diensten wie Google Mail über Video- und Musikstreaming-Dienste (YouTube) und Karten-/Navigationsdienste (Google Maps), Suche nach Flugreisen bis hin zum Einstieg in selbstfahrende Autos und „Betriebssysteme" für automobile Anwendungen. Durch die Zusammenführung von Daten aus völlig verschiedenen Quellen ergeben sich wieder neue Nutzungsmöglichkeiten. In Verbindung mit der großen Nutzerzahl auf Anbieter- und Nachfragerseite ergibt sich zusätzlich ein Lock-in-Effekt. Damit bezeichnet man die geringe Wechselwilligkeit der Nutzer, weil „seine" Plattform alles bequem für ihn/sie macht und ein hoher Gewöhnungseffekt da ist. Durch den hohen Nutzen einer Plattform ergibt sich eine hohe Kundentreue und Bindung an das Ökosystem der Plattform. Zusätzlich muss man bei Plattformwechsel wieder alle Daten neu geben.

Die drei Effekte sollen an dem Beispiel von Amazon dargestellt werden (Abb. 2.9.5). Eine gute Kundenerfahrung durch einfach gestaltete Prozesse und guten Service (z. B. schnelle Lieferung, gute Suchfunktionen etc.) sorgt dafür, dass die Anzahl der Kunden steigt. Damit steigt das Geschäftsvolumen. Durch die Steigerung kommen immer mehr Anbieter auf die Plattform, weil sie sich durch das hohe Geschäftsvolumen Umsätze erwarten. Mehr Anbieter führen zu mehr Auswahl und diese höhere Auswahl wiederum zu mehr Geschäft. Dieses Rad der positiven Verstärkung kennzeichnet Digitale Plattformen. Der Regelkreis wird noch dadurch verstärkt, dass höhere Zahlen an Anbieter, Nachfragern und Transaktionen zu einer deutlichen Senkung der Stückkosten führt. Diese Kostensenkung kann einerseits an die Kunden weitergegeben werden (attraktive Preise), zum anderen können die Ersparnisse für Investitionen in die Plattformen oder die Markterschließung/Portfolioerweiterung verwendet werden. Dieser überlagerte, zweite Regelkreis führt zu einer weiteren Vergrößerung der Umsätze und Steigerung der Wettbewerbsposition.

Kernerfolgsfaktoren von Plattformen

Vier wesentliche Faktoren müssen gegeben sein:

a) Es müssen mit einem Pull-Effekt in möglichst kurzer Zeit viele Kunden für die Plattform angezogen werden. Danach müssen Plattformen ihre Produkt- und Leistungspalette laufend weiter ausbauen, um die Nutzer in ihrem Ökosystem zu halten und damit die Bindung zu verstärken.

b) Einfachheit: Plattformen müssen sehr einfach und intuitiv bedienbar sein. Eine Bewertung in TripAdvisor oder ein Bild-Hochladen in Airbnb muss mit wenigen Klicks auf dem Smartphone möglich sein.

c) Hohe Qualität des „Matching": Anbieter und Nachfrager müssen optimal durch gute Datenqualität, exzellente Filter und Suchalgorithmen in Verbindung treten können und zueinander finden.

Abb. 2.9.5: Beispiel für Effekte im Plattformgeschäft.

d) Kuratierung (Betreuung, Organisation, Verwaltung, „Kümmern"): Eine Plattform braucht ein zentrales Qualitäts- und Risikomanagement, um die Qualität
der Plattforminhalte auf hohem Niveau zu halten bzw. laufend zu steigern.
Diese Kuratierung kann mit hohem Personal- und Kostenaufwand durch platt-
formeigene Ressourcen und/oder auch durch die Plattform-Teilnehmer gegenseitig durchgeführt werden.

Bestehende Plattformen haben einen großen Vorteil durch ihre bereits gesammelten und vorhandenen Daten als Basis zur Weiterentwicklung von Produkten und
Dienstleistungen.

2.9.2 Systematisierung von Plattformen

Es gibt eine sehr große und breite Vielfalt von Plattformen im Markt. In Anlehnung
an die Struktur der Firma Etribes (etribes 2020) lassen sich Plattformen mit Hilfe der
Methode des morphologischen Kastens wie folgt strukturieren (Abb. 2.9.6):
Die Plattformen können mit Hilfe von vier Merkmalen klassifiziert werden: Akteure, Portfolio (der Angebote auf der Plattform), Zugang zum Marktplatz/Plattform
und Produkt-/Dienstleistungskategorie. Im Folgenden sollen diese Merkmale beschrieben werden.
Akteure: Hier werden die Zielgruppen für die Anbieter/Nachfrager beschrieben.
Denkbar sind Business-to-Business (B2B), Business-to-Consumer (B2C) und Consu-
mer-to-Consumer (C2C). Eine Einkaufsplattform für Firmen (z. B. Büroartikel) ist

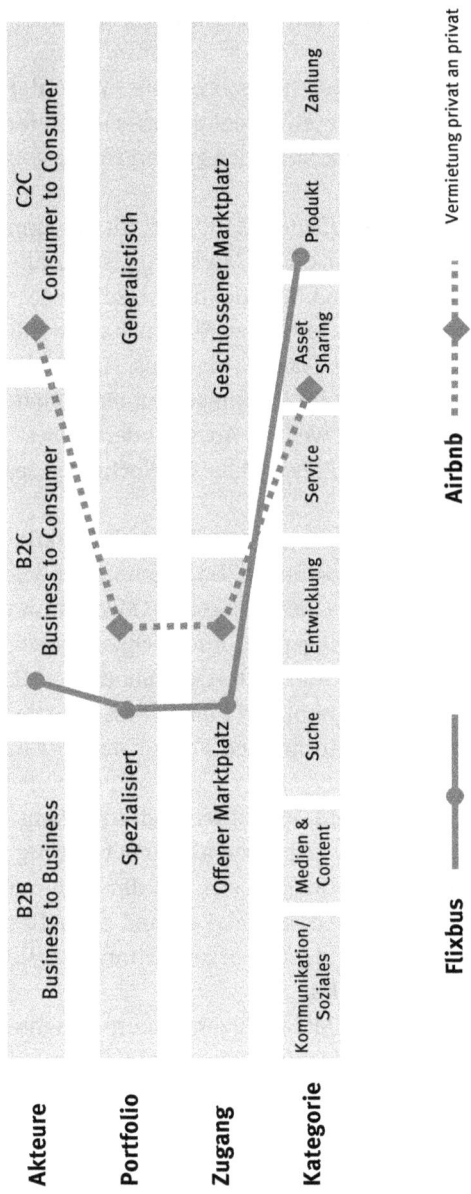

Abb. 2.9.6: Systematisierung Digitaler Plattformen.

eine B2B-, Amazon eine B2C- Plattform und eine Vermittlungsplattform für Nachbarschaftshilfe eine C2C-Plattform.

Das Portfolio beschreibt die Breite des Dienstleistungsangebots. Mitte der neunziger Jahre im letzten Jahrhundert war Amazon ein spezialisierter Anbieter von Büchern/CDs. Mittlerweile ist Amazon Generalist mit einer großen Breite von Angeboten.

Zugang zum Marktplatz: Hier ist zwischen einem offenen Marktplatz für alle und einem geschlossenen Marktplatz zu unterscheiden. Der offene Marktplatz ist für alle Händler geöffnet, die ihr Angebot platzieren wollen und den Richtlinien/Rahmenbedingungen des Plattformbetreibers zustimmen. Auf geschlossenen Marktplätzen wählt der Plattformbetreiber die Anbieter mit Hilfe bestimmter Kriterien aktiv aus. Hier findet also eine Kuratierung des Plattformbetreibers statt. Für die Nachfrager auf einer Plattform können geschlossene Marktplätze attraktiver sein, weil die Auswahl der Anbieter in der Plattform eine hohe Qualität hat und somit der Aufwand für die Suche auf der Plattform sinkt.

Produkt-/Dienstleistungskategorie: Digitale Plattformen ermöglichen Interaktionen zu einer ganzen Reihe von Produkten und Dienstleistungen. Dazu gehören: Kommunikations- und soziale Plattformen (Facebook, Instagram, LinkedIn), Medien und Content (z. B. Youtube), Suche (z. B. Google), Entwicklungsplattformen (Open Source, Appstores), Service-Plattformen (z. B. Vermittlung Freelancer), Asset Sharing (z. B. Airbnb, Uber), Produktplattformen (z. B. Amazon, Zalando) und Finanztransaktionen (z. B. Paypal). In der Abb. 2.9.6 sind für die Beispiele Airbnb und Flixbus die jeweiligen Kriterien markiert.

Effektives Plattform-Management setzt klare Regeln, Prinzipien und Vorgehensweisen voraus. Wesentlich sind u. a. komplette Transparenz und aktive Beteiligung. Plattform-Architekturen müssen einerseits wohldurchdacht sein, auf der anderen Seite aber individuellen Freiraum, Kreativität/Innovationsfähigkeit und schnelles „Time to Market" ermöglichen. Deshalb werden in diesen Organisationen agile Prinzipien mit kleinen Teamgrößen eingeführt (siehe Kap. 1).

Digitale Plattformen bieten gegenüber klassischen Marktplätzen den unschlagbaren Vorteil, dass eine riesige, strukturierte Datenmenge mit in der Regel bekannten, personifizierten Marktteilnehmern vorhanden ist. Damit lassen sich umfangreiche Kennzahlensysteme etablieren, mit denen eine erfolgreiche Steuerung der Plattform machbar ist. Typische Kennzahlen sind z. B. die Quote aktiver User im Verhältnis zur Gesamtzahl User, Wachstumsraten aktiver User, die Matching-Qualität des Suchalgorithmus, der Lifetime-Value von Anbietern und Nachfragern, die Vertragsabschlussquote und das Maß/die Anzahl an neuen Funktionalitäten (Parker et al. 2017, S. 187 ff.). Von Interesse sind z. B. die Relation der Kennzahlen von „Customer Acquisition Cost" zu „Customer Lifetime Value".

2.9.3 Aufbau und IT-Architektur von Digitalen Plattformen

Alle Plattformen haben dieselbe funktionale Architektur. Abbildung 2.9.7 gibt einen Überblick. Die Darstellung stellt eine Abstraktion für verschiedene Geschäftsmodelle dar und geht nicht auf einzelne Anwendungsgebiete ein. Die Funktionen unterscheiden sich je nach Geschäftszweck, z. B. Transport von Personen oder Vermieten von Wohneinheiten.

Die Plattform hat Basismodule, die sowohl Anbieter, Nachfrager als auch die Plattform im Kern selbst nutzen. Dazu gehören Sicherheitsmodule, die die Identität der Nutzer verifizieren und Zugänge steuern/verwalten. Von Bedeutung für das digitale Geschäft sind ausgefeilte Analysen und Metriken, mit denen die Geschäfte gesteuert werden. Im zentralen Datenmanagement findet die Konsolidierung und Strukturierung der Daten statt, mit denen u. a. das Monitoring erst möglich ist. Bezahlungs- und Abrechnungsmodule bieten für Anbieter und Nachfrager adäquate Mechanismen an. Eine Plattform muss Anbieter und Nachfrager flexibel und einfach aufnehmen können, Verträge müssen digital gezeichnet werden und neue Geschäfte sind zu erschließen (Management des Ökosystems). Auf der Anbieterseite müssen die zu vermittelnden/verkaufenden Ressourcen (Dienstleistungen oder Produkte) mittel- und langfristig geplant und kurzfristig disponiert werden. Hier ist eine gute Markt- und Kundenkenntnis nötig, um bei schwankenden Bedarfen liefer- und leistungsfähig zu sein. Die zweite, große Komponente ist die operative Durchführung der Geschäftsprozesse, sei es eine Dienstleistung oder eine Fertigung bzw.- Auslieferung eines Produkts. Auf der Nachfragerseite geht es dem Management von Kundenbeziehungen über die gesamte „Customer Journey" von der Informationsbeschaffung über Kauf, Kundenservice und Beschwerdemanagement bis hin zu Kundenbindungsmaßnahmen. Nachfrager erwarten einen Zugang zur Plattform über mehrere Kanäle (Management der Zugangskanäle, Multichannel-Ansatz, z. B. Smartphones, alle Betriebssysteme, PCs/Pads, Sprache, Call-Center etc.). Oft haben Plattformen auch noch eine eigene Social-Media-Lösung für ihre Communities.

Als Kernmodule der Plattform können vier Funktionen bezeichnet werden: Die mithin wichtigste Aufgabe einer Plattform ist ein optimales Matching und eine Optimierungslösung für eine Suche, um Nachfrager und Anbieter bestmöglich zusammenzubringen. Im Zusammenhang mit der Suche sind die Leistungsermittlung und Preisbildung von großer Bedeutung, besonders wenn das Angebot erst aus mehreren Bausteinen zusammengesetzt und kalkuliert werden muss. Die Transaktion führt zur operativen Durchführung und zum „Vertragsabschluss". Um die Qualität der Inhalte einer Plattform hoch zu halten, ist ein Kuratierungsmodul erforderlich.

Die Komponenten im Kern sind modular geschnitten; d. h., jede Komponente hat eine definierte Aufgabe/einen definierten Zweck. Diese Subsysteme kommunizieren untereinander über Schnittstellen. Durch diese Modularität können einzeln Komponenten weiterentwickelt werden, ohne andere Komponenten auch anpassen zu müssen. Zusätzlich bietet die Plattform aber auch Schnittstellen (Application Programming In-

Anbieter	Funktionsmodule der Plattform		Nachfrager
Planung und Disposition der Ressourcen	Matching Algorithmus, Optimierungslösungen für Suche	Durchführung der Transaktion	Kunden- und Servicemanagement
			Management der Kundenzugänge/-kanäle
Operative Durchführung der Geschäftsprozesse	Kuratierung der Inhalte	Leistungsbildung und Preisermittlung	Betreuung der Communities

Identitäts- und Zugangsmanagement, Sicherheit	Analyse, Reporting, Kennzahlen, Metriken	Datenmanagement, Data Lakes	Bezahlung, Abrechnung	Management des Ökosystems

Basismodule

Abb. 2.9.7: Prinzipielle, funktionale Architektur von Digitalen Plattformen.

terfaces – APIs) „nach außen": Entwickler können zusätzliche Programme erstellen und diese über die APIs „andocken" und so den Wert der Plattform für die Marktteilnehmer steigern. Über diese Schnittstellen können auch am Markt verfügbare Lösungen und Komponenten angebunden und genutzt werden. Zum Beispiel kann Airbnb den Kartenservice von Google Maps nutzen. Aber auch ganze Lösungen wie ein CRM-System oder ein Rechnungs- und Buchhaltungssystem können angeschlossen werden. Damit können neue Produkte und Funktionen viel schneller auf den Markt kommen, weil nicht alles selbst programmiert werden muss. Offenheit fördert Innovationen auf einer Plattform. Heranreifende Plattformen nutzen häufig eine größere Offenheit, um schnell steigende Nutzerzahlen und Reichweite durch z. B. neue Funktionen von Partnern im Ökosystem zu haben (Hein et al. 2019, S. 87).

Plattformen nutzen in ihrer Systemarchitektur eine Kombination von Modularisierung mit Hilfe von Microservices und Verbindung über standardisierte Schnittstellen (APIs). Microservices sind eine Weiterentwicklung der serviceorientierten Architektur (SOA, siehe Kap. 1). Microservices sind kleine Programme, die eine ganz bestimmte Funktion ausführen, z. B. Routensuche. Die Microservices sind über wohldefinierte Schnittstellen, die APIs, mit den anderen Microservices verbunden. Aufgrund der Durchführung als kleine Programme können Innovationen und Änderungen sehr viel schneller durchgeführt werden. Wenn z. B. der Microservice „Bezahlung" um ein neues Zahlungsverfahren ergänzt wird, so muss nur dieser Microservice um die Funktion erweitert werden. In einer monolithischen IT-Architektur dagegen muss das ganze Programm bearbeitet werden. Damit verringert sich die „Time-to-Market" deutlich. Jeder Microservice wird von einem eigenen Team gesamtverantwortlich betreut und im agilen Verfahren entwickelt und betrieben (siehe Kap. 1). Die Plattform Uber hat ca. 2.200 Microservices im Einsatz. Um diese Vielzahl überblicken zu können, werden bei Uber diese zu rund 70 Domänen gruppiert. Bei Uber werden alle 1,5 Jahre etwa 50 % der Microservices ersetzt (Uber 2020).

Über Entwicklungswerkzeuge, die eine Plattform anbietet, können Partner/Organisationen außerhalb der Plattform eigene Anwendungen schreiben und diese in die Plattform integrieren. Abbildung 2.9.8 zeigt die eine exemplarische Microservice-Architektur am Beispiel von Uber (Kappagantula 2018).

2.9.4 Anwendungsbeispiel von Digitalen Plattformen

Die digitale Plattform Airbnb.com bietet weltweit ein Reservierungssystem zur Buchung und Vermietung von Unterkünften. Airbnb steht für *Airbed and Breakfast*, d. h. Luftmatratze mit Frühstück. Das Geschäftsmodell von Airbnb ist es, Zimmer, Wohnungen, Häuser weltweit zu vermitteln, ohne auch nur ein eigenes Haus zu besitzen. Es tritt damit in den Wettbewerb von Hotels und Pensionen, ist andererseits aber auch für sie ein wesentlicher Vertriebskanal. Der Mehrwert von Airbnb ist das Zusammenbringen (das „Matching") von Nachfragern und Anbietern des Wohnraums. Wenn einmal die informationstechnologische Grundlage dieser Plattform geschaffen wurde, kann schnell skaliert werden, indem neue Anbieter in die Plattform integriert werden. Hotel- und Pensionsbesitzer müssten dagegen erst neue Häuser bauen, um zu skalieren, was viel länger dauert. Airbnb erhält dabei Zahlungen sowohl von den Gastgebern als auch von den Gästen (siehe Abb. 2.9.9). Airbnb hat also das Prinzip der Monetarisierung von Interaktionen realisiert. Aus den Daten von Gastgebern und Gästen können dann wieder neue Dienstleistungen entstehen, wie z. B. Preisempfehlungen für Gastgeber in schwach ausgelasteten Zeiten oder Preisvergleiche zwischen Gastgebern.

Aktuell bietet Airbnb ca. sieben Mio. Unterkünfte in über 220 Ländern (Dean 2021) an. Keine Datenbank bzw. kein Hotelregister war bisher in der Lage, eine derartig große Übersicht weltweit zu liefern. Nachfrager können sich über Texte, Bilder und Videomaterial sowie Bewertungen anderer Gäste in Kürze einen sehr guten Eindruck einer Unterkunft verschaffen. Anbieter (Vermieter) haben den Vorteil, dass sie ihre Unterkunft auf einmal weltweit anbieten können. So kann ein Gastgeber ohne großen Aufwand eine Ferienwohnung an Interessenten in Australien vermieten; umgekehrt findet ein Interessant aus Neuseeland, der einen Europa-Trip plant, einfach eine Ferienwohnung am Bodensee. Ohne eine digitale Plattform wäre eine derartige Vermarktung nicht möglich bzw. viel zu aufwändig und kostenintensiv.

2.9.5 Zusammenfassung und Ausblick

Eine Plattform ist ein Geschäftsmodell, das werteschaffende Interaktionen zwischen den Produzenten von Gütern/Dienstleistungen und den Konsumenten ermöglicht. In diesem Zusammenhang wird auch von zweiseitigen bzw. mehrseitigen Märkten gesprochen. Digitale Plattformen nutzen für diese Interaktionen digitale Technolo-

Einheittlicher Aufbau von Microservices

API

Geschäftslogik (Funktionen und Geschäftsprozesse)

Datenablage und Datenspeicherung

Microservice

BILLING

PAYMENTS

NOTIFICATION

PASSENGER MANAGEMENT

DRIVER MANAGEMENT

TRIP MANAGEMENT

API GATEWAY

PASSENGER WEB USER INTERFACE

DRIVER WEB USER INTERFACE

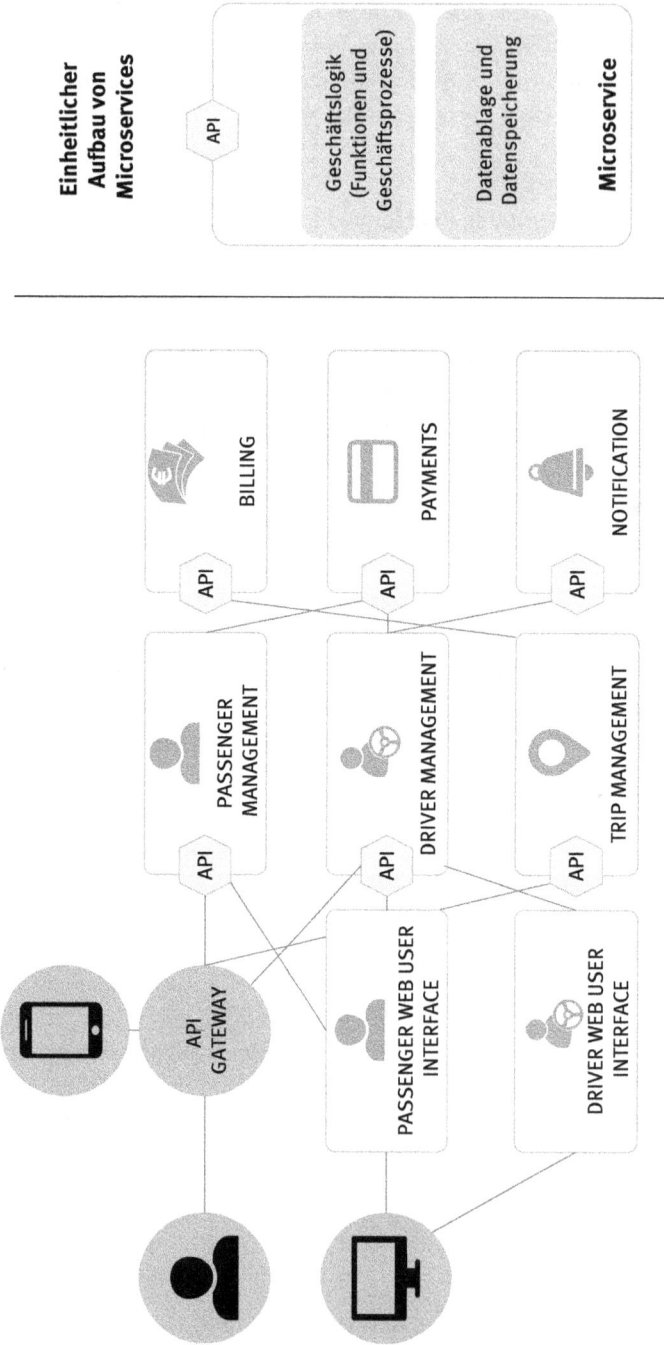

Abb. 2.9.8: Microservice-Architektur eines Mobilitätsdienstleisters am Beispiel von Uber.

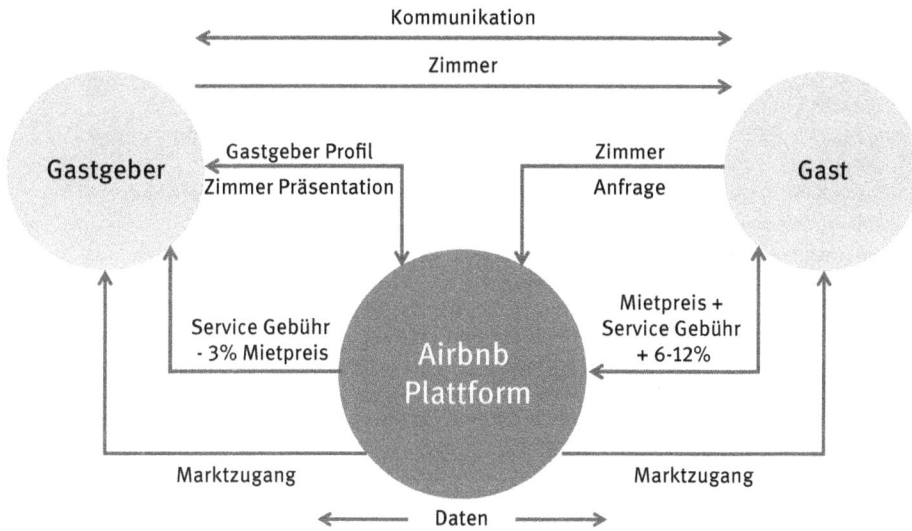

Abb. 2.9.9: Geschäftsmodell der Plattform Airbnb mit seinen wichtigsten Interaktionen (Quelle: Herda et al., 2018).

gien, um einen reibungslosen Zugang für die beiden Parteien zu ermöglichen. Damit sorgen sie für einen optimalen „Match" zwischen Bedarf und Angebot auch bei großen Nutzergruppen. Erst durch digitale Technologien lassen sich Plattformen auf Millionen und Milliarden von Menschen skalieren. Plattformen sind erfolgreich, wenn ihre Technologie und ihr Geschäftssystem im Kern stabil sind und wenn sie in der Peripherie Geschwindigkeit zeigen. Dazu verwenden sie u. a. Schnittstellen zu externen Partnern als Grundlage zur Erzielung der Geschwindigkeit. Innovative Partner werden über diese Schnittstellen eingebunden.

Digitale Plattformen haben bereits ihren Siegeszug im Tourismus angetreten und werden eine noch größere Bedeutung einnehmen, weil die Digitalisierung jetzt noch einmal Fahrt aufnimmt. Technologien wie die Künstliche Intelligenz, aber auch die Vernetzung aller Objekte miteinander über das Internet of Things (IoT) werden für eine Beschleunigung sorgen. Die gewonnenen Daten führen zusammen mit intelligenten Auswerte- und Analysemethoden zu völlig neuen Plattform-Geschäftsmodellen. Damit können z. B. digitale Zwillinge von Flugzeugen erstellt werden, um einerseits die Verfügbarkeit zu steigern und andererseits die Reparaturzeit deutlich zu verringern. Ein anderes Beispiel sind die in Kapitel 4.5 genannten Mobilitätsplattformen, die verkehrsmittelübergreifend die beste Lösung eines Personentransports von A nach B ermitteln.

Quellen

Anderson C., The Long Tail – der lange Schwanz. Nischenprodukte statt Massenmarkt – Das Geschäft der Zukunft, 1. Aufl., München 2007.

Dean, S., 2021 Airbnb Statistics: Usage, Demographics, and Revenue Growth, https://www.stratosjets.com/blog/airbnb-statistics/ (abgerufen am 11.2.2021).

Etribes Connect GmbH, Whitepaper, Plattform-Ökonomie, https://etribes.de/de/whitepaper/plattformökonomie (abgerufen am 11.2.2021).

Hein, A., Schreieck, M., Riasanow, T., Setzke, D. S., Wiesche, M., Böhm, M., Krcmar, H., Digital platform ecosystems, in: Electronic Markets, 30 (2020), S. 87–98, https://doi.org/10.1007/s12525-019-00377-4.

Herda, N., Friedrich, K., Ruf, S., „Plattformökonomie als Game-Changer"; Sonderausgabe zum Strategie-Journal 03/18 zum Thema Digitalisierung, https://www.strategie.net/herda/ (abgerufen am 30.1.2021).

Kappagantula, S., Microservice Architecture – Learn, Build, and Deploy Application, Dzone, 3.7.2018, https://dzone.com/articles/microservice-architecture-learn-build-and-deploy-a (abgerufen am 11.2.2021).

Lenz F., Plattformökonomie – zwischen Abwehr und Wunschdenken, Zeitthemen 03, Stiftung Marktwirtschaft (Hrsg.), Berlin 2020.

Parker, G.G, Van Alstyne, M.W., Choudary, S.P., Die Plattform Revolution – von Airbnb, Uber, PayPal und Co. Lernen: Wie neue Plattform-Geschäftsmodelle die Wirtschaft verändern, Frechen 2017.

Porter M. E., Wettbewerbsvorteile (Competitive Advantage): Spitzenleistungen erreichen und behaupten, 8. Aufl., Frankfurt a.M./New York 2014.

Uber Engineering, Introducing Domain -Oriented Microservice Architecture, 2020, https://eng.uber.com/microservice-architecture/ (abgerufen am 11.2.2021).

3 Reisemittlersysteme

Uwe Weithöner

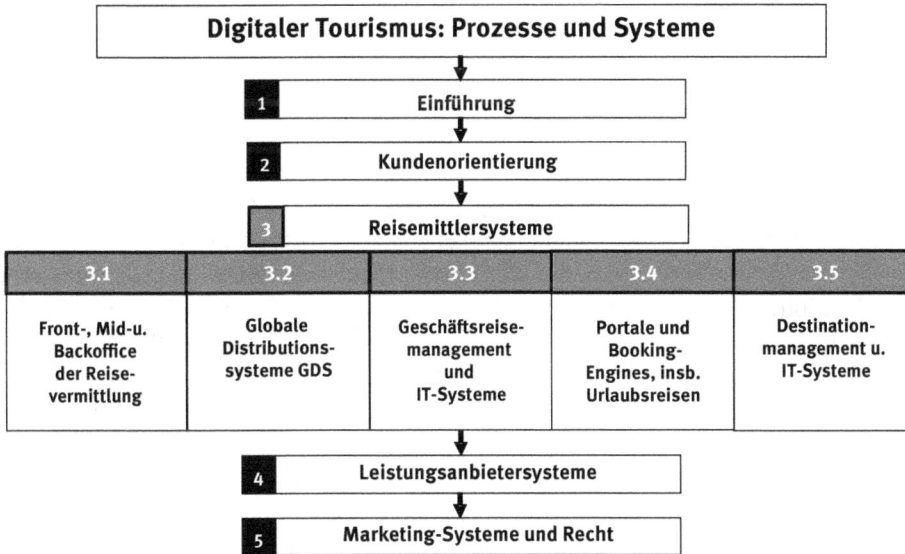

Abb. 3.1: Überblick Reisemittlersysteme.

Reisemittler sind Teil internationaler Geschäftsprozesse; Reiseleistungen werden weltweit angeboten, vermittelt und in Anspruch genommen. Bedarf und Nachfrage entstehen oft kurzfristig. Aufgrund der Nichtlagerbarkeit touristischer Leistungen werden die Reiseangebote oftmals kurzfristig generiert und an die Nachfrage angepasst. Reisemittler agieren daher im Rahmen elektronischer Distributionsnetzwerke, um in Echtzeit des Kundenwunsches aktuelle Angebote mit umfassender Markttransparenz verbindlich vermitteln zu können (vgl. Abb. 3.1).

Reisemittler stellen in den Leistungs- und Wertschöpfungsprozessen auf der Makroprozessebene der Tourismusbranche interaktive Kontaktpunkte zum Reisekunden dar. Sie beraten und informieren die Kunden mit dem verpflichtenden Gebot der Redlichkeit und Sorgfalt auf Basis aktueller Informationen. Sie bahnen die Geschäftstransaktionen an, indem sie verfügbare Angebote gemäß Kundenwunsch ermitteln, und sie vollziehen verbindlich im Kundenauftrag die Reisebuchung. Dazu werden sie von den Reiseanbietern vertraglich und technisch autorisiert. Nach Abschluss einer Vermittlung können die Mittler, abhängig von den Vereinbarungen mit den Anbietern, in den weiteren Prozess der Reiseabwicklung und -abrechnung involviert werden. Die Reisemittler betreiben ein Kundenbeziehungsmanagement und steuern ihre Vermittlungsaktivitäten auf Basis von Managementinformationen.

https://doi.org/10.1515/9783110786866-003

Als Grundlage der Reisemittlerprozesse wird in Kapitel 3.1 eine Unterteilung in Front-, Mid- und Backoffice-Funktionen im Rahmen ihrer Mikroprozess- bzw. Unternehmensebene vorgenommen.

Dabei wird deutlich, dass in den Geschäftsmodellen und -prozessen vom Grundsatz her keine Unterschiede zwischen traditionellen stationären Reisebüros und digitalen Online-Reisemittlern (Online Travel Agency – OTA) bestehen. Lediglich die Ausgestaltung des Frontend zum interaktiven Kundenservice erfolgt bei Online-Reisemittlern über Webportale und mobile Applikationen, die den Kunden automatisierte Prozesse zur Selbstbedienung anbieten. In Kapitel 3.1 wird diese Thematik aufgegriffen und in 3.4 vertieft.

Globale Distributionssysteme (GDS) arbeiten bereits seit Jahrzehnten als elektronische Intermediäre und Datenlogistiker, die weltweit die Reisemittler mit den Reservierungssystemen internationaler Reiseanbieter verbinden. Als Aggregatoren und Distributoren betreiben sie globale und zentrale Reservierungssysteme (GRS), in denen sie insbesondere die Flugangebote internationaler Fluggesellschaften, Angebote der Großhotellerie, internationaler Mietwagenunternehmen, Bahnverkehre u. a. m. zusammenführen und anbieten. Gemäß den Standards der International Air Transport Association (IATA, vgl. iata.org) reservieren die GRS gebuchte Flugleistungen inklusive Tarifrechnung und Ticketing und steuern die Abwicklung und Abrechnung. Die GDS sind mit ihren globalen Flugreservierungszentralen bereits vor Jahrzehnten gegründet worden, sie haben aber ihr Angebotsportfolio und ihre IT-Services für Reisemittler erheblich erweitert. Zusammenfassend können die GDS mit folgenden Leistungsbereichen dargestellt werden:[1]

- Globales Distributionsnetzwerk (GDN) – technisches Netzwerk mit standardisierten Schnittstellen und standardisierten Kommunikationsverfahren zum Vertrieb über Reisemittler (Kap. 3.2 u. 3.4)
- Globales Reservierungssystem (GRS) – zentrales Reservierungssystem zum Vertrieb von Einzelleistungen, insb. Flüge gemäß IATA, Hotelübernachtungen, Mietwagen (Kap. 3.2)
- Länderspezifische/Lokale Informations-, Beratungs- und Buchungsservices zum stationären Vertrieb von Freizeitreisen (Kap. 3.4)
- Internet Booking Engines und elektronische Shop-Systeme zur Online-Vermittlung (Kap. 3.4).
- Mid- und Backoffice-Dienste und Schnittstellen für Reisemittler (Kap. 3.1)
- IT-Dienstleistungen zum Business Travel Management (Kap. 3.3).

---

1 Oftmals werden die GDS auch heute noch mit dem traditionellen Oberbegriff Computerreservierungssysteme (CRS) bezeichnet. Diese Bezeichnung ist nicht trennscharf zu anderen z. B. unternehmensinternen Reservierungssystemen und wird dem Funktionsumfang der GDS nicht mehr gerecht (vgl. Kap. 3.2).

Kapitel 3.1 ordnet die Dienste der GDS an einem Beispiel ein, und **Kapitel 3.2** stellt vertiefend Aufbau und Entwicklung sowie Funktionen und Services der GDS dar, zeigt aber auch, dass neue Systeme als Alternativen zu den weltweit führenden globalen Distributionssystemen zur Verfügung stehen.

Neben der Unterstützung von Buchungsprozessen im Rahmen von Geschäftsreisen bieten Travel-Management-Systeme (TMS) umfangreiche Serviceleistungen und Automatisierungen für Geschäftsreiseprozesse, von der Reisevorbereitung bis zur Abrechnung und Managementinformation, um Optimierungspotentiale umzusetzen. Ein Unternehmen kann ein TMS selbst intern aufbauen oder die Dienste eines externen Reisemittlers in Anspruch nehmen, der als stationärer oder Online-Reisemittler TMS-Services anbietet.

Kapitel 3.3 stellt das Geschäftsreisemanagement mit seinen Funktionen im Rahmen IT-basierter Unternehmensprozesse und mit den Schnittstellen zu den Distributionssystemen der Reiseindustrie dar.

Kapitel 3.4 betrachtet vorrangig Systeme zur Vermittlung von Urlaubs- bzw. Pauschalreisen im stationären Reisebürobetrieb sowie Internet Booking Engines als Kern elektronischer Portal- und Shop-Systeme zur Online-Reisevermittlung.

Kapitel 3.5 befasst sich mit der regional orientierten und i.d.R. öffentlich-rechtlich gebundenen Reisemittlertätigkeit im Marketingmanagement von Urlaubsdestinationen. Destina-tionsmanagementsysteme (DMS) werden mit ihren Funktionen und Prozessen insbesondere zur Vermittlung von Ferienunterkünften sowie mit ihrer internen regionalen und externen Vernetzung dargestellt. Alternativen zum Aufbau regionaler DMS werden aufgezeigt.

3.1 Front-, Mid- und Backoffice der Reisevermittlung

Uwe Weithöner

Die Begriffe Front-, Mid- und Backoffice werden grundsätzlich über die Nähe zum Kunden definiert und unterschieden, wobei nicht die räumliche, sondern die funktionale und kommunikative Kundennähe bestimmend ist. Das Frontoffice bzw. Frontend ist der Kontaktpunkt zum Kunden, zum Dialog und zur Interaktion mit dem Kunden. Der Begriff Office legt zunächst eine räumliche Interpretation nahe, die Begriffe Frontoffice und Frontend sowie Backoffice und Backend sollen aber jeweils synonym verwendet und als Service- und Funktionseinheiten gesehen werden. Ein Frontoffice kann das Ladenlokal eines Reisebüros, ein Call-Center oder ein Webportal und eine mobile Applikation (App) sein. Ein Midoffice oder Backend kann in diesem Sinne auch ein automatisiert arbeitendes IT-System sein, das im Hintergrund z. B. Geschäftstransaktionsdaten verarbeitet, auswertet und verwaltet.

Unter dem Oberbegriff Reisemittler werden folglich neben den traditionellen Reisebüros (stationär am Ort des Kunden) auch die digitalen Online-Reisemittler (Online Travel Agency) verstanden, die die Reisen und Reiseleistungen dem Kunden zur Selbstbedienung anbieten und die Beratungs- und Buchungsprozesse automatisiert steuern.

Abbildung 3.1.1 zeigt mit kurzen, allgemeinen Definitionen auch, dass Front-, Mid- und Backoffice-Funktionen grundsätzlich in allen Tourismus- und Reiseunternehmen im Rahmen ihrer Marketing- und Unternehmensprozesse erforderlich sind. Konkret sind sie aus der Perspektive der Unternehmens- bzw. Mikroprozessebene oder aus der Positionierung im Rahmen kooperativer Leistungs- und Distributionsprozesse auf der Makro- bzw. Branchenebene zu betrachten und abzugrenzen, z. B.:
- Reiseanbieter, Vermittler oder Produzenten, die ihre Leistungen im direkten Kundenkontakt anbieten, unterhalten selbst unternehmensintern die entsprechende Infrastruktur mit z. B. Ladenlokal, Website, Call-Center und Abrechnungssystem. Die Prozesse und ihre Funktionen sind detailliert in ihre Unternehmensprozesse bzw. Mikroprozessebene integriert.
- Reiseanbieter beispielsweise, die über stationäre Reisebüros vermarkten, betrachten ihre Reisemittler in Summe als ihre Frontoffice-Partner. Die Mittler oder homogene Gruppen von Mittlern (z. B. Ketten-, Franchise-Systeme) werden als ein Frontend dieses Vertriebskanals betrachtet. Sie kooperieren arbeitsteilig auf Branchen-/Makroebene und delegieren diesen konkreten Frontoffice-Betrieb an die vertraglich gebundenen Vertriebspartner.

Abbildung 3.1.1 gibt einen allgemeinen Überblick zur Definition der Front-, Mid- und Backoffice-Funktionen und grenzt sie ab.

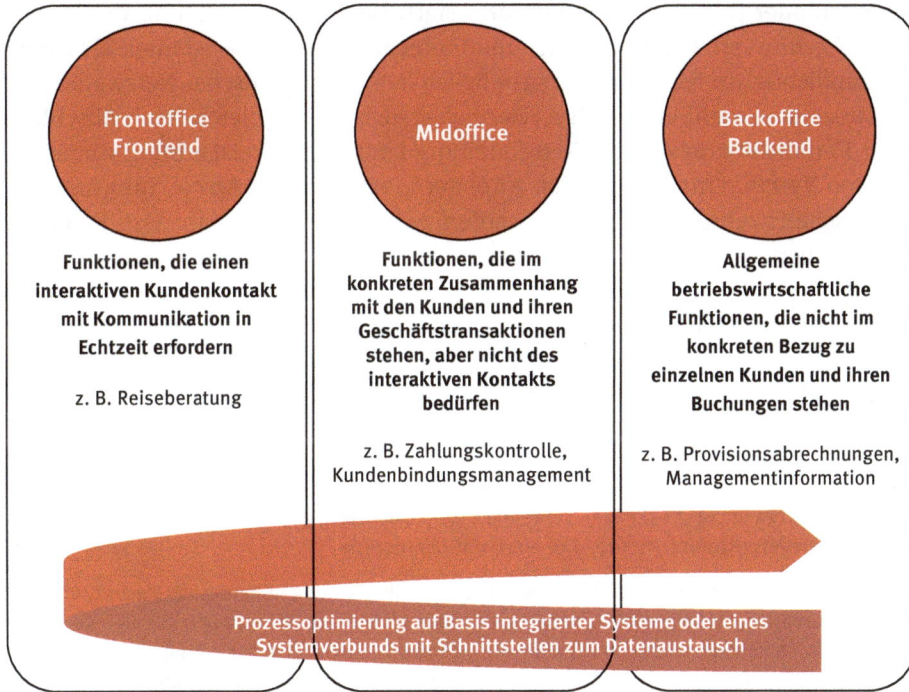

Abb. 3.1.1: Überblick über die Front-, Mid- und Backoffice-Funktionen (Quelle: eigene Darstellung).

3.1.1 Reisemittler als Frontend touristischer Leistungs- und Distributionsprozesse

Reisemittler stellen in den Leistungs- und Wertschöpfungsprozessen auf der Makroprozessebene der Tourismusbranche Frontend-Stationen bzw. interaktive Kontaktpunkte zum Reisekunden dar. Reisemittler sind Teil internationaler kooperativer Geschäftsprozesse. Reiseleistungen werden weltweit angeboten und vermittelt. Bedarf und Nachfrage entstehen häufig spontan und aufgrund der Nichtlagerbarkeit der touristischen Leistungen werden die Reiseangebote oftmals kurzfristig erstellt und fortlaufend an die Nachfrage angepasst. Reisemittler agieren daher im Rahmen internationaler elektronischer Distributionsnetzwerke, um in Echtzeit des Kundenwunsches aktuelle Angebote mit umfassender Markttransparenz verbindlich vermitteln zu können.

Die Reisemittler informieren und beraten die Kunden mit dem rechtsverbindlichen Gebot der Redlichkeit und Sorgfalt auf Basis aktueller Informationen. Sie bahnen die Geschäftstransaktionen an, indem sie verfügbare Angebote gemäß Kundenwunsch ermitteln, und sie vermitteln verbindlich im Kundenauftrag das Geschäft, indem sie die Reisebuchung vollziehen. Dazu werden sie von den Reiseanbietern bzw. durch die Produzenten oder ihre Distributoren autorisiert. Im juristischen Sinne werden sie durch Agenturverträge autorisiert, und im technischen Sinne erhalten sie durch kostenpflichtig lizensierte Nutzungsmöglichkeiten elektronischer Netzwerke und Schnittstellen Zugriff auf die Reservierungssysteme der Anbieter. Nach Abschluss einer Vermittlung bzw. nach Reisebuchung können die Reisemittler, abhängig von den Vereinbarungen mit den Anbietern, am weiteren Abwicklungsprozess der Geschäftstransaktion beteiligt werden, z. B., indem sie die Inkasso-Funktion wahrnehmen.

Für diese Vermittlerfunktionen, die im Rahmen ihrer Mikroprozessebene stattfinden, erhalten sie Provisionen von den vermittelten Anbietern, oder sie berechnen den Kunden Servicegebühren für Beratung, Bearbeitung und Kommunikation. Die Nutzung elektronischer Systeme der Datenlogistik bzw. elektronischer Intermediäre ist kostenpflichtig.

Exkurs: Eine Ergänzung dieser hier definierten Reisemittlertätigkeit und eine Abgrenzung vom Reiseveranstaltergeschäft (vgl. Kap. 4.6) erscheint erforderlich:

Auf Basis der EU-Pauschalreiserichtlinie war mit ihrer Überführung in deutsches Recht (2018) die Frage zu klären, ob ein Reisemittler, der einem Kunden mehrere Einzelleistungen für eine Reise vermittelt, dadurch zu einem Reiseveranstalter wird, der dem Reisekunden zur Erbringung aller gebündelten Reiseleistungen in vereinbarter Qualität verpflichtet ist und der die gezahlten Kundengelder und die Erbringung der Leistungen sichern muss. Im deutschen Reiserecht handelt es sich seither um die Vermittlung verbundener Reiseleistungen, die weiterhin durch die einzelnen Leistungsträger (vgl. Kap. 4) zu verantworten sind. Der Reisemittler ist aber verpflichtet, den Kunden nachweisbar zu informieren, dass er kein pauschales Reisepaket mit zentraler Verantwortung eines Veranstalters, sondern ein Bündel von Einzelleistungen unterschiedlicher Leistungsträger mit separater Rechnungsstellung vermittelt. Wenn die Zahlungen der Leistungspreise an den Reisemittler gehen, hat er gezahlte Kundengelder gegen seine Insolvenz abzusichern (vgl. Kap. 5.5.).

Die Reisemittlertätigkeit im Kerngeschäft schließt nicht aus, dass zusätzlich auch Reisepakete im Sinne von Pauschalreisen produziert und angeboten werden. Für dieses Geschäftssegment ist dann der Veranstalterstatus mit allen Verpflichtungen gegeben (vgl. Kap. 4.6). Als Beispiel kann z. B. die Veranstaltung von Leserreisen im Auftrag regionaler Medienunternehmen genannt werden.

Reisemittler, die als Vertriebskanal eines Reiseanbieters arbeiten, sind abhängig vom Vertriebskanalmanagement des Anbieters. Durch dessen je Kanal differenzierte Angebots- und Vertriebssteuerung stehen die Reisemittler auch im Wettbewerb mit den anderen Vertriebskanälen desselben Reiseanbieters. Dies wird besonders deutlich, wenn ein Reiseanbieter über die Bekanntheit seiner Marke direkt die Reisekunden anspricht und die Vermittlung direkt bzw. über eigene, konzerngebundene Systeme anbietet. Um die durch externe Vermittler bedingten Kosten zu sparen, liegt es nahe, die Reiseangebote über die eigenen Systeme attraktiver zu gestalten. Der

Reiseanbieter steuert seine Vertriebskanäle ergebnis- und zielgruppenorientiert (vgl. Kap. 5.2).

3.1.2 Prozesse und Funktionen der Reisemittler und ihre IT-Systemunterstützung

Frontoffice

Im Frontoffice handelt es sich um die Funktionen, die den interaktiven Kundenkontakt mit Kommunikation in Echtzeit erfordern. Traditionell wird darunter das Ladenlokal eines stationären Reisebüros mit Zugriff auf elektronische Distributions- und Reservierungssysteme verstanden. Hier erfolgt der persönliche, individuelle Kundenkontakt zur Beratung, zur Angebotsermittlung sowie zur Buchung in der Regel durch fachkundiges Personal, Expedientinnen und Expedienten. Sie beraten u. a. mit Hilfe multimedialer, interaktiver Beratungs- und Vergleichssysteme, und die verbindliche Buchung erfolgt mithilfe des elektronischen Distributionssystems und seiner standardisierten Buchungsverfahren (vgl. Kapitel 3.2 u. 3.4 sowie Weithöner 2021, S. 435 ff.).

Frontoffice wird im virtuellen Sinne als Frontend verstanden, wenn es sich beispielsweise um ein Webportal, eine Website oder um eine mobile Applikation zur „Selbstbedienung" des Kunden handelt. Das Webportal übernimmt die Funktionen der allgemeinen touristischen Information, und die integrierte Internet Booking Engine (IBE) ermöglicht die konkrete Angebotssuche mit Beratung und fungiert zur Buchung als technische Schnittstelle zu den Distributions- und Reservierungssystemen der Reiseanbieter (vgl. Kap. 3.3 u. 3.4 sowie Weithöner 2021, S. 526 ff.). Eine App ermöglicht den Zugang zur IBE mit mobilen Endgeräten.

Frontoffice bzw. Frontend sind für die Kunden integrierte Points of Information (POI) und Points of Sale (POS). Social-Media-Systeme sind hier abzugrenzen, da sie zunächst werbende Kommunikationskanäle darstellen, die zielgruppenorientiert zu gestalten sind und mit denen Frontoffice-Prozesse generiert werden können (vgl. Kap. 2.6).

Im Unterschied zu einer zielgruppenorientierten werbenden Kommunikation ist die Kernaufgabe des Frontoffice die individuelle Ermittlung der Kundenwünsche und eine umfassende Beratung mit dem Ziel einer verbindlichen Buchung. Um eine gute Beratung zu gewährleisten, ist ein leistungsfähiges Midoffice erforderlich, um z. B. mit der Auswertung von getätigten Geschäftstransaktionen, mit Kundenprofilen und -historien zur Kundenzufriedenheit im Allgemeinen und zu den jeweils individuellen Wünschen erfolgreich beraten zu können.

Midoffice

Im Midoffice werden die Kunden im Rahmen jeweils homogener Gruppen betrachtet, die zusammengefasst angesprochen werden und deren Prozesse in automatisierter Bearbeitung erfolgen können (z. B. Zahlungskontrolle und Mahnwesen, One-to-Many-Kommunikation). Die Daten, die im Rahmen der Midoffice-Funktionen aggregiert und aufbereitet werden, entstammen den Frontoffice-Prozessen. Ihre Bearbeitung und Nutzung erfolgen aber nicht im persönlichen interaktiven Dialog. Die Kunden werden als Mitglieder einer Kunden- oder Zielgruppe, die homogen gemäß definierten Kriterien ist, über automatisierte Kommunikationswege angesprochen bzw. Prozesse werden für eine Gruppe automatisiert durchgeführt. Drei Aufgabenbereiche stehen im Vordergrund:

Verkaufsfördernde Maßnahmen, automatisierte Serviceleistungen

Insbesondere das Kundenbeziehungsmanagement auf Basis einer Kunden- und Vorgangsdatenverwaltung ist als Aufgabe im Midoffice hervorzuheben (Customer Relationship Management – CRM, vgl. Kap. 5.4). Alle Informationen über die Kunden und ihre getätigten Buchungen und Käufe stehen zur Verfügung, um sie aggregieren und auswerten zu können mit dem Ziel, Kundengruppen zu ermitteln, die beispielsweise bzgl. ihrer Profile und Reisehistorien homogen sind. Diese Zielgruppen können dann mit passenden Reise- und Serviceangeboten verkaufsfördernd angesprochen werden (z. B. zielgruppenorientierte Newsletter oder Kommunikation in Sozialen Medien).

Die Kommunikation über Soziale Medien ist hier einzuordnen. Social-Media-Systeme sind Informations- und Kommunikationskanäle, die zielgruppenorientiert zu gestalten und zu moderieren sind. Sie können in einer One-to-Many-Kommunikation vom Reiseanbieter an seine Zielgruppe(n) eingesetzt werden oder als eine interaktive Many-to-many-Kommunikation initiiert und moderiert werden. Mit der Kommunikation vieler Mitglieder einer Zielgruppe untereinander und ihrer Moderation durch den Anbieter wird eine virale Information und Kommunikation, eine virtuelle Mund-zu-Mund-Werbung angestrebt. Um diese Interessenten ohne Medienbrüche und Zeitverlust zu den konkreten Angeboten und ggf. zur Reisebuchung zu führen, werden in diese Systeme Verweise (Links) integriert, die den individuellen Zugriff auf die Beratungs- und Buchungssysteme (Internet Booking Engines) ermöglichen und die damit konkrete Reiseinteressenten in den Frontend-Dialog übermitteln.

Automatisierte Serviceleistungen für die Reisekunden, wie z. B. die Terminverfolgung und -überwachung, sind als weitere Midoffice-Aufgaben zu nennen. Auch Reiserichtlinien und Reisegewohnheiten der Geschäftsreisekunden werden im Midoffice verwaltet, um sie in die Beratungs- und Buchungsprozesse als Serviceleistungen einbeziehen zu können (vgl. Kap. 3.3 sowie Weithöner 2021, S. 422 ff.).

Angebots- und Vertriebssteuerung

Ziel der Reisemittler ist es, durch Verkaufssteuerung die Erlöse in Relation zu den Kosten zu optimieren. Beispielsweise Provisionserlöse im Segment der Freizeitpauschalreisen basieren auf unterschiedlichen Provisionsmodellen der Reiseveranstalter. Sie unterscheiden sich z. B. bzgl. der Provisionshöhe in Abhängigkeit von den Produktarten oder sind unterschiedlich gestaffelt verbunden mit Mindestumsätzen (vgl. Kap. 4.6). Auf Basis jeweils aktueller Managementinformationen zum saisonalen Geschäftsverlauf werden Vorgaben für die Beratung und den Vertrieb ermittelt, um ergebnisoptimal zu steuern. Das Personal wird angewiesen und die Vorgaben werden als Parameter in den elektronischen Beratungssystemen erfasst, um z. B. festzulegen, welche Reiseveranstalter mit welchen Angeboten im Frontend priorisiert dargestellt und bevorzugt empfohlen oder vernachlässigt werden sollen (vgl. Kap. 3.4). Die Reisemittler steuern ihre Vertriebsaktivitäten auf Basis von Managementinformationen, die im Backoffice ermittelt werden.

Abwicklung der gebuchten Reisen

Hierzu können z. B. das Inkasso und die Erstellung inkl. Versand der Reiseunterlagen zählen. Diese Prozesse beziehen sich auf die Reisebuchungen der Kunden und können automatisiert im Hintergrund durchgeführt werden. Die ausführenden IT-Module sind, ebenso wie die Datenbasis eines Managementinformationssystems, über Datenschnittstellen mit den Systemen im Backoffice verbunden. Eine Zuordnung ist daher nicht immer trennscharf.

Backoffice

Im Backoffice handelt es sich um allgemeine betriebswirtschaftliche Unternehmensprozesse und ihre Funktionen. Sie umfassen insbesondere das Rechnungswesen und das Ressourcenmanagement, die im Kern den Funktionsumfang eines ERP-Systems (Enterprise Resource Planning and Management) ausmachen.

Mit der Aggregation und Auswertung der Geschäftsvorfälle sowie mit der Analyse der Kundendaten, Kosten- und Erlösstrukturen eines Unternehmens steht im Backoffice ein Management-Informationssystem zur Kontrolle, Steuerung und Planung der Unternehmensentwicklung zur Verfügung. Kunden- und marktorientierte Auswertungen und Analysen dienen der individuellen Kommunikation und Beratung im Frontend sowie der zielgruppenorientierten Kommunikation im Midoffice, und sie stellen die Basis zur Angebotsplanung und -steuerung in den jeweiligen Marktsegmenten dar.

3.1.3 IT-Systemkonzepte und Elemente

Front-, Mid- und Backoffice-Prozesse und ihre Funktionen werden durch IT-Systeme unterstützt oder automatisiert, die unter dem Oberbegriff Enterprise Management System (EMS) unternehmensweit zusammengefasst werden können. Ein EMS ist mit seiner konkreten Ausprägung auf die Anforderungen des jeweiligen Unternehmens und dessen Markt- und Branchenumgebungen ausgerichtet (vgl. z. B. die Beiträge in Kap. 4). Die IT-Systeme eines Reiseunternehmens können dazu unterschiedlich aufgebaut sein:

– Ein integriertes Unternehmenssystem kann die dargestellten Bereiche in einem System vollständig integrieren – von eigenen Frontend-Funktionen und den Schnittstellen zu den externen Frontends aller kooperierenden Vertriebssysteme bis zur umfassenden Übernahme der Backoffice-Funktionen im Rahmen seiner ERP-Module.

– Das System kann aber auch aus mehreren eigenständigen internen und externen IT-Komponenten bestehen, die als Systemverbund über automatisierte Schnittstellen zur Kommunikation bzw. zum Datentransfer kooperieren.

Im Folgenden wird am Beispiel dargestellt, wie die IT-Konfiguration eines Reisemittlers aufgebaut sein kann, der ein stationäres Reisebüro betreibt, auch mobil am Ort des Kunden vermittelt und der eine eigene Website zur Reisevermittlung anbietet. Dazu sei er Teilnehmer im Verbund eines globalen Distributionssystems, hier im Beispiel des Amadeus-GDS:[2,3]

– Im **Frontoffice** des stationären Reisebüros wird beispielsweise die Amadeus Selling Platform eingesetzt. Sie ist die Plattform für den stationären Vertrieb, die die Zugriffsverfahren für die via Amadeus vermittelbaren Reisearten verfügbar macht. Abbildung 3.1.2 gibt einen Überblick, der in Kapitel 3.2 bzgl. (Linien-)Flügen, Großhotellerie, Mietwagen (AMA) sowie in Kapitel 3.4 bzgl. Urlaubspauschalreisen inkl. Kreuzfahrten und Ferienhäuser (TOMA, TUI) konkretisiert wird. Zur vertiefenden multimedialen Beratung und zum Angebotsvergleich für das Segment der Pauschalreisen ist das Bistro-Portal für den deutschsprachigen Markt integriert (Lokale Verfahren).

– In die Website bzw. das eigene Webportal des Reisemittlers werden zur Beratung und Vermittlung spezialisierte Internet Booking Engines (IBE) für die jeweiligen Reise- und Leistungsarten integriert, die in Selbstbedienung der Kunden genutzt werden, hier im Beispiel des Amadeus e-Power Travel Shop (funktional entsprechend der stationären „Amadeus Selling Platform"). Die IBE für Urlaubspauschalreisen beispielsweise ist funktionsgleich mit dem im Reisebüro eingesetzten Bistro-Portal und kann auf dieselben Angebotsdaten zugreifen und eine ausgewählte Reise über das Amadeus-Netzwerk zum anbietenden Reiseveranstalter vermitteln (vgl. Kap. 3.4).

---

2 Weitere Informationen unter amadeus.com. Die Sabre Travel Solutions Corporation (sabre.com) und die Travelport Travel Technology Company (travelport.com) bieten vergleichbare Systeme im Verbund ihrer GDS an, vgl. auch Kap. 3.2 (Stand: 5/2021).
3 Hinweis: Oftmals werden die GDS auch heute noch mit dem traditionellen und zu allgemeinen Oberbegriff Computerreservierungssysteme (CRS) bezeichnet.

*Einzelreiseleistungen – buchbar im AMA-Verfahren:
standardisierte Kommandosprache zur Eingabe
in die Command Page*

*Urlaubspauschalreisen
buchbar im TOMA-Verfahren*

Abb. 3.1.2: Auszug und Beispiel: Amadeus Selling Platform als Portal zur Kundenberatung in der stationären Reisevermittlung (Quelle: eigener kommentierter Zusammenschnitt aus der Systemanwendung).

– Die Beratungs- und Vermittlungssysteme können auch zur mobilen Reisevermittlung auf mobilen Endgeräten der Berater/-innen eingesetzt werden.

Dieser dargestellte Reisemittler ist so mit seinem stationären Reisebüro, mit seinem firmeneigenen Webportal und als mobiler Vermittler kostenpflichtig lizensierter Teilnehmer im Amadeus-GDS zur Nutzung dieser Frontend-Dienste.

Im Wettbewerb, aber auch in Kooperation mit den traditionellen globalen Distributionssystemen bieten neuere Alternative Distributionssysteme (ADS) vergleichbare Frontend-Lösungen für abgegrenzte Marktsegmente an. Diese ADS arbeiten teilweise mit eigenen Netzwerken, die sich mit den Reservierungssystemen der Reiseanbieter verbinden. Sie können aber auch in ein globales GDS-Netzwerk eingebunden werden und auf das zentrale GDS-Reservierungssystem z. B. im AMA-Verfahren zugreifen.[4,5]

Reisemittler müssen analysieren, welche Anbindungen und damit vermittelbaren Leistungen und welche Beratungs- und Vermittlungsqualität mit Einsatz der jeweiligen Frontend-Systeme geboten werden, um ein System einzusetzen, das den Bedürfnissen ihrer Kunden entspricht:

– Die GDS- und ADS-Frontends unterscheiden sich durch den Umfang ihrer Vernetzung und damit in der Erreichbarkeit der Distributions- und Reservierungssysteme der Reiseanbieter.

---

4 Bei den jährlich stattfindenden Travel Technologie-Veranstaltungen und Ausstellungen im Rahmen der Internationalen Tourismusbörse Berlin (*itb-berlin.de*) und des jährlichen Kongresses des Fachmediums fvw (*fvw-kongress.de*) werden entsprechende Systeme von ihren Anbietern vorgestellt.
5 Als Beispiele marktverbreiteter neuerer ADS insbesondere mit Bezug zur Pauschal- u. Freizeitreise können folgende Systeme/Systemanbieter genannt werden: MyJack/Bewotec (*bewotec.de/produkte/myjack/*), Cosmo, Evolution IBE/Traffics (*traffics.de/produkte-reisebuero/*), LMplus/Travel-IT (*travel-it.de/reisebueros/*), Stand: 5/2021.

- Grundsätzlich werden beispielsweise zur Vermittlung von Urlaubspauschalreisen andere Frontends benötigt (vgl. Kap. 3.4) als zur Vermittlung von Reiseleistungen für Geschäftsreisende (vgl. Kap. 3.3). Daher bedarf es einer geeigneten Kombination, wenn mehrere Marktsegmente zur Vermittlung und zum Service angeboten werden.
- Die Datenqualität der angebotenen Systeme, z. B. zur Beratung von Urlaubs- und Pauschalreisen, kann hinsichtlich ihrer Aktualität und Genauigkeit unterschiedlich sein. Ein System, das in Echtzeit der Beratung auf die aktuellen und vollständigen Leistungs-, Preis- und Verfügbarkeitsdaten der Reiseveranstalter direkt zugreift, ermöglicht einen verlässlichen Beratungsdialog mit aktuellen und detaillierten Angebotsvergleichen, während ein System, das mit zwischengespeicherten Angebotsdaten, deren Transfer in der Vergangenheit liegt, nicht mit aktuellen, sondern mit vorläufigen, pauschalierenden Daten berät und vergleicht, die erst im abschließenden Buchungsprozess im Reservierungssystem des anbietenden Veranstalters aktuell und verbindlich überprüft werden (vgl. Kap. 3.4).
- Weitere Unterscheidungskriterien bzgl. der IT-Unterstützung im Mid- und Backoffice sind zu berücksichtigen.

Der Reisemittler übermittelt mit den entsprechenden Buchungsverfahren die Reiseentscheidungen zur verbindlichen Buchung an das jeweilige Reservierungssystem des Anbieters (vgl. Kap. 3.2ff).

Um diese Daten im **Mid- und Backoffice** des Reisemittlers weiter nutzen zu können, müssen sie auch in seinem System erfasst werden. Dazu bieten die GDS und ADS Datentransferdienste und Schnittstellen an, mit denen die vom Reservierungssystem verbindlich bestätigten Buchungsdaten automatisch an das Mid- und Backoffice-System des Reisemittlers übertragen werden. Das System eines Reisemittlers muss dazu eine Schnittstellen-Software haben, die diese Buchungsdaten gemäß den Datenstandards der jeweiligen Buchungsverfahren (z. B. AMA oder TOMA, vgl. Kap 3.2 u. 3.4) in die eigene Datenbank übernimmt, damit sie anschließend dem Mid- und Backoffice zur Verfügung stehen.

Für die Mid- und Backoffice-Prozesse und ihre Funktionen kann ein eigenes System dezentral im Unternehmen des Reisemittlers eingesetzt werden. Diese Systeme und entsprechende Systeme branchenorientierter IT-Dienstleister können aber auch zentral für eine Reisemittlerkette eingesetzt werden. Jedes Mitglied der Kette nimmt am zentralen Systembetrieb teil und ist berechtigt, eigenständig seine Prozesse und Funktionen mit seinen geschützten Daten auszuführen (Software as a Service – SaaS). Dieser zentrale Software-Service bewirkt Synergien verbunden mit IT-Kosteneinsparungen und ermöglicht zudem übergreifende Auswertungen und zentrale Maßnahmen, z. B. zur Managementinformation und zur Vertriebssteuerung.

Mid- und Backoffice-Systeme können wie vorstehend dargestellt in einem System integriert sein. **Backoffice-Funktionen** können alternativ, aber auch im Systemverbund bspw. durch ein Standard-ERP-System erbracht werden, sodass spezialisierte Front-, Mid- und Backoffice-Systeme über Schnittstellen kooperieren.[6]

Die GDS- oder ADS-Nutzung im Front-Office sowie die Nutzung von Mid- und Backoffice-Systemen und ihre Datenschnittstellen sind kostenpflichtig abhängig vom vertraglich vereinbarten Funktionsumfang und seiner Nutzung. Die Kosten können periodisch und pauschaliert anfallen und/oder je Geschäftstransaktion.

Quellen und weiterführende Literatur

Weithöner, U. mit Beiträgen zum Fachgebiet Tourismus-IT, z. B.:
Geschäftsreisemanagementsystem, Globales Reservierungssystem, Online Reisemittler, Reservierungssystem, in: Fuchs, W. (Hrsg.), Tourismus, Hotellerie und Gastronomie von A bis Z, Berlin/Boston 2021.

Informationsquellen zu den IT-Systemen

International Air Transport Association (IATA), iata.org.
ITB, www.itb-berlin.de, Travel Technologie-Veranstaltungen und Ausstellungen im Rahmen der jährlichen Internationalen Tourismusbörse Berlin.
fvw Kongress, www.fvw-kongress.de, Travel Technologie-Veranstaltungen und Ausstellungen im Rahmen des jährlichen Kongresses der FVW Medien GmbH, Hamburg.
Internetquellen zu den genannten IT-Systemen und ihren Anbietern werden im Text genannt, Stand: 5/2021.

---

6 Als Beispiele marktverbreiteter Systeme mit integrierter Mid- und Backoffice-Funktionalität können folgende Systeme/Systemanbieter genannt werden: myJACK/Bewotec (bewotec.de), Bosys (bosys.info), SYNCCESS/ZiEL (ziel.de), Stand: 5/2021. Als Beispiele marktverbreiteter Systeme mit Schwerpunkt Backoffice können folgende Systeme/Systemanbieter genannt werden: IBIZA/ta.ts (ta-ts.de) oder travelbasys (travelbasys.de), Stand: 5/2021.Die GDS bieten über ihre IT-Partner ebenfalls Mid- und Backoffice-Lösung an. Bei den jährlich stattfindenden Travel-Technologie-Veranstaltungen und Ausstellungen im Rahmen der Internationalen Tourismusbörse Berlin (itb-berlin.de) und des jährlichen Kongresses des Fachmediums fvw (fvw-kongress.de) werden entsprechende Systeme von ihren Anbietern vorgestellt.

3.2 Globale Distributionssysteme (GDS)

Axel Schulz

Für die Buchung von Reisedienstleistungen kommen heute vor allem branchenspezifische Systeme zum Einsatz. Ein globales Distributionssystem (GDS) ist ein Medium, mit dem Reisebüros und Endkunden Informationen und Vakanzen abfragen sowie Kundendaten und Leistungen erfassen und verarbeiten können. Typischerweise handelt es sich um Systeme, die eine (informations-)logistische Funktion wahrnehmen. Sie halten aktuelle Informationen über alle verfügbaren Leistungsanbieter bereit und verfügen über die notwendige Infrastruktur zur Datenübermittlung. Diese Systeme übernehmen für die Distribution der Dienstleistungen Aufgaben, die im Bereich der Sachgüter z. B. von Speditionen geleistet werden, nämlich den Transport der Ware (bzw. das Anrecht auf eine Dienstleistung), wobei sie die räumliche Distanz zwischen Produzenten und Absatzmittler bzw. Konsumenten überwinden. Somit können bestehende globale Distributionssysteme zunächst als Bündel von Infrastrukturmaßnahmen angesehen werden, die interessierten Anbietern von touristischen Dienstleistungen zur Nutzung angeboten werden. Ähnlich einem leeren Supermarkt wird eine Verkaufsfläche in Form von Speicher- und Kommunikationsmedien zur Verfügung gestellt. Die Leistungsanbieter können nun, indem sie ihre Daten in das GDS einspeisen, diese leeren Regalflächen füllen.

3.2.1 Grundfunktionen & Gesamtmodell

Alle Arten von Reisevertriebssystemen beinhalten die nachfolgenden vier Grundfunktionalitäten: Produktdarstellung, Reservierung, Tarife sowie Benutzeroberfläche & Kommunikation (vgl. Abb. 3.2.1).

Produktdarstellung

Die wichtigste Informationsaufgabe eines Distributionssystems ist die Präsentation der Produkte bzw. Dienstleistungen der verschiedenartigen Leistungsanbieter. Für jede Gruppe von Anbietern (insbesondere Flug, Hotel, Mietwagen und Reiseveranstalter) gibt es eigene Bildschirmanzeigen, deren Inhalte auf die Komplexität des Angebots und spezifische Leistungsmerkmale abgestimmt sind. Die Beschreibungsbedürftigkeit des Produkts „Linienflug" ist vergleichsweise gering, da die Abflug- und Ankunftszeit, die Wegstrecke, die Verfügbarkeit einzelner Buchungsklassen sowie evtl. der Flugpreis ausreichend für eine neutrale Produktbeschreibung sind. Die Produkte anderer Leistungsanbieter (Hotel, Mietwagen und Reiseveranstalter) benötigen wesentlich umfangreichere Informationen. So ist für ein Hotelangebot die textbasierte Beschreibung durch den Preis, die Größe des Bettes und die unge-

fähre Lage des Hotels allein nicht sehr aussagekräftig. Eine multimediale Aufbereitung der Information wird in den globalen Distributionssystemen erst seit Kurzem
zur Verfügung gestellt.

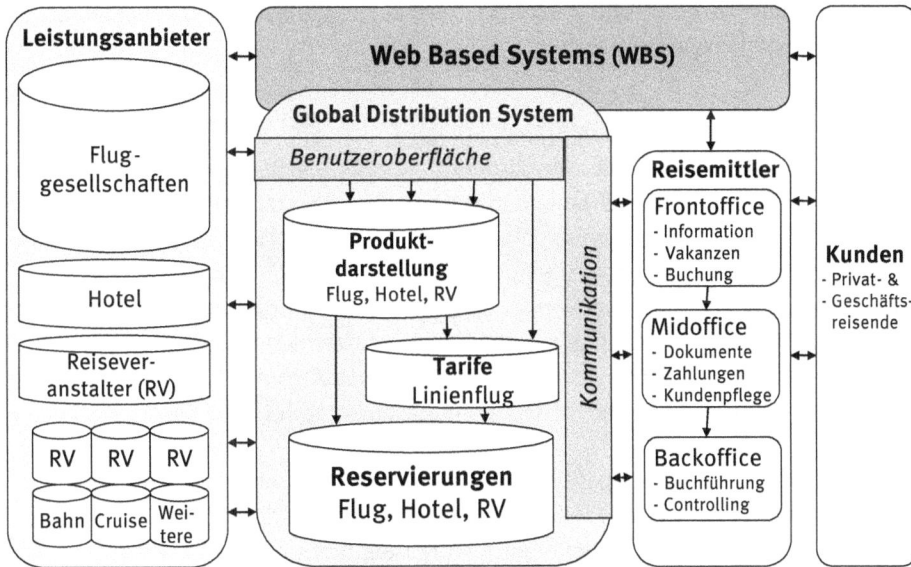

Abb. 3.2.1: Gesamtmodell globales Distributionssystem.

Tarife/Tickets

Die Tarifdarstellung ist abhängig von der Art und Komplexität des Leistungsangebots. Im Flugbereich gibt es eine große Anzahl unterschiedlicher Tarife, abhängig
von Passagiertyp, Buchungsklasse, Zeitpunkt der Reise, Buchungszeitpunkt, Route
und Länge des Aufenthalts. Entsprechend müssen die Flugpreise bei Reisen mit
mehreren Zwischenstopps individuell vom System berechnet werden, wobei sich
alle Tarife laufend verändern können. Bei den anderen Leistungen (Hotel, Mietwagen und Pauschalreisen) sind die Preise hingegen eher unflexibel, sodass sie zumeist ein integrierter Bestandteil der Produktdarstellung sind. Für das Ticketing
wurden dem Reisemittler in der Vergangenheit Blankoflugtickets abgezählt zur
Verfügung gestellt, die erst nach direkter Bestätigung durch den Leistungsanbieter bedruckt wurden. Heute verzichtet man im Flugbereich auf die Erstellung von
Ticketunterlagen, sondern speichert die relevanten Flugdaten lediglich in Form
eines elektronischen Tickets (E-Ticketing) ab. Der Kunden muss sich dann beim
Check-in ausweisen, um das Ticket verwenden zu können. Der Ausdruck von weiteren Reiseunterlagen wird von den meisten Systemen nur unvollkommen unterstützt, sodass der Reisebüromitarbeiter bei einer Hotel- oder Mietwagenbuchung
lediglich einen unverbindlichen Voucher erstellen kann.

Reservierung

Der zentrale Kern und Grund für die Entwicklung aller Reservierungssysteme ist die Reservierung der angebotenen Reiseleistungen. Hierzu wird üblicherweise für jeden Passagier bzw. jede zusammengehörende Gruppe von Passagieren ein sogenannter Passenger Name Record (PNR) aufgebaut, in dem alle kundenabhängigen Leistungsinformationen abgespeichert werden.

Benutzeroberfläche & Kommunikation

Durch die zunehmende Konkurrenzsituation wurden die Betreiber der Systeme gezwungen, außer den drei unabdingbaren Komponenten eines Distributionssystems auch weitere Zusatzdienstleistungen anzubieten. Zuerst wurden weitere Reiseinformationen und Zusatzleistungen integriert: Klimatabellen, Messehinweise, Einreisebestimmungen, Veranstaltungskalender etc. Schließlich wurde die Benutzerführung erheblich verbessert, um auch dem ungeübten Benutzer den leichten Einstieg in den Reservierungsablauf zu ermöglichen. Hierbei werden zunehmend moderne Benutzeroberflächen eingesetzt. Besonders der Schulungsaufwand für die Reisebüroexpedienten wird so minimiert.

Neben den Grundfunktionalitäten bildet ein Hochgeschwindigkeitsnetz für die Datenübertragung den zweiten Pfeiler der GDS. Es verbindet das System mit den Leistungsanbietern auf der einen Seite und den Reisemittlern auf der anderen Seite. Die Anbindung der Reisebüros erfolgt in Europa zumeist über Schnittstellen zu den kooperierenden nationalen Systemen, wobei deren Netzwerkinfrastruktur verwendet wird.

3.2.2 Entwicklungslinien

In den Anfangsphasen der zivilen Luftfahrt waren Flugbuchungen sehr zeitintensiv. Aufgrund der geringen Anzahl der Flüge und Nachfrager sowie den wenig unterschiedlichen Tarifen reichte es vollständig aus, dass die Fluggesellschaften ihre Flug- und Tarifinformationen in einer einfachen Broschüre oder in Zeitungsanzeigen veröffentlichten. Mit zunehmender Popularität des Fliegens kam es zu einer Vielfalt von Flugverbindungen und Tarifen. Verschiedene neutrale Unternehmen (z. B. Official Airline Guide – OAG) publizierten nun Kataloge, welche die Tarife und Flugpläne aller Fluggesellschaften enthielten. Die Reservierung war jedoch sehr umständlich und zeitaufwendig. Zudem führten die manuellen Systeme aufgrund von Unstimmigkeiten häufig zu Über- und Unterbuchungen und damit zur geringen Auslastung der Flüge. Ab Mitte der 1950er Jahre kam es zu einem weltweiten Anstieg des Luftverkehrs. Die gleichzeitige Zunahme des Leistungspotenzials der elektronischen Datenverarbeitung ermöglichte nun die Entwicklung von computergestützten Informations- und Reservierungssystemen.

Im Rückblick kann man drei Entwicklungsphasen voneinander unterscheiden, welche die Evolutionsstufen der Systeme verdeutlichen (vgl. Abb. 3.2.2). Im ersten Schritt entwickelten einige amerikanische Fluggesellschaften interne computergestützte Airline-Reservierungssysteme (ARS), welche die internen Arbeitsabläufe vereinfachen und die Zuverlässigkeit der Buchungen erhöhen sollten. In diesen internen Systemen waren jedoch nur die eigenen Flugverbindungen buchbar. Im Rahmen der Deregulierung des amerikanischen Luftverkehrsmarkts 1978 wurden in einem zweiten Schritt die internen Systeme auch den Reisebüros und weiteren Leistungsträgern, nämlich weiteren Fluggesellschaften sowie Hotels und Mietwagen, zur Verfügung gestellt. Somit entstanden die ersten branchenweiten Computerreservierungssysteme (CRS). Diese Systeme wurden kontinuierlich weiterentwickelt und an die Bedürfnisse der Reisemittler angepasst. Im dritten Schritt kam es durch staatliche Vorgaben bezüglich diskriminierungsfreier Darstellung aller Systemteilnehmer zu einer Weiterentwicklung in Richtung neutraler globaler Distributionssysteme (GDS).

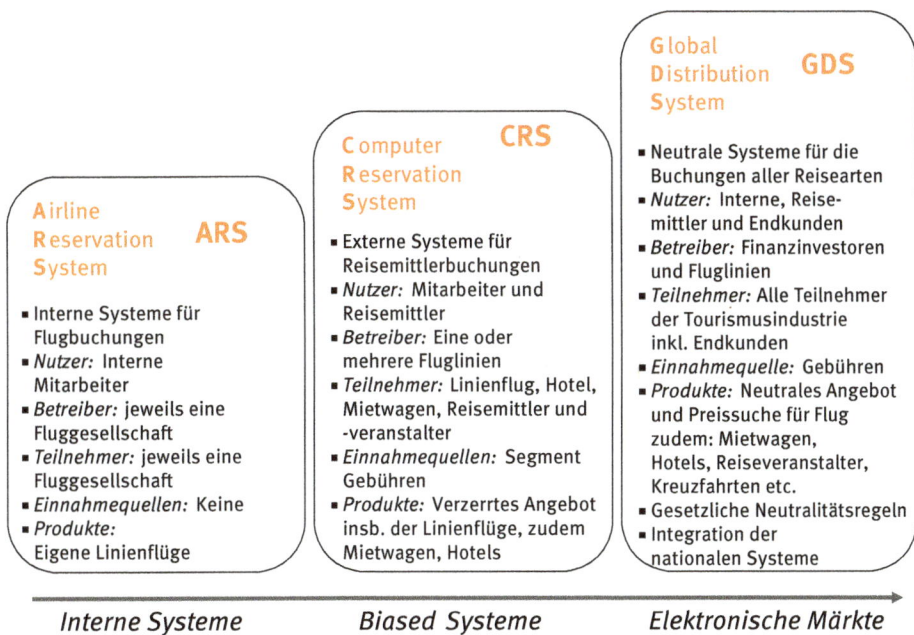

Global Distribution System — GDS

- Neutrale Systeme für die Buchungen aller Reisearten
- *Nutzer:* Interne, Reisemittler und Endkunden
- *Betreiber:* Finanzinvestoren und Fluglinien
- *Teilnehmer:* Alle Teilnehmer der Tourismusindustrie inkl. Endkunden
- *Einnahmequelle:* Gebühren
- *Produkte:* Neutrales Angebot und Preissuche für Flug zudem: Mietwagen, Hotels, Reiseveranstalter, Kreuzfahrten etc.
- Gesetzliche Neutralitätsregeln
- Integration der nationalen Systeme

Computer Reservation System — CRS

- Externe Systeme für Reisemittlerbuchungen
- *Nutzer:* Mitarbeiter und Reisemittler
- *Betreiber:* Eine oder mehrere Fluglinien
- *Teilnehmer:* Linienflug, Hotel, Mietwagen, Reisemittler und -veranstalter
- *Einnahmequellen:* Segment Gebühren
- *Produkte:* Verzerrtes Angebot insb. der Linienflüge, zudem Mietwagen, Hotels

Airline Reservation System — ARS

- Interne Systeme für Flugbuchungen
- *Nutzer:* Interne Mitarbeiter
- *Betreiber:* jeweils eine Fluggesellschaft
- *Teilnehmer:* jeweils eine Fluggesellschaft
- *Einnahmequellen:* Keine
- *Produkte:* Eigene Linienflüge

Interne Systeme → *Biased Systeme* → *Elektronische Märkte*

Abb. 3.2.2: Entwicklungslinien ARS, CRS und GDS.

Wettbewerbsverzerrungen

Einige Fluggesellschaften (insbesondere American Airline und United Airlines) hatten in der Anfangszeit der Reservierungssysteme eine Doppelrolle sowohl als Systemteilnehmer und Systembetreiber. Diese Fluglinien missbrauchten ihre Marktmacht, um ihre Konkurrenten zu benachteiligen und die Nachfrage möglichst auf die eigenen Verbindungen zu steuern. Eine beliebte Strategie war die Beeinflussung der Darstellungsreihenfolge der einzelnen Flugverbindungen (engl. Biased Display). Auch heute wird noch ein Großteil aller Buchungen von der ersten Bildschirmseite getätigt (ca. 30 % von der ersten Bildschirmzeile und ca. 80 % von der ersten Bildschirmseite). In den ersten Jahren wurden daher die Systembetreiber immer an erster Stelle angezeigt. Um diese massive Wettbewerbsbeeinflussung zu verhindern, wurden in Amerika und Europa gesetzliche Neutralitätsregeln aufgestellt. Die europäische Kommission stellte 1989 den sogenannten Code of Conduct auf. Die darin geregelten Regulierungsbestimmungen sind in den nachfolgenden Kriterien strukturiert:

- **Neutralität:** Flug- und Preisinformationen sind neutral („unbiased") darzustellen. Systembetreiber dürfen ihre eigenen Flugverbindungen in keiner Weise bevorzugen. Die Reihenfolge der Darstellung ist in Europa vorgeschrieben und folgt festen Regeln.
- **Zugangsberechtigung:** Alle Fluggesellschaften müssen auf Wunsch in den Systemen aufgenommen werden und zu gleichen Bedingungen neutral dargestellt werden. Zudem müssen die Kosten der Benutzung für alle Systemteilnehmer nach einheitlichen Kriterien aufgeteilt werden.
- **Teilnahmeverpflichtung:** Fluggesellschaften, welche gleichzeitig Systembetreiber und Systemteilnehmer sind, müssen ihre Flugverbindungen in allen Distributionssystemen darstellen.
- **Vertragsregulierungen:** Die Verträge mit den Systemnutzern (insbesondere den Reisebüros) sind für alle Nutzer zu gleichen Bedingungen zugänglich und müssen faire Ausstiegsklauseln beinhalten. Zudem dürfen die Systembetreiber den Systemnutzern keine exklusive Nutzung des eigenen Systems vorschreiben.
- **Marketing-Daten:** Alle Fluggesellschaften bekommen zu gleichen Konditionen Zugang zu Marketing-Daten. Diese Daten werden von den Fluggesellschaften für die Analyse von Flugplanung und Yield Management verwendet.

Nach diesen Wettbewerbsregeln ist es allerdings immer noch möglich, dass bei Code-Share-Flügen der gleiche Flug mehrere Male auf dem Bildschirm angezeigt wird: einmal unter der Flugnummer der durchführenden und zum anderen unter der der Partnerfluggesellschaft(en). Dadurch werden andere Flüge auf der ersten Seite weiter nach unten bzw. auf die Folgeseiten verdrängt, deren Buchungswahrscheinlichkeit nur noch gering ist (Mundt 2008).

In der EU wird die Lockerung oder Abschaffung des Code of Conduct zurzeit diskutiert. In den USA ist ein entsprechender Kodex bereits ersatzlos gestrichen worden. Mit Abschaffung dieser Wettbewerbsregeln sind die Fluggesellschaften nicht mehr gezwungen, ihre Flugverbindungen mit Hilfe der GDS zu vermarkten, sie können den Kostenfaktor der hohen GDS-Gebühren somit vermeiden.

Globale Distributionssysteme (GDS)

Durch die Formulierung und Umsetzung der Neutralitätsregeln verloren die Systeme ihre strategische Bedeutung als Waffe im Wettbewerb. Die Systemeigner konnten ihre Marktposition durch den Besitz eines Systems nicht mehr beeinflussen bzw. verbessern. In der Folgezeit konzentrieren die Linienfluggesellschaften ihren Wettbewerb auf die Bildung der strategischen Allianzen (Star Alliance, One World und Skyteam). Die Reservierungssysteme standen daher nicht mehr im Mittelpunkt der Unternehmensausrichtungen und konnten sich zu eigenständigen, marktfähigen Unternehmen entwickeln, die der touristischen Wertschöpfungskette eine neue Stufe hinzufügten. Aus den bestehenden Computerreservierungssystemen entwickelten sich so unmerklich neutrale globale Distributionssysteme (GDS). Folgende Eigenschaften kennzeichnen heute diese Systeme:

- **Eigentumsverhältnisse:** Die globalen Distributionssysteme sind nicht mehr im Besitz einer Fluggesellschaft, sondern überwiegend im alleinigen Besitz neutraler Gesellschaften aus der Finanzbranche. Diese neuen Systemeigner verfolgen bei ihrer Unternehmensausrichtung keine strategischen bzw. manipulativen Interessen mehr, sondern vertreten eine strikte Fokussierung auf Renditeziele.
- **Systembeteiligte:** Auf Seiten der Nachfrage sind nicht mehr nur die stationären Reisemittler die einzigen Kunden der Distributionssysteme, sondern weitere Vertriebskanäle und insbesondere Endkunden mit Zugriff auf das Internet. Auf der Angebotsseite sind neben Flug, Hotel und Mietwagen auch Reiseveranstalter, Kreuzfahrtgesellschaften und Bahnen mit ihrem Leistungsangebot in die Systeme integriert. Lediglich die Billigfluggesellschaften sind in den Systemen aus Kostengründen nur in wenigen Fällen buchbar.
- **Produktpalette:** Das klassische Leistungsangebot der Systeme beinhaltet Linienflug sowie internationale Hotel- und Mietwagengesellschaften. Besonders der Flugbereich generiert auch heute immer noch den größten Teil des Umsatzvolumens. Neben der Verfügbarkeitsdarstellung gewinnt die vergleichende Produktsuche mit Hilfe von weiteren Kriterien (Ticketpreis, Standort des Hotels etc.) eine immer größere Bedeutung. Zusätzlich ist im deutschsprachigen Markt der Bereich der Reiseveranstalter von Bedeutung.
- **Verbreitungsgrad:** Die globalen Distributionssysteme sind weltweit tätig, wobei die geografische Abdeckung vor allem in Europa und Nordamerika sehr hoch ist. In diesen Regionen werden allerdings auch die höchsten Umsätze der Tourismusindustrie erwirtschaftet.

3.2.3 Überblick Systemanbieter

Weltweit werden heute vor allem die drei globalen Distributionssysteme Amadeus, Sabre und Travelport eingesetzt. Die Zukunft der Systeme ist noch ungeklärt, da die Vertriebs- und Kostenmodelle der Systeme nicht mit den Vorstellungen und veränderten Marktbedingungen der Fluggesellschaften (z. B. Konkurrenz durch Billigflug, Internetvertrieb, Provisionsstreichungen) einhergehen.

Amadeus

1987 wurde das globale Distributionssystem Amadeus von Air France, Iberia, SAS und Lufthansa gegründet. Ein Grund für diese Neugründung war die drohende Vormachtstellung der amerikanischen globalen Systeme im Bereich der Linienflugbuchungen. Mit Amadeus ist ein internationales GDS auf europäischer Basis entstanden, welches vor allem für die Flugbuchungen der europäischen Linienfluggesellschaften konzipiert wurde. Der Hauptsitz der Gesellschaft Amadeus IT Group S. A. ist in Madrid, wo die Bereiche Finanzen, Marketing, Personal und Unternehmensstrategie untergebracht sind. Das Rechenzentrum wurde in Erding bei München gebaut und die Produktentwicklung ist in Sophia Antipolis bei Nizza angesiedelt. Hinzu kommen Marketing- und Vertriebsgesellschaften in ca. 70 Ländern. Amadeus ist heute in Europa und Nordamerika sowie in Lateinamerika, Afrika und im Mittleren Osten und Asien vertreten. Neben den ca. 100.000 Reisebüros verwenden einige Fluggesellschaften Amadeus gleichzeitig auch als internes Reservierungssystem. Populäres Beispiel hierfür ist British Airways, die einen großen Teil ihrer IT-Systeme zu Amadeus ausgelagert hat. Amadeus bietet als globales Distributionssystem vorwiegend Leistungen in den Bereichen Flug, Hotel und Mietwagen. Der Bereich der Flugbuchungen dominiert allerdings die gesamte Systemarchitektur.

In Deutschland konnte sich Amadeus Germany zum bedeutendsten Reisevertriebssystem entwickeln und bietet heute ein umfangreicheres Angebot als alle anderen Systeme. Wie andere nationale Systeme auch weist Amadeus Germany eine hohe Marktdurchdringung im Heimatmarkt auf.

Im geänderten Wettbewerbsumfeld definiert Amadeus eine auf Diversifikation ausgerichtete Unternehmensstrategie. Sie sieht sowohl die Marktsicherung im Kernmarkt als auch Wachstum in weiteren Märkten vor. Wesentlicher Bestandteil der Strategie ist ein starker Ausbau des Corporate-Geschäfts für das Business Travel Management (B-to-B), die Absicherung und Optimierung des Leistungsträgergeschäfts durch die Ausweitung des Inventarmanagements sowie Check-in und eine zukunftsweisende Ausrichtung des Angebots für Endverbraucher (B-to-C). Somit sind auch die Geschäftsfelder klar definiert: Leistungsträger, Reisemittler und Unternehmen (Corporates) sowie Endkunden.

Sabre

Das computergestützte Reservierungssystem Sabre wurde als erstes internes Reservierungssystem von der Fluggesellschaft American Airlines bereits 1959 gegründet. Ziel war es, die bisherigen handgeschriebenen Reservierungen durch Lochkarten zu ersetzen. Das interne Platzbuchungssystem wurde bereits 1960 erfolgreich eingeführt, die ersten externen Terminals wurden jedoch erst 16 Jahre später in US-Reisebüros installiert. Das Rechenzentrum von Sabre steht in Tulsa/Oklahoma, USA. Sabre ist das führende amerikanische GDS und wird weltweit von mehr als 56.000 Reisebüros genutzt. Das System bietet ein umfangreiches Leistungsangebot, welches besonders auf den amerikanischen Markt zugeschnitten ist. Zudem verwenden auch einige Eisenbahngesellschaften, z. B. Amtrak sowie die staatliche französische SNCF-Gesellschaft mit ihren TGV-Schnellzügen die Technik von Sabre. Im Jahre 2000 wurde Sabre unabhängig von der Fluggesellschaft American Airlines und erwarb in den folgenden Jahren verschiedene Beteiligungen an Internetportalen (travelocity, lastminute.com, getthere etc.). Schließlich wurde auch Sabre im Jahre 2007 von einer Finanzgesellschaft übernommen.

1986 eröffnete Sabre sein erstes europäisches Büro und versucht seither, sich auch auf dem europäischen Markt zu etablieren. Der wichtigste Schlüssel für den Erfolg im deutschen Markt war die Übernahme der Firma Dillon Communications Systems, dem Entwickler des touristischen Systems Merlin, im Jahre 2003. Dadurch war Sabre in der Lage, den deutschen Reisebüros Zugriff auf die Reservierungssysteme der Reiseveranstalter anzubieten. und erreichte einen Marktanteil von 30 % bei deutschen Reisebüros. Hauptkundenkreis von Sabre Merlin ist das touristisch orientierte Reisebüro, das eine Alternative zu Amadeus Germany sucht. Teure Standleitungen zum Rechenzentrum in Hamburg werden nicht angeboten, sondern die gesamte Datenübertragung erfolgt mittels ISDN-Leitungen oder Internet. Verkaufsargument sind vor allem die vergleichsweise geringen Kosten und die einfache Bedienung. In der Merlin-Maske können Pauschalreisen, Ferienhäuser, Busreisen, Charterflüge, Mietwagen, Versicherungen und Kreuzfahrten gebucht werden. Insgesamt stehen die wichtigsten Anbieter online zur Verfügung. Flugbuchungen sind über eine Schnittstelle zu Sabre möglich. Mit der integrierten grafischen Benutzeroberfläche kann Sabre Merlin per Maus bedient werden. Der (ungeübte) Benutzer muss nicht mehr alle Formate kennen, um das System professionell bedienen zu können. Sogenannte Shortcuts und grafische Masken reduzieren hierbei die Anzahl der Tastatureingaben und beschleunigen den Verkaufsvorgang.

Neben dem Buchungsvorgang wird der Reisemittler auch mit Management-Informationssystem-Komponenten unterstützt. Wesentliche Daten werden automatisch in eine Datenbank übernommen. Einfache Auswertungen von Kundendaten, deren Reisen und Hobbys sowie Umsätze mit einzelnen Veranstaltern können dargestellt werden. Schließlich werden integrierte Mid- und Backoffice-Funktionen angeboten.

Die GDS-Dienste von Sabre sind unter der Marke Sabre Travel Network zusammengefasst. Stationäre Reisebüros, Stellen für Geschäftsreisemanagement in Reisebüros und Unternehmen sowie Online-Reisemittler finden im Portal mySabre ein umfassendes Angebot an GDS-Diensten zur Buchung von Flügen, Hotels, Mietwagen und Zugtickets.

Travelport

Das ursprüngliche GDS Galileo wurde im Jahre 2001 an die amerikanische Finanzgruppe Cendant verkauft und dann im Jahre 2006 an den bekannten Finanzinvestor Blackstone Group weiterverkauft. Zudem wurde nach Freigabe durch die Kartellaufsichtsbehörden in den USA und der EU Mitte 2007 der Galileo-Mitbewerber Worldspan übernommen. Heute wird der gesamte Bereich der Reisedienstleistungen unter dem Firmennamen Travelport vermarktet. Das Unternehmen ist neben Amerika im Wesentlichen im Mittleren Osten und Afrika sowie in Asien und im pazifischen Raum vertreten. Auch in Europa hält Travelport einen Marktanteil von ca. 30 %. In vielen kleineren Ländern ist Travelport Marktführer. Neben den Fluggesellschaften können in Travelport auch ca. 115 deutsche Reiseveranstalter abgerufen und gebucht werden. Auch die Endbenutzer können über die Onlineportale Orbitz, ebookers, ratestogo usw. auf Galileo zugreifen.

3.2.4 Kosten- und Vergütungsmodelle

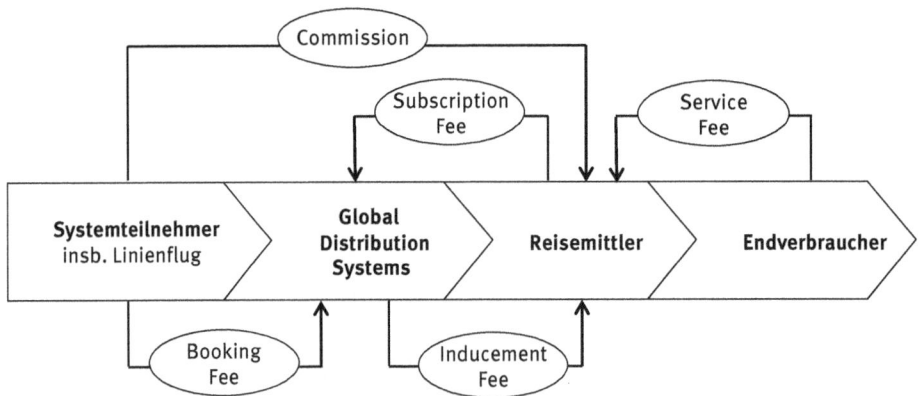

Abb. 3.2.3: Kostenmodelle (Quelle: Conrady 2019).

Die Systemkosten der globalen Distributionssysteme basieren auf der Anzahl der Buchungen und Transaktionen, die über das System getätigt werden (vgl. im Folgenden Abb. 3.2.3). Als Kennzahl dienen die gebuchten Segmente. Ein Segment bezeichnet eine einzelne Reiseleistung. Dabei kann es sich um einen über das System gebuchten Flug (Hin- und Rückflug sind zwei Segmente), Hotelübernachtung oder Mietwagen handeln. Das Besondere am Kostenmodell der GDS ist allerdings, dass sowohl die Leistungsträger als Anbieter von Reiseleistungen als auch die Reisemittler als Nachfrager für die Nutzung der Reservierungssysteme zahlen müssen. Die Kosten für die Reisemittler sinken jedoch mit zunehmender Nutzung bzw. zunehmenden Buchungen, da pro Buchung eine Rückzahlung erfolgt.

Kosten der Systemnutzer

– Für die Buchung einer Leistung zahlt der Endkunde neben dem Preis für die Leistung (z. B. Flugschein oder Übernachtung) dem Reisemittler eine Bearbeitungsgebühr (Service Fee) in Höhe von ca. 10 bis 20 €. Diese Servicegebühr ist die wichtigste und häufig einzige Einnahmequelle der Reisemittler und dient zur Deckung aller Kosten.

– Die Reisemittler zahlen für die Verwendung des globalen Distributionssystems eine monatliche Nutzungsgebühr (*Subscription Fee*). Mit diesen Gebühren sind alle Leistungs- und Systemkosten bezahlt. Zusätzliche Kosten können jedoch für einzelne Module (z. B. Vergleichssysteme) entstehen. So verlangt das GDS Amadeus für die Bereitstellung von den Tarifen der Billigfluggesellschaften eine Gebühr von ca. 0,10 € pro Abfrage.

– Für die GDS-Nutzung erhält das Reisebüro rückwirkend eine Ausgleichszahlung (Inducement Fee) vom Distributionssystem. In Abhängigkeit von der Anzahl der getätigten Buchungen sind die Ausgleichszahlungen häufig höher als die Nutzungsgebühren, d. h., der Reisemittler bekommt die GDS-Leistungen kostenlos. Nur bei einer geringen Anzahl von Segmentbuchungen kann die monatliche Nutzungsgebühr die vertraglich festgelegten Ausgleichszahlungen seitens der GDS übersteigen, d. h., der Reisemittler muss für die Systemnutzung etwas bezahlen.

– Obwohl Buchungsprovisionen für die Reisemittler von den Fluggesellschaften eigentlich abgeschafft worden sind, erhalten einzelne Reisemittler teilweise noch eine Vermittlerprovision (Commission) in Abhängigkeit von ihrem Umsatz mit der jeweiligen Fluggesellschaft. Berechnet wird diese Provision meist als Prozentangabe, basierend auf den Gesamtbuchungen des Absatzmittlers, oder als Zuwachsrate, basierend auf den Vorjahres-Flugscheinbuchungen bei der jeweiligen Fluggesellschaft.

Kosten der Systemteilnehmer

Die Systemteilnehmer (Fluggesellschaften, Hotel- und Mietwagenketten) bezahlen das Distributionssystem für die Möglichkeit, dass weltweit Reisemittler ihre Leistungen dort abrufen und buchen können. Bei dieser Bezahlung handelt es sich um eine Buchungsgebühr (Booking Fee), einen fixen Pauschalbetrag pro Passagier und Segment. Die durchschnittliche Buchungsgebühr liegt bei ca. 4,00 € pro Segment, was ca. 8,00 € für einen einfachen Hin- und Rückflug (ohne Umsteigen) ergibt. Die Buchungsgebühren sind bei Ticketpreisen für Business- und First-Class-Tickets in Höhe von 1.000 bis 15.000 € vernachlässigbar. Bei Sonderangeboten mit Preisen von 10 bis 30 € pro Ticket ist der Anteil der Buchungsgebühren an den Gesamtkosten allerdings unvertretbar hoch.

Durch die Deregulierung des europäischen und amerikanischen Marktes und die Billigangebote der Fluggesellschaften sind die Kosten für die GDS-Nutzung prozentual stark gestiegen. Im Zuge dessen erfuhren die traditionellen Vertriebsstrukturen von Flugleistungen eine Neuordnung. Der traditionelle Finanzweg verlagert sich und die Leistungsanbieter splitten die Leistungen und Kosten verursachungsgerecht auf, d. h., die einzelnen Gebühren für Flughafen, Reisemittlerleistungen etc. werden separat aufgelistet und verrechnet. Die globalen Distributionssysteme werden dabei gezwungen, die Kosten für die Systemnutzung für die Leistungsanbieter zu senken und gleichzeitig die Reisemittler stärker zu belasten. Hierfür gibt es zwei Modelle, welche die Systemkosten in Zukunft zu Lasten der Reisemittler neu verteilen sollen:

Full Content/Opt-in

Um den Reisebüros weiterhin den gesamten Leistungsumfang mit der gesamten Tarifvielfalt und insbesondere die günstigen Tarife der Fluggesellschaften (sogenannter Full Content) anbieten zu können, wird auch in Europa das sogenannte Opt-in-Modell eingesetzt. Besonders in den USA und Großbritannien sind Opt-in-Programme weit verbreitet. Die billigen Tarife der Fluggesellschaften sind bei diesem Verfahren in den globalen Distributionssystemen zu gleichen Kosten buchbar, da sich die Fluggesellschaften dazu verpflichten, weiterhin alle Tarife und Angebote in die GDS einzuspeisen. Im Gegenzug zum Full Content aller Tarife werden die Buchungsgebühren der Fluggesellschaften auf fast 50 % reduziert. Die Reisebüros schließen neue Verträge mit ihrem GDS und können so auf den Full Content der Fluggesellschaften zugreifen. Hierbei verzichten die Reisemittler auf einen Teil ihrer finanziellen Anreize (insb. Inducement Fees), indem sie eine Opt-in-Gebühr zwischen 0,50 € und 1,10 € pro Segment oder einer Ticketpauschale von 2,00 € an die GDS entrichten. Um die Einnahmeeinbußen auszugleichen, verlangen die Reisemittler von ihren Kunden häufig ein erhöhtes Serviceentgelt mit einem Ticketaufschlag von bis zu 2,50 €.

Airline Surcharge/Opt-out-Modell

Falls der Reisemittler das Opt-in-Modell ablehnt, bekommt er automatisch einen Opt-out-Vertrag. Auf der Gebührenseite gibt es für die Fluggesellschaften und Reisemittler vordergründig keine Veränderungen. Jedoch wird der Zugang zu den günstigsten Flugpreisen systemintern versperrt und der Reisemittler erhält nur die teureren Tarife angezeigt. Zusätzlich muss der Reisemittler pro Buchung eine zusätzlich Segmentbuchungsgebühr (Airline Surcharge) an die Fluggesellschaften bezahlen, sodass auf diesem Wege die Kosten für die GDS-Nutzung auf die Reisemittler abgewälzt werden.

3.2.5 Alternative Distributionswege

Die globalen Distributionssysteme zeichnen sich durch Schnelligkeit, Genauigkeit und exakte Funktionalität aus. Daher sind die meisten Leistungsanbieter und Reisemittler noch heute von diesen Systemen abhängig. Die Konkurrenz des Internets verändert zunehmend die Struktur der Tourismusindustrie. Einerseits müssen die Reisebüros mit gut informierten Kunden rechnen, die einen Großteil der Informationen bereits im Internet und anderen Quellen recherchiert haben. Daher ist es für den Reisemittler überlebensnotwendig, nicht nur auf das Informationsangebot der Distributionssysteme zuzugreifen, sondern alle Informationsquellen zu nutzen. Andererseits geraten auch die Reservierungssysteme zunehmend unter Druck: Die hohen Buchungsgebühren, die mangelnde Flexibilität der Systeme, die unzureichende Transparenz der Tarifklassen sowie fehlende Möglichkeiten, Zusatzprodukte zu verkaufen, sind Gründe für die Fluggesellschaften, sich von den globalen Distributionssystemen abzuwenden und auf alternative Vertriebsplattformen zu vertrauen. Es zeichnet sich daher ab, dass in naher Zukunft eine Reihe von Veränderungen auf Reisebüros und GDS zukommen werden (vgl. im Folgenden Abb. 3.2.4).

Global New Entrants (GNE)

Der Druck auf die Reisemittler und auch auf die GDS verstärkt sich zunehmend, was angesichts der enormen Kosten, die auf die Leistungsanbieter zukommen, nicht verwunderlich ist. Deshalb finden Ersatzsysteme in den letzten Jahren immer größeren Anklang. Die sogenannten Global New Entrants (GNE) sind neue Systeme, die ähnliche Leistungen wie die GDS bieten und zudem die Reservierung und die Vorgangsverwaltung in den Reisebüros revolutionieren sollen. Zugleich können Fluggesellschaften erhebliche Einsparungen erzielen. Allerdings haben diese Systeme auch eine Reihe von Nachteilen, so bekommen die Kunden keinen Full Content, da sie in der Regel nur mit einer begrenzten Anzahl von Fluggesellschaften Verträge abgeschlossen haben. Mit den Produkten der GNE können derzeit lediglich einfache Flugbuchungen durchgeführt werden – diese zudem häufig nur innerhalb der USA. Da es dadurch für die Reisemittler notwendig wird, sich weiteren Vertriebskanälen anzuschließen, entstehen für sie weitere Kosten, da diese ebenso Gebühren erheben. Der Expedient muss die verschiedenen Quellen einzeln durchsuchen, bevor er dem Reisenden ein günstiges und passendes Angebot vorlegen kann. So wird eine Buchung deutlich zeitaufwendiger. Dennoch bieten Global New Entrants nicht nur Nachteile für die Tourismusindustrie. Speziell für Reisebüros bringen die GNE mehrere Vorteile für den täglichen Ablauf mit sich. Wichtigstes Element hierbei ist die Aufhebung der GDS-fähigen Reservierungen und anderer Buchungskanäle. Statt der heutigen Buchungen in den GDS sollen die Reisemittler einen sogenannten *SuperPNR* verwenden. Dieser bietet die Möglichkeit, unabhängig vom Buchungssystem alle Vorgänge zu verwalten. Damit können sowohl Buchungen via Internet als auch Direktanbindungen in verschiedenen Systemen des Reisebüros koordiniert werden. Schließlich sollen die GNEs mit einer einheitlichen Oberfläche Zugriff auf mehrere angeschlossene Buchungssysteme ermöglichen. Der Vorteil dabei ist, dass Expedienten auch die Oberfläche eines anderen CRS nutzen können, die ihnen besser vertraut ist. Ob sich allerdings diese neuen Entwicklungen in deutschen Reisebüros durchsetzen werden, ist derzeit noch sehr unsicher.

Zu Beginn ihrer Entwicklung wurden große Hoffnungen in die Global New Entrants gelegt, denn durch sie sollten Fluggesellschaften unabhängiger und das Oligopol der GDS beendet werden. Heute ist nur das GNE Farelogix unabhängig von den GDS. Es bekam die Zulassung für BSP-Abrechnungen der IATA, welche die Voraussetzung für eine anbieterübergreifende Ausstellung und Bezahlung von Tickets darstellt. Bislang haben sich die GNE nicht vollständig durchgesetzt, weshalb sich auch noch keine der Linienfluggesellschaften ganz von den GDS abgewandt und vollständig an die neuen Technologien der GNE gebunden hat.

Direct Connect

In jüngster Zeit versuchen die Fluggesellschaften wieder, sich direkt mit dem Reisebüro zu verbinden. Bei diesen Modellen werden die traditionellen GDS ganz oder z. T. umgangen (Direct Connect). Der ausschlaggebende Punkt dieser Entwicklungen sind vor allem die hohen GDS-Gebühren, die von den Leistungsanbietern entrichtet werden müssen. So zahlen z. B. allein die Mitglieder der Star Alliance jährlich 1,5 Mrd. € an die GDS.

Um diese hohen Gebühren zu reduzieren, werden bei den Fluggesellschaften neue Direct-Connect-Systeme etabliert werden. Der Vertrieb, insbesondere über Geschäftsreisebüros, soll damit technisch verbessert werden. Diese internen Reservierungssysteme der Fluggesellschaften sind ein neuer Direkt-Kanal, um die günstigsten Tarife buchbar zu machen. Die in der Regel teureren Published-Tarife werden weiter über die traditionellen GDS vertrieben, da hier die hohen GDS-Gebühren einen geringeren Ausschlag geben.

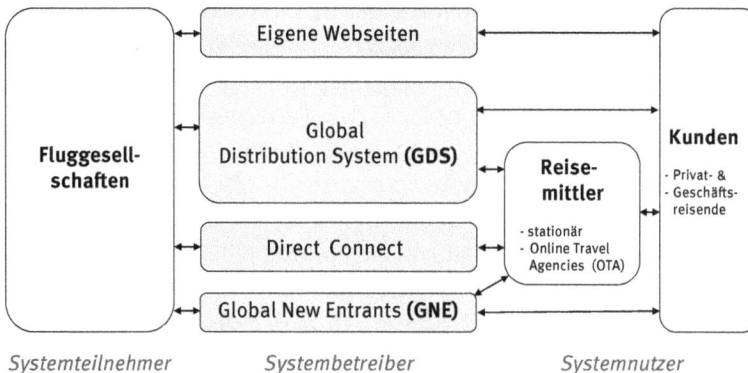

Abb. 3.2.4: Alternative Distributionswege.

Ein Beispiel für die aktive Steuerung der Fluggesellschaften ist der Lufthansa-Konzern, welcher seit 2015 die Distribution Cost Charge, eine Gebühr in Höhe von 16 € pro Ticketbuchung des Reisebüros über den Vertriebskanal GDS erhebt. Nur bei Buchungen über das systemeigene LH-Portal entfällt diese Gebühr. Außerdem sind nur noch im Lufthansa-Portal die günstigsten Tarife buchbar, im GDS sind z. B. die gepäcklosen Basis-Tarife gesperrt. Für viele Reisebüros ist das LH-Portal allerdings keine vollständige Alternative. So bestehen keine standardisierten Direktschnittstellen zu Front-, Mid und Backoffice-Systemen.

3.2.6 Neue Datenstandards

Eine weitere aktuelle Entwicklung betrifft die abnehmende Interoperationalität zwischen Fluggesellschaft, Distributionssystem, Reisemittler und Drittanbietern aus dem Softwarebereich. Zwar können einfache Informationen, insbesondere die Datenelemente Passenger Name Record (PNR) in der Reservierung sowie Passenger Name List (PNL) im Check-in-Bereich, seit Jahrzehnten problemlos ausgetauscht werden. Weitergehende Informationen (z. B. Passagierinformationen, Zusatzwünsche) können jedoch nicht ausgetauscht und auch nicht abgerechnet werden. Besonders die Zusatzentgelte (engl. Ancillary Fees) spielen für die Rentabilität der Fluggesellschaften eine zunehmend größere Rolle, da das Kerngeschäft (Verkauf der Transportleistung) aufgrund der harten Wettbewerbsbedingungen nur eine geringe Rentabilität erlaubt.

Aus Kundensicht ist besonders der Aspekt der personalisierten Darstellung der Flugdaten hervorzuheben. Basierend auf den Kundendaten aus den Customer-Relationship- und Frequent-Flyer-Datenbanken können die Fluggesellschaften nun maßgeschneiderte Angebote für identifizierte Kunden erstellen und anzeigen. Zum einen können jetzt die spezifischen Interessen einzelner Kunden berücksichtigt werden, z. B. wird ein Platz am Notausgang automatisch einem bestimmten Kundenkreis präferiert angeboten. Zum anderen kann nun auch die Zahlungsbereitschaft der Kunden ausgetestet werden, z. B. werden loyalen Kunden andere Flugtarife angezeigt im Vergleich zu Kunden, die häufig mit weiteren Fluggesellschaften unterwegs sind.

Von Seiten der Fluggesellschaften und Flughäfen sind Zusatzentgelte eine einfache und lukrative Möglichkeit, die Rentabilität zu steigern. Bekannte Formen für Zusatzgeschäfte und -entgelte sind: Sitzplatzreservierungen, Internetverbindungen, besondere Essenswünsche, Hotel- und Mietwagenangebote usw. Um diese Erlösquellen reibungslos anzubieten und abzurechnen, müssen alle notwendigen Informationen der Zusatzentgelte in einheitlicher Form in den globalen Distributionssystemen dargestellt werden. Nur dann kann der Reisebürovertrieb dem Endkunden eine Vielfalt von Zusatzdienstleistungen anbieten und diese Entgelte auch abrechnen.

Um diese Ziele zu erreichen, hat der Dachverband der Fluggesellschaften IATA einen neuen Datenstandard namens New Distribution Capability (NDC) entwickelt. NDC baut auf dem zeitgemäßen Internet-XML-Standard auf und soll die vier Jahrzehnte alten Data-Exchange-Standards TELETYPE und EDIFACT ablösen. NDC ist somit kein neues Produkt und auch keine Software, es ist vielmehr ein neuer Flug-

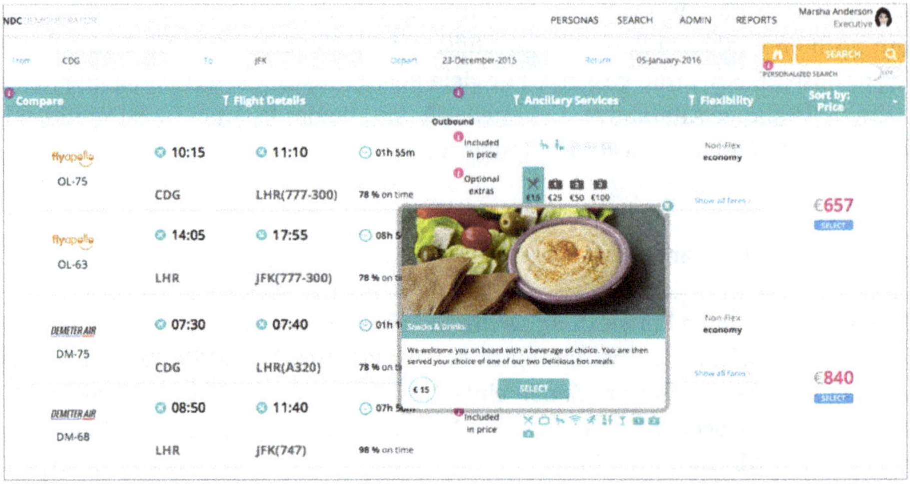

Abb. 3.2.5: NDC-Buchungsdarstellung mit Zusatzleistungen (Quelle: IATA 2013).

datenstandard, der die moderne Kommunikation zwischen Leistungsanbieter und Reisemittler vereinfachen und vereinheitlichen soll. Zudem wird die Abrechnung aller verschiedenartigen Leistungen ermöglicht. Alle Angebotsbestandteile werden nun mit Hilfe von NDC dynamisch auf allen gewünschten Distributionswegen dargestellt und vertrieben werden (vgl. Abb. 3.2.5).

Um zu gewährleisten, dass die Flugangebote identisch über alle Kanäle übertragen werden können, wurde eine normierte Schnittstelle (Application Programme Interface – API) entwickelt. Mit NDC sollen die Fluggesellschaften auch die Buchungen systemübergreifend abwickeln können. So wird der PNR bei einer NDC-Buchung direkt beim Anbieter erstellt, ebenso die Buchungsabwicklung und das Ticketing. In Zukunft soll der PNR sogar komplett abgelöst werden durch IATAs „One Order"-Lösung, die die verschiedenen Buchungsschlüssel wie PNR, eTicket-Nummer etc. ersetzt. So könnte die komplette Buchung anhand einer Referenz gespeichert und weitergereicht werden (IATA 2015, S. 4 f.).

Auf Geschäftsprozessebene erläutert die IATA in ihrer Resolution drei Prozessschritte: Authentifizierung und Shopping, Bestellung sowie Änderung. Der Verband regelt hier detailliert, welche Daten für den jeweiligen Prozess weitergegeben werden müssen. Die Prozesse werden in Abb. 3.2.6 veranschaulicht. Der Standard beinhaltet ebenfalls Richtlinien zur einheitlichen Kommunikation von Entgelten, sodass eine Abrechnung der Erlöse ohne Systembruch möglich wird.

Der Datenstandard ist mittlerweile fixiert, allerdings wird NDC nur bei wenigen Fluggesellschaften eingesetzt. Bei einem flächendeckenden Einsatz sind weitreichende Umwälzungen in der Vertriebslandschaft zu erwarten: Bislang erhielten die GDS von den Fluggesellschaften die Komponenten Flugpläne, Verfügbarkeiten, Flugpreise und z. T. Zusatzangebote (Schedules, Availabilities, Fares, Ancillaries) und aggregierten

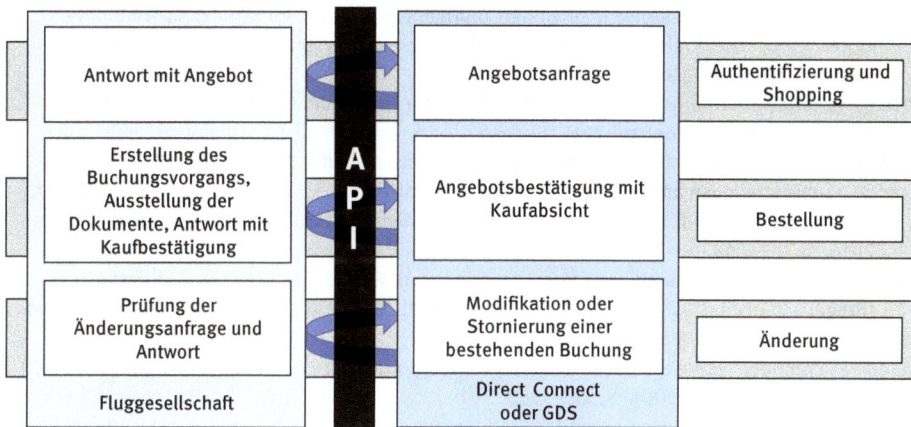

Abb. 3.2.6: NDC-Prozess.

diese zu einem integrierten Angebot, das für den Vertrieb über Reisemittler geeignet ist. Zudem aggregierten GDS alle Angebote der verschiedenen Fluggesellschaften zu einem Angebot. Mit der IATA NDC kehrt ein Teil der Aggregatorenrolle zu den Fluggesellschaften zurück, die ihre Komponenten selbst zu einem Angebot aggregieren. Diese Angebote können Reisemittlern mit Hilfe der normierten Schnittstelle (API) direkt zur Verfügung gestellt werden („Direct Connect"). Den GDS verbleibt nunmehr nur der zweite Teil der Aggregation, nämlich die kostenpflichtige Aggregation der Angebote verschiedener Fluggesellschaften in ihrem System.

Durch das NDC-Programm wird die Rolle der Fluggesellschaften als Leistungsträger im Vertriebsprozess erheblich gestärkt. So bekommen Fluggesellschaften eine größere Unabhängigkeit von den als zu teuer empfunden GDS und eine Fülle von Möglichkeiten, die eigenen Angebote zu optimieren. So lassen sich insbesondere Fare Bundles, Gebühren- und Incentive-Modelle flexibel erstellen, Ancillary-Angebote individualisieren und Suchoptionen erweitern.

Quellen

Backer, C., Back in the bottle, in: Airline Business, Juli 2007, S. 44–46.

Benckendorf, P. u. a., Tourism Information Technology, 2. Aufl., Boston 2014.

Echtermeyer, M., Elektronisches Tourismus-Marketing, Berlin 1998.

Goecke, R., Informationsmanagement in Hotel- und Gastronomiebetrieben, in: Schulz, A., Weithöner, U., Egger, R., Goecke, R. (Hrsg.), eTourismus – Prozesse und Systeme, 2. Aufl., Berlin/München/Boston 2014, S. 371–405.

Goecke, R., Weithöner, U., IT-Systeme und Prozesse bei Reiseveranstaltern, in: Schulz, A., Weithöner, U., Egger, R., Goecke, R. (Hrsg.), eTourismus – Prozesse und Systeme, 2. Aufl., Berlin/München/Boston 2014, S. 442–472.

Horster, A., Die Customer Journey im digitalen Tourismusmarketing, in: Schulz, A., Weithöner, U., Egger, R., Goecke, R. (Hrsg.), eTourismus – Prozesse und Systeme, 2. Aufl., Berlin/München/Boston 2014, S. 94–116.

IATA (Hrsg.), New Distribution Capability (NDC) Together Let's Build Airline Retailing, Strategy Paper (version 1.2), Montreal 2015.

Inkpen, G., Information Technology for Travel and Tourism, 2. Aufl., Singapore 1998.

Kreczy, A., Informationsmanagement bei Fluggesellschaften, in: Schulz, A., Weithöner, U., Egger, R., Goecke, R. (Hrsg.), eTourismus – Prozesse und Systeme, 2. Aufl., Berlin/München/Boston 2014, S. 329–349.

Maurer, C., eTourismus – Daten und Fakten, in: Schulz, A., Weithöner, U., Egger, R., Goecke, R. (Hrsg.), eTourismus – Prozesse und Systeme, 2. Aufl., Berlin/München/Boston 2014, S. 52–64.

Merten, P., The Future of Air Travel, Fribourg 2009.

Mundt, J., Computerreservierungssystem, in: Fuchs, W., Mundt, J., Zollondz, H. (Hrsg.), Lexikon Tourismus, München 2008, S. 152–156.

Reiner, J., Vertriebskanäle des Geschäftsreiseflugmarktes unter besonderer Berücksichtigung des Datenstandards NDC, Bachlorarbeit, Kempten 2019.

Schmidt, A., Computerreservierungssysteme im Luftverkehr, Hamburg 1995.

Schulz, A., Informationsmanagement im Reisebüro, in: Freyer, W., Pompl, W. (Hrsg.), Reisebüro-Management, 2. Aufl., München 2015, S. 183–200.

Schulz, A., Frank, K., Seitz, E., Tourismus und EDV-Reservierungssysteme und Telematik, München 1996.

Schulz, A., Egger, R., Weithöner, U., Goecke, R. (Hrsg.), eTourismus – Prozesse und Systeme, 2. Aufl., München/Berlin 2014.

Schulz, A., Globale Distributionssysteme, in: Schulz, A., Weithöner, U., Egger, R., Goecke, R. (Hrsg.), eTourismus – Prozesse und Systeme, 2. Aufl., Berlin/München/Boston 2014, S. 213–239.

Schulz, B., Amadeus Griffbereit, Amadeus Vista Graphic Page–Air, Hotel, Car, Bad Homburg 2005.

Conrady, R., Fichert, F., Sterzenbach, R., Luftverkehr, 6. Aufl., München 2013.

Weithöner, U. mit einschlägigen Beiträgen, z. B. zu Geschäftsreisemanagementsystem, Globales Reservierungssystem, Online Reisemittler, Internet Booking Engine, in: Fuchs, W. (Hrsg.), Tourismus, Hotellerie und Gastronomie von A bis Z, Berlin/Boston 2021.

Weithöner, U., Destinationsmanagement-Systeme und Portale, in: Schulz, A., Weithöner, U., Egger, R., Goecke, R. (Hrsg.), eTourismus – Prozesse und Systeme, 2. Aufl., Berlin/München/Boston 2014, S. 301–324.

3.3 Geschäftsreisemanagement und IT-Systeme

Axel Schulz

Unter einer Geschäftsreise versteht man eine beruflich bedingte Reise, die im Zusammenhang mit der Berufsausübung notwendig ist und deren Kosten vom Unternehmen getragen werden (Freyer 2015, S. 66). Der Begriff Geschäftsreise-Management bezeichnet die Gesamtheit der strategischen und operativen Maßnahmen zur Planung, Organisation und Kontrolle der Geschäftsreiseaktivitäten eines Unternehmens (Melzer 2000, S. 17). Sie unterscheidet sich somit von einer Urlaubsreise besonders hinsichtlich der Reisemotivation und der Art der Finanzierung. Zudem sind Geschäftsreisen meist kürzer als Urlaubsreisen, ihre Organisation ist meist sehr kurzfristig und sie wiederholen sich häufiger als Urlaubsreisen (vgl. Abb. 3.3.1).

	Geschäftsreise	Urlaubsreise
Motive	Wirtschaftlich, fremdbestimmt	Selbstbestimmt, vielfältige private Interessen
Kosten / Finanzierung	Ca. 160 € pro Tag Fremdfinanzierung durch den Arbeitgeber	Ca. 80 € pro Tag Eigenfinanzierung
Ursache	Wirtschaftliche Beziehungen räumlich getrennte Partner, produktionsbedingt	Erholung, Neugierde, private Bedürfnisse
Reise-organisation	Zumeist kurzfristig (1–30 Tage vor Reisebeginn)	Zumeist langfristig (1–30 Wochen vor Reisebeginn)
Reisezeit, Saison	Arbeitswoche, ganzjährig (außerhalb Ferienzeit)	Urlaubstage/Wochenende, in der Ferienzeit
Bevorzugte Reiseziele	Wirtschaftliche Zentren	Urlaubsregionen
Entscheidung über das Reiseziel	Durch die Organisatoren der geschäftlichen Zusammenkünfte, Incentive - Reisen, Konferenzen	Durch den Reisenden selbst
Reisedauer	Innerhalb der Woche (Mo–Fr), zumeist 1–5 Tage	Wochenende (3–5 Tage), Urlaub (5–30 Tage), oder Auszeit (max. ein Jahr)

Abb. 3.3.1: Unterscheidung Geschäftsreise und Urlaubsreise (Quelle: eigene Recherche, Freyer 2015, S. 108).

Allgemein kann man zwischen vier verschiedenen Geschäftsreiseformen unterscheiden. Zum einen gibt es Geschäftsreisen, die aufgrund von wirtschaftlichen Beziehungen zwischen Unternehmen mit unterschiedlichen Standorten stattfinden und die auch oft als klassische Geschäftsreisen bezeichnet werden. Diese Geschäftsreisen können extern zwischen rechtlich unabhängigen Unternehmen stattfinden oder intern zwischen einzelnen Niederlassungen eines Unternehmens.

Weitere Formen sind die Messe- und Ausstellungsreisen sowie die Kongress-, Tagungs- und Seminarreisen. Die letzte Geschäftsreiseform bilden die Incentive-Reisen, welche Motivations- und Anreizreisen für die Mitarbeiter sind. Die meisten Geschäftsreisen fallen unter die Kategorie der klassischen Geschäftsreisen, gefolgt von den Kongress- Tagungs- und Seminarreisen und den Messe- und Ausstellungsreisen. Die Incentive-Reisen machen dagegen nur einen geringen Anteil an den Geschäftsreisen aus und werden im Weiteren nicht behandelt.

3.3.1 Grundlagen

3.3.1.1 Beteiligte

Anbieter	Nachfrager
• Transportunternehmen (Flug, Bahn, Mietwagen) • Beherbergung • Gastronomie • Sonstige Unternehmen (IT-Anbieter, Kreditkarten)	• Geschäftsreisemittler • Internes Travel Management • Unternehmen • Geschäftsreisende

Abb. 3.3.2: Beteiligte bei Geschäftsreisen.

Im Geschäftsreisebereich spielen wie auch im Privatreisebereich touristische Leistungsanbieter eine zentrale Rolle. Die einzelnen Anbieter lassen sich dabei verschiedenen Kategorien zuordnen, die Unternehmen der einzelnen Kategorien bieten verschiedene Kernprodukte einer Geschäftsreise wie beispielsweise einen Flug oder eine Hotelübernachtung an (vgl. Abb. 3.3.2). Um sich den Anforderungen der Geschäftsreisenden anzupassen und einen möglichst großen Anteil dieses Marktes zu erreichen, bieten viele Leistungsträger Zusatzleistungen an. Dies kann zum Beispiel im Hotel ein freier Internetzugang für Geschäftsreisende, im Mietwagensegment ein Hol- und Bring-Service oder ein auf Flughafentransfers spezialisiertes Transport- oder Taxiunternehmen sein. Die wohl beliebteste „Zusatzleistung" ist ein Kundenbindungs- bzw. Bonusprogramm, welches viele Fluggesellschaften, aber auch Hotels und Mietwagengesellschaften anbieten. Die gesammelten Flugmeilen, Übernachtungen oder Miettage können für Vergünstigungen eingelöst werden, welche meist auch privat genutzt werden dürfen.

Transport

Flug

Im Transportbereich macht der Flugverkehr circa die Hälfte der gesamten Kosten aus. Bei Geschäftsreisen zu Zielorten außerhalb Deutschlands ist das Flugzeug zumeist die beste Option. Aber auch innerdeutsch spielt der Flugverkehr trotz ökologischen Bedenken eine wichtige Rolle. Geschäftsreisende nutzen häufig Linienfluggesellschaften, da diese eine hohen Netzdichte sowie häufige Flugverbindungen anbieten. Ein weiterer Vorteil sind die im Linienflugbereich angebotenen unterschiedlichen Beförderungsklassen. Bei Langstrecken wird von Geschäftsreisenden auch die Business- oder First Class gebucht. Der Vorteil der höheren Beförderungsklassen ist, dass aufgrund des höheren Service- und Komfortlevels die Geschäftsreisenden stressfreier und erholter am Zielort ankommen. Vor allem bei engen Zeitplänen, in denen nur eine kurze Erholungsphase zwischen Ankunft am Zielort und erstem Termin eingeplant ist, kann sich die Investition in eine höhere Beförderungsklasse lohnen. Der Hauptteil der geschäftlich bedingten Flugreisen wird jedoch in der Economy Class der Linienflüge durchgeführt. Die höheren Klassen sind mit immensen Kosten verbunden, die nur in Ausnahmefällen genehmigt werden bzw. leitende Angestellte nutzen dürfen.

In den letzten Jahren stieg auch die Akzeptanz der Unternehmen und Reisenden zur Nutzung von Billigfluggesellschaften. Eine zusätzliche Option sind Geschäftsreisefluggesellschaften (vgl. Kap 4.1.3). Für Unternehmen, bei denen eine Anzahl an Mitarbeitern zur gleichen Zeit auf derselben Strecke reisen muss, kann ein Flugzeugcharter die richtige Option sein. Diese kleinen Passagierflugzeuge (ca. 5–10 Plätze) können kurzfristig angemietet werden und bieten stressfreies und komfortables Reisen.

Die meisten Unternehmen haben Verträge mit mehreren Fluggesellschaften, in denen Nettoraten mit Rabatten vereinbart werden. Zusätzlich sind oft Sonderkonditionen für „Rennstrecken" vereinbart, also Strecken, die von den Geschäftsreisenden des Unternehmens sehr oft zurückgelegt werden müssen. Ein anderes Vertragsmodell arbeitet mit einem jährlichen Umsatzziel. Unternehmen können mit Fluggesellschaften zudem Firmentarife abschließen, die dann exklusiv für das Unternehmen buchbar sind.

Bahn

In Deutschland gilt die Reise im Schienenverkehr auf Grund der hohen Netzdichte bei einer Reisedistanz von ca. 500 km und einer Reisedauer von bis zu drei Stunden als das vorteilhafteste Verkehrsmittel. Geschäftsreisende nutzen dieses Transportmittel vor allem für Reisen im Inland und in die angrenzenden Nachbarländer. 2018 machten geschäftliche Bahnfahrten mit 10 Mrd. € 19 % der Gesamtkosten der Geschäftsreisen in Deutschland aus. Viele Geschäftsreisende schätzen die Reise per Bahn, da sie einige Vorteile gegenüber anderen Verkehrsmitteln mit sich bringt. Reisende können beispielsweise während der Fahrt arbeiten, sparen sich die Sicherheitskontrollen am Flughafen, können ihre Gepäckmenge spontan wählen, benötigen keinen Parkplatz und tragen durch den geringeren ökologischen Fußabdruck dieser Transportvariante noch zum Nachhaltigkeitsbestreben vieler Unternehmen bei.

Mietwagen

Das Mietwagensegment ist ein weiterer wesentlicher Teil der für Geschäftsreisende wichtigen Transportleistungen. Mietwagen werden hauptsächlich als kostengünstige Alternative zum Privat- oder Firmenwagen oder als zusätzliches Transportmittel zu Flug oder Bahn gebucht. Die Flotten der Mietwagenanbieter bieten unterschiedliche Fahrzeugklassen und Motortypen, um die unterschiedlichen Ansprüche in Sachen Fahrzeuggröße, Komfort, Verbrauch und Leistungsfähigkeit zu erfüllen. Auch im Mietwagenbereich gibt es meist Verträge zwischen Unternehmen und Leistungsträger, in welchen spezielle Firmenraten, Zusatzleistungen oder spezielle Services festgelegt sind. Die Firmenraten orientieren sich wie auch im Flug- und Bahnbereich hauptsächlich am jährlich erzielten Umsatz. Meist bieten die Leistungsträger auch spezielle Programme für Firmenkunden an, in denen Buchung, Bezahlung, Abrechnung und Service auf die Bedürfnisse der Unternehmen zugeschnitten sind. Heute wandeln sich Mietwagenunternehmen immer mehr zu Mobilitätsdienstleistern, die weitere Transportleistungen wie Carsharing, Taxifahrten und Limousinen-Service integrieren.

Beherbergung

Die Beherbergungsunternehmen bieten eine der Kernleistungen von mehrtägigen Geschäftsreisen an, die Übernachtung. Häufig wird diese zusätzlich mit einer Verpflegungsleistung, z. B. Frühstück, verbunden. Für die Geschäftsreisenden ist die Lage des Hotels in der Regel das wichtigste Kriterium. Es sollte möglichst zentral gelegen sein und eine gute infrastrukturelle Anbindung an die verschiedenen Verkehrsträger (Flugzeug, Bahn, Auto) haben. Neben der Lage ist aber auch die Qualität, also Ausstattung, Komfort und Service, wichtig.

Die Leistungsträger im Beherbergungssegment lassen sich in die zwei Bereiche der klassischen Hotellerie und der Parahotellerie aufteilen. Die Parahotellerie bietet neben der Übernachtung meist nur wenig oder keinen zusätzlichen Service an (z. B. Ferienwohnungen, Jugendherbergen oder Pensionen). Die Geschäftsreisenden bevorzugen daher meist die klassische Hotellerie. Hier gibt es inzwischen auch speziell auf die Bedürfnisse der Geschäftsreisenden ausgerichtete Geschäftsreise- und Tagungshotels.

Auch im Beherbergungssegment verhandelt das BTM mit den Leistungsträgern in der Regel Firmenraten und fixiert diese vertraglich. Wie im Transportbereich ist auch hier der Umsatz die wichtigste Kenngröße: je höher der Umsatz, desto höher in der Regel auch der Rabatt. Solche Verträge lohnen sich nur dann, wenn bestimmte Destinationen sehr häufig und regelmäßig besucht werden oder aber Verträge mit Hotelketten abgeschlossen werden. Diese bieten den Vorteil, dass sie in vielen verschiedenen Städten, meist weltweit, vertreten sind und so ein hoher Umsatz generiert werden kann. Hotelketten haben zusätzlich den Vorteil, dass die Übernachtungen in den verschiedenen Hotelmarken der Kette in ein gemeinsames Bonusprogramm eingerechnet werden, sodass auch hier durch die Menge an Übernachtungen mehr bzw. bessere Vergünstigungen zu erreichen sind. Große und für den Geschäftsreisemarkt wichtige Hotelketten sind beispielsweise Accor, Maritim, Steigenberger oder Mariott.

Unternehmen

Die Unternehmen als eigentliche Auftraggeber befinden sich in einer Zwickmühle. Auf der einen Seite versuchen sie seit Jahren durch ein professionelles Travel Management die Kosten der Dienstreisen zu senken, auf der anderen Seite sind die Kontakte zu externen Firmen, insbesondere Kunden und Lieferanten, für den Unternehmenserfolg unabdingbar. Auch die Versuche, die Anzahl der Dienstreise zu beschränken und durch elektronische Medien zu ersetzen, waren bisher nur bedingt erfolgreich. Somit wächst das Reisevolumen vieler Firmen dennoch stetig.

Geschäftsreisemittler

Ein Unternehmen hat im Geschäftsreisebereich mehrere Optionen, wie die Geschäftsreisen für die Mitarbeiter gebucht werden können. Die erste Möglichkeit ist, dass die Mitarbeiter die Reise selbst buchen. Dies kann entweder direkt bei den Leistungsträgern oder mithilfe eines BTM-Software-Systems erfolgen. Beide Varianten haben entscheidende Nachteile: Bei Direktbuchungen können die Buchungen im Nachhinein nicht oder nur schwer nachvollzogen werden. Eine Datenauswertung ist in diesem Fall nicht möglich. Wird über ein IT-System gebucht, so werden die Daten zwar erfasst, jedoch kann das Unternehmen bzw. das Travel Management erst nach der Buchung kontrollieren, ob die Reisenden sich an die vorgegebenen Reiserichtlinien halten.

Aufgrund der Nachteile von „Eigenbuchungen" stellen die meisten Unternehmen eine Schnittstelle zwischen Reisenden und Leistungsanbietern zur Verfügung. Dies kann entweder ein externes Reisebüro oder eine interne Reisestelle sein. Beide haben grundsätzlich die gleichen Funktionen:
– Beratung, Service, Kontrolle bzgl. Reiserichtlinien
– Reservierung, Buchung, Umbuchung, Stornierung
– Datenzusammenführung und Berichterstattung
– Reisekostenabrechnung

Ob ein externes Reisebüro oder eine interne Reisestelle als Reisemittler fungiert, ist von Unternehmen zu Unternehmen unterschiedlich. Reisebüros haben meist mehr Erfahrung, eine bessere technische Ausrüstung und eine höhere Professionalität. In

Deutschland wird der Geschäftsreisemarkt von wenigen großen Reisebüroketten dominiert. Diese haben ein dichtes Netz an Filialen und agieren zudem oft weltweit, wodurch ein international agierendes Unternehmen theoretisch die Abwicklung aller Geschäftsreisen auf einen Anbieter übertragen könnte. Nachteil der Reisebüros gegenüber einer Reisestelle sind die Serviceleistungen, da eine interne Abteilung die Bedürfnisse der Geschäftsreisenden sowie die lokalen Gegebenheiten der Reiseziele meist gut kennt. Zudem muss eine Reisestelle nicht gewinnorientiert arbeiten, sondern nur die entstehenden Kosten decken.

Internes Travel Management
Das unternehmenseigene Geschäftsreise-Management bzw. Travel Management umfasst alle Aufgaben von der Buchung über die Organisation bis hin zur Abrechnung einer Geschäftsreise in einem Unternehmen. Dabei muss der Travel Manager die Balance zwischen Unternehmenszielen und Zufriedenheit der Geschäftsreisenden wahren. Die Geschäftsreise soll so effizient und kostensparend wie möglich geplant werden, gleichzeitig den Reisenden aber auch eine stressfreie und komfortable Reise ermöglichen.

Das Bewusstsein über den hohen Grad der Beeinflussbarkeit direkter und indirekter Reisekosten durch Gestaltungs-, Kontroll- und Koordinationsfunktion einer zentralen Stelle wurde den meisten deutschen Unternehmen erst in den vergangenen Jahren deutlich. So hat sich der vormalige Reisestellenleiter, dem einst hauptsächlich operative Aufgaben übertragen waren, zum Travel Manager weiterentwickelt. Prozessoptimierungen und strategische Entscheidungen wie Verhandlungen mit Leistungsträgern sowie die Auswahl bevorzugter Vertragspartner prägen heute das sich ständig wandelnde Berufsbild des Travel Managers. Diese Entwicklung zeigt deutlich, dass Controlling-Aktivitäten das Mobilitätsmanagement der Zukunft prägen werden. Standardisierte und professionelle Auswertungen sollen bessere Verhandlungsgrundlagen bieten, Kostentreiber aufdecken und somit zur Einsparung direkter Kosten beitragen. Damit die Planung, Erfassung und Auswertung der Dienstreise optimal ausgeführt werden kann, arbeitet der Travel Manager eng mit den Bereichen Finanzen, Controlling, Einkauf und dem Personalwesen zusammen.

Obwohl es heute kein einheitliches Berufsbild des Travel Managers gibt, gewinnen die Managementfähigkeiten zunehmend an Bedeutung. Operative Aufgaben (z. B. Reisebuchungen) werden lediglich von ca. 25 % der Travel Manager wahrgenommen. Heute verwalten schon viele Travel Manager den Firmenfuhrpark und zählen das Veranstaltungsmanagement zu ihren Aufgabengebieten. Der Travel Manager von morgen wird sich Mobility Manager nennen und abermals eine Vielzahl an Verantwortungsgebieten übernehmen. Schon heute gibt es Travel Manager, die alle Mobilitätsbereiche wie Fuhrpark- und Veranstaltungsmanagement, Messe- und Umzugsorganisation sowie Mobilfunknutzung zentral von einer Stelle koordinieren.

Geschäftsreisende

Die Geschäftsreisenden sind die eigentlichen Kunden der Anbieter, sie müssen zudem keine Kosten für die teuren Geschäftsreisen tragen. Zudem sehen sie die Dienstreisen als berufliche und persönliche Weiterbildungschance und wollen sich ausreichend über das Zielgebiet ihrer Reise informieren. Andererseits sieht ein Großteil aller geschäftlich Reisenden die Trennung von ihrer gewohnten Umgebung als Belastung an. Zudem gewinnen Themen wie Sicherheit, Zuverlässigkeit und Umweltschutz immer mehr an Bedeutung. Besonders das Thema Sicherheit ist für Geschäftsreisende in Europa von sehr hoher Bedeutung, trotzdem sind viele von langwierigen Kontrollen an Flughäfen zunehmend genervt. Neue Technologien wie der Iris-Scan und Bordkarten, auf denen Fingerabdrücke gespeichert werden, sollen die Wartezeiten an Flughäfen zukünftig verringern.

3.3.1.2 Aufgaben und Ziele

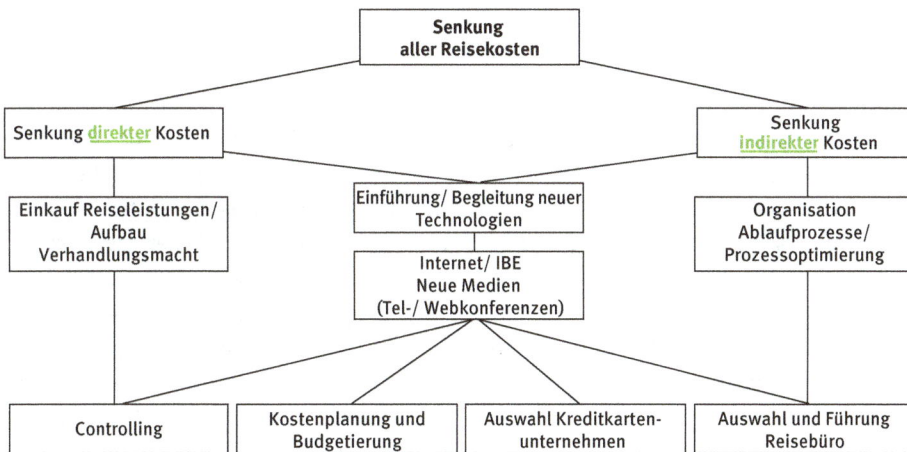

Abb. 3.3.3: Aufgaben und Ziele des Travel Managements.

Ziel eines effizienten und erfolgreichen Geschäftsreise-Managements ist es, die hierbei entstehenden Kosten zu minimieren (vgl. im Überblick Abb. 3.3.3 bis 3.3.5). Es gilt, die Leistungsstandards zu verbessern ohne gleichzeitige Erhöhung des Aufwands für die Leistungserbringung, der Qualitätskontrolle oder der internen Kommunikation. Verbindliche Reiserichtlinien, Genehmigungs- und Buchungsverfahren sowie standardisierte Abrechnungsverfahren sind hierfür Voraussetzung. Diese Vorgaben müssen laufend aktualisiert, von der Geschäftsführung genehmigt und für alle verbindlich festgesetzt werden. Dabei obliegen die Umsetzung und Kontrolle dieser Vorgaben dem Geschäftsreise-Management. Zu dem Zuständigkeitsbereich zählen insbesondere das Veranstaltungsmanagement mit der Organisation von Events und Incentives, die

Reisekostenabrechnung und das Reisekostencontrolling sowie das Fuhrparkmanagement. Eine optimale Leistungserbringung ist nur möglich, wenn bekannt ist, welche Leistungen zu welchem Zeitpunkt benötigt werden. Dies ist nur durch ein aussagekräftiges Berichtswesen der Reisekosten und des Reiseverhaltens der Mitarbeiter möglich.

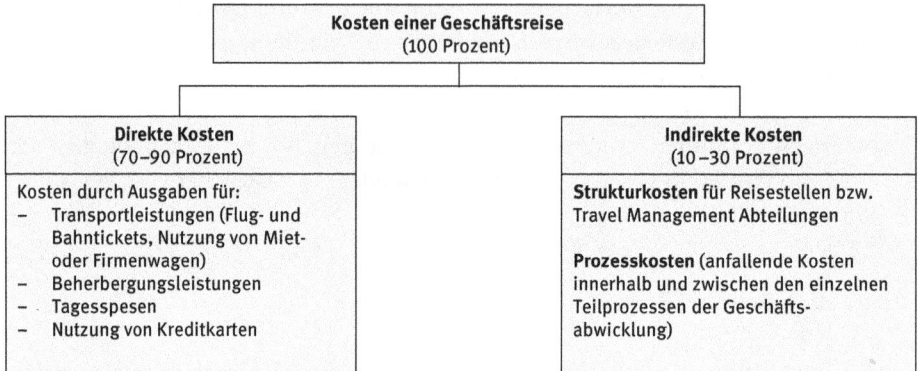

Abb. 3.3.4: Kosten einer Geschäftsreise.

Dem Geschäftsreise-Management müssen entsprechende Kompetenzen zur Durchführung der Aufgaben eingeräumt werden. Es sollte das Controlling des Reisebudgets, die Umsetzung und Anpassung der Prozesse unter Berücksichtigung der Unternehmensphilosophie sowie die Erstellung und Aktualisierung der Reiserichtlinien eigenverantwortlich übernehmen. Wesentliche Hauptaufgabe ist es, das gesamte Reiseaufkommen zu steuern. Hierzu zählen Verhandlungen mit Leistungsträgern, Festlegung von Vertragspartnern, Vertragsgestaltung sowie die Einkaufsoptimierung aller Reiseleistungen ebenso wie die Optimierung der Prozesse zur Senkung der Gesamtkosten. Auch die Überlegung, ob ein Reisebüro zur Unterstützung und Beratung der Reiseplanung und -organisation in den Reiseprozess eingebunden wird, ist eine wichtige Aufgabe des Geschäftsreise-Managements. Der Geschäftsreisemarkt wird immer komplexer und ist mit einer hohen Dynamik verbunden. Daher ist es für das Unternehmen wichtig, schnell auf Marktveränderungen reagieren zu können, was ohne ein gut funktionierendes und gut informiertes Geschäftsreise-Management nicht möglich ist.

Kosten- und Prozessmanagement
Kostenkontrolle ist eine wesentliche Aufgabe des Geschäftsreise-Managements, welche zum Erfolg des Unternehmens beiträgt. Wachsender unternehmerischer Druck und die zunehmende Dynamik des Marktes stellen neue Herausforderungen dar.

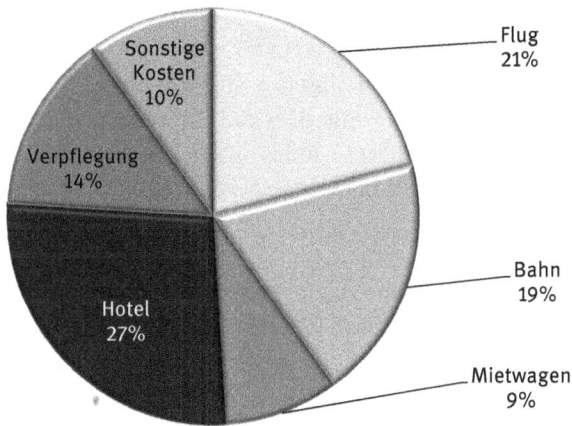

Abb. 3.3.5: Direkte Kosten einer Geschäftsreise (Quelle: VDR 2019).

Kostenmanagement – direkte Kosten

Der Anteil der direkten Kosten an den Reisegesamtkosten liegt je nach Unternehmen zwischen 70 und 97 %. Sie bestehen aus Ausgaben für Transport- und Beherbergungsleistungen sowie Tagesspesen bzw. Bewirtungskosten. Die Senkung dieser Kosten steht für Unternehmen an erster Stelle. Etwa 80 % der direkten Kosten werden über eine sogenannte Corporate Card erfasst, abgerechnet und ausgewertet. Die Corporate Card ist die Firmenkreditkarte, die normalerweise im Reisebüro hinterlegt und über die alle dort gebuchten Reiseleistungen abgerechnet werden. Hierbei wird die Firma direkt belastet.

Prozessmanagement – indirekte Kosten

Als indirekte Kosten werden Prozesskosten, die bei der Abwicklung der Geschäftsreisen für die einzelnen Teilprozesse anfallen, bezeichnet. Hierzu zählen aber auch die Kosten für Reisebüro und Geschäftsreise-Management, die sog. Strukturkosten. Spezifisch fallen unter die indirekten Kosten Administrationsaufwendungen, Kosten für Informationsbeschaffung, Buchungsverfahren, Abrechnung und Controlling. Zu den Kostentreibern in diesem Bereich zählen hauptsächlich die mehrmalige Datenerfassung, Medienbrüche aufgrund eines nicht integrierten Prozesses und aufwendiger Genehmigungsverfahren. Nach einer Analyse von Arbeitsabläufen sind häufig Kostensenkungen durch die Reduzierung von Durchlaufzeiten, die Standardisierung von einfachen Reisevorbereitungsabläufen sowie die Abschaffung von Medienbrüchen durch das Einführen diverser Schnittstellen möglich. Der Anteil der indirekten Kosten an den gesamten Reiseausgaben liegt zwischen 3 und 30 %. Sparpotenziale durch Reiserichtlinien, automatisierte Abläufe und einheitliche Zahlungswege durch Kreditkarten werden zu selten genutzt. Fehlerquellen und somit Kosten lassen sich durch automatisierte Reisekostenabrechnung und Datentransfer vermeiden.

3.3.1.3 Reiserichtlinie

Das wichtigste Instrument des Travel Managers ist die Reiserichtlinie. Sie enthält Regelungen zu Geschäftsreisen, an die sich alle Beteiligten halten müssen. Sie werden der Unternehmensphilosophie angepasst und sind die Grundlage für die Steuerung des Reiseverhaltens im Unternehmen. Hierzu müssen sie klar formuliert, verbindlich, aber auch leicht verständlich und überzeugend sein. In der Regel besteht sie aus zwei Teilen, der Basisrichtlinie mit weniger veränderlichen Inhalten und einer Anlage mit häufig wechselnden Angaben. In den Basisreiserichtlinien enthalten sind generelle Vorgaben wie Regeln für die Reiseplanung, Genehmigungsverfahren, Buchung, Reisedurchführung und Reisekostenabrechnung. Ergänzende Hinweise wie Vertragspartner, Buchungswege, Steuerpauschalen und Muster für die Reisemittelbeschaffung werden zumeist in einem Anhang hinterlegt.

Inhaltlich wird eine Basisreiserichtlinie üblicherweise in vier Teilbereiche aufgeteilt, die nun exemplarisch vorgestellt werden:

1. Dienstreise

Die beiden Schwerpunkte der Richtlinie sind hierbei das Reisegenehmigungsverfahren und das zu wählende Verkehrsmittel. Jeder Reisende muss vor Reiseantritt die Dienstreise bei seinem Vorgesetzten schriftlich beantragen und genehmigen lassen. Der Buchungsweg ist vorgeschrieben und entweder intern (Reisestelle) oder extern (Reisebüro). Bei kürzeren Wegen sind als Transportmittel entweder die Deutsche Bahn oder Fahrzeuge des firmeneigenen Fuhrparks zu wählen. Bei Flugreisen ist immer der Vertragspartner des Travel Managements zu wählen, andere Fluggesellschaften sind nur nach Genehmigung erlaubt. Die Berechtigung zur Buchung bestimmter Beförderungsklassen ist geregelt. Bei grösseren Unternehmen gibt es zudem noch spezifische Vorgaben für die Übernachtungen und private Verwendung von Bonusmeilen, kleinere Unternehmen verzichten hierauf zumeist.

2. Reisekosten

Unter Reisekosten werden Fahrtkosten, Verpflegungsmehraufwendungen, Übernachtungs- und Reisenebenkosten verstanden. Die Nutzung privater Verkehrsmittel wird pro gefahrenen Kilometer mittels der steuerlich geltenden Entfernungspauschale erstattet. Öffentliche Verkehrsmittel und Taxirechnungen werden nur gegen Vorlage einer Quittung rückvergütet. Für Verpflegungsaufwendungen werden grundsätzlich nur die steuerlichen Pauschalbeträge erstattet. Übernachtungskosten werden ausschließlich gegen Vorlage einer Hotelrechnung, ausgestellt auf den Namen der Firma, in voller Höhe erstattet. Liegt kein Hotelbeleg vor, muss ein Eigenbeleg erstellt werden. In solchen Fällen wird lediglich der steuerliche Pauschalbetrag zurückerstattet. Die Abrechnung von Reisenebenkosten wie Telefongesprächen oder Autobahngebühren kann ebenfalls nur gegen Vorlage eines Belegs erfolgen.

3. Reisekostenabrechnung
Die Reisekostenabrechnung ist unverzüglich, jedoch spätestens zwei Wochen nach Beendigung der Reise schriftlich zu erstellen. Im Falle von Kreditkartenzahlungen muss neben der Abrechnung ebenfalls der Original-Beleg vorgelegt werden. Flugreisen dürfen nur mit der im Reisebüro hinterlegten Firmenkreditkarte bezahlt werden.

4. Bewirtung von Geschäftspartnern
Zur Bewirtung von Geschäftspartnern sind ausschließlich Abteilungsleiter oder ranghöhere Mitarbeiter berechtigt. Das gegenseitige Bewirten von Kollegen ist grundsätzlich nicht erlaubt.

Die formulierten Reiserichtlinien müssen für alle Mitarbeiter verpflichtend sein, sodass diese nicht als unverbindliche Leitlinien erachtet werden. Um die Durchsetzung zu gewährleisten, ist eine klare Weisung der Geschäftsführung notwendig, und diese muss auch von Vorständen und Führungskräften vorgelebt werden. Ziele von Reiserichtlinien sind:
– Senkung der direkten und indirekten Kosten und damit verbunden Prozess- und Kostenoptimierung
– Grundlage für das Controlling und damit Verbesserung der Verhandlungsmöglichkeiten mit Leistungsanbietern
– Qualitätssicherung und -erhöhung
– Kontrolle des Reiseverhaltens der Mitarbeiter
– Gewährleistung der Sicherheit für Mitarbeiter auf Reisen.

Die Reiserichtlinie ist ein zentrales Mittel des Travel Managements, um sowohl die Interessen der Geschäftsreisenden (nach hohem Service und Komfort) als auch die des Unternehmens (nach möglichst niedrigen Kosten und erfolgreichen Geschäftsreisen) zusammenzuführen und für ein ausgewogenes Verhältnis im Sinne der jeweiligen Unternehmensphilosophie zu sorgen. Jedoch muss neben der Erstellung und Aktualisierung einer verbindlichen Reiserichtlinie auch eine stetige Überprüfung der Einhaltung der enthaltenen Vorschriften erfolgen.

Eine erfolgreiche Reiserichtlinie stellt eine wichtige Grundlage für das Controlling dar. Sie eröffnet außerdem die Möglichkeit, durch gewisse Vorschriften eine Kostenreduzierung im direkten und indirekten Bereich zu erwirken. Durch die Vorschriften der Reiserichtlinie können beispielsweise alle Umsätze konsolidiert werden, was dem Travel Management wiederum eine bessere Verhandlungsbasis in den Vertragsverhandlungen mit den Leistungsträgern bietet und somit zur Senkung der direkten Kosten beitragen kann.

3.3.2 Geschäftsreiseprozess

Der Gesamtprozess Geschäftsreise gliedert sich in verschiedene Phasen (vgl. Abb. 3.3.6). Dazu gehören die Vorbereitungs- und Organisationsphase, die Reisekostenabrechnung sowie die Auswertung und das Controlling. Um Kosten zu sparen, ist eine laufende Prozessoptimierung notwendig. Auf Analysen und Berichtauswertungen kann dabei nicht verzichtet werden. Weiterhin wird zwischen Standard- und IT-gestützten Prozessen unterschieden. Geschäftsreiseprozesse laufen in allen Unternehmen unterschiedlich ab, da sie von internen Faktoren wie Unternehmenskultur, -struktur, -größe und -zweck sowie dem Reisevolumen abhängen. Aber auch externe Prozesse wie die Zusammenarbeit mit Leistungsträgern, Reisemittlern und verschiedene Technologien haben großen Einfluss auf Optimierungsmöglichkeiten. Der sich ständig wiederholende Ablauf stellt sich durch teilweise parallel ablaufende Prozesse oftmals komplex und kostenintensiv dar. Mehrfacheingaben werden durch Schnittstellen und das Verringern von Medienbrüchen reduziert. Dabei ersetzen Unternehmen vermehrt manuelle Tätigkeiten durch internetbasierte, elektronische Business-Travel-Management-Systeme (BTM-Systeme). Die Vorteile dieser Systeme liegen in der Steigerung der Effizienz während des gesamten Prozesses sowie hohen Kosten- und Zeiteinsparungen. Zusätzlich sollte das Geschäftsreise-Management die Möglichkeit haben, auf bestimmte, vorher definierte Leistungsträger steuern zu können und ausgewählte ganz von der Angebotsabfrage auszuschließen.

3.3.2.1 Prozessschritte

Reisevorbereitung	Reiseorganisation	Reise-durchführung	Reisekosten-abrechnung	Controlling
- Reisebeschluss, Kostenplanung - Reiseinformations-beschaffung Online / Offline - Reisebeantragung - Reise-genehmigung	- Buchungsanfrage - Reiserichtlinien - Buchung Online / Offline - Ticketing - Belastung Kreditkarte	- Weitere Ausgaben - Umbuchungen / Stornierung - Belastung Kreditkarte	- Zusammen-stellung Reisekosten - Überprüfung Reisekosten - Abrechnungen / Rückerstattungen	- MIS – Daten Aufbereitung und Überprüfung - Auswertungen

Abb. 3.3.6: Prozessmodell Geschäftsreise.

1. Prozessschritt: Vorbereitungsphase
Im Vordergrund der Vorbereitungsphase steht die Informationsbeschaffung über infrage kommende Transportmittel, Reisezeiten, Abfahrt- und Ankunftszeiten sowie Unterkunftsmöglichkeiten und die Planung der gesamten Reise. Ausschlaggebende Faktoren für den Umfang der Planung können die Dauer der Reise, die Entfernung (kontinental/ interkontinental) sowie ein oder mehrere Ziele sein. Häufig müssen Ge-

schäftsreisen zudem von Vorgesetzten genehmigt werden. Der Genehmigungsprozess kann manuell als Antrag in Papierform oder über ein integriertes Workflowsystem, bei dem der Antrag automatisch an den zuständigen Genehmiger weitergeleitet wird, abgewickelt werden.

2. Prozessschritt: Organisationsphase

In der Organisationsphase wird die Reiseplanung umgesetzt und der reiserichtlinienkonforme Buchungsprozess findet statt. Dem beteiligten Reisebüro sind die Reiserichtlinien zur Kenntnis zu bringen. Das Reisebüro muss weiterhin darauf achten, dass alle Buchungen möglichst über einen Kanal getätigt werden, um dem Geschäftsreise-Management die Auswertung und Steuerung aller relevanten Reisedaten zu ermöglichen. Oft buchen Mitarbeiter ihre Hotels selbst oder wählen alternative Buchungswege und umgehen so die Einhaltung der Reiserichtlinien. Verhindert werden kann dies nur durch eine strenge und konsequente Überwachung des Buchungsverhaltens der Reisenden. Nach dem Erhalt der Buchungsbestätigung erhält der Reisende, sofern notwendig, seine Reisedokumente, welche heute fast ausschließlich durch elektronische Tickets ersetzt werden. In vielen Unternehmen haben die Mitarbeiter die Möglichkeit, ihre Reisen persönlich über eine Internet Booking Engine (IBE) zu buchen. Diese Alternative ist nur bei einfachen Punkt-zu-Punkt-Verbindungen empfehlenswert, da bei aufwendigeren Reisen immer noch Expertenwissen der Reisebüromitarbeiter notwendig ist. Jedoch ermöglicht ein durchgängiger Internet-Buchungsprozess hohe Kosteneinsparungen. Die Abrechnung der gebuchten Leistungen erfolgt in der Regel über die firmeneigene Kreditkarte, der Company Card.

3. Prozessschritt: Durchführung der Reise

Bei der Durchführung der geplanten und gebuchten Reise werden Wartezeiten an Flughäfen oder Bahnhöfen öfters zum Arbeiten genutzt. Hierfür werden an verschiedenen Orten Business Lounges angeboten, die aber häufig nur den Vielfliegern oder Nutzern der ersten Klasse vorbehalten sind. Zusätzliche Reiseausgaben können vom Reisenden mit der eigenen Kreditkarte beglichen werden. Die Abbuchung dieser Kredikartzahlungen findet zunächst vom privaten Konto des Mitarbeiters statt, wird aber über die Reisekostenabrechnung zurückerstattet.

4. Prozessschritt: Reisekostenabrechnung

Mit der Reisekostenabrechnung beginnt die Nachbereitungsphase. Hierbei werden zunächst die gesamten Reisekosten zusammengestellt. An dieser Stelle findet man häufig noch Medienbrüche, denn bereits eingegebene Daten aus Reiseplanung und -organisation müssen oft manuell erfasst werden. Durchgängige Prozesse mit technischer Unterstützung werden aber immer verbreiteter. Für eine genaue Abrechnung müssen die vor Beginn der Reise gebuchten Leistungen, wie Transportmittel und alle Leistungen, die während der Reise angefallen sind, berücksichtigt werden.

Dabei werden die über eine Kreditkarte getätigten Zahlungen automatisch im System erfasst. Die Weiterleitung an die Buchhaltung und die Überweisung an den Reisenden erfolgt dann automatisch. Dabei werden alle Daten gleichzeitig in einem Management-Informationssystem (MIS) gespeichert. Lediglich Barausgaben müssen noch manuell eingeben werden. Das Geschäftsreise-Management hat nun Einblick in die Zusammensetzung der Reisekosten, häufig bereiste Destinationen und Nutzung bevorzugter Leistungsträger.

5. Prozessschritt: Auswertung und Controlling
Das Controlling dient hauptsächlich der Steuerung und Kontrolle der Geschäftsreiseprozesse, der Reiserichtlinien und der Beschaffung. Ausgewertet werden alle Daten der Kreditkarten, die Daten des Reisebüros und der Leistungsträger. Die Reisedaten bilden die statistische Grundlage zur Analyse des Reiseaufkommens und -verhaltens. Nach Auswertung der Daten können gezielte Vertragsverhandlungen mit Leistungsträgern stattfinden. Anhand der Auswertungen ist außerdem ersichtlich, wie sich die direkten Kosten auf die einzelnen Reiseleistungen aufteilen.

3.3.2.2 Prozessoptimierung

Zur Optimierung des Gesamtprozesses müssen die einzelnen Prozessschritte detailliert analysiert werden. Insbesondere werden die verschieden Kostentreiber der einzelnen Prozessschritte verglichen, um so Ansatzpunkte für Optimierungspotenziale und damit Kostensenkungsansätze zu ermitteln. Kostentreiber findet man häufig in der Informationsbeschaffung, der Buchung und dem Genehmigungsverfahren (oft mehrmalig und papiergestützt), im Vorschusswesen, der Reisekostenabrechnung sowie in der Rechnungsstellung der Leistungsträger. Grundsätzlich kann aber gesagt werden, dass in allen Prozessschritten ein gewisses Optimierungspotenzial liegt. So sind in den Bereichen Reisevorbereitung und -organisation durch den Einsatz IT-gestützter Verfahrensabläufe, Produktivitätssteigerungen der Mitarbeiter und des Sekretariats Einsparungen von 20 bis 40 % möglich. Durch den Einsatz von Internet Booking Engines (IBE) kann sogar ein höherer Prozentsatz erzielt werden. Prozesskostenrechnungen sind sehr komplex und unternehmensspezifisch und lassen daher keine allgemeinen Aussagen über Kostensenkungspotenziale zu. Welche Neugestaltung von Prozessen zu welchen Ergebnissen führt, muss jedes Unternehmen für sich entscheiden. Zunächst müssen Schwachstellen aufgedeckt werden, um neue Ansatzpunkte zur Optimierung und Kostenkontrolle zu erkennen.

Analyse und Steuerung des Einkaufsvolumens

Flug und weitere Transportmittel

Ein wichtiger Schlüsselfaktor für die Steuerung und Analyse des Verkehrsträgerbereichs ist die Überwachung der gesamten Ausgaben für die Transportmittel. Die

Flugausgaben stellen hier den größten Bereich dar, benötigen deshalb auch mehr Aufmerksamkeit. Das Buchungsvolumen sollte sich auf eine begrenzte Anzahl bevorzugter Leistungsträger konzentrieren. Weiterhin sollte in den Reiserichtlinien genau festgelegt werden, welche Verkehrsmittel wann genutzt werden dürfen und welcher Buchungsweg gewählt werden muss.

Hotelausgaben

Der Hotelmarkt zeichnet sich durch eine starke Differenzierung aus. Für die Unternehmen ist es schwierig in diesem Bereich den Überblick zu behalten. Einführung von Hotelprogrammen und die Überwachung ihrer Einhaltung stärken dabei die Verhandlungsposition. Eine genaue Erfassung aller Hotelausgaben ist unumgänglich, wobei nur ca. 50 % aller Hotelbuchungen über Online-Systeme oder Reisemittler gebucht werden. Daher gehen oft wichtige Daten verloren und können so bei Verhandlungen nicht berücksichtigt werden. Für eine bessere Steuerung ist die Festlegung des Gesamtvolumens durch Konsolidierung weltweiter Hoteldaten von Reisebüro, Kreditkarten und Hotels von großer Bedeutung.

Umsetzung und Einhaltung von Vertragsvereinbarungen

Um die Einhaltung und Umsetzung der Vertragsvereinbarungen zu gewährleisten, muss das Geschäftsreise-Management die Inhalte der Rahmenverträge an die Mitarbeiter verständlich kommunizieren. Ansonsten sind keine Vertragssteuerung und Kosteneinsparungseffekte realisierbar. Bei etwa 90 % des Geschäftsreiseumsatzes in Unternehmen werden Rahmenverträge missachtet. Häufig liegt der Grund in der Unkenntnis über bestehende Abkommen. Zudem gibt es für die Reisenden zeitlich oder örtlich nicht in Frage kommende Verbindungen bzw. Hotels. Lösungen bieten einheitliche Ausschreibungen, durch die nachvollziehbare und vergleichbare Strukturen für das Geschäftsreise-Management entstehen. Das Ergebnis sind exakt definierte Vertragsinhalte, mit denen eine konkrete Steuerung möglich ist. Zusätzlich werden effiziente Steuerungsinstrumente für eine Vertragsumsetzung benötigt. Steuerung bedeutet hier, dass die Kaufentscheidung der Mitarbeiter direkt am Verkaufsort, beispielsweise durch eine IBE, welche die Vertragsdaten beinhalten sollte und diesen entsprechend Vorgaben macht, beeinflusst wird. Durch die Nutzung von IBEs wird es dem Geschäftsreise-Management ermöglicht, den Reisenden bedarfsgerecht zu informieren. Erfolgt die Buchung jedoch direkt bei einem Leistungsträger, geht die Kontrolle über die Einhaltung von Vertragsvereinbarungen verloren.

Aufbau eines aussagekräftigen Berichtswesens

Für ein aussagekräftiges Berichtswesen muss das Travel Management unternehmensinterne und externe Reisedaten sammeln, zusammenfassen, komprimieren und analysieren. Ein Management Information System (MIS) unterstützt die Bearbeitung der Daten aus den verschiedenen Datenquellen. Es liefert Kennziffern, die dem Einkauf und der Steuerung des Reiseverhaltens der Mitarbeiter dienen und deckt Kostensenkungspotenziale auf.

Reportings von Leistungsträgern, Reisebüros oder Kreditkartenunternehmen lassen sich häufig bis auf einzelne Kostenstellen und Auftragsnummern herunterbrechen. Trotzdem ist das Zahlenmaterial oft fehlerhaft oder unvollständig. Kenngrößen, wie durchschnittliche Kosten pro Meile, müssen festgelegt werden, um Entwicklungen von Kosten und Reiseaufkommen nachvollziehbar zu machen und für die weitere Planung zu verwenden.

Ein weiteres Problem stellen die verschiedenen Datenquellen wie Business-Travel-Management-Systeme (BTM), Reisebüro-Datenbanken, Kreditkartendaten sowie Daten aus der eigenen Buchhaltung dar. Für ein effizientes Geschäftsreise-Management ist ein vollständiges Zahlenmaterial zwingend notwendig. Um eine Vergleichbarkeit zu ermöglichen, müssen die Reisedaten mit großem Aufwand zusammengefasst und aufbereitet werden.

Integration externer Leistungsträger in IT – gestützte Prozessschritte
Um Kapazitäten immer besser auszulasten, bieten Leistungsträger verstärkt attraktive Preise im Direktvertrieb an. Der Reisemittler wird umgangen und günstige Nettotarife werden mit den Anbietern direkt verhandelt. Einzelne Systeme bieten die Möglichkeit der Direktbuchung, sodass die Vermittlungskosten gespart werden können. Beispielsweise wird bei Hotelreservierungssystemen wie HRS ein passwortgeschützter Zugang angeboten. Der Reisende hat nun die Möglichkeit, verhandelte und hinterlegte Firmenraten oder tagesaktuelle Sondertarife zu buchen. Zudem sind Auswertungen der Plan- und Sollkosten möglich. Von den Unternehmen werden lückenlose und anpassungsfähige Buchungssysteme gewünscht.

3.3.3 IT-Systeme

Ziel eines IT-Systems ist die Abdeckung des gesamten Geschäftsreiseprozesses. Einfache Buchungen können nun von den reisenden Mitarbeitern selbst durchgeführt werden. Dadurch entsteht eine gewisse Unabhängigkeit vom Reisebüro. Die BTM-Systeme leisten einen hohen Beitrag für effizientere und schnellere Prozesse und bieten damit neue Kostensenkungspotenziale (vgl. im Folgenden Abb. 3.3.7 u. 3.3.8).

Die Voraussetzung für die Implementierung eines BTM-Systems ist die Umgestaltung bestehender Geschäftsreiseprozesse. Schnelle, elektronische Buchungssysteme, sogenannte IBEs, unterstützen Unternehmen bei der Einsparung von Zeit und Geld. Nach vorher festgelegten Kriterien durchsucht die Software ein umfangreiches Buchungsangebot. Bei vielen Systemen können die Angebote bereits gleich auf Verfügbarkeit geprüft und übersichtlich angeordnet werden. IBEs können den

Reisevorbereitung	Reiseorganisation	Reise-durchführung	Reisekosten-abrechnung	Controlling
- Reiseinformations-beschaffung Online / Offline - IT-gestützter Reiseantrag - Automatisches Genehmigungs-verfahren	- Buchungen mit Internet Booking Engine inkl. Prüfung der Reiserichtlinien - Ticketing - Automatische Belastung Kreditkarte inkl. Zuordnung	- Weitere Ausgaben mit Kreditkarte - Umbuchungen / Stornierung online	- Automatische Reisekosten-übernahme - Überprüfung Reisekosten - Abrechnungen / Rückerstattungen	- MIS – Daten Aufbereitung und Überprüfung - Auswertungen

Integrierte IT-Systeme mit Schnittstellen

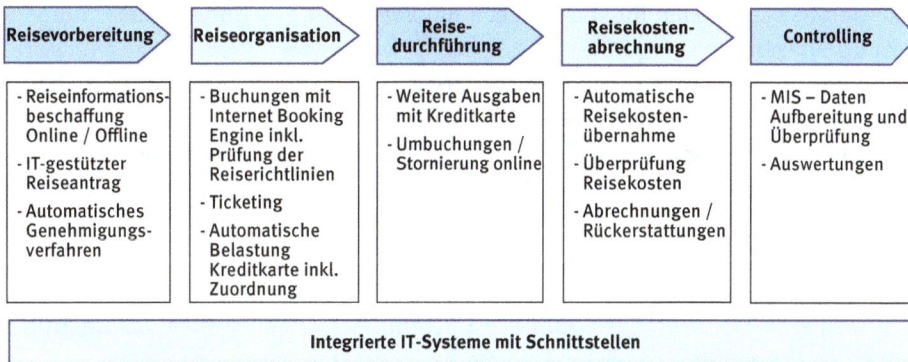

Abb. 3.3.7: IT-gestütztes Prozessmodell.

speziellen Anforderungen der Unternehmen angepasst werden. Sie sind an weitere IBEs, Buchungssysteme und zahlreiche Anbieter von Reiseleistungen angebunden. Dabei werden Flug-, Hotel-, Bahn- und Mietwagenbuchung auf einer Plattform integriert. So wird die Bündelung verschiedener Leistungen ermöglicht. Alle persönlichen, reiserelevanten und bezahltechnischen Daten werden in dem System hinterlegt und Mehrfacheingaben vermieden. Außerdem besteht die Möglichkeit, bestimmte Leistungsträger zu sperren, sodass diese in den Auswahllisten nicht erscheinen. Weiterhin können bestimmte Firmenraten hinterlegt werden, die bei der Suche des Reisenden in der Angebotsübersicht einbezogen werden. Alle Buchungsaktionen werden dokumentiert und über Schnittstellen oder als integrierte Lösung für die Reisekostenabrechnung und Auswertung zur Verfügung gestellt.

Ein BTM-System überprüft zudem automatisch die Einhaltung der Reiserichtlinien und übernimmt die Aufbereitung aller Reisedaten für die spätere Auswertung. Durch Vorgaben in den Reiserichtlinien, die im System hinterlegt sind, können Anbieter bzw. Leistungsträger gebündelt und damit besser gesteuert werden. BTM-Systeme bieten weiterhin einen einheitlichen Genehmigungsworkflow, die Berücksichtigung persönlicher Präferenzen der Reisenden durch die Hinterlegung in Profilen sowie eine einfache Bedienbarkeit und geringen Schulungsaufwand. Die Akzeptanz und der wirtschaftliche Einsatz hängen stark von der Nutzungshäufigkeit ab. Jedes Unternehmen muss vor der Einführung eines solchen Systems die internen Prozesse, Strukturen und das Reiseverhalten genau analysieren. Für die Nutzung einer IBE ist grundsätzlich der Einsatz von Kreditkarten notwendig. Man unterscheidet bei den Buchungsmaschinen zwischen offenen und Komplettlösungen.

Offene Lösungen bieten viele Funktionen und Anbindungsmöglichkeiten an bestehende IT-Landschaften im Unternehmen. Sie berücksichtigen zudem verschiedenste Software-Produkte, bestehende Kostenstellen, unterschiedliche bereits vorhandene Lösungen zur Reisekostenabrechnung und bestehende Kooperationen mit Kreditkartenanbietern. Sie sind offen für verschiedene Anforderungen des Unternehmens und der Leistungsträger.

Eine *Komplettlösung* deckt alle Voraussetzungen für ein komplettes Geschäfts-reise-Management ab. Zugänglich ist die IBE über ein Login im Internet. Die Wahl der Großunternehmen fällt meist auf eine eigene IBE mit Schnittstellen zu eigener IT, wobei kleine und mittlere Unternehmen häufig Portallösungen der Geschäftsrei-seanbieter in Anspruch nehmen. Neben Anfangskosten von etwa 2.000 € kommen monatliche Gebühren von ca. 800 € hinzu. Oft ist die Installation und Inbetrieb-nahme durch Geschäftsreiseketten Teil eines kostenlosen Servicepaktes. Stattdes-sen wird eine Transaktionsgebühr pro Buchung berechnet, welche aber deutlich unter den Kosten für eine telefonische Reservierung liegt.

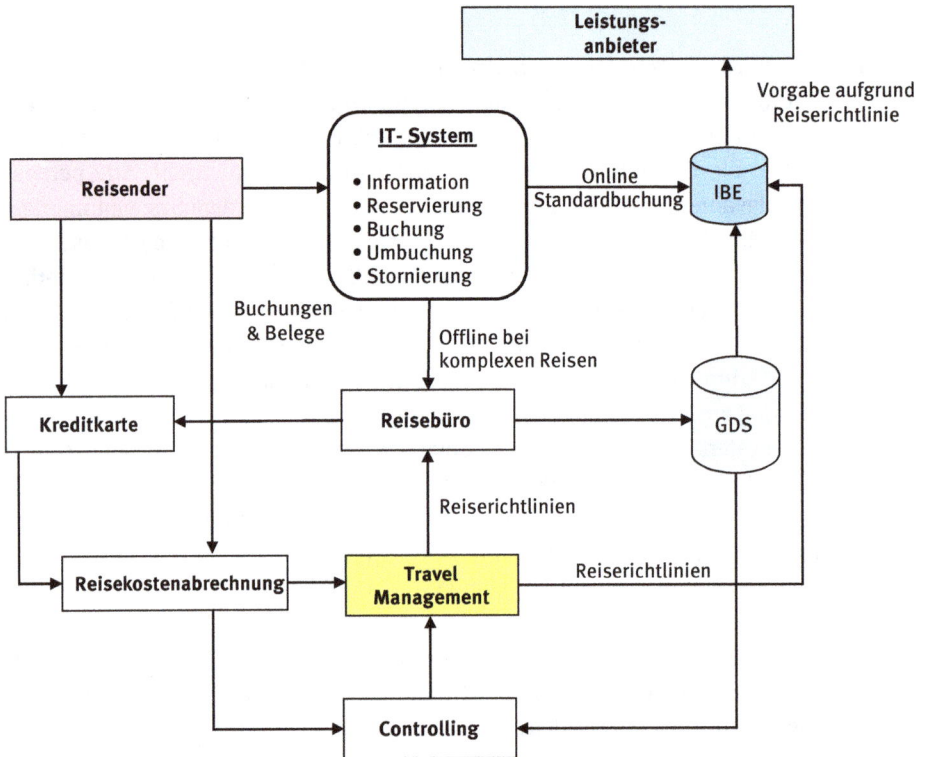

Abb. 3.3.8: Strukturdiagramm IT im Travel Management.

Die effizienteste Form der Reisekostenreduzierung stellt jedoch die Reisevermei-dung dar. Dank heutiger Breitbandtechniken entdecken Unternehmen zunehmend Video- und Webkonferenzen als Alternative zur Geschäftsreise. Unabhängig von der Unternehmensgröße verbinden drei Viertel aller deutschen Firmen Vorteile mit der Einführung virtueller Treffen. Kostenvorteile, mehr Flexibilität, Zeitersparnis sowie Umwelt- und Klimaschutz sind die wichtigsten Argumente für den Einsatz dieser neuen Technologie. Auf dem Gebiet der virtuellen Kommunikation können grundsätzlich drei Technologien unterschieden werden:

1. Klassische Videokonferenz: Da sie hohe Investitionskosten mit sich bringt, wird sie über-wiegend nur von Geschäftsführern genutzt. Gut ausgestattete Konferenzräume mit speziellen Leitungen, Kameras und Fernsehern sind Grundvoraussetzung.

2. Webkonferenz: Diese Form der Kommunikation ist meist preisgünstiger als die klassische Videokonferenz. Bis zu 2.500 Personen können an diesem virtuellen Treffen teilnehmen. Mittels Internet, Computer und PC-Kamera können Daten, Präsentationen und Videos ausgetauscht und gemeinsam bearbeitet werden.

3. Extranet: Hier findet der Informationsaustausch über eine private Internetseite, die nur für bestimmte Personengruppen zugänglich ist, statt. Geschäftspartnern und Kunden werden Dokumente zur gemeinsamen Nutzung bereitgestellt. Das Extranet bietet jedoch keine Alternative zur Video- oder Webkonferenz, da man üblicherweise nicht verbal, sondern nur mittels Chat oder Textnachricht kommunizieren kann.

Durch verstärkte Nutzung der virtuellen Kommunikationswege könnte die Industrie einen nicht unerheblichen Beitrag zum Umweltschutz leisten: Der CO_2-Ausstoß könnte jährlich um 30 Mio. Tonnen reduziert werden, würden lediglich 20 % der interkontinentalen Geschäftsreisen durch virtuelle Treffen ersetzt werden.

Allerdings können virtuelle Sitzungen den persönlichen Kontakt oftmals nicht ersetzen. Besonders bei Aufbau und Pflege von Kundenbeziehungen sind Geschäftsreisen unabdingbar. In solchen Fällen schreiben Firmen zunehmend den Einsatz energiesparender Verkehrsmittel vor. Gering motorisierte Kleinwägen und die Deutsche Bahn werden bei Inlandsreisen propagiert. Zudem wird gegenwärtig der Einsatz von CO_2-Zertifikaten als Ausgleich für Geschäftsreisen in vielen Unternehmen diskutiert.

Quellen

Brandl H., Die Geschäftsreise – Organisation und Durchführung, Wien 1995.

Delaney L., Exporting: The Definitive Guide to Selling Abroad Profitably, 2. Aufl., Chicago 2016.

Drechsler A., Schröder A., Business Travel Management, in: Freyer W., Naumann M., Schröder M. (Hrsg.), Geschäftsreise-Tourismus – Geschäftsreisemarkt und Business Travel Management, 2. Aufl., Dresden 2006, S. 85–140.

Drexler T., Die Bahnreise ins Jahr 2020 – Kaufmännische, technische und kulturelle Herausforderungen, in: Otto-Rieke, G. (Hrsg), Modernes Geschäftsreisemanagement 2014, 15. Jg., München 2013, S. 62–66.

Engelmann G., Gillitzer K., Heyl, Friedrich von u. a., Geschäftsreisen managen – Optimierung der Abläufe von Planungen und Durchführung des Travel Managements, Reihe BME-Expertenreihe, hrsg. von Bundesverband Materialwirtschaft, Einkauf und Logistik e.V., Bd. 5, Gernsbach 2000.

Espich G., Business Travel-Management – Kostenoptimierte und effektive Planung, Durchführung und Kontrolle von Geschäftsreisen, Reihe ASB-Wirtschaftspraxis, Bd. 14, Renningen 2001.

Fischer K., Geschäftsreisemanagement und IT-Systeme, in: Schulz, A., Weithöner, U., Egger, R., Goecke, R. (Hrsg.), eTourismus – Prozesse und Systeme, 2. Aufl., Berlin/München/Boston 2014, S. 278–300.

Freyer W., Tourismus – Einführung in die Fremdenverkehrsökonomie, 11. Aufl., München 2015.

Gerhardt J., Egem B., Corporate Carsharing als Ergänzung des Mobilitätsmixes, in: Otto-Rieke G. (Hrsg.), Modernes Geschäftsreisemanagement 2013, 14. Jg., München 2012, S. 104–110.

Hammer M., Naumann M., Der Markt für Geschäftsreisen – Nachfrage- und Angebotsstrukturen, in: Freyer W., Naumann M., Schröder M. (Hrsg.), Geschäftsreise-Tourismus – Geschäftsreisemarkt und Business Travel Management, 2. Aufl., Dresden 2006, S. 11–84.

Kressel D., Geschäftsreise und Recht – Fallstricke vermeiden, Verträge optimieren, Reihe Travel Management Aktuell, hrsg. von Gerd Otto-Rieke, Bd. 6, München 2002.

Kwoka S., Geschäftsreisemanagement und IT-Systeme, in: Schulz A., Weithöner U., Goecke R. (Hrsg.), Informationsmanagement im Tourismus – E-Tourismus: Prozesse und Systeme, München 2010, S. 310–331.

Lehrburger H., Geschäftsreiseanalyse – MIS im Travel Management, eine Marktübersicht, Reihe Travel Management Aktuell, hrsg. von Gerd Otto-Rieke, Bd. 3, München 2001.

Mahnicke R., Business Travel Management – Praxis-Know-how für den Einkäufer, Wiesbaden 2013.

Melzer M., Geschäftsreise online – Prozesse optimieren, Programme interaktiv einsetzen, Reihe Travel Management Aktuell, hrsg. von Gerd Otto-Rieke, Bd. 1, München 2000.

Swarbrooke J., Horner S., Business Travel and Tourism, Oxford 2001.

Thiesing E., Measuring the Return on Investment of Business Travel, in: Conrady R., Buck M. (Hrsg.), Trends and Issues in Global Tourism 2011, Heidelberg 2011, S. 245–251.

Vorndran S., Business Travel Management – Everything Remains Different! Post-Crisis Strategies, in: Conrady R., Buck M. (Hrsg.), Trends and Issues in Global Tourism 2011, Heidelberg 2011, S. 231–235.

Verband Deutsches Reisemanagement (VDR), Geschäftsreiseanalyse 2019, Frankfurt 2019.

Wilbers A., Partner Reisebüro – Richtige Auswahl, moderne Vergütung, Reihe Travel Management Aktuell, hrsg. von Gerd Otto-Rieke, Bd. 4, München 2001.

Zimmermann A., Wirksame Reiserichtlinien – Vom Genehmigungsverfahren bis zur Abrechnung, Reihe Travel Management Aktuell, hrsg. von Gerd Otto-Rieke, Bd. 2, München 2000.

Zimmermann A., Geschäftsreisekosten – Auswahl und Einführung effizienter Abrechnungssysteme, Reihe Travel Management Aktuell, hrsg. von Gerd Otto-Rieke, Bd. 5, München 2002.

Zimmermann A., Travel-Management, in: Akhavan-Hezavei M., Rodatus A., Rompel A. (Hrsg.), Handbuch Sekretariat und Office-Management – Praxisleitfaden für effiziente Büroorganisation, wirksame Chefentlastung und erfolgreiche Assistenz im Management, 5. Aufl., Wiesbaden 2014, S. 209–238.

3.4 Portale und Booking Engines, insbesondere zur Vermittlung von Urlaubsreisen

Uwe Weithöner

Der zusammenfassende Titel dieses Kapitels kann ausführlich wie folgt formuliert werden: „Beratungsportale in der stationären Reisevermittlung und Internet Booking Engines (IBE) im Rahmen von Online-Portalen, hier mit Schwerpunkt auf die Vermittlung von Urlaubspauschalreisen" (zu Pauschalreisen und ihrer Produktion durch Reiseveranstalter vgl. Kap. 4.6).

Bereits in Kapitel 3.1 ist erläutert worden, dass stationäre Reisebüros und Online-Reiseportale mit dem gleichen Geschäftsmodell der Reisemittler arbeiten und dass ihre Prozesse und Systeme sich gleichen. Der grundsätzliche Unterschied besteht lediglich im Frontend der Kundenkommunikation mit der stationären persönlichen Beratung und Vermittlung im Reisebüro einerseits und der Online-Selbstbedienung des Reiseinteressenten und Kunden andererseits. Die eingesetzten IT-Systeme sind gleich bzw. basieren auf gleichen Angebotsdatenbanken und Datentransferprozessen. Daher werden beide Vertriebskanäle, stationär und online, zusammengefasst betrachtet. Einige Abgrenzungen sind erforderlich, die sich u. a. aus der Systemnutzung und dem damit verbundenen Sprachgebrauch ergeben. Auch der hier gewählte Schwerpunkt, Vermittlung von Urlaubspauschalreisen, erfordert Einordnungen anderer Reisearten sowie eine Abgrenzung zu touristischen Suchmaschinen (Meta Search).

3.4.1 Digitale Portale zur Reisevermittlung

Der allgemeine Begriff „digitales Reiseportal" steht hier für den endkundenorientierten Zugang zum Markt der angebotenen Reisen und Reiseleistungen und für Beratungs-, Kommunikations- und Vermittlungsdienste auf Basis elektronischer Systeme. Die Nutzung eines Portals und seiner Services kann gemäß Kundenwunsch im Rahmen persönlicher Beratungen durch Reisebürofachkräfte erfolgen oder in Selbstbedienung des Reiseinteressenten, wenn er ein offenes Online-Portal nutzt. Portale können somit wie folgt unterschieden werden:
– Beratungs- und Vermittlungsportale, die lizensierten Nutzern, z. B. stationären Reisebüros, mobilen Reiseberatern oder dem Geschäftsreisemanagement, zur Verfügung stehen, können als Business-to-Business-Portale (B2B) eingeordnet werden.
– Online-Portale im offenen World Wide Web (vgl. Kap. 2.2) stehen den Reisekunden als selbstbedienbare Business-to-Consumer-Portale (B2C) zur Verfügung. Sie werden angeboten z. B. von Distributoren einzelner Reise- und Leistungsarten, von stationären Reisebüros, die ergänzend auch über ihre Website vermitteln,

oder von Online-Reiseagenturen (Online Travel Agency – OTA), die ein touristisches Vollsortiment anbieten.[7]

– Portale können auch gemäß ihres Angebotsportfolios differenziert werden. Sie können mit ihrem Kerngeschäft auf ein Marktsegment spezialisiert sein, z. B. als Distributions- und Reservierungssystem für Flüge und/oder Hotels und sich damit sowohl an Freizeit- wie auch an Geschäftsreisende wenden, oder sie bieten ein Vollsortiment von Reiseleistungen und Reisearten an. Dabei können sie vertragsgebunden durch Reisemittler (B2B) oder offen durch die Endkunden (B2C) genutzt werden.[8]

Ein Reiseportal stellt allgemeine Reise- und Tourismusinformationen multimedial zur Verfügung, animiert die Reiseinteressenten zur Angebotssuche und ermöglicht die Erfassung der Kundenwünsche. Zur konkreten Angebotsrecherche gemäß Kundenwunsch, zur Angebotspräsentation mit Angebotsvergleichen sowie zur Auswahl und zur verbindlichen Vermittlung im Kundenauftrag sind (Internet) Booking Engines (IBE) im Portal integriert. Sie sind die in der Beratung und Vermittlung operierenden elektronischen Einheiten und unterstützen oder vollziehen die kundenorientierten Prozesse. Sie sind je Reise- oder Leistungsart spezialisiert, z. B. für Pauschalreisen oder als Flug-IBE. Sie vermitteln für die entsprechenden Marktsegmente Transparenz und Beratungskompetenz und ermöglichen die verbindliche Buchung der Reiseprodukte über Schnittstellen zu den entsprechenden Reservierungssystemen der Anbieter (vgl. Kap. 4, vgl. Weithöner 2021, S. 691 ff.).

Eingebundene Bewertungssysteme (vgl. Kap. 2.6) und georeferenzierte, multimediale Informationen (vgl. Kap. 2.3) sind Beispiele für ergänzende Services. Online-Portale bieten den Reisekunden ortsbezogene Dienste (Location based Services – LbS) während der Reise und am Ort der Reise an (vgl. Kap. 2.4). Portale ermöglichen die Personalisierung zum individuellen Kundenservice und Kundenbeziehungsmanagement (vgl. Kap. 5.4). Die mobile Nutzung der Portal-Services wird den Kunden durch ergänzende Applikationen auf mobilen Endgeräten (App) ermöglicht.

Um auch funktional oder rechtlich komplexe Vorgänge sicher und zur Kundenzufriedenheit abwickeln zu können (z. B. Umbuchungen, Stornierungen) und um Kunden, die den persönlichen Kontakt nicht missen möchten, gewinnen zu können, arbeiten Online-Agenturen mit Call- und Service-Centern oder auch mit stationären Reisebüros zusammen. Letzteres ist insbesondere der Fall, wenn die Portale von Reisebüroketten betrieben werden oder wenn stationäre Reisebüros eigene Portale betreiben (vgl. ergänzend Kap. 5.2).

---

7 Beispiele für Online-Portale im World Wide Web in Kombination mit ihren mobilen Applikationen: www.expedia.de, www.ab-in-den-urlaub.de, www.opodo.de, www.hrs.de, www.booking.com.
8 Beispiele: www.opodo.de, www.hrs.de. Spezielle Ausprägungen regionaler Portale und Systeme zur Vermittlung insbesondere von Ferienunterkünften in deutschen Urlaubs- und Freizeitdestinationen werden in Kapitel 3.6 dargestellt.

3.4.2 Booking Engines – zentrale Angebotsaggregation versus verteilte Direktschnittstellen

Abbildung 3.4.1 zeigt das Modell einer integrierten Booking Engine für Pauschalreisen und ihr Zusammenwirken mit einem Reservierungssystem eines Reiseveranstalters.

Das Modell skizziert hier eine komplexe, hybride Ausprägung mit unterschiedlichen Quellen der in die Kundenberatung einfließenden Angebote:

Angebotsaggregation im zentralen Zwischenspeicher (Cache/Pool)
Die ersten und noch verbreiteten IBE-Systeme sind als zentrale Zwischenspeichersysteme (Cache- oder Pool-Systeme) aufgebaut worden. Sie basieren auf dem traditionellen Reiseveranstalterprozess, der fertig paketierte Reisen (Pre-Packaged) in die Vertriebssysteme transferiert. Reiseveranstalter übertragen ihre langfristig bzw. saisonvorbereitend produzierten, traditionell kataloggebundenen Reiseangebote an die Angebotsdatenbank einer kooperierenden Booking Engine. Ergänzend werden kurzfristig (z. B. last minute und nächtlich) aus Restplätzen automatisiert zusammengestellte Reisepakete von den Reiseveranstaltern übermittelt (Dynamic Pre-Packaged, vgl. Kap. 4.6). Das Modell der Abb. 3.4.1 symbolisiert diesen automatisiert im Hintergrund ablaufenden Datentransfer für einen Reiseveranstalter.

Die IBE aggregiert die Vielzahl von alternativen Angeboten unterschiedlicher Reiseproduzenten, die im sortierten Vergleich den Kunden zur Auswahl dargestellt werden. Die Angebote sind folglich veranstalterübergreifend aufzubereiten und mit definierten Attributen vergleichbar zu machen. Für Angebotsvergleiche, die anfänglich nur vereinfachte Preisvergleiche waren, müssen idealerweise alle relevanten Auswahlkriterien standardisiert (z. B. Lage/Meerblick, barrierefrei, kinderfreundlich) und verbindlich sein (Preisberechnung, Verfügbarkeit), um Leistung und Qualität der alternativen Angebote transparent vergleichen und entsprechend auswählen zu können. Insbesondere IBE-Systeme mit zentraler Angebotsspeicherung stehen diesbezüglich in erheblicher Kritik:[9]

– Die heterogenen und gemäß Vertriebssteuerung veränderlichen Preisstrukturen und -bedingungen der Reiseproduzenten können im Detail eines konkreten Kundenwunsches nicht verbindlich und vergleichbar dargestellt werden (z. B. Berechnung altersabhängiger Kinderpreise). Es werden im Vergleich unverbindliche Ab-Preise und Preise für einen erwachsenen Vollzahler genannt. Erst nach-

---

9 Vgl. zu den genannten Punkten die Abbildungen 3.4.2ff. als Beispiel für ein verbreitetes Beratungssystem im stationären Vertrieb eines Reisebüros, insbesondere Abb. 3.4.3 mit der Angebotsliste unter 4. Das dargestellte Bistro-System steht auch als IBE zur Integration in Online-Portale zur Verfügung. Es sei angemerkt, dass die IT-Systemanbieter in Details Verbesserungen vorgenommen haben, aber grundsätzlich sind die genannten Kritikpunkte weiterhin relevant und Ursache für neue Systemkonzepte auf Basis von Direktschnittstellen.

Frontend der Reisemittler

Beratungsportal – Reisebüro 1) **Online-Portal -OTA**

Internet Booking Engine IBE -Suche, Vergleich, Beratung

Vermittlung

Angebote aus Transfer u. zentraler Zwischenspeicherung 2)

Langfrist-/Katalogangebote

Kurzfrist-/Lastminute-Angebote

Datenaufbereitung für Suche u. Vergleiche

Angebote aus Direktverbindungen   **Hub**

Ergänzende touristische Beratungsleistungen z. B.:
Bilder, Videos, Zielgebietsinformation, Bewertungen, GIS-basierte Dienste

Dynamische Produktion 5)
DPE-Service für Reiseveranstalter

Flug-u. Hoteldatenbanken

Buchungsverfahren u. Datentransfer-schnittstellen

Buchungsverfahren z. B. TOMA via GDS, ADS 3)

Regelmäßiger Transfer vorproduzierter Angebote

Direktverbindung mit Player-Technologie

Reiseveranstalter 4)

Buchung u. Reservierung   Pauschalreise-angebote

vorproduzierte Angebote:
• langfristig/traditionell
• kurzfristig/dynamisch

dynamische Paketproduktion in Echtzeit, DPE 5)

Player 6)
Aufbereitung u. aktuelle Steuerung der Angebote für den Vertriebskanal

Pfeilsymbole:
Kundendialog mit aktueller Verbindlichkeit
Echtzeitkommunikation
zeitgesteuerte Datenübertragung im Hintergrund

1) 2) Vgl. Praxisbeispiel mit den Abbildungen 3.4.2 f.
3) Vgl. Kap. 3.1 sowie Abbildung 3.4.2 f.
4) Vgl. Kap. 4.6
5) DPE: Dynamic Packaging Engine, vgl. Kap 4.6
6) Über einen Player können mehrere Vertriebspartner angeschlossen werden und für eine differenzierte Steuerung unterschiedlicher Vertriebskanäle können mehrere Player betrieben werden.
7) GIS: Geoinformationssystem, vgl. Kap. 2.3

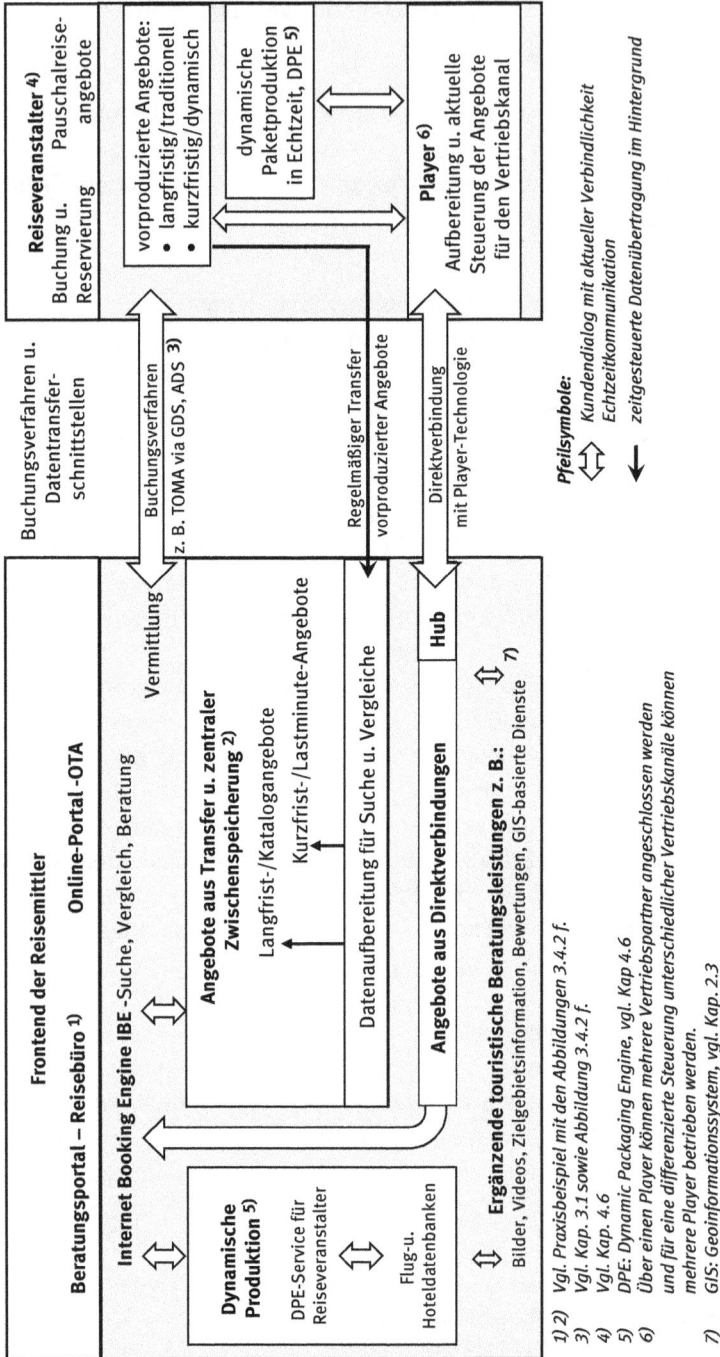

Abb. 3.4.1: Modell einer integrierten Booking Engine für Pauschalreisen und ihr Zusammenwirken mit dem Reservierungssystem eines Reiseveranstalters (Quelle: eigene Darstellung).

dem der Kunde auf dieser Basis gewählt hat und die Booking Engine seine Wahl an das entsprechende Reiseveranstaltersystem übermittelt hat, wird dort der verbindliche Gesamtpreis für den konkreten Kunden, der z. B. mit seinen zwei Kindern unterschiedlichen Alters buchen möchte, ermittelt. Ein konkret ermittelter Preisvergleich kann ex post anders ausfallen als zum Zeitpunkt der Kundenberatung und Entscheidung.

- Besondere Leistungs- und Qualitätsmerkmale, die ein konkretes Angebot von anderen unterscheiden und auch preisrelevant sein können, werden in sortierten Vergleichslisten nicht ausgewiesen. Qualitativ hochwertige und teurere Angebote werden dadurch im Ranking einer i. d. R. nach Preis sortierten Vergleichsliste kaum wahrgenommen.
- Mit der vergleichenden Anzeige der Angebote wird dargestellt, dass die Reiseleistungen verfügbar sind. Diese Information ist aber unverbindlich und vorläufig. Die Angebote waren verfügbar, als der Anbieter sie an den Zwischenspeicher übertragen hat. Da die Reiseveranstalter ihre Reisen aber auch in anderen Vertriebskanälen und -systemen anbieten und kein automatisierter Abgleich in Echtzeit einer Buchung erfolgt, ist nicht gewährleistet, dass das Angebot auch in der aktuellen Beratung noch verfügbar ist. Erst nachdem der Kunde ein Angebot ausgewählt hat, überprüft die IBE die verbindliche Verfügbarkeit der Reiseleistungen im System des Reiseveranstalters.
- Abbildung 3.4.1 zeigt, dass nur vorproduzierte Reisepakete des dargestellten Reiseveranstalters im Beratungsprozess angeboten werden, die er zuvor an den zentralen IBE-Speicher übermittelt hat. Reiseveranstalter, die in ihrem eigenen Produktionssystem dynamisch in Echtzeit der Kundenberatung produzieren können (vgl. Kap. 4.6), erfahren aber die Kundenwünsche nicht und können daher die gemäß Kundenwunsch produzierbaren Reisen nicht in den Beratungsprozess einsteuern. Diese Veranstalter helfen sich zurzeit dadurch, dass sie kurzfristig (nachts) mit automatisiertem Dynamic Pre-Packaging Reiseangebote aus verfügbaren (restlichen) Reiseleistungen produzieren und übermitteln.[10] Das führt zu sehr großen Datenmengen und kann zu absurden Angebotsstrukturen führen, wie ein vereinfachendes Beispiel zeigt:

Bei einem Reiseveranstalter seien an fünf Abflughäfen noch jeweils zwei Flugsitzplätze in ein und dasselbe Zielgebiet verfügbar. Im Zielgebiet hat aber nur noch ein Hotel ein Doppelzimmer verfügbar. Um eine größtmögliche Angebotsbreite zu erzielen, werden daraus insgesamt fünf Pauschalreiseangebote kurzfristig automatisiert produziert und als Angebote an z. B. vier Vertriebspartnersysteme übermittelt. Damit speist der Veranstalter insgesamt 20 Angebote in den

---

[10] Veranstalter werden mit diesem Vorgehen des Dynamic Pre-Packaging auch als Y-Veranstalter bezeichnet (vgl. Kap. 4.6) .

Vertrieb ein. Wenn dann aber das erste dieser Angebote vermittelt und gebucht worden ist, liegen noch 19 Reisen ohne verfügbare Hotelleistung in den IBE-Systemen und werden angeboten.

Ein automatisierter Abgleich der Verfügbarkeiten in den zentralen IBE-Speichern findet nicht statt.

Ergänzend zum vorgenannten Punkt und zur Vollständigkeit in Bezug auf Abb. 3.4.1 sei darauf verwiesen, dass Booking Engines eine eigene interne Dynamic Packaging Engine (DPE) betreiben können. Schnittstellen zu Flug- und Hoteldatenbanken ermöglichen eine dynamische Paketierung von Pauschalreisen in Echtzeit der Kundenberatung. Da diese DPE in das Beratungssystem integriert sind, erfahren sie die Kundenwünsche und können in Echtzeit die in den Datenbanken verfügbaren Leistungen gemäß den Kundenwünschen kombinieren und als Reisen im Rahmen der Beratung anbieten und vermitteln. Das führt zu Wettbewerbsnachteilen für die im Punkt zuvor dargestellten Reiseveranstalter. Dieses integrierte dynamische Paketieren bedingt den rechtlichen Status und die Verpflichtungen eines Reiseveranstalters. Daher agieren Portale über Tochtergesellschaften als verantwortliche Veranstalter, oder sie arbeiten als IT-Dienstleister im Auftrag und für die Marke von Reiseveranstaltern, die keine eigene Dynamic Packaging Engine betreiben (Software as a Service – SaaS).[11]

Booking Engines mit verteilten Direktschnittstellen
Die genannten Kritikpunkte an der zentralen Logik liegen in dem Cache-/Pool-Systemaufbau begründet, dem das traditionelle Reiseveranstaltermodell der langfristig saisonvorbereitend produzierten Reisen zugrunde liegt. Als Ergänzung und Alternative zu den gedruckten Katalogen der Reiseangebote waren diese Systeme seinerzeit innovativ und mit den technischen Kapazitäten der Datenübertragung kompatibel. Die genannten Kritikpunkte zeigen aber, dass diese Systeme den gewachsenen Kundenansprüchen sowie den Anforderungen der Reiseanbieter und ihrer Entwicklungen nicht mehr entsprechen. Daher werden neue Systeme aufgebaut, die einer dezentralen Logik folgen. Vom Grundsatz her werden in der dezentralen Logik die Reiseangebote in Echtzeit des Kundenwunsches direkt aus den kooperierenden Veranstaltersystemen abgefragt und an die IBE zur Beratung und zum Angebotsvergleich übermittelt.

Wenn Internet Booking Engines unterschiedlicher Travel-IT-Anbieter mit unterschiedlichen Veranstaltersystemen direkt kommunizieren sollen, dann können diese Kommunikationsstrukturen nur effizient aufgebaut werden, wenn der Datenaustausch über standardisierte technische Schnittstellen erfolgt bzw. verbreitete

---

11 Veranstalter, die ihre dynamische Echtzeitproduktion in den Beratungsprozess einfließen lassen, sei es durch ein eigenes System oder über einen IT-Dienstleister, werden als X-Veranstalter bzw. echte dynamische Veranstalter bezeichnet im Unterschied zu der Y-Produktion (vgl. Kap. 4.6).

technische Schnittstellenmodule (Interfaces) in die kommunizierenden Systeme integriert werden. Entsprechende Systeme sind unter dem Oberbegriff „Player-Hub-Technologie" entwickelt worden und werden in den Markt eingeführt. Ein Player ist dabei ein im Veranstaltersystem für einen oder mehrere Vertriebspartner bereitgestelltes und stets aktualisierbares Angebotssystem, das sowohl Pre-Packaged-Reisen wie auch ein veranstalterseitiges echtes Dynamic Packaging bereitstellt. Ein Hub ist ein technischer Knotenpunkt zum Anschluss des Players beim Vertriebspartner. Ein Veranstalter kann mehrere Player für jeweils unterschiedliche Vertriebskanäle betreiben. In die IBE sind Hubs eingebunden, die die Verbindung zu einem oder mehreren Playern betreiben. Zur Datenkommunikation werden die definierten Datenaustauschformate genutzt.[12]

Abbildung 3.4.1 stellt die zentrale und die dezentrale Logik mit ihren Kommunikationsstrukturen dar. Für die Zukunft kann die Erwartung hybrider Systeme formuliert werden:

– Die Daten langfristig vorproduzierter Reiseangebote werden an die zentralen Zwischenspeicher der Booking Engines übermittelt, um mit ihrer einmaligen oder zeitgesteuerten Übertragung das Datentransfervolumen zu reduzieren und zu steuern und um damit die Systeme im aktiven Geschäftsbetrieb zu entlasten.
– Die Aktualität der kurzfristigen und dynamischen Angebote wird durch die dezentrale Player-Hub-Technologie in Echtzeit der Kundenberatung gewährleistet (vgl. Kap. 4.6.).

Standardisierung der Angebotsmerkmale

Wenn Reiseangebote vergleichbar gemacht werden sollen, ist nicht nur der Preis als Kriterium relevant. Weitere Attribute, Ausstattungs- und Qualitätsmerkmale sind einzubeziehen, damit der Kunde das vollständige Preis-Leistungsverhältnis der alternativen Reiseangebote vergleichen und bewerten kann. Dazu müssen alle Angebote mit standardisierten und vergleichbaren Kriterien ausgezeichnet werden. Ein Veranstalter muss folglich seine angebotenen Reisen und Reiseleistungen detailliert und kundennah mit den relevanten Merkmalen darstellen. Dazu ist die Standardisierung erforderlich, um im Systemverbund kooperieren zu können und um den Kunden verlässliche Aussagen zu liefern. Ein hoher Detaillierungsgrad der Merkmale ist erforderlich, um dem Kunden eine individuell differenzierte Auswahl zu ermöglichen und um dem Reiseanbieter die Möglichkeit zu geben, seine Angebote im Vergleich mit anderen besonders zu qualifizieren und herauszuheben. Derartige standardisiert und detailliert nutzbare Angebotsmerkmale/Reiseattribute, die von den Vertriebspartnern genutzt und den Kunden angeboten werden können,

---

12 Konkret können die im Wettbewerb stehenden Systeme von Peakwork mit dem Einheitlichen Datenaustauschformat (EDF, www.peakwork.com) und OTDS von Bewotec (Offener Touristischer Datenstandard, bewotec.de) genannt werden.

sind mit den GlobalTypes entwickelt worden und stehen kostenpflichtig zur Integration in die IBE- und Veranstaltersysteme bereit (drv.de/themen/digitalisierung/drv-datenstandard.html).[13]

Die Angebote, die von der IBE aus einer Vielzahl kooperierender dezentraler Anbietersysteme abgefragt werden, sind bereits in diesen Systemen mit den standardisierten Merkmalen z. B. gemäß DRV-GlobalTypes ausgezeichnet worden und können so mit einem hohen Detaillierungsgrad vom Kunden selektiert und ihm vergleichend dargestellt werden.

3.4.3 Systeme der stationären Reisebüros und Reiseberatung

Im stationären Vertrieb der traditionellen Reiseberatung nutzen die Berater/-innen Frontend-Systeme, die der Definition eines Portals entsprechen. Globale und alternative Distributionssysteme bieten Reisebüros für die personengebundene stationäre und mobile Beratung und Reisevermittlung diese Portale an (vgl. Kap. 3.1 u. 3.2). Die Nutzung erfordert eine kostenpflichtige Lizensierung für die konkreten Zugriffsrechte auf die Reise- und Leistungsarten. Eine Differenzierung je Berater oder je Abteilung kann bei Spezialisierungen erforderlich werden. Spezialisierte Services zum Management und zur Vermittlung von Geschäftsreiseleistungen benötigen beispielsweise Zugriffe auf Flugdatenbanken, während im Marktsegment der Pauschalreisen die Zugriffe auf Portale zur Urlaubsreisevermittlung erforderlich sind. Reisebüros haben folglich entsprechende Betriebs- und IT-Nutzungskonzepte zu entwickeln, um die Qualifikationen und die geeignete Ausstattung für ihre jeweiligen Arbeits- und Beratungsplätze verfügbar zu machen.

Das bereits in Kapitel 3.1 als Beispiel genannte globale Distributionssystem (GDS) Amadeus bietet den Reisebüros die Amadeus Selling Platform als Frontend der Reiseberatung und -vermittlung an. Integriert in das Portal stehen den Reisemittlern die im Rahmen des GDS standardisierten Verfahren je Reise- oder Leistungsart zur Verfügung (vgl. Abb. 3.1.2 in Kap. 3.1). Abhängig von den Lizenzvereinbarungen erhalten die Reiseberater/-innen über das Portal Zugriff auf die jeweils freigegebenen Verfahren.

Abbildung 3.1.2 in Kapitel 3.1 zeigt, dass zur Buchung von Pauschalreisen direkt im Rahmen der Amadeus Selling Platform das traditionelle TOMA-Buchungsverfah-

---

13 Attribute zur eindeutigen Darstellung von z. B. Lagebeschreibungen (Strandnähe), zur exakten Preisberechnung mit Berücksichtigung aller Preisregeln inkl. Kinderpreisen und viele Zusatzattribute zur eindeutigen Beschreibung bspw. der Hotelart, Ausstattung, Verpflegung und diverser weiterer Teilleistungen werden festgelegt. Mit dieser detaillierten quantitativen und qualitativen Vergleichbarkeit der Reiseangebote sollen gezielte und damit kleinere Treffermengen bei Suchanfragen erreicht werden, die zur Kundenanfrage passen und den preisfixierten Wettbewerb hin zu einem qualitätsorientierten Wettbewerb führen (www.drv.de/themen/digitalisierung/drv-datenstandard.html, Stand 12/21)

ren aufgerufen werden kann (Touristik Maske/Tour Market TOMA). Das setzt seit Einführung des Verfahrensstandards (Ende der 1980er Jahre) eine Beratung und Vorauswahl auf Basis gedruckter Kataloge voraus. Auch heute noch wird dieses traditionelle Vorgehen bisweilen praktiziert, bzw. es kann so vorgegangen werden, solange die Reiseveranstalter ihre Angebote noch über Kataloge und mit der damit verbundenen Preisbindung kommunizieren.

Abbildung 3.1.2 zeigt aber auch, dass Beratungs- und Vergleichsportale für Urlaubspauschalreisen gemäß Kapitel 3.4.2 verfügbar sind. Das hier als Beispiel herangezogene Bistro-Portal und vergleichbare Systeme sind zunächst, seit Ende der 1990er Jahre, als zentrale Zwischenspeicher-Systeme aufgebaut worden. Sie haben im Laufe der Zeit im Hinblick auf die oben dargestellten Mängel kleinere Verbesserungen erfahren (vgl. z. B. Anmerkung 4 in der folgenden Abb. 3.4.3), aber eine konzeptionelle Weiterentwicklung mit Direktschnittstellen und entsprechenden Standardisierungen (vgl. Abb. 3.4.1) wird vorangetrieben und erscheint unerlässlich.

Die folgende Abb. 3.4.2 zeigt, dass ein Beratungs- und Vergleichsportal zur Steuerung voreingestellt wird. Im Beispiel der Abbildung wird für die Beraterplätze festgelegt, über welches System die Auswahlentscheidung des Kunden an das Reservierungssystem des jeweiligen Reiseveranstalters übermittelt werden soll bzw. kann.

Grundsätzlich werden in den Beratungsprozess die Reiseveranstalter einbezogen, mit denen Agenturverträge bestehen. Im zweiten Teil der Abb. 3.4.2 wird aber eine Verkaufssteuerung oder -orientierung vorgegeben. Dazu ist im Beispiel ein Veranstalter-Set definiert worden z. B. mit der Absicht, zunächst nur die Reiseveranstalter in die Beratung einzubeziehen, die optimale Provisionserträge erwarten lassen. Mit dem Veranstalter-Set werden die Veranstalter mit ihrem TOMA-Kürzel angegeben, deren Angebote im Beratungsprozess dem Kunden bevorzugt dargestellt werden sollen.

Abbildung 3.4.3 visualisiert im Überblick und Zusammenschnitt den Ablauf eines Beratungs- und Buchungsprozesses für Pauschalreisen auf Basis des stationär eingesetzten Bistro-Portals mit einem Beispiel in sechs Schritten. Nach Auswahl eines Reiseangebots erfolgt die Datenübergabe in das traditionelle TOMA-Buchungsverfahren, das den Datenaustausch zwischen Reisebüro und Veranstaltersystem zur weiteren Bearbeitung der Buchung standardisiert (Fest- oder Optionsbuchung, Umbuchung, Storno u. a. m.).

Die Abbildung macht deutlich, dass es sich um ein Frontend-System für geschultes Personal handelt. Die Booking Engine dieses Beratungsportals bzw. alternativer

Einstellungen

| Veranstalter-Set | | Expi-Attribute | Anzeige | W |
| Res.-Systeme | | Häufige Suchkriterien | | Doppel |

GL	BV	Res.-System	EXP
☐	○	MySabre+merlin	
☐	○	Amadeus Selling Platform	
☑	○	Amadeus Selling Platform Connect	1, 2, 3
☐	○	Jack Plus	

BV: Bevorzugtes CRS

Hier: Amadeus S P Connect ist für die Arbeitsplätzen 1, 2, 3 verfügbar zur Übernahme der ausgewählten Pauschalreise in das TOMA-Verfahren und zur Übermittlung an das Reservierungssystem des Veranstalters

Einstellungen

| Veranstalter-Set | | Expi-Attribute | Anzeige |
| Res.-Systeme | | Häufige Suchkriterien | | Dop |

Abflughafen:

Zielflughafen:

Preis (€) bis:

Reisedauer ▾   Bis

Voreinstellung zur Beratung Hier: Der festgelegte Veranstalter-Set VA 1 wird zur Beratung mit Priorität vorgeschlagen.

VA: ◉ **XVA** ALL, TUI, ITS|

nutze Veranstaltersets: ◉ ⊞ VA 1   ☐ VA 2   ☐ VA 3

Zug zum Flug: ☐

Direktflüge bevorzugt: ☐

Transfer: ◉ Aus
○ Nur mit Transfer

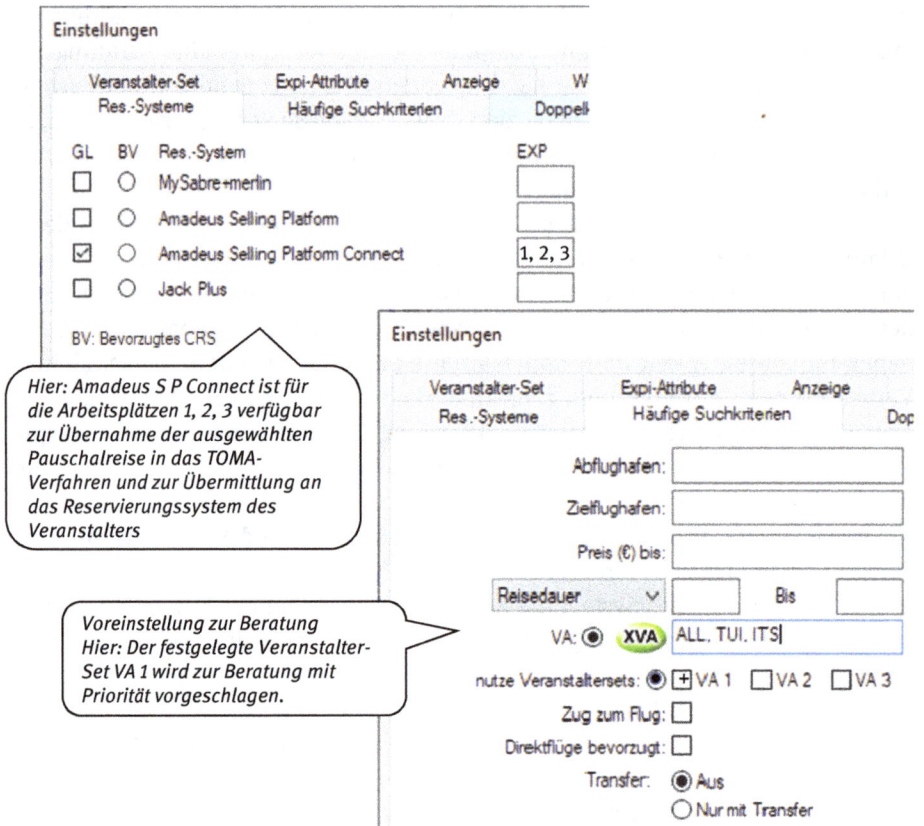

Abb. 3.4.2: Beispiel für ein stationär eingesetztes Beratungs- und Vergleichsportal, hier Bistro-Portal mit Einstellungsparametern zur standardisierten Vorgabe für Beratung und Vergleich von Urlaubspauschalreisen, vgl. zur Anwendung Abb. 3.4.3 (Quelle: eigener kommentierter Zusammenschnitt aus der Systemanwendung, vgl. www.amadeus.com/de/portfolio/leisure-reise buros/, Stand 12/21).

Beratungsportale sowie ihre Datenschnittstellen stehen aber auch zur Integration in offene Online-Portale und damit zur Selbstbedienung durch die Reiseinteressenten und -kunden zur Verfügung.[14]

---

14 Zum Vergleich der Systeme aus Anwendersicht sei empfohlen, einen Beratungs- und Buchunganfrageprozess in einem Online-Portal in Selbstbedienung nachzuvollziehen, z. B. unter www.expedia.de, www.ab-in-den-urlaub.de, www.opodo.de oder mit den korrespondierenden mobilen Applikationen.

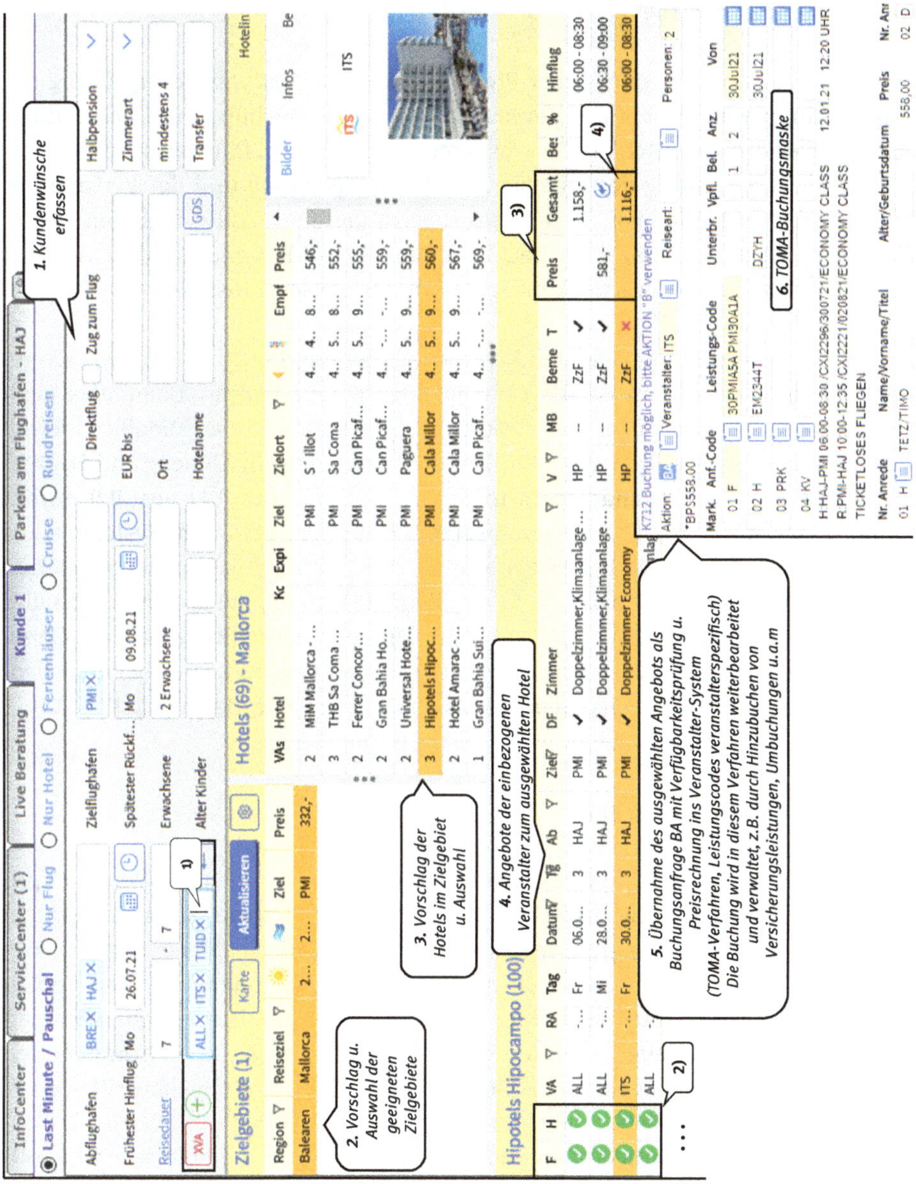

Abb. 3.4.3: Beispiel eines stationär eingesetzten Beratungs- und Vergleichsportals, hier Bistro-Portal (Quelle: eigener kommentierter Zusammenschnitt aus der Systemanwendung, vgl. www.amadeus.com/de/portfolio/leisure-reiseburos/, Stand 12/21).

3.4.4 Folgende Prozesse

Nach abschließender verbindlicher Preisrechnung und Verfügbarkeitsprüfung der Reiseleistungen im System des Veranstalters wird die Buchung mit Übermittlung der Reisebestätigung durch den Veranstalter abgeschlossen. Das Inkasso des Reisepreises, die Abrechnung der Provision sowie die Erstellung und der Versand der Reiseunterlagen werden vom Veranstaltersystem gesteuert und gemäß den Festlegungen im Agenturvertrag zwischen Veranstalter und Reisemittler durchgeführt (z. B. Direktinkasso beim Reisekunden durch den Reiseveranstalter oder Inkasso durch den Mittler, vgl. Kap. 4.6).

Die beim Reisemittler erfassten Reise- und Buchungsdaten werden, wie dargestellt, an das jeweils reservierende Veranstaltersystem übertragen. Damit aber auch der Reisemittler basierend auf diesen Geschäftstransaktionen seine Midoffice-Dienste (z. B. Kunden-, Vorgangsverwaltung, Kundenbindungsmaßnahmen) und Backoffice-Funktionen (z. B. Management-Information, Controlling) IT-gestützt durchführen kann, müssen die Daten auch seinem IT-System bzw. dem System seines IT-Dienstleisters zur Verfügung gestellt werden. Dazu bieten die globalen und alternativen Distributionssysteme (GDS, ADS) den Reisemittlern an, die an die Veranstalter weitergeleiteten und bestätigten Daten an das Mid- und Backoffice-System des Reisemittlers zu übertragen. Die Reisemittlersysteme haben entsprechende Schnittstellen, um diese Daten aufzunehmen und in ihre Datenbanken zu integrieren (vgl. Kap. 3.1).

3.4.5 Touristische Suchportale

Touristische Suchmaschinen (Travel Search Engine) sind von Online-Reisemittlern bzw. Online Travel Agencies und ihren Internet Booking Engines zu unterscheiden. Die thematischen Suchportale arbeiten nicht nach dem Geschäftsmodell der Reisemittler, die die Kunden umfänglich nach rechtlichen Standards beraten und in ihrem Auftrag die Buchungsvorgänge durchführen. Touristische Suchmaschinen unterstützen den Reiseinteressenten bei der Suche nach geeigneten Angeboten, wobei sie keine allgemeinen Suchmaschinen sind, die nur mit Suchbegriffen nach relevanten Quellen im Web recherchieren (vgl. Kap. 2.2 u. 2.5).[15]

Der Nutzer einer touristischen Suchmaschine erfasst seine Reisewünsche, oftmals in noch unvollständiger Detaillierung. Die touristische Suchmaschine ermittelt automatisiert potenziell geeignete Angebote und Anbieter. Dazu recherchiert sie im eigenen Datenbestand, der durch vergangene Anfragen und Suchergebnisse stets

---

15 Als touristische Suchmaschinen können beispielsweise genannt werden: www.fluege.de, www.trivago.de, www.swoodoo.com, www.kayak.de sowie ortsbasierte Dienste, z. B. www.google.de/maps und ihre mobilen Applikationen (App).

fortgeschrieben und aktualisiert wird, und/oder sie übermittelt die Reisewünsche über elektronische Schnittstellen an kooperierende Anbietersysteme und fragt damit entsprechende Angebote unverbindlich ab. Anschließend werden die potenziellen Angebote und Anbieter in einer vereinheitlichten sortierten Darstellung dem Nutzer vorgeschlagen. Die Suchmaschine übernimmt keine weiterführenden individuellen Beratungsfunktionen, sie sortiert lediglich die Angebote in einer unverbindlichen Reihenfolge, z. B. gemäß einfachen Preisinformationen (Preis pro Person, ab...) und ohne Verfügbarkeitsprüfung. Sie verweist auf die Anbietersysteme, in denen der Interessent dann vertiefend weitersuchen und ggf. buchen kann.

Eine besondere Form der Suche nach Reiseleistungen bieten geografische Kartensysteme, die als ortsbezogene Dienste auf Geoinformationen basieren (z. B. www.google.de/maps, vgl. Kap. 2.3). Sie ermöglichen weltweit ortsbezogene Suchen nach z. B. Hotels, Flugverbindungen, Mietwagenstationen und geben multimediale Umgebungsinformationen und Sichten touristischer Destinationen (vgl. Kap. 2.8).

Touristische Suchmaschinen sind somit Meta-Suchmaschinen (Meta Search), die keine Reiseleistungen vermitteln, sondern Interessenten zu potenziellen Anbietern führen. Sie generieren Online-Besuche bei den Reiseanbietern, die dann für die Vermittlung der Besuche oder für die daraus erzielten Reiseumsätze Gebühren oder Provisionen zahlen. Grundsätzlich können die Suchmaschinen Gebühren pro vermitteltem Link (Cost per Click) berechnen, i. d. R. aber erhalten sie Provisionen, wenn aus vermittelten Online-Kontakten in einer definierten Zeitspanne Reisebuchungen generiert werden (Conversion Rate, vgl. Kap. 2.6).

Für Anbieter von Reisen und Reiseleistungen ist die automatisierte Kooperation über technische Schnittstellen zwischen ihren Reservierungssystemen und den touristischen Suchmaschinen eine Form des Suchmaschinenmarketing (vgl. Kap. 2.5).

Eine gleiche Abgrenzung und Unterscheidung von den Reisemittlern ist auch für die sogenannten Publisher gegeben. Sie kommunizieren bzw. werben lediglich zu Reiseangeboten und Reisedestinationen, ermöglichen Suchen in Zusammenarbeit mit touristischen Meta Searchern und vermitteln die Kontakte (Verlinkung) zu den Anbietersystemen (vgl. z. B. www.urlaubsguru.de oder www.urlaubspiraten.de).

Online Travel Agencies (OTA), die online das vollständige Geschäftsmodell der Reisemittler anbieten, sind für Endkunden zunächst schwer von diesen Suchportalen zu unterscheiden. Für die Reisekunden ist diese Unterscheidung aber wichtig, um zu wissen, welche Leistungen juristisch verbindlich vom jeweiligen Portal erwartet werden können. Die Allgemeinen Geschäftsbedingungen (AGB) der Portale geben darüber verbindlich Auskunft.

Quellen und weiterführende Literatur

Weithöner, U. mit einer Vielzahl von Beiträgen zum Fachgebiet Tourismus-IT, z. B.: Geschäftsreisemanagementsystem, Globales Reservierungssystem, Online Reisemittler, Reservierungssystem u. v. a. m., in: Fuchs, W. (Hrsg.), Tourismus, Hotellerie und Gastronomie von A bis Z, Berlin/München/Boston 2021.

Informationsquellen zu den IT-Systemen

Deutscher Reiseverband DRV, www.drv.de/themen/digitalisierung/drv-datenstandard.html.
ITB, www.itb-berlin.de, Travel Technologie-Veranstaltungen und Ausstellungen im Rahmen der jährlichen Internationalen Tourismusbörse Berlin.
fvw Kongress, www.fvw-kongress.de, Travel Technologie-Veranstaltungen und Ausstellungen im Rahmen des jährlichen Kongresses der FVW Medien GmbH, Hamburg.
Internetquellen zu den genannten IT-Systemen und ihren Anbietern werden im Text genannt.

3.5 Destinationsmanagementsysteme und Portale

Uwe Weithöner

Eine Destination ist ein geografisch eingrenzbarer und zusammenhängender Raum, den Reisende als ganzheitliches Reiseziel wählen. Reisende nehmen die Destination als Angebotseinheit wahr, in der sie die Erfüllung ihrer touristischen Anforderungen und Wünsche erwartet. Die Destination kann daher unterschiedlich ausgeprägt sein. Sie kann aus nur einer Örtlichkeit bestehen, ein Freizeitpark oder auch ein Kreuzfahrtschiff können z. B. als eine Destination betrachtet werden. Eine Stadt mit umfangreichen Kultur- und Freizeitangeboten gilt als Destination genauso wie eine Flächenregion mit einer Vielzahl von Urlaubsorten, beispielsweise eine Küstenregion. Auch Länder und Kontinente können mit der entfernten Perspektive weltweit Reisender als Destinationen wahrgenommen werden. Der Begriff der Destination ist unabhängig von Dauer und Zweck einer Reise und somit auch unabhängig davon, ob das Reiseziel aus geschäftlichen oder privaten Gründen aufgesucht wird (vgl. Bieger/Beritelli 2013, S. 56 ff., Steinecke/Herntrei 2017, S. 18 ff.).

Im Folgenden wird der Begriff der Destination und des Destinationsmanagements auf den Freizeittourismus eingegrenzt, der mit Übernachtungen im Reiseziel, in Städten oder Regionen, verbunden ist.[16]

3.5.1 Grundlagen zum Marketing- und Informationsmanagement touristischer Destinationen

Das Destinationsmanagement befasst sich insbesondere mit der touristischen Infrastrukturplanung und -entwicklung, dem Tourismusmarketing sowie mit der Gestaltung und Unterstützung der internen und externen Kooperationen und Prozesse. Aufgabe des Destinationsmanagements ist es, die touristischen Potenziale und Angebote zu einer homogenen Angebots- und Leistungseinheit zu entwickeln. Das heißt insbesondere, destinationsweite Organisations-, Informations- und Kommunikationsstrukturen aufzubauen und die tourismuswirtschaftlichen Prozesse, insbesondere Marketingprozesse, des Incoming Tourismus zu unterstützen oder durchzuführen. Die Destination ist die Wettbewerbseinheit, die durch ihre Managementorganisation DMO strategisch entwickelt und marktorientiert geführt werden muss (vgl. Bieger/Beritelli 2013, S. 56).

---

16 Destinationen im Sinne von Freizeitparks, Kreuzfahrtschiffen oder Kongressen werden auf Basis von IT-Systemen gemanagt, die originär für Reiseveranstalter (vgl. Kap. 4.6), für die Hotellerie (vgl. Kap. 4.3) und/oder für das Kongress- und Entertainmentmanagement (vgl. Kap. 4.7) entwickelt worden sind. Destinationen im Sinne von Ländern und Kontinenten werden strategisch infrastrukturell auf Basis politischer Entscheidungen entwickelt, sie haben aber i. d. R. kein operatives Geschäftsmodell und damit kein Destinationsmanagement im Sinne dieses Kapitels.

Das operative Marketing im Rahmen des Destinationsmanagements beinhaltet die Funktionen und Serviceleistungen einer Incoming Agentur, die den (potenziellen) Gästen Informations-, Beratungs- und Serviceleistungen für die gesamte Destination bietet und Reiseleistungen vermittelt oder selbst erbringt. Bereits mit der Einführung der Touristischen Informationsnorm TIN in den 1990er Jahren wird für eine Flächendestination sinngemäß postuliert: *Der einzelne Ort kann nicht umfassender Ansprechpartner der Kunden sein, da ihre Anforderungen nicht zufriedenstellend an nur einem Ort erfüllt werden können. Der Kunde erwartet einen zentralen Servicepartner für die gesamte Urlaubsregion mit hoher Professionalität und Qualität* (vgl. unter www.deutschertourismusverband.de/service/touristische-informations norm-tin/). Das schließt nicht aus, dass auch dezentral auf örtlicher Ebene abgestimmte Aufgaben wahrgenommen werden.

Damit ist auch das Informationsmanagement (inkl. Kommunikation) in einer Urlaubsregion auf der Ebene der Destination zu integrieren und Teil des Destinationsmanagements. Das unkoordinierte und abgrenzende ortsbezogene Vorgehen, das in der kommunalpolitisch gesteuerten Tourismusförderung begründet liegt und im Deutschland-Tourismus historisch gewachsen ist, muss in ein übergreifendes, kundenorientiertes Destinationsmanagement überführt werden. Grundlage ist daher die destinationsweite Integration und Gestaltung der touristischen Informationen, Angebote und Services zur Förderung und Vermarktung der Tourismusregion bei i. d. R. heterogenen dezentralen Ausgangsbedingungen in den Orten und bei den Leistungsträgern.

Der örtliche und regionale Incoming Tourismus in Deutschland wird seit jeher durch öffentliche Gelder, über die die Gebietskörperschaften und ihre politischen Gremien entscheiden, finanziert oder gesichert. Dadurch haben sich ortspezifische und in der Flächendestination heterogene, bisweilen widerstreitende Strukturen gebildet, die eine destinationsweite Integration und Homogenisierung erheblich behindern. Schon die Unternehmensrechtsformen der örtlichen Tourismusorganisationen bedingen unterschiedliche Ziel- und Aufgabenorientierungen (vgl. Steinecke/Herntrei 2017, S. 21 ff.):

- öffentlich-rechtliche Unternehmensformen mit öffentlicher Finanzierung gemeinwirtschaftlicher Aufgaben, z. B. allgemeine kommunale Tourismusförderung
- privatwirtschaftliche Unternehmensformen mit der Absicht der Gewinnerzielung
- Mischformen, privatwirtschaftliche Unternehmensform mit öffentlicher finanzieller Sicherung und öffentlich-rechtlichen Gesellschaftern.

Um die öffentliche Finanzierung zu refinanzieren und um Überschüsse erzielen zu können, sind Tourismusorganisationen oftmals in privatwirtschaftliche Rechtsformen überführt worden. Ziel im privatwirtschaftlichen Sinn ist es daher, touristische Angebote und Services kosten- oder provisionspflichtig zu vermitteln und destinationsbezogene Angebote und Services zu gestalten und zu vermarkten. Für ein umfassendes Destinationsmanagement leiten sich damit folgende Aufgaben des Marketing- und Informationsmanagements ab:

- repräsentative Integration der touristischen Informationen, Angebote und Services mit einheitlichen Standards
- Aufbau von Informations-, Beratungs- und Vermittlungssystemen bzw. Koordination der Beteiligung an entsprechenden externen Systemen, die die Destination als Einheit präsentieren und anbieten, mit einheitlichen Verfahrensstandards und Prozessen
- Entwicklung destinationsweiter, übergreifender Serviceangebote (z. B. mithilfe mobiler Applikationen und Smart Services, vgl. Kap. 2.8 u. 2.4)
- kundenorientiertes Qualitätsmanagement
- Unterstützung des Kundenbindungsmanagements (vgl. Kap. 5.4), Marketing-Controlling und Marktforschung.

Zur Erfüllung der genannten Aufgaben sind nicht nur die abgrenzenden Wettbewerbsbeziehungen der einzelnen Orte in eine destinationsweite Kooperation zu überführen, auch die unterschiedlichen Ansprüche und Bedingungen der Leistungsträger, insbesondere der Unterkunftsanbieter, sind zu integrieren und zu harmonisieren. Folgende vertriebliche Kooperationsformen zwischen den Beherbergungsbetrieben und ihren Destinationsmanagementorganisationen (DMO) können grundsätzlich unterschieden werden (zur Abgrenzung hier von 0 bis 2 nummeriert):
- Die Beherbergungsbetriebe sind oftmals nicht bereit, den Tourismusorganisationen rechtlich verbindliche Buchungs- und Vermittlungsberechtigungen zu übertragen. Sie fürchten beispielsweise einen für sie anonymen Buchungsprozess, wollen selbst die verbindlichen Geschäftsabschlüsse und ihre Abrechnungen vornehmen und/oder nicht auf eigene private Nutzungsmöglichkeiten verzichten. Die folgenden Kooperationsformen 0 und 1 entsprechen der öffentlich-rechtlichen und gemeinwirtschaftlichen Orientierung des Destinationsmanagements:

In Kooperationsform 0 werden lediglich die relevanten Stammdaten der Leistungsträger und ihrer Angebote erfasst und in einem Unterkunftsverzeichnis zusammengefasst. Die anfragenden potenziellen Gäste erhalten keine konkreten Angebotsinformationen, z. B. keine verbindlichen Vakanz- und Preisinformationen. Sie wenden sich auf Basis des Verzeichnisses direkt an die Vermieter. Um diese Stufe informationstechnologisch zu unterstützen, bedarf es lediglich handelsüblicher Office-Software, um z. B. die Daten zum Druck von Katalogen oder als elektronische Verzeichnisse zu bündeln und zur Verfügung zu stellen.

In Kooperationsform 1 melden die Leistungsanbieter, insbesondere die Beherbergungsbetriebe, ihre Angebote an die Tourismusorganisation bzw. an das elektronische Destinationsmanagementsystem DMS, jedoch ohne die Verbindlichkeit zur Vollständigkeit und Aktualität. Ein anfragender Kunde erhält einen Unterkunftsnachweis mit unverbindlichen Verfügbarkeits- und Preisinformationen. Der Gast selbst oder die Tourismusorganisation im Auftrag des Gastes wenden sich dann zur Buchung an einen ausgewählten Vermieter.

Wenn die Tourismusorganisation die Vermittlung im Gästeauftrag durchführt und vertraglich basiert dem Anbieter Provisionen berechnet, gleicht diese Kooperationsform dem Geschäftsmodell eines Reisemittlers, das den Einsatz eines Destinationsmanagementsystems rechtfertigen kann. Aber auch Kooperationsform 1 ist wenig service- und kundenorientiert, da sie keine kurzfristigen verbindlichen Geschäftsprozesse ohne Medienbrüche ermöglicht. Reisende erwarten im Sinne von Reiseportalen (vgl. Kap. 3.4) multimediale Angebotspräsentationen, verbindliche Online- und Last-Minute-Buchungen, Unabhängigkeit von Geschäftszeiten, überprüfbare und vergleichbare Qualitätsmerkmale u. a. m.

- Privatwirtschaftliche Unternehmensformen und Geschäftsmodelle haben das Ziel, Gewinne oder zumindest Deckungsbeiträge zu erwirtschaften. Das erfordert eine vorrangige Kunden- und Serviceorientierung sowie verbindliche, rechtssichere Prozesse und Kooperationen. In Kooperationsform 2 stellen die Beherbergungsbetriebe dem Destinationsmanagement Angebote zur verbindlichen Vermittlung zur Verfügung, wobei sie sich das Recht einer privaten Eigenbelegung vorbehalten können. Sie verpflichten sich vertraglich, ihre Verfügbarkeiten, Preise, Leistungs- und Qualitätsmerkmale verbindlich gemäß den Standards der Destination festzulegen und aktuell zu halten. Somit können im System der Tourismusorganisation verfügbare Angebote beraten, verglichen und sofort verbindlich gebucht werden. Diese Kooperationsform ermöglicht das Geschäftsmodell eines Reisemittlers mit der Möglichkeit, die Prozesse im Rahmen eines IT-basierten Destinationsmanagementsystems zu automatisieren und die Vermittlungsleistungen im Rahmen von Online-Portalen anzubieten. Damit wird auch die Möglichkeit gegeben, ein Bündel von Reiseleistungen als kalkulierte Reisepakete oder als optionale Reisebausteine anzubieten.[17]

3.5.2 IT-basierte Destinationsmanagementsysteme

Zur elektronischen Integration, zur Unterstützung oder automatisierten Durchführung der Prozesse und Aufgaben werden Destinationsmanagementsysteme (DMS) eingesetzt. Sie sind die informationstechnologische Basis der Geschäftsprozesse und Kommunikationen einer Destination bzw. ihrer Tourismusorganisation(en). Heterogene Bedingungen und örtliche Egoismen haben aber in der Vergangenheit in vielen Flächendestinationen auch zu heterogenen informationstechnologischen

---

17 Mit der Bündelung von Einzelleistungen übernimmt eine Destinationsmanagementorganisation mit öffentlich-rechtlicher Trägerschaft nicht die rechtlichen Verpflichtungen eines privatwirtschaftlichen Reiseveranstalters zur (Insolvenz-)Sicherung gezahlter Kundengelder bzw. vermittelter Reiseleistungen (vgl. auch Kap. 3.1.1).

Strukturen geführt, die nachträglich nur schwer im Sinne eines gemeinsamen, kundenorientierten Informationsmanagements homogen integrierbar sind.[18,19]

In Destinationen mit derartigen informationstechnologisch heterogenen Ausgangsbedingungen ist es eine wesentliche Aufgabe, diese Systeme destinationsweit zu integrieren und systemtechnische Kooperationen zu ermöglichen. Das kann mit einem Neuanfang auf Basis eines gemeinsamen und standardisiert einzusetzenden DMS verbunden sein. Grundsätzlich und vereinfachend am Beispiel gesagt, muss dem Gast mit einer destinationsweiten Abfrage sofort verbindlich und umfassend folgende Frage beantwortet werden können: *„Gibt es kurzfristig noch eine freie Ferienwohnung mit Meerblick auf einer Nordsee-Insel oder an der Küste, die das Mitbringen von Hunden erlaubt?"*

Ein Destinationsmanagementsystem ist die informationstechnologische Basis und Voraussetzung für effiziente und serviceorientierte Prozesse und ihre ganzheitliche Integration. Abbildung 3.5.1 gibt einen Überblick über den Aufbau, seine vertriebs- und kundenorientierten Prozesse und Funktionen.

Die folgenden Abb. 3.5.2 und 3.5.4 visualisieren exemplarisch und im Zusammenschnitt ein reales Destinationsmanagementsystem mit der Beratung und Buchung sowie der Angebotspflege durch den Leistungsgeber (Vermieter, Hotelier).

Abbildung 3.5.2 zeigt die Sicht zur persönlichen Kundenberatung (Tourist Information, Call-Center) mit der Auswahl einer Unterkunft, wobei hier auf die vertiefende Darstellung der Ausstattungsmerkmale und multimedialer Informationen verzichtet wird.

Die Abbildung zeigt, dass im Sinne des Urlaubsorts die gesamte Destination oder Teilregionen, hier Inseln oder Orte, ausgewählt werden können (1), um deren Beherbergungsangebote darzustellen (2). Nach Auswahl eines Betriebs werden dessen (Zimmer-)Verfügbarkeiten und Belegungen zur Beratung dargestellt. Diese interne Sicht (3) unterscheidet grundsätzlich die Belegungen in Fremdbuchungen externer Vertriebspartner, Eigenbuchungen der DMO und Buchungen des Eigentümers bzw. des Beherbergungsbetriebes selbst. In der Abb. 3.5.4 wird gezeigt, welcher Buchungsweg im konkreten Beispiel für die DMO freigeschaltet worden ist.

---

18 Beispiel: Eine zuletzt 2014 wiederholte Studie des Verfassers hat folgende, heute noch vergleichbare Situation für die Niedersächsische Nordseeküste gezeigt: In 21 Küstenorten und Inseln, die als Destination seinerzeit eine gemeinsame Marketing GmbH betrieben haben, werden 8 unterschiedliche DMS eingesetzt. Auch Orte, die gleiche Systeme einsetzen, nutzen sie mit unterschiedlicher Intensität und Ausprägung der Kooperationsformen und mit sehr unterschiedlicher Informations- und Datenqualität (interne Studie, daher hier keine weiteren Quellen- und Inhaltsangaben).

19 Ergänzend sei angemerkt, dass es trotz deutschlandweiter Bemühungen in den letzten 25 Jahren nicht gelungen ist, die Angebote bzw. die Systeme deutscher Urlaubsdestinationen über den standardisierten Vertriebsweg Reisebüro/GDS buchbar zu machen (z. B. im TOMA-Verfahren, vgl. Kap. 3.4). Lediglich ausgewählte Hotels und Ferienhausangebote finden den Weg in die Deutschlandangebote von Reiseveranstaltern und damit in deren Vertriebssysteme.

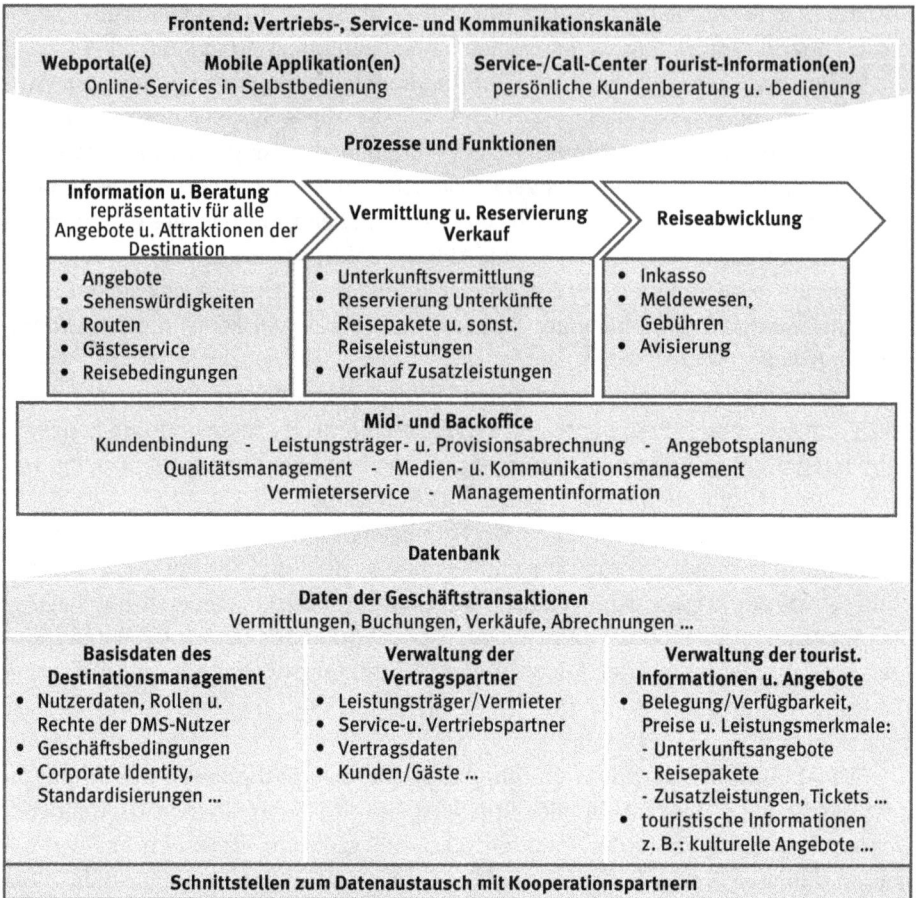

Abb. 3.5.1: Modell eines Destinationsmanagementsystems DMS (Quelle: eigene Darstellung).

Dieses DMS-Frontend kann mit kundengerechter Darstellung und angepasst an das jeweilige Webdesign in das Portal der Destination (z. B. www.vorpommern.de/ urlaub-buchen), in die Webportale der Teilregionen, hier Inseln (z. B. www.use dom.de/buchen und urlaub.ruegen.de) und in die Portale externe Vertriebspartner (z. B. holidays.hrs.de) integriert werden (vgl. Kap. 3.4). Die Reiseinteressenten und Kunden erhalten dann Zugriff in Selbstbedienung über das Webportal, das auch über mobile Applikationen genutzt werden kann[20].

---

20 Den Leser/-innen sei empfohlen, durch eigene Unterkunftssuchen die offenen Portale, die hier als Beispiele genannt werden und die auf demselben DMS basieren, mit dem internen Frontend der Abb. 3.5.2 zu vergleichen (Stand 12/2021) und mit Abb. 3.5.1 in Beziehung zu setzen.

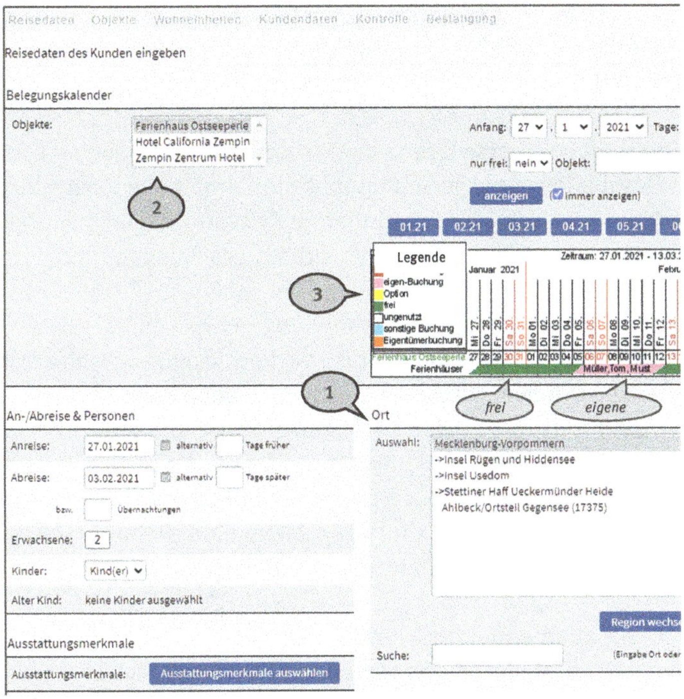

Abb. 3.5.2: Beispiel eines internen DMS-Frontend zur persönlichen Kundenberatung und Buchung (Quelle: eigener Zusammenschnitt, Auszug aus dem DMS Im-Web der DS Destination Solutions GmbH, HRS GROUP)[21].

Zu zusätzlichen und hier nicht dargestellten IT-basierten Leistungen, die ein DMS funktional oder durch Datentransfer und Schnittstellen unterstützen sollte, sei auf die Kapitel 2.4 und 2.8 mit den Themen Customer Journey und Smart Destination sowie auf die Kapitel 5.3 und 5.4 mit den Beiträgen zu elektronischen Zahlungssystemen und Kundenbeziehungsmanagement verwiesen.

3.5.3 Verteilte Nutzung eines Destinationsmanagementsystems

Destinationsmanagement-Systeme werden nicht mehr vor Ort in der Tourismusorganisation mit Server, Software und Datenbank aufgebaut und betrieben. Die Systeme werden in den Rechenzentren der Systemanbieter bzw. ihrer IT-Dienstleister

---

21 Alternativ zu dem hier gezeigten Beispiel seien folgende marktverbreitete IT-Anbieter/Systeme genannt: TOMAS/myIRS (www.tomas-travel.online), Feratel/Smart Destination Management System Deskline (www.feratel.de), TourOnlineAG/DIRS21 (www.dirs21.de), DS Destination Solutions GmbH/Tiscover (www.tiscover.com), Stand: 12/2021.

zentral technisch betrieben, gewartet und gesichert. Die Destination greift über eine gesicherte Internetverbindung auf „ihr" entferntes System zu und erhält durch die Datenbanksoftware gesteuert ihre vereinbarten Zugriffsrechte auf Funktionen und Daten.

Eine Destination erwirbt folglich eine Lizenz zur Nutzung des DMS (Software as a Service – SaaS). Die Destinationsmanagementorganisation erhält alle Rechte zur Nutzung der vertraglich und kostenpflichtig vereinbarten Systemfunktionalität. Das DMS arbeitet auf Basis einer gegenüber unbefugten Dritten geschützten und gesicherten Datenbank.

Die Tourismusorganisation nimmt eine Unterverteilung der Nutzungs- und Zugriffsrechte vor. Sie vergibt Rollen, d. h., sie differenziert die Rechte aufgabenabhängig und vergibt sie ihren Mitarbeiter/-innen, Geschäftspartner/-innen und Partnersystemen zur Erfüllung ihrer jeweiligen Aufgaben. Durch Systemanmeldung und Nutzer-Login werden diese Rollen gesteuert, z. B. (vgl. Abb. 3.5.3):

- Die Mitarbeiter/-innen des Call-Centers der Destination erhalten die Rechte zur Nutzung des internen Frontoffice-Moduls und zur destinationsweiten Vermittlung der Leistungsangebote gemäß den mit den Leistungsgebern vereinbarten Kooperationsformen.
- Das Webportal der Destination erhält die Vermittlungsrechte für alle Leistungsangebote in der Destination, die gemäß Kooperationsform 2 freigeschaltet worden sind.
- Die Mitarbeiter/-innen einer örtlichen Tourist Information werden nur für ihren Ort berechtigt, die internen Frontoffice-Funktionen und die Pflege der Angebotsdaten inkl. Vermieterservice durchzuführen.
- Ein Partner-Hotel erhält die Rechte, seine Hotel- und Angebotsdaten selbst zu pflegen und die Online-Buchungsfunktion in seine Hotel-Website zu integrieren, nur mit Zugriff auf seine Daten und Angebote.
- Ein Systemadministrator erhält alle Rechte und damit auch die Rechte, Basis- und Stammdaten sowie Rollen und Zugriffsrechte verwalten zu können.

Abbildung 3.5.3 zeigt als Modell ein DMS mit seiner Vernetzung und verteilten Nutzung.

Die Abb. 3.5.4 greift das Beispiel der Abb. 3.5.2 auf und zeigt die Angebotspflege durch den Beherbergungsbetrieb selbst. Mit Zugriff auf seine Angebotsdaten hat er hier die Verfügbarkeiten seiner Ferienhausangebote für einen festgelegten Zeitraum freigeschaltet.[22] Die Buchung eines Ferienhauses durch das Call-Center oder die Tourist Information setzt aber gemäß dieser Freigabe eine Buchungsanfrage beim Ferienhausvermieter voraus, bevor nach entsprechender Bestätigung verbindlich

---

22 Eine telefonische Inanspruchnahme des zentralen Vermieterservice, wie in Abb. 3.5.3 symbolisiert, ist hier nicht erforderlich.

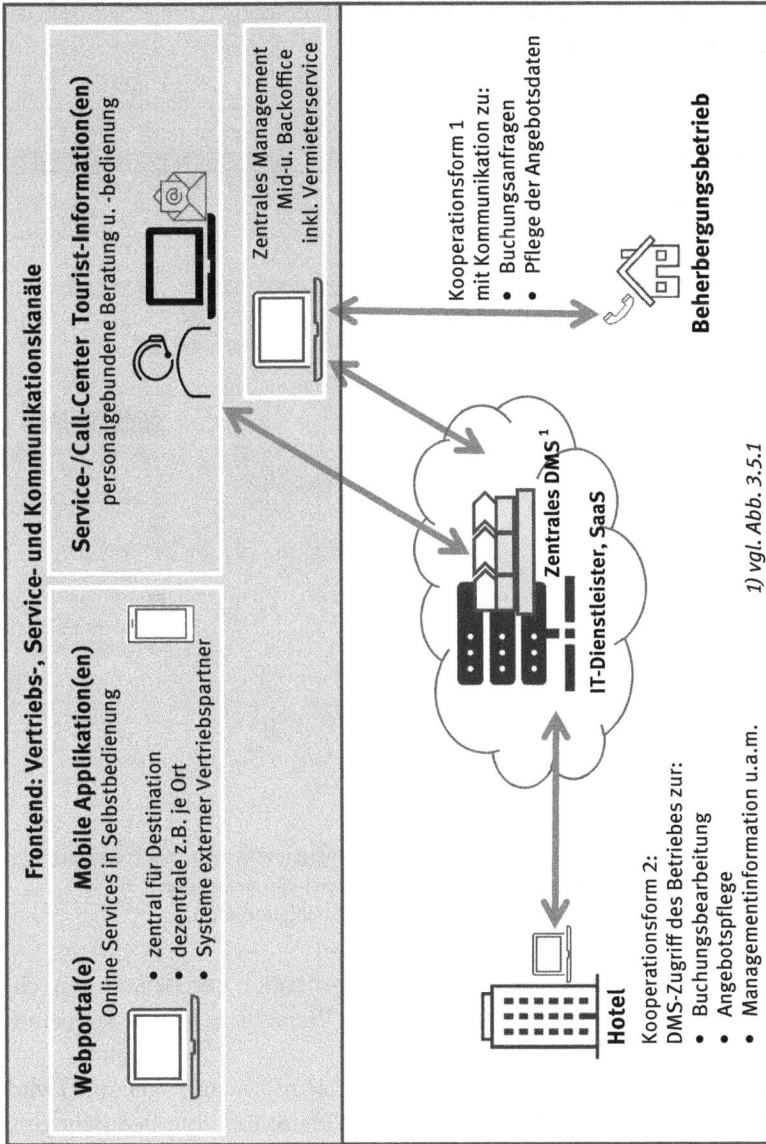

Abb. 3.5.3: Modell zur Vernetzung und zur verteilten Nutzung eines DMS (Quelle: eigene Darstellung).

vermittelt und gebucht werden kann. Es handelt sich hier folglich um eine Kooperation in der oben erläuterten Form 1.

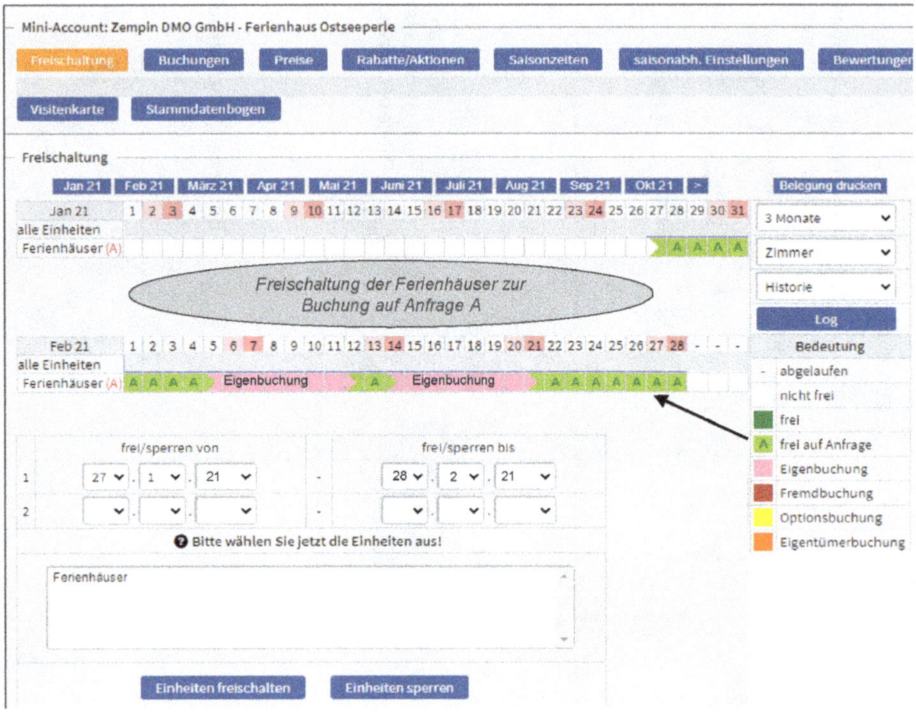

Abb. 3.5.4: Beispiel zur Angebotspflege im DMS durch den Beherbergungsbetrieb, hier Freischaltung von Beherbergungsangeboten in Kooperationsform 1 (Quelle: eigener Zusammenschnitt mit Beispieldaten, Auszug aus dem DMS Im-Web der DS Destination Solutions GmbH).

Mit Abb. 3.5.5 wird ein Beispiel aus einer anderen Destination gegeben, in dem ein Hotelbetrieb ausgewählte Zimmerangebote zur freien Vermittlung gemäß Kooperationsform 2 freigeschaltet hat.

Im Menü der Kopfzeile dieses DMS-Moduls (hier „Mini-Account" genannt) wird deutlich, dass der Beherbergungsbetrieb auch seine Preise und ihre Bedingungen, z. B. Saisonzeiten, festlegen sowie eigene Buchungen erfassen, verwalten und auswerten kann. Das Destinationsmanagement kann damit insbesondere kleineren Betrieben ein Modul zur Nutzung anbieten, das ein eigenes Hotelmanagementsystem überflüssig macht (vgl. Kap. 4.3).

Im Modell der Abb. 3.5.3 wird das technische System durch einen IT-Dienstleister betrieben, gewartet und gesichert (IT-Outsourcing). Dadurch und durch die verteilte Nutzung können sich alle Systempartner auf ihr Kerngeschäft mit ihren Kernkompe

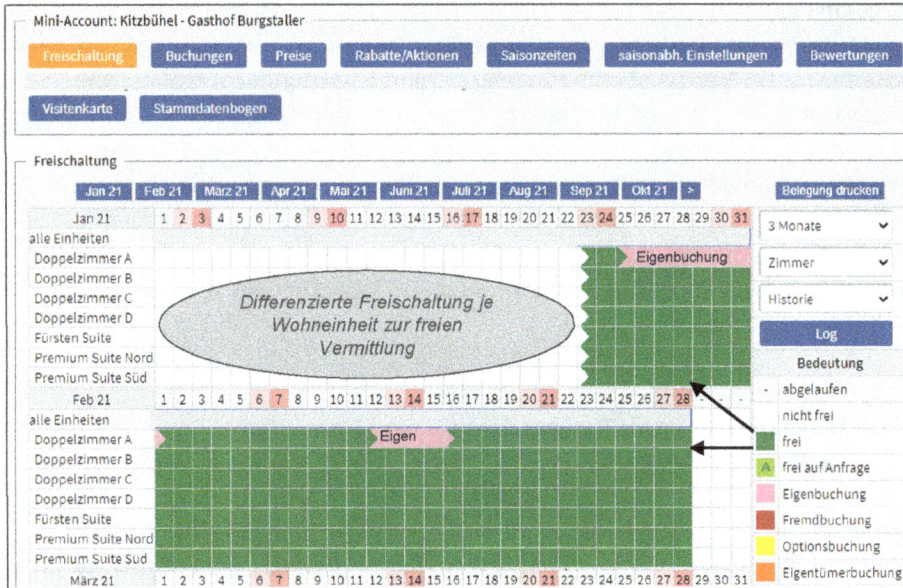

Abb. 3.5.5: Beispiel zur Angebotspflege im DMS durch den Beherbergungsbetrieb, hier Freischaltung von Wohneinheiten in Kooperationsform 2 (Quelle: eigener Zusammenschnitt mit Beispieldaten, Auszug aus dem DMS Im-Web der DS Destination Solutions GmbH).

tenzen konzentrieren. Das beinhaltet folgende Vorteile für die Destinationsmanagementorganisation:

– kein technischer Investitionsaufwand, kein IT-Know-how und kein IT-Wartungsaufwand durch eigene Kapazitäten erforderlich
– einfache Systemnutzung über Internet- und Web-Standards
– IT-Kostenstruktur mit tendenziell geringen Fixkosten und variablen Kosten je Buchung
– Über Web-Standards und Schnittstellen kann das DMS mit den Systemen externer Vertriebspartner verbunden werden und in Echtzeit interagieren. Beispielsweise große Webportale, die schwerpunktmäßig auf anderen Märkten (z. B. Beförderung mit Flug oder Bahn) vermarkten, wollen durch touristische Angebote ihren Kunden Mehrwerte bieten und zusätzliche Einnahmequellen erschließen.[23]

Das Outsourcing muss sich nicht auf den IT-Systembetrieb beschränken. Destinationen haben auch die strategische Option, das Vermarktungs- und Vermittlergeschäft

---

23 So können Destinationen auch über Portale wie beispielsweise bahn.de oder spiegel.de sowie über Distributoren wie bestfewo.de, fewo-direkt.de, fewo24.de sowie holidays.hrs.de ihre Angebote vermarkten, Stand: 12/2021.

insgesamt an ein überregionales oder internationales Distributionssystem zu übergeben. Aufgabe des Destinationsmanagements ist es dann, die Rahmenbedingungen zu schaffen, z. B.: Vertragsbedingungen, Harmonisierung der Angebote durch gemeinsame Qualitäts- und Darstellungsstandards, Repräsentativität der Angebote in Qualität und Umfang, Verfahrensstandards, Integration des Distributionspartnersystems in die Medien der Destination (z. B. Website und mobile Applikationen). Die Leistungsanbieter, insbesondere Beherbergungsbetriebe, arbeiten dann direkt mit dem System des Distributors zusammen. Reiseinteressenten oder Reiseagenturen können in dem internationalen System mit der Destination als Angebotsfilter recherchieren, beraten und buchen.[24]

3.5.4 Standardisierung als Voraussetzung eines IT-basierten Destinationsmanagements

Die Anforderungen eines destinationsweiten, prozessoptimierten und kundenorientierten Systems kann ein Destinationsmanagementsystem nur erfüllen, wenn es den Entscheidungsträgern und dem Management der Destination gelingt, heterogene Ausgangsbedingungen zu vereinheitlichen und destinationsweit akzeptierte Standardisierungen zu schaffen:
-   destinationsweites und verbindliches Qualitätsmanagement mit verbindlichen Standards zur Vergleichbarkeit, Beschreibung und Klassifizierung der Angebote
-   rechtssichere verbindliche Geschäftsprozesse und Geschäftsbedingungen, z. B.:
    -   Verbindlichkeit in der Zusammenarbeit mit den Beherbergungsbetrieben (inkl. Vermittlungs- und Buchungsprozesse, Zahlungsverkehr und Provisionsvergütung)
    -   Standardisierung der Preisrechnung
    -   Preise, Vergütung und Finanzierung destinationsweiter Dienstleistungen, z. B. Nutzung des öffentlichen Personennahverkehrs, Eintrittskarten und -bedingungen
-   Aufbau eines homogenen DMS zur elektronischen Kooperation in der Destination und mit externen Vertriebspartnern zur Optimierung des Kundenservice.

Es ist in diesem Sinne ein tourismuswirtschaftliches Gesamtkonzept für die Destination zu entwickeln und darauf abgestimmt ein informationstechnologisches Systemkonzept umzusetzen. Hierzu ist ein strukturiertes, projektorientiertes Vorgehen erforderlich. Am branchenbezogenen IT-Markt werden den Tourismusorganisationen einige langjährig verbreitete und geeignete Systeme angeboten, die in ihrem

---

[24] Den Leser/-innen sei empfohlen, unter diesem Gesichtspunkt im Portal holidays.hrs.de nach Angeboten in Schleswig-Holstein zu suchen und vergleichend unter buchung.nordseetourismus.de zu recherchieren, Stand: 12/2021.

konkreten Funktionsumfang, ihrer Spezialisierung und/oder mit ihren Systemkosten unterschiedlich ausgeprägt sind[25]. Es bedarf für eine Destination einer konkreten Analyse der aktuellen und zukünftigen Anforderungen an ein System in Abstimmung mit der geplanten strategischen Geschäftsentwicklung.

Quellen und weiterführende Literatur

Bieger, T., Beritelli, P., Management von Destinationen, 8. Aufl., München 2013.
Eisenstein, B., Grundlagen des Destinationsmanagements, 2. Aufl., München 2014.
Steinecke, A., Herntrei, M., Destinationsmanagement, 2. Aufl., Konstanz/München 2017.

Informationsquellen zu den IT-Systemen

Deutscher Tourismusverband DTV e.V. (Hrsg.), Touristische Informationsnorm TIN,
      deutschertourismusverband.de/service/touristische-informationsnorm-tin.html, Stand: 12/
      2021.
ITB, itb-berlin.de, Travel Technologie-Veranstaltungen und Ausstellungen im Rahmen der
      jährlichen Internationalen Tourismusbörse Berlin.
Internetquellen zu den genannten IT-Systemen und ihren Anbietern werden im Text genannt.

---

[25] Als Beispiele seien folgende marktverbreitete DMS-Anbieter und ihre Systeme genannt: TOMAS/
myIRS (www.tomas-travel.online), Feratel/Smart Destination Management System Deskline (www.fer
atel.de), TourOnlineAG/DIRS21 (www.dirs21.de), DS Destination Solutions GmbH/Tiscover (www.tisco
ver.com), Stand: 12/2021.

4 Leistungsanbietersysteme

Eberhard Kurz

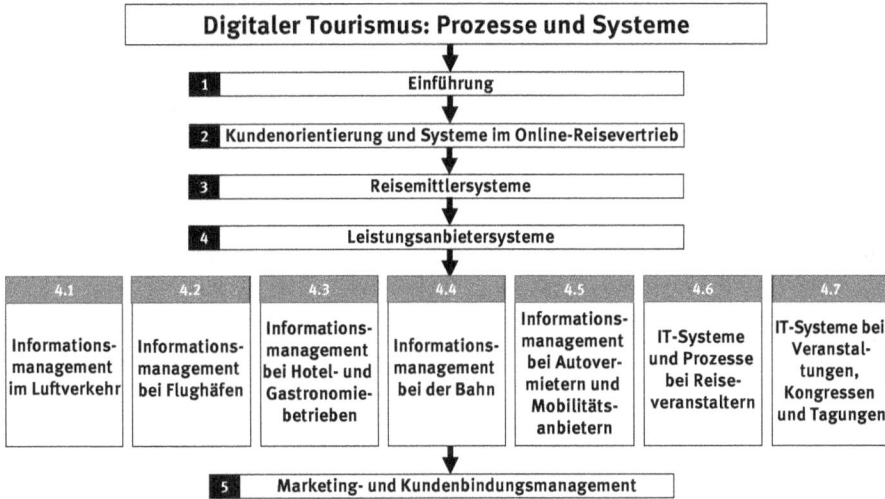

Abb. 4.1: Überblick Leistungsanbietersysteme.

Das Zeitalter der Digitalisierung ist ein wesentlicher Antriebsmotor für die Prozesse der Unternehmen im Allgemeinen und der touristischen Unternehmen wie Fluggesellschaften, Flughäfen, Hotels und Gastronomiebetriebe, Eisenbahngesellschaften, Autovermieter, Reiseveranstalter und Messen/Kongresse/Tagungen im Speziellen (siehe Abb. 4.1). IT-Lösungen im Rahmen eines Informationsmanagements vereinfachen die Verarbeitung, Organisation und Verknüpfung einzelner Daten innerhalb einer komplexen IT-Landschaft und bieten den Unternehmen gleichzeitig eine Optimierung ihrer Prozesse mit hohen Zeiteinsparungseffekten.

Linienfluggesellschaften gelten als Pioniere im Bereich Informationssysteme in der Touristik. Sie riefen die heutigen Global Distribution Systems (GDS) in den 1970er Jahren als eigene Computerreservierungssysteme (CRS) zur Vereinfachung der Kontingentsverwaltung und des Flugscheinvertriebs ins Leben. Ihre IT-Landschaft ist seitdem in den meisten Fällen gewachsen und besteht heutzutage aus einem sehr komplexen Umfeld von Systemen, mit denen die Kernprozesse einer Fluggesellschaft abgedeckt werden. Zum einen sind die eigenen Systeme einer Fluggesellschaft sehr stark miteinander verbunden, zum anderen bewegen sich Fluggesellschaften in einem weltweit vernetzten Geschäftsumfeld, in dem eine Vielzahl von Datenflüssen stattfinden. Das Kapitel verschafft einen Überblick über diese gesamte prozessorientierte IT-Landschaft im Luftverkehr. Im Vordergrund stehen hierbei Planungs- und Steuerungssysteme, Passagier-Service und operative sowie administrative Systeme.

https://doi.org/10.1515/9783110786866-004

Planungs- und Steuerungssysteme umfassen die Netzplanung und Strategie einer Fluggesellschaft, die Flugplanung sowie die Ertragssteuerung und das Pricing. Bei Passagier-Service-Systemen handelt es sich um Anwendungen, welche die direkten Prozesse in Verbindung mit dem Kunden unterstützen wie Flugscheinreservierung, Kundendatenverwaltung und Abfertigung. Operative Systeme sind Module, die zur direkten Unterstützung des Flugbetriebes beitragen, wie Einsatzplanung, Flugvorbereitung sowie der Bereich der Flugdurchführung und -überwachung. Unter den Bereich administrative Systeme fallen die Prozesse der allgemeinen Verwaltung wie auch der Auswertung von Daten sowie der Abrechnung von erbrachten oder eingekauften Leistungen.

Der nächste Abschnitt handelt von Informationssystemen im Flughafenbereich. Flughäfen stellen heutzutage multifunktionale Dienstleistungszentren dar, in denen neben dem Flughafenbetreiber und den Fluggesellschaften öffentliche Dienste und private Dienstleister auf einer gemeinsam genutzten Fläche ihre Arbeit verrichten. Aufgrund der Vielzahl an Prozessen, die einen reibungslosen Ablauf am Flughafen garantieren sollen, bedarf es umfangreicher IT-Systeme, die aufeinander abgestimmt werden müssen. Zur Unterstützung der Kernprozesse Flugzeug- und Passagierabfertigung, Gepäcktransport sowie der internen und externen Serviceprozesse kommen unterschiedliche Systeme zur Anwendung. Die Systeme lassen sich in drei Kategorien einteilen. Basisinfrastrukturdienste umfassen alle Telekommunikationsdienste, die eine reibungslose Kommunikation zwischen allen beteiligten Organisationen des Flughafens ermöglichen. Passagier- und Gepäckabfertigungssysteme sorgen für eine durchgängige und sichere Abfertigung. So stellen Security-Systeme sicher, dass das unerlaubte Eindringen in die Sicherheitsbereiche von Personen oder Gegenständen verhindert wird. Anzeige- und Passagierleitsysteme sorgen für einen unkomplizierten und raschen Passagierfluss. Der Transport und das Sortieren der einzelnen Gepäckstücke liegen in dem Verantwortungsbereich der Gepäcksysteme. Systeme zur Planung und Administration der Flugzeugabfertigung stellen Planungssysteme dar, die sowohl der kurz- als auch der langfristigen Planung von Abläufen an Flughäfen dienen. Darüber hinaus umfasst dieser Bereich Dispositionssysteme, um vorhandene Ressourcen bestmöglich aufzuteilen und anzupassen sowie administrative Systeme, um Statistiken und Planungen zu Abrechnungszwecken zu erstellen.

Im dritten Abschnitt gehen wir auf die bedeutendsten IT-Systeme für Hotel- und Gastronomiebetriebe ein. Diese werden zusammen mit ihren diversen Einsatzmöglichkeiten und ihrem vernetzten Zusammenwirken in Geschäftsprozessen von der Reservierung über das Check-in, den Service in Hotel und Restaurant bis zum Check-out vorgestellt. Dabei werden unter anderem Kassen- und Warenwirtschaftssysteme, Hotelmanagement-Systeme, Hotel-Telefon- und TV-Anlagen, Hotel-WLAN sowie elektronische Zugangs- und Schließsysteme beschrieben. Ein weiterer Abschnitt enthält direkte und indirekte computergestützte Distributionssysteme wie z. B. Webauftritt, Central Reservation Systems und elektronische Distributionssysteme (GDS, IDS/ADS etc.), Destinationsmanagementsysteme und Plattformen für

Reise- und Hotelveranstalter sowie Consolidators mit ihren wichtigsten Funktionen und Schnittstellen. Auch auf die Entwicklungen wie Seamless Connectivity und Multi-Channel-Management in den Hotel-Distributionssystemen wird eingegangen. Aufgezeigt werden darüber hinaus die Verbindungen der klassischen Hotel-IT-Systeme zu den bedeutenden externen Systemen wie elektronischen Zahlungssystemen oder speziellen Marketingmanagement-Systemen, die in diesem Buch erläutert werden

Das vierte Kapitel beschäftigt sich mit dem Informationsmanagement bei einem Eisenbahnverkehrsunternehmen (EVU) am Beispiel der Deutschen Bahn. In Deutschland ist der öffentliche Personenverkehr (ÖVP) als offenes System durch sein hohes Maß an Vernetzung zwischen den einzelnen Verkehren gekennzeichnet. Als eines der größten Herausforderungen des ÖPV gilt das Management und der qualitativ hochwertige Betrieb dieser Verkehrsnetzwerke. Der Beitrag beschreibt die Geschäftsfähigkeiten in einem EVU und erläutert, welche IT-Systeme dafür benötigt werden. Die Geschäftsfähigkeiten werden anhand von fünf Domänen mit den Systemen vorgestellt. Dazu gehören: Angebotserstellung (Fahrplan, Preis), Kundenmanagement (Vertrieb der Produkte und CRM), Produktion einer Zugfahrt (Planung und Disposition von Personal, Fahrzeugen, Schienenstrecken/Trassen, Instandhaltungskapazitäten), Verkehrssteuerung (Umgang mit Verspätungen und Störungen) und Leistung (Transportleistung für die Kunden, Kundeninformation, gastronomische Dienstleistungen). Der Beitrag erläutert auch die IT-Säulen der Deutschen Bahn wie Mobile Workforce, Nutzung von Cloud-Dienstleistungen sowie Data Lakes und Plattformen. Ebenso wird dargestellt, wie die Steuerung der IT-Organisation unter Nutzung der engen Zusammenarbeit zwischen Geschäft und IT durchgeführt wird.

Autovermieter und Mobilitätsdienstleister bieten für Geschäftsreisende, Pendler und Touristen ein vielfältiges Spektrum an individueller Mobilität mit z. B. Auto, Motorrad, Roller, Fahrrad, Scootern. Der Beitrag beschreibt zunächst die Kernprozesse Anmietung, Übernahme, Nutzung, Rückgabe und Abrechnung. Darauf aufbauend wird eine typische Applikationslandschaft eines Autovermieters mit seinen Applikationsmodulen beschrieben. In der Folge wird auch das Carsharing mit seinen Prozessen und IT-Systemen vorgestellt. Unterschiede und Gemeinsamkeiten zu Autovermietungen werden beschrieben. Die Inhalte werden abgerundet durch die Vorstellung von innovativen Mobilitätsdiensten. Hierbei werden neue Sharing-Modelle beschrieben; es wird aber auch auf die Entwicklung der Elektromobilität und des autonomen Fahrens eingegangen. Zusätzlich werden übergreifende Mobility-as-a-Service-Konzepte erläutert, die zukunftsweisend alle Mobilitätsformen aus einer Hand über eine Plattform anbieten.

Der sechste Abschnitt beleuchtet Informationssysteme für Reiseveranstalter, in dem die wichtigsten Funktionsmodule und Schnittstellen von IT-Systemen für Reiseveranstalter dargestellt werden. Planungssysteme analysieren und prognostizieren vor allem die Nachfrage und Simulationsrechnungen für verschiedene Bereiche der Angebots- und Nachfrageentwicklung. Einkaufssysteme leisten den Reiseveranstaltern eine unverzichtbare Unterstützung bei dem meist zeitkritischen Einkauf der einzelnen Reiseleistungen im Rahmen der Saisonvorbereitung. Diese stellen den Einkäufern alle aufbereiteten einkaufsrelevanten Planungsdaten und Daten aus der vorangegangenen Saison für Vertragsverhandlungen online zur Verfügung und ermöglichen ihnen somit einen reibungsfreien Produktions- und Kalkulationsprozess. Die Kontingentverwaltung erfolgt entweder intern oder über externe Systeme, die über automatisierte Schnittstellen an den Veranstalter gekoppelt sind. Mit ihren drei verschiedenen Produktionssystemen versuchen die Veranstalter aus ihren eingekauften Leistungen möglichst kundengerechte Produkte zu erstellen. Hierbei lassen sich Pre-Packaging, Dynamic Pre-Packaging und Dynamic Packaging voneinander unterscheiden. Zu den Vertriebs- und Distributionssystemen zählen als indirekter Vertriebsweg über ein Reisebüro die Distributionsnetzwerke der globalen Distributionssysteme (GDS) und die Internet Booking Engines. Content Aggregatoren und Angebots- und Preisvergleichssysteme gehören darüber hinaus ebenfalls zu den Vertriebssystemen wie auch alternative Intermediäre (ADS), die im Wettbewerb zu den traditionellen GDS stehen. Mit Hilfe von Vertriebssteuerungssystemen erreicht der Reiseveranstalter sowohl im direkten als auch im indirekten Vertrieb eine übersichtliche Verwaltung von Produkt- und Steuerungsdaten, insbesondere hinsichtlich Provisionsmodellen und Vertriebskanälen. Administrative Systeme steuern alle Buchungen im Reservierungssystem des Veranstalters, die über die unterschiedlichen Vertriebskanäle eingehen. Data Warehouse und Customer-Relationship-Management-Systeme (CRM) bzw. Partner-Relationship-Management-Systeme (PRM) dienen im Wesentlichen dazu, zahlreiche Daten aus Geschäftsbeziehungen zwischen Leistungsträgern, Reisemittlern und Endkunden aus verschiedenen Teilsystemen zusammenzuführen und zentral auswerten zu können. Ebenso wird die Nutzung als Software as a Service von Veranstaltersystemen beschrieben.

Messen, Kongresse und Events sind ein wichtiger Bestandteil unseres geschäftlichen und privaten Lebens. Der Beitrag startet mit der Beschreibung der Akteure und der wesentlichen Prozesse. Einerseits sind Veranstaltungen einmalige Projekte, da jeder Kongress oder jedes Event doch anders ist. Andererseits müssen klassische Prozesse wie Vertrieb von Tickets, Einlasskontrolle, Abrechnung mit Besuchern und Ausstellern durchgeführt werden. Auf beides geht der Beitrag ein und beschreibt typische und relevante IT-Systeme für diese Geschäftsfähigkeiten. Auch hier gibt es eine Reihe von verfügbaren Kauflösungen auf dem Markt.

Zusammenfassend werden in folgendem Kapitel die Basis des Informationsmanagements und die spezifischen Informationssysteme für die einzelnen Leistungsanbieter näher beleuchtet. Hierbei erfolgt sowohl eine detaillierte Vorstellung der IT-Lösungen sowie deren Anwendungsmöglichkeiten in den jeweils relevanten Bereichen.

4.1 Informationsmanagement im Luftverkehr

Annette Kreczy

Noch bis in die 1980er Jahre haben Fluggesellschaften in vielen Bereichen mit manuellen Prozessen gearbeitet. Tickets wurden mit der Hand geschrieben, Tarife mit Hilfe von Tarifhandbüchern errechnet, die Flugplanung fand mit Papier und Bleistift statt und bei der Abfertigung wurden die Bordkarten jeweils mit Aufklebern für die Sitzplatznummern versehen. Die Möglichkeiten, die sich durch die Entwicklung der Informationstechnologie (IT) und die zunehmende Verbreitung des Internets ergaben, wurden von der Luftfahrtbranche schnell aufgegriffen und haben dazu geführt, dass heute ein Flugbetrieb ohne Informationsmanagement nicht mehr denkbar ist. Alle Geschäftsprozesse werden nun mit IT-Unterstützung durchgeführt, und es gibt nur noch wenige Mitarbeiter, die noch über das entsprechende Wissen verfügen, um ihre Aufgaben notfalls auch manuell ausführen zu können. Daher stellen Fluggesellschaften beim Systembetrieb höchste Anforderungen an Systemverfügbarkeit und Verarbeitungsgeschwindigkeit, da der Ausfall eines einzelnen Systems unter Umständen den gesamten Flugbetrieb lahmlegt und damit schnell zu Verdienstausfällen oder Schadensersatzforderungen in Millionenhöhe führen kann.

Die Wichtigkeit von IT-Systemen für den Flugbetrieb manifestiert sich auch in den IT-Ausgaben der Fluggesellschaften in den letzten Jahren. Während diese in den Jahren 2016 und 2017 noch bei etwas über 3 % vom Umsatz lagen, haben sie im Jahr 2018 4,84 % erreicht. Für 2019 wird ein weiterer Anstieg auf 5,22 % erwartet. Der Fokus der Entwicklungsbudgets wird in den nächsten Jahren insbesondere auf Themen wie Cloud Services, Cyber Security, Business Intelligence (BI) und Mobile Services liegen (SITA 2019, S. 6 ff.).

Die IT von Fluggesellschaften basierte ursprünglich größtenteils auf Großrechnersystemen, die in den 1970er Jahren gemeinsam mit Fluggesellschaften von den Firmen Unisys mit der Unisys Application Suite (USAS) und IBM mit der Transaction Processing Facility (TPF) entwickelt wurden. Diese Betriebssysteme zeichneten sich durch eine hohe Robustheit aus und sind in der Lage, große Datenmengen sehr schnell zu verarbeiten. Basierend auf TPF hat IBM das System PARS bzw. IPARS und Unisys die Systeme USAS*RES (Reservierungssystem), USAS*FDC (Flight Data Control) und USAS*CGO (Cargo) entwickelt, welche die Urformen vieler Airline-Systeme sind. Diese Ursysteme wurden von den Fluggesellschaften über die letzten Jahrzehnte kontinuierlich weiterentwickelt, sodass mittlerweile zahlreiche Versionen des ursprünglichen Systemkerns weltweit im Einsatz sind. Sukzessive wurde die Mainframe-basierte Systemlandschaft um neue Applikationen erweitert und Legacy-Systeme schrittweise abgelöst. Hierbei wurden nach und nach neue Technologien wie Unix, Windows, zunehmend aber auch cloudbasierte Lösungen eingesetzt. Insbesondere der Trend zu serviceorientierten Architekturen (SOA) hilft bei der Modernisierung der komplexen Systemlandschaft. Diese stark vernetzte und durch unterschiedliche

Technologien geprägte Systemlandschaft ist auch der Grund dafür, dass ein großer Anteil der Kosten auf den Systembetrieb entfällt und weniger Mittel für Neuentwicklungen zur Verfügung stehen. Im Durchschnitt wenden Fluggesellschaften etwa 60 % der IT-Ausgaben für Betrieb und Wartung bestehender Anwendungen auf und lediglich 40 % steht für eigene Neuentwicklungen oder den Kauf neuer Software zur Verfügung (SITA 2019, S. 6).

4.1.1 Gesamtprozess und externe Schnittstellen

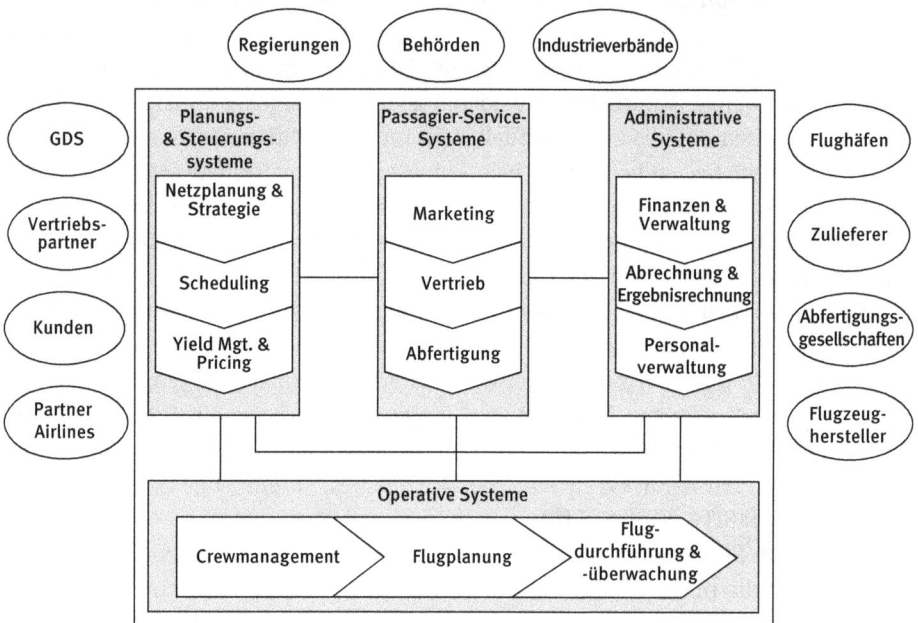

Abb. 4.1.1: Prozessorientierte IT-Landschaft von Fluggesellschaften.

Die IT-Landschaft von Linienfluggesellschaften (Abb. 4.1.1) ist in den meisten Fällen über die letzten 50 Jahre gewachsen und besteht häufig aus einem sehr komplexen Umfeld von Systemen, mit denen die Kernprozesse einer Fluggesellschaft abgedeckt werden. Zum einen sind die eigenen Systeme einer Fluggesellschaft stark miteinander verbunden, zum anderen bewegen sich Fluggesellschaften in einem stark vernetzten Geschäftsumfeld, in dem eine Vielzahl von Datenflüssen stattfindet. Die vorliegende Abhandlung fokussiert sich auf die wichtigsten IT- Systeme einer Passagierfluggesellschaft, d. h., Cargosysteme werden nicht betrachtet. Ebenso werden Geschäftsbereiche, die häufig von externen Zulieferern erbracht werden (wie z. B. die Flugzeugwartung oder das Catering) ausgeklammert. Auch die Behandlung von Spezialsystemen würde den Umfang dieser Abhandlung sprengen.

Die Kernsysteme einer Fluggesellschaft lassen sich in vier große Bereiche untereilen:

- **Planungs- und Steuerungssysteme**, welche die Kernprozesse Netzplanung und Strategie, Scheduling (d. h. die Erstellung des Flugplans) sowie Revenue Management & Pricing unterstützen. In diesem Bereich kommen in erster Linie Optimierungstools zum Einsatz, die eine Fluggesellschaft dabei unterstützen, die vorhandenen Ressourcen (Flugzeuge, Crew) möglichst ergebnisoptimal einzusetzen.
- Unter den Bereich **Passagier-Service-Systeme** (PSS) fallen alle Systeme, die eine Fluggesellschaft in den Bereichen Marketing, Vertrieb und Abfertigung von Passagieren nutzt. Hierzu zählen IT-Applikationen, welche den direkten Kundenkontakt unterstützen, wie beispielsweise Reservierungssysteme, CRM oder Abfertigungssysteme. Die Systeme in diesem Bereich sind durch eine große Menge an zu verarbeitenden Transaktionen und Daten sowie externen Schnittstellen geprägt.
- **Operative Systeme** decken die Prozesse rund um das Crewmanagement, die Flugplanung und die eigentliche Flugdurchführung und Überwachung ab. Die Kernaufgaben der IT in diesem Bereich liegen in der Steuerung und Überwachung aller flugnahen Prozesse wenige Tage vor und am Flugtag.
- Der Schwerpunkt der **administrativen Systeme** einer Fluggesellschaft liegt in der Analyse von Daten, der Abrechnung der erbrachten oder eingekauften Leistungen und der allgemeinen Verwaltung. Zu den Bereichen, die von diesen Systemen abgedeckt werden, zählen beispielsweise Finanzen und Verwaltung, Abrechnung und Ergebnisrechnung sowie die Personalverwaltung.

In ihrem Umfeld unterliegen Fluggesellschaften einer Vielzahl von gesetzlichen Vorschriften von Regierungen (Einreise- und Zollbestimmungen, Umwelt und Lärmschutz etc.) und Behörden (z. B. Luftraumüberwachung). Weitere Standards und Regeln werden durch Industrieverbände wie die IATA (International Air Traffic Association) vorgegeben. Im Vertrieb kooperieren insbesondere Linienfluggesellschaften über Allianzen oder bilaterale Vereinbarungen. Darüber hinaus sind sie stark vernetzt mit ihren Kunden und ihren Vertriebspartnern (Reisebüros, Veranstalter, Distributionssysteme). Auch bei der eigentlichen Leistungserbringung arbeiten Fluggesellschaften mit verschiedenen anderen Unternehmen und Einrichtungen zusammen. So geschieht beispielsweise die Beschaffung und Wartung des Fluggeräts in enger Kooperation mit den Flugzeugherstellern und externen Wartungsgesellschaften, bei Start und Landung wird die Infrastruktur eines Flughafens genutzt, und die Bodenprozesse (Abfertigung, Catering, Reinigung, Betankung) werden häufig durch externe Zulieferer übernommen.

4.1.2 Planungs- und Steuerungssysteme

Je größer eine Fluggesellschaft und damit das Netzwerk ist, umso komplexer ist die Planung und Steuerung, umso höher ist aber auch das Optimierungspotenzial. Während für das Netzmanagement einer kleinen Fluggesellschaft mit überschaubarer Flotte teilweise noch Microsoft Excel als Planungstool ausreicht, setzen große Gesellschaften auf leistungsfähige Netzplanungssoftware, die über komplexe mathematische Modelle die Planung optimiert. Zu den im Folgenden erläuterten Planungs- und Steuerungssystemen zählen Applikationen, die das Netzmanagement, die Flugplanung, das Ertragsmanagement und die Preisgestaltung einer Fluggesellschaft unterstützen (Abb. 4.1.2).

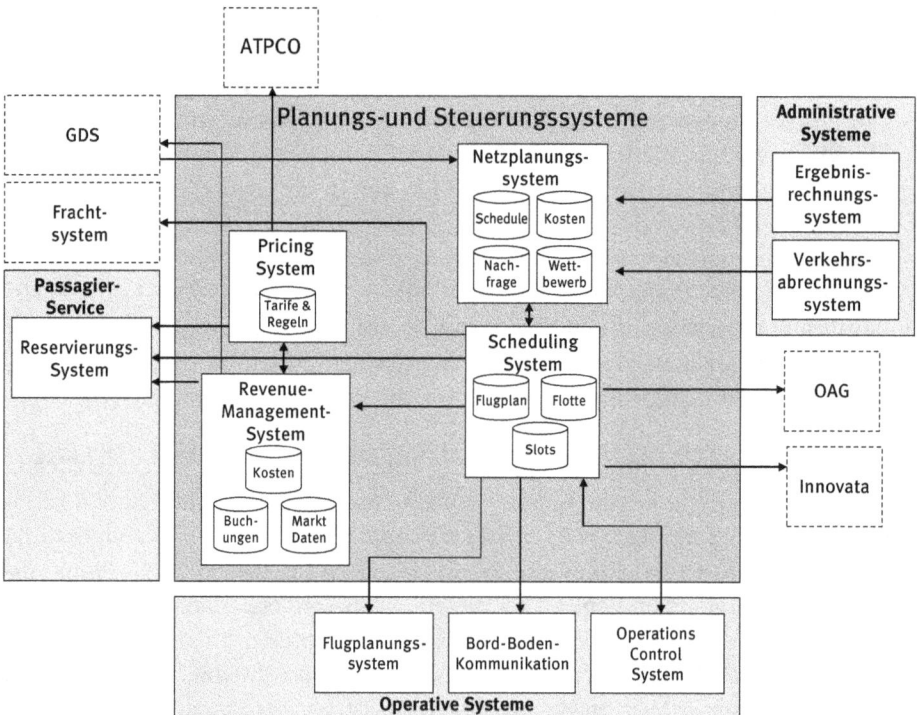

Abb. 4.1.2: Planungs- und Steuerungssysteme.

Netzplanungssystem

Netzplanungssysteme arbeiten mit ausgefeilten Optimierungs- und Kalibrierungsmechanismen, um einen optimierten Einsatz vorhandener Kapazitäten zu erreichen bzw. um eine potenzielle Erweiterung des Netzwerks oder der Flotte unter wirtschaftlichen Gesichtspunkten zu evaluieren.

Die Grundlage für die Entwicklung der Netzstrategie bilden historische Buchungsdaten aus der Netz- und Streckenergebnisrechnung sowie der bisherige eigene Flugplan. Auf Basis dieser Informationen erstellt das Netzplanungssystem Prognosen über die Entwicklung der Nachfrage in der Zukunft. Hierbei werden auch saisonale Schwankungen, Feiertage und Großereignisse berücksichtigt. Eine weitere wichtige Datengrundlage sind Informationen über die Flugpläne und Preisstrukturen anderer Fluggesellschaften sowie Daten über das Nachfrageverhalten.

Basierend auf dem bestehenden Flugplan werden vom Netzplanungssystem verschiedene Flugplanszenarien errechnet. Hierbei wird geprüft, welche neuen Strecken unter O&D-Gesichtspunkten (Origin & Destination) das größte Potenzial bieten bzw. wie der Verkehr über verschiedene Hubs optimiert werden kann. Ebenso wird geprüft, wie vorhandene Verbindungen in Bezug auf die Präferenzen der Nachfrage oder Veränderungen im Flugplan der Wettbewerber optimiert werden können. Neben dem eigenen Netzwerk können auch Partnerschaften mit anderen Fluggesellschaften optimiert werden, wie z. B. die Evaluierung potenzieller neuer Codeshare-Partner oder Allianzen. Schließlich kann sowohl der Einsatz der vorhandenen Flotte mit einem Netzplanungssystem optimiert als auch das Potenzial durch neues Fluggerät evaluiert werden.

Aufbauend auf den im System gespeicherten Annahmen zu Kosten, Erträgen, Nachfrage und Wettbewerb wird der Netzertrag der verschiedenen Szenarien errechnet. So kann die Netzplanung iterativ verbessert werden. Das Ergebnis der Netzplanung ist die grundsätzliche Entscheidung darüber, welche Strecken an welchen Tagen mit welchem Fluggerät angeboten werden können bzw. welche Ressourcen noch zusätzlich benötigt werden. Diese Daten liefern eine wichtige Grundlage für die Flugplanerstellung.

Scheduling System

Die Aufgabe des Scheduling Systems liegt darin, die Vorgaben der Netzplanung in Form eines Flugplans umzusetzen. Dabei müssen verschiedene Einschränkungen berücksichtigt werden. Zum einen muss versucht werden, Kundenwünsche z. B. nach Tagesrandverbindungen zu berücksichtigen, zum anderen muss das vorhandene Fluggerät möglichst optimal genutzt werden (d. h. möglichst kurze Bodenzeiten). Insbesondere bei großen Fluggesellschaften sind für das Scheduling komplexe IT-Systeme im Einsatz, die über künstliche Intelligenz verfügen bzw. mit Methoden aus dem Bereich Operations Research arbeiten. Die Hauptfunktionen eines Scheduling Systems lassen sich in die folgenden Bereiche untergliedern.

Flugplanerstellung und Optimierung

Aufbauend auf dem zur Verfügung stehenden Fluggerät und den vorhandenen Slots (Start- und Landerechte an einem Flughafen) kann der Flugplan erstellt werden. Die Erstellung und Visualisierung des Flugplans geschehen in den meisten Systemen mit Hilfe von Gantt Charts. Konflikte bzw. Optimierungsmöglichkeiten in der Planung werden dabei vom System entsprechend hervorgehoben. Die Systeme unterstützen auch die Evaluierung alternativer Szenarien unter Berücksichtigung vorgegebener Einschränkungen (Blockzeiten, Wartungsintervalle etc.) mit dem Ziel, die Ressourcennutzung und den möglichen Ertrag zu maximieren. Ebenso kann bei Ad-hoc-Änderungen, z. B. als Reaktion auf neue Flüge eines Wettbewerbers bzw. aufgrund von Krisensituationen in einem Zielgebiet, schnell ein neuer Flugplan errechnet werden. Zunächst werden den einzelnen Umläufen im Flugplan lediglich generische Flugzeugtypen zugeordnet (z. B. eine Boeing 747–400), die Zuordnung einzelner Flugzeuge zu den geplanten Umläufen (Tail Assignment) erfolgt in der Regel erst wenige Tage vor Abflug, damit beispielsweise die Wartungsplanung berücksichtigt werden kann.

Verwaltung von Slots
Für jeden Flug wird ein sogenannter Slot benötigt, über den einer Fluggesellschaft ein Zeit-fenster für den Start und die Landung an einem Flughafen zugeteilt wird. Hierfür werden die Schedules aller Fluggesellschaften auf der zweimal jährlich stattfindenden IATA Schedules Conference (auch bekannt als Slots Conference) abgeglichen und mit der vorhandenen Kapazität an den Flughäfen in Einklang gebracht. Das Standard Schedules Information Manual (SSIM) der IATA gibt dabei den Rahmen für den Datenaustausch zwischen allen beteiligten Fluggesellschaften und Flughäfen vor. Im Vorfeld der Slots Conference wird der geplante Schedule über sogenannte Slot Clearance Requests (SCR) an die IATA geschickt. Freiwerdende Slots können anschließend bei der Slots Conference neu vergeben werden. Ebenso können Slots untereinander getauscht werden. Je nachdem ob die beantragten Slots zugeteilt wurden oder nicht, muss anschließend im Scheduling System der Flugplan nochmals überarbeitet werden.

Flugplanpublizierung
Wenn die Flugplanerstellung abgeschlossen ist, wird der Schedule über sogenannte Standard Schedule Messages (SSMs) publiziert und damit die entsprechenden Flüge den eigenen Systemen sowie anderen Fluggesellschaften oder Flughäfen zur Verfügung gestellt. Ad Hoc Schedule Messages (ASMs) werden versendet, um kurzfristige Änderungen am Flugplan zu publizieren.

Revenue-Management-System
Die Aufgabe eines Revenue-Management-Systems (vgl. auch Kapitel 5.1) ist es, eine Fluggesellschaft darin zu unterstützen, die verfügbaren Sitzplätze zum bestmöglichen Preis zu verkaufen. Während die Aufgabe eines Netzmanagement-Systems darin besteht, das Gesamtangebot einer Fluggesellschaft (Strecken, Frequenzen, Kapazität) zu optimieren, besteht die Aufgabe des Revenue-Management-Systems darin, das vorhandene Angebot möglichst zu optimalen Erträgen zu verkaufen. In der Vergangenheit haben diese Systeme den optimalen Preis eines Fluges basierend

auf den von den Fluggesellschaften publizierten Tarife errechnet. Mittlerweile tendieren immer mehr Fluggesellschaften dazu, den optimalen Preis unabhängig von diesen vordefinierten Tarifen zu errechnen, sogenanntes „Dynamic Pricing".

Zu den Hauptaufgaben eines Revenue-Management-Systems gehören:

–   Eine möglichst genaue Analyse und Vorhersage der Nachfrage bzw. deren Produktloyalität und Reaktion auf Preisanpassungen (z. B. abnehmende Elastizität der Nachfrage, je näher der Abflugtermin ist). Für die Vorhersage werden dabei insbesondere Faktoren wie Ereignisse in der Vergangenheit (z. B. Großveranstaltungen), Ferientermine und allgemeine saisonale Nachfragetrends sowie die zu erwartende Zahl von No-Shows in Erwägung gezogen.

–   Die kontinuierliche Anpassung der verfügbaren Buchungsklassen an die Nachfrage (Inventarsteuerung) durch Öffnen und Schließen einzelner Klassen im Inventar, um so ein optimales Angebot zu verschiedenen Preisen im Markt platzieren zu können.

–   Das Management von Gruppenanfragen, d. h., zu welchem Preis soll eine Gruppenbuchung akzeptiert werden, die zwar die Auslastung erhöht, aber in der Regel einen niedrigeren Durchschnittspreis pro Passagier als Individualbuchungen hat.

Pricing System

Revenue Management und Preisgestaltung sind eng miteinander verbunden, daher werden immer öfter die Systeme miteinander verknüpft und die publizierten Tarife lediglich als Referenzpunkte gebraucht. Die Preisgestaltung kann dabei als die Operationalisierung der Ertragssteuerung gesehen werden. Zu den Hauptaufgaben eines Pricing Systems gehören dabei:

–   Die Überwachung der Preise der Wettbewerber im Markt (Preise und damit verbundene Restriktionen).

–   Der Vergleich mit dem eigenen Angebot und die (automatische) Anpassung an die neuen Gegebenheiten. Diese Anpassung kann entweder reaktiv erfolgen, d. h. eine Anpassung der eigenen Preise als Reaktion auf die Preisanpassung eines Wettbewerbers, oder proaktiv bzw. dynamisch.

–   Die Lieferung von Daten in die Airline-eigenen Preisberechnungssysteme (Fare Quote) und Distribution der Tarife über die entsprechenden Kanäle (ATPCO – Airline Tariff Publishing Company), von denen die Preise und Buchungsrestriktionen (Fares und Fare Rules) mehrmals täglich publiziert werden (z. B. an globale Distributionssysteme wie Amadeus, Sabre oder Worldspan und Travelport).

Ertragsmanagement und Preisgestaltungssysteme bilden die Schnittstelle zu den Passagier-Service-Systemen, die im folgenden Kapitel näher analysiert werden.

4.1.3 Passagier-Service-Systeme (PSS)

Zum Bereich Passagier-Service-Systeme (siehe Abb. 4.1.3) gehören alle Applikationen einer Fluggesellschaft, die den direkten Kontakt mit den Kunden unterstützen. Diese Systeme sind somit das Herzstück der IT einer Fluglinie, da sie auch mit allen wichtigen externen und internen Anwendungen vernetzt sind.

Unter den Bereich der Passagier-Service-Systeme fallen Reservierungs-, CRM-, Kundenbonus- und Check-in-Systeme.

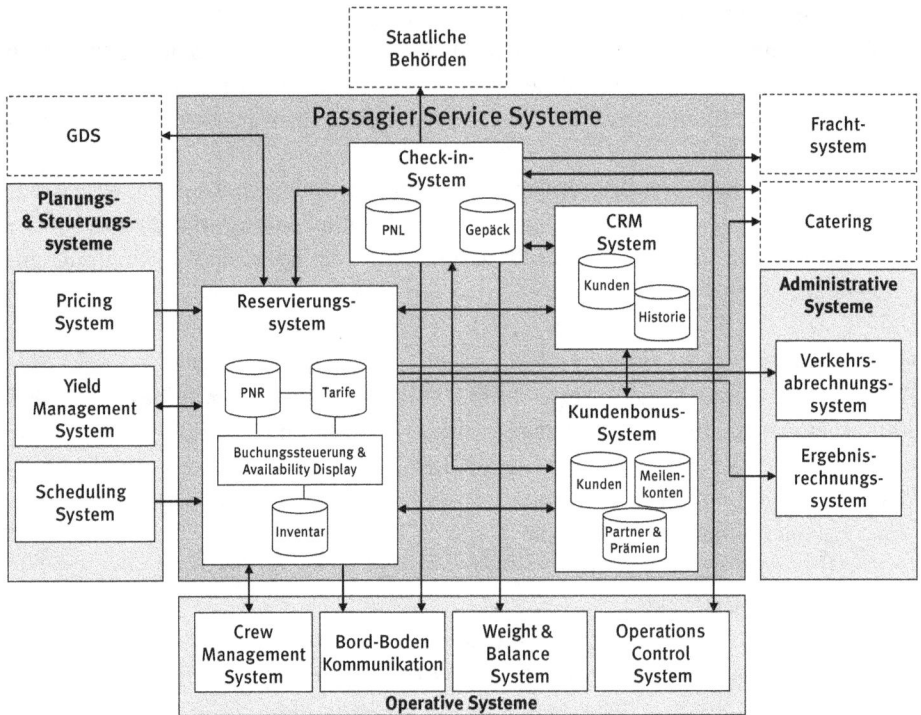

Abb. 4.1.3: Passagier-Service-Systeme.

Reservierungssystem

Das interne Reservierungssystem einer Fluggesellschaft enthält alle Reservierungen, unabhängig davon, über welchen Vertriebskanal die Reservierungen getätigt wurden. Der Direktvertrieb einer Fluggesellschaft greift dabei unmittelbar auf das eigene Reservierungssystem zu. Zum einen ist dies das Personal in einem Call-Center, welches in der Regel mit einer eigens hierfür angepassten grafischen Benutzeroberfläche (GUI) arbeitet, zum anderen sind es auch die Kunden, die über Internetanwendungen (Internet Booking Engines) oder mobile Applikationen selbst buchen können. Reisebüros oder andere indirekte Vertriebskanäle greifen meist nicht direkt auf das Reservierungssystem einer Fluggesellschaft zu, sondern arbeiteten bisher in erster Linie mit globalen Distributionssystemen (GDS), die über Standardschnittstellen mit den Reservierungssystemen aller internationalen Fluggesellschaften verbunden sind.

Bedingt durch die starke Standardisierung dieser Systeme werden den Fluggesellschaften jedoch Restriktionen bei der Darstellung ihrer Angebote und der Preisgestaltung auferlegt. Dies war einer der Gründe, warum seitens der IATA das Programm New Distribution Capability (NDC) ins Leben gerufen wurde. Im Rahmen dieses Programms wurde ein neuer XML-basierter Standard für die Datenübermittlung zwischen Fluggesellschaften und Reisebüros entwickelt.

Da der Betrieb eines eigenen Reservierungssystems aufgrund der funktionalen Komplexität und der hohen Anforderungen an die Verfügbarkeit sehr aufwendig ist, haben die meisten Fluggesellschaften diese Systeme an externe Anbieter wie Amadeus, Sabre oder eine große Anzahl kleinerer Anbieter ausgelagert. Viele Billigfluggesellschaften arbeiten mit neuen Reservierungssystemen wie beispielsweise New Skies von der Amadeus-Tochter Navitaire. Die Funktionen eines Reservierungssystems können in drei große Bereiche unterteilt werden.

Inventarmanagement

Im Inventar werden alle Flüge mit ihren jeweils in den einzelnen Buchungsklassen verfügbaren Sitzplätzen verwaltet. Die Inventardaten (d. h. Liste der angebotenen Flüge) werden über standardisierte Schnittstellen über ein Scheduling System erstellt und regelmäßig aktualisiert. Im Inventarmanagement spielt die Buchungssteuerung eine zentrale Rolle. Das Inventar der Fluggesellschaft wird dabei neben den verschiedenen Serviceklassen (z. B. First, Business oder Economy) traditionell in bis zu 26 Buchungsklassen unterteilt, für die jeweils andere Preise und Buchungsbedingungen gelten. Über die Buchungssteuerung wird festgelegt, wie viele Sitzplätze in den einzelnen Buchungsklassen verfügbar sind, indem einzelne Klassen geöffnet oder geschlossen werden. In Kombination mit den im Tarifsystem für die einzelnen Buchungsklassen gespeicherten Preisen und Konditionen wird so gesteuert, zu welchem Preis ein Flug jeweils verfügbar ist. Die Buchungssteuerung verfügt in einigen Fällen über eine Echtzeitschnittstelle zum Revenue-Management-System und erlaubt so eine laufende Optimierung der angebotenen Buchungsklassen als Reaktion auf Veränderungen in der Nachfrage.

Die bisherige Buchungsklassenstruktur erlaubte den Fluggesellschaften nur eine beschränkte Anzahl Preissprünge. Um noch zielgenauer auf die Entwicklung der Nachfrage eingehen zu können, hat die Lufthansa Group 2020 damit begonnen, das sogenannte Continuous Pricing einzuführen. Da die Preisgestaltung hier nicht mehr auf 26 Buchungsklassen beschränkt ist, lassen sich so deutlich mehr unterschiedliche Preise für den gleichen Flug publizieren. Da Continuous Pricing auf der NDC Technologie basiert, wird es zumindest in einer ersten Phase nicht von den GDS unterstützt.

Angebotsdarstellung und Reservierung (PNR)

Die Abfrage von Inventardaten durch einen Nutzer erfolgt über ein sogenanntes Availability Display. Hierbei werden für eine Verbindung (Citypair) alle Flüge mit ihren jeweils verfügbaren Sitzplätzen in den einzelnen Buchungsklassen dargestellt. Diese Darstellung enthält sowohl Flüge, die von der Airline selbst durchgeführt werden als auch Codeshare- und Interline-Flüge. Der Abgleich verfügbarer Sitzplätze mit anderen Fluggesellschaften erfolgt dabei über standardisierte Schnittstellen und erlaubt abhängig von der Kooperationsform den gegenseitigen Buchungszugriff bis zum letzten Platz (Last Seat Availability) in Echtzeit. Die Reservierungen für einzelne Passagiere oder Gruppen werden in einem sogenannten Passenger Name Record (PNR) gespeichert. Der PNR enthält dabei sowohl Personendaten (wie Namen oder Kontaktinformationen) als auch die für den Passagier gebuchten Flüge (Segmente) und ausgestellte Tickets. Teilweise werden in den Reservierungssystemen auch die Profildaten der Kunden gespeichert, zudem gibt es Schnittstellen zum Kundenbonussystem bzw. zu einem CRM-System. Die Reservierungsdaten werden vom Reservierungssystem an zahlreiche andere Systeme weitergegeben. Mit Hilfe einer sogenannten Passenger Name List (PNL) werden die Daten kurz vor Abflug an die Abfertigungssysteme übergeben, ebenso wird die Anzahl der gebuchten Passagiere an verschiedene operative Systeme (z. B. Crewmanagement, Flugplanung, Weight & Balance) sowie an die Catering- und Frachtplanung weitergeleitet. Nachdem der Flug durchgeführt wurde, werden die Reservierungen erneut mit der Liste der abgefertigten Passagiere aktualisiert, d. h. Passagiere, die eine Reservierung hatten, aber nicht eingecheckt haben (No-Shows), und Passagiere, die ohne Reservierung eingecheckt wurden (Go-Shows). Anschließend werden die Daten zur Abrechnung und Erstellung von Auswertungen an die administrativen Systeme übergeben.

Tarifberechnung und Ticketing

In der Tarifdatenbank (engl. Fare Quote System) sind alle Tarife und Buchungskonditionen (z. B. Mindestaufenthalt, Vorausbuchungsfristen etc.) hinterlegt, wobei alle Tarife jeweils für einzelne Verbindungen und Buchungsklassen gespeichert werden. Mit Hilfe der Buchungs-steuerung erfolgt die Entscheidung, wie viele Plätze jeweils zu einem bestimmten Tarif angeboten werden. Hierzu werden einzelne Buchungsklassen dynamisch geöffnet oder geschlossen. Die Tarifsysteme werden heute häufig nicht mehr selbst von den einzelnen Fluggesellschaften gepflegt, da die Aktualisierung des Systems und der darin enthaltenen Tarifdaten sehr aufwendig ist. Die Tarifpflege wird daher als Dienstleistung von externen Anbietern eingekauft.

Die Aufgabe des Ticketing besteht darin, elektronische Tickets (eTickets) und andere Dokumente wie z. B. EMDs (Electronic Miscellaneous Documents) zu erstellen und zu verwalten. Das eTicket ist eine Bestätigung der Bezahlung und gilt als Vertrag zwischen dem Kunden und der Fluggesellschaft. Die Ticketinformationen werden hierfür in einer Datenbank abgelegt, in der Informationen wie z. B. die Ticketnummer, die einzelnen Bestandteile des Ticketpreises oder Wechselkursinformationen gespeichert sind. In der Vergangenheit wurden noch Papiertickets ausgestellt, seit 2008 werden von der IATA nur noch elektronische Tickets unterstützt. Eine weitere wichtige Funktion eines Ticketing-Systems ist das sogenannte Interline Electronic Ticketing, über das Partnergesellschaften Änderungen an elektronischen Tickets vornehmen können, auch wenn diese von einer anderen Gesellschaft ausgestellt wurden. Hierzu wird jeweils über eine Standardschnittstelle die Kontrolle über das Ticket an die andere Fluggesellschaft übergeben.

Bedingt durch Veränderungen im Einkaufsverhalten und Buchungen über das Internet haben sich die Anforderungen an die Reservierungssysteme verändert. Immer mehr Fluggesellschaften implementieren sogenannte Offer and Order Management Systems (OOMS). Diese ersetzen das Reservierungssystem zwar nicht, ergänzen es aber mit weiteren Funktionen und offenen Schnittstellen (APIs), um die Systeme einfacher an andere Systeme anzubinden. Wie der Name schon sagt, bestehen die Systeme aus einem Offer Management System und einem Order Management System. Bei vielen Fluggesellschaften ist das Offer Management System schon weit fortgeschritten und hat in vielen Bereichen das Reservierungssystem, vor allem im Bereich Tarifberechnung bereits abgelöst. Mittlerweile erstellen die Fluggesellschaften eine „Offer", bestehend aus Flug und Zusatzangeboten wie kostenpflichtigen Sitzplatzreservationen, Priority Boarding und anderen Dienstleistungen. Die Komponente Order Management System ist ein Abbild der eigentlichen Buchung und des Tickets, jedoch angepasst an eine „Order", vergleichbar mit einer Bestellung bei einem Onlinehändler für dessen Ware. Das heißt, es handelt sich nicht mehr um eine flugspezifische Reservationsdatei, sondern ein generisches Auftragsgefäß, in dem beliebige Verkäufe mit den entsprechenden Bedingungen, Kosten, Taxen etc. abgespeichert werden können. Bei einigen Low-Cost-Airlines haben solche Systeme bereits das gesamte PSS mehr oder weniger ersetzt. Bei den traditionellen Fluggesellschaften sind diese Systeme noch eine Ergänzung zum PSS, da im Austausch mit Behörden, Flughäfen und anderen Fluggesellschaften PNRs und eTickets weiterhin als Standard gelten.

Check-in-System

Die Hauptfunktion eines Check-in-Systems ist die Abfertigung von Passagieren und Gepäck. Einige Abfertigungssysteme berechnen auch die optimale Beladung des Flugzeugs (Weight & Balance), in den meisten Fällen werden hierfür jedoch separate Systeme eingesetzt (siehe hierzu das Kapitel Flugplanung und Betrieb). In Europa haben viele Fluggesellschaften die mit dem Check-in verbundenen Tätigkeiten an Abfertigungsgesellschaften ausgelagert und betreiben daher auch die für die Abfertigung benötigten IT-Systeme nicht mehr selbst. Neben dem klassischen Check-in am Schalter unterstützen die Systeme heute eine Vielzahl von Optionen, über die ein Kunde selbst einchecken kann. Neben Selbstbedienungskiosks (CUSS – Common Use Self Service) findet die Abfertigung vermehrt auch über Internet (Web Check-in) oder mobile Endgeräte (mobile Check-in) statt.

In den letzten Jahren ist bei immer mehr Fluggesellschaften der „Check-in"-Vorgang durch den Kunden nicht mehr notwendig, da die Fluggesellschaften sogenanntes „Automated Check-in" anwenden. In diesem Fall löst die Fluggesellschaft die Check-in-Prozesse automatisch aus, sobald der Flug zum Check-in bereit ist, d. h. in der Regel 24 Stunden vor Abflug. Gemäss SITA IT Trends Survey nutzen 34 % der Fluggesellschaften Automated Check-in.

Passagierabfertigung

Vor dem Check-in werden die Reservierungsdaten über eine Passagierliste (Passenger Name List – PNL)) vom Reservierungssystem transferiert oder die gesamte Kontrolle über die Reservierungen für den jeweiligen Flug wird an das Check-In System übergeben. Sofern nicht bereits bei der Reservierung eine Sitznummer zugeteilt wurde, geschieht dies bei der Abfertigung. Ebenso wird ggf. nachträglich noch die Kundennummer eines Bonusprogramms im System erfasst. Immer mehr Länder verpflichten die Fluggesellschaften bereits vor Abflug, eine Passagierliste inklusive weiterer Informationen wie Passnummer oder des geplanten Aufenthaltsorts im Land zu übermitteln. Die hierfür benötigten Informationen werden entweder maschinell erfasst (z. B. über ein Lesegerät für Reisepässe) oder müssen manuell eingegeben werden. Am Ende des Abfertigungsvorgangs wird die Bordkarte auf einem speziellen Drucker ausgedruckt. Die Bordkarte hat entweder einen Magnetstreifen oder einen Barcode, der beim Einsteigen eingelesen wird. Bei der Abfertigung über Internet druckt der Kunde selbst eine Bordkarte mit einem Barcode aus, beim mobilen Check-in erhält der Kunde eine elektronische Bordkarte mit einem elektronischen Barcode auf sein mobiles Endgerät. Während des Einsteigevorgangs werden die Magnetstreifen oder Barcodes über entsprechende Endgeräte eingelesen. So hat die Fluggesellschaft jederzeit einen Einblick darüber, wie viele Passagiere sich bereits an Bord befinden bzw. wie viele abgefertigte Passagiere noch fehlen (Boarding Control).

Gepäckabfertigung

Bei der Gepäckabfertigung wird das Gepäck zunächst gewogen und anschließend mit einem Gepäckanhänger versehen. Für Kunden, die mobil oder über Internet einchecken, bieten zahlreiche Airlines auch die Möglichkeit, die Gepäckanhänger vor der Reise selbst auszudrucken. Der Gepäckanhänger enthält einen Barcode oder einen RFID-Chip, über den später das Gepäckstück über die gesamte Transportkette identifiziert werden kann. Die Gepäcknummern werden dabei vom System mit den Passagierdaten gespeichert, sodass das Gepäck den jeweiligen Passagieren zugeordnet ist (Baggage Reconciliation). Seit Ende der 1980er Jahre ist diese Zuordnung auf allen internationalen Flügen Pflicht. Beim Verladen des Gepäcks geschieht ein automatischer Abgleich zwischen dem geladenen Gepäck und den an Bord befindlichen Passagieren. Die Barcodes der Gepäckanhänger werden beim Verladen eingescannt und das System speichert, in welchem Container das jeweilige Gepäckstück verladen wurde, damit es jederzeit auffindbar ist (Baggage Tracking). Fast alle Fluggesellschaften sind an das WorldTracer System von SITA angeschlossen, um verlorenes Gepäck wieder aufzufinden (Baggage Tracing). Nachdem ein sogenannter Lost Baggage Claim eröffnet wurde, kann sich der Passagier auch über das Internet über den Verbleib seines Gepäcks informieren.

CRM-System

Viele Fluggesellschaften setzen bei der Verwaltung von Kundendaten auf Standardsoftware von Softwareunternehmen wie SAP, Siebel von Oracle oder Microsoft AX. Der generelle Vorteil solcher Lösungen liegt im sehr großen Funktionsumfang, ein Nachteil sind jedoch in der Regel die fehlenden Schnittstellen in die Airline-internen Systeme (wie z. B. das Reservierungssystem). Daher arbeiten viele Fluggesellschaften mit selbst entwickelten Lösungen. Die meisten Gesellschaften stützen sich beim Zielkundenmanagement zudem ausschließlich auf die internen Daten aus dem Kundenbonussystem.

Die Hauptfunktion eines Customer-Relation-Management-Systems (CRM-System) liegt in der Verwaltung von Kundendaten. Da Fluggesellschaften Millionen von Kunden haben, ist eine eindeutige Kundenidentifikation wichtig. Häufig geschieht diese über die Vielfliegernummer, es werden aber auch andere eindeutige Informationen wie eine Kundennummer oder eine Kreditkartennummer benutzt. Als wichtige Stammdaten des Kunden werden in erster Linie Name, Anschrift, Telefonnummern, aber auch persönliche Präferenzen (z. B. Sitz, Essen an Bord) und Interessen gespeichert. Idealerweise sammelt ein CRM-System Informationen über die gesamte Kundenservicekette, wie z. B. bei der Reservierung über ein Call-Center, beim Check-in am Automaten oder auch an Bord. Hierzu sind entsprechende Schnittstellen in das Reservierungssystem, das Check-in System oder ein Kundenbonussystem notwendig, und es muss eine konsistente Identifikation in sämtlichen Systemen gewährleistet sein. Nur so lässt sich eine durchgängige Kundenhistorie aufbauen, die sämtliche gebuchten Flüge, den Umsatz des Kunden sowie gegebenenfalls auch Kundenbeschwerden enthält. Die so gewonnenen Kundeninformationen dienen dann als Basis für das Zielkundenmanagement und Werbemaßnahmen. Hierfür werden die Kundendaten im Rahmen der gültigen Datenschutzgesetze über Reportingtools entsprechend ausgewertet und segmentiert (z. B. nach Umsatz, Reisehäufigkeit, Beschwerdegründe etc.).

Kundenbonussystem

Die meisten Fluggesellschaften bieten ihren Kunden Bonusprogramme, über die bei Flügen und anderen Dienstleistungen von Partnerunternehmen (z. B. Hotelübernachtungen) Bonus-punkte oder Meilen gesammelt werden können. Diese können in Form von Flug- oder Sachprämien eingelöst werden. Die hierfür erforderlichen Daten und Prozesse werden durch ein Kundenbonussystem (engl. Customer Loyalty System) abgedeckt. In diesem System werden die Kundenstammdaten, Meilenkonten und dem Programm angeschlossene Partnerunternehmen und Prämien verwaltet. Die Meilendaten werden dabei direkt über Schnittstellen aus dem Reservierungs- oder Check-in-System der Fluggesellschaft bzw. aus den Systemen von Partnerunternehmen eingespielt. In Fällen, in denen der Transfer nicht automatisch erfolgt ist, besteht die Möglichkeit, über einen sogenannten ‚Retroclaim' eine Meilengutschrift zu erfassen. Buchungen von Prämien erfolgen bei den meisten Gesellschaften entweder direkt durch den Kunden über das Internet oder über ein Call-Center. In vielen Fällen ist auch über eine direkte Anbindung an das Check-in-System ein Upgrade gegen Meilen am Flughafen möglich. Viele Fluggesellschaften haben den gesamten Prozess der Verwaltung von Kundenbonussystemen an externe Unternehmen ausgelagert und betreiben daher kein eigenes Kundenbonussystem.

Mobile Anwendungen

In den letzten Jahren haben Fluggesellschaften vermehrt in Technologien investiert, die Self-service via Internet oder über mobile Endgeräte unterstützen. Während die Priorität zunächst auf E-Commerce Anwendungen lag, wurde in den letzten Jahren verstärkt in M-Commerce investiert. Seit ein paar Jahren gilt dabei der Ansatz ‚mobile first', d. h., neue Applikationen werden in erster Linie für den mobilen Zugriff optimiert. Gemäß SITA planen 92 % aller Airlines bis 2022 Teile ihres IT-Budgets in die Entwicklung mobiler Passagierservices zu investieren (SITA 2019, S. 8).

Eine große Veränderung erfährt auch der Einsteigeprozess (engl. Boarding). Dieser wird zunehmend automatisiert mit Hilfe von biometrischen Hilfsmitteln wie Gesichtserkennung oder Fingerabdrücken. Mittlerweile nutzen gemäß SITA IT Trends Survey 2019 19 % der Fluggesellschaften eine Form von Selfboarding, und 89 % haben angegeben, dies bis 2022 einführen zu wollen.

4.1.4 Operative Systeme

Zu den operativen Systemen (siehe Abb. 4.1.4) zählen alle Applikationen, die den Flugbetrieb selbst unterstützen. Hierzu gehören Systeme zur Flugplanung und -überwachung, zur Berechnung der optimalen Beladung des Flugzeugs (Weight & Balance) sowie für das Crewmanagement und die Bord-Boden-Kommunikation.

Weight & Balance System

Die Aufgabe eines Weight & Balance- oder Load-Control-Systems ist die Planung der optimalen Beladung des Flugzeugs mit Gepäck und Fracht. Basierend auf Daten aus dem Check-in-System wird hierfür zunächst die Anzahl der benötigten Container für das Gepäck in den verschiedenen Serviceklassen sowie für den Transport von Post errechnet. Die übrige Beladungskapazität wird dem Frachtsystem zur Verfügung gestellt. Diesen Prozess bezeichnet man als Load Planning. Im zweiten Schritt wird die optimale Verteilung der Beladung im Flugzeug errechnet (Load Distribu-

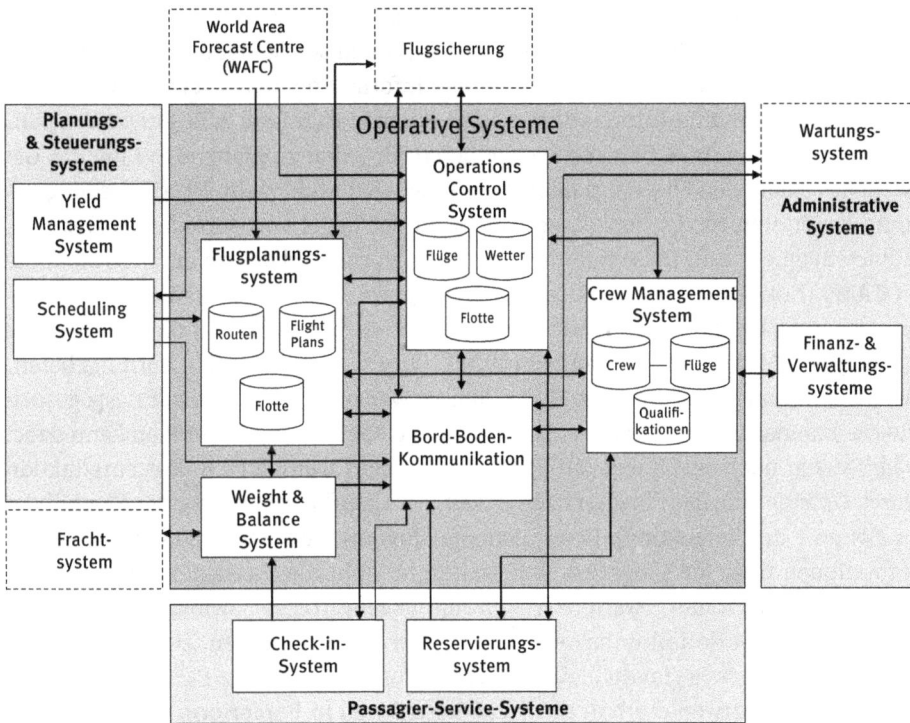

Abb. 4.1.4: Operative Systeme.

tion), um einen möglichst guten ‚Trim' des Flugzeugs zu erreichen und um Kerosin zu sparen. Neben einem optimalen ‚Trim' müssen auch weitere Faktoren berücksichtigt werden. So sollte das Gepäck der Passagiere möglichst nah an den Ladeluken verladen werden, um eine schnelle Be- und Entladung zu gewährleisten. Des Weiteren gelten für bestimmte Fracht wie z. B. lebende Tiere oder Gefahrgut Vorschriften für die Unterbringung im Flugzeug. Das Weight & Balance-System berücksichtigt diese Faktoren und macht dem Load Planner Vorschläge für eine optimale Verteilung der Container und Paletten im Flugzeug, die gegebenenfalls manuell angepasst werden können. Wenn das Load Planning abgeschlossen ist, wird vom System das sogenannte Loadsheet generiert. Das Loadsheet wird bei der Beladung des Flugzeugs genutzt und auf das Flight-Management-System im Cockpit geladen. Zusätzlich erhält der Pilot für besondere Fracht eine sogenannte NOTOC (Notice to Captain), welche über an Bord befindliches Gefahrgut oder lebende Tiere informiert.

Flugplanungssystem

Die Hauptfunktion eines Flugplanungssystems ist die Errechnung des Flugdurchführungs-plans (Flight Plan), der für die meisten Flüge verpflichtend ist. Das Flugplanungssystem erhält die Informationen über die durchzuführenden Flüge aus dem Scheduling- oder Operations Control System. Der Flugdurchführungsplan wird von zertifizierten Flight Dispatchern oder den Piloten selbst erstellt. Für die Berechnung eines Flugdurchführungsplans werden Informationen aus verschiedenen Systemen (z. B. Schedule-Informationen) und Stammdaten (wie z. B. Flugzeugtypen) benötigt. Das Weight & Balance-System liefert für jeden zu planenden Flug das Gewicht des beladenen Flugzeugs inklusive Passagieren und Fracht. Die für die Flugplanung benötigten Navigationsdaten werden in der Regel von darauf spezialisierten Anbietern eingekauft. Diese Informationen werden zusätzlich noch durch sogenannte NOTAMS (Notice to Airmen) aktualisiert, die Auskunft über temporäre Veränderungen geben (z. B. bei Wartungsarbeiten an einer Startbahn). Die für die Flugplanung benötigten Wetterdaten werden vom WAFC (World Area Forecast Centre) geliefert. Auf Basis dieser Daten wird der Flight Plan entweder manuell oder auf Basis gespeicherter Standardrouten errechnet (sog. Company Routes). Der Flight Plan kann dabei vom System nach verschiedenen Faktoren optimiert werden (z. B. Kostenreduktion durch Optimierung der Fluggeschwindigkeit, der Überflugsgebühren, des Flughöhenprofils oder der Betankung). Der errechnete Flugdurchführungsplan enthält alle Informationen über die Flugroute und -zeiten, Anzahl der Passagiere an Bord, das benötigte Kerosin, das erwartete Wetter auf der Flugstrecke sowie über Ausweichflughäfen, die im Notfall unterwegs angesteuert werden können. Den Piloten wird der Flight Plan als Bestandteil eines sogenannten Crew Briefing Package zur Verfügung gestellt. Entweder erhält die Crew diese Daten in Papierform oder kann sich das Crew Briefing Package über Internet selbst zusammenstellen. Neben dem Operational Flight Plan (OFP) enthält das Crew Briefing Package noch NOTAMs, Informationen zur Betankung (Fuel Release), Wetterinformationen sowie die Flugkarten (Route Maps). Nach der Freigabe wird der Flight Plan auf das Flight-Management-System im Cockpit geladen sowie in Form eines Air Traffic Control Flightplans (AFP) an die Flugsicherungsbehörden der überflogenen Länder geschickt. Viele Systeme bieten heute die Möglichkeit, den Flight Plan nicht nur in Textform darzustellen, sondern auch grafisch anzuzeigen. Über diese Funktion kann auch während des Fluges die Position des Flugzeuges angezeigt werden.

Operations Control System

Im Scheduling System werden Flüge langfristig (d. h. für ein Jahr oder eine Flugplanperiode) geplant. Im laufenden Flugbetrieb können sich aufgrund von verschiedenen Faktoren Veränderungen ergeben. Operative Probleme können dabei einzelne Flüge betreffen (z. B. durch ein technisches Problem oder die verspätete Ankunft einer Crew) oder aber einen ganzen Hub (z. B. bei einem Schneesturm) bzw. die gesamte Fluggesellschaft (z. B. bei einem Streik). Die Aufgabe eines Operations Control Systems ist es, den laufenden Flugbetrieb zu überwachen, Probleme möglichst frühzeitig zu identifizieren und zu lösen. Der geplante Flugplan wird dabei mit den tatsächlichen Flugbewegungen verglichen und meist in Form eines Gantt Charts grafisch aufbereitet. Mögliche Verspätungen werden farblich hervorgehoben.

Die Mitarbeiter im Bereich Operations Control können sich so auf kritische Situationen konzentrieren und diese möglichst optimal lösen. Das Operations Control System schlägt dem Benutzer proaktiv verschiedene Lösungsmöglichkeiten vor, die verschiedene Faktoren berücksichtigen, wie z. B. die Anzahl der betroffenen Passagiere, den Einfluss auf nachfolgende Flüge, Kompensationszahlungen an Passagiere etc. Mit Hilfe von What-if-Szenarien kann der Operations Controller verschiedene Szenarien vergleichen, um die optimale Problemlösung zu finden. Nach Freigabe durch den Operations Controller wird der allenfalls geänderte Flugplan über sogenannte Ad Hoc Schedules Messages (ASMs) erneut publiziert. Es können dann in den verschiedenen Systemen die notwendigen Änderungen vorgenommen werden, wie z. B. die Neuberechnung eines Flugplans, die Umbuchung von Passagieren oder die Umplanung von Crews.

Crew Management System

Die Hauptaufgabe eines Crew Management Systems ist die Einsatzplanung der Piloten und Flugbegleiter. Je größer die Fluggesellschaft ist und je mehr Personal zur Verfügung steht, umso komplexer ist die Einsatzplanung. Insbesondere bei den großen Gesellschaften sind daher sehr ausgefeilte Systeme im Einsatz, die die Planung weitgehend automatisieren und den Ressourceneinsatz optimieren. In einem Crew Management System sind die Stammdaten der Crew gespeichert sowie deren Qualifikationen (z. B. welches Fluggerät ein Pilot fliegen darf). Die Daten für die durchzuführenden Flüge erhält das System aus dem Scheduling System oder aus dem Operations Control System. Die Crewplanung beginnt mit der mittel- und langfristigen Planung, welche der Fluggesellschaft hilft, den zukünftigen Personalbedarf abzuschätzen. Basierend hierauf wird zunächst ein anonymisierter Einsatzplan in Form von Rotationen erstellt und optimiert (Crew Pairing). Im letzten Schritt werden den einzelnen Flügen Crewmitglieder namentlich zugeordnet (Crew Assignment). Hierbei müssen insbesondere auch die Vorgaben bezüglich maximaler Flugzeiten und Ruhezeiten berücksichtigt werden bzw. die Ferien- oder Schulungsplanung der Mitarbeiter in Einklang gebracht werden. In vielen Systemen kann die Crew auch Präferenzen für bestimmte Flüge oder Einsätze äußern, die miteinander abgeglichen und im Rahmen der Möglichkeiten bei der Einsatzplanung berücksichtigt werden. Das Ergebnis ist ein Einsatzplan, der den Crewmitgliedern entweder in Papierform oder elektronisch zur Verfügung gestellt wird. Während des Flugbetriebs muss die Crewplanung laufend überarbeitet werden, wenn z. B. durch Verspätungen Crews nicht mehr eintreffen oder durch Krankheit Mitarbeiter kurzfristig ausfallen. In der Regel wird über das Crew Management System auch die weitere Reiseplanung wie z. B. Hotelunterkunft oder Transfers abgewickelt.

Bord-Boden-Kommunikation

Während die Kommunikation zwischen dem Flugzeug und den verschiedenen Einheiten am Boden früher ausschließlich über Sprechfunk geschah, ist die Kommunikation seit Ende der 1970er Jahre auch über Datenverbindungen möglich. Über das sogenannte Aircraft Communications Addressing and Reporting System (ACARS) ist es möglich, kurze Telex-Nachrichten zwischen dem Flugzeug und dem Boden auszutauschen. An Bord des Flugzeugs befindet sich eine Kommunikationseinheit, die die Daten empfängt und sendet bzw. an die verschiedenen Systeme an Bord wie Telexdrucker oder das Flight-Management-System im Cockpit weiterverteilt. Am Boden werden die Daten weiterverarbeitet und der Datenaustausch mit verschiedenen In-House-Applikationen wie z. B. Flugplanungssystem, Reservierungssystem, Check-in-System, Wartungssystem oder Operations Control System unterstützt. Viele Fluggesellschaften nutzen an Bord auch sogenannte Airshow-Systeme, über die vor der Landung Informationen über Umsteigeverbindungen auf den Monitoren an Bord angezeigt werden. Über ACARS erfolgen auch die Überwachung des Fluges und die Kommunikation mit den Flugsicherungsbehörden. Viele Fluggesellschaften haben in den letzten Jahren die Bord-Boden-Kommunikation erweitert und modernisiert, um beispielsweise auch einen Internetzugang im Flugzeug zu unterstützen. Dies geschieht meistens mittels Satellitenkommunikation und kann sowohl für Cockpit, Kabine und Passagiere genutzt werden.

Mobile Anwendungen

Neben mobilen Anwendungen im Passagier-Service haben Fluggesellschaften in den letzten Jahren auch in mobile Lösungen für den Flugbetrieb investiert. In operativen Bereichen wie Crewmanagement oder Wartung werden verstärkt Lösungen genutzt, mit denen Daten mobil konsultiert oder geändert werden können.

Auch an Bord befinden sich mobile Lösungen im Vormarsch. Sogenannte Electronic Flight Bags' (EFBs) ergänzen heute bereits bei vielen Fluggesellschaften die traditionellen, papierbasierten Dokumente im Cockpit. Erste Fluggesellschaften arbeiten bereits an neuen Lösungen für das Unterhaltungsangebot an Board. So können Passagiere über eigene Endgeräte auf Zeitschriften, Filme oder Spiele zugreifen. Entweder laden sich die Kunden die Medien vor dem Flug auf ihre Geräte oder loggen sich während des Fluges in ein WLAN an Bord ein und können so das Unterhaltungsangebot abrufen. Die Fluggesellschaft spart dadurch zum einen Kosten und Gewicht bei mitgeführten Zeitungen und Zeitschriften, zum anderen bieten solche Lösungen die Möglichkeit, Zusatzeinnahmen durch kostenpflichtige Leistungen (wie Filme, Spiele, Internetzugang) zu erzielen.

4.1.5 Administrative Systeme

Zu den administrativen Systemen einer Fluggesellschaft (siehe Abb. 4.1.5) zählen neben Standardanwendungen wie Finanzbuchhaltung, Controlling, Einkauf oder Personalverwaltung vor allem branchenspezifische Systeme zur Verkehrsabrechnung und zur Ergebnisrechnung.

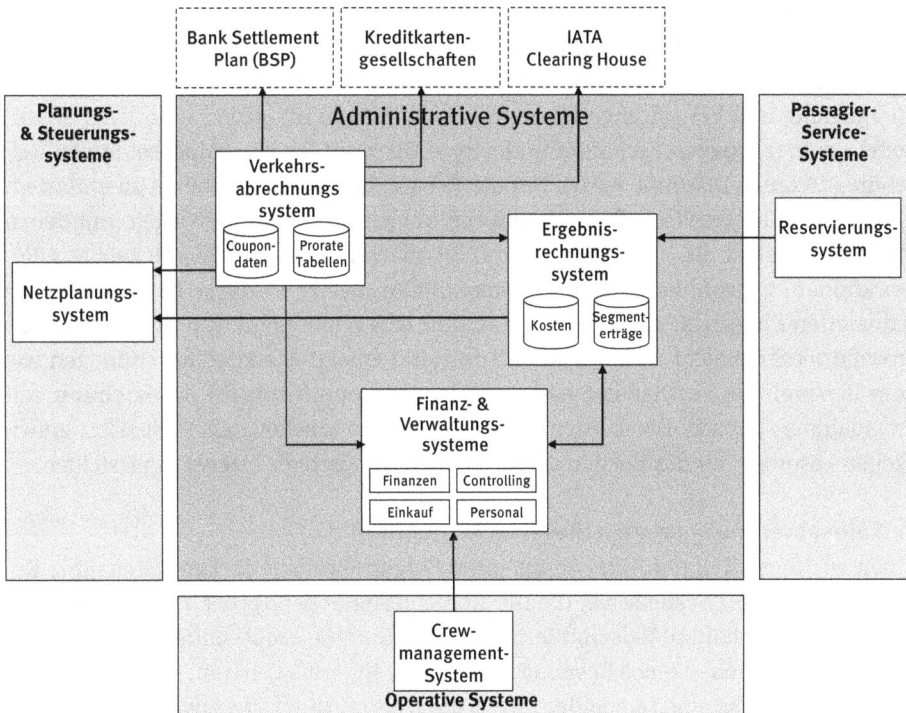

Abb. 4.1.5: Administrative Systeme.

Finanz- & Verwaltungssysteme

Insbesondere große Fluggesellschaften arbeiten in der Verwaltung mit Standardsystemen wie SAP oder Oracle, die alle Prozesse in den Bereichen Finanzbuchhaltung, Einkauf und Materialverwaltung, Controlling und Personal mit Standardmodulen abdecken. Diese Standardanwendungen lassen sich auf die speziellen Unternehmensanforderungen anpassen bzw. mit Hilfe spezieller Entwicklungssoftware können zusätzlich auch unternehmensspezifische Programme entwickelt werden. Bei den meisten Anbietern gibt es darüber hinaus auch Industrieanwendungen, die auf die speziellen Bedürfnisse einer Branche ausgerichtet sind. Ein Beispiel ist die MRO-Anwendung (Maintenance, Repair & Overhaul) von SAP, mit der viele große Fluggesellschaften und Wartungsunternehmen arbeiten.

Auch bei den Standardprozessen in der Personalverwaltung setzen viele Fluggesellschaften auf Unternehmenssoftware. Zwar sind die Personalverwaltungsprozesse ähnlich wie die anderer Großunternehmen, jedoch sind die Anforderungen an die Standardsysteme häufig komplexer, da eine große Anzahl von Mitarbeitern in vielen verschiedenen Ländern verwaltet werden muss und zudem die Reisekostenabrechnung durch die Creweinsätze komplexer ist. Daher müssen Standardanwendungen durch eigene Entwicklungen auf die spezifischen Anforderungen der Fluggesellschaft angepasst werden.

Neben den bereits beschriebenen Anwendungen für die Crewplanung gibt es jedoch im Personalbereich weitere branchenspezifische Anwendungen. Ein Beispiel ist die Buchung und Verwaltung von vergünstigten Flügen für eigene Mitarbeiter, Mitarbeiter anderer Fluggesellschaften (Industry – Discount ID) bzw. Mitarbeiter von Reisebüros (Agency Discount – AD). Um die Reisestellen und Ticketbüros zu entlasten, haben viele Fluggesellschaften mittlerweile webbasierte Tools entwickelt, mit denen Mitarbeiter selbst die Verfügbarkeit von Sitzplätzen checken bzw. Tickets ausstellen können. Obwohl es sich hierbei um standardisierte Prozesse handelt und die reduzierten Flugpreise über die sogenannten ZED (Zone Employee Discounts) mittlerweile vereinheitlicht wurden, gibt es im Markt wenige Standardanwendungen wie zum Beispiel von Lufthansa Systems. Diese werden oft nur für die Buchung von Fremdairlines benutzt. Die meisten Fluggesellschaften arbeiten daher mit selbst entwickelten Lösungen für das Buchen der eigenen Flüge durch die eigenen Angestellten.

Verkehrsabrechnungssystem (Revenue Accounting)

Einen wichtigen Teil der Abrechnung einer Fluggesellschaft decken sogenannte Revenue-Accounting-Systeme ab, die die Abrechnung abgeflogener Tickets mit anderen Fluggesellschaften, Reisemittlern und Kreditkartengesellschaften abdecken. Zu den Hauptfunktionen eines Revenue-Accounting-Systems gehören:

- Die Datenerfassung, entweder durch die Übermittlung des eigenen eTickets in elektronischer Form oder automatisch von den GDS-Systemen über standardisierte Datenformate wie TCN (Transaction Control Number) oder HOT (Hand Off Tape).
- Das sogenannte Prorating, d. h. die Aufteilung des Gesamtpreises eines Flugtickets auf die einzelnen Flugcoupons. Diese Funktion stellt die korrekte Abrechnungsbasis bei Strecken sicher, die von anderen Linienfluggesellschaften als der ausstellenden Gesellschaft abgeflogen wurden (z. B. Codeshare Flüge). Als Basis hierfür gelten von der IATA festgelegte Basiswerte, Regeln und Faktoren.
- Die Umsatzkontrolle, d. h. der Vergleich von Couponpreisen mit Kontrollwerten aus der Tarifberechnung mit dem Ziel, Ticketmissbrauch, unzulässige Preisnachlässe oder Fehler bei der Ticketausstellung aufzudecken und allenfalls eine Nachbelastung einzuleiten.

- Die Ticketabrechnung, d. h. die Übergabe der entsprechend aufbereiteten Daten an ein internes Buchhaltungssystem wie z. B. SAP, die Abrechnung mit anderen Airlines (das sogenannte Interlining), die Abrechnung von Ticketerträgen und Provisionen mit Reisemittlern und Veranstaltern (das sogenannte BSP-Reporting – Bank Settlement Plan) und die Abrechnung mit Kreditkartengesellschaften.
- Das Management Reporting (MIS – Management Information System), über das sowohl standardisierte Auswertungen als auch Ad-hoc-Reports wie beispielsweise Codeshare Reports erstellt werden können.

Fluggesellschaften lagern häufig das gesamte Revenue Accounting an Anbieter in Billiglohnländern aus und halten nur einen sehr kleinen Personalbestand für höher qualifizierte Controlling-Funktionen im eigenen Unternehmen vor. Im Markt gibt es daher nur eine sehr kleine Anzahl von Revenue-Accounting-Anwendungen. Zudem ist seit Einführung der eTickets ein grosser Teil der Arbeit nun automatisiert, da das Scannen von Papiertickets oder gar das Interpretieren von handgeschriebenen Tickets wegfällt.

Ergebnisrechnungssysteme

Ein weiterer wichtiger Backoffice-Bereich einer Fluggesellschaft ist die Ergebnisrechnung, d. h. die Auswertung von Daten nach der Durchführung eines Fluges. Beispiele für solche Auswertungsformen ist die Streckenergebnisrechnung bzw. die Netzergebnisrechnung, die eine detaillierte Auswertung der Deckungsbeiträge bzw. des Ergebnisses einzelner Flugstrecken bzw. des gesamten Netzes einer Fluggesellschaft ermöglicht. Hierfür werden die Erlöse auf einer Strecke den verschiedenen Kosten gegenübergestellt, die für die Leistungserbringung notwendig waren (Personalkosten, Materialkosten, Gebühren, Finanzierungskosten, anteilige Verwaltungskosten etc.). Häufig fließen in die Betrachtung auch Konkurrenzdaten ein, die beispielsweise in Form von MIDT (Management Information Data Tapes) gekauft werden können. Die Ex-post-Betrachtung der Ergebnisrechnung schließt den Prozesskreislauf einer Fluggesellschaft und liefert wertvolles Optimierungspotenzial für die kommenden Netzplanungsperioden. Fast alle Fluggesellschaften arbeiten im Bereich der Ergebnisrechnung mit selbst entwickelten Datawarehouse-Anwendungen bzw. konfigurierter Standardsoftware von SAP, Siebel von Oracle oder Microsoft BI. Der Grund hierfür ist, dass zum einen die Reporting-Anforderungen der Fluggesellschaften sehr unterschiedlich sind und zum anderen eine einheitliche technologische Plattform für alle Bestandteile des Unternehmensberichtswesens sinnvoll ist.

4.1.6 Ausblick

Die IT-Landschaft von Fluggesellschaften ist über die letzten 50 Jahre stark gewachsen. Die damals entwickelten TPF- oder Unisys-Großrechnersysteme sind dabei teilweise noch heute im Einsatz und stellen insbesondere im Bereich Inventarverwaltung, Reservierung und Abfertigung den Kern dar, mit dem alle anderen Systeme verbunden sind. Mit der zunehmenden Verbreitung des Internets und von mobilen Anwendungen auf Tablets oder Smartphones müssen die bestehenden Backend-Systeme mit einer steigenden Anzahl von Benutzeroberflächen und Kommunikationsprotokollen interagieren.

Diese starke Vernetzung macht es sehr schwer, einzelne Systeme oder Systemkomponenten auszutauschen oder zu modernisieren. Beim Austausch eines Reservierungssystems beispielsweise müssen häufig mehrere hundert Schnittstellen zeitgleich umgestellt werden und große Mengen an Buchungsdaten in das neue System übernommen werden. Darüber hinaus stellen die Altsysteme Fluggesellschaften vor finanzielle Herausforderungen, da der Betrieb und die Weiterentwicklung teuer sind. Schließlich wird es zunehmend schwieriger, Personal mit dem entsprechenden Know-how zu finden, da Nachwuchskräfte eine Ausbildung in neuen Technologien bevorzugen.

Ein möglicher Ansatz zur Lösung dieser Problemstellung ist die serviceorientierte Architektur (SOA), da sie eine Möglichkeit bietet, die stark verwobenen Schnittstellen einer Fluggesellschaft über standardisierte Services zu entflechten. Diese Vereinfachung der Systemarchitektur wird in der folgenden Grafik schematisch dargestellt.

Vorhandene Systeme können so weiterhin Schnittstellen im gleichen Format bedienen und erhalten Daten in den bekannten Strukturen. Des Weiteren lässt sich über eine SOA die Anzahl der zu wartenden Schnittstellen drastisch reduzieren (siehe Abb. 4.1.6).

Während die meisten Fluggesellschaften in den letzten Jahren den Fokus auf die Modernisierung ihrer IT-Landschaft gesetzt haben, wird erwartet, dass Entwicklungsbudgets in den nächsten Jahren wieder einen strategischen Fokus haben werden. Ein Schwerpunkt wird dabei weiterhin auf IT-Lösungen liegen, die die Prozesse rund um die Abfertigung von Passagieren schneller, günstiger, kundenfreundlicher oder sicherer machen. Hierzu gehören insbesondere mobile und biometrische Lösungen. Kurzfristig werden IT-Systeme angepasst werden müssen, um neue – durch die COVID-19-Pandemie verursachte – Einreise- und Gesundheitsbestimmungen zu implementieren.

Des Weiteren wird es zu einem zunehmenden Einsatz von künstlicher Intelligenz (AI – Artificial Intelligence) und Robotics kommen. Chatbots oder virtuelle Agenten beantworten heute häufig einfache Kundenanfragen, virtuelle Roboter übernehmen standardisierte Aufgaben beispielsweise in der Abrechnung. Insbesondere bei Störungen im Flugbetrieb können solche Tools helfen, Passagiere zeitnah über Umbuchungsmöglichkeiten zu informieren und Umbuchungen vorzunehmen.

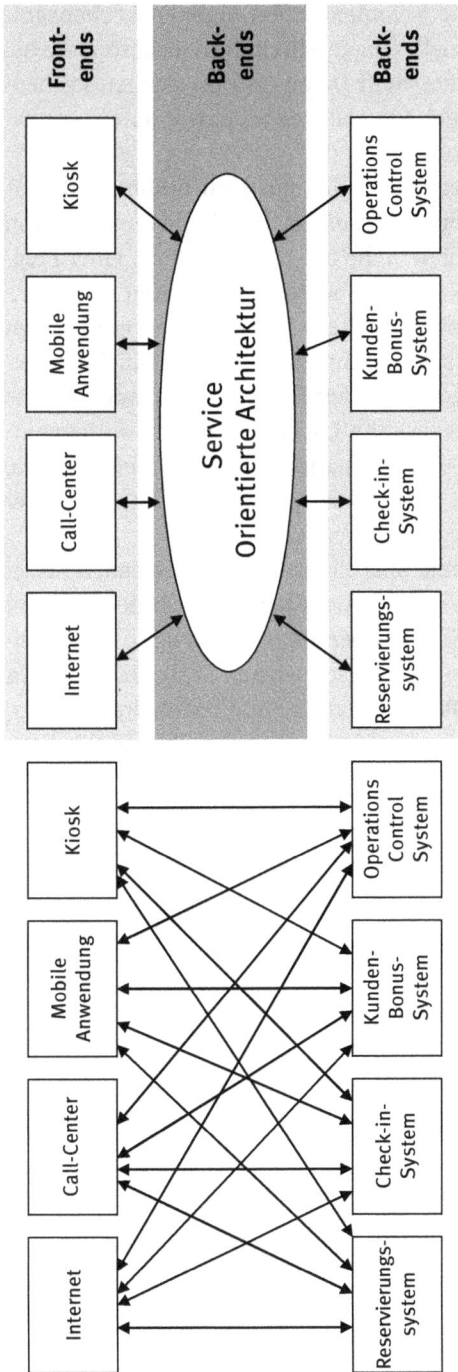

Abb. 4.1.6: Schnittstellenreduzierung durch serviceorientierte Architektur.

Um Betriebskosten zu senken und die Komplexität der eigenen Rechenzentrumslandschaft zu reduzieren, verfolgen viele Fluggesellschaften insbesondere bei Standardsoftware einen „Cloud-first"-Ansatz. Statt Daten also im eigenen Rechenzentrum zu verarbeiten, werden sie auf einen Cloudserver bei einem darauf spezialisierten Dienstleister gespeichert.

Neben diesen strategischen Themen werden Maßnahmen zur Erhöhung der IT-Sicherheit in den nächsten Jahren stark im Fokus stehen. Durch die Zunahme von mobilen Lösungen und externen Applikationen, die auf die IT-Systeme einer Fluggesellschaft zugreifen, ist die IT-Sicherheit stärker bedroht. So können Unberechtigte Zugriff auf Kunden- oder Zahlungsdaten erhalten, Daten auf Servern löschen und dadurch den Flugbetrieb empfindlich stören, Kundendaten missbräuchlich verwenden, Lösegelder einfordern und/oder einen großen Reputationsschaden für das betroffene Unternehmen verursachen. Technische Lösungen, die die Firmennetzwerke gegen solche Angriffe absichern, und Maßnahmen, welche Mitarbeitende auf diese Themen sensibilisieren, werden daher einen großen Stellenwert bei der Planung zukünftiger IT-Budgets bei Fluggesellschaften haben.

Aktuell hat auch die COVID-19-Pandemie und die daraus resultierenden Reisebeschränkungen einen Einfluss auf die IT-Systeme der Fluggesellschaften. So wird mit Hochdruck an eHealth-Lösungen gearbeitet, über die beispielsweise Impfnachweise oder Corona-Testergebnisse zwischen den verschiedenen Systemteilnehmern zugänglich gemacht werden können. Ein Passagier muss dann die entsprechenden Dokumente nur noch einmal über eine App hochladen und die Fluggesellschaft, der Ground Handler oder die lokalen Behörden können auf diese Informationen zugreifen.

Quellen

Goecke, R., Heichele, H., Westermann, D., Lufthansa Systems: dynamic pricing, in: Egger, R., Buhalis, D. (Hrsg.), eTourism Case Studies, Amsterdam 2008, S. 310–324.

Michaels, L., Significant gains through an integrated view by origin-destination market, in: Journal of Revenue and Pricing Management, Vol. 6, 4/2007, S. 274–278.

SITA, Air Transport IT Insights 2019, www.sita.aero (Zugriff am 5.1.2021).

Schulz, A., Frank, K., Seitz, E., Tourismus und EDV, München 1996.

4.2 Informationsmanagement bei Flughäfen

Robert Goecke, Marc Lindike

Charakteristisch für Flughäfen ist, dass sie multifunktionale Dienstleistungszentren sind. Außer dem Flughafenbetreiber, den Fluggesellschaften und den öffentlichen Verkehrsmitteln interagieren sowohl gewerbliche Dienstleister als auch staatliche Dienste mit hoheitlichen Aufgaben (Zoll, Polizei, Flugsicherung) in gemeinsam genutzten Arealen und Gebäuden. Sie erbringen in verschiedenen Rollen Serviceprozesse, die von Passagieren oder Besuchern als integrierte Dienstleistungskette bzw. als Gesamterlebnis wahrgenommen werden. Flughäfen haben sich neben ihrer originären Funktion als Flugterminal und intermodaler Verbindungspunkt zu anderen Verkehrsträgern und Mobilitätsanbietern (Schiene & Straße) zu Geschäftszentren entwickelt mit Parkhäusern, Lounges, Cafés, Restaurants, Läden, Reisebüros, Hotels, Autovermietern, Konferenzzentren etc. Sie bieten sowohl den Fluggästen als auch den Besuchern alles an, was das Reisen oder die Kommunikation mit Reisenden komfortabel macht (vgl. zu Airport-Geschäftsmodellen/-prozessen Mensen 2013, Maurer 2006, Conrady/Sterzenbach/Fichert 2012 und Schulz/Baumann/Wiedenmann 2010). Diese komplexen Prozesse unterstützt IT-seitig das Flughafen-Informationsmanagement.

Bis 2019 hat sich weltweit das Passagieraufkommen auf zahlreichen Flughäfen stark vergrößert und Digitalisierungsstrategien wie Smart Airport bzw. Airport 4.0-Konzepte zielen auf eine Optimierung der sog. Passenger Journey durch intelligente Passagier-Leitsysteme, mobile Airport-Apps, automatisierte Selbstbedienung und autonome Fahrzeuge zur Personenbeförderung (vgl. z. B. Streichfuss 2016, Pell/Blondel 2018, Schiefer/Schmidt 2019). Um Flugabfertigungszeiten und Verspätungen bei überfüllten Lufträumen und knappen Flughafenkapazitäten zu verringern, werden IT-gestützte kollaborative Entscheidungsprozesse aller beteiligten Flughafen-Akteure eingeführt (vgl. Eurocontrol 2017). Die EU-Initiative Single European Sky versucht die nationale Luftraumüberwachung so zu reorganisieren, dass der knappe Luftraum länderübergreifend besser genutzt werden kann und Flüge durch flexible Routenoptimierung mit weniger Treibstoffverbrauch und CO_2-Emissionen durchgeführt werden können (SESAR 2016). Airports streben Nachhaltigkeit durch energieeffizientes Gebäudemanagement, intelligentes Abfallmanagement sowie die Integration des Flughafens in nachhaltige Mobilitätsdienste (Smart Mobility) an. Aus der Digitalisierung und dem Drohnenmissbrauch erwächst gleichzeitig die Notwendigkeit zur Analyse, Abwehr und Bekämpfung digitaler Bedrohungen in zentral koordinierten Airport-Cyber-Security-Centern (vgl. Lindike 2019). Die COVID-19-Pandemie stellt seit 2020 neue Herausforderungen aus erhöhten Hygiene-, Abstands-, Impf- und Testnachweisanforderungen. Sie erfordern kontaktlose Automatenbedienung und smartphonebasierte Selbstbedienung.

4.2.1 Akteure, Prozesse und IT-Applikationslandschaft

Einen Überblick über die wichtigsten Akteure und IT-Anwendungen im Informationsmanagement eines Passagierflughafens gibt Abb. 4.2.1. Die bei den meisten Flughäfen zusätzlich anzutreffenden Systeme für das Frachtwesen (Cargo) werden hier entsprechend dem Tourismus-Themenfokus nicht berücksichtigt. Dienstleistungsanbieter, deren Dienste nicht unmittelbar mit dem Flugbetrieb und den Passagierprozessen zu tun haben, seien hier als Konzessionäre bezeichnet. Sie betreiben am Flughafen mit Erlaubnis der Flughafengesellschaft gegen Miete, Pacht etc. ihre Geschäfte und nutzen hierzu Flughafeninfrastrukturen wie z. B. Telekommunikationsnetze und Gebäudetechnik. Es gibt aber auch Flughäfen, die jenseits ihres Kerngeschäfts in Eigenregie Dienste wie Parkhäuser, Ladengeschäfte, Gastronomie, Hotels, Reisebüros, Flughafenportale- und -apps, Office-/Tagungsraum-Vermietung, etc. selbst betreiben und im Rahmen innovativer Geschäftsmodelle mit ihren Kerndienstleistungen kundenorientiert bündeln (vgl. Streichfuss 2016). Außerdem werden Flughäfen als Mobilitätsdrehscheiben immer mehr zum Experimentierfeld für innovative Smart-Mobility-Angebote vom Carsharing über Mobility-Apps zur Leitung des Passagiers zu ÖPV/ÖPNV-Anschlussdiensten bis zu autonomen Fahrzeugen zur Beförderung von Personen und Gepäck im Flughafengelände.

Hauptkunden eines Flughafens sind die Fluggesellschaften (Airlines), die für die Flughafennutzung Start- und Lande-, Abstell- und Passagiergebühren entrichten und Entgelte für zahlreiche weitere Dienste der Bodenabfertigung (Betankung, Ab-/Frischwasser-Transport, Schleppen etc.) sowie die Anmietung von Geschäfts- und Betriebsräumen bezahlen. Es gibt auch Betreibermodelle, bei denen eine Fluggesellschaft ein Terminal mitfinanziert und in Kooperation mit der Flughafengesellschaft betreibt, wie z. B. beim Terminal 2 des Münchner Flughafens. Je nach Geschäftsmodell kann auch die Abfertigung eines Flugzeugs vom Flughafen selbst oder von sogenannten Handling Agents (Abfertigungsgesellschaften) als Subunternehmern übernommen werden. Entscheidend für die Wettbewerbsfähigkeit eines Flughafens sind neben seiner Lage und Verkehrsanbindung sowie den Dienstleistungsangeboten kurze Abfertigungszeiten. Wenn ein Flughafen von Fluggesellschaften als Drehkreuz (Hub) eingesetzt wird, müssen zudem kurze Umsteigezeiten zu Anschlussflügen garantiert werden.

Check-in und Boarding der Passagiere können entweder von der Airline selbst (vgl. Kapitel 4.1), von Handling Agents (oft Tochterfirmen der Flughafenbetreiber) oder vom Flughafen übernommen werden. Der Flughafen stellt hierfür meist die Abfertigungsschalter (Counter) und die Telekommunikations- und Netzinfrastruktur bereit. In jedem Fall koordiniert er, welcher Flug an welchem Flugsteig (Gate) abgefertigt wird. Außerdem ist er für die Passagierleitung und die Gepäckförderanlagen verantwortlich.

Die Wartung der Flugzeuge in den Hangars wird entweder von großen Fluggesellschaften oder von Flugzeugwerften bzw. Wartungsgesellschaften (oft die Flugzeug- oder Turbinenhersteller) übernommen, die hierfür ebenfalls Flughafeninfrastrukturen

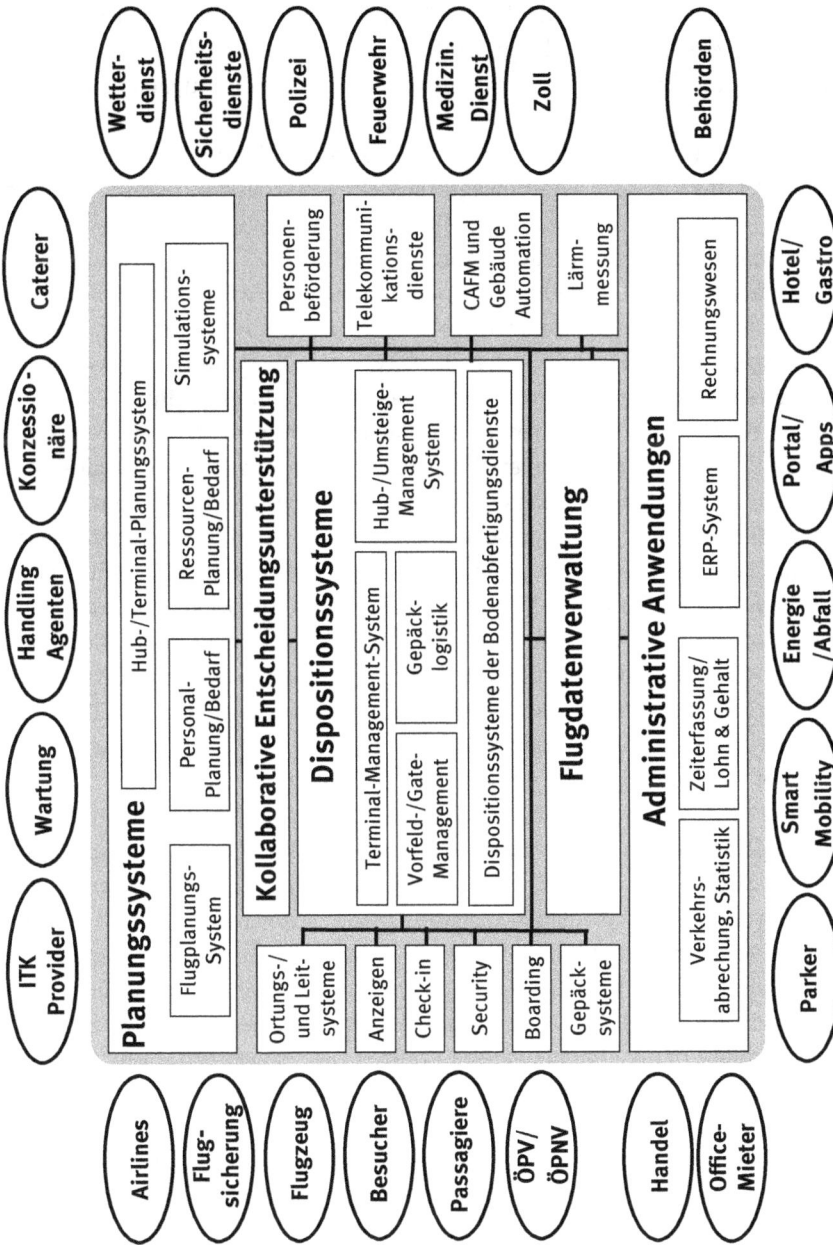

Abb. 4.2.1: Akteure und IT-Applikationslandschaft eines Passagierflughafens.

nutzen. Ähnlich ist es beim Catering. Dieses übernehmen spezialisierte Verpflegungs-
betriebe von Fluggesellschaften oder im Auftrag der Fluggesellschaften. Auch die Caterer sind meist am Flughafen angesiedelt und beliefern die Flugzeuge auf dem
Vorfeld.

Die Flugsicherung (Air Traffic Control – ATC) kontrolliert vom Kontrollturm aus
den Flughafen-Luftraum und alle Bewegungen der Flugzeuge auf den Start- und
Landebahnen (Runways) sowie auf den Rollbahnen (Taxiways) bis zur Übergabe an
die Kontrolle des Flughafen-Vorfeldes (Apron), für die in der Regel der Flughafenbetreiber verantwortlich ist. Die Flugzeuge werden dabei vom Rollleitsystem zu den
Abfertigungspositionen (Ramp) geführt, wo sie mit Hilfe des Andocksystems unmittelbar in Parkposition gebracht werden. Dort werden alle Abfertigungsvorgänge
von Disponenten koordiniert bzw. von einem Ramp Agent durchgeführt.

Nationale Wetterdienste betreiben an den Flughäfen Wetterstationen, welche die
für die Piloten der Airlines notwendigen Wetterberichte bereitstellen und austauschen.

ITK-Provider (IT-Kommunikations-Provider) bieten spezielle internationale oder
sogar globale Dienste für die elektronische Kommunikation und den Datenaustausch
zwischen Flughäfen, Airlines und Flugzeugen an. Beispiele sind die SITA (entstanden
aus der Société Internationale de Télécommunications Aéronautiques) aus Europa
und ARINC (Aeronautical Radio Inc. – heute UTC Collins Aerospace) aus Nordamerika, die Dienste zur Übermittlung aller relevanten Flugdaten in standardisiertem Format entwickelt haben. Ein neuer Akteur ist eine Kooperation der Deutschen Telekom,
Inmarsat und Nokia mit ihrem European Aviation Network (EAN) zur Breitband-Inter-
net-Anbindung von Flugzeugen im europäischen Luftraum.

Feuerwehr und medizinischer Dienst sind meist direkt in der Verantwortung des
Flughafens, während die Sicherheitskontrollen mit Gepäckdurchleuchtung auch von
spezialisierten Sicherheitsunternehmen übernommen werden. Diese arbeiten für die
Wahrnehmung hoheitlicher Aufgaben (Ausweis-/Zollkontrollen) mit den am Flughafen angesiedelten Polizei- und Zolldienststellen zusammen. Da Flughäfen auch Orte
für Ein- und Ausreisen über Staatsgrenzen hinweg sind und sie bezüglich Diebstahl,
Schmuggel und auch terroristischer Bedrohungen besonders gefährdet sind, kommen
staatlichen Organen umfangreiche weitere Kontroll- und Überwachungsfunktionen
auf dem gesamten Flughafengelände zu. Schließlich ist der Flugbetrieb mit zahlreichen Umweltbelastungen, insbesondere Lärm, verbunden, die durch geeignete Vorkehrungen und Sensoren überwacht und systematisch reduziert werden sollen.

Wie jede andere Organisation haben auch Flughäfen Datenaustausch mit Behörden. Als öffentliche Betriebe kommen sie ihren Melde- und Dokumentationspflichten
gegenüber der Finanzverwaltung nach, indem sie z. B. elektronische Steuer-/Melde-
verfahren nutzen.

In der Verantwortung des **Flughafenbetreibers** sind üblicherweise folgende
IT-Systeme, welche die Kernprozesse Flugzeugabfertigung, Passagierabfertigung
und Gepäcktransport sowie die weiteren erwähnten internen und externen Serviceprozesse unterstützen:

1. **Basisinfrastrukturdienste** wie Telekommunikation und Netze, die Haus- und Gebäudetechnik, die Ortungssysteme zur Lokalisierung der am Flughafenverkehr beteiligten Objekte, die Rollleit- und Andocksysteme und die Umwelt-Messtechnik. Für nachhaltiges und CO_2-neutrales Airport-Management wurden Systeme zum ressourcenschonenden Energie- und Abfallmanagement entwickelt.

2. **Systeme der Passagier- und Gepäckabfertigung** wie die Anzeigesysteme, Systeme zur Zugangs- und Sicherheitsüberwachung (klassische Security) sowie die Anlagen zur Gepäckförderung. Ein wichtiger Trend ist hier die Optimierung der Passenger Journey durch schnelle Selbstbedienung und intelligente Guidance bei den Passagierprozessen. Die umfassende Unterstützung diverser Nutzungsformen für die mitgeführten digitalen Kundenendgeräte gehört wie die Schaffung attraktiver Shopping-, Gastro-, und Mobilitätsangebote aus Passagiersicht zu den wichtigen ergänzenden Zusatzleistungen eines Flughafens.

3. Eine meist zentrale **Flugdatenverwaltung** (Airport Operational Database – AODB), die allen Applikationen konsistenten Zugriff auf die Daten von geplanten, sich in Abfertigung befindlichen oder bereits früher abgefertigten Flügen gewährt. Sie unterstützt im Rahmen des Airport Collaborative Decision Making (A-CDM) auch das Sharen aller relevanten Flugdaten zwischen allen für die Flugdurchführung verantwortlichen Akteuren.

4. Anwendungen des **strategischen und operativen Flughafenmanagements** von der Planung des Flugverkehrs und der Bodendienste (Ground Handling) über die tägliche Disposition des Bodenverkehrs und aller Abfertigungsprozesse bis hin zu administrativen betriebswirtschaftlichen Anwendungen der kaufmännischen Verwaltung inklusive Data-Mining und Customer-Relationship-Management-Systemen.

5. Die fortschreitende Digitalsierung der Airports macht alle IT-Systeme der oben genannten Bereiche verwundbar gegen Cyber-Angriffe. Die unter Punkt 2 genannten klassischen Systeme der Zugangs- und Sicherheitsüberwachung müssen um zentrale **Cyber Defence Center** zur Simulation und Abwehr von Cyber-Angriffen erweitert werden. Die immer stärkere digitale Vernetzung und Integration der IT-Systeme der luft- und landseitigen Airportprozesse zum Beispiel im Rahmen des A-CDM oder der Single-European-Sky-Initiative der Europäischen Union machen das Airport- und Airtraffic Security Management von einer Teilfunktion zu einer übergreifenden Klammerfunktion des Lufverkehrs.

4.2.2 Basisinfrastrukturdienste

Flughäfen dienen als Kommunikationsdrehscheibe zwischen allen oben genannten Partnern und deren IT-Systemen. Besondere Anforderungen stellen dabei die immer intensiver werdenden digitalen Kommunikationsbedürfnisse der Passagiere und Flughafenbesucher mit ihren Smartphones, Web-Pads und Mobil-PCs. Auch das Flughafenpersonal kommuniziert in immer mehr Geschäftsprozessen über mobile Endgeräte. Entsprechend vielfältige Telekommunikationsdienste müssen bereitgestellt und miteinander verbunden werden. Außerdem muss jeder Flughafen komplexe stationäre Gebäudesysteme und Anlagen steuern, regeln und warten, was durch intelligente Gebäudetechnik und computergestützte Gebäudemanagementsysteme (teil-)automatisiert werden kann. Schließlich sind im Flugbetrieb zahlreiche mobile Objekte zu koordinieren: Flugzeuge, Fahrzeuge des Bodenverkehrsdienstes, Werkzeuge, Geräte und auch Personen. Dies erfordert eine möglichst differenzierte Ortungstechnologie.

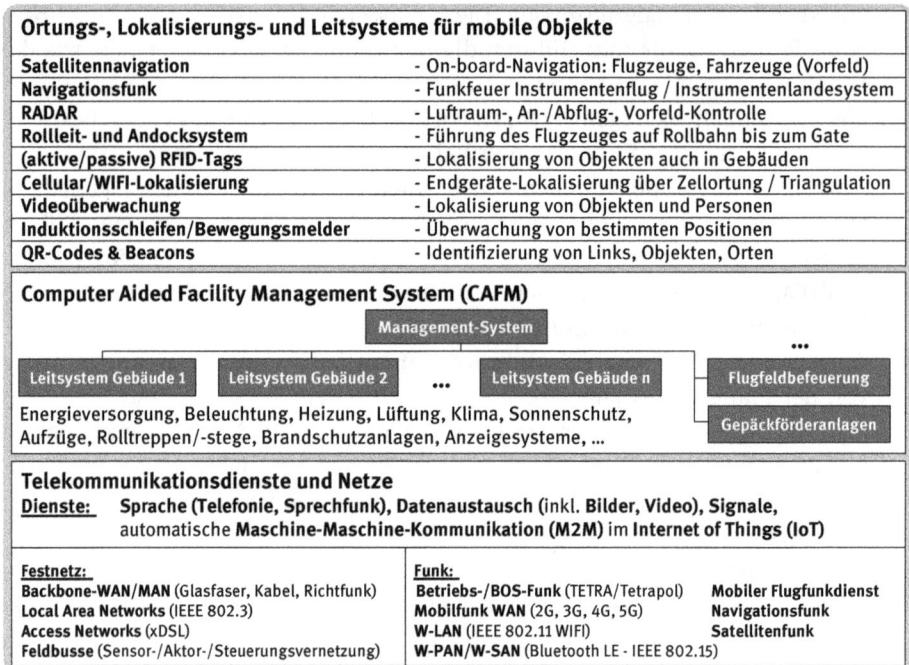

Ortungs-, Lokalisierungs- und Leitsysteme für mobile Objekte	
Satellitennavigation	- On-board-Navigation: Flugzeuge, Fahrzeuge (Vorfeld)
Navigationsfunk	- Funkfeuer Instrumentenflug / Instrumentenlandesystem
RADAR	- Luftraum-, An-/Abflug-, Vorfeld-Kontrolle
Rollleit- und Andocksystem	- Führung des Flugzeuges auf Rollbahn bis zum Gate
(aktive/passive) RFID-Tags	- Lokalisierung von Objekten auch in Gebäuden
Cellular/WIFI-Lokalisierung	- Endgeräte-Lokalisierung über Zellortung / Triangulation
Videoüberwachung	- Lokalisierung von Objekten und Personen
Induktionsschleifen/Bewegungsmelder	- Überwachung von bestimmten Positionen
QR-Codes & Beacons	- Identifizierung von Links, Objekten, Orten

Computer Aided Facility Management System (CAFM)

Management-System

Leitsystem Gebäude 1 | Leitsystem Gebäude 2 | ... | Leitsystem Gebäude n | Flugfeldbefeuerung | ...

Energieversorgung, Beleuchtung, Heizung, Lüftung, Klima, Sonnenschutz, Aufzüge, Rolltreppen/-stege, Brandschutzanlagen, Anzeigesysteme, ...

Gepäckförderanlagen

Telekommunikationsdienste und Netze
Dienste: Sprache (Telefonie, Sprechfunk), Datenaustausch (inkl. Bilder, Video), Signale, automatische **Maschine-Maschine-Kommunikation (M2M)** im **Internet of Things (IoT)**

Festnetz:	Funk:	
Backbone-WAN/MAN (Glasfaser, Kabel, Richtfunk)	Betriebs-/BOS-Funk (TETRA/Tetrapol)	Mobiler Flugfunkdienst
Local Area Networks (IEEE 802.3)	Mobilfunk WAN (2G, 3G, 4G, 5G)	Navigationsfunk
Access Networks (xDSL)	W-LAN (IEEE 802.11 WIFI)	Satellitenfunk
Feldbusse (Sensor-/Aktor-/Steuerungsvernetzung)	W-PAN/W-SAN (Bluetooth LE - IEEE 802.15)	

Abb. 4.2.2: Basisinfrastrukturen und -dienste der Flughafen-IT.

Telekommunikationsdienste und Netze

Kommunikation und Datenaustausch auf Großflughäfen basieren auf Festnetzen und mobilen Funknetzen (vgl. Flughafen München 2000, S. 12f. & Abb. 4.2.2).

Festnetze: Die stationären Computersysteme (PCs und Server) sind wie bei anderen Betrieben auch meist über LAN (Local Area Networks) nach dem IEEE 802.3 Standard für lokale Festnetze verbunden, die an ein breitbandiges Backbone-Festnetz angeschlossen sind, um Daten über Gebäude-, Campus- und Standortgrenzen hinweg austauschen zu können, bei denen MPLS (Multiprotocol Label Switching) ein wichtiger Standard ist. Backbone-Festnetze, die man auch als Core-Networks bezeichnet, haben hohe Datenübertragungsraten und bestehen aus Breitband-Kupferkabeln, Glasfaser-Lichtwellen-Leitern sowie stationären Laser-, Richtfunkstrecken, ggf. auch über Satelliten, die über Hochleistungs-Router bzw. -Switches verbunden sind. Je nach räumlicher Ausdehnung unterscheidet man bei diesen Core-Networks überregionale WAN (Wide Area Networks), die meist von Telekommunikationsgesellschaften betrieben werden, oder MAN (Metropolitan Area Networks), die von Städten, Kommunen, Universitäten, Großunternehmen, Messegesellschaften oder eben Flughäfen auf eigenem Gelände betrieben werden. Mit sog. Edge-Routern werden LANs, Access Networks (Digital Subscriber Lines – xDSL für Büros, Wohnungen und Haushalte) und auch die Mobilfunk-Basisstationen, die allen Endnutzergeräten Netzzugang gewähren, an die Core-Networks angeschlossen. Für die Vernetzung von Sensoren (Messfühler, Schalter) und Aktoren (Antriebe) im Feld (Gebäude, Außenanlagen etc.) mit Steuerungen in der Gebäudetechnik, aber auch in den Gepäckförderanlagen werden sogenannte Feldbusse (IEC-Standard) eingesetzt, die speziell für die Robustheits-, Effizienz- und ggf. auch Echtzeitanforderungen der Signalübertragung in der Regelungstechnik optimiert sind. Für die Telefonie an Flughäfen wurden traditionell private Nebenstellenanlagen (PABX – Private Automatic Branch Exchanges) auf ISDN-Basis mit Übergängen ins öffentliche ISDN-Netz eingesetzt, die inzwischen aber weitgehend durch internetbasierte Voice-over-IP-Dienste (IP – Internet Protokoll) mit LAN-Telefonen ersetzt worden sind. Eine besondere Anforderung an Flughafen-PABX-Systeme ist neben der Möglichkeit, von einem Telefon am Abfertigungsschalter aus Lautsprecherdurchsagen vorzunehmen, die Multi-Mandantenfähigkeit: Viele Unternehmen, die sich an einem Flughafen als Konzessionäre eingemietet haben, möchten ihre Telefone wie eine unternehmenseigene Anlage mit eigenem Nummernplan nutzen und verlangen eine individuelle Gebührenabrechnung (ähnlich wie ein Gast in einem Hotel, vgl. Kap. 4.3.3 und 4.3.4). Denselben Bedarf nach physikalischer oder logischer Abschottung haben die öffentlichen und privaten Organisationen auch bzgl. der LAN-Computernetze in einem Flughafen, was neben der Netzseparation auch durch spezielle Router (Firewalls) oder durch Verschlüsselung (VPN – Virtual Private Networks) erreicht werden kann. Es ergeben sich somit hohe Anforderungen an das Netzwerkmanagement eines Flughafens (siehe unten). Im Zuge der Konvergenz von Sprach- und Datenkommunikation sind auch an Flughäfen Netzinfrastrukturen für Sprach- und Datenkommunikation verschmolzen. Backbone und LAN dienen der Übermittlung aller multimedialen Informationen und Signale. Sie integrieren auch Verkehre der Feldbus-Systeme und früheren PABX-Anlagen sowie der heutigen VoIP- bzw. Videostreaming oder Videoconferencing-Server, was eine flexiblere und effizientere Nutzung aller vorhandenen Netzkapazitäten ermöglicht. IP-basierte Netze und Dienste ermöglichen zudem auch eine komplette Substitution von internen Kommunikationsanlagen bzw. Servern durch externe cloudbasierte Dienstanbieter nach dem Vorbild von z. B. Skype oder Zoom.

Mobile Netze: Eine besondere Bedeutung kommt an Flughäfen der mobilen Kommunikation zu (vgl. hierzu auch Mensen 2013). Traditionell ist der mobile Flugfunkdienst: Für jeden Flugplatz sind Frequenzen festgelegt, auf denen Lotsen oder die Vorfeldkontrolle mit den Piloten der Flugzeuge im Sprechfunk nach festgelegten Regeln kommunizieren. Unter der Bezeichnung ATIS (Automatic Terminal Information Service) gibt es auf größeren Flugplätzen eine automatische, auf einer bestimmten Funkfrequenz „vom Band" ausgestrahlte Anflug- und Wetteransage. Instrumentenflugregeln (IFR) schreiben vor, dass Piloten vor Start oder Landung auf einem Flughafen die aktuellen ATIS-Ansagen abhören. Globale Systeme z. B. von SITA oder ARINC (OTC Collins Aerospace) ermöglichen über ein weltweites Netz von Basisstationen und Satelliten die Sprach- und Datenkommunikation mit den Flugzeugbesatzungen auch in Echtzeit. Sie sind Voraussetzung für den globalen automatischen Austausch operativer Flugdaten als SITA- bzw. ARINC-Messages zwischen Bord- und Bodensystemen nach dem ACARS-Standard (Aircraft Communications Addressing and Reporting System) und entlasten den Sprechfunkverkehr. Auch auf dem Flughafengelände spielt der Funkverkehr eine wichtige Rolle. Der sog. Betriebsfunk ermöglicht die nicht-öffentliche Sprechfunkkommunikation zwischen Vorfeldkontrolle und den Akteuren auf dem Vorfeld (Busse, Tankwagen, Schlepper etc.) sowie mit den mit Sprechfunkgeräten ausgestatteten Personen in den Abfertigungsprozessen. Als BOS bezeichnet man den Funkverkehr zwischen **B**ehörden und **O**rganisationen mit **S**icherheitsaufgaben, über den z. B. Polizei, Zoll oder die Flughafenfeuerwehr auf eigenen Frequenzen kommunizieren. Auch Betriebs- und BOS-Funk sind vielerorts durch digitale Bündelfunksysteme (z. B. TETRA oder Tetrapol Standard) ersetzt worden, die Sprach- und Datenkommunikation verschiedener Organisationen im gleichen Kanal bündeln können und so zu einer besseren Nutzung des Frequenzspektrums beitragen.

Eine überragende Bedeutung hat inzwischen Wireless LAN (WLAN IEEE 802.11) an Flughäfen gewonnen: Es dient nicht nur der Nutzung durch Passagiere, die während ihres Aufenthalts am Flughafen einen Internetzugang für ihre Smartphones und Mobilcomputer wünschen, sondern auch für die Übertragung z. B. von Positionsdaten aus einem mit GPS-Navigation ausgerüsteten Fahrzeug an Dispositionssysteme oder für die drahtlose Kommunikation zwischen Sensoren, Aktoren und Steuerungen in Gebäuden, Anlagen oder anderen „Feld-Systemen". Um mit dem mobilen Flughafenpersonal zu kommunizieren, werden, wie in anderen Unternehmen auch, Mobiltelefone, SMS oder Pager bzw. Personenrufdienste (Feuerwehr) eingesetzt.

Großflughäfen verfügen zudem wegen der hohen Dichte an Besuchern und Passagieren mit mobilen Endgeräten oftmals über eigene Mobilfunk-Basisstationen verschiedener Provider, um das hohe Gesprächs-/Datenaufkommen zu bewältigen. Insbesondere die internationalen Drehkreuz-Großflughäfen in den globalen Metropolen sind mit ihrem hohen internationalen Passagieraufkommen im Fokus der Mobilfunk-Provider und waren mit ihren Mobilapplikationen oft Lead-User für innovative Dienstmerkmale jeder neuen Mobilfunkgeneration. Airports sind wie für 2G- bis 4G- auch für 5G-Mobilfunk zentrale Einsatzgebiete (vgl. Abb. 4.2.3).

Generation:	**2G**	**3G**	**4G**	**5G**
Jahr:	1991	2002	2009	2019
Standards:	**GMS/CDMA EDGE**	**UMTS & EV-DO**	**LTE HSPA+**	**5G-Standards**
Bitrate:	*- 64 kBit/s*	*- 42-85 MBit/s*	*- 1 GBit/s*	*- 10 GBit/s*
Anwendungs-Felder:	*- Digitaler Mobilfunk* *- SMS & MMS* *- Digitale Telefonie* *- Datenströme 470 kBit/s* *- Mobile Browser* *- Fernschaltung*	*- Multimedia Videostreams* *- Mobiles Internet* *- Location Based Services* *- Global Roaming* *- Mobile Apps* *- HTML5-Browser* *- Video-Überwachung* *- Fernzugang & Fernwartung*	*- High Definition Multimedia* *- High Speed mobiles Internet* *- IP- & paketbasiert statt verbindungs-orientiert* *- Teleservices mit Echtzeit-Dialogen* *- Online HD-Gaming* *- Mobile AR/VR* *- Fernsteuerung*	*- Kurze Latenz (Reaktionszeit)* *- Privatfrequenz-Mobilfunknetze* *- Genauere Funkzell-Ortung* *- IoT & M2M* *- Zuverlässigkeit & Bandbreite für autonomes Fahren* *- Echtzeit Arbeits-assistenz/Robotik*

Abb. 4.2.3: Generationen des digitalen WAN-Mobilfunks und ihre Anwendungsfelder im Vergleich.

Nachdem mit 4G-Netzen inzwischen die Bandbreiten von lokalen WLANs auch in flächendeckenden nationalen und internationalen WAN-Mobilfunkdiensten erreicht werden, ist es dem European-Aviation-Network-Konsortium (EAN) von Nokia, Inmarsat, Telekom, Thales, Airbus und anderen gelungen, diese Bandbreite auch in Flugzeugen zugänglich zu machen. Die Antennen von 3G/4G-Basisstationen werden in den Luftraum gerichtet, um für Flugzeuge im Europäischen Luftraum Onboard-Internet bereitzustellen, wobei Lücken im Mobilfunknetz durch Breitband-Satellitenverbindungen ins Flugzeug überbrückt werden.

5G-Mobilfunk ohne 5G/Bordfunk-Inferenz ist für Airports wichtig, da Breitband-Datenkommunikation unter Echtzeitbedingungen für sicherheitskritische Anwendungen wie die (Fern-)Steuerung autonomer Fahrzeuge, Robotik, Augmented-Reality-Brillen für Wartung, Überwachung und Passenger Guidance oder Fernassistenzfunktionen im Cockpit technisch realisierbar wird. Neben der Mensch-Maschine-Interaktion wird der spontane automatische Echtzeit-Datenaustausch zwischen intelligenten Geräten (M2M – Machine-to-Machine) über Ad-hoc-Netzprotokolle des Internet of Things (IoT) bedeutsam, wenn sich mobile autonome Systeme gegenseitig oder mit Umgebungssensoren abstimmen müssen. Für weniger breitbandige oder echtzeitkritische Anwendungen gibt es neben dem ebenfalls auf Basisstationen beruhenden WLAN eine weitere Alternative für direkte mobile M2M-Kommunikation: Ähnlich wie Wireless Personal Area Networks (W-PAN) z. B. auf der Basis von Bluetooth LE (Low Energy) den stromsparenden automatischen Datenaustausch zwischen mobilen Nutzer-Endgeräten wie Smartphones und Smart Watches oder anderen Wearables ermöglichen, dienen Wireless Sensor Networks (WSN) z. B. auf der Basis von ZigBee dem direkten Datenaustausch zwischen diversen mobilen und stationären Sensoren, Aktoren und Anlagen, beispielsweise der Haus-, Gebäude- und Überwachungstechnik, die auch im gesamten Flughafengelände verteilt sein können.

Das **Netzwerkmanagement** hat die Aufgabe, sämtliche passiven (Kabel) und aktiven (Verstärker, Router, Netzübergänge, Vermittlungsrechner, Telefonanlagen, Basisstationen etc.) Netzkomponenten zu konfigurieren, zu administrieren und einschließlich ihrer Stromversorgungen zu überwachen. Ein Netzausfall an einem Flughafen hätte nicht nur finanziell fatale Folgen, sondern auch in Bezug auf die Sicherheit. Auch dies kann an Telekommunikationsdienstanbieter ausgelagert werden.

Computer Aided Facility Management (CAFM)

Sämtliche stationären Anlagen und Objekte in den Gebäuden und Flächen eines Flughafens müssen verwaltet und technisch kontrolliert bzw. gesteuert werden (vgl. Abb. 4.2.2 und Flughafen München 2008). Ein GIS (Geo-Informationssystem) mit allen 2-D- oder 3-D-CAD-Daten (Computer Aided Design) der Gebäude, Flächen und über- bzw. unterirdischen Anlagen bildet die Grundlage eines CAFM. Sämtliche zu verwaltenden Objekte, Systeme oder Infrastrukturen können erfasst und in verschiedenen logischen Schichten (Layers) in den 2-D-/3-D-Modellen des GIS abgebildet und in einem zentralen Managementsystem visualisiert werden. Die Verbindung mit einem Dokumentenmanagementsystem erlaubt es, zu jedem Objekt relevante Zeichnungen, Verträge, Korrespondenzen etc. abzurufen.

Abb. 4.2.4: 2-D-Bildschirmansicht (PC eines Gebäudemanagers) und 3-D-Ansicht (iPhone eines Wartungstechnikers) der Visualisierungskomponente des CAFM des Münchner Flughafens (Quelle: Flughafen München 2008).

Die Vernetzung mit den Leitsystemen der Gebäudeautomatisierung, der Gepäckförderanlagen, der Vorfeldbeleuchtung, dem Netzwerkmanagement, **Alarmsystemen**
oder anderen Steuer- und Regelsystemen erlaubt die Anzeige aktueller Statusinforma-
tionen, Alarme (z. B. Rauch-, Feuermelder) oder anderer Systeminformationen. Über
geeignete Bedienoberflächen können umgekehrt Befehle und Steuerparameter direkt
an die Leitsysteme oder vernetzte Aktoren gesendet werden, um technische Vorgänge
fernzusteuern (z. B. Beleuchtung anschalten, Kamera aktivieren, Tür öffnen, Temperatur regeln etc.). Es können auch mobile Einsatzkräfte oder Wartungs- und Reinigungspersonal koordiniert werden. Letztere erhalten über mobile Endgeräte selbst
Zugriff auf für sie relevante Informationen aus dem CAFM. Eine Kopplung des CAFM
mit der zentralen Flugdatenverwaltung ermöglicht z. B. die flugplanabhängige automatische Steuerung von Beleuchtung und Klimaanlagen an den Gates bei entsprechenden Energieeinsparungen (vgl. Haller/May 2006). Weitere Schnittstellen eines
CAFM zu Dispositionssystemen erlauben z. B. den Abruf von Informationen über den
aktuellen Status der Flugzeugabfertigung an einem bestimmten Gate und die Visualisierung von Abfertigungsprozessen in 2-D- oder 3-D-Ansichten, in die auch Bild- und
Videodaten von Überwachungskameras eingespielt werden können (vgl. Abb. 4.2.6).

Die Integration von Planungssystemen und administrativen kaufmännischen
Systemen ermöglicht die Unterstützung und das Management verschiedenster Prozesse des Anlagen- und Gebäudemanagements: Von der Planung und Projektführung
beim Bau oder der Erweiterung beliebiger Systeme und Anlagen über die Wartungs-
organisation und Überwachung der Betriebs- und Verbrauchsdaten bis zur kaufmännischen Abrechnung der Planungs-, Projekt-, Wartungs- und Betriebskosten kann
der gesamte Lebenszyklus bis zur Entsorgung und Abschreibung per CAFM verwaltet
werden. Dasselbe gilt für alle Prozesse der Immobilien-, Flächen- und Parkraumver-
waltung bis zur Raumplanung, Möblierung und Arbeitsplatzgestaltung. Typischerweise greifen fast alle Bereiche auf die jeweils für sie wichtigen Sichten eines
Airport-CAFM zu. Hierzu gehören u. a. die Feuerwehr, die Wasserwirtschaft, der
Winterdienst, die Personenbeförderungsdienste, der Umweltschutz, die Zugangs-
und Schlüsselverwaltung, die Sicherheitstechnik, die Öffentlichkeitsarbeit und der
Vertrieb.

Neue Anforderungen an das CAFM ergeben sich aus der Forderung nach
Sustainable Airport Management: Smart Energy Management zur Energieeinspa-
rung wie Nutzung von Kraft- und Wärmekopplung, Fernwärme und -kälte, eigene So-
larenergie-Produktion, energieeffiziente adaptive Beleuchtung (Smart Lightning/
Pole), Klimatisierung (Smart Climate), und die bedarfsgerechte Verteilung (Smart
Grid) und verursachungsgerechte Messung und Zurechnung des Strom-, Treibstoff-
und Energieverbrauchs (Smart Metering) auf alle Airportmieter und -nutzer. Ebenso
wie die Energieströme müssen die Material- und Stoffströme eines Flughafens auch
jenseits des Gepäck- und Frachtmanagements im Sinne einer Kreislaufwirtschaft
von der Beschaffung über die Anlieferung, Lagerung, den Gebrauch oder Ver-
bauch bis hin zur Wiederverwendung, Reparatur, zum Recycling oder zur Müll-

trennung und Entsorgung so überwacht und gesteuert werden, dass Abfall und aus diesem resultierende Ressourcenverschwendung sowie Umweltbelastungen weitestgehend vermieden werden (Smart Waste Management).

Ortungs-, Lokalisierungs- und Leitsysteme für mobile Objekte

Eine wichtige Rolle für die Sicherheit und effiziente Koordination spielen Systeme zur Ortung, Lokalisierung und Leitung mobiler Objekte, seien es Flugzeuge (vgl. hierzu insbesondere Mensen 2013), Fahrzeuge, Werkzeuge, Geräte oder auch Personen (vgl. Abb. 4.2.2). Flugzeuge können ihre Position z. B. über GPS- bzw. über Galileo-Satellitennavigationssysteme bestimmen. Für den Autopilot werden deren Positionsangaben noch zusätzlich mit genaueren Daten des bordeigenen inertialen Navigationssystems auf der Basis von Gyrosensoren mit Daten von Funkfeuern kombiniert. Als Navigationsfunk bezeichnet man alle Funkfeuer oder Funkbaken in der Umgebung eines Flughafens, die auf der Basis verschiedener Peilfunkverfahren die Navigation der Flugzeuge insbesondere beim Landeanflug mit Instrumenten oder per Autopilot unterstützen. Eine Landung mit Ausrollen auf der Landebahn per Autopilot stellt höchste Anforderungen an die Zuverlässigkeit und Verfügbarkeit des Navigationsfunks und bedarf zusätzlich eines bordeigenen Höhenradars im Flugzeug. Die Befeuerung der Landebahnen ermöglicht dem Piloten bei manuellem Anflug eine optische Orientierung, indem er aus verschiedenen Anflugwinkeln verschiedene Lichter bzw. Lichtfarben sieht und seinen Kurs entsprechend korrigieren kann. Flugsicherung und Vorfeldkontrolle nutzen zur Ortung Radarsysteme, mit denen sie den Luftraum, die An- und Abflugzonen sowie die Vorfelder überwachen um den Piloten über Funk Anweisungen zu geben. Datenfusion ermöglicht, dass auf dem Bildschirm des Fluglotsen die aktuelle Position aus der Radarortung zusammen mit weiteren Informationen über das Flugzeug oder mit Karten hinterlegt angezeigt wird. Das Vorfeldradar kann neben den Flugzeugen auch größere Fahrzeuge wie Tankwagen etc. erkennen. Anders als in der Luft kann bis heute auf den Rollbahnen und Vorfeldern keine automatische Steuerung der Flugzeuge und Fahrzeuge erfolgen, da insbesondere die autonome Steuerung von Fahrzeugen noch immer unausgereift ist. Die Rollleit- und Andocksysteme, die die Flugzeuge nach der Landung entsprechend den Anweisungen der Lotsen und der Vorfeldkontrolle über die Rollwege und Vorfelder zur Abstellposition leiten, basieren auch auf optischen Systemen (vgl. hierzu und zum Folgendem Flughafen München 2000, S. 18).

Über die in die Rollbahnen eingelassenen Lampen können vom Tower Rollwege blockweise für ein Flugzeug als freigegeben oder gesperrt markiert werden. Die an den Abstellpositionen zusätzlich angebrachten optischen Andock-Anzeigen helfen dem Piloten, ebenfalls unter Ausnutzung optischer Effekte auf den letzten Metern richtig einzuparken (vgl. Abb. 4.2.5). Sie werden an der zugewiesenen Abstellposition mit den Daten des Flugzeugtyps aus der zentralen Flugdatenbank automatisch eingeschaltet, wenn das Flugzeug den letzten Rollabschnitt erreicht hat. Im Boden

Abb. 4.2.5: Markierungen der Bahnen durch das Rollleitsystem und Andock-Anzeige an der Abstellposition zur Leitung des Piloten in die Halteposition.

verlegte Induktionsschleifen zeigen den Piloten an, wenn die Räder seines Flugzeugtyps die richtige Halteposition erreicht haben.

Große Fortschritte wurden in den letzten Jahren bei der Ortung und Navigation von Fahrzeugen und anderen mobilen Objekten auf dem Vorfeld und in Gebäuden gemacht (vgl. Goecke/Lindike 2010): Fahrzeuge des Bodendienstes können nicht nur ein GPS-Navigationssystem verwenden, sondern ihre Positionsdaten zusammen mit Betriebsdaten wie dem aktuellen Tankstand etc. kontinuierlich über WLAN an die Dispositionssysteme melden. Aktive batteriebetriebene RFID-Tags (Radio Frequency Identification) mit GPS-Empfängern und WLAN-Modul können an mobilen Objekten ohne eigene Stromversorgung befestigt werden und ebenfalls ihre Positionsdaten übermitteln. Sind mehrere WLAN-Basisstationen in Reichweite eines batteriebetriebenen WLAN-Senders, so kann über Triangulation (Vergleich der Signallaufzeiten und Signalstärken an drei Basisstationen) eine Ortung mobiler Ressourcen auch bei fehlendem GPS-Signal z. B. in Gebäuden erreicht werden. Ungenauer ist die Positionierung über die Bestimmung der stärksten Funkzelle bzw. Basisstation bei GSM-, UMTS- oder 4G-Geräten. 5G wird mit seinen kleineren Funkzellen auch hier genauer. Genauere Ortung als über mobile WAN-Dienste ist mit W-PAN/WSN über Bluetooth LE oder Zigbee-Beacons (ortsfesten Funkbaken) möglich, erfordert aber die ortsfeste Installation der Baken. QR-Codes erlauben Smartphones die Standortablesung.

Auch die **Videoüberwachung** erlaubt die Lokalisierung von mobilen Objekten, Personen oder Personengruppen. Aktuell werden weltweit neue Technologien zur automatischen Objekterkennung und -verfolgung in Videodatenströmen aus sicherheitsrelevanten Bereichen erforscht. Insgesamt ist damit zu rechnen, dass relativ bald alle für die Koordination von Serviceprozessen und für die Sicherheit an Großflughäfen relevanten mobilen Objekte und Ressourcen hinreichend genau lokalisiert und in Verbindung mit 2-D- und 3-D-Darstellungen (vgl. Abb. 4.2.4 und 4.2.6)

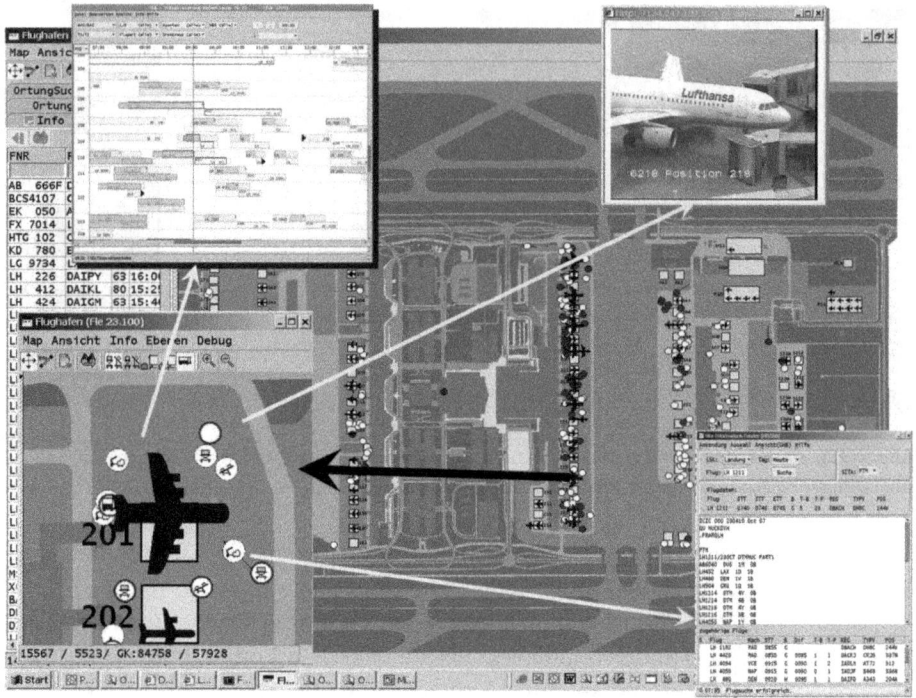

Abb. 4.2.6: Ansicht der 2-D-Echtzeit-Visualisierungskomponente der APM-Suite (Airport Process Management) des Münchner Flughafens mit Positions-, Status- und Videoinformationen diverser mobiler Objekte (Flugzeug, Bus, mobile Rampe) für Disponenten (Quelle: Flughafen München 2008).

aller stationärer Anlagen und Prozessdaten aus den CAFM-Systemen visualisiert werden können.

4.2.3 Systeme der Passagier- und Gepäckabfertigung

Die Prozesse der Passagier- und Gepäckabfertigung bei Abflug, Ankunft und bei Umsteigeverbindungen sind in Abb. 4.2.7 aus der Sicht des Passagiers (Passenger Journey) bzw. der Handling-Schritte, die Gepäckstücke durchlaufen (Baggage Journey), dargestellt.

Der Fluggast ist in erster Linie Kunde der Airline, die daher wichtige Prozessschritte der Passagier- und Gepäckabfertigung am Flughafen auch mit eigenen IT-Systemen übernimmt. Zu diesen Airline-IT-Systemen zählen die zum Airline-Departure-Control-System (vgl. Kap. 4.1) gehörenden Check-in-Automaten bzw. die Check-in-Terminals an den Gepäckaufgabestationen, aber auch die Boarding-Automaten bzw. Boarding-Control-Programme an den Gate-Countern. Sie nutzen die

Flughafensysteme in den Passagierleit- und -abfertigungsprozessen:

Anfahrt	Terminal	Check-in	Secu-rity	Warten/Shopping etc.	Boarding		De-Boarding	Security	Abfahrt

| Video-text, Airport-Web-page | Verkehrs-leitsystem Park-leitsystem | Monitore, Anzeige-tafeln, Signale, Ansagen | Schleusen, Durch-leuchtung, Ausweis-kontrollen | Monitore, Anzeige-tafeln, Signale, Ansagen | | | Videotext, Webpage, Monitore, Anzeige-tafeln | Ausweis-/Zoll-kontrollen | Verkehrs-leitsystem |

Airline-Systeme am Flughafen:

	Check-in-Counter/Automat		Boarding-Counter/Automat	Flug		Gepäck-Suchdienst

Gepäcklogistik-Systeme des Flughafens:

	Gepäck-registrie-rung	Förder-/Sortier-Anlagen, Röntgen	Container, Gepäck-fahrzeuge	Gepäck-abgleich-System		Container, Gepäck-fahrzeuge	Förder-/Sortier-anlagen, Ausgabestation	Gepäck-verfolgung

Gepäckabfertigungs-prozesse:

	Gepäck-aufgabe	Transport, Sortierung/Security	Verladung		Ent-laden	Trans-port	Aus-gabe	Ggf. Suche

Umsteigeprozess/Umsteigesysteme des Flughafens:

	Gepäcktransport/Einschleusung zum Anschlussflug	Anzeigen/Signale/Wege: Passagier-Leitung zum Anschlussflug-Boarding	De-Boarding/Entladen	Se-curity	An-schluss-flug

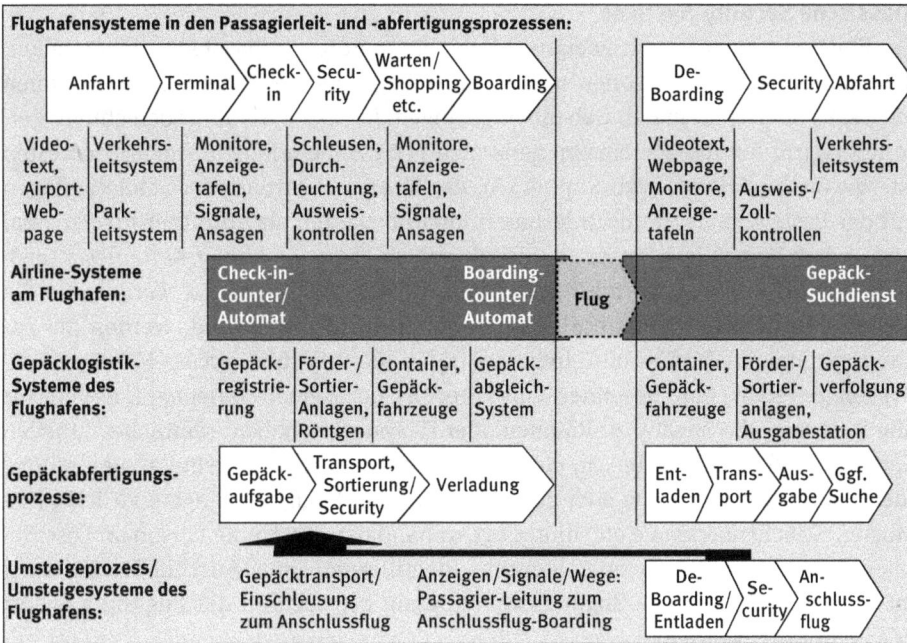

Abb. 4.2.7: Einsatz von Anzeigesystemen, Sicherheitssystemen und Gepäcksystemen in den Passagierabfertigungs-, Gepäckabfertigungs- und Umsteigeprozessen.

Netzinfrastrukturen und -dienste des Flughafens und benötigen Schnittstellen zum Datenaustausch mit den Airport-IT-Systemen und den Airline-Abfertigungsschaltern der Flugsteige.

IATA-Standards wie CUTE (Common Use Terminal Equipment) und CUSS (Common Use Self Service Kiosks) ermöglichen es, vom selben PC aus in einheitlicher Weise auf die Departure-Control-Systeme verschiedener Airlines zuzugreifen bzw. denselben Check-in-Automaten für mehrere Fluglinien zu verwenden. Auf diese Weise können Flughäfen standardisierte CUTE-Terminals und CUSS-Kiosksysteme vor allem für kleinere Airlines bereitstellen, was ein flexibles Sharing der Kiosksysteme und Counter-PCs ermöglicht. Auch für große Fluggesellschaften, die an ihren Hauptflughäfen ihre dedizierten Kiosksysteme und Abfertigungsschalter nutzen, bringen CUTE und CUSS Vorteile bei der Nutzung von Flughäfen, die sie weniger häufig anfliegen. Während also die Verantwortung für das Check-in und Boarding vor allem bei den Fluggesellschaften liegt und von deren Departure-Control-Systemen gesteuert wird, ist der Flughafen für die Leitung der Passagiere, die Sicherheitssysteme und den Gepäcktransport zwischen Gepäckaufgabeschalter und Flugzeug bzw. zwischen Flugzeug und Gepäckausgabestation zuständig.

Klassische Security-Systeme

Ein Flughafen muss durch geeignete Zugangs- und Kontrollsysteme sicherstellen, dass nur berechtigte Personen und erlaubte Gegenstände in die Sicherheitszonen auf dem Vorfeld und in den Gebäuden gelangen. Ebenso dürfen nur berechtigte Personen Zugriff auf die gemeinsam genutzten IT-Systeme erhalten. Am effizientesten ist, wie auch in Hotels (vgl. Kap. 4.3.5), der Einsatz elektronischer Schließanlagen auf der Basis von elektronisch lesbaren Identitätskarten als Türöffner für Personal und andere berechtigte Personen. Sie können an IT-Systemen mit Kartenleser auch statt User-ID und Passwort zur Autorisierung beim Login genutzt werden. Da die Sicherheitsanforderungen an Flughäfen höher als in Hotels sind, werden die Zugangssysteme am besten mit einem zentralen Identity- und Access-Management-System gesteuert. Eine besondere, als Directory bezeichnete Datenbank enthält für alle Personen, die Zugang zu Räumen oder IT-Systemen haben, sämtliche aktuellen Zugangs- und Zugriffsrechte. In einem Authentifizierungsdienst sind aktuell gültige Identitätskarten, Passworte oder auch biometrische Daten, wie Fingerabdrücke, Iris-Muster, Gesichtsmerkmale etc. hinterlegt, anhand derer sich eine Person an Lesergeräten, PCs oder entsprechenden Sensoren identifizieren kann. Anschließend können im Directory die aktuelle Zugangsberechtigung geprüft und der Zugang gewährt oder verhindert werden.

Zu den klassischen Security-Systemen eines Flughafens zählen neben den Schließanlagen auch die häufig kameraüberwachten Zugänge und Tore sowie die Alarmanlagen und ihre Sensoren. Metalldetektor-Schleusen und die Durchleuchtungs- bzw. Spürsysteme für Waffen/Sprengstoff/Drogen im Handgepäck oder in dem über Gepäckförderanlagen bewegten Gepäck sind in die Abfertigungsprozesse integriert. Hoheitliche Aufgaben bei den Sicherheitskontrollen nehmen Polizei und Zoll wahr, die über eigene IT-Systeme z. B. für die Kontrolle maschinenlesbarer Pässe und Personalausweise oder den automatischen Abgleich mit der Fahndungskartei verfügen. Auch hier kommen weltweit immer mehr biometrische Verfahren, z. B. die Gesichtserkennung für (teil-)automatisierte Ausweiskontrollen, zum Einsatz. Aktuell werden diverse Verfahren nicht nur zur Kontrolle an Selbstbedienungsschaltern, sondern auch zur automatischen Personenerkennung und Verfolgung in Videoüberwachungssystemen erprobt. Diese eröffnen neue Möglichkeiten für Sicherheitskontrollen in allen Aufenthaltsbereichen, werfen aber auch Datenschutzprobleme auf.

Neben diesen klassischen Security-Systemen sind durch die umfassende Digitalisierung von Flughäfen, Flugzeugen der Luftraumüberwachung sowie sämtlicher Verkehrs-, Transport- und Mobilitätsdienste in und außerhalb der Flughäfen umfassende Bedrohungen aus Cyberkriminalität und Cyberangriffen entstanden. Sie erfordern eine Integration der klassischen Security-Systeme der Passagier- und Gepäckabfertigung in ein übergreifendes Airport-Security-Management, das in Kapitel 4.2.5 gesondert behandelt wird.

Anzeige- und Passagierleitsysteme

Für die Leitung der Passagiere und Besucher im Flughafen sind eine Vielzahl von **Anzeigesystemen** erforderlich (vgl. Flughafen München 2000, S. 20f.). Da durch immer höhere Sicherheitsvorkehrungen und das bis 2019 weltweit stark anwachsende Passagieraufkommen die Überfüllung von Terminals, Wartezeiten sowie Flug-Umdisponierungen durch Verspätungen zugenommen haben, wurden große Anstrengungen unternommen die Passenger Journey durch interaktive Infoscreens, Airport-Apps und sogar humanoide Roboter zu verbessern (vgl. z. B. Pell/Blondel 2018, Schiefer/Schmidt 2019, InfoGate 2019).

Die richtige Passagierinformation beginnt dabei nicht erst mit der eigentlichen Passagierabfertigung, sondern bereits vor der Anfahrt, wenn sich ein Passagier z. B. per Videotext im Fernsehen, auf der Flughafen-Website oder Airport-App über die aktuell geplante Ankunfts- oder Abflugzeit und das Gate erkundigt. Dieser Dienst wird vor allem auch von Fluggast-Abholern benutzt, die sich über den richtigen Abholzeitpunkt und den richtigen Ausgang informieren. Bei der Anfahrt ist gerade für nicht ortskundige Fluggäste ein gutes Verkehrsleitsystem in Flughafennähe wichtig, das frühzeitig den optimalen Weg zu freien Parkflächen und Mietwagen-Rückgabestationen in der Nähe des richtigen Terminals weist.

In allen Aufenthaltsbereichen eines Flughafens zeigen Anzeigemonitore und -tafeln (FID – Flight Info Display), welcher Flug wann an welchem Gate startet bzw. erwartet wird und was sein aktueller Flugstatus ist. Die Anzeigesysteme dienen hier auch dem Flugpersonal zur Information. Jeder Fluggast muss nun zu Check-in-Schaltern bzw. Check-in-Automaten geleitet werden, an denen er bei Electronic Ticketing einen Sitzplatz auswählt, sein Flugticket mit Bordkarte ausgedruckt bekommt und sein Gepäck aufgeben kann. Nach den Sicherheitskontrollen gibt es weitere Anzeigesysteme, die den Fluggast zum richtigen Gate weisen, an dessen Schalter ein Display den aktuell aufgerufenen Flug anzeigt. Hier können von einem Boarding-Automaten der Fluggesellschaft evtl. mit Drehkreuz die Tickets beim Boarding kontrolliert und bis auf die Bordkarte eingesammelt werden. E-Ticketing- und Boarding-Prozesse werden inzwischen auch von mobilen Smartphone-Apps der Airlines bzw. Airports unterstützt, die auf dem Smartphone-Display der Kunden E-Tickets mit maschinenlesbaren 2-D-Barcodes (QR Codes) darstellen können. Der Passagier muss dann über richtig geöffnete Türen zur richtigen Fluggastbrücke bzw. zu einem Bus geleitet werden, der ebenfalls den aufgerufenen Flug anzeigen sollte und den Passagier zum richtigen Flugzeug bringt.

Ankommende Fluggäste sind nach dem Verlassen des Flugzeuges (Deboarding) auf den richtigen Wegen über das dem Flug zugeordnete Gepäckausgabeband und die ggf. notwendigen Einreise- und Zollkontrollen zum Flughafenausgang zu leiten. Am Flughafenausgang sind die Wege zu Parkhäusern, Mietwagenstation und öffentlichen Verkehrsmitteln zu weisen. Umsteiger müssen durch geeignete Anzeigen oder Airport-Apps auf möglichst kurzen Wegen und ohne Verlassen des Sicherheitsbereiches zum Gate des Anschlussfluges geführt werden.

Neue interaktive Auskunftssysteme zur Beratung und individuellen Leitung von Passagieren und Flughafenbesuchern wurden z. B. vom Flughafen München entwickelt (vgl. Lindike 2010 und InfoGate 2019): Besucher, die Hilfe benötigen, können hierzu mit Videotelefonie-Technik und verschiedensten Scan-Technologien wie Bar-/QR-Code-, RFID-/NFC-, Magnetkarten-Lesern etc. ausgestattete Touchscreen-Multimedia-Stelen bzw. -Counter als sog. InfoGates nutzen, die über die Flughafengebäudekomplexe verteilt sind. Video-Call-Center-InfoGate-Agenten können in verschiedenen Sprachen im Live-Dialog mit hochauflösendem Videobild Auskunft zu diversen Fragen geben, auf Wunsch des Passagiers Dokumente, Tickets etc. lesen und erklären sowie Wegweisungen und Routenempfehlungen geben. Komplexe Routen werden entweder auf Papier mit zusätzlichem QR-Code ausgedruckt, auf RFID-Karte oder aufs Smartphone gesendet. Mittels RFID-Karten oder QR-Codes können Passagiere über ebenfalls in den Flughafengebäuden dicht verteilte elektronische Wegweiser die jeweils nächste Etappe ihrer individuellen Route anzeigen lassen. Eine Info-Gate-Tablet-App ermöglicht Mitarbeitern, die von Flughafen-Gästen direkt angesprochen werden, dieselben Auskünfte wie das System zu geben. Verschiedene Tests mit humanoiden Service-Robotern, die per WLAN mit Sprachdialogs- und Airport-Wissensbasen in der Cloud verbunden sind, zeigten, wie personalisierte Guidance mit Systemen der Künstlichen Intelligenz weiter automatisiert werden kann (vgl. FLUGREVUE 2018). Weitere wichtige Anwendungsfelder sind Assistenzdienste für Passagiere mit Handicap, die eine wichtige Voraussetzung für die Barrierefreiheit von Flughäfen sind (vgl. Grey 2019).

Da einigen Airports mit ihren Ladengeschäften ähnlich wie dem gesamten stationären Einzelhandel durch populäre Einkaufsportale und Lieferservices Umsatzeinbußen bei ihrer Laufkundschaft drohen, werden auch von Flughäfen verstärkt Anstrengungen unternommen, Werbung und Hinweise auf diverse Zusatzangebote in die digitale Passenger Journey zu integrieren. Über InfoGates sind z. B. aktuelle Hinweise zu passenden Einkaufsmöglichkeiten auf dem Weg bis zum Abflugsteig möglich inklusive einer individuell optimierten Lenkung einzelner Passagiere entsprechend ihren persönlichen Anforderungen und verfügbaren Zeiten bis zum Abflug. Immer mehr Flughäfen bieten zusätzlich zu den Airline-Apps der Fluggesellschaften auch Airport-Apps für Smartphones und Webpads an, die den Fluggästen und Flughafenbesuchern alle Flughafeninformationen auch mobil abrufbar bereitstellen, wobei die Flugnummer eingegeben bzw. der QR-Code des Tickets eingescannt werden und darauf aufbauend die passende Guidance generiert wird. Diese Airport-Apps können nicht nur sämtliche oben angesprochenen Airport-Guidance-Funktionen vollständig übernehmen, sondern auch als Portal für ergänzende E-Commerce und Mobilitätsapplikationen dienen, die Flughäfen ggf. sogar zusätzliche Provisionseinnahmen ermöglichen. Da der Heimatflughafen von Passagieren immer gleich ist, können Flughäfen als neue Intermediäre ihren Stammkunden über die Airport-App Flüge aller an- und abfliegender Airlines vermitteln und ähnlich wie ein Reisebüro am Airport auch sämtliche verbundenen Reise- und Mobilitätsdienstleistungen buchbar machen. Ebenso können diverse Shopping- und Abholdienste am Flughafen für die Stammkunden elektronisch abrufbar, reiseübergreifend optimier- und abrechenbar gemacht werden inklusive der kompletten Guidance (vgl. Hall 2020).

Bedingt durch die COVID-19-Pandemie müssen Passagierprozesse auf absehbare Zeit den aktuellen Biosafety-Anforderungen der medizinischen Hygienekonzepte zur Seuchenbekämpfung genügen: Berührungslose Selbstbedienung (Touchless Journey), Abstandswahrung, Maskenpflicht, automatische Fiebermessung, räumliche und zeitliche Vereinzelung, Vereinbarung individueller Bedienzeitslots, Desinfektion, Schnelltests und die Nachverfolgung aller Kontakte im Falle einer Ansteckung sind technisch, organisatorisch und baulich sicherzustellen. Neben Überwachungs-sensoren und -kameras mit Biometriefunktionen, Sprach- und Gestenerkennung an sog. E-Gates sind Smartphone-Apps essenziell, um kontaktlose Dialoge zu füh-ren, die Berührung von Automaten, Türgriffen etc. zu vermeiden und Infektions-ketten nachzuverfolgen (Berti 2020). Die Belange des Datenschutzes sind dabei zu berücksichtigen.

Gepäcksysteme
Die Gepäcksysteme eines Flughafens beginnen bei den Gepäckaufgabestationen, an denen die Gepäckstücke vom Fluggast nach dem Check-in aufgegeben und regis-triert werden. Jedes Gepäckstück erhält ein maschinenlesbares (Barcode/QR-Code-) Label ausgedruckt, das angeheftet eine automatische oder auch manuelle Identifi-zierung und Lenkung des Gepäckstückes mittels standardisierter IATA-Codes an den Sortieranlagen ermöglicht. Da das Barcode-System bei verknautschten Gepäck-anhängern fehlerhaft arbeitet, entwickelte die IATA einen Standard auf Basis von (passiven) RFID-Tags (vgl. IATA 2018 und 2019). Diese beinhalten wie RFID-Smart-cards einen Mikroprozessor mit Antenne, der beim Empfang von elektromagneti-schen Wellen einer festen Funkfrequenz durch Induktionsstrom zu arbeiten beginnt und auch ohne Sichtverbindung über gewisse Distanzen seine eindeutige Kennung (ID) einem Funkdetektor (RFID-Leser) übermittelt. Mit der ID kann das Gepäckstück im Computer identifiziert und richtig weitertransportiert werden. RFID-Tags sind aber teurer als Papier-Labels und müssten ggf. am Zielort wieder eingesammelt werden, weshalb Airlines und Kofferhersteller dazu übergehen, zumindest an Vielflieger per-sönliche RFID-Tags als Dauer-Kofferanhänger oder Koffer-Bestandteil auszugeben. Deren eindeutige IDs können ggf. auch vor der Gepäckaufgabe an Selbstbedienungs-Schaltern durch RFID-Leser oder sogar das eigene Smartphone mit NFC-Funktion (be-inhaltet RFID-Leser) durch die Airline- oder Airport-App eingelesen und mit allen Flugdaten und Gepäckbeförderungsinformationen im Passenger-Service-System der Airline und den Baggage-Handling-Systemen der am Flug beteiligten Airports ver-knüft werden. Der Fluggast erhält bei Aufgabe des Gepäcks einen Kontrollabschnitt bzw. eine Bestätigung auf seine App, welche die Identifizierung des Gepäckstücks bei Verlust erlauben. Einige Flughäfen experimentieren als Weiterentwicklung der automatischen Gepäckaufgabe-Schaltern mit autonomen Gepäckrobotern als

nächstem Innovationsschritt, die dem Reisenden das Gepäck wie ein „Dienstmann" im letzten Jahrhundert am Bahnhof schon am Flughafeneingang abnehmen, den Passagieren die Labels zur Befestigung an ihren Koffern erstellen und die Koffer autonom zur Gepäckförderanlage fahren (vgl. AirportTechnology 2020).

Das Departure-Control-System der Airline sendet eine BSM (Baggage Source Message) an das Flughafen-Dispositionssystem mit allen für den Gepäcktransport relevanten Passagier- und Flugdaten (Flug, Ziel-/Umsteigeflughafen etc.). Die Förder- und Sortieranlagen und ihre Antriebe werden von mehreren mit den Flughafendispositionssystemen und untereinander vernetzten industriellen Prozessrechnern gesteuert. Gepäckstücke, die nicht schon bei der Gepäckaufgabe durchleuchtet wurden, passieren auf dem Weg zum Flugzeug ggf. noch entsprechende Security Scan/Spürstationen (EDS – Explosives Detection Stations). Die Beförderung einzelner Gepäckstücke in eindeutig markierten oder RFID-getaggten Wannen statt freilaufend auf Bändern reduziert die Häufigkeit der notwendigen Barcode-Scan-Vorgänge und die Fehleranfälligkeit der Gepäckförderanlagen. Es werden auch kameragestützte Gepäckerkennungsverfahren erfolgreich eingesetzt, um Gepäckstücke bei nicht erkennbaren Barcode-Labels durch optische Merkmale mit künstlicher Intelligenz (KI) automatisch identifizieren zu können. Das Gepäck wird von den Förder- und Sortieranlagen automatisch an die vom Dispositionssystem vorgegebenen Ausgabebänder geliefert, wo es zumeist in Containern auf Gepäckwagen geladen wird. Die Zuordnung von Gepäckstücken zu Containern wird ebenfalls im Gepäcksystem gespeichert. Die Container oder einzelne Gepäckstücke werden dann von den Gepäckfahrzeugen über Förderbänder in das Flugzeug geladen. Internationale Sicherheitsvorschriften erfordern, dass vor Abflug ein Abgleich des geladenen Gepäcks mit der Passagierliste erfolgt (Baggage Reconciliation). Gepäckstücke, die keinem mitreisenden Passagier zugeordnet werden können, dürfen nicht geladen werden. Sie müssen vor Abflug aus dem entsprechenden Container wieder entladen werden und es wird eine Baggage Unload Message (BUM) generiert.

Nach Flug und Ankunft eines Flugzeugs erfolgt die Gepäckentladung. Das Gepäck wird mit Gepäckfahrzeugen an die Gepäckförderanlagen gebracht und dort wiederum entsprechend den BSM der Airline entweder an eine Gepäckausgabestation zur Abholung durch den Fluggast geleitet oder möglichst schnell zu den verschiedenen Anschlussflügen der Umsteiger weitertransportiert, wobei eine Baggage Transfer Message (BTM) generiert wird (vgl. Abb. 4.2.7).

Das sog. Echtzeit-Baggage-Tracking, bei dem Passagiere zu jeder Zeit auf einer Website oder ihrer Airline- bzw. Airport-App den Weg ihres Gepäcks nachvollziehen können, wird insbesondere durch RFID-Tags erleichtert. Wird ein Gepäckstück vermisst, bietet z. B. die SITA das mit der IATA gemeinsam entwickelte globale Gepäckverfolgungssystem WorldTracer an. Es ermöglicht die Verfolgung und Suche nach Gepäckstücken bei allen partizipierenden Airlines, Handling-Agents und Flughäfen.

4.2.4 Systeme zur Planung, Disposition und Administration der Flugzeugabfertigung

Aus der Sicht des Flughafens ist der Prozess der Flugzeugabfertigung (vgl. Abb. 4.2.8) besonders wichtig. Kurze Abfertigungszeiten und schnelle Umsteigemöglichkeiten bei hohem Passagieraufkommen sind Wettbewerbsvorteile eines Flughafens aus Sicht der Fluggesellschaften. Die optimale Nutzung der vorhandenen Personal-, Terminal- und Geräteressourcen und ein hoher Flugdurchsatz sind entscheidend für die Wirtschaftlichkeit eines Flughafens.

Planungssysteme

Ausgangspunkt der IT-Unterstützung der Flugzeugabfertigung sind die Planungssysteme (vgl. hierzu und zu Folgendem Flughafen München 2000, S. 20 und S. 24). Alle Informationen zu geplanten Flugbewegungen werden in der Flugplanverwaltung gesammelt und bereitgestellt. Der Zeithorizont reicht von einer 10-jährigen Langfristplanung bis zum aktuellen Tagesflugplan. Quellen für die Flugplanung sind der zentrale Flugplankoordinator in Frankfurt/Main, bei dem alle Flüge angemeldet werden, und die aktuellen Flugpläne der Fluggesellschaften und Handling-Gesellschaften. Die langfristigen Planungsdaten werden sowohl für die Weiterentwicklung und Ausbauplanung eines Flughafens verwendet wie auch für die Optimierung der Ablauforganisation.

Simulationsprogramme dienen dazu, die Auslegung von Gebäuden richtig zu dimensionieren, Passagier- und Gepäckflüsse zu optimieren, und die Prozeduren der Flugabfertigung besonders effizient zu gestalten. Mittel- und kurzfristige Flugplandaten werden für die Planung der Terminal-, Personal- und Geräteressourcen verwendet. Sie werden mit unterschiedlichem zeitlichen Vorlauf (monatlich, wöchentlich, täglich) an die Dispositionssysteme verteilt, damit diese für jeden geplanten Flug rechtzeitig Personal, Gerät und Ressourcen (Abstellpositionen, Gates etc.) einplanen können. Durch betriebswirtschaftliche Verfahren der Bedarfsermittlung werden aus der mittel- und kurzfristigen Flugplanung unter Berücksichtigung von Rüstzeiten, Schicht- und Arbeitszeitmodellen mittel- und kurzfristige Bedarfe für Personal und Geräte (insb. auch Fahrzeuge) berechnet. Das Ergebnis sind Schichtpläne vom Saisonplan bis hin zum Tagesplan, die Grundlage für die Personalbeschaffung und die Personaleinsatzplanung sind. Das Hub- bzw. Terminal-Planungssystem (vgl. Abb. 4.2.1 und Abb. 4.2.9) stellt Verfahren zur optimalen, regelbasierten Planung von Flugzeugabstellpositionen, Gate- und Check-in-Schaltern, Gepäckausgabebändern und Ankunfts-Stauräumen auf Basis der Flugplandaten bereit. Randbedingungen wie bauliche Gegebenheiten, Nutzungsstrategien und die einzuhaltenden Vertragsbedingungen werden automatisch berücksichtigt. Ergebnis ist eine tagesgenaue Ausgangsplanung der Belegung der Hub-/Terminal-Ressourcen durch die einzelnen Flüge.

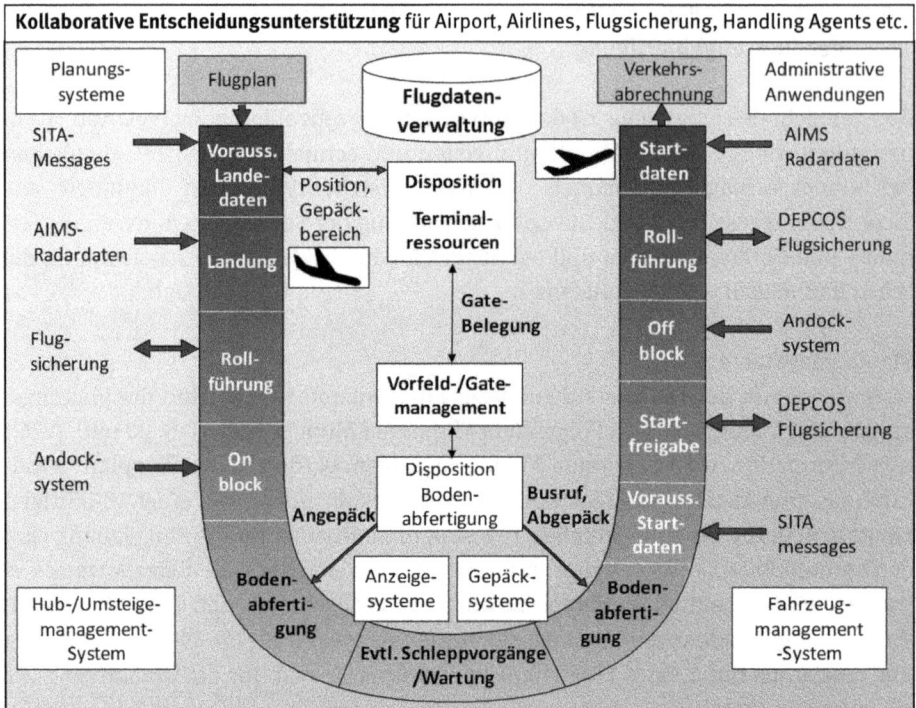

Abb. 4.2.8: Planungssysteme, Dispositionssysteme und administrative Anwendungen im Flugabfertigungsprozess (Quelle: in Erweiterung nach Flughafen München 2000, S. 25).

Sie wird am Vortag in der zentralen Flugdatenbank gespeichert, auf die alle Dispositionssysteme Zugriff haben. Diese verteilt die Daten an andere Systeme wie z. B. die Anzeigesysteme oder die Gepäcksysteme.

Dispositionssysteme

Die Verfahren des Terminalplanungssystems sind auch Grundlage für die tägliche Disposition der Terminal-Ressourcen. Der Disponent bekommt für die verschiedenen Ressourcen die jeweils aktuellen Belegungspläne als Gantt-Charts visualisiert, z. B. in Abb. 4.2.9 die Belegung der Terminalpositionen durch Flüge im Tagesablauf.

Bei Abweichungen vom Plan (z. B. Verspätungen) kann das System automatisch Auswirkungen auf den Gesamtplan berechnen und Konflikte anzeigen. Die Optimierungsalgorithmen machen ebenso automatisch Vorschläge zu Umdisponierungen, welche die Disponenten annehmen oder manuell verändern können. Alle Änderungen werden über die zentrale Flugdatenbank an alle anderen Systeme (z. B. die Anzeigen, Gepäckdispositions-Systeme oder Umsteigemanagement-Systeme) weitergemeldet, sodass hier ebenfalls ereignisgesteuert umdisponiert werden kann. Voraussetzung für eine rechtzeitige Erkennung von Flugplanänderungen ist jedoch die Sicherstellung der

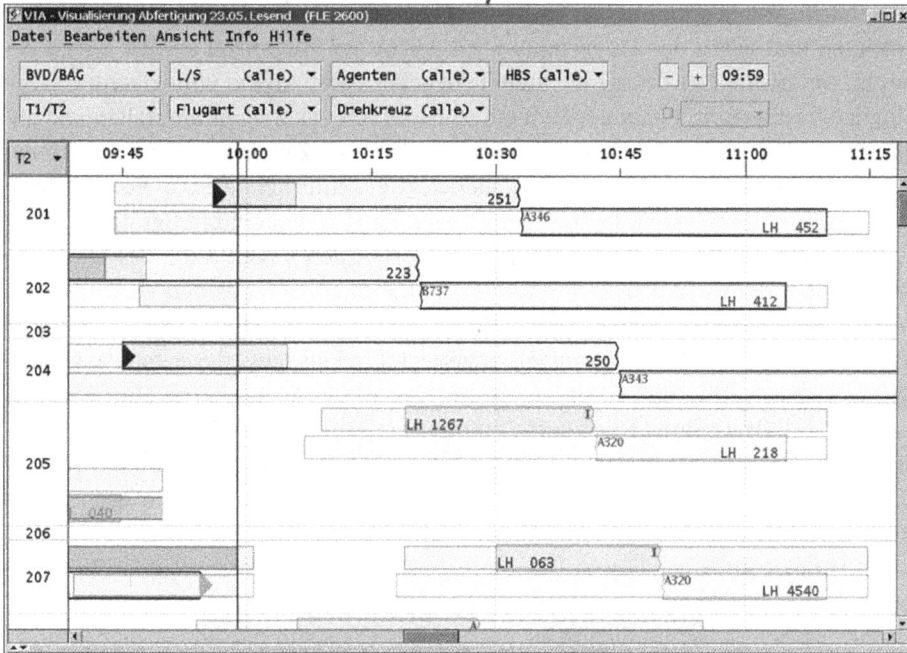

Abb. 4.2.9: Visualisierung der Zuordnung von Flügen (Balken) zur Abfertigung an Terminalpositionen 201–207 zur aktuellen Tageszeit in einem Gantt-Chart des Terminal-Dispositionssystems (Quelle: Flughafen München 2008).

Versorgung des Flughafens mit Daten über den aktuellen Status eines Fluges in Echtzeit.

Der Flugabfertigungsprozess (vgl. hierzu und zu Folgendem Flughafen München 2000, S. 18 f. und S. 24 ff.) beginnt deshalb bereits mit dem Start der Maschine am Vorflughafen (vgl. Abb. 4.2.8). Ein globales Netz zur Übermittlung von Flugdaten (hier z. B. SITA) überträgt an den Zielflughafen SITA-Messages mit der tatsächlichen Beladung, mit Umsteigeinformationen etc. und der voraussichtlichen Landezeit. Sie werden nach einer Analyse in der zentralen Flugdatenverwaltung gespeichert und an alle betroffenen Dispositionssysteme verteilt. Auch aus den Radardaten der Flugsicherung werden automatisch die Positionsdaten eines Fluges berechnet, um die voraussichtliche Landezeit immer genauer vorherzubestimmen und an die Flugdatenverwaltung weitergeben zu können. Ab einer bestimmten Entfernung vom Flughafen werden die Abfertigungsprozesse nach Plan automatisch gestartet. Bei Verzögerungen wird wie oben beschrieben umdisponiert.

Die Landung wird von der Flugsicherung überwacht. An Flughäfen, die bei der Berechnung der Gebühren aus Lärmschutzgründen den tatsächlich verursachten Fluglärm berücksichtigen, wird der Lärmpegel gemessen und zusammen mit dem Aufsetzzeitpunkt in der Flugdatenverwaltung gespeichert. Das Rollleitsystem und das Andocksystem (vgl. Abb. 4.2.5) erhalten von der Disposition die Halteposition zugewiesen und leiten das Flugzeug unter Aufsicht der Fluglotsen an den Übergabepunkt, wo die Verantwortung mit allen relevanten Daten an die Vorfeldkontrolle des Flughafens übergeht. Wenn der Pilot mit Hilfe des Andocksystems am Haltepunkt angekommen ist, wird dadurch automatisch die On-Block-Zeit gemeldet und im Terminalmanagement-System die Position als belegt gekennzeichnet. Das Vorfeld- bzw. Gate-Management-System kann die nun beginnenden Bodenabfertigungsprozesse mit Hilfe der CAFM und der Ortungssysteme visualisieren (vgl. Abb. 4.2.6) und den Disponenten der verschiedenen Gewerke alle Informationen aus den verschiedenen Dispositionssystemen anbieten. Der Abfertigungsstatus des Fluges wird auch durch die Ausrichtung des Flugzeugsymbols angezeigt. Ein Flugzeug, das gerade angekommen ist, wird in „Nose-in"-Position gezeigt. Wenn es für den nächstem Start vorbereitet wird, erhält es eine „Nose-out"-Orientierung, auch wenn das Flugzeug selbst seine physische Position dabei nicht ändert (vgl. Abb. 4.2.6 links unten). Die Dispositionssysteme der Bodenabfertigung visualisieren ebenfalls die genaue Abfolge der Aktivitäten durch Gantt-Charts (vgl. Abb. 4.2.10).

Alle Gewerke haben eigene Dispositionspläne, die den Ressourcen Aufträge zuordnen, die vom System permanent bzgl. möglicher Ressourcen-Konflikte überwacht und bei Bedarf umdisponiert werden. Die Dispositionssysteme senden unter Aufsicht der Disponenten Aufträge per Datenfunk an Mitarbeiter, weisen Gepäckausgabebänder zu, setzen Transportaufträge ab und senden die richtigen Meldungen an die Anzeigesysteme. Das Fahrzeugmanagement-System meldet die Position und den Status von Tankwagen, Entsorgungsfahrzeugen, Schleppfahrzeugen etc., überwacht deren Betriebsbereitschaft und organisiert die Wartung. Die Mitarbeiter z. B. der Gepäckaufsicht senden Statusmeldungen über die Erledigung von Aufträgen und die Freigabe von Ressourcen oder Störungen. Über die Zeiterfassung und Dispositionsdaten können die Zeitverbräuche für jeden Abfertigungsvorgang berechnet werden. Da das Management von Umsteigevorgängen (Transfer) besonders komplex und zeitkritisch ist und Dispositionen ggf. über zwei Terminals hinweg erforderlich sind, gibt es ein spezielles Hub-/Umsteigemanagement-System mit Zugriff auf alle an einem Umsteigevorgang beteiligten Dispositionssysteme.

Abbildung 4.2.10 zeigt die Disposition der Aktivitäten eines gelandeten Fluges und des nachfolgenden Fluges, der zum Start vorbereitet wird. Bei internationalen Flügen werden die Vorgänge zum Warenimport bzw. -export mit dem Zoll abgestimmt. Hinter jeder Aktivität stehen wiederum Aufträge an alle beteiligten Personen, Fahrzeuge und Ressourcen, z. B. die einzelnen Segmente der Gepäckanlagen, die auf ähnliche Weise koordiniert werden. Zwischen Landung und Start muss das Flugzeug unter Umständen in eine Wartungshalle zur Wartung geschleppt werden, deren Disposition von den Wartungsgesellschaften mit eigenen Systemen übernommen wird. Die Startvorbereitungen beginnen bereits lange vor der Bereitstellung des Flugzeugs mit der Zuweisung der Check-in-Schalter und des Gates, die durch das Anzeigesystem bekannt gemacht werden. Die SITA-Messages der Flug- bzw. Abferti-

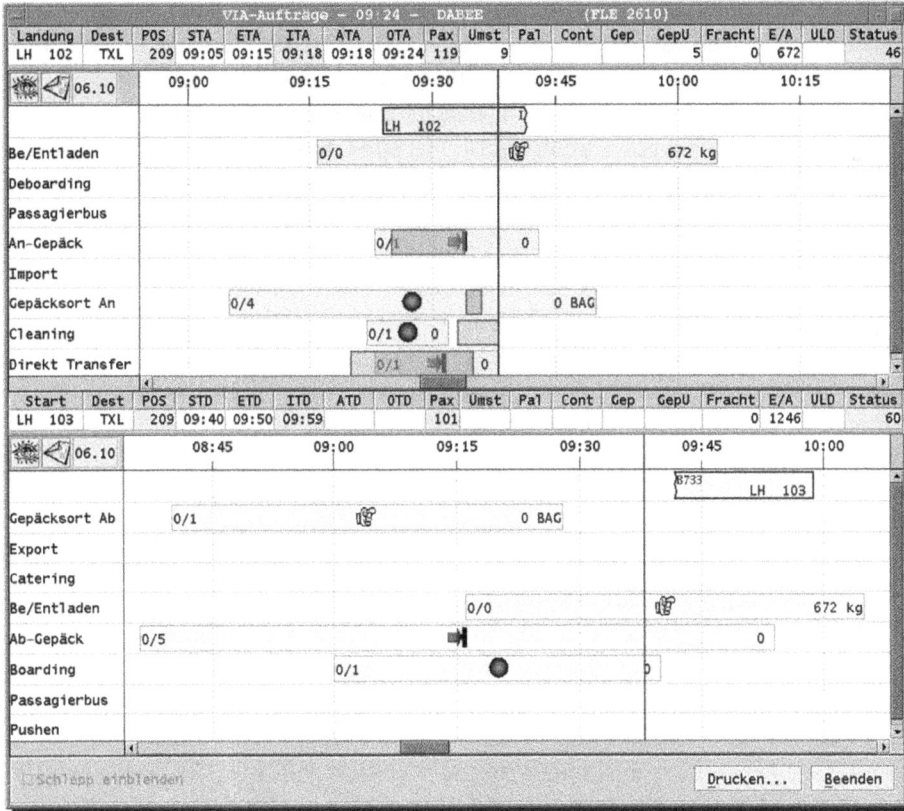

Abb. 4.2.10: Visualisierung der Aktivitäten zur Abfertigung eines gelandeten Fluges und zu den Startvorbereitungen des nächsten Fluges (Quelle: Flughafen München 2008).

gungsgesellschaften teilen dem Flughafen wieder die voraussichtliche Startzeit und die Beladung mit. Analog zur Landeabfertigung disponieren die Systeme nun die Startabfertigung nur in umgekehrter Reihenfolge (vgl. auch Abb. 4.2.8 und Flughafen München 2000). Das CAFM schaltet die Beleuchtung und Klimatisierung in den Abfertigungsräumen ein, die Passagiere checken ein, ihr Gepäck wird ggf. zusammen mit Umsteigegepäck anderer Flüge geladen, das Flugzeug betankt und mit Catering versorgt etc.

Schließlich können die Passagiere einsteigen (Boarding), wobei das Boarding-Control-System der Fluggesellschaft mit Hilfe des Flughafen-Gepäcksystems den vorgeschriebenen Abgleich der Gepäckidentifizierung (Baggage Reconciliation) vornimmt (vgl. Kap. 4.2.3). Die Dispositionssysteme erhalten entsprechende Statusmeldungen, die Anzeigesysteme zeigen den Boarding-Status. Bei Bedarf werden Busse zum Passagiertransport disponiert.

Nach dem vollständigen Boarding ist die Abfertigung beendet und der Pilot beantragt die Startfreigabe durch direkte Kommunikation mit der Flugsicherung. Im Winter ist unter Umständen eine Enteisung (De-Icing) vor dem Start vorzunehmen. Die Startfreigabe erhält der Pilot von der Flugsicherung aus deren Abflugkontrollsystem DEPCOS (nicht zu verwechseln mit dem Departure-Control-System der Airline). Das Flugzeug wird vom Push-Dienst aus der Parkposition geschoben, wobei das Andocksystem automatisch die sog. Off-Block-Zeit an die Flugdatenverwaltung sendet und die Abstellposition im Terminalmanagement-System wieder als frei gekennzeichnet wird. Es folgen die Rollführung über das Rollleitsystem, die Übergabe des Flugzeugs von der Vorfeld-Kontrolle des Flughafens an die Flugsicherung inklusive der Übergabe aller relevanter Daten an deren DEPCOS-System. Beim Start überträgt das AIMS die Radardaten mit dem Abhebezeitpunkt an die zentrale Flugdatenverwaltung, in der auch die Ergebnisse der Lärmmessung gesammelt werden. Der Flug wird abschließend von allen Anzeigen gelöscht.

Im Rahmen von Airport-Collaborative-Decision-Making -Projekten (A-CDM) wurden an vielen Flughäfen die Dispositionssysteme des Airports noch stärker in die Dispositionssysteme aller an der Flugabfertigung beteiligten Partner integriert (vgl. Eurocontrol 2017). Durch gemeinsamen Zugriff auf alle relevanten Informationen (Information/Data Sharing) sollen alle verantwortlichen Mitarbeiter des Flughafens, der Airlines, der Flugsicherung, der Handling-Agents, der Caterer usw. stets alle für sie relevanten Informationen möglichst in 2-D- und 3-D-Visualisierung erhalten und sich mit geeigneten Kommunikationsdiensten (Collaborative Groupware) gemeinsam abstimmen können. Ebenso soll in allen Phasen von der Flugplanung über die Flugvorbereitung bis zur Flugdurchführung jeder Flug auf Basis der ausgetauschten Daten in Bezug auf Sicherheit, Pünktlichkeit und Durchsatz gemeinsam optimiert und allen vorhersehbaren oder unerwarteten Abweichungen mit kollaborativ abgestimmten Umdisponierungsmaßnahmen optimal begegnet werden.

Administrative Anwendungen & Customer-Relationship-Management-Systeme
Zu den administrativen Anwendungen zählen die Verfahren zur Verkehrsabrechnung und Statistik, die Verfahren zur Lohn- und Gehaltsabrechung, das Enterprise Resource Planning (ERP) und das Rechnungswesen (vgl. Flughafen München 2000, S. 22 f.). Nach Tagesabschluss werden alle Daten aus der Flugdatenverwaltung (Airport Operational Database) an die relevanten administrativen Anwendungen überspielt. Personal-Dispositionsdaten (Zeiterfassungen, Aufträge, Überstunden etc.) sind Grundlage der Lohn- und Gehaltsabrechnung sowie Input für die Personalstatistik, die wiederum wichtige Daten für die zukünftige Personalplanung bereitstellt. Damit schließt sich der Informationsmanagement-Kreislauf zu den Planungssystemen.

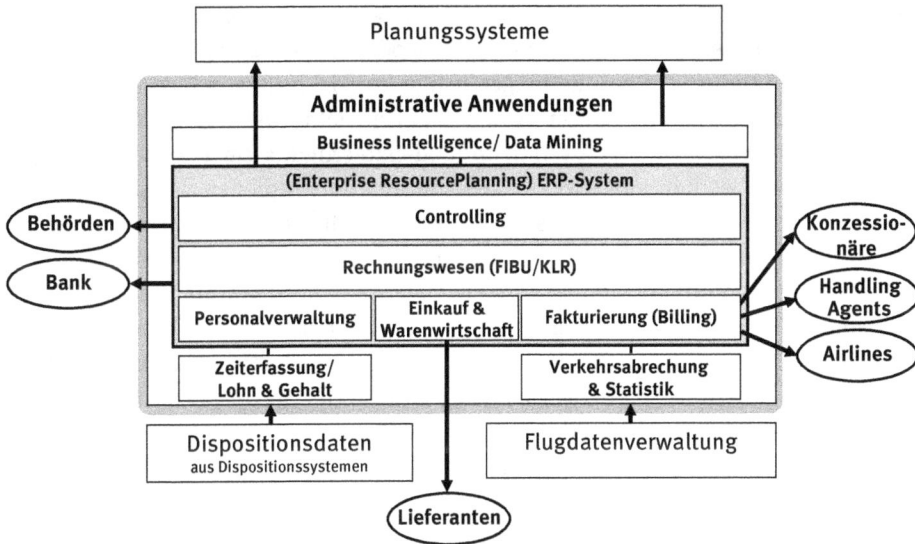

Abb. 4.2.11: Wichtige administrative Anwendungen im Überblick.

Die Flugdaten des vergangenen Tages werden mit den von den Fluggesellschaften übermittelten Belegungsdaten und Flugberichten verknüpft und an das System Verkehrsabrechnung zur Fakturierung (Rechnungsstellung, engl. Billing) bzw. zur Erstellung von Verkehrs- und Qualitätsstatistiken übertragen. Hier werden auch alle in den Dispositionssystemen aufgenommenen und bearbeiteten Aufträge, z. B. zur Betankung, abgerechnet. Auch diese Daten bilden wieder einen wichtigen Input für die Planungssysteme wie z. B. zur Kapazitätsplanung. Schließlich werden alle Daten sowohl der Personal- als auch der Verkehrsabrechnung in das Rechnungswesen übergeleitet. Dort erfolgen auch die finanzielle Verbuchung und die Rechnungsstellung an die Fluggesellschaften bzw. die Überweisung der Gehälter und die Abrechnung mit allen anderen Geschäftspartnern des Flughafens. Im Rahmen integrierter ERP-Systeme (Enterprise Resource Planning) gibt es neben dem Rechnungswesen und der Finanzbuchhaltung zusätzlich Einkaufs- und Warenwirtschaftssysteme zur Versorgung des Flughafens mit Material und Treibstoff, die Personal- und Fahrzeugverwaltungssysteme, die Immobilienverwaltung sowie umfangreiche Controlling-Funktionen für die Geschäftsleitung. Sie sind sowohl mit den Planungssystemen als auch mit dem CAFM-System verzahnt. Mit Fluggesellschaften und Handling-Agenten findet häufig intensiver elektronischer Datenaustausch z. B. in der Rechnungsstellung statt. Ebenso werden die Steuerverfahren der Behörden und die Bankverfahren für Überweisungen etc. genutzt.

Zunehmend setzen Flughäfen in ihrem Informationsmanagement auch auf Data-Mining bzw. Business-Intelligence-Systeme, um große Mengen von Daten (Big Data) aus den unterschiedlichsten Quellen der IT-Landschaft über längere Zeiträume zu sammeln und durch komplexe Datenbankabfragen miteinander zu verknüpfen. So können z. B. aus der Auswertung der monatlich oder jährlich gesammelten Flugdaten wichtige Informationen über die längerfristige Entwicklung von Passagierströmen verschiedener Fluggesellschaften in Bezug auf einzelne Destinationen gewonnen werden. Auch Trends zu Engpässen in der Bodenabfertigung bei gewissen Umsteigekonstellationen werden aufgedeckt. Diese Informationen dienen der strategischen Planung und dem Marketing eines Flughafens, um die Qualität seiner zahlreichen Dienstleistungen und das zu deren Erstellung notwendige effiziente Zusammenspiel aller Akteure kontinuierlich zu verbessern. Data-Analytics-Verfahren kommen auch im Rahmen des sog. Process Mining zum Einsatz, mit dem diverse Daten, die bei der Prozessabwicklung entstanden sind, auf organisatorische Ineffizienzen oder auch im Rahmen von Revisions- und Wirtschaftsprüfungen oder Steuer-Audits auf Unregelmäßigkeiten hin untersucht werden.

Insbesondere über den Einsatz von Airport-Apps, aber auch über Kundenkarten in ihren Parkhäusern, Laden- und Restaurantgeschäften werden Flughäfen zukünftig mehr Daten über das persönliche Verhalten, die Mobilitätsmuster und die Präferenzen ihrer Passagiere und Besucher sammeln können. Dies wird sie in die Lage versetzten mit Customer-Relationship-Management-Systemen (CRM) neben dem B2B-Marketing ein eigenständiges B2C-Airport Passenger/Visitor Relationship Management aufzubauen, um z. B. mit E-Mail- und Social-Media-Kampagnen neue Einnahmeströme aus Cross-Selling, Dienstleistungsvermittlung und Werbekampagnen zu erschließen.

4.2.5 Airport & Cyber Security

Immer wieder wurde der zivile Luftverkehr zum Ziel von Terroranschlägen, von denen der 11. September 2001 sicher ein trauriger Höhepunkt mit globalen Auswirkungen war, als entführte Passagierflugzeuge als Waffen zur Zerstörung von Hochhäusern eingesetzt wurden. Neben den seit Jahrzehnten ständig weiterentwickelten Systemen zur Schaffung umzäunter bzw. zugangsbeschränkter be-/überwachter Sicherheitsbereiche mit Kontrollpunkten zur Personen-, Gepäck- und Frachtkontrolle ergeben sich gerade aus der zunehmenden Digitalisierung neue Bedrohungen (vgl. ENISA 2016, SESAR 2016):

1. Alle digitalen IT-Systeme und Netze der Airport-IT-Landschaft können durch Schadsoftware angegriffen werden, was sämtliche Airport-Prozesse stören, blockieren oder Schäden durch Datenverlust, Fehlsteuerungen, Schmuggel, Sabotage etc. verursachen kann.
2. Sämtliche Systeme der Flugsicherung und die Onboard-Elektronik der Flugzeuge selbst können gestört oder für gefährliche Eingriffe in den Luftverkehr missbraucht werden. Ein Airport als internationale Mobilitätsdrehscheibe kann auch zum Angriff auf sämtliche IT-Systeme von Verkehrsmitteln auf Straße und

Schiene in seiner Umgebung genutzt werden oder von diesen selbst digital kompromittiert werden.

3. Alle digitalen Endgeräte, die Mitarbeiter, Besucher und Passagiere in den Flughafen mitbringen, um sie dort zu nutzen, sind potenzielle Angriffsziele, aber auch Gefahrenquellen für Spähangriffe, Identitätsdiebstahl, Fälschungen, Einbringung von Schadsoftware etc.

4. Je mehr digitale Endgeräte und digitale Dinge z. B. für Zugangs-, Identifikations-, Zahlungs-, Überwachungs, Selbstbedienungs-, Handels- und Arbeitsprozesse verwendet werden, desto mehr Angriffspunkte ergeben sich für alle Arten digitaler Cyber-Angriffe.

5. Je stärker die Konvergenz von physischer und virtueller Welt durch Vernetzung, Integration und automome Robotik-/Drohnen-Anwendungen voranschreitet, desto höher werden die Komplexität des abzusichernden Airport-Ökosystems und die potenziellen Schäden insbesondere von Cyber-Angriffen.

Abbildung 4.2.12 gibt einen Überblick über die wichtigsten Sicherheitsbereiche und Systeme.

Ein umfassendes Airport-Security-Management erfordert eine intensive interdisziplinäre Kooperation aller verantwortlichen Akteure in den sicherheitsrelevanten Bereichen über alle Airport-Prozesse hinweg. Eine besondere Rolle spielen dabei die an vielen Flughäfen neu eingerichteten Cyber Defence Center. Sie planen, überwachen und koordinieren sämtliche IT-Systeme zur Prävention, Abschottung, Erkennung und Abwehr sowie Bekämpfung von Cyber-Angriffen.

Analog zu Flugsimulatoren müssen Bedrohnungs- und Angriffsszenarien auch mit allen Beteiligten analysiert und Angriffe und Abwehrmaßnahmen in virtuellen Airport Operations Centern simuliert bzw. trainiert werden. Da Cyber-Attacken oft nicht nur auf einen einzelnen Flughafen beschränkt sind, sondern sämtliche IT-Systeme und -Netze von systemrelevanten Infrastrukturen anderer Verkehrsträger (Bahn), Versorgungsunternehmen, Krankenhäusern, Polizei, Feuerwehr/Katastrophenschutz sowie Grenzschutz und Militär betreffen können, können Airport Cyber Defence Center auch die Rolle eines sog. Information Security Hub einnehmen (vgl. Lindike 2019). Sie vernetzen sich nicht nur mit den Security-Centern der anderen Airport-Akteure, sondern auch mit den Cyber-Security-Centern anderer Airports und den entsprechenden Security-Infrastrukturen insbesondere der privaten und staatlichen systemrelevanten Einrichtungen auf regionaler, überregionaler, nationaler und internationaler Ebene. Analog zu Luftverkehr und Internet ermöglicht die Vernetzung von Cyber Defence Centern in einer Hub-and-Spoke-Architektur zum einen die effiziente Konzentration von Informationen und Kompetenzen in einem gemeinsam genutzten Hub, zum anderen den Erfahrungs- und Informationsaustausch zwischen Defence Centern, die voneinander lernen, miteinander trainieren und zukünftig auch bei Ausfall einer Zentrale oder eines Hubs ggf. Aufgaben untereinander aufteilen bzw. voneinander übernehmen können.

Cyber Security

Start/Landebahn/Rollfeld Security

Airport Operations Center (APOC)

AODB

Airline Operations Centers (AOCs)

Sicherheitsbereich Perimeter Security

Vorfeld-Security

land-side

Zoll

Terminal & Gate-Security

Ausweis-Kontrollen

Fracht/Cargo Security

Personen-kontrollen

Gepäck-Kontrollen

Flugsicherung Air Traffic Control (ATC)

Verkehrs-/Park-Security

Ticket-kontrollen

air-side

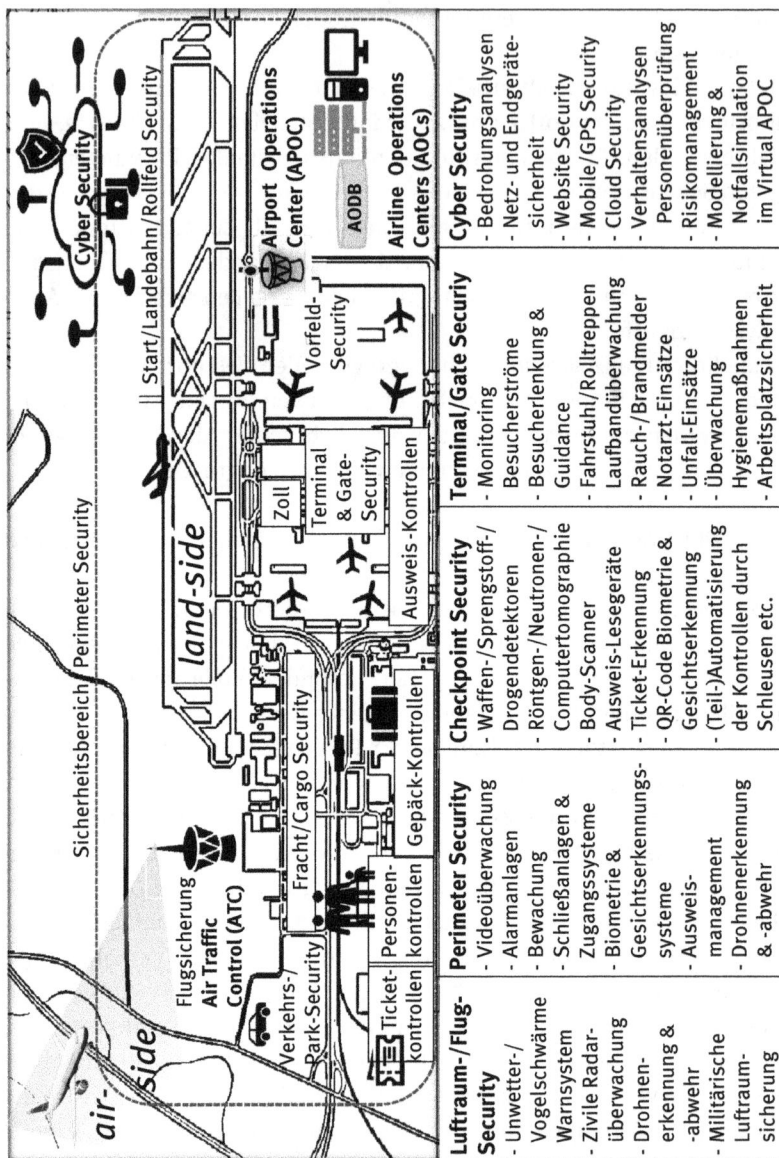

Luftraum-/Flug-Security
- Unwetter-/Vogelschwärme
- Zivile Radarüberwachung
- Drohnenerkennung & -abwehr
- Militärische Luftraumsicherung

Perimeter Security
- Videoüberwachung
- Alarmanlagen
- Bewachung
- Schließanlagen & Zugangssysteme
- Biometrie & Gesichtserkennungssysteme
- Ausweismanagement
- Drohnenerkennung & -abwehr

Checkpoint Security
- Waffen-/Sprengstoff-/Drogendetektoren
- Röntgen-/Neutronen-/Computertomographie
- Body-Scanner
- Ausweis-Lesegeräte
- Ticket-Erkennung
- QR-Code Biometrie & Gesichtserkennung
- (Teil-)Automatisierung der Kontrollen durch Schleusen etc.

Terminal/Gate Security
- Monitoring Besucherströme
- Besucherlenkung & Guidance
- Fahrstuhl/Rolltreppen Laufbandüberwachung
- Rauch-/Brandmelder
- Notarzt-Einsätze
- Unfall-Einsätze
- Überwachung Hygienemaßnahmen
- Arbeitsplatzsicherheit

Cyber Security
- Bedrohungsanalysen
- Netz- und Endgerätesicherheit
- Website Security
- Mobile/GPS Security
- Cloud Security
- Verhaltensanalysen
- Personenüberprüfung
- Risikomanagement
- Modellierung & Notfallsimulation im Virtual APOC

Abb. 4.2.12: Airport-Security-Bereiche und -Systeme (Quelle: in Erweiterung/Ergänzung nach Amit/ Sela 2014 unter Verwendung der Airport-MUC-Karte von Wikimedia Commons/San Jose 2006).

Quellen und weiterführende Literatur

AirportTechnology, The technology transforming baggage handling, 30. Januar 2020, https://www.airport-technology.com/features/featurethe-technology-transforming-baggage-handling-5863548/ (Zugriff am 17.2.2021).

Amit, S., Sela, M., Multi-Modal Data Fusing is the Future of Airport Security Says a New Report by Homeland Security Research Corp., https://www.prweb.com/releases/2014/02/prweb11589200.htm 2014 (Zugriff am 15.2.2021).

Berti, A., The rise of touchless technology at airports, 17. September 2020, https://www.airport-technology.com/features/touchless-technology-airports/ (Zugriff am 10.2.2021).

Conrady, R., Fichert, F., Sterzenbach, R., Luftverkehr – Betriebswirtschaftliches Lehr- und Handbuch, 5. Aufl., München 2012.

ENISA, Securing Smart Airports, Dezember 2016, https://www.enisa.europa.eu/publications/securing-smart-airports (Zugriff am 15.2.2021).

Eurocontrol, Airport Collaborative Decision Making (A-CDM) Implementation Manual, Vers. 5, 2017, https://www.eurocontrol.int/publication/airport-collaborative-decision-making-cdm-implementation-manual (Zugriff am 10.2.2021)

Flughafen München GmbH, E-Logistik am Flughafen München – Moderne Konzepte und Verfahren zur Steuerung komplexer Dienstleistungsprozesse, Prospekt, München 2000.

Flughafen München GmbH, Service Division IT Development Ground Handling – Organisation and System Overview, Präsentation zur APM Airport Process Management Suite, München 2008.

FLUGREVUE, Roboter gibt Passagieren Auskunft, 15. Februar 2018, https://www.flugrevue.de/zivil/test-von-lufthansa-und-flughafen-muenchen-roboter-gibt-passagieren-auskunft/ (Zugriff am 16.2.2020).

Goecke, R., Lindike, M., Ortung, Visualisierung und Management mobiler Objekte in Serviceprozessen am Flughafen München, in: Egger R., Jooss, M. (Hrsg.), MTourism – Mobile Dienste im Tourismus, Wiesbaden 2010.

Graham, A., Managing Airports: An International Perspective, 5. Aufl., Oxon/New York 2018.

Grey, E., Smart environments: how airports use tech to welcome special needs passengers, 13. Februar 2019, https://www.airport-technology.com/features/smart-environments-airports-use-tech-welcome-special-needs-passengers/ (Zugriff am 15.2.2021).

Hall, K., Developing an airport app to deliver passenger peace of mind, 11. März 2020, https://www.internationalairportreview.com/article/109723/providing-passengers-with-peace-of-mind-app/ (Zugriff am 16.2.2020).

Haller, P., May, M., Success Story: Flughafen München – CAFM-Erfolge in Deutschland, Beitrag von Prof. Michael May nach einem Manuskript von Wolfgang Haller. in: IT im Facility Management erfolgreich einsetzen – Das CAFM Handbuch, 2. Aufl., Berlin/Heidelberg 2006, S. 358–367.

IATA, Baggage Tracking Resolution 753 Requirements, 2018, https://www.iata.org/en/programs/ops-infra/baggage/baggage-tracking/ (Zugriff am 16.2.2021).

IATA, Radio Frequency Identification (RFID), 2019, https://www.iata.org/en/programs/ops-infra/baggage/rfid/ (Zugriff am 16.2.2021).

InfoGate GmbH, Persönliche Informationen immer und überall, InfoGate Informationssysteme, 2019, https://www.munich-airport.de/infogate-873685 (Zugriff am 15.2.2021).

Lindike, M. und Flughafen München GmbH, Interaktives System zur Beratung und Individuellen Wegeführung, Patent PCT/EP2009/007263, publiziert am 15.4.2010.

Lindike, M., The ISH at Munich Airport: Mastering the challenges of an increasingly digitised world, in: International Airport Review, 20. September 2019, https://www.internationalairportreview.com/article/103072/ish-munich-airport-cyber-security/ (Zugriff am 10.2.2021).

Maurer, P., Luftverkehrsmanagement-Basiswissen, München 2006.

Mensen, H., Handbuch der Luftfahrt, Berlin/Heidelberg 2013.

Mensen, H., Anlage, Planung und Betrieb von Flugplätzen, 2. Aufl., Berlin/Heidelberg 2013.

Pell, R., Blondel, M., Airport digital transformation – From operational performance to strategic opportunity, 2018, https://amadeus.com/documents/en/airports/research-report/airports-digital-transformation.pdf (Zugriff am 10.2.2021).

Schiefer, C., Schmidt, J., Digitalisation and Customer Experience for Airports & Airlines – The risks and opportunities of digitisation for airports, 2019, https://www.t-systems-mms.com/fileadmin/mms_upload/Events/Airport/6.June/190606_13.00_Schiefer_Schmidt.pdf (Zugriff am 10.2.2021).

Schulz, A., Verkehrsträger im Tourismus, München 2009.

Schulz, A., Baumann, S., Wiedenmann, S., Flughafen Management, München 2010.

SESAR, Addressing airport cyber security, Final report, 2016, https://www.sesarju.eu/sites/default/files/documents/news/Addressing_airport_cyber-security_Full_0.pdf (Zugriff am 15.2.20).

Streichfuss, M., Digitalization of airports – Experience and learnings from a European perspective, 13. Oktober 2016, https://www.rolandberger.com/en/Expertise/Tools/Digital-airports.html, Shanghai, (Zugriff am 10.2.2021).

Young, S.B., Wells, A.T., Airport Planning & Management, 7. Aufl., New York 2019.

4.3 Informationsmanagement in Hotel- und Gastronomiebetrieben

Robert Goecke

Einen Überblick über die wichtigsten Informationssysteme, die im Informationsmanagement von Hotel- und Gastronomiebetrieben eingesetzt werden, gibt Abb. 4.3.1[1].

Es wird die idealtypische Systemlandschaft eines großen Hotelbetriebs mit Restaurant dargestellt. Der Hotelbetrieb kann entweder als Teil einer Hotelkette, Kooperation oder als Individualbetrieb in verschiedenen elektronischen Distributionssystemen buchbar sein und über Suchmaschinen, Social-Media-Kanäle und Partnerportale (Affiliates) Online-Marketing betreiben, was durch Digital-Campaign-Management-Systeme (DCM) koordinierbar ist.

Computergestützte Distributionssysteme unterstützen die regionale, nationale und globale Vermarktung und Reservierung: Der eigene Webauftritt (engl. Website) von Hotels und Gastronomiebetrieben ist ein direkter und individueller computergestützter Distributionskanal. Aggregierende computergestützte Distributionssysteme dienen dem direkten Vertrieb der Vakanzen mehrerer zusammengeschlossener Häuser einer Hotelkette oder dem indirekten Vertrieb der Angebote einer Vielzahl von kooperierenden oder konkurrierenden Anbietern über Dritte (3rd Parties), wie z. B. Hotel-Kooperationen, Tourismusorganisationen, Reisemittler (Online Travel Agent – OTA), Firmendienste (Travel Management Companies – TMC) und Reiseveranstalter (vgl. Dettmer/Hausmann/Kloss 2008, S. 244 ff., Gardini 2015, Snapshot 2015, Nyham 2018, Benckendorff et al. 2019, Niser/Perry 2021). Beispiele werden in Kapitel 4.3.7 angeführt. Immer wichtiger wurden im letzten Jahrzehnt auch Plattformen zur Vermittlung von Tagungsräumen, Hotelzimmern und Bankettleistungen für Meetings, Incentives, Conferences & Events, kurz MICE (Rosenheim 2019a, Snapshot 2015). Im Zuge der Corona-Krise wurden diese um virtuelle bzw. hybride Meeting-Videokonferenzdienste ergänzt.

Mit zunehmender Vorliebe der Kunden für web- und smartphonebasierte 24-Stunden-Kommunikation wurden auch elektronische Dienste zur Tischreservierung in Restaurants wie z. B. opentable, bookatable/TheFork!, Quandoo, resmio etc. eingeführt. Im Restaurantbereich haben Lieferservice-Portale wie z. B. Delivery Hero, Deliver24 oder wolt.com einen Boom erfahren (vgl. Rosenheim 2019b, HotelTechReport 2020), die Restaurants vermitteln, die mit eigenen Fahrern oder einem Logistikdienst des Portals Mahlzeiten liefern.

---

1 Alle in diesem Beitrag genannten Systeme/Dienste und Anbieter sind keine Produktempfehlungen, sondern Belege und Beispiele zur besseren Veranschaulichung der Ausführungen. Die Angaben beruhen auf eigenen Recherchen auf den Websites der genannten Anbieter, Marktstudien (vgl. HotelTechReport 2020, Der Deutsche Hotel Technologie-Markt 2020 und Rosenheim 2019a) Stand 2020. Weitere Informationen können auf der Hogatec Messe Düsseldorf oder der itb Berlin bzw. direkt bei den Anbietern eingeholt werden.

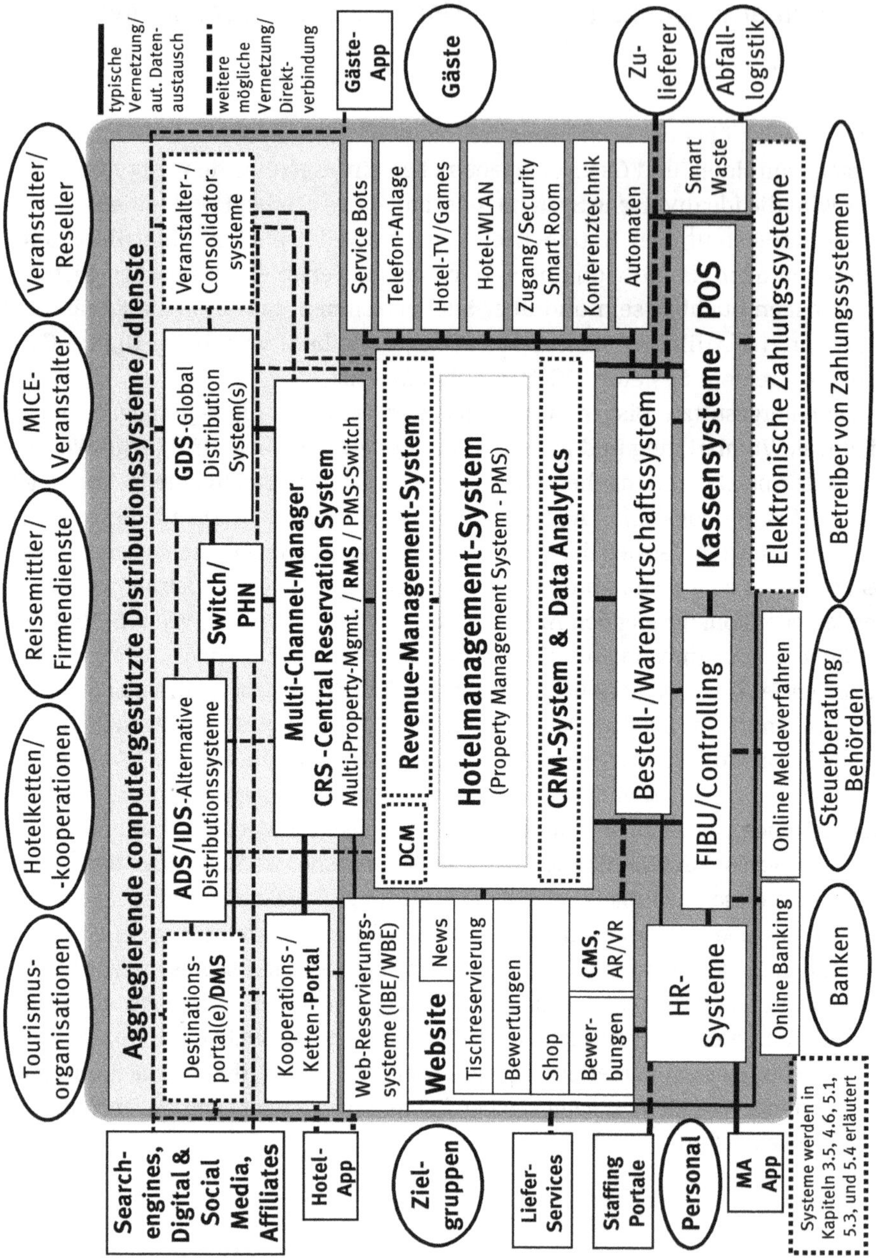

typische Vernetzung/ aut. Datenaustausch

weitere mögliche Vernetzung/ Direktverbindung

Gäste-App

Gäste

Zulieferer

Abfalllogistik

Veranstalter/ Reseller

MICE-Veranstalter

Reisemittler/ Firmendienste

Hotelketten/ -kooperationen

Tourismusorganisationen

Aggregierende computergestützte Distributionssysteme/-dienste

Veranstalter-/ Consolidatorsysteme

GDS - Global Distribution System(s)

Switch/ PHN

Multi-Channel-Manager
CRS - Central Reservation System
Multi-Property-Mgmt. / **RMS** / PMS-Switch

Revenue-Management-System

DCM

Hotelmanagement-System
(Property Management System - PMS)

CRM-System & Data Analytics

Bestell-/Warenwirtschaftssystem

FIBU/Controlling

Kassensysteme / POS

Service Bots

Telefon-Anlage

Hotel-TV/Games

Hotel-WLAN

Zugang/Security Smart Room

Konferenztechnik

Automaten

Smart Waste

Elektronische Zahlungssysteme

Betreiber von Zahlungssystemen

ADS/IDS - Alternative Distributionssysteme

Destinationsportal(e)/**DMS**

Kooperations-/ Ketten-Portal

Web-Reservierungssysteme (IBE/WBE)

Website News

Tischreservierung

Bewertungen

Shop

Bewerbungen

CMS, AR/VR

HR-Systeme

Online Meldeverfahren

Online Banking

Steuerberatung/ Behörden

Banken

Searchengines, Digital & Social Media, Affiliates

Hotel-App

Zielgruppen

Liefer-Services

Staffing Portale

Personal

MA App

Systeme werden in Kapiteln 3.5, 4.6, 5.1, 5.3, und 5.4 erläutert

Abb. 4.3.1: IT-Systeme mit Relevanz für Hotel- und Gastronomiebetriebe.

Im Gegensatz zu individuellen Distributionskanälen ermöglichen aggregierende Distributionssysteme (Aggregatoren) den (vergleichenden) Zugriff auf Angebote mehrerer Häuser bzw. Anbieter. Sie werden meist von Service Providern oder Intermediären betrieben, die, wenn sie Buchungsportale für Endkunden selbst betreiben, zum Vermittler oder, wenn eine Übernachtung mit anderen Reiseleistungen verbunden bei ihnen gebucht wird, nach der EU-Pauschalreiserichtlinie sogar zum Pauschalreise-Veranstalter werden können.

Hoch relevant für das dem Verkauf vorgelagerte Digitale Marketing (Online-Marketing) sind digitale Medien wie Online-Magazine (Webzines) und mobile Applikationen (Apps) von Reise-, Stadt-, Hotel- und Restaurantführern sowie Bewertungsportalen. Sie bieten multimediale Informationen über Hotel- und Gastronomiebetriebe, die als Ergebnis journalistischer Tätigkeit oder als kostenlose Verzeichniseinträge, Kundenbewertungen bzw. kostenpflichtige Werbeanzeigen von themen- oder zielgruppenspezifischen Webportalen gesammelt und präsentiert werden. Nach ihrem Geschäftsmodell zählen auch Internet-Branchenverzeichnisse, Suchmaschinen oder zielgruppenspezifische Webportale und Web-Communities zu diesen meist werbefinanzierten Digital Media, welche die Internet-Promotion und Distribution von Hotel- und Gastronomiebetrieben u. a. durch Links, Internetanzeigen oder Werbebanner fördern, ohne die Rolle eines Reisemittlers oder einer Buchungsplattform einzunehmen[2].

Immer enger wird dabei die Vernetzung der Distributionskanäle mit Suchmaschinen (engl. Search Engines) und Social Media (Soziale Netzwerke), die beide auch Hotel- und ggf. Restaurantbewertungen aggregieren und daher beide in Abb. 4.3.1 dargestellt sind: Hierzu gehören Hotel-Metasuchmaschinen wie z. B. TripAdvisor, Trivago, Google Hotel Ads, Kayak mit seiner Tochter Swoodoo, Wego, Skyscanner, Hotelglueck.de, Hotel-Vergleich.net etc. und die Unterkunfts-Suchmaschinen einiger überregionaler Tourismusorganisationen. Sie sind eine spezielle Variante von Reisesuchmaschinen[3], die Hotelangebote aus verschiedenen aggregierenden Internet-Hotel-Distributionssystemen, Destinationsportalen oder von den Hotels selbst sammeln und den Kunden evtl. mit Zusatzinformationen zum Angebots- und Preisvergleich anbieten. Die Kunden werden von reinen Reise- oder Hotel-Suchmaschinen zur Buchung per Link an das jeweilige aggregierende Internet-Hotel-Distributionssystem, Destinationsportal oder direkt auf die Hotel-Web-

---

2 Eine Website bzw. ein Portal, das durch werbende Links auf ein Shop- oder Buchungsportal verweist und diesem Besucher und Käufer zuleitet, wird als „Affiliate-Partner" oder „Affiliate" des Shop- oder Buchungsportals bezeichnet. Affiliate-Partnerschaften beruhen entweder auf Gegenseitigkeit, oder der Affiliate erhält eine Provision für jeden vermittelten Besucher bzw. bestimmte beim Besuch auf dem beworbenen Portal getätigte Aktionen (Kauf, Buchung etc.).

3 Eine Suchmaschine, die über Suchanfragen bei verschiedenen Portalen Angebote sammelt, sei hier als Metasuchmaschine bezeichnet. Eine normale Suchmaschine durchsucht nur die Webseiten der besuchten Portale und verweist auf dort direkt angezeigte Informationen, ohne sich der Suchfunktionen der Portale zu bedienen oder Preise und Angebotsmerkmale systematisch zu vergleichen.

site weitergeleitet, wofür kommerzielle Hotel-Metasuchmaschinen typischerweise eine Provision bzw. auch eine buchungsabhängige prozentuale Werbeprämie vom werbenden Buchungsportal verlangen. Hotels, die auch Appartments, Ferienwohnungen oder Ferienhäuser anbieten, nutzen auch Listings bzw. Anzeigen in Ferienwohnungs-Suchmaschinen wie z. B. hometogo, holidu oder ferienwohnung.de. Immer mehr Suchmaschinenanbieter leiten aber ihre Nutzer nicht nur zu den Anbieter-Websites oder an die Portale von deren Distributionspartnern weiter, sondern bieten dem Kunden eine Direktbuchung auf ihrem Suchportal an, wodurch der jeweilige Suchdienstanbieter selbst zum Reisemittler wird und dann keine reine Werbegebühr, sondern eine Vermittlungsprovision vom Hotel verlangt. Geschäftsmodelle von Reisesuchmaschinen, Online-Reisemittlern und Pauschalreiseveranstaltern vermischen sich also nicht nur wegen der technischen Möglichkeiten, sondern auch wegen der EU-Pauschalreiserichtlinie (vgl. Kap. 5.5): Auch Hotels, die auf ihrer eigenen Hotel-Website ihre Übernachtungsleistung mit zubuchbaren Leistungen oder als Arrangement anbieten, können dabei selbst zum Reisemittler oder gar zum Pauschalreiseveranstalter werden und haben entsprechend erweiterte Informations- und Haftungspflichten gegenüber den Endkunden.

Als weitere Medien sind schließlich Soziale Netzwerke, insbesondere Facebook, Twitter, Instagram, YouTube und Blogger-Plattformen wie z. B. Wordpress für die Public Relations und Werbearbeit von Restaurant- und Hotelbetrieben von Bedeutung. Auch sog. Social-Shopping-Dienste wie Groupon bieten spezielle Verkaufsprogramme für Restaurants und Hotels an, die stark reduzierte Gruppenrabatte über Web, Social Media und Mobile-Media-Kampagnen als Coupons vermarkten. Sie ermöglichen neue Formen der Zielgruppenansprache und Echzeit-Zielgruppeninteraktion, in Ergänzung oder sogar alternativ zur eigenen Website (vgl. hierzu und zu Folgendem insb. Radde 2016).

Die meisten der oben genannten Werbe- und Distributionsportale bieten wie auch die großen Hotelketten und Hotelkooperationen neben einem bedienerfreundlichen, endgerätesensitiven responsive Webdesign (vgl. Kap. 1.2.2) zusätzlich mobile Apps für die mobilen Endgeräte ihrer Zielgruppen und Stammkunden an. Apps mit Umfeldsuche-Diensten nutzen die Ortsinformationen von Smartphones und mobilen Tablets, um zum Teil mit digitalen Landkarten oder Augmented-Reality-Browsern (AR) passende Hotels und Restaurants in der Nähe anzuzeigen und die Nutzer zum Ziel zu leiten. Hotel-Apps bieten zahlreiche Funktionen, welche im Rahmen des Kundenbeziehungsmanagements (CRM Customer Relationship Management) die Kundenbindung zu Stammkunden erhöhen und ggf. auch die Umgehung von Intermediären ermöglichen. Als sog. Gäste-Apps können sie neben Vertriebs- und CRM-Funktionen vor allem während eines Hotel- oder Restaurantaufenthalts wichtige Bedien- und Assistenzfunktionen im Haus, Zimmer, Restaurant oder als Destination-Guide übernehmen, die nicht zuletzt auch aus hygienischen Gründen ggf. häufiger gewünschte berührungslose Kundeninteraktionen ermöglichen. Registrierungs- und Tracking-Apps ermöglichen ein QR-Code-basiertes Einchecken auf MICE-Veranstaltungen und das im Rahmen von Hygienekonzepten ggf. erforderliche Nachverfolgen von Tischbelegungen und Gästekontakten in allen Gastronomiebetrieben.

Neben der Ansprache von Kundenzielgruppen ist für den Erfolg von Hotel- und Restaurantbetrieben auch die Anwerbung (Staffing, Recruiting) von geeignet qualifiziertem Personal erfolgsentscheidend. Hier haben sich in den letzten Jahren vermehrt elektronische Bewerberportale bewährt, deren Frontends auch direkt in die Hotel-Websites eingebunden werden können. In Verbindung mit leistungsfähigen webbasierten Personalmanagement-Systemen (Human Resources – HR) unterstützen sie eine vollständige Digitalisierung der HR-Prozesse von der Bewerbung über die Anstellung, die laufende Personalverwaltung, bis hin zur täglichen Personaleinsatzplanung und Zeiterfassung. Auch hier spielen mobile Mitarbeiter-Apps eine besondere Rolle, z. B. für die Schichtenplanung, das Auftragsmanagement, die Kommunikation und die Zeiterfassung.

Das interne Informationsmanagement von Restaurants und Hotels wird im Wesentlichen durch Kassensysteme (Registrierung, Abrechnung von Bestellungen etc.) bzw. das Hotelmanagement-System (engl. Property Management System – PMS für Zimmerverwaltung, Rechnungsstellung etc.) unterstützt, die evtl. um ein Bestell-/Warenwirtschaftsystem (zur Verwaltung von Warenbeständen, Einkäufen, Herkunfts- und Hygienenachweisen sowie eines nachhaltigen Ressourcenverbrauchs- und Abfallmanagements – Smart Waste etc.) erweitert sind. Sie dokumentieren, unterstützen und automatisieren als sog. Front- bzw. Midoffice-Systeme die wichtigsten betrieblichen Kernprozesse, Informations- und Warenflüsse mit unmittelbarem oder mittelbarem Kundenkontakt (vgl. z. B. Dettmer/Hausmann 2007, S. 301 ff., Benckendorff et al. 2019 und Nyham 2018). Besonders eng ist der Datenaustausch des PMS mit den bereits erwähnten CRM-Systemen, die aus den Kundenstammdaten-Karteien entstanden sind, heute aber als eigenständige Systeme sämtliche kundenbezogenen Daten verwalten und sämtliche Kundeninteraktionen datenschutzkonform auch mit Hilfe von Data-Analytics-Auswertungen unterstützen (vgl. Toedt 2014). Auch ein Revenue-Management-System kann als Zusatzmodul oder über Schnittstelle an das PMS-System angeschlossen werden und unterstützt eine profitmaximierende Preis-Mengensteuerung, weshalb es Daten sowohl mit dem CRM-System als auch mit den Distributionssystemen und ggf. für Online-Marketing-Kampagnen mit einem Digital-Campaign-Management-System (DCM) austauscht (vgl. Kap. 5.1.3, 4.3.7 und Darling 2021). Zahlreiche weitere PMS-Schnittstellen ermöglichen zudem die Vernetzung und den Datenaustausch z. B. mit Distributionssystemen, mit elektronischen Zahlungssystemen, mit den von Kunden während ihres Aufenthaltes ggf. kostenpflichtig nutzbaren internen Kommunikations- und Entertainmentsystemen (Hotel-WLAN, Hotel-Telefonanlage, Hotel-TV und Games etc.), mit Automaten (z. B. für Getränke/Snacks) sowie mit Zugangs- und Schließsystemen, die den Kundenzugang zu Zimmern und exklusiven Bereichen regeln.

In der jüngsten Zeit wurden auch erfolgreiche Pilotversuche mit Service-Robotern gemacht, die Kunden an der Rezeption empfangen und den Check-in erledigen, als autonom fahrende Systeme das Kundengepäck tragen, Essen auf das Zimmer liefern oder dem Hotelpersonal helfen, die Wäsche zu transportieren, oder einfache Tätigkeiten wie das Staubsaugen oder Rasenmähen übernehmen (vgl. HIC 2019 und Busulva et al. 2021). Nach erfolgreicher Akzeptanz von Chat- und Voice-Bots zur Unterstützung von Kunden auf Websites werden video- und sprachgestützte Assistenzdienste auch zur Ansteuerung z. B. von Licht- und Klimaanlagen im Hotelzimmer (Smart Room) auf Gängen, in Fahrstühlen etc. erprobt. Automatische Kameraüberwachung, Gesichts- und Sprechererkennung spielen auch eine wichtige Rolle bei modernen Konzepten zur Erhöhung der Gästesicherheit (Hotel Security), z. B. in Tiefgaragen, Schwimmbädern oder Parkanlagen. Wichtige Aufgaben werden auch über das Internet kommunizierende intelligente Sensoren (Thermometer, Rauchmelder, Bewegungsmelder, CO_2-Melder etc.) und Aktoren (Tür-/Fensteröffner, Ventile, Licht-/Heizregler etc.) sowie Smart Things (RFID-Tags an Bettwäsche, Handtüchern, Weinflaschen, Hotel-Endgeräten etc.) einnehmen, die über das Internet of Things miteinander Daten austauschen oder automatisch identifiziert werden können.

Schließlich gibt es – wie in Betrieben anderer Branchen auch – die klassischen **Backoffice-Systeme** zur **Hotel-Administration** wie FIBU (Finanzbuchhaltung) und Controlling. Sie sammeln über geeignete Vernetzungen mit den vorgelagerten Systemen alle relevanten Informationen über Geschäftsvorfälle und bereiten diese in der internen (für Mitarbeiter und das Management) und der externen (für die Finanzbehörden, Gesellschafter und Gläubiger) Rechnungslegung auf. Auch hier werden für betriebswirtschaftliche Analysen, die nichts mit dem Management der Kundenbeziehung zu tun haben, zunehmend Data-Analytics-Verfahren zur Optimierung der Geschäftsprozesse (Process Mining) und Einhaltung der Compliance eingesetzt. Backoffice-Systeme werden auch von Steuerberatern und anderen spezialisierten Dienstleistern bereitgestellt, die häufig auch die Datenerfassung übernehmen. Überweisungen und andere elektronische Banktransaktionen mit Kunden, Lieferanten und Mitarbeitern werden heute in der Regel über die Online-Banking-Verfahren der Banken und Sparkassen abgewickelt. Da auch Steuererklärungen, Renten- und Krankenversicherungsmeldungen etc. zunehmend in elektronischer Form gefordert sind, werden auch diese Meldeprozesse durch elektronischen Datenaustausch mit den vorgeschriebenen öffentlichen Online-Meldeverfahren realisiert.

4.3.1 Kassensysteme

Kassensysteme (engl. Point of Sale Systems – POS) haben als Basissysteme des Informationsmanagements im Gastgewerbe eine lange Geschichte. Ein Lokalbesitzer aus Dayton, Ohio, USA soll 1879 eine Bargeldschublade (Geldlade) erfunden haben, die sich nur zum Zahlungszeitpunkt mit dem für Registrierkassen (engl. Cash Register) bis heute typischen Klingelgeräusch öffnen ließ, um unbefugte Bargeldentnahmen seines Personals zu verhindern. Kassen wurden mit dem technischen Fortschritt mechanisch, elektrisch und elektronisch erweitert um Registrier-, Additionsfunktionen und vieles mehr. Heutzutage werden Kassensysteme als vernetzte Computer-

oder PC-/Tablet-Kassen mit zahlreichen Peripheriegeräten am POS (Point of Sale) in allen Bereichen des Handels eingesetzt. Sie können mit Zentralsystemen sowohl untereinander als auch mit Cloud-Diensten oder Webshops vernetzt sein.

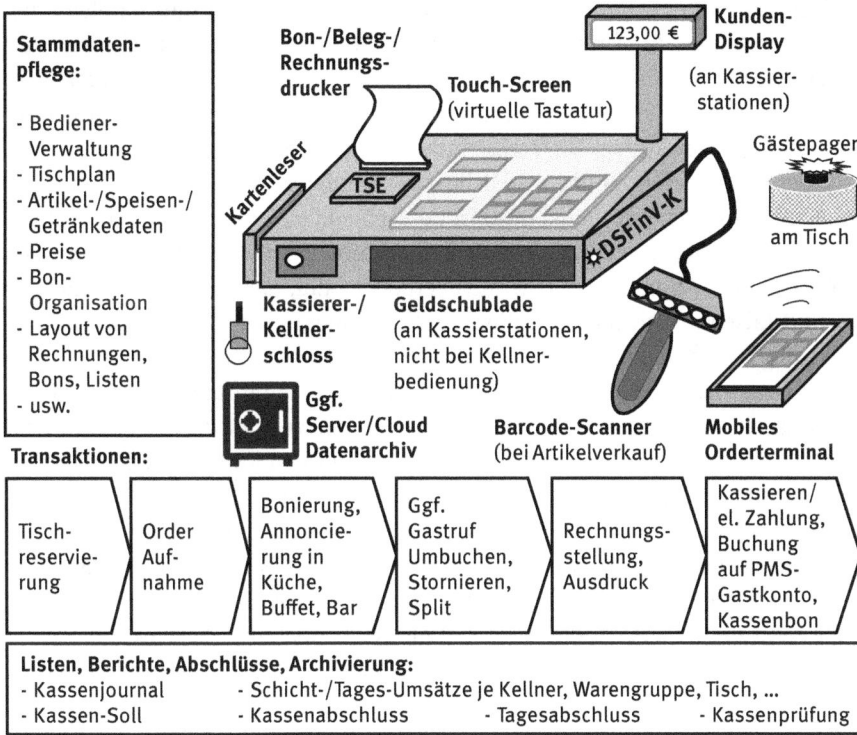

Abb. 4.3.2: Komponenten und Funktionen eines Kassensystems.

Für Gastronomie- und Hotelbetriebe verfügen sie als sog. Hotel- bzw. Gastro(nomie) kassen über spezielle Funktionen (vgl. Abb. 4.3.2 und zum Folgenden auch Nyham 2018, Benckendorff et al. 2019). Hier werden sie vom Servicepersonal im Restaurant bzw. Food & Beverage-Bereich, an der Rezeption und in anderen Servicebereichen (Wellness, Badebetrieb etc.) eingesetzt.

Hotel-/Gastronomie-Kassensysteme gibt es als Hardware-, Software-, Cloud-Services oder als integrierte Komplett-Lösungen von zahlreichen Anbietern[4]. Sie dienen der Registrierung der Bestellungen bzw. der von den Kunden in Anspruch

---

4 Beispiele sind Vectron, Schultes, Toshiba, NCR Orderman, IBM, Casio, Epson, Sharp, Oracle MIC-ROS, Orderbird, LaCash, MULTI DATA, Quorion QMP, 42GmbH Matrix, POSDirekt, Uniwell, Provendis, EuCaSoft, PosBill, Olympia, Maxstore, Aures, Zettle, Duratec, SimplyDelivery, Lightspeed, gastronovi, ready2order, paymash, Etron, POSSUM, Combase, Caspos etc. und viele andere. Weitere

genommenen Leistungen, der Annoncierung der Bestellungen in der Küche über Bons oder Terminals, der Addition der Bestellungen zu einer Kundenrechnung als Beleg insbesondere gegenüber dem Finanzamt sowie der Aufzeichnung der Zahlungstransaktionen und Verwaltung der Bargeldbestände zur Abrechnung mit dem Personal. Kassensysteme liefern die Daten über alle registrierten umsatzrelevanten Geschäftsvorfälle und Zahlungen an das FIBU-System, wo sie bilanztechnisch verbucht werden. In Hotelbetrieben liefern sie zudem Daten über die von Hausgästen in den verschiedenen Servicebereichen in Anspruch genommenen Leistungen an das Hotelmanagement-System zur Verbuchung auf dem Gästekonto.

Nach der neuen Gesetzgebung zum Schutz vor Manipulationen an digitalen Grundaufzeichnungen müssen seit Januar 2020 in Deutschland elektronische Kassensysteme über eine zertifizierte, dreiteilige technische Sicherheitseinrichtung (TSE) verfügen (vgl. Abb. 4.3.2 und Kuhni 2020): einem Sicherheitsmodul, das alle Transaktionen lückenlos und fälschungssicher verschlüsselt aufzeichnet, einem Archiv/Speichermedium, das die Transaktionen so lange speichert wie gesetzlich vorgeschrieben (zehn Jahre) und einer digitalen Schnittstelle, die digitale Kassenprüfungen durch das Finanzamt erlaubt. Diese digitale Schnittstelle der Finanzverwaltung für Kassen wird abgekürzt als DSFinV-K. Es besteht Belegpflicht, d. h. für den Kunden muß über jeden Geschäftsvorfall ein Kassenbeleg/Bon erstellt und elektronisch (E-Mail, Message, QR-Code zum Abscannen mit Smartphone) oder in Papierform zur Verfügung gestellt werden. Auch in Österreich, Schweiz, Italien und anderen Ländern gelten ähnliche Anforderungen an Kassensysteme schon seit Langem. Als Fiskalkassen bezeichnet man daher alle zertifizierten Kassen, die durch technische Maßnahmen (bei elektromechanischen Kassen Verplombung und lückenlose Aufzeichnung aller Transaktionen inkl. Stornierungen auf verschlossener Papierrolle) Manipulationen verhindern.

Kassensysteme bieten umfangreiche Funktionen zur Parametrisierung und Eingabe bzw. Pflege von *Stammdaten*: Zunächst können Bediener mit verschiedenen Rechten ausgestattet werden, die sich über Passwort, elektronische Karten oder sogenannte Kellnerschlösser (auch berührungslos) schnell identifizieren lassen. Als Produktstammdaten (Artikel, Speisen, Getränke etc.) können Produktnummern, -gruppen, -bezeichnungen (bei Touchscreen-Kassen mit Artikelabbildungen, die ggf. auch für elektronische Speisekarten dienen) und Produktpreise (ggf. mit mehreren Preisebenen wie Mittag, Abend, Happy-Hour, Weekend etc.) angelegt werden. Die Tischverwaltung erlaubt es, Räume und Tische mit Nummern oder Bezeichnungen und bei Touchscreen-Kassen sogar als grafischen Raum-/Tischplan zu hinterlegen. Dies ermöglicht später sowohl die Zuordnung der Bestellungen auf Tische als auch die exklusive Zuweisung einer Gruppe von Tischen an einen Bediener (sog. Revierschutz). Parameter zur Festlegung der Bon-Organisation definieren, welche

Anbieter finden sich im Mitgliedsverzeichnis des Deutschen Fachverbandes für Kassen- und Abrechnungssystemtechnik DFKA e.V. (http://www.dfka.net).

Informationen aus einer Bestellung wann in welcher Form an welchen Druckern (Bons) oder Terminals (in welchen Küchenbereichen, an der Bar etc.) zur Annoncierung ausgegeben werden. Ebenso ist die Vorgabe von Layout und Struktur der Kundenrechnungen, Listen und Berichte (Kellnerabrechnung, Artikelumsätze, Schicht-/Tagesabrechnung, Kassenbuch bzw. -journal etc.) möglich (Abb. 4.3.2).

Die Aufnahme von **Bestellungen** (*Transaktions-* bzw. *Bewegungsdaten*) erfolgt durch die Bediener an stationären oder mobilen Kassenterminals über mit Artikelnamen/-gruppen beschriftete Tasten, virtuelle bebilderte Touchscreen-Tastaturen oder über die Eingabe von Artikelcodes. Verpackte und mit Barcode ausgezeichnete Artikel können am POS-Terminal mit Laser-Scannern automatisch erfasst werden. Bei Bedienung am Tisch werden alle Bestellungen auf den Tisch aggregiert, wobei es spezielle Funktionen zur Umgruppierung, Zusammenfassung und zum Split bei getrennter Rechnungsstellung gibt (auch Einzelkundenabrechnung). Ebenso sind Gutschriften, Umbuchungen oder Stornierungen möglich, die ggf. nur von dem Personal, das in der Bedienerverwaltung mit speziellen Rechten ausgestattet wurde, vorgenommen werden dürfen. Sie werden wie alle Transaktionen im Journal mittels TSE-Modul manipulationssicher aufgezeichnet. Manche Systeme signalisieren, wenn ein Tisch noch nicht abgerechnet ist. Um Kellnern die Erfassung von Bestellungen direkt am Tisch zu ermöglichen, wurden mobile Bestellterminals auf Smartphone/Tablet-Basis entwickelt, die meist über WLAN mit dem Kassensystem vernetzt sind. Mit zusätzlichen mobilen Belegdruckern und Messaging-/QR-Funktionen wird auch die Rechnungsstellung und vorgeschriebene Belegausgabe am Tisch unterstützt. Mit neuartigen Gäste-Apps kann der Gast ggf. auch eine aktuelle Speisekarte am Tisch mit seinem Smartphone oder einem Gäste-Tablet abrufen und ohne Kellner selbst bestellen. Um neue Formen der Selbstbedienung auch an Bestellstationen zu ermöglichen, wurden neben digitalen Touchscreen-Bestell-Stelen auch WLAN-basierte Gäste-Pager entwickelt. Das sind kleine mobile Geräte, die bei Bestellungen an der Theke dem Gast zur Platzierung auf seinem ggf. mit RFID-Tag versehenem Tisch ausgegeben werden. Wenn die Bestellung zubereitet ist, wird ein Gästeruf ausgelöst und der Gast kann seine Bestellung an der Ausgabestation selbst abholen oder das Bedienpersonal kann das Gericht am richtigen Tisch mit dem blinkenden Pager oder durch RFID-identifiziert servieren. Gäste-Apps und Gäste-Pager ermöglichen es dem Gast, auch am Tisch per Knopfdruck auf den Pager einen Kellner zu rufen.

Als *Bestandsdaten* werden u. a. für jeden Tisch die Rechnungssumme und für jeden Kellner der Gesamtumsatz automatisch addiert. Nach dem Ausdruck einer Rechnung kann über eine geeignete Schnittstelle zu Zahlungssystemen der Rechnungsbetrag an ein Kartenlesegerät oder ein eigenes Zahlungsterminal übertragen und der erfolgreiche elektronische Zahlungsvorgang z. B. per Kredit-, EC-, Geld- oder Kundenkarte dokumentiert werden. Systeme, die Kredit-/Debitkartendaten verarbeiten, müssen PCI DSS (Payment Card Industry Data Security Standard) genügen (vgl. Kap. 5.3). Über eine Schnittstelle zum Hotelmanagement-System ist der Rechnungssaldo eines Hotelgastes auch direkt auf dessen Gastkonto buchbar. Auf der Basis aller erfassten Umsatz- und Zahlungstransaktionen wird der Bargeld-Soll-Bestand der einzelnen Bediener bestimmt und am Schichtende beim Kassenabschluss (auch Kassenschnitt) mit dem Bedienpersonal abgerechnet. Der aktuelle Stand der Verkaufsmengen und Umsätze kann zu jedem Zeitpunkt je Produktgruppe, Produkt, Servicebereich etc. ermittelt werden (Abb. 4.3.2).

Das **elektronische Kassenjournal** liefert der FIBU alle Rohdaten für die Verbuchung von Umsätzen und Zahlungen und der Lohnbuchhaltung die Basisdaten zur Ermittlung von Umsatzprovisionen etc. Das TSE-gesicherte Journal ist Grundlage für die Übertragung der erforderlichen Daten über DSFinV-K an Finanzprüfer bei Kassennachschau und Außenprüfungen. Die Warenwirtschaft erhält Daten zu den verkauften und damit verbrauchten Produktmengen. Spezielle Lieferservice-Kassensysteme sind mit eigenen Webshops oder auch Lieferservice-Portalen verbunden und unterstützen ggf. eine Kundendatenbank mit Telefon- und Adressdaten sowie eine Routenoptimierung für die Auslieferung und Fahrer. Andere Gastronomiekassen bieten eine Tischreservierungsfunktion an, die mit einem Internet-Tischreservierungs-System direkt verbunden ist.

Werden mehrere Kassen eingesetzt, so empfiehlt sich deren Vernetzung per LAN/WLAN zu einem **Kassenverbund.** In einer sogenannten Master-Kasse bzw. einem PC-Kassenverwaltungssystem oder Kassenserver brauchen alle Stammdaten nur einmal verwaltet werden, da sie dann automatisch an alle sog. Slave- oder Client-Kassen verteilt werden. Umgekehrt können alle in den einzelnen Kassen erfassten Daten auf diese Weise wieder an die zentrale Stelle zurückgemeldet und hier konsolidiert werden. Hierzu werden in den letzten Jahren von Kassensystem-Anbietern auch vermehrt Cloud-Dienste angeboten, die auch Schnittstellen zur Übertragung der Kassendaten z. B. an Systeme oder Dienste zur Finanzbuchhaltung sowie ggf. die sichere und manipulationsfreie Archivierung der Kassendaten übernehmen können. Über LAN/WLAN oder andere Netze können Kassensysteme auch mit elektronisch kontrollierten Schankanlagen vernetzt werden. Diese Schankkontrollsysteme portionieren und registrieren die Menge an ausgegebenen Getränken und melden die Verbräuche an das zentrale Kassen- bzw. Bestandsverwaltungssystem.

4.3.2 Warenwirtschaftssysteme und Einkaufsplattformen

Warenwirtschaftssysteme wie z. B. KOST Material Management, Oracle Materials Control, MBS5, MIN-Tec, Delegate, foodnotify, MenüManager und andere unterstützen und automatisieren die Disposition und Bewertung der Warenbestände in Lagern, Küche und Verkauf. Hierzu zählen Basisprodukte, Halbfertigprodukte, Endprodukte/Speisen/Getränke, Hilfs- und Betriebsstoffe sowie allgemeine Verbrauchsmaterialien. Warenwirtschaftssysteme bilden Informationsflüsse in Einkaufs-, Beschaffungs-, Logistik- und Produktionsprozessen ab. Sie werden außer als integrierte Zusatzfunktionen von Kassensystemen auch als Zusatzmodule zu Hotelmanagement-Systemen oder als eigenständige Softwarelösungen mit Schnittstellen zu ebendiesen Systemen angeboten. Während kleinere Hotel- und Gastronomiebetriebe Warenwirtschaftsfunktionen nur rudimentär einsetzen, sind leistungsfähige Systeme vor allem in größeren Gemeinschaftsverpflegungen, im Airline Catering und in der Systemgastronomie unverzichtbar. Auch größere Hotelbetriebe und Einkaufsgemeinschaften sowie Hotelketten benötigen leistungsfähige Warenwirtschaftssysteme wie in Abb. 4.3.3.

Stammdaten der Warenwirtschaftssysteme sind ähnlich wie bei den Kassensystemen die Produktstammdaten aller Artikel, Speisen und Getränke, die den Kunden eines Gastronomie- oder Hotelbetriebs angeboten werden oder dort verbraucht werden. Zusätzlich zu diesen Produktstammdaten, die auch in einem Kassensystem hinterlegt werden, finden sich im Warenwirtschaftssystem für jedes Produkt Angaben über Mengeneinheiten wie Stück, kg, l etc. Von zentraler Bedeutung sind außerdem die Stücklisten und Rezepturen für alle selbst produzierten, veredelten oder gebündelten Produktangebote oder Dienstleistungen. In der Stückliste oder Rezeptur wird angegeben, welche Mengen von welchen Waren und Vorprodukten für die Produktion einer Einheit eines Endproduktes benötigt werden.

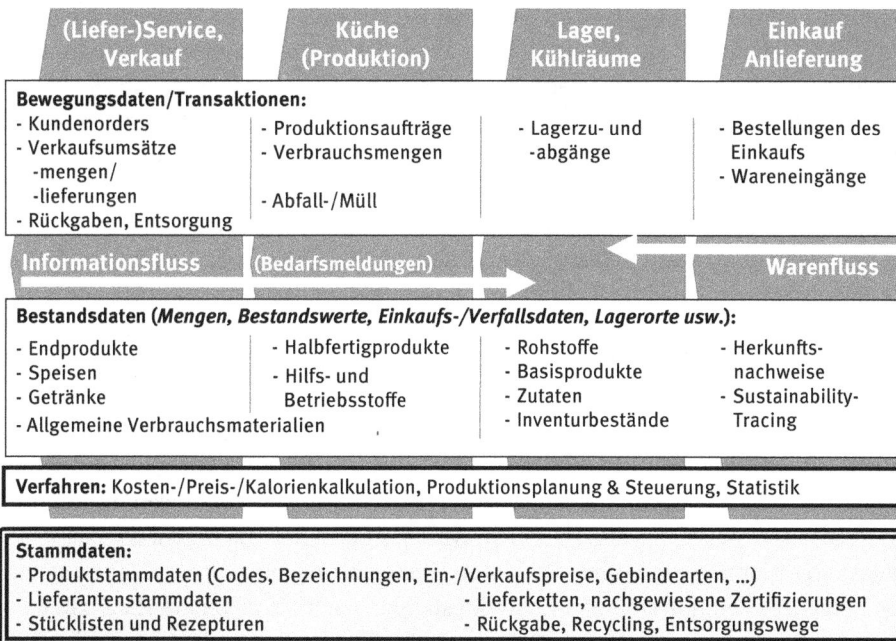

(Liefer-)Service, Verkauf	Küche (Produktion)	Lager, Kühlräume	Einkauf Anlieferung
Bewegungsdaten/Transaktionen:			

- Kundenorders
- Verkaufsumsätze
  -mengen/
  -lieferungen
- Rückgaben, Entsorgung
	- Produktionsaufträge
	- Verbrauchsmengen
	
	- Abfall-/Müll
		- Lagerzu- und
		  -abgänge
			- Bestellungen des
			  Einkaufs
			- Wareneingänge

Informationsfluss (Bedarfsmeldungen) ⟶	⟵ **Warenfluss**		
Bestandsdaten (*Mengen, Bestandswerte, Einkaufs-/Verfallsdaten, Lagerorte usw.*):			

- Endprodukte
- Speisen
- Getränke
- Allgemeine Verbrauchsmaterialien
	- Halbfertigprodukte
	- Hilfs- und
	  Betriebsstoffe
		- Rohstoffe
		- Basisprodukte
		- Zutaten
		- Inventurbestände
			- Herkunfts-
			  nachweise
			- Sustainability-
			  Tracing

Verfahren: Kosten-/Preis-/Kalorienkalkulation, Produktionsplanung & Steuerung, Statistik			
Stammdaten: - Produktstammdaten (Codes, Bezeichnungen, Ein-/Verkaufspreise, Gebindearten, ...) - Lieferantenstammdaten - Lieferketten, nachgewiesene Zertifizierungen - Stücklisten und Rezepturen - Rückgabe, Recycling, Entsorgungswege			

Abb. 4.3.3: Daten, Transaktionen und Verfahren eines Warenwirtschaftssystems.

Sie können ggf. noch um Angaben über den hierzu erforderlichen Arbeitsaufwand oder die Nutzung knapper Produktionsmittel ergänzt werden. Aus den Portionsgrößen, die z. B. bei Getränken auch in der Speisen- und Getränkekarte ausgewiesen sind, kann ein Warenwirtschaftssystem anhand der sog. Rezeptur- bzw. Stücklistenauflösung automatisch zu den geplanten oder tatsächlich verbrauchten Mengen von Endprodukten die hierzu benötigten oder verbrauchten Wareneinsätze, Arbeitszeiten oder Produktionsmittel berechnen. Speichert man zu allen zu beschaffenden Produkten zusätzliche Angaben über die Lieferanten, die gelieferten Gebindegrößen (50 Stück, 100 kg, 1hl etc.), Einkaufs- und ggf. Verkaufspreise sowie Lieferzeiten, ist eine umfassende mengenmäßige Bestandsführung möglich (vgl. Abb. 4.3.3).

Bestands- und Bewegungsdaten: Die einmal durch Inventur ermittelten Lagerbestände können durch systematische Erfassung der Warenflüsse und Umsätze (Bewegungsdaten) wie dem Wareneingang, den Materialentnahmen und den aus den Produktverkäufen durch Stücklistenauflösung berechneten Warenverbräuchen über längere Zeiträume relativ exakt fortgeschrieben werden. Bei Unterschreitung festgelegter Lagerbestandsmengen können Warenwirtschaftssysteme anhand der Lieferantenstammdaten automatisch entsprechende Nachbestellungen vorschlagen oder diese elektronisch über EDI[5] oder XML-Standards wie z. B. BMECat direkt im Bestellsystem eines vernetzten Lieferanten auslösen. Durch ergänzende automatisierte Verbrauchsmessungen, z. B. an Schankanlagen und Automaten, und Stichtags-Inventuren können per Vergleich der Soll- und Ist-Bestandsmengen Abweichungen entdeckt, korrigiert und zur Ermittlung der Ursachen weiter analysiert werden. Eine besondere Bedeutung kommt der Warenwirtschaft in der Gastronomie insbesondere im Frischemanagement zu, wenn bei jedem Wareneingang und jeder Warenentnahme die Verfallsdaten erfasst und überwacht werden. Auch hier erleichtern Barcode-Scanner die Arbeit. Die meisten Handelsartikel besitzen einen eindeutigen EAN-Code (European Article Number), der als Barcode auf der Verpackung aufgedruckt ist und das Produkt samt Hersteller eindeutig identifiziert. Den EAN-Codes des geführten Artikelsortiments können beliebige Informationen und Preise zugeordnet werden, die durch Scanner bei Anlieferung, Lagerbewegungen, Verarbeitung oder an der Kasse automatisch erfasst werden. Auch Produkte aus eigener Herstellung können durch Preisaufkleber mit hauseigenen Barcodes beschriftet und für die automatische Erfassung vorbereitet werden. Statt Barcodes eignen sich auch RFID-Transponder (Radio Frequency Identification) zur Identifizierung von Waren. Auch sie werden auf Artikeln angebracht oder angeklebt und ermöglichen ein Auslesen der Identifizierungsinformation über elektromagnetische Felder, wobei kein optischer „Sichtkontakt" zwischen Objekt und Scanner erforderlich ist. Waren können also nach Art und Menge automatisch beim Passieren bestimmter Erfassungspunkte auch ohne weitere Handhabungsprozeduren registriert werden. Inventuren sind schon durch Abschreiten von Lagern/ Regalen mit geeigneten RFID-Lesegeräten möglich.

---

5 EDI = Electronic Data Interchange, hier als Sammelbegriff verwendet für international standardisierte Nachrichtenformate für asynchrone elektronische Geschäftstransaktionen wie Bestellungen oder Rechnungen, z. B. per File-Transfer oder E-Mail zwischen den Anwendungen von Geschäftspartnern.

Kalkulation: Schließlich bieten Warenwirtschaftssysteme umfangreiche Funktionen zur Vor- und Nachkalkulation von Produkten, Gerichten und Speisenfolgen an. Über die Rezepturen und Stücklisten können nämlich aus den gespeicherten Einkaufspreisen die Kosten für den Wareneinsatz sowie der Arbeits- und Produktionsmitteleinsatz berechnet werden. Dies ist für die Angebotserstellung und zur Ermittlung der Auswirkungen veränderter Ein- und Verkaufspreise auf das Betriebsergebnis wichtig. Für Krankenhäuser, Kurbetriebe und Betriebskantinen ermöglichen spezielle Zusatzmodule die Bestimmung, Optimierung und Kontrolle der Kalorien und bestimmter Inhaltsstoffe einer Rezeptur bzw. eines Gerichts, z. B. als Grundlage zur fachgerechten Zubereitung von Diätkost. Gesetzlich vorgeschrieben ist auch die korrekte Kennzeichnung nach LMIV (Lebensmittelinformations-Verordnung), was den Nachweis und die Dokumentation der verwendeten Waren bzw. deren Inhaltsstoffe insb. von Allergenen, genmanipulierten Zutaten etc. erforderlich macht. Besondere Anforderungen und Nachweispflichten ergeben sich bei Bioprodukten, vegetarischen oder veganen Speisen (vgl. Abb. 4.3.3).

Logistiksteuerung: In der Systemgastronomie bieten Warenwirtschaftssysteme spezielle Logistikfunktionen zur optimalen Routenplanung und Beladung von Liefertransporten. Im Airline Catering sind zusätzliche Schnittstellen zu zeit- und auftragsbezogenen Produktionsplanungs- und Steuerungssystemen (PPS) sowie logistische Funktionen zur Beladung, Lieferung und Positionierung der Behälter in den Flugzeugen notwendig. Betriebe, die Getränke- oder Verkaufsautomaten für Lebensmittel und andere Artikel zur Selbstbedienung einsetzen, können über geeignete Netz-Schnittstellen von diesen Zählerstände, Bestands- oder Verbrauchsmeldungen abfragen bzw. empfangen. Diese Informationen unterstützen die Disposition der Nachbestellungen und die Tourenplanung zur Automatenbefüllung.

Schnittstellen zum Rechnungswesen: Alle Warenwirtschaftssysteme haben Schnittstellen zur FIBU und zum Rechnungswesen, da sie wichtige Inventur-, Bestands-, Bewegungs-, Bestell-, Liefer- und Kostendaten liefern. Für das Management bieten Warenwirtschaftssysteme schließlich unverzichtbare Informationen, Kennzahlen und Betriebsstatistiken (vgl. Abb. 4.3.1).

Bestellsysteme bzw. Einkaufsplattformen/E-Procurement-Portale haben Bedeutung zum einen für Restaurant- und Hotelketten und zum anderen, wenn sich mehrere Restaurants oder Hotelbetriebe zu Einkaufsgemeinschaften oder Einkaufsgenossenschaften zusammenschließen. Einkaufsplattformen[6] aggregieren die Bedarfe aller angeschlossenen einkaufenden Betriebe, um gemeinsam die aggregierte Nachfragemenge zu bestellen und dabei Mengenrabatte bzw. Preisnachlässe und verbesserte Einkaufskonditionen bei den ebenfalls an die Einkaufsplattform angeschlossenen

---

6 Beispiele für Einkaufsplattformen sind EasyGoing von Hogast, die E-Procurement-Portale von HGK und Progros, die SRM-Portale von Cooperation Management und andere.

Händlern oder Lieferanten zu erhalten, soweit dies im Rahmen des Kartellrechts zulässig ist. Für Anbieter, die sich einer Einkaufsplattform anschließen, ergibt sich die Möglichkeit auf hohe Nachfrage zu treffen. Für Anbieter und Nachfrager ergeben sich zudem Vorteile aus den mit der elektronischen Vernetzung gegebenen Möglichkeiten zur Teil-Automatisierung der Prozesse des Einkaufs- bzw. der Bestellabwicklung, Lieferung, Abrechnung und Zahlung. Lieferanten pflegen hier ihre elektronischen Katalogdaten mit ihren Produkten und verhandelten Preisen ggf. tagesaktuell ein. Wie in einem Internet-Online-Shop bzw. einer App können die an die Einkaufsplattform angeschlossenen Hotels alle Produktangebote einsehen, vergleichen und in Einzel- oder Sammelbestellungen einkaufen, wodurch diverse Prozesse der Bestellung und Bestellüberwachung bzw. der Abrechnung und Zahlung nach Wareneingang angestoßen, ausgeführt bzw. überwacht und dokumentiert werden. Je nach System werden ergänzende Funktionen für elektronische Auschreibungen, Auktionen oder Einkaufscontrolling (Umsätze, Rabatte, Qualitätskennzahlen, Schwund-Vermeidung etc.) zum operativen und strategischen Einkaufs- und Lieferantenmanagement angeboten. Nachhaltigkeits- (Sustainability) und Umweltmanagement stellen besondere Anforderungen an die Verfügbarkeit von zertifizierten Fairtrade- und Bioprodukten sowie im Zuge der Lieferkettengesetze auch den Nachweis, dass beschaffte Erzeugnisse ohne Kinderarbeit oder soziale Ausbeutung entstanden sind. Ebenso müssen auch regionale Kleinerzeuger auf geeignete Weise in die digitalen Bestellprozesse eingebunden werden. Innovative Sustainability-Tracing-Dienste bieten zudem eine lückenlose Abbildung und Verfolgung der gesamten Lieferkette „from farm to table" durch lückenlose Sendungsverfolgungssysteme, die es auch erlauben, die CO_2-Bilanz einer Mahlzeit abzuschätzen. Zum Teil wird auch Ökostrom gemeinsam eingekauft. Viele Einkaufsplattformen verfügen darüber hinaus über diverse Schnittstellen zu Warenwirtschafts-, FIBU- und Controlling-Lösungen und Zahlungssystemen (Abb. 4.3.1). Zahlreiche Start-up-Unternehmen erforschen Blockchain-Technologien zur lückenlosen und fälschungssicheren Dokumentation von Geschäfts- und Logistikvorgängen über alle Zwischenhandelsstufen hinweg (vgl. Rosenheim 2019b). Eine nachhaltige Kreislaufwirtschaft erfordert auch die Vermeidung von Abfällen durch Gebindeauswahl: Die Funktionen zum Smart Waste Management minimieren schon beim Einkauf Verpackungen, unterstützen eine nachhaltige Lehrgut-, Trennungs- und Recylinglogistik sowie Sonderaktionen, um Überproduktion bzw. übrige Waren/Speisen abends bzw. vor Ende der Verfallsfrist günstig anzubieten.

4.3.3 Hotelmanagement-Systeme

Das Hotelmanagement-System (PMS – Property Management System, HMS – Hotel Management System oder Hotelmanagement-Software, vgl. zu Folgendem Nyham 2018, Benckendorff et al. 2019, Busulva et al. 2021) ist das zentrale Verwaltungssystem eines Beherbergungsbetriebs (vgl. Abb. 4.3.1). PMS werden als PC-Applikation, als Client-Server-Lösung, als Web-Applikation bzw. App und als Cloudlösung angeboten[7].

Frontoffice-Funktionen (Rezeption -direkter Kundenkontakt):

Reservierung	Check-In	Logis, Bewirtung, Services	Check-Out
- Zimmer-/Tagungs- raumverwaltung - Gästekartei - Einzel-und Gruppen- reservierungen - Kontingentverwaltung - Belegungsübersicht - Tisch/Bankett-Reserv.	- Reservierungskartei - Anreiseliste - Zimmerbelegung - el. Schlüssel-/Karten- verwaltung - Meldewesen	- Gästekontoverwaltung autom. Leistungsverbuchung - Mitteilungen für die Gäste - Auftragsmanagement für Reinigungsdienste, Haustechnik, Zimmerservice etc. - Tagungsraum-Management	- Abreiseliste - Rechnungsstellung - Zahlung - Fundsachen - Beschwerden & Kundenzufriedenheit

Midoffice-Funktionen (Vorgangsbearbeitung, Marketing, Vertrieb):
- Angebotserstellung (Textbausteine)
- Deposit-Verwaltung (Wiedervorlage)
- Abrechnung von Veranstaltungen und Gruppen
- Pflege & Auswertung Kundenpräferenzen/Interaktionen für Kundenbeziehungsmanagement =*> CRM, Analytics*
- Belegungsstatistiken, Event-Kalender
- Pflege Tarife & Verfügbarkeiten =*>Revenue-Management*
- Verbuchung von Leistungsbelegen auf Gastkonten
- Mahnwesen
- Zielgruppenorientiertes Kampagnenmanagement =*> DCM*

Backoffice-Funktionen (kein Kundenkontakt - Rechnungswesen):
- Kassen- und Tagesabschluss
- Betriebsstatistik / Data Analytics
- Finanzbuchhaltung (FIBU)
- Lohn- und Gehaltsbuchhaltung, Provisionsabrechung
- Personalverwaltung (inkl. Krankenversicherung)
- Controlling: Kosten- & Leistungsrechnung, Ergebnis

Schnittstellen zu anderen Systemen:
- Channel Manager, Distrib.-Syst., Website
- Zugangs-/Schließsysteme/Minibar
- HR-/Personalsysteme
...
- Kassensysteme/POS im Haus
- Bestellsysteme/Warenwirtschaft
- FIBU-/Controlling-Softwarepakete
- Telefonanlage/WLAN
- Revenue Management
- CRM-/Analytics, DCM,

Abb. 4.3.4: Typische Funktionen und Schnittstellen eines Hotelmanagement-Systems.

Auch für Kreuzfahrtschiffe gibt es PMS, die neben der Kabinenverwaltung unter anderem zusätzliche Crew-Management-Funktionen anbieten. Sonderlösungen gibt es auch für Casinos, wo RFID-Karten und -Tags insbesondere Zugänge zu Spieltischen, Spielautomaten sowie bargeldlose Zahlungsfunktionen während des gesamten Aufenthalts ermöglichen.

Front-, Mid- und Backoffice-Funktionen

Obwohl der Schwerpunkt der Funktionalität von Hotelmanagement-Systemen traditionell im Management des Logis-Bereichs liegt und sie wegen ihres Einsatzes an der Rezeption mit direktem Kundenkontakt auch als Frontoffice-Systeme bezeich-

---

7 Beispiele für Hotelmanagement-Systeme sind (vgl. HotelTechReport 2020, Montag et al. 2020, HotelHero 2021): Oracle Suite8/Opera, Protel PMS, HS/3, infor HMS, Amadeus PMS, SIHOT, Hotline, Velox, Winhotel.MX, hope, Citadel, SoftTec, ASSD, lodgit, ibelsa.rooms, Logotel, Mews, Chapp Lean, Apaleo, Silverbyte, eviivo etc.

net werden, reicht die Funktionalität heutiger Hotelmanagement-Systeme aufgrund ihrer Vernetzung und dem integrierten Zugriff auf alle Kunden-, Reservierungs- und Rechnungsdaten in alle Bereiche des Hotelmanagements inkl. Mid- und Backoffice (vgl. Abb. 4.3.4). Im Geschäftsprozess können auch hier wieder **Stamm-**, **Bestands-** und **Bewegungsdaten** unterschieden werden:

Im Hotelmanagement-System werden als **Stammdaten** alle Zimmer und belegbaren Räumlichkeiten (Tagungsräume) des Hotels verwaltet. Dabei können sämtliche spezifischen Merkmale wie Ausstattung, Zimmerstatus, Preiskategorien, Raten, Minimal- und Maximal-Belegung einer Zimmerkategorie etc. eingegeben und gepflegt werden.

DEMO-PMS							*Kategoriespiegel*							⊠
<< SEPT 09 >> << Heute:	KW 37							KW 38						>>
	Mo	Di	Mi	Do	Fr	Sa	So	Mo	Di	Mi	Do	Fr	Sa	So
	12.9.	13.9.	14.9.	15.9.	16.9.	17.9.	18.9.	19.9.	20.9.	21.9.	22.9.	23.9.	24.9.	25.9.
Auslastung:	50%	54%	58%	60%	52%	50%	50%	54%	54%	52%	52%	52%	50%	50%
Verfügbarkeiten:														
Suite	4	3	3	2	3	2	2	2	2	3	3	3	3	3
DZ	13	13	12	12	12	14	14	13	13	13	13	13	12	12
EZ	8	7	6	6	9	9	9	8	8	8	8	8	10	10
Summe:	25	23	21	20	24	25	25	23	23	24	24	24	25	25
Reservierungen:														
Kontingent	4	4	4	4	4									
Definitiv	21	23	25	26	22	25	25	27	27	25	25	25	22	22
Option													2	2
Warteliste														
Anfragen									1	1	1	1	1	1
Summe:	25	27	29	30	26	25	25	27	27	26	26	26	25	25
Zimmerkapazität:	50	50	50	50	50	50	50	50	50	50	50	50	50	50

Abb. 4.3.5: Typische Informationen eines PMS-Kategorie(n)spiegels (auch Buchungsbestand, Inventory etc.).

Im sog. Kategoriespiegel (vgl. Abb. 4.3.5) oder Inventory (Bestandsdaten) zeigt ein PMS in einer kalenderartigen Belegungsübersicht tagesgenau an, wie viele Zimmer von jeder Kategorie (Einzelzimmer, Doppelzimmer, Suite usw.) insgesamt noch frei sind (Verfügbarkeiten) und welche Kontingente, Definitivbuchungen oder Optionen etc. an welchen Tagen existieren. Diese Informationen zusammen mit statistischen Daten über die akzeptierten Raten, Belegungen und Auslastung vergangener Saisonen sind wichtige Input-Daten für die Ertragsoptimierung durch das Revenue- bzw. Yield Management, das Angebotsmengen und Preise steuert.

Der klassische Geschäftsprozess (vgl. Abb. 4.3.4) beginnt mit Reservierungsanfragen von Kunden, die von der Reservierungszentrale oder der Rezeption im PMS eingegeben, bzgl. der Verfügbarkeit geeigneter Räume geprüft, ggf. bestätigt und als Bewegungsdaten in die Reservierungskartei des PMS übernommen werden. Elektronische Distributionssysteme automatisieren diesen Vorgang, wenn Kunden via Internet auf verschiedenen Wegen (vgl. Kap. 4.3.7) mit Selbstbedienung buchen (vgl. Niser/Perry 2021).

Eine detaillierte grafische Übersicht über den aktuellen Status der einzelnen Zimmer und über die Zuordnung von Reservierungen auf konkrete Zimmer gibt der ebenfalls kalenderartig strukturierte Zimmerplan (vgl. Abb. 4.3.6). Vom PMS generierte Listen zeigen die erwarteten oder abreisenden Gäste, Events und andere Managementinformationen an.

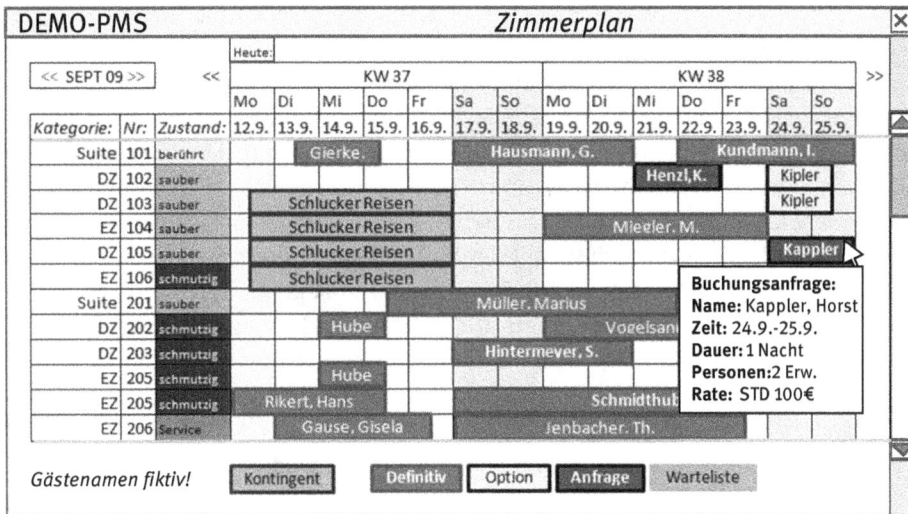

Abb. 4.3.6: Typische Darstellung eines PMS-Zimmerplans (auch Zimmerspiegel, Belegungsplan etc.).

In der Gästekartei werden alle notwendigen Informationen über die Gäste, trennbar nach Privat-, Firmen- und Gruppenreservierungen, sowohl bei Buchungen als auch, soweit möglich, bei Anfragen gespeichert. PMS unterstützen auch die Verwaltung von Umbuchungen, Stornierungen oder Umzügen von einem Zimmer in ein anderes. Die Gästekartei ist auch Grundlage für das Kundenbeziehungs-Management (CRM Customer Relationship Management), das durch spezielle CRM-Module/Systeme unterstützt wird und zu den Midoffice-Funktionen zählt.

Manche PMS verfügen darüber hinaus über ein zusätzliches **Bankett-Modul** zur Angebotserstellung, Reservierung, Planung und Abwicklung von Tagungen und Festlichkeiten. Hier werden neben den Gästezimmern die Tagungsraumbelegung sowie die Tagungs-, Konferenz- bzw. Veranstaltungstechnik verwaltet und das Catering samt Personal- und Wareneinsatz geplant, kalkuliert und abgerechnet. Speziell für das Management der Angebotserstellung bei Ausschreibungen von Firmen, Business-

Travel-Einkäufern bzw. Business-Travel-Reisebüroketten werden RFP-Softwarepakete (Request for Proposal) angeboten, die ebenfalls zum Midoffice gehören. Die automatisierte Kontrolle des Eingangs der bei einer Reservierung im Frontoffice vereinbarten Deposit-Zahlung durch das Hotelmanagement-System zählt auch zum Midoffice.

Spätestens beim Check-in (vgl. Abb. 4.3.4) des Gastes an der Rezeption (Frontoffice) werden der Reservierung konkrete Zimmer der geforderten Kategorie zugeordnet und ein Gastkonto, bei Reisegruppen auch ein Gruppenkonto, eröffnet. Eine detaillierte grafische Übersicht über den aktuellen Status der einzelnen Zimmer und über die Zuordnung von Reservierungen auf konkrete Zimmer gibt der ebenfalls kalenderartig strukturierte Zimmerplan (vgl. Abb. 4.3.6). Vom PMS generierte Listen zeigen die erwarteten oder abreisenden Gäste, Events und andere Managementinformationen an.

Auf dem Gastkonto kann das Hotelmanagement-System über **Schnittstellen** zu anderen Hotelsystemen (Kassensysteme, Hotel-Telefonanlage, Hotel-TV/Entertainment, Automaten, Zugangs- und Schließsysteme usw.) sämtliche Umsätze, die ein Gast während des Aufenthalts im Hause tätigt, automatisch sammeln und für die Gesamtrechnung beim Check-out saldieren. Fehlen diese Schnittstellen, muss die Eingabe der Umsätze regelmäßig auf der Basis entsprechender Belege aus den Servicebereichen manuell erfolgen. Die Vernetzung des PMS mit anderen Hotel-Systemen ermöglicht Automatisierungen und erleichtert die Koordination: Über die Hotel-TV-, die Telefonanlage und Hotel-/Gäste-/Mitarbeiter-Apps kann ein PMS z. B. Mitteilungen von der Rezeption an Gäste oder an das Hauspersonal übermitteln. Haustechnik- und Reinigungsmitarbeiter können über mobile und stationäre Terminals Nachrichten über Aufträge, Übersichten über den Zimmerstatus (sauber, schmutzig, berührt, reparaturbedürftig etc.) oder Bearbeitungsprioritäten abfragen und Rück- oder Fertigmeldungen kommunizieren (vgl. Abb. 4.3.1).

Hotel-Management-Systeme unterstützen wie Kassensysteme, die sie z. T. sogar durch ähnliche Funktionen ersetzen, einen Kassenabschluss und einen Tagesabschluss als Datenkommunikationspunkt zum Backoffice. Für den Tagesabschluss sollten bei den meisten Systemen zunächst alle noch offenen integrierten oder vernetzten Kassen geschlossen werden. Alle noch unklaren Vorgänge und Reservierungen (No Shows, offene Check-outs etc.) werden zur Umbuchung, Stornierung oder zur weiteren Klärung angezeigt. Dann werden alle je Kasse, Bediener, Schicht etc. gespeicherten Transaktionsdaten für die FIBU und das Rechnungswesen ausgegeben bzw. überspielt und geeignete Listen und Betriebsstatistiken für das Management erstellt. Schließlich wird typischerweise das Datum fortgeschrieben, und es werden alle Konten und Listen für den neuen Tag aktualisiert, was insbesondere die Aufbuchung einer weiteren Übernachtung auf die Konten der übernachtenden Gäste beinhaltet.

Multi-Property-Management-Systeme bieten zusätzlich zu den oben genannten Front-, Mid- und Backoffice-Funktionen die Möglichkeit zur Verwaltung mehrerer Häuser in einer gemeinsamen Bedienoberfläche an[8]. Auf diese Weise können z. B. mehrere Zimmerpläne vom Mitarbeiter einer gemeinsamen Reservierungszentrale gemeinsam nach Vakanzen durchsucht werden oder Reservierungen z. B. von Reisegruppen per Mausklick von einem Haus in ein anderes umgezogen werden. Auch ein gemeinsamer Zugriff verschiedener Häuser auf die Gästekarteien, das CRM-System oder Statistiken ist technisch möglich. Vor dem Austausch personenbezogener Daten zwischen verschiedenen Organisationen ist in jedem Fall die datenschutzrechtliche Legalität zu prüfen, da die Datenschutzgesetze hier sehr strenge Verbote und Vorgaben machen, die unbedingt einzuhalten sind.

Schnittstellen und Zusatzmodule

Alle Hotelmanagement-Systeme besitzen Schnittstellen zu Zusatzmodulen und vielen anderen hotelspezifischen Kommunikations- und IT-Systemen und Web- oder Cloud-Diensten, die zum einen bestimmte erweiterte PMS-Funktionen erst ermöglichen, zum anderen zusätzlichen Integrationsnutzen schaffen (Abb. 4.3.1 und 4.3.4).

Mit **elektronischen Distributionssystemen** (vgl. Kap. 4.3.6 und 4.3.7, Niser/ Perry 2021) tauscht das Frontoffice-Modul eines Hotelmanagement-Systems Vakanz- und Reservierungsdaten zum Hotelvertrieb aus. Einige PMS-Systeme wie z. B. Protel unterstützen auch Online-Marketing-Kampagnen zur Suchmaschinen- und Bannerwerbung mit aktuell buchbaren Raten.

Hotel-Revenue-/Yield-Management-Systeme (vgl. Kap. 5.1.2, Goerlich/Spalteholz 2020, Sensen 2018) empfehlen auf der Basis von statistischen Prognose- und Optimierungsmodellen, ob Reservierungen zu einem bestimmten Zeitpunkt zu einer bestimmten Rate angenommen bzw. abgelehnt werden sollten, um einen möglichst hohen Umsatz/Ertrag zu erzielen. Sie werden als Einzellösungen oder als Zusatzmodule von PMS oder Central Reservation Systems (vgl. Kap. 4.3.6) angeboten. Als weiterer Input für die Preisbildung und Festlegung von Angebotsmengen sind Informationen über aktuelle Preise und Buchbarkeit der Wettbewerber hilfreich, die in diversen elektronischen Distributionskanälen (vgl. Kap. 4.3.6) und Hotel-Metasuchmaschinen einsehbar sind und dort von Anbietern sog. **Rate-Shopping-Systeme** regelmäßig automatisiert abgefragt, gesammelt und zum elektronischen Import oder als Report angeboten werden[9].

CRM-Module und -Systeme: Die Verknüpfung von Informationen aus der Gästekartei mit den Reservierungs- und Rechnungsdaten ist die Basis für ein gezieltes Kundenbeziehungsmanagement (Customer Relationship Management – CRM, vgl. Kap. 5.4, Toedt 2019 und Zunenshine 2021) des Marketing-Bereichs (Mid-

---

8 Beispiele sind die Multi-Property-Varianten von Protel PMS, Oracle Opera, Sihot.MPE Amadeus und andere.
9 Beispiele für Rate-Shopping-Dienste sind eRevMax RateTiger, OTAinsight, Fornova, RateGain, RevCaster, Zenith ZenMarket, Hotellistat Rate Shopper und andere.

office, da nur mittelbarer Kundenkontakt), z. B. mittels Mailing-Aktionen. Hierzu gehört auch die Eingabe und Pflege von Informationen über Kundenprofile und -präferenzen sowie speziell verhandelte Raten oder Kontingente von Stammkunden, Firmenkunden, Veranstaltern etc. Hotel-CRM-Systeme werden als PMS-Zusatzmodule, als CRS-Dienste (vgl. Kap. 4.3.7) oder als Stand-Alone-Lösung bzw. Cloud-Service mit Schnittstellen zu gängigen PMS-Systemen und CRS angeboten[10]. Die Funktionalitäten reichen von der Analyse und Segmentierung der Kundenprofile anhand der Buchungs- und Umsatzdaten sowie der Kundenhistorie über die Planung, Durchführung und das Controlling von Sales-Kampagnen (z. B. Adressdatenbereinigung, Zusammenstellung und Response-Raten von Mail-/Newsletter-verteilern, Call-Center-Kontaktverwaltung) bis hin zum Beschwerdemanagement und der systematischen Auswertung von Kundenzufriedenheits- und Loyalitätserhebungen. Einige Systeme setzen hierbei Data-Mining-Technologien ein, was neue Chancen und Risiken für die Branche mit sich bringt (vgl. Toedt 2013). Umfassende Lösungen integrieren sämtliche Daten über alle Kundeninformationen, Kundenkontakte, Kundenaufträge, Nachrichten, Feedbacks etc. zu sog. 360-Grad-Kundenprofilen und unterstützen die gesamte Customer Journey, um die Gästeerfahrungen vor dem Aufenthalt, während des Aufenthalts und nach dem Aufenthalt optimal zu gestalten (Experience Management System). Hierzu können sie auch Schnittstellen zu sog. Online-Reputation-Management-Diensten (ORM, vgl. Kap. 4.3.7) haben, über die Kunden zu Bewertungen des Aufenthalts aufgefordert werden bzw. die in diversen elektronischen Vertriebskanälen und Bewertungsportalen nach Kundenbewertungen suchen, diese auswerten und ggf. Stellungnahmen initiieren. CRM-Systeme konzentrieren immer mehr kundenbezogene Funktionen eines PMS und werden zur Drehscheibe in Bezug auf alle Informationen und Interaktionen mit Kunden über alle Werbe-, Distributions- und Kommunikationskanäle bis zur Gäste-App. Sie sind wesentlich für die Umsetzung des Datenschutzes nach der DSGVO (vgl. IHA 2018 und DEHOGA 2018), da sie den Zugriff auf Kundendaten zentral administrierbar machen.

Digital Campaign Management (DCM): PMS wie z. B. Protel und Amadeus bieten im Zusammenspiel mit dem CRM-System außer E-Mail-Kampagnen auch DCM-Dienste für Suchmaschinen- und Bannerwerbung mit Deep Links auf aktuell in ausgewählten elektronischen Distributionskanälen buchbare Angebote oder in einem Webshop buchbare Voucher. Raten, Werbebudgets, Kanäle und Mengen werden ggf. vom Revenue-Management-System vorgegeben. Das DCM stoppt bei Ausverkauf die Kampagne. Zusätzlich kann das DCM durch sog. Upselling-Plattformen wie z. B. Nor1, Upsellguru oder Okay unterstützt werden. Diese schlagen für Kunden im Verkaufsgespräch, Call-Center oder im elektronischen Buchungsprozess nach der

---

10 Beispiele für Hotel-CRM-Systeme sind TS&C dailypoint 360°, NextGuest, salesforce.com, Revinate, Amadeus TracelClick GMS, thryv, Cendyn Guestfolio, Guestware, Quore, Track Hospitality CRM, Navis CRM etc.

Zimmerauswahl unmittelbar vor einer Buchung oder direkt nach der Buchung eine passende hochwertigere, umsatzsteigernde Leistung oder Zusatzangebote vor. Auch zwischen der Buchung und der Anreise oder während des Hotelaufenthalts können diverse Angebote über diverse Kommunikationskanäle (SMS, Mail, Hotel-/Gäste-App, Zimmer-TV/Entertainment-Systeme oder Mitarbeiterhinweis) empfohlen werden. Welche Leistungen welchem Kunden empfohlen werden sollten, kann durch weitere Schnittstellen zum CRM-System und zum Revenue-Management-System gesteuert werden.

Die meisten PMS bieten Schnittstellen zu **Backoffice-Standardsoftware** oder sogar eigene Backoffice-Module für FIBU (Finanzbuchhaltung), Rechnungswesen und für die Personalverwaltung zur integrierten Unterstützung des Backoffice an (vgl. Kap. 4.3.8).

4.3.4 Hotel-Kommunikations-/Medien- und Entertainmentsysteme

Zu den Kommunikationsmedien, die mit speziellen Funktionen für Hotelbetriebe angeboten werden, gehören Hotel-Telefondienste, Hotel-TV/Entertainment-Systeme und Hotel-WLAN bzw. zukünftig 5G-Mobilfunk (vgl. auch Busulva et al. 2021). Für MICE-Tagungshotels sind auch Saalausstattungen mit anspruchsvoller Konferenztechnik entscheidend, die von der Elektrotechnik im Zuge der Digitalisierung immer mehr zur IT-Medientechnik mutierte.

Hotel-Telefondienste

Hotel-P(A)BX-Systeme (Private (Automated) Branch Exchange) werden von Telefonanlagen-Herstellern als private Nebenstellenanlagen, wie sie auch in Unternehmen zum Einsatz kommen, mit besonderen Zusatzfunktionen angeboten. Diese können von den Gästetelefonen, von speziellen Rezeptionstelefonen oder vom PC bzw. PMS angesteuert werden: Definition der Regeln zur Gebührenberechnung, Freischaltung und Sperrung der Zimmertelefone/Telefonkonten ggf. mit Displays in der Landessprache des Gastes, Weckruf, Servicetasten für Rezeption/Zimmerservice, Notruf, Taxi, Serviceansagen für den Gast bzw. Reisegruppen, Statusmeldungen des Zimmerpersonals über spezielle Tastencodes etc. Die Schnittstelle zum PMS erlaubt neben der automatischen Übermittlung der Telefongebühren die Automatisierung vieler der oben genannten Funktionen beim Check-in oder Check-out. Call-Center-Funktionen einer Hotel-Telefonanlage ermöglichen die automatische Anwahl von Telefonnummern aus der Gästekartei. Umgekehrt kann die Gästekartei mit aktuellen kundenbezogenen Serviceaufträgen immer dann automatisch angezeigt werden, wenn der Kunde von seinem Zimmer oder von seiner Festnetz- oder Mobil-Nummer aus anruft. Reservierungsanfragen können durch ACD (Automated Call Distribution) in Hotelketten und Kooperationen je nach Tageszeit automatisch an eine besetzte Rezeption oder die Reservierungszentrale zur Reservierung im Multi-Property-Management-System oder CRS geleitet werden. Die alten ISDN-basierten PBX-Anlagen werden durch internetbasierte LAN/WLAN-Voice-over-IP-Server on Premise oder in der Cloud ersetzt. Da immer mehr Gäste bevorzugt ihre eigenen Handys und Smartphones nutzen, nimmt die Bedeutung von Hotel-Telefonanlagen immer mehr ab, wozu auch die zunehmende Verbreitung von Hotel- und Gäste-Apps beiträgt.

Hotel-TV und Entertainment-Systeme

Hotel-TV-Systeme von Fernsehgeräteherstellern und Spezialanbietern zeichnen sich durch spezielle TV-Geräte und Fernbedienungen mit einem Hotel-Bedienmodus aus: konfigurierbare persönliche Begrüßungsmenüs, zentrale Senderprogrammierung zur Vermeidung der Programmverstellung durch Gäste, Weckfunktion, automatische Ein-/Abschaltung, Einspielung von Hotel-Werbevideos und Veranstaltungskalendern, Zugang zu Pay-TV-Angeboten, Internet, Audio-/Videostream-Diensten, Gaming-Apps oder hoteleigenen oder cloudbasierten Videoservern mit Gebührenerfassung, Anzeige und Bestätigung von Nachrichten der Rezeption, Feueralarm mit Fluchtweganzeige, Kredit-/Prepaid- oder Schlüsselkartenleser zur Pay-TV-Autorisierung u. v. m. Die Vernetzung mit dem PMS-System vereinfacht vor allem den Nachrichtenaustausch mit dem Gast und kann über einen speziellen Rückkanal per Antennenkabel, über eine Settop-Box per LAN oder andere (auch Funk-)Gebäudevernetzungen per WLAN erfolgen. Der Trend vom TV- zum In-Room-Entertainment-Center wird besonders in spezialisierten Gamer-Hotels deutlich, die Gästezimmer mit Cinema-TV- und Soundeffekten, Spielekonsolen und mehr oder weniger immersiven Virtual- oder Augmented-Reality-Attraktionen ausrüsten.

WLAN-Basisstationen und 5G

WLAN-Hotspots sind insbesondere für Geschäftshotels wichtig, da Kunden mit dem eigenen Mobilcomputer im Zimmer auf das Internet zugreifen möchten und nicht über öffentlichen 3G/4G-Mobilfunk-Zugang verfügen. Wenn sich ein Hotel nicht unmittelbar in der Nähe eines WLAN-Hotspots eines Mobilfunkanbieters befindet, den die Gäste nutzen können, sollte es selbst einen oder mehrere WLAN-Hotspots anbieten. Es gibt hierbei verschiedene Verfahren, den Zugriff wirksam auf die eigenen Gäste zu beschränken bzw. einzelne Gäste für die Nutzung gegen Gebühren freizuschalten. Gebühren können entweder durch die Ausgabe von Prepaid-Karten mit einem Passwort und einer maximalen Nutzungsdauer oder durch Einrichtung und nutzungsabhängige Belastung eines Gästekontos erhoben werden. Die letzte Variante, bei der die Kunden erst beim Check-Out bezahlen, erfordert eine Schnittstelle zum PMS. Immer mehr entwickelt sich WLAN allerdings zu einem Serviceangebot für die Gäste, das nicht extra abgerechnet wird, sondern vom Kunden als kostenloser Basisservice erwartet wird. Ein WLAN-Hotspot ist zudem nicht nur als Kommunikationsdienst für die Gäste wichtig, sondern auch eine wichtige Voraussetzung für eine kostengünstige funkbasierte Vernetzung der eigenen IT-Systeme im Hotel oder Restaurant (z. B. Kassen und mobile Bestellterminals, Zahlterminals etc.). Die neuen, von öffentlichen Telekommunikationsgesellschaften eingeführten 5G-Netze bieten nicht nur mehr Bandbreite als 4G oder WLAN, sondern ermöglichen auch die Einrichtung firmen- oder hotelspezifischer Mobilfunk-Teilnetze mit kurzen Latenz-Zeiten, wie sie für Virtual/Augmented-Reality-Anwendungen und Echtzeit-Anwendungen zur Ansteuerung von Service-Robotern oder autonomen Fahrzeugen in der Hotel-Umgebung notwendig sind.

Hotel-Konferenz- und Medientechnik für MICE-Veranstaltungen

Anspruchsvolle Tagungsräume benötigen statt Leihbeamern und Leinwänden professionelle Beleuchtungs-, Ton- und Videotechnik mit diversen Schnittstellen für die mitgebrachten Geräte der Referent/-innen mit der Möglichkeit einer Life-Übertragung in Videokonferenzsysteme für hybride Veranstaltungen. Entsprechende Technologien sind dieselben wie diejenigen, die im Kapitel 4.7. detailliert vorgestellt werden.

4.3.5 Elektronische Zugangssysteme, Smart Rooms und IoT

Elektronische Zugangs- und Schließsysteme[11] erhöhen die Sicherheit beim Verlust von Zugangskarten und ermöglichen zum Teil auch eine bequeme Erfassung und Zurechnung der Leistungen, die die Gäste bei ihrem Aufenthalt konsumieren.

Smart-Cards als Schlüssel oder Zahlungssystem: Statt eines Schlüssels erhalten Gäste beim Check-in eine Magnet-, Chip- oder RFID-Transponder-Karte mit einem Code, der von Lesegeräten auch berührungslos erfasst werden kann (vgl. Abb. 4.3.7).

Bei Schlössern, die wie ein Safe eine Zahlentastatur besitzen, kann den Gästen auch nur eine Nummer ohne Karte mitgeteilt und auf diese Weise ein unassistierter Online/Self-Check-in ggf. auch mit SMS/Web-Übermittlung eines Zifferncodes ermöglicht werden. Ein Karten- bzw. Berechtigungsmanagement-System verwaltet, welchen Codes welche Berechtigungen zur Öffnung von Zimmern, zum Zugang zu speziellen Service-Bereichen oder zur Inanspruchnahme welcher Dienste zugeordnet sind. Hiermit kann auch der Personalzugang geregelt und überwacht werden. Eine Schnittstelle zum PMS-System ermöglicht die automatische Zuordnung des Zimmers zur Karte und zum Gast bzw. zu dessen Aufenthalt und Gastkonto. Man unterscheidet Offline- und Online-Betrieb, je nachdem, ob elektronische Schlösser und Lesegeräte mit dem Karten- und Berechtigungsmanagement-System oder dem PMS vernetzt sind. Im Offline-Betrieb kann jedes Schloss bzw. Lesegerät anhand eines geeigneten kryptografischen Verfahrens aus dem Code entschlüsseln, welche Berechtigungen er enthält und wie lange diese gelten. Es können auch Informationen zur Identifizierung des Zimmers bzw. Gastes auf der Karte gespeichert werden.

---

11 Hotel-Schließanlagen gibt es z. B. von Assa Abloy, Messerschmitt, dormakaba, Winkhaus, Haefele u. a.

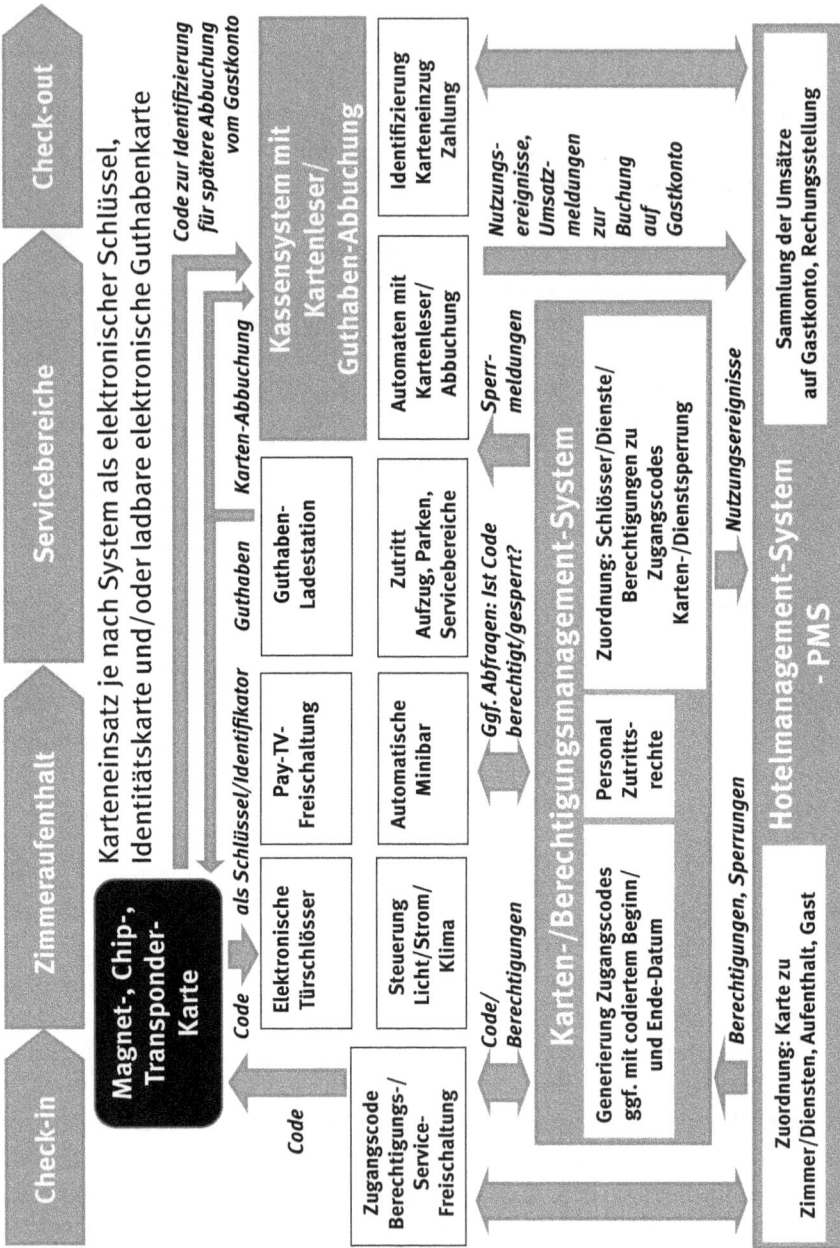

Abb. 4.3.7: Anwendungsfelder und mögliche Informationsflüsse beim Einsatz elektronischer Kartensysteme als Zugangs- und Schließsystem oder Guthabenkarte.

Die Online-Vernetzung von Schlössern und Lesegeräten mit dem Karten- bzw. Berechtigungsmanagement-System ermöglicht entweder eine sofortige Kommunikation gesperrter Kartennummern an die Schlösser bzw. Akzeptanzstationen oder umgekehrt eine Echtzeitabfrage der Schlösser- und Lesegeräte im Management-System, ob eine bestimmte Karte für einen Dienst oder Zugang gesperrt wurde. Wenn sich Gäste über ihre Karte an Automaten, Kassen und Zugangsschleusen identifizieren, können diese Systeme automatisch alle Ereignisse des Leistungskonsums zuordnen und über geeignete Schnittstellen an das PMS zur Verbuchung auf dem Gastkonto melden.

Innerhalb des Zimmers können mit dem PMS vernetzte Geräte wie die Minibar oder das TV-System auch ohne Kartenunterstützung Nutzungsereignisse durch den Gast zur automatischen Abrechnung melden. Soll den Gästen kein Kredit während ihres Aufenthalts eingeräumt werden, sind die Karten auch mit zusätzlichen Guthaben-Lade- und -Abbuchungsstationen z. B. an Kassen als elektronische Guthabenkarte (vgl. auch Kap. 5.3.1) einsetzbar. Eine weitere Anwendung elektronischer Zugangskontrollen ist die energiesparende Steuerung von Licht, elektrischen Geräten und Klimaanlagen in Abhängigkeit von der An- oder Abwesenheit des Gastes.

Smartphones als virtuelle elektronische Karten & Zahlsysteme: Auf der Basis des Nearfield Communication Standards (NFC), der RFID weiterentwickelt, können mit NFC-Antennen und einem gesicherten Zusatzchip ausgerüstete Smartphones wie RFID-Smartcards eingesetzt werden. Gäste können sich nach der Reservierung per Smartphone und Hotel-/Gäste-App selbst einchecken (Self Check-in) und dann im Hotel das Smartphone als elektronischen Zimmerschlüssel nutzen. Bei Berührung des elektronischen Türschlosses mit dem Smartphone werden hierzu per NFC verschlüsselte Zugangsdaten ausgetauscht, die bei positiver Prüfung zur Türöffnung führen. Ein Smartphone kann auf diese Weise mit verschiedenen Apps verschiedene „virtuelle Smartcards" für unterschiedliche Anwendungen (Zugangskarte, Kundenkarte, Zahlkarte, Ticket etc.) emulieren. Alternativ gibt es auch Schlösser, die anstelle von NFC auch via Bluetooth bzw. Bluetooth LE Informationen mit Smartphone- und auch Tablet-Apps über kurze Entfernung gesichert austauschen können. Auch über WLAN oder Mobilfunk 3G/4G/5G können Smartphone-Apps mit Hotel-Zugangs- oder Abrechnungssystemen kommunizieren und ebenso wie SmartCards auch als Self Check-in und Zahlungsmedium dienen. Darüber hinaus kann man mit Smartphones auch überall im Haus über öffentliche Mobile-Payment-Dienste (Handy-Bezahlsysteme, vgl. Kap. 5.3) zahlen.

Smart Room und Internet of Things: SmartCards und Smartphones eröffnen neben Zugangs- und Zahlfunktionen auch diverse Möglichkeiten, um in Räumen verschiedene Schalter, Systeme und Anlagen zu aktivieren oder im Fall von Smartphones oder Tablets sogar fernzubedienen. Die IP-basierten Standards zur Datenkommunikation mit Systemen und Geräten wie Lichtanlagen, Klimaanlagen, Minibar, Tresoren, Hotel-TV und Entertainment, Spiel- oder Sportgeräten über diverse Funk- oder Festnetze machen Smartphone-Apps zu universellen persönlichen und personalisierbaren

Bedienoberflächen für Gäste und Mitarbeiter im Hotel. Durch die internetbasierte Vernetzung von Geräten, Systemen und Anlagen mit Sensoren, Alarm-/Brandmeldern, Überwachungskameras, mit Transpondern ausgestatter Hotelwäsche, Behältern, Waren, Funktionsbekleidung (Wearables) und mit Aktoren vom Fenster-/Türöffner bis zum Service-Roboter entsteht das sog. Internet of Things (IoT). Intelligente Server- oder cloudbasierte Systeme mit künstlicher Intelligenz (KI bzw. engl. AI für Artificial Intelligence) können zusätzlich zur Überwachung und Fernsteuerung über klassische Bedienoberflächen oder Gestensteuerung und Gesichtserkennung auch sprachbasierte Interaktionen (z. B. durch Siri, Alexa, Cortana oder andere Dienste) ermöglichen, die für diese Dienste als sog. Skills programmiert werden können. Neben neuen Identifikations- und Interaktionsmöglichkeiten ermöglichen KI-Systeme der Künstlichen Intelligenz auch eine energieeffiziente und ressourcenschonende Steuerung von Zimmer, Gebäude, Schwimmbad und Gartenanlagen oder unterstützen umweltfreundliches Material-, Wäsche-, Müll-, Wasser- und Reparatur-/Instandhaltungsmanagement. Smart-Room- und Smart-Facility-Management-Konzepte der Zukunft nutzen das IoT und Systeme der Künstlichen Intelligenz, um kundenorientierten Komfort bei Sicherstellung eines nachhaltigem Umwelt- und Resssourcenmanagements zu optimieren (vgl. HTNG Spezifikationen zu Intelligent Rooms).

4.3.6 Hotel-Webauftritt & Hotel-/Gäste-Apps

Von strategischer Bedeutung für den Vertrieb und mit wachsendem Einfluss auf die Erträge der Hotelbetriebe sind die verschiedenen elektronischen Distributionskanäle (vgl. Gardini 2015). Neben den aggregierenden computergestützten Distributionssystemen, die stets von mehreren Häusern gemeinsam genutzt werden und im nächsten Abschnitt behandelt werden, hat sich mit dem Internet der eigene Webauftritt (engl. Website) für viele Hotels und Restaurants als direkter individueller computergestützter Werbe- und Distributionskanal etabliert. Innovative Hotel-Apps ergänzen diesen Distributionskanal für mobile Endgeräte und unterstützen sowohl Gäste während ihres Hotelaufenthalts als auch Mitarbeiter bei ihrer Arbeit.

Eigener Webauftritt (Website)
Ein eigener Webauftritt (vgl. Abb. 4.3.1 und 4.3.8) bietet für Hotel- und Gastronomiebetriebe die Möglichkeit, sich ihren Zielgruppen rund um die Uhr mit Texten, Bildern, Animationen und Filmen multimedial zu präsentieren (vgl. zu Folgendem Zhou 2004, Nyham 2018 und Benckendorff et al. 2019). Der Vertrieb über den eigenen Webauftritt hat den Vorteil, dass die Informationen über den eigenen Betrieb sowie das Layout und die Benutzerführung individuell gestaltet werden können und keine Vertriebsprovisionen anfallen. Außerdem hat die eigene Website eine wichtige Funktion als Haupt-Informationsquelle und Anlaufstelle für Bewerber. Spezielle eRecruiting/Staffing-Dienste bieten insbesondere für Hotelketten Funktio-

nen zum Management von Stellenanzeigen auf der Website und zur Vorgangssteuerung der abgefragten elektronischen Informationen und Bewerbungsunterlagen für die Bewerberauswahl an. Diesen Nutzenpotenzialen stehen aber auch Kosten für die Programmierung, den Betrieb und die Pflege des Webauftritts sowie die Bereitstellung einer *Web-Reservierungsfunktion* und weiterer Webdienste (siehe unten) gegenüber. Außerdem müssen Webauftritte nicht mehr nur hinsichtlich ihrer Bedienbarkeit (Usability und Barrierefreiheit) für normale PC-/Notebook-Browser, sondern auch für mobile Browser nach HTML 5.0 in Smartphones und Web-Pads optimiert werden, wozu auch Funktionen zur Unterstützung der Lokalisierung und Navigation zum Hotel- bzw. Restaurantstandort gehören.

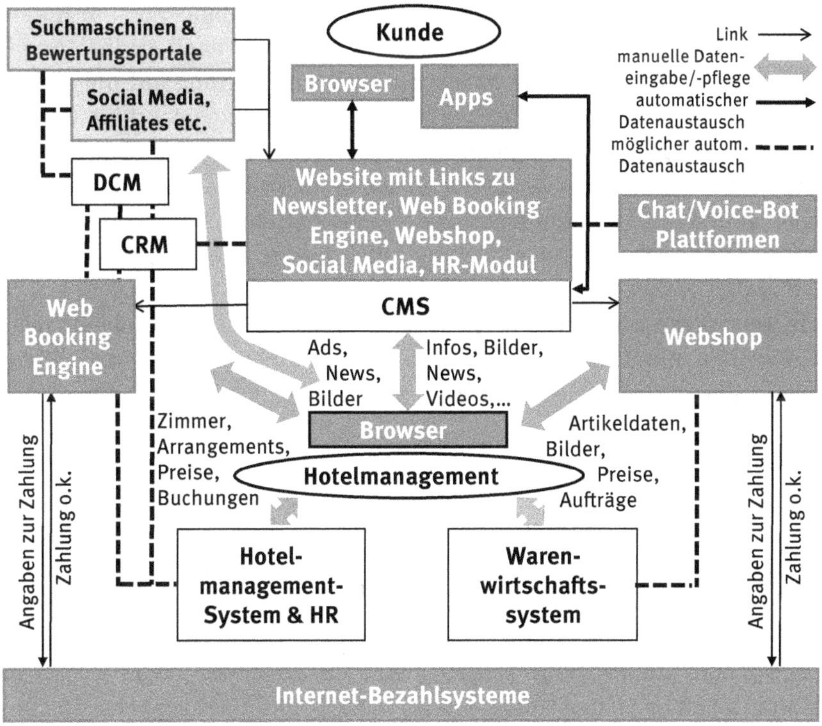

Abb. 4.3.8: Komponenten und mögliche Datenaustauschbeziehungen bei einem Hotel-Webauftritt.

SEO-SEM für Restaurant- und Hotel-Websites: Ein spezielles Problem ist, dass Interessenten, die die Webadresse eines Betriebes nicht kennen, den Webauftritt erst über Suchmaschinen finden müssen. Die wichtigste allgemeine Suchmaschine ist in Deutschland Google (Stand 2021). Um hier in der Trefferliste bei bestimmten Suchbegriffen gut, d. h. weit oben, gelistet zu werden, gibt es verschiedene mehr oder weniger aufwendige Ansätze zur Suchmaschinenoptimierung (engl. SEO – Search Engine Optimization) eines Webauftrittes, die von Web-Agenturen und spezialisierten Dienstleistern angeboten werden. In Google gibt es auch ein auf Google Maps basierendes Branchenverzeichnis, in das sich Hotels und Restaurants kostenlos mit ihrer Adresse, Telefonnummer und Webadresse eintragen können. Sie werden dann bei Suchen z. B. nach der Schlagwort-Kombination „Hotel München" mit Landkarte ausgegeben. Schließlich gibt es noch die Möglichkeit, für ein oder mehrere Schlagworte eine kostenpflichtige Anzeige im Pay-per-Click-Dienst Google AdWords zu schalten (SEM – Search Engine Marketing): Immer, wenn ein Kunde auf die Anzeige klickt und zum Webauftritt geleitet wird, fällt eine Werbegebühr an, die das vorher an Google überwiesene AdWords-Werbebudget vermindert. Die Google-Analytics-Dienste bieten ergänzend zahlreiche Funktionen zur Erhebung und Auswertung von Besucherstatistiken für das Erfolgscontrolling derartiger Online-Werbeaktionen (Web-Controlling). Darüber hinaus können Hotels auch Anzeigen im spezialisierten Google-Hotel-Ads-Dienst schalten: Ihre Angebote werden dann mit aktuellen Preisen und Link zur Buchung auf die eigene Website oder eine Partner-IBE im Preisvergleich der Hotel-Suchmaschine Google Hotel Search und in Google Maps angezeigt. Restaurants sind über sog. Google-Brancheneinträge registrierbar und werden dann für Interessenten bei Umgebungssuchen gelistet und sind für jedermann bewertbar. Auch andere allgemeine Suchmaschinen wie Bing und Reisesuchmaschinen bieten, wie auch Bewertungsportale und andere Reiseportale, ähnliche Werbedienste an.

Soziale Netzwerke wie Facebook, Instagram, Pinterest, Twitter, LinkedIn oder Xing bieten weitere Möglichkeiten, die eigene Hotel-Website bekannt zu machen (vgl. Ammersdorfer et al. 2010, Carboni 2013, Kwentoh/Kwentoh 2013, Radde 2016, Sigala et al. 2017):

Facebook bietet Werbebanner an, die nur Facebook-Mitgliedern mit bestimmten soziodemografischen Merkmalen, Interessen und Wohn- bzw Aufenthaltsorten angezeigt werden. Der eigene Webauftritt kann über „Like-Buttons" und Facebook-Apps mit Facebook vernetzt und unter Nutzung der Social-Networking-Weiterempfehlungs- und Bewertungsfunktionen zielgruppenspezifisch bekannt gemacht werden. Umgekehrt können Restaurants und Hotels für alle Facebook-Mitglieder einsehbare Facebook-Seiten oder Gruppen- bzw. Fanseiten anlegen, um die facebookspezifischen Interaktions-, Präsentations- und Analysefunktionen zur PR-Arbeit einsetzen zu können. Ein alternatives PR-Format sind dabei tagebuchartige Einträge mit aktuellen Berichten rund um das eigene Angebot, die nicht nur über soziale Netze, sondern auch über Blogdienste wie z. B. Blog.de oder Open-Source-Blog-Software wie z. B. Wordpress oder von Web-Hostern in die eigene Website integriert werden können.

Twitter dient in Gastronomie und Hotellerie eher der schnellen Verbreitung von Kurznachrichten z. B. über geplante Events, Sonderaktionen etc.

Pinterest ist ein soziales Netzwerk, in dem man virtuelle Pinwände mit Kommentaren und Fotos zu allem, was interessant ist, und auch Angebote als Promoted Pins mit Gleichgesinnten teilt.

Instagram ist ebenfalls ein Netzwerk, auf dem Fotos mit Musik und Videos geteilt werden, die u. a. mit Augmented-Reality-Filtern-bearbeitet werden können und zwischen denen ebenfalls bezahlte Werbefotos (virtuelles Schaufenster) ggf. mit Kaufmöglichkeit eingeblendet werden kann.

Für das Mitarbeiter-Recruiting (Staffing) sind die auf Arbeitssuche und die Pflege von Geschäftsbeziehungen spezialisierten Netzwerke LinkedIn und Xing mit diversen Special Interest Groups interessant. Es gibt auch Bewertungsportale für die Beliebtheit von Arbeitgebern.

Bei allen sozialen Netzwerken ist stets zu bedenken, dass Inhalte und Daten über alle Interaktionen mit den Kunden im sozialen Netzwerk natürlich auch den Betreibern der sozialen Netzwerke zugänglich sind und die eigenen Nutzer- und Zielgruppen auch für Werbemaßnahmen von Mitbewerbern erschlossen werden.

CMS, Newsletter, Fotos und Hotelvideos: Ein Webauftritt, der auf Basis eines Content-Management-Systems (CMS – deutsch auch Redaktionssystem) programmiert wurde, erlaubt es, Inhalte im Webauftritt auch ohne HTML-Kenntnisse oder komplexere Web-Editoren zu pflegen (vgl. Abb. 4.3.8). Hotelketten, größere Häuser und auch Lokale mit einer größeren Stammkundengemeinde können mit einer zusätzlichen Newsletter-Funktion zudem die Kundenbindung erhöhen und ihre Kundschaft über Promotion-Aktionen informieren. Um einem Kunden einen Newsletter zu senden, muss jedoch sichergestellt sein, dass er dem Newsletter-Abo tatsächlich zugestimmt hat. Jede Newsletter-Abonnierfunktion auf einer Website sollte daher über sog. Opt-in- bzw. Opt-out-Prozeduren des Permission Marketings verfügen: Wurde ein neuer Abonnent mit seiner E-Mail-Adresse angemeldet, sollte er automatisch eine E-Mail erhalten, in der er über einen Link das Abonnement bestätigen kann. Erst wenn dieser Opt-in dokumentiert vorliegt, wird er im Newsletter-Verteiler aufgenommen (vgl. IHA 2018 und DEHOGA 2018). Jeder Newsletter sollte außerdem einen Link enthalten, mit dem der Empfänger den Newsletter abbestellen kann (Opt-out). Seine E-Mail-Adresse wird dann aus dem Verteiler entfernt. Komfortable Newsletter-Funktionen werden als Software oder webbasierter Application Service von Internet Service Providern angeboten, die auch den Betrieb (engl. Hosting) des Webauftrittes auf einem Webserver übernehmen. Newsletter-Systeme werden auch als Bestandteil von CRM-Systemen angeboten oder haben eine Schnittstelle zu diesen (vgl. Abb. 4.3.1). Sowohl auf Websites als auch in Newslettern werden hierbei gerne Fotos und Hotelvideos z. B. zur Darstellung von Räumlichkeiten und Hotelanlagen gezeigt, die dann typischerweise auf Videoservern von Videodiensten wie z. B. YouTube bereitgestellt werden, die sich zunehmend durch Werbeeinblendungen in populäre Videos refinanzieren. Videos werden zur Beratung von Kunden in Reisebüros und Online-Reisebüros auch von Reiseveranstaltern genutzt und von Content Aggregatoren wie z. B. der GIATA systematisch gesammelt, gehosted und für Reisebüro-Beratungssysteme und Internet Booking Engines abrufbar bereitgestellt (vgl. Kap. 4.6). Häufiger werden auch Panorama-Views, Helikoptervideos (Traffics) und Drohnenüberflüge sowie 360-Grad-Videos von Zimmern und Virtual-Reality-Rundgänge durch Hotelanlagen (Interactive CMS) im Internet gezeigt.

Neben diesen reinen Informationsfunktionen einer Website sind für die Distribution Web-Reservierungs- oder Buchungssysteme und für den Vertrieb materieller Artikel bzw. Vouchures (Hotel-Gutscheine) Webshops notwendig. Beide setzen in den meisten Fällen eine Schnittstelle zu einem Internet-Bezahlsystem voraus (vgl. Abb. 4.3.8). Diese werden in Kapitel 5.3 erläutert.

Web-Reservierungssysteme (IBEs/WBEs): Per E-Mail oder per elektronischem Reservierungs-/Buchungsformular können Interessenten über den Webauftritt elektronische Reservierungsanfragen stellen. Sie werden vom Anbieter in der Regel ebenfalls per E-Mail oder telefonisch mit einem konkreten Angebot beantwortet. Vakanzprüfung, Angebot und Reservierung erfolgen hierbei auf jede Reservierungsanfrage von Hand.

Zur Automatisierung der Reservierung und Buchung im Internet dienen Web-Reservierungs- und -Buchungssysteme (engl. Internet oder Web Booking Engine – IBE/WBE, vgl. Abb. 4.3.8). Sie werden als PMS-Erweiterung oder als eigenständige Softwaremodule zur Integration in Webauftritte oder als Application Service von IT-Dienstleistern[12] sogar zur Integration in Facebook angeboten. Auch viele Betreiber aggregierender Hotel-Distributionssysteme (Abb. 4.3.10) erlauben eine provisionsfreie Integration einer *Web-Reservierungsfunktion* in den hoteleigenen Webauftritt. Web-Reservierungssysteme bieten Reservierungsmanagern eine passwortgeschützte Web-Administrationsoberfläche, in die sich browserbasiert Zimmerbeschreibungen, Kontingente, Saisonen, Preise und sogar Arrangements (Pauschalen) eintragen lassen. Diese Angebote werden durch das Web-Reservierungssystem im Webauftritt dem Kunden mit verschiedenen Suchmöglichkeiten präsentiert. Der Kunde kann im Web-Reservierungssystem die aktuell vakanten Zimmer und Arrangements in Echtzeit reservieren und durch Angabe seiner Kundendaten und ggf. Zahlung in einem Internet-Bezahlsystem verbindlich buchen. Die Buchung wird dem Kunden automatisch per E-Mail bestätigt. Das Web-Reservierungssystem reduziert bei jeder Buchung automatisch das Kontingent der im Web als vakant präsentierten Angebote (die sog. Web-Kontingente) und versendet eine E-Mail-Buchungsbestätigung an den Kunden. Dem Betrieb werden die Buchungen ebenfalls per E-Mail, ggf. auch per Fax oder SMS avisiert und im Web-Administrationssystem zur weiteren Bearbeitung/Verwaltung bereitgestellt. Um auch die automatische Synchronisation der Buchungen und

---

12 Beispiele für Hotel-IBE-Dienste sind TourOnline AG DIRS21 IBE, Viato Buchungsmaschine, HotelNetSolutions One Page Booking, Caesar-Data, CultBooking, Sabre Synxis Booking Engine, TravelClick iHotelier Booking Engine und andere.

Web-Kontingente im Web-Reservierungssystem mit der Zimmerverwaltung des Hotelmanagement-Systems zu ermöglichen, bieten Anbieter von Hotelmanagement-Systemen eigene Web-Reservierungssysteme oder entsprechende Schnittstellen an (vgl. Abb. 4.3.1, 4.3.8 und 4.3.10 – Verbindung vom Webauftritt zum PMS). Die Pflege der Web-Kontingente kann dann z. T. direkt im Hotelmanagement-System erfolgen, wenn nicht sogar ein Direktzugriff des Web-Reservierungssystems auf alle freien Zimmer der Zimmerverwaltung des Hotelmanagement-Systems zugelassen wird. Eine Integration des Web-Reservierungssystems mit dem PMS bzw. CRM-System erlaubt auch für ausgewählte Stammkunden im Internetbuchungsdialog Upgrades, Rabatte oder spezielle Arrangements zu empfehlen (Recommender-Funktion).

Webshop-Systeme und Voucher-Management Dienste: Für den Verkauf von Restaurant- und Hotel-Gutscheinen, materiellen Waren und Artikeln durch Gastronomie- und Hotelbetriebe auf der eigenen Website sind auch die herkömmlichen Internet-Shop-Lösungen geeignet. Diese können von zahlreichen Softwarehäusern oder Internet Service Providern (ISP) gekauft, gemietet oder auf Provisionsbasis genutzt werden. Sie bieten zusätzliche Funktionen zur Verwaltung der Lagerbestände, zur Rechnungsstellung oder zum Versand an und haben ggf. Schnittstellen zur Warenwirtschaft, zu FIBU- und Controlling-Systemen sowie zu Internet-Bezahlsystemen (vgl. Abb. 4.3.8). Eine Alternative zum eigenen Webshop mit größerer Reichweite ist die Auktions- und Verkaufsplattform eBay, auf der Hotel-Vouchers zur Versteigerung oder zum Festpreis angeboten werden können. CultBay von Cultuzz bietet hierzu eine automatisierte Schnittstelle zwischen eBay und Hotel-PMS bzw. CRS an.

Wer auf seiner Website, bei einer Webbuchung oder einem Webshop-Einkauf automatisierte interaktive Hilfestellungen anbieten will, kann Chat- oder Telefonassistenz durch Call-Center-Agenten anbieten. Um hier Personalaufwand zu sparen, bieten Plattformen KI-gestützte, automatische ChatBots oder Sprachassistenten an, die einfache Auskünfte oder Empfehlungen anbieten. Auch können sog. Konversions-Dienste[13], die während eines Website-Besuchs Buchungs- bzw. Kaufanreize durch Hinweise auf Sonderaktionen, Restposten, personalisierte Angebote etc. setzen, sowie die in 4.3.3 erwähnten automatisierten Upselling-Dienste ggf. in die Buchungs- bzw. Einkaufsstrecke integriert werden. Auch für das Voucher-Management und den Umgang mit Promocodes gibt es eigene Dienste. Zur Koordination von webbasierten Advertising-, Search-Engine-Marketing- oder E-Mail-Kampagnen, die per Deep Links Buchungen oder Vouchure-Käufe in WBE/IBE bzw. im Webshop generieren sollen, sind geeignete Schnittstellen zum Digital Campaign Management (DCM) bzw. zum CRM-System nötig.

---

13 Beispiele für solche Conversion Tools sind (vgl. Montag et al. 2020): Triptease, The Hotels Network, inflow, Hotelchamp oder AB Tasty und andere.

Mobile Hotel-, Gäste- und Mitarbeiter-Apps

Die beste Integration und Useability für mobile Endgeräte bieten Hotel- bzw. Gäste-Apps, die vom Gast auf seinem Endgerät dauerhaft installiert werden können und die vor allem von Hotelketten, Luxus- und Tagungshotels für Stammgäste angeboten werden.

Hotel-/Gäste App
- Angebote / Arrangements
- Suche & Reservierung
- Quick Check-in & Check-out
- Elektronischer Schlüssel
- Virtuelle Gäste/Zahlkarte
- Fernbedienung TV, Room, Lift
- Freies WLAN, Notruf
- Haus & Destination-Guide
- Bonusprogramm
- Gepäck-/Zimmerservice
- Speisekarte/-Order/-Pager
- MICE-Funktionen, ...
- Bewertung ★★☆

HR/Personal-App
- Schicht-/Urlaubsplanung
- Virt. Zeiterfassungskarte
- Zugangskarte Zimmer etc.
- Aufträge / Bestätigungen
- Warenwirtschaft
- Meldungen an Rezeption
- Rufnummern von Abteilungen & Kollegen, Störmeldg. Notruf
- Diagnose & Fernsteuerung für Haustechnik
- Bestell-/POS-Funktionen Restaurant
- Schnittstelle Service Bots

Abb. 4.3.9: Typische Funktionen von Hotel-, Gäste- und Personal-/MA-Apps für Smartphones und mobile Tablets.

Sie bieten neben den Informationen und Buchungsfunktionen der Website zusätzliche Inhouse Services wie aktuelle Speisen-/Veranstaltungspläne, Bestellung des Zimmerservice, Terminkalender für Kuranwendungen, Rechnungsübersicht, Wegbeschreibungen im Haus, und ggf. auch die in Kapitel 4.3.5 beschriebenen Schließ-, Kommunikations- und Smart-Room-Bedienfunktionen etc. Realisierung, Pflege und Datenabgleich mit dem PMS können entsprechend umfangreicher sein, ggf tauscht das Smartphone oder Tablet auch Daten direkt via Bluetooth oder WLAN mit den Smart-Room-Geräten im Internet of Things (IoT) aus.

Abbildung 4.3.9 zeigt stichpunktartig diverse mögliche Funktionen, die via Hotel-App den Gästen vor ihrer Anreise angeboten werden können und die sie dann während ihres Aufenthalts als mit erweiterten haus- oder zielortsspezifischen Funktionen ausgestattete Gäste-App nutzen können, um danach als Stammkunde mit besonderen Zusatzangeboten wieder über die Hotel-App zu kommunizieren. Ob es sich technisch um die gleiche App mit je nach Status der Reise verschieden freigeschalteten Funktionen oder um zwei getrennte Apps handelt, hängt vom jeweiligen Anbietersystem ab. Auch Hotel-Apps können entweder eigene Buchungs- oder Shop-Funktionen realisieren oder hierzu auf für mobile Endgeräte-Nutzung optimierte Buchungs-/Einkaufsstrecken der WBE/IBE bzw. des Webshop-Systems leiten.

Zur Pandemiebekämpfung wurden staatliche Corona-Warn-Apps entwickelt, die Impfzertifikate prüfen/speichern, mit Bluetooth oder GPS Abstände messen, Begegnungen oder Routen aufzeichnen und Meldungen über Kontakte zu Infizierten anonymisiert weitergeben, um Infektionsketten nachzuverfolgen. Speziell für die Gastronomie wurden zur bequemeren Umsetzung der in Epidemie-Gebieten vorgeschriebenen Hygienekonzepte mobile Apps zur automatisierten Gäste-Registrierung im Lokal bzw. am Tisch per QR-Codes oder RFID entwickelt, um im Falle eines Krankheitsausbruchs entsprechend der Infektionsschutz-Quarantäneregeln alle Gäste, die Nähe oder Kontakt zu Infizierten hatten, schnell zu informieren und Infektionsketten zu unterbrechen.

Wie in Abb. 4.3.9 gezeigt, gibt es neben Hotel- und Gäste-Apps auf der gleichen technischen Basis und zum Teil auch von denselben Anbietern Personal-Apps für Hotelmitarbeiter. Hier können zahlreiche Funktionen sowohl zur Arbeitsorganisation und Kollaboration im Team oder mit der Rezeption als auch zur Gästebedienung und Steuerung diverser Smart-Room- bis hin zu Service-Bot-Funktionen realisiert werden. Auch Funktionen zur Kommunikation mit den Gästen und zur Angebotsempfehlung sind integrierbar.

Umfassende CRM-Dienste zur ganzheitlichen Optmierung der Guest-Experience integrieren alle Kundeninteraktionsmöglichkeiten über die Website, über die Hotel- und Gäste-App und andere Kundenkontaktpunkte. Sie informieren auch ggf. die Rezeption bzw. das Personal über die Mitarbeiter-App von aktuell ausstehenden Gastaufträgen, nützlichen Empfehlungen oder Hinweisen für den Gast oder von im Rahmen des Datenschutzes auf Gästewunsch bekannt gemachten Anforderungen, z. B. in Kurhotels bestimmte Diätvorgaben.

4.3.7 Aggregierende computergestützte Distributionssysteme

Aggregierende computergestützte Distributionssysteme (vgl. zu Folgendem Buhalis/ Laws 2001, Egger 2008, Dettmer et al. 2008, S. 244 ff., Sölter 2007/2013, Gruner 2008, Nyham 2018, Niser/Perry 2021, Montag et al. 2020, HotelTechReport 2020 und Spalteholz 2021) unterstützen den direkten Vertrieb der Vakanzen aller Häuser einer Hotelkette oder den indirekten Vertrieb einer Vielzahl von Hotelbetrieben über Dritte (3rd Parties) wie Hotelkooperationen, Tourismusorganisationen, Reisemittler, Reisebürokooperationen (engl. Consortia), Firmenreisedienste (TMC), Eventveranstalter (MICE), Reiseveranstalter, Hotel-Consolidator (Reseller, Bed Banks) etc. Entsprechend vielfältig sind die Geschäftsmodelle, nach denen aggregierende computergestützte Distributionssysteme für Hotelbetriebe tätig werden: Einmalige Anschlussgebühren, monatliche Gebühren, Mitgliedsbeiträge, Provisionen und Kommissionen, Transaktions-/Buchungsgebühren etc. sind ebenso wie zusätzliche Vereinbarungen über Mindestkontingente, Preisgarantien sowie Modelle auf der Basis von Bruttopreisen (der Kunden-Endpreis wird vom Hotelier festgelegt) oder Nettopreisen (der Hotelier legt den sog. Nettopreis fest, der Distributionssystem-Betreiber gestaltet den Endpreis) möglich. Je nach Geschäftsmodell nehmen die Anbieter der Distributionssysteme die Rolle eines Technologie-Lieferanten, Infrastruktur/Anwendungsbetreibers (Application/Cloud Service Provider), Content-Anbieters, Reisemittlers/Handelsvertreters (Broker/Agent), eines Händlers (Merchant/Retailer/Reseller) bzw. Großhändlers (Wholesaler/Consolidator) oder Reiseveranstalters (Tour Operator) ein.

CRS – Central Reservation Systems

Hotelketten und Hotelkooperationen[14] sowie spezialisierte CRS-Provider[15] betreiben für teilnehmende Häuser „zentrale Reservierungssysteme", um dem internen und externen Vertrieb einen zentralen Zugriff auf die Vakanzen mehrerer Häuser zu geben (Multi-Property-Management) und diese über gemeinsam genutzte Schnittstellen in möglichst vielen Vertriebskanälen buchbar zu machen (Multi-Channel-Distribution). Ein CRS verwaltet die Text- und zunehmend auch Bildbeschreibungen aller teilnehmenden Häuser sowie deren regelmäßig gemeldeten Preise und Vakanzen in einer zentralen Datenbank bzw. in einer Cloudlösung, die ggf. mit PMS-Cloudlösungen integriert werden kann (Doggrell 2020). Über das CRS kann z. B. eine gemeinsame Reservierungszentrale (CRO – Central Reservation Office, meist ein Call-Center mit CRS-Terminals) auf alle gemeldeten Vakanzen aller angeschlossenen Häuser zugreifen und diese telefonisch und über ein gemeinsam betriebenes und beworbenes Ketten- bzw. Kooperations-Portal (Webauftritt mit Web Booking Engine für Zugriff auf alle Hotels und Vakanzen im CRS) vermarkten. Zusätzlich zum CRS werden auch spezielle Programme für Call-Center-Agenten angeboten, die den Zugriff auf Raten und Vakanzen um zusätzliche Informationen aus angeschlossenen CRM- und Revenue-Management-Systemen sowie um Call-Center-Management-Funktionen (Anrufhistorie, Reports etc.) erweitern. Viele Kooperationen und CRS-Provider bieten ihre Web Booking Engine mit Zugriff auf das CRS gleichzeitig allen teilnehmenden Häusern als Web-Reservierungsfunktion zur Integration in deren hoteleigenen Webauftritt an. Wegen ihrer zentralisierten Informations- und Reservierungsfunktion bilden CRS auch das klassische Zugangssystem zu den Global Distribution Systems (GDS). Anstatt für jedes einzelne Hotel einen Datenaustausch mit einem oder mehreren GDS zu organisieren, sind es die CRS, die mit den GDS entweder direkt oder über einen Hotel-Switch (siehe unten) alle notwendigen Informationen austauschen, um unter einer gemeinsamen Ketten-/Kooperations-/CRS-Kennung bei allen an den GDS weltweit angeschlossenen Reisemittlern, Firmenreisestellen und

---

14 Beispiele für klassische CRS-Systeme von Ketten und Kooperationen sind Mariott Marsha, Intercontinental Hotels Group, Holidex@Plus, Hilton Hilstar, Starwood StarLink-Valhalla, Accor TARS, Supranational Hotels Columbus etc., die zunehmend in Kooperation mit CRS-Providern zu Cloudlösungen migirert werden (vgl. Doggrell 2020).
15 Beispiele für CRS-Dienste sind Sabre SynXis CRS, Pegasus CRS, Amadeus/TravelClick Hotel CRS, Oracle Opera CRS, Reconline CRS, travelopro Hotel CRS, D-Edge, Vertical Booking, GDS by Siteminder etc.

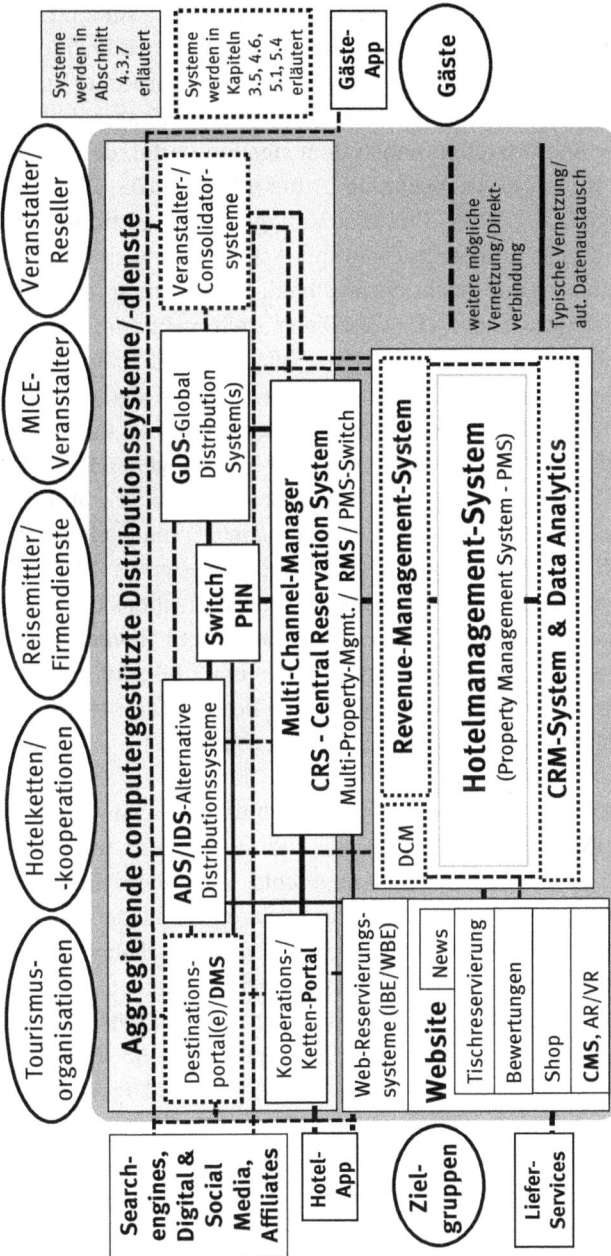

Abb. 4.3.10: Aggregierende computergestützte Distributionssysteme im Überblick.

Veranstaltern buchbar zu sein. CRS müssen wie PMS in der Lage sein, für spezielle Kundengruppen (z. B. Firmen, Reisebürokooperationen oder Veranstalter) jedes teilnehmenden Hotels verhandelte Sondertarife (Negotiated oder Corporate Rates) zu verwalten und diese ggf. nur für definierte Nutzergruppen zugreifbar zu halten. Ebenso sollten CRS, die über Schnittstellen neben dem eigenen Portal, den Hotel-Websites und den GDS weitere Distributionskanäle Dritter wie ADS/IDS, DMS und Veranstaltersysteme versorgen, sog. Multi-Channel-Management-Funktionen unterstützen: Für verschiedene Kanäle und deren Zielgruppen müssen je nach Strategie entweder verschiedene Konditionen und Buchungsregeln oder Ratenparität (einheitliche Preise in allen Kanälen) steuerbar sein. Der CRS-Dienst stellt mehr oder weniger automatisiert für alle angeschlossenen elektronischen Distributionskanäle sicher, dass sie stets mit den aktuellen Angebotsdaten und Vakanzen versorgt sind. Das CRS gibt bei jeder Reservierung für den Kunden eine Reservierungsnummer als Buchungsbestätigung aus, reduziert ggf. die Vakanzen und meldet alle eingegangenen Reservierungen an die einzelnen Häuser (häufig per Fax/E-Mail) bzw. elektronisch in deren PMS zurück. Aktuelle CRS sind hierfür auch direkt über geeignete Schnittstellenplattformen bzw. einen Hotel-PMS-Switch mit den Hotelmanagement-Systemen (PMS) der Einzelbetriebe vernetzt. Besonders in Hotelketten/-kooperationen dient das CRS auch als Multi-Property-PMS und ist Basis für Statistik-/Benchmark- und **Revenue-Management-Services** (**RMS** vgl. Kap. 5.1). Hotel-Kooperationen und CRS-Service-Provider finanzieren die CRS durch die Teilnahme- und Marketing-Beiträge ihrer Mitglieder oder über Provisionen, Anschluss-, Nutzungs- und Transaktionsgebühren.

GDS – Global Distribution Systems als globale Hotel-Distributionskanäle

Die klassischen GDS Amadeus, Sabre, Travelport Galileo/Worldspan und travelopro Apollo (vgl. Kap. 3.1 und 3.2) bieten allen weltweit angeschlossenen Reisebüros, Firmenreisestellen und -diensten integrierte Plattformen zur Buchung von Flügen, Hotels, Mietwagen, Kreuzfahrten, touristischen Veranstalterangeboten wie Pauschalreisen und ergänzende Aktivitäten (Theaterkarten, Stadtführungen, Besichtigungen etc.) an. Sie verlangen dafür sowohl von den Leistungsanbietern als auch von den Reisemittlern Anschluss-, Nutzungs- oder Transaktionsgebühren. Die Expedienten im Reisebüro können Hotels im GDS destinationsbezogen suchen, Text-/Bild- und Lageinformationen abrufen, die Verfügbarkeiten prüfen, Preise vergleichen und schließlich in Echtzeit bzw. unter Bestätigungsanforderung Zimmer buchen. Je nach Anbindungsart (vgl. Abb. 4.3.10 und 4.3.11) werden Hotelinformationen bei der Anfrage eines Expedienten aus GDS-Datenbanken (sehr komprimierte Information) oder „seamless" aus den direkt oder indirekt über einen Hotel-Switch mit Content-Distribution-Service angeschlossenen CRS oder PMS abgerufen (umfangreichere, aktuellere Information). Die Hotelbuchungsdienste der GDS-Plattformen unterstützen die Reisebüro-Agenten bei der Suche, Auswahl, Lokalisierung, Bilddarstellung, dem Preisvergleich und der Buchung von Zimmerangeboten vor allem aus den CRS der Hotelketten und -kooperationen. Dabei müssen auch verhandelte Raten z. B. mit Reisebüroketten, Firmenkunden, Veranstaltern vertraulich abfragbar und buchbar sein. Die Integration der Flug-, Bahn, Hotel- und Mietwagen-Buchungssysteme in den Bedienoberflächen der GDS erleichtert insbesondere die gemeinsame Vermittlung von Hotelbuchungen mit komplementären Reisesegmenten wie Flug, Bahn oder Mietwagen, wie sie für Individualreisen bzw. Geschäftsreisen typisch sind. Die Reservierungs- und Buchungsinformationen werden von den GDS, ggf. über den Hotel-Switch, zurück in das jeweilige CRS und von dort zum Hotel (per Fax/E-Mail) oder direkt in das Hotel-PMS übertragen. GDS, Hotel-Switch-Companies und CRS betreiben darüber hinaus **globale Kommissionsmanagement-Systeme**, mit denen die bei der GDS-Buchung für Reisebüros oder andere Mittler angefallenen Kommissionen bzw. Provisionen verwaltet und abgerechnet werden können. GDS bieten außerdem Schnittstellen für Online-Reisebüros oder Veranstalter an, die ihren Kunden die Buchung oder Zu-Buchung von Hotels aus dem GDS-Hotelangebot zu Individualreisen oder per Dynamic Packaging ggf. auch zu Pauschalreisen ermöglichen möchten (vgl. Kap. 4.6).

ADS/IDS – Alternative Internet-Distributionssysteme

Als Alternative Distributionssysteme (ADS) oder auch Internet-Distributionssysteme (IDS) werden nationale und internationale nicht hotelketten-/kooperationsgebundene Internet-Hotel-Reservierungsdienste und Online-Reisebüros bezeichnet (Weithöner 2007). In intensiv beworbenen Internetportalen mit Reservierungs-Hotlines machen ADS/IDS eine große Auswahl von Hotels und Unterkünften direkt für Endkunden, Firmenkunden und zunehmend auch für Reisebüro-Agenten vergleichbar und buchbar[16]. Obwohl einige ADS/IDS mit GDS und Reisebüros kooperieren, umgehen sie via Internet den klassischen CRS-GDS-Reisebüro-Vertrieb und bilden eigenständige, alternative Internet-Distributionssysteme: Auch kleinere ungebundene Hotels und Zimmeranbieter können ihre Hotel- und Zimmerbeschreibungen mit Bildern, Raten und Vakanzen über passwortgeschützte, webbasierte Verwaltungsoberflächen (Extranet) direkt in die ADS/IDS-Webportale einpflegen. ADS/IDS arbeiten als Mittler (Agent) auf Kommissions-/Provisionsbasis bzw. für eine Buchungsgebühr oder als Buchungsplattform-Betreiber bzw. „Elektronischer Bote" für Anschluss-, Nutzungs- bzw. Transaktionsgebühren. Nach der EU-Pauschalreiserichtlinie kann ein solches Portal, wenn Kunden nicht nur ein Hotel, sondern auch die Anreise buchen, je nach Buchungsstrecke nicht nur zum Reisemittler einer verbundenen Pauschalreise, sondern auch zum Reiseveranstalter mit umfangreichen Haftungs- und Sicherungspflichten auch bei Geschäftsreisen werden (vgl. Kap. 5.5) Manche ADS/IDS ermöglichen dem Hotelier die Vorgabe der Bruttoraten. Andere arbeiten eher wie ein Händler (Merchant) und bestimmen auf der Basis der vom Hotelier vorgegebenen Nettoraten die Bruttoraten in Abhängigkeit von der Nachfrage selbst. Alle ADS/IDS offerieren sämtliche eingepfleg-

---

16 Bekannte Beispiele für ADS/IDS sind Booking.com, HRS.de, ehotel.de, Expedia.de, agoda.com, Hotels.com, Hotelreservierung.de, DERHotel.com, eHotels.com, Trip.com und andere.

ten Angebote einer nationalen oder internationalen Kundschaft auf einem oder mehreren Internetportalen zur Information, zum Preisvergleich, zur Buchung und ggf. sogar zur Bündelung mit komplementären Reiseleistungen (verbundene Reiseleistung bzw. Dynamic Packaging, vgl. hierzu den folgenden Punkt Veranstaltersysteme und Kap. 4.6 sowie 5.5). Registrierte Reisebüros, Reisebürokooperationen und Firmenkunden bekommen für ihre Buchungen in ebenfalls passwortgeschützten Bereichen ggf. Provisionen oder Corporate Rates angeboten. Einige Portale ermöglichen zudem Gruppenreservierungen und den Vertrieb von Tagungen. Die Hotels werden per E-Mail von den Buchungen informiert und können in ihrem Verwaltungsbereich alle Buchungsvorgänge per Internet-Browser administrieren. ADS/IDS können Hoteldaten, Preise und Vakanzen zum Teil auch direkt mit einem CRS, einem Hotel-Switch oder über geeignete Schnittstellen bzw. einen PMS-Switch direkt mit angeschlossenen Hotelmanagement-Systemen (PMS) austauschen (vgl. Abb. 4.3.10 und 4.3.11). ADS/IDS mit vielen teilnehmenden Hotels, einer guten Marke und gutem Suchmaschinenmarketing ziehen im Internet mehr Besucher an als einzelne hoteleigene Websites. Viele ADS/IDS bieten teilnehmenden Hotels die Nutzung des ADS/IDS-Reservierungssystems auch für die Hotel-Homepage an. Über Kooperationen zwischen ADS/IDS und GDS werden bestimmte Hotels, die über ein ADS/IDS buchbar sind, automatisch in einem GDS buchbar und umgekehrt. CRS- und GDS-Anbieter bieten in Kooperation mit Hotel-Switches den Hotels zur Realisierung von Multi/Omni-Channel-Distribution (vgl. 5.2) die technische Anbindung sowohl an mehrere GDS als auch an zahlreiche ADS/IDS und DMS an.

Suchmaschinen, Soziale Netze, Bewertungsportale und ORM-Dienste

ADS/IDS wie auch Ketten- und Kooperationsportale bewerben ihre Angebote insbesondere auch in Hotel-(Meta-)Suchmaschinen[17], Bewertungsportalen und sozialen Netzwerken und unterhalten direkte Schnittstellen zu diesen, die inzwischen auch zentral von Hotel-Switch-, Multi-Channel-Management-Systemen und CRS-Betreibern angeboten werden. In Hotel- bzw. Restaurant-Bewertungsportalen[18] können Gäste Hotels und Restaurants bewerten. Auch bei den meisten ADS/IDS haben sich Funktionen zur Darstellung und Sammlung von Kundenbewertungen zu den einzelnen Hotels durchgesetzt: ADS/IDS bitten ihre eigenen Kunden nach der Buchung und dem Aufenthalt automatisch per E-Mail um eine Bewertung, was den Vorteil hat, dass die Bewertung von einem tatsächlichen Kunden kommt. Die Bewertungen der Hotels werden dann aggregiert und mit den anderen Hotel-Informationen auf dem Portal angezeigt. Zusätzlich finden sich zunehmend auch direkt auf Hotel- und Restaurant-Websites oder den Facebook-Seiten von Hotels und Restaurants Rubri-

---

17 Beispiele für Hotel-Suchmaschinen sind die Hotel-Suchen von: trivago hotels, kayak Hotel, check24 hotel, TripAdvisor, Google, und anderen.
18 Beispiele für Bewertungsportale sind TripAdvisor, holidaycheck, zoover, yelp, Google und andere.

ken, in denen die Kunden ihre Bewertung direkt hinterlassen können. Entsprechend wichtig wird das Monitoring und Management der Bewertungen, da insbesondere negative Bewertungen schnell mit einer kompetenten Stellungnahme beantwortet werden sollten. Für das Monitoring der Kundenbewertungen aus diversen verschiedenen Bewertungsportalen, ADS/IDS oder auch der eigenen Webpräsenzen werden spezielle ORM-Dienste[19] mit verschiedenen Funktionen zum Online Reputation Management angeboten. Sie liefern systematische Übersichten über alle Kundenbewertungen aus verschiedenen Kanälen, fassen Ergebnisse von Internet-Kundenbefragungen zusammen, analysieren Kundenbewertungen durch semantische Analyse mit Methoden der automatischen Spracherkennung nach negativen oder positiven Begriffen und Bewertungskategorien und vergleichen diese mit Kundenbewertungen von Mitbewerbern.

DMS – Destinationsmanagement-Systeme und Destinationsportale

Destinationsmanagement-Systeme[20] unterstützen bzw. automatisieren die Prozesse zur Internet-Vermarktung und zum Management einer Tourismusdestination durch regionale und kommunale Tourismusorganisationen oder Incoming-Agenturen. Diese bieten Gastronomie- und Beherbergungsbetrieben ihres Einzugsgebiets eine Darstellung auf dem Webportal der Destination (Destinationsportal) an, mit der Möglichkeit, Zimmer, Ferienwohnungen und Pauschalen online oder telefonisch wie bei einer Reservierungszentrale zu buchen. Anbieter von DMS bieten Tourismusorganisationen und Beherbergungsbetrieben hierzu, z. T. in Konkurrenz zu oder auch in Kooperation mit ADS/IDS-Web-Reservierungsfunktionen, Web-DMS oder destinationsorientierte Webportale an. Tourismusorganisationen erhalten mit einem Web-DMS ein spezielles touristisches Content-Management-System, in das sie über einen passwortgeschützten (Extranet) Browser-Zugang neben allgemeinen Informationen über die Destination auch Text- und Bildinformationen über ortsansässige Gastronomie- und Beherbergungsbetriebe einpflegen können. Wie bei den ADS können mittels Web Booking Engine Zimmer- und Pauschalangebote (z. B., wenn die Tourismusorganisation auch als Incoming-Agentur auftritt) mit Vakanzen und Preisen im Internet vertrieben werden. Alle eingepflegten Inhalte und die buchbaren Angebote werden auf dem Webportal der Tourismusorganisation in individuell gestaltbarem Design angezeigt und vermittelt. Für Beherbergungsbetriebe gibt es bei Bedarf auch eigene passwortgeschützte Zugänge, in denen sie die auf ihren Betrieb bezogenen Inhalte und Angebote selbst pflegen können. In diesem Fall können die eigenen Inhalte und Angebote auch auf dem eigenen Webauftritt des Beherbergungsbetriebes ebenfalls in individuellem Layout integriert und dort buchbar gemacht werden (Web-Reservierungsfunktion vgl. oben). Bei manchem Anbieter gibt es zusätzlich ein unter gemeinsamer

---

19 Beispiele für ORM-Dienste sind TrustYou, Customer Alliance, Revinate, ReciewPro, vioma Barometer, iiqCheck und andere.
20 Beispiele für DMS sind Feratel Deskline, my.IRS TOMAS, HRS/DS Booking Solution, hubermedia/neusta destination.one, Tramino, Acomodo und andere.

Dachmarke betriebenes und beworbenes Webportal, in dem die Beherbergungsangebote der teilnehmenden Tourismusorganisationen destinationsübergreifend gesucht und gebucht werden können. Die Gebühren und Provisionen für die Nutzung eines DMS durch Beherbergungsbetriebe hängen außer vom Geschäftsmodell des Systemanbieters auch vom Organisationsmodell und der Politik der entsprechenden Tourismusorganisation ab. Manche Tourismusorganisationen arbeiten auch mit ADS/IDS-Reservierungsdiensten zusammen und zeigen auf ihren Destinationsportalen selektiv die Angebote nur von regionalen Beherbergungsbetrieben aus den ADS/IDS an, die dann auch über jene gebucht werden. Fusionen und Kooperationen von ADS/IDS mit DMS wie z. B. bei der Übernahme von Tiscover durch HRS führen zu hybriden Buchungsplattformen wie HRS Destination Solutions, die über ihren Channel Manager mit dem Preisvergleichsportal Check24 und Booking.com kooperieren oder der Kooperation des TOMAS DMS mit Booking, AirBnB, fewo.direkt und Expedia.

Plattformen für Reiseveranstalter, Hotel-Consolidator und Eventveranstalter

Reiseveranstalter und Hotel-Consolidator bzw. -Broker bilden einen weiteren wichtigen indirekten Distributionskanal, wenn sie Zimmerkontingente reservieren, vermitteln oder einkaufen, um sie in ihren eigenen Veranstaltersystemen (vgl. Kap. 4.6) und in Bettenbanken (engl. Bed Bank[21]) entweder für die Bündelung mit komplementären Reisesegmenten zu Reiseveranstaltungen, zum direkten Weiterverkauf (nicht selten als Dynamic-Packaging- oder Last-Minute-Angebote) oder im Großhandel (B2B-Wholesale/Resale/Consolidator) z. B. für Reisebürokooperationen buchbar zu machen. Entweder werden die verhandelten Kontingente und Raten von den Veranstaltern bzw. Consolidatorn in ihren Systemen selbst gepflegt oder die Hotelbetriebe können ihre Verfügbarkeiten und Netto- oder Bruttoraten in einer passwortgeschützten Weboberfläche selbst verwalten. Sabre Synxis bietet mit dem Tour Manager z. B. eine Lösung an, mit der Hotels ihre Angebote speziell für Tour Operator und Destination Management Companies ohne manuelle Pflege automatisch austauschen können. Die Hotels sind dann meist in Veranstalterkatalogen dargestellt und können über die touristischen Verfahren (touristische Distributionsnetze, vgl. Kap. 4.6 und 3.4) der GDS im Reisebüro als Bestandteil einer Pauschal- oder Bausteinreise oder auch als „Nur-Hotel"-Veranstalter-Angebot gebucht werden. Viele Veranstalter machen diese Angebote auch auf ihren eigenen Veranstalter-Webportalen und per Call-Center buchbar. Über Aggregatoren von elektronischen Touristik-Katalogen wie Giata und Interactive CMS und touristische IBEs werden sie als touristische Veranstalterangebote auch in vielen wichtigen Online-Reisebüros buchbar. Alle diese Kanäle sind aber in der Regel preis- und mengenmäßig nicht mehr direkt durch den Hotelbetrieb

---

21 Beispiele für Bettenbanken sind HotelBeds.com, WebBeds.com, HotelsPro.com, DOTW – Destinations of the World, TravCo.co.uk Bonotel, Reslounge und andere.

steuerbar, sondern werden vom Veranstalter oder Hotel-Consolidator gesteuert, insbesondere wenn dieser Fix-Kontingente eingekauft hat. Mit dem neuen touristischen Datenstandard des Deutschen Reiseverbandes werden XML-basierte GlobalTypes definiert, die es gestatten, Unterkunftsangebote noch detaillierter und exakter auf der Basis eines Branchenstandards zu beschreiben (vgl. Kap. 4.6). Dabei wird neben der oben beschriebenen zentralen auch eine neue dezentrale Abfragelogik unterstützt, die es insbesondere Hotelketten und Hotelkooperationen ermöglicht, ihre detaillierteren Angebotsdaten über eine eigene sog. Player-Software an diverse Veranstalter oder Reisemittler selektiv, direkt und in Echtzeit zu übertragen, woraus sich neue Möglichkeiten zur Feinsteuerung der Vertriebskanäle für die Hotels ergeben. Für Event-Veranstalter haben sich in den letzten Jahren Einkaufsplattformen für MICE Leistungen wie z. B. CVENT etabliert: Einkäufer von Firmen und Event-Agenturen können hier Hotels zu Angeboten RFPs (Request for Proposal) für Tagungen und Übernachtungen im MICE-Bereich auffordern, um die Angebote der Hotels in teilautomatisierten Prozessen effizient vergleichen, ordern und abrechnen zu könnnen, was bei Hotels die RFP-Software im Midoffice ihres PMS (vgl. Kap. 4.3.3) ersetzen kann.

Channel-Management- und Switch-Dienste
Bedingt durch die zahlreichen verschiedenen elektronischen Distributionskanäle gibt es viele Schnittstellen, an denen zwischen den verschiedenen Reservierungssystemen der Distributionskette Daten ausgetauscht werden müssen. Distributionssysteme wie CRS, ADS/IDS und DMS können natürlich über heute meist webbasierte Verwaltungszugänge manuell gepflegt werden und melden dann die Reservierungen per E-Mail zurück. Wenn sich Raten z. B. im Rahmen des Revenue Managements häufiger ändern und sofortige Reservierungsbestätigungen in Echtzeit erwartet werden, ist ein solcher manueller Datenabgleich aber nicht mehr handhabbar, oder es müssen zur Vermeidung von Überbuchungen für jeden Kanal exklusive Kontingente bereitgestellt werden, was eine optimale Auslastung erschwert. Daher haben sich im Laufe der Zeit verschiedene Formen des automatisierten oder teilautomatisierten Datenaustauschs zwischen den Systemen entwickelt: Die Programmierung einer direkten automatisierten Schnittstelle zwischen zwei Systemen (z. B. CRS-GDS oder PMS-CRS) war vor der Einführung von XML-basierten Schnittstellen-Standards aufwendig und teuer, weshalb sich dies zunächst nur große Hotelketten und Kooperationen leisten konnten.

Es entstanden Hotel-Switch-Companies (Gruner 2008, S. 322, Benckendorff et al. 2019) und Anbieter von Channel-Management-Diensten (Gruner 2008, S. 71, Montag et al. 2020), die als Intermediäre auch den übrigen Ketten, Kooperationen, Individualhotels und Anbietern von Hotelsoftware wichtige (Gateway-)Funktionen der Datenkonvertierung, der Vernetzung, des automatisierten Datenaustauschs und der Datensynchronisation als Dienst gegen Gebühren oder Provisionen anbieten und auf diese Weise Skalenvorteile nutzen.

Ein **Hotel-Switch**[22] (vgl. Weithöner 2007, Gruner 2008, Benckendorff et al. 2019) automatisiert den Datenaustausch zwischen CRS, GDS und ADS/IDS ggf. auch zu Veranstaltersystemen und DMS. Diese Systeme haben historisch und wettbewerbsbedingt verschiedene Datenformate, Protokolle und Schnittstellen. Angebotsdaten müssen bei einem Multi-Channel-Vertrieb für diverse Reservierungssysteme verschieden aufbereitet und nach unterschiedlichen Regeln technisch konvertiert und ggf. auch mehrsprachig übersetzt werden. Reservierungen und aus ihnen resultierende geänderte Verfügbarkeiten müssen zurückgemeldet und in allen Systemen synchronisiert werden. Der Hotel Switch Pegasus entstand ursprünglich, um Hotels von Hotelketten in mehreren GDS gleichzeitig buchbar zu machen (Multi-GDS-Vertrieb), ohne dass jedes Hotelketten-CRS einen eigenen Anschluss und Datenkonvertierungen zu jedem einzelnen GDS betreiben muss. Die ersten sog. Switch-Companies boten für die CRS also eine technische Gateway-Funktion zu einem oder mehreren GDS an. Erweiterungen der Hotel-Switch-Dienste nach Einführung der alternativen Internet-Distributionssysteme ermöglichen heute allen angeschlossenen CRS, zu denen inzwischen nicht nur die CRS der Hotelketten, sondern auch die CRS von Hotelkooperationen, Hotelrepräsentanz-Gesellschaften und anderen CRS-Betreibern gehören, den Datenaustausch und die technische Buchbarkeit in einer Vielzahl von ADS/IDS, DMS und Veranstaltersystemen weltweit. Neben der technischen Buchbarkeit in verschiedenen Kanälen werden zusätzliche Content-Distributionsdienste von CRS- und Hotel-Switch-Anbietern oder auch von Content Aggregatoren wie der Giata in Kooperation mit Pegasus angeboten: Lokalisierung (Übersetzung), Geokodierung (Geo-Koordinaten zur Darstellung auf elektronischen Landkarten), automatische Verteilung und Aktualisierung der multimedialen Daten (Texte, Bilder, Videos) zur Hotelbeschreibung in diversen vernetzten Distributionskanälen.

Channel-Management-Dienste[23] (vgl. Sölter 2007/2013, Gruner 2008, Montag et al. 2020, HotelTechReport 2020 und Spalteholz 2021) werden als Teilfunktion von CRS und CRS-basierten Distributionsdiensten oder für Hotels ohne CRS-Zugang als browserbasierte Application- bzw. Cloud-Services angeboten (vgl. Abb. 4.3.10 und 4.3.11). Sie konzentrieren sich auf das Problem vieler Hotelbetriebe, die in mehreren elektronischen Distributionskanälen gleichzeitig vertreten sind und ihre Verfügbarkeiten und Raten in allen (oft fünf bis 30) Kanälen gleichzeitig pflegen müssen (Multi-/Omni-Channel-Management-Strategie vgl. Kap. 5.2). Um im Rahmen moderner Revenue- bzw. Yield-Management-Strategien eine dynamische und ggf. in ver-

---

22 Beispiele für Hotel-Switches sind TourOnline DIRS21 ChannelSwitch, Pegasus Switch, RateGain DHISCO, DerbySoft Streamlined Connectivity (Go), GDS by Siteminder, eRevMax RT Connect und andere.
23 Beispiele für Channel Managemer sind eRevMax RTChannelManager, ChannelRUSH, eviivo Channel Manager, HotelSpider, TourOnline AG DIRS21 ChannelSwitch, CultSwitch Channel Manager, Viato Channel Manager, Hotel Net Solutions RateDistributor, Site Minder Channel Manager, Vioma Channels, RHN Channel Manager, und andere (vgl. HotelTech Report 2020, Montag et al 2020).

schiedenen Kanälen differenzierte Preis-Mengen-Steuerung vornehmen zu können, müssen Raten und Vakanzen häufig in zahlreichen Distributionssystemen geändert werden. Hotels, die in Ketten oder Kooperationen über ein CRS verfügen, das direkt oder über einen Hotel-Switch mit allen relevanten Distributionskanälen verbunden ist, können ihre Raten über Multi-Channel-Management-Funktionen im CRS oder bei Seamless Integration von CRS und PMS über Hotel-PMS-Switch (vgl. unten) sogar in ihrem PMS steuern. Insbesondere kleinere Betriebe und ungebundene Privathotels ohne CRS-Anbindung müssen hierzu von Hand diverse Web-Administrations-Zugänge aller elektronischen Distributionskanäle, in denen sie buchbar sind, mit verschiedenen Bedienlogiken von Hand pflegen. Browserbasierte Channel-Management-Systeme ermöglichen auch für solche Betriebe die gleichzeitige Administration mehrerer Distributionskanäle in einer einzigen Web-Administrationsoberfläche: Nach Eingabe aller für jeden Distributionskanal zugeteilten Hotel-Login-Daten (die Erlaubnis zur Weitergabe von Login-Daten an Dritte ist vorher rechtlich abzuklären, ggf. gibt es auch andere technische Möglichkeiten der Systemvernetzung) können sämtliche Ein- und Ausgabedialoge zur Pflege von Raten, Verfügbarkeiten und Reservierungsinformationen in den verschiedenen Kanälen regelbasiert automatisiert werden. Zur Realisierung einer Ratenparitäts-Strategie in verschiedenen Distributionskanälen braucht z. B. in der Verwaltungsoberfläche eines Channel-Management-Systems die Rate für eine Zimmerkategorie nur einmal geändert werden. Die Dialoge zur Ratenänderung werden dann vom System automatisch mit allen freigeschalteten Distributionskanälen durchgeführt, wozu die Anbieter der Channel-Management-Dienste zum Teil multi-mandantenfähige CRS mit Direktverbindungen zu ADS/IDS, DMS und Veranstaltersystemen, etablierte Hotel-Switch-Dienste bzw. Hotel-PMS-Switche oder spezielle Ratenparitäts-/Preismanagement-Dienste nutzen. Durch Regeln werden auch kanalspezifische Auf- oder Abschläge automatisch berücksichtigt und einzelne Raten können selektiv für einzelne Kanäle freigegeben oder gesperrt werden. Die Reservierungen werden dann auf herkömmliche Art per E-Mail/Fax aus den verschiedenen Distributionskanälen an das Hotel zurückgemeldet oder es werden ebenfalls per Hotel-PMS-Switch Verfügbarkeiten direkt im PMS-System des Hotels abgefragt und Reservierung direkt in das PMS-System gebucht. Ein komfortables Multi-Channel-Management ist also heute für jede Art von Hotel unabhängig von der Zugehörigkeit zu einer Kette oder Kooperation möglich.

Distributionsdienste-Integration & Advertising-Schnittstellen: Neueste Schnittstellen der Hotel-Switche, CRS und Channel-Management-Systeme ermöglichen den nutzenden Hotels weiterhin die Verteilung von Angebots- und Preisinformationen mit Buchungslinks an Hotel-Suchmaschinen, soziale Netzwerke oder Affiliate-Partner (Webportale, die Werbebanner für Hotels schalten). Die meisten Hotel-Switch-Anbieter sind heute auch CRS- oder Channel-Manager-Betreiber bzw. kooperieren mit CRS-Betreibern und Channel-Management-System-Anbietern und umgekehrt (Koopetition). Sie bieten nicht nur für Hotels ohne eigenes CRS, sondern auch für Hotelketten und -kooperationen, die kein eigenes CRS mehr betreiben wollen, integrierte Distributions- und Multi-Channel-Management-Funktionen als Dienstleistung (SaaS – Software as a Service bzw. Cloud-Dienst) ggf. sogar mit integriertem Revenue Management (Steuerung verschiedener Mengen-/Preispolitiken in verschiedenen Vertriebskanälen), Reporting-/Rate-Shopping-Funktionen (Verkaufsmengen, Umsatzzahlen, Konkurrenz-Preise etc.) und Schnittstellen zur automatisierten Kampagnen-Steuerung über CRM-Systeme und Digital-Campaign-Management-Diensten (DCM) an (vgl. Kap. 4.3.3.).

Hotel/PMS-Switche und PMS-CRS-Direktverbindungen ermöglichen die Integration von PMS und CRS. Die in den letzten Jahren durch die Open Travel Alliance (OTA) erfolgte welt- und branchenweite Standardisierung des Austauschs von Angebots- und Reservierungsdaten auf der Basis moderner XML-Technologie wie HTNG-XML (Hotel Technology Next Generation) hat wie oben beschrieben nicht nur die Realisierung von Direktverbindungen zwischen CRS und GDS, ADS/IDS, DMS bzw. Veranstaltersystemen auf der einen Seite, sondern auch auf der anderen Seite zwischen den CRS und den PMS der einzelnen Häuser technisch vereinfacht. Hotel/PMS-Switch-Systeme verbinden ein CRS mit diversen PMS der teilnehmenden Häuser und ersetzen die manuelle Pflege und Synchronisation von Verfügbarkeiten im CRS durch (teil-)automatische One-Way- oder Two-Way-Synchronisation von PMS und CRS.

Technische versus vertragliche Buchbarkeit: Hotel-Switche, Channel-Management-Systeme und Hotel/PMS-Switche ermöglichen heute also die technische Buchbarkeit in diversen elektronischen Distributionskanälen, also den Datenaustausch zwischen all diesen Systemen, wofür Anschluss-, Nutzungs- oder Transaktionsgebühren anfallen. Je nach Distributionskanal muss ein Hotelbetrieb bzw. der von ihm beauftragte Hotelrepräsentanz-Dienst oder die Hotelkooperation zusätzlich zur technischen Buchbarkeit ggf. noch vertragliche Teilnahme- bzw. Vertriebsvereinbarungen mit dem Betreiber des jeweiligen Distributionssystems treffen, um für Buchungen, Vermittlung etc. z. B. gegen Provision freigeschaltet zu werden und das Billing, Clearing und Settlement zu regeln.

Interkonnektivität und „Seamless Integration": Als Ergebnis der jahrzehntelangen technologischen Entwicklung bieten sich heute für Hotelbetriebe eine Vielzahl von alternativen Wegen zur Integration der verschiedenen elektronischen Distributionssysteme. Sie sind in Abb. 4.3.11 gemeinsam abgebildet. Je nach Anforderungen, Gegebenheiten und Kosten wird ein Hotelbetrieb bzw. eine Hotelkette oder -Kooperation den einen oder anderen Weg wählen. Bedingt durch den Trend zu Echtzeit-Buchungen und tagesaktuellen Preisen (z. B., um in einem Kanal ein gutes Listing im Preisvergleich zu erreichen) wird dabei zunehmend eine vollautomatische, medienbruchfreie (seamless) Integration aller Systeme und Kanäle angestrebt. In der Praxis ist man von diesem Ideal jedoch häufig noch weit entfernt. Es haben sich zudem verschiedene Begriffe zur Charakterisierung des Integrationsgrads gebildet: Schon 1996 hatte Burns die in Abb. 4.3.11 wiedergegebenen vier Grade der Integration (manuell, type B, type A, seamless) an der CRS-GDS-Schnittstelle zusammengefasst.

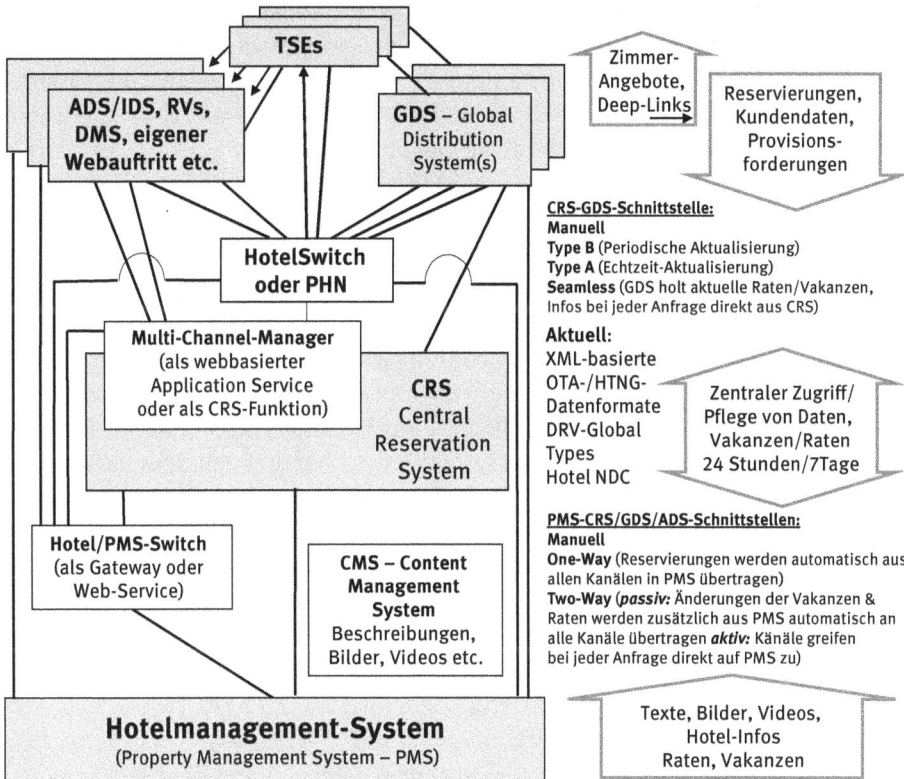

Abb. 4.3.11: Alternative Wege zur Realisierung der Interkonnektivität zwischen verschiedenen Systemen der elektronischen Hotel-Distribution (vgl. auch HTNG-Spezifikationen zur Seamless Distribution).

Bezüglich des Automatisierungs- und Aktualitätsgrads des Datenaustauschs zwischen PMS und CRS einerseits sowie CRS und GDS andererseits unterscheidet später Cooley (2005) die in Abb. 4.3.11 wiedergegebenen vier Grade der Integration an der PMS-CRS/GDS-Schnittstelle: manuell, one way, two way passive und two way active. Dem Ziel der Verbesserung und Erleichterung der Seamless Integration durch XML-Technologien haben sich auch die Open Travel Association mit ihren Travel-XML-Standards sowie die Hotel-IT-Fachverbände HEDNA (Hotel Electronic Distribution Network Association), HTNG (Hotel Technology Next Generation) oder die europäische Standardisierungsinitiative CEN/ISSS eTour verschrieben.

HEDNA erarbeitete 2011 **„Push and Pull Connectivity Models"** für zukünftige Hotel-Distributionssysteme. Hier werden verschiedene Szenarien für den Austausch von Verfügbarkeits-, Preis- und Kontingentdaten von Anbietern über Intermediäre bis zum Nachfrager bestimmt und verschiedene Distributionsformen von der anbieterseitigen Angebotsverteilung bis hin zur nachfrageseitigen Angebotsabfrage in Echtzeit oder mit Zwischenspeicherung in Cache-Speichern definiert, die für Touristik-IBEs typisch sind (vgl. HTNG Distribution Specifications).

Für detailliertere Beschreibungen von Hotelleistungen und deren zentral oder dezentral gesteuerte Übermittlung an Hotel-Consolidator, Reiseveranstalter, Touristik-IBEs und Angebotsvergleichssysteme für Reisebüros wurde 2012 durch den Deutschen Reiseverband auch der neue Datenstandard DRV-GlobalTypes vorgestellt (vgl. Kap. 4.6). Ebenfalls auf XML-Basis werden hier zahlreiche neue Attribute zur qualitativen Beschreibung von Hotelkategorien, Zimmerkategorie, Ausstattung etc. auch inhaltlich verbindlich definiert, mit denen Hotelleistungen und deren quantitative Preisregeln (Kinderpreise, Auf- und Abschläge, Verpflegung etc.) viel genauer als bisher dargestellt und exakt verglichen werden können. Die Endkunden, Veranstalter, Zwischenhändler und Mittler sollen damit Hotel- und Reiseangebote besser als bisher und insbesondere auch in qualitativer Hinsicht vergleichen und selektieren können. Um die reichhaltiger attributierten Angebotsdaten ggf. auch in Echtzeit zwischen Anbietern, den Distributionskanälen und den Reisesuchmaschinen austauschen zu können, wurde vom DRV auch eine neue verteilte Buchungslogik auf der Basis von sog. **Player-Hub-Netzen** (PHN) etabliert, die vor allem von Reiseveranstaltern für dynamisches Paketieren von Hotel-, Flug- und Mietwagenangeboten zu Pauschalreiseangeboten in Echzeit genutzt werden und in Kapitel 4.6 genauer beschrieben sind. Teilnehmende Hotels können genau attributierte Zimmerangebote über einen sog. Player, der an ihr PMS- oder CRS- angeschlossen wird, an ein Netz von sog. Hubs von Reiseveranstaltern, Bettenbanken, IBEs, DMS, Angebotsvergleichssystemen und Reise-/Hotel-Suchmaschinen anschließen und genau festlegen, welcher Hub Zugriff auf welche Angebote erhält. Die Buchungen gehen dann über sog. Booking-Hubs bzw. die schon etablierten Buchungskanäle ein (vgl. Kap. 4.6.2). Die Differenzierung vom Wettbewerber durch detailliert beschriebene qualitative Angebotsmerkmale hat sich inzwischen (Stand 2021) als „Attribute Marketing" etabliert und wird von vielen der aggregierenden Distributionssystemen unterstützt. Nach dem Vorbild des IATA NDC – New Distribution Capability Standards, der nicht nur eine attributdifferenzierte Angebotsdarstellung unterstützt, sondern auch die Auswahl und Zubuchung diverser Extraleistungen auf einer Buchungsstrecke unterstützt, wird von der HEDNA ein Hotel-NDC-Standard diskutiert (vgl. HEDNA 2020).

4.3.8 Systeme für Personal, Administration und Controlling

Zu den administrativen Systemen zählen alle Systeme, die der Personalverwaltung, dem Finanz- und Rechnungswesen sowie dem Hotel-Controlling (vgl. Von Freyberg 2013) und der Betriebsstatistik bzw. den Management-/Executive-Informationssystemen zuzurechnen sind. Ihnen gemeinsam ist, dass mit ihnen als typischen Backoffice-Systemen keine Kerngeschäftsprozesse mit direktem Kundenkontakt abgewickelt werden. Viele Daten, die in den operativen Geschäftsprozessen mit Kundeninteraktion insbesondere in Kassensystemen, PMS und der Warenwirtschaft entstehen, werden allerdings in den administrativen Systemen gesammelt, nach den gesetzlichen Vorgaben gespeichert, verarbeitet und aggregiert. Sie dienen als internes Informations- und Entscheidungsunterstützungssystem (engl. DSS Decision Support System) für das Management sowie der offiziellen Rechnungslegung gegenüber Gesellschaftern und Gläubigern sowie der steuerlichen Veranlagung. Während in den Front- und Midoffice-Prozessen der Kunde bzw. organisatorische Effizienz im Vordergrund stehen, schaffen Backoffice-Systeme vor allem Transparenz für das Management, für die Stakeholder und die Finanzbehörden, die inzwischen auch genaue gesetzliche Vorschriften z. B. für elektronische Meldungen von Arbeitsverhältnissen, Steuern und Sozialabgaben, zur elektronischen Archivierung von Geschäftsvorfällen sowie für die Bereitstellung elektronischer Schnittstellen für Betriebsprüfungen der Finanzbehörden und Renten-/Sozialversicherungsträger machen.

Zu den wichtigsten Stakeholdern eines Dienstleistungsbetriebes gehören die Mitarbeiter, die ebenfalls gesetzliche Ansprüche auf korrekte Abrechnung und Zahlung von Löhnen, Überstunden und Urlaubsgeldern haben. Mit der wachsenden strategischen Bedeutung eines nicht nur kunden- sondern auch mitarbeiterorientierten Hotelmanagements, das sich in Zeiten des Fachkräftemangels von der Personaladministration immer stärker zum ganzheitlichen Human Resource (HR) bzw. Human Capital Management (HCM) mit Fokus auf Personalgewinnung, -entwicklung und transparente Mitarbeiterkommunikation und -bewertung entwickelt, stieg auch die Bedeutung von HR-Lösungen und Diensten (vgl. Chang/Konzack 2016).

HR-Management-Systeme
Recruiting-Lösungen und Staffing-Portale beinhalten umfangreiche Lösungen zur Platzierung von Stellenangeboten für Hotel- und Gastronomieberufe auf der eigenen Website und in diversen Werbekanälen, zu denen die Portale von Fachmedien, Arbeitsämtern, berufsbezogenen Sozialen Medien (Xing, LinkedIn) und vielen anderen zählen. Eine wachsende Bedeutung spielen die zahlreichen Arbeitgeber-Bewertungsportale, wo Mitarbeiter die Arbeitsbedingungen und ggf. auch Verdienstmöglichkeiten öffentlich bewerten. Da Bewerbungen und Bewerbungsunterlagen heute meist digital eingereicht werden, unterstützen eRecruiting-Systeme den gesamten digitalen Hiring & Application Management Workflow (vgl. HotelHero 2021) von der Einreichung der Bewerbungsunterlagen über deren Sichtung, Bewertung, die Einladung zu Bewerbungsgesprächen bis zur Auswahl und Einstellung mit Anlage einer elektronischen Personalakte, wobei hohe Datenschutz-Anforderungen nach DSGVO einzuhalten sind. Neu sind hier auch On-Demand-Staffing-Dienste/Apps, die bei kurzfristigen Personalengpässen oder Personalbedarf insbesondere im Bankett-/Catering-/Event-

bereich Personal bereitstellen oder vermitteln, wobei die Gesetze zur Arbeitnehmerüberlassung zu beachten sind.

Module zur Personalverwaltung bieten auf Basis der elektronischen Personalakte zahlreiche Funktionen zur Zeitabrechnung (Schnittstellen zu Zeiterfassungssystemen), Tarifregeln, Personalplanung, Personalentwicklung/Talentmanagement, Reisekosten- und Spesenabrechnung (Schnittstellen zu Finanzbuchhaltung und Controlling), Organigramm-/Tätigkeits- und Berechtigungsverwaltung, Schicht- und Personaleinsatzplanung, Personalbewertung und vieles mehr. Bei der Personalbewertung geht es nicht mehr allein um die Bewertung der Mitarbeiter durch die Vorgesetzten, sondern es spielen inzwischen anonyme Befragungen zur Mitarbeiterzufriedenheit und die Bewertung der Vorgesetzten durch die Mitarbeiter im Rahmen von 360-Grad-Bewertungsansätzen eine Rolle. HR/HCM-Standard-Softwarepakete und Cloud-Dienste differenzieren sich mehr oder weniger branchenspezifisch bzw. sind für die Hotel-/Gastronomie-Branche anpassbar. Erweiterte branchenspezifische Anforderungen und Schnittstellen ergeben sich durch die zahlreichen innovativen Hotel-/Gastro-Mitarbeiter-Apps, die immer mehr Funktionen des operativen Personalmanagements und der Mitarbeiterkommunikation integrieren und sich zu Employee-Management-Apps weiterentwickeln. Ein weiteres Digitalsierungsfeld sind Angebote zum Mitarbeiter-Training und zur betrieblichen Weiterbildung. Klassische Schulungen und Seminare werden vermehrt durch digitale Trainings- und Lerndienste (vgl. HotelHero 2021) ersetzt, die über Videostreams, Webinare, interaktive Lehrsimulationen (ggf. inkl. VR/AR), Self-Assessments über Webbrowser oder spezielle Lernapps angeboten werden. Diese enthalten zum Teil auch FAQ-Social-Media-Dienste zum themenbezogenen Best-Practice-Erfahrungsaustausch und Networking in bestimmten Berufsgruppen, wo ggf. auch Recruiting-Anzeigen platziert werden.

Finanzbuchhaltungs-Systeme (FIBU)

Eine besondere Anforderung an Finanzbuchhaltungssysteme für Hotels- und Gaststätten ist die Unterstützung der branchenspezifischen Sonderkontenrahmen für Hotels und Gaststätten (in Deutschland z. B. die Kontenrahmen für Hotels- und Gaststätten auf Basis DATEV SKR03, SKR04). Außerdem müssen passende und den aktuellen Securitystandards entsprechende Schnittstellen zur Übernahme der Daten aus den im jeweiligen Betrieb eingesetzten branchenspezifischen Kassensystemen, PMS und Warenwirtschafts-/Einkaufssystemen in die Buchhaltung existieren.

Auch die normale Lohn- und Gehaltsbuchhaltung ist in viele Standard-Finanzbuchhaltungssysteme integriert (vgl. Simeonova 2012). Spezialsoftware gibt es für die Lohn- und Gehaltsabrechnung (Payroll-Software), die diverse Melde-, Bescheinigung- und Abrechnungsformulare, Pensionszusagen sowie Überweisungsprozesse unterstützt und meist auch als Modul von HR/HCM-Personalmanagement-Lösungen angeboten wird.

Wichtig ist auch die EDV-technische Unterstützung der Zusammenarbeit zwischen Geschäftsführung und Steuerberater bei der Erstellung der Steuerbilanzen und die regelmäßige elektronische Übertragung der gesetzlich vorgeschriebenen Meldedaten an die Finanzbehörden sowie die Arbeits-, Sozial- und Rentenversicherungen. FIBU-Systeme können auch Bankschnittstellen für die Kontrolle von Zahlungseingängen sowie die Vereinfachung und Automatisierung von Geldüberweisung etc. anbieten. Auch bei internationalen Hotelketten sind stets die Gesetze aller Länder zu beachten, in denen sie Häuser betreiben, was besondere Anforderungen an zentrale Softwarelösungen auf Konzernebene stellt. Prüfungen der Finanzbuchhaltungs-Systeme über gesetzlich vorgeschriebene Schnittstellen können außer von Steuerbehörden im Auftrag von Gesellschaftern und Gläubigern (Banken und andere Kreditgeber) auch von Wirtschaftsprüfern durchgeführt werden.

Systeme zum Hotel- und Gastronomiecontrolling

Das Hotel- und Gastronomiecontrolling orientiert sich zunehmend an branchenspezifischen Standards wie z. B. USALI (Uniform System of Accounts for the Lodging Industry). Ziel dieser Standards ist ein einheitliches Berichtswesen mit aussagekräftigen Standard-Kennzahlen, die eine schnelle Lagebewertung auch in einzelnen einheitlich abgegrenzten Betriebsbereichen (Kostenstellen, z. B. F&B, Logis etc.) und Kennzahlenvergleiche (Benchmarking) zwischen verschiedenen Betrieben und Betriebsbereichen im Rahmen einer Betriebswirtschaftlichen Analyse (BWA) ermöglichen. Hierfür werden branchenspezifische Softwarelösungen[24] bzw. Cloud-/Application Services zum Hotel- und Restaurant-Controlling angeboten, die aufbauend auf einer externen oder integrierten Finanzbuchhaltung ein Rechnungswesen und standardisierte bzw. individualisierbare Kennzahlensysteme mit Plan-/Soll-/Ist-Vergleichen und Berichten realisieren (vgl. Simeonova 2012). Zum Teil können mit Daten aus Kassen, PMS, Warenwirtschaft und Yield-Management-System auch Prognosekennzahlen erstellt und Vor- und Nachkalkulationen der Kosten- und Leistungsrechnung unterstützt werden. Dem betrieblichen Planungswesen dienen weitere Funktionen zu Forecast und Budgetierung sowie zur Finanz- und Liquiditätsplanung bis hin zur Aufstellung einer Balanced Scorecard. Einige Lösungen erlauben sogar eine Konsolidierung aller Finanz- bzw. Reservierungsdaten in einem zentralen Data Warehouse, um dort mit OLAP (Online Analytical Processing) komplexe Data-Mining-Auswertungen für Business-Intelligence-Anwendungen durchzuführen. Hier bestehen enge Berührungspunkte und zum Teil auch Schnittstellen zum CRM-Management und Marketing-Controlling, zum Qualitätsmanagement und -controlling und zum Revenue Management (vgl. Kap 5.1). Innovative Anwendungen von AI im Controlling sind das Process Mining zur automatischen Erkennung von Einsparpotenzialen, Ineffizienzen und Betrugsversuchen.

---

24 Beispiele für branchenspezifische Controlling-Systeme sind z. B. DATEV Branchenpaket für Hotellerie und Gastgewerbe, Fairmas FairPlanner, SP-Hotel von S + S SoftwarePartner, Eagle Control, und andere.

Benchmarking- und Business-Intelligence-Dienste

Da es in jeder Region relativ viele Gastronomie- und Hotelbetriebe gibt, ist ein anonymer Betriebsvergleich auf der Basis der standardisierten branchentypischen Kennzahlensysteme ein wichtiges Instrument zur Beurteilung des Revenue Managements (vgl. Hayes/Allison 2011, Goerlich/Spalteholz 2020), der Betriebsstrategie und Managementleistung. Für Restaurant- und Hotelketten ist ein Betriebsvergleich zwischen vergleichbaren Häusern im Konzern-Controlling einfach zu organisieren, es fehlen aber Zahlen zu konkurrierenden Ketten.

Über Reisesuchmaschinen, Reiseportale und Bewertungsportale ist zumindest der reine Preis- und Qualitätsvergleich nicht nur für Wettbewerbsanalysen relativ einfach zu bewerkstelligen. Schwieriger ist es, die Preise-, Angebotsmengen und Umsätze von Wettbewerbern sowie die Marktentwicklung über verschiedene Vertriebskanäle hinweg zu analysieren. Die meisten großen Distributionssysteme, (Reise-)Suchmaschinen und Bewertungssysteme bieten inzwischen allerdings anonymisierte Vergleichskennzahlen über alle in ihren Systemen beobachteten Suchanfragen (Google Trends), Weiterleitungen und Buchungen an, die durch Rate-Shopping-Dienste und Online-Reputation-Management Dienste zu einer Gesamtsicht aggregiert werden. Solche Analysen der Angebots- und Nachfrageentwicklung im Wettbewerbsvergleich sind vor allem für das Revenue- und Preismanagement essenziell. Für eine betriebswirtschaftliche Analyse sind aber vollständige Informationen zur Belegung (z. B. durch Walk-ins, Direktbuchungen etc.) und insbesondere ein Kosten- und Gewinnbenchmarking notwendig. Für Einzelbetriebe, Kooperationen und Ketten bieten daher spezialisierte Dienstleister[25] elektronische Dienste und regelmäßige Studien mit aggregierten Kennzahlen zum Betriebsvergleich, entweder aus Aggregationen bereits massenhaft vorhandener vollständig anonymisierbarer Finanzdaten unter Beachtung des Datenschutzes und Kartellrechts oder aus gezielten Benchmarking-Befragungen. Die teilnehmenden Betriebe liefern durch regelmäßige Befragung oder automatische Datenübermittlung aus FIBU bzw. dem Controlling-System ihre Betriebskennzahlen. Diese werden dann mit den Betriebskennzahlen eines sog. Competitive Set von vergleichbaren Wettbewerbern zu durchschnittlichen Leistungskennzahlen (KPI – Key Performance Indicators)) aggregiert und zum Betriebsvergleich an die Teilnehmer zurückgeliefert, die ihre eigenen KPI dann automatisch in Berichten & Dashboards des Controlling Systems mit dem Wettbewerb vergleichen können.

---

25 Anbieter internationaler und nationaler Dienste zum Kennzahlenvergleich von Key-Performance-Indikatoren (KPI) sind z. B. STR Global, die betriebswirtschaftlichen Branchenauswertungen des EDV-Dienstleisters der Steuerberater DATEV, Fairmas Hotel Benchmarking, HOTSTATS, das Webmark-Hotellerie-Benchmarking von Manova in Österreich oder die Benchmarking-Dienste der großen Wirtschaftsprüfungsgesellschaften.

Quellen und weiterführende Literatur

Ammersdorfer, D., Bauhuber, F., Egger, R., Oellrich, J. (Hrsg.), Social Web im Tourismus: Strategien – Konzepte – Einsatzfelder, Berlin 2010.

Benckendorff, P.J., Xiang, Z., Sheldon, P., Tourism Information Technology, 3. Aufl., Wallingford/Boston 2019.

Buhalis, D., Laws E., Tourism Distribution Channels: Patterns, Practices and Challenges, London 2001.

Burns, J., Seamless, 1996 – The New GDS Connectivity Standard, www.burns-htc.com/seamless-the-new-gds-connectivity-standard (Zugriff am 10.2.2021).

Busulva, R., Evans, N., Oh, A., Kang, M., Hospitality Management and Digital Transition – Balancing Efficiency, Agility and Guest Experience in the Era of Disruption, London/New York 2021.

Carboni, C., SOCIAL MEDIA MARKETING: Hotel Industry Edition: Reach Online Prospects & Turn Them Into Offline Clientele In 21 Straightforward Steps, Create the Dream USA, 2013.

Chang, C., Konzack, S., Mit Menschen gewinnen – Human Resources Management Best Practices, München 2016.

Cooley, C.W., Connectivity! Connectivity! Connectivity! www.hospitalitynet.org/opinion/4025345.html (Zugriff am 10.2.2021).

Darling, S., New Product: Dynamic Rate Ads – Include up-to-date rates in digital marketing campaigns with Dynamic Rate Ads, 2021, https://www.amadeus-hospitality.com/insight/new-product-launch-dynamic-rate-ads/ (Zugriff am 28.2.2021).

DEHOGA, Das neue Datenschutzrecht – Was in der Gastronomie zukünftig beachtet werden muss, 2018, www.dehoga-shop.de/Fachbuecher/Recht/Das-neue-Datenschutzrecht-Printversion.html (Zugriff am 2.3.2021).

Dettmer, H., Hausmann, Th. (Hrsg.), Wirtschaftslehre für Hotellerie und Gastronomie, Handwerk und Technik, Hamburg 2007.

Dettmer, H., Hausmann, Th., Kloss, I. (Hrsg.), Gästemarketing Hotellerie und Gastronomie, Handwerk und Technik, Hamburg 2008.

Doggrell, K., Accor signs Sabre Deal, 24. Januar 2020, www.hotelmanagement.net/operate/accor-signs-sabre-deal (Zugriff am 4.3.2021).

Egger, R., Buhalis, D. (Hrsg.), eTourism Case Studies, London 2008.

Gardini, M. A., Marketing-Management in der Hotellerie, Berlin/München/Boston 2015.

Goerlich, B., Spalteholz, B., Total Revenue im Hotel – Gewinnmaximierung in Logis, Resort, Spa, MICE, Interhoga Berlin 2020.

Gruner, A. (Hrsg.), Management-Lexikon für Hotellerie und Gastronomie, Frankfurt/Main 2008.

Hayes, D. K., Miller, A., Revenue Management for the Hospitality Industry, Hoboken (New Jersey) 2011.

HEDNA, White Paper: Push and Pull Connectivity Models for Hotel Distribution, 2011, http://c.ymcdn.com/sites/hedna.site-ym.com/resource/resmgr/HEDNA_Push_Pull_White_Paper.pdf (Zugriff am 24.2.2014).

HEDNA, White Paper: The Attribute Model, 2020, https://cdn.ymaws.com/members.hedna.org/resource/resmgr/publications/attribute-model-whitepaper-2.pdf, (Zugriff am 24.2.2021).

Hotel Innovation Committee (HIC), Smart Hotel Technology Guide 2019, SHA Singapore Hotelling Association, 2019, https://sha.org.sg/userfiles/ckeditor/Files/Smart%20Hotel%20Technology%20Guide%202019.pdf (Zugriff am 25.2.2021).

HotelTechReport, 2020 HotelTechIndex Market Leaders Report, The top rated products according to thousands of hoteliers from the world's leading hotel companies, 2020, www.research.hoteltechreport.com/hotel-software-leaders-index-2020/ (Zugriff 27.2.2021).

HTNG Hotel Technology Next Generation, HTNG Technical Specifications, Sammlung diverser Spezifikationen für alle Hotel-IT-Themen, o. J, www.htng.org/page/technical_specs. (Zugriff am 9.4.2021).

IHA, Leitfaden das neue Datenschutzrecht, Informationen und Praxistipps, 2018, www.dehoga-shop.de/Download-Center/Dokumente-DEHOGA/Ratgeber/Sicherheit/IHA-Leitfaden-zum-neuen-Datenschutzrecht-PDF.html (Zugriff am 2.3.2021).

Kuhni, J., Prüfungssichere Kassenführung in bargeldintensiven Unternehmen, 3. Aufl., Freiburg 2020.

Kwentoh, Judith, Kewntoh, Joshua, Social Media Marketing Tips For Hotels: The Best Social Media Marketing Ideas For Hotels: Online Reputation Management, Facebook, Twitter, YouTube, and More!, Hotels Digital Marketing (Kindle-Edition) 2013.

Montag, F., Thibault, G., Jordan, L., Der Deutsche Hotel Technologie-Markt 2020, Markteinblicke, Analysen & Experteninterviews, hrsg. von Hotelhero und IHA Marktplatz in Partnerschaft mit HSMA und techtalk.travel, https://info.hotelhero.tech/de/hotel-tech-markt-deutschland-2020 (Zugriff am 27.2.2021).

Niser, J., Perry, E., Introduction to Electronic Distribution, 2. Aufl., Kindle eBook Amazon 2021.

Nyham, P. D, Technology Strategies for the Hospitality Industry, 3. Aufl., Upper Saddle River (New Jersey) 2018.

Radde, B., Digital Guest Experience – Instrumente zur Optimierung der digitalen Gäste-Erfahrung im Hotel, Hamburg 2016.

Rosenheim, B., Restaurant Tech Ecosystem 2019, https://betterfoodventures.com/food-tech-landscapes/restaurant-tech-ecosystem-2019, 2019a (Zugriff am 20.2.2021).

Rosenheim, B., Foodtech & Media Landscape 2019, http://www.betterfoodventures.com, 2019b (Zugriff am 20.2.2021).

Sammeck, J., Online Marketing for Hotels – The Definitive Guide to Direct Distribution, How to get out of your advertising money and boost website revenue, im Selbstverlag erschienen, Frankfurt am Main 2019.

Sensen, B., Revenue Management im Hotel: Kennzahlen – Prozesse – MICE-Management: Von Kennzahlen bis MICE am Beispiel erklärt, Berlin/München/Boston 2018.

Sigala, M., Gretzel, U., Advances in Social Media for Travel, Tourism and Hospitality – New Perspectives, Practice and Cases, London/New York 2017.

Schulz, A., Frank, K., Seitz, E., Tourismus und EDV, München 1998.

Simeonova, D., Marktangebotsanalyse von Controllingsoftware für die Hotellerie, unveröffentlichte Bachelorarbeit, Fakultät für Tourismus, Hochschule München 2012.

Snapshot 2015, Hotel Distribution Technology Chart, 2015, https://cdn2.hubspot.net/hubfs/1616824/Hotel-Distribution-Technology-Chart–v1–2015–SnapShot_1.jpg (Zugriff am 28.2.2021).

Sölter, M., Hotelvertrieb, Yield Management und Dynamic Pricing in der Hotellerie, E-Book 2007, http://www.grin.com/e-book/85263/hotelvertrieb-yield-management-und-dynamic-pricing-in-der-hotellerie (Zugriff am 10.9.2009); als Taschenbuch Grin Verlag, Norderstedt 2013.

Spalteholz, B., Spalteholz Hotelkompetenz Glossar, https://spalteholz.com/glossar/ (Zugriff am 24.2.2021).

Toedt, M., Big Data – Challenges for the Hospitality Industry, 2. Aufl., München 2013.

Toedt, M., Data Revolution: How Big Data Will Change the Way of Doing Business?, Berlin 2014.

Toedt, M., The Contribution of CRM to Sales Performance in the Hotel Business, Riga 2019.

Von Freyberg, B., Hospitality Controlling: Erfolgreiche Konzepte für die Hotellerie, Berlin 2013.

Weithöner, U., Electronic Tourism – kleines Lexikon zu informationstechnologischen Systemen in der Tourismuswirtschaft, WiWi-Online.de, Hamburg 2007, www.odww.net/artikel.php?id=359 (Zugriff 11/2007).

Zhou, Z. Q., E-Commerce and Information Technology in Hospitality and Tourism, Clifton Park (New Xork) 2004.

Zunenshine, M., 15 Best Hotel CRM (2021), https://crm.org/crmland/best-hotel-crm (Zugriff am 2.3.2021).

Weitere Quellen sind außerdem im Internet bzw. als Broschüre publizierte Produktinformationen diverser im Beitrag genannter Hersteller und Produkte.

4.4 Informationsmanagement bei der Bahn

Bernd Rattey

Die Deutsche Bahn AG entstand 1994 aus dem Zusammenschluss der Deutschen Bundesbahn und der Deutschen Reichsbahn. Heute ist der Personenverkehr der Deutschen Bahn eines der weltweit größten Unternehmen im öffentlichen Personenverkehr (ÖPV). Der Personenverkehr besteht aus dem Fernverkehr zur Verbindung von Ballungszentren und Städten, dem Regionalverkehr als Mobilitätsdienstleister mit Bus und Bahn (in Ballungsräumen, Großstädten oder auf dem Land), einer Vertriebsgesellschaft für alle Vertriebskanäle (vom bedienten Vertrieb bis zu E-Commerce) sowie einer Gesellschaft zum Entwickeln und Betreiben digitaler Lösungen für Verkehrsunternehmen zum Anbieten intermodaler Mobilitätslösungen.

Der Fernverkehr bietet in eigenwirtschaftlicher Verantwortung mit selbst definierten Fahrplan- und Fahrzeug-/Servicekonzepten seine Produkte an, während der Regional- und Stadtverkehr im Wettbewerb mit anderen Verkehrsunternehmen um den Gewinn von meistens langjährig vom Aufgabenträger (z. B. Verkehrsverbund) vergebenen Verkehrsverträgen mit in der Ausschreibung definierten Verkehrskonzepten (z. B. Fahrpläne, Fahrzeuge) ist.

Besonderes Kennzeichen in Deutschland ist das offene System (z. B. keine Zugangskontrolle zum Bahnsteig durch Vereinzelungsanlagen im Nahverkehr, offener Zugang zum Fernverkehr ohne Reservierungspflicht) und das hohe Maß an Vernetzung zwischen den unterschiedlichen Verkehren. Vergleichbare Strukturen aus Kundensicht gibt es derzeit in Europa nur in Österreich und in der Schweiz. Zusätzlich gibt es im internationalen Verkehr historisch eine Vielzahl von Inkompatibilitäten, die die Zusammenarbeit in Europa erschweren. Es gibt im ÖPV keine weltweit standardisierten Geschäftssysteme wie etwa bei den IATA-Airlines. Diese Charakteristiken haben einen großen Einfluss auf die eingesetzten Informations- und Kommunikationssysteme im ÖPV in Deutschland.

Der vorliegende Artikel beschreibt die IT-Landschaft eines typischen großen Komplettanbieters von Mobilitätsdienstleistungen. Einzelbeispiele erfolgen auf Basis von Systemen des Personenverkehrs der Deutschen Bahn, der Schwerpunkt liegt dabei auf der Betrachtung des Fernverkehrs. Die Anforderungen und Applikationen sind übertragbar auf andere Unternehmen. Anwendungen wie z. B. elektronische Stellwerke oder Leit- und Sicherungssysteme für den sicheren Eisenbahnbetrieb eines Eisenbahninfrastrukturunternehmens (EIU) werden nicht beschrieben.

4.4.1 Customer Journey

Die IT-Landschaft des Personenverkehrs ist, wie in vielen größeren Unternehmen, historisch gewachsen. Im Jahr 2020 umfasst sie etwa 1.000 verschiedene IT-Systeme.

In der Vergangenheit wurde diese Systemwelt in Cluster gruppiert und die Cluster sowie die Schnittstellen zwischen ihnen betrachtet. Aufgrund der numerischen Vielzahl der Systeme ist das heute kaum möglich. Zudem hat sich im Personenverkehr der DB AG durchgesetzt, den gesamten Geschäftsbetrieb sehr viel stärker aus der Kunden- bzw. Fahrgastsicht zu betrachten. Daher wird hier auf das Zeigen eines IT-Systemschaubildes verzichtet und die IT-Landschaft aus der Sicht eines Reisenden erläutert. Für die Reisenden ist die jeweilige sogenannte Customer Journey maßgebend für ihre Reise:

Vor der Reise gibt es typischerweise einen Reiseanlass. Der Reisende informiert sich auf verschiedenen Kanälen, vergleicht Verkehrsmittel, Strecken und Preise und bucht dann am Ende ein Ticket für seine Bahnfahrt. Kurz vor der Reise wird er ggf. auf Reiseänderungen, wie z. B. eine Verspätung, hingewiesen. Er begibt sich zum Startbahnhof und steigt in den ersten Zug (dies kann sowohl ein Zug im Regional- als auch im Fernverkehr sein). Falls er keine Direktverbindung nutzen kann, wird er an einem oder mehreren Umsteigebahnhöfen in weitere Züge (oder andere Verkehrsmittel) umsteigen. In den Zügen des Fernverkehrs wird er ggf. gastronomische Services in Anspruch nehmen oder andere Services nutzen (z. B. das WLAN). Er gelangt zum Zielbahnhof, um dann von dort zum Ziel der Reise zu gelangen (siehe Abb. 4.4.1).

Zum Gelingen einer positiven Reise sind eine Vielzahl von Geschäftsfähigkeiten notwendig, exemplarisch sind hier aufgeführt:
- Das Vertriebssystem muss auf Basis des Fahrplans und der Auslastung die Preise ermitteln sowie die Fahrscheine auf den unterschiedlichen Vertriebskanälen verkaufen.
- Die Züge müssen zum richtigen Zeitpunkt in der geforderten Qualität am Gleis stehen.
- Das Personal für die Züge muss zum richtigen Zeitpunkt am richtigen Zug sein.
- Die Bahntrassen (Strecken) müssen für den Zug reserviert sein und dann auch zur Verfügung stehen.
- Das gastronomische Angebot muss im Zug verladen sein.

4.4.2 Geschäftsfähigkeiten und Domänenmodell

Die Geschäftsfähigkeiten spielen in allen Unternehmen eine große Rolle: Welche Dinge hat ein Unternehmen zu leisten, um kommerziell erfolgreich zu sein? Dabei hängen diese Dinge typischerweise nicht von dem geografischen Standort, der Unternehmenskultur, dem Management oder der Aufbauorganisation, sondern vom eigentlichen Kern des Geschäfts ab. In der Modellierung der Unternehmens-IT werden diese Geschäftsfähigkeiten zu Subdomänen und diese zu Domänen gebündelt. Das gesamthafte Modell wird dann als Domänenmodell Personenverkehr bezeichnet und ist zunächst unabhängig von der IT zu sehen. Die Geschäftsfähigkeiten könnten grundsätzlich auch ohne IT-Systeme erbracht werden.

Fernreise

Vor			Während						Nach
Anlass	Planung & Buchung	Vorbereitung	Weg zum Bahnhof*	Am Startbahnhof	Im Zug (FV)	Am Umstiegsbahnhof	Im Zug (RB/RE/IRE)	Am Zielbahnhof	Weg zum Zielort*	Nachbereitung

Alltags-mobilität: Nahreise

Vor			Während						Nach
Anlass	Planung & Buchung	Vorbereitung	Weg zum Bahnhof*	Am Startbahnhof	Im Zug (RB/RE/IRE)	Am Umstiegsbahnhof	Im Zug (S-Bahn)	Am Zielbahnhof	Weg zum Zielort*	Nachbereitung

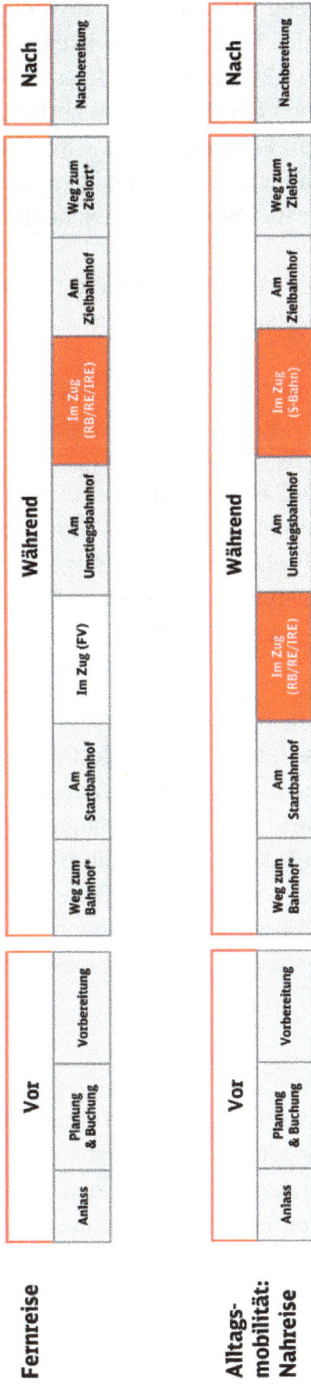

Abb. 4.4.1: Customer Journey einer Fern- und einer Nahreise.

Im Personenverkehr liegt dieser Kern darin, Menschen von A nach B zu befördern. Damit ist das resultierende Domänenmodell der DB sehr ähnlich wie bspw. jenes des schweizerischen SBB oder der österreichischen ÖBB. Auch zu anderen Unternehmen (z. B. Fluggesellschaften) mit einem ähnlichen Geschäftszweck besteht eine hohe Überschneidung. Das Domänenmodell der DB Fernverkehr AG wird als Basis für die folgenden Kapitel verwendet, da es anschaulich alle notwendigen Geschäftsfähigkeiten beschreibt und an einigen Stellen für Besonderheiten des Regionalverkehrs ergänzt wird.

Es besteht aus fünf Domänen (Angebot, Kunde, Ressourcen, Leistung und Querschnitt) die in den folgenden Kapiteln beschrieben werden (siehe Abb. 4.4.2).

4.4.3 Prozesse und IT-Systeme der Domäne Angebot

In der Domäne sind alle Services zusammengefasst, die das Angebot des EVU (Eisenbahnverkehrsunternehmen) definieren, dafür Marketing betreiben, das Angebot einführen und über den Lebenszyklus managen. Der Fahrplan als Teil des Angebots wird über eine eigene Subdomäne dargestellt, weil er erheblichen betrieblichen Einfluss hat und etliche andere Geschäftsfähigkeiten von ihm abhängig sind.

Angebotsmanagement

Das Angebotsmanagement legt die langfristige Angebotsstrategie des EVU fest. Hierunter fällt beispielsweise das Einführen neuer Relationen (Verbindung von A nach B) oder die schrittweise Erweiterung eines Deutschlandtaktes im Fernverkehrsangebot, der bestimmte Städte und Metropolen im 30/60-Minuten-Takt verbinden soll. Im Regionalverkehr sind Taktsysteme schon von jeher im Einsatz. Damit haben Fern- und Regionalverkehr ein gleichartig getaktetes System als Basis. In dieser Subdomäne steht der strategische Aspekt im Fokus, operative IT-Systeme dienen zum Sammeln von Informationen zu Simulationen und Szenarien.

Fahrplanentwicklung

Der Fahrplan hat erheblichen betrieblichen Einfluss und ist der zentrale Ausgangspunkt für viele Aktivitäten eines EVU. Dabei blickt die langfristige Angebotsplanung bis zu zehn Jahre in die Zukunft. Dazu werden die erwarteten Reisendenströme (Quell- und Zielorte bzw. -regionen sowie erwartete Mengen) ermittelt und daraus Linien gebildet. Zu berücksichtigen sind dabei die Verkehrstage (Montag, Dienstag, ..., Sonntag), da sich die Reisendenströme und die Struktur der Reisenden an jedem Wochentag deutlich unterscheiden können.

Beispiele für Linien der DB Fernverkehr AG sind die Linie 41 von Dortmund über Köln, Frankfurt/Main, Nürnberg nach München oder die Linie 11 von Berlin über Wolfsburg, Göttingen, Fulda, Frankfurt/Main, Stuttgart, Ulm, Augsburg nach

Angebot

Produktbild | Produktbild entwickeln

Angebots-management | Angebotsmanagement

Produkte & Services
- Produkt-& Service-Management
- Preisgestaltung

Fahrplan
- Fahrplanentwicklung

Ressourcen

Fahrzeug
- Fahrzeug-ressourcen
- Behandlungsplanung
- Behandlungsdisposition

Werke & Infrastruktur
- Werke & Infrastruktur
- Leistungskettenplanung
- Fahrzeugeinsatzplanung & -disposition

Personal
- Schichtplanung
- Personaleinsatzplanung & -disposition

Material, Waren, Energie
- Energiemanagement
- Material-& Warenbedarfsplanung

Kunde

Kundeninteraktionskanäle | Touch-Points

Vertrieb
- Vertriebssteuerung
- Produkte & Services anbieten

Kundenmanagement
- Kundenmanagement
- Kundenbindungs-management

Verkehrssteuerung
- Verkehrssteuerung

Leistung

Service am Gast
- Allgemeine Services
- Reiseservices

Betriebliche Leistungen
- Behandlungsdurchführung
- Schichtdurchführung
- Zugfahrt
- Logistik

Querschnitt

Strategie & Organisation
- Strategie & Organisation
- Performance
- Innovationsmgmt.
- Marktforschung

Integriertes Management
- Umweltmgmt.
- Obsoleszenzmgmt.
- Arbeitsschutz
- Entsorgungsmgmt.
- Sicherheitsmgmt.
- Risikomgmt.
- Managementsystem
- Qualitätsmgmt.
- Lebensmittelsicherh.
- Compliancemgmt.
- Prozessmgmt

Portfolio-& Projektmgmt.
- Portfolio-Mgmt.
- Progr.- & Proj. Mgmt

Informations-management
- Datenerhebung
- Informations-gewinnung
- Informations-bereitstellung

IT-Management
- IT-Planung & -Steuerung
- IT-Entwicklung und -Betrieb

Personal-management
- Personalplanung
- Personalbeschaffung
- Führung & Entwicklung
- Administration & Abrechnung
- Tarif & Sozialpolitik

Finanzen & Controlling
- Bilanzen
- Controlling
- Kasse & Zahlung
- Steuer

Einkauf | Einkauf

Immobilien | Immobilien

Recht | Recht & Datenschutz

Revision & Audit
- Domäne
- Subdomäne
- Geschäftsfähigkeit

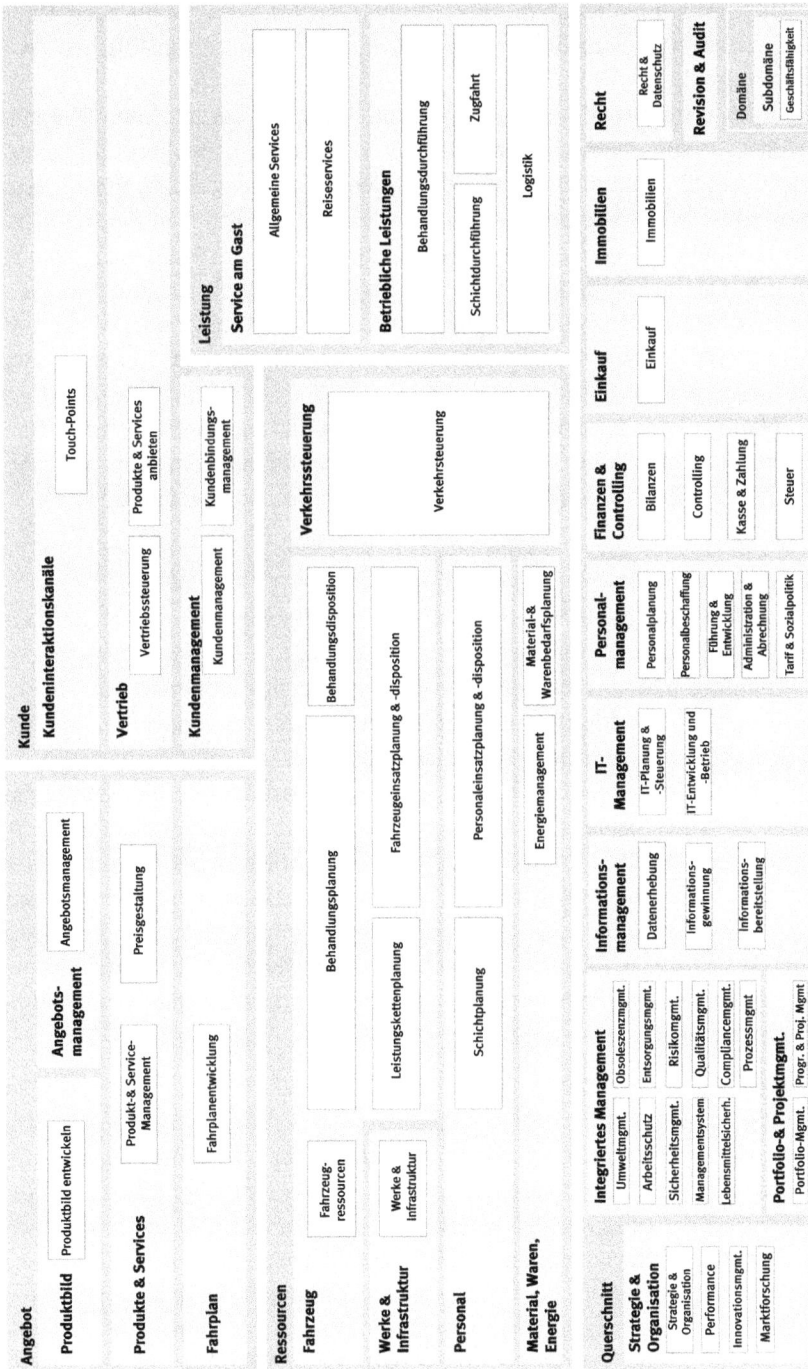

Abb. 4.4.2: Domänenmodell Fernverkehr.

München. Beide Linien bedienen die Verbindung von Frankfurt/Main nach München, allerdings auf unterschiedlichen Laufwegen und mit unterschiedlichen Zwischen-/Unterwegshalten.

Dabei werden mittels mathematischer Modelle und mit verschiedenen IT-Systemen zahlreiche Varianten von Linienbündeln (Verkehrsnetze) simuliert und kalkuliert. Die jeweiligen Linienbündel unterscheiden sich in Fahrzeugbedarf, Reisezeiten, Umsteigehäufigkeit und weiteren betrieblichen und wirtschaftlichen Kenngrößen. Als Ergebnis ermitteln IT-Systeme den groben Fahrplan, der dem Kunden angeboten werden kann. Der grobe Fahrplan ist zudem die Basis für die Preisgestaltung und bestimmt, wie viele Ressourcen das EVU künftig vorhalten wird (Fahrzeuge, Werke und Personale). In dieser Domäne sind die verschiedenen gekoppelten IT-Systeme in der Rubrik Expertensystem anzusiedeln.

Die Fahrpläne müssen am Ende des Prozesses beim EIU angemeldet werden. Hier werden die Fahrplananmeldungen aller EVU gesammelt und in einem streng regulierten System mit vielen Zwangspunkten und Restriktionen bestmöglich aufgelöst.

Preisgestaltung

Die überwiegende Anzahl der Produkte im ÖPV ist in der Preisgestaltung von der Entfernung abhängig. Zusätzlich sind Serviceparameter (z. B. 1./2. Klasse) zu berücksichtigen. Bei entfernungsbasierten Preisen muss der Preis für eine größere Distanz höher sein als der für eine kürzere Entfernung, um Inkonsistenzen zu vermeiden. Darüber hinaus gibt es Produkte zu einem Pauschalbetrag ohne Entfernungsbezug (z. B. „Schönes Wochenendticket"). Ebenso müssen sowohl Einzelfahrten als auch preislich rabattierte Zeitfahrscheine (z. B. Abonnements) verkaufbar sein. Das offene System bedeutet, dass der Fahrschein als Fahrtberechtigung nicht zusammen mit einer Platzreservierung für einen Sitzplatz gekauft werden muss (bis auf einige Ausnahmen wie z. B. internationale Züge oder Autozüge). Die Verkehrsunternehmen müssen durch Sonderpreise Anreize für Fahrten in nachfrageschwächeren Zeiten zur Auslastungssteigerung sorgen. Das Preismanagement ist beim Fernverkehr und beim Regionalverkehr unterschiedlich.

Preisgestaltung Fernverkehr

Die DB Fernverkehr verfolgt u. a. eine Preisstrategie, bei der Unternehmen die Preise für Produkte oder Dienstleistungen permanent der aktuellen Marktsituation anpassen (dynamisches Pricing). Dazu werden im Wesentlichen zwei Preisschemata eingesetzt: die Bepreisung einer Punkt-zu-Punkt-Verbindung (Relationspreis) unter Berücksichtigung der Produktkategorie und Festpreise (fix oder in Staffeln). Die Preisberechnung muss zusätzlich kundenspezifische Elemente wie z. B. Ermäßigungen für BahnCard-Besitzer oder Gruppen berücksichtigen. Vereinfacht ausgedrückt werden beim Relationspreissystem zwischen allen Halten des Fernverkehrs einer oder mehrere Preise für ICE und IC/EC bestimmt. Dabei wird auch berücksichtigt, dass man für eine Quelle-Ziel-Relation verschiedene Wege und Fahrtmöglichkeiten/Fahrtzeiten hat. Die Ermittlung von konsistenten Relationspreisen bei 5.679 Personenbahnhöfen (Nah- und Fernverkehr, Stand 2019) und unzähligen Fernverkehrs-Relationen (Preisen) wird mit Hilfe von komplexen IT-Systemen im Vorfeld und laufend durchgeführt.

Zusätzlich zu den Relationspreisen werden Festpreise zum Anbieten von Sonderaktionen verwendet.

Den Erlös pro Sitzplatz und Kilometer/Strecke (der sogenannte Yield) wird im speziell für offene Systeme entwickelten Preisverfügbarkeitssystem optimiert. Dazu berechnet ein Prognosesystem auf Basis von historischen Daten (z. B. Verkaufsdaten, Reisendenerfassung) täglich pro „Leg" (Strecke zwischen zwei Halten) und Zug die Anzahl/Kontingente der Sonderpreise (z. B. Sparpreis). Diese können dann von Experten im Yieldmanagement nachgesteuert werden (z. B. bei Ferien, Feiertagen oder Großereignissen). Nach dieser Überarbeitung erfolgt die Einspielung in die Vertriebssysteme. Die Sonderpreise inkludieren typischerweise Zugbindung für die Reisenden – es kann nur der gebuchte Zug und nicht der vorherige oder nachfolgende Zug genutzt werden.

Somit erfolgt durch den Einsatz integrierter IT-Systeme eine dynamische Preis-Mengen-Steuerung mit dem Ziel einer gewinnoptimalen Nutzung vorhandener Kapazitäten.

Preisgestaltung Nahverkehr

Die EVU haben beim Preismanagement hier eine doppelte Funktion. Handelt es sich um Verkehrsleistungen in einem Verbund, so müssen die EVU diese Verbundpreise verkaufen. Eine Auslastungs- oder Yieldsteuerung ist durch die EVU nicht erforderlich, da es sich um durch die Aufgabenträger definierte und bestellte Verkehre handelt. Auch Verkehrsverbünde ermitteln Preise nach Entfernungskriterien. Dazu wird ein Verbund je nach geografischer Situation entweder in Zonen oder Waben strukturiert. Innerhalb dieser Strukturen ist die Wahl des Verkehrsmittels frei. Der Preis richtet sich i. d. R. nach der Anzahl durchfahrener Zonen/Waben. In Verbünden mit größeren Entfernungen (z. B. Schleswig-Holstein-Tarif) werden diese Zonen/Waben auch mit Entfernungskomponenten (z. B. degressive Preisberechnung bei größeren Entfernungen) kombiniert.

Darüber hinaus können EVU aber auch eigenwirtschaftliche Produkte zu selbst bestimmten Preisen/Tarifen anbieten. Sie müssen wohl auch genehmigt werden, können aber nach eigenen Kriterien gestaltet werden. Diese können wiederum Pauschalpreise (z. B. Bayern-Ticket) oder entfernungsabhängige (z. B. im Regionalbus-Verkehr) Tarife sein.

Preisgestaltung aus Reisendensicht

Der Reisende unterscheidet bei seiner Reise mit den EVU nicht zwischen den beiden Modellen des Preismanagements. Für ihn ist der Preis für die Tür-zu-Tür-Verbindung von A nach B relevant. So wählt der Reisende auf Basis der Fahrplaninformation eine Kombination von Verbund im sogenannten Vor- und Nachlauf und eine schnelle ICE-Verbindung im Hauptlauf. Mithilfe von definierten Regeln werden diese Einzelpreise zu einem Gesamtpreis aufaddiert. Die verschiedenen IT-Systeme enthalten Komponenten für die Preisberechnung und die Abbildung der Produktstammdaten. Fernverkehr und Regionalverkehr haben dabei jeweils eigene Teilsysteme für die Abbildung der Entitäten und Preise. Unabhängig vom Vertriebskanal trifft eine Anfrage auf das Preisbildungssystem. Dort wird die Anfrage auf Basis der angefragten Verbindung in die Verkehrsbestandteile (z. B. Fernverkehr und Verbund) zerlegt. Die Einzelpreise werden in den dedizierten Teilsystemen (Nahverkehr, Verbund und Fernverkehr) bestimmt und mit Zusatzinformationen wie etwa Verfügbarkeiten von Sonderpreisen oder verfügbare, reservierbare Plätze versehen. Die Einzelergebnisse werden dann von der Verkaufslogik wieder zusammengefügt und an die Vertriebskanäle abgegeben. Aufgrund der Vielzahl der Möglichkeiten sind diese Berechnungen und Optionen für den Reisenden kaum nachvollziehbar.

Produkt- und Servicemanagement

Die Subdomäne umfasst die Fähigkeiten, Produkte und Services des Unternehmens zu entwickeln, einzuführen, über ihren Lebenszyklus zu steuern und anzupassen und sie am Ende auch wieder abzuschalten. Sie beinhaltet die Funktionen zum Managen der physischen Produkte (den Fahrzeugen), den digitalen Services (an Bord der Züge und an Land), den von Menschen erbrachten (z. B. Kundenbetreuung oder Gastronomieservices) und den Service rund um verschiedene Produkte wie z. B. der BahnCard.

Während IT hier in der Vergangenheit keine große Rolle gespielt hat, sind mit den digitalen Services nun auf IT-basierende Services in direkter Kundennutzung. Hierzu zählt beispielsweise das WLAN in den Zügen entlang der gesamten Reisekette (Wifi@DB), Reservierungsanzeiger und die dynamischen Info-Monitore oder das digitale Zeitungsangebot in den Zügen. Die digitalen Services sind sehr stark am Wachsen und damit wichtiger Teil eines positiven Reiseerlebnisses.

4.4.4 Prozesse und IT-Systeme der Domäne Kunde

Der Vertrieb mit seinen verschiedenen Vertriebskanälen ist die Schnittstelle zum Kunden. Die Vertriebskanäle lassen sich in unterschiedlichen Dimensionen gruppieren:
- selbstbediente und bediente Kanäle
- bestellte Vertriebskanäle (also durch den Aufgabenträger ausgeschriebene Leistungen) und eigenwirtschaftliche Vertriebskanäle, die nicht explizit in Ausschreibungen detailliert werden.

Die folgende Abb. 4.4.3 zeigt, wie sich die Vertriebskanäle Online, Mobile, Reisezentrum, Automat, Videoreisezentrum, Abo-Center, Call-Center und Mobiles Terminal in diese Logik einsortieren. Wie in vielen Lebensbereichen auch erfolgte in der Vergangenheit eine starke Bewegung von stationären Kanälen (Automat und Reisezentrum) hin zu den Vertriebskanälen Online und Mobile.

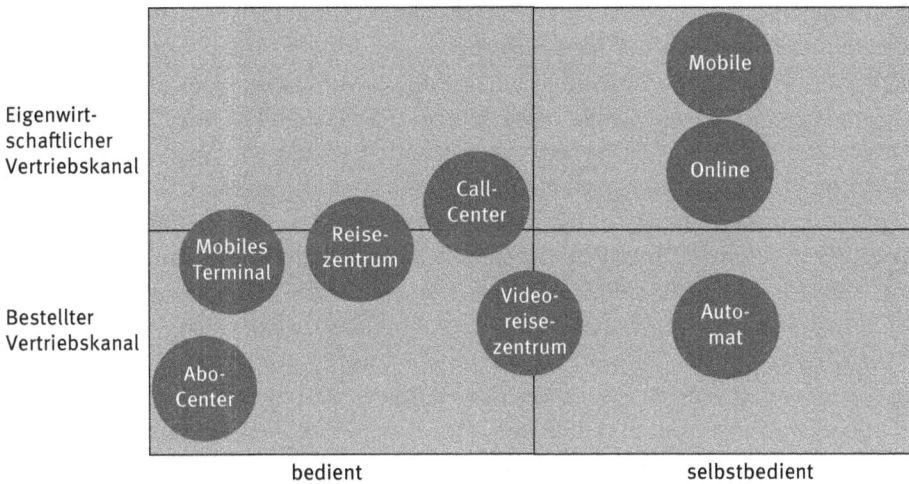

Abb. 4.4.3: Vertriebskanäle in ihren Dimensionen.

Vertriebssystem VENDO

Charakteristisch für den Vertrieb im ÖPV ist, dass der Kunde oft anonym ist und anders als in der Telekommunikationsindustrie, bei Fluggesellschaften oder Hotels nicht jeder Verkaufsvorgang oder Auftrag personalisiert werden kann. Aus Reisendensicht ist insbesondere eine einfache Bedienung wichtig, sprich die Ticketbezugsstelle ist nicht entscheidend, wichtig ist lediglich der einfache und schnelle Zugang. Dabei setzen die Reisenden verstärkt auf Online/Mobile- Lösungen, vorangetrieben durch eine Steigerung des Anteils der Reisenden mit Handybesitz von ca. 55 % auf mehr als 80 % im Jahr 2020 (Chip 2020, S. 1). Bei Funktionalitäten ist insbesondere wichtig, dass die Mobilitätslösungen Intermodalität, einfache Nutzung, mehrere Verbünde und Echtzeitinformationen bieten. Im Jahr 2014 war der Automat umsatzbezogen der stärkste Kanal und aufgrund seiner Ausrichtung auf den Nahverkehr auch mengenmäßig mit großem Abstand führend. Inzwischen sind Online und Mobile klar dominierend. Für die Reisenden ist es dabei unerheblich, ob es sich um einen bestellten oder einen eigenwirtschaftlichen Vertriebskanal handelt, sie möchten den Vertriebskanal nutzen, um ein Ticket von A nach B zu buchen.

Diese Entwicklung hat auch einen großen Einfluss auf die IT-Systeme dahinter. Während die Vertriebskanäle in der Vergangenheit nur sehr lose gekoppelt waren und ein hoher Anteil der Fachlichkeit im Vertriebskanal selbst implementiert wurde, ist die Notwendigkeit nach einem zentralen Kern massiv gewachsen. Nur mit diesem zentralen Vertriebskern (Systemname VENDO) lässt sich sicherstellen, dass die Preisermittlung bspw. in allen Kanälen identisch und die User Experience in den Kanälen vergleichbar ist. Die verschiedenen Vertriebskanäle werden dann an VENDO angeschlossen.

Die fachlichen Bausteine von VENDO beinhalten unter anderem die Reiseauskunft, den modularisierten Angebotszerleger (Fern- und Nahverkehr), die Kontingentverwaltung (z. B. für Sparpreise), die Reservierungsverwaltung, das Kundenmanagement, die Auftragsverwaltung, die Zahlungslösungen und die Fahrtscheinberechtigung (früher nur spezielles Sicherheitspapier, heute zunehmend digital als Online-Ticket). Alle IT-Systeme der Vertriebskanäle verarbeiten einheitlich strukturierte Verkaufsdatensätze zur Verrechnung von Leistungen mit Kunden und Vertriebspartnern.

Die Neuentwicklung von VENDO war ein Großprojekt über mehrere Jahre und Ende 2020 noch in der Umsetzungsphase. Anders als bspw. in der Airline-Industrie gibt es kein marktprägendes IT-System wie AMADEUS, daher wurden viele der Komponenten mit einer hohen Fertigungstiefe inhouse entwickelt. Für IT-Basisdienste wurde auf bewährte IT-Standardprodukte zurückgegriffen.

Somit besitzt VENDO zwei strategische Kernausrichtungen:
1. die Schaffung einer einheitlichen User-Experience über alle Vertriebskanäle hinweg verbunden mit einer starken Vereinfachung der Kundeninteraktion
2. der Aufbau einer serviceorientierten IT-Architektur mit zentralisierten Komponenten im Vertriebskern (IT-Vertriebs-Backend).

Damit ist die Basis gelegt, um die bisher eher isolierten Vertriebsgeschäftsfähigkeiten künftig stärker mit anderen Subdomänen wie etwa den Reiseservices zu verknüpfen, also die Grundlage für übergreifende Digitale Services.

Kundenkanäle

Im Folgenden werden die relevantesten Vertriebskanäle (VK) erläutert. Die VK Abo-Center, Call-Center und Mobiles Terminal sind im Jahr 2020 rückläufig und haben nur noch einen geringen Anteil am Vertriebskanalmix.

Online

Das Internet hat sich zu dem wichtigsten Kanal für den Reisevertrieb entwickelt. Die Website bahn.de ist eine der umsatzstärksten deutschen eCommerce-Seiten und eines der meistbesuchten Mobilitätsportale in Deutschland mit etwa 378 Millionen Besuchen in 2019 (Deutsche Bahn Fernverkehr AG 2020, S. 9). Im Berichtsjahr 2019 entfiel der größte Anteil der Einnahmen wie im Vorjahr auf die Vertriebskanäle Online und Mobile. Bei einem Gesamtumsatz 2019 in Höhe von knapp über 5 Milliarden Euro allein im Fernverkehr sind Online und Mobile hinter amazon.de und otto.de auf einem Spitzenplatz in Deutschland.

In den ersten Jahren lag der Schwerpunkt auf den Angeboten und Services des Fernverkehrs. Inzwischen sind alle relevanten digitalen Services dort verfügbar. Als technische Plattform dient das Vertriebssystem VENDO. Auch in dem von den Aufgabenträgern bestimmten Nahverkehrsgeschäft wurden zunehmend Verbünde digitalisiert und online verkaufsfähig gestellt.

Mobile

Während im Vertriebskanal Online eine Sättigung eingetreten ist, nimmt die Nutzung der mobilen Services stetig zu. Über die App „DB Navigator" erhalten Kunden Reiseauskünfte und Echtzeitinformationen und können Handy-Tickets sowie Sitzplatzreservierungen mobil buchen und verwalten. Im Jahr 2019 wurden 46,6 Millionen Handy-Tickets (im Vorjahr: 27,9 Millionen Handy-Tickets) verkauft (Deutsche Bahn Fernverkehr AG 2020, S. 9). Auch Verbundtickets für S-Bahn, U-Bahn, Bus und Straßenbahn können über den DB Navigator gebucht werden. 2020 stieg die Anzahl der integrierten Verbünde weiter auf knapp 40. Weitere Verbünde werden folgen. Im Zuge der Erneuerung des Vertriebskerns zu VENDO wurde auch eine komplette neue App DB Navigator entwickelt, die der wesentliche Treiber der verbesserten User-Experience ist.

Reisezentren und Agenturen

In bundesweit rund 350 Reisezentren stehen die Mitarbeiter im direkten Kundenkontakt für Reiseinformationen und den Fahrkartenverkauf am Schalter. Zudem stehen den Kunden rund 2.000 Agenturen für persönliche Beratung und den Verkauf von Fahrkarten zur Verfügung. Die Reisezentren bieten das umfangreichste Fahrschein- und Serviceangebot aller Vertriebskanäle. Zudem sind sie bei Sondersituationen (wie z. B. einem Orkan) wichtige Anlaufstelle für viele Kunden.

Automaten

Der Automat war viele Jahre mit Abstand der wichtigste Vertriebskanal im Nahverkehr, da die Entwicklung in den Vertriebskanälen Internet und Mobiles Ticketing erst Ende der 2010er Jahre forciert wurde. Im Fernverkehr spielt der Automat schon seit einigen Jahren eine untergeordnete Rolle, da dieser durch die Vertriebskanäle Online und Mobile substituiert wurde. Die Automaten der DB bieten ein komplettes Angebot von Verbund-, Nah- und Fernverkehr. Neben den Verkaufsfunktionen bietet der Automat auch Servicefunktionen wie Fahrplan- oder Tarifauskunft. In seinem Gehäuse ist ein standardisierter Industrie-PC installiert. Er steuert sowohl die Prozesse an der Touch-Screen-Benutzungsoberfläche als auch z. B. Ticketdruck und Zahlungsprozesse. Eine besondere Herausforderung ist die Erkennung von Bargeld (inkl. Falschgelderkennung) und der korrekte Umgang mit Wechselgeld. Die Automaten sind sehr stabil ausgeführt, um an ihren teilweise exponierten Standorten sicher gegen Vandalismus zu sein. Die Anzahl der Automaten ist von mehr als 9.000 auf weniger als 6.000 bis Ende 2020 gesunken.

Als Hybrid zwischen Reisezentrum und Automat hat sich das Videoreisezentrum etabliert: Das Videoreisezentrum ermöglicht personenbediente Beratung und Verkauf insbesondere auch in ländlichen Regionen als Alternative zu Reisezentren oder Agenturen und war 2019 an 66 Standorten verfügbar. Der Videoautomat kommt im Jahre 2019 an 29 Standorten im Zweckverband Nahverkehr Westfalen-Lippe (NWL) zum Einsatz. Der Videoautomat ist ein Fahrkartenautomat, bei dem sich innerhalb festgelegter Öffnungszeiten per Knopfdruck ein Mitarbeiter aus der Zentrale aufschaltet und den Kunden beim Ticketkauf unterstützen kann. Er bietet damit eine persönliche Beratung auch an Orten, wo ein klassisches Reisezentrum wenig ausgelastet wäre.

Fahrscheine, Ticketing und Komfort-Check-in (KCi)

Die Nutzung des ÖPV setzt von Beginn bis heute voraus, dass der Kunde einen Fahrausweis (Ticket) als Nutzungsberechtigung vor Antritt der Fahrt erwirbt. Ein manipulationsgeschütztes, dokumentenechtes Papier enthält in einer für Reisende und Zugbegleiter oder Kontrolleure lesbaren Form die Fahrtstrecke, die Tarifkonditionen, den Preis und weitere Informationen wie z. B. Mehrwertsteuersatz oder Verkaufsstelle und Verkehrsträger. Diese Fahrscheine werden so seit langer Zeit im bedienten und selbstbedienten Vertrieb ausgegeben. Daneben hat sich das Online-Ticket in den Jahren der Digitalisierung rasch ausgebreitet. Dazu wurde eine Verschlüsselung der Fahrscheindaten und der persönlichen Informationen entwickelt. Dieser Code wird auf einem 2-D-Barcode hinterlegt und vom Bordpersonal mit einem Endgerät ausgelesen. Die Reisenden identifizieren sich mit dem Personalausweis oder der Kredit- bzw. EC-Karte, mit der bezahlt wurde. Die gelesenen Daten werden aufgenommen und mit denen des Vertriebssystems verglichen. Werden Differenzen, wie z. B. Mehrfachbenutzungen, nachgewiesen, so wird der Reisende vom Verfahren ausgeschlossen.

Die DB Fernverkehr AG bietet auf Basis des Online-Tickets mit dem Service „Komfort Check-in" (KCi) die Möglichkeit, die Ticketkontrolle selbst vorzunehmen und damit unterbrechungsfrei zu reisen. Mit dem Komfort Check-in haben die Gäste die Möglichkeit, sich einfach über den DB Navigator oder über einen Internetbrowser an ihrem Sitzplatz einzuchecken. Der Zugbegleiter erkennt auf seinem Endgerät, dass der jeweilige Reisende sich eingecheckt hat und spricht ihn nicht mehr auf seinen Fahrtnachweis an. 2019 wurde die automatische Wagenermittlung zur Unterstützung der Kunden beim Check-in ohne Reservierung eingeführt. Über einen Klick können sich die Fahrgäste, die mit dem WLAN Wifi@DB verbunden sind, die Nummer ihres Wagens anzeigen lassen, die zusammen mit der Sitzplatznummer eingegeben werden muss. Dieser Anwendungsfall ist typisch für die Entwicklung der letzten Jahre: Die verschiedenen digitalen Services müssen domänenübergreifend orchestriert und vernetzt werden und bieten dann neue Mehrwertdienste.

Es ist zu erwarten, dass papierbezogene Tickets in der Zukunft stark rückläufig sein werden. In Kombination mit einer Barzahlung am Automaten oder im Reisezentrum bieten sie bisher die Möglichkeit anonym zu reisen.

Kundenbindungssysteme

Mit dem Kundenbindungsprogramm der BahnCard-Familie können sich Vielfahrer an dem BahnComfort-Programm beteiligen; hier bekommen sie für Umsätze Punkte gutgeschrieben und können Serviceleistungen wie etwa Sitzplatzreservierungen präferiert buchen. Zusätzlich hat die DB ein Bonusprogramm eingeführt, mit dem gesammelte Punkte bei einer Vielzahl von Partnern eingelöst werden können.

Das CRM-System auf Basis der Standardsoftware SIEBEL deckt die Bestellung, Verwaltung und Produktion der BahnCards ab. Zudem bildet es die Leistungen des Kundenbindungsprogramms BahnBonus und BahnComfort ab und ist für das Verwalten und Aussteuern der Kundenkommunikation und Direktmarketing-Maßnahmen im Einsatz. Es ist auch eines der zentralen IT-Systeme für die Call-Center, die von DB Dialog betrieben werden. Damit dient es auch als Basis für das personenverkehrsübergreifende Beschwerdemanagement, mit dem Kundenbeschwerden z. B. im Call-Center von DB Dialog bearbeitet werden können. Für die Vertriebsunterstützung bei Firmenkunden hat DB Vertrieb ein Werkzeug zum optimalen Key-Account-Management der Firmenkunden entwickelt. Den Informationsaustausch zwischen Vertriebskanälen, den Kundenbindungssystemen und Systemen zur Zahlungsabwicklung (z. B. Forderungsmanagement bei Lastschriftzahlungen) übernimmt eine zentrale Kundendatenbank. Alle Komponenten sind mit dem Vertriebskern VENDO verbunden.

Erlös- und Leistungsabrechnung

Die Verkaufsdaten aller Vertriebskanäle kommen in einer einheitlichen und strukturierten Form in die Systeme zur Erlös- und Leistungsabrechnung. Die Verkaufsdaten durchlaufen mehrere Stufen: Als erste Stufe findet eine Qualitätssicherung und ein Clearing der Daten vollautomatisch statt. Danach werden die Daten in einem Modularen Abrechnungssystem weiterverarbeitet. In dem System wird die Abrechnung für alle Agenturen mit deren Provisionen inkl. Rechnungserstellung genauso durchgeführt wie die Abrechnung mit Verbünden und anderen Verkehrsunternehmen. Nach Durchlaufen der Verarbeitungsschritte erfolgt die Weitergabe der Verkaufsdaten in konsolidierter Form an das führende kaufmännische SAP-System des DB-Konzerns. Parallel zu den Verkaufsdaten werden Kassen- und Zahlungsinformationen der DB-eigenen Vertriebskanäle im SAP-basierten integrierten Verkaufsbuchhaltungssystem vorkonsolidiert und danach ebenfalls an das Konzern-SAP-System geliefert.

4.4.5 Prozesse und IT-Systeme der Domäne Ressourcen

Die Beschreibung der Prozesse und die IT-Unterstützung der Domäne Ressourcen sind das Kernstück der Produktion einer Zugfahrt. Die Produktionsplanung und -durchführung erfolgt aus der Sicht eines EVU (Eisenbahnverkehrsunternehmen). Der Blickwinkel eines EIU (Eisenbahninfrastrukturunternehmen) wird an den gemeinsamen fachlichen und technischen Schnittstellen betrachtet. EIU sind die Unternehmen, die für die Produktion erforderliche Infrastrukturleistungen wie Trasse (Bahnstrecke bzw. Verkehrsweg der Züge), Stationshalte/Bahnhöfe oder Energie bereitstellen, damit die EVU ihre Verkehrsleistung erbringen können. Die EIU stellen allen EVU die Infrastruktur diskriminierungsfrei und entgeltlich zur Verfügung und unterliegen der Regulierung durch die Bundesnetzagentur. Ein Schwerpunkt der Digitalisierung der Infrastruktur ist beispielsweise das Programm „Digitale Schiene Deutschland". Durch Ausrüstung des Bahnnetzes mit dem Zugsicherungssystem ETCS (European Train Control System) und digitalen Stellwerken sollen sich die Kapazitäten (Trassen) im Schienennetz um bis zu 35 % erhöhen.

Für das EVU steht das gesamte Produktionssystem im Fokus. Dieses Produktionssystem unterteilt die DB Fernverkehr AG in vier Phasen (siehe Abb. 4.4.4): Die Zugfahrt mit Gastronomie stellt den bekanntesten Produktionsschritt dar (Phase 1). Dies ist aus Sicht der Reisenden der direkt wahrnehmbare Teil der Produktion. Nach Ende der Zugfahrt(en) erfolgt die Zuführung des Zuges (Phase 2) in die Behandlung (Phase 3). Hier werden neben der Instandhaltung auch Maßnahmen in Hinblick auf Reinigung und Catering sowie Logistik durchgeführt. Nach Abschluss der Behandlung folgt die Bereitstellung des Zuges für die nächste Fahrgastfahrt am Startbahnhof (Phase 4) – der Produktionskreislauf beginnt von Neuem. Diese gesamthafte Betrachtung der Produktion ermöglicht eine funktions- und bereichsübergreifende Sicht und ist die Basis für die Digitalisierung der Produktion.

Bei der Planung des Produktionssystems wird das gewünschte Angebot unter Berücksichtigung aller relevanten Rahmenbedingungen für die nächste Fahrplanperiode im Detail ausgeplant. Dazu wird in einem ersten Schritt das vorliegende Angebotskonzept mit den vier relevanten Ressourcen abgeglichen und ggf. angepasst.

Die vier relevanten Ressourcen sind hierbei die vorhandenen Trassen, die Fahrzeuge in den verschiedenen Baureihen und physischen Gegebenheiten, die Instandhaltungskapazitäten (Werke) für die Fahrzeuge sowie die Personale wie bspw. Triebfahrzeugführer oder Zugbegleiter.

Diese Geschäftsfähigkeiten werden von IT-Systemen sehr stark unterstützt. Dabei ist die Produktionsplattform (PP) das zentrale und integrierte Planungs- und Steuerungssystem, mit dem sichergestellt wird, dass bei jeder Zugfahrt das passende Fahrzeug nach erfolgreicher Behandlung mit dem passenden Personal (Triebfahrzeugführer, Zugchef, Zugbegleiter, Gastronomiemitarbeiter oder Kundenbetreuer im Nahverkehr) zur richtigen Zeit am Bahnsteig steht und ebenfalls eine Trasse für die bevorstehende Fahrt gebucht ist. Bis zur Einführung der PP existierten etwa 20 ver-

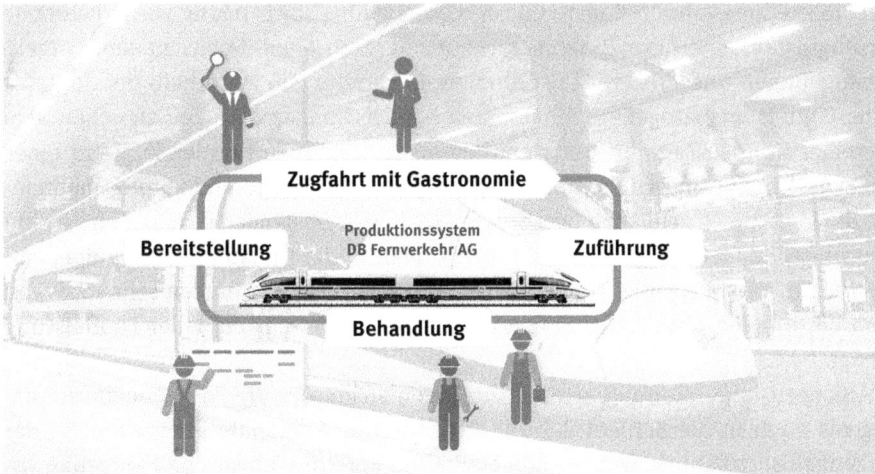

Abb. 4.4.4: Produktionskreislauf.

schiedene IT-Systeme, die über die Jahre historisch gewachsen waren. Dies führte zu Inkonsistenzen in den Stammdaten, zu vielen manuellen Prozessen und zu langen Prozesslaufzeiten. Die PP von der Firma IVU wurde sowohl bei DB Regio als auch bei DB Fernverkehr eingeführt. Da sich beide Unternehmen vom Geschäftszweck unterscheiden, sind sie unterschiedlich ausgeprägt („gecustomized").

Für die Kernressourcen Fahrzeug und Personal gibt es jeweils drei logische Gruppen:
- Umlaufplanung/Schichtplanung (logische Planung ohne Bezug auf ein konkretes Fahrzeug oder einen konkreten Mitarbeiter)
- Einsatzplanung (enthält dann die konkrete Zuordnung von Fahrzeug und Mitarbeiter)
- Disposition (kurzfristige Änderungen kurz vor oder während der Zugfahrt).

Fahrzeuge

Bei der Produktionsplanung wird das gewünschte Angebot (s. Kap. 4.4.3) unter Berücksichtigung aller relevanten Rahmenbedingungen für die nächste Fahrplanperiode im Detail ausgeplant. Dazu wird in einem ersten Schritt das vorliegende Angebotskonzept mit den Fahrzeugverfügbarkeiten abgeglichen und ggf. angepasst. In den Fahrzeugverfügbarkeiten sind auf der einen Seite der Fahrzeugbestand (je Fahrzeugflotte) und auf der anderen Seite der Fahrplan-Fahrzeugbedarf, Fahrzeugreserven, Bedarf für Instandhaltung und Revisionen sowie für Sonderumbauten berücksichtigt.

In der Fahrzeugumlaufplanung (Umlaufplanung) werden neben den Zugfahrten aus der Angebotsplanung weitere Bestandteile der Produktion eingeplant: Rangier-

und Bereitstellungsfahrten, Innen- und Außenreinigung sowie häufig wiederkehrende Fahrzeuginstandhaltungsmaßnahmen (Laufwerkskontrollen, Nachschauen, Wagenuntersuchungen und Fristen). Die Fahrzeug-Behandlungen außerhalb der Zugfahrt werden mittels ortsbezogener Prämissen zu Mindestwendezeiten (Zeit zwischen dem Ende einer Kunden-Zugfahrt und dem Beginn der nächsten Kunden-Zugfahrt eines Fahrzeuges) in die Umlaufplanung integriert. Die Fahrzeuginstandhaltungsmaßnahmen, die in größeren zeitlichen oder leistungsmäßigen Abständen durchzuführen sind (Revisionen, Sonderumbauten etc.), werden nicht in die Umlaufplanung aufgenommen, da die konkrete zeitliche und räumliche Lage dieser Leistungen sehr stark von einem bestimmten physischen Fahrzeug und dessen jeweils aktueller Laufleistung abhängt.

Aus der Umlaufplanung werden die Daten sowohl in die Fahrzeugeinsatzplanung als auch in die Schichtplanung für fahrende Personale übergeben. In der Fahrzeugeinsatzplanung werden den Umläufen konkrete physische Fahrzeuge zugeordnet. Dazu werden Fahrzeuge auf Fahrzeugumläufe verknüpft und offene Fahrlagen in die jeweiligen Leistungsketten integriert. Beim Zuordnen der Zugfahrt zu einem konkreten Fahrzeug wird geprüft, ob das Fahrzeug die aus der Zugfahrt gestellten Anforderungen – Baureihe, Restlaufleistung, Orts- und Zeitplausibilität – vollständig erfüllt. Insbesondere die Überprüfung der Restlaufleistung bis zur nächsten fälligen Instandhaltungsleistung ist ein entscheidendes Kriterium, ob die Leistung durch das vorgesehene Fahrzeug erbracht werden kann. Während die Aktivitäten früher manuell und später in grafisch basierten Benutzungsoberflächen von Menschen erbracht wurden, hält hier der immer stärkere Einsatz von Optimierern und Verfahren der Künstlichen Intelligenz (KI) Einzug.

Im Bereich der Fahrzeugdisposition werden alle kurzfristigen Änderungen bearbeitet. Kurzfristige Änderungen können u. a. eine größere Verspätung, eine Umleitung oder ein Fahrzeugtausch aufgrund eines Defekts (und damit verbunden eine veränderte Restlaufleistung bis zur nächsten Instandhaltungsmaßnahme) sein.

Aus der Fahrzeugdisposition heraus wird die Zuführung konkreter Fahrzeuge in die Instandhaltung geplant. Eine enge fachliche und organisatorische Abstimmung mit dem Bereich der Fahrzeuginstandhaltung ist entsprechend wichtig. Die technische Schnittstelle zwischen Fahrzeugeinsatz und Instandhaltung ist für den sicheren und wirtschaftlichen Betrieb eines EVU unerlässlich.

Trassen

Nach Abschluss der Umlaufplanung werden alle Zugfahrten, für die eine Trasse (Zugnummer) benötigt wird, digital beim EIU angemeldet. Das EIU konstruiert aus den Anmeldungen aller EVU konfliktfreie Trassen. Ist dies nicht möglich, so werden in Absprache mit den betroffenen EVU Alternativen angeboten. Ist weiterhin keine konfliktfreie Trassenkonstruktion möglich, so entscheiden Priorisierungsregeln der Regulierungsbehörde über die Trassenvergabe an die verschiedenen EVU. Nach Abschluss der Trassenkonstruktion beim EIU wird den EVU digital ein Trassenangebot gemacht. Das Trassenangebot wird üblicherweise angenommen, da während der Trassenkonstruktion Abstimmungen zwischen EVU und EIU stattgefunden haben. Der ursprünglich vorgesehene Fahrplan kann sich dadurch verändern.

Personal
Die Umlaufplanung ist Basis für die Erstellung von entpersonalisierten Schichten für das fahrende Personal (Triebfahrzeugführer, Bordpersonal). Dazu sind in allen Umläufen sog. „Brechpunkte" definiert, an denen ein Personalwechsel stattfinden kann. Die PP enthält einen mathematischem Optimierungskern, der auf Basis von gesetzlichen, tariflichen, sozialen und örtlichen Vorgaben Schichten, die die durch die Umlaufplanung vorgegebene Leistungsmenge mit einer minimalen Anzahl von Fahrpersonal produzieren lässt. Das Ergebnis ist dann die Personalschichtplanung.

Die in der Schichtplanung erstellten Schichten werden in einem weiteren Schritt der Personaleinsatzplanung konkreten Mitarbeitern zugewiesen. Dabei sind z. B. Baureihenkenntnis, Streckenkenntnis, persönliche Einschränkungen sowie der aktuelle Stand des Arbeitszeitkontos entscheidend. Diese Informationen werden aus den führenden Personalsystemen bezogen. Im Bereich des Bordpersonals ist die Bildung von festen Teams ebenfalls in der Personaleinsatzplanung zu berücksichtigen. Die Personaleinsatzplanung muss dem Betriebsrat zur Mitbestimmung vorgelegt werden, sodass die PP zur Erstellung der Schicht- und Personaleinsatzplanung einen formal korrekten, fachlich guten und sozial ausgewogenen Plan erstellen muss.

Die Personaleinsatzpläne werden nach Abstimmung mit dem Betriebsrat an die Personaldisposition übergeben. Dort werden analog zur Fahrzeugdisposition alle Änderungen, die sich nach der Erstellung des Plans ergeben, gesteuert. Solche Anpassungen sind notwendig z. B. bei kurzfristigen Baumaßnahmen, bei der Krankmeldung von Mitarbeitenden, bei Verspätungen, die den Übergang des Personals zur Folgeleistung unmöglich machen oder beim kurzfristigen Einsatz eines abweichenden Fahrzeugs.

Werke
Die betriebsnahe Fahrzeuginstandhaltung ist der zentrale Bestandteil der Bereitstellung. Für einen sicheren, qualitativ hochwertigen, verlässlichen und wirtschaftlichen Bahnbetrieb ist der Zustand der Fahrzeuge sowie der Aufwand, diesen Zustand zu erhalten, eine maßgebliche Einflussgröße.

Für die „schwere Instandhaltung" – verbunden mit einer längeren Standzeit – werden Fahrzeuge aus der Verfügbarkeit genommen. Die zu erbringende Leistung wird flottenbezogen auf Basis des jeweiligen Instandhaltungsregimes ermittelt und durch das Flottenmanagement per Beauftragung auf verschiedene Instandhaltungswerke verteilt. Bei der Leistungsverteilung sind die flottenbezogenen Umläufe bekannt, sodass für die Instandhaltung der Fahrzeuge die „natürlichen Stilllagen" genutzt werden, d. h. die Lücken zwischen zwei Zugfahrten. Im Fernverkehr mit hohen Sitzplatzkosten wird versucht, die Instandhaltung möglichst vollständig in der Nacht (22:00 Uhr bis 06:00 Uhr) zu erledigen. Im SPNV können auch die Stillstände während des Tages genutzt werden, da hier nur in den Hauptverkehrszeiten die maximale Anzahl an Fahrzeugen benötigt wird.

In einem zentralen SAP-System sind alle an einem Fahrzeug durchzuführenden Arbeiten im Arbeitsvorrat (AV) hinterlegt. Diese Arbeiten sind teilweise auf Basis des Instandhaltungsregimes nach bestimmter Laufleistung oder Zeitspanne definiert und werden im Rahmen einer Befundung im Werk identifiziert oder – wo möglich – digital durch das Fahrzeug vorgemeldet. Zusätzlich sind alle „alten" Befunde, die noch nicht abgearbeitet sind, im AV enthalten. Auf Basis des AV werden die an den Fahrzeugen durchzuführenden Arbeiten vorgeplant und das notwendige Personal und Material bereitgestellt. Den Handwerkern werden die entsprechenden Arbeitsscheine vorbereitet.

Nach Durchführung der Arbeiten wird die Erledigung der Arbeiten in das SAP-System zurückgemeldet. So ist sichergestellt, dass im SAP-System immer zeitnah der tatsächliche Zustand der Fahrzeuge mitsamt der vollständigen Fahrzeug- und Komponenten-Historie dokumentiert ist. Material und Fertigungsstunden werden bezogen auf die einzelnen Instandhaltungsprodukte auf die Fahrzeuge verbucht. Das SAP-System dient ebenfalls der Überwachung von Gewährleistungsprozessen. Da alle (relevanten) Komponenten eines Fahrzeuges separat überwacht werden, können die aus Gewährleistungsansprüchen resultierenden Effekte realisiert werden.

Verkehrssteuerung

Die Verkehrssteuerung ist das zentrale Element der Produktion, hier laufen alle operativen Fäden zusammen. Abweichungen im Betrieb, insbesondere Verspätungen, Fahrzeugstörungen oder sonstige Störungen (z. B. durch Suizid) müssen behandelt werden mit dem Ziel, die Auswirkungen auf die Kunden zu minimieren. Dazu wird in der Verkehrsleitung dafür gesorgt, dass Anschlüsse für Reisende mit Umstieg nach Möglichkeit sichergestellt werden, dass Reisende in Tagesrandlagen noch ihr Ziel erreichen und dass die Einsatz- und Knotenpunktreserven zur Abfederung der Störungsauswirkungen optimal eingesetzt werden.

Dabei kommt einerseits die Fahrzeug- und Personaldisposition der PP zum Einsatz und wird ergänzt um ein IT-System KIRA („Kunden informieren und Reiseketten absichern"), das die Bewertung der aktuellen Betriebslage aus Sicht der Reisenden vornimmt. Anhand von Buchungszahlen, Umsteigeverbindungen und Reiseströmen werden diese Informationen mit den betrieblichen Informationen verschnitten, um für möglichst viele Reisende eine störungsfreie Reise zu ermöglichen. Die kontinuierliche Überwachung der Betriebslage und Konflikterkennung ist technisch anspruchsvoll. Nachdem die erste Lösung auf einen Optimierer mit unbefriedigender Ergebnisqualität setzte, stellt KIRA den Disponenten alle Informationen sowie Vorschläge mit dem Fokus einer vorbildlichen User Experience zur Verfügung. Das Projekt und spätere Produkt KIRA war eines der ersten Projekte, das nach dem Prinzip Business-IT-Fusion (s. Kap. 4.4.9) entwickelt wurde, und dient als Blaupause auch für andere IT-Projekte.

Die gesamte IT in der Verkehrssteuerung fällt unter die KRITIS-Verordnung. Kritische Infrastrukturen sind in diesem Fall IT-Systeme, die von wesentlicher Bedeutung für die Aufrechterhaltung wichtiger gesellschaftlicher Funktionen, der Gesundheit, der Sicherheit und des wirtschaftlichen oder sozialen Wohlergehens der Bevölkerung Deutschlands sind. Ein Ausfall der IT-Systeme in der Verkehrssteuerung führt zu erheblichen Konsequenzen im Bahnverkehr.

4.4.6 Prozesse und IT-Systeme der Domäne Leistung

Service am Gast

Das IT-System KIRA ist sowohl der Subdomäne Verkehrsteuerung als auch der Subdomäne Service am Gast zuzuordnen. Die Dispositionsentscheidungen können aus Sicht des Reisenden zu erheblichen Änderungen führen: Der Zug hält an einem anderen Bahnsteig als geplant, zu einer anderen Zeit oder mit einer anderen Baureihe. Alle durch den Bereich der Verkehrssteuerung vorgenommenen Veränderungen werden konsistent über ein Reisendeninformationssystem (RI-System) an die Kunden, das beteiligte Personal (Zugbegleiter im Fernverkehr, Kundenbetreuer im Nahverkehr, Triebfahrzeugführer), an die Bahnhofsanzeiger, an die Vertriebskanäle wie etwa den DB Navigator und weitere interne wie externe Empfänger weitergegeben. Insbesondere das Herstellen der Konsistenz und das Etablieren zentraler Informationskanäle hat erheblichen IT-Aufwand bedeutet.

Ein wichtiges Serviceangebot ist im Fernverkehr das gastronomische Angebot. Mit über 650 Bordrestaurants und -bistros in ICE und IC und etwa 5.400 Restaurantsitzplätzen ist die DB Fernverkehr AG im Jahr 2020 einer der größten Betreiber gastronomischer Services in Deutschland. Neben den üblichen Systemen zur Warenwirtschaft und dem Verkauf wurde auch ein System eingeführt, das dem besonderen Charakter der Restaurants Rechnung trägt: Sie rollen mit Tempo 300 km/h und haben keine dauerhafte Konnektivität. Daher sind die mobilen Kassen offlinefähig und wechseln bei einem kurzzeitigen Ausfall der Internetverbindung vom Bordnetzwerk (DBon-ICE) automatisch von Online- auf Offlinebetrieb. Sie kommunizieren dazu über eine Peer-to-Peer-Verbindung (P2P). Die mobilen Kassen arbeiten bis zur Wiederherstellung der Internetverbindung autark oder im P2P-Modus weiter und wechseln anschließend erneut in den Onlinebetrieb. Zudem ist diese Fähigkeit auch die technische Basis für das Angebot „Bestellen am Platz".

Betriebliche Leistungen

Mit der betrieblichen Leistung wird die eigentliche Zugfahrt umschrieben. Hier spielen jetzt die Themen hinein, die in den vorhergehenden Abschnitten beschrieben worden sind. Auch hier wurden bereits diverse betriebliche Prozesse digitalisiert, wie etwa der Digitale Abfahrauftrag. So gehören das Auslösen der Bandansage im Bahnhof und das Löschen der Zugzielanzeige ebenso dazu wie die Erteilung des Abfahrauftrags durch den Zugführer an den Triebfahrzeugführer. Früher wurde der Abfahrauftrag beim ICE fernmündlich, beim IC1 mittels eines Befehlsstabs und an wenigen Bahnhöfen anhand der sogenannten Zp9-Säule per Drucktasten übermittelt. Als Grundlage dient eine App, welche Zugführer und Triebfahrzeugführer gemeinsam auf ihrem geschäftlichen Smartphone verwenden. Mit der App können sie die Bandansage und Zugzielanzeige steuern sowie Abfahraufträge erteilen und bestätigen. Auf diese Weise wird die Kommunikation zwischen dem fahrenden Personal standardisiert und im Ergebnis die Haltezeiteinhaltung verbessert.

4.4.7 Prozesse und IT-Systeme der Domäne Querschnitt

Die Domäne Querschnitt wird hier nicht beschrieben, da diese Geschäftsfähigkeiten und damit verbundenen IT-Systeme denen anderer Großunternehmen entsprechen.

4.4.8 IT-Fundament

Die bisher gemachten Ausführungen zeigen, welchen Stellenwert IT und Digitalisierung heute in einem EVU haben. Die IT durchdringt alle Geschäftsprozesse und ist elementarer Bestandteil des Unternehmens geworden. In den folgenden Abschnitten wird erläutert, auf welchen IT-technischen Säulen dies bei der DB basiert (Mobile Workforce, Cloud, Data Lakes und Plattformen) und wie das Unternehmen bzw. die CIO-Organisation diese IT steuert (Business-IT-Fusion, Digital Management Board und IT-Architekturprinzipien).

Mobile Workforce

Während es in den Verwaltungsberufen schon lange üblich ist, dass jeder Mitarbeitende ein dienstliches Endgerät besitzt (stationärer PC oder Notebook), ist dies erst Ende der 2010er Jahre auch für alle operativen Mitarbeitenden im DB Konzern erfolgt. Dabei hat sich die ganzheitliche Betrachtung von Nutzern, Endgeräten, IT-Systemen und Funktionen bewährt. Der Stellenwert dieser Endgeräte ist höher als in den Verwaltungsfunktionen und muss professionell und zentral gesteuert werden. Zudem muss das ganzheitliche Zusammenspiel der vier Dimensionen erfolgen.

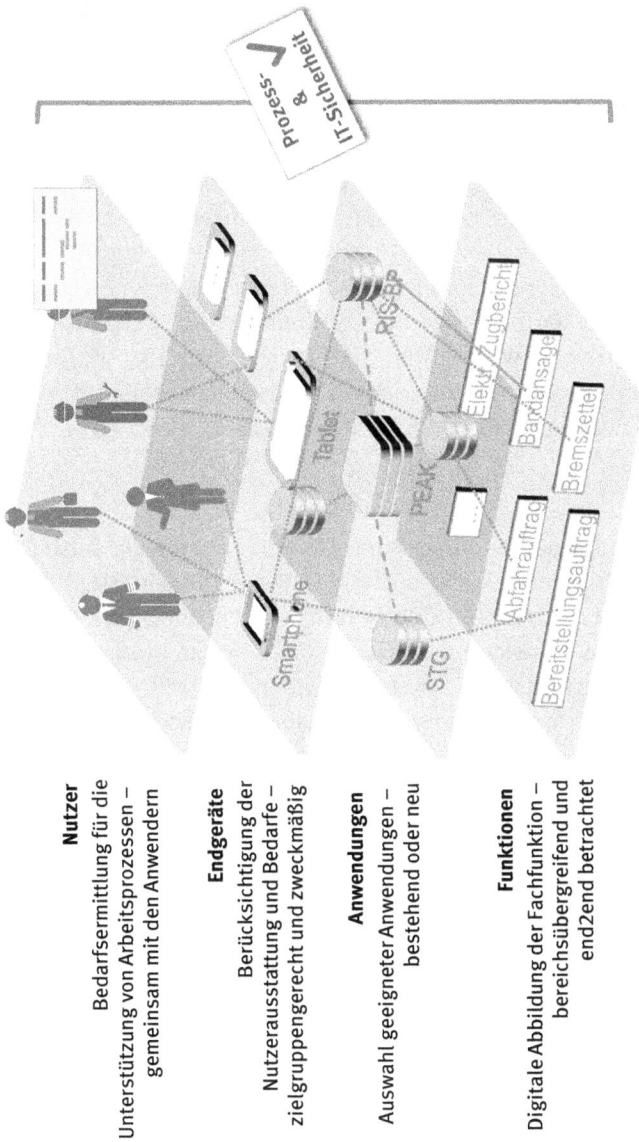

Nutzer
Bedarfsermittlung für die
Unterstützung von Arbeitsprozessen –
gemeinsam mit den Anwendern

Endgeräte
Berücksichtigung der
Nutzerausstattung und Bedarfe –
zielgruppengerecht und zweckmäßig

Anwendungen
Auswahl geeigneter Anwendungen –
bestehend oder neu

Funktionen
Digitale Abbildung der Fachfunktion –
bereichsübergreifend und
end2end betrachtet

Abb. 4.4.5: Zusammenspiel der vier Dimensionen beim Digitalen Arbeitsplatz Bordpersonal.

Als Beispiel existiert im Fernverkehr der Digitale Arbeitsplatz Bordpersonal (DAB, siehe Abb. 4.4.5). Er ist keine klassische IT-Anwendung, sondern eine Anwendungsstrategie mit dem Ziel, den einzelnen Rollen des Bordpersonals (Bordservice und Triebfahrzeugführer) die optimale digitale Unterstützung in ihrem Arbeitsalltag zu bieten. Sie betrifft insbesondere das nutzergruppenorientierte Aufbereiten und Verknüpfen der heterogenen IT-Landschaft. Hierfür wird die DAB-Strategie kontinuierlich auf relevante, bestehende sowie neue Partneranwendungen ausgerollt („Anwendungen werden in das Gesamtsystem DAB integriert") und in der Organisation von DB Fernverkehr AG verankert. Konkret erfolgt die Integration in das Gesamtsystem DAB, indem die betreffende Partneranwendung bestimmte UX- und IT-Prinzipien umsetzt. Gemäß der DAB-Strategie werden die Anwendungen von Partnern nicht zwangsweise durch eigene Produkte abgelöst, sondern so zusammengeführt, dass sie für die Mitarbeitenden des Bordpersonals optimal nutzbar sind.

Cloud

Im Jahr 2016 hat der DB Konzern eine umfassende Cloud-First-Strategie entschieden, welche die IT-Anwendungsentwicklung und den IT-Betrieb auf ein neues Fundament stellt. Dabei bietet eine zentrale Cloud-Plattform (DB Enterprise Cloud) flexible, kostengünstige, standardisierte und sichere IT-Infrastrukturservices an. Alle aus technischer Sicht überführbaren IT-Systeme wurden für die Cloud vorbereitet und verlagert, alle neuen IT-Anwendungen wurden ab dem Zeitpunkt direkt für die Cloud entwickelt. Es wurde eine ganzheitliche Transformation geplant: Bei der Cloud Migration wurde nicht nur die Infrastruktur ausgetauscht, sondern auch das Produktionsmodell der IT geändert (Prozesse, Tools, Organisation), um den Nutzen der Cloud-Migration zu maximieren. Das Projekt wurde 2020 abgeschlossen und generierte für die komplexe IT-Landschaft eine Reihe von Vorteilen:
- Bessere Skalierbarkeit von IT-Systemen: Im Falle von Großlagen wie Unwetter oder Streik können kundenrelevante Systeme sehr schnell skaliert und die massive steigende Nutzeranzahl beherrscht werden.
- Einführung von sogenannten Dev-Ops-Produktionsmodellen für IT-Entwicklung und IT-Betrieb durch ein Team (Erfolgsfaktor für Business-IT-Fusion, siehe Kap. 4.4.9).
- Schnellere Bereitstellungszeiten für neue IT-Systeme und Kostenvorteile.

Zugleich musste sichergestellt werden, dass alle neuen IT-Vorhaben die Cloud nutzen und nicht auf anderen frei am Markt erhältlichen Lösungen aufsetzen. Dies hätte nicht nur technische Nachteile, sondern auch Auswirkungen auf die IT-Sicherheit zur Folge. Die Sicherstellung (Governance) erfolgt im Fernverkehr durch die Architekturprinzipien und das Digital Management Board (DMB) und wird in Kapitel 4.4.9 beschrieben.

Data Lakes und IoT

Die diversen IT-Systeme generieren eine Vielzahl an Daten, mit denen sich fortlaufend Erkenntnisse und Steuerungshebel zur Optimierung des Geschäfts ableiten lassen. Damit überblickt das Unternehmen die gesamte Wertschöpfung und kennt sowohl die Perspektive der Reisenden als auch der vier Kernressourcen der Produktion der Zugfahrt. Dieses auf Daten basierende Bild umfasst verschiedene zeitliche Dimensionen: Echtzeit, Neartime und die historische Entwicklung.

Ein Data Lake ist dabei ein Speicher für Unternehmensdaten, einschließlich Rohkopien von Quellsystemdaten und transformierten Daten. Er kann strukturierte Daten aus relationalen Datenbanken, aus XML oder JSON-Formaten oder unstrukturierte Daten wie etwa E-Mails, Dokumente oder binäre Daten enthalten. Darüber hinaus sind unverarbeitete Rohdaten formbar, lassen sich schnell für die unterschiedlichsten Zwecke analysieren und sind ideal für maschinelles Lernen. Ein strukturiertes Management der Daten ist Erfolgsfaktor für die Steuerung des Geschäfts und die Basis für den Einsatz neuer Technologien, wie etwa Künstlicher Intelligenz (KI).

In der DB AG sichern Data Lakes die effiziente und skalierbare Verarbeitung von großen Datenmengen und bieten günstigen und skalierbaren Datenspeicher mit Langzeit-Datenvorhaltung. Der Einsatz erfolgt in allen Domänen, ein fachlicher Schwerpunkt sind Internet-of-Things-Daten (IoT-Daten).

IoT vernetzt physische und virtuelle Gegenstände miteinander. Dazu werden Züge, Maschinen und Anlagen mit intelligenten Sensoren ausgestattet und untereinander vernetzt. So erfassen etwa verschiedene Sensoren, ob eine WC-Tür geöffnet oder geschlossen wurde. Falls sich zwei Toiletten im Zug nebeneinander befinden und die eine Sensorik mehrere Vorgänge und die Sensorik der anderen Tür keine Vorgänge meldet, liegt ein möglicher Defekt einer Toilette nahe. Diese Daten sind damit Basis für die weitere Instandhaltung. Da ein Zug sehr viele Sensoren verbaut hat, wird deutlich, welche Datenmenge in der Data Cloud in den Zeitdimensionen (Echtzeit, Neartime und Historisch) verarbeitet werden müssen.

Das Vernetzen der physischen mit der virtuellen Welt (IT vs. OT) wird in diesem Kapitel nicht behandelt.

Plattformen am Beispiel Fahrzeug-IT

Die Data Lakes sind ein Beispiel für eine IT-Plattform. Eine Plattform bündelt technische Services und stellt diesen Service anderen Systemen zur Verfügung. Plattformen sind einer der wichtigsten Hebel, um eine übergreifende Unterstützung von Geschäftsprozessen sicherzustellen und dabei sowohl die Steuerungsfähigkeit zu erhalten als auch die Kosten zu senken.

In modernen Zügen wie dem ICE3 oder ICE4 ist ähnlich wie in Kraftfahrzeugen IT umfassend implementiert – als Nutzer eines Pkw bemerkt man dies etwa bei den zahlreichen Assistenzsystemen. Verglichen mit klassischen IT-Systemen, wie beispielsweise der Textverarbeitung MS Word, haben Fahrzeuge heute deutlich umfangreichere IT-Quelltexte als Basis.

Die IT der Triebfahrzeuge wurde in der Vergangenheit – egal, ob es um essenzielle Funktionen, wie das Beschleunigen, Bremsen und Türen schließen, oder um die Anzeige der Abfahrtszeit geht – über den sogenannten Herstellerbereich geregelt. Dies führt bereits bei kleinen IT-Anpassungen oder IT-Aktualisierungen zu langwierigen Abstimmungsprozessen, damit die Änderung an einer Anzeige keine Auswirkung auf das Bremssystem hat. Wenn ein EVU mehrere Hersteller und somit mehrere Herstellerbereiche hatte, führten Änderungen an der Reservierungsanzeige zu immensen Aufwänden.

Zunächst wurde die Fahrzeug-IT-Plattform konzipiert. Sie ist vom Herstellerbereich physisch mit einer Datendiode, auch Leittechnik-Entkopplungsgateway (LEG) genannt, abgegrenzt, um die prinzipbedingte Rückwirkungsfreiheit zu sichern. Somit können aus dem Herstellerbereich Informationen gelesen werden, aber es besteht keine Möglichkeit, über die Fahrzeug-IT-Plattform auf den Herstellerbereich zuzugreifen – die beiden Bereiche sind sicher voneinander getrennt.

Die Fahrzeug-IT-Plattform als eigenes Ökosystem umfasst alle digitalen Prozesse und Dienste, die direkt an der Schnittstelle zum Reisenden angesiedelt sind, darunter das Kunden-WLAN, die Reservierungsanzeigen, die Infomonitore, aber auch betriebliche Services wie die mobile Kasse des Bordservicepersonals oder verschiedene IoT-Services. Während man früher einzelne IT-Komponenten je Baureihe beschafft und verbaut hat, um erst danach einzelne Softwareprodukte zu beschaffen oder zu entwickeln, kann man auf diese Weise dem heutigen Anspruch und der Vielfalt der Themen nicht mehr gerecht werden. Mit der Plattform der Fahrzeug-IT wurde eine Plattform konzipiert und gebaut, die Baureihe, Hardware und Software in ein Ökosystem integriert und die Entwicklung baureihenübergreifender Services ermöglicht.

4.4.9 Rolle der IT

Die in diesem Abschnitt behandelten Themen sind nicht spezifisch für ein EVU, sondern in vielen Großunternehmen von Bedeutung. Da sie sich in der praktischen Arbeit der letzten Jahre im Fernverkehr bewährt haben, erfolgt eine Vorstellung der relevanten Blöcke.

Business-IT-Fusion
Über viele Jahre wurde in vielen (oder fast allen) Unternehmen eine hitzige Diskussion geführt: Das Business war nicht zufrieden mit seiner IT (zu langsam, zu umständlich, zu teuer, nur problemorientiert) und die IT wiederum nicht zufrieden mit dem Business (unklare Anforderungen, viele Änderungen, keine Wertschätzung).

Die Aufzählung ist nicht abschließend, verdeutlicht aber das Problem. Im Zuge der Digitalisierung ist fast jeder Geschäftsprozess von IT betroffen, daher wird auch ein anderes Modell der Zusammenarbeit benötigt. Auf Basis des Konzepts Business-IT-Fusion (Hinssen 2011) wurde die CIO-Organisation (Chief Information Officer) im Fernverkehr neu ausgerichtet. Eine Voraussetzung dafür ist, dass die interne Organisation der IT einer durchgängigen Ende-zu-Ende-Prozessorientierung (E2E) folgt. Die Teams setzen sich nicht mehr auf Basis der verantworteten IT-Systeme, sondern der unterstützenden Geschäftsfähigkeiten zusammen. Der wesentliche Blickpunkt ist nicht mehr die IT-Technologie, sondern die mit dem Business in einer gemeinsamen Sprache erzeugte Sicht auf die Customer Journey. Dabei müssen Business und IT stärker verschmelzen, um Hand in Hand die Chancen der Digitalisierung zu nutzen – IT ist überall im Unternehmen. Im Fernverkehr stützt sich das auf vier Säulen:

1. Team-Fusion: IT- und Business-Mitarbeiter werden für konkrete Themen jeweils in ein gemeinsames Team entsandt (Biz-Dev-Ops-Team). Nicht die organisatorische Aufhängung ist relevant, sondern die Kenntnisse und Fähigkeiten der beteiligten Menschen – dafür arbeiten alle idealerweise in gemeinsamen Räumlichkeiten.
2. E2E-Orientierung: Business und IT arbeiten End2End bei der Konzeption und Entwicklung von IT-Lösungen sowie dem späteren IT-Betrieb der Lösungen.
3. Gemeinsames Themen-Portfolio: Eine zentrale Portfolio-Steuerung von Business und IT managt die Projekte und Programme (siehe Digital Management Board).
4. Gemeinsame Leitplanken: Leitplanken regeln übergreifend wichtige Themen verbindlich. Dazu gehören IT-Richtlinien (wie etwa die IT-Architekturprinzipien, s. übernächster Abschnitt) oder Geschäftsrichtlinien.

Digital Management Board

Das DMB übernimmt im Fernverkehr die Verantwortung für die gesamthafte Steuerung der digitalen Vorhaben. Dies umfasst die strategische Ausrichtung sämtlicher digitaler Vorhaben und der Gesamtheit aller bereits im Betrieb befindlichen digitalen Services für Kunden und Mitarbeiter. Es findet monatlich unter Beteiligung aller Vorstände statt, wird vom CIO geführt und umfasst als Co-Vorsitzenden den Chief Digital Officer (CDO). Dabei ist die Grundlogik der IT-Prozesse, dass möglichst viel Entscheidungsgewalt in den Teams und der CIO-Organisation liegt. Im Einzelfall kann es zu einem Veto einer bereits getroffenen Entscheidung im DMB kommen, umgekehrt muss aber nicht jede Entscheidung auf das DMB warten. Es hat sich gezeigt, dass im Laufe der Jahre nur sehr wenige Vetos erfolgten, dafür aber unzählige Entscheidungen schnell getroffen wurden. Zudem ist in der Organisation verankert, dass sowohl DMB-Unterlage als auch die Protokolle innerhalb von 24 Stunden nach dem Termin an diverse Stakeholder publiziert werden. Diese Transparenz über das Portfolio und alle im Zusammenhang mit IT getroffenen Entscheidungen (inklusive des IT-Budgets) ist ein wesentlicher Erfolgsfaktor der Business-IT-Fusion. Die Agenda des DMB umfasst die Weiterentwicklung und Optimierung des digitalen Leistungs-portfolios entlang des gesamten Lebenszyklus, die IT-Sicherheit und die Lage der digitalen Nation. Diese kann im Einzelfall auch sehr operative Themen umfassen, wie etwa die Entscheidung, welches neue Tablet für alle operativen Berufsgruppen ausgewählt wird.

Architekturprinzipien

Fast jeder Geschäftsprozess ist von IT betroffen, etwa 1.000 IT-Systeme sind im Betrieb und täglich werden es mehr. Um in einem komplexen Geschäft wie dem Schienenpersonenverkehr die Steuerungsfähigkeit zu erhalten, sind die sog. IT-Architekturprinzipien ein zentrales Element. Sie etablieren ein Rahmenwerk zum bewussten Treffen von IT-Entscheidungen und müssen von Business und IT verstanden und befolgt werden. Die Abb. 4.4.6 zeigt die IT-Architekturprinzipen der DB Fernverkehr AG:

Zur Erläuterung werden einige der Prinzipien exemplarisch kurz beschrieben:

GA-5 beschreibt die Strategie beim Einführen von IT-Systemen: „Bevorzuge kleinere Schritte gegenüber einem Big Bang". Beispielhaft sei hier die Produktionsplattform PP erwähnt. Das Ablösen der 20 Altsysteme in einem Schritt wäre hochriskant, weil diese Altsysteme in der täglichen Produktion des Unternehmens unverzichtbar sind – ein mögliches Scheitern hätte den Stillstand aller Züge bedeutet. Daher wurde die Einführung über mehrere Jahre auf fünf Etappen verteilt. Jede dieser Etappen realisiert einen messbaren Geschäftsnutzen und wäre auch ohne die folgenden Etappen lauffähig (Sollbruchstelle in jeder Etappe).

„AA-1 Vermeide funktionale Redundanz" ist gerade in Großunternehmen relevant. Für eine Geschäftsfähigkeit (beispielsweise Personaleinsatzplanung) gibt es nicht mehrere parallele IT-Systeme, die etwas Ähnliches leisten. Die Funktion wird einmal entwickelt und dann von allen Bereichen genutzt.

Das Prinzip „TA-3 Beschaffe und realisiere für die Cloud" stellt die schon im Kapitel 4.4.8 beschriebene Nutzung der Cloudservices sicher.

Natürlich lässt sich in einem komplexen Umfeld nicht immer jedes der Prinzipien einhalten, daher gibt es ein mehrstufiges Konzept von Architekturprozessen, deren oberste Entscheidungsebene das DMB ist.

4.4.10 Mobilität der Zukunft

Im Fokus der künftigen Mobilitätswelt steht die gesamte Mobilitäts-/Reisekette und nicht mehr nur einzelne Verkehrsträger und Verkehrsmittel. Die neue Mobilitätswelt verspricht einen besseren Service für die Nutzer, eine gute Erreichbarkeit, höhere Verkehrssicherheit, weniger Emissionen und Lärm, aber höhere Effizienz. Die digitale Vernetzung von Reisenden, Services, Fahrzeugen und Infrastruktur wird zum wichtigsten Treiber (ADAC 2017, S. 26).

Geschäftsprinzipien **G**

GA-1 Räume den Prinzipien Vorrang ein
GA-2 Maximiere den Nutzen für das Unternehmen
GA-3 Befähige das Geschäft
GA-4 Reduziere IT-Komplexität
GA-5 Bevorzuge kleinere Schritte gegenüber einem Big Bang
GA-6 Verringere Time-to-Market
GA-7 Verwende etablierte Methoden und Standards

Anwendungsprinzipien **A**

AA-1 Vermeide funktionale Redundanz
AA-2 Bevorzuge Wiederverwenden vor Kaufen vor Entwickeln
AA-3 Berücksichtige die Gesamtkosten
AA-4 Berücksichtige IT-Security schon beim Design
AA-5 Entwerfe IT-Systeme modular und anpassungsfähig
AA-6 Entwerfe IT-Systeme nutzerzentriert

Datenprinzipien **D**

DA-1 Betrachte Daten als Vermögenswert
DA-2 Lege einheitliches Vokabular und Datendefinitionen fest
DA-3 Mache Daten verfügbar und teile Daten

Technologieprinzipien **T**

TA-1 Kontrolliere technische Vielfalt
TA-2 Achte auf Interoperabilität
TA-3 Beschaffe und realisiere für die Cloud

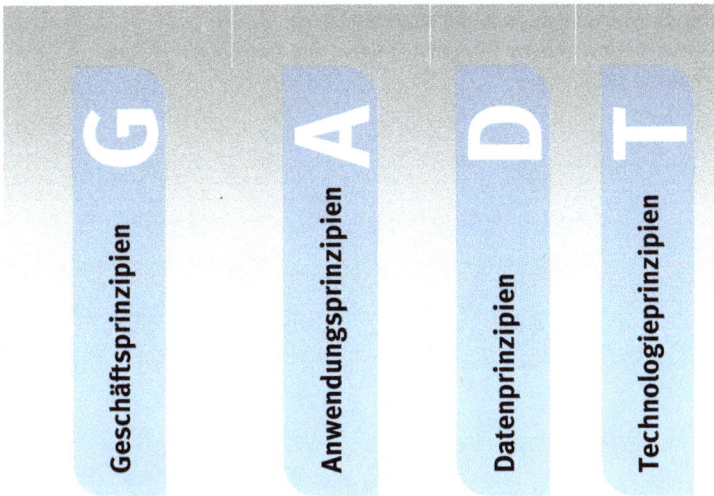

Abb. 4.4.6: Architekturprinzipien.

Basierend auf der Customer Journey (s. Kap. 4.4.1) werden alle Verkehrsträger miteinander kombiniert: Das Leihfahrrad mit der U-Bahn, mit dem Regionalexpress, mit dem Fernreisezug, mit dem Car2Go und mit vielen weiteren Optionen. Der Reisende möchte diese Verkehrsmittel einfach miteinander kombinieren und nutzen, alles in einer zentralen App mit einer Bestpreisabrechnung („Mobility as a Service"). Natürlich werden dabei Staus vermieden, Emissionen minimiert und nebenbei noch mobil gearbeitet.

Die technologische Basis dafür ist im DB Konzern gelegt – aus IT-Sicht sind die IT-Architekturprinzipien und die stringente Erstellung und Abarbeitung des digitalen Portfolios hierfür die Basis. Es wird am Ende ähnlich einer großen Kiste voller Legosteine sein müssen: Alle Teile passen auf alles und ergeben unzählige Möglichkeiten, neue Dinge bzw. Services zu konstruieren.

Als Teil dieser Entwicklung werden bei der DB AG in der Gesellschaft MOBIMEO alle Themen dieser Art gebündelt. Das inkludiert das Entwickeln und Betreiben digitaler Lösungen für Verkehrsunternehmen zum Anbieten intermodaler Mobilitätslösungen. Dieses Thema ist hier nicht weiter vertieft.

Quellen

ADAC-Studie, Die Evolution der Mobilität 2017, https://www.adac.de/-/media/pdf/vek/ fachinformationen/urbane-mobilitaet-und-laendlicher-verkehr/evolution-der-mobilitaet- adac-studie.pdf (Zugriff 9/2021).

Chip, Smartphones in Deutschland (auf Basis Statista), www.chip.de/news/Smartphones- in-Deutschland-So-soll-die-Zahl-der-Nutzer-steigen_183045919.html (Zugriff 9/2021).

Geschäftsbericht DB Fernverkehr AG 2019, https://ir.deutschebahn.com/fileadmin/Deutsch/ 2019/Berichte/DB19_Fernverkehr_AG_web.pdf (Zugriff 9/2021).

Hinssen, P., Business-IT-Fusion How to Move Beyond Alignment and Transform It in Your Organization, Machmedia 2011.

4.5 Informationsmanagement bei Autovermietern und Mobilitätsanbietern

Robert Goecke, Eberhard Kurz

Sowohl für die An- und Abreise als auch für die Mobilität am Zielort ist die Anmietung eines Autos „zum Selbstfahren" ein wichtiger Bestandteil vieler Urlaubs- und Geschäftsreisen. Autovermieter stellen hierzu Touristen auf vielfältige Weise und nach verschiedenen Geschäftsmodellen Kraftfahrzeuge im Quell- und Zielgebiet sowie an Flughäfen, Schiffshäfen, Bahnhöfen und anderen Anmietstationen bereit. Um die Anmietung und Abgabe eines Autos möglichst bequem in die Reisekette des Touristen zu integrieren, werden von Autovermietern, Reiseveranstaltern, Reisemittlern und Destinationen unterschiedliche Dienste zur Reservierung von Autos über stationäre und elektronische Vertriebskanäle angeboten. Die mobile Internetkommunikation mit Kunden über Smartphones und die mobile Vernetzung von Fahrzeug-Bordcomputern mit den Reservierungssystemen der Autovermieter haben zuletzt das Carsharing als innovative Form der Autovermietung zur gemeinsamen Nutzung von Fahrzeugen mit Parkraum inkl. Kraftstoffversorgung (insb. Elektromobilität) ermöglicht.

4.5.1 Kernprozesse der Autovermietung

Der Fokus liegt im Folgenden auf der generischen Beschreibung der Unterstützung der Kerngeschäftsprozesse der Autovermietung im Tourismus durch Informationsmanagement.

Eine Einführung in das klassische Autovermieter-Geschäft im Tourismus findet sich in Schulz 2009, S. 287–303. Für eine umfassende Behandlung der rechtlichen Rahmenbedingungen, der typischen Funktionsbereiche und Geschäftsprozesse eines Autovermieters, einer Marktstrukturanalyse sowie der Caravan-, Motorrad- und Fahrradvermietung verweisen wir auf Groß/Stengel 2010. Die Beförderung mit Fahrer (Taxi oder Ruf-Mietwagen) zählen wir hier entsprechend der Literatur nicht mehr zur klassischen Autovermietung, obwohl sich immer mehr Berührungspunkte z. B. bei Limousinenservices mit Fahrer ergeben. Autovermieter bieten von jeher Urlaubern z. B. in Kooperation mit Airlines und Veranstaltern neben Transfers auch Limousinenabholung am Flugzeug mit Fahrer an, die keiner Taxi-Konzession bedürfen.

Autovermietungsprozess aus Kundensicht

Die typischen 5 Aktivitäten, mit denen Reisende bei der Anmietung, Nutzung und Rückgabe eines Autos konfrontiert sind, zeigt Abb. 4.5.1:

Die **Anmietung und Reservierung** eines passenden Fahrzeugs (Auswahl aus verschiedenen Fahrzeugtypen und Ausstattungsmerkmalen sowie Zusatzleistungen und Versicherungen), die **Fahrzeug-Übernahme**, die eigentliche **Fahrzeugnutzung** (ins-

Kundenprozess:

Anmietung/ Reservierung	Fahrzeug-übernahme	Fahrzeugnutzung Fahren, Parken, Tanken, Assistance bei Pannen/Unfall	Fahrzeug-rückgabe	Abrechnung, Zahlung

Wichtige Geschäftsprozesse des Autovermieters:

Mietstationen einrichten	Flotten-management	Fahrzeug-Angebot & Reservierung	Fahrzeug-übergabe	Assistance	Fahrzeug-rückgabe	Abrech-nung
- Standortwahl - Stellplätze/ Beschilderung - ggf. Auswahl Franchisees/ Partner - Recruiting Personal - Schulung Training	- Finanzie-rung - Beschaffung - Ausrüstung - Anmeldung - Pflege & Reparaturen - Fahrzeug-Rückgabe an Hersteller/ Verkauf	- Werbung - Produkt-/ Zusatz-leistungen - Preis-, Yield-management - Kampagnen - Distribution/ Reservierung - Logistik	- Fahrzeug-Bereit-stellung - Verträge: Miete, Versicherung - Ausweis, Führerschein - Kreditkarte - Schlüssel-übergabe	- Telefonische Hilfe bei Pannen, Unfall etc. - Fahrerservice - Diverse Zusatz-leistungen	- Schlüssel-annahme - Fahrzeug-prüfung - Reinigung - Tanken, - Pflege ggf. erneute Bereitstellung	- Faktu-rierung - Abrech-nung mit Partnern - Zahlung

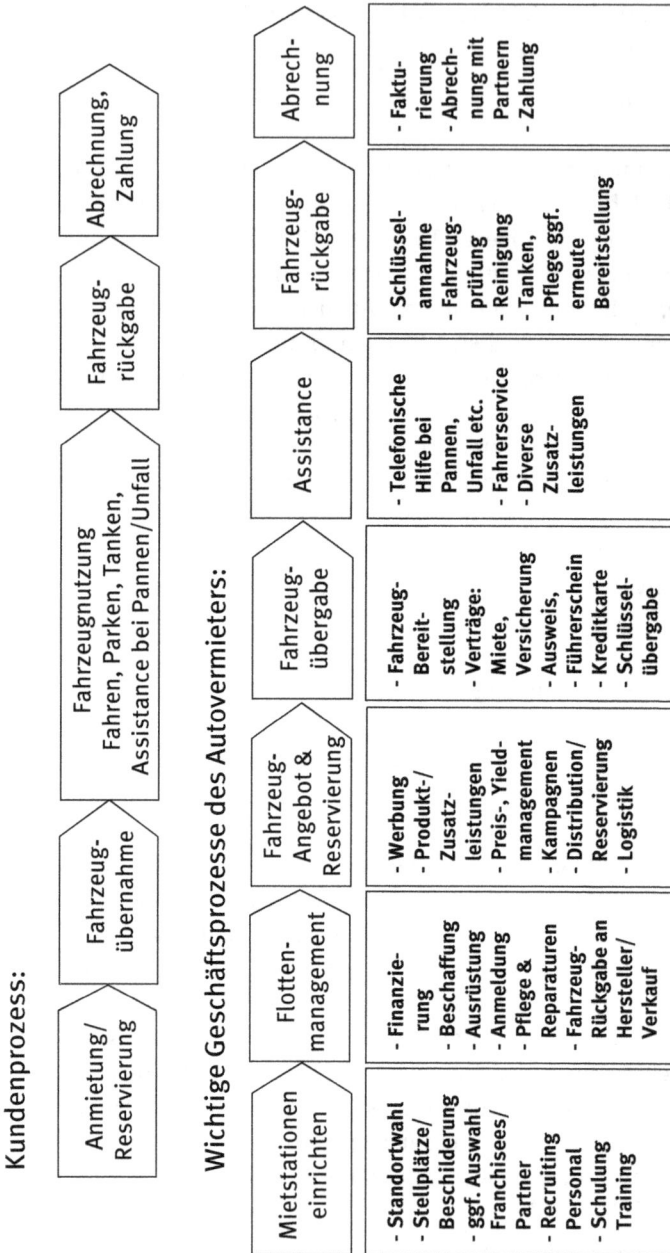

Abb. 4.5.1: Kundenprozess nach Groß/Stengel 2010, S. 136 und Kerngeschäftsprozesse von Autovermietern.

besondere Assistenz bei Problemen), die **Fahrzeugrückgabe** und die **Abrechnung** sind möglichst bequem, effizient und transparent zu gestalten. Außerdem müssen aus Sicht des Reisenden alle Aktivitäten der Mietwagennutzung sich möglichst nahtlos in die Reisekette einfügen, in die meist auch andere Beförderungsmittel (Bahn, Bus, Flug, Taxi, Fahrrad etc.) eingebunden sind. Das heißt: Einfaches Zubuchen von Mietwagen bei der Reisebuchung, kurze Wege zur Mietwagenübergabe, kurze Warte- und Bearbeitungszeiten und einheitliche Prozeduren bei Einhaltung aller gesetzlichen Bestimmungen in verschiedenen Ländern, schnelle und wirksame Hilfe bei Problemen im Fahrzeug, einfache und schnelle Rückgabe sowie transparente Abrechnung sind wichtige Prozessanforderungen aus Kundensicht. Zusätzliche Anforderungen ergeben sich bei Geschäftsreisen, in denen Firmenkunden mit Mietwagenanbietern Rahmenverträge abschließen, die zusätzliche Prozess-, Abrechnungs-, Informations- und Controllinganforderungen (z. B. Einhaltung von Reiserichtlinien etc.) beinhalten können.

Kerngeschäftsprozesse des Autovermieters

Um die fünf Aktivitäten des Kundenprozesses realisieren zu können, müssen Mietwagenanbieter in der Regel mindestens sieben Kern-Geschäftsprozesse implementieren. Zur Ausgabe und Rückgabe der Fahrzeuge werden üblicherweise Mietstationen eingerichtet.

Management der Mietstationen: Neben Räumen und Personal zur Bedienung der Kunden, Vertragsabschluss und Überprüfung der Dokumente müssen Stellplätze für die Fahrzeuge und deren Reinigung bzw. Wartung etc. organisiert werden. Da die Attraktivität eines Mietwagenanbieters, insbesondere im Tourismus, stark von der Anzahl und geografischen Verteilung der Stationen abhängt, an denen Fahrzeuge ausgeliehen bzw. zurückgegeben werden können, werden hier oft Kooperationen mit externen Partnern oder Franchise-Nehmern im In- und Ausland eingegangen. Sämtliche Stationen müssen IT-Zugänge zum Reservierungssystem erhalten und eigenes Personal sowie Kooperationspartner müssen in allen Prozessen intensiv geschult werden.

Flottenmanagement: Alle Aktivitäten zur Beschaffung, Finanzierung, Anmeldung, Versicherung, Verwaltung, Bereitstellung, Wartung, Reparatur sowie die Weiterverwertung bzw. der Weiterverkauf der Gebrauchtfahrzeuge lassen sich unter dem Begriff Flottenmanagement zusammenfassen. Ein wichtiger Punkt bei Autovermietern, die keine Rückgabe der Fahrzeuge am Ausleihort vorschreiben, ist zudem die Fahrzeuglogistik. Sie ist notwendig, um Fahrzeuge zwischen verschiedenen Ausleihstationen durch Überführungsfahrten bedarfsgerecht auszutauschen.

Fahrzeugangebot und -reservierung: Hierunter fallen alle Aktivitäten des Marketings bzw. des Vertriebs. Welche Mietwagen (Fahrzeugklassen, Marken etc.) sollen mit welcher Ausstattung, wo, für welche Zielgruppen, zu welchem Preis, mit welchen

Zusatzleistungen angeboten werden? In welchen Quellgebieten soll Touristen über welche Vertriebskanäle ein Mietwagen zur Reise angeboten werden? Werden Reisemittler bzw. Mietwagen-Broker (auf Mietwagenvermittlung im In- und Ausland spezialisierte Intermediäre) in den Vertrieb eingeschaltet? Sollen Autos zur Anmietung in Produktbündel von Reiseveranstaltern integriert oder mit Angeboten komplementärer Verkehrsmittel kombiniert werden? Welche Werbekampagnen mit welchen Werbemedien können wann (z. B. an Wochenenden) und wo den Verkauf welcher Fahrzeuge fördern? Dies alles sind Fragen der Angebotsgestaltung der Autovermieter. Um die angebotenen Fahrzeugkapazitäten zu disponieren und technisch buchbar zu machen, werden auch von Autovermietern wie von allen Leistungsträgern im Tourismus Reservierungssysteme, ggf. mit Anschluss an geeignete elektronische Distributionssysteme eingesetzt (vgl. Kap. 3.1 und 3.2). Bei der Umsatz- und Gewinnoptimierung spielen Methoden und Systeme des Revenue bzw. Yield Managements zur bedarfsorientierten Preis-/Mengensteuerung insbesondere bei großen Autovermietern eine wichtige Rolle (vgl. Kap. 5.1.3). Nicht genutzte Fahrzeuge sind wie leere Sitzplätze oder leere Hotelzimmer „verderbliche Produkte". Eine nachfrageorientierte Steuerung nicht nur von Preisen, sondern auch von Angebotsmengen z. B. durch Überführungsfahrten oder die bedarfsgerechte An- und Abmeldung von Fahrzeugen können erhebliche Umsatz-/Kosteneffekte haben.

Fahrzeugübergabe, Assistance und Fahrzeugrückgabe: Dies sind alle internen Aktivitäten des Autovermieters, die die Kunden im Kundenprozess bei der Anmietung, bei Problemen während der Nutzung und bei der Rückgabe des Pkw unterstützen. Insbesondere bei der Anmietung sind gesetzliche und juristische Vorgaben zur Haftungsbeschränkung des Autovermieters einzuhalten. Als Assistance-Dienste in der Nutzungsphase werden alle Unterstützungsdienste bezeichnet, die der Kunde z. B. durch eine telefonische Hotline (Call-Center), zunehmend aber auch durch automatisierte Informationsdienste im Fahrzeug (situationsspezifische elektronische Hinweise etc.) angeboten bekommt. Assistance-Dienste werden nicht nur von Autovermietern, sondern auch von Dritten (ADAC, Versicherern, Autoherstellern, Telematik-Dienstanbietern etc.) angeboten. Insbesondere Prozesse zur schnellen Pannen- oder Unfallhilfe sind wichtig. Nach Rückgabe eines Autos und vor seiner Neubereitstellung sind zudem im Hintergrund Aktivitäten zur Fahrzeugreinigung, Fahrzeugpflege, Betankung etc. auszuführen, die für die Qualität des Angebots aus Kundensicht mit entscheidend sind. Da Autovermieter meist erste Anlaufstelle für alle Forderungen Dritter und polizeiliche Ermittlungen nach Fahrern bei Ordnungswidrigkeiten sind, ist ein Bußgeld- bzw. Schadensmanagement mit entsprechenden Fahrer-Nachweisen notwendig.

Abrechnung: Je nach Preis-/Tarifmodell muss eine genaue und nachvollziehbare Abrechnung (nach Ausleihdauer, gefahrenen Kilometern, Zusatzleistungen etc.) sichergestellt werden. Da Kreditkarten für die Autovermietung das typische Zahlungsmittel sind, kann der Einzug der Rechnungsbeträge mit entsprechenden IT-Schnittstellen zu den Kreditkartengesellschaften automatisiert werden. Bei Firmenkunden sind je nach vertraglichen Vereinbarungen komplexere Sammelabrechnungen und Mengenrabatte etc. anzufertigen.

4.5.2 IT-Applikationen bei Autovermietern

Zur Unterstützung der Kundenprozesse und Kerngeschäftsprozesse eines Autovermieters wurden branchenspezifische IT-Applikationen entwickelt. Bei einigen großen Autovermietern waren dies Eigenentwicklungen oder Erweiterungen von Standard-Software (z. B. Avis Wizard, Europcar GreenWay, Hertz Car Rental Reservation System, Sixt Online Reservation System etc.). Standard-Software wird durch spezialisierte Softwarehäuser entwickelt, die diese national und international als integrierte Autovermieter-Branchenlösungen oder als funktionsspezifische Softwaremodule offerieren und auch als Application Service für Autovermieter betreiben (remoso, C-Rent von CX9 GmbH, Rentoffice von KMS.de und andere).

IT-Applikationslandschaft Autovermietung
In Abb. 4.5.2 werden typische Funktionsmodule von Branchen-Softwareprodukten für Autovermieter dargestellt, die entweder als integrierte Gesamtlösung, Application Service oder als Softwaremodule angeboten werden.

Abb. 4.5.2: Akteure und typische IT-Applikationslandschaft in der Autovermietung.

Die einzelnen Funktionen können in der Praxis auch anders auf Teilmodule aufgeteilt sein oder als Erweiterungen gängiger Standardsoftwarepakete realisiert sein. Typischerweise handelt es sich bei den IT-Applikationen von Autovermietern um zentrale oder verteilte Datenbankanwendungen, bei denen die im Folgenden als Applikationsmodule bezeichneten Softwarekomponenten bestimmte Funktionen zum Management typischer Anwendungsobjekte wie das Fahrzeug, die Mietstation, das Produktangebot, den Kunden, die Reservierung, den Vertrag, den Schadenfall etc. bündeln. Prinzipiell ist EDV-technisch eine Verknüpfung beliebiger Objekte unter beliebigen Aspekten bei beliebiger Gestaltung der Zugriffsrechte programmierbar. Ebenfalls aufgeführt sind in Abb. 4.5.2 typische Akteure, mit denen Autovermieter ggf. über IT-Schnittstellen Daten austauschen. Dies geschieht entweder auf der Grundlage gesetzlicher Vorschriften (z. B. Steuer- und Finanzverwaltung) oder zur Vereinfachung und Automatisierung von Kooperations-, Distributions- und Abrechnungsprozessen (z. B. mit Franchise-Nehmern, Versicherern, Kreditkartenfirmen, Telematik-Diensten oder Reisemittlern).

IT Applikationsmodule der Autovermietung
Die Fahrzeugverwaltung bzw. das Flotten- oder Fuhrparkmanagement ist Kernmodul fast aller IT-Lösungen für Autovermieter. Hier werden sämtliche Fahrzeugstammdaten eingepflegt (Fahrzeugtyp, Marke, Ausstattung, Abbildungen etc.). Manche Systeme verzeichnen auch Fahrzeuge, die beim Autohersteller oder Händler zwar bestellt, aber noch nicht ausgeliefert sind, oder die geliefert, aber noch nicht zugelassen wurden und noch nicht für die Vermietung freigegeben sind. Im operativen Betrieb werden über jedes Fahrzeug auch alle Daten über den aktuellen Zustand (Fahrzeugdokumente, Kennzeichen, Versicherung, Schadensmeldungen, Reparaturen, Inspektionstermine, Kilometerstand etc.) und soweit bekannt die aktuelle Position (Mietstation, Stellplatz, Werkstatt etc.) gespeichert.

Das **Dispositionssystem** ist Teil der Fahrzeugverwaltung oder hat zu dieser eine Schnittstelle. Mit dem Dispositionssystem kann die Verlegung von Fahrzeugen zwischen Mietstationen z. B. zu Werkstattaufenthalten oder die Ein- und Aussteuerung von Fahrzeugen in bzw. aus der verfügbaren Flotte für andere Verwendungen gesteuert werden. Auch der Verkauf bzw. die Rückgabe von Fahrzeugen an die Autohersteller kann hier geplant werden. Da Autovermieter Kosten durch die temporäre Ab- und Anmeldung nicht genutzter Fahrzeuge bei Kfz-Zulassungsstellen und Versicherungen sparen können, werden hierzu spezielle Funktionen angeboten. Bei Pannen oder Unfällen werden die Zuführung des Fahrzeugs zur Reparatur in geeignete Werkstätten und die Ersatzfahrzeug-Bereitstellung organisiert.

Ein Modul zur **Administration der Mietstationen**, an denen Fahrzeuge zur Vermietung bereitgestellt werden, ist eine weitere wichtige Komponente, die eng mit der Fahrzeugverwaltung verknüpft ist. Mietstationen können durch eigenes Personal oder durch Partnerunternehmen z. B. im Franchising betrieben werden. Sie haben Stellplätze und Kunden mit zugeordneten Fahrzeugen und besitzen Waschanlagen und Werkstätten, die ebenfalls disponierbar sind. Mietstationen können als Filiale, Cost- oder Profit-Center mit entsprechenden Anforderungen an die Module der Finanzbuchhaltung (FIBU) und Kosten- und Leistungsrechnung (KLR) geführt werden. Mietstationen sind geografisch in der Fläche und manchmal auch auf verschiedene Länder verteilt. Eine Erweiterung der Mietstationen-Administration mit geografischen Karten zum Geoinformationssystem erleichtert die Optimierung der Fahrzeugdisposition, damit Fahrzeuge bedarfsgerecht und entfernungsabhängig an Stationen mit hoher Nachfrage unter Minimierung der Rück-/Überführungsfahrten bereitgestellt werden können. Die Mitarbeiter der Mietstationen müssen genau definierte Zugriffsrechte auf die für die Abwicklung der Geschäftsprozesse vor Ort notwendigen zentralen oder dezentralen Module und Daten erhalten.

Durch das **Produkt-/Tarif- und Yield-/Revenue-Management-System** werden den Fahrzeugen Preise bzw. Tarife zugeordnet, die als Produkte (Mietangebote) mittels Angebotserstellungssystem bzw. eines Content-Management-Systems konfiguriert, dargestellt und beschrieben werden. Die Angebotsbeschreibungen müssen über geeignete Schnittstellen für die elektronischen Distributionssysteme verfügbar gemacht werden. Elektronische Distributionssysteme für den Direktvertrieb sind die eigene Website eines Autovermieters mit Internet Booking Engine und Hinweis auf eine telefonische Buchungshotline (Call-Center) oder mobile Webauftritte/Apps für Kunden mit Smartphones. Durch Suchmaschinenwerbung, Listung in Preisvergleichsportalen sowie Werbebanner und Link-Partnerschaften mit sog. Affiliate-Partnern (Werbepartnern) wird ebenso wie über Mail-Kampagnen und Plakatwerbung (ggf. mit 2-D-Barcode Verlinkung für Smartphones) Besucherverkehr für die eigene Website generiert. Elektronische Distributionssysteme für den indirekten Vertrieb sind die Rental-Car-Buchungsplattformen der Global Distribution Systems (GDS, z. B. Amadeus Cars, Sabre Cars, Travelport Car Select bzw. Car Master) oder die touristischen Computerreservierungssysteme (Touristik-CRS), über die vor allem die stationären Reisebüros buchen. Über weitere Schnittstellen können die Internet Booking Engines von Internetportalen der Online-Reisemittler oder spezialisierter Mietwagen-Broker angebunden werden. Mietwagen-Broker (z. B. auto europe, Car Del Mar, sunnycars, check24 und andere) schließen mit Autovermietern Rahmenverträge über spezielle Mengenrabatte, Preiskonditionen, Provisionen, Mindestabnahmemengen, Optionen etc. ab, gestalten die Mietraten – anders als normale Reisemittler – häufig mit und sind ähnlich wie Reiseveranstalter auch Vertragspartner der Endkunden. Über das Reservierungssystem werden die Angebote von Kunden, Mietstationen und Vertriebspartnern in Echtzeit ausgewählt, auf Verfügbarkeit geprüft und reserviert bzw. gebucht. Durch das Monitoring von Angebot und Nachfrage anhand der Buchungseingänge und Verfügbarkeiten aus dem Dispositionssystem kann das Yield- bzw. Revenue-Management-System Kontingente und Preise im Reservierungssystem erlösmaximierend steuern und wichtige Hinweise zur Optimierung der Fahrzeugdisposition geben.

Ein **Vorgangssteuerungssystem** löst nach der Buchung die Aktivitäten zur Auftragsbestätigung und Fahrzeugbereitstellung aus. Es stellt elektronische Dokumente bereit und steuert den Geschäftsprozess von der Fahrzeugbereitstellung und Anmietung bis zur Rückgabe inklusive Rechnungsstellung, Zahlungseinzug und Überwachung des Zahlungseingangs vom Kunden. Hierfür sind Schnittstellen zu den Modulen der Fakturierung und Finanzbuchhaltung notwendig. Besondere Anforderungen stellt der Datenaustausch mit den Versicherungsunternehmen, deren Policen bei der Anmietung der Fahrzeuge vom Autovermieter vermittelt werden. Typisch für Autovermieter ist zudem unabhängig vom Distributionskanal die Sicherung der Buchung und Zahlung per Kreditkarte, wofür weitere Schnittstellen zu Kreditkartenunternehmen bzw. den Zahlungsdienstanbietern existieren. Mobile Apps für das Wartungs- und Reinigungspersonal unterstützen nach der Rückgabe des Fahrzeuges durch den Kunden eine schnelle Aufnahme z. B. von Tankfüllstand, Fahrzeugzustand oder Schäden sowie die effiziente Dokumentation, Disposition und Abrechnung aller Pflege-/Wartungsmaßnahmen. Neben der Abrechnung gegenüber den Kunden müssen Autovermieter mit Partnern, Reisemittlern, Mietwagen-Brokern und anderen diverse Leistungsentgelte und Provisionen fristgerecht abrechnen. Mietstationen und Partner, die Fahrzeuge an Kunden übergeben, sowie der Vertriebsaußendienst für Geschäftskunden benötigen auch Zugänge zum Vertragsführungs- und Dokumentenmanagementsystem. In diesem sind alle relevanten Kundenverträge sowie begleitend eingescannte Dokumente (Ausweise, Führerschein, Versicherungen, Vorgänge, Rechnungen etc.) gespeichert und werden entsprechend der gesetzlichen Vorschriften auch längerfristig archiviert.

Im **Customer-Relationship-Management-System (CRM)** können Autovermieter alle Kundendaten, ggf. spezielle Kundentarife sowie die Buchungshistorie jedes einzelnen Kunden führen. Sie dienen außer den operativen Vertriebs- und Serviceprozessen auch der Steuerung von kundenbezogenen Werbekampagnen oder dem Management von Promotion- und Bonusprogrammen im Marketing sowie der Besuchsplanung im Außendienst. Der Außendienst benötigt für seine Beratung von Firmenkunden, die für ihre Mitarbeiter Rahmenverträge zu besonderen Firmenkonditionen nachfragen, insbesondere Zugriff auf Tarife, Verträge, Firmenraten, Nutzungsprofile, Umsatz- und Ertragsdaten der jeweiligen Kunden. Auch Vertriebs- und Werbepartner (Affiliates) können ähnlich wie Kunden in einem modifizierten CRM oder einem speziellen Partner-Relationship-Management-System (PRM) verwaltet und in Verbindung mit dem Yield-/Revenue-Management-System gesteuert werden.

Module zur Unterstützung von **Assistance und Zusatzdiensten** werden von Autovermietern genutzt, um Kunden bei Auskunft und Buchung, aber auch unterwegs bei Orientierungsproblemen, Pannen oder Unfällen telefonische Hilfestellung zu geben. Es gibt auch Zusatzdienstleistungen, bei denen man unterwegs telefonisch Restaurantplätze oder Theaterkarten bzw. einen weiteren Mietwagen mit Fahrer zur Abholung bestellen kann. Mit sog. Concierge-Diensten können Autos auch durch Fahrer vor Hotels oder Wohnungen der Kunden bereitgestellt oder zum Parken abgestellt werden. Call-Center-Mitarbeiter, die diese Dienste rund um die Uhr koordinieren, erhalten hierzu Zugang zu verschiedenen Modulen der Autovermietungs-Software. Nicht nur Autovermieter bieten solche Dienste an. Auch als Bestandteil von Versicherungen, Kreditkartenverträgen, Automobilclub-Mitgliedschaften etc. können solche Dienste alternativ von Dritten angeboten und erbracht werden. Schließlich werden solche Dienste auch zunehmend von spezialisierten Telematik Service Providern der Autohersteller in deren OnBoard-Fahrzeug-Informations- und Kommunikationssysteme integriert. Diese können dann ggf. vom Autovermieter auf Wunsch zur Nutzung für den Kunden aktiviert und abgerechnet werden. Entsprechend ist je nach Assistance-Modell ein Datenaustausch zwischen Versicherer bzw. Service Providern der Autohersteller auf der einen Seite und dem Autovermieter auf der anderen Seite zu organisieren.

Für die Bearbeitung von Ordnungswidrigkeiten- und Bußgeldverfahren sowie das Schadensmanagement werden spezielle Module angeboten. Sie führen sämtliche Informationen über alle Vorgänge und Dispositionen, die ein konkretes Fahrzeug betreffen, mit den notwendigen Vertrags-, Versicherungs- und Kundeninformationen zusammen. In einem elektronischen Fahrtenbuch können in Verbindung mit dem Reservierungssystem auch alle Reservierungen und eingetragenen Fahrer ermittelt werden. Aus den neueren europäischen Normen zu Emergency-Call-Funktionen (E-Call) im Fahrzeug und den Angeboten einzelner Versicherer, fahrerspezifische Tarifermäßigungen an ein Fahrer-Monitoring bzw. eine Black-Box-Aufzeichnung der letzten Fahrmanöver zur Auswertung nach einem Unfall zu koppeln, werden sich zukünftig weitere Anforderungen zu Datenaufzeichnung und Datenaustausch ergeben.

Controlling-Module sind meist eng mit den Systemen der Finanzbuchhaltung (FIBU) und Kosten- und Leistungsrechnung (KLR) verbunden. Abhängig vom jeweiligen System geben sie in Berichten Auskunft z. B. über Umsätze, Nutzungsdauern, Kilometerleistungen, Reservierungen, Deckungsbeiträge oder Wiederverkaufswerte sowohl der Gesamtflotte wie auch einzelner Fahrzeugtypen und Fahrzeuge, bis hin zur Ebene einzelner Ausstattungsmerkmale. Die Kennzahlen sollten mit Data Analytics Funktionen auch nach Distributionskanälen, Werbe-/Vertriebspartnern und Mietstationen oder Kundengruppen aufgeschlüsselt werden können. Spezialmodule gibt es zur Verwaltung von Leasingverträgen für Fahrzeuge, deren Eigentümer der Autovermieter nicht selbst ist. Auch die Kalkulation und Verwaltung eigener Leasingangebote von Fahrzeugen, die z. B. für Firmenkunden längerfristig bereitgestellt werden, kann von solchen Systemen unterstützt werden.

Besondere Anforderungen an Module des Personalmanagements und der Personalverwaltung ergeben sich bei Autovermietern durch die Schichtplanung zur Besetzung der Mietstationen und die Überführungsfahrten, die aber auch von externen Dienstleistern übernommen werden können. Außerdem muss eigenes und fremdes Personal von Vertriebspartnern und Franchisenehmern ständig über aktuelle Angebote, deren Reservierung sowie die Organisation der Geschäftsprozesse informiert und geschult werden. Viele Autovermieter setzen zur Qualifizierung intensiv auf E-Learning mit Hilfe von Web/Online-Schulungsprogrammen, insbesondere für Reisebüromitarbeiter und Partner.

4.5.3 Carsharing

Satellitengestützte Ortungsdienste in Verbindung mit kostengünstiger mobiler Datenübertragung über das mobile Internet ermöglichen die Lokalisierung, Freigabe und Reservierung von im Freien abgestellten Fahrzeugen. Da viele Privatfahrzeuge die meiste Zeit ungenutzt in Garagen oder auf Parkplätzen stehen und gerade in Ballungsräumen Parkraum knapp ist, wurden verschiedene innovative Formen der temporären Fahrzeugnutzung unter dem Oberbegriff Carsharing in Innenstädten eingeführt. Diese Angebote werden von unterschiedlichen Anbietern nach verschiedenen Geschäftsmodellen organisiert und wenden sich sowohl an Anwohner als auch an Touristen. Gemeinsam ist allen Carsharing-Modellen, dass sich die Kunden nur einmal zum Carsharing mit Führerschein und Ausweis anmelden müssen. Danach können sie bei Bedarf kurzfristig freie Autos über Telefon, Internetportal oder Smartphone-App zur Nutzung lokalisieren und reservieren oder direkt am Parkplatz durch Berührung mit einer Chipkarte reservieren und öffnen. Nach der Nutzung, die entweder nach gefahrenen Kilometern oder Zeit abgerechnet wird, kann das Auto auf verschiedene Weise wieder abgestellt und zur Nutzung durch andere Kunden freigegeben werden. Die Anmietung und Rückgabe sowie der obligatorische Check des Autos an einer Mietstation entfallen bzw. erfolgen weitgehend in Selbstbedienung.

Es können verschiedene Carsharing-Modelle und Anbietergruppen unterschieden werden:

1. **Carsharing-Vereine** bzw. **Broker** für **Privates** bzw. **Peer-to-Peer-Carsharing** (z. B. Autonetzer.de – heute DRIVY –, tamyca – heute Snappcar – und andere): Diese betreiben Internetportale, Telefonzentralen und Büros, um Anbieter von Autos (ebenfalls private oder kommerzielle) und potenzielle Carsharing-Nutzer zusammenzubringen. Nach Registrierung können Autoanbieter ihre Fahrzeuge zur Reservierung im Portal anmelden, wo sie durch registrierte Kunden gebucht werden können. Der Carsharing-Verein bzw. Broker erhält für jede erfolgreiche Autovermittlung, deren Geschäftsbedingungen er vorgibt, Provisionen vom Vermieter oder auch vom Nutzer oder von beiden. Auch Mitgliedschaftsbeiträge, Genossenschaftseinlagen oder Gebühren für zusätzlich angebotene Versicherungs-, Abrechnungs- und Zahlungsdienste etc. sind möglich.

2. **Carsharing-Dienste** von **Bahnunternehmen**, **Verkehrsverbünden** oder auch **Kommunen** manchmal auch in Kooperation mit Autovermietern und Carsharing-Vereinen (z. B. DB Flinkster, ÖBB Rail & Drive, mobility Carsharing Schweiz, book-n-drive). Vorzugsweise an Bahnhöfen, Haltestellen und zentralen Plätzen werden Fahrzeugflotten an Ausgabestationen und ausgewiesenen Parkplätzen oder auch verteilt auf öffentliche Parkplätze in bestimmten Stadtvierteln bzw. dem ganzen Stadtgebiet bereitgestellt. Sie können nach einmaliger Registrierung im Carsharing-Modell kurzfristig belegt und an Bahnhöfen, auf Parkflächen in ausgewiesenen Stadtvierteln oder im gesamten Stadtgebiet abgestellt und freigegeben werden. Die Abrechung erfolgt nach Kilometern, Nutzungszeit

oder gemischten Modellen. Bahnen fördern durch diese kommerziellen Carsharing-Dienste insbesondere die sog. Anschlussmobilität der Bahn-Kunden am Zielort ihrer Reise. Städte und Kommunen erproben Konzepte zur Entlastung der Verkehrs- und Parkraumsituation in den Innenstädten oder wollen neue, attraktive Mobilitätsangebote für Touristen schaffen. Hier gibt es auch regionale, private, kommunale und gemeinnützige Angebote (StadtMobil, StattAuto, StadtAuto, teilAuto etc.), die sich von einer Kommune/Region ausgehend in vielen Städten verbreitet und im Rahmen von Verbünden und Fusionen zu bundesweit oder auch international agierenden Großanbietern entwickelt haben (z. B. stadtmobil aus div. StadtMobil Initiativen, cambio aus StadtAuto, Greenwheels aus StattAuto und Quicar). DB Flinkster wurde u. a. mit der DB-Rent-Autovermietung und dem DB-FuhrparkService für Firmenkunden in die DB Connect des DB-Geschäftsfeldes New Mobility integriert, um ganzheitliche Mobilitätslösungen zu fördern.

3. **Automobilhersteller** stellten *zunächst in Kooperation mit Autovermietern oder verbundenen Autohäusern* in ausgewählten Städten und Ballungszentren Carsharing-Flotten mit Autos nur ihrer eigenen Marken auf speziell ausgewiesenen oder auch auf allen öffentlichen Parkplätzen einer Stadt bereit (z. B. car2go, DriveNow, Quicar, Multicity, ZebraMobil). Hierbei wurden neue auto-/markenzentrierte Mobilitätsdienste und innovative Geschäftsmodelle jenseits des Autokaufs bzw. der klassischen Autovermietung für Privat- und Geschäftskunden in Ballungsräumen erprobt. Die Kunden finden in allen Autos die gewohnten markenspezifischen Bedienelemente. Über die komfortable Verbindung von Internetdiensten mit innovativen Mobilitätskonzepten können junge Zielgruppen erschlossen werden, für die ein eigenes Auto unattraktiv oder unerschwinglich ist. Attraktive Carsharing-Innovationen unterstützen das Image der jeweiligen Automobilmarke bei potenziellen Käufern. Die vielen konkurrierenden Carsharing-Angebote der zahlreichen Autohersteller hatten mit Problemen der kritischen Masse zu kämpfen: Ist die Flotte eines Carsharing-Anbieters bzw. -Konsortiums zu klein, so sind nie genug freie Autos in der Nähe der Kunden vorhanden oder sammeln sich in wenig nachgefragten Stationen oder Gebieten, was den Dienst unattraktiv macht, für Kunden Doppelanmeldungen bedeutet und Aufwand für die Repositionierung von Autos erfordert. Daher gab es neben Vereinbarungen zur sog. Quernutzung für Kunden konkurrierender Flotten in den letzten Jahren eine Konsolidierung der Carsharing-Angebote, die unter anderem zu Zusammenschlüssen z. B. von car2go und DriveNow zu ShareNow führten, wobei die Autovermieteranteile von Sixt an DriveNow von BMW und die Anteile von Europcar an car2go von Daimler aufgekauft wurden.

4. **Autovermieter** boten **allein** oder in **Kooperation mit Bahnen/Kommunen/Energieversorgern/Postunternehmen** zusätzlich zu ihrem normalen Angebot Carsharing-Dienste in bestimmten Gebieten oder für Firmenkunden an (Avis Wizard, Hertz On Demand, Emil Salzburg, Mobility Solutions Schweiz etc.). Für kurze Fahrten konnten einige Autovermieter auf diese Weise neue Märkte erschließen,

für die die klassischen Autoübergabe und Rückgabeprozesse zu aufwendig sind. Hier konnte auch die Wirtschaftlichkeit von Selbstbedienungsprozessen bei der Übergabe und Rückgabe von Fahrzeugen erprobt werden. Außerdem können führende Autovermieter insbesondere Geschäftskunden ähnlich wie bei Bahnen z. B. in Kooperation mit Airlines eine lückenlose, bedarfsgerechte Auto-Mobilitätskette aus einer Hand anbieten. Nachdem Sixt und BMW sowie Europcar und Daimler ihre Carsharing-Kooperationen beendeten, starteten die Autovermieter Sixt und Europcar ihre eigenen nun rein autovermieterbasierten Carsharing-Dienste SixtShare bzw. Marcha (Stand 2021).

Aus Kundensicht wird im Carsharing-Markt inzwischen vor allem zwischen dem stations-orientiertem, dem free-floating und dem kombinierten Carsharing unterschieden. Insgesamt gibt es in Deutschland fast 250 Carsharing-Anbieter, wobei die Angebote in den Millionenstädten noch immer gegenüber den Angeboten in kleineen Städten und auf dem Land dominieren (vgl. Bundesverband CarSharing 2020):

- Zu den gemäß Flottengröße führenden **stationsorientierten** Anbietern in Deutschland zählen stadtmobil, cambio, teilAuto und DBConnect.
- Bei den **free-floating** Anbietern führen ShareNow, SixtShare, weShare (VW-Tochter mit 100 % Elektroautos) und Miles (konzernunabhängiges Start-up-Unternehmen).
- Im **kombinierten** Carsharing ist vor allem book-n-drive zu nennen, wobei auch andere der o. g. Anbieter hier experimentieren.

Innovative Impulse gehen bei allen Carsharing-Formen vom Einsatz von Elektroautos aus. Diese Fahrzeuge erzeugen keine Abgase, sind geräuscharm und können mit Leichtbau-Carbon-Karosserien gefertigt und mit Ökostrom klimaneutral betrieben werden. Umstritten ist aber noch die Ökobilanz der Herstellungs- und Produktionsprozesse von Elektrofahrzeugen, in denen insbesondere der Litiumverbrauch für die auszutauschenden Akkus problematisch ist. Die Technologie ist noch relativ teuer, weshalb die intensive Nutzung von Elektrofahrzeugen z. B. in privatem und gewerblichen Carsharing für eine schnelle Amortisation besonders geeignet ist. Eine Gewöhnung der Kunden an die neue Technologie im Carsharing kann die Akzeptanz der Elektromobilität bei zukünftigen Autokäufern steigern. Hemmende Faktoren sind bisher noch die Ladezeiten und begrenzten Reichweiten der Batterien sowie die nicht flächendeckende Verfügbarkeit von Ladestationen, die wiederum durch geeignete mobile Internetdienste und Apps lokalisiert, reserviert und abgerechnet werden müssen.

Carsharing Kundenprozesse

Abbildung 4.5.3 zeigt die wesentlichen Elemente des Carsharing-Prozesses aus Kundensicht. Sie enthält die wesentlichen Prozessschritte und mögliche Varianten, die abhängig vom Anbieter und der jeweiligen Stadt sind (z. B. kommunale Unterschiede bei der Parkraumbereitstellung).

Im Folgenden soll nur auf die Unterschiede des Carsharing-Prozesses im Vergleich zur klassischen Autovermietung eingegangen werden:

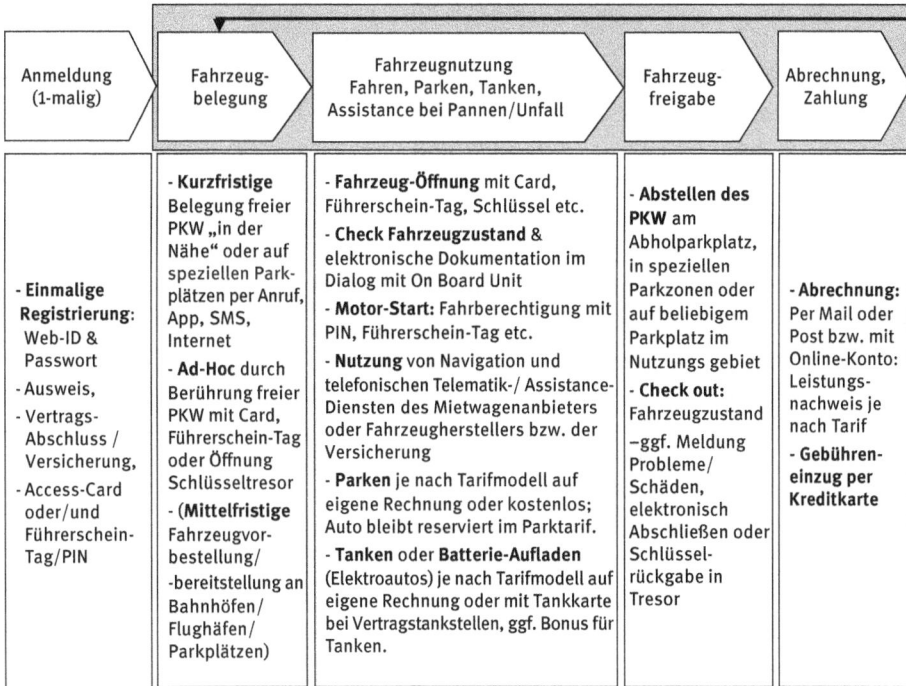

Anmeldung (1-malig)	Fahrzeug-belegung	Fahrzeugnutzung Fahren, Parken, Tanken, Assistance bei Pannen/Unfall	Fahrzeug-freigabe	Abrechnung, Zahlung
- **Einmalige Registrierung:** Web-ID & Passwort - Ausweis, - Vertrags-Abschluss / Versicherung, - Access-Card oder/und Führerschein-Tag/PIN	- **Kurzfristige** Belegung freier PKW „in der Nähe" oder auf speziellen Parkplätzen per Anruf, App, SMS, Internet - **Ad-Hoc** durch Berührung freier PKW mit Card, Führerschein-Tag oder Öffnung Schlüsseltresor - (**Mittelfristige** Fahrzeugvor-bestellung/ -bereitstellung an Bahnhöfen/ Flughäfen/ Parkplätzen)	- **Fahrzeug-Öffnung** mit Card, Führerschein-Tag, Schlüssel etc. - **Check Fahrzeugzustand** & elektronische Dokumentation im Dialog mit On Board Unit - **Motor-Start:** Fahrberechtigung mit PIN, Führerschein-Tag etc. - **Nutzung** von Navigation und telefonischen Telematik-/Assistance-Diensten des Mietwagenanbieters oder Fahrzeugherstellers bzw. der Versicherung - **Parken** je nach Tarifmodell auf eigene Rechnung oder kostenlos; Auto bleibt reserviert im Parktarif. - **Tanken** oder **Batterie-Aufladen** (Elektroautos) je nach Tarifmodell auf eigene Rechnung oder mit Tankkarte bei Vertragstankstellen, ggf. Bonus für Tanken.	- **Abstellen des PKW** am Abholparkplatz, in speziellen Parkzonen oder auf beliebigem Parkplatz im Nutzungs gebiet - **Check out:** Fahrzeugzustand –ggf. Meldung Probleme/ Schäden, elektronisch Abschließen oder Schlüssel-rückgabe in Tresor	- **Abrechnung:** Per Mail oder Post bzw. mit Online-Konto: Leistungs-nachweis je nach Tarif - **Gebühren-einzug per Kreditkarte**

Abb. 4.5.3: Typischer Carsharing-Nutzungsprozess aus Kundensicht.

Registrierung und Fahrzeug-Zugangsformen: Wesentlich ist im Vergleich zum klassischen Autovermietungs-Prozess die nur einmalige Registrierung. Kunden müssen hierbei Ausweis und Führerschein persönlich vorlegen und einen Vertrag unterschreiben. Der Führerschein wird von einigen Carsharing-Anbietern durch ein elektronisches RFID-Tag als Zugangsschlüssel für die Fahrzeuge präpariert, von anderen werden Autozugangskarten (RFID-/Chip-Access-Card) und/oder persönliche Zugangscodes ausgegeben. Über verschiedene Mechanismen (RFID-Lesegerät im Fahrzeug, Chipkartenleser am Fahrzeug, PIN-gesteuerter Schlüsseltresor am Parkplatz, Smartphone-Befehl zur Türöffnung etc.) kann sich der Kunde nach der Registrierung in Selbstbedienung Zugang zu einem abgestellten Fahrzeug verschaffen und Fahrzeuge ebenso einfach in Selbstbedienung abstellen und wieder zur weiteren Vermietung freigeben.

Fahrzeuglokalisierung und -belegung: Um Autos jenseits der klassischen Anmietstationen oder Spezialparkplätzen aufzufinden und zu reservieren, sind mobile

Internetdienste mit Navigationsfunktionen für Smartphones notwendig, oder es müssen Übergabeorte und Zeiten kurzfristig koordiniert werden (bei Carsharing Clubs/Börsen mit privaten Autoeigentümern, die ihre Fahrzeuge zum Sharing bereitstellen).

Nutzungsparameter zur Abrechnung: Je nach Geschäftsmodell sind zudem die abrechnungsrelevanten Fahrparameter (Nutzungsdauer, Kilometerstände, Nutzungsgebiete, Tankfüllungen, Parkzeiten etc.) automatisch zu erfassen und zu übermitteln.

Parken und Tanken/Laden: Anders als bei der klassischen Autovermietung werden von manchen Carsharing-Anbietern Tarifmodelle angeboten, in denen alle Parkgebühren und Treibstoffkosten inkludiert sind. Hierzu erwerben Carsharing-Anbieter von Kommunen und Parkflächenanbietern Parklizenzen für ganze Stadtviertel und schließen mit Betreibern von Tankstellennetzen und Strom-Ladestationen Verträge ab. Die Kunden müssen hierzu über das Fahrzeug-Navigationssystem zu den lizenzierten Parkflächen, Tankstellen und Ladestationen geleitet werden und über das jeweilige Prozedere informiert werden. Mit Tankkarten, Parkhaus-Karten, Ladekarten, die im Fahrzeug deponiert sind, können Kunden dann bei den Vertragspartnern die Dienste in Anspruch nehmen, ohne mit Geld zahlen zu müssen. Da viele Kunden das Auftanken und andere Servicemaßnahmen gerne den Nachmietern überlassen, wird mit verschiedenen Incentive-Systemen für das Auftanken und Laden experimentiert.

Meldung und Dokumentation des Fahrzeugzustands: Besondere Anforderungen ergeben sich bei Selbstbedienung auch an die Dokumentation des Fahrzeugzustands nach einer Anmietung: Verschmutzungen, Funktionsfehler, Tankanzeigen oder auch Schäden z. B. von Bagatellunfällen können bei der Fahrzeugrückgabe nicht vom Personal überprüft werden und werden von den Verursachern beim Verlassen des Fahrzeugs manchmal verschwiegen. Entsprechend werden nachfolgende Nutzer zum einen vor dem Fahrzeugstart in elektronischen oder telefonischen Dialogen um die Meldung des Fahrzeugzustands gebeten, zum anderen werden Ferndiagnosesysteme zur Überwachung technischer Parameter eingesetzt.

Verteilung der Servicefälle auf große Gebiete: Fahrzeuge mit Problemen müssen dann ggf. von zusätzlichem Personal an diversen Stellen im Nutzungsgebiet lokalisiert und zur Wartung gebracht werden. Überführungsfahrten von Parkplätzen, an denen Fahrzeuge abgestellt, aber wenig nachgefragt werden, zu Gebieten mit hoher Nachfrage sind zusätzlich notwendig. Der Personaleinsatz im gesamten Stadtgebiet ist also aufwendiger zu disponieren als bei der klassischen Autovermietung, bei der der Service in der Regel an den Mietstationen erfolgen kann.

Spezielle IT-Systeme im Carsharing
Um die oben genannten Carsharing-Kundenprozesse zu realisieren, sind spezielle IT-Lösungen erforderlich, die insbesondere auf der Vernetzung der zentralen IT-An-

wendungen zur Fahrzeug-Disposition, Reservierung und Abrechnung (Billing) mit On-Board-Systemen im Fahrzeug, mobilen Endgeräten des Kunden und Telematik- bzw. Assistance-Diensten beruhen. Die wichtigsten Systeme und ihre Funktionen sind in Abb. 4.5.4 dargestellt.

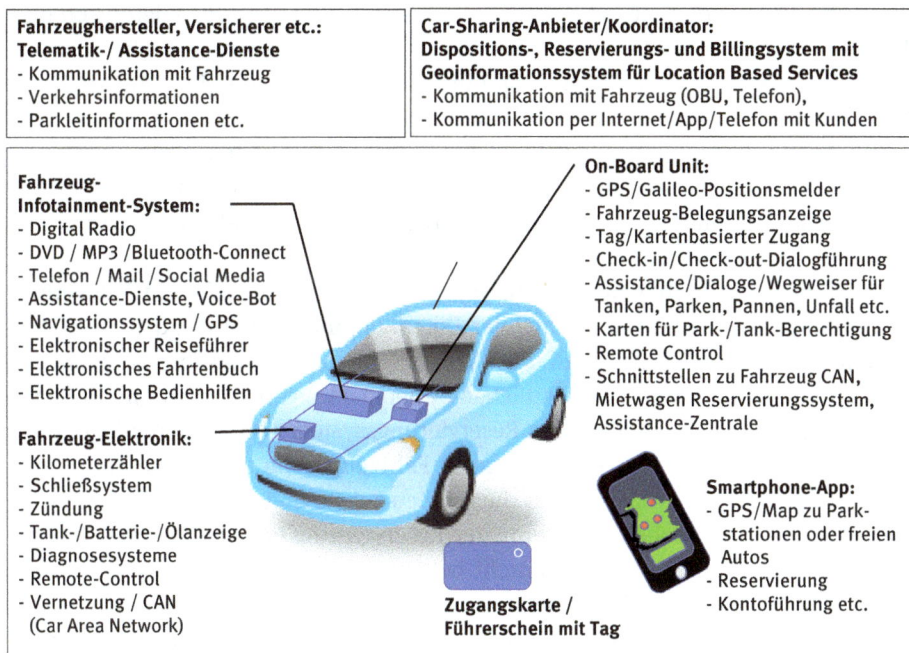

Abb. 4.5.4: Vernetzung mit Fahrzeugsystemen und IT-Applikationen beim Carsharing.

Systeme im Fahrzeug: Wenn nicht Schlüsseltresore an speziellen Übergabepark-plätzen zum Einsatz kommen, muss jedes Carsharing-Fahrzeug mit einem Carsha-ring-Computer, der sogenannten **On Board Unit (OBU)** ausgerüstet werden. Dieser fest installierte Computer mit Smartphone-Funktionalität kann Schnittstellen zur Bordelektronik, zum Schließsystem des Fahrzeugs sowie einen Leser für die Zu-gangskarten oder RFID-Tags haben. Mit diesen können sich registrierte Kunden Zu-gang zum abgestellten Fahrzeug verschaffen, sofern dies nicht über Remote Control (Fernzugriff über verschlüsselte Nachrichten) über die Zentrale geschieht. Wenn die On-Board-Unit nicht direkt auf das Fahrzeug-Navigationssystem zugreifen kann, besitzt sie ein GPS-Modul zur Lokalisierung des Fahrzeugs und ein Datenfunkmo-dul zum Datenaustausch mit dem Dispositions-, Reservierungs- und Abrechnungs-system des Carsharing-Anbieters. Viele On-Board-Units haben eine Schnittstelle zum Bord-Datennetz (z. B. CAN-Car Area Network) und können diverse Diagnose- und Systemparameter (Kilometerstand, Tankfüllung, Warnhinweise, Fehlermeldun-gen etc.) abfragen, speichern und an die Carsharing-Zentralsysteme übermitteln.

Die On-Board-Unit verfügt meist über ein eigenes Display mit Bedienoberfläche und steuert eine visuelle Anzeige, die signalisiert, ob ein Fahrzeug frei oder belegt ist, nimmt Reservierungen vom Reservierungssystem entgegen und führt die An- und Abmeldedialoge mit dem Kunden durch. Darüber hinaus kann die OBU weitere Carsharing-Informationsdialoge wie Anleitungen zum Tanken, Verhalten bei Unfall, Meldung von Schäden etc. anbieten. Notfalls kann über die OBU telefonisch eine Hotline-Verbindung zu Assistance-Diensten hergestellt werden. Je nach Fahrzeugtyp und vorhandenen Fahrzeug-Infotainment-Systemen kann eine OBU auch auf deren Funktionen verweisen oder vorhandene Infotainment-Dienste (z. B. elektronische Fahrzeug-Bedienungsanleitungen, Bordtelefon-, Navigations- und Assistance-Dienste des Fahrzeugherstellers, etc.) aufrufen. Zusätzlich können in Verbindung mit der Auto-Alarmanlage verschiedene Vorkehrungen zur Diebstahlsicherung implementiert sein.

Systeme des Carsharing-Anbieters: Die normalen Systeme für die Autovermietung werden für Carsharing per mobiler Datenkommunikation mit den On-Board-Units der Fahrzeuge vernetzt. Auf diese Weise können die Dispositionssysteme den Standort abgestellter Autos mit sämtlichen Systemparametern abrufen und in Geoinformationssystemen darstellen. Das Reservierungssystem erfasst ebenfalls automatisch die Standorte aller abgestellten freien Fahrzeuge und zeigt diese im Internet bzw. in mobilen Carsharing-Apps für die Kunden zur Reservierung und Belegung an. Anders als bei klassischen Autovermieter-Reservierungssystemen ist die Ausleihdauer eines Fahrzeugs im Voraus nicht bekannt, was Echtzeit-Verfügbarkeitsanzeigen mit geografischer Positionsanzeige auf elektronischen Straßenkarten zur Darstellung im Internet und auf Smartphones notwendig macht. Gemäß der typischen Carsharing-Nutzungsmuster sind auch die Fahrzeugreservierungen typischerweise sehr kurzfristig, was andersgeartete Dispositions- und Revenue-Management-Prozesse erforderlich macht und aktuell auch noch Forschungsthema ist. Für die Abrechnung mit dem Kunden werden die Nutzungsdaten aus dem Fahrzeug ebenfalls per mobilem Datenfunk abgerufen.

Systeme der Fahrzeughersteller oder Versicherer: Insbesondere bei Premium-Ausstattungen bieten Fahrzeughersteller Navigationssysteme, Infotainmentsysteme und Fahrerassistenzsysteme an, die selbst über mobile Internet-Datenkommunikation diverse Funktionen und Informationen für Fahrer und Fahrzeuginsassen anbieten. Carsharing-Anbieter können diese Systeme und Informationsdienste wie bei der klassischen Autovermietung als Zusatzpakete anbieten und nach Nutzung abrechnen oder standardmäßig als Ergänzung der Dienste der On-Board-Unit bereitstellen. Die Dienste der On-Board-Unit können auch auf den herstellerspezifischen Fahrerassistenz- und Infotainment-Diensten aufbauen und beide komfortabel integrieren. Kritisch ist bei der Realisierung aller Dienste, die während der Fahrt genutzt werden sollen, dass die Ablenkung des Fahrers vom Verkehrsgeschehen durch die Gesamtheit der Interaktion mit verschiedenen Informations- und Assistenzdiensten minimiert wird (Driver Distraction Prevention), damit keine Unfälle passieren. Versicherer experimentieren mit zusätzlichen On-Board-Monitoring-Diensten, die permanent die Fahrerinteraktionen und Verkehrssituation analysieren und Feedback über ökoeffiziente Nutzung und sicheres Fahrverhalten geben, wovon auch die Versicherungsprämie abhängig gemacht wird (UBI – Usage Based Insurance). Welche Wirkung solche Maßnahmen auf Unfallhäufigkeit, Energieverbrauch und Kundenakzeptanz haben, ist aktuell noch ein Forschungsfeld.

Endkunden-Systeme: Der Endkunde erhält beispielsweise nach Registrierung eine Chipkarte oder ein RFID-Tag (Radio-Frequency Identification) auf seinen Führerschein geklebt, das bei Ablösung funktionsuntüchtig wird. Über Internet oder Smartphone App kann er in Echtzeit die Positionen von freien Fahrzeugen in seiner Nähe (falls er ein Smartphone mit Ortung hat) ermitteln und für eine gewisse Zeit zur Nutzung vorreservieren. Aktuelle Abrechnungsinformationen, Kontostände etc. können ebenfalls per App oder E-Mail bereitgestellt werden.

4.5.4 Neue Mobilitätsdienste

Die Vernetzung der Dispositions- und Reservierungssysteme, die für Autovermieter entwickelt wurden, mit mobilen Applikationen im Fahrzeug und Smartphone-Apps der Endkunden über mobiles Internet erlaubte die Realisierung neuartiger Mobilitätsdienste mit neuen Geschäfts- und Kooperationsmodellen jenseits der Autovermietung, bei denen seit 2010 im In- und Ausland zunehmend klassische Branchengrenzen überschritten werden (vgl. z. B. Economist 2012 und 2013, Loose/Glotz-Richter 2012, Kiermasch 2014, Mager 2014, Monheim et al. 2014, Ringeisen/Goecke 2016, Flügge 2016/20 und Bundesverband CarSharing e.V. 2020):

Ride Sharing: Die Abgrenzung zwischen Autovermietung für Vielnutzer im Abonnement-Modell und stationsgebundenem Carsharing löst sich auf. In Pilotversuchen kooperieren Carsharing-Anbieter mit Mitfahrzentralen, bei denen z. B. Carsharing-Fahrer Freunden in sozialen Netzwerken Mitfahrgelegenheiten (sog. Ride Sharing) anbieten. Zu den führenden Mitfahrzentralen, die sich von Call-Centern durch Portale und Apps zu regionalen und global agierenden Internetplattformen entwickelt haben, gehören z. B. Blablacar, BesserMitfahren.de, fahrgemeinschaft.de, Flinc, drive2day und Pendlerportale wie z. B. MiFaz. Es wird weltweit intensiv diskutiert, ob und unter welchen Bedingungen Privatpersonen neben ihrem Auto und einer Beteiligung der Mitfahrer an den Benzin-/Stromkosten auch sich selbst als Fahrer kommerziell anbieten dürfen, da hier gesetzliche Vorgaben zur Personenbeförderung und Taxi-Lizenzierung sowie zum Versicherungsschutz berührt werden, was auch zur Novellierung des Personenbeförderungsgesetz (PBefG) 2021 in Deutschland geführt hat.

Fahrdienstvermittler: Seit dem globalen Erfolg der Fahrdienstvermittlungs-Plattform Uber ist für den stark regulierten Taxi-Dienst in vielen Großstätten eine ernsthafte Konkurrenz entstanden (vgl. Hansen 2014, Lashinsky 2017). Fahrer mit eigenen Autos können in vielen Städten nach Registrierung bei Uber über eine Fahrer-App ihren Standort und ihre Bereitschaft zur Personenbeförderung angeben. Kunden können über das Uber-Internetportal oder die Uber-Endkunden-App Fahrten ordern und bezahlen. Uber bezahlt den jeweiligen Fahrer abzüglich Vermittlungsprovision. Während für herkömmliche Taxifahrer jahrzehntelang eine Ortskundeprüfung, eine Taxi-Lizenz, ein Führerschein zur Personenbeförderung, kommunale Beförderungspreise, Standplätze, ein einheitliches Fahrzeug-Design sowie besondere Versicherungen für die Fahrgäste vorgeschrieben waren, wird dieses herkömmliche Geschäftsmodell von Uber vielerorts in Frage gestellt. Insbesondere in Schwellenländern, wo es zum Teil nicht wenige unlizenzierte oder gar kriminelle Taxianbieter gab, wurden diese durch Uber verdrängt, weil die Registrierung der Fahrer und der gesamten Fahrtroute den Kunden mehr Sicherheit bietet. Da Ortskundeprüfungen im Zeitalter von Navigationssystemen keine Bedeutung mehr haben und staatlich regulierte Preise und Konzessionen den Wettbewerb behindern, haben sich viele Kommunen entschieden, den Taximarkt zu deregulieren und für Plattformen wie Uber zu öffnen. Insbesondere in entwickelten Ländern gibt es aber viele Länder und Kommunen, die bzw. in denen Gerichte das ursprüngliche Uber-Geschäftmodell ganz oder teilweise verbieten, zum einen, weil viele der nur von Uber abhängigen Fahrer scheinselbstständig waren, keine Lizenzen zur Fahrgastbeförderung besaßen und die Personenbeförderung nicht in der Haftpflichtversicherung inkludiert war, zum anderen, weil die lizenzierten Taxi-Dienste Kompensation für entgangene Einnahmen verlangen können. Uber hat in solchen Kommunen zum Teil seine Fahrer angestellt, beschränkt sich auf das Angebot nicht lizensierungsbedürftiger Fahrdienste (Limousinenservice), vermittelt Fahrten über ihre Plattform an lizenzierte Taxiunternehmen, hat selbst Konzessionen erworben oder operiert in Grauzonen (vgl. Hansen 2020, Landgericht München 2020). In den USA ist mit Lyft eine Konkurrenzplattform entstanden, obwohl auch hier Gerichtsurteile das Geschäftsmodell der Personenbeförderungsvermittlung untersagen.

Mobile Taxi-Apps: Auch für klassische Taxi-Angebote etablieren sich mobile Taxi-Apps mit innovativen Formen der Taxi-Ortung und Reservierung sowie Abrechnung für Fahrgäste und Touristen, die lizenzierte Taxi-Angebote nutzen möchten und mit den etablierten Taxi-Funkzentralen kooperieren. Wichtige Beispiele sind hier FreeNow (ehemals myTaxi, übernommen von BMW und Daimler), taxi.eu, Taxi Deutschland und Taxi.de.

On-Demand-Shuttle-Dienste: Aus den klassischen bedarfsorientierten Sammeltaxi- und Rufbus-Angeboten des ÖPNV sind durch Digitalisierung und mobile Apps neue sog. On-Demand-Shuttle-Services entstanden. Sie werden auch als *Ride Pooling* bzw. *Ride Hailing* bezeichnet und werden durch Mobiliätsdienstanbieter wie z. B. MOIA (Hamburg, VW-Elektrobusse), CleverShuttle (Elektro-/Wasserstoffbusse), ioki (nicht nur in Hamburg, jetzt auch in Frankfurt mit RMVHamburg, DB-Tochter) und FreeNow Match in Feldversuchen als nachhaltige Elektro-Mobilitätsalternativen zwischen Taxi- und ÖPNV-Liniendiensten im Rahmen der Experimentierklausel des alten Personenbe-förderungsgesetzes erprobt. Das neue PBefG reguliert diese Dienste seit 2021.

Bike- und Scooter-Sharing: Weitere neue Mobilitätsdienste sind entstanden, weil die im Carsharing erprobten mobilen Apps, Reservierungsplattformen und Ge-schäftsmodelle vom Auto zu Sharing-Diensten für Fahrräder, E-Bikes und Elektro-Roller (E-Scooter) weiterentwickelt wurden. Insbesondere in Großstädten herrscht ein reger Wettbewerb von kommunalen und kommerziellen Anbietern, die große Flotten solcher individuellen und zunehmend elektrifizierten Fortbewegungsmittel gegen Nutzungsgebühren anbieten, entweder um den Autoverkehr zu reduzieren oder um langfristig Gewinne zu erzielen.

Kombination von Mobilitätsdiensten: Bahnunternehmen und E-Bike-Portale wie z. B. Movelo bieten Carsharing und E-Bike-Sharing am Zielort als komplemen-täre Dienste zur Bahnreise oder bei Eigenanreise mit Hotelaufenthalt an. Hoteliers und Destinationen offerieren Bike-Sharing und Carsharing mit Luxusautos oder Elektroautos am Urlaubsort als Zusatzattraktion bzw. Probefahrt inkl. Beratung für einen möglichen Autokauf. Autohersteller engagieren sich noch stärker im Autover-mietungs- und Carsharing-Geschäft, um ihren Kunden Mobilität aus einer Hand mit einheitlichem Fahr- und Bedienkomfort anzubieten. Bahnen und Verkehrsverbünde im öffentlichen Nahverkehr sowie Anbieter von Navigationssystemen und Suchma-schinenanbieter wie Google bieten mobile Dienste zur Organisation der Reisekette über verschiedene Verkehrsmittel hinweg an. Solche intermodale Mobilität oder auch Smart Mobility (vgl. Flügge 2016 und 2020) soll zunehmend auch mit einheitli-chen Kundenkarten oder Smartphone-App-basierten Zugangs-/Öffnungsdiensten unterstützt werden. Kommunen und Parkhausbetreiber experimentieren mit ver-schiedenen Formen der Parkplatz-Allokation und -reservierung, erste Internetbör-sen zur Vermittlung privaten Parkraums entstehen. Immer mehr Carsharing-Apps integrieren Such-, Reservierungs- und -Bezahldienste für Parkplätze und Ladesta-tionen. Autohersteller, Anbieter von Navigationssystemen, Versicherungen und Suchmaschinen entwickeln Fahrerassistenzdienste zur optimalen Routenwahl und zur Optimierung des persönlichen Fahrverhaltens im Hinblick auf die Verbesserung der Ökoeffizienz und Sicherheit mit Aussicht auf günstigere Versicherungsprämien. Unternehmen und Autovermieter erproben neue Kombinationsformen von Car Lea-sing, Autovermietung, Auto-Abos, Bike- und Carsharing für Mitarbeiter, Geschäfts-kunden und Privatkunden. Für Studierende von Hochschulen wird Campus Car-, Bike- und Scooter-Sharing mit Nahverkehrsangeboten kombiniert. Mitfahrzentralen wie Blablacar kooperieren mit Fernbuslinien wie Flixbus und die Deutsche Bahn kauft die Mobilitäts-App Moovel von BMW und Daimler zur intermodalen Routen-planung für ihre Tochterfirma mobimeo, an der beide Autohersteller im Gegenzug eine Minderheitsbeteiligung erhalten. Entsprechend den vielen Pilotprojekten in den genannten Bereichen sind hier in der nächsten Zeit noch zahlreiche Innovationen nicht nur im urbanen, sondern auch im ländlichen Raum zu erwarten, die auch neuartige Kombinationen von Verfügungsrechten zwischen Kauf, Miete, Leihe, genossenschaftlicher Beteiligung, Reservierung, Nutzung, Beförderung und Teilung im Rahmen einer Sharing Economy beinhalten. Alle diese neuen Optionen und Mobilitätsdienste mit ihrem komplexen Zusammenspiel machen ein ganzheitliches Mobilitätsmanagement für Endnutzer notwendig.

4.5.5 Mobilitätsmanagement, MaaS und autonomes Fahren

Ziel eines ganzheitlichen Mobilitätsmanagements ist die optimale Lösung des Transports von Menschen und deren Waren/Gepäck zwischen räumlichen Distanzen bei Nutzung eines oder mehrerer Verkehrsträger (vgl. Flügge 2016 und 2020, Wagner/ Kabel 2018). Dabei werden – implizit oder explizit – mehrere Kriterien bei der Auswahl angewandt: Minimierung der Kosten, Verkürzung der Reisezeiten, Sicherstellung der Pünktlichkeit, Sicherheit der beteiligten Verkehrsträger, Erlebnisqualität, optimale Umweltverträglichkeit und Anpassung an die persönliche Situation wie z. B. Komfortbedürfnisse, Wetter, Anzahl Gepäckstücke/Waren, persönliche Physis und Gewohnheiten. Zukunftsgerichtetes Mobilitätsmanagement muss die jeweils beste Antwort zur Frage „Wie komme ich von A nach B passend zu meiner jeweiligen Situation und unter Optimierung der Kriterien" geben (vgl. Abb. 4.5.5). Dabei ist festzuhalten, dass die Mobilitätsbedürfnisse sehr dynamisch sind: Sie hängen ab von der jeweiligen Lebensphase (z. B. Alter, Familienstand) und der individuell geplanten Aktivität, die zu einem Mobilitätsbedürfnis führt (z. B. Geschäftsreise, Privatreise, Umzug, Ausflug, Campingreise etc.).

Der Bedarf für Mobilität wird in den nächsten Dekaden weiter stark zunehmen. 2050 erwarten wir auf der Erde ca. 10 Milliarden Menschen (heute 8 Mrd.), davon werden rund 70 % in Städten und Metropolen leben (vgl. z. B. UN/DESA 2009). Das weltweite Verkehrsaufkommen wird sich in den nächsten Jahrzehnten noch einmal verdoppeln. Die Digitalisierung bietet neue Möglichkeiten zur Lösung, gleichzeitig ist der Verkehr mit knapp 20 % allein in Deutschland der drittgrößte Verursacher von Emissionen in Deutschland. Innovative Lösungen für die Mobilität der Zukunft müssen also nachhaltig sein und den Klimawandel stoppen. Mobilität der Zukunft muss aber auch individueller sein, weil sich die Lebens- und Arbeitsverhältnisse (z. B. Work-/Life Balance) dynamisch weiter entwickeln werden und die Gesellschaften weltweit auch älter werden. Mobilität ermöglicht den Menschen am gesellschaftlichen Leben teilzunehmen, bringt Menschen zusammen und erweitert die persönliche Freiheit.

Dazu muss Mobilität einfach nutzbar, bezahlbar und sauber sein. Ziel des zukünftigen Mobilitätsmanagements muss es also sein, die Bedürfnisse zu jedem Zeitpunkt optimal abzudecken. Dies ist mit den heutigen, oft starren Modellen so nicht ausreichend möglich. Die wesentlichen Verkehrsträger (Straße, Schiene) werden sich

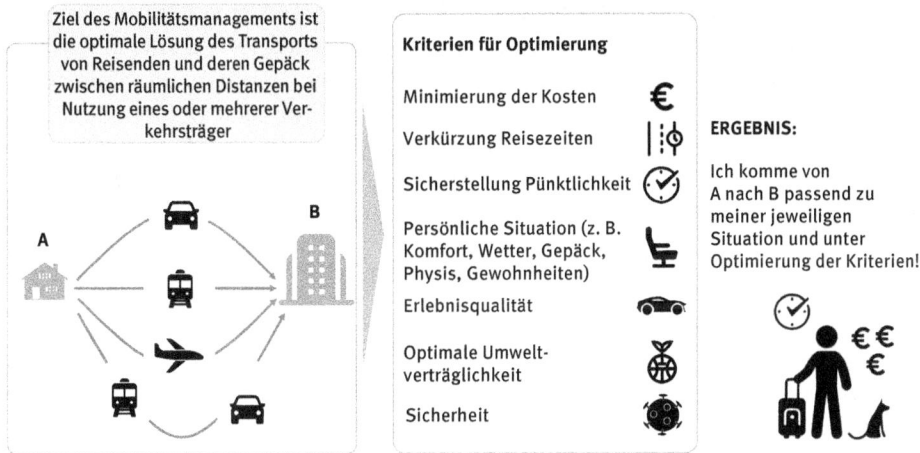

Abb. 4.5.5: Definitionen und Ziele eines ganzheitlichen Mobilitätsmanagements.

nur leicht weiterentwickeln. Grundsätzliche Veränderungen z. B. in Bezug auf die Transportgeschwindigkeit sind bei Autos, Zügen und Flugzeugen nicht vorhanden. Überschalltransport in der Luft ist auf absehbare Zeit unwirtschaftlich und nicht ökologisch abbildbar. Die in Planung befindlichen Hochgeschwindigkeitssysteme, in denen sich Kapseln in einer weitgehend evakuierten Röhre auf Luftkissen gleitend mit nahezu Schallgeschwindigkeit bewegen (z. B. Hyperloop), befinden sich in einem sehr frühen Erprobungsstadium. Es gibt noch keine konkreten Finanzierungs- und Realisierungspläne. Hauptherausforderung hier ist der Bedarf für völlig neue Infrastrukturmaßnahmen (z. B. Tunnel oder geständerte Bauweise in der Landschaft) mit sehr hohen Investitionskosten.

Dagegen eröffnen sich im Nahbereich neben einer Neuentdeckung von Seilbahnen im urbanen Raum neue Optionen durch die Nutzung von Drohnen (mit einem Piloten oder mit Fernsteuerung) zur Personenbeförderung. Erste Produkte auch von deutschen Unternehmen (Lilium, Volocopter) sind bereits flugfähig und stehen vor der Zulassung. Sie werden mit Elektromotoren angetrieben und eignen sich für den Punkt-zu-Punkt-Verkehr z. B. als Zubringer Innenstadt–Flughafen für den Entfernungsbereich 30 bis 300 km und den Transport von mehreren Personen. Die Zielkosten sollen im Bereich von heutigen Taxen liegen. Es wird aber ein Nischenmarkt sein und dient nicht zum Transport einer großen Zahl von Menschen. Heute werden in Deutschland ca. 75 % der Verkehrsleistung in Personen-Kilometern durch den motorisierten Individualverkehr erbracht (vgl. BMVI 2020). Der Umweltverbund (zu Fuß, Fahrrad, öffentlicher Personenverkehr) macht ca. 20 % und Luftverkehr ca. 5 % aus. Zukünftige Lösungen müssen also einerseits die aktuelle Dominanz des automobilbasierten Individualverkehrs und andererseits die aktuellen Herausforderungen und Entwicklungen berücksichtigen.

Die Zukunft der Mobilitätslösungen wird eine Mischform der Nutzung unterschiedlicher Verkehrsmittel sein: der motorisierte Individualverkehr, der öffentliche Personenverkehr und Formen wie zu Fuß gehen sowie Radfahren werden verschmelzen. Der Verkehr der Zukunft wird persönlich/adaptiv, multi-modal und „on-demand" sein. Die gesamte Bandbreite vom Besitz der Fahrzeuge („Own", Eigentum) über Teilen mit anderen („Share") bis hin zur reinen Nutzung („Use") wird sich in Zukunft durchsetzen. Dabei gibt es selbstverständlich für Metropolen und große Städte andere Lösungen als für Regionen.

Abbildung 4.5.6 zeigt die grundsätzlichen Möglichkeiten und Tendenzen. Zu sehen sind die wesentlichen Segmente Eigentum, Teilen und Nutzen. Körperliche Betätigung und Bewegung (Gehen, Fahrrad) werden besonders in den Städten eine größere Bedeutung bekommen. Fahrräder erzielen durch alle Altersgruppen durch E-Bikes eine immer größere Anziehungskraft (mittlerweile 32 % des Fahrradabsatzes in 2019, vgl. Elektrobike-Online 2020). Vielen Menschen werden auch weiterhin ihre Autos auf eine längere Zeit selbst kaufen oder leasen. Bereits heute bieten aber Autohersteller Subskriptions-/Abo-Modelle an, bei denen man einen Pauschalbetrag pro Monat bezahlt und dann je nach Mobilitätswunsch flexibel zwischen Automodellen hin und her wechseln kann. Der Kunde kann dann z. B. bei schönem Wetter ein Cabrio fahren und im Winter auf ein allradgetriebenes Fahrzeug umsteigen. Die Kundenakzeptanz dafür ist bereits hoch, weil der Markt durch Angebote wie Netflix oder Spotify diese Flat-Rate- bzw. Abo-Angebote versteht. Neben dem bereits erwähnten Mietwagengeschäft gibt es die Möglichkeit zur flexiblen Nutzung von nicht im Eigentum befindlichen Verkehrsmitteln wie Fahrrädern, Scootern, Rollern oder Autos. Als weitere Nutzungsmöglichkeiten lassen sich Ride Hailing (engl. to hail – herbeirufen) und bedarfsorientierte Dienste („Rufbusse", Ride Sharing/On Demand) beschreiben. Daneben gibt es noch die klassischen Verkehrsmittel des öffentlichen Personenverkehrs ÖPV im Stadt-, Regional- und Fernverkehr (z. B. Busse, Straßenbahnen, S-Bahn, Regionalbahn, IC/ICE, Flixbus, Flixtrain, Flugzeug etc.). In Zukunft werden also je nach Bedarf und Kundenwunsch die Dienstleistungen spontan zusammengestellt. Dies lässt sich nur realisieren, wenn eine breite Palette digitaler Technologien zum Einsatz kommt. Die Entwicklung hin zu solchen integrativen Angeboten befindet sich momentan noch in einem frühen Stadium. Das neue PBedG fordert hierzu von allen Anbietern offene digitale Schnittstellen zu den Angebotsdaten. Die folgenden vorgestellten Faktoren und Treiber werden allerdings eine deutliche Beschleunigung der Entwicklung bewirken. Wesentliche Treiber der Veränderung im Mobilitätsmanagement sind die technologischen Entwicklungen der Fahrzeuge und die Entwicklung von Mobilitätsplattformen.

Ein wesentlicher Treiber für die Fahrzeugentwicklung wird der Umstieg auf Elektromobilität in den nächsten Jahrzehnten sein. Der Mensch hat ein Bedürfnis nach Mobilität; dieses wird bleiben. Die heutige Mobilität setzt im Wesentlichen auf Verbrennungsmotoren, sei es als Antrieb für Straßenfahrzeuge, Schiffe oder Flugzeuge. Nur im Schienenverkehr ist je nach Land und Region zu einem mehr

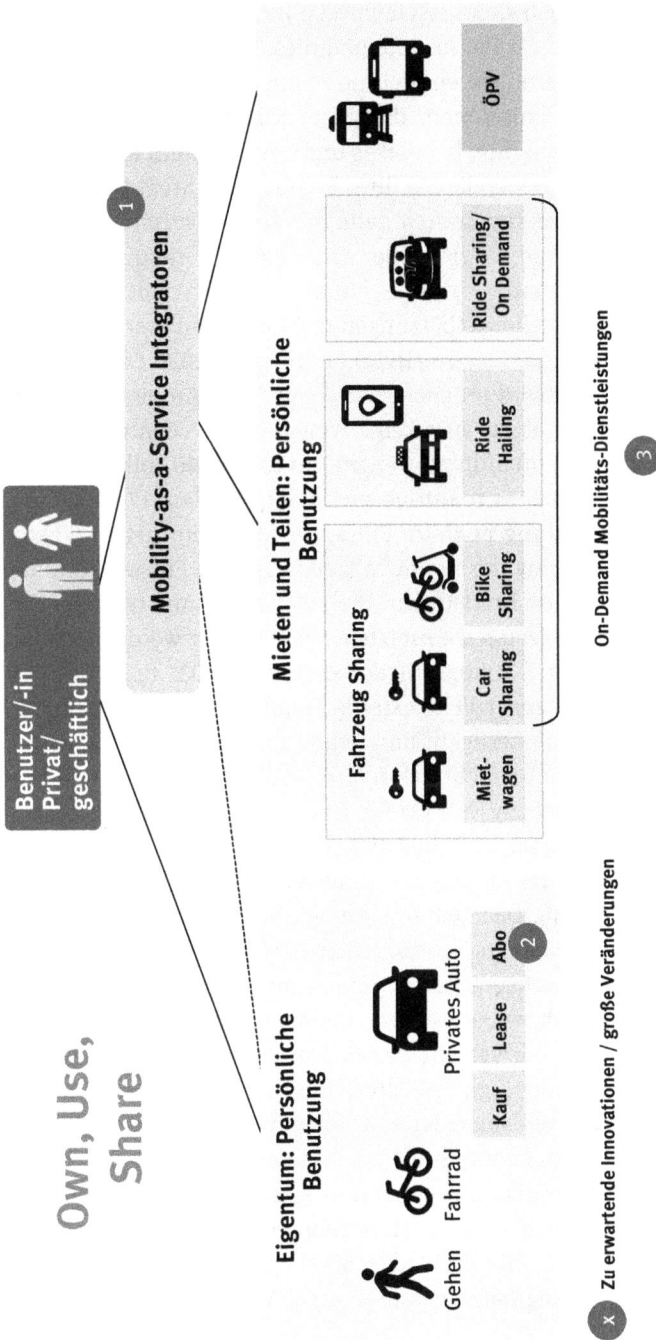

Abb. 4.5.6: Situationsgerechte Kombination der Mobilitätsdienste im Rahmen einer integrativen Mobility-as-a-Service-Plattform.

oder minder großen Teil der Antrieb elektrisch (Schweiz: 100%, Deutschland: 60%). Verbrennungsmotoren nutzen fossile Brennstoffe und diese haben bekanntlich wesentliche Nachteile: Zum einen sind sie endlich und zum anderen sorgen sie für einen steigenden Ausstoß von Emissionen, die unser Klima massiv verändern. D. h., wir brauchen außer im Carsharing, bei eBikes und bei eScootern auch für alle anderen Verkehrsmittel neue Antriebe, die bei ihrer Produktion, ihrem Betrieb und ihrer Entsorgung deutlich weniger (am besten netto gar keine) Emissionen erzeugen. Bei Personenkraftwagen setzen die Hersteller aktuell auf Hybridantrieb (Kombination Elektro-/Verbrennungsmotor, der aber ein erhöhtes Gewicht impliziert) und reinen Elektroantrieb. In aktuellen Schätzungen rechnet man damit, dass weltweit in der Produktion der Anteil der Elektro-/Hybridantriebe bis 2030 ca. 50 % sein wird (vgl. Mosquet et al 2020). Es wird prognostiziert, dass große Automobilhersteller und auch Automobilzulieferer ab ca. 2025 keine Weiter- oder Neuentwicklungen bei Verbrennungsmotoren mehr durchführen werden. Ab 2035/2040 sollen im Pkw-Bereich nur noch Fahrzeuge mit Elektroantrieb produziert werden. Für Lkw und Busse befindet sich die Entwicklung noch im Fluss, denkbar sind neben elektrischen Linienbussen die Anwendung der Brennstoffzelle oder der Einsatz von CO_2-neutral hergestellten synthetischen Kraftstoffen. Die zuletzt genannten sind außer für Lkw auch in Schiffen und Flugzeugen einsetzbar. Viele Länder werden Pkw mit Verbrennungsmotoren ab 2030 (z. B. China, Niederlande) oder 2035 (z. B. Großbritannien) verbieten. Damit gibt es zusätzliche externe Treiber für einen Umstieg. Es gibt aber auch Berechnungen, die besagen, dass eine Umstellung der bisherigen Autoflotten auf elektrische Antriebe nicht CO_2-neutral durchführbar ist, sondern hierfür eine gleichzeitige Reduzierung von Größe, Gewicht und Anzahl insbesondere der Pkw um 50 % notwendig ist (vgl. Buchal/Karl/Sinn 2019). Dieses Szenario würde eine komplette Änderung des Mobilitätsverhaltens hin zu mehr öffentlichen Verkehrsmitteln, Miet- und Sharing-Diensten sowie eine Überprüfung aller Arbeits-, Freizeit- und Urlaubs-bedingten Mobilitätsanforderungen bedeuten.

Fahrzeuge werden in den nächsten Jahren immer mehr zu (teil-)autonomen Systemen werden. Autonome Fahrzeuge werden zunehmend das Straßenbild bestimmen: Zur Charakterisierung der verschiedenen Formen des autonomen Fahrenss werden fünf Stufen verwendet (vgl. SAE 2019): Stufe 0: keine Unterstützung/ Mensch als Selbstfahrer; Stufe 1: assistiert; Stufe 2: teil automatisiert; Stufe 3: hoch automatisiert; Stufe 4: voll automatisiert; Stufe 5: voll autonom; bei Stufe 5 ist der Mensch nur Beifahrer. Die meisten Fahrzeughersteller konzentrieren ihre Entwicklungen auf die Stufen 2 und 3, teilweise 4. Die Herausforderungen für Stufe 5 liegen nicht nur in der Technik, die mit Hilfe des maschinellen Lernens beherrschbar wird, sondern vor allem in der Regulatorik und in Aspekten der Haftung und der Verantwortung bei Unfällen.

In eingeschränkten geografischen Bereichen und mit langsamen Geschwindigkeiten sind bereits erste „Robo-Taxen" (von Roboter) unterwegs, die Kleingruppen befördern und somit bedarfsorientierte Bedienung ermöglichen. Diese Fahrzeuge können in weniger dicht besiedelten Gegenden und ländlichen Räumen den zukünftigen Transport von A nach B spontan bedienen und somit den heute oft starren, fahrplanbasierten ÖPNV (teilweise) ablösen. Experten rechnen damit, dass sich ab ca. 2025 autonome Fahrzeuge im größeren Produktiveinsatz befinden werden; Robo-Taxen werden dabei sehr früh dabei sein. Autonomes Fahren spart Personalkosten ein: Wenn in einem Robo-Taxi drei bis vier Personen mitfahren, sind die Kosten auf der Höhe des klassischen ÖPNV und machen diesem somit Wettbewerb.

Die Entwicklungen in den Technologien von Fahrzeugen sind rasant. Abbildung 4.5.7 zeigt die vier großen Treiber auf. Moderne Fahrzeuge sind mit 30 Sensoren und mehr ausgerüstet. Sie erkennen mit Licht (sichtbar, ggf. auch unsichtbar für das menschliche Auge), Wärmesensoren und Schall das Umfeld der Fahrzeuge, um bei Tag und bei Nacht statisch und dynamisch Personen, Tiere und Objekte orten zu können.

Einen Quantensprung in der Konnektivtät erlaubt die Umstellung auf die 5G-Mobilfunktechnologie. Mit der 5G-Technologie lassen sich zum ersten Mal technologische Systeme über Mobilfunk/drahtlos ansteuern; 5G erlaubt eine Reaktionszeit (die sog. Latenzzeit) von drei Millisekunden (in Laborsituationen bis zu 1 Millisekunde). Zum Vergleich: die bisherige Technologie LTE hat eine Latenzzeit von 50 Millisekunden. Mit 5G lassen sich in der Mobilität damit zum ersten Mal Echtzeitprozesse steuern. Beispielsweise können Fahrzeuge untereinander kommunizieren, um so einen Auffahrunfall zu vermeiden. Zusätzlich lassen sich mobile Übertragungskapazitäten von über 10 Gbit/s erzielen. Damit können neue Dienste realisiert werden. Einerseits kann das Fahrzeugmanagement komplett anders durchgeführt werden: Eingriffe in das Fahrzeug wie die Unterstützung einer energiesparenden Fahrweise oder „Over the air"-Daten- und Softwareupdates sowie vorausschauende Wartung (Predictive Maintenance). Andererseits sind neue Sicherheitsfunktionen einsetzbar: „Track&Trace"-Sicherheit oder eine Kfz-Versicherung basierend auf Risikoverhalten, Fahrweise und Verbrauch sind möglich.

Kraftfahrzeuge sind mittlerweile rollende Rechenzentren geworden. Die Rechenleistung in einem Pkw beträgt zurzeit bereits mehr als 300 TeraFLOPS (Floating Point Operations, Maßzahl für die Anzahl von Rechenvorgängen pro Sekunde). Der Zentralrechner eines modernen Pkws übersteigt die Rechenleistung eines modernen Smartphones um den Faktor 50. Addiert man alle Software-Programme in einem Fahrzeug auf, so kommt man auf mehrere hundert Millionen „Lines of Code" (Programm-Zeilen, vgl. auch Desjardin 2017); das ist das Zehnfache einer Boeing 787 (Verkehrsflugzeug). Die Daten aus der Sensorik werden im Fahrzeug mit der hohen Rechenleistung mit Hilfe von Verfahren des maschinellen Lernens (ein Teilgebiet der Künstlichen Intelligenz) verarbeitet und unterstützen die Fahrer/-innen bzw. haben das Potenzial, durch autonomes Fahren diese zu ersetzen. Mit diesen KI-Verfahren laufen Prozesse der Mustererkennung und der Bild-/Signalverarbeitung, um z. B. Objekte zu erkennen, Situationen zu analysieren, Wege zu planen und Entscheidungen zu treffen.

Sensorik:

Bis zu 30 Sensoren in Fahrzeugen, u.a.

- LiDAR – Light Detection and Ranging (Abstand, Relativgeschwindigkeit)
- Kameras (Erkennung von Hindernissen, Gefahrenquellen, Verkehrszeichen)
- Infrarot Kameras (Nachtsicht)
- Ultraschallsensoren (Abstand Nahbereich)
- RADAR (Erkennung Fernbereich, Messung Abstand und Relativgeschwindigkeit mit Mikrowellen)

Benutzungsschnittstellen:

- Großflächige Bildschirme mit neuartigen Interaktionsformen (z.B. Gestik, Sprache)
- Fahrerunterstützung durch Augmented Reality (z.B. Head-Up-Display)
- In-Vehicle Information und Entertainment, Fahrzeug als rollendes Büro

IT-Module:

Autonomes Fahren

Wissensbasis:
Verkehrsregeln, KFZ-Parameter, GIS-Karten, Bild-Silhouetten, etc.

Sensoren:
Lidar/Radar IR/Kameras, Ultraschall, Car-to-X, GPS/ Galileo, ...

Erkennung:
Position-/Spur, Signale/Schilder, Hindernisse, Verkehrsteilnehmer-Tracking, Freiräume, ...

Planung:
Route, Prognose-Pfade, (Koordin.) optimaler Fahrweg

Steuerung/Regler:
Antrieb/Bremse, Lenkung, Blinker, Licht, Hupe, (Fern-)Korrekturen, **Lernen**

Intelligente Verkehrsregelung

Konnektivität 5G & Internet of Things:

- Übertragungsgeschwindigkeit von 10 Gbit/sec. Bei Latenzzeit von 1 msec → damit erstmalig sicherheitskritische Interaktionen mit drahtloser Kommunikation
- Updates von Software & Maps „over the air"
- Car-to-Car Kommunikation zwischen Fahrzeugen, z.B. Warn-/Bremshinweise, etc.
- Car-to-Infrastructure Kommunikation – mit Verkehrsleitsystemen, Signalanlagen, bei Ein-/Ausfahrten, Garagen, Ladestationen, etc.
- Car-to-Person – Fußgänger-/Radfahrer

Künstliche Intelligenz und Rechenleistung:

- KI für Mustererkennung und Bildverarbeitung (z.B. Objekterkennung, Situationsanalyse, Wegeplanung, Entscheidung)
- Extrem hohe Prozessor-Leistungen der Hardware im Auto (vergleichbar der Rechenleistung von >50 Smart Phones)

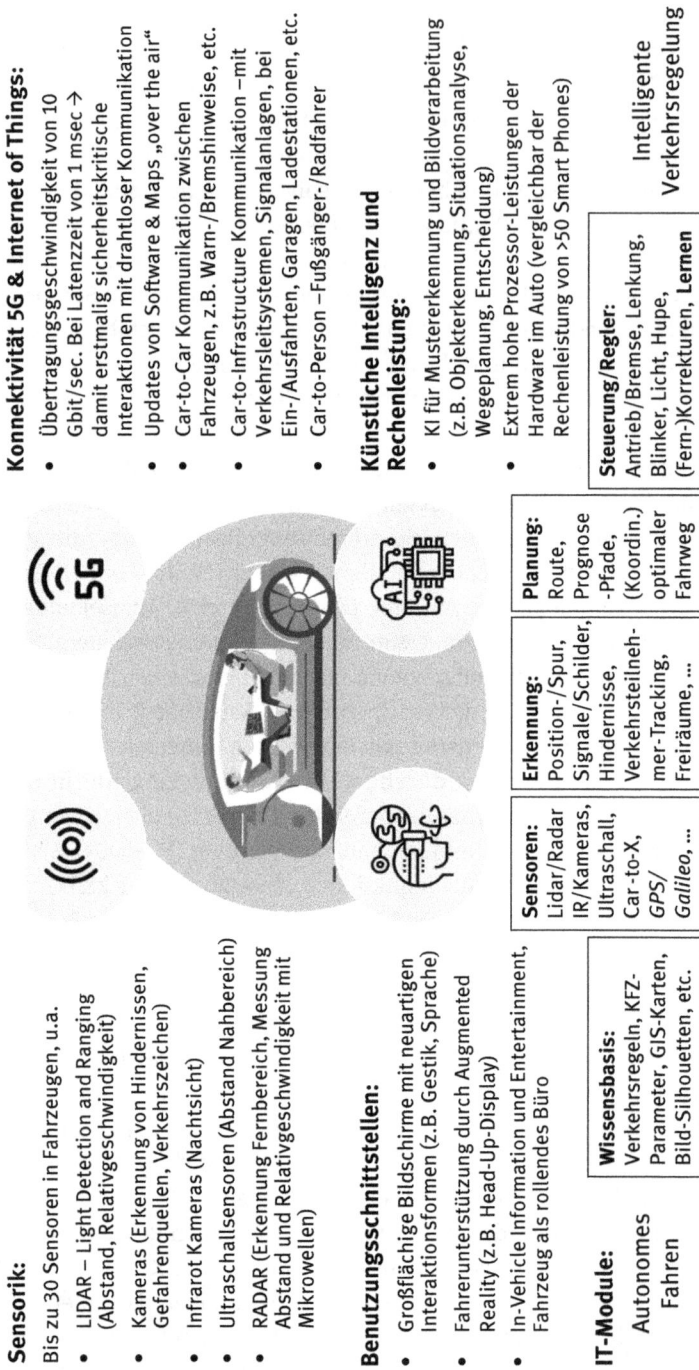

Abb. 4.5.7: Technologie-Entwicklung in Fahrzeugen auf dem Weg zum autonomen Fahren.

Einen großen Schritt machen auch die Benutzungsschnittstellen im Fahrzeug. Wie im stationären Privatbreich ziehen großflächige, hochauflösende Bildschirme in das Fahrzeug ein. Ein Fahrzeug lässt sich wie ein Smartphone bedienen. Neue Interaktionsformen wie Sprach- und Gestensteuerung werden zum Standard. Der Fahrer/die Fahrerin finden Unterstützung in der Fahrzeugsteuerung durch ein Head-up-Display, das mit Hilfe von Techniken der Virtual/Augmented Reality Orientierung und Sicherheit beim Fahren verleiht. Zusätzlich kann das Fahrzeug (auch und besonders in Kombination mit dem autonomen oder vollassistierten Fahren) zum rollenden Zuhause werden: denkbar sind Informations-, Einkaufs- und Unterhaltungsangebote im Fahrzeug oder Nutzung des Fahrzeuges als mobiles Büro.

Plattformen: Plattformen sind eine Basis, um Dinge und Akteure miteinander zu vernetzen und daraus zweiseitige Märkte zu schaffen. Dieses Geschäftsmodell ist an sich nichts Neues. Ein Global Distribution System (GDS) ist beispielsweise eine Plattform und verbindet Leistungsträger und Veranstalter mit Reisebüros und deren Kunden. Die digitalen Technologien erlauben aber jetzt, dass Menschen, Organisationen und Ressourcen in einem interaktiven sogenannten Ökosystem vernetzt werden. Damit wird ein Austausch von Gütern und Dienstleistungen zeit- und ortsungebunden ermöglicht. Das Kapitel 2.9 in diesem Buch beschreibt in der Tiefe das Wesen und die Charakteristiken von Plattformen. Im Mobilitätsmanagement wird also die Mächtigkeit einer Plattform dadurch bestimmt, welche Mobilitätsleistungen sie für welche Akteursgruppen anbietet und wer an diese Plattform angebunden werden soll. Ähnlich wie ein touristischer Veranstalter zur Bündelung unterschiedlicher Leistungen (z. B. Flug, Hotel, Ausflüge etc.) oder ein Spediteur, der den Transport einer Ware über Kontinente von A nach B mit verschiedenen Transportmodi löst, soll Mobilität dynamisch, bedürfnisorientiert, barrierefrei und spontan durchführbar sein.

Der Begriff **Mobility-as-a-Service** (**MaaS**) wurde dazu vor einigen Jahren eingeführt (vgl. Heikkilä 2014). MaaS ist eine Anlehnung an Begriffe wie Software as a Service (SaaS, siehe Kap. 1). Aus Kundensicht kann man sich bei SaaS auf Nutzung einer Softwareanwendung konzentrieren. Der Anwender muss keine Software installieren und betreiben, sondern bedient sich einer Lösung, die vom Anbieter betrieben wird und fast beliebig skalierbar ist sowie Updates und Innovationen immer sofort beinhaltet, diese müssen nicht aufwendig nachinstalliert werden. Über einen Internetzugang kann im Browser eine Vielfalt von Lösungen bedient werden. Die Abrechnung erfolgt nutzungsbasiert. Einen ähnlichen Ansatz verfolgt Mobility-as-a-Service (MaaS): Hier sollen verschiedene Verkehrsträger zu einem einzigen Mobilitätsangebot zusammengefasst werden. Die Angebote sollen „on the spot" jederzeit abrufbar sein. Dabei sollen Planung, Buchung, Reisebegleitung und Bezahlung integrativ über eine einzige Schnittstelle für den Kunden „aus einer Hand" benutzbar sein. Die Nutzung muss über das Smartphone erfolgen. Die Slogans heißen „Mobility at your fingertips" und „From Ownership to Experience".

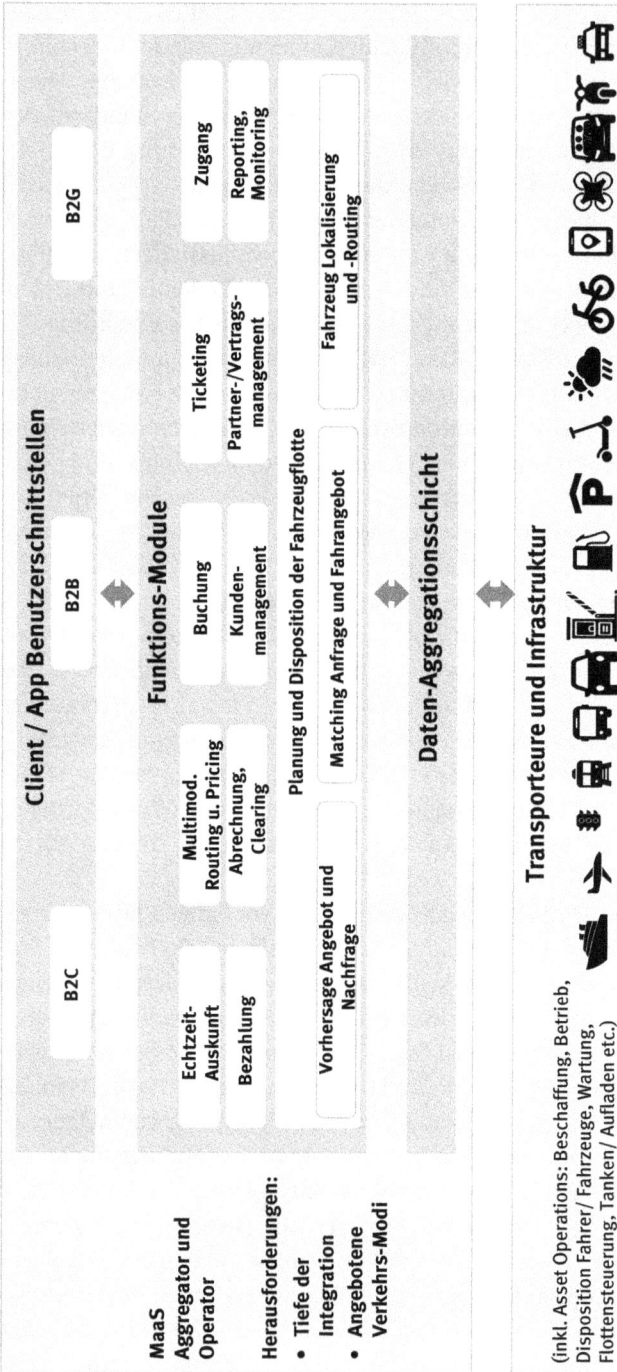

Abb. 4.5.8: Mobility-as-a-Service als integrierende Plattform.

Abbildung 4.5.8 zeigt den prinzipiellen Aufbau einer derartigen Lösung. Eine MaaS-Lösung hat drei logische Ebenen. Eine Datenaggregationsschicht sorgt für die Schnittstellen zu den einzelnen Transporteuren und auch zu der Infrastruktur (z. B. Parkhäuser, Ladesäulen für E-Mobile). Dabei geht es nicht nur um den klassischen Betrieb (z. B. Verkehrsmanagement, Reiseinformationen), sondern auch um weitere Funktionen wie Disposition von Fahrern/ Fahrzeugen, Flottensteuerung und z. B. Reichweitensteuerung von E-Mobilen. Die zweite Ebene beinhaltet alle Funktionsmodule über die gesamte Mobilitätskette. Besonders herausfordernd ist das dynamische, multimodale Routing für den Beginn der Fahrt, aber auch im Fall von Unregelmäßigkeiten (z. B. Verspätung, Stau) während der Fahrt. Der MaaS-Dienstleister dient dabei als Aggregator und als Schnittstelle zum Kunden. Je mehr Verkehrsmodi und Verkehrsmittel angeboten werden und je tiefer die funktionale Integration ist, umso attraktiver ist die Dienstleistung für den Kunden. Ideal wäre auch eine große geografische Verbreitung, am besten ein weltweit nutzbares, möglichst einheitliches System. Zur Realisierung dieses Mobilitätssystems wird eine modulare Technologie-Architektur benötigt. Es geht um die Integration und die Anbindung sehr verschiedener Partner im Ökosystem über APIs (Application Programming Interfaces). Die einzelnen Module werden in dieser modernen Architektur als Microservices (vgl. Kap. 1.2) mit jeweils eigenständig implementierten Funktionen wie z. B. Routing oder Zahlung implementiert und können unabhängig von anderen Modulen weiterentwickelt werden. Aus Benutzersicht ist ein Single Sign-On über mehrere Lösungen hinweg eine wichtige Voraussetzung.

Das aus Finnland stammende „Whim"-System geht in diesen Ansatz am weitesten und ist das weltweit erste ganzheitliche System mit diesem MaaS-Ansatz. Das Ziel von Whim ist es, global zu expandieren und auch zu skalieren, um sich ähnlich wie andere Plattformen (z. B. Booking.com, Airbnb, Netflix) zu entwickeln. Whim möchte zu einem „Global Roaming"-Netzwerk expandieren. Nach dem Start in Helsinki Anfang 2016 ist Whim in den Metropolen und Regionen Wien, Tokio, Singapur, Antwerpen sowie den West Midlands (Region um Birmingham) in Betrieb und will weiterwachsen (Quelle: whimapp.com). Whim bietet in einem Flatfee-Ansatz (Pauschalpreis pro Monat) verschiedene Pakete an, die je nach Preishöhe verschiedene Produkte beinhalten. Inkludiert sind der ÖPV, Fahrräder/Roller, Taxi und Mietwagen. Es gibt Pakete für Stadtbewohner, zur reinen Wochenend-Nutzung, „Alles-drin-Pakete" und bedarfsorientierte „Pay-as-you-go"-Angebote z. B. für Touristen.

Neben dem bereits sehr umfänglichen Whim-System gibt es hunderte von Anbietern weltweit, die Mobilitätsdienstleistungen bündeln und anbieten. Sowohl neue Anbieter wie Uber, Lyft (beide USA) oder DiDi (China) im Fahrdienstvermittlungs-Bereich als auch etablierte Unternehmen aus dem Mietwagengeschäft (z. B. SIXT, Deutschland), aber auch Automobilhersteller (freeNow, Daimler/BMW) bieten Dienstleistungen rund um ihr Kerngeschäft an. ÖPV-Unternehmen wie die Deutsche Bahn AG oder die Berliner Verkehrsgesellschaft BVG erweitern ebenfalls ihre Produktpalette um weitere Mobilitätsdienstleistungen. BVG hat mit JELBI ein Produkt eingeführt, das den öffentlichen Personennahverkehr, das Sharing von Rollern, Fahrrädern, Motorrollern, Autos und Ride-Sharing miteinschliesst. Die Lösung ist allerdings auf Berlin begrenzt. Darüber hinaus gibt es Dutzende weitere Angebote, die Teilleistungen wie z. B. Parkplatzdienste oder Charging Services für Elektromobilität anbieten. Diese Anbieterlandschaft ist sehr dynamisch und volatil. Die Entwicklung ist erst im Anfangsstadium. Durchsetzen werden sich nur Lösungen, die folgende Anforderungen erfüllen: notwendige und große Breite/Anzahl der intermodalen Angebote, Kundenzentriertheit, Einfachheit und Integration aus Kundensicht (Information, Buchung, Abrechnung aus einer Hand), Glaubwürdigkeit und Neutralität des Angebotes, tragfähiges wirtschaftliches Modell und Größenordnung/Skalierung mit einer kritischen Masse bei gleichzeitiger Anpassbarkeit an regionale Verhältnisse.

Quellen und weiterführende Literatur

Buchal, Ch., Karl, H.-P., Sinn, H.-W., Kohlemotoren, Windmotoren und Dieselmotoren: Was zeigt die CO2-Bilanz?, 2019, https://www.ifo.de/DocDL/sd-2019-08-sinn-karl-buchal-motoren-2019-04-25.pdf (Zugriff am 5.2.2021).

BMVI Bundesministerium für Verkehr und digitale Infrastruktur, Verkehr in Zahlen 2020/2021, September 2020, www.bmvi.de/SharedDocs/DE/Publikationen/G/verkehr-in-zahlen-2020-pdf.pdf (Zugriff am 12.4.2021).

Bundesverband CarSharing e.V., Eine Idee setzt sich durch! 25 Jahre CarSharing, Wiesbaden 2014.

Bundesverband CarSharing e.V., Aktuelle Zahlen und Fakten zum CarSharing in Deutschland, 2020, https://carsharing.de/alles-ueber-carsharing/carsharing-zahlen/aktuelle-zahlen-daten-zum-carsharing-deutschland (Zugriff am 5.2.2021)

Canzler, W., Knie, A., Die Digitale Mobilitätsrevolution: Vom Ende des Verkehrs wie wir ihn kannten, München 2016.

Desjardins, J., How Many Millions of Lines of Code Does It Take?, 2017, www.visualcapitalist.com/millions-lines-of-code/ (Zugriff 4/2021).

Economist, All eyes on the sharing economy, in: The Economist, Technology Quarterly, 9. März 2013, http://www.economist.com/news/technology-quarterly/21572914-collaborative-consumption-technology-makes-it-easier-people-rent-items (Zugriff 10/2013).

Economist, A Sense of place, in: The Economist, Special Report: Technology and Geography, 27. Oktober 2012.

Elektrobike-Online, Fahrradindustrie auf Wachstumskurs, 2020, https://www.elektrobike-online.com/e-bike-szene/wachstumskurs-der-fahrradindustrie-setzt-sich-fort/ (Zugriff 4/2021).

FC Business Intelligence Ltd, Insurance Telematics Report 2013, hrsg. von telematicsupdate.com 2012, http://www.telematicsupdate.com/insurance-report/index.php (Zugriff 10/2013).

Flügge, B. (Hrsg.), Smart Mobility – Trends, Konzepte, Best Practices für die intelligente Mobilität, Wiesbaden 2016.

Flügge, B. (Hrsg.), Smart Mobility – Trends, Konzepte, Best Practices für die intelligente Mobilität, 2. Aufl., Wiesbaden 2020.

Groß, S., Stengel, N., Mietfahrzeuge im Tourismus, München 2010.

Hansen, A., Alternativer Taxidienst Uber – Die Mär von David und Goliath, in: Zeit Online, 25. April 2014, www.zeit.de/mobilitaet/2014-04/taxigewerbe-neuer-dienst-uber/komplettansicht (Zugriff am 4.2.2021).

Heikkilä, S., Mobility as a Service – A Proposal for Action for the Public Administration, Case Helsinki, 2014, https://aaltodoc.aalto.fi/bitstream/handle/123456789/13133/master_Heikkil%C3%A4_Sonja_2014.pdf (Zugriff am 5.2.2021).

Kiermasch, C., Carsharing mit Elektroautos: Welches Mobilitätskonzept eignet sich für Großstädte?, Hamburg 2014.

Landgericht München I, Pressemitteilung 03/20: Landgericht München I verbietet UBER Apps in München, 10. Februar 2020, www.justiz.bayern.de/gerichte-und-behoerden/landgericht/muenchen-1/presse/2020/3.php (Zugriff am 5.2.2020).

Lashinsky, A., Ubermacht – Fahrziel Weltherrschaft, wie Uber weltweit nicht nur die Taxibranche aufmischt, Kulmbach 2017.

Loose, W., Glotz-Richter, M. (Hrsg .), Car-Sharing und ÖPNV, Köln 2012.

Mager, Th. J. (Hrsg), Liegt die Zukunft der Elektromobilität im ländlichen Raum?, Köln 2014.

Monheim, H., Muschwitz, Chr., Reimann, Joh., Streng, M., Fahrradverleihsysteme in Deutschland, Köln 2014.

Mosquet, X., Arora, A., Xie, A., Renner, M., Who Will Drive Electric Cars to the Tipping Point?, Boston Consulting Group, 2020, https://www.bcg.com/de-de/publications/2020/drive-electric-cars-to-the-tipping-point (Zugriff am 13.4.2021).

Peterle, J., A study of the innovation adoption process of car sharing in Germany, Saarbrücken 2012.

Rammler, St., Schubumkehr – Die Zukunft der Mobilität, 2. Aufl., Frankfurt/Main 2015.

Ringeisen, P., Goecke, R., Flinkster – the Car Sharing Platform of Deutsche Bahn AG, in: Egger, R., Gula, I., Walcher, D. (Hrsg.), Open Tourism, Berlin 2016, S. 383–392.

SAE International, SAE J3016, Levels of Driving Automation, 2019, https://www.sae.org/news/2019/01/sae-updates-j3016-automated-driving-graphic (Zugriff am 5.2.2021).

Schulz, A., Verkehrsträger im Tourismus, München 2010.

Schwieger, B., Second Generation Car-Sharing: Developing a New Mobility Services Target Groups and Service Characteristics, Saarbrücken 2012.

United Nations – Department of Economic and Social Affairs (UN/DESA), World Urbanization Prospects: The 2009 Revision.

Wagner, H., Kabel, St., Mobilität 4.0 – neue Geschäftsmodelle für Produkt- und Dienstleistungsinnovationen, Wiesbaden 2018.

Quellen sind außerdem im Internet bzw. als Broschüre publizierte Produktinformationen diverser im Beitrag genannter Anbieter und Produkte (Stand Februar 2022).

4.6 IT-Systeme und Prozesse bei Reiseveranstaltern

Robert Goecke, Uwe Weithöner

Reiseveranstalter befinden sich in der touristischen Wertschöpfungskette zwischen den Leistungsträgern, von denen sie Einzelleistungen beziehen, und den Reisemittlern, welche die vom Veranstalter zu Pauschalangeboten gebündelten Reisen an die Endkunden vertreiben. Auch ein Direktvertrieb des Veranstalters an die Endkunden ohne Reisemittler ist möglich. Mit der EU-Pauschalreiserichtlinie (PRR) und ihrer Überführung in deutsches Recht werden auch im Kundenauftrag individuell für eine Reise vermittelte Einzelleistungen zu verbundenen Reiseleistungen, die einen Basisschutz erfordern. Entsprechend zeichnet sich das Informationsmanagement der Reiseveranstalter neben der Unterstützung der internen Prozesse der Reiseproduktion insbesondere durch hohe Anforderungen an die Schnittstellen zur Integration vor- und nachgelagerter Partner und Prozesse aus (zum allg. RV-Management vgl. Von Dörnberg et al. 2017 und Voigt 2012).

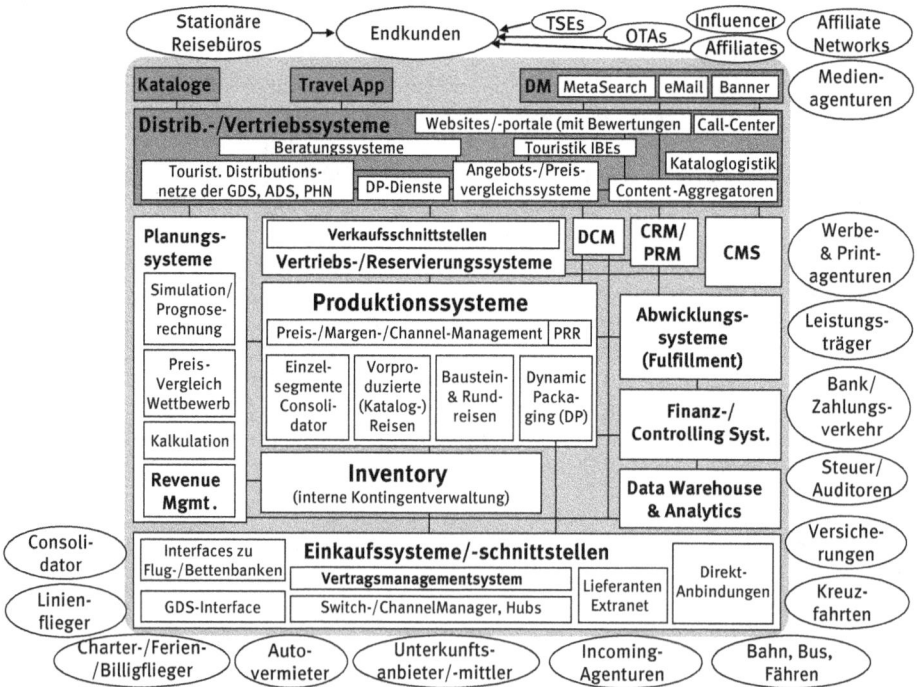

Abb. 4.6.1: IT-Applikationslandschaft mit Relevanz für mittlere und große Reiseveranstalter.

Einen Überblick über die IT-Landschaft eines Reiseveranstalters gibt Ab. 4.6.1. Es werden die wichtigsten Funktionsmodule dargestellt. Von der Verteilung dieser Funktionsmodule auf ein oder mehrere Systeme wird hier zunächst abstrahiert (z. B.

als ein integriertes Veranstaltersystem oder als miteinander vernetzte Teilsysteme mit ggf. verschiedenen internen und externen Betreibern). Bei kleineren Veranstaltern sind manche der dargestellten Systeme bzw. Komponenten nicht im Einsatz, da die entsprechenden Prozesse manuell oder mit Hilfe von Standard-Office-Software abgewickelt werden.

Als Kernfunktionsmodule (vgl. Abb. 4.6.1) lassen sich bei Veranstaltern die Planungssysteme, die Einkaufssysteme, die Systeme des Inventory zur Verwaltung eingekaufter Kontingente, die Produktionssysteme, die Content-Management-Systeme (CMS), die Reservierungs- und Distributionssysteme, die Abwicklungssysteme (Fulfillment), die Personal-, Finanz- und Controlling-Systeme (Enterprise-Resource-Planning-Systeme – ERP) sowie die Systeme des Kunden- bzw. Partner-Beziehungsmanagements (CRM/PRM Customer/Partner Relationship Management) unterscheiden. Sie unterstützen und automatisieren neben den innerbetrieblichen Prozessen die Geschäftsprozesse in den Schnittstellen mit den vor- und nachgelagerten Partnern der touristischen Wertschöpfung. Neben diesen Kernfunktionsmodulen des Reiseveranstalters sind periphere Systeme wie die Distributions- und Vertriebssysteme, Systeme zur Medienproduktion, die Systeme des Digitalen Marketings (DM) und die Travel Apps, welche den Touristen auf der Reise unterstützen, essenziell. Durch digitale Kommunikation wird über gezielte Online-Marketing-Kampagnen Werbung für Angebote in bestimmten Vertriebskanälen gemacht, die über Digital-Campaign-Management-Systeme (DCM) koordiniert werden.

4.6.1 Planungssysteme

Reiseveranstalter, die Reiseleistungen einkaufen, bündeln und als Urlaubsprodukte für verschiedene Zielgruppen anbieten, haben das Risiko, dass ihre produzierten Urlaubspakete nicht in der erwarteten Menge oder zum kalkulierten Preis abgesetzt werden. Dies führt entweder zu entgangenen Gewinnen durch zu wenig verfügbare Einzelleistungen bzw. zu gering kalkulierte Preise, oder es führt zu Verlusten durch eingekaufte, aber nicht absetzbare Leistungen. Entsprechend sind Planungssysteme für die Analyse und Prognose der Nachfrage und Simulationsrechnungen für verschiedene Szenarien der Angebots- und Nachfrageentwicklung notwendig. Basisdaten für die Prognosen kommen z. B. von Marktforschern, die regelmäßig Kunden nach ihren Urlaubsplänen befragen (Reiseanalysen), oder von Distributionssystemen, die Statistiken über die aktuelle Entwicklung der Buchungszahlen liefern. Immer mehr Bedeutung erlangen Trendanalysen von urlaubsbezogenen Recherchen in Suchmaschinen (z. B. Google, vgl. Kap. 2.5 u. 2.2) und in Reiseportalen im Vorfeld der Buchungen. Touristische Suchmaschinen, Reiseportale mit ihren Internet Booking Engines (vgl. Kap. 3.4) etc. bieten anonymisierte Data Analytics Services an. Qualitative Inhaltsanalysen von Kundenbewertungen in Sozialen Netzen auf der Basis automatisierter semantischer Analysen geben zusätzliche Hinweise zur Beliebtheit und Qualität von Destinationen bzw. Angeboten zur Vorhersage kommender Saisonbedarfe. Wesentliche interne Quellen von Prognosedaten für Reiseveranstalter sind eigene Anfrage-, Buchungs-, Reklamations- und Bewertungsdaten, die vorzugsweise in einem Data Warehouse oder auch Data Lake (vgl. Kap. 1.2) gesammelt und ausgewertet werden.

Ein Data Warehouse ist selbst kein Planungssystem, sondern eine multidimensionale Datenbank, in der für statistische Auswertungen und multivariate Korrelationsanalysen die Vorgangsdaten aus den relevanten Distributionssystemen und Vertriebskanälen einheitlich formatiert gespeichert und zu Analysezwecken (Data Analytics) verfügbar gemacht werden (vgl. Kap. 2.2.5, 5.2 u. 5.4). Dem Unternehmen bietet das Data Warehouse bzw. ein Data Lake zahlreiche Methoden zur statistischen Analyse dieser Datenbestände im Rahmen des Online Analytical Processing (OLAP) oder neuartiger Verfahren des Data-Mining und der Künstlichen Intelligenz. So kann z. B. aus den Daten der Vergangenheit der typische Buchungsverlauf (Buchungskurve) erfolgreicher zielgruppenspezifischer Urlaubsangebote früherer Saisonen ermittelt werden, was den Produkt- und den Einkaufsverantwortlichen Trends und wertvolle Hinweise auf die zu erwartende Nachfrage z. B. nach Hotels und Zielgebieten für die zu planende Saison liefert. Ebenso können Kundengruppen nach verschiedenen Kriterien ihres Buchungsverhaltens z. B. für das Kundenbeziehungsmanagement segmentiert werden. Hierbei sind stets die gesetzlichen Bestimmungen des Datenschutzes zu beachten (vgl. Kap. 5.5).

Reiseveranstalter setzen als Basis ihrer Einkäufe Planzahlen/Planteilnehmerzahlen für ihre Reiseziele und Reiseangebote fest, die sich an differenzierten Saison- und Ferienzeiten orientieren. Diese Planzahlen können mit den kalkulierten Reisepreisen und Preiskonditionen bewertet werden. Damit werden Planumsätze ermittelt und, saldiert mit den jeweiligen Einkaufspreisen, Deckungsbeiträge simuliert. Entsprechen die simulierten Deckungsbeiträge nicht den Zielen des Unternehmens für die vorzubereitende Saison, können, sofern es die Marktsituation zulässt, die kalkulierten Preise und ggf. die Planzahlen und die Marketingaktivitäten zur Realisierung der Planzahlen angepasst werden.

Die kalkulierten Preise werden mit den Preisen der Wettbewerber für ähnliche Produkte verglichen. Dieser Vergleich vollzieht sich zunächst auf Basis von Vergangenheitswerten, er wird aber im Saisonablauf auf Basis aktueller Preise fortgesetzt, sodass im Rahmen der Verkaufssteuerung Preisaktivitäten (z. B. spezielle Rabatte und Sonderpreise) durchgeführt werden können. Für einen automatisierten Vergleich sind die Wettbewerberdaten aus Preisvergleichssystemen nützlich. Um ihre aufwendige Erfassung zu vermeiden, können Standard-Vergleichssysteme zum Einsatz kommen, wie sie für Beratungsfunktionen in touristischen Internet Booking Engines der Online-Reiseportale und in touristischen Beratungssystemen für Reisebüros (vgl. Kap. 3.4) verfügbar sind.

Bei entsprechender Datenmenge sind diese die Saison vorbereitenden Kalkulations-, Simulations- und Vergleichsprozesse nur mit entsprechender Software-Unterstützung durchführbar.[26]

4.6.2 Einkaufssysteme, -schnittstellen und Kontingentverwaltung

Reiseveranstalter kaufen, unterstützt von Einkaufssystemen und auf Basis der Planungsdaten, Reiseleistungen von Leistungsanbietern. Das sind Leistungsträger (Flug-/Bahn-/Fährgesellschaften, Busunternehmen, Kreuzfahrtreedereien sowie Beherbergungsbetriebe, Autovermieter etc.) bzw. deren Vermittler (Broker), Großhändler (Consolidator) oder Zielgebietsagenturen (Incoming-Agenturen). In Abstimmung mit der Saisonplanung (Teilnehmer- und Ergebnisplanung im Saisonverlauf) vereinbaren die Reiseveranstalter Belegungsrechte für touristische Leistungen mit den jeweiligen Leistungsanbietern. Beförderungskontingente werden z. B. für bestimmte Strecken „gechartert" (Charterverträge mit Fluggesellschaften/Carriern) und Hotelkontingente werden durch Belegungsverträge mit den Hoteliers eingekauft.

Der Einkaufsprozess im Rahmen der Saisonvorbereitung ist i. d. R. zeitkritisch, und er basiert auf den umfangreichen Planungsdaten und auf Daten vergangener Saisonen (s. o.). Die Einkäufer sollten daher für ihre Vorort-Verhandlungen online Zugriff auf das Planungs- und Einkaufssystem bzw. auf das Data Warehouse und damit Zugriff auf alle aufbereiteten einkaufsrelevanten Daten erhalten. Weiterhin können standardisierte elektronische Vertragsformulare bereitgestellt und die Verhandlungsergebnisse sofort und online erfasst werden. Die Vertragsdaten sind damit in Echtzeit für den folgenden Produktions- und Kalkulationsprozess verfügbar.

Der Einkauf von Leistungen ist für den Reiseveranstalter mit dem Risiko verbunden, sie im Rahmen seiner Produkte nicht absetzen zu können, sodass die Belegungsrechte verfallen. Je nach Risikoverteilung zwischen Veranstalter und Leistungsanbieter unterscheidet man die Einkaufskonditionen (vgl. Abb. 4.6.2). Sie stellen unterschiedliche Anforderungen an die den Saisonablauf begleitende Verkaufs- und Kontingentsteuerung. Die von den Leistungsanbietern eingekauften Reiseleistungen werden als Kontingente oder Optionen im internen Inventory verwaltet. Alternativ oder ergänzend können Reiseleistungen mittels geeigneter Einkaufsschnittstellen über externe kontingentführende Reservierungssysteme bei den Leistungsanbietern in Echtzeit des Bedarfs angefragt und reserviert werden.

Im internen Inventory werden die eingekauften Leistungen (z. B. Flüge, Zimmer etc.) mit ihren spezifischen Eigenschaften (z. B. Flugstrecke, Abflug-/Ankunftszei-

---

26 Es sei hier darauf verwiesen, dass sich die Aufgaben und Prozesse gemäß Kap. 4.6.1 und 4.6.2 auf den „traditionellen" Veranstalterprozess mit vorbereitender Saisonplanung beziehen im Unterschied zu den Prozessen des vernetzten Dynamic Packaging (vgl. Abb. 4.6.3).

Fixkontingente	Pro Rata Kontingente	Verhandelte Tarife	Preisdynamik
Fest/garantiert eingekaufte Reiseleistungen	Reiseleistungen mit Option der kostenfreien Rückgabe	Einkaufstarife u. Konditionen werden für den Fall der Reservierung vereinbart. (Reiseleistungen werden nicht als Vorleistungen eingekauft)	Reiseveranstalter schließen mehrjährige Verträge mit jährlichen Preissteigerungsraten ab.
Das Risiko der Nichtbelegung bzw. des Verfalls trägt der Veranstalter, der den Leistungsträger für die Bereitstellung der Leistung zu bezahlen hat und die Kontingente vollständig im eigenen System verwaltet.	Wenn eine Leistung nicht spätestens z. B. 14 Tage vor einem Belegungstermin reserviert worden ist, geht das Belegungsrecht an den Leistungsanbieter zurück. Bis zum Rückgabetermin kann das Kontingent vom System des Veranstalters selbständig verwaltet werden. Danach ist ein Request beim Leistungsanbieter notwendig.	Das Belegungsrecht verbleibt beim Leistungsträger. Der Veranstalter hat Risiko, dass zum Zeitpunkt seiner Kundenbuchung Kontingent bereits ausgebucht ist. Die Beschaffung der Reiseleistung findet erst mit der Kundenbuchung im Leistungsträgersystem statt.	Das System berechnet die jeweils neuen Einkaufspreise automatisch und stellt sie der anschließenden Kalkulation zur Verfügung.
Beispiele: Charterflüge	Ferienhotels	Luxusreisen mit Linienflügen in Stadthotels	Ferienhäuser

Abb. 4.6.2: Unterschiedliche Einkaufskonditionen und ihr Einfluss auf die Kontingentverwaltung (Quelle: Weithöner, eigene Darstellung).

ten, Zimmerkategorie, Zimmerbelegung, Verpflegungsart etc.) sowie Kontingentart und -größe, Zeitraum und Preiskonditionen geführt. Je nach Kontingentart kann die Kontingentverwaltung intern durch die Inventory-Datenbanken des Reiseveranstalters oder über Anfragen an externe kontingentführende Systeme der Leistungsanbieter erfolgen, die über automatisierte elektronische Schnittstellen direkt mit dem System des Veranstalters verbunden sind (Direktanbindung vgl. Abb. 4.6.1). Größere Veranstalter mit einer Spezialisierung auf entsprechende Reisearten nutzen automatisierte Einkaufsschnittstellen zwischen ihrem Reservierungssystem und den Systemen der entsprechenden Leistungsanbieter (z. B. Leistungsträgersysteme gemäß Kap. 4, Hotel-Switches, Channel-Management-Systeme, Flugdatenbanken oder GDS gemäß Kap. 3.2). Das heißt beispielsweise, eine beim Veranstalter eingehende Buchungsanfrage wird über eine Einkaufsschnittstelle automatisch zur Flugvakanzprüfung und zur Reservierung an das kontingentführende Globale Distributionssystem (GDS) einer Linienfluggesellschaft weitergeleitet. Dieses bestätigt dem Reiseveranstaltersystem die Reservierung dann automatisch und in Echtzeit (vgl. in Abb. 4.6.2 Verhandelte Tarife).

Alternativ und in Ergänzung der Abb. 4.6.2 etablieren sich Channelmanagement-Systeme mit dezentraler Player-Hub-Distributionslogik. Leistungsträger steuern ihre Angebote über Software-Module, die als (Distributions-)Player bezeichnet werden, und stellen sie damit stets aktuell und differenziert ihren Vertriebspartnern (z. B. Reisemittlern oder Reiseveranstaltern) in standardisiertem Format und mit standardisierten Attributen zur Verfügung. Die Vertriebspartner bzw. hier die Reiseveranstalter sind mit Schnittstellenmodulen, die als Hub bezeichnet werden, mit den Playern ihrer Leistungsanbieter vernetzt, um die für sie bereitgestellten Angebote aktuell abrufen bzw. einkaufen zu können. Dieser Einkaufsprozess via Player-Hub-Netzwerk (PHN) kann in Echtzeit einer Kundenanfrage und auf Basis aktuell vom Leistungsgeber gesteuerter Angebotsdaten erfolgen (vgl. auch Kap. 4.6.4).

Sowohl Player-Hub-Netze als auch GDS unterstützen den Datenaustausch gemäß den XML-basierten Datenstandards der IATA NDC (New Distribution Capability) zur besonders reichhaltigen Beschreibung von Flügen und Extras sowie die beschreibenden Standardattribute GlobalTypes des Deutschen Reise Verbandes (DRV) z. B. für Beherbergungsangebote (vgl. Kap. 4.6.4). Standardisierte Player-Hub-Netze ersetzen zunehmend bilateral einzurichtende Direktanbindungen und ermöglichen ein internet-basiertes Reiseveranstalter-Leistungsanbieter-Netzwerk zum Einkauf von Reiseleistungen.

Eine zentrale Kontingentverwaltung (zentrales Inventory) in Verbindung mit Echtzeitschnittstellen bzw. Player-Hub-Netzwerken ermöglichen für alle Produktlinien und Marken eines Reiseveranstalterkonzerns eine flexible Lenkung der eingekauften bzw. verfügbaren Reiseleistungen hin zur jeweils ertragsstärksten Verwendung, und sie mindern die Risiken von Fehleinkäufen.

4.6.3 Produktionssysteme

Abbildung 4.6.3 zeigt als Folge der unterschiedlichen Produktionsprozesse die Merkmale der Reiseprodukte im Vergleich. Ermöglicht durch technischen Fortschritt, bedingt durch neue flexiblere Geschäftsmodelle und -prozesse sowie durch gesetzliche Neuregelungen der EU-Pauschalreiserichtlinie sind neue Produktionsformen für Reisen zu unterscheiden. Reiseveranstalter, Reisemittler und auch Reisesuchmaschinen kombinieren Verfahren und technische Systeme der klassischen und dynamischen Reiseproduktion über serviceorientierte Architekturen zu modularen Produktionssystemen, die zunehmend gemischte Produktionsformen unterstützen (z. B. Kombination eingekaufter und dynamisch dazu gebündelter Leistungen, virtuelle „White-Label"-Produktionen im Auftrag Branchenfremder und hybride Geschäftsmodelle, mit denen Reisesuchmaschinen zu Mittlern oder Reisemittler und Leistungsträger zu Veranstaltern mutieren).

Beim **„traditionellen" Pre-Packaging** bündeln und kalkulieren Reiseveranstalter wie oben beschrieben im Rahmen ihrer Saisonplanung mit ihren Produktionssystemen aus den eingekauften Leistungen fest definierte Pauschalreisen oder in Grenzen kombinierbare Bausteinreisen. Bausteinreisen werden durch ein Menü von Pflicht-, Wahlpflicht- und Wahlleistungen definiert, die ein Kunde zusammenstellen kann. Aus solchen Reisebausteinen können sogar komplexe Rundreisen präzise geplant und in verschiedenen Varianten vorproduziert werden, die Kunden bzgl. der Wahlpflicht und Wahlleistungen flexibel paketieren können (engl. Flexible Packaging).

Beim **Dynamic Pre-Packaging** erfolgt die Bündelung nicht schon im Rahmen der vorbereitenden Saisonplanung, sondern kurzfristig bzw. last minute. Aktuell und kurzfristig vakante Einzelleistungen aus dem eigenen Inventory werden genutzt, oder kooperierende Leistungsanbieter überlassen (Rest-)Leistungen dem (Last-Minute-)Reiseveranstalter mit den Konditionen zur kurzfristigen Vermarktung. Der Veranstalter kombiniert die Einzelleistungen zu Reisepaketen bzw. Pauschalreisen, um sie anschließend als Angebotsdatensätze in den Last-Minute-Distributionssystemen und Internet Booking Engines (IBE) anzubieten (vgl. Kap. 3.4). Die Angebotsbündel und ihre Preise werden hierbei auf der Basis von Bündelungs- und Kalkulationsregeln automatisiert produziert und kalkuliert. Für den Leistungsgeber, der kurzfristig die Leistungen an den Last-Minute-Veranstalter abgibt, handelt es sich um eine Aktion der kurzfristigen Verkaufs- und Kontingentsteuerung (vgl. Kap. 5.1 u. 5.2). Veranstalter können z. B. durch Bündelung vorhandener Resthotelkapazitäten mit diversen buchbaren und kurzfristig über automatisierte Einkaufsschnittstellen beschaffbaren Flugleistungen Pauschalangebote an die Angebotsdatenbanken und IBEs der Online-Reiseportale übermitteln (auf Zwischenspeichern/Cache basierende Systeme, vgl. Kap. 3.4).

Um den Kunden bei ihrer Reiseentscheidung zusätzliche Individualität und Flexibilität zu ermöglichen, aber auch um das Risiko verfehlter vorbereitender Ein-

Status	Verbundene Reise	Pauschal Katalog-/ Bausteinreise	Dynamic- Pre-Packaging	Dynamic-Packaging
	Verbundene Reiseleistungen	Traditionelle Pauschalreise	Dynamisch produzierte Pauschalreise	
Leistungs-verzeichnis	Einzelleistungen wohldefiniert und für dieselbe Reise gebucht	Definierte Leistungsverzeichnisse ggf. mit Wahlmöglichkeiten durch Bausteine	Definierte Angebots-Datensätze aus regelbasiert zusammengestellten Einzelleistungen	Undefinierte Leistungsverzeichnisse, Regeln zu einer „plausiblen" Paketbildung
Produkt	Keines; Kunde wählt separate Einzelleistungen für Reise	Langfristiges Produkt bzgl. Einkauf, Planung, Kalkulation	Kurzfristig automatisiert erstelltes Produkt aus (kurzfrist-)Einzelleistungen	Echtzeit-Produkt gemäß aktuellem Kundenwunsch
Bündelung und Kalkulation	Im Dialog oder direkt vom Kunden sukzessiv (Warenkorb) gebuchte Segmente	Langfristige Bündelung vom Veranstalter mit definierten Optionen und Alternativen für den Kunden	Kurzfristige Bündelung der Angebotsdatensätze durch Veranstaltersystem und Kalkulation des Reisepreises gemäß Regelwerk	Bündelung in Echtzeit des Kundenwunsches (online), Kalkulation des Reisepreises in Echtzeit gemäß Regelwerk
Katalog & Medien	Nur Einzelleistungsbeschreibungen inkl. Kundenaufklärung	Saison vorbereitende Medienproduktion	Vorbereitende Katalog- u. Medienproduktion -> allgemeinere Tourismusinfos & Bewertungssysteme	Medienproduktion nicht möglich
Freiheitsgrad des Kunden	Im Rahmen der pers. Beratung oder durch IBE-Buchungsstrecke(n) geleitet: Dynamic Bundling	Begrenzte Individualisierung	Keine Individualisierung	Individualisierung, nur begrenzt durch die kooperierenden Anbietersysteme und die Plausibilität der Paketzusammenstellung
Preis-struktur	Preise der Einzelsegmente bekannt, ggf. Service Fees	Einzelpreise nicht bekannt, ggf. Zuschläge für Wahlleistungen	Einzelpreise nicht bekannt, Gesamtpreis	
Vertrags-partner des Reisenden	Anbieter der verbundenen Reiseleistungen	Veranstalter - eine Paketrechnung, Produktverantwortung und Sicherungsschein		

Abb. 4.6.3: Unterschiedliche Produktions- und Angebotsformen von Urlaubsreisen als Reisepakete (Quelle: Weithöner, eigene Darstellung).

käufe im eigenen Inventory zu verringern, werden die Produktionssysteme um echte Dynamic-Packaging-Funktionalität erweitert. Mit **Dynamic Packaging** werden Pauschalreisen nicht vorproduziert, sondern sie werden kundenindividuell zum Zeitpunkt und auf Basis der Kundenanfrage automatisch online produziert. Leistungsträgerangebote werden, zumindest teilweise, außerhalb des internen Inventory in Echtzeit aus vernetzten Datenbanken von Leistungsanbietern und Wiederverkäufern (Consolidator) abgefragt und ggf. dort gebucht.

Reiseveranstalter arbeiten zunehmend hybrid. Zur optimalen Abdeckung der Einkaufs- und Absatzmärkte verbinden sie die Planungssicherheit der traditionellen saisonvorbereitenden Produktion für Märkte und Zielgruppen, die als sicher erwartet werden können, mit der Flexibilität der dynamischen Produktionsformen.

Einige dynamisch produzierende Reiseveranstalter arbeiten als „White-Label-Produzenten" ohne eigene Marke im Hintergrund für Handelsketten, Leistungsträger oder Online-Reiseportale, die über ihre Handelsmarken diese Reisepakete vermitteln. Auch diese Reiseveranstalter sind rechtlich verpflichtet, die Erbringung der Reiseleistungen zu sichern.

Alle oben beschriebenen Pauschalreiseformen kombinieren Reisepakete mit kalkuliertem Gesamtpreis, mit Veranstalterhaftung für alle Leistungsbestandteile und Schutz der Verbraucher/Reisenden vor Insolvenz des Veranstalters und der Leistungsträger (vgl. Kap. 5.5).

Gemäß der 2018 in deutsches Reiserecht überführten EU-Pauschalreiserichtlinie (EU-PRR) führt auch die sukzessive Vermittlung und Buchung verschiedener Einzelleistungen zum Zwecke einer Reise unter bestimmten Bedingungen zu einer Pauschalreise oder zumindest zu verbundenen Reiseleistungen. Reisemittler beispielsweise, die vor der EU-PRR für Geschäftsreisende und für Individualreisende mit Einzelpreisen ausgewiesene Einzelleistungen als individuelles und mit Einzelpreisen ausgewiesenes Leistungsbündel (Warenkorb) vermitteln konnten, können nun zum Anbieter einer verbundenen Reise oder zum Veranstalter einer Pauschalreise werden, wenn diese Einzelleistungen Teile einer Reise des Kunden sind. Die mit dem Veranstalterstatus verbundene Insolvenzabsicherung des Kundengelds in Verbindung mit der Sicherung zur Erbringung der gebuchten Reiseleistungen überfordern aber das Reisemittlergeschäft und bedürfen einer transparenten Abgrenzung. Im Rahmen eines Bündels verbundener Reiseleistungen stellen Reisemittler im Kundenauftrag eine Reise aus Einzelleistungen verschiedener Leistungsanbieter unter Ausweis der Einzelpreise zusammen, müssen den Kunden aber über den Charakter der Einzelverträge mit den Leistungsträgern nachweisbar und verbindlich informieren und einen Basisschutz für die Reiseleistungen (z. B. Rückerstattung von Anzahlungen) garantieren. Bei Online-Reisemittlern stellen sich die Kunden die verbundene Reise aus Einzelleistungen zu Einzelpreisen in einem elektronischen Warenkorb (Dynamic Bundling) zusammen und müssen auch hierbei umfassend informiert und mit einem Basisschutz ihrer Anzahlungen versehen werden. Auch Leistungsträger wie z. B. Fluggesellschaften vermitteln in Verbindung mit einer Flugbuchung über

Weiterleitung (Click-Through) auf kooperierende Leistungsanbietersysteme Zusatzbuchungen für Hotelaufenthalte oder Mietwagen, die dann ebenfalls zu verbundenen Reiseleistungen werden können. Insbesondere die kleinen Unterschiede zwischen Dynamic Bundling (Bündeln mit Einzelpreisausweis) und Dynamic Packaging (Bündeln als Paket zum Gesamtpreis) machen juristisch große Unterschiede mit dem Ziel des Verbraucher-/Kundenschutzes. Werden im Vermittlungs- und Buchungsprozess die Bedingungen der EU-PRR für eine Reise mit verbundenen Einzelleistungen nicht nachweisbar eingehalten, wird aus den verbundenen Einzelleistungen eine Pauschalreise, für die der Mittler nun als Veranstalter des Reisepaketes umfassend haftet und einen Sicherungsschein übermitteln muss. Alternativ kann er auch diese Rolle einem kooperierenden Reiseveranstalter übertragen, in dessen Namen er dann die Pauschalreise dem Kunden vermittelt.[27]

Für Reiseveranstalter, die nicht nur pauschale Reisepakete produzieren, sondern auch Einzelleistungen anbieten, bedeutet die EU-PRR, dass sie ihre Online- und Offline-Buchungsstrecken insbesondere dahingehend abgrenzen, ob es sich am Ende um die Vermittlung einzelner separater Leistungen, um eine verbundene Reise oder eine Pauschalreise handelt. Über PRR-Zusatzmodule (vgl. Abb. 4.6.1) können sie dann abhängig von der Reiseproduktionsform in all ihren Vermittlungs-, Beratungs-, und Buchungsstrecken für Reisemittler und Endkunden die jeweils vorgeschriebenen Hinweise für Expedienten sowie die Pflichtinformationen und Formulare für die Endkunden integrieren, alle Bestätigungen einfordern und dokumentieren, um anschließend die erforderlichen Garantien für Basisschutz oder vollumfängliche Reisesicherung zu übermitteln und ggf. rückzuversichern.

Im Folgenden wird der historischen Entwicklung folgend zunächst das klassische Pre-Packaging, das bis heute den Kern der meisten Reiseveranstaltersysteme bildet, im Detail vorgestellt. Danach folgt eine ebenso detaillierte Darstellung des Dynamic Packaging, das mit Dynamic Packaging Engines realisiert wird.

Traditionelles Pre-Packaging von Katalog- und Bausteinreisen

Der Produktionsprozess des traditionellen Reiseveranstalters kann als saisonvorbereitendes Pre-Packaging bezeichnet werden. Er ist integrierter Teil der sich in jeder Saison wiederholenden Phasen. Planung, Einkauf, Produktion, Vertrieb und Fulfillment werden durch ein integriertes Reservierungssystem/Veranstaltersystem mit elektronischen internen und externen Schnittstellen zu beteiligten Partnersystemen unterstützt oder automatisiert. Die Disposition und Planung der Kontingente sowie die Bündelung und Kalkulation der Reiseangebote erfolgen durch das Produktmanagement. Neben den langfristig für die Saison vorkalkulierten und bindenden

---

27 Auch wenn verbundene Reiseleistungen damit im Geschäftsmodell der Reisemittler verbleiben (vgl. Kap. 3.1), werden sie auch in diesem Kapitel wegen der Nähe zum Veranstaltergeschäft berücksichtigt und abgegrenzt (vgl. Kap. 5.5 sowie im Überblick unter www.bundesregierung.de/breg-de/aktuelles/mehr-transparenz-und-rechtssicherheit-1142016, Stand 5/2021).

Preisen werden besondere Konditionen wie z. B. Frühbucher-Rabatte definiert. Gegebenenfalls müssen im Saisonverlauf anstelle von Angeboten, die sich schlecht verkaufen, aus den zugrundeliegenden Kontingenten neue Produkte kurzfristig rekombiniert werden, die als Kurzfrist-Angebote über spezielle Distributionskanäle in den Markt gebracht werden (Dynamic (Pre-)Packaging), oder die Reiseleistungen müssen als Einzelleistungen (sog. Nur-Flug-, Nur-Hotel-Angebote) oder auch in verbundenen Reisen vermarktet werden.

Abbildung 4.6.4 zeigt die Basisarchitektur eines integrierten Veranstaltersystems mit traditionellen Prozessen. Abbildung 4.6.5 zeigt diese Prozessstruktur im Vergleich zur Dynamic-Packaging-Struktur. Auf der Basis der im internen Inventory erfassten Kontingente eingekaufter Reiseleistungen, zu denen auch durch den Veranstalter selbst zu erbringende Reiseleistungen (z. B. Busbeförderung durch den Busreiseveranstalter) mit ihren Preisen, Konditionen oder Verrechnungssätzen gehören, werden die Einzelleistungen zu Reisepaketen bzw. Pauschalangeboten gebündelt und kalkuliert.

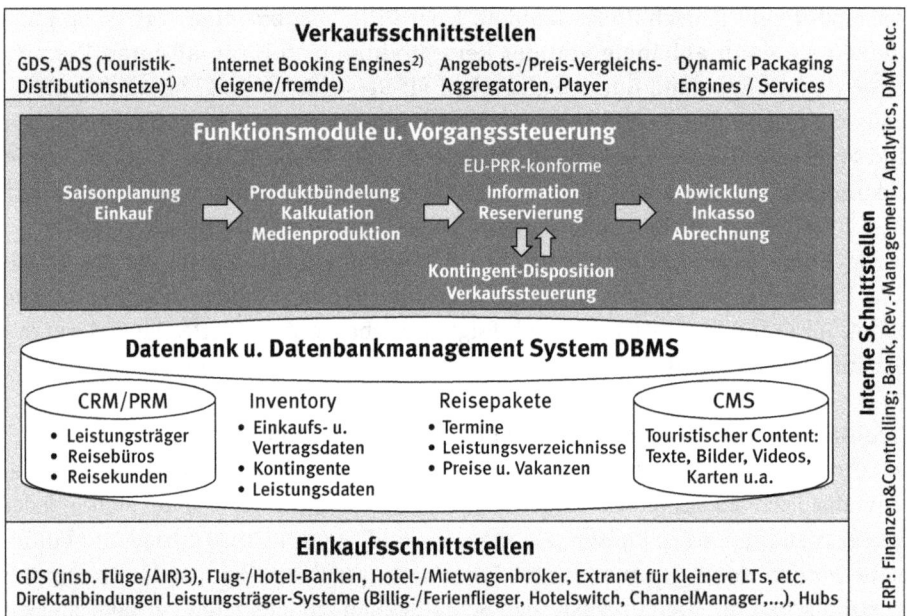

Abb. 4.6.4: „Traditionelle" Basisarchitektur eines integrierten datenbankbasierten Veranstaltersystems (Quelle: Weithöner, eigene Darstellung).

Für die Produktion einer (traditionellen) Pauschal- oder Bausteinreise sind folgende Schritte notwendig:

1. Festlegung der Einzelleistungen (Flug, Hotel, Transfer etc.), aus denen sich die Pauschalreise zusammensetzt: Welche Leistungsarten aus welchen Kontingenten bilden die festen Bestandteile des Angebots (Pflichtleistungen – meist Flug und Hotel), welches sind alternativ auswählbare Wahlpflichtleistungen (Transfer oder Mietwagen) und welches sind optionale Wahlleistungen (z. B. ein Tauchkurs)?
2. Festlegung der zeitlichen Reiseparameter: Angebotszeitraum der Reise, An- und Abreisetage, Reisedauer, Verlängerungsmöglichkeiten, zeitliche Positionierung der einzelnen Reiseleistungen im Rahmen des Reisepaketes etc.
3. Kalkulation der Reisepreise und Verkaufskonditionen: Die Kalkulation eines Reisepreises besteht nicht nur aus der Addition der Einkaufspreise und ihrer Multiplikation mit Zuschlagsfaktoren zur Gemein-/Fixkosten-Deckung und Gewinnerzielung. Mit der Preiskalkulation sind auch alle Konditionen der Reisepreise festzulegen. Das Ergebnis sind Preistabellen und Parameter für Kalkulationsformeln. Folgende Beispiele zeigen Faktoren, die den Reisepreis beeinflussen können:
   - Buchungszeitpunkt: Festlegung von Frühbucher- und Last-Minute-Rabatten.
   - Saisonzeiten: Die Saisonzeiten werden in der Saisonvorbereitung festgelegt, abhängig von der Kalenderzeit, dem Zielgebiet und dem Abflughafen. Der Reisepreis ist abhängig von der Saisonzeit, in der die Reise stattfinden wird. Regeln zur Preiskalkulation, wenn die Saisonzeit während der Reisedauer wechselt, sind erforderlich.
   - Kalkulationsbasis: Preiskalkulation pro Person (Kinderrabatte in Abhängigkeit vom Alter) oder pro Wohneinheit/Zimmerkategorie, Zu-/Abschläge bei von der Standardbelegung abweichenden Zimmerbelegungen?
   - Zu- und Abschläge: Zuschläge für bestimmte Abflughäfen, Zu- oder Abschläge für abweichende Verpflegungsarten, Preisnachlässe für direkte Internetbuchungen, Preisnachlass für Buchung einer optionalen Zusatzleistung, z. B. Mietwagen.
   - Reisedauer und Abreisetermine: Bei Pauschalreisen ist in der Regel im Preis der ersten Reisewoche die Hin- und Rückbeförderung enthalten, der Preis der folgenden Woche ist ein Verlängerungspreis für die zusätzlichen Übernachtungen. Wenig nachgefragte Abreisetermine werden durch Preisnachlässe, die nur an diesen Abreisetagen gelten, gefördert.
   - Sonstige Rabatte und Vergünstigungen: Besitzt der Reisende z. B. eine Stammkunden-Kreditkarte, die der Veranstalter herausgibt, und zahlt er die Reise mit dieser Karte, ist die Reiserücktrittskosten-Versicherung inklusive und kostenfrei. Darüber hinaus kann er kostenlos einen Sitzplatz für den Hin- und Rückflug reservieren lassen.
   - Zusätzliche Komplexität ist bei Bausteinreisen gegeben, die bestehend aus Pflichtleistungen, optionalen Wahlleistungen und alternativen Wahlpflichtleistungen individuell zusammengestellt werden können, da der Reisepreis im Unterschied zur fest definierten Katalogreise abhängig von der kunden-

individuellen Zusammenstellung der Reise bei Buchung zu berechnen ist. Rundreisen und Kreuzfahrten stellen hierbei wegen der verschiedenen Routen und Wahlpflicht- (Hin-/Rückflüge) und Wahlleistungen (Landgänge) besonders hohe Anforderungen.

Die kalkulierten Verkaufspreise und -konditionen sind bezüglich ihrer Marktchancen und Wettbewerbsfähigkeit zu überprüfen und ggf. unter Wahrung von Deckungsbeitrags- und Gewinnpotenzialen anzupassen, bevor die Produkte zum Vertrieb freigegeben werden.

Je nach Vertriebskanal müssen Veranstalter ihre Angebote in Print- und elektronischen Medien und im Rahmen von Online-Beratungssystemen und Webportalen darstellen (vgl. z. B. Kap. 3.4). Dieselben Text- und Bildmaterialien müssen für verschiedene Medien formatiert, aufbereitet und bereitgestellt werden. Hierfür eignen sich Content-Management-Systeme. Dies sind auf Datenbanken basierende Systeme, in denen alle verwendeten Textdokumente und Medienobjekte von sachkundigen Content-Redakteuren ohne Programmierkenntnisse eingestellt und verwaltet werden (vgl. Kap. 2.2.4). Aus diesen multimedialen Basisinformationen können durch die für jede Darstellungsart einmal programmierten Layout-Templates automatisch Angebotsdarstellungen für alle Ausgabemedien, Formate und Geräte (Drucker, Browser, Mobile etc.) generiert werden. Für Pauschal- und Bausteinreisen, die auch heute noch in Printmedien dargestellt werden, müssen die Kataloge mit elektronischen Publishing-Systemen auf Basis der CMS-Daten mit den Preistabellen und Buchungscodes produziert und in hohen Auflagen gedruckt werden.

Produktionsprozesse des Dynamic Packaging

Die Produktionsprozesse des Dynamic Packaging basieren auf einem Netzwerkverbund eines regelbasierten Paketierungssystems mit den internen und externen Inventories der Leistungsgeber und den elektronischen Vertriebskanälen.

Spezialisierte Dynamic-Packaging-Engines und -Dienste mit ihren Reservierungsschnittstellen zu Leistungsgebern und zu elektronischen Vertriebswegen werden als Softwarelösung oder über IT-Dienstleister als Software as a Service (SaaS) angeboten (vgl. Abb. 4.6.6 und Kap. 3.4).

Der Veranstalter gibt dabei die Paketierungs- und Kalkulationsregeln vor, die im Wesentlichen auf Zuschlägen zu den Netto-Tagespreisen buchbarer Einzelleistungen der Leistungsgeber beruhen (Dynamic Pricing). Statt Nettopreisen ist auch der Ausweis von Bruttopreisen im anbietenden System möglich, der Dynamic-Packaging-Veranstalter erhält dann Provisionen auf die Bruttopreise, ist aber aufgrund der Paketierung nach wie vor kein Reisemittler, sondern Veranstalter. Der einzelne Veranstalter differenziert sich beim Dynamic Packaging durch seine Schnittstellen, ggf. durch seine speziellen Preiskonditionen bei den angeschlossenen Leistungsgebern oder durch das Zusteuern eigener Kontingente aus seinem internen Inventory für die Paketierung.

Leistungsprozess eines traditionellen Reiseveranstalters

Saisonplanung
- Ziele
- Plandaten

Einkauf der Reiseleistungen

Reiseproduktion
- Paketbildung
- Kalkulation
- Katalog- u. Medienproduktion

Reisevertrieb
- Angebot u. Reservierungsprozesse
- Fulfillment u. Abrechnung

Steuerung & Revenue Management
Vertriebswege, Angebote und Kalkulation

– 6 Monate:
Beginn der Saisonvorbereitung

Buchungsstart

+ 3 bis 5 Monate:
Beginn der Urlaubsaison

Regelmäßiger, saisonorientierter Zeitablauf

Leistungsprozess eines virtuellen Reiseveranstalters mit Dynamic Packaging DP

Unternehmensplanung
Entwicklung und Pflege des Netzwerkes
- mit kooperierenden Partner-/Leistungsgebersystemen
- mit elektronischen Distributions- und Vertriebssystemen
- ggf. Aufbau interner Inventories zum DP
Entwicklung des Regelwerks zur dynamischen Paketierung, Kalkulation und Reservierung

Reisevertrieb
- Multimediale touristische Information
- Angebot – Online-Paketbildung, Online-Kalkulation in Echtzeit
- Reservierung – in eigenen Inventories u/o in den Partner-Systemen der Leistungsgeber
- Fulfillment u. Abrechnung – gesteuert durch das Veranstaltersystem
Steuerung & Revenue Management
Anpassungen im Netzwerk und des DP-Regelwerks

Aufbau u. Entwicklung des DP-Netzwerks u. der DP-Prozesse

Systemnutzung u. -steuerung

Entwicklung, Steuerung und Nutzung der Dynamic-Packaging-Prozesse im Netzwerk

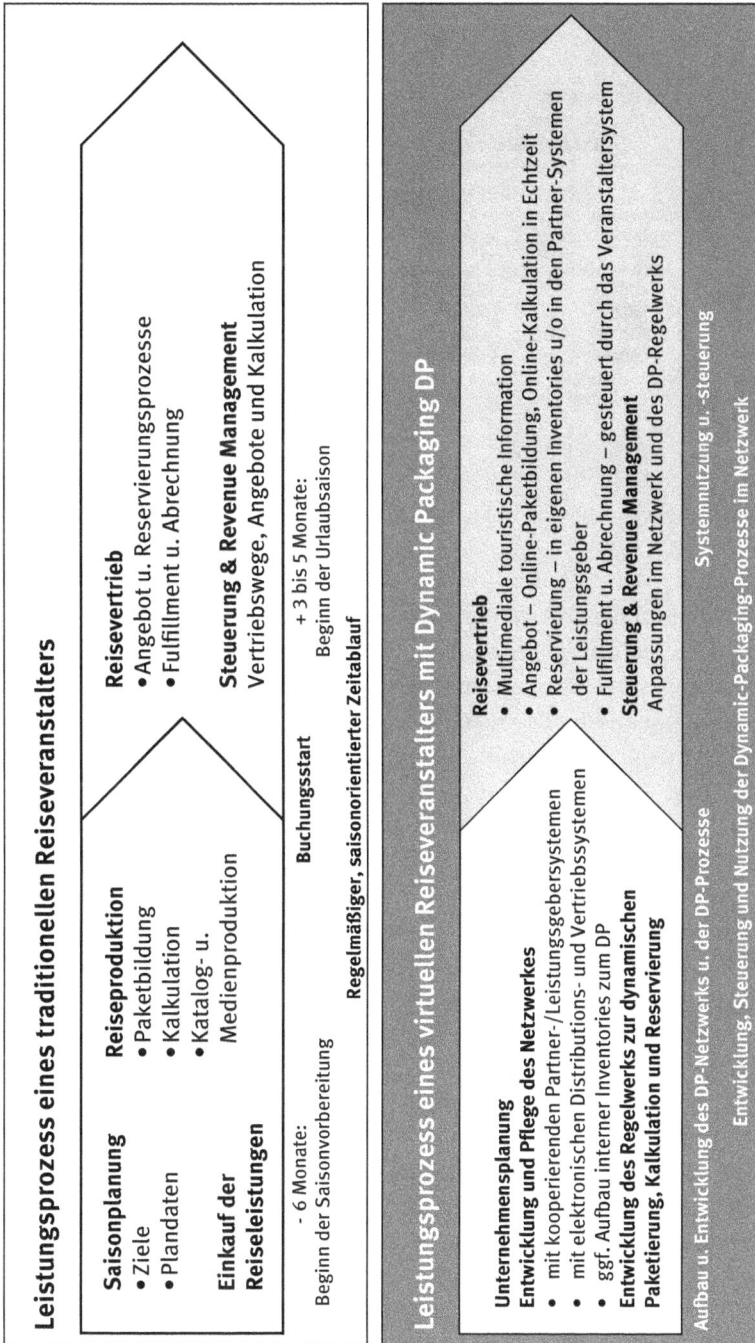

Abb. 4.6.5: Prozesse der Reiseproduktion bei Katalog-/Bausteinreisen und bei Dynamic (Pre-) Packaging im Vergleich (Quelle: Weithöner, eigene Darstellung).

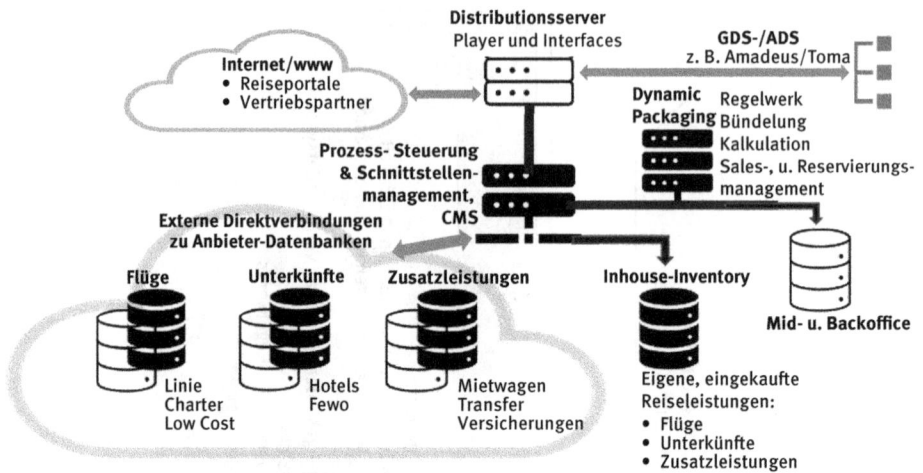

Abb. 4.6.6: Modell zur Architektur eines Dynamic-Packaging-Systems (Quelle: eigene Darstellung, Weithöner).

Beim echten dynamischen Paketieren werden die Einzelleistungen nicht im Voraus geplant, gebündelt und kalkuliert, sondern die Einzelleistungen werden erst zum Zeitpunkt der Kundenanfrage aus verschiedenen internen Angebotsbeständen und externen Systemen automatisch abgefragt. Statt eine Pauschalreise durch die direkte Zuordnung von passenden Einzelleistungskontingenten aus dem internen Inventory als Pflicht-, Wahl- oder Wahlpflichtleistungen zu bündeln, werden in Dynamic-Packaging-Systemen Datenquellen und Suchabfragen definiert, durch welche bei einer konkreten Kundenanfrage alle für die Bündelung passenden Einzelleistungen aus den Systemen der vernetzten Leistungsanbieter abgefragt und kombiniert werden. Durch Regeln und Formeln wird beschrieben, wie aus den aktuellen Einzelpreisen der abgefragten Einzelleistungen durch Addition ggf. mit geeigneten Zu- oder Abschlägen der Gesamtpreis der entstehenden Pakete dynamisch berechnet wird.[28]

Bei der Buchung der dynamisch gebündelten Pakete aus den von verschiedenen internen und externen Datenquellen abgefragten Einzelleistungen ist zu beachten, dass es sich um eine verteilte Geschäftstransaktion handelt, die nur vollständig oder gar nicht abgewickelt werden darf. Nur wenn alle Einzelleistungen einer Pauschalreise in allen beteiligten Leistungsanbietersystemen erfolgreich reserviert werden können, ist die Reisebuchung erfolgreich. Wenn nur eine einzige Teilleistung zum Buchungszeitpunkt nicht mehr verfügbar ist, müssen alle anderen bereits gebuchten Teilleistungen wieder automatisch storniert werden. Außerdem müssen

---

28 Der automatisierte Prozess des Dynamic Pre-Packaging läuft vergleichbar, er wird aber kurzfristig (z. B. nachts) durchlaufen, um für kurzfristige potenzielle Kundenanfragen vorzuproduzieren (vgl. dazu und insb. zur Begründung dieser kurzfristigen Vorproduktion Kap. 4.6.4 sowie 3.4).

mit den gebündelten Reiseangeboten die richtigen beschreibenden Text- und Bild-informationen der Anbieter aus internen oder externen Content-Management-Syste-men (CMS) verknüpft werden.

Integration des Dynamic Packaging mit Distributions- und Vertriebssystemen
Das dynamische Paketieren stellt hohe Anforderungen an die Integration von Reise-produktions- und Distributionssystemen. Es sind in Echtzeit auf eine Anfrage im Vertriebs- bzw. Distributionssystem passende Reisen zu produzieren und als Ange-bote zur Buchung auszugeben. Während vorproduzierte Reiseangebote als fertige Angebotsdatensätze in die Distributionskanäle geliefert werden können, entstehen beim „echten" dynamischen Paketieren diese Angebotsdaten erst durch Interaktion zwischen Produktion und Distribution, wozu sich inzwischen drei verschiedene Realisierungsformen entwickelt haben (vgl. auch Kap. 4.6.4 sowie 3.4):

Veranstalterspezifische Dynamic-Packaging-Systeme: Ursprünglich wurde Dynamic Packaging veranstalterspezifisch entweder durch separate Dynamic Pa-ckaging Engines mit veranstalterseitigen Einkaufs- und Verkaufsschnittstellen oder als integrierte Erweiterung der klassischen Veranstaltersysteme mit Dynamic-Pa-ckaging-Schnittstellen und regelbasierten Echtzeit-Bündelungsfunktionen realisiert (vgl. Abb. 4.6.6 und 4.6.7). Der Implementierungsaufwand insbesondere für die An-passung der Schnittstellen und die komplexe Paketierungslogik ist beträchtlich. Die Dynamic-Packaging-Erweiterung des klassischen Veranstaltersystems muss den ge-samten Dialog, die Produktion mit Echtzeiteinkauf und den hiermit verbundenen Datenaustausch mit den beteiligten Distributionssystemen bei jeder Anfrage aus-führen, was auch hohe Anforderungen an die Systemleistung bedeutet. Anbieter von Dynamic Packaging Engines (DPE) übernehmen daher oftmals die Einführung und den Betrieb von DP-Systemen als Cloud-Application-Service bzw. als Software as a Service (SaaS) für die Veranstalter.

Zentrale Dynamic-(Pre-)Packaging-Dienste: Um Dynamic-Packaging-Ange-bote in ihre zentralen veranstalterübergreifenden Beratungs- und Angebotsver-gleichssysteme (s. u. Kap. 4.6.4) aufzunehmen und für Veranstalter den Weg in die Dynamic-Packaging-Produktion zu vereinfachen, bieten IT-basierte Intermediäre Dy-namic-Packaging-Prozesse integriert in ihre Angebotsvergleichs- und Distributions-dienste an (z. B. GDS Amadeus mit dem stationär genutzten Bistro-System oder im Rahmen des Amadeus e-Power Shopsystems, vgl. Kap. 3.4 oder Traffics)[29]. Dyna-mic-Packaging-Veranstalter können so über die Dynamic-Packaging-Schnittstel-len dieser Intermediäre ihre eigenen Hotel- bzw. Flugangebotsdaten zusammen mit ihren dynamischen Paketierungs- und Kalkulationsregeln an deren Dynamic Packaging Engine senden und in ihrem Veranstalternamen und Auftrag mit Leis-tungen aus externen Quellen kombinieren. Die dynamische Reiseproduktion er-

---

29 amadeus.com/de/branchen/leisure-reiseburos, www.traffics.de, vgl. Kap. 3.4.

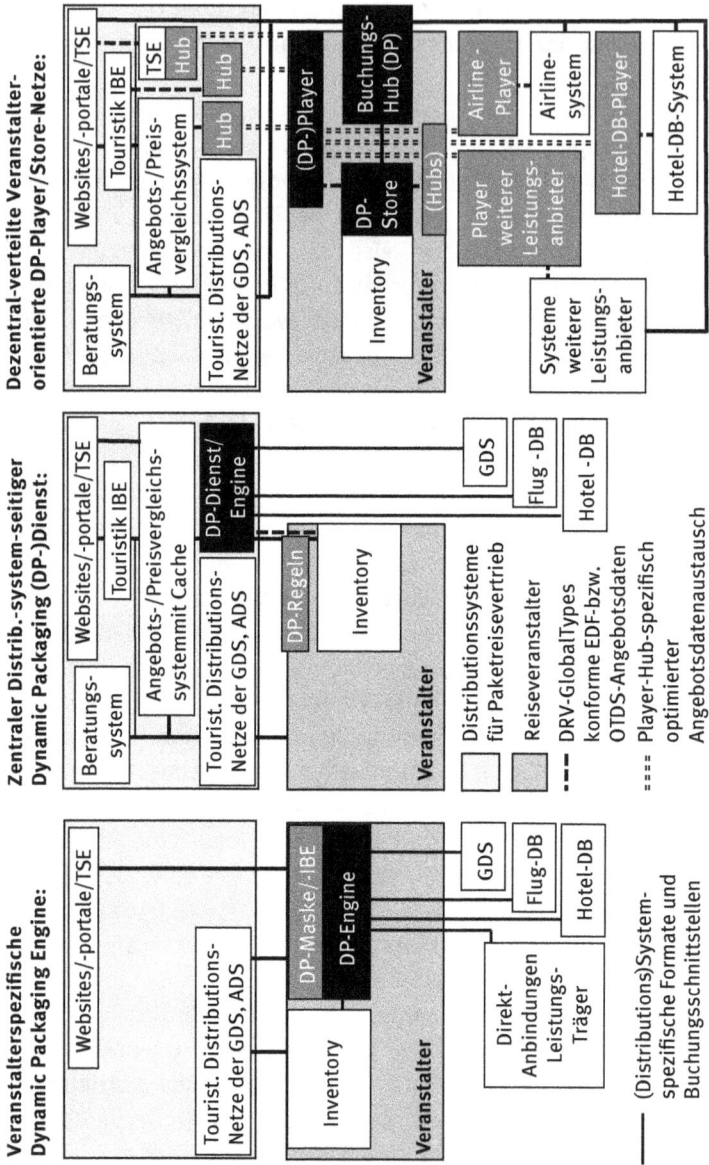

Abb. 4.6.7: Verschiedene Varianten der Integration von Dynamic Packaging mit Distributions- und Vertriebssystemen (Quelle: eigene Darstellung, Goecke, auf Basis der Angaben von DRV, Amadeus, Traffics, znt Travel, Peakwork und Bewotec auf deren Websites; Stand 17.2.2014, aktualisiert am 23.2.2022).

folgt dann im DP-System des Intermediärs entweder mittels eines kurzfristigen Dynamic Pre-Packagings oder eines echten Dynamic Packagings. Die Dynamic Packaging Engine des Intermediärs ist für den Echtzeiteinkauf direkt z. B. mit GDS, Flug- und Hoteldatenbanken verbunden, zur Angebotsdarstellung in das Beratungssystem und seine Internet Booking Engine integriert und zur Buchung an ein touristisches Distributionsnetzwerk (vgl. Kap. 4.6.4) angeschlossen. Die Dynamic Packaging Engine ist somit technisch Teil der Touristik-IBE bzw. des Touristik-Distributionssystems in der Datenhoheit des Intermediärs. Der DP-Veranstalter braucht in diesem Fall kein eigenes Dynamic-Packaging-Produktionssystem aufzubauen.[30]

Wird nun im Beratungssystem des Reisebüros oder über die IBE eines Online-Reiseportals eine Kundenanfrage gestellt, so greift das System in seinem Cache entweder auf passende, regelmäßig kurzfristig vorher (pre) durch den Dynamic-Packaging-Dienst im Auftrag und im Namen des Veranstalters kombinierte Dynamic-Pre-Packaged-Reisen zu. Und/oder es ruft seine Dynamic Packaging Engine auf, die in Echtzeit komplementäre Flug- und Hotelangebote aus den angeschlossenen Flug- und Hoteldatenbanken zu aktuellen Tagespreisen abfragt und die gelieferten Einzelleistungen dann automatisch nach den Regeln und im Auftrag des Veranstalters zu (echten) DP-Reisepaketen bündelt. Ein dynamisches Vorabpaketieren (pre) ist zwar mit schnelleren Antwortzeiten gegenüber den Kunden verbunden, aber das dynamische Paketieren in Echtzeit bringt eine höhere Aktualität und Verlässlichkeit der Angebotsdaten, was saldiert tendenziell den Beratungs- und Auswahlprozess bei besserer Beratungsqualität verkürzt. Alle auf diese Weise im Namen der teilnehmenden Reiseveranstalter produzierten Reisepakete werden schließlich als Antwort auf die ursprüngliche Anfrage des Kunden bzw. seines Reisemittlers geliefert. Die DP-Reisen werden sortiert (z. B. nach Preis) zusammen mit allen ebenfalls zur Anfrage passenden klassisch produzierten Reiseangeboten sämtlicher im Angebotssystem vertretenen Veranstalter zur Auswahl und Buchung angeboten.

Dezentral-verteiltes Veranstalter-orientiertes Dynamic (Pre-)Packaging in DP-Player/Store-Netzen: Grundsätzlich ist im Vergleich zum zuvor dargestellten Outsourcing der DP-Produktion an einen zentralen Dienstleister und Vertriebspartner (Touristik-IBE/Distributionssystem) festzustellen, dass derart angeschlossene dynamische Reiseproduzenten (vgl. Abb. 4.6.7) den Kundenwunsch in Echtzeit der Beratung nicht erfahren, wenn es keine Echtzeitschnittstellen des Beratungssystems bzw. seiner Internet Booking Engine (IBE) zum dezentralen Veranstaltersystem gibt. Denn bei den Beratungs- und IBE-Systemen mit zentraler Angebotsübernahme und Zwischenspeicherung und mit dynamischer Auftragsproduktion verbleibt der Kundenwunsch im Beratungssystem und wird mit den dort verfügbaren Ressourcen bedient.

---

30 Auch diese Veranstalter, die dynamisch produzieren lassen und die Produktion an die DPE eines Beratungs- und IBE-System ausgelagert haben, werden in den Fachmedien als X-Veranstalter bezeichnet.

Anbieter wie Peakwork und Bewotec bieten daher neuere Dynamic-Packaging-Lösungen an, bei denen das dynamische Paketieren dezentral von sog. veranstalterseitigen DP-Player/Store-Systemen mit DRV-GlobalTypes-konformen Schnittstellen wieder unter vollständiger Datenhoheit des Veranstalters durchgeführt wird. DP-Veranstalter können durch Nutzung eines sog. DP-Players/Stores nach eigenen Regeln Angebote von allen über Hubs angeschlossenen Leistungsträger-Playern bündeln und bestimmen, welche DP-Angebotsdaten sie mit den GlobalTypes-konformen EDF- bzw. OTDS-Formaten in welcher Aktualität und mit welchen erweiterten Qualitätsattributen welchen Vertriebssystemen bei einer konkreten Kunden- oder Reisemittleranfrage liefern. Die Beratungssysteme bzw. Internet Booking Engines wiederum stellen hierbei ihre Anfragen über ein eigenes sog. Hub-System nicht mehr an eine zentrale Angebotsdatenbank (Cache) eines Angebotsvergleichssystems mit integrierter Dynamic-Packaging-Funktion, sondern direkt an die Player der mit ihnen kooperierenden Veranstalter. Deren DP-Player/Stores können in Echtzeit Angebote bündeln oder lokal gecachte vorpaketierte Angebote liefern. Player und Hubs sind dabei mit vielen fertigen Kommunikationsschnittstellen auf der Basis der neuen Datenstandards ausgerüstet, die dann im Vergleich zu früheren veranstalterspezifischen Dynamic Packaging Engines nicht mehr veranstalter-, vertriebssystem- oder leistungsträgerspezifisch realisiert werden müssen. Ein Hub eröffnet die Möglichkeit zur direkten und verteilten Abfrage reichhaltig attributierter Angebotsdaten von allen bereits im Player-Hub-Netz angeschlossenen Leistungsanbietern, während ein Player die Möglichkeit bietet, allen bereits angeschlossenen Hub-Anbietern reichhaltige Angebotsdaten auf Anforderung direkt zu übermitteln. Die Standardisierung und Erweiterung der Reiseattribute GlobalTypes zur Beschreibung und Vergleichbarkeit der Reiseangebote und die DRV-Abfrageschnittstelle als Basis dezentraler Player-Hub-Schnittstellen- und Vertriebssteuerung werden im folgenden Kapitel 4.6.4 aus Sicht der Reiseveranstalter und in Kapitel 3.4 aus Sicht der Reisemittler dargestellt.[31]

Wenn ein Reisebüro aus einem Beratungssystem oder ein Kunde aus einer IBE eine der über Player bzw. Hubs angebotene Reise buchen möchte, kann die Buchung über einen sog. Buchungs-Hub erfolgen, an den diverse Distributionssysteme, Veranstaltersysteme oder Leistungsträgersysteme direkt oder indirekt angeschlossen sind, um alle notwendigen Buchungen bei allen an der Reise beteiligten Consolidators, Veranstaltern, Mittlern und Leistungsträgern in Echtzeit vornehmen zu können. Über spezielle TSE-Hubs (Travel Search Engine) können auch Reisesuchmaschinen an die Player-Hub-Netze angeschlossen werden, um aktuelle Angebote aller freigeschalteten Veranstalter und Leistungsträger zum Vergleich für Endkunden präsentieren zu können. Travel Search Engines können alternativ zur Weiterleitung an ein Reiseportal via Deep Link bestimmte Angebote auch auf einfache Weise via Buchungs-Hub selbst

---

31 Vgl. ggf. vorab: EDF – Einheitliches Datenformat von Peakwork (unter peakwork.com), OTDS – Offener Datenstandard des Konsortiums um Bewotec (bewotec.de/produkte/otds/)

buchbar machen und dabei zusätzlich zur Meta-Search-Funktion in der Rolle eines reinen Werbemediums, das ggf. für Weiterleitungen bezahlt wird, auch die Rolle eines Reisemittlers übernehmen, der eine Vermittlungsprovision oder Service Fee erhält. Dem Kunden muss bei solchen hybriden Geschäftsmodellen aber die jeweils eingenommene Rolle unmissverständlich kommuniziert werden.

Anmerkungen zur Anpassung oder Neuentwicklung von Veranstaltersystemen
Im Markt befindliche klassische **Reiseveranstaltersysteme** haben als Datenbank- und Softwaresysteme vielfach bereits lange erfolgreiche Lebens- und Nutzungsdauern hinter sich. Die ersten und in ihren Weiterentwicklungen zum Teil bis heute im Einsatz befindlichen Reiseveranstaltersysteme sind ursprünglich für das traditionelle Veranstaltergeschäft mit saisonvorbereitender Reiseproduktion entwickelt worden. Während Pioniersysteme mit hostbasierten bzw. Client-Server-Architekturen begannen (vgl. Abb. 4.6.2), sind die Weiter- bzw. Neuentwicklungen heute webbasiert und haben eine serviceorientierte Architektur (SOA) auf der Basis von Web-APIs und Web-Services (vgl. Kap. 1.2f.).

Dynamic Packaging Engines wurden erst mit der Verbreitung des World Wide Web von Pionieren wie z. B. Expedia oder in Deutschland znt Travel DynaPack als eigenständige webbasierte Systeme entwickelt (vgl. Abb. 4.6.6). Danach entstanden zahlreiche weitere Dynamic-Packaging-Lösungen zum Teil von IBE-Anbietern als Dienstangebote für Veranstalter oder von Anbietern klassischer Veranstaltersysteme als Zusatzmodule für ihre klassischen Reiseveranstaltersysteme. Die serviceorientierte Architektur (SOA) erleichtert die Verbindung von Inventory-basierten klassischen Produktionssystemen mit Dynamic Packaging Engines, die dann durch gleichzeitigen Zugriff auf eingekaufte Kontingente der Inventories und externe Datenbanken von kooperierenden Leistungsanbietern eingekaufte und in Echtzeit zugekaufte Leistungen bündeln können. Auf diese Weise sind durch geeignete Definition von Regeln in der Dynamic Packaging Engine hybride Mischformen der Reiseproduktion flexibel realisierbar. Angebote aus klassisch vorproduzierenden Reiseveranstaltersystemen können mit Dynamic-Packaging-Angeboten in derselben Buchungsstrecke auch über die oben beschriebenen zentralen DPE-Dienste oder über die verteilten DP-Player/Stores via Hub (Kap. 4.6.4) gemeinsam durchsucht und miteinander verglichen werden.

Hybride Reiseproduktion: Da alle Formen der Reiseproduktion spezifische Vor- und Nachteile haben und da die EU-Pauschalreiserichtlinie die juristische Rolle und veranstalterähnliche Pflichten auch für individuell zusammengestellte Urlaubs- und Geschäftsreisen[32] vorsieht, ist davon auszugehen, dass zwischen den beiden Polen

---

[32] In diesem Zusammenhang ist eine neue Entwicklung im Segment der Geschäftsreisen zu nennen: Bleisure-Reisen im Sinne von Geschäftsreisen (**B**usiness) in Verbindung mit Freizeitaktivitäten und -aufenthalten (**Leisure**) .

der angebotenen Reiseleistungen und der Kundenwünsche hybride Veranstalter agieren werden. In automatisierten Prozessen werden hybride Systeme gemäß Kundenwunsch Reisen anbieten, die aus verbundenen einzelnen Reiseleistungen bestehen. Diese werden in Echtzeit als Reisepakete mit Gesamtpreis aus internen und externen Quellen der Reiseleistungen und nach vorgegebenen Regelwerken gebündelt und/oder sind lang- oder kurzfristig auf der Basis ganz oder teilweise eingekaufter Leistungskontingente vorproduziert worden.

Entsprechend sind Reiseveranstaltersysteme aus zahlreichen Modulen aufgebaut, die je nach Ausbaustufe erst einzelne und dann verschiedene Produktionsverfahren mit diversen Zusatzmodulen und zahlreichen Einkaufs- und Verkaufsschnittstellen sowie internen Schnittstellen zu Applikationslandschaften kombinieren, wie in Abb. 4.6.1 dargestellt.[33]

Datenqualität und Schnittstellen: Bei hybrider Reiseproduktion werden Leistungen aus externen Systemen übernommen, weshalb insbesondere die Qualitätssicherung der Unterkunftsleistungen bei automatisiert einkaufenden Dynamic-Packaging-Prozessen problematisch ist. Veranstalter mit bekannten Marken priorisieren daher (konzern-)eigene Hoteldatenbanken/-inventories im Rahmen ihrer Dynamic-Packaging-Prozesse, um ihre Qualitätsstandards sichern zu können und um Zugriff auf exklusive Hotelkontingente zu erhalten, die am Markt für Konkurrenten nicht allgemein verfügbar sind. Die Bewertung der Qualität einer Reise orientiert sich nicht nur an objektiv nachvollziehbaren Kriterien, sondern die Wünsche des Kunden müssen über den Beratungsprozess in Übereinstimmung mit der Auswahl seiner Reise gebracht werden. Der Kunde äußert seine Wünsche durch Selektions- und Vergleichskriterien, die er als gewünschte Attribute der Reiseleistungen in Such- und Beratungsprozessen nutzt. Ein Veranstalter muss daher seine angebotenen Reisen und Reiseleistungen detailliert und kundennah mit den relevanten Merkmalen/Attributen auszeichnen[34]. Dazu ist die Standardisierung der Merkmale erforderlich, um auch im Systemverbund kooperieren zu können, um dem Kunden verlässliche Aussagen mithilfe der Merkmale zu liefern und um ihm qualitative Angebotsvergleiche zu ermöglichen. Gleichzeitig ist aber auch ein hoher Detaillierungsgrad der Merkmale erforderlich, um dem Kunden eine individuell differenzierte Auswahl zu ermöglichen und um dem Reiseanbieter die Möglichkeit zu geben, seine Angebote im Vergleich mit anderen besonders zu qualifizieren und herauszuheben. Derartige standardisiert und detailliert

---

33 Als Beispiele seien genannt (Stand 5/2021): Atcore Travel Tec Group (www.atcoretec.com), Bewotec mit DaVinci (bewotec.de/produkte/davinci/), iso Travel Solutions (www.isotravel.com/), wbs Blank Software GmbH (www.wbs-blank.de), CAESAR DCS GmbH (www.dcs-caesar.de), Turista (www.turista.com), nezasa (www.nezasa.com), illusions (www.illusions-online.com), TOURPLAN (www.tourplan.com), trawex (www.trawex.com), WinTours (www.wintours.com), TOUR32 (www.tour32.de), tourware (tourware.net) und andere.
34 Darüber hinaus kann die Integration von Hotel-Bewertungssystemen in den Dynamic-Packaging-Vertriebskanal ein wichtiges Element zur Beratung und kundenorientierten Qualitätssicherung sein.

nutzbare Angebotsmerkmale/Reiseattribute sind insbesondere mit den DRV-Global-Types entwickelt worden, die durch die zwei konkurrierenden Schnittstellen-Formate EDF und OTDS unterstützt werden.

Auch Airlines versuchen ihre Flüge durch zahlreiche Zusatzleistungen (Ancillary-Services) anzureichern, um im Wettbewerb dadurch Vorteile zu erlangen. Mit dem IATA NDS (New Distribution Capability Standard) wurde ein einheitlicher globaler Standard zur detaillierten Flugdarstellung und Buchung inkl. Ancillaries geschaffen (vgl. im Folgenden Kap. 4.6.4 sowie 3.2), der auch für alle Reiseveranstaltersysteme relevant ist, die solche Flugleistungen im Rahmen ihrer Pakete bündeln und anbieten.

4.6.4 Vertriebs- und Distributionssysteme

Auch im Veranstaltervertrieb sind direkte und indirekte Vertriebskanäle zu unterscheiden (vgl. Kap. 5.2).

Direktvertrieb: Reiseveranstalter können ihre Reiseangebote direkt über Call-Center, Eigenbüros oder die eigene (Veranstalter-)Website an Endkunden vertreiben.

In die Website ist eine veranstalter- oder konzernspezifische Booking Engine integriert, die dem Interessenten den Informations- und Rechercheservice zur Selbstbedienung bietet und als Schnittstelle den Buchungsprozess im Reservierungssystem des Veranstalters gemäß Kundenwunsch steuert. Call- und Service-Center des Veranstalters sowie eigene Büros zur Kundenbetreuung nehmen direkt Zugriff auf das Veranstaltersystem. Sie nutzen zum Zugriff Buchungsmasken bzw. Frontoffice-Module, die erweiterte Funktionalitäten zur Verfügung stellen, z. B. Beschwerdemanagement, Kundenhistorie und CRM-Funktionen. Die genannten direkten Vertriebskanäle können folglich über integrierte Frontoffice-Module und ohne informationstechnologische Intermediäre direkt auf das interne Reservierungs- bzw. Veranstaltersystem zugreifen.[35]

Indirekter Vertrieb: Für Reiseveranstalter, die ihre Produkte überregional und international anbieten und entsprechende Zielgruppen ansprechen, ist der indirekte Vertrieb über Reisemittler erforderlich bzw. von großer Bedeutung. Zu den Reisemittlern zählen neben den traditionellen Reisebüros (stationäre Ladengeschäfte mit Expedienten zur Kundenberatung vor Ort, meist organisiert in Ketten oder Kooperationen) auch die Online-Reisebüros (Online Travel Agency – OTA, vgl. Kapitel 3.4). Online-Agenturen sind Reiseportale im Web, die die Reisen und Reiseleistungen dem Kunden zur Selbstbedienung anbieten, sie multimedial vergleichend darstellen und ggf. die Buchungen im Kundenauftrag online veranlassen und steuern.

---

35 Alternativ können auch im Veranstalterdesign konfigurierte Standard-Internet-Booking-Engines informationstechnologischer Intermediäre eingesetzt werden, die integriert in die Veranstalter-Website über Filter nur das Veranstalterangebot anbieten.

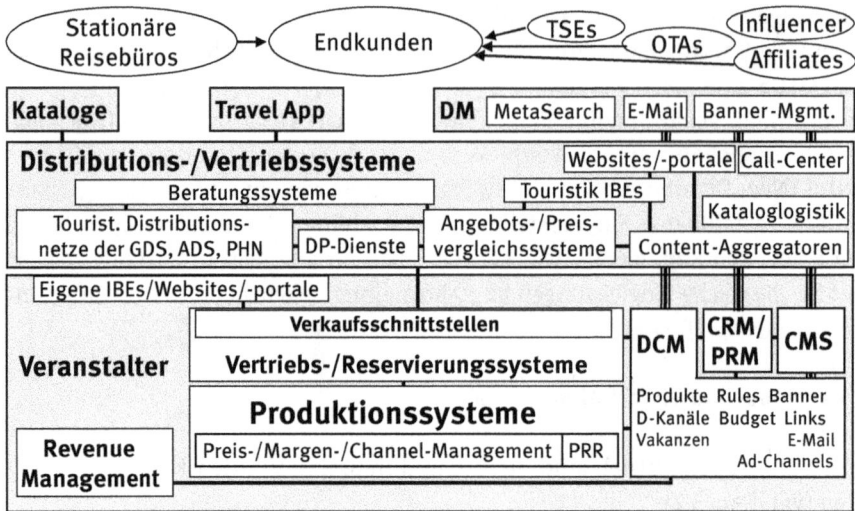

Abb. 4.6.8: Vernetzung wichtiger Systeme eines Veranstalters mit Distributionssystemen für direkten Vertrieb oder für indirekten Vertrieb über stationäre und virtuelle Reisemittler (Quelle: Goecke, eigene Darstellung).

Die Verbindung zwischen dem internen Vertriebs-/Reservierungssystem und dem Content-Management-System (CMS) des Reiseveranstalters auf der einen Seite und den Vertriebs- und Beratungssystemen (Frontoffice-Systeme, vgl. Kap. 3.1) der Reisemittler auf der anderen Seite übernehmen touristische Distributionssysteme, die von informationstechnologischen Intermediären bereitgestellt und betrieben werden, z. B. die touristischen Distributionsnetzwerke der GDS oder der Alternativen Distributionssysteme ADS (alternativ zu den traditionellen GDS-Distributionsnetzwerken), die im Folgenden vorgestellt werden (vgl. Abb. 4.6.8 u. Kap. 3.4).

Touristische Distributionsnetzwerke der Global Distribution Systems (GDS)
Das Rückgrat des indirekten Vertriebs über Reisebüros bilden im deutschsprachigen Raum die jeweils standardisierten touristischen Distributionsnetzwerke z. B. der GDS[36],

---

36 Vielfach wird der Begriff Computerreservierungssystem CRS auch heute noch synonym mit dem GDS-Begriff verwendet. Der Begriff Global Distribution System bezeichnet in einem engeren Sinn ein Computerreservierungssystem, das originären Leistungsträgern wie Airlines, Hotelketten- und -kooperationen oder Mietwagenfirmen eine globale technische Plattform zur weltweiten Buchbarkeit im globalen Vertrieb bietet. Im erweiterten Sinne bieten die GDS wie Amadeus, Sabre und Travelport auf Basis ihrer Reservierungssysteme und ihrer globalen Netzwerke den Akteuren der Tourismusbranche eine Vielzahl weiterer nationaler oder internationaler touristischer IT-Dienste, z. B. die oben genannten nationalen touristischen Distributionsnetze oder IBEs.

insbesondere Amadeus mit dem TOMA-Verfahren (Tour Market)[37]. Diese touristischen Distributionsnetzwerke sind im Gegensatz zu den globalen Distributionsverfahren, welche die GDS für originäre Leistungsträger (Airlines, Hotelketten, Autovermieter etc., vgl. Kap. 3.2 u. 3.3) weltweit anbieten, nicht global, sondern z. B. bei Amadeus in Deutschland und Österreich als „Local/German Content" technisch und funktional anders realisiert als beispielsweise in Frankreich. In Bezug auf Reiseveranstalter und die Buchung von Pauschalreisen arbeiten die GDS als Kommunikationssysteme und touristische (Branchen-) Netzwerke, die in der jeweiligen Ländergruppe einheitliche Kommunikationsstrukturen und Verfahrensstandards zwischen Reisemittler und Reiseveranstalter zur Verfügung stellen.

Veranstalter, die ihr internes Reservierungssystem an ein solches touristisches GDS-Netzwerk (GDN) anschließen, werden bei allen in der entsprechenden Ländergruppe am jeweiligen GDS angeschlossenen Reisebüros über ein einheitliches touristisches Buchungsverfahren technisch buchbar. Auf diese Weise erhalten Expedienten Online-Zugriff auf die Reservierungssysteme der Veranstalter und kommunizieren mit diesen in einem vorgegebenen Standardtransaktionsverfahren. Anhand eindeutiger Codierungen der Reiseangebote können die Expedienten der am GDS angeschlossenen Reisebüros Vakanzen, Preise und weitere verkaufsrelevante Informationen abfragen und Buchungen, Umbuchungen und Stornierungen elektronisch vermitteln (z. B. bei Amadeus Tour Market im TOMA-Verfahren bzw. mit der TOMA-Buchungsmaske, vgl. Kap. 3.1 u. 3.4). Die Reisemittler haben damit den Vorteil, dass sie über ein Standard-Buchungsverfahren ihres GDS bei allen am jeweiligen touristischen Distributionsnetz angeschlossenen Veranstaltern elektronisch buchen können.[38] Die Teilnehmerschaft an den touristischen Distributionsnetzwerken beruht auf gesicherter Internettechnologie. Die Systemteilnahme ist für die Reisemittler kostenpflichtig und kann gemäß der genutzten und lizenzierten Transaktionsverfahren differenziert werden. Ein Reisebüro kann jedoch eine Reisebuchung über das touristische Distributionsnetz nur durchführen, wenn es Agenturverträge mit den jeweiligen Reiseveranstaltern geschlossen hat.

Der Begriff Computerreservierungssystem wird darüber hinaus oftmals auch unspezifisch als Oberbegriff für alle elektronischen Systeme zur Buchung, Reservierung und Abwicklung touristischer Leistungen genutzt. Im Hotelmanagement wird als CRS explizit das Central Reservation System einer Hotelkette oder Hotelkooperation bezeichnet, das mit einem GDS kooperieren kann (vgl. Kap. 4.3).

Die Verfasser verzichten daher auf den CRS-Begriff im Rahmen dieses Kapitels (vgl. Auch Kap. 3.2).

37 Die im Wettbewerb stehenden GDS-Konzerne Sabre (www.sabre.com) und Travelport (www.travelport.com) bieten vergleichbare Produkte.

38 Die GDS stellen den Reisemittlern ihre touristischen Distributionsverfahren für die Vermittlung von Veranstalterangeboten gebündelt mit den globalen Distributionsverfahren zur weltweiten Vermittlung von Einzelleistungen originärer Leistungsträger (z. B. Linienflüge, Hotels, Mietwagen etc.) zur Verfügung. Das Amadeus GDS beispielsweise fasst TOMA und die weiteren Distributionsverfahren in dem Frontend-System „Amadeus Selling Platform" zusammen, das auf den Endgeräten der Reisemittler installiert oder über Browser zugänglich ist. Zusätzlich werden Midoffice-Komponenten integriert angeboten. Ähnliche Lösungen gibt es bei den Mitbewerbern Sabre und Travelport (vgl. Kap. 3.1 bis 3.4).

Um als Reiseveranstalter angeschlossen zu werden, ist als Schnittstelle zum betrieblichen Reservierungssystem ein automatisiert arbeitendes Software-Modul erforderlich (z. B. eine TOMA-Schnittstelle). Diese Schnittstellen-Software interpretiert die von den Reisemittlern im touristischen Standard-Buchungsverfahren erfassten und übermittelten Daten, sodass das Reservierungssystem des Veranstalters sie automatisch mit der gewünschten Aktion (z. B. Vakanzanfrage, Buchung) verarbeiten und beantworten kann. Anschließend versendet die Schnittstellen-Software die Antwortdaten zu der jeweiligen Aktion, so dass sie beim Reisemittler im Buchungsverfahren für Pauschalreisen sachgerecht dargestellt werden. Für Busreiseveranstalter, Ferienhaus-Reiseveranstalter, Kreuzfahrtveranstalter, aber auch für einzelne Mietwagen-Broker, Billigfluggesellschaften und Hotelanbieter sind spezielle Verfahrensanpassungen und Detailmasken entwickelt worden, die auf diesen Standard-Reservierungsverfahren für Pauschalreisen basieren.

Die Veranstalter zahlen dem jeweiligen GDS Anschluss- und Transaktionsgebühren und haben den Vorteil, dass sie je GDS nur eine Schnittstelle unterhalten müssen, mit der sie eine Vielzahl von Reisemittlern erreichen. Im deutschen Reisemarkt sind nicht alle Reisebüros an demselben touristischen Distributionsnetzwerk angeschlossen. Daher ist es für viele Veranstalter erforderlich, an mehreren Systemen teilzunehmen und für mehrere GDS sowie für alternative Systeme (ADS) Schnittstellen-Software zu implementieren. Diesen Investitionsaufwand hat der Reiseveranstalter zu tragen. Die GDS prüfen kostenpflichtig die Funktionalität und technische Sicherheit der Verfahrensschnittstelle im Zusammenwirken mit dem Reservierungssystem des Reiseveranstalters. Der Reiseveranstalter TUI Deutschland bietet seinen lizenzierten Reisebüros ein eigenes Verfahren, IRISplus, mit speziellen TUI-Funktionen. Das IRISplus-Verfahren ist aus den touristischen Distributionsnetzen der GDS und ADS ebenfalls aufrufbar.

Diese Transaktionsverfahren für Reiseveranstalter und ihre Pauschalangebote im Rahmen eines GDS-Distributionsnetzwerks[39] sind traditionell Elemente eines Reisebuchungsprozesses auf Basis einer katalogbasierten persönlichen Beratung. Insbesondere Verfügbarkeitsprüfung, Preisberechnung und Buchungsvorgänge von in Prospekten beschriebenen und langfristig gebundenen Reiseangeboten werden unterstützt. Hier liegen die Grenzen dieser traditionellen Verfahren:

Multimediale Tourismus- und Angebotsinformationen, veranstalterübergreifende Suchfunktionen mit Vergleichen und Bewertungen konkurrierender Angebote müssen integriert werden, aktuelle Kurzfristangebote und dynamisch in Echtzeit der Beratung produzierbare Reisepakete müssen in die Beratungsprozesse einfließen, wie im Folgenden dargestellt wird (vgl. auch Kap. 3.4).[40]

---

39 Das in Deutschland seinerzeit unter dem Systemnamen START bekannte (TOMA-)Verfahren wurde bereits vor mehr als 35 Jahren eingeführt.
40 Wenn der Begriff Reisemittler genutzt wird, so werden damit sowohl traditionelle Reisebüros als auch Online-/Web-Reiseportale zusammengefasst. Beide basieren auf gleichen Geschäftsmodellen und

Integration von Content-Aggregationssystemen und Angebotsvergleichssystemen zu Beratungssystemen und Internet Booking Engines

Die oben genannten Grenzen wurden von Content-Aggregationssystemen und Angebots-/Preisvergleichssystemen aufgegriffen. Die Content-Aggregationssysteme und die Vergleichssysteme entwickelten sich zunächst parallel:

- Content Aggregatoren sammelten elektronische Versionen der beschreibenden und bebilderten Reisekataloge aller wichtigen Veranstalter, um sie zur Darstellung in Beratungssystemen aufzubereiten. Zusätzlich erfassten sie systematisch Text-, Bild- und Videodaten über die angebotenen Hotels und Zielgebiete, integrieren Geoinformationen (vgl. Kap. 2.3), Hotelbewertungen und Reiseinformationen in Kooperation mit Reiseführerverlagen.

- Angebots- und Preisvergleichssysteme wie das damalige IFF-System Bistro (heute Teil des Amadeus-Portfolios) sind Datenbanken, die systematisch Angebots- und Preisdaten der Reiseveranstalter in einem vorgegebenen Format sammeln, in ihrer Angebotsdatenbank zentral (zwischen-)speichern, um sie veranstalter- und katalogübergreifend im Beratungs- und Auswahlprozess verfügbar zu machen.

In der Folgezeit sind, in Verbindung mit Unternehmensbeteiligungen und -übernahmen, die Content-Systeme mit den Angebotsdatenbanken zu umfassenden multimedialen Kundenberatungs- und Angebotssystemen verknüpft worden[41]. Die GDS und alternative Systeme (ADS, s. u.) integrierten diese Beratungssysteme mit ihren Buchungsverfahren und stellen sie als Frontend-Systeme zur Reiseberatung und Buchung den Reisebüros und Reiseportalen kostenpflichtig zur Verfügung (z. B. im Rahmen der Amadeus Selling Platform, vgl. Kap. 3.1 u. 3.4). Die Reisemittler erhalten Online-Zugriff auf die multimedialen Informations- und Content-Dienste und greifen integriert auf die produzierten Reiseangebote zu, die den Kundenberatungs- und Angebotsvergleichssystemen im regelmäßigen Datentransfer von den teilnehmenden Veranstaltern übermittelt worden sind. Mittels veranstalterübergreifender Attribut- oder Volltextsuchen können sie sämtliche Angebote und ihre multimedialen Beschreibungen recherchieren, vergleichen und beraten.[42]

Basissystemen und unterscheiden sich (nur) in ihren Frontend-Systemen und der Kundenkommunikation (persönliche Beratung und Services vs. Online-Selbstbedienung durch den Kunden, vgl. Kap. 3.4).
41 Beispiele für Content-Systeme: Giata, Interactive CMS, Traveltainment (heute Amadeus), Traffics. Pionier der Vergleichssysteme war das IFF-Institut für Freizeitanalysen, das später mit seinem Produkt Bistro von zunächst Traveltainment und später von Amadeus übernommen wurde.
42 Auch Zugriff auf Charterflüge und Nur-Hotel-Angebote der Veranstalter und Consolidator sind möglich und Reisebüros ohne IATA-Lizenz können auch auf Linienflüge der GDS zugreifen, die dann ggf. über Consolidator gebucht werden. Darüber hinaus bieten die Beratungssysteme integriert viele Zusatzdienste, die neben den reinen Angebotsdaten beim Vertrieb von Pauschalreisen nützlich sind, z. B. Smartphone-Apps, die veranstalterspezifisch den Reisenden mobil Urlaubs- und Routeninformationen nach der Buchung bereitstellen.

Die Kundenberatungs- und Angebotssysteme sammeln nicht nur langfristig produzierte Reiseangebote, sondern auch täglich aktuelle Last-Minute-Angebote. Da einige Angebotsvergleichsdatenbanken ihren Ursprung im Bedarf der Veranstalter nach schneller Verbreitung von Dynamic-Pre-Packaged-Reisepaketen bzw. von Last-Minute- und aktuellen Spezial-Angeboten hatten, wurden auch diese Angebotsarten in die Angebotsvergleiche einbezogen. Für Last-Minute- und Special-Angebote übermitteln Reiseanbieter hierzu im Rahmen ihrer Vertriebssteuerung und ihres Yield Managements (vgl. Kap. 5.1 u. 5.2) kurzfristig (z. B. nachts) ihre Angebotsdaten über automatisierte elektronische Schnittstellen ebenfalls an die Angebotssysteme. Diese bereiten die Daten so auf, dass die angelieferten Last-Minute- und Special-Angebote veranstalterübergreifend gemeinsam mit den langfristigen Saisonangeboten zur Kundenberatung sowohl in den Reisebüros als auch in den Internet Booking Engines (IBE) der Reiseportale zentral recherchiert, sortiert und vergleichend dargestellt werden können. Die Abb. 4.6.9 und 4.6.10 stellen diese etablierte „Zentrale Logik" des Angebotsdatenaustauschs zwischen Veranstaltern und Reisemittlern dar. Die Angebotsdaten werden von den Veranstaltern regelmäßig an die zentralen Angebotsdatenbanken geliefert, und sie beinhalten neben Verweisen auf z. B. Hotelbilder und Beschreibungen die für die verbindliche Vakanzabfrage und Buchung in den Veranstaltersystemen notwendigen Leistungscodes. Die Beratungssysteme und IBEs können die Angebotsdaten darstellen, vergleichen und den mit ihnen verknüpften multimedialen Content von den Content Aggregatoren per Link abrufen. Die zentralen Angebotsdatenbanken übernehmen dabei die Rolle eines Angebotzwischenspeichers (Cache), da die Anfragen aus den Beratungssystemen und IBEs alle an die zentrale Datenbank gehen, die mit den vorausgelieferten Angebotsdatensätzen schnelle Suchverfahren realisieren können, ohne die angeschlossenen Reiseveranstaltersysteme durch langwierige Angebotsabfragen im Echtzeitdialog zu belasten. Nachteilig ist dabei aber, dass im zentralen Daten-Cache auch Angebotsdaten liegen, die ggf. seit der letzten Vakanzprüfung schon ausgebucht sind. Hat ein Kunde ein Angebot vermeintlich abschließend ausgewählt, werden die Produktdaten und -codes automatisch vom Angebotssystem in das gewünschte traditionelle Verfahren (z. B. TOMA) übergeben, um dort eine aktuelle Verfügbarkeitsprüfung und ggf. die verbindliche Vermittlung und Reservierung im jeweiligen Veranstaltersystem durchzuführen. Stellt sich hierbei, am Ende des Beratungs- und Entscheidungsprozesses, heraus, dass das Angebot seit dem letzten Datentransfer im Veranstaltersystem ausgebucht worden ist, muss aus Sicht des Kunden die Qualität und Aktualität der Beratung infrage gestellt werden. Für spätere Beratungsprozesse werden diese veralteten Reiseangebote automatisch im betroffenen Beratungs- und IBE-System als ausgebucht markiert. Dieser Kritikpunkt der fehlenden Aktualität der Angebotsdaten sowie weitere in der Praxis signifikante Unzulänglichkeiten von verbreiteten Systemen, die auf der Zwischenspeicherung statt auf einer Echtzeitkommunikation zur Angebotsberatung und -auswahl beruhen, werden in Kapitel 3.4 aus Sicht der Reisemittler (Reisebüros und Reiseportale) dargestellt.

Integration von Dynamic-Packaging-Angeboten in Beratungs- und IBE-Systeme
Um darüber hinaus auch dynamisch paketierte Reiseangebote mit in die Beratungs-
und Angebotssysteme zu übernehmen, wurden in die Angebots- und Beratungssysteme
Dynamic Packaging Engines (DPE) integriert, die als externe Dynamic-Packaging-
Dienste für Reiseveranstalter angeboten werden. Sie kombinieren (als White-Label-
Produzenten) im Auftrag und nach den Vorgaben des jeweiligen Veranstalters im
echten Dynamic-Packaging-Verfahren automatisch und in Echtzeit der Kundenberatung Reisepakete. Die DP-Reisepakete werden auf Basis der Kundenwünsche aktuell erstellt, kalkuliert und anschließend sortiert zusammen mit den vergleichbaren
klassisch oder last minute vorproduzierten Angeboten im Beratungs- und Vergleichs-
system dargestellt und im Distributionsnetzwerk buchbar gemacht (vgl. hierzu die detaillierten Ausführungen im vorangehenden Abschnitt zur Reiseproduktion, die
zusammenfassende Abb. 4.6.10 sowie Kap. 3.4). Die Nutzung dieser integrierten DPE
entspricht aus Sicht eines teilnehmenden Reiseveranstalters einem Outsourcing des
dynamischen Produktionsverfahrens, heraus aus seinem eigenen Produktionssystem.

Da der Beratungs- und Auswahlprozess in Zwischenspeichersystemen nur aus
dem Cache der zuvor übermittelten Angebotsdaten sowie ggf. aus der integrierten
DPE des Beratungssystems gespeist wird, bleiben Reiseveranstalter, die in ihrem eigenen System eine eigene DPE betreiben (vgl. Abb. 4.6.6) mit ihren dynamischen
Produktionsmöglichkeiten im Beratungsprozess außen vor, denn sie erfahren die
Kundenwünsche nicht in Echtzeit des Beratungs- und Auswahlprozesses. Auch dieser Kritikpunkt an etablierten Beratungssystemen macht den Bedarf an einer Systemvernetzung mit Echtzeit-Schnittstellen deutlich (vgl. konkret Kap. 3.4).

Alternative Distributionssysteme (ADS) als Alternative zu GDS-Diensten
In Verbindung mit diesen Entwicklungen und im Wettbewerb zu den GDS haben
sich national und international neue Anbieter von Beratungssystemen und Internet
Booking Engines für Pauschalreisen, Nur-Flug und Nur-Hotel-Angeboten erfolgreich
etabliert, die in Ergänzung ihrer Beratungssysteme eigene alternative Distributionsnetzwerke mit direkten Verbindungen zu den Anbietersystemen der Reiseveranstalter
und Leistungsanbieter aufgebaut haben. Damit können sie die traditionellen touristischen Distributionsnetzwerke der GDS umgehen (vgl. Abb. 4.6.10).[43] Auch sie betreiben Dienste zur Integration von Last-Minute- und Dynamic-Packaging-Angeboten.
Viele touristische ADS offerieren ihre Systeme sowohl für den traditionellen stationären
Vertrieb als auch für den Online-Vertrieb als Internet Booking Engines zur Integration
in Reiseportale (s. u. sowie Kap. 3.4). Somit bieten sich aus Sicht der Veranstalter- und
Reisemittler neben den touristischen Distributionsnetzen der GDS alternative oder

---

43 Beispiele für Anbieter alternativer Distributionssysteme (ADS) sind Traffics (www.traffics.de/cos
monaut-download), Bewotec (bewotec.de/produkte/) und Schmetterling (schmetterling.de/down-
load/produkte/smg_neo_broschuere.pdf), Stand 2/2022.

ergänzende Intermediäre im Vertrieb an. Im Ergebnis haben Veranstalter hierdurch einerseits mehr Auswahl bezüglich ihrer Distributionskanäle, andererseits muss ein Veranstalter sich aber ggf. auch an mehrere Distributionssysteme anschließen, um alle seine Zielgruppen über die passenden stationären und online Reisemittler erreichen zu können.

Neue DRV- und IATA-Standards zur Angebotsdatenkommunikation – PHN

Zusammenfassend für alle zuvor genannten Kundenberatungssysteme und Online-IBEs der GDS und ADS gilt: Die von klassischen Veranstaltern übermittelten und von automatisiert dynamisch produzierenden Veranstaltern[44] abgerufenen Angebotsdaten werden von den Kundenberatungssystemen und IBEs für schnelle Suchen, Vergleichbarkeit, und Angebotsauswahl zusammengeführt[45]. Lang- oder kurzfristig vorab übermittelte Reisepakete werden dazu in ihren Angebotsdatenbanken zwischengespeichert (Cache) und die dynamischen Angebote werden ggf. durch Direktschnittstellen in Echtzeit der Kundenabfrage vom Anbietersystem abgerufen. Neben den Unzulänglichkeiten aktuell noch eingesetzter Beratungssysteme und IBEs, wie sie bereits oben erwähnt und in Kapitel 3.4 näher dargestellt werden (fehlende Direkt-/Echtzeit-Schnittstellen in Verbindung mit der Zwischenspeicherung verfallender Angebotsdaten), führt insbesondere die kurzfristige automatisierte Dynamic-Pre-Packaging-Produktion mit ihrer nächtlichen Datenübermittlung (last minute) zu einer Überflutung des Marktes mit riesigen Mengen mehr oder weniger belastbarer Angebotsdaten mit eingeschränkter Datenqualität: Beispielsweise nur kurzfristig verfügbare Billig-/Restangebote mit wenigen beschreibenden Merkmalen und zunächst unkonkreten, unverbindlichen Preisangaben verdrängen gut attributierte, hochverfügbare und auch als Option reservierbare saisonale Reiseangebote, ohne dass die Qualitätsunterschiede rechtzeitig im Beratungs- und Auswahlprozess erkennbar werden. Um die verbindliche Vergleichbarkeit der Angebote zu ermöglichen, sind Standardisierungen der auswahlrelevanten Reiseattribute erforderlich sowie direkte Schnittstellen zu den Reiseveranstaltersystemen und ihrer Vertriebssteuerung in Echtzeit des Auswahlprozesses. Um diese Erfordernisse umzusetzen, wurde vom DRV als Branchenverband 2011 ein neuer Datenstandard für Reiseangebotsdaten und konzeptionell eine neue Abfrageschnittstelle für die Übermittlung von Angebotsdaten verabschiedet. Im Zusammenwirken mit IT-Spezialisten der Branche wurden zur Standardisierung der Reiseattribute die GlobalTypes entwickelt und als Direktschnittstellen der Beratungs- und IBE-Systeme mit den Reiseveranstaltersystemen und ihren

---

44 In Fachmedien auch als X-Veranstalter bezeichnet.
45 Beispiele für Touristik-IBEs sind: Amadeus Leisure IBE (ehemals Traveltainment), Traffics Evolution IBE, Schmetterling Urania, Peakwork All-in-One for OTAs und andere.

Vertriebskanalsteuerungen stehen Standards unter dem Oberbegriff der Player-Hub-Technologie zur Verfügung.[46]

Der **DRV-GlobalTypes-Standard** spezifiziert formal und inhaltlich die Attribute zur differenzierten Beschreibung von Reiseangeboten, die als Branchenstandard für XML-basierte Datenübertragungsformate dienen. Reiseangebote sollen wesentlich detaillierter dargestellt und auch bzgl. zahlreicher eindeutig definierter qualitativer Merkmale automatisiert vergleichbar gemacht werden. Unter anderem werden Attribute zur eindeutigen Klassifizierung der Lage (z. B. Strandnähe), zur exakten Preisberechnung mit Berücksichtigung aller Preisregeln und viele Zusatzattribute zur eindeutigen Beschreibung der Hotelart, Ausstattung, Verpflegung und diverser weiterer Teilleistungen festgelegt. Mit dieser besseren qualitativen Vergleichbarkeit der Reiseangebote werden kleinere Treffermengen bei Suchanfragen erreicht, die einerseits im Direktzugriff auf Veranstaltersysteme den Datentransfer entlasten und andererseits bessere, gezieltere Ergebnisse zu den Kundenanfragen liefern. Statt eines preisfixierten Verdrängungswettbewerbs soll die Wandlung zu einem qualitäts- und zukünftig auch nachhaltigkeitsorientierten Wettbewerb unterstützt werden (vgl. Kap. 1.4 und 5.1.4). Die entsprechend erweiterten Daten der Reiseleistungen und ihrer Attribute sind daher in den Datenbanken der Veranstaltersystemen technisch vorzusehen und müssen im Produkt- und Marketingmanagement detailliert erfasst und gepflegt werden.

Der DRV-Standard unterstützt auch dezentrale bzw. verteilte **Player-Hub-Architekturen für Player-Hub-Netze** (**PHN**) wie folgt (vgl. Abb. 4.6.8 und 4.6.9):

- Ein Reiseveranstalter überspielt seine Angebotsdaten gemäß Standard in regelmäßigen, möglichst kurzen Update-Intervallen (Pre-Packaged-Reisen) in die entsprechenden Player, die auch ggf. direkt mit seiner Dynamic Packaging Engine (DPE) verbunden sein können und dann auf Vorrat oder erst auf Anfrage in Echtzeit passende Reisen dynamisch produzieren lassen können (echtes Dynamic Packaging).
- Es gibt auch DP-Player, die selbst die Rolle einer DPE übernehmen und in Echtzeit direkt oder via Hub aus Flug-/Hotel-/Mietwagen-Playern von Leistungsträgern Einzelangebote in Echtzeit abrufen und paketieren und ebenfalls echtes Dynamic Packaging realisieren (vgl. Abb. 4.6.7 und 4.6.8).
- Es können zur Vertriebskanalsteuerung mehrere Player betrieben werden und in jedem Player wird zur Vertriebssteuerung festgelegt, welcher Vertriebspartner ihn abfragen darf.
- Die Kundenberatungssysteme sowie die IBEs betreiben kommunizierende Hubs, über die sie jede Anfrage in Echtzeit an die im Hub konfigurierten Player der kooperierenden relevanten Veranstalter übermitteln.

---

[46] www.drv.de/themen/digitalisierung/drv-datenstandard.html, www.otds.de und www.peak work.com/de-DE/plattform/player-hub-technologie.

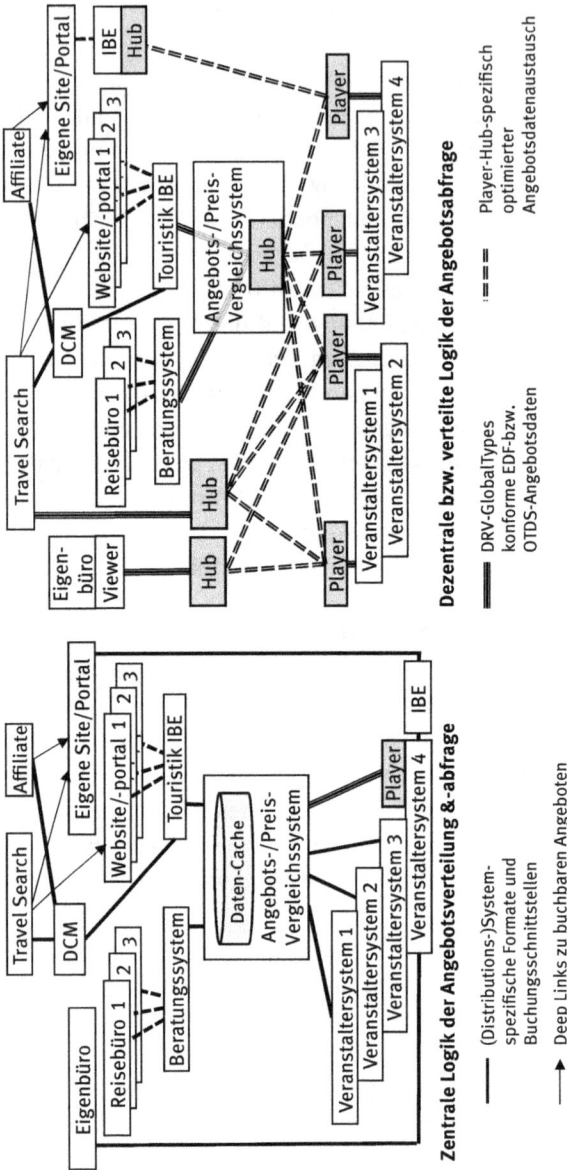

Abb. 4.6.9: Zentrale und dezentrale/verteilte Architekturen für die Verteilung und Abfrage von Angebotsdaten zwischen Reiseveranstaltern und verschiedenen Distributionssystemen des direkten bzw. indirekten Vertriebs (Quelle: Goecke, eigene Darstellung auf Basis von Darstellungen der Websites von DRV, Amadeus, Traffics, Peakwork und Bewotec; Stand März 2014 – aktualisiert im Januar 2022).

- Die dezentralen Player ermitteln für die anfragenden und berechtigten Hubs ihre jeweiligen Angebote und übermitteln sie an den anfragenden Hub in Echtzeit.
- Die Hubs sortieren die Angebote verschiedener Player entsprechend den Suchkriterien und geben die sortierte Trefferliste zur Darstellung an das verbundene Beratungssystem bzw. an die IBE weiter.

Wenn die Angebotsdaten in den Playern durch kurzfristige Update-Strategien für Pre-Packaged-Reisepakete und dynamische Paketierungen in Echtzeit in den Veranstalter- und Leistungsgebersystemen aktuell gehalten werden, ermöglicht dieser dezentrale Player-Hub-Datenaustausch gute Datenqualität und Datenaktualität und liefert bei Nutzung der vielfältigen Reiseattribute weniger, aber passendere Angebote mit konkreten Preisangaben und aktueller Verfügbarkeit. Damit behalten die X-Veranstalter mit eigener DPE bzw. DP-Player die Datenhoheit für das dynamische Paketieren und zur Vertriebssteuerung (vgl. hierzu die Ausführungen zu DP-Veranstaltern im vorangehenden Kap. 4.6.3 zur Reiseproduktion). Mit den Player-Hub-Technologien werden auch die bestehenden Beratungs- und IBE-Systeme weiterentwickelt bzw. erweitert, so dass sie eine hybride Plattform darstellen für alle Reiseangebote unabhängig von ihrer Produktionsweise und ihrem Produktionssystem. Die Hybridität bedingt aber auch eine wachsende Komplexität insbesondere durch den Bedarf zur Datenkonvertierung zwischen den verschiedenen alten und neuen Standards.

Darüber hinaus nutzen auch Reisesuchmaschinen (s. u. sowie Kap. 3.4.5) die Angebotsdaten der neuen Standards sowohl via API (Application Programming Interface) aus zentralisierten Distributionssystemen als auch aus verteilten Player-Hub-Netzen, um differenzierte und verlässliche Suchen und Preisvergleiche optimiert und ohne lückenhafte, unregelmäßige Dateiübertragungen zu ermöglichen. Dass die Kunden von den Suchmaschinen bzw. Werbebannern tatsächlich auf die genau den Attributen entsprechenden buchbaren Angebote in den richtigen Portalen über korrekte Deep Links gelenkt werden, unterstützen Digital-Campaign-Management-Systeme (DCM, s. u.).

Parallel zu den Entwicklungen im Pauschalreisevertrieb hat die International Air Transport Association IATA (www.iata.org), deren Mitglieder-Airlines ihre Flugangebote mit neuen Preis- und Angebotsmodellen (z. B. durch Zusatzleistungen, Ancillary Services) erweitern, den **New Distribution Capability Standard (NDC)** geschaffen. NDC ist ein neuer Daten- und Buchungsstandard, der eine erweiterte, differenzierte und vergleichbare Angebotsdarstellung gegenüber den Kunden ermöglicht (vgl. auch Kap. 3.2, 3.3 und 5.1.1). Für Reiseveranstalter hat der NDC-Standard insbesondere Bedeutung, wenn sie als Partner der Fluggesellschaften derartige Angebote in ihre Reisepakete integrieren, aber auch wenn Fluggesellschaften ihr Angebot ausweiten, z. B. durch das Bündeln verbundener Reiseleistungen und somit in den Wettbewerb treten.

Die genannten Standards zur Angebotsdatenkommunikation basieren informationstechnologisch auf der XML-Standardschnittstellen-Technologie (vgl. Kap. 1.2

und 2.2.3), die auch den weltweiten Standards der Open Travel Alliance (opentravel.org) zugrunde liegt.

Die GDS, ADS, Airline- und Veranstaltersysteme nutzen die IATA-NDC in der Weiterentwicklung ihrer Systeme, um differenzierte Darstellungen von Flugleistungen, Ancillaries und Bündel verbundener Reiseleistungen zu ermöglichen und ihr Angebotsportfolio zu erweitern. Der internationale Verband für elektronische Hotel Distribution HEDNA (www.hedna.org) diskutiert unter dem Schlagwort Hotel NDC vergleichbare Standards und Architekturen für zukünftige Hotelreservierungssysteme (vgl. Kap. 4.3.7).

Zusammenfassung der Distributionssysteme aus Sicht des Reiseveranstalters
Abbildung 4.6.10 gibt einen zusammenfassenden, vergleichenden Überblick über den gesamten Systemverbund zur Distribution von Reisen.

Seine konkreten Angebotsdaten, sowohl die Daten der langfristigen Paketangebote wie auch die Daten der Kurzfristangebote und dynamische Pakete, sind zeitgerecht oder in Echtzeit für die Beratungssysteme der stationären Reisemittler, für die Internet Booking Engines der Online-Reisemittler (Online Travel Agency – OTA) und für alle weiteren Vertriebspartnersysteme sowie ggf. den Eigenvertrieb zur Verfügung zu stellen. Ergänzend sind auch die Beschreibungen und Medien (Fotos, Videos etc.) zu den Angeboten elektronisch direkt über das eigene CMS bzw. über Content-Aggregatoren online zugreifbar bereitzustellen.

Die Angebotsdaten können nicht nur in die Distributions- und Buchungskanäle, sondern auch in die Werbekanäle zu Reisesuchmaschinen und Affiliate-Werbepartnern geliefert bzw. von denen abgerufen werden. Die Angebotsdaten können dabei zur Buchung der Angebote Deep Links in die eigenen Reiseportale oder Portale von kooperierenden OTAs enthalten.

Das Veranstalter-Inventory bzw. Reservierungssystem muss schließlich für die Buchung der Angebote mit automatisiert arbeitenden Schnittstellen an alle zielgruppenrelevanten touristischen Distributionsnetzwerke ggf. auch in verschiedenen Ländern angeschlossen sein. Die zuvor dargestellten Angebotssysteme (basierend auf zentralen Zwischenspeichern und/oder dynamischen Player-Hub-Schnittstellen) können hierzu nach der Reiseentscheidung des Kunden den folgenden Buchungsprozess an die vorhandenen traditionellen Buchungsschnittstellen der GDS oder ADS übergeben (vgl. Kapitel 3.4, z. B. TOMA-Schnittstelle). Um Unabhängigkeit davon zu erlangen, werden aber auch die Player-Hub-Systeme mit Buchungsschnittstellen zu den Systemen der Leistungsgeber und Reiseproduzenten weiterentwickelt.

4.6.5 Vertriebssteuerung, Disposition und Digitales Marketing

Für den Multi- oder Omni-Channel-Vertrieb eines Reiseveranstalters über direkte und indirekte Vertriebskanäle sind mit den Produktdaten im internen Vertriebssys-

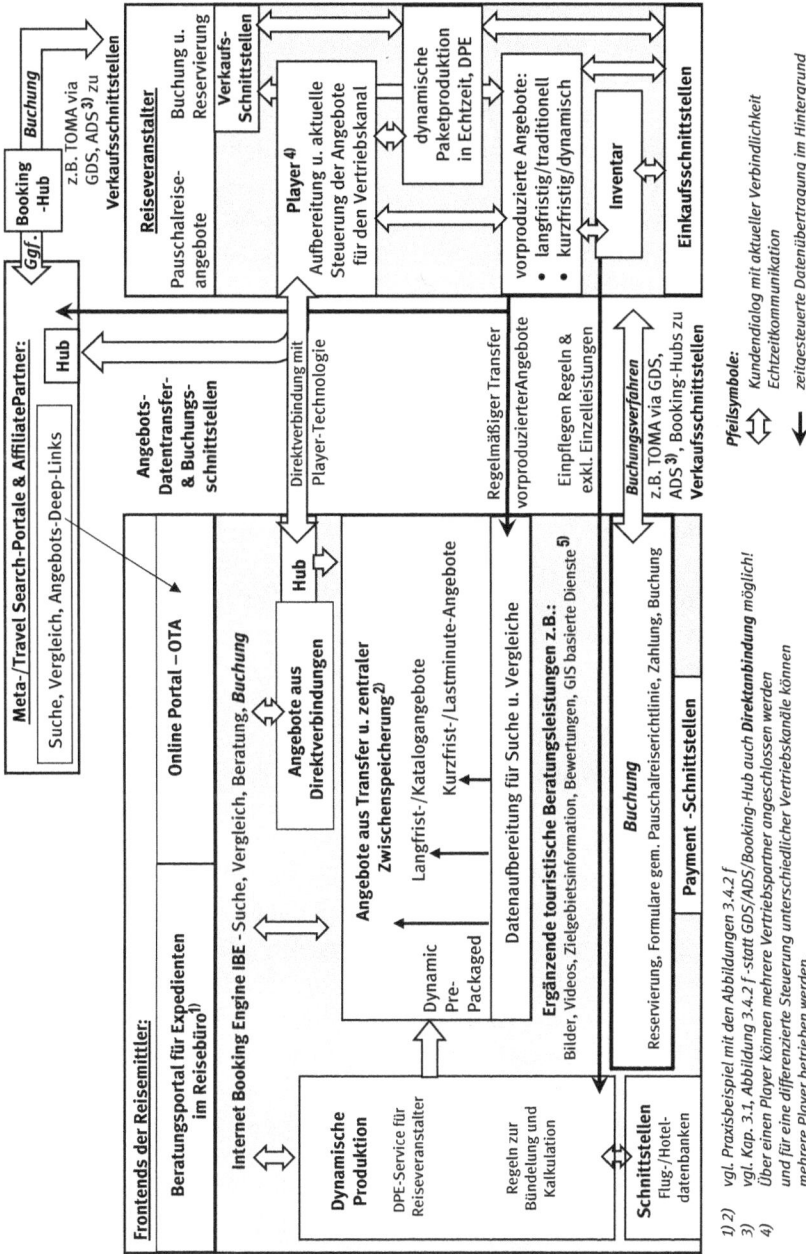

Abb. 4.6.10: Datenflüsse zwischen Veranstaltern, Kundenberatungs- und Angebotssystemen, Internet Booking Engines, Reisesuchmaschinen und Affiliate Werbepartnern in touristischen GDS/ADS/PHN-Netzwerken (Quelle: Goecke, eigene Darstellung, vgl. auch die modellartige Darstellung aus der vereinfachten Sicht der Reisemittler, Abb. 3.4.1 in Kap. 3.4).

tem des Veranstalters auch Steuerungsdaten zu verwalten (vgl. Kap. 5.2). Sie legen fest, über welche Vertriebspartner und -systeme und zu welchen jeweiligen Konditionen die Reiseprodukte beworben, angeboten und gebucht werden können. Folgende Beispiele seien zur Steuerung der Vertriebskanal-Player genannt: einfach strukturierte Pauschalreisen via Online-Reisemittler und Reisebüros im touristischen GDS-Verfahren; dynamisch/last minute vorproduzierte Pakete und Reisen aus dynamischer Echtzeitproduktion nur über Online-Portale; beratungsintensive Bausteinreisen nur über Reisebüros im touristischen GDS-Verfahren; Gruppenreisen nur auf Anfrage im Call-Center oder Eigenbüro.

Folgende Elemente als Grundlagen und Potenziale zur Vertriebssteuerung sind hervorzuheben:

Vertriebssteuerung durch kurzfristige Disposition
Zur Vertriebssteuerung des Veranstalters gehört auch die Vereinbarung differenzierter Provisionen und Provisionsmodelle mit den Reisemittlern bzw. den Reisebürokooperationen in den indirekten Vertriebskanälen. Für jeden Reisemittler müssen im System die aktuellen Provisionssätze und -modelle (z. B. Staffelprovision) ggf. differenziert nach Produkten bzw. Produktgruppen und Kanälen (online, offline) hinterlegt sein. Für eine optimale Mehrkanal-Vertriebssteuerung spielt auch die Abstimmung der Mengen- und Preisvorgaben im Rahmen des Yield- bzw. Revenue-Managements (vgl. Kap. 5.1) eine wichtige Rolle (z. B. über welchen Kanal werden wann welche Kurzfrist-Angebote zu welchen Konditionen vertrieben?).

Der traditionelle langfristige Einkauf von Reiseleistungen, die Produktbündelung und die Preiskalkulationen basieren auf Planteilnehmerzahlen und auf erwartetem Kundenverhalten im Zusammenhang mit Saisonzyklen, Werbeaktivitäten u. v. a. m. Um im Saisonablauf eingehende Buchungen (Istzahlen) mit den Planzahlen kontinuierlich und detailliert vergleichen zu können, haben die Veranstaltersysteme regelmäßig und automatisiert sachgerechte Auswertungen und Vergleiche zu erstellen. Diese Auswertungen sind die Basis der kurzfristigen, saisonbegleitenden Disposition und Verkaufssteuerung (vgl. auch Kap. 4.6.2 u. 4.6.3).:
- Wird erkannt, dass die Nachfrage nach bestimmten Reisen und Zielgebieten die Planwerte und die vorhandenen Kontingente übersteigen wird, sind kurzfristig entsprechende Reiseleistungen zu beschaffen, um das Angebot zu erhöhen und zusätzliche Deckungsbeiträge zu erzielen. Es können auch geeignete Umstrukturierungen im Angebot vorgenommen werden, indem z. B. preisgünstige Pauschalangebote gesperrt werden und die knappen Einzelleistungen im Rahmen höher bepreister Paketangebote vermarktet werden.
- Ist eine zu geringe Nachfrage zu erwarten und drohen Angebote zu verfallen, sind Preis-, Werbe- und Verkaufsförderungsaktivitäten vorzunehmen, oder fest eingekaufte Kontingente sind an kooperierende Low-Cost- und Last-Minute-Veranstalter oder Dynamic-Packaging-Anbieter weiterzuverkaufen, um statt Angebotsverfall zumindest reduzierte Deckungsbeiträge zu realisieren. (Rest-)Kontingente können da-

rüber hinaus auch als Einzelleistungen (Nur-Flug- bzw. Nur-Hotel-Angebote) den Endkunden oder anderen Vermarktern angeboten werden. In die Veranstaltersysteme können Software-Module integriert werden, die nach Freigabe durch die Verkaufssteuerung automatisch die Angebotsdaten an Last-Minute-, Dynamic-(Pre-)Packaging- oder Restplatz-Anbietersysteme transferieren.

Zielgerichtete Werbekampagnen durch Digitales Kampagnenmanagement
Große Bedeutung hat das **Digital Campaign Management (DCM)** für die Internet-Vertriebskanäle. Stammkunden und (registrierte) Interessenten werden durch E-Mail-, Newsletter-, Social-Media- und Suchmaschinen-Kampagnen auf aktuell online buchbare Reiseangebote gelenkt, z. B. auf die Veranstalter-Website oder auf Portale von Reisemittlern und Vertriebspartnern (Affiliates). Reisesuchmaschinen (Travel Search Engines – TSE) werden mit aktuellen Reiseangeboten versorgt, die mit Deep Links zum buchbaren Angebot versehen sind. Die besondere Herausforderung für Reiseveranstalter ergibt sich daraus, dass insbesondere kurzfristige und dynamisch paketierte Angebote in den Werbemedien korrekt dargestellt und in den Vertriebskanälen wie beworben buchbar sein müssen. Innovative Systeme für DCM (Digital Campaign Management) automatisieren diese Aufgaben. Bedeutend sind in diesem Zusammenwirken auch mobile Travel-Apps als komfortable mobile Bedienoberflächen für Vertriebsportale mit ihren Services vor, während und nach der Reise (Customer Journey, vgl. Kap. 2.4).

Ein Digital-Campaign-Management-System (DCM) ist ein automatisiert arbeitendes System zum Management von Werbekampagnen in digitalen Kommunikationssystemen und Communities (vgl. Abb. 4.6.8 sowie Kap. 2.2.5, 2.5 u. 2.6). Es hat auf der einen Seite Schnittstellen zu den jeweiligen werbetreibenden Veranstalter- und Distributionssystemen, um die dort zu bewerbenden Angebots- und Preisdaten abzurufen. Auf der anderen Seite hat ein DCM Schnittstellen in die digitalen Werbekanäle, um beispielsweise bei Reisesuchmaschinen die Angebote einspielen zu können oder bei allgemeinen Suchmaschinen, auf Social-Media- und Streaming-Plattformen oder bei Affiliate-Partnern geeignete Anzeigetexte, Bannergrafiken oder Werbevideos automatisch zu platzieren. Für E-Mail-Kampagnen gibt es Schnittstellen zu CRM-Systemen, die automatisch Newsletter mit entsprechenden Werbetexten an ausgewählte Zielgruppen senden (vgl. Kap. 5.4). Suchmaschineneinträge, Werbebanner und Werbemails müssen neben den präzisen Angebotsdaten der beworbenen Produkte auch Deep Links zu den Buchungsstrecken der Anbietersysteme beinhalten, auf denen ein Interessent genau das beworbene Produkt zum beworbenen Preis buchen kann. Dazu können auch für Kampagnen spezifische Landingpages mit verlinkter Buchungsmöglichkeit automatisch generiert werden. Diese Werbekanäle (Ad-Channels in Abb. 4.6.8, z. B. TSEs, Affiliates, OTAs, Influencer) fordern die Festlegung von Werbebudgets z. B. für Digitales Marketing (DM) im Sinne von Geboten, nach denen sich je nach Geschäftsmodell des Werbemediums die Häufigkeiten und Platzierungen der Werbung im Vergleich zu den Geboten der Wettbewerber richten. Dem Preis der Werbekampagne und damit der Ausschöpfung des Budgets können unterschiedliche Preismodelle zugrunde liegen, die auf der Vermittlung und Anzeigehäufigkeit der Werbung (Pay per View), auf der Nutzung der weiterleitenden Angebotsverweise (Pay per Click) und/oder auf einer erfolgreichen Angebotsvermittlung (Pay per Booking, Conversion Rate) basieren. DCM-Systeme erlauben differenzierte Regeln festzulegen, nach denen Online-Kampagnen durch Vorgabe von zu bewerbenden Angeboten, Werbekanälen bzw. Zielgruppen, Werbezeiten, Werbe-Keywords und Werbebudgets etc. automatisch gesteuert werden. Über Kontrollschnittstellen können Informationen zur Wahrnehmung der Werbebotschaften und zur Kostenentwicklung der Kampagne abgerufen werden, um z. B. die Kampagnensteuerung zu aktualisieren. Die Schnittstellen in das eigene Veranstaltersystem bzw. in das Buchungs- und Reservierungssystem liefern Echtzeitdaten über die durch die Werbung tatsächlich ausgelösten Buchungen und Einnahmen.

Revenue-Management-System
Außer zusätzlichen Werbemaßnahmen, der Umsteuerung von Angeboten in geeignetere Distributionskanäle oder der Neu-Paketierung der eingekauften Komponenten kann eine geringe Nachfrage auch durch reine Preisaktivitäten verbessert werden, wenn keine langfristige Preisbindung vorliegt. Dazu muss ein Reservierungssystem vielfältige Möglichkeiten zur Gestaltung der Preis- und Rabattbedingungen bieten und damit eine differenzierte Preisrechnung ermöglichen (vgl. Kap. 4.6.3, die beispielhafte Aufzählung der Preisfaktoren deutet die Komplexität an). Auch die Kommunikation dieser veränderten Preise und Rabattbedingungen ist Inhalt für das digitale Kampagnenmanagement DCM.

Maßnahmen und Kampagnen wenden sich aber nicht nur an Endkunden, sondern können sich auch an Vertriebspartner und Leistungsträger richten. Möglichkeiten zur Mengen- und Wertesteuerung durch Anpassungen der Vertragspartnerbeziehungen sind im Veranstaltersystem erforderlich. Wenn beispielsweise der klassische Vertrieb über Reisebüros angekurbelt werden soll, können kurzfristige Incentives und Sondervergütungen für die ausgewählten Reisebüropartner und -ketten angeboten werden, verbunden mit Sonderpreisen und -angeboten, die den Endkunden in Verbindung mit dem Vertriebskanal (hier z. B. Reisebüros) kommuniziert werden.

Revenue-Management-Systeme für Reiseveranstalter übernehmen im Rahmen der kurzfristigen Planung und Steuerung die integrierte Disposition von Preisen und Mengen für die verschiedenen Vertriebskanäle mit dem Ziel der auf Produkt, Kanal oder Marke bezogenen Ertrags- bzw. Yield-Optimierung. Auch sie benötigen für die hierzu notwendige Datenerhebung und Steuerung Schnittstellen zu den Produktionssystemen, Vertriebskanälen (Multi-Channel Revenue Management), Einkaufssystemen (Steuerung der Einkaufspreise/Mengen), zum digitalen Kampagnen-Management (DCM) sowie Schnittstellen zu den Vergangenheitsdaten und deren Analysen im Data Warehouse.[47]

4.6.6 Abwicklung und administrative Systeme

Alle im Reservierungssystem des Veranstalters über die unterschiedlichen Vertriebs-kanäle eingehenden Buchungen werden von Abwicklungs- bzw. Fulfillment-Modulen (teil-)automatisiert gesteuert, bearbeitet und verwaltet. Diese Module basieren auf Vorgangssteuerungssystemen, die regelbasiert die Bearbeitungsschritte wie das Inkasso, die Erstellung und den Versand der Buchungsbestätigungen und Reiseunter-lagen, die Meldung an die Leistungsträger (Avise), die Leistungsträgerabrechnung, die Provisionsabrechnung mit den Reisemittlern, die Transaktionsabrechnung mit Intermediären bis zum Bank- und Zahlungsverkehr mit allen Kunden und Geschäfts-partnern steuern. Eine gebuchte Reise wird hierzu wie folgt mit den Leistungsträgern und bei indirektem Vertrieb mit dem Reisemittler bzw. direkt mit dem Reisenden abgewickelt und abgerechnet:

Abwicklung von Inkasso, Provisionsabrechnungen und Reiseunterlagen

Der Ablauf ist abhängig vom Agenturvertrag, der zwischen dem Reiseveranstalter und dem Reisemittler (Reisebüro, Reisebürokette oder Online-Reiseagentur) geschlossen worden ist. Der Agenturvertrag regelt die Provisionsvergütungen und alle Vermittlungskonditionen. Darin wird beispielsweise auch festgelegt, ob der Reisemittler das Inkasso beim Kunden durchführt oder ob der Veranstalter direkt mit dem Reisenden abrechnet. Die relevanten Vertragsdaten werden in den Reisemittler-Stammdaten des Veranstaltersystems gespeichert, um abhängig davon die Abläufe des Veranstalters automatisiert steuern und durchführen zu können (vgl. auch Kap. 3.1).

Reisebüro-/Agenturinkasso

Die vollständigen Adress- und Zahlungsinformationen der Reisenden verbleiben beim vermittelnden Reisebüro. Die Reiseunterlagen werden vom Veranstalter automatisch erstellt und an das Reisebürosystem versendet oder im Auftrag an dritter Stelle hinterlegt (z.B: kurzfristig am Abflughafen). Rechnungsempfänger und Debitor des Veranstalters ist das Reisebüro, das das Risiko bzgl. der Kundenbonität trägt. Das Reisebüro erhält eine Nettorechnung (Reisepreis abzüglich der Vermittlungsprovi-sion), die erst nach Ende der Reise zur Zahlung an den Veranstalter fällig wird. Der Agenturvertrag regelt die Zahlungsart, z. B. den automatischen Bankeinzug: Das Veranstaltersystem übermittelt periodisch die fälligen Rechnungsdaten an die Bank des

---

47 Für weitere Einblicke in das Reiseveranstalter-Revenue-Management sei auf das Kapitel 5.1.4 verwiesen.

Veranstalters, die die Zahlungen automatisiert mit den Banken der entsprechenden Reisebüros abwickelt und die Zahlungseingänge dem Veranstaltersystem zur Zahlungskontrolle per Datentransfer übermittelt.

Veranstalter-/Direktinkasso

Die Adress- und Zahlungsinformationen der Reisenden sind mit der Reisebuchung zwingend anzufordern und als Kundendaten im Veranstaltersystem zu verwalten. Rechnungsempfänger und Debitor des Veranstalters ist der Reisende.[48] Bei ausreichend langfristiger Buchung wird der Rechnungsbetrag in Anzahlung und Restzahlung zeitlich gestaffelt. Der Prozess des Direktinkassos bei Vermittlung durch ein Reisebüro ist i. d. R. zu unterscheiden von einer Online-Buchung über ein vermittelndes Webportal und in Selbstbedienung des Kunden, z. B.:

- Nach der Vermittlung durch ein Reisebüro erhält der Kunde eine Bruttorechnung zeitnah nach Buchung der Reise, die er ggf. gestaffelt in Anzahlung und Restzahlung fristgerecht direkt dem Reiseveranstalter bezahlt. Nach vollständigem Zahlungseingang erfolgt dann die Übermittlung der Reiseunterlagen vom Veranstalter direkt an den Kunden oder, wenn im Agenturvertrag entsprechend geregelt, an das vermittelnde Reisebüro zur Abholung durch den Kunden.
- Bei einer Online-Buchung über ein Webportal wird der Bezahlvorgang in den Buchungsprozess integriert und die Buchung erst mit erfolgreicher Zahlungskontrolle online bestätigt (vgl. Kap. 2.2.4). Zahlungsarten mit integrierter Prüfung zur Echtheit und Bonität des Kunden werden vom Veranstalter zur Wahl gestellt, z. B. Lastschrift, Kreditkartenzahlung oder über einen Zahlungsdienstleister wie PayPal (vgl. Kap. 5.3). Mit vollständiger Zahlung des Reisepreises werden die Reiseunterlagen i. d. R. per E-Mail an den Reisenden versendet.

Das Veranstaltersystem ermittelt beim Direktinkasso monatlich die Provisionsabrechnungen zu den abgeschlossenen Reisen, und die Reisemittler erhalten automatisiert entsprechende Zahlungen vom Veranstalter.

Das Direktinkasso hat für den Veranstalter nicht nur den Vorteil, dass er in den Besitz umfangreicher persönlicher Daten der Reisenden kommt, die er später z. B. zum Marketing nutzen kann, sondern er erhält auch sehr früh (mit der Buchung) die (An-)Zahlungsbeträge, die beim Reisebüro-Inkasso zunächst bis zum jeweiligen Reiseende beim Mittler verbleiben würden. Der Veranstalter hat damit nicht nur einen Datengewinn, sondern auch Liquiditätsvorteile und Zinsgewinn, der den vermittelnden Reiseagenturen entgeht. Dieser Konflikt wird bei großen Reiseveranstaltern dadurch geregelt, dass den Reisemittlern frühzeitig pauschale Vorabzahlungen gegeben werden, die dann im Saisonverlauf mit den Vermittlungsprovisionen verrechnet werden.

---

48 Ein Direktvertrieb durch den Veranstalter selbst ist ebenfalls verbunden mit Verfahren zum Direktinkasso.

Mit der Überführung der **EU-Pauschalreiserichtlinie** in deutsches Reiserecht (2018) sind pauschale Reisepakete zu unterscheiden von verbundenen Reiseleistungen, die ein Bündel von Einzelleistungen darstellen, die im Rahmen einer Reise in Anspruch genommen werden. Eine solche Bündelung von Einzelleistungen wird insbesondere von Reiseunternehmen angeboten, die nicht im Geschäfts- und Produktionsmodell der Reiseveranstalter arbeiten oder arbeiten lassen, sondern die als Reisemittler oder Leistungsträger ihren Kunden einen Mehrwert ergänzend zu ihrem Kerngeschäft anbieten. Damit stehen sie aber im Wettbewerb zu den Reiseveranstaltern, und ihr Service der Bündelung erfordert auch die Absicherung der Kundenrechte und ihrer Zahlungen. Von diesem Grundsatz her wird die Bündelung von Einzelleistung damit zur Reiseveranstaltung. Alternativ können die Einzelleistungen aber als verbundene Reiseleistungen jeweils einzeln gegenüber dem Kunden ausgewiesen werden, sodass das Risiko der Leistungserbringung beim Leistungsgeber verbleibt. Alle Reiseunternehmen, die (auch) gebündelte verbundene Reiseleistungen in diesem Sinne anbieten, müssen ihren Kunden und ggf. deren Mittlern vollständige Informationen zu den jeweiligen Leistungsgebern, zum Inkasso und zu den Rechtsfolgen nachweisbar im Beratungs- und Buchungsprozess anzeigen und belegen, sodass der Kunde den juristisch korrekten Fulfillment-Prozess und seine möglichen Folgen in seine Buchungsentscheidung verbindlich einbeziehen kann. Dies unterstützten bei Reiseveranstaltern sog. PRR-Module (vgl. Abb. 4.6.8 und 4.6.1) in den Produktionssystemen. Zu EU-PRR Rechtslage vgl. Kap. 5.5.5–5.5.7.

Abwicklung von Avisierungen und Leistungsträgerabrechnungen
Die Buchungen und Reservierungen sind, wenn möglich mit ausreichendem zeitlichen Vorlauf, den Leistungsträgern anzukündigen bzw. zu avisieren. Dazu muss ein Modul des Veranstaltersystems regelmäßig, z. B. täglich/nachts, alle neuen Buchungen selektieren und je Leistungsträger auswerten. Diese Avisierungsdaten werden automatisch übermittelt.

Bei dynamisch produzierten Reisen (last minute vorproduziert oder in Echtzeit der Kundenberatung) muss die Avisierung ohne zeitlichen Vorlauf, sondern in Echtzeit der Buchung erfolgen. Wenn Leistungen, die der Veranstalter nicht in seinem eigenen Inventory führt, sondern in Echtzeit aus vernetzten, kooperierenden Angebotsdatenbanken bezieht, in die Pauschalreise eingehen, ist prozess- und systemtechnisch festzulegen und zu implementieren, ob das Veranstaltersystem oder das externe Angebotssystem die Avisierungen beim jeweiligen Leistungserbringer/-träger vornimmt.

Der voll automatisierbare Prozess der dynamischen Produktion und der Echtzeitabwicklung der Buchungen wird aber dann komplex (und kundenunfreundlich), wenn anschließend Reisebuchungen aufgrund von Änderungen, Stornierungen oder externen Einflüssen rückabgewickelt werden müssen. Während die Veranstalter in „normalen" Zeiten die Umbuchbarkeit von dynamisch produzierten Reisen ausschließen und die Stornierungen auf definierte Versicherungsfälle beschränken konnten, hat die Corona-Pandemie hier die Grenzen der aktuellen Dynamic Packaging Engines

(DPE) aufgezeigt, sodass Kunden sehr lange auf die Rückabwicklung und damit auf Rückzahlungen ihrer Gelder warten mussten. Von externen Partnern dynamisch bezogene Reiseleistungen werden vielfach vom Veranstalter bereits mit Buchung der Reise beim externen Partner bezahlt, und im Kurzfristgeschäft zahlt auch der Kunde sofort den Reisepreis, damit der Reisevertrag bestätigt werden kann. Im Falle einer Rückabwicklung aber versuchen die Reiseveranstalter zunächst den von ihnen gezahlten Einkaufspreis zurückzubekommen, bevor sie den gezahlten Reisepreis dem Kunden zurückerstatten. Aus Kundensicht bedarf es hier Prozess- und Systemoptimierungen, insbesondere wenn die Echtzeitproduktion mit Leistungen aus vernetzten Partnersystemen die saisonvorbereitende traditionelle Langfristproduktion weitergehend ablösen wird.

Neue Impulse für das Fulfillment gehen auch von der **ONE-Order**-Initiative der IATA aus: Bei Flugbuchungen werden alle Ancillaries und verbundenen Reisebuchungen zu einem Auftrag zusammenfasst und für alle beteiligten Leistungsträger referenzierbar gemacht, damit Änderungen im Reiseplan eines Segments auch für alle betroffenen verbundenen Segmente sichtbar werden, um ggf. die Reise z. B. bei Cancellations oder Verspätungen proaktiv umdisponieren zu können.

Leistungsträger-Abrechnungen sind, im engen Sinne, Rechnungen, die der Leistungsträger dem Reiseveranstalter stellt und die daher nicht durch den Veranstalter zu erstellen sind. Es ist jedoch sinnvoll, im Rahmen des Veranstaltersystems ein Modul einzusetzen, das periodisch die Abrechnungen mit den Leistungsträgern auf Basis der vorliegenden Reservierungen und der entsprechenden Einkaufspreise ermittelt. Diese Abrechnungen dienen der Kontrolle der eingehenden Rechnungen, und sie können zur kurzfristigen Finanz- und Devisenplanung herangezogen werden.

Administrative ERP-Systeme und Managementinformation (MIS)

Sämtliche finanzwirtschaftlichen Daten (z. B. Forderungen, Verbindlichkeiten, Umsätze) aus den Geschäftsvorfällen werden schließlich in die Systeme für Finanzwirtschaft und Controlling übergeleitet. Deckungsbeiträge können dort detailliert bis zum einzelnen Reiseangebot kontiert werden. Entsprechende Statistiken und Berichte für das Management bis hin zur Betriebsergebnisrechnung und Bilanz sind generierbar. Konzerngebundene Reiseveranstalter übermitteln zudem regelmäßig Daten, die den aktuellen Verlauf einer Saison zusammenfassend darstellen, an das Berichtswesen bzw. das Management-Informationssystem (MIS) des Konzerns zur übergeordneten Steuerung. Die konzernweit abgestimmte Aufbereitung und der Transfer der Daten erfolgen automatisch durch das Informationssystem des Veranstalters.

4.6.7 CRM/PRM-Systeme, Data Warehouse und Datenschutz

Jeder Reiseveranstalter hat Verträge und Geschäftsverkehr mit Leistungsträgern, Reisemittlern und den Endkunden. Die relevanten Daten über die Geschäftsbeziehungen fallen in verschiedenen (Teil-)Systemen an: Stammdaten über Lieferanten entstehen im Einkauf, wo in Vertragsmanagementsystemen (vgl. Abb. 4.6.1) alle Konditionen jedes Lieferanten stets aktuell gehalten werden. Leistungsträgerdaten werden bei der Kontingentdisposition und der Buchungsabwicklung benötigt. Ebenso müssen Kundenbewertungen und Kundenbeschwerden zu einem Leistungsträger im Rahmen der Qualitätssicherung herangezogen werden. Daten über Reisemittler und ihre Provisionen werden in den Reservierungssystemen und der Buchungsabwicklung benötigt. Kundendaten entstehen spätestens bei einer Buchung, werden den Leistungsträgern übermittelt und bei allen Buchungs- und Geschäftsvorgängen benötigt bzw. erweitert. Sie werden der Reiseleitung bereitgestellt, die sie ggf. um besondere Vorkommnisse ergänzt. Später stellen diese Kundendaten eine wichtige Basis für Marketing-Maßnahmen dar (z. B. Zielgruppenanalysen, Marketing-Controlling, Kundenbindungs- und Kundenbeziehungsmanagement).

Um diese verteilt anfallenden Kunden-, Partner- und Transaktionsdaten zentral für unterschiedliche Zwecke und Ziele analysieren und auswerten zu können (Data-Mining, Big Data), werden sie in speziellen Datenbanken (Data Warehouse, vgl. Kap. 1.2 und 5.4) zusammengeführt. Die Auswertungen und Analysen dienen der Unternehmensplanung und Strategieentwicklung im Allgemeinen und im Konkreten u. a. dem Customer bzw. Partner Relationship Management (CRM/PRM). Zu jedem Kunden, jeder Kundengruppe oder zu jedem Partner kann beispielsweise die Historie abgerufen und ausgewertet werden, Kunden-Cluster, Beziehungen und Verhaltensmuster können erkannt werden. Diese Informationen und Analyseergebnisse sind Grundlagen für das Management von Vertriebssystemen und -kampagnen (z. B. auf Basis personalisierter Angebote), für das Beschwerde- und Qualitätsmanagement und für die Verhandlungen mit den Leistungsträgern. Die besondere technische Herausforderung im Management von CRM/PRM-Systemen für Reiseveranstalter liegt in der großen Anzahl komplexer Schnittstellen zu allen internen und externen Systemen, die partner-, kunden- und transaktionsbezogene Daten liefern oder benötigen.

Marktführende Distributionssysteme bieten zudem Data-Mining- und Business-Intelligence-Dienste an zur anonymisierten und übergreifenden, branchenweiten Auswertung des Kundenverhaltens in Such-, Beratungs- und Buchungsprozessen auf ihren Plattformen für Marktforschung und Benchmarking.

Beim Umgang mit persönlichen Kunden- und Partnerdaten sind durch die EU-Datenschutz-Grundverordnung (DSGVO) und ihre Überführung in deutsches Recht umfangreiche Vorkehrungen zu treffen, dass personenbezogene Daten nur zu den erlaubten bzw. von den betroffenen Personen nachweisbar genehmigten Zwecken verarbeitet, gespeichert und mit Partnern ausgetauscht werden. Es besteht die Verpflichtung, den Kunden und persönlichen Geschäftspartnern stets verbindlich Auskunft geben zu können über die Verfahren und Prozesse zur Verarbeitung der personenbezogenen Daten und ihrer Risiken. Darüber hinaus muss der Veranstalter sicherstellen, dass sämtliche Partner und speziell IT-Dienstleister durch geeignete Verträge zum Schutz der ihnen überlassenen Kundendaten verpflichtet werden.

Insbesondere im außereuropäischen Ausland, die keine zur DSGVO konformen Datenschutzgesetze haben, ist dies für Veranstalter eine juristische, organisatorische und zum Teil auch technische Herausforderung (vgl. Kap. 5.5).

4.6.8 Hybride Systemkonfigurationen und Geschäftsmodelle

Insbesondere bei kleineren und mittleren Reiseveranstaltern muss bzw. sollte ein Veranstaltersystem nicht (mehr) vor Ort im Unternehmen mit Server-Hardware, Software und Datenbank aufgebaut und betrieben werden. Marktverbreitete Veranstalterlösungen können alternativ in den Rechenzentren der Softwareanbieter bzw. ihrer IT-Dienstleister/Provider zentral für alle nutzenden Reiseveranstalter technisch betrieben, gewartet und gesichert werden.[49] Der nutzende Reiseveranstalter greift über gesicherte Internetverbindungen auf „sein" entferntes System zu und erhält gesichert die vereinbarten Nutzungsrechte für die Systemfunktionen und seine Daten. Der Veranstalter erwirbt folglich eine Lizenz zur Nutzung (s)eines entfernten Systems bzw. er nutzt gemäß der Terminologie des Cloud-Computing „Software as a Service – SaaS". Er erhält alle Rechte zur Nutzung der vertraglich und kostenpflichtig zu vereinbarenden Systemfunktionalität. Das Veranstaltersystem arbeitet ggf. als Multi-Mandanten-System auf Basis einer gegenüber unbefugten Dritten geschützten und gesicherten Datenbank. Das ermöglicht dem Reiseveranstalter, sich auf sein Kerngeschäft zu konzentrieren. Technischer Investitionsaufwand, systemtechnisches Know-How und technischer Wartungsaufwand sind beim Veranstalter nicht erforderlich und die Systemnutzung erfolgt über Internet-/Web-Standards (vgl. Kap. 2.2).

Eine weitere neuartige Nutzungsform für Veranstaltersysteme ist, dass Leistungsträger wie Airlines, Hotelketten oder Online-Reiseagenturen in ihren Buchungsstrecken während oder im Anschluss an die Buchung ihrer Kernleistung die Buchung komplementärer Reiseleistungen über z. B. vernetzte Consolidator und Online-Reisemittler anbieten. Gemäß EU-Pauschalreiserichtlinie sind diese Leistungsbündel vom Charakter her Pauschalreisen, die gegenüber dem Kunden zu sichern sind. Folgende Ausprägungen bzw. Optionen sind dann zu differenzieren (vgl. Fried & Partner 2018, Führich/Staudinger 2019, und Kap. 5.5):
– Wenn diese Leistungsträger, Online-Reiseportale oder auch Reisesuchmaschinen selbst die Rolle eines Veranstalters übernehmen, integrieren sie cloudbasierte Buchungs- und Reiseveranstalter-Module in ihre eigenen Buchungsstrecken und agieren dann in einem neuen, hybriden Geschäftsmodell, das sie dem Kunden

---

49 Aktuell relevante Veranstaltersysteme, Module und Cloud-Dienste werden jedes Jahr auf der Internationalen Tourismus Börse ITB in Berlin sowie auf dem jährlich stattfindenden fvw-Kongress Travel-Technology präsentiert.

entsprechend differenziert kommunizieren müssen (Allgemeine Geschäftsbedingungen – AGB).

– Leistungsträger oder Reisemittler, die nicht selbst die Rolle eines Pauschalreiseveranstalters übernehmen wollen, können zur ordnungsgemäßen Bündelung der Reiseleistungen Systeme von kooperierenden Reiseveranstaltern nutzen, die im Auftrag dynamisch produzieren und gegenüber dem Kunden und gemäß AGB die erforderliche Rolle des Veranstalters übernehmen.

– Reiseleistungen können auch als verbundene Reiseleistungen gebündelt und je Einzelleistung getrennt gegenüber dem Kunden ausgewiesen werden. Dann verbleibt der Anbieter des Reisebündels ggf. in der verbundenen Rolle des Leistungsträgers für seine eigenen Kernleistungen sowie in der Rolle des Reisemittlers für die zum Bündel vermittelten Reiseleistungen anderer Leistungsträger/-geber. Gegenüber dem Kunden wird keine gesamtheitliche Haftung und Sicherung übernommen, sondern der Kunde erhält und akzeptiert die Haftung und Sicherung je Einzelleistung durch den jeweiligen Leistungsgeber sowie ggf. eine Basissicherung seiner Anzahlung durch den Reisemittler (vgl. Kap. 5.5). Systemtechnisch werden die Buchungen nicht durch ein Veranstaltersystem gebündelt, sondern der Vermittler des Bündels arbeitet als Reisemittler in einer entsprechenden Systemumgebung und jede Einzelleistung wird im jeweiligen System des Leistungsträgers/-gebers verarbeitet und verwaltet.

Alle Vorgehensweisen führen zu erweiterten und hybriden Geschäftsmodellen und vernetzten Systemlandschaften, allerdings mit derselben gesetzlichen Vorgabe des Kundenschutzes gemäß Reiserecht und EU-Pauschalreiserichtlinie.

Quellen und weiterführende Literatur

Cowen, M., Dynamic Travel Packaging, the next game changer, PhocusWire White Paper, 2019, www.phocuswire.com/uploadedFiles/Peakwork-Report-Dynamic-Packaging.pdf (Zugriff am 24.2.2021).

DRV-Deutscher Reise Verband, Informationsbroschüre DRV-GlobalTypes und DRV-Abfrageschnittstelle, 2012, www.drv.de/public/Downloads_2019/12-11-23_DRV-Datenstandard_Broschuere_DEU.pdf (Zugriff am 17.2.2019).

Fried & Partner GmbH, Wer gewinnt, wer verliert? Tiefenanalyse der Strukturveränderungen im deutschen Reisemarkt, München 2018.

Führich, E., Staudinger, A., Reiserecht, 8. Aufl., München 2019.

Führich, E., Reiseveranstalter (Teile a und b), Weithöner, U. (Teil c), in: Fuchs, W. (Hrsg.), Tourismus, Hotellerie und Gastronomie von A bis Z, Berlin 2021.

Goecke, R., Advanced Web Technologies and E-Tourism Web Applications, in: Xiang, Z., Fuchs, M., Gretzel, U., Höpken, W. (Hrsg.), Handbook of e-Tourism, Cham 2020.

Goecke, R., Eberhard, T., Roth, J., Neue Wege zur Navigation durch die Datenflut der Reiseangebote – auf der Suche nach neuer Beratungsqualität im digitalen Zeitalter, Arbeitsbericht der Fakultät für Tourismus, Hochschule München 2010.

Voigt, P., Internationales Reiseveranstaltungsmanagement, München 2012.
Von Dörnberg, A., Freyer, W., Sülberg, W., Reiseveranstaltermanagement – Funktionen, Strukturen, Management, 2. Aufl., Berlin/München/Boston 2017.

Weitere Internetquellen (Stand 5/2021)

Bewotec, Neue OTDS-Ansätze, 2019, www.otds.de/wp-content/uploads/2019/12/Neue-Ans%C3%A4tze-bei-Bewotec_Bewotec.pdf.
Bundesregierung, www.bundesregierung.de/breg-de/aktuelles/mehr-transparenz-und-rechtssicherheit-1142016.
fvw Fachzeitschrift für Touristik & Business Travel, Travel Technology Events, www.fvw.de.
Deutscher Reise Verband, www.drv.de.
HEDNA, Hotel Electronic Distribution Network Association, www.hedna.org.
IATA, New Distribution Capability, www.iata.org/en/programs/airline-distribution/ndc/.
ITB Internationale Tourismus Börse Berlin, Fachtagungen und Ausstellungen, www.itb-berlin.de.
Open Travel Alliance, opentravel.org.
Peakwork, Online Metasearch & OTA Bookings, www.peakwork.com/getFile/2142/peakwork-flyer-metasearch-ota.pdf.
Verband Internet Reisevertrieb, www.v-i-r.de.
Weitere Internetquellen zu konkreten Beispielen werden im Text genannt.

4.7 IT-Systeme bei Veranstaltungen, Kongressen und Tagungen

Nico Stengel

4.7.1 Einführung

Veranstaltungen dienen schon immer der Kommunikation und dem Austausch von Menschen. Veranstaltungen sind Ereignisse, bei denen Menschen zusammenkommen, sich vernetzen, verhandeln und diskutieren – und sich auch unterhalten lassen. Dabei sind Veranstaltungen in der Geschichte der Menschheit seit Jahrtausenden etabliert – sei es mit wirtschaftlichem, religiösem, kulturellem oder politischem Motiv. In den letzten Jahrzehnten hat sich hier ein Wirtschaftszweig entwickelt, der z. B. mit Kongressen und Tagungen den Wissensaustausch oder mit Messen wirtschaftliche Entwicklungen unterstützt.

In der Literatur wird der Begriff der Veranstaltungen uneinheitlich verwendet. Für den vorliegenden Beitrag können Veranstaltungen jedoch begriffen werden als die „gleichzeitige Anwesenheit vieler Menschen, die von einem Veranstalter zu einem erzieherischen, geselligen, kulturellen, künstlerischen, politischen, religiösen, sportlichen oder unterhaltsamen Anlass, zu einem festgelegten Zeitpunkt an einem bestimmten Ort eingeladen wurden" (Kluge 2005, zit. nach Sakschewski 2017, S. 5). Ähnlich argumentiert Bühnert mit Bezug auf Beckmann et al., bei denen für Veranstaltungen „Menschen aus Wissenschaft, Wirtschaft, Politik, Sozialwesen, Gemeinwesen oder anderen Interessengruppen in einem bestimmten Zeitraum an einem festgelegten Ort zusammenkommen" (Bühnert 2013, S. 199). Neuere Definitionen ergänzen zudem, dass die Zusammenkunft an einem Ort und/oder über Medien zustande kommt (vgl. Rück 2018).

In ihrer Erscheinung sind Veranstaltungen als Wirtschaftssegment sehr vielfältig und lassen sich kaum in eine feste typologische Struktur einteilen (vgl. Dinkel et al. 2013). So werden sie grob in Kongresse und Tagungen, Messen und Ausstellungen sowie (Marketing-)Events eingeteilt. Eine beispielhaft zu nennende, vertiefte Gruppierung nimmt RIFEL 2020 vor, wenn Business-, Freizeit- und Marketing-Events mit entsprechenden Ausprägungen in Abb. 4.7.1 genauer beschrieben werden.

Weitere Strukturierungen können nach Größe, Zielgruppen, Zielen und Dauer, Reichweite/Einzugsbereich oder Professionalisierungsrad der Veranstaltungen vorgenommen werden. Entsprechend vielfältig kann die Umsetzung von Veranstaltungen im Veranstaltungsmanagement gesehen werden.

Häufig wird auch der Begriff „Kongress" als übergreifender Sammelbegriff für jegliche Zusammenkünfte und Veranstaltungen (z. B. mit dem Ziel des informellen Austauschs und der Entscheidungsfindung) gesetzt (vgl. Fiedler 2013). Dies ist jedoch, wie auch Abb. 4.7.1 zeigt, zu kurz gefasst. Bühnert (2013) liefert eine für den

Business-Events	Marketing-Events	Freizeit-Events
Sog. arbeitsorientierte Veranstaltungen	Sog. markenerlebnisorientierte Veranstaltungen	Sog. freizeitorientierte Veranstaltungen
Messen und Ausstellungen; Meetings, Versammlungen, Corporate Events; Kongresse, Tagungen, Weiterbildungen	Markenerlebnis-Events; Produktpräsentationen	Events in den Bereichen Sport, Kultur, Freizeit, Soziales, Privates und Sonstiges

Abb. 4.7.1: Segmente der Veranstaltungsbranche (Quelle: RIFEL 2020).

vorliegenden Beitrag sinnvolle Einordnung der Veranstaltungen bzw. Veranstaltungsformate. Hier wird einerseits die Vielfalt der Erscheinungsformen sichtbar und andererseits wird zugleich die notwendige Spezifizierung des Veranstaltungsbegriffs geschaffen. Bühnert führt folgende Veranstaltungsformate an: Kongress, Fachtagung, Seminar, Workshop, Kolloquium, Postersession, Tagung, Hearing, Kick-off-Meeting, Roadshow, Symposium, Konferenz, Round Table, Versammlungen, Klausurtagung und Sitzung.

Grundsätzlich bieten digitale Technologien die Möglichkeit, neue Formen der Zusammenarbeit bei Vorbereitung und Durchführung von Veranstaltungen zu realisieren. Der Vielfalt der Veranstaltungsbranche folgend können so auch verschiedene Software-Lösungen eingesetzt werden, die zur Vorbereitung, Durchführung und Nachbereitung der Veranstaltungen dienen können.

Herauszuheben ist in diesem Zusammenhang, dass in der Branche der Veranstaltungswirtschaft sowohl große, teilweise multinationale Unternehmen eine Rolle spielen, zugleich aber auch Mittelständler und zahllose Einzelunternehmer wirken und wichtiger Teil der Branche sind. Daraus resultieren sehr unterschiedliche Nutzungsnotwendigkeiten und -kompetenzen von Software für Veranstaltungen, die als Standardsoftware z. B. zur E-Mail-Kommunikation, aber auch als Spezialsoftware z. B. zur 3-D-Raumplanung genutzt wird. Dabei werden nicht nur die Organisatoren (d. h. Ausrichter) von Veranstaltungen unterstützt, sondern auch Teilnehmer, Auftraggeber, Aussteller, Dienstleister und weitere Gewerke (vgl. RIFEL 2020, Luppold 2005).

Zielsetzung für die Teilnehmer und Ausrichter von Veranstaltungen sind persönliche, direkte, interaktive, multisensuale Kontakte, der themenbezogene Austausch und der Erwerb von neuem Wissen. Üblicherweise werden die Ziele von Veranstaltungen wie folgt benannt (vgl. Bühnert 2005 u. Beckmann et al. 2006):

- Kompetenzerweiterung und Innovation (Aus- und Weiterbildung, Wissenstransfer)
- Identifikation und Motivation (Meinungsbildung, Überzeugung, Kundengewinnung)
- Kommunikation und Information (Gedankenaustausch, Aussprache, Inspiration)

- Entscheidungsfindung (Debatte, Zielsetzung, Arbeitsauftrag, Lösung)
- Unterhaltung

4.7.2 Überblick zur Veranstaltungsbranche

Die in Abb. 4.7.1 gezeigte Vielfalt der Erscheinungsformen von Veranstaltungen kann nur in einem dichten Geflecht verschiedenster beteiligter Unternehmen, unterstützt von hochgradiger Arbeitsteilung und Vernetzung, und in einer komplexen Wertschöpfung umgesetzt werden. Hier sind der Veranstaltungsbranche alle Unternehmen zuzuordnen, die an der Konzeption, Planung, Durchführung und Nachbereitung von Veranstaltungen organisatorisch oder als Dienstleister, Partner oder Lieferant beteiligt sind. Dabei sind verschiedene Akteure zu unterscheiden, die unterschiedlich stark im Zentrum oder ggf. stärker am Rand von Veranstaltungen stehen und die in Abb. 4.7.2 verdeutlicht sind.

- Dies sind zum einen Kernakteure, die als Veranstalter oder Ausrichter mit eigenem Konzept oder im Auftrag von Kunden Veranstaltungen planen, umsetzen oder unterstützen bzw. direkt daran beteiligt sind.
- Dazu kommen im vielfältigen Leistungsgeflecht eine Vielzahl von mittelbar oder unmittelbar an der Veranstaltung beteiligten Unternehmen als Akteure im engeren Sinne. Diese Akteure haben eine unmittelbare Auswirkung auf die Veranstaltung, sie sind Teil der Veranstaltungsumsetzung oder ermöglichen die Veranstaltung überhaupt erst. Sie werden auch unter dem Begriff der Gewerke zusammengefasst.
- Weiterhin sind im Umfeld von Veranstaltungen Akteure aktiv, die Veranstaltungen unterstützen und als Partner, Zulieferer und Dienstleister mitwirken. Deren wirtschaftliche Abhängigkeit von Veranstaltungen kann unterschiedlich stark ausgeprägt sein, vor allem im Vergleich zu den engeren Akteuren, wobei sie gleichzeitig essenzielle, für die Umsetzung der Veranstaltung bisweilen entscheidende Unterstützung geben können (vgl. RIFEL 2020).

Das wirtschaftliche Gewicht der Veranstaltungsbranche ist bedeutsam einzuschätzen. So fanden im Jahr 2019 in Deutschland ca. 2,89 Mio. Veranstaltungen in über 7.500 Veranstaltungsstätten (mit mehr als 100 Sitzplätzen im größten Saal) statt. Insgesamt nahmen daran 423 Mio. Menschen teil, davon 10,2 % internationale Teilnehmer. Die häufigsten Veranstaltungsformen waren hierbei mit einem Anteil von 57,7 % Kongresse, Tagungen und Seminare. Gefolgt von Sportveranstaltungen (11,7 %) und Festivitäten (8,8 %) (vgl. EITW 2020). Der Gesamtumsatz für den deutschen Tagungs- und Kongressmarkt für das Jahr 2017 wird auf 86 Mrd. Euro beziffert (vgl. ghh consult 2018).

Auch in der Veranstaltungsbranche zeichnet sich eine weitergehende Digitalisierung bei der Planung und Durchführung ab. Dies führte in den letzten Jahren bereits zu einem langsam wachsenden Anteil von hybriden und virtuellen Veranstaltungen,

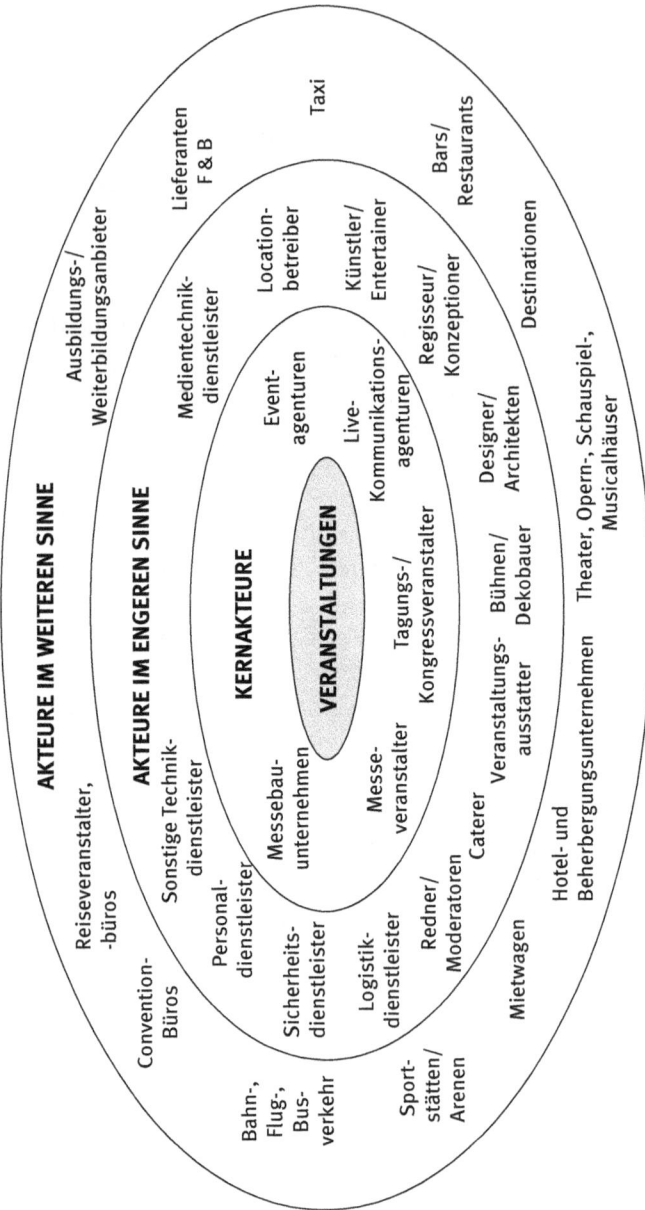

Abb. 4.7.2: Akteure der Veranstaltungsbranche (Quelle: RIFEL 2020, leicht verändert).

wenngleich der Anteil der klassischen, physischen bzw. Präsenzveranstaltungen dominierend blieb. Wichtigste virtuelle und hybride Veranstaltungsformate sind Webinare, Barcamps, Online-Challenge, virtuelle Konferenzen, Congress-on-demand und Global Conferencing (vgl. Mildenberger & Burger 2017, S. 145 ff.).

Virtuelle und hybride Veranstaltungen setzen dabei analog zur allgemeinen Definition der Veranstaltungen auf einen definierten Teilnehmerkreis, der an einer Veranstaltung zu einer definierten Zeit, für einen bestimmten Zeitraum und zu einem eingegrenzten Thema zusammenkommt. Hierbei gibt es zahlreiche Unterschiede zu physischen Veranstaltungen (vgl. Mildenberger & Burger 2017):

- Virtuelle und hybride Veranstaltungen ermöglichen multi-direktionale Interaktion, Kollaboration und Kommunikation (über Online-Medien) in Echtzeit.
- Eine Vielzahl von Online-Applikationen und -Funktionen wird eingesetzt und ermöglicht so den Austausch von Wissen und Meinungen.
- Virtuelle Elemente unterstützen Veranstaltungen im Vor- und Nachfeld und erhöhen die Reichweite der Veranstaltungen.
- Virtuelle und hybride Veranstaltungen überwinden geografische und physische Barrieren und vergrößern den Teilnehmerkreis der Veranstaltungen.

Für hybride Veranstaltungen ist anzumerken, dass mit Hilfe ihrer technischen Ausstattung neben den Teilnehmern vor Ort auch virtuelle Teilnehmer an der realen Veranstaltung teilnehmen können. Dabei sind die derzeit eingesetzten technischen Möglichkeiten durchaus noch verbesserungsfähig einzuschätzen. Als solche werden u. a. gezählt: der Einsatz mobiler Anwendungen während der Veranstaltungen, Livestream, Videokonferenz, Chats, Live-Berichte in Sozialen Medien oder als Video verfügbare Sessions nach der Veranstaltung (On Demand). Viele der genannten Beispiele machen deutlich, dass sich die Verwandlung einer physischen Veranstaltung in eine hybride Veranstaltung einfach und mit alltäglichen Medien vollziehen lässt. Dies legt den Schluss nahe, dass bereits heute die meisten Präsenzveranstaltungen durchaus in bestimmten Bereichen digitalisiert sind und somit eigentlich als Hybridveranstaltungen zu bezeichnen wären.

4.7.3 Veranstaltungen als Projekte

Per Definition sind Veranstaltungen immer auch Projekte, die durchaus einzigartig sein können und einem Projektablauf wie in Abb. 4.7.3 dargestellt folgen. Dabei unterscheiden sich die Veranstaltungsprojekte nach Größe, Dauer, Budget oder auch der Zahl der Aussteller und Teilnehmer. Gemeinsam ist allen Projekten, dass sie durch die Ressourcenbegrenzung hinsichtlich zeitlicher, finanzieller und personeller Aspekte gekennzeichnet sind. Ergänzend ist für die Veranstaltungsbranche die Ressourcenbegrenzung bei räumlichen und technischen Ressourcen zu erkennen (vgl. Dinkel et al. 2013, Klein 2008).

Planung ⟩ Vorbereitung ⟩ Durchführung ⟩ Nachbereitung ⟩

Abb. 4.7.3: Veranstaltungen als Projekt.

Aus Sicht der Teilnehmer und Auftraggeber sind Veranstaltungen aller Art zunächst als einzigartige Projekte zu sehen. Auch für die Veranstaltungsorganisation (z. B. Kongressveranstalter) sind Veranstaltungen hinsichtlich ihrer Bausteine zunächst einzigartig, jedoch zeichnen sie sich, dem Modell der Veranstaltungen als Projekt folgend, durch sich wiederholende Prozesse aus, die bei mehreren Veranstaltungen immer wieder und in ähnlicher Weise durchgeführt werden. Diese wiederkehrenden Prozesse können

– gleichmäßig über das Projekt verteilt sein,
– sie können bei verschiedenen Projekten immer gleichartig sein,
– sie fallen ggf. gleichzeitig an und
– können bei verschiedensten Veranstaltungen sehr ähnlich umgesetzt werden (z. B. Anmeldung der Teilnehmer, Registrierung vor Ort, Buchung der Unterkunft).

Aus dieser Wiederholung der Prozesse lässt sich ableiten, dass Veranstaltungen zu einem gewissen Grad standardisierbar sind und somit mit der Unterstützung von Software realisiert und in Teilen sogar automatisiert werden können, wie dies z. B. häufig auch beim Teilnehmermanagement umgesetzt wird.

Damit ein Projektablauf und insbesondere seine Umsetzung wie geplant gewährleistet werden kann, muss eine Veranstaltungsorganisation durch IT unterstützt werden. Nur so sind die verschiedensten Partner und Lieferanten (auch Gewerke), die an der Projektausführung beteiligt sind, über die gesamte Projektdauer sinnvoll einzubinden. Sie alle benötigen permanent situations- und ablaufbezogene Informationen, was durch IT-Lösungen und IT-gestützte Kommunikation unterstützt und ermöglicht werden kann. Nur so kann ein reibungsloser Ablauf der Leistungserstellungsprozesse bei einer Veranstaltung erreicht werden. Hier wird die Bedeutung von projektsteuernder IT deutlich sichtbar (vgl. Bauer 2017).

4.7.4 Software bei Veranstaltungen

Die Software, genauer: die Veranstaltungsmanagement-Software, die für die Umsetzung von Veranstaltungen und dem zugehörigen Projektmanagement genutzt wird, kann unterschiedlich ausgeprägt sein. Einerseits kann hier Standardsoftware, wie z. B. MS Project, MS-Office-Software, genutzt werden. Andererseits findet auch branchen- bzw. unternehmensspezifische Software ihren Einsatz, die meist auf Einsatzzwecke bezogen erstellt wird. Beispielhaft seien hierfür die Veranstaltungssoftware von Ungerboeck, Event Mobi und Xing-Events genannt.

Der Anwendungszweck der Software hat grundlegend zwei Effekte: Zum Ersten unterstützt Software bei Routinetätigkeiten, die häufig zunächst innerhalb des Veranstaltungsprojekts zu erledigen sind. Zum Zweiten wird die Informationsversorgung nach außen, zu allen beteiligten Partnern, Lieferanten und Stakeholdern ermöglicht. Veranstaltungssoftware leistet somit einen zentralen Nutzen: Sie ermöglicht Planung, schafft Informationstransparenz und ermöglicht die Kommunikation im Veranstaltungsmanagement (vgl. Luppold 2005).

Wichtigste Aspekte des Veranstaltungsmanagements, die mit einer Veranstaltungssoftware bedient werden sollen, sind das veranstaltungsbezogene Management der Location/Räume, der Teilnehmer/Referenten sowie der Gewerke/Dienstleister. Diese wirken dann direkt in die nachfolgend genannten Managementfunktionen der Veranstaltung hinein (vgl. Luppold 2005):

1. Marketing/Kommunikation
2. Customer Relationship Management (CRM)
3. Veranstaltungsmanagement mit Qualitäts-/Leistungsmanagement (Planung, Abstimmung der Leistungsträger, Überwachung der Umsetzung)
4. Ausstellungsmanagement
5. Controlling (Reporting, Kalkulation, Buchhaltung, Erfolgsrechnung)

Vorteile des Einsatzes der IT bei Veranstaltungen bestehen in der Vereinfachung manueller Prozesse, z. B. durch das zentrale Teilen von Daten und Informationen über zentrale Speicherorte wie z. B. Cloudspeicher oder Projektmanagement-Werkzeuge. Im Ergebnis können Prozesse beschleunigt, Fehlerquellen reduziert und Informationssilos vermieden werden. Die Überall-Verfügbarkeit der veranstaltungsbezogenen Informationen und Planungsstände befördern Effizienz und Effektivität im Veranstaltungsmanagement.

Ein weiterer Vorteil des IT-Einsatzes erfüllt sich indirekt, wenn allein durch das Vorliegen von digitalen, veranstaltungsbezogenen Daten die Vervielfältigung und Möglichkeiten der Verbreitung von Informationen gesteigert werden. Liegen Statistiken oder Teilnehmerlisten als csv- bzw. xls-Dateien vor oder können Daten per Schnittstelle zwischen IT-Systemen, z. B. über API- oder XML-Schnittstellen, ausgetauscht werden, entstehen hier Chancen, die Daten zielgerichtet zu nutzen und auszuwerten und abermals Datensilos und -redundanzen zu vermeiden (vgl. Grosser 2017).

4.7.5 Spezifische Anforderungen an die Software bei Veranstaltungen

Analog zur Komplexität und Vielfalt der Veranstaltungen gestalten sich die Anforderungen an Software bei Veranstaltungen recht differenziert und sollen im Folgenden erläutert werden.

a) Projektorientierung

Software für Veranstaltungen muss projektorientiert ausgerichtet sein. Das heißt, sie muss dem Stufenprozess, wie er bei Projekten zu finden ist, Rechnung tragen. Entsprechend müssen die Projektphasen abgedeckt werden und zugleich im Ideal eine phasenübergreifende Sichtweise möglich sein.

b) Prozessorientierung

Die Veranstaltungssoftware muss die Prozessschritte der Veranstaltung unterstützen. Sie muss Wirtschaftlichkeit und Wirksamkeit leisten und die einzelnen Prozesse des Veranstaltungsmanagements unterstützen. Übergreifend werden dafür fünf Bereiche gesehen, die ein integriertes Veranstaltungs-Gesamt-System bilden könnten. (vgl. Luppold 2017):

- Automation: Software soll die Unterstützung des Veranstaltungsmanagements bei standardisierten Aufgaben bzw. gleichartigen Aufgaben sicherstellen. Hierbei sind Workflows gemeint, die automatisiert ablaufen können, z. B. die Teilnehmerregistrierung oder das Anmahnen von Zahlungen, also Prozesse, die immer identisch ablaufen.
- Informationen: Im Netzwerkprodukt Veranstaltung ist der aktuelle Informationsstand für alle Beteiligten von grundlegender Bedeutung für alle Entscheidungen und Handlungen. Entsprechend müssen Informationen zentral bereitgestellt werden.
- Kommunikation: Software muss eine Kommunikation innerhalb des Projektteams und allen beteiligten Partnern, Lieferanten, Dienstleistern und Teilnehmern ermöglichen. Diese muss innen- und außengerichtet möglich sein. Eine hier denkbare CRM-Kommunikation muss dabei auf verfügbare Informationen zurückgreifen können.
- Dokumentation: Auch die Dokumentation des Veranstaltungsprojekts muss verfügbar sein. Dabei sind alle projektrelevanten Informationen laufend und chronologisch, auch in ihrer Veränderung, festzuhalten.
- Integration: Die Verbindung der vorgenannten Bereiche/Funktionen einer Veranstaltungssoftware liefert dann den Mehrwert, der aus einem Veranstaltungsmanagementsystem maßgeblich zu erwarten ist. Nur so kann integriert und konsistent im Projekt gearbeitet werden. Ergänzt wird diese interne Integration durch die Anbindung an standardisierte Software wie z. B. MS Office.

c) Funktionsorientierung

Software für Veranstaltungen muss sich ferner den folgenden Managementfunktionen von Veranstaltungen widmen (vgl. Luppold 2017). Dabei sollten die Bausteine einzeln und gesamthaft zu nutzen sein.

- Customer Relationship Management (CRM) umfasst alle Funktionen, die mit Teilnehmern, Ausstellern, Referenten usw. verbunden sind. Dabei zielt das CRM auf die Sammlung und Nutzung von entsprechenden kontakt- und veranstaltungsbezogenen Daten der einzelnen Player ab und will die Verbindung zu diesen optimal, im Sinne der Wirtschaftlichkeit nutzen. Dabei kann auch die Organisation der Anreise und der Unterkunft zu einer Tagung als Funktionsbestandteil des CRM genutzt werden. Daten, auf die hier gesetzt wird, sind z. B. Adressdaten, Zahlungsdaten und Historie.

– Der Bereich Marketing umfasst die Kommunikation nach außen in Websites, Social-Media-Kanälen und zum E-Commerce. Zentrale Kanäle zur Teilnehmerkommunikation sind hierbei Website und Veranstaltungs-Apps. An dieser Stelle wird die Notwendigkeit der Integration von Funktionalitäten besonders augenscheinlich, weil die (kommerzielle) Vermarktung einer Veranstaltung die Informationen aus Kundendaten, Raumkapazitäten, Kalkulation, Veranstaltungsbeschreibung etc. zusammenführen muss. Ohne all diese Informationen wird eine Vermarktung der Veranstaltung keinen Erfolg haben.

– Das Veranstaltungs- bzw. Kongressmanagement muss Funktionen für die Planung und Umsetzung der Veranstaltung bieten. Die Veranstaltungsbestandteile werden hier choreografiert, Räume geplant und freigegeben, Personal disponiert und die benötigte Technik bereitgestellt. Auch die Teilnehmerregistrierung, das Vortrags- und Referentenmanagement sind hier abgebildet.

– Das Ausstellungsmanagement ist ein Teil des Veranstaltungsmanagements, der nicht zum eigentlichen Leistungskern der Veranstaltungen gehört. Dieser ergänzende Bereich der Veranstaltungen bietet eine Produkterweiterung für die Veranstaltung, ist jedoch noch nicht vollends etabliert. Hierfür wird dann ergänzende Software gebraucht, z. B. CAD-Software für die Planung von Ausstellungshallen.

– Das Controlling und Reporting liefert Berichte und automatisierte Auswertungen bzgl. der Plangrößen, Vergleiche und Risiken – immer bezogen auf bevorstehende, aber auch auf laufende Veranstaltungen. Beim professionellen Veranstaltungsmanagement können hier Zahlen zusammengeführt werden und auf „Dashboards" visualisiert verfügbar sein.

d) Modularer und vernetzender Aufbau

Die Anforderung der Modularität der Veranstaltungssoftware resultiert aus der Verschiedenartigkeit von Veranstaltungen, für die immer unterschiedliche Leistungsanforderungen rund um den „Workflow" der Veranstaltung gebraucht werden. Entsprechend modular sollte die Software nutzbar sein, um so den Bedarf an Software je nach Situation anpassen zu können. Ferner sollten Schnittstellen auch zu weiteren unternehmerischen Funktionsbereichen des Veranstalters existieren, z. B. Finanzen, Marketing.

Analog zur Integration der Veranstaltungsbereiche aus b) sollte die Veranstaltungssoftware Informationen auch über die veranstaltungseigene Software hinaus vernetzen und so vor allem operative Leistungsbereiche unterstützen. Als Beispiel sei hier auf die Kommunikation und Interaktion mit Veranstaltungsteilnehmern während einer Veranstaltung verwiesen, wenn Veranstaltungs-Apps auf aktualisierte Ablaufpläne, Raumwechsel oder interessante Veranstaltungsteilnehmer (Matchmaking) hinweisen (vgl. Luppold 2005, Grosser 2017).

4.7.6 IT-Geschäftsprozesse bei Veranstaltungen

Aufbauend auf den vorangegangenen Erläuterungen soll im Folgenden ein Modell in Abb. 4.7.4 für eine Veranstaltungssoftware aufgezeigt werden. Abgebildet sind neben den übergreifenden und phasenbezogenen Funktionsbereichen des Veranstaltungsmanagements auch die (externen) Anbieter und Nachfrager.

In der Veranstaltungspraxis werden drei Projektphasen im engeren Kontext der Veranstaltung gesehen. Dies sind Vorbereitung (Vorfeld inkl. der vorgelagerten Planung), Durchführung (Hauptfeld) und Nachbereitung (Nachfeld) der Veranstaltung. Jede der Phasen hat eigene Funktionsmodule für die Veranstaltungen bereitzustellen. Deren Einsatz kann jedoch von Veranstaltung zu Veranstaltung variieren. Deshalb sind diese stark kommunikativ getriebenen Funktionen immer wieder individuell bzgl. ihres Einsatzes zu prüfen.

Die übergreifenden Basisfunktionen finden so bei nahezu jeder Veranstaltung Anwendung und sollten in Veranstaltungsmanagementsoftware entsprechend verankert sein. Hier gibt es wesentliche Rückkopplungen zwischen den individuelleren und den übergreifenden Funktionen, was einen stetigen Informationsfluss und Datenverarbeitung notwendig macht. Die Bedeutung des Informationsmanagements wurde bereits in den Kapiteln 4.7.4 und 4.7.5 deutlich gemacht.

Die Darstellungen können an dieser Stelle nicht abschließend sein, weil im Bereich der Digitalisierung und zunehmenden Hybridisierung von Veranstaltungen permanent neue Wege beschritten werden. Während laufend neue modularisierte Softwareangebote zur Planung, Durchführung und Nachbereitung von Veranstaltungen entstehen, werden parallel dazu neue Tools zur Interaktion und Kommunikation mit bzw. zwischen den Teilnehmern entwickelt. Und die Fragen nach den Anforderungen an Datensammlung und Datenauswertung im Sinne des Reportings, aber auch der inhaltlichen Angebotslenkung nehmen stets zu.

Phasenbezogene individuelle Funktionen

	Vorbereitung	Durchführung	Nachbereitung
	Vorfeld	**Hauptfeld**	**Nachfeld**
	Website App eTicketing	Navigation, LBS, VR, AR, Streaming, Matchmaking, Infoscreens, Social Walls, Interaktion, Partizipation, Chats, Networking, Webcasts, Breakout- Sessions	Content on demand, Website, Foren, Leads, Tracking

Nachfrager

Teilnehmer
Aussteller
Referenten

Anbieter

PCO
Agenturen
Gewerke
Dienstleister
Beherbergung
Beförderung
Rahmen-
programm

Notwendiger stetiger Datenaustausch

Veranstaltungsübergreifende Basisfunktionen

Marketing	CRM/ Teilnehmer- management	Controlling/Reporting	Leistungs- management	Ausstellungs- management
Website eCommerce Ticketing Social Media/PR	Buchung/Ticketing Unterlagen/ Informationsversorgung Registrierung Check-in	Buchhaltung Steuerung Tracking/Lead Erfassung	Planung und Umsetzung, Personal, Räume, Technik	Unternehmens- und Produktpräsentation

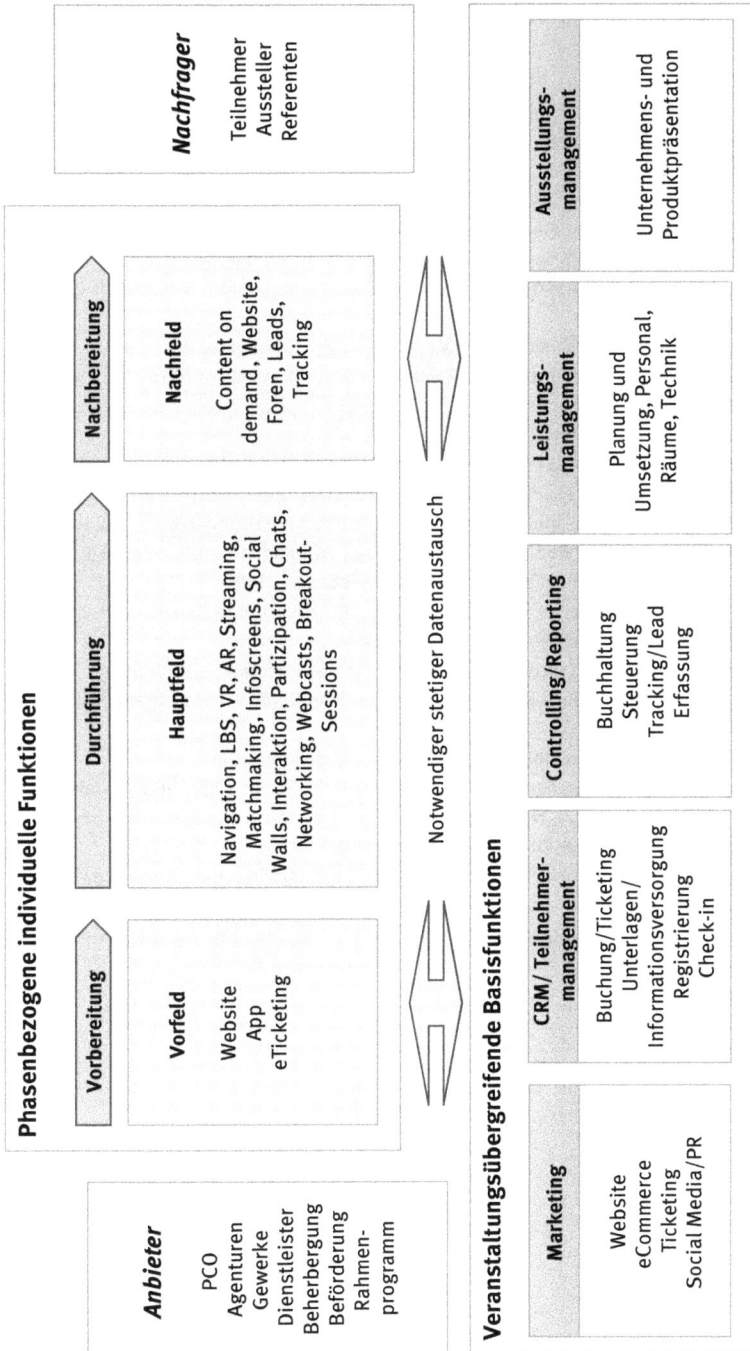

Abb. 4.7.4: Übergreifende und phasenbezogene Funktionen der Veranstaltungssoftware.

Quellen

Bauer, T., Projektmanagement für Kongresse, in: Bühnert, C., Luppold, S. (Hg.), Praxishandbuch Kongress-, Tagungs- und Konferenzmanagement, Wiesbaden 2017, S. 537–566.

Beckmann, K., Kaldenhoff, A., Kuhlmann, H.E., Lau-Thurner, U., Seminar-, Tagungs- und Kongressmanagement, Berlin 2006.

Bühnert, C., Veranstaltungsformat, in: Dinkel, M., Luppold, S., Schröer, C. (Hrsg.), Handbuch Messe-, Kongress- und Eventmanagement, Sternenfels 2013, S. 199–212.

Dinkel, M., Luppold, S., Schröer, C., Veranstaltungsmanagement, in: Dinkel, M., Luppold, S., Schröer, C. (Hrsg.), Handbuch Messe-, Kongress- und Eventmanagement, Sternenfels 2013, S. 213–215.

Europäisches Institut für Tagungswirtshaft (EITW), Meeting- & EventBarometer 2019/2020, Wernigerode 2020, www.eitw.de/drupal_6_22/node/72 (Zugriff am 10.1.2021).

Fiedler, B., Kongress, in: Dinkel, M., Luppold, S., Schröer, C. (Hrsg.), Handbuch Messe-, Kongress- und Eventmanagement, Sternenfels 2013, S. 124–127.

ghh consult, Der Tagungs- und Kongressmarkt Deutschland, Wiesbaden 2018, www.ghh-consult. de/aktueller-tagungs-und-kongressmarktreport-ausgabe-2018 (Zugriff am 20.2.2021).

Grosser, Th., Bits und Apps im Messe- und Kongresswesen, in: Veranstaltungen 4.0 – Konferenzen, Messen und Events im digitalen Wandel, Knoll, Th. (Hrsg.), Wiesbaden 2017, S. 37–66.

Klein, A., Projektmanagement für Kulturmanager, 3. Aufl., Wiesbaden 2008.

Luppold, S., EDV in der Veranstaltung, in: Haase, F., Mäcken, W. (Hrsg.), Handbuch Eventmanagement, 2. Aufl., München 2005, S. 373–391.

Mildenberger, T., Burger, M., Digitale, virtuelle und hybride Konferenzformate, in: Bühnert, C., Luppold, S. (Hrsg.), Praxishandbuch Kongress-, Tagungs- und Konferenzmanagement, Wiesbaden 2017, S. 139–162.

R.I.F.E.L. e.V. (Research Institute for Exhibition and Live-Communication), Die gesamtwirtschaftliche Bedeutung der Veranstaltungsbranche, Berlin 2020, http://rifel-insti tut.de/fileadmin/Rifel_upload/3.0_Forschung/Meta-Studie_gesamtwirtschaftliche_Bedeu tung_der_Veranstaltungsbranche_RIFEL.pdf (Zugriff am 10.2.2021).

Rück, H., Definition: Event. Gabler Wirtschaftslexikon Online, https://wirtschaftslexikon.gabler.de/ definition/event-34760 (Zugriff am 21.2.2021).

Sakschewski, T., Paul, S., Veranstaltungsmanagement, Märkte, Aufgaben und Akteure, Wiesbaden 2017.

5 Marketingsysteme und Recht

Robert Goecke

Im vorigen Kapitel wurde ein Überblick über das Informationsmanagement, die IT-Systeme und Prozesse der Leistungsanbieter gegeben. Der Fokus dieses Kapitels liegt auf dem Informationsmanagement in den Marketing- und Vertriebsprozessen, die insbesondere durch die neuen internetbasierten Vertriebs- und Werbekanäle für alle touristischen Anbieter komplexer geworden sind. Alle Anbieter touristischer Leistungen stehen hier vor ähnlichen Problemen des optimalen Marketingmanagements, deren Handhabung durch verschiedene IT-Systeme unterstützt wird, die im Folgenden als Marketingmanagement-Systeme bezeichnet werden:

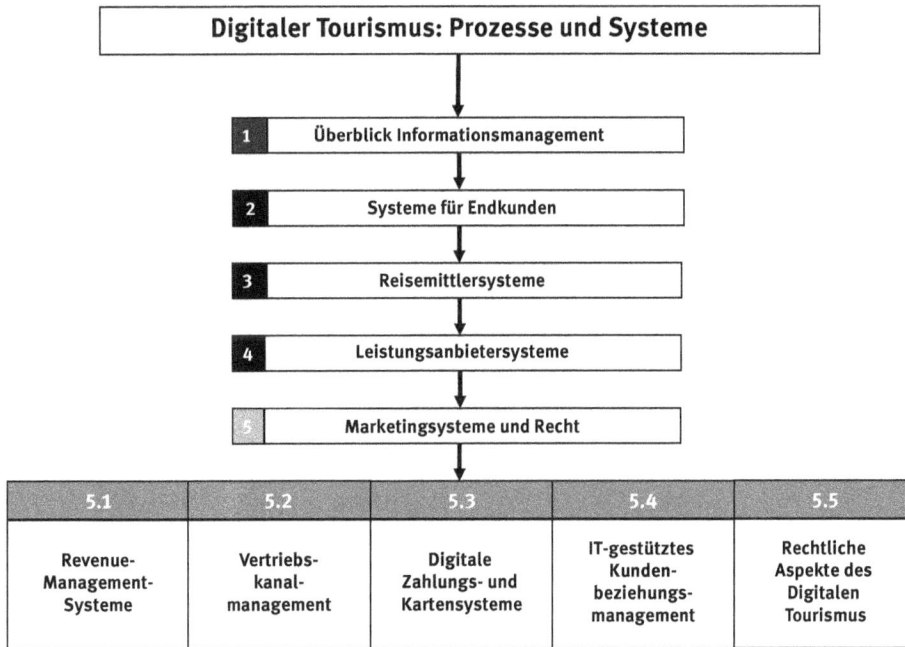

Digitaler Tourismus: Prozesse und Systeme				
1	Überblick Informationsmanagement			
2	Systeme für Endkunden			
3	Reisemittlersysteme			
4	Leistungsanbietersysteme			
5	Marketingsysteme und Recht			
5.1	5.2	5.3	5.4	5.5
Revenue-Management-Systeme	Vertriebs-kanal-management	Digitale Zahlungs- und Kartensysteme	IT-gestütztes Kunden-beziehungs-management	Rechtliche Aspekte des Digitalen Tourismus

Abb. 5.1: Überblick Marketingmanagement-Systeme.

Zu welchem Preis und in welcher Kombination soll ein Anbieter die vorhandenen oder eingekauften Kapazitäten an Flügen, Betten, Mietwagen, Restaurantplätzen etc. in welcher Menge welchen Kunden zu welchem Zeitpunkt anbieten, um einen optimalen Ertrag zu erzielen? Der Abschnitt *Revenue-Management-Systeme* gibt einen Überblick über Systeme und Verfahren zur computergestützten Ertragsoptimierung bei Airlines, in Hotels und bei Veranstaltern. Welche Vertriebskanäle gibt es und welches ist der richtige Vertriebskanal-Mix, welche Angebote bietet man am besten in

https://doi.org/10.1515/9783110786866-005

welchen stationären oder Online-Vertriebskanälen an? Der Abschnitt *Vertriebskanal-management* systematisiert die Vielzahl unterschiedlicher On- und Offline-Vertriebs-kanäle und stellt Methoden und Strategien des Omni-Channel-Managements im Tourismus vor (zur Kapitelstruktur vgl. Abb. 5.1).

Welche Zahlungsmöglichkeiten gibt es in welchen Vertriebskanälen, um dem Kunden den Kauf oder die Reservierung und Buchung zu vereinfachen und um dabei als Leistungsträger oder Mittler sicher an sein Geld zu kommen? Bedingt durch das Vordringen von E-Commerce und Mobile Commerce haben sich in den letzten Jahren neben den klassischen elektronischen Zahlungsformen am Point of Sale neue Online-Zahlungsdienste entwickelt, die sowohl für touristische Anbieter als auch für die Reisemittler von wachsender Bedeutung sind. Der Abschnitt *Digitale Zahlungs- und Kartensysteme* stellt die in diesem sich rasant weiterentwickelnden Gebiet zum Zeitpunkt der Veröffentlichung wichtigsten elektronischen Zahlungssysteme, ihre Organisation, Systemkomponenten und Informationsflüsse vor.

Eine wichtige Erkenntnis der Forschung zum Dienstleistungsmarketing ist, dass für den Unternehmenserfolg und die Profitabilität eine hohe Kundenbindung entscheidend ist. Welchen Beitrag computergestütztes Customer Relationship Management zur Erhöhung der Kundenbindung im Tourismus liefern kann und welche Systeme, Methoden und Prozesse in den Phasen des touristischen Konsumprozesses zum Einsatz kommen, wird im Abschnitt *IT-gestütztes Kundenbeziehungsmanagement* ausführlich erläutert. Dabei wird mit umfangreichen Quellenangaben besonders auf den aktuellen Stand der wissenschaftlichen CRM-Forschung und neuesten Data-Mi-ning-Ansätze des Machine Learning und AI genommen.

Da bei der Digitalisierung im Tourismus bei aller technischen Machbarkeit am Ende rechtliche Aspekte ausschlaggebend für die tatsächlichen Nutzungsmöglichkeiten sind, gibt der letzte Abschnitt einen Überblick über wichtige rechtliche Aspekte, die im Digitalen Tourismus unbedingt zu beachten sind. Dieses Rechtskapitel ist zum einen besonders relevant für alle kundenbezogenen Marketing-Themen dieses 5. Kapitels. Es ist aber als Abschlusskapitel des gesamten Buches auch für sämtliche Anwendungen, die in den Kapiteln 1 bis 4 dargestellt sind, die „letzte Instanz", vor der alle IT-Anwendungen und Prozesse am Ende bestehen müssen, um in der Praxis legal einsetzbar zu sein, wobei die rechtlichen Anforderungen von Land zu Land verschieden sein können und stets genau zu prüfen sind.

Das Kapitel 5 beleuchtet somit exemplarisch einige wichtige Aspekte des computergestützten Informationsmanagements in Marketingmanagement-Prozessen ohne Anspruch auf Vollständigkeit. Die genannten Produkte dienen als Beispiele lediglich der Veranschaulichung und stellen keine Bewertung oder Produktempfehlung der Herausgeber dar. Wir empfehlen allen Anwendern, sich bei der Auswahl von Systemen, Produkten und Methoden immer einen Überblick über die aktuell am Markt angebotenen Alternativen zu verschaffen und diese nach situationsspezifischen Kriterien und Referenzen auszuwählen (vgl. Kap. 1.3).

5.1 Revenue-Management-Systeme

Robert Goecke

Revenue- bzw. Yield-Management-Systeme sind integrierte Informationssysteme, die durch eine (teil-)automatische, dynamische Preis-Mengen-Steuerung zu einer umsatz- bzw. gewinnoptimalen Nutzung einer kurzfristig nur beschränkt flexiblen Angebotskapazität beitragen. Ursprünglich wurde das Yield Management für Linienflüge entwickelt, bei denen es um die gewinnoptimale Auslastung der festen Sitzplatzkapazitäten bei qualitativ differenzierter und quantitativ schwankender Nachfrage geht (vgl. Daudel/Vialle 1992). Inzwischen haben sich verschiedene Varianten von Revenue-Management-Systemen auch bei Billigfliegern, Bahn- und Schifffahrtsgesellschaften, Autovermietern sowie in Hotelbetrieben und bei Event- bzw. Reiseveranstaltern etabliert (vgl. Talluri/Van Ryzin 2005 und Gallego/Topaloglu 2019).

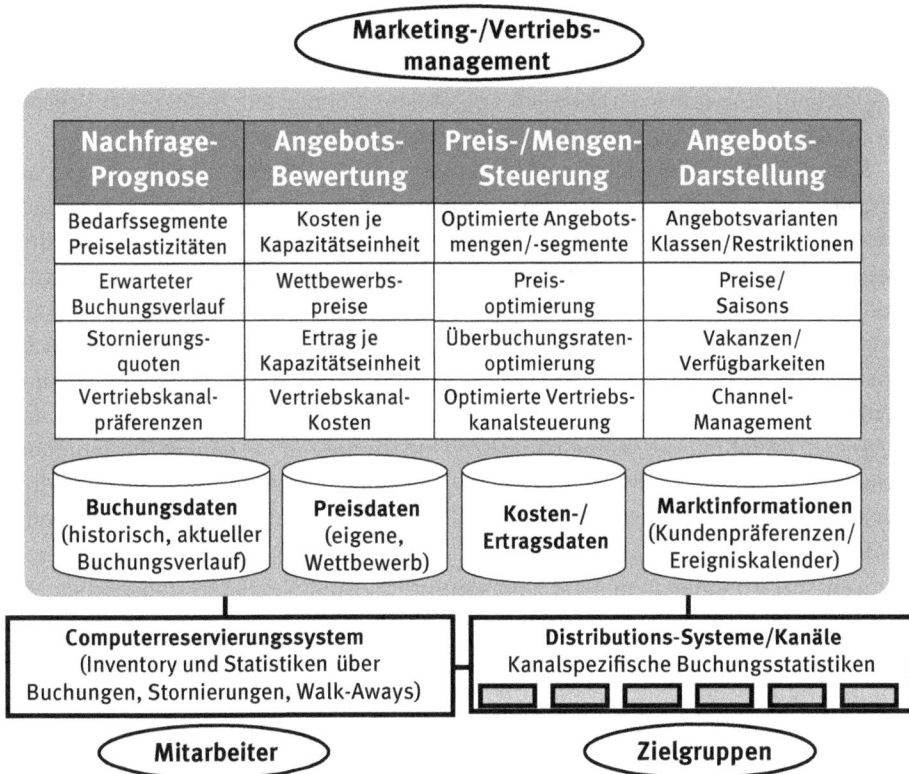

Abb. 5.1.1: Allgemeine Struktur eines Revenue-Management-Systems (in Erweiterung nach Mensen 2003, S. 732).

Yield bzw. Revenue Management ist dann sinnvoll, wenn dieselbe Dienstleistung zur gleichen Zeit für verschiedene Zielgruppen einen unterschiedlichen Wert hat, die Nachfrage im zeitlichen Verlauf schwankt, hohe Kapazitätsbereithaltungskosten (Fixkosten) niedrigen variablen Kosten gegenüberstehen, eine nicht verkaufte Kapazität zu einem bestimmten Zeitpunkt einen unwiederbringlich entgangenen Umsatz bedeutet (Verderb) und ein kontinuierlicher Vorverkauf, z. B. über Reservierungssysteme (Inventory), möglich ist (vgl. Fandel/von Portatius 2005, Phillips 2005).

Zu den Methoden des Yield Management gehört das Konzept der Kundensegmentierung mit zielgruppenspezifischer Preisdifferenzierung, wodurch die verschiedenen Preisbereitschaften der Zielgruppen optimal abgeschöpft werden sollen (vgl. Klein/Steinhardt 2008, Talluri/Van Ryzin 2005). Wenn unabhängig von der Zielgruppe zeitliche Schwankungen in der Nachfrage bestehen, ermöglicht die mit einer saisonalen Preisdifferenzierung verbundene Konzentration auf die Nachfrage mit hoher Preisbereitschaft in der Hochsaison eine ertragsoptimale Kapazitätsnutzung. Schließlich gibt es das Problem der Stornierungen, die zu freien Kapazitäten führen. Deren Nicht-Nutzung bedeutet selbst bei Stornogebühren, die dem Nutzungspreis entsprechen, eine unwiederbringlich entgangene Chance auf zusätzlichen Umsatz bzw. Gewinn, der durch Überbuchung begegnet werden kann.

Revenue- bzw. Yield-Management-Systeme (vgl. Abb. 5.1.1) basieren also auf Systemen zur statistischen Prognose der Nachfragesegmente und Nachfragemengen sowie der Stornierungsraten. Hierzu müssen neben Marktinformationen vor allem Buchungsdaten und Preisdaten sowohl aus vergleichbaren Perioden der Vergangenheit als auch zur aktuellen Lage gesammelt und kontinuierlich aus Reservierungs- und Distributionssystemen bereitgestellt werden. Zur Optimierung benötigt man weiterhin aktuelle Informationen über den Ertrag und die Kosten je verkaufter Dienstleistungseinheit. Hieraus berechnen Revenue-Management-Systeme anhand geeigneter Verfahren der mathematischen Optimierung unter Berücksichtigung der aktuellen Buchungslage, wieviele Einheiten einer Dienstleistung aus der noch verfügbaren Kapazität zu welchen Konditionen (Preis und Nebenbedingungen) angeboten werden sollten, um den hierbei zu erwartenden Umsatz bzw. Gewinn zu maximieren. Gegebenenfalls werden in den der Optimierung zugrundeliegenden statistischen Modellen auch die aktuellen Konditionen der Konkurrenz und ihre Wirkung auf die Nachfrage nach den eigenen Dienstleistungen im Verdrängungswettbewerb berücksichtigt. Die Preis-Mengen-Steuerung steuert entweder die Preise und Verfügbarkeiten in den Distributionskanälen mehr oder weniger automatisiert oder macht als sog. Decision Support System den Mitarbeitern Vorschläge über die anzubietenden Tarife bzw. Raten. In den letzten Jahren hat mit dem Entstehen zahlreicher alternativer Internet-Vertriebskanäle die Bedeutung des Multi-Channel-Managements zugenommen: Als weitere Variablen des Yield Management sind nun die unterschiedlichen Reichweiten und Vertriebskosten der verschiedenen Distributionssysteme zu berücksichtigen, um den optimalen Kanalmix zu bestimmen und die in den verschiedenen

Vertriebskanälen angebotenen Preise und Mengen tagesaktuell zu steuern. Hierzu gehört auch die über den Preis beeinflussbare Positionierung in anbieterübergreifenden Preisvergleichssystemen und Suchmaschinen. Neben dieser kurzfristigen Preis-Mengen-Steuerung geben die Daten, Analysen und Berichte aus dem Revenue-Management-System auch wertvolle Hinweise für die mittel- und langfristige Kapazitätssteuerung. Manche Systeme bieten zusätzliche Simulationsverfahren zur Umsatz- und Gewinnprognose bei Kapazitätserweiterungen oder -einschränkungen an. Sie dienen dem Management als Planungsinstrument.

Vom Management werden auch die Parameter vorgegeben, nach denen die Optimierung erfolgen soll. Je nach Strategie kann ein höherer Gewinn bei größerem Risiko angestrebt werden, indem z. B. aktuelle Nachfrage nach niedrigen Preisen nicht bedient wird, in Erwartung einer zukünftigen Nachfrage zu höheren Preisen oder umgekehrt. Ebenso muss das Management entscheiden, welche Risiken durch Überbuchung eingegangen werden dürfen, da dem entgangenen Gewinn durch Stornierungen in Überbuchungssituationen erhebliche Mehrkosten (sog. Fehlmengenkosten) für die Bereitstellung von Ersatz- oder Ausweichkapazitäten bzw. Entschädigungsansprüche von Kunden gegenüberstehen.

Während die Grundstruktur von Yield- bzw. Revenue-Management-Systemen weitgehend ähnlich ist, soll in den folgenden Abschnitten exemplarisch auf die spezifischen Ausprägungen der Yield- bzw. Revenue-Management-Systeme im Flugverkehr, im Hotelwesen, bei Reiseveranstaltern und bei Autovermietern eingegangen werden.

5.1.1 Revenue-Management-Systeme von Fluggesellschaften, Bahn und Bus

Linienfluggesellschaften waren im Zuge der Deregulierung die ersten Anwender von computergestützten Revenue-Management-Systemen im Tourismus, weil die Flugkapazitäten kurzfristig fix sind und eine gewinnoptimale Auslastung durch eine nachfrageabhängige Preisanpassung angestrebt werden muss. Da bei fixen Kosten der Ertrag proportional zum Umsatz (engl. Revenue) ist, führt eine umsatzoptimierende Verteilung der vorhandenen Sitzplatzkapazitäten an die verschiedenen Nachfragesegmente zur angestrebten Ertragsoptimierung. Sogenannte Netzwerk-Carrier, die ein weltweites Linienflug-Netz betreiben, müssen Umsteigeverbindungen und diverse globale Vertriebskanäle und Allianzen berücksichtigen. Billigfluggesellschaften optimieren in der Regel nur einzelne Strecken und konzentrieren sich auf den Direktvertrieb, was die Optimierung und die Struktur des Revenue-Management-Systems wesentlich vereinfacht. Bezüglich der Revenue-Management-Systeme[1] bei Fluggesellschaften ist

---

1 Beispiele für Airline Revenue-Management-Systeme sind PROS, Amadeus Offer Suite, Sabre Offer/Revenue Optimizer, SAS Revenue Optimization Suite, Lufthansa Systems ProfitLine, Maxamation Aviator, Accelya AirRM und andere.

daher zwischen Linienfluggesellschaften mit Netz (Netzwerk-Fluggesellschaften) und Billigfluggesellschaften zu unterscheiden (vgl. hierzu und im Folgendem Daudel/Vialle 1992; Mensen 2003, S. 730 ff.; Maurer 2006, S. 332–371; Klein/Steinhardt 2008; Conrady/Fichert/Sterzenbach 2013, S. 363–388; Parker 2014, Belobaba et al. 2017 und Gallego/Topaloglu 2019).

Revenue-Management-Systeme von Netzwerk-Fluggesellschaften
Für das Revenue Management bei Netzwerk-Carriern werden neben den auch qualitativ und von der Kostenposition her unterscheidbaren Kabinenklassen (Economy, Business, First) zusätzliche unterschiedliche Preisklassen für gleichartige Sitzplätze eingeführt. Diese sog. Tarif- oder Buchungsklassen sind mit Restriktionen versehen, die die Nutzbarkeit und flexible Umbuchbarkeit eines Tickets, das zum entsprechenden Preis gekauft wurde, mehr oder weniger einschränken. Damit wird neben tatsächlich entstehenden Kosten z. B. durch Umbuchungen oder Stornierungen auch der Tatsache begegnet, dass für verschiedene an ihrem Buchungsverhalten erkennbare Kundengruppen ein- und derselbe Flug einen unterschiedlichen Wert hat, der durch die Fluggesellschaft mittels sog. Preisdiskriminierung abgeschöpft wird. So pflegen Geschäftsreisende mit höherer Preisbereitschaft in der Regel kurzfristiger zu buchen, buchen häufiger um und bleiben seltener am Wochenende am Zielort. Entsprechend sind z. B. Kurzstrecken-Tarife mit kurzer Buchungsfrist mit Hin- und Rückflug am selben Tag teurer als Tarife mit langer Buchungsfrist und Übernachtung, selbst wenn es sich um die gleichen Sitzplätze handelt. Abbildung 5.1.2 zeigt die auf diesem Prinzip beruhenden wesentlichen Prozessschritte und Komponenten des Revenue-Management-Systems für Linienflüge.

Abbildung 5.1.3 zeigt zur Erläuterung der Grundprinzipien ein Beispiel zum Revenue Management eines fiktiven Fluges von München nach Hannover.

Im ersten Schritt (A) müssen in der Phase vor Buchungsbeginn auf der Basis von Marktforschung, Wettbewerbsanalysen und historischen Buchungsdaten Tarife (engl. Fares) mit Restriktionen definiert werden, welche die vorhandenen Nachfragesegmente möglichst gut abbilden. Für jede Tarifklasse wird aus den ggf. in einem Data Warehouse gesammelten historischen Buchungsdaten und anderen nachfragerelevanten Informationen wie z. B. wichtigen Events (Messen, Ferien, ...) mit statistischen Methoden eine Prognose über die zu erwartende Nachfrage und den Buchungsverlauf unter Berücksichtigung der Preiselastizitäten der relevanten Zielgruppen erstellt. Durch Analyse der Buchungskurven verschiedener Zielgruppen können dabei entsprechende Restriktionen wie z. B. Frühbucher-Rabatte durch Buchungsfristen etc. abgeleitet werden. Die Tarife sind durch sog. *Fencing* mittels geeigneter Restriktionen wie z. B. Umbuchungs- und Stornogebühren für billige Tarife so voneinander abzugrenzen, dass für Kunden oder Händler keine Anreize geschaffen werden, die Segmentierung zu umgehen, z. B., indem sie statt eines vollflexiblen teuren Tarifs frühzeitig einen günstigen Tarif buchen und das Billigticket dann

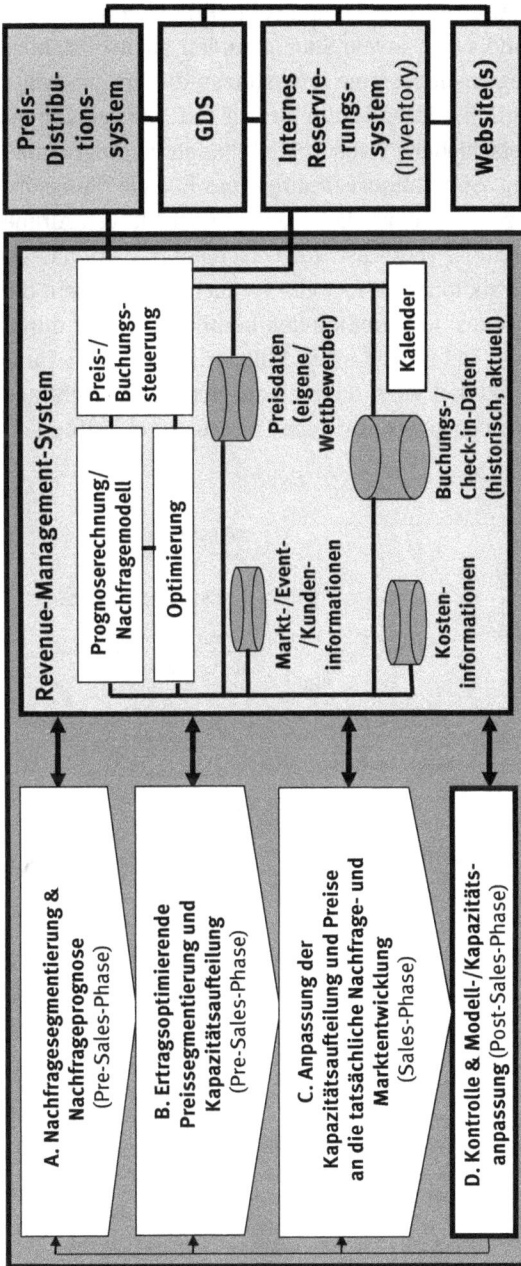

Abb. 5.1.2: Prozessschritte und Komponenten eines Revenue-Management-Systems einer Linienfluggesellschaft (in Erweiterung nach Corsten/Stuhlmann 1999).

kurzfristig in ein „passenderes" umtauschen. Gleichzeitig sollten die Segmentierungen, Restriktionen und Tarife insbesondere für loyale Stammkunden nachvollziehbar und fair gestaltet sein. Revenue-Management-Systeme unterstützen die Preismanager bei dieser Aufgabe durch einen möglichst integrierten Zugriff auf alle relevanten Daten und ihre Verarbeitung durch verschiedene statistische Kalkulationsprogramme, Clusteralgorithmen zur Segmentierung, Simulationsverfahren und Entscheidungsunterstützungssysteme. Abbildung 5.1.3 zeigt für einen Beispielflug einer fiktiven Airline von München nach Hannover die Prognose (Forecast) für verschiedene Tarifklassen bei den angegebenen Preisen und Restriktionen. Dabei gibt es auch Tarifklassen, die auf verhandelten Tarifen (Negotiated Fares) mit Großkunden beruhen und nur durch diese buchbar sind. Andere Tarifklassen beinhalten einen Billigtarif oder einen Tarif, der für Umsteiger aus Peking (PEK) kalkuliert wird, da in einem Netz diese Nachfrage speziell zu berücksichtigen ist, um nicht gewinnbringende Langstreckenflüge zu diskriminieren.

Fluggesellschaft:	LineAir
Strecke:	MUC-HAJ
Wochentag Abflug:	Freitag 1.8.
Abflug.-Ankunft.:	7.55 - 8.55
Saison:	KW 32-35
Events:	keine Messe
Flugzeugtyp:	X370

Bestuhlung/Kabinenklassen:
First: 0 Business: 20 Economy: 75

Umsteiger aus Peking: (vgl. Karte)
Buchungsverlauf: (vgl. Statistiken)

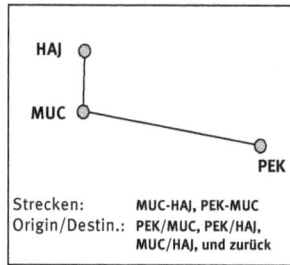

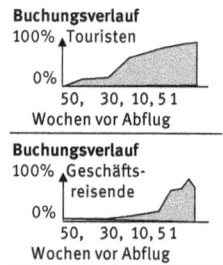

HAJ
MUC
PEK

Strecken:/Origin/Destin.: MUC-HAJ, PEK-MUC, PEK/MUC, PEK/HAJ, MUC/HAJ, und zurück

Buchungsverlauf
100% Touristen
0%
50, 30, 10, 5 1
Wochen vor Abflug

Buchungsverlauf
100% Geschäfts-reisende
0%
50, 30, 10, 5 1
Wochen vor Abflug

Economy:	Tarife:		Restriktionen:			Verfügbarkeiten:		
Nachfrage Prognose:	Tarif-klasse:	Preis:	Mindest-aufenthalt:	Umbuchbar:	Vorausbu-chungsfrist:	Tarif-klasse:	Verfügbarkeiten: opt. Kap. Segm.	
Forecast:	Economy						Seats:	Verfügb.:
Nachfrage 10	Y	330 €	-	-	-	Y	10 +3	85
nach 15	B	280 €	-	-	3 Tage	B	15 +4	72
Tarifen, 8	H (PEK)	190 €	3 Tage	-	-	H	8	53
wenn 7	X	189 €	-	Fee 50 €	8 Tage	X	7 +2	45
alle 16	K	149 €	2 Tage	Fee 50 €	-	K	16 +1	36
Tarife 30	L (Billig)	129 €	2 Tage	-	15 Tage	L	-	
unbe- 11	M (Nego)	119 €	2 Tage	Nein	14 Tage	M	11	19
grenzt 5	N (Nego)	100 €	-	-	-	N	5	8
buchbar 23	V (Billig)	99 €	-	Nein	-	V	0	0
wären: 25	Q	79 €	2 Tage	Nein	21 Tage	Q	3	3
150								
15	„No Shows"		Buchen, zahlen, erscheinen nicht!				→10	
20	„Walk Aways"		Reservieren, zahlen nicht, erscheinen nicht!				Overbooking	

Kumuliert wegen Nesting

Für jede Kabinenklasse (Economy, Business, First) eines Fluges gibt es mehrere Tarifklassen (Buchungsklassen)!

Abb. 5.1.3: Beispiel zum Revenue Management der Economy-Klasse eines fiktiven Fluges von München nach Hannover mit Umsteigern aus Peking.

Im zweiten Schritt (B) wird auf der Basis der im Flugzeug für jede Klasse vorhandenen gleichartigen Sitzplätze die Anzahl der für jede Tarifklasse buchbaren Sitze (Verfügbarkeiten) so berechnet, dass der durch die Aufteilung der verfügbaren Kapazitäten auf die Tarifklassen erzielbare, erwartete Umsatz bei der prognostizierten Nachfrage maximiert wird. Vom Revenue-Management-System werden hierzu mathematische Optimierungsverfahren auf Basis des EMSR (Expected Marginal Seat Revenue) oder stochastischer Prozesse eingesetzt. Sie beruhen darauf, dass für eine mit hoher Wahrscheinlichkeit eintretende hochwertige Nachfrage (hoher erwarteter Grenzertrag) Kapazität geblockt wird und für die Niedrigpreisnachfrage nur Restplätze bereitgestellt werden.

Zur Berechnung der optimalen Verfügbarkeiten sind zudem die Stornierungsprognosen zu berücksichtigen. „No Shows" und „Walk Aways" erfordern eine Korrektur der Zuordnung von Sitzplätzen zu Tarifklassen nach oben, damit echte Nachfrage nicht verdrängt wird durch Reservierungen, die von Passagieren beim Start nicht in Anspruch genommen werden. Hierzu ist neben den Buchungsdaten ein Zugriff auf historische Check-in-Daten notwendig, die angeben, wie viele Passagiere auf den vergleichbaren Flügen der Vergangenheit tatsächlich an Bord waren. Das Ergebnis ist eine Überbuchungsrate (Overbooking) als Optimum aus dem Zielkonflikt zwischen zu erwartenden Fehlmengenkosten und Leerkosten bzw. entgangenen Erträgen.

Die Schachtelung der Tarifklassen (Nesting) ermöglicht schließlich, dass hochpreisige Tarifklassen bei großer Nachfrage aus den Kontingenten der Niedrigpreis-Tarifklassen bedient werden können, während umgekehrt verhindert wird, dass eine Anfrage nach einem niedrigen Tarif durch einen Sitz aus einem hochpreisigen Kontingent befriedigt wird. Sortiert man die Klassen nach absteigendem Ertragswert wie in Abb. 5.1.3, wird die Schachtelung dadurch erreicht, dass die maximale Verfügbarkeit eines Tarifs sich stets aus der Aufsummierung (Kumulation) der niederwertigen Verfügbarkeiten berechnet. Bei jeder Buchung müssen dann alle Verfügbarkeiten in Echtzeit neu berechnet werden, was durch den Computereinsatz kein Problem ist.

Damit in einem Linienflug-Netz auch die Nachfrage von und zu Anschlussflügen richtig bewertet wird, erweitern Revenue-Management-Systeme die streckenbezogene Optimierung zu einer verkehrsstrombezogenen Optimierung auf der Basis von O/D (Origin/Destination)-Paaren. Diese konkurrieren entsprechend ihrem Ertragswert um die knappen Plätze auf den Teilstrecken (vgl. Phillips 2005, S. 195 ff. und Maurer 2006): Hat z. B. eine Umsteigeverbindung von Peking über München nach Hannover einen hohen Gesamtertragswert, darf die nur für Umsteiger buchbare Tarifklasse H (PEK) des Anschlussflugs von München nach Hannover nicht durch lokale Nachfrage verdrängt werden, die zwar bei einer Einzelbetrachtung des MUC-HAJ-Fluges lukrativ, aber im Vergleich zum erzielbaren Deckungsbeitrag einer Buchung von Peking nach Hannover minderwertig ist (vgl. Abb. 5.1.3). Sogenannte Bid-Pricing-Algorithmen simulieren den Wettbewerb der relevanten O/D-Paare (PEK/MUC, MUC/HAJ, PEK/HAJ), indem sie für alle Tarifklassen die Nachfrage prognostizieren und durch lineare Optimierung auf Basis der Ertragswerte eine optimale Verteilung der O/D-Nachfrage auf alle Strecken berechnen. Der sich hieraus je Teilstrecke ergebende Bid-Preis ist ein virtueller Preis, der den Wert eines Sitzplatzes bei der ermittelten optimalen Kapazitätsaufteilung angibt. Die prognostizierte O/D-Nachfrage wird dann so auf die Tarifklassen aufgeteilt, dass nur die Nachfrage befriedigt wird, deren Gesamtertrag (Tarifsumme) mindestens die erzielbaren Bid-Preise der Teilstrecken deckt. Auch wenn der Umsteigertarif günstiger sein sollte als andere lokale Tarife, erhält er durch den höheren Gesamtertrag der PEK-MUC-Nachfrage relativ viele Verfügbarkeiten zugeteilt.

Im dritten Schritt (C) beginnt der Verkauf des Linienflugs durch weltweite Distribution der Flugpläne (Schedules), z. B. über den OAG (Official Airline Guide), sowie der Tarife mit ihren Restriktionen und Preisen, z. B. über die ATPCO (Air Tariff Publishing Company) oder die SITA, an die GDS (Global Distribution System) bzw. diverse andere Distributionskanäle (vgl. Abb. 5.1.4). Nicht alle Tarife werden veröffentlicht. Negotiated Tarife sind z. T. nur mit Codewort einsehbar und buchbar. Damit Flugreservierungen in Echtzeit bestätigt werden können, ohne dass es zu Doppelbuchung eines Platzes kommt, werden die Sitzplätze und Verfügbarkeiten (Availabilities) aller Tarife im internen Reservierungssystem der Airline verwaltet mit Echtzeitanbindung eines oder mehrerer GDS, der eigenen Website und ggf. ausgewählter Internetportale und Distributionssysteme Dritter (z. B. Consolidator, Veranstalter etc.). Bei jeder Reservierungsanfrage, z. B. aus einem Reisebüro mit GDS-Terminal, können auf diese Weise die aktuellen Verfügbarkeiten für jede Tarifklasse gelistet und über einen sog. Fare Quote (Anfrage verfügbarer Tarife mit Preisen) die Preise und Restriktionen abgefragt werden.

Bei Echtzeitanbindung führt jede Buchung sofort im internen Reservierungssystem zu einer Neuberechnung der Verfügbarkeiten unter Berücksichtigung des Nesting. Über die gesamte Verkaufsperiode hinweg vergleicht das Revenue-Management-System durch die sog. Buchungssteuerung regelmäßig automatisch die Anzahl der tatsächlich eingegangenen Reservierungen mit den für diesen Zeitpunkt prognostizierten Reservierungen. Wesentliche Abweichungen nach oben oder unten sind deutliche Indikatoren, dass sich die ursprünglich erwartete Nachfrage verändert hat und deshalb die Kapazitäten nicht mehr optimal auf die Tarifklassen verteilt sind. Die Buchungssteuerung des Revenue-Management-Systems berechnet die optimale Verteilung der Verfügbarkeiten neu, indem es z. B. bei unerwartet hoher Nachfrage Kapazitäten von Niedrigpreis-Tarifen abzieht und zu Hochpreis-Tarifen verlagert. Bei O/D-Steuerung werden Optima/Bid-Preise neu berechnet. Auf diese Weise werden auch die anfangs hohen Überbuchungsraten gegen Ende der Buchungsphase nach unten korrigiert, um eine echte Überbuchung am Abflugtermin zu vermeiden. Durch die direkte Schnittstelle können diese Verfügbarkeitsanpassungen direkt im internen Reservierungssystem mit sofortiger Wirkung auf die weltweite Buchbarkeit der Tarife durchgeführt werden, ohne dass die aufwendigere und fehleranfälligere globale Distribution neuer Preise nötig würde. Sofortige Preisänderungen sind erst seit Einführung von Internet

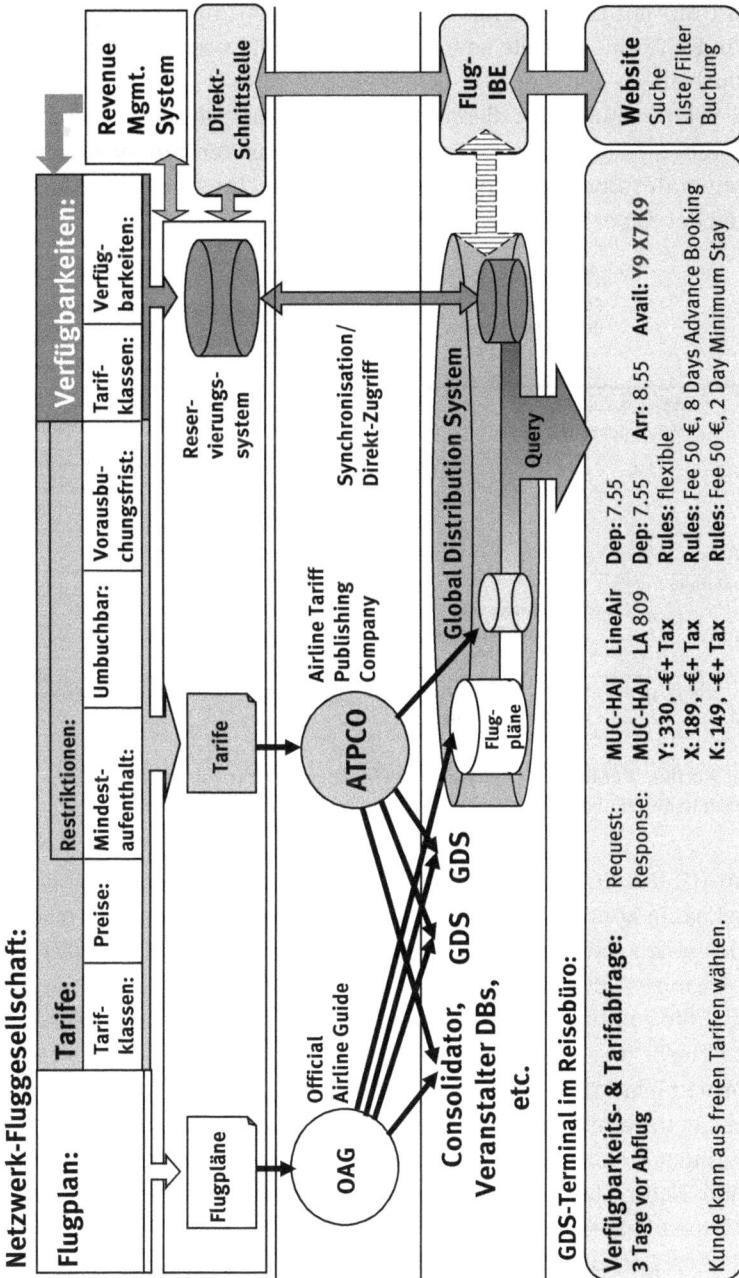

Abb. 5.1.4: Distribution von Fares und Echtzeitsynchronisation von GDS und internem Reservierungssystem versus Direktanbindung einer Internet Booking Engine.

Booking Engines (IBE) mit Direkt-Schnittstelle zum internen Airline-CRS möglich, wenn Kunden auf der Airline-Website oder in direkt angeschlossenen Online-Reisemittler-Portalen buchen.

Als grafische Veranschaulichung dieser regelmäßigen automatischen Buchungssteuerung zeigt Abb. 5.1.5 den sog. Buchungskorridor aus den prognostizierten Schwankungsbreiten des Buchungseingangs, deren Überschreitung zu automatischen Korrekturen der Kapazitätsaufteilung führt.

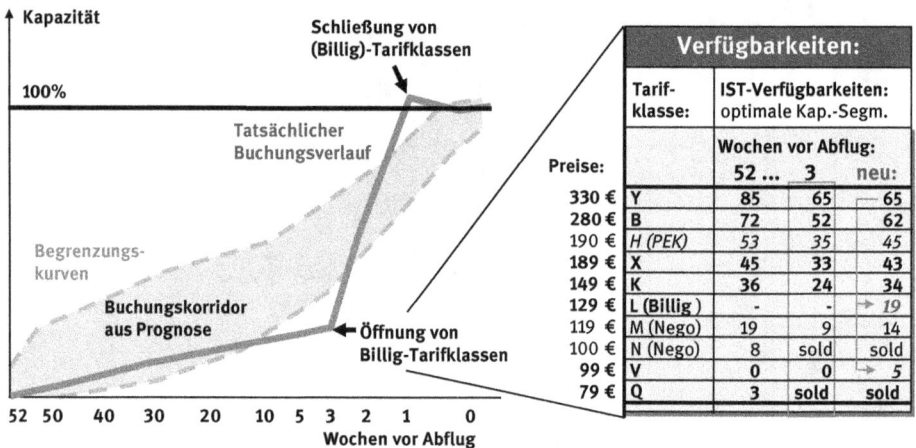

Abb. 5.1.5: Buchungs-Korridor der Buchungsteuerung und Maßnahmen zur automatischen Anpassung der Kapazitätsaufteilung durch Umverteilung der Verfügbarkeiten.

Im letzten Schritt (D) des Revenue-Management-Prozesses (vgl. Abb. 5.1.2) muss nach Abflug regelmäßig kontrolliert werden, ob das Revenue Management plausibel und erfolgreich gearbeitet und einen optimalen Ertrag gebracht hat. Dieser als Preis- oder Performance-Controlling bezeichnete Schritt ist wichtig, da bei Marktveränderungen ggf. die zugrundeliegenden Nachfragemodelle des Revenue-Management-Systems nicht mehr passen und rekalibriert oder substanziell verbessert werden müssen. In den letzten Jahren sind vor allem durch Machine Learning und Künstliche Intelligenz zahlreiche neue Ansätze zur Modellierung entstanden, die ältere Ansätze ersetzen. Bedingt durch Wettbewerbsveränderungen, neue Gesetzgebungen (EU-Pauschalreiserichtlinie), Naturkatastrophen (Tsunamis, Vulkanausbrüche), Terrorismus/ Kriege oder die Corona-Pandemie werden Nachfrage- und Forecast-Modelle auf der Basis von historischen Buchungsdaten auf einen Schlag obsolet und müssen durch neue Modelle und Annahmen über das zukünftige Nachfragerverhalten ersetzt werden (New Normal Modelle).

Übertragung des O/D-Revenue-Managements auf Bahn- und Fernbuslinien
Im Kapitel 4.4 über IT-Systeme bei der Deutschen Bahn wurde bereits ein Überblick über die zahlreichen Verbindungen (Relationen), die in Bahnnetzen zwischen Bahnhöfen möglich sind, gegeben. Da es sich bei Bahnen in der Regel um sog. offene Tarifsysteme handelt, sind Kunden, die ein normales Bahnticket von A nach B erwerben, in der Regel berechtigt, ab dem Geltungstag ohne Zugbindung und zu einem Zeitpunkt ihrer Wahl von A nach B zu reisen. Sie können innerhalb eines gewissen geografischen Korridors an jedem Bahnhof pausieren oder umsteigen und dabei beliebige Züge in eine Richtung bis zum Zielort nutzen. Zudem sind oft noch Fahrten mit öffentlichen Verkehrsmitteln am Start- und Zielort im Ticketpreis inkludiert. Analog zu Netzwerk-Airlines wurde bei der Deutschen Bahn ein Revenue-Management-System mit einem teuren Normal- und mehreren Spartarifen für die wichtigsten Verbindungen eingeführt, deren Verfügbarkeiten mit O/D-Pricing, Nesting und automatischer Buchungssteuerung optimiert werden (Stahr et al. 2007). Da es aber auf langen Strecken viel mehr Ein- und Ausstiegspunkte und Umsteigemöglichkeiten als bei jedem Flug gibt und weder eine Sitzplatzreservierungspflicht noch eine Zugbindung besteht, ist das Verfahren mit großen Unsicherheiten hinsichtlich der tatsächlichen Kapazitätsnutzung behaftet. Zum einen ist die Bahn bei Überbuchung flexibler, weil es Stehplätze gibt (was aber die Reisequalität für die Passagiere mindert), zum anderen muss sie Zugbegleiter auf den Strecken die Belegung regelmäßig zählen lassen, um Statistiken für den Forecast zukünftiger Zugbelegungen zu erhalten. Das Revenue Management hat gerade bei Bahnen, die noch staatlich sind, auch nicht immer das Ziel, den Gewinn zu maximieren, sondern als sog. Peak Load Pricing durch höhere Preise in Spitzenzeiten und Preissenkungen in Nebenzeiten Nachfrage in die Nebenzeiten zu lenken. Im Gegensatz zu geschlossenen Tarifsystemen einer Airline ist ein Bahnticket ein sog. „flexibles Produkt" (vgl. Koch et al. 2017), das dem Kunden Flexibilität bei der Zeit- und Routenwahl einräumt, die zu Auslastungs- und Qualitätsrisiken (Überlastung) bei Bahnen führen, welche auf vielen Strecken ja in Konkurrenz zu Flügen oder Linienbussen steht. Entsprechend wurden neue Algorithmen für das Revenue Management flexibler Produkte „unter Unsicherheit" entwickelt, die auch im Hotel-/ Kreuzfahrt- und Reiseveranstalter-Revenue-Management eine Rolle spielen. Insbesondere hat z. B. die Deutsche Bahn mit der Bahncard ein spezielles Mengen-Rabattsystem als sich automatisch verlängerndes Abo-System entwickelt, bei der Kunden unabhängig von ihrer noch „unsicheren" tatsächlichen Nutzung das Recht auf Mengenrabatt schon im Voraus und für ein Jahr ohne Rückerstattungsanspruch bei Nichtnutzung erwerben können (Fleischer 2001). Das normale O/D-Netzwerk-Revenue-Management von Airlines wird von der Deutschen Bahn nur auf speziellen Premium-ICE-Verbindungen, z. B. bei den Messe-Sprintern, eingesetzt, wo es nur wenige Haltepunkte und eine Sitzplatz-Buchungspflicht gibt. Die meisten Fernbuslinien-Verbindungen zwischen Großstädten haben sich für geschlossene Tarifsysteme entschieden und können daher

klassisches O/D-Netzwerk-Revenue-Management einsetzen[2]. Auch die in den nachfolgenden Abschnitten beschriebenen neueren Revenue-Management-Ansätze des Dynamic, Continuous Pricing und Machine Learning Forecasting haben Eingang in das Revenue Management von Fernbuslinien und Bahnen (Armstrong/Meissner 2020, Hohberger 2020, Wagner et al. 2019) gefunden.

Revenue-Management-Systeme von Billigfluggesellschaften – Dynamic Pricing
Billigfluggesellschaften sind erst nach der Deregulierung entstanden und konzentrieren sich auf einzelne Strecken, die sie meist mit einer qualitativ einheitlichen Beförderungsklasse anbieten. Eine Berücksichtigung der Erträge durch Umsteigeverbindungen oder Interlining-Abkommen mit Allianzpartnern sind also nicht notwendig. Der Vertrieb erfolgt beim „klassisch-reinen" Low-Cost-Modell in der Hauptsache auf direktem Wege über Call-Center und die eigene Website bzw. über Websites von Intermediären, die einen Direktzugriff auf das interne Reservierungssystem erhalten. Bei jeder Buchungsanfrage gibt es nur sehr wenige (2–4) Tarife zur Auswahl – im Extremfall nur einen One-Way-Tarif mit hoher Umbuchungsgebühr (um die Stornierungsprobleme zu kompensieren). Intern arbeitet das Revenue Management einer Billigfluggesellschaft nicht mit einem komplexen System von Tarifklassen mit differenzierten Restriktionen zur Abschöpfung der bei den Zielgruppen vorhandenen Preisbereitschaften. Stattdessen gibt es eine im Vergleich zu den Tarifklassen der Netzwerk-Carrier große Anzahl von unveröffentlichten Stufenpreisen mit relativ kleinen Preissprüngen und extrem niedrigen, werbewirksamen Einstiegspreisen. Die zahlreichen Preisstufen erlauben theoretisch eine feinere Anpassung der Kapazitätsaufteilung an Nachfrageschwankungen durch reine Anpassung der zugeordneten Verfügbarkeiten an die Buchungslage ohne weitere Eingriffe der Preisverantwortlichen (vgl. Abb. 5.1.6).

Häufig werden sehr einfache Preisstrategien verfolgt, z. B. niedrig kontingentierte Einstiegspreise zu Verkaufsbeginn, die mit wachsender Belegung des Flugzeuges ansteigen, um kurz vor Abflug bei guter Buchungslage die Höchstpreise zu erreichen (vgl. Barlow 2006). Ist die Buchungslage schlecht, bleibt der Preis niedrig. Das Revenue-Management-System bekommt unter der Berücksichtigung von Events und den Marktdaten Umsatzziele vorgegeben und kann aus den Buchungsverläufen der Vergangenheit eine optimierte Kapazitätsaufteilung bestimmen, die wie bei klassischen Linienflügen mit Tarifklassen bei Abweichungen der Nachfrage von den Prognosen durch automatische Umverteilung der Kapazitäten nachgesteuert wird. Durch die im Vergleich zum klassischen Tarifmodell zahlreichen Stufenpreise und die einfachen Möglichkeiten, den aktuellen Angebotspreis durch Anpasssung

---

2 Revenue-Management-Systeme für Personenverkehr Bahn- bzw. Fernbuslinien wurden z. B. von PROS, Revenue Analytics, Sqills, RTS Revenue Technology Services, Accelya, ExPretio Technologies, Amadeus entwickelt.

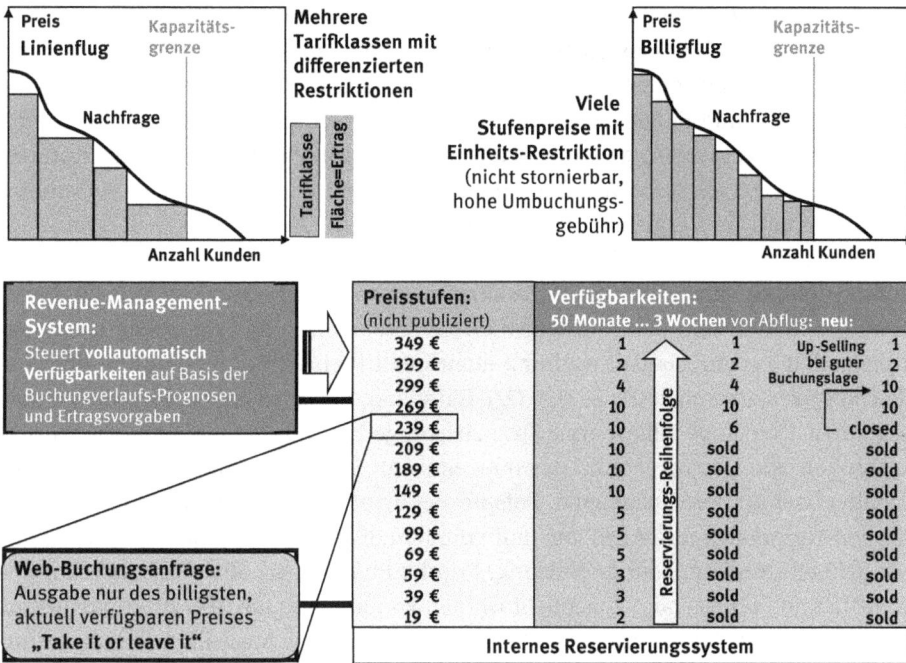

Abb. 5.1.6: Revenue Management mit Stufenpreisen bei einem Billigflug im Vergleich zu klassischen Tarifklassen.

der Verfügbarkeiten an die aktuelle Nachfrage und Wettbewerbssituation schnell zu ändern, wird das Verfahren auch als **Dynamic Pricing** bezeichnet (vgl. Gönsch et al. 2009). Andererseits werden Preisbereitschaften der Kunden nicht optimal ausgeschöpft, da zum Verkaufszeitpunkt kaum Auswahl besteht. Basierend auf Flugziel, Abflugtag und Abflugzeit wird der gesamte Flug als Businessflug oder Touristenflug kalkuliert und außer dem Buchungszeitpunkt keine Differenzierung nach den Präferenzen verschiedener Kundensegmente oder verhandelten Preisen vorgenommen. Entsprechend sind das Revenue-Management-System und die Distributionssysteme erheblich einfacher und kostengünstiger als bei netzoptimierten Linienflügen.

Hybrides Revenue Management und Ancillary Pricing

Im zunehmenden Wettbewerb zwischen den Fluggesellschaften entwickelte sich nach den Erfolgen des Dynamic Pricing bei Low Cost Carriern verbunden mit den oben genannten Nachteilen ein Trend zu hybriden Formen des Revenue Managements. Netzwerk-Airlines setzen auf Strecken mit Low-Cost-Wettbewerbern ebenfalls Stufenpreis-Modelle ein und setzen auf Direktvertrieb über die eigene Website. Dies wurde insbesondere durch die allgemeine Einführung elektronischer Tickets durch die IATA erleichtert. Billigfluggesellschaften bauen umgekehrt ihre Einzelstrecken zu Netzen aus und kooperieren stärker national und international. GDS-Anbieter bieten neben klassischen GDS-Anschlüssen mit der komplexen Tariflogik einfachere Distributionswege für sog. Webfares auch im Reisebüro an. Preisvergleichssysteme und Flugsuchmaschinen vergleichen Angebote in klassischer Tarifstruktur mit Webfare-Angeboten, was manche Airlines ausnutzen, um Kunden durch besonders günstige Webfares zur Direktbuchung auf ihre eigene Website zu leiten, um ggf. im Vergleich zum Search-Engine-Advertising höhere Reisemittler/OTA-Provisionen zu vermeiden. Entsprechend wurden **hybride Revenue-Management-Systeme** entwickelt, die in Abhängigkeit von Vertriebskanal, Strecke, Wettbewerbssituation und den Anfrageparametern dynamisch das am besten geeignete Preismodell zur Angebotsdarstellung auswählen (vgl. Westermann 2006, Goecke/Heichele/Westermann 2008, S. 319–322). Billigfluggesellschaften hatten zudem damit begonnen, ihre Flüge billigst ohne Zusatzleistungen anzubieten und dann die Zusatzleistungen wie Gepäckgebühren, Mahlzeiten an Bord etc. gegen Barzahlung am Schalter oder an Bord anzubieten. Entsprechend entbündelten auch Airlines im klassischen Tarifmodell ihre Angebote und erfanden diverse kostenpflichtige Leistungen wie Schnell-Check-in, Lounge-Nutzung, Priority Boarding etc. die aber schon auf der Website und im Reisebüro zugebucht werden können, was die GDS zu Anpassungen ihrer klassischen Buchungsdialoge und Schnittstellen zur Auswahl und Zubuchung von Ancillary Services im Echtzeitdialog mit den Airlines veranlasste. Das Preis- und Revenue Management musste entsprechend um Prognosen über die zu erwartenden Revenues aus Ancillary-Zubuchungen bei bzw. nach der eigentlichen Flugbuchung und die optimalen Preise für die verschiedenen Zusatzangebote im Rahmen des Ancillary Pricing/Revenue Management erweitert werden (vgl. Wittmer/Oberlin 2014 und das Assortment Pricing von Gallego/Topaloglu 2019).

Schließlich mußte das ursprünglich Distribution/Sales-Channel-orientierte Revenue Management um neue Möglichkeiten zur Berücksichtigung und Steuerung von nachfragestimulierenden Online-Marketing-Kampagnen durch **Digital-Campaign-Management-Systeme (DCM)** erweitert werden. Zu berechnen sind optimale Sonderkontingente, Sonderpreise und Werbebudgets für Pay-per-Click-Angebot-Listings in (Meta-/Reise-)Suchmaschinen, für Banner in Affiliate-Portalen und Social Media Netzwerken oder für E-Mailings mit One-Click-buchbaren Angeboten an Stammkunden aus dem **CRM-System**. Digital-Campaign-Management-Systeme steuern regelbasiert nach den Vorgaben des Revenue-Management-Systems, über welchen Werbekanal welche verfügbaren Angebote mit welchem Werbebudget in welchen zur Buchung am besten geeigneten Distributionskanal über einen zum beworbenen Angebot passenden Deep Link geleitet werden sollen (vgl. z. B. Pixell-Amadeus Dynamic Campaign Manager, Goecke/Landvogt 2016–2021).

In der Revenue-Management-Forschung entstanden zahlreiche neue mathematische Verfahren, wie das Wahlverhalten des Kunden beim Angebot verschiedener Flug- und Preisvarianten mit oder ohne Zusatzleistungen vor und nach der Flugbuchung durch **Customer-Choice-Modelle** abgebildet, vorhergesagt und in den Optimierungsmodellen des sog. Customer-centric Revenue Managements berücksichtigt werden können (vgl. Van Ryzin 2004). Das Customer Centric Pricing nutzt die erweiterten Möglichkeiten zur Aufzeichnung der Kundeninteraktionen und des individuellen Kundenverhaltens bei Variation der Angebote in direkt angebundenen Online-Werbe- und Vertriebskanälen, was zu großen, statistisch repräsentativen Mengen an Beobachtungsdaten (Big Data) führt und sogar kundenindividuell zugeschnittene Angebote ermöglicht. Mit innovativen statistischen Data-Mining- und Machine-Learning-Verfahren von Fuzzy-Logic über Bayes Learning bis hin zu Künstlichen Neuronalen Netzen hielt dabei die Künstliche Intelligenz Einzug in das Revenue Management (vgl. z. B. Christ 2009, Wittman/Belobaba 2017, Koch et al. 2017, Gallego/Topaloglu 2019, Shukla et al. 2019)

IATA New Distribution Capability & Next Generation Revenue Management
Sowohl das Dynamic Pricing als auch das Ancillary Pricing und das Customer Centric Pricing erfordern einen möglichst direkten Datenaustausch zwischen der Airline und dem Kunden im Verkaufsprozess in Echtzeit. Dies funktioniert am besten, wenn die Website, auf der ein Kunde sucht, oder auch das System, in dem der Reisemittler für den Kunden einen Flug sucht, direkt mit den Airline-Systemen verbunden sind: Nur dann sind alle Kundeninteraktionen und das Auswahlverhalten beobachtbar und es können personalisierte Angebote in Echtzeit erstellt werden. Die klassische getrennte, indirekte Übermittlung der Tarif- und Verfügbarkeitsdaten sowie die abschließende Buchung nach der GDS-Logik (vgl. Abb. 5.1.4) leistet dies trotz vieler Erweiterungen nicht, sondern nur der Direkt- oder Agenturvertrieb über die eigene Website, was der Low-Cost-Carrier-Vorteil war, aber dem Kunden und Reisemittler keinen airlineübergreifenden Angebotsvergleich ermöglichte. Um dieses Problem zu lösen, haben führende Airlines und Technologieanbieter im IATA-Verband gemeinsam den XML-basierten NDC-Standard zum direkten Datenaustausch beim Angebots- und Auftragsmanagement über alle direkten und indirekten Kommunikationskanäle entwickelt. NDC bedeutet New Distribution Capability und seine Architektur ist in Abb. 5.1.7 wiedergegeben (vgl. Hoyles 2015).

Die **New Distribution Capability** (vgl. IATA 2016 und Ziegler et al. 2017) ermöglicht zum einen die Anreicherung der Angebotsdaten um zahlreiche Attribute, welche die Flugleistung samt Ancillaries detailliert beschreiben und sogar Bild- und Video-Material als sog. Rich Content einbetten kann. Außerdem kann eine Airline in ihrem sog. **NDC-Profile** exakt definieren, für welche Vertriebskanäle/ Märkte/Kundengruppen sie Angebote direkt erstellen möchte und für welche nicht. Bei Interlining kann eine anbietende Airline auf Kundenanfrage ihre **Interlining-Partner** via NDC in Echtzeit um detaillierte Angebote ebenfalls mit Zusatzleistungen bitten und diese mit Partner-Freigabe dem Kunden zur Buchung anbieten. Darüber hinaus wird die Airline in die Lage versetzt, ihre Flugangebote mit ggf. in Echtzeit von Drittanbietern (3rd Parties) zugelieferten komplementären Zusatzleistungen vom

Mietwagen bis zur Hotelübernachtung als verbundene/zugebuchte Reise oder sogar als paketierte Pauschalreise zum Festpreis anzubieten. Durch dieses Merchandising entstehen weitere Einnahmequellen durch Provisionen, Preiszuschläge oder auch eine Marge für die Übernahme der Rolle eines Reiseveranstalters gegenüber dem Endkunden.

Alle vom Kunden gebuchten Flüge, Ancillaries und komplementären Zusatzleistungen können durch die IATA **One Order Initiative** unter einer gemeinsamen Auftragsreferenz vom Kunden und allen Lieferanten zugegriffen und upgedated werden (vgl. Badea/Touraine 2018). Dies macht die Ausstellung verschiedener Tickets überflüssig, erleichtert den Check-in und die Kommunikation von Änderungen der Reise z. B. bei Verspätungen wird für alle Beteiligten erleichtert. Auch wenn ein Kunde über einen Aggregator, einen Reisemittler oder eine Reisesuchmaschine Angebote von einer Airline abfragt, regelt das NDC-Profil der Airline, ob der Kunde von ihr ein individuelles Angebot in Echzeit erstellt bekommt oder er als unbekannter Kunde ein Standardangebot ggf. aus einem Aggregator/Search Engine Cache bekommt. Während Consolidator ihre eingekauften Flüge oder Hotels analog zu den Airlines auch via NDC-Direktdialog ihren Endkunden oder Reiseveranstaltern anbieten können oder über Consolidator-Systeme als Großhandelskunden bei der Airline direkt abfragen können (vgl. z. B. Hitchhiker Direct Connect), werden klassische GDS und ATPCO-Tarifdatenbank umgangen.

Die ATPCO mit ihren Airline-Gesellschaftern hat sich aber auch im NDC-Ökosystem als **Rich Content Aggregator** (ATPCO RouteHappy) und einem **NDC-Marktplatz** zur Übermittlung und Echtzeitkonvertierung diverser proprietärer Angebotsformate in diverse Formatvarianten des NDC-Standards positioniert (vgl. Kaplan 2019). Sie hat eine Forschungsinitiative zur zukünftigen Entwicklung des Revenue Managements unterstützt, die Kernthesen zum Next Generation Pricing & Revenue Management formuliert hat (vgl. Belobaba et al. 2019). Die GDS dienen einerseits in der mehrjährigen NDC-Migration weiterhin als Caches und haben andererseits ihre Reisebüro-Buchungsplattformen und Flug-/Touristik-IBEs mit NDC-Logik aufgerüstet. Außerdem haben die GDS als technischer Dienstleister und Betreiber von Passenger-Service-Systemen (PSS) und GNEs (insb. nach der Übernahme von Farelogix durch Sabre) die Entwicklung und den Betrieb von NDC-Schnittstellen für diverse Airlines und Consolidator übernommen. Je mehr Airlines an NDC teilnehmen, desto häufiger erfolgt die airlineübergreifende Angebotsaggregation und der Angebotsvergleich kundenindividuell im Echzeit-Direkt-Dialog von der jeweiligen OTA-IBE, dem Beratungssystems eines Reisemittlers bzw. einer Reisesuchmaschine mit angefragten zahlreichen Airline-Systemen.

Für das **Airline Revenue-Management-System** und das **CRM/PRM-System** bietet NDC neue Möglichkeiten, um kundenindividuell differenzierte Angebote und Angebotsbündel zu beliebigen Preisen zu offerieren und kundenbezogene Daten über die faktischen Präferenzen und Preisbereitschaften zu sammeln. Diese Daten sind Grundlage für Big-Data- und Machine-Learning-basierte Revenue-Management-Verfahren wie das Customer Centric Revenue Management auf der Basis von

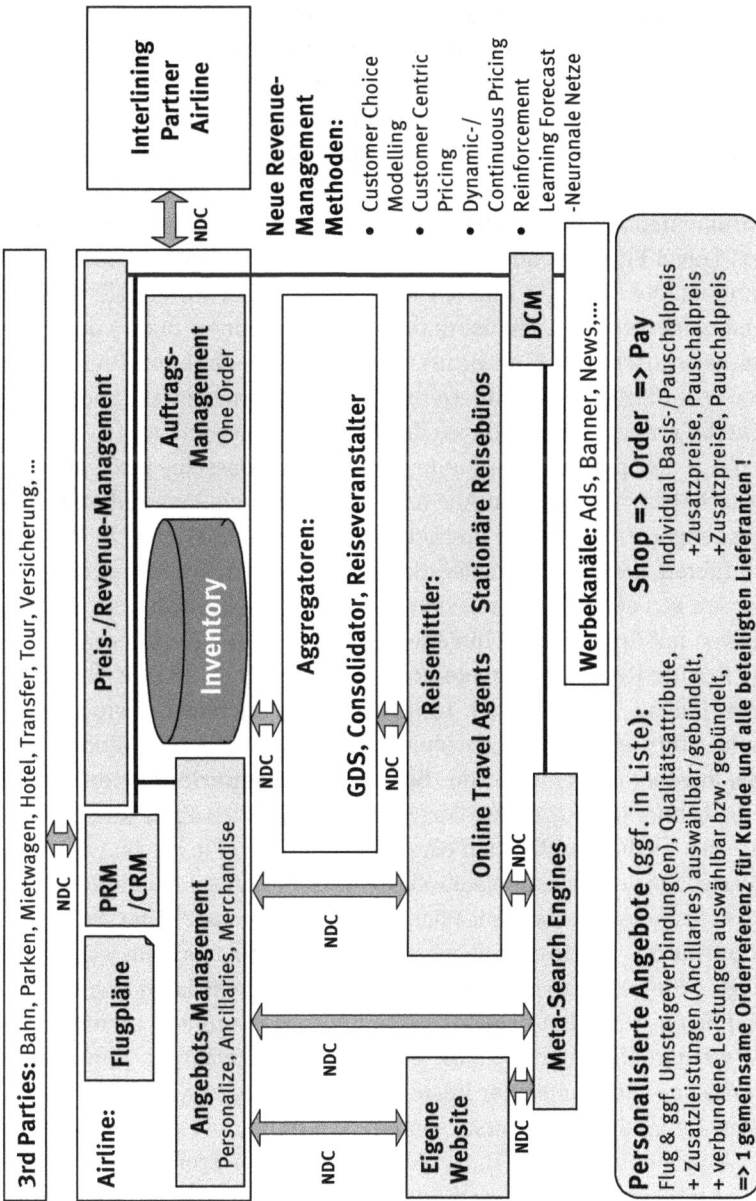

Abb. 5.1.7: IATA NDC – New Distribution Capability – Architektur und neue Revenue-Management-Methoden.

Customer-Choice-Modellen. Das Customer Centric Pricing versucht, Angebote und Angebotsbündel für spezielle Kundensegmente bis hin zum personalisierten Pricing (Segmentgröße 1) gewinnmaximierend zuzuschneiden und hierfür den Mix von Zusatzleistungen und Zubuchungen bis hin zu den dabei offerierten Online-Zahlungsmöglichkeiten bzw. -konditionen zu optimieren (vgl. Christ 2009, Wittman/Belobaba 2017).

Das **Assortment Pricing** (Belobaba et al. 2017) optimiert hierzu auch die Preise von Angebotssortimenten insb. bei diversen Varianten von Umsteigeverbindungen z. B. für Business-Travel-Firmenkunden, Travel Management Companies oder Reiseveranstalter-Kunden. Die wenigen Klassen des klassischen Tarifmodells passen dabei aber meist weder vom Angebotsinhalt/den Restriktionen noch vom Preis genau zum Kundenwunsch. Die Einführung einer größeren Zahl von Preisstufen brachte den Low-Cost-Carriern im Wettbewerb mit nach klassischem Tarifmodell arbeitenden Netzwerk-Carriern Vorteile, da sie ihre Preise flexibler und wegen der vielen Stufen feiner auf den Kundenbedarf anpassen können. Dasselbe erreichten sie bezüglich der Angebotsinhalte mit dem Ancillary Pricing. Simulationsstudien haben aber gezeigt, dass sogar die diskreten Preisstufen des Dynamic Pricing zu Wettbewerbsnachteilen führen, wenn ein Anbieter die Möglichkeit hat, seine Angebote abhängig von diversen aus seiner Sicht relevanten Einflussfaktoren jederzeit beliebig und unabhängig von mit Kontingenten hinterlegten Stufenpreisen festzulegen.

Continuous Pricing Revenue-Management-Systeme (Liotta 2019, Papen 2020) folgen dieser Idee, indem sie keine festen Tarife oder Preisstufen mehr berücksichtigen, sondern jeder Preis jederzeit auf einem stetigen Kontinuum vom Mindest- bis zum Höchstpreis angeboten werden kann. Beim sog. **klassenorientierten Continuous Pricing** berechnet das Revenue-Management-System den Preis durch beliebige, stetige Auf- oder auch Abschläge auf einen Basispreis für eine Produktvariante/Klasse, bis der Basispreis der nächsthöheren Klasse erreicht ist. Es erleichtert Airlines eine Migration von diskretem Assortment Pricing zum Continuous Pricing. Beim sog. **klassenlosen Continuous Pricing** ist dagegen für jede Produktvariante jeder Preis ab einer festgelegten Preisuntergrenze möglich. Der Angebotspreis kann also bei beiden Continuous-Pricing-Methoden beliebig genau und fein-granularer an die Nachfrage angepaßt werden als beim Dynamic Pricing. Beide Verfahren können als Basispreise auf die sog. Bid-Preise der linearen Optimierung zurückgreifen. NDC unterstützt neben Dynamic Pricing insbesondere Continuous Pricing, indem bei jeder einzelnen Kundenanfrage ein individuell angepasster Preis frei errechnet werden kann, was eine exakte Berücksichtigung aller Faktoren wie Angebotsqualität, Kunden-Preisbereitschaft, Kundenwert, Buchungszeitpunkt, aktuelle Nachfrage, aktuelle Wettbewerbssituation etc. in der Preissetzung ermöglicht.

Digital Campaign Management (DCM): Wenn die Nachfrage für einzelne Flüge schwach ist, kann das Revenue-Management-System Vorgaben an ein digitales Kampagnenmanagement-System machen, um mit Hilfe des CRM/PRM-Systems an geeignete Zielgruppen und in geeigneten Werbekanälen Angebote, z. B. Angebotshinweise in Preisvergleichsportalen und Flugsuchmaschinen oder auf Werbebannern bei Werbepartnern, zu platzieren samt der dafür notwendigen Werbebudgets. Werbemails, Advertising-Banner und Meta-Search-Angebote müssen dazu einen Deep Link auf eine Landingpage mit dem entsprechenden buchbaren Angebot auf der eigenen Website oder in den präferierten Vertriebs-/Distributionskanal enthalten.

Machine Learning & Deep Learning: Continuous-Pricing-Verfahren können eine optimale Preissetzung durch klassische, statistische Lernverfahren wie das sog. Q-(Quality-)Learning aus historischen und aktuellen Buchungszeitreihen lernen und kontinuierlich verbessern (Papen 2020). Komplexe Künstliche Neuronale Netze mit mehreren Ebenen aus miteinander vernetzten Neuronen realisieren Lernprozesse nicht statistisch-mathematisch, sondern nach dem Vorbild bestimmter Gehirnregionen, was man im Fall einer hohen Anzahl von aufeinanderfolgenden Netzebenen auch als Deep Learning bezeichnet. Sehr gute Ergebnisse lieferten Experimente mit Revenue-Management-Systemen, die ein Deep-Learning-Netz mit Reinforcement Learning verwenden (Bondoux et al. 2020): Das neuronale Netz lernt aus historischen und aktuellen Buchungsdialogen im Trial-and-Error-Verfahren, welche Angebots-/Preissetzungen in welcher Buchungsphase den höchsten Gewinn erbrachten. Es korrigiert seine Gewichte immer dann, wenn höhere Gewinne als bislang erwartet realisiert wurden oder wenn die Gewinne schlechter als zuvor ausfielen. Erste Simulationen zeigten, dass die Preisempfehlungen des Künstlichen Neuronalen Netzes höhere Revenues generierten als herkömmliche RM-Verfahren. Eine besondere Eigenschaft neuronaler Netze ist dabei, dass sie im Gegensatz zu klassischen Verfahren keine Modelle der Einflussfaktoren wie Customer-Choice-Verhalten, Nachfrageprognose, Buchungseingang, Wettbewerberverhalten etc. voraussetzen. Leider liefern sie aber auch kein interpretierbares „Erfolgsmodell", da alles Wissen über das erlernte, optimale Revenue Management in den Millionen von Gewichten des „tiefen" neuronalen Netzes verborgen ist. Das neuronale Netz verhält sich also wie eine Black-Box, was keine Bewertungen seiner Korrektheit erlaubt außer einer permanenten Überwachung seiner Performance. Gravierende Fehlkalkulationen im Einzelfall oder bei plötzlichen Marktveränderungen sind nicht ausgeschlossen. Weitere Untersuchungen zeigen jedoch, dass Deep-Learning-Netze allein aus der Beobachtung des Kunden-Buchungsverhaltens Revenue-Management-Strategien erlernen können, die Wettbewerber empfindlich treffen können. Ein Testnetz lernte allein aus dem beobachteten Buchungsverhalten folgende Strategie (vgl. Bondoux et al. 2020): Zu Buchungsbeginn wird durch hohe Preise preissensible Nachfrage massiv auf den Wettbewerber gelenkt, bis dieser nahezu ausgelastet ist, um dann die verbleibende hochwertigere Nachfrage zu höheren Preisen zu bedienen, die aber günstiger als beim nun wegen der hohen Auslastung überteuerten oder sogar schon ausgebuchten Konkurrenten sind.

Da maschinelles Lernen die Verfügbarkeit hoher Datenmengen von Trainingsdaten erforderlich macht, um zu lernen, wird heftig diskutiert, ob Modelle oder Lernprozesse schneller auf Marktveränderungen anpassbar sind. Vor dem Hintergrund der

Corona-Pandemie zeigte sich, dass RM-Modelle zwar durch manuelle Parameter-Änderungen schnell änderbar sind, die Modelle aber wegen der nicht mehr geltenden Grundannahmen und Ursache-Wirkungsbeziehungen das reale Geschehen nicht richtig prognostizieren und ebenfalls neue Daten brauchen, um korrekt rekalibriert zu werden. Erste Versuche mit neuronalen Netzen deuten darauf hin, dass diese bei entsprechender Veränderung der Lernraten auch schneller aus neuen Daten lernen können und bessere Forecast- und Optimierungsergebnisse liefern (vgl. Shihab/Wei 2021). Ein weiterer Ansatz ist z. B. aus neuen Buchungsdaten mit verschiedenen Prognoseverfahren parallele Forecasts zu errechnen und diese ständig mit der Realität zu vergleichen. Die Prognoseverfahren, die die Realität häufiger richtig vorhergesagt haben, können dann bei zukünftigen Prognosen immer stärker gewichtet werden. Diese stärkere Gewichtung der Verfahren mit weniger Abweichungen wäre auch einfach automatisierbar.

Da in Krisenmärkten das Wettbewerberverhalten z. B. durch Preiskämpfe oder eine Ausweitung oder Reduzierung der angebotenen Verbindungen wichtiger sein kann als das Kundenverhalten, werden neue Ansätze für **Competitor-Aware-Revenue-Management-Systeme** (**CARM**) durch spieltheoretische Modellierungen und stärkere Berücksichtigung der Wettbewerbspreise in den Lerndaten diskutiert (vgl. Fiig 2020). Die Möglichkeiten der kundenorientierten, dynamischen Angebotsgenerierung der **IATA NDC** senken aber die hierfür notwendige Angebots- und Preistransparenz, die durch ATPCO und GDS-Datenbanken gegeben waren. OAG und Cirium bieten neue globale Route-Demand-Analytics-Dienste an. Auch die Kundenakzeptanz wird nur dann erreicht, wenn individuelle Angebote echte qualitative Mehrwerte oder echte Preisvorteile bringen. Kundenbezogene Preiserhöhungen im Vergleich zum anonymen Shopping werden zu Unmut und Diskriminierungsvorwürfen führen, ebenso wie ggf. durch Competitor Awareness spieltheoretisch verursachte Preiskollusionen auf Einzelstrecken mit wenig Wettbewerb Kartellbehörden auf den Plan rufen werden. Ebenso bleibt abzuwarten, wie viele Airlines die Rolle eines Retailers als Mittler, Händler oder Reisveranstalter bei verbundenen Reiseleistungen mit den EU-Pauschalreiserichtlinie-Pflichten übernehmen wollen.

5.1.2 Revenue-Management-Systeme im Hospitality-Bereich

Nach den Erfolgen des Revenue Management bei Airlines begannen auch große Hotelketten, die in Kooperation mit Airlines zunehmend auch die GDS als Vertriebskanäle nutzten, ebenfalls auf Verfahren des computergestützten Yield Management zu setzen (vgl. hierzu und zu Folgendem Günther 2005, Sfodera 2006, Sölter 2008/2013, Tranter/Stuart-Hill/Parker 2009, Hayes/Miller 2011, Mauri 2012, Kohl 2013, Sensen 2018, Goerlich/Spalteholz 2020). Nachdem das Revenue Management in der Hotellerie eine weite Verbreitung fand, wurden Revenue-Management-Systeme für weitere Hospitality-Sektoren wie Casinos, MICE, Spa, Resort, Kreuzfahrten und die Gastronomie entwickelt (vgl. González-Serrano/Talón-Ballestero 2020).

Hotel Revenue Management

Anders als im Revenue Management der Airlines führt bei Hotelbetrieben die Optimierung der durch die Zimmerraten erzielten Umsätze noch nicht zu einem Ertragsoptimum. Es müssen auch die stark variierenden und zum Buchungszeitpunkt oft nicht bekannten Kosten und Umsätze der Bewirtung berücksichtigt werden. Ebenso ist zwischen einer Reservierung mit einer Übernachtung und mit mehreren aufeinanderfolgenden Übernachtungen im selben Zimmer zu unterscheiden, die nicht nur zu unterschiedlichen Umsätzen, sondern auch zu unterschiedlichen Kosten z. B. für den Wäschewechsel führen. Zimmer werden auch nicht wie Sitzplätze einzeln, sondern als Einzel-, Doppel- oder Mehrbettzimmer verkauft mit Upgrade-Möglichkeiten, z. B. von Einzel- zu Doppelzimmern. Schließlich sind Gruppenbuchungen, Veranstaltungen und Tagungen mit umfangreichen Kosten- und Umsatzbeiträgen im Bankettbereich zu berücksichtigen. Neben Tagungsräumen können auch weitere nur begrenzt vorhandene wertvolle Ressourcen wie Parkplätze, Strandplätze, Tennisplätze und vieles andere für den gesamten Aufenthalt oder nur zeitweise dazugebucht werden, was erhebliche Zusatzumsätze generiert. Entsprechend werden für Hotelbetriebe spezielle Revenue/Yield-Management-Systeme als eigenständige Software-/Cloudlösung oder als Zusatzmodule von Hotelmanagement-Systemen oder von zentralen Reservierungssystemen (CRS vgl. Kap. 4.3.7) angeboten.

Abbildung 5.1.8 zeigt die typische Struktur solcher Systeme, die aufgrund der Komplexität der Optimierungsaufgaben eher als Entscheidungsunterstützungssysteme denn als vollautomatische Buchungssteuerung konzipiert sind. Über Schnittstellen zum Hotelmanagement-System bzw. zum Central Reservation System werden die Zimmer- und Raumkapazitäten eines Hotels, alle Buchungsdaten, Umsätze und Zimmerbelegungen der Vergangenheit (in der Regel mindestens ein Jahr) und die aktuelle Belegungs- bzw. Buchungslage für die kommenden Monate eingelesen. Wird der Bankettbereich separat vom PMS verwaltet, ist eine entsprechende Schnittstelle zum Bankett- und Tagungsmanagement-System notwendig, um insbesondere für Gruppenbuchungen alle Zusatzerträge neben den Logiserträgen zu ermitteln. Ist außer der Kundendatei des PMS ein Customer-Relationship-Management-System (CRM) im Einsatz, liefert es ebenfalls über eine geeignete Schnittstelle wertvolle Zusatzinformationen über den sog. Kundenwert aus seiner bisherigen Historie, was z. B. für die Verhandlung speziell rabattierter Raten mit Firmenkunden (sog. Corporate Rates) oder bei der Angebotserstellung für Stammkunden wichtig ist. Zur Nachfrage-Stimulation kann das Revenue-Management-System wie bei Airlines Vorgaben an das Digital-Campaign-Management-System (DCM) machen, das Angebote mit Deep Links zu Distributionskanälen in Meta-Search- und Werbekanälen platziert. Schließlich gibt es Anbieter von Online-Reputation-Management-Systemen (ORM,

Monitoring und Vergleich von Kundenbewertungen) und Preisvergleichsdiensten, die z. B. aus den GDS und Hotelportalen regelmäßig die Raten ausgewählter Wettbewerber abfragen und gegen eine Gebühr zur maschinellen Auswertung durch Revenue-Management-Systeme anbieten.

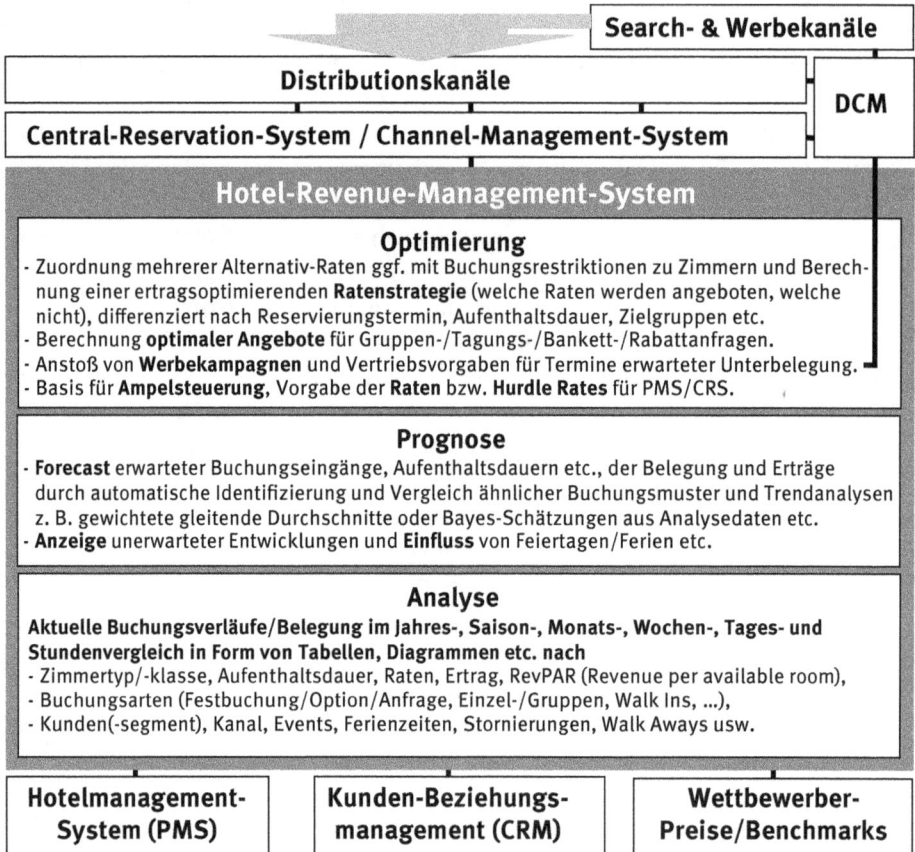

Search- & Werbekanäle		
Distributionskanäle		**DCM**
Central-Reservation-System / Channel-Management-System		

Hotel-Revenue-Management-System

Optimierung
- Zuordnung mehrerer Alternativ-Raten ggf. mit Buchungsrestriktionen zu Zimmern und Berechnung einer ertragsoptimierenden **Ratenstrategie** (welche Raten werden angeboten, welche nicht), differenziert nach Reservierungstermin, Aufenthaltsdauer, Zielgruppen etc.
- Berechnung **optimaler Angebote** für Gruppen-/Tagungs-/Bankett-/Rabattanfragen.
- Anstoß von **Werbekampagnen** und Vertriebsvorgaben für Termine erwarteter Unterbelegung.
- Basis für **Ampelsteuerung**, Vorgabe der **Raten** bzw. **Hurdle Rates** für PMS/CRS.

Prognose
- **Forecast** erwarteter Buchungseingänge, Aufenthaltsdauern etc., der Belegung und Erträge durch automatische Identifizierung und Vergleich ähnlicher Buchungsmuster und Trendanalysen z. B. gewichtete gleitende Durchschnitte oder Bayes-Schätzungen aus Analysedaten etc.
- **Anzeige** unerwarteter Entwicklungen und **Einfluss** von Feiertagen/Ferien etc.

Analyse
Aktuelle Buchungsverläufe/Belegung im Jahres-, Saison-, Monats-, Wochen-, Tages- und Stundenvergleich in Form von Tabellen, Diagrammen etc. nach
- Zimmertyp/-klasse, Aufenthaltsdauer, Raten, Ertrag, RevPAR (Revenue per available room),
- Buchungsarten (Festbuchung/Option/Anfrage, Einzel-/Gruppen, Walk Ins, ...),
- Kunden(-segment), Kanal, Events, Ferienzeiten, Stornierungen, Walk Aways usw.

Hotelmanagement-System (PMS)	Kunden-Beziehungs-management (CRM)	Wettbewerber-Preise/Benchmarks

Abb. 5.1.8: Typische Module, Funktionen und Schnittstellen eines Hotel-Revenue-Management-Systems.

Im Folgenden werden die wichtigsten Funktionen von computergestützten Hotel-Revenue-Management-Systemen[3] zusammengefasst, wobei von einzelnen Produkten

---

3 Beispiele für Hotel-Revenue-Management-Systeme sind: Ideas, Duetto, Infor EzRMS, Atomize, Cendyn Rainmaker, Beonprice, D-Edge Data Intelligence, AxisRooms RMS, RevControl, Pace Revenue, Maxim RMS e.Flex, RateBoard, Lybra.tech, revenue analytics N2Pricing, RoomPriceGenie, Climber RMS, SpotPilot, LodgIQ RM, aboveproperty, krya RevGEN, Profit Intelligence, Xotels, YieldPlanet Price Optimizer, RateWise, SHR Wave RMS, happyhotel, Igumbi Revenue Management.

abstrahiert wird (vgl. Talluri/Van Ryzin 2005, Günther 2005, Gruner/Maxeiner 2005, Sfodera 2006, Ingold et al. 2006, Tranter et al. 2009, Hayes/Miller 2011, Mauri 2012, Wang et al. 2013, Sensen 2018, Klein et al. 2020, Goerlich/Spalteholz 2020, González-Serrano/Talón-Ballestero 2020).

Datenanalyse: Unter Zugriff auf die vorangehend beschriebene umfangreiche Datenbasis errechnet der Analyseteil eines Revenue-Management-Systems zahlreiche Statistiken zum Vergleich der aktuellen Buchungs-, Belegungs-, Umsatz- und Ertragszahlen mit entsprechenden Daten aus der Vergangenheit. Sie können im Dialog mit dem Nutzer auf vielfältige Weise gruppiert, aggregiert und kategorisiert werden. Beispielsweise kann für jede definierte Buchungs-, Zimmer-, Event- oder Kundenkategorie die aktuelle Belegung und Buchungslage für jeden Tag der kommenden Wochen und Monate mit den entsprechenden Zahlen der Vorwoche(n), der Vormonat(e), des Vorjahres oder der vergleichbaren Vorsaison (z. B. Ferienzeiten, Feiertage, Messezeiten etc.) ggf. auch stundengenau verglichen werden. Dabei werden neben der Anzahl der Buchungen auch die An- und Abreisetage sowie die Aufenthaltsdauern (engl. Stay Patterns) analysiert und mit den erzielten Erträgen in Beziehung gesetzt. Auch Vergleichsdaten von anderen Häusern der gleichen Kette oder von Wettbewerbern können in die Analysen einbezogen werden. Mit leistungsfähigen Data-Mining-Methoden können zusätzlich zu den vordefinierten Standardauswertungen neue Datenkonstellationen in Beziehung gesetzt werden, z. B. ein Vergleich der saisonalen Entwicklung der Buchungszahlen und Erträge für eine bestimmte Zimmerkategorie und Aufenthaltsdauer in verschiedenen Vertriebskanälen in Bezug auf die in jedem Kanal anfallenden Provisionen. In Hotelketten mit verschiedenen vergleichbaren Häusern ggf. auch in der gleichen Region können zudem Betriebsvergleiche (Benchmarking) wichtiger Kennzahlen vorgenommen werden, die Verbesserungspotenziale aufzeigen. Neben den bereits erwähnten Preisvergleichsdiensten (Rate Shopping) gibt es auch Dienstleister, die für Kooperationen oder ihre Kunden Betriebsvergleiche anbieten. Sie ermitteln aus den PMS, CRS oder Channel-Manager-Systemen von allen teilnehmenden Häusern deren Belegungen und andere wichtige betriebswirtschaftliche Kennzahlen, insbesondere den sog. RevPAR (Revenue Per Available Room). Diese Kennzahlen werden den Teilnehmern des Betriebsvergleichs dann in anonymisierter Form regelmäßig zur Verfügung gestellt und erlauben die Bewertung des eigenen Revenue Managements im Vergleich zum Wettbewerb. Aus dem automatischen Vergleich der Zimmereigenschaften, der Hotellage, der Saisondaten und bevorstehenden Events in der Hotelumgebung sowie den Kundenbewertungen aus Online-Reputation-Management-Systemen können einige Revenue-Management-Systeme inzwischen auch eine automatische ggf. saisonabhängige strategische Preis-Positionierung für ein Hotel ableiten, die Ausgangspunkt für die Ermittlung der Preisbereitschaften der Kunden sein kann. All diese Daten, Kennzahlen und Vergleichsdaten können in modernen, dem Revenue Management vorgeschalteten Business-Analytics-Anwendungen als Dashboards stets aktuell und mit interaktiven Filter-/Detaillierungs- und Vergröberungsfunktionen als Kennzahlen, Kalender oder Zeitdiagramme visualisert werden.

Prognose: Mit den Ergebnissen der Analyse wird im Prognosemodul durch verschiedene herstellerspezifische statistische Verfahren der Trendextrapolation bzw. der Ableitung künftiger Buchungsmuster aus ähnlichen Buchungsmustern der Vergangenheit ein sog. Forecast für relevante Buchungs-, Belegungs-, Umsatz- und Ertragswerte erstellt (vgl. Talluri/Van Ryzin 2005). Ein vielzitiertes, klassisches Verfahren der Trendextrapolation ist das sog. „Rolling rearward facing window" (vgl. Günther 2005, S. 16 bzw. S. 29): Die Prognose für den kommenden Donnerstag wird aus den Buchungen der letzten N Donnerstage und demselben Donnerstag des Vorjahres kombiniert und mit den jeweils M Donnerstagen vor und nach dem entsprechenden Donnerstag des Vorjahres durch verschiedene Gewichtungsfaktoren gemittelt. Hierbei müssen besondere Events und Ferienzeiten aus dem in das PMS oder Yield-Management-System eingepflegten Kalender und der bereits vorhandene Buchungsbestand des kommenden Donnerstags berücksichtigt werden. Ein anderes Verfahren ist die Analyse der typischen Form der Kurve des zeitlichen Buchungseingangs für bestimmte Produkte/Zielgruppen/Tage etc., die als Buchungskurve bezeichnet wird und, wenn sie existiert, ein typisches Buchungsverhalten der Kunden wiedergibt. Die sog. **Pick-up-Analyse** nutzt die Buchungskurve für einen bestimmten Zieltermin und vergleicht täglich, ob der zu erwartende neue Buchungseingang über- oder unterschritten wird, um dann aus der Verschiebung der Buchungskurve nach oben oder unten die tatsächlich zu erwartende Belegung am Zieltermin zu ermitteln. Durch Verfahren des maschinellen Lernens vergleichen viele Prognosesysteme ihre Forecasts kontinuierlich mit den später tatsächlich eingetretenen Buchungen und korrigieren bei dauerhaften Prognosefehlern entsprechend die Parameter ihrer Nachfragemodelle für das entsprechende Modell. Der Forecast wird auch automatisch neu berechnet, wenn sich die aktuelle Buchungssituation gravierend ändert, z. B. durch Eingang oder Stornierung größerer Gruppenbuchungen. Tage oder Zeiträume, die vom System wegen des aktuellen Buchungsverlaufs als „Ausreißer" im Vergleich zu Mustern der Vergangenheit auffallen, werden angezeigt, um vom Anwender genauer analysiert werden zu können. Auch die Daten des Analysemoduls über den historischen und aktuellen Buchungsverlauf können nun durch die Prognosedaten des Forecasts angereichert in Tabellen und übersichtlichen Grafiken visualisiert und ggf. auch in Excel zu übersichtlichen Reports weiterverarbeitet bzw. in interaktiv analysierbaren Dashboards dargestellt werden.

In der letzten Dekade wurden große Forschritte bei den Prognoseverfahren gemacht: Die oben grob skizzierten Trendextrapolationsverfahren wurden um diverse statistische Verfahren zur Zeitreihenanalyse wie z. B. die Erweiterungen der exponentiellen Glättungsverfahren z. B. durch Holt Winters, Auto-Regressive Moving Average (ARIMA) oder Kalman-Filter weiterentwickelt. Lineare und nichtlineare Regressionsverfahren werden zur Abschätzung des Gewichts diverser Einflussfaktoren

(Prädiktoren) der Hotelnachfrage, der akzeptierten Raten, Stornierungszahlen etc. genutzt. Zu diesen klassischen statistischen Verfahren treten mit der Verfügbarkeit von immer mehr und immer detaillierteren Event-, Angebots-/Preisvergleichs-, Kunden-, Bewertungs-, Buchungs- und Benchmarkingdaten sog. Big-Data-Analyseverfahren des Data-Mining bzw. statistischen maschinellen Lernens, die hohe Anforderungen an Rechner- und Speicherleistung stellen: Bayes Learning, Decision/Regression Trees, Clustering, Random Forests, Support Vector Machines etc (vgl. Zhang 2019).

Einen anderen Ansatz des maschinellen Lernens realisieren **Künstliche Neuronale Netze** (KNN), die das biologische Lernen und Assoziieren im Gehirn simulieren und daher zu den Methoden der Künstlichen Intelligenz zählen: Multilayer-Perceptrons (MLP), rekurrente Long-Short-Term-Memory-Netze (LSTM) und ihre Hintereinanderschaltung zu Deep-Learning-Netzen haben wie bei Airlines auch bei Hotels erfolgreiche Predictive-Analytics-Prognoseverfahren hervorgebracht. Abbildung 5.1.9 zeigt zwei vielzitierte Pionierarbeiten auf diesem Gebiet. Law und Au zeigen 1999, wie ein einfaches Multilayer-Perceptron nach Vorlage historischer Daten über Einflussfaktoren und Ankünfte japanischer Touristen in Hong Kong aus den Jahren 1967 bis 1997 die Besucherzahlen von Japanern aus vorgelegten Indikatoren besser prognostifizieren konnte als andere rein statistische Verfahen. Weitere Pionierarbeit leisteten Wang und Duggasami, die 2018 publizierten, wie ein weitaus komplexeres Deep-Learning-Netz aus mehreren hintereinandergeschalteten Feed-Forward und rekurrenten LSTM-Netzen aus historischen Buchungseingängen und Belegungen die Belegung für mehrere Hotels besser vorhersagen konnte als andere statistische Machine-Learning-Verfahren.

Optimierung: Unter Verwendung der Daten aus den Analysen und Prognoserechnungen werden im Optimierungsteil Verfahren bereitgestellt, um die Auswirkungen verschiedener Raten-Strategien bei gegebener bzw. prognostizierter Nachfrage auf den Ertrag zu berechnen (Simulation) und eine für den jeweiligen Buchungszeitraum ertragsoptimierende Ratenstruktur zu bestimmen. Die Algorithmen zur Ertragsoptimierung für Zimmer mit Mehrfachbelegungen, mehrtägigen Aufenthaltsdauern und Zusatzerträgen aus anderen Geschäftsfeldern des Hotels (insb. Restaurant, Bar, Kasino-/Bäderbetrieb, Bankett-/Tagungsservice) verhalten sich mathematisch ähnlich wie die Bid-Pricing-Verfahren der Netzwerk-Airlines mit den zu berücksichtigenden Zusatzerträgen durch Umsteigeverbindungen. Ertragsmaßstab ist bei kurzfristig nicht beeinflussbaren Kosten der RevPAR (Revenue Per Available Room), also die Maximierung des durchschnittlichen Umsatzes je verfügbarem Zimmer (vgl. Talluri/Van Ryzin 2005). Die Parameter und Variationsmöglichkeiten sind jedoch typischerweise viel zahlreicher als z. B. bei Linienflügen, weshalb die Optimierung in den meisten Fällen nicht vollautomatisch, sondern ebenfalls im Dialog mit verantwortlichen Fachkräften der Reservierungsabteilung erfolgt.

Eine Ratenstrategie basiert auf einer Gästesegmentierung mit einer Prognose der Preisbereitschaft und Anzahl der Buchungen je Gästesegment. Jedem Zimmer können

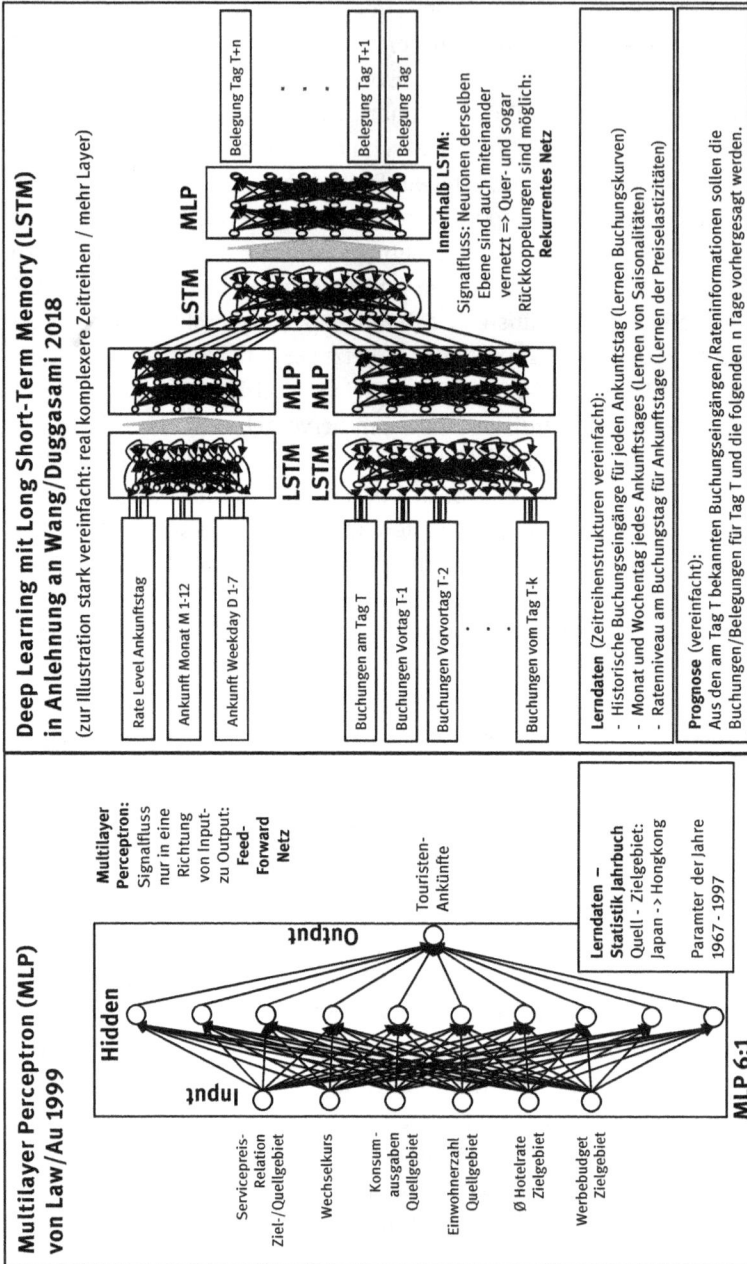

Abb. 5.1.9: Pionier-Beispiele für den Einsatz von Künstlichen Neuronalen Netzen zum Demand Forecast auf Destinationsebene (Forecast japanische Touristen in Hongkong mit einem Multilayer-Perceptron nach Law/Au 1999) und Forecast für ein Hotel mit historischen Buchungseingängen & Raten mit einem Deep-Learning-Netz aus mehreren Multilayer-Perceptrons und mehreren rekurrenten LSTM-Netzen (nach Wang/Duggasami 2018).

dann entsprechend der Ausstattung verschiedene Gästesegmente und mehrere alternative Raten zugeordnet werden, wobei die sog. Rack Rate (Rate, die im Zimmer ausgezeichnet ist) oder eine spezielle „Messerate" die Obergrenze darstellen und auch diverse Raten für spezielle Zielgruppen (z. B. Corporate Rates) oder mit bestimmten Restriktionen (Vorausbuchungsfrist, Mindest-/Höchstaufenthaltsdauer, Mindest-/Höchstbelegung, An-/Abreisetage etc.) festgelegt werden können. Für jede Rate und Ratenkombination kann nun anhand der prognostizierten Buchungsmuster geschätzt werden, auf welche Nachfrage sie trifft und welchen Ertragseffekt das Öffnen, Schließen oder eine Restriktionsveränderung der Rate im jeweiligen Zeitraum haben wird. Der automatische Vergleich verschiedener möglicher Raten-Strategien für alle angebotenen Zimmer erlaubt die Auswahl einer für einen Zeitraum optimalen Raten-Strategie, die durch die Reservierungsabteilung später in das Property-Management-System bzw. das Central Reservation System oder die Distributionskanäle für den entsprechenden Zeitraum zurückgespielt werden kann. Insbesondere beim Vertrieb über GDS und Internet-Hotelportale macht es zudem Sinn, wegen der hier herrschenden Preistransparenz die Raten mit den Angeboten der Wettbewerber zu vergleichen und ggf. anzupassen. In diesen elektronischen Vertriebskanälen werden nämlich die billigsten Angebote meist zuerst gelistet. Wenn nicht die gesamten Raten verändert werden sollen, wird vereinfachend mit Preishürden (Hurdle Rate) gearbeitet (vgl. Abb. 5.1.10 und Orkin 2001).

Nachfrageprognose DZ/EZ Komfort: 180				Buchungsmuster (Stay Pattern):			
Verfügbare DZ:		80		Ankunft Do 2 Nächte	Kalenderwoche 30		
Verfügbare EZ:		60		Komfort Zimmer EZ/DZ			
Raten:	Preis (€):	Unrestricted Forecast:		Steuerung: Hurdle Rates	Steuerung: Buchungsklassen (geschachtelt)		Vakanzen:
Rack Rate DZ	290				open		80
Rack Rate EZ	250				open		55
Norm Rate DZ	190	10			open		80
Norm Rate EZ	160	40			open		55
Corp. Rate DZ	150	6			open		70
Corp. Rate EZ	130	20			open		15
Gruppen-/Tagungsrate DZ	105	16			open		64
Gruppen-/Tagungsrate EZ	95	13		**Hurdle Rate EZ**	closed		0
Discount Rate DZ	90	53			open		43
Discount Rate EZ	80	15			closed		0
Familien DZ	70	2		**Hurdle Rate DZ**	closed		0
Familien EZ	60				closed		0
Veranstalter DZ	60				closed		0
Veranstalter EZ	50				closed		0
Mitarbeiter EZ	20	5		non-yieldable	open		5
Revenue Forecast:							16.800 €

Abb. 5.1.10: Beispiel für einen Stay-Pattern-Forecast und Vorschläge des Revenue-Management-Systems für verschiedene Formen der Buchungssteuerung.

Es werden nicht einzelne Raten neu definiert oder geöffnet bzw. geschlossen, sondern es wird für Zimmerkategorien oder auch das ganze Haus ein Minimalpreis festgelegt. Nur noch Raten über dem Minimalpreis werden offeriert. Vertraglich fest vereinbarte Raten, die weiter angeboten werden müssen, können dabei aus dem Yield Management herausgenommen werden (im System definiert als „Non-yieldable" Rate). Das mit dem RM-System verbundene PMS oder CRS zeigt den Mitarbeitern bei Reservierungsanfragen nur die der optimalen Ratenstrategie entsprechenden Raten an, oder es gibt eine Ampelsteuerung (grün = alle Raten sind buchbar; gelb = Billigraten sind geschlossen; rot = es gilt nur die Rack Rate), die auch im Kalender die aktuell für einen Zeitraum vorgegebene Buchungssteuerung signalisiert (vgl. Abb 5.1.11).

<< Komfort >>	Ankunft:													
Aufenthalt: <<				KW 30							KW 31			>>
<< 2 >> Nächte	Mo	Di	Mi	Do	Fr	Sa	So	Mo	Di	Mi	Do	Fr	Sa	So
	26.7.	27.7.	28.7.	29.7.	30.7.	31.7.	1.8.	2.8.	3.8.	4.8.	5.8.	6.8.	7.8.	8.8.
EZ														
DZ														
	grün: Alle Raten *gelb:* HurdleRate **rot:** Nur Rack Rate								ausgebucht					

Abb. 5.1.11: Beispiel für Revenue-Management-Vorgaben aus Stay Pattern Forecasts und ihre Visualisierung durch eine Ampelsteuerung im PMS.

Oft werden für belegte Zimmerkategorien zusätzlich optimierte Upgrade-Regeln vorgegeben, nach denen z. B. Stammgästen ein höherwertiges Zimmer angeboten wird.

Neben der teilautomatisierten Ermittlung einer ertragsoptimierenden Ratenstrategie ist ein weiterer Anwendungsbereich von Revenue-Management-Systemen die individuelle Bestimmung von Angebotspreisen für Anfragen zu **Tagungen**, **Banketts**, **Gruppenbuchungen**, **Reiseveranstalter-Kontingenten** oder die vertragliche Einräumung von **dauerhaften Rabatten für Stammkunden**. Aus den Informationen über die sonst erwartete Nachfrage für den angefragten Zeitraum kann z. B. geschätzt werden, welche Nachfrage durch eine Reservierung verdrängt wird, welchen Wert der von einem Stammkunden übers Jahr gemachte Umsatz voraussichtlich haben wird und welche Zusatzeinnahmen in anderen Hotelbereichen von den Gästen einer Tagung zu erwarten sind. Hieraus ermittelt das Revenue-Management-System Preisuntergrenzen (Bid-Preise), die bei einem Angebot nicht unterschritten werden sollten. Umgekehrt signalisieren Revenue-Management-Systeme frühzeitig Problemtage und Zeitintervalle, in denen das Hotelmanagement durch Vermarktungsoffensiven, z. B. durch Anschreiben von Stammkunden, Weekend Arrangements etc. prognostizierten Nachfragelücken begegnen sollte. Es können für den Vertriebsbereich gezielte Vorgaben (Budgets) kalkuliert werden, wann noch welcher Umsatz in welchen Zimmer- und Angebotskategorien einzuwerben ist. Auch für die Einkaufs- und Personalplanung sind die Prognosen des Revenue Managements nützlich, wenn Zeiten hoher und niedriger Belegung und Nachfrage frühzeitig berücksichtigt werden können.

Um den Erfolg eines Revenue-Management-Systems beurteilen und gegebenenfalls nachjustieren zu können, werden zudem spezielle Verfahren zur Bewertung der durch das Revenue Management erzielten Ertragssteigerungen angeboten. Stärker als bei Airlines wird in der Hotelbranche über die Akzeptanz eines intensiven Revenue Managements bei den Gästen diskutiert. Welche Auswirkung haben bei Stammgästen stark schwankende Raten für dasselbe Zimmer in der gleichen Saison und wie reagiert ein guter Kunde, wenn er feststellt, dass andere Stammgäste oder Internetbucher mehr Rabatt bekommen. Um diesen Effekten zu begegnen, unterstützen Revenue-Management-Systeme auch Ratenparitätsstrategien, indem sie bei der Ratendistribution sicherstellen, dass z. B. verschiedene Vertriebskanäle gleiche Brutto- bzw. Nettoraten ausweisen oder dass zu jedem Buchungszeitpunkt bestimmten Kunden oder Buchungskanälen die aktuell günstigste verfügbare Rate offeriert wird (Best Available Rate).

Dynamic Pricing & Open Pricing: Das oben skizziierte klassische regelbasierte Optimierungsverfahren wird inzwischen als **regelbasiertes Hotel Revenue Management** bezeichnet. Es hat den Vorteil, dass Regeln im Allgemeinen gut verständlich und transparent sind, kann aber bei komplexen Regeln, die durch immer mehr Vertriebskanäle und die zahlreichen Einflussfaktoren, die bei innovativen Forecasting-Methoden zu berücksichtigen sind, entstehen, unübersichtlich werden. Regelbasiertes Revenue Management kann auch unflexibel bei plötzlichen Marktänderungen sein und delegiert diverse Entscheidungen, die als Ausreißer nicht zu den Regeln passen, zurück an das Revenue Management. Deshalb haben sich analog zum Airline Revenue Management auch im Hotel Revenue Management flexiblere Verfahren zur Preisoptimierung durchgesetzt, nämlich das **Dynamic Pricing** und das sog. **Open Pricing**, das dem Continuous-Pricing der Airlines entspricht. Beide Verfahren legen nicht mehr im Voraus Raten fest, die dann mit Kontingenten hinterlegt oder regelbasiert geöffnet oder geschlossen werden, sondern errechnen auf der Basis zahlreicher Einflussfaktoren und Black-Box-artiger Machine-Learning-Prognosen Echtzeitpreisangebote.

Speziell für Internet-Vertriebskanäle oder für Angebote an Reiseveranstalter wird auch die Strategie des Dynamic Pricing (vgl. Sölter 2007) unterstützt: Hierbei sind die Raten auch für einen mehrtägigen Aufenthalt im selben Zimmer tagesaktuell nachfrageabhängig verschieden. Statt eines Gesamtpreises oder einer gemittelten Rate werden im Angebot für einen Aufenthalt unter Umständen für jeden einzelnen Tag andere Raten aus einer größeren Menge von Stufenpreisen ausgewiesen und die Ratenparität wird ggf. aufgegeben. Um Irritationen bei Kunden und Corporate Customers mit Firmenraten zu vermeiden und gewünschte Preisabstände zum Wettbewerb halten zu können, sind auch hier spezielle Rate-Parity-Tools nützlich, mit denen die in verschiedene Vertriebskanäle mit inkompatiblen Raten-Kalkulations-Mechnismen einzuspeisenden Raten automatisch so korrigiert werden, dass zumindest zum gleichen Buchungszeitpunkt auf allen Kanälen nach außen hin

Ratenparität herrscht. Das **Open Pricing** (vgl. González-Serrano/Talón-Ballestero) sieht gar keine Preisstufen mehr vor, sondern leitet den aktuellen Angebotspreis ggf. kundenindividuell und abhängig von zahlreichen aktuellen Einflussfaktoren und Preiselastizitäten ab, die sogar Nachfrageeffekte aus aktuellen Suchmaschinen- und Buchungsanfragen nach der Hotel-Destination, aus Besucherströmen/Social-Media-Aktivitäten und aktuellen Wettervorhersagen für die Hotelumgebung berücksichtigen. Es wird auch damit experimentiert, dass sich Gäste schon bei der Buchung ein bestimmtes Zimmer gegen Aufpreis aussuchen dürfen. Das Hotel verliert hierbei aber seine Flexibilität, den Gästen später bzw. beim Check-in seine Zimmer so zuzuteilen, dass Umzüge während des Aufenthaltes für alle Gäste minimiert werden. Eine normale Reservierung ist in diesem Sinne ein noch unvollständiger Vertrag, bei dem kein konkretes Zimmer, sondern nur ein Zimmer einer Kategorie versprochen wird. Die Chancen und Risiken, die aus unvollständigen Verträgen über sog. „flexible" Produkte entstehen, bei denen Leistungen nicht pauschal inkludiert, sondern ggf. erst beim Aufenthalt nach Belieben des Gastes gekauft werden, sind auch Gegenstand der Revenue-Management-Forschung (vgl. Koch et al. 2017), da sie für die Auswahl des Produkts bei der Buchung für den Kunden bei Customer-Choice-Preismodellen hochrelevant sein können (vgl. auch Resorts).

Die wachsende Komplexität der Algorithmen und beliebig vielen möglichen Preispunkten führt dazu, dass ebenso wie beim Maschinellen Lernen für den Revenue Manager nicht mehr ohne weiteres transparent ist, wie und warum ein Revenue-Management-System wann welche Preise vorschlägt, weshalb das Perfomance Controlling der tatsächlichen Revenueentwicklung im Sinne eines Total Hotel Revenue Managements immer wichtiger wird, um die Güte des RMS zu beurteilen. Während klassische Hotel-Revenue-Management-Systeme vor allem von Hotelketten und größeren Häusern selbst betrieben wurden, geht der Trend wegen der zunehmenden Einbeziehung aggregierter hotelexterner Analysedaten und der für die AI-Analysen notwendigen großen Datenmengen und der für Big Data hohen Rechner- und Speicherleistung immer mehr zu cloudbasierten Revenue-Management-Lösungen, die als Software as a Service (SaaS) angeboten werden. Ein weiterer Trend ist, dass immer mehr Hotels das Revenue Management vollständig an Anbieter eines Revenue-Management-Systems (z. B. HotelDots RMS, Xotels Hotel Scienz) oder spezialisierte Berater übertragen (z. B. HotelPartner, HotelMinder), die ihre RM-Erfahrungen mit diversen Hotelbetrieben akkumulieren können. Die RM-Berater müssen dabei streng darauf achten, Interessenskonflikte und Marktkollusionen zu vermeiden, die z. B. durch das Preismanagement für konkurrierende Betriebe in der gleichen Region entstehen können.

Revenue Management in anderen Hospitality-Bereichen

Der Erfolg von Revenue-Management-Konzepten in Hotels hat dazu geführt, dass Forscher, Hotelmanager und RM-Systemanbieter das Revenue Management zunächst im Hotel um die Bereiche MICE, Restaurant und Spa erweitert haben und spezielle Varianten für die besonderen Anforderungen von Casinobetrieben und Kreuzfahrt-Reedereien entwickelt haben (vgl. hierzu insbesondere González-Serrano/Talón-Ballestero 2020, DuettoResearch 2016).

Revenue Management für Messe, Incentive, Congress & Event (MICE): Im vorigen Abschnitt wurden bereits die erweiterten Funktionen vorgestellt, die Hotel-Revenue-Management-Systeme für die Behandlung von Gruppen-Reservierungsanfragen anbieten. Es geht hier zunächst darum abzuschätzen, welche normal zu erwartende Zimmernachfrage durch eine Gruppenreservierung verdrängt wird (Displacement-Analyse) und ob der von der Gruppe zu erwartende Mehrumsatz bzw. Zusatzprofit im Bankettbereich sowie bei der Saalmiete den von der Gruppe erwarteten Mengenrabatt für die Zimmerrate übertrifft. Speziell für die Planung, Durchführung und Kalkulation von Events sind in den letzten Jahren zahlreiche neue Softwarelösungen und Apps für Messe- und Eventveranstalter auf den Markt gekommen, die ihre Hotelkapazitäten zunehmend über Event-Beschaffungsportale wie z. B. cvent bei den angeschlossenen Hotels anfragen, in digitalisierten Prozessen vergleichen, beauftragen, kollaborativ mit dem Hotel planen und ihre Zimmerkontingente ggf. mit der Eventregistrierung der Gäste auch sukzessive buchen. Hotel-Revenue-Management-Systeme bieten entsprechend neue Funktionen zur Prognose der Nachfrage nicht nur nach den Hotelzimmern, sondern auch nach den ggf. knappen Konferenzräumen und Bankettsälen sowie zur Abschätzung der Preissensitivität, der Konferenzkosten, der Belegung und Zusatzumsätze aus dem F&B-Bereich auf der Basis historischer Angebotsdaten und realisierter Event-Nachkalkulationen (Sensen 2018) an, wobei die Event-Beschaffungsportale wieder wichtige Benchmark-Informationen liefern. Sonderfragestellungen sind dabei die **Preisbestimmung** mit Gleichgewichtspreisen (Liu 2012) oder für Options-Kontingente, Bestpreis-Garantien, Name-your-own-Price-Modelle, Stornierungskosten etc. auf der Basis von den bei vorangegangenen Events beobachteten Buchungsquoten und der Möglichkeiten, nicht gebuchte Optionszimmer über andere Kanäle zu vermarkten (Quan 2002, Rohlfs/Kimes 2005, Carvell/Quan 2008, Anderson 2009 und 2011).

Revenue Management für Restaurants: Das Revenue Management bei Restaurantbetrieben ist anders, weil Tische nicht zwingend vorreserviert werden müssen und bei der Tischreservierung der Umsatz für die erst während des Aufenthalts nach Speisekarte bestellten Menüs meist nicht feststeht. Für Hotelrestaurants ist wichtig zu ermitteln, welche Gäste nach einem Besuch auch übernachten bzw. mit welchen Restaurantumsätzen bei normalen Zimmerbuchungen bei welchen Gästesegmenten zusätzlich zu rechnen ist. Die wichtigste Informationsquelle für das Restaurantmanagement ist das Kassensystem, wenn es die Tischreservierungen, die Tischbelegung, die bestellten Speisen und Umsätze für Revenue-Management-Analysen detailliert aufzeichnen und zusammen mit einem Warenwirtschaftssystem auch die Kosten verschiedener Gerichte einkalkulieren kann, um den Gewinn zu maximieren. Das Restaurant Revenue Management umfasst das **Kapazitätsmanagement** (Anzahl/Größe/Abstände Tische, Plätze, sowie verfügbares Service- und Küchenpersonal), das **Tisch- und Reservierungsma-**

nagement (Reservierungsmöglichkeit/-zwang, Zuordnung von Gästegruppen auf Tische), das **Zeitmanagement** (Bedien-, Aufenthalts-, Zahlungs-, Wechselzeiten), das **Menümanagement**, das **Preismanagement** und das **Kundenbeziehungsmanagement** (Zufriedenheit – Stammkunden). Die Kassendaten zur zeitabhängigen Nachfrage können mit Erfahrungsdaten und Personalplanungs-Apps dazu verwendet werden, die Restaurant-Öffnungszeiten und den Personalbedarf bzw. die Bestuhlung nachfragekonform zu planen: Die Einführung einer Reservierungspflicht bei Spitzennachfragen reduziert unangenehme Wartezeiten, während Lieferdienst-Angebote bzw. Personalreduzierung in Zeiten schwacher Nachfrage Verluste vermeiden. Mit der wachsenden Verbreitung von Internet-Tischreservierungsdiensten entstehen erste automatisierte Apps (z. B. Seatris.ai), welche die Tischverwaltung integrieren und mathematische Verfahren zur Echtzeitoptimierung der Tischzuordnung zu vorreservierten oder wartenden Gästegruppen anbieten, um in Zeiten hoher Nachfrage leere oder fehlbelegte Tische (Paar belegt 6 Personen-Tisch) zu vermeiden und Wartezeiten zu minimieren. Die Arbeiten von Bertsimas und Shioda zeigten schon 2001, wie Tischreservierungen mit sog. ganzzahliger Optimierung revenuemaximierend zugeteilt werden können, und dass selbst ohne Reservierung auf der Basis der Warteschlangentheorie optimale Bedienstrategien errechnet werden können: Eine First-come-first-served-Bedienstrategie ist oft suboptimal, weshalb durch Überbrückung von Wartezeiten, z. B. durch Einladung an die Bar, auch andere Bedienstrategien profitabler sein können. Wichtig für den Revenue ist auch das Zeitmanagement, wenn Tische mit wenig Umsatz lange belegt werden oder Gäste nicht bedient oder wegen umständlicher Bestell- oder Bezahlvorgänge einen Tisch nicht freigeben können. Eine mögliche Zielgröße ist hier der RevPaSH (Revenue per available Seat Hour). Ausgelöst durch die Corona-Pandemie sind einerseits wegen der Hygieneregeln Mindestabstände einzuhalten, andererseits finden Tischreservierungen und begrenzte Zeitslots mit den entsprechenden Optimierungsmöglichkeiten mehr Akzeptanz. Auch hier können Gastrokassen und Kellner-Apps Koordinationshilfen liefern, z. B. wenn Tische zu lange nicht bedient wurden oder kaum Umsatz aufweisen. Auch bei der Menü-Optimierung spielt das Kassensystem mit seinen Statistiken über beliebte und unbeliebte Speisenkombinationen und ihre Umsatz- bzw. Deckungsbeitrags-Wirkungen eine wichtige Rolle. Wenn Speisen über Lieferdienst-Portale angeboten werden, kann das Lieferdienst-Portal je nach Verbreitungsgrad in der Umgebung wichtige Zusatzinformationen zur allgemeinen Marktlage, zu besonders beliebten Produktkategorien oder anonymisierte Benchmarking-Informationen zum Competitive Set (Menge vergleichbarer Wettbewerber) liefern. Für das Preismanagement sind Kassenfunktionen zur Auszeichnung von Sonderangeboten oder Sonderpreisen für Happy Meals, zur Lunch Time oder zur Happy Hour wichtig, deren Auswirkung auf die Nachfrage wichtige Informationen zu den Preiselastizitäten liefern. Über elektronische Tischreservierungen, elektronische Zahlungen und Kundenkarten können zudem wertvolle Informationen zu Stammkunden und ihren Umsatz gewonnen werden, während die zahlreichen Bewertungsportale und die Kundenbewertungen durch Reputation-Management-Dienste im Auge behalten werden müssen, da gute oder schlechte Kundenbewertungen ebenfalls eine hohe Revenue-Relevanz haben. Zur Nachfrage-Stimulation können auch Gruppen-Coupons z. B. über Groupon oder Werbeangebote in Local-Search-Plattformen oder via SMS oder E-Mail bei Stammgästen platziert werden (vgl. Heo 2016).

Revenue Management für Resorts, Spas und Casinos: Resorts oder Hotels mit Spa-Bereichen und (Spiel-)Casinos haben zusätzlich zum Hotel- und Restaurantbetrieb noch diverse weitere Einnahmebereiche, die im Revenue Management zu berücksichtigen sind:

Resorts haben zahlreiche Bars, Restaurants, Cafés, Shops, Freizeit-/Animations- und Unterhaltungsangebote, die die Gäste zum Teil schon bei der Buchung pauschal inkludieren oder erst während ihres Aufenthalts nach Bedarf konsumieren und bezahlen. Gästekarten sind ein wichtiges Instrument, um den Gästen einen einfachen Zugang zu gebuchten Leistungen zu ermöglichen, um an der Rezeption weitere Leistungen oder Guthaben aufzubuchen oder um den Leistungskonsum während des Aufenthalts zur Zahlung spätestens bei Check-out aufzuzeichnen. Das Resort Revenue Management (vgl. auch Vives Maruffy 2018) benötigt diese Daten, um zu entscheiden, welche Leistungen als Ancillaries schon vor Ankunft gebucht werden sollen und dann sicher sind, und welche Leistungen erst während des Aufenthalts als Pakete oder einzeln mit Vorkasse oder auf Kredit bis zur Abreise angeboten werden sollen. Entsprechend eignen sich Methoden des Ancillary Revenue Managements und der Bündelung komplementärer Angebote wie bei Airlines und beim Reiseveranstalter-Revenue-Management, wenn es um All-inclusive-Angebote geht. Bezüglich des Konsums von nicht vorausgebuchten Leistungen während des Aufenthalts im Resort bestehen Unsicherheiten, wie hoch die Einnahmen wirklich ausfallen, welche Ressourcen des Resorts zu welchen Zeiten überfüllt oder unausgelastet sind. Im Resort ist der Total Revenue per available Room (TRevPAR) als Gesamtumsatz über alle Angebotsbereiche von entscheidender Bedeutung.

Spa-Bereiche können auch Teil eines Hotels oder Resorts sein, haben aber noch die zusätzliche Besonderheit, dass sie teure Bäder-/Therapieinfrastrukturen samt medizinischem Personal vorhalten. Spa-Anwendungen müssen immer langfristig oder auch kurzfristig im Voraus gebucht werden, wobei die Therapieformen und Dauern sehr stark variieren können und zum Teil auch staatlich vorgegebenen Krankenkassen-Tarifen entsprechen müssen. Für das Spa Revenue Management ist der RevPaTH (Revenue per Available Treatment Hour) eine wichtige Optimierungsgröße.

Bei **Resorts** und **Spas** wird auch **Peak Load Pricing** eingesetzt, nicht zur Revenue-Maximierung, sondern mit dem Ziel, durch Preiserhöhungen in Spitzenlast-Zeiten und Preisreduzierungen in Zeiten schwacher Nachfrage eine gleichmäßige Auslastung zu erreichen und negative Effekte durch Überfüllung einzelner Bereiche zu vermeiden. Wo die Preise pro Stunde nicht veränderbar sind, sollten in Spitzenzeiten Dienstleistungen kurzer Dauer mit hohem Durchsatz offeriert werden, während längere Dienstleistungen eher den Nebenzeiten vorbehalten sein sollten. Ggf. können auch externe Kunden in Zeiten schwacher Nachfrage bedient werden.

Neuere Forschungsbeiträge zum Revenue Management beschäftigen sich auch mit der adäquaten Berücksichtigung der Unsicherheiten, die auf Anbieter und Kundenseite dadurch entstehen, dass Zusatzleistungen nicht im Voraus, sondern erst beim Aufenthalt gebucht oder nach freiem Belieben des Gastes ad hoc beansprucht werden, wenn sie noch verfügbar sind. Die Buchung eines Resort- oder Spa-Hotels durch einen Gast beinhaltet also mehr oder weniger umfangreiche Leistungen, die nur unvollständig definiert sind und für beide Seiten Risiken, aber auch Anreize bedeuten, die Revenue-Management Relevanz haben (vgl. Koch et al. 2017 und Goerlich/Spalteholz 2020).

Hotel-Casinos machen einen großen Teil ihrer Umsätze mit Glücksspielen und der Revenue eines Gastes hängt nicht nur von der Zimmerrate ab. Gäste, die hohe Spieleinnahmen generieren, erhalten zum Teil sogar Übernachtungen, Getränke und Speisen als Comps (Complimentary Services) gratis, um die Kundenbindung zu festigen und die Gäste zu Wiederholungsbesuchen anzulocken. Das Ziel von Casino-Hotels, die oft in direkter Nachbarschaft zu Konkurrenten an einem für das Glücksspiel lizenzierten Ort ansässig sind, ist maximale Kundenbindung wie in einem Resort. Gäste sollen möglichst alle Umsätze ihres Aufenthalts bei diversen Restaurant-, Vergnügungs- und Spielangeboten sowie Unterhaltungs-Shows im Haus machen. Daher werden im Rahmen von Kundenloyalitäts-Programmen elektronische Kundenkarten ausgegeben, mit denen der Hotelgast diverse Leistungen rabattiert erhält, wobei die Rabatte entweder Preisnachlässe, Bonuspunkte für kostenlose Zusatzleistungen oder besagte komplementäre Gratisleistungen (Comps) sein können. Zum Teil dienen die Karten während des Aufenthalts auch als (aufladbares) Zahlungsmedium, wobei am Ende des Aufenthalts abgerechnet wird. Einige Casinos gewähren Kunden mit hoher Bonität sogar darüber hinaus Kredit. An Spielautomaten kann mit den Kundenkarten der Umsatz eines Gastes automatisch erfasst werden. Um die Spielumsätze von Gästen an Spieltischen, wo es um höhere Einsätze geht, abschätzen zu können, müssen die Spieler entweder bei der Ausgabe bzw. Rückgabe von Spieljetons an der Spielkasse oder beim sog. „Floorman" am Spieltisch ihren Namen nennen. Floormen sind Casinoangestellte, die die Einhaltung der Spielregeln an den ihnen zugewiesenen Tischen überwachen und Spieler-Rating-Formulare ausfüllen, die regelmäßig in das Casino-Computersystem eingegeben werden. Dabei ist nicht nur der Spielumsatz wichtig, sondern auch die Dauer des Aufenthalts am Spieltisch. Floormen und ihr vorgesetzter sog. „Pit Boss" können z. B. am Smartphone jederzeit den Loyality-Status eines Gastes abrufen oder Änderungen beantragen, um dem Gast diverse Comps während des Spielgeschehens als weiterer Anreiz anzubieten oder Kredite zu gewähren. Das Revenue-Management-System hat auf diese Weise sämtliche Informationen, um den Gesamtrevenue eines Gastes zu beobachten bzw. für kommende Tage und Aufenthalte zu prognostizieren, wobei die Average Daily Theoretical Revenue (ADT) den zu erwartenden Spielumsatz im Casino abschätzt. Es kann mit diesen Informationen dann regelbasiert oder mit Maschine Learning den Loyality Status eines Gastes bestimmen und über die zu gewährenden

Comps während eines Aufenthalts oder die Bedingungen für die Annahme einer Reservierung für den nächsten Aufenthalt bestimmen (vgl. Duetto Research 2016).

Hotelorientiertes Revenue Management von Kreuzfahrt-Schiffen: Ein Kreuzfahrtschiff wird oft als schwimmendes Hotel oder Resort ggf. sogar mit Casino betrachtet, und entsprechend werden an Bord spezielle klassische Kreuzfahrt-Property-Management-Systeme und diverse Hotel-IT-Systeme eingesetzt, zu denen auch Hotel-Revenue-Management-Systeme gehören, in denen die bisher diskutierten Revenue-Management-Methoden zum Einsatz kommen. Statt Zimmern werden diverse Kabinenkategorien verkauft, mit mehr oder weniger umfänglichem All-inklusive- oder Ancillary-Angebot sämtlicher Dienstleistungen an Bord oder auch Landausflüge in den Häfen. Es gibt jedoch zahlreiche Besonderheiten, die für Hotelaufenthalte untypisch sind (vgl. Bengtsson 2014, Liebermann 2012, Biehn 2006): Buchungen erfolgen lange im Voraus (meist um die Weihnachtszeit), Beratung und Buchung durch Reisemittler, niedrige Stornierungsraten, feste Aufenthaltsdauern, Nachfrage abhängig von Route und Häfen, Limitierung der Gästeanzahl durch Rettungsboote, komplementäre Zusatzleistungen (Hin-/Rückflüge, Transfer oder weitere Hotelaufenthalte bei An- oder Abreise) machen die Kreuzfahrt auch nach der EU-Pauschalreiserichtlinie eher zu einer Pauschal-Rundreiseveranstaltung. Diese spezifischen Aspekte des Revenue Managements einer Kreuzfahrt-Reiseveranstaltung werden im Abschnitt zum Reiseveranstalter-Revenue-Management erläutert.

Total Hotel Revenue Management: Auch wenn die verschiedenen Revenue-Kennzahlen je Zimmer/Kabine, Saalkapazität, Restaurant-Sitzplatz, Treatment Hour etc. suggerieren, dass die verschiedenen Hospitality-Dienstleistungsangebote in Konkurrenz zueinander stehen, muss am Ende der Gesamtumsatz bzw. Gesamtprofit eines Hotelbetriebs über alle Servicebereiche optimiert werden. Die Optimierung des Total Revenue aus allen Einnahmeströmen eines Multi-Business-Hospitality-Betriebs wird seit Langem als Oberziel formuliert, wurde aber nach einem Review der wissenschaftlichen Literatur von González-Serrano und Talón-Ballestero von 2020 wegen der hohen Komplexität dieses Unterfangens in der Vergangenheit nur selten erreicht. Mit den neuen technischen Möglichkeiten, die cloudbasierte Revenue-Management-Systeme mit Data Analytics Unterstützung für eine ganzheitliche Optimierung aller Revenueströme bieten, wird der Total Revenue zur dominierenden Zielgröße für das Hotel-Revenue-Management (vgl. Goerlich/Spalteholz 2020). Da die Dominanz einiger OTAs im Online-Hotelvertrieb vielen Hotels hohe Provisionen abverlangt, wird auch im Hotelverband HEDNA über die Einführung eines Hotel-NDC-Standards diskutiert, um nach dem Vorbild der Airlines die Angebotspreise und Mengen bei allen Kundenanfragen nach eigenen Kriterien besser steuern zu können.

5.1.3 Revenue-Management-Systeme von Autovermietern und im Car Sharing

Das Revenue Management von Autovermietern ist durch folgende Besonderheiten gekennzeichnet, woraus sich besondere Anforderungen an Prozesse und Systeme ergeben (vgl. Kap. 4.5 sowie Talluri/Van Ryzin 2005, Fandel/Von Portatius 2005, Rantanen 2013, Guerriero/Olivito 2014 und Oliveira 2018):

Kapazitätssteuerung der Fahrzeugflotten: Anders als bei Linienflügen oder Hotelzimmern sind die auszulastenden Kapazitäten der vorhandenen Mietfahrzeuge in Mietwagenflotten nicht fix, sondern in einem gewissen Rahmen disponierbar. Wie viele Mietwagen in welcher Saison/Monat/Woche vorhanden sind, kann durch geschickten An- und Verkauf von Fahrzeugen sowie durch kurzfristige An- und Abmeldung von Fahrzeugen bei den Kfz-Zulassungsstellen beeinflußt werden. Die vorhandenen Kapazitäten und Fixkosten können also in gewissen Grenzen gewinnmaximierend beeinflußt werden. Das Revenue Management muß hierzu besonders eng mit dem Flottenmanagement zusammenarbeiten. Strategisches und operatives Revenue Management sind interdependent und müssen auch technisch vernetzt sein. Zentrale Zielgrößen der Optimierung sind der Revenue per Available Car (RevPAC), Revenue per Available Car Day (RevPACD) oder Revenue per Available Car Hour (RevPACH). Zur optimierten Anpassung der Flottengröße in Abhängigkeit von der schwankenden Nachfrage werden sogar sonst im Revenue Management nicht übliche Optionspreismodelle vorgeschlagen (vgl. Anderson et al. 2004). Erste Systeme wie z. B. OptimalOutputs OptimalCar geben nach eigenen Angaben Empfehlungen zum An- und Verkauf von Autos, um die Flottenplanung (Fleet Plan) zu unterstützen. Auf der Basis der Kosten-/Umsatzzahlen kann der Wertbeitrag verschiedener Autotypen saison- und stations-abhängig berücksichtigt werden, um Entscheidungen darüber zu treffen, welche Autos neu beschafft, ausgemustert oder noch länger betrieben werden sollten (Car Rental Fleet Procurement Optimization).

Zufällige geografische Verteilung der Fahrzeugflotte: Durch das individuelle Verhalten von Kunden, die Fahrzeuge an einer Station anmieten und an einer anderen Station zurückgeben, verteilen sich Mietwagenflotten zufälliger über die geografisch verteilten Mietwagenstationen als z. B. Linienflugzeuge auf Flughäfen. Mittels Überführungsfahrten können Ungleichgewichte zwischen Stationen behoben werden und nicht ausgelastete Fahrzeuge zu Anmietstationen transferiert werden, an denen hohe Nachfrage herrscht. Das Revenue Management muß ein Optimum zwischen der Anzahl der kostenverursachenden Überführungsfahrten und den durch die Bedienung der Nachfrage an anderen Stationen erzielbaren Zusatzeinnahmen finden. Die optimale geografische Flottenverteilung wird zum Revenue-Management-Ziel (vgl. Hensel/Mederer/Schmidt 2011). Zum Teil wird auch diskutiert, inwieweit One-Way-Fahrten abgelehnt oder höher bepreist bzw. incentiviert werden sollten, je nachdem, ob sie zu einer vorteilhaften oder nachteiligen Flottenverteilung führen (vgl. Guerriero/Olivito 2014).

Variantenvielfalt des Angebots: Bedingt durch die Anzahl der möglichen Fahrzeugkategorien, Nutzungsmöglichkeiten, Automarken, Ausstattungsvarianten und Zusatzdienste kann die Variantenvielfalt des Angebots sehr groß sein. Hieraus ergeben sich zum einen mehr Differenzierungs- und Segmentierungsmöglichkeiten, andererseits wird die Komplexität des Revenue Managements z. B. durch fahrzeug-typ- oder ausstattungsspezifische Forecasts und Optimierungen komplexer. Die Vernetzung der Distributionssysteme mit dem Flottenmanagement-System erlaubt eine exakte Darstellung der Fahrzeugmerkmale und Ausstattungsvarianten zur Auswahl für den Kunden. Das Revenue-Management-System kann hier Preise z. B. für häufig oder selten nachgefragte Varianten entsprechend der Nachfrage und den Verfügbarkeiten optimieren. Mit kostenlosen Upgrades kann auf Engpässe bei bestimmten Fahrzeugen reagiert werden, weshalb dem Management von geplanten Upgrades im Rental Car Revenue Management eine besondere Bedeutung zukommt (vgl. Steinhardt/Gönsch 2010).

Hoher Anteil von Firmenkunden: Bei vielen Autovermietern haben zudem Firmenkunden mit verhandelten Konditionen, Bereitstellungs- und Abnahmemengen sowie Raten den höchsten Umsatzanteil. Für das Revenue Management bedeutet dies, dass ein großer Anteil der Preise und Verfügbarkeiten kurzfristig nicht steuerbar ist. Dafür bestimmen die Ergebnisse der Vertragsverhandlungen mit Firmenkunden den Revenue entscheidend mit. Entsprechend ist das Revenue Management in die Angebotserstellung für Firmenverträge einzubeziehen, wobei die klassischen Revenue-Management-Methoden um Ansätze zur Prognose des zu erwartenden Kundenwerts (z. B. Customer Livetime Value) für die Vertragsperiode auch auf Basis von Informationen aus dem CRM-System zu erweitern sind.

Franchising-Partner: Die großen, weltweit agierenden Autovermieter arbeiten oft mit kleinen, regionalen Autovermietern im Rahmen von Franchise-Kooperationen zusammen. Die großen Autovermieter erhöhen hiermit für ihre Kunden die Abdeckung und Reichweite, die kleinen Autovermieter bekommen Kunden vermittelt. Anders als bei Hotels und Fluggesellschaften, in denen bei Kooperationen nur die Kunden gemeinsam bedient werden, nicht aber Fluggeräte oder Hotelzimmer zwischen den Kooperationspartnern ausgetauscht werden, kommt es bei Autovermietern auch zu Übergaben von Fahrzeugen an Mietstationen von Kooperationspartnern, die dann zurückgeführt werden müssen. Zum Teil werden Flotten sogar gemeinsam beschafft, genutzt und disponiert. Beides stellt erweiterte Anforderungen an das Revenue Management, da Optimierungen nun auf den Ebenen der einzelnen Mietstationen (Flughafen, Bahnhof, Ortsteil etc.), der Region (Metropole, Einzugsgebiet, Ferienregion, Land) der eigenen Flotte sowie der fremden Flotte(n) vorzunehmen sind.

Wegen dieser Spezifika setzen die meisten großen Autovermieter speziell auf ihre individuellen Bedürfnisse angepasste oder sogar eigenentwickelte Revenue-Management-Software ein. Inzwischen gibt es aber auch verschiedene Autovermieter-Revenue-Management-Standardsoftwarelösungen[4]. Sie werden zunehmend auch als Cloud-Dienst/SaaS angeboten und sind dann auch für kleinere Autovermieter ohne eigene Serverinfrastrukturen nutzbar.

In der Praxis wie in der Forschung lassen sich Revenue-Management-Ansätze unterscheiden, die sich entweder auf die Revenue-Maximierung einer bestehenden Fahrzeugflotte z. B. an einer einzelnen Station beschränken oder auch Vorschläge für Fahrzeugüberführungen zur optimalen Verteilung der bestehenden Fahrzeugflotte auf verschiedene Ausleihstationen bzw. sogar Vorschläge zur langfristigen Veränderung der Fahrzeugflotte durch den Verkauf bzw. Ankauf von Fahrzeugen machen (vgl. Wu 2010, Oliveira et al. 2018 und Oliveira 2019).

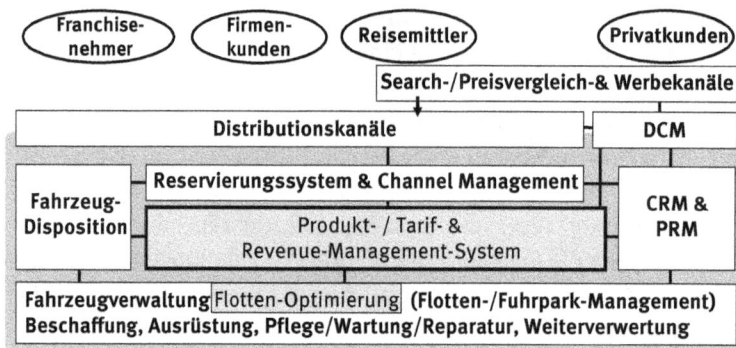

Abb. 5.1.12: Revenue-Management-System eines großen Autovermieters und wichtige Schnittstellen zu anderen Systemen (vgl. auch Abb. 4.5.2 in Kapitel 4.5 und Talluri/Van Ryzin 2005, S. 533).

Abbildung 5.1.12 gibt typische Schnittstellen eines Rental-Car-Revenue-Management-Systems wieder (vgl. hierzu auch Kap. 4.5). Hierbei wird das Revenue Mangement immer stärker mit der Optimierung der Fahrzeugdisposition und der Flottenplanung verzahnt. Ein weiterer Trend ist auch bei Autovermietern das Vordringen der digitalen Mietwagensuchmaschinen und Preisvergleichsportale, die entweder nach dem Preisvergleich gegen eine Werbeprovision zur Mietwagenbuchung auf die Autovermieter-Website oder einen anderen Distributionskanal des Autovermieters weiterleiten, oder sogar selbst als Mietwagenvermittler (Broker) auftreten. Zu den klassischen Reisemittlern (Reisebüros/OTAs) treten zunehmend Airlines, Bahnen und Reiseveranstaler, die nach der Buchung ihrer Hauptleistung Mietwagen als Zusatzleistung

---

4 Beispiele für Autovermieter Revenue-Management-Systeme sind: PROS CMS – Contribution Management System, RateGain Rental Car RMS, Rate Highway, Car Hire Yield Management im Car Broker Management System von Rental Booking, WeYiels.io und andere.

vermitteln oder gegen Werbeprovision auf Mietwagen-Broker oder Autovermieter verlinken.

Autovermieter können über Digital-Campaign-Management-Systeme (DCM) nach Vorgaben des Revenue-Management-Systems buchbare Autos mit Deep Links zum gewünschten Buchungskanal in Preisvergleichssystemen platzieren, bei Affiliate-Partnern Banner-Werbungen schalten oder mit dem CRM/PRM-System (Customer/Partner Relationship Management) E-Mail-Werbekampagnen an Kunden und Partner (Reisebüros) steuern.

Neue Herausforderungen für das Revenue Management von Autovermietern ergeben sich aktuell durch die neuen **Carsharing-Geschäftsmodelle,** die für Autovermieter zum einen ein Geschäftsmodell zur kurzfristigen Autovermietung bei Selbstbedienung, zum anderen einen Wettbewerb mit zahlreichen neuen Anbietern und insbesondere Autoherstellern bedeuten, die ihre eigenen Autos auf diese Weise zunehmend direkt an Endkunden vermieten (vgl. Kap. 4.5). Fahrzeuge können von Kunden in Selbstbedienung kurzfristig angemietet und nach Gebrauch auf bestimmten Parkplätzen wieder abgestellt werden. Die Reservierungen sind nicht lange im Voraus bekannt, die Nutzungsdauer stellt sich erst während der Nutzung heraus und die Abstellposition des Fahrzeugs verteilt sich auf ein bestimmtes Gebiet und ist ebenfalls nicht planbar. Aus Kundensicht hängt die Verfügbarkeit und Attraktivität eines Autos auch von der aktuellen Entfernung des Kunden zum nächsten freien geparkten Auto bzw. der Verfügbarkeit freier Parkplätze in der Nähe seines Zielortes ab. Das Selbstbedienungsmodell erfordert Incentives für Kunden, die z. B. ein Auto auftanken oder an Stellen parken, an denen sie wieder auf hohe Nachfrage treffen. Außerdem sind Kooperationsmodelle möglich, bei denen Carsharing-Anbieter Kunden kooperierender Carsharing-Anbieter die sog. Quernutzung ihrer eigenen Fahrzeuge erlauben, um gemeinsam die kritische Masse an Fahrzeugen zu erreichen, die eine ausreichende geografische Abdeckung eines Gebiets oder auch Anschlussmobilität an Bahnhöfen und Flughäfen ermöglicht (Ringeisen/Goecke 2016).

In der jüngsten Zeit sind insbesondere in der Forschung erste Veröffentlichungen zu speziellen Problemen und Verfahren des **Carsharing Revenue Managements** entstanden (vgl. z. B. Broihan et al. 2017). Dabei wird zum einen erforscht, inwieweit auch beim Carsharing Anfragen nach Autos mit Zusatzinformationen über die geplante Belegungszeit, Personenzahl/Zuladung oder Route versehen werden sollten, um im Sinne der Warteschlangentheorie durch Abweichungen von einer ggf. unproduktiven First-come-first-served-Strategie wenige verfügbare Autos optimal auf die Nachfrage zu verteilen oder ob durch Peak Load Pricing oder die einfache Ablehnung unlukrativer Fahrten in Spitzenlastzeiten eine effizientere Bedienung und Flottennutzung oder auch schlicht Gewinnmaximierungen möglich sind. Da Carsharing-Flotten auch zu einem erheblichen Anteil Elektrofahrzeuge nutzen, werden auch Ansätze diskutiert, wie durch pretiale Lenkung Fahrten mit klimaschädlichen Fahrzeugen verteuert werden sollten, um Fahrten mit klimaneut-

ralen Fahrzeugen zu subventionieren und die gesamte CO_2-Bilanz der Fahrzeugflotte zu reduzieren oder durch geeignete Kapazitätsrestriktionen in den Optimierungsmodellen oder eine Umstellung des Flotten-Mixes zu deckeln.

5.1.4 Revenue-Management-Systeme von Reise- und Kreuzfahrtveranstaltern

Besonders anspruchsvoll ist das Revenue bzw. Yield Management von Reiseveran-
staltern, da hier Leistungsbündel aus Flug-, Hotel- und weiteren Zusatzleistungen
(Transfer, Führungen etc.) gebündelt werden und bei der Ertragsoptimierung entsprechend viele Parameter mit komplexen gegenseitigen Abhängigkeiten zu berücksichtigen sind. Daher werden von Reiseveranstaltern für das Revenue bzw.
Yield Management zum Teil individuell programmierte Systeme eingesetzt, und die
Prozesse sind oft weniger standardisiert und automatisiert als bei Airline- oder
Hotel-Revenue-Management-Systemen (vgl. Xylander 2003, Clüsing 2004, Hohmeis-
ter 2004). Bei Reiseveranstaltern ist Revenue Management auf der Ebene der Einzelleistungen und auf der Ebene der Produkte relevant (vgl. Xylander 2003, Hilz 2011,
Voigt 2012, Von Dörnberg/Freyer/Sülberg 2017).

Für Großveranstalter und internationale Reisekonzerne kommen zudem die
Ebenen der Marken, Quellmärkte und der ggf. integrierten Wertschöpfungsstufen
(Leistungsträger, Veranstalter, Vertrieb) hinzu. Eine Optimierung einer dieser Ebenen führt dabei zwangsläufig zu Zielkonflikten mit der Optimierung auf den anderen Ebenen. Es ist praktisch unmöglich, mit einem integrierten, computergestützten
Revenue-Management-System ein unternehmensweites Ertrags-Optimum automatisch zu steuern. Revenue-Management-Systeme werden jedoch zur Optimierung
verschiedener Teilaspekte erfolgreich eingesetzt, wobei der Ausgleich der bestehenden Zielkonflikte durch verschiedene Systeme der Unternehmenssteuerung von
Zielvereinbarungen über Budgetierungen bis hin zu internen Verrechnungspreis-
systemen mit Profit-Centern erfolgt. Im Folgenden wird daher auf spezielle Aspekte
des Reiseveranstalter-Revenue-Managements eingegangen (einen Überblick gibt
Abb. 5.1.13).

Ertragsoptimierendes Management der Einzelleistungen

Großveranstalter mit eigener Fluglinie oder eigenen Hotels können ebenso wie Reiseveranstalter mit großen, eingekauften Flug- oder Hotelkontingenten die oben beschriebenen Yield-/Revenue-Management-Systeme zur Disposition dieser Einzelleistungen
einsetzen. Im Gegensatz zu Fluglinien oder Hotels besteht aber bei Veranstaltern die
Möglichkeit, Ferienflüge bzw. deren Umläufe oder Hotelkapazitäten flexibel umzudis-
ponieren bzw. von Dritten hinzuzukaufen oder an diese weiterzuverkaufen. Damit
sind die Kapazitäten auch kurzfristig noch beeinflussbar. Entsprechend müssen bei
der Ertragsoptimierung neben den Umsätzen auch die flexiblen Kosten berücksichtigt

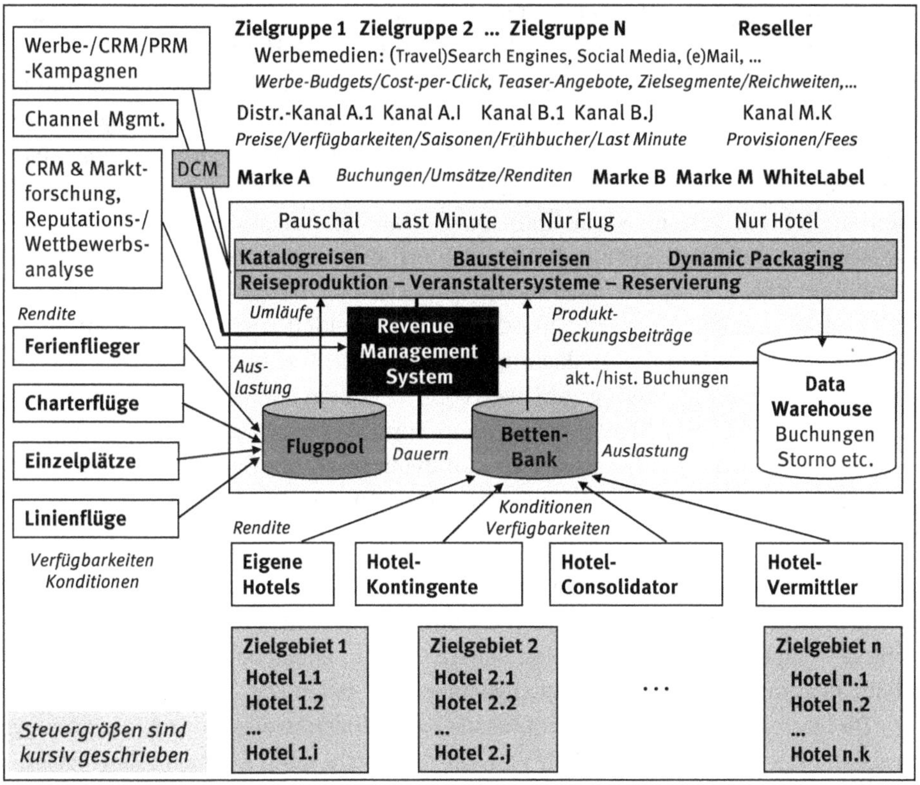

Abb. 5.1.13: Komponenten, Steuergrößen und Schnittstellen eines Revenue-Management-Systems für Reiseveranstalter (in Erweiterung nach Hohmeister 2004, S. 260).

werden, was eine Steuerung auf der Basis von Deckungsbeiträgen (vgl. Abb. 5.1.13) notwendig macht.

Revenue/Yield Management ist auf der Basis von Bid Pricing auch zur Bestimmung geeigneter interner Verrechnungspreise geeignet. Typisch für Veranstalter ist aber das Problem, dass für das Produkt Reise stets nur „passende" Flug- und Hotelangebote kombiniert werden können und ein auf Ebene der Einzelleistungen ertragsoptimierendes Yield Management meist mit einem suboptimalen Überhang von Flügen ohne Hotelkapazitäten oder einem Überhang von Hotelkapazitäten ohne Flüge verbunden ist. Beides führt zu Leerkapazitäten. Diesem Problem kann durch die Steuerung der Aufenthaltsdauern begegnet werden (vgl. Abb. 5.1.13): Es werden nur Aufenthaltsdauern eingekauft bzw. angeboten, die zu den verfügbaren Flügen passen. Restkapazitäten müssen kurzfristig ggf. als Einzelleistungen und evtl. mit entsprechenden Preisabschlägen über andere Vertriebskanäle verkauft werden. Um ein unternehmensübergreifendes Revenue Management aller verfügbaren Kapazitäten zu erleichtern, konzentrieren Veranstalter zunehmend sämtliche verfügbaren Flug- oder Hotelkapazitäten aus den dezentralen Leistungsträger- und Veranstaltersystemen in einem sog. Flugpool und einem Hotelpool. Das sind zentrale Datenbanken, auf die alle Quellgebiete, Produktmanager, Marken oder interne Consolidator Zugriff haben. Auf diese Weise können die verfügbaren Einzelleistungen wie in einem internen Markt transparent den Produktmanagern der verschiedenen Quellgebiete und Marken zur Bündelung in ihre Reiseangebote bereitgestellt werden. Schnell können dann Über- bzw. Unterbelegungen zunächst intern bedarfsgerecht auf der Basis von Bid Pricing ertragsoptimierend umverteilt und rekombiniert oder evtl. später noch rechtzeitig extern als Einzelleistung („Nur Flug"-, „Nur Hotel"-Angebote) vertrieben oder weitergehandelt werden. Das Pooling erleichtert die Steuerung der Auslastung (vgl. Abb. 5.1.13) aller eingekauften Komponenten, und das Bid Pricing gibt wertvolle Eckdaten für den Einkauf und den Verkauf von Flug- und Hotelkapazitäten in Form von Maximal- bzw. Minimalpreisen. Außerdem wird die bei Preisverhandlungen relevante Gesamtnachfrage eines Veranstalters bei einzelnen Leistungsträgern transparent.

Ertragsoptimierende Steuerung der Reiseproduktion
Der Mehrwert eines Veranstalters liegt eigentlich in der ertragsoptimierenden Bündelung der Einzelleistungen zu Katalog-Pauschalreisen, Bausteinreisen oder kundenindividuell zusammengestellten Reiseangeboten (vgl. hierzu Abb. 5.1.13):

Da bis vor einiger Zeit bei den **klassischen Pauschalreisen** durch die Katalogpreisbindung die Preise nach dem Verkaufsstart nicht mehr nachkalkuliert werden konnten, kommt es beim Yield Management besonders auf eine korrekte Prognose der Nachfrage für die gesamte kommende Saison an. Die Datenbasis hierfür sind die Buchungsdaten der Vorjahres-Saison, die in einem Data Warehouse gesammelt werden, und die Informationen aus der Marktforschung (Reiseanalysen). Leider sind hier jedoch Abweichungen und kurzfristige Trendverschiebungen im Buchungsverhalten eher die Regel als die Ausnahme. Die Vorlieben der Pauschaltouristen für Zielgebiete ändern sich schnell, ebenso wie Präferenzen für Kurzfristreisen oder Frühbuchungen. Es spielen politische Entwicklungen und das Marketing der Zielgebiete ebenso eine Rolle wie die Wirtschaftslage und „Moden" in den Quellmärkten. Entsprechend liegt der Schwerpunkt der Revenue-Management-Systeme bei der Analyse, Simulation und Kalkulation verschiedener produktbezogener Nachfrageszenarien, die vom Produktmanagement zu bewerten sind. Sie werden sowohl bei der Bündelung als auch bei den Preisen berücksichtigt, die ebenso wie bei Flügen und Hotels saisonal stark variieren, aber bei Pauschalreisen im Voraus für den Katalog festgelegt werden müssen. 2014 stellten Baur, Klein und Steinhardt ein Modell zur automatisierten Katalogpreisoptimierung für Hotels als Pauschalreisekomponenten vor.

Da bei dieser Planung und Bündelung von Reiseangeboten aus Veranstalter-Sicht sowohl die Preise als auch die Kosten gestaltbar sind, ist die Optimierung der Produktdeckungsbeiträge das vorrangig zu optimierende Ziel des Veranstalter-

Yield-Managements. Die Ertragsprognosen des Revenue/Yield Managements sind entsprechend bedeutsam für die Allokation und den Einkauf knapper Einzelleistungen zu den verschiedenen alternativen Produktangeboten. Entscheidend ist dabei vor allem die Qualität des Hotelangebots, das stärker als der Flug über den Wert einer Reise aus Kundensicht entscheidet. Je nach Einkaufspolitik sind zudem Risiken wie Wechselkursschwankungen, nicht mehr nachbeschaffbare oder verkaufbare Kontingente für die Gestaltung der Einkaufskonditionen mit Wahrscheinlichkeit und Ertragswirkung zu bewerten (vgl. Voigt 2012).

Erst wenn feste Kontingente eingekauft sind, ist die Auslastung optimal zu steuern, und nur wenn ein Veranstalter eigene Hotels oder Flugzeuge besitzt, muss auch deren Rendite optimiert werden (vgl. Abb. 5.1.13). Nach Verkaufsstart werden mit ähnlichen Verfahren wie bei Flügen und Hotels von Revenue-Management-Systemen der Veranstalter auch die eingehenden Buchungen je Produkt, Katalog, Zielgebiet, Leistungsträger, Vertriebskanal, Marke, Quellmarkt etc. analysiert und mit Erfahrungs- bzw. Prognosewerten verglichen, um rechtzeitig Fehlentwicklungen in der Auslastung zu erkennen und ihnen begegnen zu können. Eine automatisierte Steuerung über Tarif-/Buchungsklassen ist zumindest für dieselbe Pauschalreise nicht wie bei Airlines oder Hotels möglich, da bei Nachfrageschwankungen keine Gegensteuerung über Veränderungen der Katalogpreise erfolgen kann (vgl. Hilz 2011). Es ist aber möglich, z. B. einen fest gecharterten Ferien-Hin- und Rückflug in ein Zielgebiet nach den Deckungsbeiträgen der verschiedenen mit diesem Flug paketierten Hotelzimmer in Buchungsklassen einzuteilen. Für die Hotelzimmer mit den hohen Deckungsbeiträgen können dann bei großer Nachfrage nach dem Flug ggf. Sitzplätze zurückgehalten werden. Die Pauschalreisen zu den Hotelzimmern mit niedrigem Deckungsbeitrag sind dann als erste nicht mehr buchbar. Ebenso können bei mehreren aufeinanderfolgenden Flugumläufen für die Dauernsteuerung Kontingente für einwöchige Aufenthalte und Kontingente für zweiwöchige Aufenthalte gesteuert werden. Die optimierte Buchungssteuerung hierfür könnte dann über ein modifiziertes Airline-Revenue-Management-System erfolgen. Zusätzlich kann das Produktmanagement auf der Basis der Informationen aus dem Revenue-Management-System Agenturprovisionen (nur in engen Grenzen), alternative Vertriebskanäle, Werbeaktionen, Änderungen der Flugumläufe, interne Kapazitätsumverteilungen oder den Einkauf zusätzlicher Kapazitäten bzw. den Verkauf von Überkapazitäten steuern. Letzterer erfolgt über mit Preisnachlass verbundene Last-Minute-Angebote, über mit anderen Kapazitäten neu kombinierte Spezialangebote oder über Nur-Flug- bzw. Nur-Hotel-Angebote, deren Ertragswirkungen vom Produktmanagement mit Unterstützung des Yield-Management-Systems abzuschätzen sind, und die ertragsoptimierend zu disponieren sind. Bei Urlaubs- und Pauschalreisen sind No-Shows generell seltener als bei Geschäftsreisen und viele Urlaubsreisen werden mit einer Reiserücktrittsversicherung abgeschlossen, die dem Veranstalter kurzfristige Stornierungen wegen Krankheit etc. bezahlen. Entsprechend wird im Revenue Management von Pauschalreisen weniger mit Überbuchungen gearbeitet.

Für **Bausteinreisen**, bei denen Kunden die im Katalog angebotenen Reisekomponenten mehr oder weniger frei kombinieren können, ergibt sich einerseits ein geringeres Risiko, dass die Kunden keine ihrem Bedarf entsprechende Reise finden, da sie ja die Komponenten individuell zusammenstellen können. Andererseits besteht das Risiko, dass mit der Flexibilität z. B. bei der Auswahl der An- und Abreisetermine sowie der Aufenthaltsdauer zwangsläufig ungeplante Leerkapazitäten durch nicht ausgelastete Hin- oder Rückflüge in Ferien- bzw. Charterflügen auftreten oder Hotelkapazitäten nicht genutzt werden können, weil Flüge fehlen. Die Yield-Management-Systeme müssen die Wahrscheinlichkeiten entsprechender Probleme prognostizieren und bewerten, damit z. B. in den Katalogpreisen die Kosten dieser für den Kunden wertvollen Flexibilität entsprechend berücksichtigt werden können. Wenn beispielsweise nur die Hotelzimmer fest eingekauft sind und die Flüge als Optionen buchbar oder vom Markt erst bei Bedarf zugebucht werden, kann es sinnvoll sein, die Bausteinreisen verschiedener Dauer mit einem Hotel-Revenue-Management-System zu steuern, das alle eingekauften Hotelzimmer einer angeflogenen Destination als Inventory hat und dessen gesamten Verkaufsrevenue optimiert und die Flüge nur als Zubuchung behandelt (Hilz 2011). Wenn feste Flug- und Hotelkontingente vorhanden sind, kann nicht mehr einfach auf ein modifiziertes Airline- oder Hotel-Revenue-Management-System zurückgegriffen werden. Hier müssen für diverse Paketvarianten die Nachfragen prognostiziert werden, damit sog. Netzwerkoptimierer, welche die negativen Netzeffekte der Buchung einer Pauschalreise auf die Verfügbarkeit anderer Pauschalreisen, die auf dieselben Kapazitäten zugreifen, berücksichtigen, die Buchbarkeit von Pauschalreisevarianten auf Basis der Bid-Preise ihrer Komponenten bestimmen können (vgl. Xylander 2003, Hiotis/Hunter 2016). Wenn einzelne Reisekomponenten ohne Katalogpreisbindung angeboten oder als Bausteine hinzugebucht werden, können Bidpreisänderungen auch zu Preisänderungen der Pauschalreise führen, was auch Reiseveranstaltern ein Dynamic Pricing ermöglicht.

Die neuen Produktionsmethoden des **Dynamic Packaging** (vgl. Kap. 4.6) stellen weitere Anforderungen an das Revenue-Management-System. Hier werden Reisen ohne Katalog ganz oder teilweise erst zum Verkaufszeitpunkt aus Komponenten zusammengestellt. Diese wurden vom Veranstalter vorher nicht eingekauft, sondern werden zu Tagespreisen von Leistungsträgern und Consolidatorn bezogen. Zum einen stellt das Dynamic Packaging eine neue Möglichkeit dar, eigene Überkapazitäten mit Komponenten Dritter zu neuen kundenorientierten Angeboten zu bündeln. Zum anderen können auf dem Wege einfacher Zuschlagspreiskalkulationen ohne Einkaufsrisiken zusätzliche Reisen für bestehende und neue Zielgruppen angeboten werden. Schließlich bietet das Dynamic Packaging im Gegensatz zu allen Katalogangeboten die Möglichkeit, Preise dynamisch an die aktuelle Nachfrage und die tagesaktuellen Angebotspreise anzupassen. Das Revenue-Management-System muss bei der Optimierung der Katalogangebote für Pauschal- und Bausteinreisen die alternativen Vermarktungsmöglichkeiten der eingekauften Kapazitäten über Dynamic Packaging berücksichtigen. Insbesondere sind die Substitutionseffekte von eigenen oder fremden Dynamic-Packaging-Angeboten auf die Nachfrage nach den eigenen Pauschal- und Bausteinreisen zu bewerten und die Preisentwicklung vergleichbarer Angebote der Wettbewerber bei der Kalkulation der eigenen Dynamic-Packaging-Angebote zu berücksichtigen.

Dynamic Pricing, Multi-Channel-Vertrieb & Digitales Kampagnenmanagement
Je mehr der Trend weg von starren Katalogpreisen hin zu individualisierbaren und auf der Basis von Tagespreisen kalkulierten Reisen geht, die über immer stärker differenzierte und zukünftig auch personalisierte Produkte angeboten werden, desto mehr Möglichkeiten gibt es, mittel- und kurzfristig Preise und Kapazitäten ertragsoptimierend zu steuern. Durch die inzwischen sowohl im Internet als auch im Reisebüro weit verbreiteten veranstalterübergreifenden Preisvergleichssysteme muss auch entsprechend schneller auf Veränderungen im Angebot der Wettbewerber reagiert werden, was eine Computerunterstützung der sich immer dynamischer entwickelnden Preis- und Kapazitätssteuerung erforderlich macht[5]. Darüber hinaus müssen elektronische Vertriebskanäle durch Online-Marketing-Kampagnen gezielt beworben werden. Digital-Campaign-Management-Systeme (DCM) generieren nach den Vorgaben des Revenue-Management-Systems auf der Basis von Regeln automatisch Einträge für Reisesuchmaschinen und Preisvergleichsportale sowie Banner und E-Mail-Newletter für Werbekampagnen. Die Einträge beschreiben ein Teaser-Angebot, das als vorpaketierte oder dynamisch paketierte Pauschalreise in einem gewünschten Vertriebskanal über einen Deep Link aktuell buchbar ist. Ist der Vertriebskanal die eigene Website, kann dort auch automatisch für jedes beworbene Produkt eine Landingpage mit Verbindung zu einer IBE erstellt werden, auf der ein angeworbener Kunde die beworbene Reise direkt buchen kann. Außerdem speist das DCM[6] ebenfalls nach den Vorgaben des Revenue-Management-Systems die hierfür notwendigen Werbebudgets in die jeweiligen Werbekanäle ein und liefert den Content für CRM-/PRM-Kampagnen. Die Wirksamkeit von Werbekampagnen für das Reiseveranstaltersystem untersuchte Schnetzer 2012, wobei er zum Schluss kommt, dass Preissenkungen automatisch wirksam sind, wenn Preisvergleichssysteme, also auch Suchmaschinen, die günstigsten Angebote zuerst zeigen. Eine eigene Bewerbung von Angebotspreissenkungen sei problematisch, da diese auch bei preisunsensiblen Kunden die Preisbereitschaft senken. Auch wenn für Preissenkungen keine Bannerwerbung gemacht werden sollte, müssen auf der Basis dieser Be-

---

5 Beispiele für Tour-Operator-Revenue-Management-Systeme sind Atcom Yield Management Module, Blue Yonder (ehemals JDA) Travel Price Optimizer und andere.
6 Beispiele für ein Tour-Operator- und hotelorientiertes DCM ist Amadeus Dynamic Campaigns mit Schnittstellen zu Googles Ad Packages/Ad Hotels-Suchmaschinen, zu Facebook Dynamic Travel Ads und Instagram Dynamic Ads. Smartly.io ist ein ähnlicher Dienst, der Social Media Advertising über Facebook, Pinterest und SnapChat anbietet.

funde aber günstige Last-Minute-Angebote zumindest in Preisvergleichsportalen und Reisesuchmaschinen sichtbar annonciert werden, damit sie noch verkauft werden. Größere Werbekampagnen sollten dagegen eher das Markenimage und qualitativ hochwertige Angebote kommunizieren.

Revenue Management bei Kreuzfahrt-Reiseveranstaltern
Für Reiseveranstalter ist die Bedeutung von Kreuzfahrt-Reiseveranstaltungen bis 2019 überproportional gewachsen. Auch wenn das Revenue Management eines Kreuzfahrtschiffes auf den ersten Blick dem eines schwimmenden Hotels ähnelt, gibt es oft „verbundene" Hin- und Rückflüge, und die Nachfrage hängt ähnlich wie bei einer Rundreise stark von der Route ab. Anders als ein Hotel hat ein Kreuzfahrtschiff keinen festen Standort und die Nachfrage hängt entscheidend von den auf seiner Route angefahrenen Häfen und zubuchbaren Landgängen ab. Außerdem müssen zu einer Kreuzfahrt oft wie bei einer Bausteinreise Zubringer- und Abholflüge kundenindividuell samt Transfer oder weiteren Hotelaufenthalten im Start- oder Zielhafen zugebucht werden, die ggf. auch zur Absicherung der Kreuzfahrt voreingekauft werden. Ebenso wie bei einer Baustein-Rundreise können die Passagiere ggf. wählen, wo sie auf einer Route zu- oder aussteigen wollen, was dazu führen kann, dass Kreuzfahrten zwischen attraktiven Häfen überfüllt sind und auf gewissen Routensegmenten unterausgelastet sind. Entsprechend sind beliebte Routensegmente eher hochpreisig anzubieten und Randsegmente günstiger zu bepreisen, um Anreize für einen längeren Aufenthalt an Bord zu setzen, insbesondere wenn die Zusatzumsätze an Bord einen erheblichen Beitrag zum Gewinn liefern. Da Kreuzfahrten sehr frühzeitig und unter Vermittlung durch Reisebüros auf der Basis von Katalogen ähnlich wie in der Baustein- oder Pauschalreisetouristik gebucht werden, gibt es kaum Last-Minute-Angebote, sondern eher Discount-Tarife, oder es werden günstige Kabinen überbucht und Upgrades auf ggf. schwach nachgefragte Oberklasse-Kabinen angeboten. Außerdem sind attraktive Provisionen und Promotions bei den Reisemittlern wichtig und die optimale Route muss auf der Basis von Langzeitprognosen über ein Jahr im Voraus festgelegt werden. Entsprechend dieser Besonderheiten haben sich spezielle Revenue-Management-Methoden und -Systeme[7] für Kreuzfahrt-Reiseveranstalter entwickelt, die nicht vollautomatisiert sind, sondern mit individuell zu erstellenden Data-Analytics-Auswertungen und Forecasts, in Innovationsprojekten nun auch mit Machine Learning und Artificial Intelligence kombiniert werden (vgl. Biehn 2006, Ji/Mazzarella 2006, Maddah et al. 2010, Sun et al. 2010, Liebermann 2012, Sturm/Fischer 2016, HoteltechnologyNews 2019)

---

7 Beispiele für spezialisierte Cruise-Revenue-Management-Systeme sind: Longitude von Travel-Science, RateGain Cruise & Ferry, Blue Yonder (ehemals JDA) Travel.

Cloudlösungen als Integrationsplattformen

Eine wichtige Voraussetzung für ein effektives Revenue Management bei Großveranstaltern ist zudem die Integration der heterogenen Systemlandschaften der Teilveranstalter. Hierfür eignen sich insbesondere cloudbasierte Integrationsansätze, bei denen ein hochskalierbares, verteiltes System mit serviceorientierter (SOA) oder Microservice-Architektur alle Datenbestände und Schnittstellen in der Cloud konzentriert. Ähnlich wie beim Pooling der Flug- und Hotelkapazitäten ist sie notwendig, um allen Beteiligten die für zielgebiets-, marken- oder quellmarktübergreifende Optimierungen erforderlichen Daten in einem Data Warehouse oder Data Lake bereitzustellen und hierauf aufbauende, unternehmensübergreifende Prognosen und Optimierungen zu ermöglichen. Das Problem hierbei ist jedoch die damit verbundene Erhöhung der Komplexität durch die mit jedem weiteren Einflussfaktor exponentiell ansteigenden Abhängigkeiten. Da die klassischen Verfahren der statistischen Ertragsoptimierung des Revenue Managements dabei an ihre Grenzen stoßen, wird hier wie bereits erwähnt außer mit Data-Mining auch mit maschinellem Lernen und neuronalen Netzen experimentiert. Letztere haben den Vorteil, sehr schnell Muster auch bei extrem vielen, multidimensionalen Einflussfaktoren erkennen und optimieren zu können. Sie haben aber den Nachteil, dass die Ergebnisse nicht mehr algorithmisch nachvollziehbar sind. Die Interpretation der Ergebnisse erfordert ein Preis-Controlling und erfahrenes, verantwortungsbewusst handelndes Revenue-Management-Personal, was immer wieder zu Diskussionen führt, wie Revenue-Management-Abteilungen optimal organisiert sein sollten und welche Aufgaben an Berater oder externe Revenue-Management-Dienstleister ausgelagert werden können.

Revenue Management für nachhaltige Reisen

Revenue/Yield-Management-Methoden optimieren systematisch den Umsatz bzw. Ertrag sowohl für Einzelsegmente einer Reise als auch für eine Pauschalreise als Gesamtprodukt. Während Leistungsträger die Qualität ihrer Reisekomponenten sicherstellen, ist es die Aufgabe des Reiseveranstalters gegenüber dem Endkunden sowohl die Qualität als auch die Sicherheit des Gesamtprodukts über die gesamte Reisekette hinweg national und international zu gewährleisten. Die Agenda 2030 (Martens/Obenland 2017) fordert in zahlreichen Ländern der UN und EU die Einhaltung von Umwelt- und Sozialstandards und insbesondere die Verpflichtung für alle Akteure, den CO_2-Ausstoß zur Bekämpfung des Klimawandels stark zu reduzieren (vgl. hierzu auch Kap. 1.4). Der Verbrauch von CO_2 wird zukünftig im Tourismus wie in allen Branchen durch den erforderlichen Einkauf von CO_2-Zertifikaten oder durch die Finanzierung von CO_2-Kompensationsprojekten stark verteuert werden und die Gesetze zur Kreislaufwirtschaft (Rodriguez et al. 2020) und zu Lieferketten (Dohmen 2021) werden für alle Tourismusangebote eine Minimierung von Abfall über alle Schritte der Reiseproduktion hinweg sowie eine regelmäßige Überprüfung der Einhaltung von Sozialstandards bei allen an einer Reise beteiligten Akteuren im In- und

Ausland fordern. In ihrem Beitrag *The Greening Role of Tour Operators* von 2015 zeigen Lozano, Arbulú und Rey-Maquieira auf, dass Reiseveranstaltern ähnlich wie bei der Qualitätssicherung eine übergreifende, koordinierende Rolle in Bezug auf die Einhaltung von sozialen, ökologischen und CO_2-reduzierenden Zielen zukommt. Weder die einzelnen Leistungsträger noch die Destination können wie ein Reiseveranstalter die Gesamtverantwortung für alle Komponenten einer Reise übernehmen. Im Qualitätsmanagement führen Qualitätsunterschiede zu Preisunterschieden im Einkauf und im Verkauf einer Reise und die Qualitätssicherung selbst verursacht zusätzlich messbare Qualitätskosten.

Im Revenue Management hängt die Zahlungsbereitschaft der Kunden insbesondere bei Premiumprodukten stark von der Qualität des Produkts ab, weshalb die Pauschalreisequalität sowohl bei der Positionierung der Produkte im Vergleich zum Wettbewerb als auch für die Preissetzung, die erzielbaren Umsätze und Deckungsbeiträge eine zentrale Rolle spielt, was sich u. a in den verschiedenen Service-Klassen bei vielen Leistungsträgern ausdrückt, die direkt mit dem Angebotspreis korreliert sind. Qualitätsmängel einer Reise können entsprechend direkt preismindernd beim Veranstalter geltend gemacht werden und verringern den Gewinn des Veranstalters bzw. der Leistungsträger, da sie sich auch über schlechte Kundenbewertungen langfristig gewinnschmälernd auswirken. Der IATA NDC Standard und der DRV GlobalTypes Standard (DRV 2012) ermöglichen eine detaillierte Darstellung und den Vergleich konkurrierender Reiseangebote nicht nur nach dem Preis, sondern nach exakten Qualitätskriterien.

Kunden versuchen die von ihnen angestrebte Angebotsmenge zum gewünschten Qualitätsniveau möglichst günstig einzukaufen oder sparen bei Budgetrestriktionen ggf. an der Menge oder Qualität. Tourismusanbieter und insbesondere Reiseveranstalter haben z. B. mit den Sterne-Kategorien nachvollziehbare Qualitätsstandards geschaffen und können über Qualitätsmanagement-Systeme sicherstellen, dass sie selbst und ihre Lieferanten die Qualitätsstandards bei allen Reisekomponenten einhalten, wofür z. B. nach ISO 9000 auch die Lieferanten wieder über ein eigenes Qualitätsmanagement-System nach ISO 9000 verfügen müssen, wodurch sich das Qualitätsmanagement weltweit schnell in vielen Branchen und über diverse Lieferketten hinweg verbreitet hat (Brugger-Gebhardt 2016). Wenn die Qualität eingekaufter Leistungen nachvollziehbar ist, können qualitativ minderwertige Angebote entweder über Restriktionen komplett vom Angebot ausgeschlossen oder zu geringerem Preis am Markt für weniger zahlungskräftige Zielgruppen angeboten werden.

Während also inzwischen die **ökonomischen Faktoren** wie Preis, Menge und Qualität in den mathematischen Optimierungsmodellen (Williams 2013) des Revenue Managements berücksichtigt und gesteuert werden können, bleiben die sozialen und ökologischen Effekte des Reisens bisher kaum berücksichtigt. Betriebe, die gewinnorientiert arbeiten, steuern aktuell ihre Preise, Qualitätsmerkmale und Angebotsmengen so, dass sie ihren Gewinn als Zielfunktion aus Umsatz abzüglich Kos-

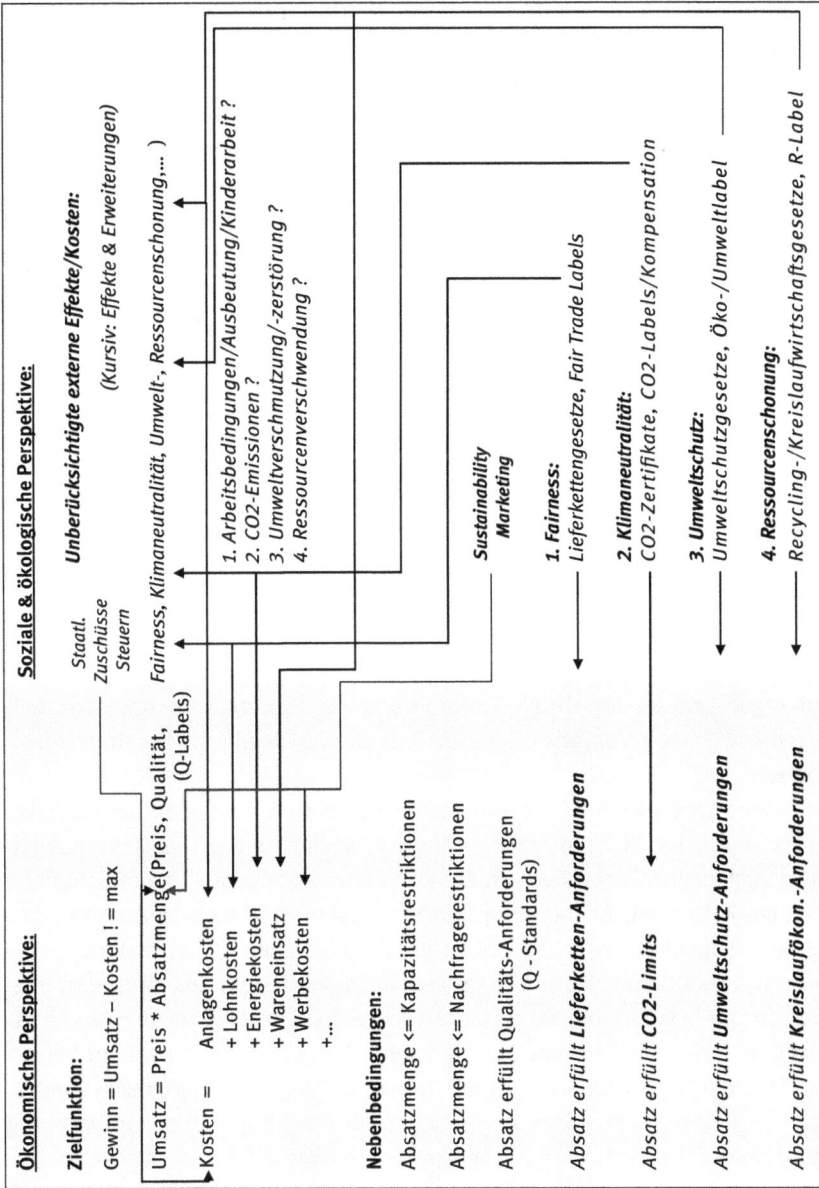

Abb. 5.1.14: Ansätze zur Internalisierung externer Effekte im Revenue Management für nachhaltige Reisen.

ten maximieren, wobei sie bestimmte Nebenbedingungen einhalten müssen (vgl. Abb. 5.1.14). Typische Nebenbedingungen sind sog. *Kapazitätsrestriktionen*, die sich aus den vorhandenen, eingekauften oder beschaffbaren Flügen, Hotelzimmern, Transferleistungen, Zusatzleistungen etc. ergeben. *Nachfragerestriktionen* entstehen, weil es für jedes Angebot immer nur eine begrenzte Nachfrage bzw. Zielgruppe im Markt gibt. Ein Anbieter kann weder mehr Produkte verkaufen, als Kapazitäten vorhanden sind, noch kann er mehr absetzen, als es Nachfrage für seine Produkte gibt. Wenn Anbieter sich entscheiden, nur noch Angebote zu offerieren oder zu kombinieren, die einem bestimmten Qualitätsstandard genügen, entstehen *Qualitätsrestriktionen*. Sie führen ggf. dazu, dass weniger Produkte und Kombinationen angeboten werden können, als es die reinen Kapazitäts- und Nachfragerestriktionen zulassen würden. Der tatsächliche Umsatz eines Anbieters ist das Produkt aus dem Angebotspreis und der Menge an Produkten, die von den Nachfragern zum Angebotspreis tatsächlich gekauft werden. Der Gewinn für den Anbieter ergibt sich schließlich nach Abzug aller Kostenarten, die für die Leistungserstellung bzw. den Einkauf der Vorleistungen und die Leistungsvermarktung entstehen. Alle Anbieter werden mittels Revenue Management ihre Preise und Angebotsmengen so steuern, dass vor dem Hintergrund der gegebenen Nachfragefunktionen ihr Gewinn maximiert wird. Dabei können sie in gewissen Grenzen die Nachfrage durch Preisänderungen, Qualitätsänderungen und Werbung stimulieren oder auch dämpfen, während sie die Angebotsmengen und Kosten durch Veränderung der Produktions- oder Beschaffungsmengen bzw. durch Veränderungen ihrer Produktionsanlagen ebenfalls beeinflussen können.

Problematisch ist dieses Revenue-Management-Optimierungsmodell, wenn in den Kosten außer den ökonomischen Effekten negative soziale und ökologische Auswirkungen einer nichtnachhaltigen Reiseproduktion nicht angemessen Berücksichtigung finden. Solange Reisen mit Ausbeutung, Kinderarbeit und schlechten Arbeitsbedingungen in den Zielgebieten oder mit hohen klimaschädlichen CO_2-Emissionen, Umweltzerstörung oder übermäßigem Ressourcenverbrauch verbunden sind, die nicht angemessen in die Beschaffungskosten, die Produktionskosten oder die Angebotspreise eingehen, kann das Revenue Management als Steuerungsinstrument keinen Beitrag zur Nachhaltigkeit liefern. Um das leistungsfähige mathematische Instrumentarium von Revenue-Management-Systemen für eine nachhaltige Optimierung der Produktionsprogramme von Reiseveranstaltern und Leistungsträgern zu nutzen, müssen also negative „externe" Effekte in die Optimierungsmodelle einbezogen und damit „internalisiert" werden.

In Abb. 5.1.14 wird grob skizziert, wie das allgemeine, rein ökonomische Revenue-Management-Optimierungsmodell aus Zielfunktion (Gewinn), Kapazitäts-, Nachfrage- und Qualitätsrestriktionen erweitert werden kann, um auch Sozialstandards, Klimaziele und Umweltstandards zu berücksichtigen.

Ein erster Ansatz, der bei fast allen Nachhaltigkeitszielen (Balàš/Strasdas 2018) verfolgt wird, ist – nach dem Vorbild des Qualitätsmanagements – die Erfüllung von sozialen und ökologischen Standards wie ein Qualitätsmerkmal zu prüfen, zu zertifizieren und mit Labels zu kennzeichnen. Kunden können dann nachhaltige von nichtnachhaltigen Angeboten unterscheiden und fragen bei entsprechender Einsicht ggf. mehr nachhaltige Produkte nach. Für die gewinnmaximierenden Anbieter ist dieser Ansatz aber nur dann attraktiv, wenn die ggf. höheren Kosten für die Einhaltung der höheren Standards und deren Zertifizierung durch eine höhere Preisbereitschaft der Nachfrage oder höhere Absatzmengen kompensiert werden. Dann wird das Revenue Management stärker auf nachhaltige Angebote steuern.

Beispiele für diesen qualitätsorientierten Ansatz sind die Fairtrade-Labels, die faire Preise im Handel und faire Löhne und Arbeitsbedingungen garantieren (Bäker 2016): Bio-/Öko-Labels bei Nahrungsmitteln, CO_2-Neutralitäts-Labels für Ökostrom bzw. mit Ökostrom betriebene Beförderungsmittel und Gebäude oder Labels für nachhaltig bewirtschaftete Hotels. Auch Recycling-Labels zur Untersützung der Kreislaufwirtschaft sind hier zu nennen (Eisenriegler 2020). Während Bio-Lebensmittel in der letzten Dekade sehr erfolgreich wurden und sich auch in der Hotellerie und bei Reiseveranstaltern viele hochwertige Nachhaltigkeits-Labels etabliert haben (Straub 2012), gibt es leider auch sog. Greenwashing-Labels, die nicht auf echten Audits, sondern auf reiner Selbstauskunft und einer Zahlung von Zertifizierungsgebühren als Beitrag zur Label-Vermarktung beruhen (Schnell 2021). Die Vielfalt der Labels verhindert zudem eine wirkungsvolle Selektion durch den Gast, der deren Güte nicht bewerten kann. Der Global Sustainable Tourism Council (GSTC) hat deshalb für Hotel-, Destinations- und Veranstalter-Labels ein globales Akkreditierungsprogramm für Zertifizierungsstellen und Labels ins Leben gerufen, um die Spreu vom Weizen zu trennen.

Mit den Qualitätsattributen der neuen Datenstandards IATA NDC und DRV Global Types können alle Reiseleistungen mit ihren Nachhaltigkeitsmerkmalen attribuiert und dann in allen elektronischen Vermittlungs-, Handels-, Produktionsstufen automatisch verglichen oder sogar gefiltert werden. Letzteres ist die Voraussetzung, um durch Einführung von Nachhaltigkeitsrestriktionen in den Revenue-Management-Systemen und entsprechende Paketierungsregeln auch bei dynamischen Pauschalreiseproduktionssystemen die Einhaltung von bestimmten Nachhaltigkeitsstandards nicht nur für einzelne Produkte oder Produktlinien, sondern für das gesamte Angebotsprogramm und über die gesamte Reisekette hinweg sicherzustellen. Der Nachhaltigkeit verpflichtete Reisemittler und Reisveranstalter können über diese Nachhaltigkeitsrestriktionen ihren Kunden für alle Angebote die Einhaltung vorgegebener Sozial- und Ökostandards garantieren, da nichtnachhaltige Angebote automatisch herausgefiltert bzw. aussortiert werden (vgl. Kaiser 2021, Löw 2021 und Schönenberger 2021).

Wenn bei bestimmten Reiseleistungen wie z. B. Flügen CO_2-Emissionen nicht vermeidbar sind, besteht die Möglichkeit, den verursachten CO_2-Ausstoß durch Zahlungen z. B. in Wiederaufforstungsprojekte zur CO_2-Reduktion zu kompensieren.

Mit CO_2-Rechnern können Kompensationszahlungen automatisch berechnet (vgl. Benckendorff et al. 2019) und auf den Preis einer Flugreise als verursachungsgerechter freiwilliger oder obligatorischer Kompensationsbeitrag des Reisenden aufgeschlagen werden.

Während die bisher vorgestellten Maßnahmen Anbietern und Nachfragern Wahlmöglichkeiten lassen, wie stark sie auf nachhaltige Reiseangebote setzen, und Anbieter, die nicht auf Nachhaltigkeit setzen, wegen niedrigerer Kosten sogar Preisvorteile und bei preissensiblen Kunden Nachfragezuwächse verzeichnen können, schreibt der Gesetzgeber mit den Gesetzen zu erneuerbaren Energien und CO_2-Zertifikaten, dem Kreislaufwirtschaftsgesetz und den neuen Lieferkettengesetzen die Einhaltung von Nachhaltigkeitsbedingungen vor (Plath 2015 und Sesli 2016). Produkte und Leistungen, bei denen die Einhaltung von Sozialstandards, Umweltnormen oder Recycling-Anforderungen nicht nachgewiesen werden kann, müssen vom Markt genommen werden. Fluggesellschaften müssen den CO_2-Ausstoß ihrer Flotten durch den Ankauf von CO_2-Zertifikaten kompensieren, die zur Erreichung der Klimaziele sukzessive verknappt und somit verteuert werden. Dies entspricht der Einführung einer zusätzlichen Restriktion, die unabhängig von den vorhandenen Flugkapazitäten die gesamten CO_2-Emissionen einer Airline in der Planungsperiode aufsummiert und das Flugangebot entsprechend den vorhandenen CO_2-Zertifikaten deckelt (CAP-Restriktion). Will eine Airline mehr Flüge anbieten als sie CO_2-Zertifikate erworben hat, muss sie entweder weitere knappe Zertifikate teuer am Markt erwerben, was für sie die Kosten fossiler Brennstoffe überproportional steigert und das Fliegen wegen der hieraus resultierenden Preissteigerungen für ihre Kunden unattraktiv macht. Oder sie bezahlt ebenfalls preistreibende CO_2-Kompensationsprojekte, die den zusätzlichen CO_2-Ausstoß neutralisieren, oder setzt zukünftig mehr auf synthetische CO_2-neutrale Bio-Kraftstoffe, deren teurere Produktion auf diese Weise zukünftig konkurrenzfähiger wird. Dabei müssen Kompensationsprojekte und ihre Wirksamkeit kontrolliert und negative Effekte z. B. des großangelegten Anbaus von Bio-Kraftstoffen für die Welternährungslage vermieden werden. Alle diese Maßnahmen führen im Revenue Management dazu, dass nichtnachhaltige Reiseangebote verknappt bzw. stark verteuert werden und sich aufgrund des höheren Endpreises auch die Nachfrage reduzieren wird. Auf der anderen Seite werden durch staatliche Zuschüsse oder Steuererleichterungen, z. B. für Solarenergieanlagen an Hoteliers oder Entwicklungshilfe-Projekte zur Förderung von nachhaltigem Wirtschaften unter der Auflage fairer Arbeitsbedingungen in Zielgebieten, die Kosten für die Umstellung und das Angebot nachhaltiger Produkte reduziert, womit diese günstiger und konkurrenzfähiger werden. Problematisch ist bei all diesen Maßnahmen, wenn sie nicht global, sondern nur in einzelnen Ländern oder Wirtschaftszonen durchgesetzt werden. Anbieter aus Ländern, die keine Nachhaltigkeitsbedingungen verabschieden, haben Kostenvorteile und können mit ihren billigeren, aber weniger nachhaltigen Angeboten sogar nachhaltige Produkte verdrängen und unprofitabel machen. Um solche in der Gesamtbilanz für die Erreichung der Nachhaltigkeitsziele der Agenda 2030 kontraproduktiven Effekte zu verhindern, werden z. B. nach dem Climate-Club-Konzept (Nordhaus 2015, Sinn/Kohl 2020) Handelsbarrieren und Zölle für Länder und Wirtschaftsräume ohne entsprechende Gesetzgebung gefordert. Die Lieferkettengesetze gehen einen ähnlichen Weg, indem die faktische Erfüllung der Sozialstandards für die gesamte Lieferkette bei allen beteiligten direkten und indirekten Lieferanten länderübergreifend dargelegt werden muss. Für den Reisenden und den Tourismussektor bedeutet die Internalisierung negativer externer Effekte am Ende aber meist eine Verknappung bzw. Verteuerung der Reiseangebote, da nun alle Auswirkungen der Reisetätigkeit verursachungsgerecht zu bezahlen sind.

Ein weiterer Ansatz wäre statt der eindimensionalen rein ökonomischen Zielfunktion des Gewinns eine dreidimensionale sog. Vektor-Zielfunktion mit allen drei Zielgrößen Ökonomie, Soziales und Ökologie zu bilden und unabhängig nach Optimallösungen für alle drei Zieldimensionen zu suchen. Die zusätzlich zum Geschäftsbericht abgegebenen Nachhaltigkeitsberichte vieler Unternehmen entsprechen einem solchen mehrdimensionalen Ansatz, wenn in einem Bericht über die Profitmaximierung und im anderen z. B. über die CO_2-Minimierung und die Einhaltung von Sozialstandards berichtet wird. Da die drei Zielgrößen aber offensichtlich nicht unabhängig voneinander sind und es Zielkonflikte gibt, hängt das Optimum am Ende immer davon ab, welches der drei Ziele wie stark gewichtet wird und in welcher Einheit die Ziele berechnet werden sollen, um die relative Zielerreichung miteinander vergleichen und gegeneinander abwägen zu können. Wenn man die Zielerreichung in eine gemeinsame Einheit (Scores oder Geldwerte auf Basis von Schäden/Nutzenschätzungen) umrechnet, könnte man die Ziele mit Gewichten versehen aufsummieren oder ohne Gewichtung aufmultiplizieren, wobei mit letzterer Methode das Produkt bei gleicher Zielwertsumme und ausgewogener Zielerreichung immer höher ist als bei unausgewogener Zielerreichung ($a^3 \geq x \times y \times z$ wenn $z + y + z = 3a$). Mit Hilfe solcher auch als Multikriterien-Optimierung (Odo 2013, Bertoni 2019) bezeichneten Verfahren erhält man Zielwertkombinationen, die alle zur gleichen Zielsumme oder zum gleichen Zielprodukt gehören, und kann dann wie in der Wohlfahrtsökonomie unter gegebenen Nebenbedingungen Pareto-Optima suchen, an denen kein Ziel weiter optimiert werden kann, ohne ein anderes Ziel schlechter zu stellen. Es hängt dann von der abschließenden Gewichtung der Zieldimensionen ab, ob ein eher soziales, ökologisches oder ökonomisch optimales Angebot präferiert wird, wobei insbesondere auch die Trade-offs transparent gemacht werden Diese Transparenz ermöglicht auch eine staatliche Incentivierung einer nachhaltigeren Reiseauswahl durch Berücksichtigung der Reise-Nachhaltigkeit bei der Kurtaxenberechnung oder Zuschüsse für nachhaltige Reiseformen nach dem Vorbild der Förderung von E-Autos.

Insgesamt ist festzustellen, dass nachhaltiges Reisen eine kompetente Bewertung und mehrdimensionale Optimierung aller Reisekomponenten und Teillieferanten hinsichtlich konkurrierender Nachhaltigkeitsziele und international heterogener Gesetzesvorgaben über die gesamte Reisekette hinweg erforderlich macht. Dies ist im Grunde nur in der Rolle des Reiseveranstalters möglich, der gegenüber dem Endkunden und den Aufsichtsbehörden der betroffenen Länder für die Pauschalreise als Gesamtprodukt haftet (vgl. Kaiser 2021). Die oben skizzierte Ergänzung der bestehenden Systeme zum Revenue Management und zur Reiseproduktion um Nachhaltigkeitsattribute und Restriktionen ist auf der Basis der neuen Datenstandards möglich und kann die komplexen Optimierungs-, Koordinations- und Darlegungsprozesse digital unterstützen.

Quellen und weiterführende Literatur

Anderson, Ch. K., Setting Prices on Priceline, 2009, https://ecommons.cornell.edu/handle/1813/72205 (Zugriff am 20.3.2021).

Anderson, Ch. K., Search, OTAs, and Online Booking: An Expanded Analysis of The Billboard Effect, 2011, https://ecommons.cornell.edu/handle/1813/71017 (Zugriff am 20.3.2021).

Anderson, Ch.K., Davison, M., Rasmussen, H., Revenue Management: A Real Options Approach, 2004, https://onlinelibrary.wiley.com/doi/abs/10.1002/nav.20026 (Zugriff am 8.3.2021).

Armstrong, A., Meissner, J., Railway Revenue Management – Overview and Models, Working Paper, Lancaster Universität 2020, https://eprints.lancs.ac.uk/id/eprint/49017/1/Document.pdf (Zugriff am 20.3.2021).

Aziz, H. A., Saleh, M., Rasmy, M. H., ElShishiny, H., Dynamic room pricing model for hotel revenue management systems, Egyptian Informatics Journal, 12/2011, S. 177–183.

Badea, I., Touraine, S., IATA One Order Program Strategy Paper Vers. 1, IATA Geneva 2018.

Baker, T., Collier, D. A., A comparative revenue analysis of hotel yield management heuristics, http://findarticles.com/p/articles/mi_qa3713/is_199901/ai_n8828483 (Zugriff am 20.9.2009).

Bäker, J., Fair Trade im Tourismus: Eine systematische Darstellung vom Konzept des Fairen Handels im Tourismus, Berlin 2016.

Barlow, E., Yield Management in Budget Airlines, in: Ingold, A., McMahon-Beattie, U., Yeoman, I., Yield Management – Strategies For The Service Industries, 2. Aufl., London 2006, S. 198–210.

Baur, A., Klein, R., Steinhardt, Cl., Model based decision support for optimal brochure pricing: applying advanced analytics in the tour operating industry, OR Spectrum, 36/2014, S. 557–584.

Belobaba, P., Brunger, W. D., Wittman, M. D., Discussion Paper: Advances in Airline Pricing, Revenue Management, and Distribution - Implications for the Airline Industry, Prepared for ATPCO by PODS Research LLC, October 2017, www.atpco.net/sites/atpco-public/files/2019-03/pods-summary-paper.pdf (Zugriff am 9.3.2021).

Bertsimas, D., Shioda, R., Restaurant Revenue Management, Operations Research, Vol. 51, 3/2003, S. 472–486.

Bengtsson, R., Pricing methods and strategies in the cruise line industry, A case study on Carnival Corporation's premium and luxury brands, Bachelorthesis, Uppsala Universitet 2014.

Bertoni, M., Multi-Criteria Decision Making for Sustainability and Value Assessment in Early PSS (Produkt Service System) Design, Sustainability 11/1952, 2019.

Bien, N., A cruise ship is not a floating Hotel, Journal of Revenue and Pricing Management, Vol. 5, 2/2006, S. 135–142.

Bockelie, A., Belobaba. P., Total Revenue Optimization with the Ancillary Marginal Demand and Ancillary Marginal Revenue Transformation Heuristics, Paper MIT, Cambridge (Massachusetts) 2018, https://agifors.org/resources/Documents/Anna%20Valicek%20Papers/2018/Adam%20Bockelie%20-%20bockelie-belobaba-total-revenue-amd-amr.pdf (Zugriff am 9.3.2021).

Bondoux, N., Nguyen, A.Q., Fiig, Th., Acuna-Agost, R., Reinforcement learning applied to airline revenue management, Journal of Revenue and Pricing Management, Vol. 19, 6/2020, S. 332–348.

Boyd, E.A., Revenue Management and Dynamic Pricing, Präsentation am Institute of Mathematics and its Application, University of Michigan, Minneapolis 2002, http://www.ima.umn.edu/talks/workshops/9-9-13.2002/boyd/boyd.pdf (Zugriff am 19.9.2009).

Broihan J., Möller M., Kühne K., Sonneberg M., Breitner M.H., Revenue Management Meets Carsharing: Optimizing the Daily Business, in: Fink A., Fügenschuh A., Geiger M. (Hrsg.), Operations Research Proceedings 2016, Operations Research, Cham 2017, S. 421–427.

Brugger-Gebhardt, S., Die DIN EN ISO 9001:2015 verstehen: Die Norm sicher Interpretieren und sinnvoll umsetzen, 2. Aufl., Wiesbaden 2016.

Carvell, St., Quan, D. C., Exotic Reservations – Low Price Guarantees, 2008, https://ecommons.cornell.edu/handle/1813/72028 (Zugriff am 20.3.2021).

Christ, St., Operationalizing Dynamic Pricing Models - Baysian Demand Forecasting and Customer Choice Modeling for Low Cost Carriers, Wiesbaden 2009.

Clüsing, Cl., Das System des Yield Managements im integrierten Touristikkonzern, in: Bastian, H., Born, K. (Hrsg.), Der integrierte Touristikkonzern – Strategien, Erfolgsfaktoren und Aufgaben, Wien 2004, S. 233–246.

Conrady, R., Fichert, F., Sterzenbach, R., Luftverkehr – Betriebswirtschaftliches Lehr- und Handbuch, 4. Aufl., München 2009, 6. Auflage 2013.

Corsten, H., Stuhlmann, H., Yield Management als Ansatzpunkt für die Kapazitätsgestaltung von Dienstleistungsunternehmungen, in: Corsten, H., Schneider, H. (Hrsg.), Wettbewerbsfaktor Dienstleistung, München 1999, S. 79–107.

Daudel, S., Vialle, G., Yield Management – Erträge optimieren durch nachfrageorientierte Angebotssteuerung, Frankfurt/Main 1992.

Dohmen, C., Lieferketten: Risiken globaler Arbeitsteilung für Mensch und Natur, Berlin 2021.

DRV-Deutscher ReiseVerband, Informationsbroschüre DRV-GlobalTypes und DRV-Abfrageschnittstelle, 2012, https://www.drv.de/public/Downloads_2019/12-11-23_DRV-Datenstandard_Broschuere_DEU.pdf (Zugriff am 17.2.2019).

Duetto Research 2016, 4 Ways Dynamic Reinvestment Reignites Your Casino's Revenue, Whitepaper, 2016, http://www.duettoresearch.com/resources/whitepapers/dwp_casino-dynamic-reinvestment2.pdf (Zugriff am 19.3.2021).

Eisenriegler, S. (Hrsg.), Kreislaufwirtschaft in der EU: Eine Zwischenbilanz, Wiesbaden 2020.

Fandel, G., Von Portatius, H. B. (Hrsg.), ZFB Special Issue 2005 - Revenue Management, Wiesbaden 2005.

Fiig, Th., Competitor awareness – the future of Airline Revenue Management System, September 2020, https://amadeus.com/en/insights/blog/competitor-aware-revenue-management-system-airlines (Zugriff am 10.3.2021).

Fleischer, R., On the Bahncard problem, Theoretical Computer Science, Vol. 268, 1/2001, S. 161–174.

Gallego, G., Topaloglu, H., Revenue Management and Pricing Analytics, Springer Science & Business Media, New York 2019.

Goerlich, B., Spalteholz, B., Total Revenue im Hotel - Gewinnmaximierung in Logis, Resort, Spa, MICE, Interhoga Berlin 2020.

Goerlich, B., Spalteholz, B., Das Revenue Management Buch – Wie Sie die Erträge Ihres Hotels steigern, Berlin 2008.

Goecke, R., Heichele, H., Westermann, D., Lufthansa Systems: dynamic pricing, in: Egger, R., Buhalis, D. (Hrsg.), eTourism Case Studies, Amsterdam 2008, S. 310–324.

Goecke, R., Landvogt, M., Revenue Management im Tourismus, Online Kurs vhb-virtuelle Hochschule Bayern, 2016–2021, www.vhb.org.

Gönsch, J., Klein, R., Streinhardt, Cl., Dynamic Pricing – State of the Art, Zeitschrift für Betriebswirtschaft, Ergänzungsheft 3, Operations Research in der Betriebswirtschaft, 2009, S. 1–40.

González-Serrano, L., Talón-Ballestero, P., Revenue Management and E-Tourism: The Past, Present and Future, in: Xiang, Zh., Fuchs, M., Gretzel, U., Höpken, W. (2020), Handbook of E-Tourism, Cham 2020.

Gruner, A., Maxeiner, M., Fachbegriffe Revenue Management, Fachzeitschrift hotelling, Nr. 11/2005, S.19–23.

GSTC – Global Sustainable Tourism Council, www.gstcouncil.org/ (Zugriff am 6.12.2020).

Guerriero, F., Olivito, F., Revenue Models and Policies for the Car Rental Industry. J Math Model Algor 13, 2014, S. 247–282.

Günther, P., Yield Management als Erfolgsfaktor der Hotellerie – eine kritische Evaluation der automatisierten Yield-Management-Systeme, Diplomarbeit FH-Kempten, München 2005.

Hayes, D.K., Miller, A.A., Revenue Management for the Hospitality Industry, Hoboken (New Jersey) 2011.

Hensel A., Mederer, M., Schmidt, H., Revenue management in the car rental industry: A stochastic programming approach, Journal of Revenue and Pricing Management, Vol. 11, 1/2012, S. 99–108, doi:10.1057/rpm.2010.52, 7. Januar 2011, www.palgrave-journals.com/rpm/journal/v11/n1/full/rpm201052a.html (Zugriff am 8.3.2014).

Heo, C. Y., Restaurant Revenue Management, in: Patrick Legohérel, Elisabeth Poutier, Alan Fyall (Hrsg.), Revenue Management for Hospitality and Tourism, Chapter 8, Wolvercort Oxford 2013.

Heo, C. Y., Exploring group buying plattforms for hotel revenue management, International Journal of Hospitality Management, Vol. 52, Januar 2016, S. 154–159.

Hilz, A., Revenue Management für Reiseveranstalter, in: Mundt, J. W. (Hrsg.), Reiseveranstaltung: Lehr- und Handbuch, 7. Aufl., München 2011, S. 531–565.

Hiotis, D., Hunter, R., Tour Operators, Yield Managing the Complexity – A presentation by Simon-Kucher & Partners, London 2016, http://genesysdownload.co.uk/TTI/1606_forum/Dimitris_Hiotis_Simon-Kucher.pdf (Zugriff am 19.3.2021).

Hohberger, S., Dynamic pricing under customer choice behavior for revenue management in passenger railway networks, Dissertation Universität Mannheim 2020, https://madoc.bib.uni-mannheim.de/54035/1/Railway_Revenue_Management.pdf (Zugriff am 20.3.2020).

Hohmeister, H., Integrierte Kapazitätsplanung und -steuerung im Touristikkonzern, in: Bastian, H., Born, K. (Hrsg.), Der integrierte Touristikkonzern – Strategien, Erfolgsfaktoren und Aufgaben, Wien 2004, S. 247–267.

HoteltechnologyNews, Royal Caribbean Enjoys Smooth Sailing with AI-Enabled Revenue Management, 2019, https://hoteltechnologynews.com/2019/10/royal-caribbean-enjoys-smooth-sailing-with-ai-enabled-revenue-management/ (Zugriff am 19.3.2021).

IATA, New Distribution Capability (NDC) – Together Let's Build Air Retailing Revenue Accounting Guide 1.1, International Air Transport Association Geneva 2016.

Ingold, A., McMahon-Beattie, U., Yeoman, I., Yield Management – Strategies For The Service Industries, 2. Aufl., London 2006.

JDA Software Group Inc. (ohne Verfasser), Tour Revenue Management, http://www.jda.com/solutions/tour-revenue-management.html (Zugriff am 13.9.2009).

Ji, L., Mazzarella J., Application of modified nested and dynamic class allocation models for cruise line revenue management, Journal of Revenue and Pricing Management, Vol. 6, 1/2007, S. 19–32.

Kaiser, T., Die Rolle potentieller Reiseveranstalter der Zukunft unter Berücksichtigung aktueller Nachhaltigkeitsaspekte, Datenstandards sowie der Pauschalreiserichtlinie, Masterarbeit Hochschule München 2021.

Kaplan, D., How ATPCO Is Evolving To Meet Airlines' Retailing Demands, Oktober 2019, http://www.kambr.com/article/how-atpco-is-evolving-to-meet-airlines-retailing-demands (Zugriff am 10.3.2020).

Kimes, Sh., The Role of Technology in Restaurant Revenue Management, Cornell Hospitality Quarterly, August 2008, S. 297–309.

Klein, R., Steinhardt, Cl., Revenue Management – Grundlagen und Mathematische Methoden, Berlin 2008.

Klein, R., Koch, S., Steinhardt, Cl., Strauss, A. K., A review of revenue management: Recent generalizations and advances in industry applications, European Journal of Operational Research, Vol. 284, 2/2020, S. 397–412.

Koch, S., Gönsch, J., Steinhardt, Cl., Dynamic programming decomposition for choice-based revenue management with flexible products, Transportation Science, Vol. 81, 4/2017, S. 1046–1062.

Kohl, M., Richtiger Preis, satter Gewinn: Preisstrategien für die Hotellerie, Stuttgart 2013.

Liebermann, W. H., Pricing in the cruise line industry, in: Özer, Ö., Phillips, R. (Hrsg.), The Oxford Handbook of Pricing Management, Oxford 2012, S. 199–216.

Liotta, N.J., Airline Revenue Management for Continous Pricing: Class-Based and Classless Methods, Masterthesis, MIT Cambridge (Massachusetts) 2019.

Liu, P., Optimizing Hotel Pricing: A New Approach to Hotel Reservations, 2012, https://ecommons.cornell.edu/handle/1813/71085.

Löw, N., Nachhaltigkeitszertifikate für Reisen - Funktionen der Reiseveranstalter und Merkmale nachhaltiger Reiseangebote, Bachelorarbeit Hochschule München 2021.

Lozano, J., Arbulú, I., Rey-Maquieira, J., The Greening Role of Tour Operators. Environmental Management 57/2016, S. 49–61.

Maddah, B., Moussawi-Haidar, L., El-Taha, M., Hussein, R., Dynamic cruise ship revenue management, European Journal of Operational Research, Vol. 207, 1/2010, S. 445–455.

Martens, J., Obenland W., Die Agenda 2030 – Globale Zukunftsziele für nachhaltige Entwicklung, Global Policy Forum und Terre des Hommes, Bonn/Osnabrück 2017.

Maurer, P., Luftverkehrsmanagement-Basiswissen, München 2006.

Mauri, A. G., Hotel Revenue Management, Milan/Turin 2012.

Mensen, H., Handbuch der Luftfahrt, Berlin/Heidelberg 2003.

Nordhaus, W., Climate Clubs: Overcoming Free-riding in International Climate Policy, American Economic Review, 105, 4/2015, S. 1339–1370.

Odo, G., Review of Multi-criteria Optimization Methods – Theory and Applications, Journal of Engineering, Vol. 3, 10/2013, S. 1–14.

Oliveira, B. B., Fleet and Revenue Management in Car Rental: Quantitative Approaches for Optimization Under Uncertainty, Dissertation Universtität Porto Porto 2018.

Oliveira, B. B., Carravilla, M., Oliveira, J. F., Integrating pricing and capacity decisions in car rental: A matheuristic approach, Operations Research Perspectives, 5/2018, S. 334–356.

Oliveira, B. B., Carravilla, M., Oliveira, J. F., Costa, A. M., A co-evolutionary matheuristic for the car stochastic problem. European Journal of Operational Research Vol. 276, 2/2019, S. 637–655.

Orkin, E., Hotel Revenue Management and Market Segmentation, Januar 2001, www.hotel-online.com/News/PR2001_1st/Jan01_OrkinRevenueMgmt.html (Zugriff am 10.9.2009).

Papen, A., Competitive Impacts of Continous Pricing Mechnisms in Airline Revenue Management, Masterthesis, MIT Cambridge (Massachusetts) 2020.

Parker, G. L., Practical Revenue Management in Passenger Transportation, Create Space Independent Publishing Platform, Montreal 2014.

Phillips, R. L., Pricing and Revenue Optimization, Stanford 2005.

Plath, H., Die Einbeziehung des Luftverkehrs in den EU-Emissionshandel, Göttingen 2015.

Quan, D. C., The price of a reservation. Cornell Hotel and Restaurant Administration Quarterly 43, 3/2002, S. 77–86.

Rantanen, A., Revenue Management approach to car rental business, Bachelorthesis, Haaga Hella University of Applied Sciences, Dezember 2013, www.theseus.fi/bitstream/handle/10024/69940/Rantanen_Aimo.pdf?sequence=1 (Zugriff am 8.3.2014).

Ringeisen, P., Goecke, R., Flinkster – the Car Sharing Platform of Deutsche Bahn AG, in: Egger, R., Gula, I., Walcher, D. (Hrsg.), Open Tourism, Berlin 2016, S. 383–392.

Rodriguez, C., Florido, C., Jacob, M., Circular Economy Contribution to the Tourim Sector: A Critical Literature Review, Sustainability 12/2020.

Rohlfs, K.V., Kimes, Sh., Best-available-rate Pricing at Hotels: A Study of Customer Perceptions and Reactions, 2005, https://core.ac.uk/download/pdf/145016300.pdf (Zugriff am 20.3.2021)

Sensen, B., Revenue Management im Hotel – Von Kennzahlen bis MICE am Beispiel erklärt, Berlin/München/Boston 2018.

Sesli, A., Der Co2 Emissionshandel: Funktionsweise und aktuelle Probleme, Hamburg 2016.

Sfodera, F., The Spread of Yield Management Practices, Heidelberg 2006.

Shihab, S. A.M., Wei, P., A Deep Reinforcement Learning Approach to Dynamic Pricing for Airline Revenue Management, Preprint, Februar 2021, www.researchgate.net/publication/348973051_A_Deep_Reinforcement_Learning_Approach_to_Dynamic_Pricing_for_Airline_Revenue_Management (Zugriff am 9.3.2021).

Sinn, H.-W., Kohl, D., Das grüne Paradoxon: Plädoyer für eine illusionsfreie Klimapolitik, Dresden 2020.

Schnell, T., Ökolabel zwischen Greenwashing und Entscheidungshilfe: Eine markensoziologische Organisationsanalyse am Beispiel von Konsumgütern aus dem Lebensmittelsektor, Wiesbaden 2021.

Schnetzer, U., Wirkung von Preisen und Werbung als Instrumente des Revenue Managements - Eine empirische Untersuchung am Beispiel von integrierten Reiseveranstaltern, Wiesbaden 2012.

Schönenberger, S. F., Nachhaltigkeitsinformationen und -zertifizierungen deutscher Hotels auf Online-Urlaubsbuchungsplattformen – Status Quo, kritische Betrachtung und Zukunftsperspektiven, Bachelorarbeit Hochschule München 2021.

Shukla, N., Kolbeinsson, A., Otwell, K., Marla, L., Yellepeddi, K., Dynamic Pricing for Airline Ancillaries with Customer Context, 2019, https://arxiv.org/pdf/1902.02236v1.pdf (Zugriff am 9.3.2021).

Sölter, M., Hotelvertrieb, Yield Management und Dynamic Pricing in der Hotellerie, Norderstedt 2008 und 2013.

Stahr, Ch., Zhang, J., Wyplor, H., Zhang, L., Pricing and Yield-Management - Fallstudie der Deutschen Bahn Fernverkehr AG, Studienarbeit, München 2007.

Steinhardt, Cl., Gönsch, J., Revenue Management in the Car Rental Industry: Capacity Control with Planned Upgrades, Presentation 10th INFORMS RM and Pricing Section Conference Ithaca, Juni 2010 (Zugriff am 8.3.2014).

Straub, E.-M., Die Herkunft von Lebensmitteln im Tourismus: Bio- und regionale Produkte als Erfolgsfaktor für Leistungsträger im Tourismus, Hamburg 2012.

Sturm, D., Fischer, K., Cruise Line Revenue Management: Overview and Research Opportunities, in: A. Fink et al. (Hrsg.), Operations Research Proceedings 2016, S. 441–447.

Sun, X., Gauri, D.K., Webster, S.T., Forecasting for cruise line revenue management, Journal of Revenue and Pricing Management, Vol. 10, 4/2010, S. 306–324.

Szende, P., Hospitality Revenue Management – Concepts and Practices, New York 2020.

Talluri, K. T., Van Ryzin, G. J., The Theory and Practice of Revenue Management, New York 2005.

Tranter, K. A., Stuart-Hill, Tr., Parker, J., An Introduction to Revenue Management for the Hospitality Industry: Principles and Practices for the Real World, Upper Saddle River (New Jersey) 2009.

Van Ryzin, G., Revenue Management Under a General Discrete Choice Model of Consumer Behavior, Management Science Vol. 50, Januar 2004, S. 15–33.

Vives Maruffy, A., Revenue Management Techniques in the Resort Hotel Sector: Segmentation, Demand Function Estimation and Optimal Pricing, Dissertation, Universitat de les Illes Balleares 2018.

Von Dörnberg, A., Freyer, W., Sülberg, W., Reiseveranstalter- und Reisevertriebs-Management: Funktionen – Strukturen – Prozesse, Berlin/München/Boston 2017.

Wagner, V., Dlugosz St., Park S.-H. Bartke, Ph., Insourcing the Passenger Demand Forecasting System for Revenue Management at DB Fernverkehr: Lessons Learned from the First Year, Operations Research Proceedings 2019, S. 625–631.

Wang, J., Duggasani, A., Forecasting hotel reservations with long short-term memory based recurrent neural networks, International Journal of Data Science and Analytics 9, 16/2018, S. 77–94.

Wang, X. L., Heo, C. Y., Schwartz, Zvi., Legohérel, P., Specklin, F., Revenue Management: Progress, Challenges, and Research Prospects, Journal of Travel & Tourism Marketing, Vol. 32 No. 7, S. 797–811.

Westermann, D., (Realtime) dynamic pricing in an integrated revenue management and pricing environment: An approach to handling undifferentiated fare structures in low fare markets, Journal of Revenue and Pricing Management Vol. 4, 4/2006, S. 389–405.

Westermann, D., The potential impact of IATA's new distribution capability (NDC) on revenue management and pricing, Journal of Revenue and Pricing Management, Vol. 12, 6/2013, S. 565–568.

Williams, H. P., Model Building in Mathematical Programming, 5. Aufl., Chichester 2013.

Wittman, M.D., Belobaba, P.P., Personalization in airline revenue management-heuristics for real-time adjustment of availability and fares, Journal of Revenue and Pricing Management, Vol. 16, 2/2017, S. 201–217.

Wittman, M.D., Belobaba, P.P., Customized dynamic pricing of airline fare products, Journal of Revenue and Pricing Management, Vol. 16, 4/2018, S. 376–396.

Wittmer, A., Oberlin, N., Ancillary Revenue Management, 2014, www.alexandria.unisg.ch/243853/1/14Wittmer.pdf (Zugriff am 9.2.2021).

Wu, G.-H., Fleet Planning in the Car Rental Business, Dissertation, Pennsylvania State University 2010.

Xylander, J. K., Kapazitätsmanagement bei Reiseveranstaltern. Entscheidungsmodelle zur Kontingentierung im Yield Management, Wiesbaden 2003.

Zhang, Y., Forecasting hotel demand using machine learning approaches, Masterthesis, Cornell University 2019, https://ecommons.cornell.edu/bitstream/handle/1813/67733/Zhang_cornell_0058O_10695.pdf?sequence=1&isAllowed=y (Zugriff am 11.3.2021).

Ziegler, Y., Troester, J., Sazali, A.M., Impact of the new distribution capability (NDC) standard on future airline distribution – a critical analysis, Journal of Air Transport Studies, Vol. 8, 2/2017.

Quellen sind auch die im Internet bzw. als Broschüren publizierten Produktinformationen der Hersteller der im Beitrag erwähnten Revenue-/Yield-Management-Systeme.

5.2 Vertriebskanalmanagement

Stephan Kull

5.2.1 Grundlagen des touristischen Vertriebsystems

Informationen bilden für das Vertriebskanalmanagement eine wesentliche Stromgröße: Bei jedem Vertriebsprozess werden Informationen über die Angebots- und Nachfragestrukturen ermittelt und zwischen den Vertriebspartnern ausgetauscht. Dies geschieht auch, um Angebot und Nachfrage entsprechend lenken zu können. Am einfachsten nachzuvollziehen ist dies bei **direktem Vertrieb** (vgl. Freyer 2011, S. 529 f.). Hier offeriert ein Leistungsanbieter (z. B. ein Hotel) seine Leistung einem Nachfrager ohne zwischengeschaltete Akteure. Angebot und Nachfrage finden sich z. B. durch den Austausch von Informationen am Telefon oder über das Internet. Der Reiseveranstalter kann ebenfalls als Leistungsanbieter gesehen werden, wenn auch im weiteren Sinne. Er bündelt als selbstständiges Unternehmen einzelne Leistungen und bietet sie dann in eigenem Namen und eigener Verantwortung als Baustein- oder Pauschalreise an (vgl. Freyer 2015, S. 255 f.).

Auch beim **indirekten Vertrieb** über eine mehrstufige Wertkette mit entsprechender Einschaltung von Reisemittlern (vgl. Freyer 2011, S. 530 f.) werden Informationen ausgetauscht. Je weniger Reibungsverluste an den Schnittstellen der einzelnen Akteure der Wertkette entstehen, umso besser ist die Informationsgrundlage entlang der Wertkette und umso präziser kann die Marktlenkung insgesamt erfolgen. Eine Destination als Leistungsanbieter ist auf die Informationen von ihren zwischengeschalteten Akteuren angewiesen, um möglichst zielgruppengerechte Angebote bilden zu können. Ein Reisemittler wiederum (z. B. ein stationäres Reisebüro) sorgt innerhalb der Wertkette für eine entsprechende informatorische Aufbereitung und individuelle Beratung. Auch Reiseveranstalter und Reisemittler benötigen konkrete Marktdaten, um ihrer Bündelungs- und Beratungsaufgabe nachgehen zu können. Und schließlich muss auch der Nachfrager seine zu treffende Kaufentscheidung informatorisch fundieren.

In Erweiterung des informationsbezogenen Grundansatzes in diesem Buch geht es im Vertrieb darüber hinaus um konkrete Leistungsflüsse oder um das Weiterreichen von Zertifikaten, die Leistungsversprechen beinhalten. Eine Reisebuchung führt häufig erst viel später zum tatsächlichen Konsumprozess. Vertrieben werden zunächst oft die Anrechtsbescheinigungen auf die Leistungsbündel, aber auch alle Leistungsbestandteile inklusive der Beratung und Betreuung eines Nachfragers.

Über den Vertriebskanal findet ein Austausch von Werten monetärer und ethisch-kultureller Art statt. Sowohl die Bezahlung als auch mögliche Kreditierung werden im Vertriebskanal zumindest vertraglich geregelt, wenn nicht sogar vollzogen. Und über den notwendigen Informationsaustausch im Vertrieb kommt es zudem zu einer Übermittlung von ethisch-moralischen Wertvorstellungen, wie sie sich beispielsweise in der Nachhaltigkeitsdebatte um den sanften Tourismus ausdrücken.

Ein Vertriebssystem besteht demnach aus einer mehrstufigen Wertkette von Vertriebsakteuren, die über verschiedene Vertriebskanäle für die Bündelung und Übermittlung von Leistungen, Informationen und Werten sorgen. Die nachfolgende Abbildung 5.2.1 stellt die Zusammenhänge dar.

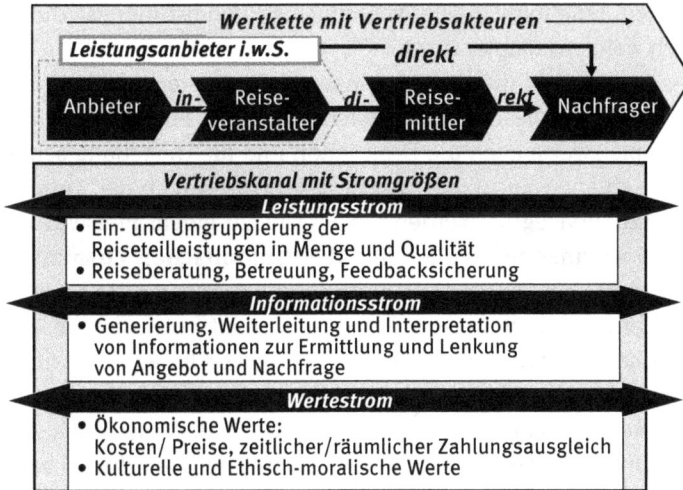

Abb. 5.2.1: Grundelemente eines touristischen Vertriebssystems.

Somit kann **Vertriebskanalmanagement** im hiesigen Kontext charakterisiert werden als von mindestens einem Vertriebsakteur (oft Reiseveranstalter) initiiertes Prozessmanagement der Leistungs-, Informations- sowie Werteströme zum Zweck der adäquaten Akteursbeteiligung und Kanalwahl sowie Kontaktpunktgestaltung für eine erfolgreiche Vermittlung zwischen Angebot und Nachfrage.

5.2.2 Besonderheiten touristischer Vertriebsobjekte

Eine Reise kann aufgefasst werden als ein Leistungsangebot rund um die Befriedigung eines zeitweiligen Ortsveränderungsbedürfnisses (vgl. Freyer 2015, S. 3 ff.). Die touristische „Leistung" besteht jedoch darüber hinaus aus einer Vielfalt unterschiedlicher Sach- und Dienstleistungsmodule, weshalb sie eher als ein **Leistungsbündel** gedacht werden muss[8]. Hierbei weist das touristische Leistungsbündel schwerpunktmäßig Dienstleistungskomponenten auf, die zudem äußerst vielschichtig sind. Schon der **Kernnutzen** der zeit- und ortsgenauen Ablaufgewährleistung für Beherbergung und Transport kann zu komplexen vertrieblichen Abstimmungsproblemen aller Beteiligten führen. Bei einem Freundesbesuch wird vielleicht „nur" ein Flug benötigt. Bei einer Flug-Pauschalreise hingegen sind klassischerweise ein Hotel, eine Incoming-Agentur, der Reiseveranstalter, ein Reisemittler, ein Fluganbieter und natürlich der Nachfrager einbezogen. Eine individuelle, vorgebuchte Erlebnisrundreise dürfte in der Kernleistung noch weitaus komplexer sein.

Erweitert wird die Komplexität durch funktionale und vor allem symbolische Zusatzleistungen, die bei Reisen besonderes Gewicht erlangen. **Funktionale Zusatznutzen** müssen beispielsweise auch die Destination und die Umgebung schaffen, indem sie mit ihren eigenen Zusatzleistungen den Erwartungen der Kunden entsprechen. Komfort und Servicegrad werden mit Preisen zu einem Preiswürdigkeitsurteil ausgeformt. Noch anspruchsvoller sind die **symbolischen Zusatznutzen** wie erlebnisorientierte/atmosphärische Passung, Erholungswert oder soziales Prestige/Erzählqualität der Reise zu bewerten. Gerade bei Urlaubsreisen ist die Aufrechterhaltung einer permanenten Zufriedenheit des Kunden von hoher Bedeutung, denn vieles konzentriert sich auf das Erleben der „schönsten Zeit im Jahr".

Reisen sind also keine „einfachen" Vertriebsobjekte wie z. B. dieses Buch. Bereits der grundlegende **Dienstleistungscharakter** verschafft in allen drei Phasen einer Dienstleistung (Potenzial-, Erstellungs- und Ergebnisphase) vertriebliche Besonderheiten (vgl. Meffert et al. 2018, S. 14, 31ff.), die nachfolgend um die Spezifika der (touristischen) Reise ergänzt werden (vgl. Freyer 2015, S. 67 ff.).

Im Rahmen der **Potenzialphase** wird bei allen Dienstleistungen vor dem Kauf nur das Versprechen der Leistungserstellung abgegeben, die fertige Leistung „Urlaubsreise" kann nicht in ihrer Qualität erprobt werden. Durch die Komplexität der Leistung steigt der Erklärungsbedarf. Dies bedeutet, dass Glaubwürdigkeit und Vertrauen in den jeweiligen Akteur im Vertriebskanal doppelte Bedeutung erlangen: Zunächst muss das Leistungsbündel immateriell beschrieben werden und dann wird selbst beim Kauf ein immaterielles Leistungsversprechen veräußert (Reservierung). Der Nachfrager muss sicher sein können, dass das Versprechen auch gehalten wird. Dafür sind frühzeitige Kapazitätsabsicherungen notwendig, die mit näherkommender Erstellungsphase u. U. immer unwahrscheinlicher durch Nachfrage gedeckt werden und zum geplanten Erstellungsbeginn als Leerkapazitäten verfallen können. Die hierdurch aufkommende „Last-Minute"-Dynamik, aber auch die langfristige Absicherung der Planungssicherheit über Frühbucherrabatte sind Folgen dieser Besonderheiten

---

8 Die Abgrenzung zwischen Dienst- und Sachleistung fällt oft schwer. Deshalb schlagen Engelhardt et. al. (1993) den Begriff des Leistungsbündels als Verbund verschiedener Teilleistungen vor, die in graduellen Abstufungen mehr oder weniger hohen Dienstleistungscharakter besitzen.

touristischer Leistungsbündel. Das Vertriebssystem muss dieses Spannungsfeld zwischen kurzfristigster Flexibilität und langfristiger Planungssicherheit abdecken.

Die **Erstellungsphase** einer Dienstleistung ist gekennzeichnet durch das zeitliche und örtliche Zusammenfallen von Produktion und Konsum unter Mitwirkung des Nachfragers. Bei Reisen sind zwei Besonderheiten zu beachten. Zeitlich handelt es sich bei dem Prozess selten um Minuten, wie beim Friseur, sondern eher um konsequent positives Durchleben von Tagen oder Wochen. In diesem Zeitraum können situationsadäquate Komponenten einer Reise u. U. nachverkauft werden (Upgrade, Zusatzausflug etc.). Vertriebsakteure tun also gut daran, den Nachfrager während der gesamten Erstellungsphase nie aus den Augen zu verlieren. Örtlich dreht sich in der Erstellungsphase die Logistikleistung um: Nicht die Leistung kommt zum Nachfrager, sondern der Tourist muss transportiert werden. Auch hier bieten sich vertriebliche Ansatzpunkte für Zusatzmodule gegenüber einer „normalen" Dienstleistung (z. B. verschiedene Komfortklassen und Geschwindigkeiten beim Transport).

Und schließlich kennzeichnet die **Ergebnisphase** bei Dienstleistungen zumeist ein hoher Immaterialitätsgrad des Ergebnisses. Hieraus resultieren weitere vertriebliche Besonderheiten, die über Nachkaufbetreuung eng mit dem Kundenbeziehungsmanagement verbunden sind. Über die Beeinflussung und Materialisierung der Kundenbeurteilungen werden wichtige Voraussetzungen für Wiederholungskäufe geschaffen. Beide Ansätze verfolgen letztlich das Ziel, die Nachfrager durch permanente Erwartungsübererfüllung als Stammkunden zu gewinnen, die dann u. U. selbst als Vertriebsakteure aktiv werden.

5.2.3 Vertriebskanäle und Kontaktpunkte

Grundlegend besteht ein Vertriebsweg aus einem Kanal mit mehreren Kontaktpunkten. Während der Kanal die Wegstrecke zum Kunden beschreibt, kennzeichnet der Kontaktpunkt die konkrete Schnittstelle zum jeweilig nächsten Vertriebsakteur. Nachfolgend werden zunächst Vertriebskanäle mit ihren grundlegenden Vor- und Nachteilen vorgestellt.

Offline-Vertriebskanäle
Diese Kanäle lassen sich nach vier Kontakt-Prinzipien (vgl. Kull 2019, S. 36) gliedern:
1. **Residenz-Kanal:** Ein Vertriebskanal setzt am Standort des Anbieters an, den die Nachfrager bei Bedarf aufsuchen, z. B. ein stationäres Reisebüro, das an einem festen Ort residiert. Über diesen Weg können intensive Verkaufsberatungen zum Vertrauensaufbau und zur individuellen Kundenansprache bis hin zum Shopping-Erlebnis stattfinden. Der Erfolg ist jedoch stark von Standort und Personal abhängig, aber auch vom Beratungsbedarf der Kunden. Zudem entstehen oft hohe Fixkosten (Personal/Miete).

2. **Domizil-Kanal:** Vertrieb kann auch erfolgen, indem ein Außendienstmitarbeiter den potenziellen Kunden zur Beratung zuhause in dessen Domizil besucht. Für den Kunden bedeutet dies Bequemlichkeit, für den Anbieter erhebliche Reise- und Personalkosten, die nur durch hohen Gegenwert (z. B. individuelle Kundenberatung bei Luxus-Rundreise) zu rechtfertigen sind.

3. **Treff-Kanal:** Weiterhin können sich Anbieter und Nachfrager an einem dritten Ort treffen, beispielsweise auf einer Messe (wie die ITB in Berlin). Hier ist die Frage, wie „magnetisch" der Treffpunkt tatsächlich auf potenzielle Kunden wirkt. Zudem sind derartige Treffen terminlich stark reglementiert und u. U. nicht bedarfsgerecht positioniert. Hinzu tritt auch die Nachbuchung bestimmter Leistungsbündel (Tagesausflug, Sitzplatz-Upgrade) in der Destination bei der Reiseleitung oder sonstigem Vorortpersonal.

4. **Distanz-/Katalog-Kanal:** Und schließlich gibt es den Fall, dass Anbieter und Nachfrager an verschiedenen Orten über Distanz verbunden werden. Postalisch wird ein Katalog mit entsprechender Bestellkarte zwischen Anbieter und Nachfrager über die Distanz verschickt. Hier hat der Kunde den Vorteil, dass er unabhängig von Öffnungszeiten in Ruhe bestellen kann. Nachteilig ist allerdings das Fehlen individueller Zuschnitte und ergänzender Beratung.

Die vier Kanäle lassen sich als Offlinekanäle kennzeichnen, die ohne ein technologisch-informatorisches Netzsystem auskommen. Demgegenüber greifen die vier nachfolgenden Online-Vertriebskanäle auf ein solches Leistungsnetz zurück.

Online-Vertriebskanäle

Alle Onlinekanäle arbeiten ohne direkten persönlichen Kontakt zwischen den Vertriebspartnern und folgen damit ebenfalls dem **Distanzprinzip** (vgl. Kull 2019, S. 38 f.).

1. Der im Tourismus am meisten diskutierte Online-Kanal nutzt als technologisch-informatorisches Netzwerk das Internet in seinem stationären Zugang z. B. über einen Home-Computer bzw. Desktop. Dieser Kanal wird als **E-Commerce** bezeichnet. Hier sind sowohl Internetreisebüros als auch Portale/Plattformen im Sinne einer marktplatzartigen Gesamtvermittlung (Opodo, booking) oder auch spezielle Angebote (Airbnb, Flixbus) zugegen. Der Vertriebsweg birgt u. U. langfristig starke Kostenersparnisse für die Anbieter, die zudem durch die unbegrenzten Öffnungszeiten und Regalplätze zur Angebotsdarstellung bereichert werden. Ferner sind standardisierte Teilangebote von Nachfragern nach individuellen Präferenzen neu kombinierbar. Nachteilig ist jedoch, dass hier selten persönliche, individuell zugeschnittene Beratung möglich ist. Auch haben nicht alle Nachfrager einen Internetzugang, von denen wiederum längst nicht alle online kaufen.

2. Im Laufe der Zeit entwickeln sich weitere Zugangsarten zum Internet über mobile Endgeräte (besonders über Laptop, Smartphones und Tablet-PC), die auch im

Tourismus vertrieblich nutzbar sind. Dieser Vertriebskanal wird nachfolgend als **M-Commerce** erfasst. Besonderer Vorteil hier ist der mobile, kurzfristige Zugang zum Internet, der gekoppelt mit einem mobilen Anruf im Call-Center sowohl internetbasierte als auch fernmündliche Bestellungen zulässt. Mit dem Smartphone lassen sich über Apps und Websites QR-Codes zur Verlinkung Personalisierung, und Lokalisierbarkeit von Nachfragern erreichen. So werden auch im Tourismus Zusatzinformationen und -angebote möglich. Momentan findet diese Variante besonders bei Tickets (Bahn, Eintritt etc.) Anwendung. Buchungen von erklärungsbedürftigen Pauschalreisen sind hier eher weniger zu erwarten. Nachteilig wirken begrenzte Darstellungsmöglichkeiten durch kleine Displays. Aber die hohe Gerätedichte und ein „Always in Touch"-Verhalten der Smartphone-Nutzer machen den Vertriebsweg zukünftig attraktiv. Neben dem Smartphone als „digitalem Schweizer Taschenmesser" und „Beweglichkeits-Ermöglicher" hat aber auch der Tablet-PC als „digitales Leichtsurfbrett" und „Bequemlichkeits-Ermöglicher" immer mehr an Bedeutung gewonnen (Kull 2019, S. 307).

3. Ein älteres technologisch-informatorisches Netzwerk existiert für das Telefon. Was zunächst als vereinzelter Verkaufs- oder Bestellanruf begann, wird zunehmend auch über zentralisierte **Call-Center** abgewickelt. Diese Vertriebsvariante soll hier **C-Commerce** genannt werden. Gerade ein professionell geführtes Service-Call-Center bietet einen bequemen Bestellkanal für standardisierte Vorgänge und eine levelmäßig organisierte Weiterleitung bis hin zur individuellen Beratung.

4. Zu guter Letzt findet der Vertrieb touristischer Leistungsbündel mittlerweile über eigene TV-Sendungen und -Spartenkanäle statt (Sonnenklar-/Bahn-TV, TV Travel Shop). In Anlehnung an TV wird diese Vertriebsvariante als **T-Commerce** gekennzeichnet. Vorteilhaft ist hier die hohe Dichte der Endgeräte und die steigende Akzeptanz des Teleshoppings. Die zunehmende individuelle Spezialisierung und ein Programm auf Abruf kennzeichnen zukünftige Entwicklungen. Zudem kann das Fernsehen der Zukunft interaktive Fernbedienung ähnlich dem E-Commerce bieten. Nachteilig könnte sich auswirken, dass Nachfrager die Aktiv-Potenziale u. U. nicht nutzen wollen, weil sie das Fernsehen weiterhin als passives Erholungsmedium einstufen.

Kontaktpunkte

Alle Kanäle enden mit konkreten Kontaktpunkten. Diese stellen jeder für sich einen „Augenblick der Wahrheit" (vgl. Stauss 1991) aus Kundensicht dar. Hier werden Kundenerfahrungen (Customer Experience) mit dem jeweilig markierten Leistungsbündel konkretisiert (vgl. Bruhn/Hadwich 2012).

Alle Kontakt-Erlebnisse entlang des Konsumprozesses in ihrer Gesamtheit bilden die Grundlage für Zufriedenheit bzw. langfristige Loyalität gegenüber Leistungsbündeln oder Unternehmen. Auch die vertrieblichen Kontaktpunkte sind für den Konsumenten wichtiger Teil des Beziehungsgeflechts. Konkrete Kontaktpunkte fasst die vorangehende Abbildung 5.2.2 mit Rückbezug auf die beschriebenen acht Vertriebskanäle zusammen.

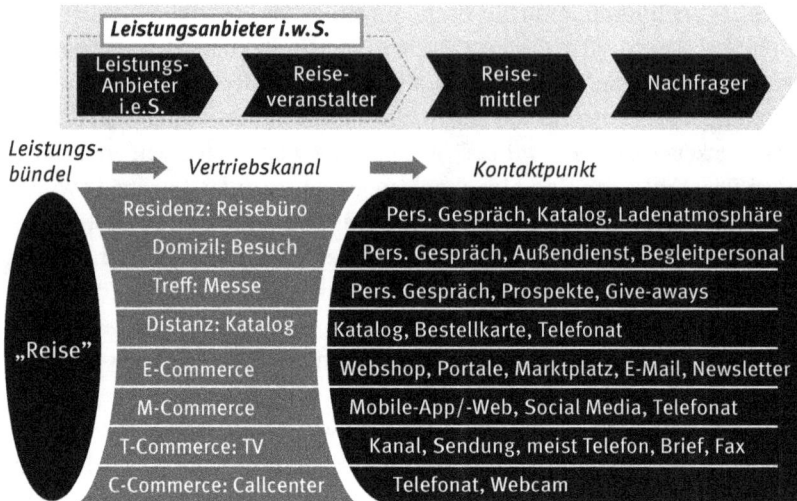

Abb. 5.2.2: Vertriebskanäle und Kontaktpunkte für touristische Leistungsbündel.

Wichtig bleibt festzuhalten, dass jeder Akteur auf alle acht Vertriebskanäle zurückgreifen kann. Welche Akteure hierbei eine Rolle spielen, klärt der nächste Abschnitt.

5.2.4 Die Vielfalt der Vertriebs-Akteure

Nach der Herleitung grundlegender Vertriebskanäle soll nachfolgend die einfache Wertkette weiter aufgeschlüsselt werden. Die Frage, wie viele Stufen der Wertkette mit welchen Akteuren besetzt werden, wird in der Theorie u. a. über die Transaktionskosten beantwortet (vgl. Kull 2019, S. 23 f.). Reiseveranstalter und Reisemittler reduzieren durch ihre Informationsbereitstellung und Bündelung bzw. Übermittlung von Leistung(-sversprechen) die sog. Transaktionskosten eines Austauschprozesses in Form von Anbahnungs-, Kontroll-, Anpassungs- und Vereinbarungskosten. Ein Reisebüro beispielsweise bündelt die Vertriebswege, die sowohl Hotels als auch Hotelnutzer bis zum Vertragsabschluss zu gehen hätten, auf einen lokalen Anlaufpunkt für beide Seiten. Gleichzeitig entstehen in der Tätigkeit Kosten, die zuzüglich einer Gewinnspanne je beteiligtem Akteur den Einsparungen gegenüberstehen. Im Wechselspiel dieser beiden Einflussfaktoren entscheidet sich die Sinnhaftigkeit der Beteiligung von Vertriebsakteuren an der Wertkette.

In den seltensten Fällen existiert ein exklusiver Vertriebskanal mit ebenfalls exklusiven Vertriebsakteuren. Normalerweise findet sich im touristischen Vertrieb ein

Neben- bzw. Miteinander der Akteure und Kanäle. Diese arbeiten entweder im synergetischen Verbundsystem oder als konkurrierende Vertriebssysteme. Die einzelnen Akteursgruppen „Leistungsanbieter", „Reisemittler" und „Nachfrager" werden nun in ihrer Bedeutung für die Praxis näher vorgestellt.

Leistungsanbieter

Allen Leistungsanbietern stehen grundsätzlich alle acht Vertriebskanäle offen. Besonders interessant neben der spontanen Ad-hoc- oder langfristigen Stammkundenbuchung vor Ort sind für diese Akteure die Onlinekanäle, die allesamt den direkten Vertrieb zum Endkunden ermöglichen. Durch die Ausschaltung der Mittler kann ein Preisvorteil an die Kunden weitergegeben werden. Besonders über E-, M- und C-Commerce schaffen sich die Leistungsanbieter direkten Zugang zum Nachfrager. Dies ist interessant für standardisierbare Pauschalreisen oder für unkomplexe Teilleistungen wie z. B. Flüge oder Hotels. Gerade größere Reiseveranstalter wie TUI, aber auch Mietwagenunternehmen wie Hertz und Sixt haben eigene Buchungsplattformen im Netz und eigene Call-Center. Tickets oder Upgrades für etwaige Leistungen können auch kurzfristig und flexibel über M-Commerce geordert werden.

Das Internet stellt die Basistechnologie für ein umfassend unterstützendes Global Distribution System (GDS) dar (vgl. Weithöner 2021, S. 435 ff. sowie Kap. 3.2 und 3.4 in diesem Buch). In einem abgeschirmten Branchennetz (Extranet) sorgt das Global Distribution Network (GDN) als Teildienst des GDS für Kommunikationsverbindungen hin zum Reisebüro. Für Reiseveranstalter existiert z. B. im Amadeus-GDS mit dem TOMA-Transaktionsverfahren eine standardisierte Schnittstelle, die das im Hintergrund laufende eigene Reservierungssystem integrierbar macht. Die GDS betreiben darüber hinaus jeweils zentrale Global Reservation Systems (GRS), auf die die Reisebüros über das GDN und mithilfe eines standardisierten Transaktionsaktionsverfahrens Zugriff erhalten (z. B. AMA-Verfahren im Amadeus-GRS). Über die GRS werden Einzelleistungen angeboten. Insbesondere die internationalen Linienfluggesellschaften, Hotelketten und Mietwagengesellschaften bieten ihre Leistungen den stationären, aber auch den virtuellen Reisebüros zur Vermittlung an. Die GDS-Dienste sind kostenpflichtig für die Anbieter von Reiseleistungen und Reisen. Beispiele für umfassende GDS-Anbieter sind AMADEUS, SABRE und Travelport. Darüber hinaus existieren Internet Booking Engines (IBE), aus denen heraus die Webportale und Webshops der Leistungsanbieter, aber auch der Reisevermittler entweder direkten Kontakt zum Endkunden herstellen oder über weitere Zwischenmittler in das GDS wirken.

Bei Pauschalreisen haben die großen Reiseveranstalter in der Destination oft eigene Kräfte. So kann der bereits beschriebene Nachverkauf von Leistungen wie Mietwagen oder Zusatzausflügen ebenfalls als Vertriebsaktivität angesehen werden. Ferner können M-Commerce-Aktionen im Sinne lokaler Zusatzinformationen im Zielgebiet gute Möglichkeiten vertrieblicher Zusatzpotenziale sichern. Smart-Poster mit entsprechend per Mobile abrufbaren Coupons oder Informationen schaffen automatischen Kontakt zum Nachfrager.

Reisemittler

Die Reisemittler lassen sich unterscheiden in eigene Akteure der eigenen Leistungs-anbieter, fremde Branchenakteure sowie branchenfremde Akteure. Alle Gruppen werden nachfolgend ausgeformt.

Eigene Mittler

Zunächst sind im stationären Bereich eigene Filialen als vollkommen selbst ge-steuert und Franchisingkonzepte mit unternehmerischem Risiko bei den Outlet-Be-treibern zu unterscheiden. Auch Außendienstmitarbeiter als Domizilkanal sowie Hausmessen als Treffkanal können hier zum Einsatz kommen. Ferner werden von den großen Veranstaltern, aber auch von mittelständischen Spezialveranstaltern mittlerweile Online-Reisebüros betrieben. Gerade die großen Reiseveranstalter set-zen online vermehrt sogenannte Affiliate-Programme ein, die über Verlinkungen auf den Partnerwebsites schnell zur Veranstalterwebsite führen und mit einer Provi-sion an jedem Umsatz beteiligt werden.

Fremde Branchenmittler

Neben die klassischen, stationären Outletformen (Informationscenter der Destina-tion, Reisebüro) tritt zunehmend das Online-Reisebüro in Form von Portalen bzw. Plattformen und eigenen Webshops. Auch und gerade für Spezialmittler stellt das Internet für E-Commerce eine sinnvolle Aktionsfläche dar, da schnell hohe Reich-weiten zu erzielen sind. Überhaupt gibt es im Internet mittlerweile standardisierte Angebote (z. B. www.reisebüro-webseiten.de), über die schnell ein eigener touristi-scher Webshop erstellt werden kann. Im T-Commerce bieten Spartenkanäle ebenfalls vielfältige Mittlertätigkeiten an. M-Commerce hingegen ist für Reisemittler aufgrund der geringen Reisekaufnutzung mobiler Endgeräte und begrenzter Darstellungsmög-lichkeiten eher ergänzend einzustufen. Kataloghandel ist im Tourismus zumeist an beratende Ergänzungen im Reisebüro gebunden, allerdings haben Veranstalter wie TUI vielfältige Kataloge auch im Onlineangebot. Das Treffprinzip findet sich hier z. B. in Form einer Messe wie der jährlichen ITB in Berlin oder auch bei Spezialmessen, z. B. für sanften Tourismus.

Branchenfremde Mittler

Große Handelskonzerne weisen oft ein eigenes Geschäftsfeld „Tourismus" aus, was leicht zu synergetischem Vertrieb über das Handels-Filialnetz führt. Die REWE ist mit ihren Sparten Touristik und Handel hier sicherlich Vorreiter. Auch der Betriebs-typ Discounter ist besonders präsent. Lidl hat im Onlineauftritt touristische Ange-bote als feste Rubrik. Netto, Plus und Aldi haben sogar eigene reisespezifische Websites aufgebaut. Auch Omni-Channel-Händler wie Tchibo oder Otto treten als eigenständige touristische Marktmittler im Internet und mit eigenen Katalogen auf. Neben dem Handel bieten sich Vereine und andere freizeit- oder berufs-/bildungsorientierte Gruppen über Freizeitangebote für Mitglieder als Reisemittler an.

Viele Reisemittler, egal ob stationäre oder virtuelle Reisebüros, greifen für den Vertrieb auf ein bereits für Leistungsanbieter beschriebenes Global Distribution System (GDS) wie AMADEUS, aber auch auf konkurrierende Alternative Distributionssysteme (ADS) zurück. Das GDS stellt zunächst die Hochgeschwindigkeitsverbindung zwischen den Leistungsanbietern, Reiseveranstaltern auf der einen und den Reisebüros auf der anderen Seite sicher. Zudem werden hier komplette Reservierungsverfahren, Produktpräsentationen, Tarife und Dokumentenerstellung sowie weitere Zusatzleistungen wie beispielsweise Klimatabellen und Veranstaltungshinweise für Reisemittler angeboten.

Nachfrager

Die Nachfrager sind aus vertrieblicher Perspektive zunächst als Endkunden interessant, denn gerade im Tourismus ist das Stammkundengeschäft ein wesentlicher Umsatzfaktor. Aufgabe ist die erfolgreiche Begleitung des Nachfragers in seinen Rollen als Kunde, Käufer und Konsument, um Wiederholungskäufe und Beziehungsaufbau zu gewährleisten.

Daneben sind die Nachfrager als Vertriebsorgane einsetzbar. Positive Referenzbereitschaft und persönliche Empfehlung fungieren schon lange als eine äußerst glaubwürdige Vermittlungsform für touristische Leistungen. Im Zuge der Internetverbreitung und der Entwicklung von Web 2.0 als dem Mitmachnetz für Social-Media-Plattformen (vgl. hierzu Kap. 2.6 in diesem Buch) steigt diese Multiplikatorfunktion in ihrer Bedeutung. Empfehlungen, während der Reise erstellte Reiseblogs oder Online-Fotoalben und Urlaubsvideos (WhatsApp, Instagram, Facebook, YouTube), besonders aber auch die Kundenbewertungen von Reiseleistungen auf Anbieter- (Opodo, Booking) oder Nachfragerportalen (Ciao oder Dooyoo) bergen starkes neues vertriebliches Potenzial.

Die Multiplikatoreffekte lassen sich auch offline einbinden. In Kombination mit dem Treffkanal Messe hat dies z. B. eine „Stammgast-Messe der Ostfriesischen Inseln" realisiert. Diese Messe richtete sich ausschließlich an Stammgäste, die im Hauptbuchungsbereich Ruhrgebiet persönlich eingeladen und gebeten wurden, Freunde, Verwandte und Bekannte mitzubringen (vgl. Deutscher Tourismuspreis 2008).

Sowohl online als auch offline zu Vertriebszwecken einsetzbar ist das Viralmarketing. Hierbei spielt ebenfalls der Nachfrager als Multiplikator eine entscheidende Rolle. Unternehmen initiieren einen „Virus", der dann von den Nachfragern aufgenommen und weiter verteilt wird. Derartige Flankierungen eigenen sich in erster Linie für etablierte Markenleistungen.

Damit sind die möglichen Akteursgruppen Anbieter, Mittler und Nachfrager im Vertrieb touristischer Leistungsbündel umfassend beschrieben worden. Die nachfolgende Abbildung 5.2.3 fasst die Ausführungen zusammen.

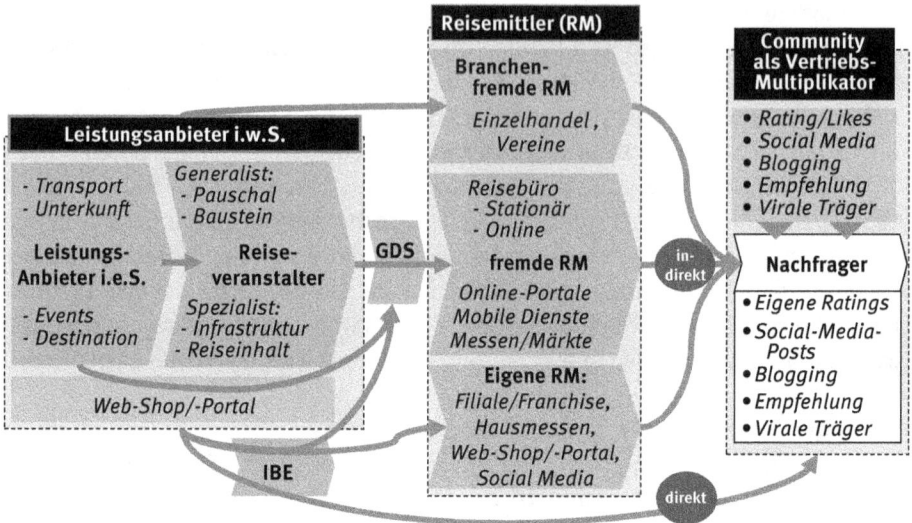

Abb. 5.2.3: Vertriebsakteure in der Wertkette für touristische Leistungsbündel.

Bisher wurde davon ausgegangen, dass nur ein Kanal für den Vertrieb touristischer Leistungen ausgewählt wird. Die Praxis zeigt, dass sowohl mehrere Vertriebskanäle unverbunden nebeneinander (Parallel-Vertrieb) als auch in Synergieeffekten aufeinander abgestimmt genutzt werden. Darum wird es im nachfolgenden Abschnitt gehen.

5.2.5 Die Vielfalt der Vertriebskanäle und Kontaktpunkte

Jeder Akteur muss nun sein spezifisches Set an Kanälen und Kontaktpunkten für den optimalen Vertrieb zusammenstellen und in einem inter- und intraunternehmerischen Netzwerk im richtigen Maße zu einem nahtlosen Konsumangebot für den Nachfrager verschmelzen lassen.

Mit dem Leistungsbündel und der funktionalen Ausrichtung auf die kundenseitigen Einkaufsgewohnheiten existieren zwei Einflussfaktoren auf die Gestaltung des Vertriebskanalnetzes.

Leistungsbezogene Wahl von vertrieblichen Kanälen und Kontaktpunkten

Als Besonderheiten vieler touristischer Leistungsbündel wurden u. a. die Komplexität der Beratungsleistung und die Notwendigkeit von Vertrauen in den jeweiligen Vertriebspartner herausgearbeitet. Je wichtiger diese Komponenten für den Nachfrager werden, umso eher wird er auf eine persönliche Beratung im stationären Reisebüro oder die Erfahrungen anderer hören. Andersherum: Je standardisierter und kurzfristiger zu buchen ist, desto eher wird auf die Online-Vertriebskanäle zugegriffen, da diese eine Buchung rund um die Uhr und schnelle, umfassende Transparenz bis hin zum Preis ermöglichen. Diesen Sachverhalt drückt die Abbildung 5.2.4 anhand der konkreten Leistungs-Kanal-Matrix eines Reiseveranstalters aus.

		Vertriebskanal			
		stationäres Reisebüro	**E-Commerce**	**M-Commerce**	**T-Commerce**
Leistung	**Last Minute Reise**	◑	◑	◑	●
	Hotels, Tickets	◔	◐	◑	◔
	Pauschal-reisen	●	◔	◔	◑
	Beratungs-intensive Reisen	●	◔	◔	◔

Abb. 5.2.4: Vereinfachte Kanal-Leistungs-Matrix für einen fiktiven Leistungsanbieter.

Wahl von Vertriebskanälen und Kontaktpunkten entlang der Customer Journey

Bisher wurde davon ausgegangen, dass ein Akteur für eine Leistung die gesamten Vertriebsfunktionen über einen Kanal vornimmt. Dies ist in der Praxis nicht der Normalfall. Kunden nutzen im Tourismus immer mehr verschiedene Kanäle für unterschiedliche Funktionen, und die Erfahrungen des einen Kanals werden auf andere übertragen (vgl. bereits Kull 2003, Markbach/Hirche 2004, Freyer/Molina 2008). Mehr-Kanal-Verhalten in diesem Sinne ist kein neues Phänomen aus der Internet-Ära: „Channel Hopping" fand auch schon vorher statt, wenn vor dem Kauf Informationen über Massenmedien gesucht, die Reisen im Reisebüro gebucht, die Tickets per Post versendet und Beschwerden per Telefon durchgeführt wurden. Neu sind die flexiblere Nutzung einzelner Kanaloptionen und deren situative Verwobenheit aus Kundensicht, die zu einer neuen Art der Kundenzentrierung im Vertrieb führt (vgl. Kull 2019).

Die Kontaktpunkte werden nicht mehr nur (1) phasenweise nacheinander gewechselt, sondern sind mittlerweile (2) simultan nutzbar: Im stationären Reisebüro und auch zur Nachbuchung in der Reisephase kann der Kunde sein Smartphone einsetzen, um im Internet Angebotsrankings oder Preise zu vergleichen. Das Smartphone avanciert zum ständigen Reisebegleiter als „Hosentaschen-Web" während der gesamten Customer Journey (vgl. Kull/Hübner 2018). Somit treten vertriebsrelevante Kontaktpunkte hinzu, die sich (3) der Einflusshoheit des Anbieters entziehen. Gleiches gilt für Rückfragen des Kunden über Social-Media-Anwendungen an seine Freundes-Community zur Beratung über ein angebotenes Leistungspaket.

Die Vertriebskanäle haben eine vertiefende Verbindung erhalten, die sich von (1) den Frontend-Systemen hin zum Nachfrager innerhalb eines Multi-Channel-Vertriebs auch auf die Vereinheitlichung des Backend-Systems innerhalb des Cross-Channel-Vertriebs erstreckt (2), um mittels eines zentralen Datenpools (Big Data) die vielen verfügbaren Daten zu erfassen, die Kunden bestmöglich zu verstehen und Angebote in der personalisierten Form zur Interaktion bereitzustellen. Ziel der Vertriebsstrukturen ist (3) ein verschmelzender Omni-Channel-Vertrieb, der ein nahtloses Nachfragernetzwerk möglichst kundengenau zuschneiden kann. Die nachfolgende Abbildung 5.2.5 zeigt die Entwicklung des Verständnisses von Kanälen und Kontaktpunkten über die Zeit.

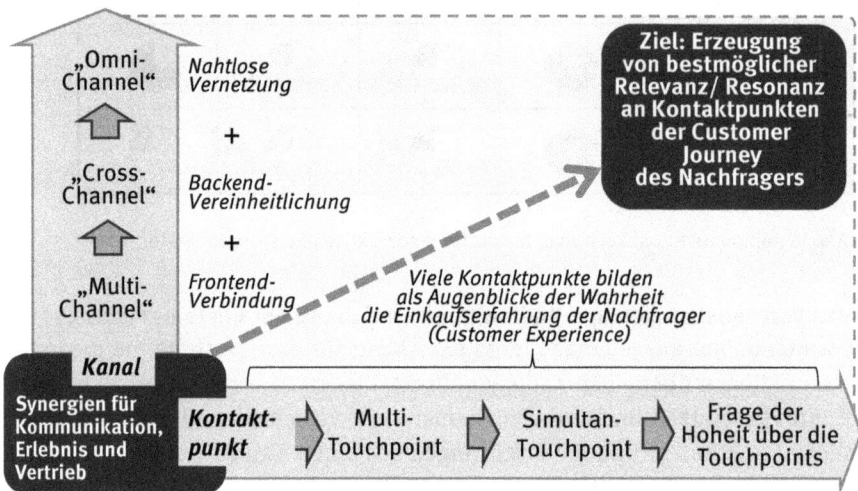

Abb. 5.2.5: Entwicklung der Betrachtungsschwerpunkte zwischen Kanälen und Kontakten (Quelle: Kull 2019, S. 44).

Vertriebskanäle sind nicht länger isoliert zu betrachten und funktional einzuteilen. Sie fungieren vielmehr eingebettet in ein umfassendes Beziehungsnetzwerk hin zum Kunden, der die reine Distribution mit Kommunikation und Erlebnissen über verschiedene Kontaktpunkte zu einer gesamthaften nahtlosen Kundenerfahrung („Seamless Commerce") verbindet. Diese Nahtlosigkeit muss vom Kunden möglichst positiv eingeschätzt werden, damit er Marke, Leistung und Unternehmen lange verbunden bleibt. Hierdurch ergeben sich auch neue Vertriebspotenziale, z. B. Hinzubuchungen während der Reise oder auch rabattierte Leistungsangebote an Gruppen, die sich über Social-Media-Kanäle finden. Voraussetzung ist immer die Reichweite sowie die Relevanz und Resonanzfähigkeit der Kontaktpunkte für den Kunden (vgl. Kull 2019, S. 236).

Jeder Nachfrageprozess reiht Kontaktpunkte aus den verschiedenen Kanälen unterschiedlich aneinander und wird so zu einer individuellen Einkaufsreise (Customer/

Demand Journey, vgl. hierzu auch Kap. 2.4 in diesem Buch). Das Ziel der Anbieter ist, an jedem einflussreichen Kontaktpunkt möglichst relevant und resonant in positiver Atmosphäre und in Echtzeit mit dem Kunden zu interagieren. Aus dieser Grundannahme haben sich in der Theorie verschiedene Phasenschemata entwickelt, die je nach konkretem Untersuchungsgegenstand und Verdichtungsgrad variieren (vgl. Von Dörnberg et al. 2018, S. 12–18; Kull 2019, S. 66–90). Bezogen auf den Vertrieb touristischer Leistungen beginnen die Nachfrager ihre Customer Journey mit einer Vorreisephase, die von einer Aufmerksamkeits- und Informationsphase in eine Buchungsphase übergeht: Dann folgt die Reisephase, die sich unter Vertriebsaspekten zu weiteren Hinzubuchungen nutzen lässt. Deshalb wird sie weiter aufgeteilt in die Anreise (Option für z. B. Zusatzverpflegung), den Aufenthalt (Option für z. B. Zusatzausflüge) und die Abreise (Option für z. B. Sitzplatz-Upgrade). Zum Schluss geht die Nachreisephase mit abschließender Nachbereitung in eine beginnende Wiederkaufbereitschaft des Nachfragers über. Denn um es mit einem alten Fußballspruch frei zu übersetzen: „Nach der Reise ist vor der Reise".

Im Rückgriff auf die einzelnen Vertriebskanäle lässt sich eine Kunden-Kanal-Kontaktpunkt-Matrix ausformen. Ziel ist, damit ein Raster aufzuspannen, in dem ein konkretes Reise-Verlaufsmuster einer jeweiligen Zielgruppe abbildbar wird. Hierbei sind auch Rückwärtsschleifen in den Phasen erfassbar, denn die Suchphase kann sich z. B. iterativ über Aufmerksamkeits- und Informationsmomente ziehen. Auch der Nachbuchungsoption können wieder Aufmerksamkeits- und Informationsprozesse vorausgehen. Diese sind, sobald wichtig, ebenfalls darstellbar. Die konkrete Ausformung wird je nach Situation und Leistungsangebot variieren. Die Kunden-Kanal-Kontakt-Matrix in der nachfolgenden Abbildung 5.2.6 formt hierbei einen allgemeingültigen Erfassungsrahmen für die möglichen Customer Journeys aus, um das Vertriebskanalmanagement daran ausrichten zu können.

Nach der Erfassung und Priorisierung aller relevanten Verlaufsmuster müssen die Kontaktpunkte und ihre jeweiligen Hintergrundkanäle wieder sinnvoll rückverdichtet werden auf eine überschaubare Typenvielfalt. Hierbei steht eine möglichst relevante und resonanzfördernde Gestaltung und Vernetzung für den Kunden im Vordergrund. Zudem gilt es, unwichtige Verlaufsmuster sowie unnötige Kontaktpunkte und Kanäle zu reduzieren oder gar zu eliminieren, um über dortige Einsparungen an dringenden und wichtigen Stellen in die Kontaktpunktoptimierung investieren zu können.

Wichtig in der Customer Journey ist auch die Erfassung der kundenrelevanten Kontaktpunkte, die unter fremder Hoheit stehen. So ist beispielsweise das Smartphone mittlerweile ein ständiger Begleiter in der Hoheit des Kunden oder der jeweiligen Community (vgl. Kull/Hübner 2018), der zu einer Simultanität von Einflüssen an Kontaktpunkten führen kann. Wenn beispielsweise eine Community-Empfehlung gegen einen Zusatzausflug votiert, kann dies leicht im Widerspruch zu den persönlichen Verkaufsgesprächen vor Ort stehen. Gerade Nach- und Zusatzbuchungen während der Reisephase lassen sich ebenfalls gut über das Smartphone suchen und buchen. Überhaupt weist das Smartphone während der gesamten Customer

Legende:

▓ = Kontaktpunkt in eigener Hoheit
⌐¬ = Kontaktpunkt in fremder Hoheit

Vertriebskanal		Vorreisephase			Reisephase			Nachreisephase	
		Aufmerksamkeitsphase	Informationsphase	Haupt-Buchungsphase	Anreise mit Nachbuchung	Aufenthalt mit Nachbuchung	Abreise mit Nachbuchung	Nachbereitungsphase	Loyalitätsphase
Offline	Reisebüro	Schaufenster	Beratungsgespräch	Kaufabschluss					Beratungsgespräch
	Hausbesuche, Reiseleitung, Personal vor Ort								
	Messe (ITB, Stammgastmesse)								
	Katalog, (auch Vorort)		Aus dem Reisebüro						
Online	Online-Reisebüro, Website, Portal, Marktplatz, IBE		Angebotsportal			Zusatz-Ausflug 2	Sitz-upgrade		Anbieterbewertung
	Mobile Dienste (Webshop, App, Social Media)	Youtubevideo	Rat von Instagram		Essen beim Flug	Reise-Posts / Zusatz-Ausflug 1		Reflexion der Reise / Evtl. Beschwerde	Bewertung der Reise
	TV-Kanal/-Sendung								
	Call-Center								

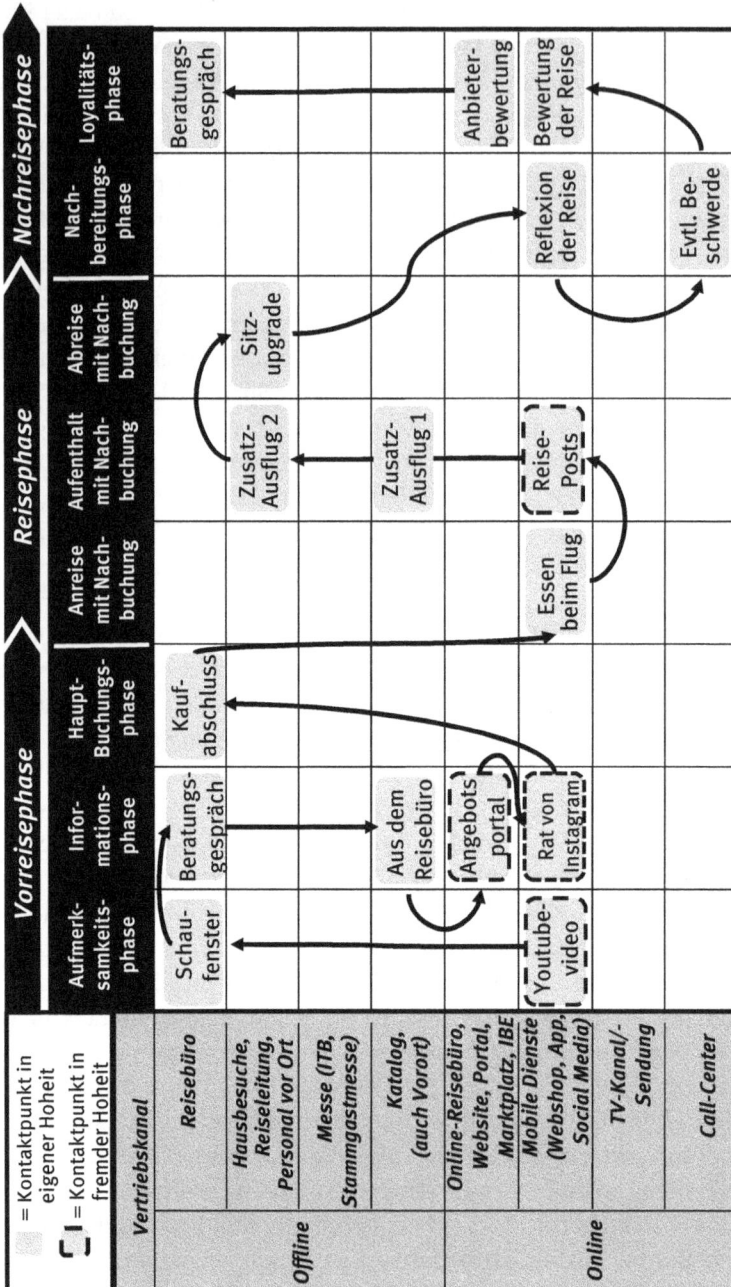

Abb. 5.2.6: Kanal-Kunden-Kontaktpunkt-Matrix mit fiktivem Beispiel einer Customer Journey.

Journey eine hohe Wertigkeit für die Nachfrager auf (vgl. Google/TUI 2016, S. 18). Hier sind für jede Situation spezifische Maßnahmen aufzuspüren, die den eigenen unternehmerischen Einfluss auf den Kontaktpunkt graduell erhöhen können.

Die Einschätzung von Kanälen und Kontaktpunkten rein auf der Basis bestehender Kundendaten und -wünsche kann über drei Dimensionen vertriebstechnisch angereichert werden: die Verbesserung der Marktabdeckung (neue Märkte, Kunden), die Verbesserung der strategischen Position (Wettbewerbsstellung, weniger Abhängigkeiten, wenig Konflikte mit bestehenden Kanälen) sowie die Erhöhung der Kosteneffizienz. In Abhängigkeit von der individuellen Unternehmenssituation, dem spezifischen Leistungsangebot und entsprechend erforschten Nutzungsmustern der Kunden ergibt sich eine andere Ausprägung und Anzahl der Kunden-Kanal-Kontakt-Matrix.

Die empirische Erfassung der Kunden-Kontakt-Kanal-Matrix fällt leichter, je mehr Informationen vorliegen. Dies gilt insbesondere, wenn viele Daten automatisch erhoben werden. Hier sind alle Kontaktpunkte im Internetkanal mit Big-Data-Erfassung und entsprechender verstehender Lernzyklen und Auswertungsalgorithmen zur Mustererkennung im Vorteil. Denn die Mustererfassung birgt diverse Vergleichbarkeitsprobleme. Die hieraus resultierende Komplexität übersteigt schnell das physisch Rechenbare. Zudem relativiert sie die Nutzbarkeit genereller branchenweiter Studien. Dies soll nachfolgend am empirischen Vergleich zwischen stationärem Reisebüro und internetbasiertem Vertrieb für die Informationsphase („Suchen") und die Hauptbuchungsphase („Buchen") dargestellt werden.

	Suchen	Buchen
Internet	68%	45%
(Stationäres) Reisebüro	41 %	39%

Anmerkung: Studie hat Mehrfachnennungen ermöglicht und weitere Kanäle erfasst, daher keine 100% gesamt.

Abb. 5.2.7: Vereinfachte aggregierte Kanal-Kunden-Kontaktpunkt-Matrix (Quelle: eigene Darstellung mit Zahlen aus Rohleder 2020, S. 3).

Generell kommen empirische Studien seit 2018 vermehrt zu dem Schluss, dass mittlerweile sowohl das Suchen als auch das Buchen öfter im Internet stattfinden als im stationären Reisebüro (vgl. Rohleder 2020; VIR 2020, S. 57). Abbildung 5.2.7 zeigt die Daten einer repräsentativen Untersuchung aus dem Jahr 2020.

Hieraus darf jedoch nicht einfach abgeleitet werden, dass Webportale (wie Opodo oder booking) überall und absolut die Vorherrschaft im Vertrieb übernommen haben. Denn diese vereinfachten und aggregierten Tendenzen bedürfen für eine sekundäranalytische Auswertung hin zur rahmengebenden Suche nach typischen Customer Journeys einer dreifachen Relativierung:

Relativierung (1) durch unterschiedliche Leistungsbündel bezüglich Art und Dauer:

Es zeigt sich, dass Pauschalreisen immer noch eher über stationäre Reisebüros gesucht und gebucht werden, während Bausteinreisen, aber auch einfachere, gut beurteilbare Einzelleistungen wie Tickets oder Mietwagen überproportional stark im Internet gebucht werden (vgl. VIR 2020, S. 52). Auch die Dauer der Reise scheint Einfluss auf das vermehrte Suchen und Buchen über Webportale zu haben. Je kürzer die Reise, umso eher wird sie über das Internet gebucht (vgl. VIR 2020, S. 58).

Relativierung (2) durch Online-Aktivitäten der stationären Reisebüros und weiterer Akteure:

Die reinen Online-Suchen von 68 % finden zwar mit 32 % zumeist auf Portalen statt. Jedoch werden 26 % der Online-Suchen auf den Seiten der Reisebüros durchgeführt (vgl. Rohleder 2020, S. 2). Somit relativiert sich die Betrachtung wieder zugunsten der Reisebüros, die natürlich auch Omni-Channel-Aktivitäten im Internet aufgesetzt haben. Überhaupt ist gerade bei der Suche immer mehr die Perspektive der Nachfrager interessant. Nur an Kontaktpunkten, wo Nachfrager auch wirklich suchen, lohnt sich die Präsenz der Anbieter, aber an den relevanten Kontaktpunkten muss eben auch Präsenz gezeigt werden. Dies kann sich u. U. auch auf Kontaktpunkte im Internet wie Reiseblogs, Podcasts und Soziale Medien für die Suche erstrecken, über die überhaupt kein Anbieter eine Gestaltungshoheit besitzt.

Relativierung (3) durch „ROPO"-Verhalten der Nachfrager:

(ROPO = Research-Online-Purchase-Offline). Über die Online-Aktivitäten von Reisebüros hinaus können die Nachfrager auch zunächst auf einer Internetplattform suchen und dann dennoch im Reisebüro buchen. Auch dies relativiert die Bedeutungen der Webportale. Dieser Kanalwechsel zwischen dem „Suchen" im Internet und dem „Buchen" im Reisebüro ist von 23 % im Jahr 2008 auf 42 % im Jahr 2015 aufgewachsen (vgl. Google/TUI 2016). Beim Suchen scheint zudem das Smartphone – im Gegensatz zum Buchen – eine immer bedeutsamere Rolle einzunehmen. Insgesamt enden viele Online-Suchen demnach immer noch im stationären Reisebüro.

Diese Relativierungen bei der empirischen Umsetzung zeigen, wie situativ und komplex die Messbarmachung gerade für Verlagerungen und Umgewichtungen von Kanälen und Kontaktpunkten entlang der Customer Journey bleibt. Dies gilt besonders bei nichtautomatisierter Datenerfassung. Während im Internet die relevanten Kontaktpunkte durch Kombination von Big Data mit Auswertungsalgorithmen klar herausgestellt werden können, bleiben für den stationären Bereich weiterhin sukzessive Einzelstudien und Marktforschungsergebnisse, aber auch Plausibilitätsüberlegungen eine wichtige Erkenntnisgrundlage.

5.2.6 Fazit und Ausblick

Insgesamt lassen sich die Ausführungen wie folgt zusammenfassen: Zum Vertriebssystem gehören verschiedene Vertriebsakteure, die über Vertriebskanäle an Kontaktpunkten touristische Leistungsbündel hin zum Nachfrager vermitteln. Ein Vertriebskanal beinhaltet neben dem Informationsstrom auch die beiden Stromgrößen Leistungsbündel und Werte. Touristische Leistungsbündel sind besonders komplex und weisen über den Dienstleistungscharakter hinaus mit dem Handel von Leistungsversprechen sowie örtlicher/zeitlicher Besonderheiten bei der Erstellung Eigenarten auf, die auch den Vertrieb kennzeichnen.

Es gibt acht grundlegende Ansätze für Vertriebskanäle: Offline lassen sich Residenzkanal (Reisebüro), Domizilkanal (Außendienst), Treffkanal (Messen) und Distanzkanal (Katalog) trennen, online gibt es E-Commerce (Online-Reisebüro, Portale), M-Commerce (Mobile Websites, Apps, Ticketing), T-Commerce (Spartensender) und C-Commerce (Call-Center). Die Vertriebsakteure können entlang der Wertkette zunächst grob in Leistungsanbieter, Reiseveranstalter, Reisemittler und Nachfrager unterteilt werden. Im Zuge der Multi-Akteur-Perspektive kann dann jede Stufe weiter ausdifferenziert werden. Hierbei spielen neben dem Direktvertrieb und den klassischen Reisebüros besonders die GDS bzw. Internetbasierung des Vertriebs, aber auch die Multiplikatorfunktionen der Nachfrager eine neue wichtige Rolle.

Hervorgehend aus dem geänderten Nachfragerverhalten besteht in der Multi-Kanal-Perspektive über parallele Vertriebskanäle hinaus die Notwendigkeit einer synergetischen Abstimmung im gesamten Vertriebsnetz. Diese kann sich einerseits auf Leistungsbündel (z. B. Last-Minute-Reisen contra hochwertige Individual-Buchungen) und andererseits auf Funktionsübernahmen des jeweiligen Kanals beziehen (z. B. Suchen contra Buchen). Erst im Zusammenspiel all dieser Parameter kann ein Vertriebssystem situationsadäquat für ein spezifisches touristisches Unternehmen aufgebaut werden. Beispielsweise kann ein Akteur sein Vertriebsnetz nur im Wechselspiel mit der Wertkette planen, muss dann für jedes seiner Leistungsbündel die Vertriebsfunktionen auf die einzelnen Kanäle legen und immer schon die Stimmigkeit und mögliche Potenziale zur nächsten Stufe in der Wertkette beleuchten. Ein derartiges Beispiel zeigt die nachfolgende Abbildung 5.2.8.

Die Multioptionalität der Nachfrager und die leistungs- und funktionsbegründete Vernetzung von Vertriebskanälen werden eher zunehmen. Besonders die zukünftigen Entwicklungen und Akzeptanzen der technologisch-informatorischen Basisnetzwerke und Endgeräte können hier weitere Neuerungen und Marktverschiebungen mit sich bringen, denn wie bereits zu Beginn bemerkt wurde, haben veränderte informatorische Ströme starke Wirkung auf das Vertriebskanalmanagement.

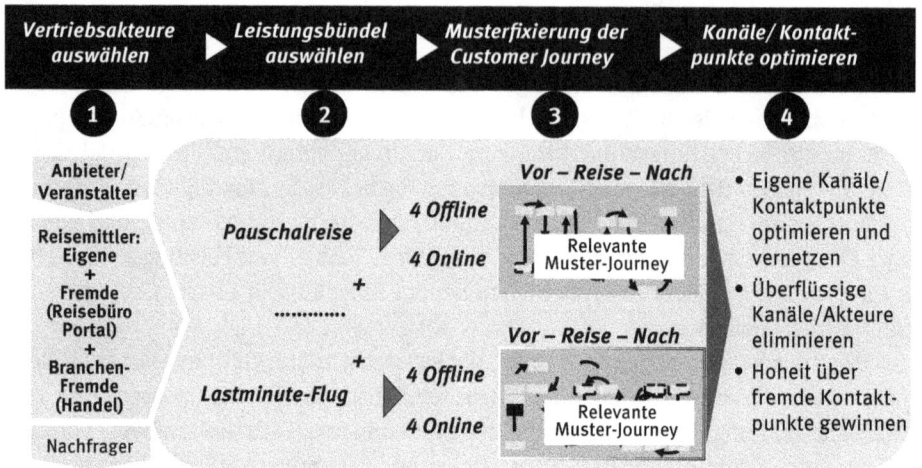

Abb. 5.2.8: Komponenten des Vertriebskanalmanagements mit Vorgehens-Beispiel.

Quellen und weiterführende Literatur

Bruhn M., Hadwich K. (Hrsg.), Customer Experience, Forum Dienstleistungsmanagement, Wiesbaden 2012.

Deutscher Tourismuspreis, Stammgast-Messe der Ostfriesischen Inseln, 2008, www.deutschertou rismuspreis.de/innovationsfinder/werbegemeinschaft-ostfriesischen-inseln-stammgast-messe-ostfriesischen-inseln.html (Zugriff am 6.6.2020).

Von Dörnberg A., Freyer W., Sülberg W., Reiseveranstalter und Reisevertriebs-Management: Funktionen –Strukturen –Prozesse, 2. Aufl., Berlin/Boston 2018.

Engelhardt, W. H., Kleinaltenkamp M., Reckenfelderbäumer, M., Leistungsbündel als Absatzobjekte - Ein Ansatz zur Überwindung der Dichotomie von Sach- und Dienstleistungen, Schmalenbachs Zeitschrift für betriebswirtschaftliche Forschung, 45. Jg., 1993, S. 395–426.

Freyer W., Tourismus, Einführung in die Fremdenverkehrsökonomie, 11. Aufl., München 2015.

Freyer W., Tourismus-Marketing, Marktorientiertes Management im Mikro- und Makrobereich der Tourismuswirtschaft, 7. Aufl., München 2011.

Freyer W., Molina M., Multichannel-Vertrieb: Innovatives Distributionsmanagement für Destinationen, in: Freyer, W./Pompl, W. (Hrsg.): Reisebüro-Management, Gestaltung der Vertriebsstrukturen im Tourismus, 2. Aufl., München 2008, S. 123–133.

Google, TUI, The Mobile Traveller: Neue Erkenntnisse zur Customer Journey in der Reisebranche, 2016, www.thinkwithgoogle.com/intl/de-de/insights/kundeneinblicke/das-smartphone-spielt-bei-der-reiseplanung-eine-immer-wichtigere-rolle/ (Zugriff am 7.6.2020).

Kull S., Multi-Channel-Marketing, in: Kamenz et al. (Hrsg): Applied Marketing, Anwendungsorientierte Marketingwissenschaft an deutschen Fachhochschulen, Berlin u. a. 2003, S. 337–352.

Kull S., Kundenzentriertes Handelsmarketing: Gestaltungsoptionen im Wechselspiel zwischen Offline- und Onlinewelten, Stuttgart 2019.

Kull S., Hübner P., Die Bedeutung des Smartphones als Einkaufsbegleiter, in: Marketing Review St. Gallen, H. 2/2018, S. 112–118.

Markbach J., Hirche T., Erfolgreicher Vertrieb über Multichannel, in: Bastian, H., Born, K. (Hrsg.): Der integrierte Touristikkonzern: Strategien, Erfolgsfaktoren und Aufgaben, München/Wien 2004, S. 461–474.

Meffert H., Bruhn M., Hadwich K., Dienstleistungsmarketing, Grundlagen-Konzepte-Methoden, 9. vollst. überarb. u. erw. Aufl., Wiesbaden 2018.

Rohleder B., Digitaler Tourismus 2020: So smart reisen die Deutschen, Berlin 2020, www.bitkom. org/sites/default/files/2020-03/bitkomprasentation_tourismus2020.pdf (Zugriff am 7.6.2020).

Stauss B., „Augenblicke der Wahrheit" in der Dienstleistungserstellung: Ihre Relevanz und ihre Messung mit Hilfe der Kontaktpunkt-Analyse, in: Bruhn, M., Stauss B. (Hrsg.): Dienstleistungsqualität: Konzepte, Methoden, Erfahrungen, Wiesbaden 1991, S. 345–366.

VIR (Verband Internet Reisevertrieb e.V.), Daten und Fakten zum Online-Reisemarkt 2020, Unterhaching 2020.

Weithöner U., Globale Distributionssysteme, in: Fuchs, W. (Hrsg): Tourismus, Hotelerie und Gastronomie von A bis Z, Berlin/Boston 2021, S. 435–439.

5.3 Digitale Zahlungs- und Kartensysteme

Robert Goecke

So manche Innovation im internationalen Zahlungsverkehr hat ihren Ursprung im Reiseverkehr. Reisende sind unterwegs darauf angewiesen, überall, zu jeder Zeit und im Ausland ggf. auch mit Fremdwährungen zahlungsfähig zu sein. Auf diese Problematik geht die Erfindung des Reiseschecks (Traveller's Cheques) zurück, die 1874 Thomas Cook zugeschrieben wird und in großem Stil seit 1891 von American Express global verbreitet wurden: Reiseschecks wurden in Deutschland bis 2015 gegen Einzahlung der entsprechenden Bargeldsumme in verschiedenen Währungen ausgegeben und bei der Ausgabe einmal vom Kunden unterschrieben. Beim Zahlen auf Reisen unterschrieb der Kunde unter Vorlage seines Personalausweises den Reisescheck zum zweiten Mal. Ohne Ausweis oder fehlende zweite Unterschrift wurde der Reisescheck an den weltweit verbreiteten Annahmestellen nicht akzeptiert. Gastronomen und Hoteliers sind darüber hinaus auf sichere Zahlungssysteme angewiesen, mit denen sie nicht nur ihren Gästen von auswärts, sondern auch ihren einheimischen Gästen eine bequeme bargeldlose Zahlung ermöglichen können, ohne Kreditrisiken zu übernehmen. Dieses Problem löst die Kreditkarte, die als Diners-Club-Karte nach der Gründungsgeschichte des Unternehmens in einem gastronomischen Kontext ihren Ursprung genommen haben soll. Kreditkarten verschiedener Anbieter haben weltweit den Reisescheck inzwischen überwiegend abgelöst.

Informationstechnisch relevant sind inzwischen nicht nur im Tourismus, sondern im gesamten Handel digitale elektronische Zahlungssysteme (vgl. Voll et al. 2020, S. 207–238), die wegen ihrer hohen Bedeutung für diverse Geschäftransaktionen in allen Segmenten des Tourismus im Folgenden überblicksartig behandelt werden[9]. Hierbei ist zu unterscheiden zwischen den elektronischen Zahlungssystemen am Point of Sale (POS) und den Internet-Bezahlsystemen, bei denen der Kunde zum Zahlungszeitpunkt am Verkaufsort nicht physisch anwesend ist. Darüber hinaus haben die Technologien für Kartensysteme und E-Payment neben der Nutzung in Zahlungssystemen insbesondere im Tourismus intensive Anwendung als Kundenkarten, Wertkarten, E-Tickets, Zutrittsmedium oder Destinationskarte gefunden, auf die im zweiten Abschnitt dieses Beitrags eingegangen wird. Schließlich haben in den letzten Jahren Smartphones wichtige Funktionen in vielen Zahlungs- und Kartensystemen übernommen, z. B. bei der Umsetzung der für Identifizierungen notwendigen 2-Faktor-Authentifizierung (2FA), die seit 2018 durch die EU-Zah-

---

9 Jede Zahlungsform ist mit technisch-organisatorischen und rechtlichen Bedingungen und Risiken für alle am Zahlungsvorgang beteiligten Parteien verbunden, die im Beitrag nur überblicksartig behandelt werden können. Trotz sorgfältiger Recherchen kann keine Gewähr für die im Beitrag gemachten Aussagen übernommen werden. Stets sind die aktuellen Vertragsbedingungen der Zahlungssystem-Anbieter zu beachten!

lungsdiensterichtline (PSD2 – Payment Services Directive 2) vorgeschrieben ist. Zudem haben sich alternative Zahlungssysteme wie z. B. Regionalgeld verbreitet und Blockchain-Technologien realisieren Kryptowährungen (vgl. Kap 1.2.3) und Smart Contracts.

5.3.1 Digitale Zahlungs- und Kartensysteme am Point of Sale

Digitale Zahlungssysteme am POS ermöglichen Kunden von Handels- und Tourismusunternehmen die bequeme bargeldlose, computergestützte Bezahlung, wenn sie am Point of Sale (Restaurant-Tisch, Kasse, Automat etc.) anwesend sind. Folgende elektronische POS-Zahlungssysteme haben eine besondere Relevanz für den Tourismus:
- Kreditkarten,
- Debitkarten,
- Geldkarten,
- Guthabenkarten und
- Smartphone-Bezahlsysteme.

Obwohl viele der hier genannten Systeme nicht nur bei Anwesenheit des Kunden am POS, sondern auch zur Zahlung im Fernabsatz, bei telefonischen Reservierungen und insbesondere im Internet genutzt werden, sind die Verträge, Prozesse und technologischen Sicherheitsvorkehrungen aufgrund der durch die „Abwesenheit des Kunden und seiner Karte" bedingten höheren Risiken anders. Im Gegensatz zum Bargeld ist kein Händler oder Kunde verpflichtet, eines dieser digitalen Zahlungssysteme, die auch als Bezahlsysteme oder Zahlverfahren bezeichnet werden, zu nutzen oder zu akzeptieren. Meist beinhalten jedoch die Vertragsbedingungen, die ein Händler zur Teilnahme an Systemen des elektronischen Zahlungsverkehrs akzeptiert, dass allen Kunden die Zahlung mit dem jeweiligen System zu gewähren ist. Jüngst wird zur Bekämpfung der Geldwäsche und aus Hygienegründen sogar über die Einschränkung des Bargeldverkehrs zugunsten digitaler Zahlungen diskutiert. Für weitere rechtliche Aspekte zu allen in diesem Beitrag genannten Zahlungssystemen vgl. insb. Toussaint 2020 und Wahlers 2013.

Zunächst sind von allen Beteiligten gewisse technische und organisatorische Vorbereitungen mit weiteren Akteuren (z. B. Bank, Kartengesellschaft, Zahlungsterminal-/Netzprovider) zu treffen, um das jeweilige Zahlungsverfahren einzusetzen. Der Vorteil der Bequemlichkeit für den Kunden und entsprechende verkaufsfördernde Effekte für die Händler und insbesondere die Leistungsträger im Tourismus haben jedoch zu einer großen Verbreitung der digitalen Zahlungssysteme geführt (vgl. Kretschmar 2012, Mosen et al. 2016, Sidelov 2017).

	Kreditkarten	Debitkarten	Geldkarten	Prepaid-(Kredit)karten Pre-/Postpaid-Kundenkarten
Beispiele: *Ohne Wertung und ohne Anspruch auf Vollständigkeit*	American Express (NFC), Master Card (PayPass), Visa (PayWave), Diners Club (NFC) (alle global)	girocard (auch kontaktlos) (Deutschland), Maestro (PayPass, global), Visa Electron / V Pay (PayWave)	GeldKarte/girogo - 2024 (Deutschland), s Prepaid (Österreich) mehrere in der Schweiz	„Prepaid-Kreditkarten" Eigenbetriebene Kartensysteme, z.B. Kunden-/Mitarbeiter-/Fahr-/Handy-/Destinationskarten
Kosten/Gebühren:	In der Regel X% vom Umsatz; zzgl. Kosten/Miete für Terminalbetrieb	girocard: Y% Maestro: Z% vom Umsatz; zzgl. Kosten/Miete für Terminalbetrieb	GeldKarte : N% vom Umsatz; zzgl. Kosten/Miete für Terminalbetrieb	„Ähnlich wie Kreditkarte" Aufwand für Eigenbetrieb des Zahlungssystems (Karten, Automaten und Kartenterminals)
Typische Nutzung: *Beispiele:*	Mittlere und größere Beträge bei Hotels, Restaurants, Reisebüros, Parkautomaten, Reservierungen, etc. Kleinbeträge (kontaktlos)	Kleinere, mittlere und größere Beträge im Einzelhandel, Ticketverkauf, Restaurants, Hotels, Automaten, etc.	Kleinbeträge, vor allem im ÖPNV, bei Automaten insb. mit Jugendschutz-relevantem Angebot, Schulspeisung, u.v.m.	„Ähnlich wie Kreditkarte" mittlere/kleinere Beträge in Gemeinschafts-verpflegungen, Cafeteria, Automaten, Hotel; Ausweis, Zugangskarte, Skipass, etc.
Authentifizierung:	Kartenvorlage/einlesen & Signatur, Ausweis, PIN/NFC	Karte einlesen & Signatur PIN eingeben, NFC	Elektronische Chip-Prüfung meist per NFC	Karte einlesen - PIN je nach Technologie
Sperrabfrage/Autorisierung:	Online – zum Teil abhängig vom Betrag 2-Faktor Authentifizierung	Sperrabfrage und Online-Autorisierung zum Teil abhängig vom Betrag, 2-Faktor Authentifiz.	Keine Sperrabfrage / Autorisierung im Chip	„Online-Abfrage" elektronisch je nach System und Technologie unterschiedlich
Zahlungs-garantie:	Bei Prozedureinhaltung: Kreditkarten-Gesellschaft	Bei Prozedureinhaltung: Ausgebende Bank	Ausgebende Bank	Kreditkarten-Gesellschaft Betreiber des Kartensystems selbst

Abb. 5.3.1: Vergleich elektronischer Zahlungs- und Kundenkarten am POS aus Händlersicht (Stand März 2021, ohne Gewähr, Wertung und Anspruch auf Vollständigkeit).

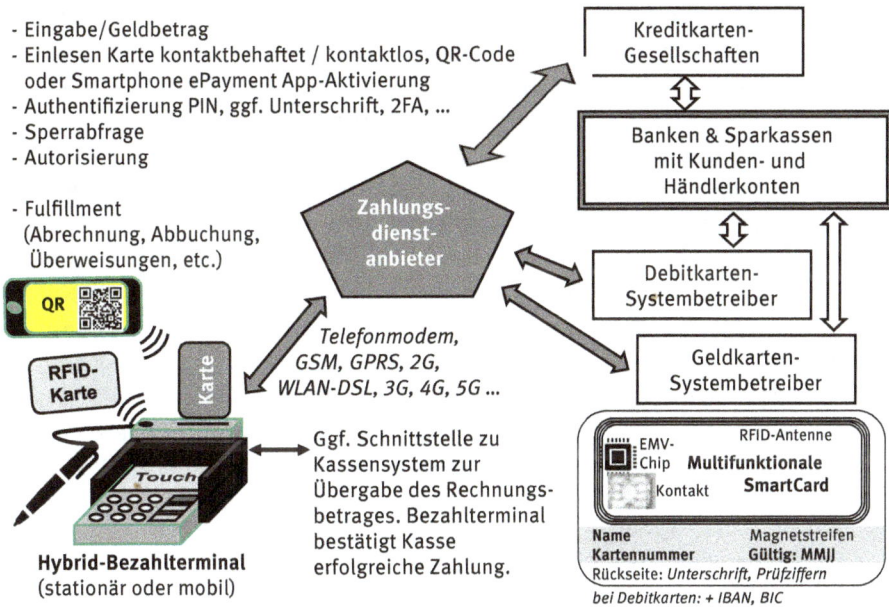

- Eingabe/Geldbetrag
- Einlesen Karte kontaktbehaftet / kontaktlos, QR-Code oder Smartphone ePayment App-Aktivierung
- Authentifizierung PIN, ggf. Unterschrift, 2FA, …
- Sperrabfrage
- Autorisierung

- Fulfillment (Abrechnung, Abbuchung, Überweisungen, etc.)

QR

RFID-Karte

Karte

Hybrid-Bezahlterminal (stationär oder mobil)

Touch

Ggf. Schnittstelle zu Kassensystem zur Übergabe des Rechnungsbetrages. Bezahlterminal bestätigt Kasse erfolgreiche Zahlung.

Telefonmodem, GSM, GPRS, 2G, WLAN-DSL, 3G, 4G, 5G …

Zahlungs-dienst-anbieter

Kreditkarten-Gesellschaften

Banken & Sparkassen mit Kunden- und Händlerkonten

Debitkarten-Systembetreiber

Geldkarten-Systembetreiber

EMV-Chip — **Multifunktionale SmartCard** — RFID-Antenne — Kontakt

Name — Magnetstreifen
Kartennummer — **Gültig: MMJJ**
Rückseite: *Unterschrift, Prüfziffern*
bei Debitkarten: *+ IBAN, BIC*

Abb. 5.3.2: Hybrid-Bezahl-/Kartenterminal eines Zahlungsdienstanbieters am Point of Sale.

Verschiedene Anbieter von Zahlungssystemdiensten[10] bieten Händlern, Gastronomen und Hoteliers sog. integrierte oder auch *hybride Kartenterminals* (vgl. Abb. 5.3.2) an, die sowohl für die Akzeptanz von Kreditkarten als auch von Debitkarten und Geldkarten kontaktbehaftet und kontaktlos geeignet sind.

Bei diesen Zahlungsdienstanbietern kann man also diverse elektronische Zahlungssysteme inklusive Zugang zu den Netzprovidern und Fullfilment-Diensten (Durchführung der Abrechnungen und Überweisungen mit allen Beteiligten) aus einer Hand beziehen.

Kreditkartensysteme

Wie Registrierkassen haben moderne Kreditkartensysteme ihren Ursprung in der Gastronomie. 1950 soll laut Gründungsmythos der Amerikaner Frank McNamara beim Mittagessen in einem Lokal bemerkt haben, dass er seinen Geldbeutel vergessen hatte. Das Lokal akzeptierte seine Visitenkarte als Zahlungsgarantie. Er gründete dann Diners Club als erste Kreditkartenfirma. Die heute weltweit operierende Kreditkartenorganisationen (vgl. Abb. 5.3.1) geben bonitätsgeprüften Direktkunden oder bonitätsgeprüften Kunden kooperierender Banken gegen jährliche Gebühr eine maschinenlesbare (erhabene und mit sog. Ritsch-Ratsch-Gerät kopierbare Schrift, Magnetstreifen, Kundenunterschrift, evtl. Chipkarte) Plastik-Kreditkarte aus. Händler

---

10 Beispiele für Zahlungsdienstanbieter am POS sind concardis, Unzer, Six, First Data und andere.

schließen mit den Kreditkartenorganisationen bzw. mit in deren Auftrag tätigen Serviceanbietern (sog. Akquirern) oder Banken (sog. Akquiring-Banks) Verträge. In diesen erpflichten sich die Kreditkartenorganisationen die von Karteninhabern durch Vorlage ihrer Kreditkarte und Unterschrift auf einem speziellen Beleg mit dem Kartenabdruck bestätigten Zahlungen zu übernehmen. Für diese Zahlungsgarantie/-haftung (Delcredere) und die Abwicklung muss der Händler einen Abschlag (Disagio von einigen Prozent der Rechnungssumme zuzüglich einer festen Transaktionsgebühr) bezahlen und ist dann Akzeptanzstelle für die jeweilige Kreditkarte. Der Kunde erhält von der Kartengesellschaft eine monatliche Abrechnung aller Zahlungen, die dann von der Kreditkartengesellschaft vom Konto des Karteninhabers eingezogen werden. Hierdurch bekommt der Kunde de facto einen „Kredit", da er erst später zahlen muss und bei entsprechendem Überziehungsrahmen auch tatsächlich von der Bank oder Kreditkartengesellschaft eine Kreditlinie gegen entsprechende Zinsen eingeräumt bekommt.

Um die Sicherheit der Kreditkartenzahlung zu erhöhen, erfolgt der Nachweis der Vorlage der Kreditkarte heute nicht mehr durch die Ritsch-Ratsch-Kopiervorrichtung, sondern elektronisch über ein stationäres, portables oder mobiles Kreditkartenterminal. Es wird meist mit einem Servicevertrag von einem Provider bezogen, der über einen zertifizierten Netzprovider Daten mit Kreditkartengesellschaften austauschen kann. Zur Zahlung wird der Rechnungsbetrag per Schnittstelle aus dem Kassensystem oder manuell in das Kartenterminal eingegeben und die Kreditkarte des Kunden eingelesen. Das Kartenterminal stellt über einen beliebigen Netzzugang (vgl. Abb. 5.3.2) eine verschlüsselte Verbindung über den zertifizierten Netzwerkprovider und Akquirer zur Kreditkartenorganisation her. Diese prüft, ob die Karte echt und gültig oder gar gesperrt ist und der Betrag das mit dem Kunden vertraglich vereinbarte Limit nicht übertrifft. Ist alles in Ordnung, wird die Transaktion freigegeben und vom Kartenterminal ein (Doppel-)Beleg mit den Transaktionsdaten zur Unterschrift bzw. als Kopie für den Kunden ausgegeben. Da Kartendiebe die auf der Karte ablesbare Kundenunterschrift leicht nachahmen können, wird inzwischen ggf. betragsabhängig nach der EU-Payment Security Directive II (PSD2) eine sog. starke Authentifizierung des Kunden durch zwei oder mehr Faktoren (2-/Multi-Faktor-Authentifizierung – 2FA), wie z. B. die Vorlage eines Personalausweises oder die Eingabe einer nur dem Kunden bekannten geheimen PIN verlangt (vgl. Bramberger 2019, Toussaint 2020, Kreditkarten.net 2021). Alle Systeme, die Kredit-/Debitkarten verarbeiten, übertragen oder speichern, müssen technisch (Passwort-Schutz, Verschlüsselung etc.) und organsatorisch dem PCI DSS (Payment Card Industry Data Security Standard) genügen. Die Hospitality-Industrie versucht mit der HTNG (Hospitality Technology Next Generation) Payments-Security-Framework-Spezifikation von 2013 für ihre Systeme mit einer Token-Technologie (vgl. 5.3.1 Wallets) weitestmöglich auf die Haltung von Karteninformationen zu verzichten.

Die Überweisung der Kreditkartengesellschaft an den Händler kann bei dieser elektronischen Variante mit einer zusammenfassenden Aufstellung als sog. Fulfillment-Service des Akquirers automatisch veranlasst werden. Die unterschriebenen Belege werden zu Nachweiszwecken aufbewahrt bzw. bei Unterschrift auf einem

Touchscreen des Kartenterminals gespeichert. Ursprünglich wurden die Kartendaten entweder am Bezahl-/Kartenterminal eingetippt oder vom Kartenterminal über
Magnetstreifen eingelesen. Später wurden elektronische Mikrochip-Speicher/-Pro-
zessoren mit erweiterten Verschlüsselungsfunktionen in die Karten integriert, weshalb diese auch als Chipkarten oder Smartcards bezeichnet werden.

Um auch kontaktlose Datenübertragung zu ermöglichen, wurden Chipkarten um
RFID (Radio Frequency IDentification) erweitert. RFID erlaubt die Datenübertragung
ohne leitende Pin-Kontakte zwischen einer mit Induktiv-Antenne und Chip ausgestatteten batterielosen Karte, die von einem Lese-/Schreibgerät mit elektromagnetischen
Wellen auf kurze Entfernung bzw. bei Berührung angestrahlt wird (vgl. Finkenzeller
2015 und Abb. 5.3.2). Durch Induktion geraten Induktiv-Antenne und Kartenchip in Resonanz, werden mit Induktionsstrom versorgt und reflektieren die eingehenden elektromagnetischen Wellen nicht unverändert, sondern mit aufmodulierter Information,
die durch das Lese-/Schreibgerät detektiert werden kann. Eine eindeutige geheime Kar-
ten-Identifikationsnummer kann dabei ausgelesen und an die Kreditkartengesellschaft
übertragen werden, welche alle zur Karte gehörigen Informationen in ihren Rechnern
hinterlegt hat und nun die Zahlung veranlassen und verbuchen kann.

Die marktführenden Kreditkartengesellschaften Europay (von Mastercard übernommen), Mastercard und Visa haben auf der Basis des RFID-Standards die Spezifikation für EMV-Chips entwickelt (vgl. Abb. 5.3.2), die heute zusätzlich zu Magnetstreifen
und kontaktbehafteten Chip-/SIM-Technologien (Subscriber Identifcation Module) auf
multifunktionalen Karten integriert sind[11]. Die Kombination der RFID-Technologie zur
kontaktlosen Identifizierung mit SmardCards und erweiterten Security-Funktionen für
Zahlungen, Kundenkarten, Tickets etc. wird allgemeiner im NFC-Standard (Near Field
Communication) geregelt. NFC definiert auch, wie Handys bzw. Smartphones als
RFID-Smartcard-Ersatz fungieren können, insbesondere auch für Handy-Bezahl-
und Ticket-Systeme, die nachfolgend noch genauer beschrieben werden.

Eine besondere Bedeutung haben Kreditkarten im Business Travel Management
(Kap. 3.3). Geschäftsreisende erhalten von ihren Unternehmen Kreditkarten, um auf
Reisekostenvorschüsse verzichten zu können und von der Kreditkartengesellschaft
eine automatische Aufstellung aller auf der Reise getätigten Zahlungen zu erhalten.
Dies vereinfacht die Abrechnung und reduziert den Aufwand der Reisekostenerstat-
tung. Viele Kreditkartenanbieter bieten auch zusätzlich diverse Reiseversicherungen
automatisch bei Kreditkartenzahlung an. Umgekehrt vermitteln Flug-, Mietwagen-
und Hotelgesellschaften ihren Kunden eine Kreditkarte als Kundenkarte mit einem
umfassenden Bonusprogramm nicht nur bei Buchungen, sondern auch für diverse
komplementäre Einkäufe in einem großen Netz von Kooperationspartnern. Die Kredit-

---

11 Die Fähigkeit zum kontaktlosen Bezahlen wird auf Karten durch Logos mit Funkwellen))) und
Markenbezeichnungen wie Mastercard PayPass, Visa payWave signalisiert. Auch American Express, JCB, DiscoverCard, Diners Club und andere Kreditkartensysteme bieten diese Funktionen.

karte dient Fluggesellschaften und Bahnunternehmen als Identifikationsmedium für elektronische Tickets, und Hotels nutzten bis zur Einführung der 2-Faktor-Authentifizierung die hinterlegten und geprüften Kreditkarten-Daten als Sicherheit. Viele Veranstalter und Leistungsträger bieten Reisebüros an, über die Masken der touristischen Distributionsnetzwerke der GDS und ADS (vgl. Kap. 4.6.4) bzw. der Midoffice-Systeme (vgl. Kap. 3.1) die Kreditkartendaten der Kunden zu erfassen, zu prüfen und das Inkasso mit den Kartengesellschaften durchzuführen. Die Reisebüros benötigen bei diesem kreditkartenbasierten Veranstalterinkasso keinen eigenen Vertrag mit einer Kreditkartengesellschaft und müssen kein Disagio zahlen. Sie haben aber für die Prüfung der Karte, die Identifizierung/Authentifizierung des Kunden durch Ausweisvorlage, Einholung der Kundenunterschrift/Signatur etc. erheblich Sorgfaltspflichten (vgl. Midoco[12] 2019 und Bramberger 2019). Immer mehr Reisebüros verwenden bei Reisebüro-Inkasso und Eigenveranstaltungen auch Kreditkarten für ihre Zahlungen an Leistungsträger im In- und Ausland. Um die sensible Übertragung, Speicherung und Hinterlegung von Kreditkartendaten durch geeignete technische und organisatorische Sicherheitsmaßnahmen zu schützen, müssen alle Systeme, die mit Kreditkartendaten umgehen, den PCI DSS (Payment Card Industry Data Security Standard) umsetzen und hierfür zertifiziert sein (Haseen 2018).

Debitkartensysteme

Bei einer elektronischen Zahlung mit einer Debitkarte (EC – Electronic Cash bzw. girocard oder Maestro) wird das Girokonto des Karteninhabers unverzüglich belastet (debitiert). Ein Kredit wird nicht gewährt. Das früher EC genannte Verfahren wird in Deutschland vom ZKA (Zentraler Kreditausschuss, der Spitzenverband der Deutschen Kreditwirtschaft heute: Die Deutsche Kreditwirtschaft – DK) organisiert. Es läuft seit 2008 mit neuem Logo unter dem übergeordneten Begriff *girocard,* um die internationale Akzeptanz deutscher EC-Karten im Euroraum im Rahmen der Einführung des einheitlichen europäischen Zahlungsverkehrsraums (SEPA – Single European Payment Area, vgl. Megue 2018) zu erhöhen.

Das Maestro-Debitkartensystem wird international von Mastercard organisiert, die auch eine Mastercard Debit anbietet; das Debitkartensystem von Visa heißt Visa Elektron bzw. V Pay und soll zukünftig V Debit heißen. Debitkarten mit dem EC/girocard und Maestro-Logo, Magnetstreifen, ggf. Chip und Kundenunterschrift werden von Banken und Sparkassen in Deutschland an Inhaber eines Girokontos ausgegeben. Im Gegensatz zu Kreditkarten enthalten Debitkarten Informationen zum verbundenen Bankkonto und zur Bank des Karteninhabers. Der Kunde erhält zusätzlich immer eine nur ihm bekannte geheim zu haltende vier- bis sechsstellige

---

12 Eine genaue Beschreibung der Prozesse z. B. der Reisebüros bei der Erfassung und Verwendung von Kreditkartendaten des Kunden abhängig vom Vertriebskanal und der Inkassoform nach PSD2 findet sich bei Midoco 2019.

PIN (Persönliche Identifizierungs-Nummer) zur Authentifizierung. Mittels girocard und Angabe der PIN können Kunden mit dem Geld auf ihrem Girokonto elektronisch zahlen und es als Bargeld von Bankautomaten abheben.

Händler benötigen zur Teilnahme am jeweiligen Debitkartenverfahren ein für dieses Verfahren zertifiziertes Kartenterminal und einen Servicevertrag mit einem zertifizierten Netzprovider. Außerdem brauchen sie neben einem Konto bei ihrer Bank einen gebührenpflichtigen Inkassovertrag, der die Bank verpflichtet, alle Debitkartentransaktionen am Kartenterminal bei den Banken der Debitkartenbesitzer einzuziehen. Die Banken der Debitkartenbesitzer erhalten für die für ihre Kunden übernommene Zahlungsgarantie ein sog. Händlerentgelt.

EC-/Debitkartenzahlungen am Kartenterminal erfolgen anders als bei Kreditkarten: Nach Eingabe der Zahlungssumme wird die girocard eingelesen und der Kunde authentifiziert sich „immer" mit seiner PIN. Wie beim Kreditkartenterminal stellt das girocard-Terminal über den Netzprovider eine Verbindung zum Autorisierungssystem der Bank her, welche die Debitkarte herausgegeben hat. Das Autorisierungssystem prüft neben der Echtheit und Gültigkeit der Karte die Sperrdateien, die PIN und den verfügbaren Finanzrahmen des Kunden und autorisiert die Transaktion mit einem nicht zu unterschreibenden (Doppel-)Beleg. Die obligatorische PIN-Eingabe ist sicherer als eine fälschbare Unterschrift, weshalb die Zahlung auch ohne Unterschrift für den Händler gesichert ist und die 2-Faktor-Authentifizierung erfüllt. Der volle Zahlungsbetrag wird über den Fulfillment-Dienst des Netzproviders und den Inkassodienst der Bank des Händlers unverzüglich bzw. innerhalb weniger Tage eingezogen, wobei die Zahlung sofort intern vorgemerkt wird und ggf. spätere Zahlungen über dem Limit/Kontostand wirksam verhindert werden können. Alle anfallenden Gebühren werden vom Händler gezahlt. Die Kosten pro Transaktion sind aber wegen der beim Debitkartenverfahren in geringerem Umfang vorhandenen Kredit- und Sicherheitsrisiken insgesamt meist niedriger als bei Kreditkartenzahlungen mit ihrem relativ hohen Disagio. Ebenso wie Kreditkarten sind Debitkarten in den letzten Jahren um die kontaktlosen Datenübertragungsverfahren Girocard kontaktlos bzw. Maestro PayPass, VPay payWave ergänzt worden nach den EMV/NFC/RFID-Standards.

SEPA-Lastschriftverfahren: Da sie mit einem Konto verbunden sind, ermöglichen Debitkarten auf der Basis ihrer Informationen zu Konto und Bank des Karteninhabers neben dem sicheren PIN-basierten Verfahren auch sog. Lastschriftzahlungen: Alle Lastschriftverfahren wurden zwischen 2014 und 2016 durch das europaweite SEPA-Credit Transfer-Verfahren (SEPA – Single European Payment Area, SCT – SEPA Credit Transfer) modernisiert, bei dem die nationalen Bankleitzahlen und Kontonummern durch höherstellige EU-weit gültige BIC (Bank Identification Code) und IBAN (International Bank Account Number) ersetzt werden. Außerdem treten für SEPA-Lastschriften gemeinsame EU-Vorschriften in Kraft (vgl. Megue 2018): Bei jeder Lastschrift sind zusätzliche Angaben wie Fälligkeitsdatum (Due-Date), eine europaweit eindeutige Gläubiger-ID des Händlers (Creditor-ID) und eine vom Gläubiger eindeutig zu vergebende Mandatsreferenznummer für jeden Zahlungsvorgang bzw.

Vertrag mit dem jeweiligen Kunden notwendig. Außerdem ergeben sich neue erweiterte Widerrufsrechte, Widerrufsprozesse und -fristen und technische Neuerungen (Toussaint 2020).

Beim **OLV (Online-Lastschriftverfahren)** liest das Kartenterminal die Bank-/Kontodaten des Kunden ohne PIN-Prüfung, aber mit Belegunterschrift ggf. auf dem Touchscreen ein. Die Zahlung wird vom Zahlungsdienstleister durch Überprüfung von Sperrlisten bzw. Blacklists (gesperrte Karten und Konten/Karten mit Auffälligkeiten) „online" autorisiert. Das Blacklisting von Konten/Karten mit verdächtigen Zahlungsaktivitäten ist ein Anwendungsfeld für Predictive Analytics und Künstliche Neuronale Netze.

Beim **ELV (elektronisches Lastschriftverfahren)** wird auf Online-Autorisierung verzichtet und es werden nur die Kontonummer (IBAN) und Bankleitzahl (BIC) ausgelesen und die Belegunterschrift erfasst bzw. eingeholt. Beide Verfahren sind zwar billiger, aber mit erheblich höheren Ausfallrisiken durch Missbrauch und Rücklastschriften verbunden, wenn Kunden den Lastschrifteinzug bei ihrer Bank nachträglich verweigern. Wegen der fehlenden Garantien sind SEPA-Lastschriften wie auch die durch SEPA vereinheitlichten Bankeinzugsverfahren für Händler erheblich unsicherer als Kreditkarten und EC/Debitkarten-Zahlungen. Sie sind aber bei Kunden beliebt und dienen als verkaufsfördernde Maßnahmen. Zahlungsdienstanbieter bieten Händlern bei Problemen komplementäre Inkasso- bzw. Factoring-Dienstleistungen an.

Geldkartensysteme

Während Kreditkarten für die Zahlung höherer Beträge und Debitkarten für mittlere Beträge auf der Basis von Kontenbewegungen konzipiert wurden, sind Geldkarten explizit für kleine Zahlungsbeträge ähnlich einer nachladbaren elektronischen Geldbörse entwickelt worden. Sie eignen sich besonders zur Zahlung an Automaten und für Jugendliche, da sie kein eigenes Konto voraussetzen. Technische Basis für die Geldkarte ist ein (Mikro-)Chip mit eigener Rechenfunktion. Er kann Berechnungen zur Ver- und Entschlüsselung ausführen und in einem Speicher u. a. ein Geldguthaben verwalten. Seit 2012 wird zusätzlich zum kontaktbehafteten Geldkartenchip in Deutschland die RFID/NFC-Erweiterung *girogo* angeboten. Hiermit kann die Geldkartenzahlung an RFID/NFC-fähigen Zahlterminals auch kontaktlos erfolgen.

Kontogebundene Geldkarten werden als Zusatzfunktion zu Debit- oder Kreditkarten von Sparkassen und Banken an Kunden mit Girokonten ausgegeben. Kontogebundene kombinierte Geld-/Debitkarten können an Bankautomaten und auch an Händler-Bezahlterminals mit Hilfe der Debitkartenfunktion aufgeladen werden.

Kontoungebundene Geldkarten (sog. White Cards) können z. B. auch von Verkehrsbetrieben an anonyme Kunden ohne Konto verteilt werden. Sie können an speziellen Ladeterminals mit Bargeldeinzugsfunktion oder ggf. einem weiteren zweiten Kartenleser zum Laden von einer Debitkarte oder am Bankschalter gegen Bargeldeinzahlung geladen werden. Dabei wird von der ausgebenden Bank der auf die Geldkarte eingezahlte Betrag auf ein Börsenverrechnungskonto gebucht. Es ist ein Sammelkonto für alle Guthaben der Geldkarten einer Bank. Außerdem wird von der sog. Karten- oder Kundenevidenzzentrale ein zur Geldkarte gehörender Schattensaldo geführt, der das Kartenguthaben zusätzlich zum Speicherchip auf der Karte abbildet (vgl. Abb. 5.3.3).

Zahlungsvorgang mit der Geldkarte bzw. kontaktlosem girogo

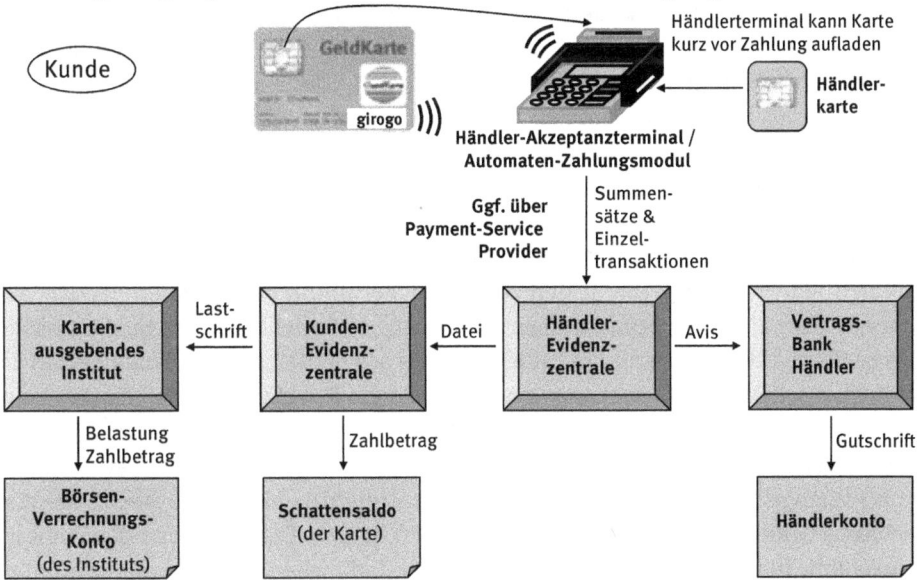

Abb. 5.3.3: Zahlungsprozess mit der Geldkarte (Quelle: in Anlehnung an VÖB 2009) bis 2024.

Händler, Hoteliers und Gastronomen, die Geldkarten zur Zahlung akzeptieren wollen, benötigen ein stationäres, portables oder mobiles Geldkartenterminal (Händlerterminal). Für Automatensysteme gibt es spezielle Geldkartenmodule. Zur Aktivierung der Geldkartenterminals oder -module benötigt man sog. Händlerkarten, die ebenfalls von Sparkassen und Banken an Händler mit einem Konto ausgegeben werden. Geldkartenterminals/-module müssen nicht zwingend bei einer Zahlung eine Online-Verbindung zu zentralen Prüf- oder Autorisierungsrechnern aufbauen. Der auf der Kundengeldkarte verschlüsselt gespeicherte Geldbetrag wird nach Karteneinführung durch den Kunden ohne PIN und Unterschrift um die zu zahlende Summe vermindert. Die Zahlung wird mit Informationen über die Kundengeldkarte sowie mit Terminal- und Händlerinformationen aus der im Terminal oder Modul eingesetzten Händler-Chipkarte im Terminal/Modul gespeichert. Erst beim Kassenabschluss werden vom Händlerterminal bzw. Automatenmodul alle Zahlungsdaten in einem Summensatz über einen Händler-Netzbetreiber an eine sog. Händler-Evidenzzentrale gesendet. Diese lässt die im Summensatz verzeichneten Zahlungsbeträge über einen elektronischen Avis an die Händlerbank auf dem Händlerkonto gutschreiben und zieht über die Karten- oder Kundenevidenzzentrale die Beträge per SEPA-Lastschrift von den Börsenverrechnungskonten der Kundenbanken ein. Die Kartenevidenzzentrale reduziert entsprechend die Schattensalden der betroffenen Kundengeldkarten, die nun wieder dem auf der Karte gespeicherten Betrag entsprechen (vgl. Abb. 5.3.3). Durch die Schattensalden kann das Guthaben einer Geldkarte bei einem technischen Defekt bei vorliegender Geldkarte und nach angemessener Wartezeit rekonstruiert werden. Kommt die Geldkarte allerdings abhanden, kann jeder Finder wie bei einer Geldbörse technisch über das Kartenguthaben verfügen, selbst wenn ihm das rechtlich nicht zusteht. Händler, Hotelier oder Gastronom bekommen aber in jedem Fall ihr Geld.

Die einzelnen Zahlungstransaktionen mit Geldkarten sind aufgrund der technischen Vorgänge und Vorkehrungen sehr sicher und bei rechtzeitiger korrekter Einreichung von den Banken garantiert. Sie sind wegen des Verzichts auf Online-Autorisierung sehr schnell und von den Gebühren her sehr günstig. Automatenaufsteller können auf aufwendige Bargeldeinzugs- und Verwahrungsfunktionen verzichten, müssen aber auf eine gegen Stromausfall gesicherte Speicherung der Summensätze bis zu deren Übertragung an die Evidenzzentrale achten. Kontogebundene Geldkarten enthalten zudem eine Altersangabe gespeichert, die z. B. bei Zigarettenautomaten eine Zahlung und Selbstbedienung durch minderjährige Geldkartenbesitzer einschränkt. Die Zahlung mit kontoungebundenen White-Cards ist anonym. Saldenbewegungen von kontengebundenen Geldkarten sind rekonstruierbar. Ähnliche Systeme wie die deutsche GeldKarte wurden auch in anderen Ländern wie Österreich und der Schweiz eingeführt. In Deutschland haben viele Banken und insbesondere Sparkassen ihren Kunden fast alle Debitkarten mit Geldkarten-Chip und RFID-NFC-Chip automatisch als kombinierte Multifunktionskarten für beide Zahlungssysteme und für kontaktlose Zahlung ausgegeben. Allerdings war die Nutzung der Geldkartenfunktion so gering, dass in Deutschland keine Geldkarten mehr ausgegeben und bis 2024 sowohl der Geldkartenservice als auch girogo komplett eingestellt werden. Eine Rolle spielt dabei auch die Konkurrenz alternativer Prepaid-Kreditkarten, Prepaid-Kundenkartensystemen und neuerer Smartphone-Bezahlsysteme. In Österreich werden S Prepaid und in der Schweiz mehrere vergleichbare Dienste weitergeführt.

Prepaid-(Kredit)karten

Als Alternative zu klassischen Kredit- und Debitkarten werden von einigen Banken und den genannten Kreditkartengesellschaften Guthabenkarten als „Prepaid-Karten", „Prepaid-Kreditkarten", „aufladbare Kreditkarten" bzw. „Kreditkarten auf Guthaben-Basis" ohne Girokonto, Schufa-Auskunft und Bonitätsprüfung gegen Gebühren angeboten. Man kann mit ihnen weltweit an den Kreditkarten-Akzeptanzstellen auch im Internet elektronisch zahlen, wenn vorher auf einem speziellen Kartenkonto ein entsprechendes Guthaben (auch größere Beträge als mit Geldkarte) eingezahlt wurde. Da inzwischen auch normale Kreditkarten wegen der 2-Faktor-Authentifizierung selten ohne Terminalabfrage und PIN akzeptiert werden, unterscheidet sich ihre Nutzung kaum noch von der einer normalen Kreditkarte inklusive der kontaktlosen Bezahlmöglichkeiten. Früher waren Prepaid-Kreditkarten an der nichterhabenen Schrift erkennbar. Die VIABUY Prepaid Mastercard verfügt aber sogar über eine erhabene Schrift.

Prepaid-/Postpaid-Kundenkartensysteme
Prepaid-Karten, Guthabenkarten oder auch *Wertkarten* sind Karten, die anhand verschiedener Technologien (Barcode, Magnetstreifen, Chip, RFID-Tags etc.) bzw. durch Online-Kontoabfragen ermitteln, was ein Kunde für den späteren Konsum von Produkten oder Dienstleistungen beim Anbieter vorausbezahlt hat. Sie werden beim eigentlichen Produkt- oder Dienstleistungskonsum bzw. der Zahlung ganz oder teilweise entwertet, können aber durch weitere Einzahlungen des Kunden an Kassen oder Bargeld-Ladeautomaten oder Überweisungen auf spezielle Kartenkonten wieder aufgeladen werden (vgl. Abb. 5.3.1).

Oft werden *Kundenkarten* von öffentlichen und privaten Produkt- und Dienstleistungsanbietern bzw. Kooperationen in Eigenverantwortung und nur für ihre eigenen Kundengruppen eingeführt und betrieben (vgl. Ranzinger 2017). Sie dienen dann zur Gewährung von Sonderkonditionen, Erfassung und Gutschrift von Rabatten und Boni, als „Schlüssel" für Zugangssysteme (vgl. Kap. 4.3.5), elektronische Tickets/Fahrausweise/Zeitkarten, Bonus-/Rabattkarten, Kundenausweis oder zur systematischen Erfassung der Kaufgewohnheiten. Beispiele sind Karten von Verkehrsbetrieben, Fremdenverkehrsregionen, Telefon- und Mobilfunkgesellschaften, Bädern, Krankenhäusern, Hotelketten, Kantinenbetrieben, Studentenwerken, Automatenaufstellern etc. Entsprechend vielfältig sind die technischen Realisierungsformen, Funktionen, Anwendungsmöglichkeiten und Sicherheitsvorkehrungen. Der Wert eines Guthabens kann entweder direkt auf der Karte oder in zentralen Systemen gespeichert sein, die an vernetzten Lesegeräten bei Berührung oder berührungslos einen eindeutigen Kartenschlüssel auslesen, dem sie das entsprechende Kartenguthaben zuordnen. Die nicht von der Kreditwirtschaft betriebenen Guthabenkarten sind nur bei den ausgebenden Organisationen, bei denen die Vorauszahlung erfolgte bzw. den angegebenen Kooperationspartnern einlösbar. Guthabenkarten sind z. B. als Kunden- und Mitgliedskarten, Touristenkarten, Abokarten und Skipässe ein wichtiges Instrument der Kundenbindung und Marktforschung. Sie erlauben eine Reduzierung der Bargeldhaltung sowie eine Vereinfachung, Automatisierung und Erfassung der Konsumvorgänge. Außer dem Aufwand für Systemeinführung und -betrieb sind solche Prepaid-Systeme für Händler finanziell vorteilhaft, da die Kunden dem Händler von der Vorauszahlung bis zum tatsächlichen Konsum ein zinsloses Darlehen gewähren. Mit der Vorauszahlung, selbst wenn sie und die Kartenausgabe anonym erfolgen, ist allerdings bereits ein Vertragsverhältnis zwischen Kunde und Händler zustande gekommen, in dem der Kunde wie bei einem Gutschein einen Anspruch auf die Erfüllung der versprochenen Leistungen erworben hat.

Als sog. *Postpaid-Karten* oder *-Tags* dienen Kundenkarten auch als Medium zur Registrierung von kostenpflichtigen Konsumvorgängen von Gästen, z. B. während eines Hotel-/Resort-, Schwimmbad- oder Club-Aufenthaltes, die erst beim Check-out des Kunden an der Rezeption oder Kasse bezahlt werden (Postpaid-Card). Vorteil für den Gast ist, dass er beim Konsumieren keine Geldbörse mit sich führen muss. Bei Mobilfunkanbietern werden Postpaid-SIM-Karten sogar erst am Monatsende abgerechnet, sind also Varianten der klassischen Vertragsbindung mit Bonitätsprüfung und Schufa-Auskunft, aber ohne Kreditkartengesellschaft, die dem Kunden einen Kredit gewährt. Das Ausfallrisiko bei Postpaid-Kundenkarten trägt der Anbieter der Kundenkarte allein (vgl. Abb. 5.3.1).

Da das Management von Kundenkartensystemen sehr viel technologisches und organisatorisches Know-how verlangt, haben sich inzwischen Kartensystem-Provider etabliert, die den Betrieb von Kundenkartensystemen und kartenbasierten Kundenbindungsprogrammen insbesondere für Handels- und Tourismusunternehmen in deren Auftrag übernehmen. Beispiele für die Vielfalt unterschiedlicher Kartensystem-Provider sind das PAYBACK-System von loyalty partners, die City-Cards von SmartLoyalty oder die (((eTicket VDV Kernapplikation für Elektronisches Fahrgeldmanagement (EFM).

Kundenbindungskarten wie z. B. PAYBACK identifizieren Kunden bei der Bestellung oder Bezahlung, sammeln die Umsätze und gewähren Rabattangebote oder Geschenke in Abhängigkeit vom Einkaufsvolumen. Gleichzeitig werden Informationen zum Kaufverhalten jedes einzelnen Kunden gesammelt und für zielgruppenspezifische Werbung bzw. Kaufangebote verwertet. Kundenbindungsprogramme werden nicht nur Einzelunternehmen, sondern auch kooperierenden Unternehmen, z. B. einer Airline-Allianz oder Hotelkooperation, angeboten. Gleiches gilt für branchenübergreifende Kooperationen z. B. zwischen Autovermietern, Airlines, Hotelketten, Restaurantketten, Handelsketten, bei denen Kunden dann mehr Bonuspunkte einsammeln und einlösen können. Oft werden auch in Kooperationen zwischen touristischen Leistungsträgern und der Kreditwirtschaft speziell für Reisende Kundenbindungskarten angeboten, die gleichzeitig als Kreditkarte dienen.

City-Cards, *Destinations-* oder *Touristenkarten* sind spezielle Kundenkartensysteme zur Förderung des regionalen Tourismus und Erhebung der Kurtaxe (vgl. Pechlaner/Zehrer 2005 und Zankl 2009). Touristische Leistungsträger und Händler einer Stadt oder einer Tourismusregion kooperieren mit den Tourismusorganisationen und Kommunen, um eine Gästekarte mit aufbuchbaren Zusatzleistungen anzubieten. Abbildung 5.3.4 fasst die Organisationsbeziehungen in einem typischen Destinationskarten-System als Rollenmodell zusammen, wobei einzelne Akteure wie Hotels oder Tourismusorganisationen durchaus mehrere Rollen (z. B. Ausgabestelle und Akzeptanzstelle) gleichzeitig wahrnehmen können:

Die Ausgabestellen können für den Verkauf der Karten und das Aufbuchen der Zusatzleistungen Provisionen von den anbietenden Leistungsträgern bekommen. Die Kunden erhalten bei den Kartenakzeptanzstellen für alle freigeschalteten Leistungen

Zutritt bzw. können diese von der Karte abbuchen lassen. Der Kartensystem-Provider organisiert die technischen Infrastrukturen, Karten und den Serverbetrieb, stellt die gegenseitigen Forderungen fest (Clearing), rechnet Kartenzahlungen und Provisionen transparent mit allen Beteiligten ab (Billing), zieht die Gelder ein bzw. überweist sie (Settlement), wofür er Transaktionsgebühren erhält. Übernachtungsgäste fragen die Gäste- oder Kurkarte aktiv nach und sind mit der Kartenausgabe über den Kartensystemprovider automatisch gemeldet bzw. für die Kurtaxe registriert, die dann von der Kommune vollständig von den Beherbergungsbetrieben eingezogen werden kann. Hotels können die Karte bei geeignet standardisierter Technologie gleichzeitig als elektronischen Zimmerschlüssel verwenden (vgl. Kap. 4.3.5). Die transparente Abrechnung erleichtert die Kooperation touristischer Leistungsträger beim Schnüren von Kombi-Angeboten und Leistungsträger, Kommunen und die Tourismusorganisation erhalten wertvolle Nutzungsstatistiken. Der Kunde bekommt bei seinem Aufenthalt in der Destination ähnlich wie in einem Club oder Resort einfachen elektronischen Zutritt zu allen Leistungen, erhält Loyalitätsrabatte und kann auf andere Formen der Zahlung verzichten. Als ÖPNV-, Bergbahn- und Parkticket kann die Gästekarte zudem der Verkehrs- und Besucherlenkung dienen. Die Kommunen können das System auch als Bürgerkarte einsetzten.

Kartensysteme für Verkehrsträger und Mobilitätsanbieter haben eine lange Tradition. Fluggesellschaften und Bahnen betreiben Kartensysteme als Automatenzahlungsmittel, Dauer-Fahrausweise, Zeitkarten, Rabatt- und Bonusprogramme, Zutrittsausweise, z. B. zu Lounges, und Kundenbindungskarten. Je nach Anwendung kommen dabei alle verfügbaren Kartentechnologien zum Einsatz. Im Rahmen der internationalen Airline- und Bahn-Verbände wurden neben betrieblichen, bilateralen und nationalen Regelungen auch zahlreiche internationale Normen zur Ausgestaltung der gegenseitigen Anerkennung insbesondere von Tickets sowie zum Clearing, Billing und Settlement mit Reisemittlern verabschiedet und umgesetzt.

Der (((eTicket-Standard des Verbandes Deutscher Verkehrsunternehmen (VDV) dient zur Förderung der Nutzung einheitlicher Ticket-Karten und intermodaler Mobilität zwischen verschiedenen Verkehrsträgern und Nahverkehrs-Tarifverbünden. Durch einheitliche Smartcard- und RFID-Standards für elektronische Kunden- und Zeitkarten sowie Verbundtickets und eine gemeinsame VDV-Kernapplikation soll die gegenseitige Verrechnung von Beförderungsentgelten und das elektronische Fahrgeldmanagement (EFM) in Deutschland im ÖPNV ermöglicht werden. Lese- und Kontrollgeräte in Bussen und Bahnen erlauben zukünftig sogar exakte nutzungsabhängige Postpaid-Verkehrstarife vom Start- zum Zielort. Branchenübergreifende Kooperationen mit anderen Formen der Mobilität und anderen öffentlichen und privaten Leistungsträgern werden ebenfalls unterstützt.

Auch Autovermieter setzen in großem Umfang Kundenbindungskarten ein und nutzen für das Carsharing spezielle RFID-Folien-Tags (sog. RFID-Sticker), die mit dem Führerschein verklebt als Zugangsmedium für Carsharing-Fahrzeuge dienen (vgl. Kap. 4.5.3).

Kartensystem-Provider
- stellt technische Infrastruktur (Kartenlese-/-ladegeräte und Server) für das Kartensystem bereit und betreibt diese,
- Kartenversorgung & -logistik, Verwaltung von Karten-Sperrlisten, pflegt Kartenleistungen, aufbuchbare Leistungen und Preise ein,
- erstellt Broschüren mit allen angebotenen Kartenleistungen und Landkarten mit Akzeptanzstellenverzeichnis,
- berät und schult bzgl. Kartensystem,
- zieht Gelder von Ausgabestellen ein und verteilt sie an Akzeptanzstellen (Clearing, Billing & Settlement),
- erstellt Statistiken und sammelt Meldedaten für Kommunen.

Kommune(n)/ Meldebehörde(n)
- kooperieren mit Tourismus-Organisation,
- ggf. Beauftragung / Subvention Beaufsichtigung des Providers
- erhalten elektronische Meldescheine,
- erstellen Meldestatistik,
- regeln & ziehen ggf. Kurtaxe ein,
- erstellen / nutzen Statistiken.

Tourismus-Organisation(en)
- initiieren, organisieren und koordinieren Kartensystem,
- werben für Kartensystem bzw. subventionieren dies, akquirieren Kartenausgabe- und -akzeptanzstellen,
- stellen Anforderungen an Kartensystem-Provider,
- nutzen Verkaufsstatistiken und Nutzungsprofile für Tourismusentwicklung,
- fördern Kooperationen der touristischen Leistungsträger,
- stimmen sich im Kartengebiet eng miteinander ab.

Kartenakzeptanzstellen
- **touristische Leistungsträger**
- **regionaler Handel, etc.**
- sind meist auch Kartenausgabestellen,
- bieten Gästen per Karte nutzbare exklusive oder rabattierte Leistungen,
- bieten mit kooperierenden Leistungsträgern Leistungsbündel nach Nutzung oder Umsatzverteilungsschlüssel an,
- werben für Karten und Leistungen,
- zahlen Provisionen und Providergebühren,
- betreiben Kartenlese-/-ladegeräte,
- erhalten Einnahmen aus dem Verkauf der Karten/Zusatzleistungen entsprechend Verteilungsschlüssel,
- erhalten Statistiken zu Verkauf bzw. Nutzung der Karten-/Zusatzpakete.

Kartenvertriebs- bzw. Kartenausgabestellen
- **TouristInfo**
- **touristische Leistungsträger**
- **regionaler Handel**
- **Reisemittler online/stationär**
- **Reiseveranstalter**
- geben ihren Kunden Karten aus bzw. verkaufen diese,
- ziehen ggf. Kurtaxe ein und führen sie an die Kommune ab,
- werben für Karte und Zusatzleistungen,
- vertreiben auf die Karte aufbuchbare Zusatzleistungen,
- betreiben Kartenlese-/-ladegeräte,
- übernehmen Kundeninkasso,
- erhalten ggf. Provisionen,
- führen Karteneinnahmen an Kartensystemprovider ab.

Statistiken

Meldedaten, Statistiken

ggf. Kurtaxe

Leistungsangebote für Karten, Gebühren/Beitrag zu Betriebskosten, Provisionen, Nutzungsdaten

Geräte, Infomaterial, Umsatz-/Nutzungsstatistiken, Karteneinnahmen gemäß Schlüssel

Verkaufseinnahmen aus Karten/Zusatzpaketen, Meldedaten

Karten, Geräte, Infomaterial, Provisionen

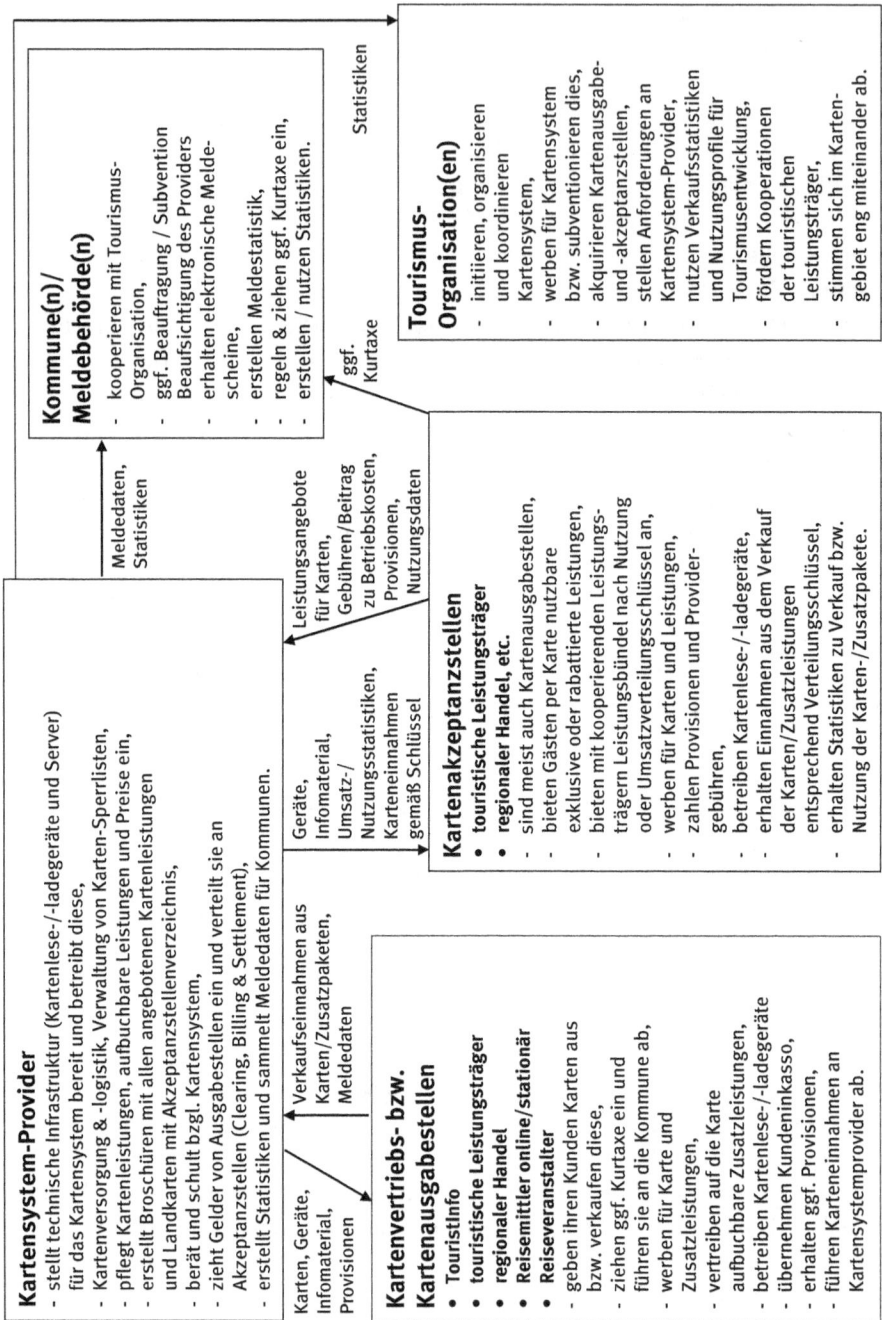

Abb. 5.3.4: Rollenmodell und Interaktionsbeziehungen eines Destinationskarten-Systems einer Tourismus-Region.

Staatliche Personalausweise mit integriertem Chip sind als Online-Ausweis mit Biometriefunktionen und Signaturkarte für elektronische Unterschriften einsetzbar. Sie können dieselben technischen Funktionen wie andere Kartensysteme speziell in E-Government-Anwendungen wie z. B. zukünftigen Meldeprozessen im Tourismus übernehmen.

Handy/Smartphone-Bezahlsysteme und Smartphone-Kartenemulationen am POS
Das Handy oder Smartphone als Geldbörse am POS einzusetzen ist sehr naheliegend und Basis vieler Mobile-Payment-Verfahren (vgl. Lerner 2013). Das Handy-Bezahlsystem Paybox, das in Österreich und Deutschland als Pionier schon Ende der 1990er Jahre ein großes Medienecho fand, hat in Österreich einige Verbreitung gefunden, ist aber inzwischen auch hier wegen neuer gesetzlicher Bestimmungen und Konkurrenz durch neuere Systeme nur noch für das Handyparken nutzbar: Kunden konnten bei kooperierenden Mobilfunkprovidern ohne Anmeldung bzw. nach Anmeldung bei Paybox unter Angabe des Bankkontos mit einer Einzugsermächtigung teilnehmen. Der Kunde erhielt dann eine vertrauliche Paybox-PIN. Händler hatten die Möglichkeit, mit Paybox einen Vertrag abzuschließen und konnten dann Paybox am POS, als Modul in Automaten oder über ein mit Login und Passwort geschütztes internetbasiertes, virtuelles Terminal an Kassen bzw. mobil, z. B. im Taxi etc., einsetzen. Zum Zahlen musste der Kunde dem Händler seine Handynummer oder eine vorher vereinbarte Alias-Nummer angeben. Der Händler übermittelte diese Nummer an Paybox, die einen Anruf (PayCall) an das Handy des Kunden sendete und die Zahlung bei Anruf durch Eingabe der Paybox-PIN (Tonwahl) bestätigen ließ. Die bestätigten Zahlungen wurden vom Kunden eingezogen und dem Händler überwiesen. Parkscheine können bis heute per SMS bzw. Smartphone-App gebucht und bezahlt werden. Weltweit wurden inzwischen von diversen Anbietern viele weitere Dienste für Handy-Bezahl- und Mobile-Ticketing-Funktionen entwickelt. Die grundlegende Funktionsweise ist ähnlich wie oben beschrieben, bezieht aber neue Technologien wie Smartphone-Apps, 2-D-Barcodes, Near Field Communication (NFC) und Gesichtserkennung ein:

Strichcodes bzw. *2-dimensionale Barcodes* (auch QR – Quick Response Code) werden verwendet, um dem Kunden die Eingabe von Händler-, Kassen- oder Produkt-/Tarifkennzeichen zu ersparen, indem einfach die Barcodes mit dem Smartphone-Fotoapparat fotografiert und durch eine geeignete PIN-Code geschützte App entschlüsselt und übertragen werden. Auf dieser Basis arbeiteten paysmart (von Deutscher Post eingestellt) sowie bis heute der chinesische Bezahldienst Alipay der markführenden chinesischen Handelsplattform Alibaba (Analogon zu Amazon), der einer der erfogreichsten Handy/Smartphone-Bezahldienste der Welt ist. Alipay besitzt dabei die attraktive Besonderheit, dass der Kunde sein Konto nicht nur bei einer Bank, sondern auch bei Alipay führen kann und damit auch alle Einkäufe im Alibaba-Portal bezahlt, wobei die Zahlung immer erst nach Auslieferung der Ware beim Kunden erfolgt.

Genau umgekehrt werden verschlüsselte Strich-/Barcodes bei Diensten z. B. vom Pionier veropay (heute bluecode Österreich) oder der höchst erfolgreichen We-Chat Pay-App des führenden chinesischen Social-Media-Portals WeChat auf dem Handy- oder Smartphone-Display des Kunden angezeigt (vgl. Abb. 5.3.2), damit sie der Händler als Beleg für die vorher vom Kunden durch PIN autorisierte Zahlung einscannen kann (vgl. Hoang 2021).

Mobile Tickets werden von der Deutschen Bahn und Verkehrsverbünden nach dem Online-Kauf ebenfalls mit verschlüsselten Barcodes an das Handy oder Smartphone des Kunden versendet, damit sie bei der Fahrkartenkontrolle mittels mobiler Kontrollgeräte eingescannt, entschlüsselt und automatisch auf Gültigkeit überprüft werden können. Bei Airlines wie der Lufthansa wird nach dem Check-in eine mobile Bordkarte auf die Airline-Smartphone-App gesendet, die am Boarding Gate automatisch eingescannt wird. Um Fälschungen durch Screen-Shots von QR-Codes bei Ticketkontrollen zu entdecken, wurde z. B. von eTicket Deutschland das VDV barcode mobile + mit Zeitstempel entwickelt.

Nearfield Communication (NFC) (vgl. Finkenzeller 2015 und Lerner 2013) ist eine Weiterentwicklung des RFID-Standards speziell für Handy-Bezahlfunktionen und sog. Smartcard-Emulationen, bei denen ein Handy oder Smartphone, das mit NFC-Chipsatz und Antenne ausgerüstet ist, die Funktionen einer „virtuellen" RFID-Smartcard nachahmt (emuliert). Beim Payment unterstützt NFC die sichere Übertragung der oben beschriebenen Zahlungsinformationen zwischen Smartphone und Lesegerät bei Annäherung und Bestätigung in einer App oder bei Berührung. Mobile Ticketing-Systeme wie VDV HandyTicket oder DB Touch & Travel (wegen geringer Nutzung eingestellt) ermöglichen per NFC die Meldung des Fahrtantritts und Fahrtendes durch Berührung von Touchpoints an Haltestationen oder in Verkehrsmitteln mit dem Handy. Sie erlauben genaue zeit- und wegabhängige Fahrpreisberechnungen.

Das Mpass-System, das von Mastercard, Vodafone, O2 und Telekom auf NFC-Basis entwickelt wurde, bot zudem einen NFC-RFID-Sticker in Form einer Folienkarte an, der auf Mobiltelefone ohne NFC geklebt werden konnte, damit diese als Mastercard-Paypass-Karte erkannt werden konnten. Während Mastercard das Paypass-System weiterentwickelte, wurde Mpass durch die Telekommunikationsanbieter nicht mehr weiterverfolgt. Der Banknotenproduktions- und Payment-Spezialist Giesecke & Devrient hat 2011 eine hardwaregesicherte NFC-basierte Smartphoneplattform entwickelt, die beliebige RFID-Karten mit Host emulieren und damit jede Kartenanwendung durch eine Smartphone-App ersetzen kann. Hiermit können theoretisch alle Karten-Anwendungsfälle eines Touristen in der Reisekette abgedeckt werden (Abb. 5.3.5). Seit 2014 werden NFC-Smartphones allgemein mit kryptografiegesicherten Chips (Secure Elements) ausgerüstet, um Kartenemulationen als sog. NFC HCE (Host Card Emulation) für beliebige Apps sicher und unabhängig von anderen Teilsystemen durchführen zu können. Die Spezifikation des Mobile Councils des Smart Card Forums für sicheres Mobile Payment beschreibt 2016 für Smartphones und Wearables wie die Smartwatch sogar digitale mobile Geldbörsen (M-Wallets), die mehrere nur noch durch sog. Token repräsentierte Karten sicher aufbewahrt, womit gar keine echten KartenIDs mehr auf dem Mobilgerät vorhanden sind, die entwendet oder im Internet abgehört werden könnten. Derart gesicherte M-Wallets sind für beliebige Kartenzahlungen und andere Transaktionen sowohl am POS als auch im E-/M-Commerce nutzbar und werden in 5.3.2 erläutert (vgl. Abb. 5.3.8).

Abb. 5.3.5: NFC-Smartphone als gesicherte Plattform für elektronische Zahlungs- und Kartensysteme (Quelle: eigene Darstellung in Anlehnung an Giesecke & Devrient 2011).

Bluetooth Low Energy (BLE) ist eine Weiterentwicklung des verbreiteten Bluetooth-Standards zur drahtlosen Datenübertragung, der alternativ zu RFID/NFC auch die Realisierung von Zahlungsfunktionen erlaubt. Erfolgreiche Pilotversuche zum Einsatz von BLE für Bezahl-Beacons (Funk-Stelen) mit höherer Reichweite als NFC, von denen Smartphones mit Bezahl-Apps die Händler-ID empfangen können bzw. im Restaurant ein- und mit Bezahlung auschecken können, wurden z. B. 2013 von PayPal gemacht. Die höhere Reichweite des BLE-Signals erhöht aber auch Abhör- und Störrisiken.

Weitere Mobile-Payment-Dienste sind über den Anruf oder die Versendung von SMS an kostenpflichtige Rufnummern realisierbar (rechtlich wegen der Missbrauchsmöglichkeiten stark limitiert) oder über gesicherte E-Mail- und Smartphone-App-Dialoge mit *Billing- und Inkassosystemen*, die sich wie PayPal aber vor allem auf Payment-Dienste zur Anweisung von Zahlungen für E-/M-Commerce-Transaktionen im Internet spezialisiert haben (siehe unten).

5.3.2 Digitale Zahlungen im Internet E-&M-Commerce

Beim Verkauf und der Reservierung über den eigenen Webauftritt handelt es sich um Formen des elektronischen Geschäftsverkehrs, bei dem der Kunde nicht am Point of Sale anwesend ist. Entsprechend sind insbesondere für die Zahlung im E-Commerce (elektronischer Handel mit PC/Mobile PC im WWW) und im M-Commerce (Shopping mit Handy/Smartphone/Pad) **Internet-Bezahlsysteme** entwickelt worden (vgl. hierzu auch Abb. 4.3.8 in Kapitel 4.3). Sie basieren z. T. auf den bereits im vorigen Abschnitt behandelten elektronischen Bezahlsystemen, sehen aber zusätzliche Sicherheitsvorkehrungen und Akzeptanzbedingungen für den Fernabsatz oder Internethandel vor (vgl. hierzu insb. Kapitel 5.5, Gladis 2020, Toussaint 2019, Pohlmann 2019, Midoco 2019, Megue 2018, Sidelov 2017, Hierl 2017, Taeger/Kremer 2017, Bräutigam/Rücker 2016, Stahl et al. 2013, Spitz et al. 2011, Kou 2010, Theil 2008).

Für alle touristischen Leistungsträger wie Fluggesellschaften, Hotels und Autovermietern spielen Internet-Bezahlsysteme vor allem bei Reservierungen über die eigene Website eine wichtige Rolle. Dasselbe gilt für Reiseportale von Reiseveranstaltern, Reisemittlern und Destinationen. In der Gastronomie ist die Internetbezahlung auch für den Verkauf/Versand von Artikeln (Delikatessen) über das Internet und Web-Lieferdienste von Bedeutung. Reservierungen im Internet wie auch im Call-Center gehören zum Fernabsatz bzw. elektronischen Handel. Da der Kunde beim Bezahlen nicht anwesend ist, ergeben sich zusätzliche Risiken, und auch die Rechtslage ist anders (Toussaint 2019, Deges 2019, Bramberger 2019, Taeger/Kremer 2017, Bräutigam/Rücker 2016). Im Internet ist der Vertrieb zudem vollständig automatisiert. Die Datenkommunikation erfolgt über ein ungesichertes Netz. Daher sind die bisher diskutierten elektronischen Zahlungsverfahren ohne zusätzliche technische, organisatorische und vertragliche Vorkehrungen nicht oder nur bedingt für das Online-Shopping oder die Reisebuchung im Internet geeignet. Aus Sicht des Kunden ist im Internet zudem die nächste Einkaufsmöglichkeit nur „einen Click weit entfernt". Wegen der niedrigen Eintrittsbarrieren für Online-Shops ist das Angebot konkurrierender Anbieter meist groß und für den Kunden sind einfache, sichere und vorteilhafte Zahlungskonditionen, Zahlungsmittel und Zahlungsprozesse neben dem Preis mit kaufentscheidend. Internet-Zahlverfahren und der Schutz der hierbei ausgetauschten Daten müssen also technologisch und organisatorisch sicher, einfach bedienbar, kostengünstig und vertrauenswürdig sein, um die durch die höhere Anonymität und Offenheit der Kommunikationswege im Internet bedingten Zahlungsausfall- und Betrugsrisiken auf Anbieter- und Kundenseite zu minimieren. Rechtlich und organisatorisch sind zudem sowohl auf Anbieter- als auch auf Kundenseite Vorschriften zu beachten, nicht nur im internationalen, sondern auch im nationalen elektronischen Zahlungsverkehr, wozu jedoch auf Fachliteratur verwiesen wird (vgl. Toussaint 2020, Wahlers 2013). Grundsätzlich sind für alle Internetanwendungen in Deutschland die Vorgaben der Datenschutz-Grundverordnung (DSGVO) zu beachten.

Vielfach wird wegen der hohen Präferenz vieler Kunden für diese Zahlungsart auch im E-/M-Commerce zur Verkaufsförderung und für Stammkunden noch die klassische *Zahlung per Rechnung* angeboten. Noch sicherer für den Händler, aber unbequem und risikobehaftet für den Kunden ist die *Zahlung per Vorkasse*, bei der ein Kunde den Zahlungsbetrag überweist und der Händler erst nach Zahlungseingang auf seinem Konto die Ware versendet. Beide Parteien haben hierbei einen organisatorischen Aufwand und erhebliche Zeitverzögerungen. Eine schnellere Zahlungsform für Lieferwaren, die mit sog. MOTO (Mail Order/Telephone Order) oder im E-/M-Commerce bestellt werden, ist daher die klassische *Zahlung per Nachnahme* bei Auslieferung durch ein Logistikunternehmen: Es übergibt die Ware nur dann, wenn der Kunde beim Zusteller in bar, per Kredit-/Debit- oder Prepaid-Karte oder an der Abholstation bezahlt, was einer Verlagerung des POS an die Haustür des Kunden entspricht, der hier ggf. über ein hybrides Bezahlterminal bezahlt. Das Logistik-Unternehmen leitet die Zahlung dann an den Versender weiter, wofür entweder der Empfänger oder der Versender eine Gebühr bezahlen. Die Zahlung per Nachnahme hat aber den Nachteil, dass sie für touristische Dienstleistungen nicht einsetzbar ist und die Anwesenheit des Kunden zum Lieferzeitpunkt erfordert, was digitale Zahlungsformen auch im Internet notwendig macht.

Technisch ist für alle Internet-Zahlungsverfahren unter anderem eine Verschlüsselung der Datenübertragung über HTTPS (Hyper Text Transfer Protocol Secure), der auf dem SSL (Secure Socket Layer) basierenden und zertifikatgestützten Variante des WWW-Protokolls, erforderlich (vgl. Pohlmann 2019, Spitz et al. 2011 und Abb. 5.3.6). Viele zusätzliche Sicherheitmechanismen werden durch die EU Payment Service Directive 2 (PSD2 vgl. Bramberger 2019) eingeführt, insbesondere auch die 2-Faktor-Authentifizierung (2FA). Sie sollen sicherstellen, dass von Kunden während des Zahlungsvorgangs eingegebene vertrauliche Daten wie Konto- bzw. Kartennummern, PINs, Prüfnummern etc. nicht oder nur mit großem Aufwand abgehört werden können und dass der Webauftritt, auf dem gezahlt wird, durch ein gültiges Zertifikat einer Zertifizierungsorganisation authentifiziert ist. Letzteres ist wichtig, um zu vermeiden, dass gefälschte Webauftritte unberechtigt Zahlungsdaten abfragen (sog. Phishing). Mit der 2FA soll vermieden werden, dass Diebe, die in Besitz eines Geheimnisses (z. B. Karte/Login) oder eines Kanals (z. B. Smartphone/eMailBox) gelangen, die Identität des Bestohlenen/Abgehörten vortäuschen können.

Bei vielen Zahlungen im E-/M-Commerce auf Webportalen oder Apps wird deshalb eine zusätzliche Authentifizierung des Zahlenden bei der Bank oder Kartengesellschaft über eine zusätzliche PIN-/TAN-Geheimnis-Abfrage im Browser mit Einbindung von SMS-/App-Kommunikation via Handy oder Smartphone und ggf. biometrischer Fingerabdrucks-/Gesichts-Erkennung integriert. Auch auf dem Webserver des Webauftritts

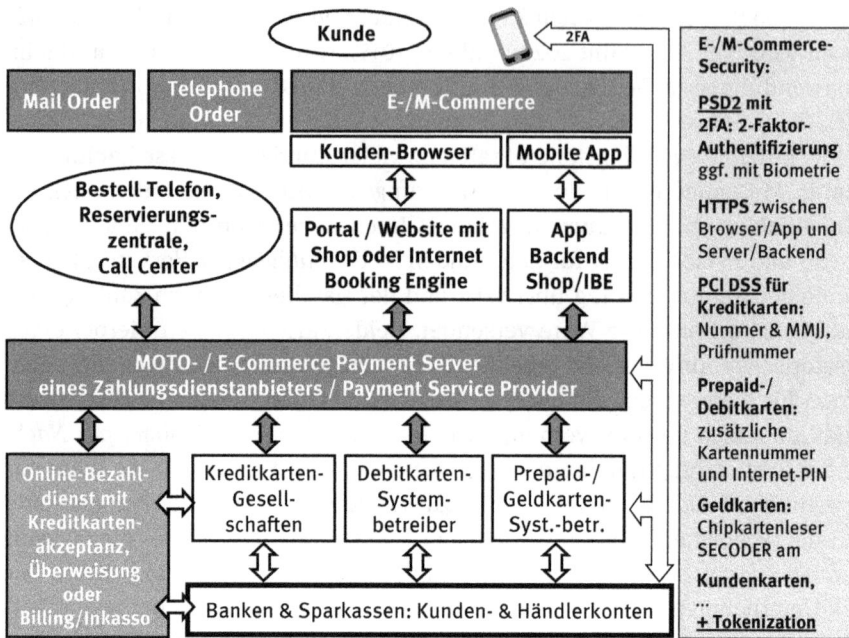

Abb. 5.3.6: Zahlungsdienstanbieter stellen zusammen mit den Betreibern der elektronischen Zahlungssysteme spezielle Erweiterungen für MOTO- und Internet-Zahlungen bereit.

dürfen zahlungsbezogene Daten nie unverschlüsselt abgelegt werden und alle Systeme, die Kredit-/Debitkarten und Zahlungsinformationen bearbeiten, müssen den PCI DSS (Payment Card Industry Data Security Standard) einhalten (Haseen 2018).

Kreditkartenzahlung im Internet

Klassische Kreditkarten können im Fernabsatz vom Händler mit einem normalen Vertrag nicht eingesetzt werden, da die Karte bei der Zahlung nicht physisch vorliegt, nicht elektronisch eingelesen und der Beleg vom Kunden nicht unterschrieben werden kann. Für Bezahlungen bei postalischer oder telefonischer Bestellung (inkl. FAX) muss der Händler mit der Kreditkartengesellschaft einen speziellen MOTO-Vertrag (Mail Order/Telephone Order) abschließen. Für Internetzahlungen sind E-Commerce-Verträge notwendig (vgl. Abb. 5.3.6). Wegen des erhöhten Missbrauchsrisikos fallen bei MOTO- und E-Commerce-Verträgen meist höhere Disagios an, oder es werden die Kreditgarantien eingeschränkt. Für MOTO- und E-Commerce-Zahlungen muss der Kunde statt der Unterschrift eine zusätzliche Kartenprüfnummer angeben, die auf der Kreditkartenrückseite vermerkt ist. Internetzahlungen mit neueren „Prepaid-Kreditkarten" funktionieren ebenso. Die Prüfnummer darf von E-Commerce-Softwaremodulen und Zahlungssoftware im Internet zwar zur Prüfung verwendet, aber nicht gespeichert werden. Händler sind durch MOTO- und E-Commerce-Verträge zur Umsetzung technischer und organisatorischer Sicherheitsvorkehrungen in ihren EDV-Systemen und Prozessen sowie zur Einbindung ausschließlich zertifizierter Dienstleister und Systeme verpflichtet. Händler, Netzbetreiber und Anbieter entsprechender Softwarelösungen müssen im Rahmen von Audits und Zertifizierungen insb. nach dem PCI DSS regelmäßig Auskunft zur Einhaltung der Sicherheitsauflagen geben[13]. Nichterfüllung der Auflagen führen im Missbrauchsfall zu Schadensersatzforderungen und Strafen. Darüber hinaus sehen die Kreditkartenunternehmen zusätzliche Sicherheitsfunktionen vor, mit denen sich der Kunde z. B. durch eine weitere geheime PIN vor der Zahlung direkt bei der Kreditkartengesellschaft, Bank oder Sparkasse authentifiziert. Mit dem 3-D Secure Standard 2.0 wird diese statische PIN um eine dynamisch generierte mobile TAN (Transaktionsnummer) bzw. biometrische Authentifizierung durch biometrische Merkmale (Fingerabdruck-Scan, Gesichtserkennung) erweitert, die via Smartphone/App übermittelt und bei größeren Zahlungen unverzüglich eingegeben bzw. am Smartphone geprüft werden müssen.

Virtuelle Kreditkarten

Eine Weiterentwicklung der Kreditkartenzahlung im Internet ist die sog. virtuelle Kreditkarte, die eigentlich eine virtuelle „Prepaid-Kreditkarte", also eine virtuelle Guthabenkarte (siehe oben) ist[14]. Der Kunde muss ein Guthabenkonto anlegen und erhält statt einer Plastik-Prepaid-Kreditkarte lediglich die Daten (Name, Kartennummer, Ausstellungs- und Ablaufdatum, Prüfziffer) seiner zum Guthaben gehörenden virtuellen Kreditkarte mitgeteilt. Mit diesen Kreditkartendaten kann er bei akzeptierenden Online-Shops bis zur maximalen Guthabenhöhe bezahlen. Es können bei größeren Zahlungsbeträgen dieselben Security-Maßnahmen wie bei Kreditkarten zum Einsatz kommen. Gegebenenfalls können auch für jede einzelne Zahlungstransaktion nur einmalig verwendbare virtuelle Kreditkartennummern generiert werden. Oft sind auch bei höherem Guthaben nur kleine Zahlungen bis zu einem Limit möglich. Da es sich nicht um echte Kreditkarten handelt mit einem Kreditrahmen, der über das aktuelle Guthaben hinaus geht, und auch keine Bonitätsprüfung erfolgt, sind virtuelle Kreditkarten, mit denen im Internet z. B. ein Mietwagen gebucht wird, problematisch, weil sie beim Abholen des Autos nicht als Bonitätsnachweis gezeigt werden können, wenn sie nicht schon bei der Internetbuchung als Zahlungsmittel abgelehnt werden.

---

13 Einen Überblick, was von Veranstaltern und Online-Reisemittlern (OTAs) bei der Kreditkartenzahlung über das Internet zu beachten ist, findet sich bei Midoco 2019. Für Hotels hat die HTNG Association schon 2013 im Secure Payments Framework for Hospitality einen Ansatz beschrieben, der weniger auf PCI DSS setzt, sondern neuere, tokenbasierte Zahlungssicherheit für Hotelsysteme favorisiert, siehe unten im Abschnitt über E-/M Wallets.
14 Beispiele für virtuelle Kreditkarten sind: DKB Visa, Payback Visa auf Guthaben Basis, Comdirekt Visa, N26 Mastercard Girokonto und andere.

Debitkarten, Girokonto-Überweisungen und SEPA-Lastschriften im Internet

Das Problem der EC-/girocard-Zahlung mit PIN-Verfahren im Internet ist die Autorisierung der Zahlung, da es im Gegensatz zur Kreditkarte keine Kartenprüfnummer gibt und die Debitkarten-PIN ein Geheimnis des Kunden bleiben soll, also nicht an Händler, Bank oder Kartengesellschaft via Internet übermittelt werden darf. Maestro erlaubte insbesondere in einigen Ländern die Internetzahlung mit seiner Debitkarte analog zur Mastercard-Kreditkarte unter Verwendung einer weiteren statischen PIN und später mit dem 3-D-Secure-Verfahren (vgl. oben) mit dynamischer mobiler TAN und ggf. sogar einer Kartenprüfnummer wie bei Kreditkarten, was aber in Deutschland wieder eingestellt wurde. Stattdessen bieten die Debitkarten Visa Debit und Maestro Debit Internetzahlung auf Basis des 3-D-Secure-Verfahrens an.

Da die Voraussetzung für Internetzahlungen bei Debitkarten ja nicht die Karte an sich, sondern das zugrundeliegende Girokonto ist und die PIN- und mobile-TAN-basierten Debitkartenzahlungen im Internet sich kaum noch vom Online-Banking unterscheiden, wurden in Deutschland von der Postbank und einigen Banken insb. Volks- und Raiffeisenbanken *giropay* sowie von Sparkassen zusammen mit weiteren Banken *paydirekt* als Internet-Zahlungsverfahren als Erweiterung von Girokonten eingeführt. Zum Bezahlen benötigt der Kunde ein für Online-Banking freigeschaltetes Girokonto mit entsprechender PIN- und TAN (Transaktionsnummern)-Liste, die inzwischen meist durch mobile Einmal-TANs ersetzt wurden, die zur Zahlungsbestätigung bei größeren Beträgen aufs Handy/Smartphone des Kunden gesendet werden. Der Händler oder touristische Anbieter braucht einen Vertrag mit einem giropay- bzw. paydirekt-Akquirer und einen Payment Service Provider, der eine giropay-/paydirekt-Softwareplattform in den Webshop bzw. die Internet Booking Engine des Anbieters integriert. Während Kunden giropay nicht einrichten müssen, wird paydirekt einmal vom Kunden mit Login-Namen und Passwort angelegt und mit dem Online-Banking-Konto verbunden. Beim Kauf verzweigt der Webshop zur giropay- bzw. paydirekt-Plattform, wo der Kunde bei giropay seine Bank auswählt und sich mit seinen Online-Banking-Zugangsdaten (z. B. Kontonummer und PIN) bzw. bei paydirekt mit Login und Passwort anmeldet und die Zahlung an den Händler veranlasst, die ggf. bei beiden Systemen mit einer mobilen Einmal-TAN, die per SMS zugesendet oder in einer App, ggf. auch mit Biometrie, authentifiziert wird. Damit ist der Kauf bezahlt und die Überweisung an den Anbieter kann nicht rückgängig gemacht werden. Der Händler bzw. touristische Anbieter erhält die Zahlung über eine Schnittstelle zum Webshop bzw. zur IBE in Echtzeit avisiert, um den Verkaufsprozess sicher abschließen zu können (vgl. Abb. 5.3.6). Ähnlich wie giropay und paydirekt funktioniert auch iDEAL eines niederländischen Bankenkonsortiums.

Der Dienst Sofortüberweisung, das von der Sofort GmbH entwickelt und später von der schwedischen Klarna übernommen wurde, ahmt dieses System nach, indem Kunden die Online-Banking-Zugangsdaten ihres Girokontos beim Betreiber hinterlegen. Online-Händler, die Sofortüberweisung von Klarna akzeptieren, senden die Zahlungsanforderung an Sofortüberweisung, die im Namen des Kunden über seinen

Online-Banking-Zugang das Guthaben der Kreditlinie checken, die Kunden zum Login in das Klarna-System auffordern, damit diese über den Online-Banking-Zugriff auf ihr Girokonto die Überweisung an den Händler auslösen. Anschließend bestätigt Klarna dem Händler die Überweisung, die aber ggf. erst später eintrifft. Umstritten ist, ob der Kunde seine geheime Bank-PIN und seine mobile TAN über Klarna an die Bank übermitteln darf – Klarna speichert sie nach eigenen Angaben nicht, Banken sahen dies aber als AGB-Verstoß, was nach Kartellrecht als Diskrimierung von nicht bankverbundenen Zahlungdienstleistern gewertet werden kann. Die EU-PSD2 sieht inzwischen allgemein vor, dass Banken Zahlungsdiensten wie z. B. Klarna im Auftrag des Kunden technisch sicheren Zugang zum Girokonto gewähren müssen! Der Vorteil für Kunden ist, dass sie über einen bankunabhängigen Zahlungsdienstleister Konten bei mehreren Banken über eine App verwalten können. Nachteilig ist, dass der Zahlungsdienstleister Daten über das gesamte Zahlungsverhalten sammeln kann.

Oft sind im Internet die Online-Lastschrift-/Bankeinzugs-Verfahren gemäß EU-**SEPA** Credit Transfer im Einsatz (siehe oben und vgl. Megue 2018 und Gerle 2013). Durch eine kryptografisch z. B. über HTTPS geschützte Formularabfrage werden die auf der EC/girocard angegebenen Bank- und Kontodaten von Kunden ohne deren Unterschrift erfragt. SEPA verlangt für die Angaben der Bankverbindung die BIC und die Kontodaten mit IBAN sowie zusätzlich einen Fälligkeitstermin (Due-Date) und die Mitteilung der Gläubiger-ID und einer Mandatsnummer. Das Mandat kann vom Kunden als einfaches „Häkchen-Mandat" im Formular oder per Internetsignatur erteilt werden. Die Beweislast für die Online-Mandate liegt beim Händler. Die Akzeptanz von Häkchen-Mandaten hängt auch von der Vereinbarung des Händlers mit dessen Hausbank ab. Die Internetsignatur erfordert zudem weitere Signatur-Hardware wie einen sicheren Kartenleser (Secoder), eine Signaturkarte (z. B. auch der Neue Deutsche Personalausweis) und PIN-Eingabe beim Kunden. Der Kunde hat außerdem Widerrufsmöglichkeiten und -fristen für die Abbuchungen, die bei ungenügendem Kontostand auch schon vorher scheitern oder zu Rückzahlungsverpflichtungen führen können.

Geldkarten im Internet

Geldkarten eignen sich im Internet für die Zahlung kleinerer Beträge, sog. Micropayments, bzw. als elektronisches Kleingeld. Beispiele sind die Bezahlung kleinerer Artikel, Tickets, Downloadartikel oder inkrementelle Zahlungen für Online-Dienste nach Zeittakt. Sie setzen aber im Gegensatz zur Kreditkarte beim Kunden einen Chipkarten-Leser nach dem SECODER-Standard der Deutschen Kreditwirtschaft voraus, der über Standardschnittstellen an jeden PC oder Mobilcomputer angeschlossen werden kann. Chipkartenleser sind ebenfalls zertifiziert und besitzen wie Zahlungsterminals eine eigene Nummerntastatur. Es ist also kein Umweg über den unsicheren PC nötig. Ein Transaktionsmodul stellt eine Ende-zu-Ende-Verschlüsselung, die Anzeige des zu zahlenden Geldbetrags und eine Zahlung nur nach Bestätigung durch den Kunden sicher (vgl. Abb. 5.3.6). Händler und touristische Anbieter müssen für die Akzeptanz von Geldkarten im Webshop oder in der Reservierungsfunktion ihres Webauftritts (IBE) ebenfalls einen E-Commerce-Vertrag mit einem zertifizierten Dienstleister abschließen und benötigen eine Händlerkarte. Statt eines Händlerterminals oder Automatenmoduls braucht man am Shopsystem ein spezielles Software-Zahlungsmodul mit einem Hardware-Chipkarten-Leser-Rack, in dem eine oder mehrere Händlerkarten ähnlich wie in Automaten rund um die Uhr zugreifbar eingesetzt sind. Das System realisiert ein sog. „Virtuelles Zahlterminal", in dem es für die Zahlung eine Ende-zu-Ende verschlüsselte Verbindung zum Chipkarten-Leser des Kunden aufbaut. Es zeigt diesem den Namen des Webshops und den Zahlbetrag an und führt nach Bestätigung durch den Kunden in Kommunikation mit der Händlerkarte die Zahlungstransaktion analog zur normalen Geldkarte ohne PIN-Eingabe durch. Wegen geringer Nutzung wird die Geldkartenzahlung in Deutschland 2024 eingestellt.

Prepaid-Karten im Internet

Die großen Kreditkartenfirmen bieten außer Kreditkarten mit echtem Kredit und den bankkontogebundenen Debitkarten auch Prepaid-Karten an, für die kein Bankkonto, sondern nur ein einfaches Online-Konto ohne Schufa-Auskunft und Einkommensnachweise eingerichtet werden kann. Es kann durch Bareinzahlungen bei kooperierenden Banken und Geschäften, durch Überweisungen, Lastschrifteinzug etc. geladen werden. Danach kann vom Prozedere her wie mit einer Debitkarte im Internet bezahlt werden, wobei statt eines Bankkontos das Online-Konto sofort belastet wird. Obwohl es sich um keine Kreditkarte handelt, werden Prepaid-Karten wegen ihrer Ähnlichkeit zu Kreditkarten fälschlicherweise auch als Prepaid-Kreditkarten bezeichnet und beworben. Sie finanzieren sich über diverse Transaktionsgebühren.

Virtuelle Prepaid-Karten

Etwas anders als die Geldkarte, aber bei kleinen Beträgen ebenfalls anonym funktioniert die in Deutschland gegründete, dann in Großbritannien zugelassene, europaweit und inzwischen in zahlreichen weiteren Ländern eingeführte paysafecard. In teilnehmenden Läden, Tankstellen oder Kiosks und auch im Internet kann man Geld einzahlen, indem man eine 16-stellige PIN als virtuelle Prepaid-Karte wie eine Wertkarte kauft. Mit der 16-stelligen PIN kann dann bis zum eingezahlten Geldbetrag in teilnehmenden Online-Shops und Onlinediensten bezahlt werden. In einem my paysafecard genannten Portal bzw. mit einer mobilen App kann man auch seine PINs mit den eingezahlten Guthaben verwalten und ein Konto führen. Seit 2020 werden in Deutschland viele Zahlungen nur noch vom Konto akzeptiert, in das man sich zur Zahlung einloggen muss, um diese zu bestätigen, was auch durch eine mobile App unterstützt wird. Inzwischen gibt es weltweit weitere Anbieter von virtuellen Prepaid-Karten.

Internetzahlung über Inkasso- und Billing-Systeme von Intermediären

Inkasso- bzw. Billing-Systeme (z. B. PayPal (ehemals Ebay), „Bezahlen per Handyrechnung" der Mobilfunkanbieter, Amazon Payments, alipay (Alibaba), WeChat pay und viele andere) schalten sich als Intermediäre zwischen Kunden und Lieferanten. Sie bieten eine große Bandbreite an Medien, über die eine Zahlung veranlasst werden kann inkl. E-Mail, SMS, Telefon, Handy und Smartphone-App (vgl. hierzu auch 5.3.1, Unterpunkt Handy-Bezahlsysteme).

Die Kunden stehen entweder bereits in einer Geschäftsbeziehung zum Intermediär (bei Telefongesellschaften meist auf der Basis einer Einzugsermächtigung, bei großen Internetportalen wie Ebay, Amazon, Alibaba, WeChat etc. über ihre dort hinterlegten Zahlungsdaten) oder melden sich beim Inkassosystem unter Hinterlegung ihrer Bankverbindung mit Einzugsermächtigung, ihres Online-Banking-Zugangs (giropay, paydirekt etc.) oder ihrer Kreditkartendaten an. Sie können auch beim Intermediär ein reines Online-Konto ohne Bonitätsprüfung eröffnen und hierauf über diverse Verfahren ein Prepaid-Guthaben überweisen. Händler und touristische Anbieter machen ebenfalls einen Vertrag mit dem Intermediär und verbinden das Billing-System mit ihrem Webshop bzw. ihrem Web-Reservierungssystem. Meist erhalten sie dann auch ein Konto beim Intermediär (vgl. Abb. 5.3.7), mit dem sie eingegangene Beträge verwalten und auf ihr eigenes Bankkonto oder auf fremde Bankkonten überweisen können.

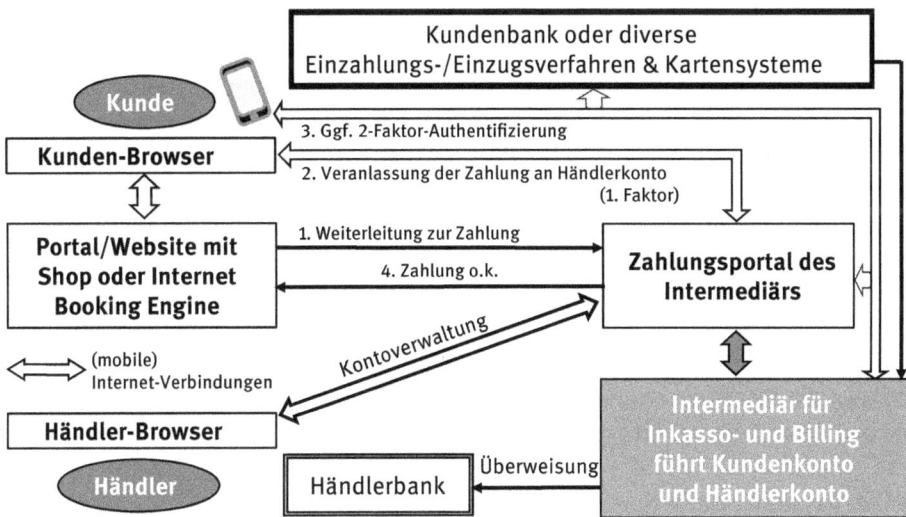

Abb. 5.3.7: Inkasso- und Billing-Systeme als Intermediäre für E-Commerce/M-Commerce-Zahlungen.

Beim Kauf wird der Kunde auf das Internet-Inkassosystem des Intermediärs geleitet und kann dort die gewünschte Zahlungsart auswählen. Der Zahlungsvorgang erfolgt nun zwischen dem Kunden und dem Intermediär entweder über ein Webportal bzw. eine Smartphone-App des Intermediärs oder über einen Dialog per E-Mail, SMS oder mit dem Call-Center des Intermediärs. Auch hier müssen in der EU je nach Zahlungsform die Vorgaben der PSD2 mit 2-Faktor-Authentifizierung des Kunden ggf. unter

Einbeziehung von Handy-/Smartphone eingehalten werden (vgl. Abb. 5.3.7). Analog zu den anderen Internet-Zahlungsverfahren der Banken erhalten die an die Zahlungsintermediäre angeschlossenen Händlersysteme keine vertraulichen Kundendaten wie Bankverbindung, PIN, Kreditkartennummern etc.

Der Anbieter bzw. Händler erhält lediglich die erfolgreiche Zahlung in Echtzeit signalisiert und dann auf seinem Konto beim Intermediär gutgeschrieben. Das Inkasso- bzw. Billing-System zieht die Zahlung über das vom Kunden gewählte Zahlungssystem ein, z. B. von dessen Bankkonto, dessen Guthaben auf dem Kundenkonto, von einer Guthabenkarte, per Lastschrift, Kreditkarte, Online-Überweisung oder über die Telefonrechnung. Die Möglichkeiten variieren hierbei von System zu System. Die Intermediäre bedienen sich dabei ggf. der elektronischen MOTO/E-Commerce-Dienste der zugrundeliegenden elektronischen Zahlungssysteme. Der Händler bzw. touristische Anbieter muss für diese Zahlungsleistung Transaktionsgebühren und Provisionen, gleichbedeutend mit dem Kreditkarten-Disagio, zahlen. Zusätzlich werden ihm Inkassodienste zur Einziehung von ausstehenden Forderungen angeboten, die bei weniger sicheren Zahlungsarten wie z. B. Zahlung auf Rechnung entstehen.

Inkasso- und Billing-Systeme marktführender E-Commerce-Portale und (Tele-) Kommunikationsplattformen bieten ihren Anbietern den Vorteil, dass sie ihren eigenen Stammkunden das vertraute Zahlungssystem ohne Hinterlegung weiterer Daten bzw. ohne Eröffnung zusätzlicher Konten auch für Online-Zahlungen bei diversen anderen Online-Anbietern als Mehrwert anbieten können und dafür von diesen Anbietern zusätzliche E-/M-Payment-Einnahmen generieren können. Außerdem erhalten sie zusätzliche Einblicke in das allgemeine Konsum- und Zahlverhalten ihrer Stammkunden. Händler und Tourismusanbieter haben den Vorteil, dass sie bewährte und bekannte Zahlungsinfrastrukturen inkl. der Inkasso- und Billing-Dienste mitnutzen können. Schließlich erwiesen sich die chinesischen Anbieter alipay und WeChat Pay als sehr innovativ im Erfinden von Überweisungen für Gutschriften und Geschenkgutscheine sowie In-App Payments in Social-Media-Apps. Wegen ihrer Beliebtheit bei chinesischen Touristen werden sie von Tourismus-Anbietern für Zahlungen im Internet und am POS akzeptiert (vgl. Hoang 2021).

Wallet Payment mit Karten-Tokens
Durch die schnelle Verbreitung der Smartphone-Apps sind mit den Betreibern der Smartphone-AppStores weitere Intermediäre für Internetzahlungen und POS-Zahlungen wie Apple, Nokia, Google, Samsung, Microsoft und andere entstanden. Sie ziehen Zahlungen für Apps und andere digitale Medien, die Kunden ihrer Endgeräte und Betriebssystem-Plattformen beziehen, über die dazugehörigen systemspezifischen Stores zum Teil exklusiv und gegen erhebliche Provisionen ein. Jeder Tourismusanbieter, der eine kostenpflichtige App insbesondere für Apple Smartphones, Pads oder SmartWatches bereitstellen will, kann diese Apps ausschließlich über Apples AppStore vertreiben, wofür eine Provision zu entrichten ist. Im Gegenzug werden die Apps von Apple geprüft und die Einkaufs- und Zahlungsabwicklung der Apps

und In-App-Käufe wird von Apple direkt oder mit Hilfe der Billing- und Inkassosysteme der die Smartphones in ihren Netzen versorgenden Telekommunikationsgesellschaften übernommen.

Die Zahlung über die Rechnungen von Telekommunikationsunternehmen ist aber im Allgemeinen auf kleinere Beträge oder entsprechende monatliche Abos beschränkt. Um mit dem Smartphone größere Zahlungen zu ermöglichen, sind daher neben den bisher behandelten E-Payment-Verfahren insbesondere die Wallet-basierten Verfahren interessant, bei denen das Smartphone als mobile elektronische Geldbörse verwendet werden kann, mit der sowohl auf Webportalen als auch in Apps sicher bezahlt werden kann. Die oben genannten Billing- und Inkasso-Intermediäre haben mit ihrer zentralen Hinterlegung von Kreditkarten, Debitkarten, Bankverbindungen, Online-Banking, den nicht bonitätsgeprüften Prepaid-Online-Konten und ihren Zahlungs- und Überweisungsmöglichkeiten für viele Kunden schon de facto die Rolle einer zentralen E-Wallet übernommen, für deren Sicherheit der Intermediär mehr oder weniger einsteht. Die Möglichkeiten des Smartphones, alle NFC-Karten zu emulieren und in einer mobilen M-Wallet zu halten, bieten aber viel mehr Möglichkeiten als die E-Wallets, da in ihnen auf einfache Weise alle Arten von Kredit-/Debit-/Prepaid-Karten, Tickets, Kundenkarten, Zugangskarten, Gästekarten, Destination Cards etc. gehalten und wie mit einer echten Geldbörse für alle Arten von Transaktionen und Zahlungen am POS oder im Internet (Web/Apps) genutzt werden können. Trotz Secure Element im Smartphone bestanden aber zwei Probleme: Wenn ein Smartphone gehackt wird oder die Kommunikation mit Lesestationen abgehört wird, kann ein Angreifer alle relevanten Informationen einer emulierten Karte erhalten, als ob er die echte Karte entwenden würde, ohne das dies bemerkt wird. Außerdem kann jeder Intermediär und Händler, dem die Kartendaten übermittelt werden, diese speichern und auswerten, um Kundenprofile zu erstellen. Daher wurde von der Smart Card Alliance 2016 als zusätzlicher Schutz für die Nutzung von Karteninformationen in M-Wallets und E-Wallets die Verwendung von Tokens und die Einführung von Token Service Providern (TSP) vorgeschlagen (Abb. 5.3.8).

Immer wenn ein Kunde eine echte oder virtuelle Karte zur Nutzung bei einem E-Wallet Anbieter oder in einer von einem E-Wallet-Anbieter unterstützten M-Wallet auf seinem Smartphone nutzen will, beantragt er bei einem TSP die Erzeugung eines Tokens als Ersatz für seine originale Karten-ID. Der TSP verifiziert bei der Organisation, die die Karte ausgibt (meist der Kartenbetreiber selbst), ob und ggf. unter welchen einschränkenden Bedinungen die Karte vom Nutzer für Wallet-Zahlungen verwendet werden darf und erzeugt einen einmaligen Token als Ersatz für die echte Karten-ID. Der Token und die originale Karten-ID werden vom TSP zusammen mit den Nutzungsrestriktionen (z. B. Limits) verschlüsselt abgelegt – nur der TSP kann die Zuordnung von Token und Karten-ID entschlüsseln.

In der E-Wallet bzw. der M-Wallet wird nun statt der echten Karten-ID nur noch der Token als Kartenersatz gespeichert. Bei jedem Zahlungsvorgang am POS, im E-Commerce, im M-Commerce oder in einer App übermittelt der Kunde nur noch den

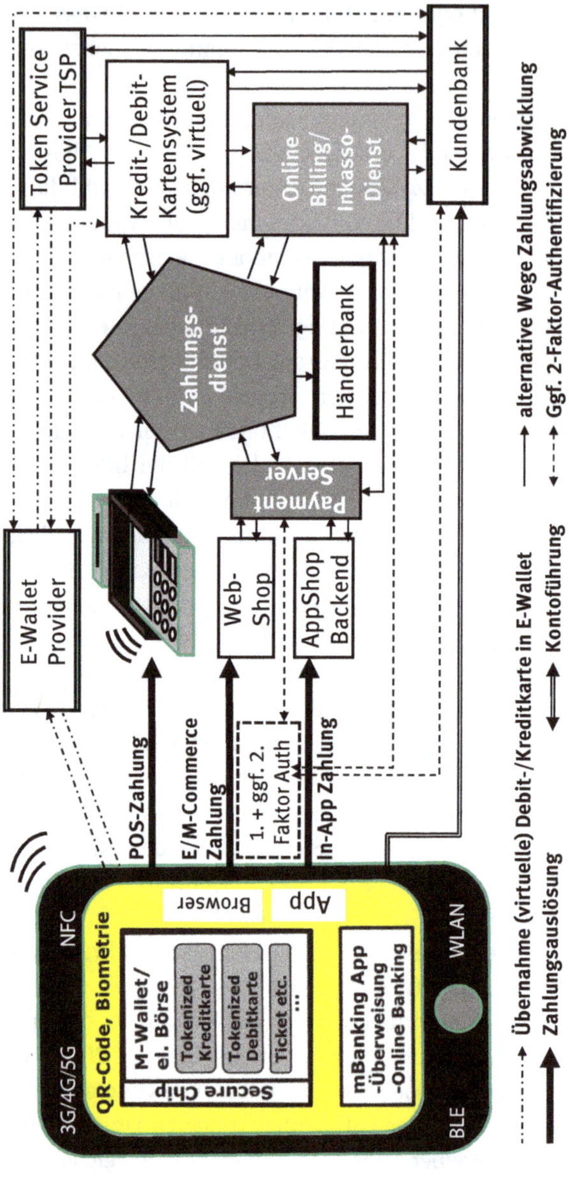

Abb. 5.3.8: SmartPhone mit Wallet und virtuellen Karten, die mit Hilfe eines Token Service Providers zur anonymen Zahlung am POS, im E-Commerce und M-Commerce sowie in Apps verwendet werden können.

Token an Intermediäre, Zahlungsdienstleister, Händler oder hybride Terminals am POS. Das Token wird dann zur Entschlüsselung an den verantwortlichen Kartensystembetreiber geleitet, der es vom TSP entschlüsseln lässt und auf Basis der echten Karten-ID ggf. unter Einbeziehung der Kundenbank und nach einer noch notwendigen 2-Faktor-Authentifizierung des Kunden gegenüber allen Intermediären bzw. dem Händker autorisiert. Auch Online-Billing-/Inkasso-Intermediare und andere Organisationen können virtuelle Kredit-/Debitkarten ausgeben und als Kartensystembetreiber in das Token-System einbezogen werden. Die neueren Bezahlsysteme Apple Pay, Google Pay und die Wallet-Systeme der Kreditwirtschaft nach EMV basieren auf Tokens und die HTNG (Hotel Technology Next Generation) hat als einer der ersten Tourismusverbände schon 2013 im Payments Security Framework 1.0 tokenbasierte Zahlungssysteme für Hotels empfohlen.

IATA Transparence in Payment Initiative und HTNG Open Payment Alliance
Die unüberschaubar gewordene Zahlungssystem-Vielfalt hat bei Airlines und ihren Reisebüropartnern sowie in der gesamten Hotelbranche und deren Vertriebssystemen zu Rechtsunsicherheit, Kostensteigerungen und Komplexitätsrisiken durch Inkompatibilitäten und Intransparenzen im globalen B2B-Zahlungsverkehr geführt. Daher hat die IATA 2017 die Transparence-in-Payment-Initiative (TIP) zur Erhöhung der Transparenz im Zahlungsverkehr verbunden mit einer Reform ihrer Billing- und Settlement-Plan-Dienste zur gegenseitigen Leistungsverrechung von Airlines untereinander und mit ihren Agenturen gestartet. Das NewGen ISS (New Generation IATA Settlement System) sieht unter anderem auch einen walletbasierten IATA-EasyPay-Dienst vor, der auch eine Zahlungsausfall-Versicherung beinhaltet (IATA 2017). Die HEDNA (Hotel Electronic Distribution Network Association) und die HTNG (Hospitality Technology Next Generation Association) haben hierzu die Open Payment Alliance (HEDNA 2019, OPA 2021) ins Leben gerufen, die konsolidierte Dienste für die zukünftigen B2B-Zahlungen und deren Weiterverarbeitung in Hotel-Property-Management-Systemen auf der Basis eines Hotel Payment Managers spezifiziert hat (HTNG 2020). Hierbei werden auch die Anforderungen der von der Finanzbranche dominierten PCI DSS und der von der EU eingeführten PSD2-Standards hinterfragt bzw. auf Vereinfachung bzw Verallgemeinerbarkeit hin geprüft und auf direkte Rechnungsstellungen und Banküberweisungen gesetzt, um Zahlungen mit vielen Intermediären, rechtlichen Inkompatibilitäten, komplexen Sicherheitsvorkehrungen und Rückversicherungsbedarf einzuschränken, die gerade vor allem in der Corona-Pandemie bei Stornierungen zu zusätzlichen Vertrauensproblemen in den Distributionsketten geführt haben. Die spanische Firma Voxel ist mit der US-Firma Onyx Center Source Teil des Konsortiums und hat einen Piloten auf Basis einer Rechnungserstellungs- und Payment-Lösung realisiert, die auch schon bei marktführenden Veranstaltern und Reisebüroketten in Deutschland im Einsatz ist.

5.3.3 Alternatives Geld, Kryptowährungen und Smart Contracts

Alle bisher genannten digitalen Zahlungsformen sind an staatliche Währungen gebunden. Staaten und Staatengemeinschaften wie die EU haben weltweit das Privileg, über ihre Zentralbanken die Bedingungen der Geldschöpfung durch Herstellung von Münzen, Banknoten, Regelung der Kreditvergabe und Zinsen, Mindestreservepolitik oder den Ankauf von Wertpapieren etc. zu regulieren. Märkte sind die Institutionen, an denen der Wert von Waren, Dienstleistungen, Wertpapieren und der Tauschwert (Kurs) von Währungen untereinander festgelegt wird, während die Höhe von Steuern, Abgaben, ggf. auch von Mindestlöhnen oder Subventionen für Grundnahrungsmittel durch politische Aushandlungsprozesse staatlich festgelegt werden. Ein Grundproblem jeder Währung ist dabei eine unkontrollierte Geldvermehrung einerseits durch Fälschung in großem Stil, andererseits durch eine zu expansive Geldpolitik der Zentralbanken bzw. der Politik, die zu Inflation, also unkontrollierten Preissteigerungen führen. Auch die feste Kopplung einer Währung z. B. an ein seltenes lagerfähiges Edelmetall ist problematisch, weil dies sowohl zu Deflation und Depression führen kann, wenn eine Anpassung der Edelmetallbestände an eine wachsende Realgüterproduktion nicht möglich ist, als auch zu Inflation, wenn große neue Edelmetallfunde gemacht werden. Stark schwankende Währungskurse und Preise sind gerade auch für den Tourismus und Handel sowie für alle längerfristigen Vertragsverhältnisse ungünstig, da hierdurch zusätzliche Bewertungsrisiken auftreten, die entweder von den Handelspartnern oder von Dritten (Banken, Spekulanten) nur mit zusätzlichem Aufwand bzw. Kosten durch Kurssicherungsgeschäfte (Hedging) zu vermeiden sind. Reine Spekulation, die nicht der Absicherung der Realwirtschaft dient, kann wiederum auch bei stabiler Geldmenge durch Spekulationsblasen, Fehlbewertung und Fehlleitung von Finanz- und Warenströmen weltweit riesige Schäden anrichten.

Da ein gesetzliches Zahlungsmittel mit einem Anspruch auf Güter und Leistungen im jeweiligen Staat verbunden ist, ist ein weiterer Aspekt, inwieweit Währungen frei konvertierbar sind oder einem Exportverbot oder Zwangsumtausch unterliegen, insbesondere, wenn Preise staatlich reguliert sind und hierdurch „Ausverkauf" oder Kapitalflucht drohen. Schließlich ist eine weitere Frage, inwieweit Zahlungstransaktionen und Guthaben insbesondere zur Bekämpfung von Steuerhinterziehung, Geldwäsche und Untreue für die Finanzaufsicht, Steuerbehörden und Wirtschaftsprüfer zusätzlich zur Buchhaltung transparent nachvollziehbar sein müssen, da z. B. auch „Luftbuchungen" unzulässige Geldschöpfung in großem Stil ermöglichen und die Nachvollziehbarkeit der Herkunft des Geldes oft eine wichtige Vorraussetzung für die effektive Bekämpfung von Wirtschaftskriminalität ist.

Neben den gesetzlichen Zahlungsmitteln haben insbesondere durch die Einführung der in den vorigen Abschnitten behandelten elektronischen Zahlkarten alternative Formen von „Ersatz"-Geld Verbreitung gefunden, die allerdings keine anerkannten gesetzlichen Zahlungsmittel sind und nur sehr eingeschränkte Geltungsbereiche haben:

Bonuspunkte von Kundenkarten, die Stammkunden als Mengenrabatt und „Incentive" für die Erfassung des Kaufverhaltens gewährt werden und gegen bestimmte Treuegeschenke oder ein beschränktes Waren-/Dienstleistungsangebot eingetauscht werden können. Neben den Meilenprogrammen der Airlines-/Airline-Kooperationen den Kundenkarten der Hotelketten sind hier auch branchenübergreifende Bonusprogramme wie z. B. Payback zu nennen.

Prepaid-Karten, die mit einem gesetzlichen Zahlungmittel aufgeladen, aber dann in virtuellen Geldeinheiten geführt werden, die nur bei einer Organisation oder in einer Destination bzw. einem Resort, Kreuzfahrtschiff oder Casino als Zahlung für bestimmte Leistungen oder an bestimmten Automaten akzeptiert werden. Dieses virtuelle Geld dient der Bequemlichkeit/als Kaufanreiz durch Verzicht auf Barzahlung, aber auch der Einschränkung des Zugangs zu ggf. rabattierten Leistungen nur für Bezugsberechtigte, z. B. auch in Firmenkantinen, Firmenshops etc. Restsalden auf diesen Karten können ggf. zu festem Kurs zurückerstattet werden.

Regionalgeld wurde immer wieder von Ökonomen wie Gsell, Samuelson und anderen empfohlen, um die Regionalwirtschaft zu fördern und Kapitalakkumulation durch den Zinsmechanismus entgegenzuwirken. Ähnlich wie die Prepaid-Karten kann es aus gesetzlichen Zahlungsmitteln eingetauscht werden, wird dann aber nur von Anbietern, Organisationen und Vereinen der entsprechenden Region akzeptiert, die hierbei oft Rabatte oder vergünstigte Kredite gewähren. Der Umtausch und Rücktausch in gesetzliche Zahlungsmittel ist möglich, aber unbequem und hat in Verbindung mit Rabatten die Wirkung eines Zolls auf Waren, die nicht aus der Region kommen. Um keine Anreize zu geben, das Geld zu horten, um ggf. Zinsgewinne zu machen, sind manchmal Negativzinsen oder Umlaufsicherungsgebühren fällig, wenn das Regionalgeld nicht innerhalb einer Zeitspanne wieder zur Zahlung ausgegeben wird. Auf diese Weise soll die regionale Wirtschaftstätigkeit gefördert und die Zahlungsfunktion des Geldes auf Kosten der Wertsicherungs- bzw. Spekulationsfunktion gefördert werden. Die positiven Wirkungen von Regionalwährungen sind jedoch ebenso wie die Vor- und Nachteile der Globalisierung sehr umstritten. Für den Tourismus ist eine zentrale Frage, inwieweit Regionalgeld und Destinations- bzw. Gästekarten, die oft auch als Bürgerkarten Verwendung finden, sich ergänzende Konzepte sind, und inwieweit rechtlich das staatliche Währungsmonopol berührt wird. Regionalwährungen sind nicht an technische Kartenlösungen oder Online-Kontoführung gebunden, sollten aber auch schwer zu fälschen sein. In Bayern ist der sog. „Chiemgauer" ein bekanntes Beispiel für eine Regionalwährung.

Globale Geldtransfers, wie sie z. B. von Western Union[15] angeboten werden, bieten auf der Basis eines weltweiten Filialnetzes Zahlungen von einer Inlandsfi-

---

15 Western Union ist vom Zahlungsdienstleister First Data übernommen worden, gilt auch als Pionier bei Kredikartenüberweisungen und kann auch zahlreiche weitere globale Zahlungsformen anbieten. Weitere Anbieter sind MoneyGram, wise, WorldRemit, paysend, Azimo und andere.

liale in jede beliebige Auslandsfiliale an, die der Empfänger dort unverzüglich in seiner Währung abholen kann. Sender und Empfänger brauchen kein Konto, sondern müssen sich mit gültigen Papieren ausweisen, ggf. wird ein Passwort vereinbart, dass der Empfänger bei Abholung des Geldes nennen muss, und die Zahlung wird ordentlich verbucht. Western Union hat Zahlungsanweisungen seit fast über hundert Jahren über diverse Telegramm-, Telekommunikationsnetze und sogar eigene Satelliten abgewickelt und ist wegen seines weltweiten Filialnetzes nicht auf Inter-Bank-Überweisungssysteme wie z. B. SWIFT (Society for Worldwide Interbank Financial Telecommunication) mit den oft langsameren Bearbeitungszeiten auf beiden Bankseiten angewiesen. Genutzt werden diese internationalen Geldtransfers häufig von Migranten, die Gelder an ihre Familien in ihren Herkunftsländer „rücküberweisen", weshalb die Zahlungen auch Remittances genannt werden.

Das traditionelle orientalische *Hawala*-Finanzsystem funktioniert ähnlich, wobei die Zahlung nicht von einer Bank, sondern von zwei unabhängigen Mittlern garantiert wird und auf Vertrauen zwischen dem Einzahlenden und dem geldannehmenden Mittler basiert, der wiederum dem geldausgebendem Mittler vertraut bzw. mit diesem direkt oder über andere vertrauenswürdige Geschäftspartner verbunden ist, mit deren Geschäften die Zahlungen über kurz oder lang verrechnet und ausgeglichen werden. Vertrauensmissbrauch im Netz führt zu Strafen bzw. zum Berufsverbot. Weil bei Hawala Zahlungen ohne Ausweiskontrollen und Herkunftsnachweis des Geldes erfolgen können und nicht buchhalterisch dokumentiert werden müssen, sind sie in vielen Ländern illegal.

Spielgeld, das nach Einzahlung gesetzlicher Zahlungsmittel zur Teilnahme an Spielen in Casinos (als Jetons oder Automatenkarte), aber auch an Nutzer von Internet-Computerspielen oder virtuellen Welten ausgegeben wird, um dort Zusatzangebote und Zusatzdienstleistungen erwerben zu können (In-Game-Käufe). Ein frühes Beispiel waren die Linden-Dollars L$ in der virtuellen Welt Second Life. Inzwischen gibt es für diverse Spieleplattformen und Spiele In-Game-Währungen, die auch als Gutscheine im Handel erworben werden können. Wenn In-Game-Währungen auf der Spielplattform wieder in normale Währung zurückgetauscht oder auch virtuelle Gegenstände außerhalb eines Spiels gegen gesetzliche Zahlungsmittel gehandelt werden können, ergeben sich neue Möglichkeiten der Geldwäsche oder unkontrollierten Geldschöpfung.

Alle bisher genannten Zahlungsmittel werden von einer zentralen Stelle ausgegeben (Zentralbanken, Banken, Kreditkartengesellschaften, Handelsketten, Resorts, Themenparks, Casinos, Tourismusorganisationen, Vereinen etc.), die insbesondere für die Fälschungssicherheit des Zahlungssystems verantwortlich ist, oft auch die Führung von Konten in der entsprechenden Geldeinheit organisiert oder den Werterhalt durch Bindung an gesetzliche Zahlungsmittel zu einem festen Umtauschverhältnis garantiert. Die zentrale Koordination kann durch hierarchische Delegation z. B. von Kontoführungsaufgaben an regionale Einheiten verteilt werden, wobei Transferzahlungen zwischen regionalen Einheiten immer über die Zentrale laufen. Durch das

Internet werden neben diesen zentralisierten-hierarchischen Ansätzen auch neue, vollkommen dezentrale bzw. verteilte Formen der Koordination von Geldschöpfung und Kontoführung sowie Fälschungssicherheit durch Kryptografie möglich, auf denen innovative Kryptowährungen aufsetzen (vgl. Kap. 1.2.3, Abb. 1.2.5).

Kryptowährungen wie Bitcoin, Ether und andere beruhen auf einer verschlüsselten *Blockchain* (vgl. Nakamoto 2008, Werbach 2018, Ragnedda/Destefanis 2020), die ein verteiltes Kontoführungssystem für Guthaben in diesen rein virtuellen Geldeinheiten realisieren. Es gibt keine realen Münzen oder Scheine, sondern nur Guthaben in Einheiten der jeweiligen Kryptowährung (Bitcoin, Ether u. a.) auf verschlüsselten Konten, zu denen es jeweils einen öffentlichen und einen privaten Geheimschlüssel (Private Key) gibt. Alle verschlüsselten Transaktionen in einer solchen Kryptowährung werden nicht in einem hierarchischen Kontosystem in der Obhut einer für die Kryptowährung verantwortlichen Bankinstanz verwaltet. Stattdessen kann jeder Nutzer der Kryptowährung eine aktuelle Kopie der Blockchain mit allen Transaktionen, die seit Beginn der Währung abgelaufen sind, auf einem geeigneten Rechner in einem eigenen sog. Kryptowährungs-*Client* mit Internetverbindung speichern. Jeder Nutzer kann mit seinem geheimen Privatschlüssel aber nur den Klartext seiner eigenen Transaktionen einsehen, die er in einer sog. *Wallet* wie ein *Konto* verwaltet. Wenn der Nutzer von jemandem eine Überweisung haben möchte, gibt er hierzu den öffentlichen Schlüssel seines Kryptowährungs-*Kontos* in einer Hash-codierten Form an, die er mit der Wallet generiert: Er kann verschiedene Kodierungen seines öffentlichen Schlüssels generieren, die durch eine sog. Hash-Funktion immer wieder auf sein Kryptowährungs-*Konto* verweisen. Jedesmal, wenn ein Kryptowährungs-Nutzer einem anderem Nutzer Geld überweist, wird die zugrundeliegende Überweisungs-Transaktion verschlüsselt automatisch auch an alle anderen erreichbaren Nutzer der Kryptowährung übermittelt, die den Klartext der Transaktion zwar nicht entschlüsseln können, aber durch die verwendeten Verschlüsselungsverfahren in der Lage sind, in ihrer aktuellen Kopie der Blockchain auf der Basis aller vorangegangenen Transaktionen eigenständig zu *verifizieren*, ob die neue Überweisungs-Transaktion auf tatsächlich vorhandenen Guthaben beruht und das Sender-Konto nicht überzogen wird. Verifizierbare Transaktionen werden regelmäßig in Blöcke zusammengefaßt und müssen nun unter großem Rechenaufwand mit Informationen aus der bisherigen Blockchain so verkettet und verschlüsselt werden, dass ein Angreifer alle alten Blöcke und den neuen Block nur mit exponentiell höherem Rechenaufwand entschlüsseln und systematisch fälschen müsste, ohne dass dies alle anderen Nutzer mit ihren vollständigen Kopien der bisherigen Blockchain bemerken. Da nicht alle Nutzer einer Kryptowährung rund um die Uhr Rechnerkapazitäten für die Verifikation von fremden Transaktionen und die stromfressende, komplexe Verschlüsselung bereitstellen können oder wollen, wird diese Aufgabe an sog. Miner (analog z. B. den Goldschürfern bei einer reinen Goldwährung) für eine Belohnung delegiert. Ebenso wie bei Goldschürfern muss die Belohnung einerseits den Rechenaufwand und den Stromverbrauch übertreffen und zudem noch so attraktiv sein, dass sich eine große

Zahl von Minern findet, die im Wettbewerb zueinander die Verifikation und Verschlüsselung übernehmen. Nur der Miner, der als erster die frischen Transaktionen eines neuen Blocks verifiziert und eine geeignete Verschlüsselung für die Verkettung des neuen Blocks mit der bisherigen Blockchain findet, kann durch dieses erfolgreiche „Coin-Schürfen" eine festgelegte Menge von Einheiten der jeweiligen Kryptowährung neu erzeugen. Er erhält diese aber erst dann dauerhaft gutgeschrieben, wenn alle anderen Miner sowohl die Verifikation als auch die Verschlüsselung des neuen Blocks mit geringem Aufwand geprüft und bestätigt haben und zusammen mit den normalen Nutzern der Kryptowährung den neu verschlüsselten Block ihren bisherigen Blockchains dauerhaft hinzugefügt haben. Alle paar Minuten sammeln die parallel arbeitenden Miner die neuen Transaktionen aller Nutzer aus dem sog. *Transaktionspool* der Kryptowährung ein, um sie in Blöcken zu verifizieren und geeignet zu verschlüsseln. Damit nicht ein leistungsstarker Miner immer wieder alle anderen verdrängt, sind Handicaps für Miner, die gerade gewonnen haben, in die Algorithmen eingebaut. Nutzer, die ihre Transaktionen besonders schnell in die Blockchain integriert haben wollen, können zusätzlich eine *Transaktionsgebühr* ausloben, die der Miner, der als erster den Block mit ihrer Transaktion erfolgreich verschlüsselt, zuzüglich zur Geldschöpfungs-Belohnung überwiesen bekommt. Außer der Geldschöpfung durch die Miner ist insbesondere bei der Bitcoin-Kryptowährung keine weitere Geldschöpfung möglich. Darüber hinaus ist die Menge der Bitcoins grundsätzlich durch eine maximale Anzahl von Stellen in allen Computern und Algorithmen begrenzt. Je näher die Umlaufmenge an Bitcoins dieser harten Obergrenze kommt, desto kleiner werden die Bruchteile an Bitcoins, die neu geschöpft werden können oder für die Bitcoin-Schöpfung als Belohnung erzielbar sind. Dies soll durch einen wachsenden Umtauschwert eines Bitcoins gegenüber gesetzlichen Zahlungsmitteln kompensiert werden. Dieser Umtauschwert hängt aber außer von der begrenzten Menge an Bitcoins vor allem von der Akzeptanz und Verbreitung der Kryptowährung bei den Nutzern ab. Ähnlich wie bei modernen gesetzlichen Zahlungsmitteln, bei denen keine Zentralbank mehr eine Deckung durch Edelmetalle garantiert, beruht der Wert einer Kryptowährung als sog. Fiatgeld allein auf dem Vertrauen der Nutzer, dass sie die virtuellen Geldeinheiten zu einem bestimmten Kurs, der sich im freien Handel bildet, tauschen können. Solange es Nutzer gibt, die bereit sind, Bitcoins gegen gesetzliche Zahlungsmittel einzutauschen, hat die dauerhaft begrenzte Anzahl von Bitcoins einen echten Kurswert. An die Stelle einer Edelmetallmine oder einer Druckerei, die mit erheblichem Aufwand schwer zu fälschende Münzen oder Banknoten in limitierter Zahl erzeugen und hierfür bezahlt werden, sind die Miner getreten, die mit erheblichem Energieaufwand geeignete kryptografische Verkettungen berechnen, um Fälschungen zu verhindern. Die Attraktivität der Kryptowährungen beruht vor allem auf der relativ hohen Anonymität der Geldtransfers, solange private Schlüssel geheim bleiben, auf der tatsächlich außerordentlich hohen Fälschungssicherheit und der strikten Begrenzung der Geldschöpfung, die weder durch Zentralbanken noch durch politische Entscheidungen inflationiert werden kann. Negativ sind die Kopplung der Geldschöpfung an hohen Stromverbrauch, die vielen redundanten Verifikationsvorgänge und Verschlüsselungsversuche bei allen Minern, der unwiderbringliche Verlust des gesamten Guthabens bei einem Verlust des privaten Geheimschlüssels und die redundante Speicherung aller jemals durchgeführten Transaktionen bei allen Teilnehmern (aktuell beim Bitcoin ca. 200 GByte Stand 2021). Daher ist es bei einigen Kryptowährungen für Endnutzer auch möglich, statt der gesamten Blockchain keinen Client, sondern nur eine sog. Hybrid Wallet mit einem Ausschnitt der letzten (relevanten) Transaktionen zu speichern und sich bei Verifikation und Verschlüsselung der Transaktionen allein auf fremde Clients und die Miner zu verlassen. Da erfolgreiches Mining immer leistungsfähigere Spezialrechner erfordert, besteht dabei die Gefahr eines Konzentrationsprozesses auf Seiten der Miner, an die immer mehr Nutzer ohne eigenen Client die eigentlich kollektiv gedachte Verifikations- und Speicherfunktion vollständig delegieren, was zu neuen Abhängigkeiten und Intransparenzen bei vollkommen unregulierten oder wegen des staatlichen Währungsmonopols in Grauzonen operierenden Kryptowährungen führen kann. So wurden z. B. vom Bitcoin und anderen Kryptowährungen durch Aufhebung der Begrenzung der maximalen Coin-Menge oder auch Hacks neue Kryptowährungen abgespalten, die als sog. eigenständige „Forks" einerseits inflationäre Tendenzen haben können, andererseits auch die Gefahr der Diskreditierung virtueller Coins in abgespaltenen Blockchain-Segmenten bergen. Rund um die Kryptowährungen haben sich als Plätze für den Umtausch mit gesetzlichen Zahlungsmitteln unregulierte Kryptowährungs-Börsen entwickelt. Viele Kryptowährungen zeichnen sich dabei durch ihre hohe Volatilität gegenüber klassischen Währungen aus, was die Eignung als stabiles Zahlungsmittel beeinträchtigt und sie selbst zu Spekulationsobjekten macht. Auch die durchschnittliche Dauer von zehn Minuten (Stand 2021) für das Mining eines Blockes für eine neue Transaktion ist für viele Zahlungen zu langsam. Um dies zu beschleunigen, wurden als Lightning-Netzwerke bezeichnete Bitcoin-Erweiterungen geschaffen. Sie ermöglichen es einer Nutzer-Community, mit speziell-vernetzten Wallets kleinere Bitcoin-Zahlungen nur untereinander zu registrieren und nur die größeren Salden dieser gemeinsamen Kleintransaktionen regelmäßig in der offiziellen Blockchain zu dokumentieren. Diverse Cloud-Services bieten das Hosting von Kryptowärungs-Clients, Wallets und sogar Mining-Plattformen an, was ein hohes Vertrauen in die Service-Provider voraussetzt, da Wallets und Schlüssel ausgespäht oder gehackt werden können. Umgekehrt werden auch mobile oder sogar Hardware-Wallets offeriert, und Smart-Phone-Wallets für tokenbasierte Kredit- und Debitkartenemulationen bieten ebenfalls tokenbasierte öffentliche und private Schlüssel für einen geschützten Mobil-Zugriff auf Krypto-Wallets verschiedener Krypto-Währungen an. Schließlich arbeiten große soziale Netzwerke wie insbesondere Facebook mit einem Konsortium von Großfirmen wie Uber, Lyft und Kreditkartengesellschaften am sog. Libra als Kryptowährung, die durch große Nutzermengen und eine gewisse Eigenregulierung stabilere Wechselkurse zu staatlichen Währungen ausweisen soll, was aber staatliche Kartell- und Finanzaufsichten zu Ermittlungen wegen möglicher Wettbewerbsverzerrung durch Regulierung des Zugangs zum Libra und Verstoß gegen staatliche Währungsmonopole auf den Plan gerufen hat. Der mit dem Mining verbundene Energieverbrauch hat 2021 China dazu bewogen, das hier zunächst stark verbreitete Bitcoin-Mining grundsätzlich zu verbieten. Andererseits diskutieren Länder wie z. B. Ecuador, die vom Dollar abhängig sind und keine eigene Währung für eine eigene Geldpolitik etablieren konnten, bitcoinartige digitale Währungen erweitert um Lightning-Netze für die schnelle Zahlung von Kleinbeträgen als gesetzliche Zahlungsmittel einzuführen. Ebenso werden in der EU, in den USA und in China eigene Projekte für sog. Zentralbank-Kryptowährungen auf Blockchain-Basis vorangetrieben. Schließlich ist festzustellen, dass insbesondere die quelloffene Open-Source-Technologie der marktführenden Kryptowährungen es ähnlich wie auch bei Prepaid-Karten nicht nur für Staaten und Konzerne, sondern für jedermann möglich macht, mit überschaubarem Aufwand eigene Kryptowährungen aufzusetzen und zu verbreiten.

Abbildung 5.3.9 zeigt in Ergänzung zu Abb. 1.2.5 in Kapitel 1 eine Momentaufnahme einer Blockchain nach der Buchung und Zahlung (1.) eines Hotels und eines Mietwagens durch einen Geschäftskunden A bei einem Reisebüro X und der anschließenden Überweisungen (2.-4.) des Reisebüros X an die Leistungsträger Y und Z. Das Reisebüro erhält für die Beratung und Buchung eine Service-Fee von 30 €. Abstrahierend von einer konkreten Kryptowährung sei zur Illustration der Grundprinzipien angenommen, dass jede Transaktion einen eigenen Block einer linearen Blockchain bildet (die echte Blockchain ist meist als Baum strukturiert) und dass zunächst keine Steuern zu berücksichtigen sind. Das Reisebüro X und der Business Traveller A unseres Beispiels nutzen beide nur einfache Hybrid Wallets, die nur den sie betreffenden aktuellen Ausschnitt der Blockchain speichern. Das Hotel als Teil einer Hotelkette, der Autovermieter und ein Betreiber eines Mining-Servers betreiben einen vollständigen Client der Kryptowährung. Sie halten eine eigene Kopie der gesamten Blockchain und können jede Transaktion auf der Basis dieser Kopie verifizieren, ohne den Klartext entziffern zu müssen, wenn es sich um Transaktionen handelt, die sie nicht selbst betreffen. Ein Fälscher müsste eine Mehrheit aller Teilnehmer, die eine Blockchain-Kopie halten, gleichzeitig angreifen und kryptografisch korrekt fälschen.

Der Betreiber des Mining Servers konkurriert mit anderen in Abb. 5.3.9 nicht gezeigten Minern um die schnellste Verifizierung und Verschlüsselung der neuen Transaktionen zur Integration in die bisherige Blockchain, was erst passiert, wenn alle Miner die Korrektheit der Verschlüsselung überprüft und bestätigt haben. Die Hotelkette und der Autovermieter betätigen sich nicht als Miner, sondern integrieren nur die korrekt verschlüsselten Blöcke in ihre Kettenkopie. Der Business Traveller und das Reisebüro speichern in ihrer Hybrid Wallet nur die sie betreffende reduzierte Kopie der Blockchain, die spätestens dann aktualisiert wird, wenn sie eine Transaktion durchführen. Jeder Teilnehmer hat einen privaten Geheimschlüssel, um die an ihn gerichteten oder von ihm initiierte Transaktionen im Klartext zu sehen bzw. neue Transaktionen von seinem Konto aus anzustoßen.

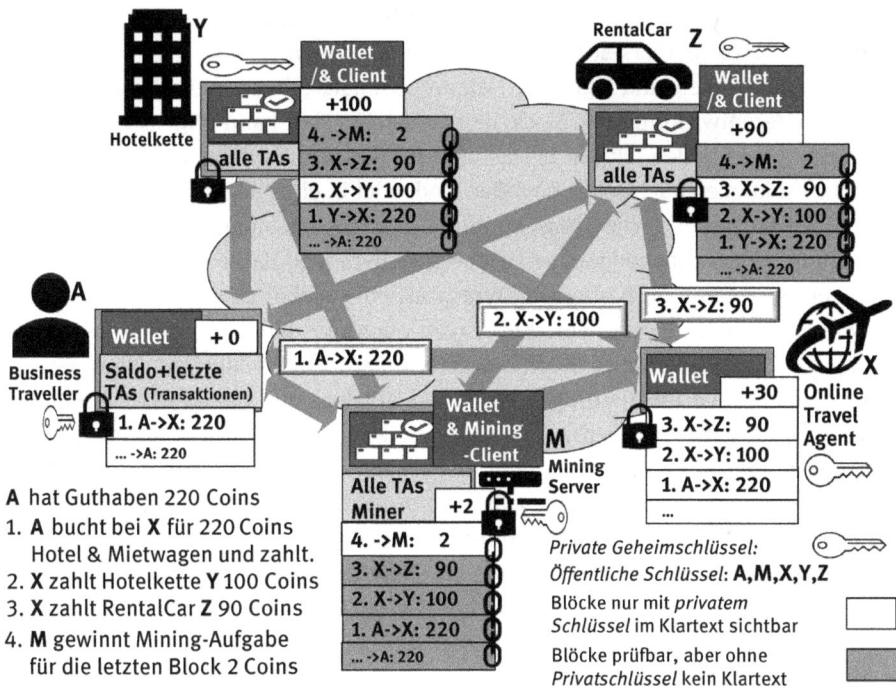

Abb. 5.3.9: Stark vereinfachte Momentaufnahme der Blockchain-Inhalte nach Zahlung einer Reise in einem Reisebüro bei allen beteiligten Akteuren. Weitere Kopien der Transaktion liegen verschlüsselt bei allen anderen Blockchain-Nutzern/Minern, die Blockchain-Kopien bei sich gespeichert haben.

Über den öffentlich gemachten, regelmäßig in der eigenen Wallet neu generierbaren Public Key kann jeder Teilnehmer anderen Teilnehmern sein Konto für aktuelle Überweisungen bekannt machen, ohne seine eigene Identität zu offenbaren. Alle Nutzer der Blockchain sind also wie bei einem Schweizer Nummernkonto anonym, wobei sämtliche Transaktionen eines Nummernkontos in dem Moment, wo die Nummer zugeordnet werden kann und der private Schlüssel bekannt wird, sofort vollständig offengelegt sind und bei Verlust des Geheimschlüssels das gesamte Guthaben und alle Einträge für niemanden mehr lesbar sind. Die Blockchains aller Teilnehmer werden regelmäßig um neue Blöcke ergänzt, die in unserem Fall der Miner M am schnellsten verschlüsselt hat, für eine Aufwandsentschädigung von hier in unserem Fall neu geschöpften zwei Coins. Alle anderen Miner im Netz gehen in diesem Fall mit ihren erfolglosen Mining-Aktivitäten leer aus. Eine zusätzliche Transaktionsgebühr wurde von den Geschäftspartnern nicht ausgelobt.

Die Konzentration des Minings auf wenige schnelle Miner mit Spezialrechnern, die sich ebenfalls zu Pools zusammenschließen, konterkarieren die dezentrale P2P-Philosophie, und sowohl die massiv redundante Speicherung überflüssiger Daten bei allen Peers als auch der unnötige Stromverbrauch der Mining-Prozesse wecken Zweifel an ihrer Skalierbarkeit für die Zukunft. Daher wurden über die Forks-Abspaltungen, Hybrid Wallets und Lightning-Netzwerke hinausgehende Vorschläge zur technischen Weiterentwicklung der Blockchain gemacht: Man kann allgemein nur noch die Transaktionen in den lokalen Blockchains der Teilnehmer dokumentieren, die von diesen Transaktionen auch selbst betroffen sind, oder in einer sog. privaten Blockchain wie z. B. der C-Chain nur die Transaktionen bestimmter miteinander bezüglich einer Anwendung intensiv kooperierender Partner speichern (vgl. Bayer 2017). Private Blockchains mutieren dann zu besonders kryptografisch gesicherten verteilten Datenbanken, von denen jeder Partner eine Kopie oder auch nur den ihn selbst betreffenden Auszug hält. Dies wiederum ist durch bewährte verteilte relationale Datenbanksysteme mit kryptografischen Erweiterungen besonders effizient und ohne die Nachteile der normalen Blockchains realisierbar. Insbesondere können die bewusst auf Energieverbrauch setzenden komplexen kryptografischen Blockverschlüsselungen der Miner durch einfachere, aber ebenfalls nur mit außerordentlich hohem Aufwand dechiffrier- oder fälschbare kryptografische Verfahren ersetzt werden, die nur von den an einer Transaktion beteiligten Instanzen als den für diese Transaktion wirklich verantwortlichen „Stakeholdern" genutzt werden können. Da bei Kryptowährungen von einer korrumpierten Geldschöpfung immer alle Teilnehmer betroffen sind, wird vorgeschlagen, das Mining zur Sicherung der Währungsintegrität fortzuführen, aber nur noch mit klimaneutralem Ökostrom z. B. aus Wasserkraft zu arbeiten und nur Rechner zu nutzen, die in großen Rechenzentren z. B. nachts ungenutzt sind und nicht durch einen Wettbewerb um die schnellste Verschlüsselung zusätzlichen Stromverbrauch verursachen. Dagegen sind Blockchain-Implementierungen, welche die Speicherung und Verschlüsselungen nur bei den an einer Transaktion betroffenen Teilnehmern vorsehen, besser für die Unterstützung und Automatisierung spezieller Geschäfts- und Vertragsbeziehungen mit sog. Smart Contracts als für die Realisierung allgemeiner Kryptowährungen geeignet.

Smart Contracts: Mit der Blockchain-Technologie können hochgradig fälschungssichere Transaktionslisten bzw. -journale geführt werden, die auch Basis jeder allgemeinen Konto- bzw. Buchführung sind. Die Blockchain realisiert somit einen auf kollektiver Korrektheitsprüfung beruhenden, verteilt redundant gespeicherten Distributed Ledger (Hauptbuch für verteilte Buchführung), mit dem sich nicht nur Zahlungen mit Kryptowährungen wie Bitcoin oder Ethereum realisieren lassen, sondern auch alle anderen Arten von „buchbaren" Geschäftstransaktionen gemeinsam und unverfälschbar ohne Bankintermediäre bei allen Geschäftspartnern speichern lassen. Eine weitere Verallgemeinerung der Blockchain-Technologie ist die Anreicherung der Einzeltransaktionen um ausführbaren Programmcode (bei Ethereum eine sog. DAPP), der bei allen Peers automatisch gestartet wird, wenn bestimmte Bedingungen in vorangehenden oder nachfolgenden Transaktionen erfüllt sind (vgl. Abb. 5.3.10).

Abbildung 5.3.10 illustriert, wie der Vertrag zur Buchung aus Abb. 5.3.9 um Klauseln zu Zahlungsbedingungen, Umsatzsteuerpflicht und Stornobedingungen aus Sicht

Vertrag/Geschäftsvorfall:	SMART CONTRACT BLOCK
	Regelbasierter Programmcode bei Nettopreisen und Berücksichtigung der Umsatzsteuer der Leistungsträger:

Vertrag/Geschäftsvorfall:	Bedingung:	Transaktion:
Kunde **A** bucht jetzt bei Reisebüro **X** Hotel & Mietwagen für 220 Coins zzgl. 19% **USt**. **USt** ist sofort fällig und geht an Staat!	(Sofort)	=> A->X:220€*1,19 X->USt: 19%*220€
X erhält 30 Coins Service Fee und zahlt am Anreisetag des Kunden an Autovermieter **Z** 90 Coins zzgl. USt.	(Anreisedatum)	=> X->Z:90€*1,19 Z->USt: 19%*90€ USt->X: 19%*90€
Wenn bei Rückgabe Tank nicht voll ist werden 65 Coins zzgl. **USt** von **A** fällig.	(Rückgabe & Tank leer)	=> A->Z:65€*1,19 Z->USt: 19%*65€
X zahlt beim Self-Check-In von **A** an das Hotel **Y** 100 Coins.	(Hotel Self-Check-In)	=> X->Y:100€*1,19 Y->USt: 19%*100€ USt->X: 19%*100€
Wenn **A** vor Anreisedatum storniert, fallen Stornogebühren an, die **X** an **Y** und **Z** bezahlt. Den Rest abzüglich der Service Fee erhält A von X zurück. Staat erstattet zuviel gezahlte **USt** zurück.	(Storno vor Anreisedatum)	=> X->Y: 40€*1,19 Y->USt: 19%*40€ X->Z: 50€*1,19 X->USt: 19%*50€ X->A: 100€*1,19 USt->X: 19%*100€

Smart Contract Block wird verschlüsselt in Blockchain abgelegt. Relevante Ereignisse werden nach gemeinsam akzeptierten Prozeduren gemeldet, um zugehörige Transaktion zu starten. Alle Partner müssen Transaktionen einmalig auf Basis der Regeln bestätigen.

Abb. 5.3.10: Beispiel für einen Vertrag mit detaillierten eventabhängigen Teiltransaktionen, die als Smart Contract automatisiert und in einer Blockchain bei allen Vertragspartnern ausführbar hinterlegt werden.

des Reisebüros erweitert und als Smart Contract programmiert und automatisiert werden könnte. Die beteiligten Geschäftspartner (hier Kunde, Reisebüro, Staat und Leistungsträger) erhalten je nach Vereinbarung die sie betreffenden Vertragsklauseln im Klartext oder verschlüsselt zur Verifizierung, Zustimmung und Speicherung in ihre lokalen Blockchains übermittelt, die auch Kryptowährungsfunktionen wie z. B. bei Ethereum enthalten können. Jeder Partner kann jederzeit das Vorliegen der genau spezifizierten Bedingungen prüfen und ist ggf. berechtigt, die bei einer zutreffenden Bedingung hinterlegte Transaktion auszuführen und an alle Partner zur Verifikation, Verschlüsselung und verteilten Speicherung etc. zu verteilen. Auf diese Weise können mit einem Smart Contract nicht nur Zahlungen, sondern auch andere vertraglich vereinbarte Bedingungen und Aktionen verknüpft werden, die durch IT-Anwendungen aller Art gemeldet, beobachtet oder gesteuert werden können. Der Self-Check-in des Gastes kann vom Check-in-Kiosk des Hotels und vom Smartphone des Kunden gemeldet oder bestätigt werden. Der Mietwagen des Autovermieters kann nach Überweisung der Zahlung für den gebuchten Tag wie bei Carsharing-Autos für die Smartphone-Autovermieter-App des Kunden zur NFC-Türöffnung freigeschaltet werden, und der Füllstand des Autotanks jederzeit automatisiert ausgelesen und zur Auslösung einer Tankaktion samt Abbuchung genutzt werden. Stornierungen könnten einfacher automatisiert abgewickelt werden ebenso wie eine für alle transparente Abführung der ggf. anfallenden Umsatzsteuern an die in diese Transaktion eingebundenen Finanzbehörden. Zusätzlich können Versicherungen wie Haftpflicht- und Unfallversicherungen ggf. noch kurz vor der Autonutzung auf Initiative des Kunden oder Autovermieters in den Automietvertrag eingebunden werden, wodurch auch Versicherer zum Vertragspartner des Kunden werden und ihre Versicherungsverträge als ergänzende Smart Contracts einbinden können, in denen ggf. alle Aktionen bei einem Schadensereignis detailliert programmiert und automatisiert werden können. Smart Contracts sind damit eine neue Methode, um Geschäftsprozesse, die auf programmierbaren Vertragsbeziehungen beruhen, transparent für alle Beteiligten zu organisieren, wobei über geeigneten Programmcode auch alle Dienste bereits vorhandener Anwendungen und Microservices mit Smart Things zur Meldung von Ereignissen oder Ausführung von Aktionen über das Internet of Things integriert werden können. Die Orchestrierung von Diensten über prozessorientierte Workflowsysteme zur Steuerung innerbetrieblicher Vorgangsbearbeitung wird somit ergänzt durch die zwischenbetriebliche Abwicklung automatisierter Smart Contracts. Gerade im Tourismus fallen viele zwischenbetriebliche Transaktionen, insbesondere Buchungen auf der Grundlage komplexer Verträge z. B. zwischen Leistungsträgern, Veranstaltern und Reisemittlern, an, die bisher durch zentrale IT-Intermediäre wie GDS und Touristik-IBEs abgewickelt wurden. Aber auch im Tracking wie z. B. in der Gepäcklogistik gibt es zahlreiche weitere experimentelle Tourismusanwendungen, die insbesondere Treiblmaier 2020 in einer umfassenden Literaturanalyse aufzählt. Neben den bereits skizzierten Anwendungsmöglichkeiten in Reservierungssystemen bei Buchungen, Zahlungen und dem Steuer- und Gebühreneinzug werden auch Anwendungen bei Ticketerstellung und Ticketverkauf, bei Ausweis- und Fahrscheinkontrollen, bei der Besucheridentifizierung und -lenkung, bei der Wartung von Flugzeugen, Hotelzimmern oder Fahrzeugen, Transaktionen mit Kunden- und Gästekarten und vieles mehr diskutiert.

Mit Ethereum wurden auch Investment-Gesellschaften auf der Basis von Smart-Contract-basierten Gesellschafterverträgen gegründet, deren Kapitaleinlagen durch *Crowd-Funding* finanziert werden, die Entscheidungen über E-Voting-Prozesse des Managements und der Anteilseigner organisieren, wobei sowohl die Ethereum-Blockchain als auch die DAO-Gesellschaft (Decentralized Autonomous Organisation) bereits Opfer von Hacker-Angriffen wurden, die Progammierfehler mit erheblichen Schäden ausnutzten. Kryptowährungen und Smart Contacts wird allgemein ein erhebliches Zukunftspotenzial zur Dis-Intermediation und Dezentralisierung von touristischen Wertschöpfungsketten zugesprochen. Insbesondere die Verbindung aller an einer Lieferkette beteiligten Geschäftspartner im In- und Ausland über Smart Contracts kann über alle Wertschöpfungsstufen hinweg Transparenz schaffen über alle tatsächlich beteiligten Mittler und Lieferanten, Waren-, Energie- und Zahlungsströme sowie die Einhaltung der zugesicherten Produktions-, Arbeits- und Lieferbedingungen. Auch Nachweise über durch Akkreditierungsorganisationen bestätigte Zertifizierungen oder Auditierungsergebnisse sind ebenso wie ein Ausschluss von Steuerhinterziehung und Geldwäsche automatisiert möglich. Die Automatisierung von Zahlungen und Verträgen durch verteilte

Einsatzmöglichkeiten diverser digitaler Karten- & Zahlungssysteme (x)	Point of Sale (Kasse/Automat)		E/M-Commerce (Web-Shops & Apps)		
	(Hybrid-)Karten-terminal	Host Card Emulation & M-Wallet	Payment-Server / Gateway	Online-Banking/Vorkasse	E-/M-Wallet
Kreditkarten	x	x	x		x
Debitkarten	x	x	x	x	x
SEPA-Lastschrift/Einzug	x	x	x	x	
Geldkarte	x		x		x
Prepaid-Karten	x	x	x	x	x
Gäste-/City-/Tourist-Cards	x	x			
eTickets/Automaten-Jetons	x	x			x
Postpaid-Karten/Gästetags	x	x			
Billing & Inkasso-Services	x	x	x		x
Money/Funds Transfer	x			x	
Regionalwährungen	x	x			
Virtuelles Gaming-Geld			x	x	x
Kryptowährungen	*kaum genutzt (2021)*		x	x	x
Smart Contracts	*bisher nicht (2021)*		diverse Pilotversuche		

Abb. 5.3.11: Einsatzmöglichkeiten verschiedener digitaler Karten- und Zahlungssysteme im Vergleich.

Smart-Contract-Blockchains sind einerseits ein Ansatz, die mit bisher ungenügend digitalisierten Prozessen verbundene Formular- und Vertragsbürokratie zu reduzieren, bergen aber auch die Gefahr, dass fehlerhaft oder kriminell programmierte Smart Contracts durch ihre Dezentralisierung in der Lage sind, ein mangels zentraler oder konzertierter Abschaltmöglichkeiten für alle betroffenen Parteien unkontrollierbares, verteiltes schädliches Eigenleben zu führen.

Abbildung 5.3.11 faßt abschließend alle Zahlungsformen hinsichtlich ihrer Einsatzformen am POS bzw. im E-/M-Commerce zusammen.

Quellen und weiterführende Literatur

Anthonopoulos, A.M, Wood, G., Ethereum: Grundlagen und Programmierung – Smart Contracts und DAPPS entwickeln, Deutsche Übersetzung von P. Klicman, Heidelberg 2019.

Bayer, R., C-chain: a system for managing public and private ledgers, an alternative to block chain, TU München September 2017, https://db.in.tum.de/research/projects/C-chain/C-chain-Scient.pdf?lang=de (Zugriff am 19.12.2020).

Bramberger, M., Payment Services Directive II, Regulatorik, im Zahlungsverkehr vor dem Hintergrund von FinTechs und Open Banking, Wiesbaden 2019.

Bräutigam, P., Rücker, D. (Hrsg.), E-Commerce Rechtshandbuch, München 2016.

Deges, F., Grundlagen des E-Commerce: Strategien, Modelle, Instrumente, Wiesbaden 2019.

Der Handel – Wirtschaftsmagazin für den Einzelhandel, EC-Karte soll Internet-Zahlverfahren werden, News vom 15.9.2013, www.derhandel.de/news/technik/pages/ePayment-EC-Karte-soll-Internet-Zahlverfahren-werden-10037.html (Zugriff am 16.3.2014).

Dettmer, H., Hausmann, Th., Schulz, L., Voll, M., Warden, S. (Hrsg.), Wirtschaftslehre für Hotellerie und Gastronomie, 18. Aufl., Hamburg 2020.

Fill, H.-G., Meier, A., Blockchain – Grundlagen, Anwendungsszenarien und Nutzungspotentiale, Wiesbaden 2020.

Finkenzeller, K., RFID-Handbuch – Grundlagen und praktische Anwendungen von Transpondern, Kontaktlosen Chipkarten und NFC, 7. Aufl., München 2015.

Gerle, K., Der Einsatz des SEPA-Lastschriftverfahrens im Internet-Sales touristischer Dienstleister in Deutschland, Bachelorarbeit, Hochschule München 2013.

Giesecke & Devrient, o.V., Smartphones vom Mobiltelefon zum Alleskönner, Abbildung, http://www.gi-de.com/de/trends_and_insights/nfc_mobile_phones/nfc-mobile-phones.jsp (Zugriff am 15.6.2014).

Gladis, R., Karten, Konten & Kanäle: Wie wir in Zukunft bestellen und bezahlen, München 2020.

Haseen, U. A., PCI DSS – Payment Card Industry Data Security Standard (Version 3.2), CreateSpace Independent Publishing Platform, 2018.

HEDNA, Open Payment Alliance Charter, 2019, https://cdn.ymaws.com/members.hedna.org/resource/resmgr/docs/OPA-Charter-2019.pdf (Zugriff am 4.4.2021).

Hierl, L. (Hrsg.), Mobile Banking – Grundlagen, Strategien, Praxis, Edition Bankmagazin, Wiesbaden 2017.

Hoang, K., Super-Apps als touristische Dienst- und Zahlungsplattformen der Zukunft, Bachelorarbeit Hochschule München 2021.

HTNG, Open Payment Alliance Standards Specification, Version 2.0, 25. Januar 2021, www.htng.org/resource/collection/8B9F1E1F-4E10-4617-BA34-9890E2C20856/HTNG_Open_Payments_Alliance_API_Specification.zip (Zugriff am 2.4.2021).

HTNG, Secure Paments Framework for Hospitality Version 1.0, Februar 2013, https://cdn.ymaws.com/htng.site-ym.com/resource/collection/CC1CE2B8-0377-457E-9AB0-27CFDD77E17B/HTNG_Secure_Payments_Framework_v1.0_FINAL.pdf (Zugriff am 3.4.2021).

IATA, Transparency in Payments (TIP) Initiative, 2017, www.iata.org/en/programs/airline-distribution/transparency-payments/ (Zugriff am 3.4.2021).

Kollmann, T., E-Business: Grundlagen elektronischer Geschäftsprozesse in der Digitalen Wirtschaft, 7. Aufl., Wiesbaden 2019.

Kou, W, (Hrsg.), Payment Technologies for E-Commerce, Berlin/Heidelberg 2010.

Kreditkarten.net, Ratgeber & Vergleich für Verbraucher, www.kreditkarten.net (Zugriff am 2.4.2021).

Kretschmar, St., Elektronische Zahlungssysteme: Grundlagen, Verbreitung, Akzeptanz, Bewertung, Saarbrücken 2012.

Lerner, Th., Mobile Payment – Technologien, Strategien, Trends, Fallstudien, Wiesbaden 2013.

Megue, J.P., S€PA Credit Transfer: How to understand and add value to your SCT payment project, 2018, www.paiementor.com.

Midoco GmbH, Payment Services Directive 2: Starke Kundenauthentifizierung bei Zahlungen in der Reiseindustrie, 2019, www.midoco.de/payment-services-directive-2 (Zugriff am 2.4.2021).

Mobile Council - Smart Card Alliance, Smart Card Tokenization, 2016, www.securetechalliance.org/wp-content/uploads/EMV_Tokenization_Webinar_FINAL_110316.pdf (Zugriff am 1.4.2021).

Mosen, M.W., Moormann, J., Schmidt, D. (Hrsg.), Digital Payments – Revolution im Zahlungsverkehr, Frankfurt 2016.

Nakamoto, S., Bitcoin: a peer-to-peer electronic cash system, 2008, S. 1–9, https://bitcoin.org/bitcoin.pdf (Zugriff am 19.12.2020).

OPA, Open Payment Alliance, https://sites.google.com/view/open-payment-alliance, o.J. (Zugriff am 4.4.2021).

Pechlaner, H., Zehrer, A., Destination-Card-Systeme: Entwicklung – Management - Kundenbindung, Wien 2005.

Pohlmann, N., Cyber-Sicherheit – Das Lehrbuch für Konzepte, Prinzipien, Mechanismen, Architekturen und Eigenschaften von Cyber-Sicherheitssystemen in der Digitalisierung, Wiesbaden 2019.

Ranzinger, A., Praxiswissen Kundenbindungsprogramme: Konzeption und operative Umsetzung, 2. Aufl., Wiesbaden 2017.

Sidelov, P., The World of Digital Payments: Practical Course, Ostap Kanko Kyiv 2017.

Spitz, St., Pramateftakis, M., Swoboda, J., Kryptographie und IT-Sicherheit, 2. Aufl., Wiesbaden 2011.

Stahl, E., Krabichler, Th., Breitschaft, M., Wittmann, G., E-Commerce Leitfaden – Noch erfolgreicher im elektronischen Handel, www.e-commerce-leitfaden.de, 3. überarb. und erw. Aufl., Regensburg 2013.

Stoll, D., Kundenkarten als Instrument zur Kundenbindung im Einzelhandel: Erfolgspotentiale und Grenzen, Saarbrücken 2011.

Taeger, J., Kremer, S., Recht im E-Commerce und Internet: Einführung (Kommunikation & Recht), Frankfurt am Main 2017.

Theil, M., Kreditkarte versus E-Payment: Die Zukunft der Zahlungsmittel im Electronic Commerce, Saarbrücken 2008.

Toussaint, G., Das Recht des Zahlungsverkehrs im Überblick, 2. Aufl., Berlin/Boston 2020.

Treiblmaier H., Blockchain and Tourism, in: Xiang Z., Fuchs M., Gretzel U., Höpken W. (Hrsg.) Handbook of e-Tourism, Cham 2020.

VÖB – Verband öffentlicher Banken, Der Zahlungsvorgang mit der Geldkarte, Abbildung 2009, www.geldkarte.de/_www/de/pub/geldkarte/geschaefts partner/geldkarte_im_einsatz/technische_hintergruende/technische_hintergruende_laden.php (Zugriff am 19.9.2009).

Wahlers, K., Die rechtliche und ökonomische Struktur von Zahlungssystemen innerhalb und außerhalb des Bankensystems, Heidelberg 2013.

Wikimedia Foundation Inc, Wikipedia die freie Enzyklopädie, https://de.wikipedia.org (Zugriff am 5.4.2021).

Zankl, C., Marktanalyse und Erhebung der Erfolgsfaktoren von tourist cards: am Beispiel der Märkte Deutschland, Österreich und der Schweiz, Saarbrücken 2009.

Quellen sind auch die im Internet bzw. als Broschüren publizierten Dienst-/bzw. Produktinformationen der Anbieter der im Beitrag erwähnten Zahlungssysteme.

5.4 IT-gestütztes Kundenbeziehungsmanagement

Ralph Berchtenbreiter, Andreas Humpe

Der Gast von heute ist ein hybrider Gast. Er hat widersprüchliche und komplexe Bedürfnisstrukturen. Er ist anspruchsvoll, zugleich aber preissensibel. Sein Verhalten und seine Wünsche sind dadurch für die Unternehmen immer schwieriger zu antizipieren (vgl. Merl 2002, S. 19). Die Möglichkeit, Kundenbeziehungen zu Gästen aufzubauen, wird ambivalent diskutiert. Zum einen ist die Suche nach Abwechslung eines der wichtigsten Reisemotive (vgl. Dreyer 1999, S. 34). Dies führt zu einer im Vergleich zu anderen Branchen unterdurchschnittlichen Kundenloyalität (vgl. Born 2004, S. 425 und S. 440f.; Holloway 2004, S. 115). Andererseits eignet sich „die schönste Zeit des Jahres" unter anderem durch ihren stark emotionalen Charakter sehr wohl zum Bindungsaufbau (vgl. Bieger 2008, S. 16; Hirche 2004, S. 415).

Aber warum soll sich ein Unternehmen überhaupt mit den Beziehungen zu seinen Kunden auseinandersetzen? Die Antwort ist trivial: Je mehr der Kunde als Nachfrager zum Engpassfaktor wird, je schwieriger und kostenintensiver es ist, neue Kunden zu akquirieren, umso wichtiger sind die Beziehungen zu bestehenden Kunden, um Gewinne zu generieren. Das Kundenbeziehungsmanagement oder *Customer Relationship Management (CRM)* widmet sich detailliert den daraus erwachsenden Managementaufgaben. Dieser Beitrag konzentriert sich auf die IT-Unterstützung des CRM-Ansatzes. Trotzdem ist es zwingend notwendig, die konzeptionellen Grundlagen in der gebotenen Kürze darzustellen. Anders lässt sich weder der Aufbau der IT-Systeme noch die Aufgabenstellung an die IT-Systeme nachvollziehen.

5.4.1 Charakteristika des CRM und die Basisarchitektur von CRM-Systemen

CRM kann als eine kundenorientierte Unternehmensphilosophie verstanden werden, die „[...] den Aufbau und die Festigung langfristig profitabler Kundenbeziehungen durch abgestimmte und kundenindividuelle Marketing-, Sales- und Servicekonzepte mit Hilfe moderner Informations- und Kommunikationstechnologien" umfasst. (Leußer et al. 2011, S. 18).

Diese Definition führt zu zwei Aktionsfeldern:
(1) CRM bündelt als *kundenorientiertes Managementkonzept* die wesentlichen Strömungen der Marketingdisziplin, die sich mit der selektiven und langfristigen Bearbeitung von profitablen Kunden auseinandersetzen. Der Kunde, seine Prozesse und Beziehungsphasen werden dabei in das Zentrum der Überlegungen gestellt. Zur Umsetzung dieser Ausrichtung werden alle kundenorientierten Geschäftsprozesse und Verantwortlichkeiten neu ausgerichtet.
(2) CRM benötigt zur Umsetzung der o. g. konzeptionellen Anforderungen ein *IT-Konzept* in Form von integrierten Informationssystemen (CRM-Systeme). Die

fachlich abgeleiteten kundenorientierten Geschäftsprozesse müssen durch die CRM-Systeme vollständig unterstützt werden. Unerlässliche Basis hierfür ist eine Integration aller Insellösungen in Marketing, Sales und Service. Neben dieser Synchronisation der Bereichslösungen mit direktem Kundenkontakt ist eine Konsolidierung aller Kundeninformationen und deren Bewertung notwendig. Erst dies ermöglicht eine ganzheitliche Abbildung des Kunden („One Face of the Customer") und seine individuelle und konsistente Ansprache („One Face to the Customer").

Social CRM

In den letzten Jahren hat die Nutzung des Webs eine Evolution durchlaufen. Aus passiven Informationskonsumenten wurden aktive Informationsproduzenten: User konsumieren nicht nur die unternehmensseitig bereitgestellten Informationen, sondern interagieren untereinander, reagieren auf Unternehmensaktionen und auf die Unternehmenskommunikation. Diese Nutzerevolution, in Verbindung mit den technologischen Entwicklungen der letzten Jahre, wird mit den Begriffen Web 2.0 und Social Media umschrieben (vgl. Malthouse et al. 2013). Im CRM lösten diese Entwicklungen eine Diskussion über die dadurch notwendigen Veränderungen der Marketing-, Vertriebs- und Serviceprozesse aus, die unter dem Schlagwort *Social CRM* zusammengefasst werden. Unter Social CRM wird daher eine Erweiterung des „klassischen" CRM um Social Media verstanden (vgl. Bulander 2011, S. 90). Sowohl aus management- als auch aus technologieorientierter Sicht gehen damit größere Veränderungen einher:

(1) Das wesentliche *managementorientierte* Merkmal ist der *Verlust der Kommunikationshoheit* der Unternehmen. Auch müssen Unternehmen anderes und schneller kommunizieren. Diese Machtverschiebung zugunsten der Kunden erfordert ein konzeptionelles Umdenken in Richtung einer stärker partnerschaftlichen Beziehung und höheren Interaktion zwischen Kunden und Unternehmen (vgl. Grässel/Weinberg 2014).

(2) *Technisch* besteht die Herausforderung, die vielfältig möglichen Kommunikationskanäle und -plattformen systematisch zu identifizieren, zu beobachten, Daten zu sammeln, zu speichern, zu analysieren und die Analyseergebnisse so aufzubereiten, dass daraus managementorientiertes Wissen generiert wird. Hierzu muss die bisher vorherrschende Data-Warehouse-Orientierung angepasst und erweitert werden (vgl. Kap. 5.4.5).

Die Zielsetzung des CRM

Das Ziel des CRM liegt im systematischen Aufbau von *langfristig profitablen Kundenbeziehungen*. Dabei muss die Bewertung der Profitabilität grundsätzlich aus Unternehmenssicht erfolgen. Jedoch impliziert der Begriff „Beziehung" ein symbiotisches Verhältnis: Nur wenn es dem Unternehmen gelingt, auch für den Kunden einen

Nutzen zu schaffen, wird dieser sich auf die vom Unternehmen benötigte Beziehung „einlassen" (vgl. Gummesson 1997, S. 56). Um dieses Ziel zu erreichen, darf CRM weder als reines Managementkonzept noch als reines IT-Projekt verstanden werden. Ersteres (ver)führt dazu, das technisch Machbare und Mögliche aus den Augen zu verlieren und so die Umsetzbarkeit zu gefährden (vgl. Wilde/Hippner 2008, S. 105). Letzteres reduziert CRM auf das zugrundeliegende CRM-System, das dabei auf keiner strategischen, konzeptionellen und organisatorischen Basis steht (vgl. Homburg/Sieben 2005). Es muss deutlich gesagt werden, dass die IT lediglich der „Enabler" einer CRM-Strategie ist (vgl. Buttle 2009, S. 13). Die Strategie muss vor der Anschaffung eines CRM-Systems erarbeitet werden, da sie maßgeblich die Anforderungen an das System bestimmt.

Rahmenbedingungen des CRM

Zur Zielerreichung sind folgende Rahmenbedingungen einzuhalten (vgl. Hettich et al. 2000, S. 1346 f.):

Profitabilität: Das CRM hat ein wertorientiertes Kundenverständnis. Gerade im Tourismus, für den der Begriff „Gastfreundschaft" einen Teil des Selbstverständnisses ausmacht, mag dies unemotional klingen. Jedoch sind für das langfristige Überleben eines Unternehmens profitable Kundenbeziehungen existenziell. Die pauschale Erhöhung der Kundenzufriedenheit und/oder der Kundenbindung ohne Auswirkung auf die Profitabilität ist nicht zielführend (vgl. Reichheld 1993). Die dauerhafte Subventionierung unprofitabler Kunden durch profitable Kunden ist abzulehnen. Aus dieser Erkenntnis heraus bevorzugt das CRM langfristig statt einer Erhöhung des Marktanteils eine wertorientierte Steigerung des Kundenportfolios. Dies führt dazu, dass sich das Unternehmen von unprofitablen Kunden, die auch durch unterschiedlichste Maßnahmen nicht in profitable Kunden gewandelt werden können, zu trennen hat (vgl. Buttle 2009, S. 284 ff.; Wiesner 2006, S. 107; Hirche 2004, S. 419).

Eine weitere Herausforderung ist die Operationalisierung des Konstrukts „Profitabilität". Was unter einem „profitablen" Kunden zu verstehen ist, muss unternehmensindividuell definiert werden. In Theorie und Praxis wurden hierzu unterschiedlichste Ansätze für Kundenwertmodelle entwickelt. Sie umfassen quantitative Größen wie Umsätze und Kosten, aber auch qualitative Bestimmungsfaktoren wie das Relations-, Informations- und Kooperationspotenzial. Insbesondere die qualitativen Bestimmungsfaktoren sind damit Gegenstand des Social-CRM.

Bei den Modellen zur Operationalisierung der Profitabilität reicht das Spektrum von einfachen ABC-Analysen bis hin zu komplexen dynamischen Modellen wie dem Customer Lifetime Value (CLV) (vgl. umfassend Englbrecht 2007, Günter/Helm 2003, Günter/Helm 2011). Jedoch stellt sich die Monetarisierung der qualitativen Werttreiber als problematisch dar (Cornelsen 2000, S. 233). Die Entwicklung geeigneter Metriken sowie deren Operationalisierung und Messung (vgl. Peters et al. 2013) können als eine wesentliche Aufgabe der Social Media Analytics bezeichnet werden (vgl. auch Kap. 5.4.5). Als Beispiel mögen ausgesprochene Bewertungen auf diversen Bewertungsportalen dienen. Diese beeinflussen die Buchungsentscheidungen Dritter und sind deshalb werthaltig.

Langfristigkeit: Aufgrund der zunehmenden Marktsättigung wird es immer schwieriger, die angestrebten Umsatz- und Gewinnziele durch Neukundenakquisition sicherzustellen. Die bessere Ausschöpfung des bestehenden Kundenportfolios soll die kostenintensive und mühsame Neukundenakquisition ausgleichen. Damit nimmt die Bedeutung der Kundenbindung zu, wobei dahinter die Hypothese steht, dass es einen positiven Zusammenhang zwischen Kundenbindung und Profitabilität eines Kunden gibt (vgl. Buttle 2009, S. 31 ff.; Lessmann 2003, S. 190). Diese Hypothese ist allerdings stets kritisch zu prüfen. Es kann durchaus vorkommen, dass mit zunehmender Dauer der Kundenbeziehung die Kundenbeziehung unprofitabel wird. Als Beispiel seien hier im Geschäftsreisesegment unangemessen hohe eingeforderte Rabatte genannt, die der Kunde mit der Dauer der bestehenden Geschäftsbeziehung rechtfertigt.

Personalisierung: Kunden erwarten, dass man ihre Bedürfnisse kennt, ihnen dafür maßgeschneiderte Lösungen anbietet und sie persönlich anspricht. Allgemein ist damit eine Personalisierung der Produkte, Dienstleistungen und Kommunikation verbunden. Um dies leisten zu können, ist ein detailliertes Kundenwissen notwendig (vgl. Born 2004). Diese Personalisierung bedeutet für das Unternehmen einen Mehraufwand. Die Ausgestaltung der personalisierten Kundenorientierung muss sich daher am jeweiligen Kundenwert ausrichten (Kantsperger 2006, S. 293).

Integration: Ein personalisierter und wertorientierter Kundendialog erfordert, dass jede Unternehmenseinheit mit operativem Kundenkontakt in Marketing, Sales und Service ein einheitliches, umfassendes und konsistentes Bild über den Kunden hat. Dies verlangt nach dem Aufbau einer konsolidierten Datenbasis, auf die alle Unternehmensbereiche funktions- und abteilungsübergreifend zugreifen können (Datenintegration). Zusätzlich müssen alle Geschäftsprozesse konzeptionell und systemtechnisch mit einbezogen und auf die Kundenprozesse ausgerichtet werden (Prozessintegration) (vgl. Englbrecht 2007, S. 11).

Basisarchitektur von CRM-Systemen

In jeder Unternehmung findet man in den Bereichen Marketing, Sales und Service eine historisch gewachsene IT-Systemlandschaft vor. Beispielsweise sind CRS-Systeme für Buchungen zuständig, während über eine Marketingdatenbank Kundenmailings koordiniert werden. Jede dieser Insellösungen hat durch ihre spezifische Aufgabenstellung eine eingeschränkte Sicht auf den Kunden. Insgesamt fehlt dem Unternehmen jedoch durch diese verteilten Kundendaten eine einheitliche Sicht auf den Kunden. Oftmals ist noch nicht einmal der Kunde, sondern die operative Aufgabe, wie z. B. eine Buchung, im Fokus des Systems (vgl. Minghetti 2003, S. 142).

CRM-Systeme beabsichtigen eine Integration der einzelnen Anwendungen, indem die Applikationen aus Marketing, Sales und Service unter einer koordinierenden Systemlandschaft vereint werden. Damit liegt als wesentliches Ergebnis eine (logische) Kundendatenbank vor, auf die alle Unternehmensbereiche zugreifen können und die ihnen eine einheitliche Sicht auf den Kunden gestattet (vgl. Hippner et al. 2006, S. 47). Erst diese konsistente und ganzheitliche Kundendatenbank ermöglicht einen über alle Bereiche abgestimmten Kundendialog. Die jeweiligen unternehmens- und branchenspezifischen touristischen Anwendungssysteme im Front-, Mid- und Back Office werden über Schnittstellen an das CRM-System angebunden. Neben ERP-Systemen ist dabei besonders an Hotelmanagementsysteme, Yield-Management-Systeme, Internet Booking Engines (IBEs) und Passagier-Service-Systeme zu denken (vgl. zur Systemübersicht Weithöner 2003; Weithöner/Ehbrecht 2004 sowie weitere Beiträge in diesem Buch). Auch zu CRS- bzw. GDS-Systemen sollten Schnittstellen realisiert werden, solange die durchgeführten Buchungen nicht auf unternehmensinternen Systemen redundant gespeichert wurden. Um das o. g. Ziel zu erreichen, besteht die integrierende Aufgabenstellung jedes CRM-Systems aus einer (vgl. Hettich et al. 2000, S. 1348 f.)

(1) *kanalorientierten Aufgabenstellung*: Einbindung und Koordination aller möglichen Kundenkanäle zwischen Unternehmen und Kunde, einer

(2) *operativen und prozessorientierten Aufgabenstellung*: Synchronisation und operative Unterstützung der zentralen Kundenkontaktpunkte in Marketing, Sales und Service für den personalisierten Kundendialog und den daraus folgenden kundennahen Geschäftsprozessen und aus einer

(3) *datenorientierten und analytischen Aufgabenstellung*: Konsolidierung, Sammlung und Analyse aller vorhandenen Kundeninformationen.

Damit kann ein CRM-System definiert werden als ein spezialisiertes, logisches Anwendungssystem, das alle kundennahen Prozesse in Marketing, Vertrieb und Service unterstützt, die dort anfallenden kundenrelevanten Daten sammelt, diese konsolidiert in einer (logischen) Datenbank speichert, sie analysiert und den Prozessen wieder zur Verfügung stellt. Als ein logisches Anwendungssystem wird es deshalb bezeichnet, da es nicht zwingend aus einer einzigen Anwendung bestehen muss, sondern auch aus der Zusammenführung mehrerer Anwendungen, die dem Anwender jedoch wie ein System erscheinen.

Trotz der mittlerweile unüberschaubaren Anzahl an Systemen auf dem Markt muss jedes CRM-System zur Erfüllung seiner Aufgaben über eine operative und analytische Systemkomponente verfügen. Daraus ergibt sich die in Abb. 5.4.1 dargestellte Basisarchitektur, die in den Kapiteln 5.4.3 bis 5.4.5 erläutert wird. Weiter besteht eine wesentliche Aufgabe in der Unterstützung der kundennahen Geschäftsprozesse. Aus diesem Grund werden in Kapitel 5.4.2 die nötigen prozessorientierten Grundlagen geschaffen.

Operatives CRM

Analytisches CRM

Personalisierung

Kunde
Kundenprozess
(Customer Journey)

Vor der Reise | Auf der Reise | Nach der Reise

Digital | Nicht-Digital

Multi-Channel-Management

Digital | Nicht-Digital

Customer Touch Points

Service Automation | Sales Automation | Marketing Automation

Front Office

Service-prozesse | Sales-prozesse | Marketing-prozesse

Datensammlung

Operative Kundendatenbank

Operative IT

Big Data | File System | NonSQL

Analyse-Instrumente

Customer Data Warehouse bzw. Data Marts

Business Intelligence

Touristische Anwendungs-systeme

etc. | Digitale Präsenzen | IBE GDS CRS | PMS | Yield-manage-ment

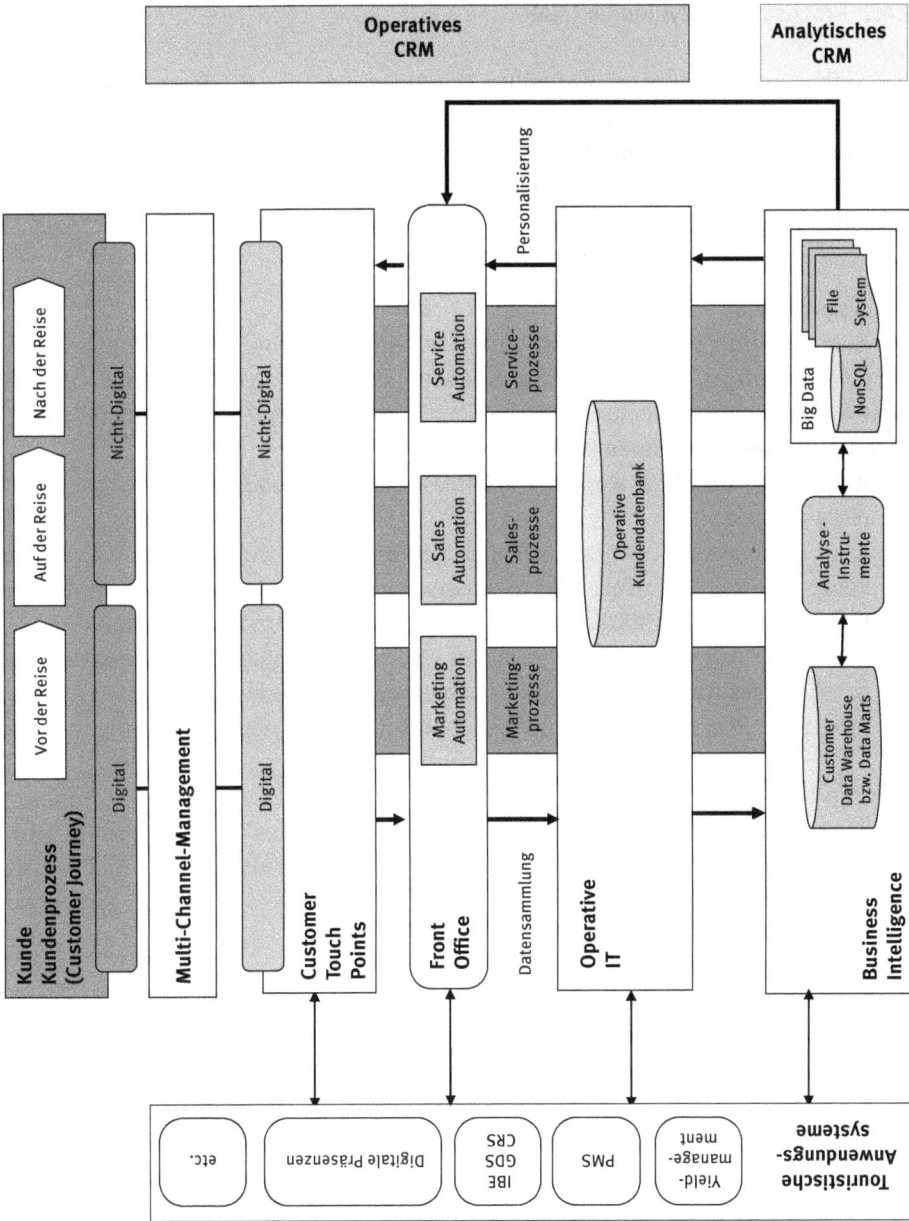

Abb. 5.4.1: Basisarchitektur eines CRM-Systems (eigene Darstellung in Anlehnung an Hippner et al. 2006, S. 48).

5.4.2 Prozesse und Zyklen im CRM

Der Aufbau einer langfristig profitablen Kundenbeziehung erfordert vom Unternehmen die Fähigkeit, sich in die Problemlösungs- und Bedürfnisstruktur des Kunden hineinversetzen zu können. Kundenprozesse sollen dabei die Problemlösungsstruktur offenbaren, während die Zyklenkonzepte helfen, phasenspezifische Bedürfnisse des Kunden zu identifizieren.

Kundenprozesse

Die Aufgaben und Schritte, die ein Kunde zu einer spezifischen Bedürfnisbefriedigung durchläuft, wird Kundenprozess (Customer Buying Cycle) genannt. Obwohl diese Kundenprozesse höchst individuell sind, lassen sich gleichwohl idealtypische generische Phasen erkennen (vgl. Muther 2001, S. 14 ff.):

(1) *Anregungsphase*: Hier werden Bedürfnisse beim Kunden erzeugt bzw. sein Interesse geweckt.

(2) *Evaluationsphase*: Das unspezifische Bedürfnis oder Interesse wird zu einem konkretisierten Bedürfnis oder Interesse. Um dieses zu befriedigen, beginnt der Kunde aktiv und verstärkt Informationen zu sammeln und zu bewerten.

(3) *Kaufphase*: Aus mehreren Alternativen entscheidet er sich für ein konkretes Angebot. Dieses wird in dieser Phase bestellt, bezahlt und bezogen.

(4) *After Sales Phase*: Hier verwendet oder entsorgt der Kunde die Leistung.

Aufgrund des allgemeingültigen Anspruchs der vier Phasen sowie der primären Ausrichtung auf Kaufprozesse physischer Produkte haben sich spezialisierte Varianten herausgebildet. Für den Tourismus eignet sich eine dreiphasige Sichtweise, die bei Bedarf noch problemspezifischer dargestellt werden kann (vgl. ergänzend Freyer/Molina 2008, S. 128 f.; Mundt 2006, S. 154 f.):

(1) *Vor der Reise*

    a. Während der *Aufmerksamkeitsphase* kommt es zur Bedürfnisentwicklung. Dabei werden vielfältigste Alternativen zur Bedürfnisbefriedigung in Betracht gezogen.

    b. In der *Informationsphase* informiert sich der Kunde detailliert über konkrete für ihn in Frage kommende Alternativen.

    c. Die letztendliche Buchung der Reise erfolgt in der *Buchungsphase*. Hier werden auch die notwendigen Reisedokumente übergeben.

(2) Die Phase „*Auf der Reise*" zeichnet sich durch die Nutzung der Produkte der Leistungsträger aus. Es finden Betreuung und Kommunikation durch den und mit dem Leistungsträger(n), aber auch mit anderen Reiseteilnehmern etc. statt.

(3) Die Aufarbeitung der Reiseerlebnisse ist Gegenstand der abschließenden Phase „*Nach der Reise*". Sie ist durch die Kommunikation mit den Reisepartnern (Reisebüros, Leistungsträgern etc.) und Dritten (Freunde, Bekannte etc.) charakteri-

siert. Gegenstand der Kommunikation können sowohl positive wie negative Reiseerlebnisse sein.

Die genannten generischen Kundenprozesse dienen zur Strukturierung der detaillierten, branchenabhängigen und höchst individuellen Kundenprozessen. Das detaillierte Verständnis der Kundenprozesse und die Auseinandersetzung mit ihnen ist elementar für die erfolgreiche kundenorientierte Ausrichtung der Geschäftsprozesse (vgl. Rapp 2000, S. 111 f.).

CRM-Prozesse

Bei jeder Aufgabe innerhalb des Kundenprozesses kann der Kunde Unternehmensleistungen in Anspruch nehmen. Aus Prozesssicht bedeutet Kundenorientierung nun, dass für jede dieser Aufgaben ein adäquater kundenorientierter Geschäftsprozess existieren muss, wobei Aufgabe und korrespondierender Geschäftsprozess „wie bei einem Reißverschluss nahtlos ineinander greifen" (Rapp 2000, S. 107). Ein so verstandener kundenorientierter Geschäftsprozess wird CRM-Prozess genannt. Jeder Auftrag, der vom Kundenprozess kommt, wird von ihm aufgenommen und in einer definierten Abfolge unter Zuhilfenahme von Applikationen des CRM-Systems weiterverarbeitet. Das Ergebnis wird dann an den auslösenden Kundenprozesses zurückgeliefert. Ein CRM-Prozess ist damit die zentrale Schnittstelle zwischen Kundenprozessen und nachgelagerten Unternehmensprozessen und dient unmittelbar zur Befriedigung des Kundenbedürfnisses (vgl. Schulze 2002, S. 141). Zusammenfassend kann ein CRM-Prozess als ein kundenorientierter Geschäftsprozess definiert werden, der sich durch einen direkten Kundenkontakt bzw. durch eine Unterstützung des Kundenkontakts auszeichnet. Funktional gehört er zu einem der Bereiche Marketing, Sales oder Service und ist daher ein operativer *Marketing-*, *Sales-* oder *Service-Prozess* (vgl. Englbrecht 2007, S. 13).

Für die Modellierung in einem CRM-System ist die Einteilung in lediglich drei Prozesse zu grob. Es ist sinnvoller, diese in sechs feinere Kernprozesse zu unterteilen (vgl. Riempp 2003, S. 5 f.):

(1) Der Hauptprozess im Marketing ist das *Kampagnenmanagement*. In einem für den Kunden einheitlichen Erscheinungsbild werden alle Kampagnen definiert und unter Zuhilfenahme aller denkbaren Kommunikations- und Vertriebskanäle geplant und gesteuert.

(2) Durch das Kampagnenmanagement werden Leads – Kundenkontakte mit mehr als einem undifferenzierten Interesse an den Produkten und Leistungen des Unternehmens – erzeugt. Diese werden im *Leadmanagement* weiterverfolgt, um die Abschlusswahrscheinlichkeit weiter zu erhöhen. Dieser Prozess tritt bereits im Marketing-, hauptsächlich jedoch im Sales-Prozess auf.

(3) In der Prozessphase des *Angebotsmanagements* werden auf Basis qualifizierter Leads kundenspezifische Offerten erstellt, die systematisch nachverfolgt und gesteuert werden müssen. Damit es aus Kundensicht nicht zu einer unkoordiniert erscheinenden Kundenbearbeitung kommt, sollten insbesondere Firmen mit mehr als einem Vertriebskanal ein besonderes Augenmerk auf diesen Prozess haben. Diese Phase stellt einen Kernprozess im Sales-Prozess dar.

(4) Ein weiterer wesentlicher Sales-Prozess ist das *Vertragsmanagement*. Hier werden die Aufträge bzw. Buchungen und Verträge erstellt und verwaltet. Es wird sichergestellt, dass die Verträge den vereinbarten Rahmenregelungen, wie z. B. Reiserichtlinien, entsprechen. Auch das Ticketing und die Überreichung der notwendigen Reisepapiere fallen in diesen Schritt.

(5) Alle Prozesse nach der eigentlichen Buchung werden zum *Servicemanagement* zusammengefasst. Ziel ist es, den Kunden in der Phase nach Vertragsabschluss optimal zu betreuen und Potenziale für Cross- und Up-Selling zu identifizieren (z. B. Zusatzbuchungen vor Ort). Das Management von Garantieleistungen (z. B. Umbuchung und Upgrades bei überbuchten Flügen etc.) gehört ebenso wie die Kundenbetreuung am Reiseort in diese Phase. Abgeschlossen wird der Prozess durch die Reisenachbereitung. Dies kann einerseits dadurch erfolgen, dass Kontaktaufnahmen durch den Kunden verarbeitet werden müssen, andererseits Nachfragen durch das Unternehmen zu managen sind (vgl. Freyer/Molina 2008, S. 129).

(6) Der Prozess des *Beschwerdemanagements* nimmt aktiv ausgesprochene Beschwerden des Kunden entgegen und bearbeitet die Beschwerde. Zusätzlich versucht er zu stimulieren, dass nicht artikulierte Beschwerden ausgesprochen werden. Dabei wird kurzfristig das Ziel verfolgt, die Kundenzufriedenheit durch die Aufnahme und Bearbeitung der Beschwerde zu erhöhen. Langfristiges Ziel ist die Beschwerdevermeidung durch dauerhafte Beseitigung der Beschwerdeursachen (vgl. ausführlich Stauss/Seidel 2007).

Abbildung 5.4.2 fasst die Zusammenhänge zwischen Kunden- und CRM-Prozessen zusammen. Die Marketing- und Sales-Prozesse sind entscheidend vor Reiseantritt. Die Aufmerksamkeitsphase wird dabei durch das Kampagnenmanagement unterstützt. Die Sales-Prozesse übernehmen den Kunden in seiner Informations- und Buchungsphase. Im Vergleich zu anderen Branchen hat der Service-Prozess im Tourismus überragende Bedeutung, da er den Kunden während seiner Reise und in der Nachreisephase unterstützt.

Im CRM-System werden die jeweiligen Prozesse mittels *Workflows* (IT-orientierte Arbeitsablaufspezifikationen) abgebildet und umgesetzt. Für typische Prozesse (z. B. Angebotserstellung) existieren systemseitig sog. Standardworkflows und Referenzprozesse, die vom Unternehmen übernommen werden können. In der Regel müssen die Workflows aber an die unternehmensspezifischen Bedürfnisse zur Abwicklung eines Prozesses angepasst werden (vgl. Schuhmacher/Meyer 2004,

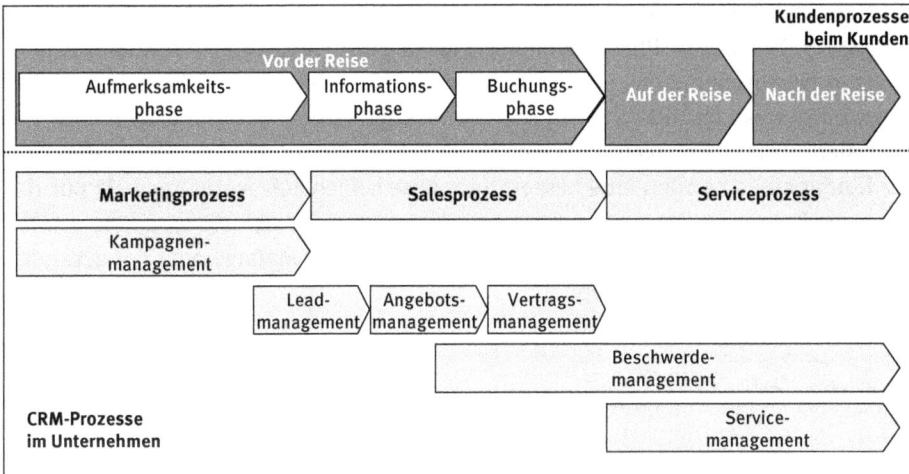

Abb. 5.4.2: Kunden- und CRM-Prozesse.

S. 140). Dabei ist zu betonen, dass schlecht durchdachte Prozesse auch durch das beste CRM-System nicht zu kompensieren sind.

Ein wichtiges Ergebnis der Prozessbetrachtung ist das dadurch spezifizierbare Anforderungsprofil des CRM-Systems. Die Analyse zeigt auf, welche Funktionen das System aus prozessorientierter Sicht zwingend unterstützen muss (Must-haves), welche wünschenswert (Nice-to-haves) wären und auf welche verzichtet werden kann (vgl. Hippner et al. 2004, S. 107 f.).

Kundenbeziehungslebenszyklus und Familienlebenszyklus

Die prozessorientierte Sichtweise beschreibt dezidiert einzelne Kaufakte. Unter dem Paradigma der langfristig profitablen Kundenbeziehung ist es notwendig, den einzelnen Kaufakt in die Summe der möglichen Kaufakte während einer Kundenbeziehung einzubetten und der Kundenbeziehung den notwenigen dynamischen Charakter zu verleihen. Hierfür eignet sich das Konzept des *Kundenbeziehungslebenszyklus* (Customer Lifetime Cycle), bei dem der Ablauf einer Kundenbeziehung von der Anbahnung bis zur Beendigung generisch darstellt wird (vgl. Stauss 2000). Das Konzept verdeutlicht auch die weite Fassung des Kundenbegriffs im CRM in potenzielle, aktuelle und verlorene Kunden. Jede dieser Kundengruppen hat spezifische Verhaltensweisen und Bedürfnisse, die durch das System abbildbar sein müssen: Potenzielle Kunden sind dabei die Zielgruppe des Interessentenmanagements, die aktuellen Kunden stehen im Fokus des Kundenbindungsmanagements, verlorene Kunden werden durch das Rückgewinnungsmanagement umworben (vgl. Stauss/Seidel 2007, S. 25 f.).

Das Konzept des *Familienlebenszyklus* beschreibt die typischen Lebensphasen eines Menschen wie Jugend, Ehe, Nachwuchs oder Ruhestand und versucht daraus

Kauf- und Verhaltensmuster zu bestimmen (vgl. Kotler/Bliemel 1995, S. 289 ff.; Martin 2007, S. 29 f.). Diese Phasen sind auch für den Tourismus von besonderer Bedeutung zur Beschreibung des Reiseverhaltens (vgl. Mundt 2006, S. 66 ff.). Es ist daher notwendig, dass im CRM-System die notwendigen Deskriptoren gespeichert und analysiert werden. Beispielsweise liefert die Kenntnis über die Anzahl und das Alter der Kinder eines Kunden eine bessere Prognose seines Reiseverhaltens als nur das Alter des Kunden. CRM-Systeme müssen demnach mehr als nur einen singulären Kaufakt prozessorientiert unterstützen – sie müssen das Management der gesamten Kundenbeziehung ermöglichen.

5.4.3 Multi-Channel-Management

Im Rahmen ihrer Kundenprozesse treten die Kunden mit den Unternehmen in Kontakt. Das Zusammentreffen zwischen Kunde und Unternehmen kann über die verschiedensten Kontaktpunkte (Customer Touch Points) erfolgen. Im Tourismus sind die Kontaktpunkte Reisebüro/-mittler, eigene Webauftritte, Social-Media-Plattformen aller Art, Call-Center und TV von Bedeutung. Der Weg, wie Kunden und Unternehmen am Kontaktpunkt ihre Botschaften austauschen, kann als (medialer) Kanal bezeichnet werden (vgl. Hippner et al. 2006, S. 63 f.). Kanäle können dabei in direkte und indirekte Kanäle differenziert werden. Direkte Kanäle, wie das persönliche oder telefonische Gespräch, zeichnen sich durch einen unmittelbaren Kontakt zwischen Mitarbeitern und Kunden aus. Bei indirekten Kanälen, wie E-Mail, Brief etc., findet dieser direkte Kontakt nicht statt.

Die Komplexität der Kontaktaufnahme nimmt durch die Veränderung des Kundenverhaltens und die technische Entwicklung der Kommunikationsmedien stark zu (vgl. Freyer/Molina 2008, S. 125 ff.; Schögel et al. 2004, S. 110 f.; Born 2004, S. 434). Abbildung 5.4.3 visualisiert dieses Verhalten exemplarisch: Ein Reisender (Kreis) wird über den TV-Shop auf ein Angebot aufmerksam (Aufmerksamkeitsphase), informiert sich über die Website (Informationsphase), bucht die Reise über das Call-Center (Buchungsphase), beschwert sich am Urlaubsort bei der Reiseleitung (Auf der Reise) und kommt deshalb nach der Reise persönlich ins Reisebüro, um eine Minderung des Buchungspreises einzufordern. Andere Kunden nehmen gemäß ihrer Präferenzen andere Kanäle und Customer Touch Points in Anspruch. Jeder aber verlangt vom Unternehmen einen konsistenten Dialog und einen vollständig informierten Kommunikationspartner. Es lässt sich damit feststellen, dass Kunden im Rahmen ihrer Kundenprozesse über verschiedenste Kanäle mit dem Unternehmen Kontakt aufnehmen (multioptionale und hybride Kunden). Die Steuerung und Koordination mehrerer Kanäle wird *Multi-Channel-Management* genannt (vgl. Schulze 2002, S. 43). Dabei wird das Ziel verfolgt, dem jeweiligen Kunden den von ihm in der jeweiligen Prozessphase gewünschten Kanalmix bereitzustellen, gleichzeitig aber die Werthaltigkeit des Kunden nicht aus den Augen zu verlieren. Besonders profitable Geschäftsreisekunden können beispielsweise persönlich durch einen Key-Account-Manager betreut werden, während weniger profitable Kunden webbasierte Selfservice-Applikationen in Anspruch nehmen müssen. Ein weiteres Ziel ist die unabhängig vom Kanal in sich einheitliche Sicht des Unternehmens auf den Kunden („one face of the customer") und ein konsistenter und personalisierter Dialog mit dem Kunden über alle Kanäle („one face to the customer") (vgl. Hippner et al. 2006, S. 65). Oftmals wird der Gedanke des Multi-Channel-Managements lediglich auf distributionspolitische Aspekte und damit im Wesentlichen auf die Buchungsphase bzw. den Sales-Prozess beschränkt (vgl. Freyer/Molina 2008). Dies ist jedoch zu kurz gegriffen. Alle kunden- und unternehmensseitigen Prozesse sind einzubeziehen.

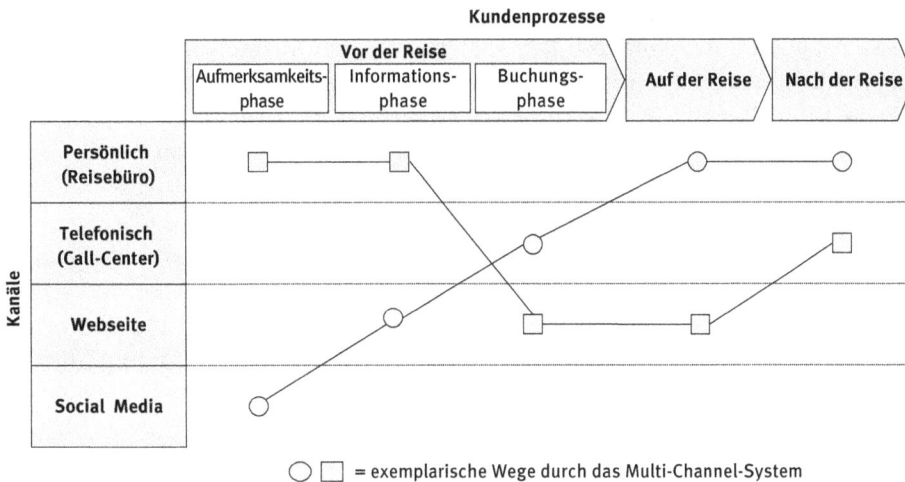

Abb. 5.4.3: Der Reisende als Channel-Hopper (eigene Darstellung in Anlehnung an Orth 2002).

Aus technischer Sicht ist die Umsetzung des Multi-Channel-Managements äußerst anspruchsvoll, da es eine Verknüpfung kanal- und prozessspezifischer Applikationen erfordert (vgl. Buttle 2009, S. 366). Insbesondere ist eine konsolidierte Kundendatenbank notwendig, die sämtliche Dialogdaten aus den Kanälen aufnimmt. Diese Daten werden im analytischen CRM untersucht. Verfahren zur Kundensegmentierung sind von Bedeutung, da sie helfen, die operative Kernfrage des Multi-Channel-Managements zu beantworten: Welche Kunden(segmente) werden über welche Kanäle am jeweiligen Customer Touch Point in ihrem jeweiligen Kundenprozess unterstützt (vgl. Schögel et al. 2004, S. 116)? Innerhalb des Multi-Channel-Managements steuert dabei das Interaktionsmanagement, welcher Kanal mit welchem Kunden kommuniziert und das Kanalmanagement, wie sich die Kanäle intern organisieren (vgl. Gronover et al. 2004, S. 18).

5.4.4 Operative CRM-Systembestandteile

Das operative CRM (oCRM) kann in drei Abschnitte unterteilt werden, die eng miteinander verzahnt sind (vgl. Hippner et al. 2006, S. 48). Der erste Abschnitt umfasst die bereits im letzten Kapitel geschilderten Aufgaben bei Einbindung und Koordination aller Kanäle in die Prozessunterstützung im Rahmen des Multi-Channel-Managements. Aufgrund der dreigeteilten Aufgabenstellung eines CRM-Systems (siehe Kap. 5.4.1) wurde dieser Teil des operativen CRM herausgelöst und gesondert dargestellt. Der zweite Abschnitt besteht aus dem Frontoffice, das alle Aktionsfelder des Unternehmens zusammenfasst, die einen direkten Kundenkontakt besitzen (vgl. Weithöner 2001, S. 196). Sie können dem Marketing, Sales und Service mit ihren in Kapitel 5.4.2 skizzierten Prozessen zugeordnet werden. Trotz der angestrebten Personalisierung der Kundenbeziehung laufen viele Detailprozesse bei allen Kunden nahezu identisch ab (z. B. der Buchungsprozess bei einer Internetbuchung). Eine Automatisierung dieser Prozesse führt zu einer höheren Effizienz und Qualität (vgl. Wehrmeister 2001, S. 213 f.). Dies ist das Ziel der Marketing-, Sales- und Service-Automation (Front Office Automation), wobei eine vollständige Automatisierung fast nie erreicht werden kann. Realiter wird daher eine umfassende IT-Unterstützung der zugrunde liegenden Prozesse angestrebt. Eine Automatisierung bei gleichzeitiger Personalisierung der Prozesse ist datenintensiv. Die benötigten Daten und Informationen finden sich in der operativen Kundendatenbank wieder und werden von dort zur Automatisierung der Prozesse abgerufen. Gleichzeitig nehmen diese Systeme neu entstehende Informationen und Daten beim Abarbeiten der Prozesse auf. Die operative Kundendatenbank bildet den dritten Abschnitt des operativen CRM – die operative IT.

Front Office Automation

Die Unterstützung der CRM-Prozesse bei der Front Office Automation in Form spezieller Applikationen spiegelt eine systemorientierte Sichtweise wider. Unter diesem Gesichtspunkt können die jeweiligen Automatisierungsaufgaben dem operativen Teil eines CRM-Systems zugeordnet werden. Anderseits binden die Automatisierungsaufgaben der CRM-Prozesse sowohl operative wie analytische Teilprozesse mit ein. Dies entspricht einer prozessorientierten Sichtweise der Front Office Automation. Nachfolgende Ausführungen konzentrieren sich auf die systemorientierte Sichtweise. Wichtige analytische Teilprozesse werden kurz in Kap. 5.4.5 beschrieben. Existierende Softwaremodule vermischen oftmals beide Sichtweisen und bieten neben der rein operativen auch eine analytische Unterstützung an.

Marketing Automation

Unter Marketing Automation können IT-Applikationen verstanden werden, die CRM-Prozesse im Marketing unterstützen und steuern (vgl. Buttle 2009, S. 415). Kern der

Marketing Automation ist das *Kampagnenmanagement*, das eine ganzheitliche und logisch aufgebaute Gestaltung der Kundenkommunikation bezweckt. Im operativen Kern geht es dabei um die Frage, dem richtigen Kunden das richtige Informations- und Leistungsangebot im richtigen Kommunikationsstil zum richtigen Zeitpunkt zu vermitteln. Das Kampagnenmanagement löst die Tradition isolierter und nicht abgestimmter Marketingaktionen ab. Angestrebt wird eine individuell auf den Kunden abgestimmte, dialogorientierte Kommunikationskette, wobei alle Kommunikationskanäle parallel oder sequenziell einbezogen werden können. Kampagnenplanung, -steuerung und -auswertung sind grundlegende Phasen im Kampagnenmanagement, wobei in jeder Phase insbesondere zur Operationalisierung des Terms „richtig" auf Komponenten des analytischen CRM zurückgegriffen wird (vgl. ausführlich Englbrecht 2007). Weiteres Ziel ist die Abstimmung der einzelnen Kampagnen zu einem schlüssigen Kommunikationskonzept. Die Phasen werden durch Workflow-, Segmentierungs-, Personalisierungs-, Auswertungs- und Reportingmodule als Kernelemente einer Kampagnenmanagementsoftware unterstützt (vgl. Buttle 2009, S. 418 ff.).

Sales Automation

Der Einsatz der IT im Vertrieb und die Automatisierung der identifizierten Kernprozesse Lead-, Angebots- und Vertragsmanagement sind Voraussetzung, um im Wettbewerb zu bestehen. Viele CRM-Systeme haben sich aus dem sog. Computer Aided Selling (CAS) heraus entwickelt. Vereinfacht gesagt bedeutet Sales Automation, den Vertrieb mit Hard- und Software so zu unterstützen, dass er seine Vertriebsaufgaben optimal ausführen kann (vgl. Winkelmann 2004, S. 304). Die Applikationen bieten dabei ein weites Spektrum an Funktionalitäten. Neben Modulen, die die Kernprozesse Lead-, Angebots- und Vertragsmanagement unterstützen, existieren Funktionen für das Key-Account-Management, für die Vertriebs- und Besuchsplanung und für die Preisfindung, Produktkonfiguratoren und Kalkulation (vgl. Schmidt 2005, S. 1522).

Die Zielsetzungen von Sales-Automation-Applikationen überschneiden sich historisch bedingt stark mit denen touristischer Kernsysteme. Die Automatisierung des Vertriebs ist Kernaufgabe der GDS- und CRS-Systeme (vgl. Weithöner 2001, S. 177 ff.). Dynamic Packaging zielt ebenso wie ein Produktkonfigurator auf eine kundenindividuelle und eigenständige Gestaltung des Produkts „Reise" ab. Es ist zu beobachten, dass die Reservierungssysteme im Rahmen der Vertriebsunterstützung ihre CRM-Funktionalitäten ausweiten, indem sie beispielsweise Hintergrundinformationen zur eigentlichen Reise, wie Einreise- und Impfbestimmungen, Informationen zu Land und Leute etc., liefern. Es muss abgewartet werden, ob CRM-Systeme oder Reservierungssysteme inkl. IBEs innovative webbasierte Distributionskanäle im Rahmen der Sales Automation integrieren oder ob dies zu einer weiteren „Insel" bei vertriebsorientierten Applikationen führt.

Service Automation

Im Kontext des CRM versteht man unter Service Automation Funktionalitäten und Applikationen „[...] zur informationstechnologischen Steuerung und Unterstützung der Serviceprozesse im Unternehmen, um deren effizienten und effektiven Ablauf sicherzustellen und Kundenbeziehungen zu festigen" (Schöler 2004, S. 377). Obwohl die Serviceprozesse im Tourismus die Nutzungsphase des Produkts unterstützen (siehe Kap. 5.4.2), zielt die Service Automation nicht auf die Unterstützung der Nutzung des touristischen Produkts ab. Dies sind Kernleistungen der Leistungsträger. Die Service Automation wird in der Regel immer dann aktiv, wenn ein Reisender Probleme bei der Produktnutzung hat.

Der Kernprozess *Servicemanagement* wird dabei durch eine Vielzahl von Applikationen (vgl. Buttle 2009, S. 450 ff.) unterstützt, die nach Selfservice Automation, Frontoffice Service Automation und Back Office Service Automation systematisiert werden können (vgl. Schöler 2004, S. 379 ff.). Tools der Selfservice Automation ermöglichen es Kunden, ohne Inanspruchnahme von Mitarbeitern eigenständig problemlösende Serviceprozesse auszulösen. Ein Beispiel hierfür wäre ein E-Mail-Alarm von Airlines und Bahn bei Verspätungen. Module zur Frontoffice Service Automation unterstützen Mitarbeiter im direkten Kundenkontakt. Das Servicepersonal benötigt hierzu insbesondere ein einheitliches, aktuelles und komplettes Bild über den Kunden sowie den auslösenden Servicefall. Eine aktuelle und vollständige Kundendatenbank ist hierfür die Grundlage. Die Backoffice Service Automation dient dabei Aufgaben, bei denen der Kunde nicht direkt involviert ist, wie beispielsweise Eskalationssysteme, Erinnerungsfunktionen oder Wiedervorlagesysteme für Mitarbeiter.

Der Kernprozess *Beschwerdemanagement* erfordert neben der Bereitstellung möglichst vieler Kanäle zur Beschwerdeartikulation und -stimulation eine leistungsfähige Beschwerdedatenbank, in der alle Beschwerden systematisch erfasst und bearbeitet werden (vgl. Schöler 2004, S. 384 f., ergänzend Born 2004, S. 435 ff.). Die Analyse der Beschwerden zur künftigen Beschwerdevermeidung ist Aufgabe des analytischen CRM.

Operative IT: Operative Kundendatenbank

Zur Erfüllung von Kundenwünschen und zur Fähigkeit, dem Kunden das Gefühl zu geben, dass man ihn kennt und sich seiner Bedürfnisse bewusst ist, ist ein sehr tiefes und detailliertes Kundenwissen notwendig. Dieses Wissen ist Grundlage einer profitabilitätsorientierten und individuellen Kundenbetreuung. In der operativen Kundendatenbank sollen die dazu notwendigen Kundendaten gespeichert sein, die die Mitarbeiter in ihrem Tagesgeschäft nutzen und die von den CRM-Prozessen abgerufen werden können. Der Kundenbegriff ist dabei erneut weit aufzufassen: Nicht nur Daten aktueller, sondern auch die potenzieller und verlorener Kunden sind Gegenstand der operativen Kundendatenbank.

Zwingender Inhalt einer Kundendatenbank ist die vollständige Buchungshistorie. Jede Buchung ist damit nicht nur an das jeweilige Reservierungssystem zu übermitteln, sondern über Schnittstellen redundant in der Kundendatenbank zu dokumentieren (vgl. Weithöner/Ehbrecht 2004, S. 115). Dabei verändert sich jedoch die Betrachtungsperspektive. Steht im Datensatz des Reservierungssystems die Buchungsinformation im Vordergrund („Eine Buchung hat *n* Reisende"), so ist in der Kundendatenbank der Kunde, der die Buchung durchgeführt hat, das zentrale Objekt („Eine Person hat *n* Buchungen"). Jedoch sind nicht nur transaktionsbasierte Daten von Bedeutung. Reisen sind immer mit Emotionen verbunden. Diese affektive Komponente muss in den Kundendatenbanken ihren Niederschlag finden und dazu führen, dass Informationen über verhaltensorientierte und emotionale Aspekte des Kunden archiviert werden (vgl. Born 2004, S. 431). Es ist infolgedessen unter Beachtung des Datenschutzes eine möglichst umfangreiche Datensammlung anzustreben, wobei eine verbindliche Aussage, welche Datenstruktur eine operative Kundendatenbank haben muss, aufgrund der vielfältigen und unterschiedlichen Problemstellungen nicht sinnvoll erscheint. Grundsätzlich sollten aber jene Daten aufgenommen werden, die eine Identifikation und einen personalisierten Dialog ermöglichen, die die bisherige Buchungs-, Kommunikations- und Reaktionshistorie dokumentieren, die das Buchungsverhalten erklären und beeinflussen können und Aussagen über Buchungswahrscheinlichkeiten ermöglichen, die eine wert- und potenzialorientierte sowie individualisierte Steuerung der Marketinginstrumente, Vertriebs- und Kommunikationskanäle zulassen und die eine Grundlage für das Controlling auf Kunden- bzw. Kundensegmentsebene bilden (vgl. Kreutzer 1991, S. 628).

Abbildung 5.4.4 zeigt eine generische Kundendatentypologie, die den o. g. Anforderungen gerecht wird (vgl. Geib 2006, S. 125 f.; Link/Hildebrand 1993, S. 34 ff.):

(1) Die *Grunddaten* umfassen Personendaten und Deskriptionsdaten. Personendaten dienen dabei in erster Linie der Identifikation des Reisenden, während die Deskriptionsdaten spezifische Eigenheiten des Reisenden näher beschreiben und in soziodemografische und psychografische Kriterien aufgeteilt werden können. Letztere dienen auch zur Aufnahme von Merkmalen mit emotionalem Charakter.

(2) Die *Potenzialdaten* umfassen Kennziffern und Merkmale, aus denen das zukünftige Nutzen- oder Wertpotenzial abgeleitet werden kann. Diese Informationen sind für die langfristige Attraktivitäts- und Profitabilitätseinschätzung von Bedeutung.

(3) Die *Kommunikationsdaten* dokumentieren sämtliche Kommunikations- und Kampagnenmaßnahmen des Unternehmens und die darauf folgende Reaktion des Kunden.

(4) Die *Buchungsdaten* zeigen lückenlos das bisherige Buchungsverhalten des Kunden auf. Die Daten hierfür stammen zum Großteil aus den Reservierungssystemen, werden aber auch durch Vor-Ort-Buchungen ergänzt.

Grunddaten			Potenzialdaten
Personendaten	**Deskriptionsdaten**		
	Soziodemografische Daten	Psychografische Daten	
Name, Geschlecht, Adresse, Geburtsdatum, Kreditkartennummer, Firmendaten etc.	Alter, Familienstruktur, Informationen zu Kindern, Ausbildung, Einkommen, Bonität etc.	Hobbys, Interessen, Reisetyp, Allergien, Reisehäufigkeiten, Zielgebietspräferenzen, Reisewünsche, Verpflegungstyp etc.	Phase im Familienlebenszyklus / Kundenbeziehungslebenszyklus, Bedarfsprognose, Beziehungsdauer, Kundenbindungstyp, Kundenwert (Customer Lifetime Value, Scoringwert, ABC-Wert, usw.) etc.
Kommunikationsdaten			**Buchungsdaten**
Aktionsdaten	**Reaktionsdaten**		
Kampagnentyp, Kampagnenkanal, Kampagneninhalt, Kampagnenkosten, Kontaktaffinitäten, Teilnahme an Kundenkarten- / Loyalitätsprogrammen	Clickstreams, Zufriedenheitsäußerungen, Beschwerden, Reaktionstyp (Anfrage, Angebotseinholung, Buchung), Reaktionsinhalte etc.		Buchungswege, Reiseanlässe, Verkehrsmittelwahl, Food & Beverage-Ausgaben, Buchungsraten, Zusatzbuchungen (Exkursionen, usw.) etc.

Abb. 5.4.4: Kundendatentypologie mit Beispielen (eigene Darstellung in Anlehnung an Geib 2006, S. 125).

Als Ursprung für die Daten kommen sowohl unternehmensexterne (z. B. Marktforschungsdaten, Lifestyledaten, Social Media Daten etc.) wie unternehmensinterne Datenquellen in Frage (vgl. Wiesner 2006, S. 106). Unternehmensexterne Daten werten die Kundendatenbank sowohl quantitativ – z. B. neue Adressbestände für das Interessentenmanagement – wie qualitativ – z. B. neue Merkmale wie Kaufkraftabschätzungen für bestehende Datensätze – auf. Das implizite Wissen von Mitarbeitern (z. B. Erfahrungen mit dem Gast) zählt mit zur wertvollsten unternehmensinternen Quelle. Hier liegt die Managementaufgabe darin, Mitarbeitern Anreize zu geben, ihr implizites Wissen zu dokumentieren. Grundsätzlich sollten Mitarbeiter in den Informationssammlungsprozess eingebunden werden. Durch ihren stetigen Kontakt mit den Gästen haben sie einen guten Einblick in deren Bedürfnisstruktur. Wird dieses Wissen erfasst, kann es zum Wohl des Gastes und des Unternehmens genutzt werden (vgl. Minghetti 2003, S. 145). Allerdings muss es auch Grenzen für die Informationssammlung geben. Sensibilität ist insbesondere bei der Erfassung kundenbezogener Informationen und Daten im Web erforderlich (z. B. beim Aufbau der Datenbasis für Analysen im Rahmen des Social-CRM). Die Beachtung folgender Prinzipien ist notwendig:

(1) Die sich gerade in Deutschland immer weiter verschärfenden Anforderungen des Datenschutzes sind unbedingt zu beachten.

(2) Zur Erhöhung der Akzeptanz durch den Kunden sollte dieser stets und unabhängig von einer rechtlichen Pflicht um die Erlaubnis zur Speicherung und Verwertung seiner Daten gebeten werden. Dies ist die Leitidee des *Permission Based Marketing* (vgl. Rapp 2000, S. 33 ff.).

(3) Dem Kunden sollte die Erlaubnis nicht nur abgerungen, sondern dafür auch ein erkennbarer Mehrwert geboten werden (Prinzip der *Reziprozität*).

Die in den unterschiedlichsten internen wie externen Systemen verteilten Daten werden über Schnittstellen in die operative Kundendatenbank migriert. Es ist für die nachfolgenden Analysen existenziell wichtig, dass diese migrierten Datenbestände von guter Qualität sind. Es sei warnend erwähnt, dass die Bedeutung und der notwenige Aufwand zur Erreichung wie auch zur Erhaltung dieser Datenqualität in der Praxis oft stark unterschätzt werden. Die mangelnde Datenqualität ist ein häufiger Grund für enttäuschende CRM-Maßnahmen und gescheiterte CRM-Projekte. Ein umfassendes Datenqualitätsmanagement ist daher unbedingt anzuraten (vgl. Hippner/Wilde 2007, S. 497 ff.).

5.4.5 Analytische CRM-Systembestandteile

Das analytische CRM kann als das „Gehirn" – die Business Intelligence – des CRM-Ansatzes bezeichnet werden. Es umfasst Komponenten zur Sammlung, Integration, Aufbereitung und Analyse von Kundendaten. Dabei wird relevantes und personalisiertes Wissen über die betrachtete Kundenbeziehung mit dem Ziel erzeugt, es zur Steuerung und fortwährenden Optimierung der kundenorientierten Marketing-, Sales- und Service-Prozesse zu nutzen (vgl. Hippner/Wilde 2007, S. 492). Im analytischen CRM schließt sich der Closed-Loop-Ansatz der CRM-Systemarchitektur: Die in den CRM-Prozessen erzeugten Daten werden im analytischen CRM zu Wissen transformiert und dieses Wissen den CRM-Prozessen wieder zur Verfügung gestellt. Das CRM-System lernt durch die analytische Komponente. Bestandteile des analytischen CRM sind das Data Warehouse und die Big-Data-Architekturen als „Datenspeicher" und darauf aufsetzende Analysewerkzeuge und Personalisierungssysteme.

Data Warehouse

Grundlage für die Analyse der strukturierten Daten ist ein Data Warehouse. Darunter versteht man eine zentrale, konsistente und eigenständige Analysedatenbank, die von den operativen Datenbanken entkoppelt ist und der Entscheidungsunterstützung des Managements dient (vgl. Kuhl/Stöber 2003, S. 548). Anders als eine operative Datenbank übernimmt das Data Warehouse keine direkte Funktion im Tagesgeschäft, sondern speichert die in den verschiedensten operativen Datenbanken und eventuellen zusätzlichen externen Quellen vorhandenen Daten redundant ab und stellt den Systemen relevante Analyseergebnisse wieder zur Verfügung. Sinn dieser Trennung ist, die operativen Datenbanken nicht durch rechenintensive Analysen zu blockieren (Alpar/Niedereichholz 2000, S. 15).

Big-Data-Architekturen

Nicht nur strukturierte Daten, z. B. Buchungsdaten, sind im digitalen Zeitalter ein Datenlieferant für das CRM. Insbesondere Kommunikationsdaten durch soziale Netzwerke, Protokolierungsdaten des Besuchs der digitalen Präsenzen, Daten von mobilen Geräten, Multimediadaten wie Fotos, Videos etc. (vgl o.V. 2014, S. 100 ff; Gadatsch 2012, S. 1616 f.) beeinhalten wertvolle Informationen. Eine weitere bedeutsame Datenquelle stellen Sensordaten des „Internets der Dinge" dar.

Die dabei erzeugten Daten liegen meist in *semistrukturierter* oder *unstrukturierter* Form (z. B. Posts, Fotos und Videos in sozialen Netzwerken) vor. Zusammengefasst werden diese unterschiedlichen Datenstrukturen unter dem Begriff *polystrukturierte Daten* (vgl. auch Schoeneberg/Pein 2014, S. 310). Sie fallen dabei nicht nur in einer großen Vielfalt (*variety*), sondern auch sehr schnell (*velocity*) und in großen Mengen (*volume*) an. Mit diesen drei Vs wird das Phänomen *Big Data* definiert und charakterisiert: das Entstehen von Daten in großer Menge, großer Geschwindigkeit und großer Varietät sowie deren Analyse in Echtzeit (vgl. Russom 2011, S. 6 ff.). Traditionelle Datenbanken, Analyse- und Visualisierungssysteme kapitulieren vor den daraus resultierenden Hard- und Softwareanforderungen (vgl. Chen et al., 2012).

Systemarchitekturen, die diesen Anforderungen gewachsen sind, nennt man *Big Data Architekturen*. Hierbei kommen insbesondere *NonSQL Datenbanken* zum Einsatz, die mit speziellen Verfahren zum Datenzugriff kombiniert werden (vgl. Sawant/Shah, 2013; o.V. 2014).

Analyseinstrumente

Im Data Warehouse und den Big Data Architekturen liegen Daten als kombinierte Datenbasis zur Analyse, Extrahierung und Visualisierung des darin verborgenen Wissens vor. Den Analyseinstrumenten obliegt es, dieses Wissen ans Tageslicht zu bringen und dabei so zu präsentieren, dass es für Managemententscheidungen nutzbar ist.

Dabei können grob drei Analysearten mit zunehmender Komplexität unterschieden werden: Standardreports, das Online Analytical Processing (OLAP) sowie unterschiedliche Formen des Data-Minings (vgl. Buttle 2009, S. 377 ff.). Weiter werden mit zunehmender Bedeutung der internetbasierten Kanäle verstärkt analytisch orientierte Personalisierungssysteme eingesetzt.

Standardreports

Standardreports sind ein zentrales Instrument zur Information des Managements. Im Wesentlichen handelt es sich dabei um methodisch einfache Auswertungen der deskriptiven Statistik wie Häufigkeitstabellen, Kreuztabellen, Analyse von Lage- und Streuungsparametern sowie Grundformen der Zusammenhangsanalyse.

OLAP

Standardreports verfügen über kein Potential, komplexe Zusammenhänge zu untersuchen. Dies liegt unter anderem an ihren maximal zweidimensionalen Analysen. Betriebswirtschaftliche Fragestellungen lassen sich jedoch häufig erst unter Berücksichtigung mehrdimensionaler Ansätze sinnvoll beantworten. Maßgrößen wie Umsätze oder Buchungshäufigkeiten sind oftmals erst dann aussagekräftig, wenn sie in Bezug zu Kundengruppen, Leistungsträgern und Destinationen betrachtet werden. Die Aufdeckung von Wissen in umfangreichen multidimensionalen Datenquellen ermöglicht OLAP. Ein mehrdimensionaler Datenwürfel kann mit unterschiedlichen Grundfunktionen analysiert werden: *Drill down* bedeutet dabei, dass man den Detaillierungsgrad der Analyse erhöht (z. B. von Jahres- auf Quartalsebene), während man ihn bei *Roll up* verringert (z. B. von Jahresintervallen auf Zweijahresintervalle). *Rotate* zeigt eine Drehung des Würfels an, um eine gewünschte neue (Analyse-)Sicht zu zeigen. Damit gerät mindestens eine neue Dimension in den Fokus. *Slicing* bedeutet eine „Scheibe" aus dem Würfel herauszuschneiden, also eine Dimension bei der Analyse zu vernachlässigen. Beim *Dicing* werden (eine oder) mehrere Dimensionen eingeschränkt und damit eine „kleinerer" und unter Umständen „gekippter" Datenwürfel erzeugt (vgl. Codd et al. 1993). Abbildung 5.4.5 zeigt eine exemplarische OLAP-Analyse für eine Hotelkette, die den Umsatz (=Zielgröße) ihrer Hotels in verschiedenen Städten über mehrere Jahre bei verschiedenen Firmenkunden (FK) untersuchen möchte.

OLAP setzt allerdings voraus, dass der Anwender weiß, wonach er sucht. Unbekannte Zusammenhänge lassen sich mit diesen Verfahren kaum entdecken. Das systematische Ergründen neuer relevanter Erkenntnisse ist die Domäne der Data-Mining-Verfahren.

Data-Mining, Web-Mining, Text-Mining, Social Media Analytics und Big Data Analytics

Im Gegensatz zur anwendergetriebenen OLAP-Analyse umfasst Data-Mining den so weit wie möglich automatisierten Prozess der Extrahierung von handlungsrelevantem und bedeutsamen Wissen aus sehr umfangreichen Datenquellen (vgl. Hagedorn et al. 1997, S. 601). Hierbei kommen komplexe statistische Verfahren wie z. B. Clusteranalysen, Faktorenanalysen, Assoziationsanalysen, Entscheidungsbaumverfahren, multiple Regressionsanalysen, Künstliche Neuronale Netze, etc. zum Einsatz. Diese Verfahren werden in den Anwendungsbereichen *Zusammenhangsanalyse, Prognose, Segmentierung* und *Abhängigkeitsanalyse* des Data-Minings genutzt. Data-Mining ist jedoch mehr als ein statistisches Verfahren, vielmehr handelt es sich dabei um einen komplexen Analyseprozess (vgl. Chiu/Tavella 2008, S. 137 ff.).

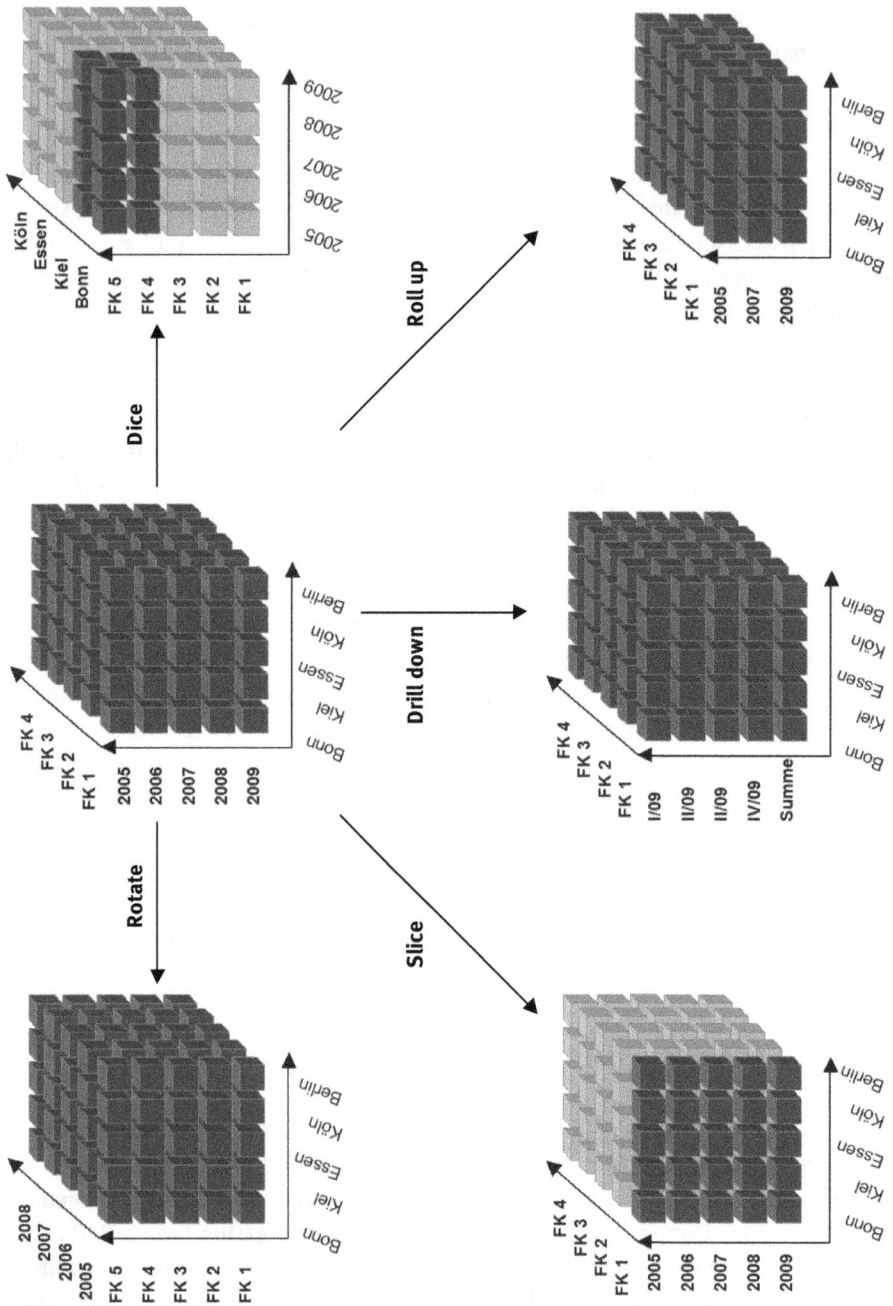

Abb. 5.4.5: Exemplarische OLAP-Analyse für eine Hotelkette.

Während Data-Mining vornehmlich strukturierte Datenquellen nutzt, analysieren Web-Mining und Text-Mining als Sonderformen des Data-Mining hauptsächlich unstrukturierte bzw. polystrukturierte Daten. *Web-Mining* wendet dabei die Verfahren des Data-Mining auf Datenquellen des Internets. Analysiert werden Inhalte von Webseiten (Web Content Mining), Seitenstrukturen (Web Structure Mining) und auch das Verhalten der Nutzer auf einer Website (Web Usage Mining) (vgl. Hippner et al. 2002). Viele Informationen von und über Kunden liegen im Unternehmen nicht in Datenbanken, sondern in Textform vor. Dies können Briefe, Emails, Posts in sozialen Netzwerken etc. sein. *Text-Mining* versucht automatisiert Wissen aus diesen wichtigen Datenquellen zu extrahieren. Text-Mining ist insbesondere für das Social Media Marketing mit ihrer Teildisziplin *Sentiments-Analyse* bedeutsam geworden. Das Forschungsgebiet *Social Media Analytics*, hat die „[...] Entwicklung und Bewertung von wissenschaftlichen Methoden, technischen Rahmenmodellen und Software zum Auslesen, Modellieren, Analysieren und Erfassen von umfangreichen Daten aus sozialen Netzwerken" zum Ziel (Stieglitz et al. 2014, S. 102; ergänzend Reinhold/Alt 2011, Peters et al. 2013). Hierunter fällt auch das *Social Media Monitoring*, das systematisch Social-Media-Inhalte auf Meinungen, Stimmungen gegenüber dem Unternehmen hin untersucht, analysiert, welche Trends oder Themenschwerpunkte sich durch die Netzgemeinde etablieren oder welche User als kommunikative Multiplikatoren einzustufen sind.

Analysiert man allgemein Daten im Kontext von Big Data, so hat sich der Begriff *Big Data Analytics* etabliert. Es handelt sich hierbei nicht um neue Analysemethoden, sondern den Analyseprozess großer und unterschiedlich strukturierter Datenmengen (vgl. Russom 2011, Maltby 2011). Besonderes Augenmerk ist auf die Visualisierung der Analyseergebnisse zu legen, die aufgrund der Komplexität, Vielfalt und Menge der zugrundeliegenden Daten komplexer ist als bei Data-Mining (vgl. Schoenberger/ Pein 2014).

Exemplarische Methoden und Verfahren des Data-Minings

Im Data-Mining gibt es eine Vielzahl von Methoden, um Zusammenhänge zwischen Variablen zu modellieren oder zu prognostizieren. Bei Modellen kann es sich dabei um erklärende Ansätze handeln, bei denen sich beispielsweise die abhängigen und die unabhängigen Variablen auf den gleichen Zeitpunkt bzw. Zeitraum beziehen. So kann ein Zusammenhang zwischen den Variablen gefunden werden. Für ein Prognosemodell werden hingegen die unabhängigen Variablen aus der Vorperiode verwendet, um den Zusammenhang mit der abhängigen Variable in der aktuellen Periode zu schätzen. Sind die aktuellen Werte für die unabhängigen Variablen bekannt, kann so aufgrund des Prognosemodells ein zukünftiger Wert für die abhängige Variable berechnet werden. In der klassischen Statistik werden Modelle für Zusammenhangserklärungen und Prognosen häufig mit Regressionsverfahren durchgeführt. Höpken et al. (2020) verwenden einen modernen KI-Ansatz und Big Data, um Touristenankünfte zu prognostizieren. Als

Big-Data-Quelle werden Google-Trends-Daten herangezogen und als KI-Methode kommen Künstliche Neuronale Netze zum Einsatz. Auch Silva et al. (2019) verwenden neuronale Netze, um die touristische Nachfrage zu modellieren. Beide Untersuchungen verwenden eine stetige Variable als Abhängige (Touristenankünfte werden hier als stetige Variable verwendet, wenngleich Touristenankünfte theoretisch diskret sind), um Zusammenhänge bzw. Prognosemodelle zu schätzen. Die Methodik unterscheidet sich hingegen stark mit einer Regressionsanalyse gegenüber einem Künstlichen Neuronalen Netz (KNN). Vor allem bei Prognosemodellen schneiden KNNs häufig besser ab als klassische Regressionsverfahren. KNNs können sehr komplexe, nichtlineare Zusammenhänge zwischen Variablen modellieren und haben somit einen Vorteil gegenüber klassischen Regressionsverfahren. Als Nachteil von KNNs ist aber der „Black-Box"-Charakter zu erwähnen. Wenngleich Verfahren wie der Garson-Algorithmus die Wichtigkeit verschiedener Variablen im neuronalen Netz berechnen können, ist eine genaue Nachvollziehbarkeit von Ergebnissen und Prognosen nicht gegeben. Ein relativ neues Forschungsfeld beschäftigt sich deshalb mit erklärbarer künstlicher Intelligenz (Explainable AI), um „White-Box" Verfahren zu entwickeln. Neben KNNs werden im Bereich Data-Mining zur Modellierung von stetigen Variablen auch häufig Stützvektormethoden (engl. Support Vector Machines – SVM) oder Regressionsbäume oder auch Random Forests verwendet. Li et al. (2020) verwenden sowohl die Stützvektorenmethode als auch Random Forests, um die touristische Nachfrage zu modellieren.

In vielen Anwendungsfällen ist die Zielvariable (abhängige Variable) nicht stetig und kann auch nicht als quasi stetig angesehen werden, da es nur zwei oder wenige Ausprägungen gibt. In solchen Fällen spricht man im Data-Mining von Klassifikationsmethoden und es werden Algorithmen wie Entscheidungsbäume, KNNs oder SVMs für Klassifikation verwendet. Man unterscheidet also zwischen Regression (stetige abhängige Variable) und Klassifikation (diskrete ordinal oder sogar nominal skalierte abhängige Variable). Es werden teilweise die gleichen Überbegriffe für die Verfahren (KNN, SVM, Entscheidungsbaum) verwendet, die Algorithmen unterscheiden sich aber aufgrund der Eigenschaft der abhängigen Variable. Deshalb ist es in der Praxis wichtig, den richtigen Algorithmus auszuwählen. Kim et al. (2011) verwenden ein Entscheidungsbaumverfahren, um die Einkaufspräferenzen japanischer Touristen in Korea zu modellieren. Ein großer Vorteil von Entscheidungsbaumverfahren im Vergleich zu anderen KI-Methoden, wie beispielsweise KNNs, ist die gute Nachvollziehbarkeit. So können aus dem Entscheidungsbaum Regeln direkt abgeleitet werden und das Ergebnis ist leicht verständlich. Der Entscheidungsbaum implementiert eine hierarchische Datenstruktur und gehört zu den nichtparametrischen Verfahren (Alpaydin 2020). Nichtparametrische Verfahren treffen im Gegensatz zu parametrischen Verfahren keine Annahmen über die Verteilung der Grundgesamtheit einer Variablen (wie z. B. das Vorhandensein einer Normalverteilung) und sind deshalb flexibler einsetzbar. Eine alternative parametrische Methode aus der Statistik für Klassifikationsaufgaben ist die binäre logistische Regression für eine dichotome abhängige Variable und die multinominal logistische Regression für mehr als zwei nominale Ausprägungen. Auch neuronale Netze oder SVMs werden zur Klassifikation genutzt. Gordini et al. (2017) verwenden sowohl SVMs wie auch neuronale Netze zur Prognose von Kundenabwanderung. Sie stellen fest, dass ein datengetriebener Ansatz mit SVMs oder KNNs zur Abwanderungsvorhersage und zur Entwicklung von Kundenbindungsstrategien die üblichen Management-Heuristiken übertrifft.

Neben den bereits dargestellten Methoden zum Modellieren oder zum Prognostizieren von Zusammenhängen zwischen Variablen werden *Clusteranalysen* dazu genutzt, Untersuchungsobjekte wie z. B. Kunden in möglichst ähnliche Gruppen zusammenzufassen (Backhaus 2015). Diese Gruppen werden als Cluster bezeichnet und die Untersuchungsobjekte innerhalb eines Clusters sind möglichst homogen, während die Untersuchungsobjekte verschiedener Cluster möglichst heterogen bezüglich der betrachteten Eigenschaften sind. Klassische Verfahren aus der Statistik für Clusteranalysen sind die K-Means oder die hierarchische Clustering-Methode. Im Data-Mining werden Clusterverfahren dem unüberwachten Lernen zugeordnet, da es keine Zielvariable gibt, sondern homogene Gruppen gefunden werden sollen. Amaro et al. (2016) verwenden ein Clusterverfahren, um die Nutzung von Sozialen Medien durch Reisende zu untersuchen. Derek et al. (2019) verwenden hingegen eine Clusteranalyse, um Touristen in ähnliche Gruppen hinsichtlich ihrer Freizeitaktivitäten im Freien einzuteilen. Insgesamt werden Clusteranalysen im CRM häufig verwendet, um homogene Kundengruppen zu identifizieren.

Abschließend soll noch auf *Assoziationsverfahren* wie die Warenkorbanalyse eingegangen werden. Assoziationsregeln werden in Form von A → B dargestellt, wobei A als Antezedent und B als Konsequent bezeichnet wird. Dabei handelt es sich um eine logische Implikation des Auftretens von B bei gegebenem Auftreten von A. Ein Beispiel für Assoziationsregeln ist die Warenkorbanalyse, bei der wir die Abhängigkeit zwischen zwei Produkten, z. B. das gemeinsame Vorhandensein im Einkaufswagen (Warenkorb), berechnen (Alpaydin 2020). Vavpotič et al. (2020) verwenden von Touristen auf Social-Media-Plattformen geteilte Geodaten, um das touristische Dienstleistungsangebot zu analysieren und Produkte sowie Dienstleistungen zu identifizieren, welche gemeinsam konsumiert werden.

Personalisierungssysteme

Das Internet eröffnet neue Möglichkeiten der indirekten Informationsbeschaffung durch Beobachtung des Userverhaltens auf der Website. Diese Informationen werden im Data Warehouse und den Big-Data-Architekturen erfasst und analysiert. Interessant sind nun Verfahren, die diese Profilinformation zur automatisierten Personalisierung des Leistungsangebots im Rahmen der Marketing-, Sales- und Serviceprozesse des Unternehmens nutzen. Hierdurch sollen die Bedürfnisstrukturen der Kunden besser bedient werden. Dies verringert Streuverluste und soll sich positiv auf die Profitabilität der Kundenbeziehung auswirken.

Dabei lassen sich das Content-Based Filtering sowie das Collaborative Filtering als Verfahrensklassen unterscheiden (vgl. Meier/Stormer 2007, Runte 2000). Beim *Content-Based Filtering* werden zwei Leistungen aufgrund ihrer Eigenschaften verglichen. Zwei Produkte A und B sind dann ähnlich, wenn sie viele gemeinsame Eigenschaften aufweisen. Besitzt ein Reisender eine Präferenz für das Produkt A, kann damit auf die Präferenz für das Produkt B geschlossen werden. So ein System kann z. B. für das Vorschlagswesen bei einer Reisebuchung genutzt werden: Ist die gewünschte Reise ausgebucht, wird dem Interessenten eine ähnliche Reise angeboten. Beim *Collaborative Filtering* stellt man dagegen fest, welche Nutzer A und B sich ähneln. Kennt man die Präferenz eines Nutzers A für ein Produkt, kann daraus auf die Präferenz eines ähnlichen Nutzers B für das gleiche Produkt geschlossen werden. Auch dieses Verfahren kann für eine Reiseempfehlung genutzt werden: Ähneln sich zwei Reisende A und B und ist bekannt, dass sich Reisender A für Städtereisen interessiert, so kann Reisendem B im nächsten Newsletter ebenfalls eine Städtetour angeboten werden. Bei Social Media Analytics spielt dabei die *Soziale Netzwerkanalyse* eine besondere Rolle (siehe Beispiel im nächsten Abschnitt).

Exemplarische analytische Anwendungsfälle

Abschließend werden einige typische analytische Anwendungsfälle erläutert (vgl. ergänzend Kuhl/Stöber 2003). Diese können nur teilweise spezifischen Prozessen zugeordnet werden. In der Regel lösen sie Fragestellungen, die bei unterschiedlichsten Prozessen auftauchen. Grundsätzlich besitzt jeder CRM-Prozess somit auch analytische Anteile.

Neben einem Modell zur Ermittlung des Kundenwerts ist die Kundensegmentierung eine Grundvoraussetzung, um eine individualisierte und wertorientierte Kundenbeziehung aufzubauen. Sie wird potenziell in allen Prozessen benötigt, wobei je nach Problemstellung unterschiedliche Segmentierungen herangezogen werden können. Ein Beispiel für eine Kundensegmentierung wäre die Analyse des Reiseverhaltens zur Erstellung einer Kundentypologie. Diese Kundentypologie kann dann im Kampagnenmanagement genutzt werden. Auch das Interaktionsmanagement innerhalb des Multi-Channel-Managements nutzt Segmentierungen, indem Kundengruppen mit Kanalpräferenzen identifiziert werden. Ein weiteres Beispiel wären segmentsindividuelle Inhalte und Anstoßhäufigkeiten für Newsletter-Kampagnen (z. B. häufige Promotion von Städtereisen für den „Städtereisetyp"; familienfreundliche Pauschalangebote, insbesondere im Zeitfenster der Jahresurlaubsplanung für die „junge berufstätige Familie" etc.).

Das Kundenbindungsmanagement kann durch *Cross- und Up-Selling-Analysen* im Sales-Prozess unterstützt werden (vgl. Hirche 2004, S. 417). *Lost-Order-Analysen* erklären, warum Kundenanfragen nicht in Buchungen transformiert werden konnten. *Sales-Cycle-Analysen* helfen, den Kunden gemäß seiner Phase im jeweiligen Zyklus mit den richtigen Produkten und dem richtigen Timing anzusprechen. Dem Servicebereich können durch *Beschwerdeanalysen* wertvolle Verbesserungspoten-

ziale aufgezeigt werden. *Churn-Analysen* helfen Loyalitäts- und Kundenbindungsprogrammen (z. B. Vielfliegerprogramme, Kundenclubs etc.), abwanderungsgefährdete
und inaktive Kunden (Schläfer) zu identifizieren. Diese Kunden werden im Rückgewinnungsmanagement bearbeitet: Kundengruppen mit hohem Wert oder Potenzial versucht man zu reaktivieren, wohingegen bei Kunden mit geringem Potenzial keinerlei
Aktivierungsmaßnahmen erfolgen.

Anwendungsfälle zur *Personalisierung* auf Basis von *Social Media Analytics* lassen sich *kontext-* und *prozessorientiert* skizzieren (vgl. Alt/Reinhold 2011, S. 283; Davenport 2013). Posts auf Bewertungsportalen können im Rahmen der Serviceprozesse
zur individuellen Kundenkommunikation genutzt und gleichzeitig im Rahmen des
Qualitätsmanagements zur Produktverbesserung herangezogen werden. Soziale Netz-
werkanalysen helfen, personalisierte Produktangebote zu unterbreiten: Stellt man
bei einem Kunden fest, dass einige seiner engen Facebook-Freunde eine Reise auf die
Balearen gebucht haben, so könnte dieser Kunde ebenfalls eine erhöhte Affinität für
diese Destination besitzen. Ein Angebot erscheint plausibel. Ein Beispiel für eine kon-
textbasierte Anwendung auf Basis von Lokalisierungsinformationen wäre, dass man
bei der Landung eines Fluges den Fluggästen automatisch aktuelle Verbindungen zu
ihrem Hotel zuschickt.

Quellen und weiterführende Literatur

Alpaydin, E., Introduction to Machine Learning, 4. Aufl., Cambridge (Massachusetts) 2020.

Alpar, P., Niedereichholz, J., Einführung zu Data Mining, in: Alpar, P., Niedereichholz, J. (Hrsg.),
Data Mining im praktischen Einsatz - Verfahren und Anwendungsfälle für Marketing, Vertrieb,
Controlling und Kundenunterstützung, Braunschweig/Wiesbaden 2000, S. 1–27.

Amaro, S., Duarte, P., Henriques, C., Travelers' use of social media: A clustering approach, Annals
of Tourism Research, Vol. 59, 2016, S. 1–15, https://doi.org/10.1016/j.annals.2016.03.007.

Alt, R., Reinhold, O., Social-Customer-Relationship-Management (Social-CRM) – Anwendung und
Technologie, in: Wirtschaftsinformatik, Jg. 54, 5/2011, S. 281–286.

Backhaus, K., Erichson, B., Weiber, R., Fortgeschrittene Multivariate Analysemethoden. Eine
anwendungsorientierte Einführung, 3. Aufl., Berlin 2015.

Berry, M.J.A., Linoff, G.S., Data Mining Techniques: For Marketing, Sales, and Customer
Relationship Management, 2. Aufl., Wiley 2004.

Berchtenbreiter, R., Grundlagen von Content-Management-Systemen und Ansätze ihrer Bedeutung
für das CRM, in: Hippner, H., Wilde, K.D. (Hrsg.), IT-Systeme im CRM - Aufbau und Potentiale,
Wiesbaden 2004, S. 209–240.

Bieger, T., Management von Destinationen, 7. Aufl., München 2008.

Born, K., Kundenwünsche erfüllen - unverzichtbare Voraussetzung erfolgreicher Kundenbindung,
in: Bastian, H., Born, K. (Hrsg.), Der integrierte Touristikkonzern - Strategien, Erfolgsfaktoren
und Aufgaben, München 2004, S. 423–445.

Bulander, R., Herausforderungen im Social CRM und Mobile Business, in: Deutscher
Dialogmarketing Verband e. V. (Hrsg.): Dialogmarketing Perspektiven 2010/2011, Wiesbaden
2011, S. 87–107.

Buttle, F., Customer Relationship Management – Concepts and Technologies, 2. Aufl., Oxford 2009.

Chen, H., Chiang, R. H. L., Storey, V. C., Business Intelligence and Analytics: From Big Data to Big Impact. MIS Quarterly, Vol. 36, 4/2012, S. 1165–1188.

Chiu, S., Tavella, D., Data Mining and Market Intelligence for Optimal Market Returns, Amsterdam et al. 2008.

Codd, E. F., Codd, S.B., Salley, C.T., Providing OLAP (Online Analytical Processing) to User-Analysts - An IT Mandate, E.F. Codd & Associates, White Paper, o.O. 1993.

Cornelsen, J., Kundenwertanalysen im Beziehungsmarketing: Theoretische Grundlegung und Ergebnisse einer empirischen Studie im Automobilbereich, in: Diller, H. (Hrsg.), Schriften zum Innovativen Marketing, Bd. 3, Nürnberg 2000.

Davenport, T.H., At the Big Data Crossroads: Turning towards a smarter travel experience, o.O. 2013, https://amadeus.com/documents/en/blog/pdf/2013/07/amadeus-big-data-report.pdf (Zugriff am 10.4.2021).

Derek, M., Woźniak, E., Kulczyk, S., Clustering nature-based tourists by activity. Social, economic and spatial dimensions, Tourism Management, Vol. 75, 2019, S. 509–521, https://doi.org/10.1016/j.tourman.2019.06.014.

Dreyer, A., Kundenzufriedenheit und Kundenbindungs-Marketing, in: Bastian, H., Born, K., Dreyer, A. (Hrsg.), Kundenorientierung im Touristikmanagement, München 1999, S. 12–50.

Englbrecht, A., Kundenwertorientiertes Kampagnenmanagement im CRM, Hamburg 2007.

Freyer, W., Molina, M., Multichannel-Vertrieb: Innovatives Distributions-Management für Destinationen, in: Freyer, W., Pompl, W. (Hrsg.), Reisebüro-Management, München 2008, S. 123–133.

Gadatsch, A., Big Data, WISU, 12/2012, S. 1615–1621.

Garson, G. D., Interpreting neural network connection weights, Artificial Intelligence Expert, 6, 4/1991, S. 46–51.

Geib, M., Kooperatives Customer Relationship Management – Fallstudien und Informationssystemarchitektur in Finanzdienstleistungsnetzwerken, Wiesbaden 2006.

Gordini, N., Veglio, V., Customers churn prediction and marketing retention strategies. An application of support vector machines based on the AUC parameter-selection technique in B2B e-commerce industry, Industrial Marketing Management, Vol. 62, 1991, S. 100–107, https://doi.org/10.1016/j.indmarman.2016.08.003.

Grässel, R., Weinberg, J., Social CRM – Umsetzungsmöglichkeiten in der Praxis, in: Deutscher Dialogmarketing Verband e. V. (Hrsg.): Dialogmarketing Perspektiven 2013/2014, Wiesbaden 2014, S. 105–125.

Gronover, S., Kolbe, L.M., Österle, H., Methodisches Vorgehen zur Einführung von CRM, in: Hippner, H., Wilde, K.D. (Hrsg.), Management von CRM-Projekten, Wiesbaden 2004, S. 13–32.

Gummesson, E., Relationship Marketing - The Emperor's New Clothes or a Paradigm Shift?, Marketing and Research Today, Vol. 25, 1/1997, S. 53–60.

Günter, B., Helm, S., Kundenwert, Wiesbaden 2003.

Günter, B., Helm S., Kundenbewertungen im Rahmen des CRM, in: Hippner, H., Hubrich, B., Wilde, K.D. (Hrsg.), Grundlagen des CRM – Strategie, Geschäftsprozesse und IT-Unterstützung, 3. Aufl., Wiesbaden 2011, S. 271–292.

Hagedorn, J., Bissantz, N., Mertens, P., Data Mining (Datenmustererkennung): Stand der Forschung und Entwicklung, in: Wirtschaftsinformatik, Heft 6, 1997, S. 601–612.

Hettich, S., Hippner, H., Wilde, K. D., Customer Relationship Management (CRM), WISU, 10/2000, S. 1346–1366.

Hippner, H., Merzenich, M., Wilde, K. D., Grundlagen des Web Mining, in: Hippner, H., Merzenich, M., Wilde, K. D. (Hrsg.), Handbuch Web Mining im Marketing, Wiesbaden 2002, S. 3–31.

Hippner, H., Rentzmann, R., Wilde, K. D., Ein Vorgehensmodell zur Auswahl von CRM-Systemen, in: Hippner, H., Wilde, K. D. (Hrsg.), IT-Systeme im CRM – Aufbau und Potentiale, Wiesbaden 2004, S. 97–119.

Hippner, H., Rentzmann, R., Wilde, K. D., Aufbau und Funktionalitäten von CRM-Systemen, in: Hippner, H., Wilde, K. D. (Hrsg.), Grundlagen des CRM – Konzepte und Gestaltung, 2. Aufl., Wiesbaden 2006, S. 45–74.

Hippner, H., Wilde, K. D., CRM im Wandel - Entwicklungen einer IT-gestützten Unternehmensphilosophie, in: Gouthier, M., Coenen, C., Schulze, H. S., Wegmann, C. (Hrsg.), Service Excellence als Impulsgeber, Wiesbaden 2007, S. 485–501.

Hirche, T., Kundenbindung im Touristikkonzern – Von der Bindung zur Beziehung, in: Bastian, H., Born, K. (Hrsg.), Der integrierte Touristikkonzern – Strategien, Erfolgsfaktoren und Aufgaben, München 2004, S. 395–421.

Höpken, W., Eberle, T., Fuchs, M. Lexhagen, M., Improving Tourist Arrival Prediction: A Big Data and Artificial Neural Network Approach, Journal of Travel Research, 2020, doi:10.1177/0047287520921244.

Holloway, J.C., Marketing for Tourism, 4. Aufl., New York 2004.

Homburg, C., Sieben, F. G., Customer Relationship Management (CRM) – Strategische Ausrichtung statt IT-getriebenem Aktivismus, in: Bruhn, M., Homburg, C. (Hrsg.), Handbuch Kundenbindungsmanagement, 5. Aufl., Wiesbaden 2005, S. 435–462.

Kantsperger, R., Modifikation von Kundenverhalten als Kernaufgabe im CRM, in: Hippner, H., Wilde, K. D. (Hrsg.), Grundlagen des CRM – Konzepte und Gestaltung, 2. Aufl., Wiesbaden 2006, S. 291–304.

Kim, S.S., Timothy, D.J., Hwang, J., Understanding Japanese tourists' shopping preferences using the Decision Tree Analysis method, Tourism Management, Vol. 32, 3/2011, S. 544–554, https://doi.org/10.1016/j.tourman.2010.04.008.

Kotler, P., Bliemel, F. W., Marketing-Management. Analyse, Planung, Umsetzung und Steuerung, 8. Aufl., Stuttgart 1995.

Kreutzer, R.T., Database-Marketing – Erfolgsstrategien für die 90er Jahre, in: Dallmer, H. (Hrsg.), Handbuch Direct Marketing, Wiesbaden 1991, S. 623–641.

Kuhl, M., Stöber, O., Data Warehousing und Customer Relationship Management als Grundlage des wertorientierten Kundenmanagements, in: Günter, B., Helm, S. (Hrsg.), Kundenwert, Wiesbaden 2003, S. 545–562.

Leußer, W., Hippner, H., Wilde, K. D., CRM – Grundlagen, Konzepte und Prozesse, in: Hippner, H., Hubrich, B., Wilde, K. D. (Hrsg.), Grundlagen des CRM – Strategie, Geschäftsprozesse und IT-Unterstützung, 3. Aufl., Wiesbaden 2011, S. 17–55.

Lessmann, S., Customer Relationship Management, WISU, 2/2003, S. 190–193.

Li, H., Hu, M., Li, G., Forecasting tourism demand with multisource big data, Annals of Tourism Research, Vol. 83, 2020, https://doi.org/10.1016/j.annals.2020.102912.

Link, J., Hildebrand, V., Database Marketing und Computer Aided Selling - Strategische Wettbewerbsvorteile durch neue informationstechnologische Systemkonzeptionen, München 1993.

Maltby, D., Big Data Analytics, Austin 2011, www.ischool.utexas.edu/~dmaltby/Big_Data_Analytics.pdf (Zugriff am 2.6.2014).

Malthouse, E.C., Haenlein, M., Skiera, B., Wege, E., Zhang, M., Managing Customer Relationships in the Social Media Era: Intruducing the Social CRM House, Journal of Interactive Marketing, Vol. 27, 4/2013, S. 270–280.

Martin, W., CRM – das Thema für mein Unternehmen, in: Hubschneider, M., Sibold, K., (Hrsg.), CRM – Erfolgsfaktor Kundenorientierung, Freiburg u.a. 2007.

Meier, A., Stormer, H., Empfehlungssysteme, in: WISU, 11/2007, S. 1455–1462.

Merl, A., Rahmenbedingungen und Trends im Tourismus, Noeo Wissenschaftsmagazin, 1/2002, S. 19–21.

Minghetti, V., Building customer value in the hospitality industry: Towards the definition of a customer-centric information system, Information Technology & Tourism, Vol. 6, 2/2003, S. 141–152.

Mundt, J. W., Tourismus, 3. Aufl., München 2006.

Muther, A., Electronic Customer Care, 3. Aufl., Berlin et al. 2001.

Orth, M., Reise-Websites: Planen, buchen, reisen - alles im Internet, Vortrag im Rahmen des FVW Kongresses der Zukunft am 26.09.2002, Wiesbaden 2002.

o.V., Big-Data-Technologien – Wissen für Entscheider – BITKOM Leitfaden, Berlin 2014, http://www.bitkom.org/files/documents/BITKOM_Leitfaden_Big-Data-Technologien-Wissen_fuer_Entscheider_Febr_2014.pdf (Zugriff am 11.6.2014).

Peters, K., Chen, Y., Kaplan, A.M., Ognibeni, B., Pauwels, K., Social Media Metrics – A Framework and Guidelines for Managing Social Media, Journal of Interactive Marketing, Vol. 27, 4/2013, S. 281–298.

Rapp, R., Customer Relationship Management, Frankfurt/Main 2000.

Reichheld, F. F., Treue Kunden müssen auch rentabel sein, Harvard Business Manager, 15. Jg., 3/1993, S. 106–114.

Reinhold, O., Alt, R., Analytical Social CRM – Concept and Tool Support, in: Proceedings 24. Bled eConference, Bled 2011, S. 226–241.

Riempp, G., Von den Grundlagen zu einer Architektur für Customer Relationship Management, St. Gallen 2003, https://extranet.iwi.unisg.ch/public/cm_web.nsf/SysWebResources/ckm_architektur/$FILE/CKM-Architektur%20CKM-Buch%2004%20GRI.pdf (Zugriff am 28.09.2009)

Runte, M., Personalisierung im Internet – Individualisierte Angebote mit Collaborative Filtering, Wiesbaden 2000.

Russom, P., Big Data Analytics, Renton 2011.

Sawant, N., Shah, H., Big Data Application Architecture Q&A, A Problem - Solution Approach, New York 2013.

Schmidt, H., Customer Relationship Management, WISU, 12/2005, S. 1517–1524.

Schoeneberg, K.-P., Pein, J., Entscheidungsfindung mit Big Data – Einsatz fortschrittlicher Visualisierungsmöglichkeiten zur Komplexitätsbeherrschung betriebswirtschaftlicher Sachverhalte im Unternehmen, in: Schoeneberg, K.-P. (Hrsg.), Komplexitätsmanagement in Unternehmen, Wiesbaden 2014, S. 309–354.

Schögel, M., Schmidt, I., Sauer, A., Multi-Channel Management im CRM – Prozessorientierung als zentrale Herausforderung, in: Hippner, H., Wilde, K. D. (Hrsg.), Management von CRM-Projekten, Wiesbaden 2004, S. 105–134.

Schöler, A., Service Automation - Unterstützung der Serviceprozesse im Front- und Backoffice, in: Hippner, H., Wilde, K. D. (Hrsg.), IT-Systeme im CRM – Aufbau und Potentiale, Wiesbaden 2004, S. 373–392.

Schramm, D., Wie verwaltet man Inhalte? Anforderungen an XML-basierte Content Management Systeme im Electronic Publishing, WiSt, 11/2001, S. 615–620.

Schuhmacher, J., Meyer, M., Customer Relationship Management strukturiert dargestellt – Prozesse, Systeme, Technologien, Berlin u.a. 2004.

Schulze, J., CRM erfolgreich einführen, Berlin u.a. 2002.

Silva, E.S., Hassani, H., Heravi, S., Huang, X., Forecasting tourism demand with denoised neural networks, Annals of Tourism Research, 2019, Vol. 74, S. 134–154, https://doi.org/10.1016/j.annals.2018.11.006.

Stauss, B., Perspektivenwandel: Vom Produkt-Lebenszyklus zum Kundenbeziehungs-Lebenszyklus, Thexis, 2/2000, S. 15–18.

Stauss, B., Seidel, W., Beschwerdemanagement – Unzufriedene Kunden als profitable Zielgruppe, 4. Aufl., München 2007.

Stieglitz, S., Dang-Xuan, L., Bruns, A., Neuberger, C., Social Media Analytics – Ein interdisziplinärer Ansatz und seine Implikationen für die Wirtschaftsinformatik, Wirtschaftsinformatik, Vol. 56, 2/2014, Wiesbaden, S. 101–109.

Vavpotič D, Knavs K, Cvelbar LK., Using a market basket analysis in tourism studies, Tourism Economics, 2020, doi:10.1177/1354816620944264.

Wehrmeister, D., Customer Relationship Management – Kunden gewinnen und an das Unternehmen binden, Köln 2001.

Weithöner, U., Informationssysteme und tourismuswirtschaftliche Leistungsprozesse, in: Dettmer, H. (Hrsg.), Tourismus 3 – Reiseindustrie, Stuttgart 2001, S. 173–209.

Weithöner, U., Anwendungssysteme in der Tourismuswirtschaft, in: Disterer, G., Fels, F., Hausotter, A. (Hrsg.), Taschenbuch der Wirtschaftsinformatik, 2. Aufl., München/Wien 2003, S. 711–724.

Weithöner, U., Ehbrecht, O., Integrierte Informations- und Kommunikationssysteme im Touristikkonzern, in: Bastian, H., Born, K. (Hrsg.), Der integrierte Touristikkonzern, München 2004, S. 101–120.

Wiesner, K. A., Strategisches Tourismusmarketing, Berlin 2006.

Wilde, K. D., Hippner, H., Customer Relationship Management: Grundlagen und aktuelle Entwicklungen, WISU, 1/2008, S. 105–111.

Winkelmann, P., Sales Automation – Grundlagen des Computer Aided Selling, in: Hippner, H., Wilde, K. D. (Hrsg.), IT-Systeme im CRM - Aufbau und Potentiale, Wiesbaden 2004, S. 301–332.

5.5 Rechtliche Aspekte des Digitalen Tourismus

Charlotte Achilles-Pujol

5.5.1 Relevante Fragestellungen und rechtlicher Rahmen

Die fortschreitende Digitalisierung der Produktion und des Vertriebs von Reisen hat auch in Gesetzgebung und Rechtsprechung ihren Niederschlag gefunden. Während im allgemeinen Schuldrecht des BGB nur punktuell Sonderregelungen für den elektronischen Geschäftsverkehr existieren (dazu unter 5.5.2), wurde das Pauschalreiserecht infolge der zunehmenden Individualisierung und Digitalisierung im Bereich von Reisen auf europäischer Ebene grundlegend überarbeitet (dazu unter 5.5.4). Dabei wurde der Tatsache Rechnung getragen, dass Endkunden mithilfe der Buchungsmöglichkeiten über das Internet ihre Reisen zunehmend selbst zusammenstellen (zu dieser Entwicklung Goecke 2020a, S. 20). Insbesondere wurden im neuen Pauschalreiserecht die sogenannten Click-through-Buchungen geregelt, die – je nach Ausgestaltung der Buchungssituation – zu einer Pauschalreise oder zur neu eingeführten Kategorie der verbundenen Reiseleistungen führen können. Dies hat weitreichende Auswirkungen insbesondere auf die Tätigkeit von Online-Reisevermittlern (Online Travel Agents – OTA) (dazu unter 5.5.5), aber auch auf den Online-Vertrieb von Einzelreiseleistungen durch die Leistungserbringer selbst (dazu unter 5.5.6). Als Vorfrage ist dabei stets zu klären, welche Gerichte für Rechtsstreitigkeiten aus den jeweiligen Verträgen international zuständig sind, welches Recht Anwendung findet und ob dies jeweils etwa in Allgemeinen Geschäftsbedingungen durch den Anbieter oder Vermittler der Reiseleistung festgelegt werden kann (dazu unter 5.5.3).

Nachgelagert wirkt sich die Digitalisierung gerade im Reiserecht auch auf die Vertragsdurchführung und vor allem auf die Rechtsdurchsetzung aus. Fluggastportale sind eines der Paradebeispiele für Legal-Tech-Anwendungen (dazu unter 5.5.7). Auch die Rechtsentwicklung im Bereich des Datenschutzes (Anwendbarkeit der DSGVO) und des Online-Marketings hat die Prozesse von Online-Produktion und -Vertrieb von Reisen in den letzten Jahren maßgeblich beeinflusst (dazu unter 5.5.8 und 5.5.9).

Im Rahmen dieser rechtsgebietsübergreifenden und überblicksartigen Darstellung kann naturgemäß nicht auf alle Einzelheiten der angesprochenen Bereiche eingegangen werden; insofern wird auf die einschlägige Literatur verwiesen. Einige ebenfalls wichtige Bereiche mussten zudem ganz ausgeklammert werden. Dazu gehören u. a. rechtliche Fragestellungen im Zusammenhang mit Zahlungsdienstleistungen (vgl. dazu u. a. Harman 2018, Zahrte 2022), datenschutzrechtliche Fragen bei Virtual- und Augmented-Reality-Anwendungen (dazu u. a. Gaff 2020) sowie die rechtliche Behandlung von KI-Pricing-Mechanismen (dazu z. B. König 2020). Nicht näher betrachtet werden hier rechtliche Fragestellungen im Zusammenhang mit C2C-Vermittlung durch Plattformen sowie allgemeine rechtliche Fragen zu Plattformen (hierzu z. B. Rott 2018).

5.5.2 Online-Buchungen und Vertragsschluss im elektronischen Geschäftsverkehr; Verbraucherschutz

Im elektronischen Geschäftsverkehr und somit auch bei Online-Buchungen gelten im Ausgangspunkt die allgemeinen Regeln über Willenserklärungen und Rechtsgeschäfte, die nur punktuell durch Sonderregelungen ergänzt werden. Ein Vertragsschluss etwa bei einer Reisebuchung des Kunden auf einer Internetseite oder in einer App des Reiseanbieters oder des OTA erfordert gemäß §§ 145 ff. BGB zwei übereinstimmende Willenserklärungen, **Angebot und Annahme**, deren Besonderheit bei der Online-Buchung nur darin liegt, dass sie auf elektronischem Weg übermittelt werden, etwa beim Klick auf einen Bestellbutton oder beim Versand einer E-Mail oder sonstigen elektronischen Nachricht (Härting 2017, Rn. 639 und 689; Staudinger 2019, § 5 Rn. 37). Dabei werden Willenserklärungen seitens des Reiseanbieters oder -mittlers häufig auch automatisiert abgegeben, sobald bestimmte Voraussetzungen erfüllt sind, z. B., sobald die Buchungsmaske vom Kunden ausgefüllt und die Verfügbarkeit der Reiseleistung im Buchungssystem bestätigt wurde. Dabei ist maßgeblich, wie das hinter dem automatischen Buchungssystem stehende Unternehmen eine Willenserklärung des Kunden verstehen darf. Bezüglich einer Buchung, bei der der Kunde in der Buchungsmaske im Feld Name „Noch unbekannt" eingetragen hatte und daraufhin von der Fluggesellschaft eine automatisch generierte Buchungsbestätigung für den Passagier „Noch unbekannt" bekam, hat der BGH daher entschieden, dass durch diese Buchungsbestätigung kein Vertrag zustande gekommen ist, zumal die Fluggesellschaft eine spätere Namensänderung ausdrücklich ausgeschlossen hatte (BGH, Urteil v. 16.10.2012, Az. X ZR 37/12, NJW 2013, 598 m. Anmerkung Hopperdietzel; Staudinger 2019, § 5 Rn. 37). Zum Vertragsschluss unter Einsatz von Softwareagenten vgl. Wendehorst/Grinzinger 2020, § 4 Rn. 28 ff.

Auch bezüglich der **Allgemeinen Geschäftsbedingungen (AGB)** gelten zunächst die allgemeinen Regelungen der §§ 305 ff. BGB zur Einbeziehung und Inhaltskontrolle. Die nachweisbare Einbeziehung von AGB ist bei Online-Buchungen vergleichsweise unproblematisch, da der Kunde hier meist während des Buchungsvorgangs über einen Link geführt wird, über den die AGB abrufbar sind (Tonner 2020, § 651a BGB Rn. 61 f; Alexander 2021, § 651a BGB Rn. 285 ff.).

Ergänzende **Sonderregeln für Rechtsgeschäfte im elektronischen Geschäftsverkehr** finden sich in §§ 312i und 312j BGB. § 312i BGB enthält allgemeine Pflichten des Unternehmers zur Gestaltung des Vertragsabschlusses. Der Unternehmer muss demnach dem Kunden die Möglichkeit geben, Eingabefehler zu korrigieren, Informationen über den Prozess des Vertragsabschlusses geben, dem Kunden eine elektronische Zugangsbestätigung zukommen lassen und die Möglichkeit verschaffen, die Vertragsbestimmungen einschließlich der AGB abzurufen und in wiedergabefähiger Form zu speichern. Diese Pflichten werden beim Pauschalreisevertrag teilweise überlagert durch die Pflicht aus Art. 250 § 6 EGBGB (Vertragsbestätigung auf einem dauerhaften Datenträger). § 312j stellt zusätzliche Pflichten für den Vertragsschluss im elektronischen Geschäftsverkehr auf, wenn der Kunde ein Verbraucher ist (dazu für den Pauschalreisevertrag Staudinger 2019, § 5 Rn. 38): Information über etwaige Lieferbeschränkungen, akzeptierte Zahlungsmittel, Produkt und Preis (Art. 246a § 1 Nr. 1, 4, 5, 11 und 12 EGBGB). § 312j Abs. 3 BGB formuliert die so genannte „Button-Lösung". Demnach muss die Schaltfläche, durch deren Anklicken der Verbraucher seine Bestellung bzw. Buchung tätigt, eindeutig beschriftet sein mit nichts anderem als den Wörtern „zahlungspflichtig bestellen" oder einer entsprechend eindeutigen Formulierung. Andernfalls kommt der Vertrag nicht wirksam zustande (dazu Staudinger 2019, § 5 Rn. 39).

Die für die Anwendung verbraucherschützender Vorschriften (etwa des o. g. § 312j BGB) vorausgesetzte Verbraucher- und Unternehmer-Eigenschaft sind in §§ 13, 14 BGB definiert. Demnach ist **Verbraucher** eine natürliche Person, die ein Rechtsgeschäft zu Zwecken abschließt, die überwiegend weder ihrer gewerblichen noch ihrer selbständigen beruflichen Tätigkeit zugerechnet werden können (§ 13 BGB). Ein Unternehmer ist eine natürliche oder juristische Person oder eine rechtsfähige Personengesellschaft, die bei Abschluss eines Rechtsgeschäfts in Ausübung ihrer gewerblichen oder selbständigen beruflichen Tätigkeit handelt (§ 14 BGB). Bei der Online-Buchung einer **Urlaubsreise** bei einem Reiseanbieter oder OTA dürfte der Kunde stets Verbraucher und der Reiseanbieter oder das OTA stets Unternehmer sein. Anders ist dies bei der Buchung von Reiseleistungen anlässlich einer **Geschäftsreise**. Anzumerken ist bereits hier, dass diese Unterscheidung für die Anwendbarkeit des Pauschalreiserechts nicht relevant ist, da dieses im Ausgangspunkt auch auf Geschäftsreisende anwendbar ist. Das Pauschalreiserecht spricht daher auch von „Reisenden" und nicht von „Verbrauchern" (Erwägungsgrund 7 der neuen Pauschalreiserichtlinie (EU) 2015/2302; Staudinger 2019, § 5 Rn. 22; s. aber die Ausnahme nach § 651a Abs. 5 Nr. 3 BGB bei Rahmenverträgen).

Bei Online-Buchungen ist vor diesem Hintergrund auch an mögliche **Widerrufsrechte von Verbrauchern bei so genannten Fernabsatz-Verträgen** zu denken. Bei der Online-Buchung typischer Reiseleistungen greifen jedoch meist Ausnahmen: Auf Pauschalreiseverträge sind die Vorschriften über den Widerruf von Fernabsatz-Verträgen ausdrücklich nicht anwendbar, vgl. § 312 Abs. 7 BGB. Dasselbe gilt im Ergebnis für Personenbeförderungsverträge (vgl. § 312 Abs. 1 Nr. 5 BGB) sowie termingebundene Beherbergungsverträge, Verträge über KfZ-Vermietung und Verträge im Zusammenhang mit Freizeitbetätigungen (vgl. § 312g Abs. 2 Nr. 9 BGB). Widerrufsrechte bei außerhalb von Geschäftsräumen geschlossenen Verträgen dürften bei den hier betrachteten Online-Buchungen kaum eine Rolle spielen.

5.5.3 Internationaler Gerichtsstand und anwendbares Recht bei Verträgen über Reisevermittlung und Reiseleistungen

Sachverhalte im Zusammenhang mit Reisen haben naturgemäß häufig einen Auslandsbezug, weil Reiseleistungen oft im Ausland erbracht werden. Darüber hinaus bieten Reiseunternehmen und -mittler mit Hilfe der Möglichkeiten des Online-Vertriebs Reiseleistungen zunehmend in Märkten an, in denen sie nicht selbst ansässig sind. Dies wirft die Frage auf, welche Gerichte bei Rechtsstreitigkeiten zuständig sind und welches Recht auf den mit dem Kunden abgeschlossenen Vertrag Anwendung findet. Teilweise finden sich hierzu Regelungen in den Allgemeinen Geschäftsbedingungen der Reiseanbieter und Reisemittler, die jedoch nur zulässig sind, sofern dabei zwingendes Recht, insbesondere Verbraucherschutzrecht, gewährleistet bleibt. Inwieweit Gerichtsstands- und Rechtswahlvereinbarungen zulässig sind und was gilt, wenn eine solche Klausel unwirksam ist oder ganz fehlt, soll nachfolgend zusammengefasst werden. Zu den hier nicht behandelten speziellen kollisionsrechtlichen Fragestellungen bei Plattformverträgen vgl. Halfmeier 2018. Zu außervertraglichen Schuldverhältnissen vgl. Staudinger 2019, § 4 Rn. 7. Im Rahmen dieser Darstellung kann nur im Überblick auf die häufigsten Konstellationen eingegangen werden; für eine umfassende Darstellung der Thematik sei hier insbesondere verwiesen auf Staudinger 2019, § 4 und Tonner 2018b sowie die Kommentierungen der jeweiligen Vorschriften. Speziell für den elektronischen Geschäftsverkehr z. B. Härting 2017, Rn. 2757 ff.

Internationaler Gerichtsstand

In den hier hauptsächlich relevanten grenzüberschreitenden Sachverhalten, in denen der Kunde in der EU ansässig ist und als Verbraucher handelt, kommt in der Regel die **Brüssel-Ia-Verordnung** (VO (EU) 1215/2012, ABlEU L 351/1 v. 20.12.2012) zur Anwendung. Zur Abweichung des Verbraucher-Begriffs von dem des § 13 BGB vgl. Staudinger 2019, § 4 Rn. 13. Der **Verbraucher-Gerichtsstand** der Brüssel-Ia-VO gilt insbesondere für die im Zusammenhang mit Reisen abgeschlossenen Dienstleistungsverträge im Sinne dieser Verordnung, also den Pauschalreisevertrag, den Hotel-Beherbergungsvertrag und den zwischen dem Verbraucher und dem Reisemittler (z. B. OTA) geschlossenen Vertrag. Voraussetzung ist, dass der Reiseanbieter bzw. -vermittler im Staat des Verbrauchers tätig ist (also z. B. dort eine Niederlassung hat oder Dienstleistungen erbringt) oder seine **Tätigkeit auf diesen Markt ausrichtet** (Art. 17 Abs. 1 lit. c der Brüssel-Ia-VO). Beim Online-Vertrieb reicht es für das Ausrichten auf einen Markt allerdings noch nicht aus, wenn eine Webseite für den Kunden lediglich erreichbar ist. Erforderlich ist vielmehr, dass der Unternehmer Online-Buchungen willentlich in diesem Markt anbietet; Indizien dafür können die Nutzung der betreffenden Sprache, Preisangaben in der betreffenden Währung, Nutzung einer Top-Level-Domain dieses Staates u. ä. sein (EuGH, Urteil v. 07.12.2010, Rs. C-585/08, C-144/09 – Pammer, NJW 2011, 505; Tonner 2018b § 9 Rn. 9 ff.; Staudinger 2019, § 4 Rn. 16). Umgekehrt können entsprechende Disclaimer auf der Webseite ein Indiz dafür sein, dass der Unternehmer seine Online-Buchungen für Kunden in einem bestimmten Staat gerade nicht anbieten möchte (Staudinger 2019, § 4 Rn. 16). Für die Möglichkeit, auf technischem Wege durch Geoblocking zu verhindern, dass Kunden aus bestimmten Staaten auf die Inhalte einer Webseite überhaupt zugreifen können, verbleibt seit Erlass der sog. Geoblocking-Verordnung (VO (EU) 2018/302 v. 28.02.2018, ABlEU Nr. L 60 I/1 v. 02.03.2018) hingegen kaum noch eine Möglichkeit (zu den Einzelheiten: Staudinger 2019, § 4 Rn. 16).

Wenn hiernach eine Verbrauchersache vorliegt, bestimmt Art. 18 der Brüssel-Ia-VO, dass der Verbraucher nur in seinem eigenen Ansässigkeitsstaat verklagt werden kann und dass er Klagen gegen seinen Vertragspartner (also etwa den Reiseanbieter oder den OTA) an seinem eigenen Wohnsitz erheben kann oder im Staat der Niederlassung des Vertragspartners. Davon kann gemäß Art. 19 der Brüssel-Ia-VO in der Regel auch nicht in AGB abgewichen werden.

Etwas anderes gilt u. a. für Rechtsstreitigkeiten aus dem Vertrag zwischen einem Kunden und einer Fluggesellschaft, denn **Beförderungsverträge** (auch mit anderen Verkehrsträgern) sind vom Anwendungsbereich der Verbrauchersachen ausgenommen (Art. 17 Abs. 3 der Brüssel-Ia-VO). Bei Flügen sind die besonderen Zuständigkeitsregelungen des Montrealer Übereinkommens v. 28.05.1999 (BGBl. 2004 II S. 458) zu berücksichtigen (dazu z. B. Tonner 2018b, § 9 Rn. 14 ff.), ansonsten gelten die allgemeinen Zuständigkeitsregeln der Brüssel-Ia-VO, also insbesondere der Wahl-Gerichtsstand des Erfüllungsortes – beim Flug in der Regel Abflugs- oder Ankunftsort – sowie der allgemeine Beklagtengerichtsstand (Art. 7 Nr. 1 und Nr. 5 und Art. 4 der Brüssel-Ia-VO; dazu Tonner 2018b, § 9 Rn. 18 ff.; Führich § 43 Rn. 33). Gerichtsstandsvereinbarungen sind in diesen Fällen gemäß Art. 25 der Brüssel-Ia-Verordnung grundsätzlich zulässig, unterliegen allerdings der AGB-Kontrolle, müssen also insbesondere transparent und dürfen nicht missbräuchlich sein. Zu einer Gerichtsstandsvereinbarung der Fluggesellschaft Ryanair kürzlich EuGH, Urteil v. 18.11.2020, Rs. C-519/19, NZV 2021, 36 m. Anm. Staudinger.

Anwendbares Recht

Das anwendbare Recht bestimmt sich nach der Verordnung (EG) 593/2008 (v. 17.06.2008, ABlEU L 177/6 v. 04.07.2008, **Rom-I-Verordnung**). Soweit in den Nutzungsbedingungen z. B. in den AGB auf den Webseiten von Reiseanbietern oder -vermittlern eine **Rechtswahl** wirksam getroffen wurde, ist auf den Vertrag das gewählte Recht anwendbar (Art. 3 der Rom-I-VO sowie bei Verbrauchern Art. 6 Abs. 2 der Rom-I-VO, unter Beachtung des Günstigkeitsvergleichs). Die Rechtswahlklausel zugunsten irischen Rechts in den Beförderungsbedingungen einer irischen Fluggesellschaft hat das OLG Köln jüngst für unwirksam gehalten, weil sie nicht den Anforderungen an Treu und Glauben, Ausgewogenheit und Transparenz nach der Klausel-Richtlinie entsprach, unter anderem da für den Verbraucher nicht erkennbar war, dass die

Fluggastrechte-VO auch im Fall der Wahl irischen Rechts Anwendung findet (OLG Köln, Beschl. v. 29.01.2021 – Az. 9 U 184/20, NZV 2021, 196 m. Anm. Staudinger).

Ohne (wirksame) Rechtswahl gilt bei diesen Verträgen Folgendes: Wenn der Kunde beim Vertragsschluss als **Verbraucher** handelt, also etwa bei Buchung einer Urlaubsreise, gilt für den **Pauschalreisevertrag** und für den **Reisevermittlungsvertrag** das Recht des Staates, in dem der Kunde seinen gewöhnlichen Aufenthalt hat, sofern der Reiseanbieter bzw. -vermittler in diesem Staat tätig ist (also z. B. dort eine Niederlassung hat oder Dienstleistungen erbringt) oder seine **Tätigkeit auf diesen Markt ausrichtet** (Art. 6 der Rom-I-VO). Das Ausrichten ist hier so zu interpretieren wie in Art. 17 der Brüssel-Ia-VO (s. o.; Staudinger 2019, § 4 Rn. 16 und 24). Sofern der Kunde des Reiseveranstalters bzw. Reisemittlers kein Verbraucher ist und keine (wirksame) Rechtswahl erfolgt ist, bestimmt sich das anwendbare Recht nach Art. 4 der Rom-I-VO; bei Dienstleistungen ist demnach das Recht des Staates anwendbar, in dem der Anbieter seine Hauptniederlassung bzw. Hauptverwaltung hat. Bei Pauschalreisen greift darüber hinaus **Art. 46c EGBGB**, der bestimmt, dass die Vorgaben der Pauschalreiserichtlinie auch für Anbieter gelten, die nicht in einem Mitgliedstaat der EU bzw. des EWR niedergelassen sind.

Bei **Beförderungsverträgen** (z. B. Flugbuchungen) gilt die Vorschrift des Art. 6 Rom-I-VO über Verbraucherverträge nicht. Ist bei einem Beförderungsvertrag keine (wirksame) Rechtswahl erfolgt, ist das Recht des Staates anwendbar, in dem der Kunde seinen gewöhnlichen Aufenthalt hat, wenn in diesem Staat auch der Abgangs- oder Bestimmungsort ist. Wenn das nicht der Fall ist, gilt das Recht des Staates des Beförderers (Art. 5 Abs. 2 Rom-I-VO).

Bei **Hotelbuchungen** gilt die Vorschrift des Art. 6 Rom-I-VO über Verbraucherverträge dann nicht, wenn das Hotel in einem anderen Staat liegt als dem gewöhnlichen Aufenthaltsstaat des Kunden (also bei Auslandsreisen). Falls keine (wirksame) Rechtswahl erfolgt ist, gilt das Recht des Staates, in dem sich die Hauptniederlassung bzw. die Hauptverwaltung des Hotels befindet (Art. 4 Abs. 1 lit. b Rom-I-VO).

5.5.4 Pauschalreisen und verbundene Reiseleistungen

Wenn dem Kunden mehrere Reiseleistungen als Paket angeboten werden, sind die Regelungen über Pauschalreisen zu beachten. Sofern es sich um eine Pauschalreise im Rechtssinne handelt, sind Vertragspartner des Kunden dann nicht die Erbringer der einzelnen Reiseleistungen, also etwa das Hotel und die Fluggesellschaft, sondern es ist der Unternehmer, der die Reise als Gesamtpaket anbietet und dafür einstehen muss. Dieser wiederum schließt Verträge mit den Leistungserbringern, die sich verpflichten, die Reiseleistungen gegenüber dem Kunden zu erbringen. Erfüllt die Buchung die Voraussetzungen der seit Juli 2018 geltenden Regelungen über die Vermittlung verbundener Reiseleistungen, bleibt es zwar bei dem Vertragsverhältnis zwischen dem Kunden und dem jeweiligen Leistungserbringer, das Pauschalreiserecht gewährt dem Kunden aber einen gewissen Basis-schutz durch den Vermittler.

Digitale Geschäftsmodelle im Pauschalreiserecht: Rechtsentwicklung

Spezielle Regelungen für Pauschalreisen gibt es im deutschen Recht seit 1979; eine erste Regelung auf europäischer Ebene war die erste **Pauschalreiserichtlinie 90/314/ EG** vom 13.06.1990 (ABlEG Nr. L 158 v. 23.06.1990), die 1994 durch Anpassung insbe-sondere der §§ 651a ff. BGB in nationales Recht umgesetzt wurde. Diese Regelungen waren geprägt von der typischen, von einem Reiseveranstalter gebündelten und als festem Paket zu einem Gesamtpreis angebotenen Pauschalreise und der klassischen Rollenverteilung zwischen Reiseveranstalter, Reisemittler und Leistungsträger (vgl. aus-führlich zur Rechtsentwicklung Staudinger 2019, § 1).

In der Folge hat die immer stärkere Nachfrage nach individuell auf Kundenwunsch zusammengestellten Reisen, die durch digitale Geschäftsmodelle zunehmend besser bedient werden konnte, die europäische und die deutsche Rechtsprechung beschäftigt. So hat der Europäische Gerichtshof in seinem **Club-Tour-Urteil** (EuGH, Urteil vom 30.04.2002 – Rs. C-400/00 Club-Tour u. a., EuZW 2002, 402) festgehalten, dass ein Rei-sebüro, das auf Wunsch des Reisenden während des Beratungsgesprächs verschiedene Bausteine zu einer Reise kombiniert, für das Produkt als Reiseveranstalter haftet. Diese Buchungssituation erfüllte nach Auffassung des EuGH die für eine Pauschalreise erfor-derliche „im Voraus festgelegte Verbindung" von Reiseleistungen. Dieser Gedanke fin-det sich mittlerweile in der neuen Definition der Pauschalreise wieder (§ 651a Abs. 2 S. 2 Nr. 1 BGB). Auf die digitale Bündelung angewendet hat diesen Gedanken der BGH in seinem Urteil vom 09.12.2014 (Az. X ZR 85/12, NJW 2015, 1444), in dem das Gericht feststellte, dass auch eine im Wege des **Dynamic Packaging** auf Kundenwunsch zu-sammengestellte Reise unter den Begriff der Pauschalreise fällt.

Durch die Digitalisierung der Produktion und des Vertriebs von Reisen und die da-raus entstandenen neuen Geschäftsmodelle waren nach Auffassung des europäischen Gesetzgebers allerdings rechtliche „Grauzonen" und Schutzlücken entstanden, die durch die überarbeitete **Pauschalreiserichtlinie (EU) 2015/2302** vom 25.11.2015 (ABlEU Nr. L 326/1 v. 11.12.2015) behoben werden sollten (Erwägungsgrund 2 der Richtlinie (EU) 2015/2302). Die neue Pauschalreiserichtlinie wurde durch das **Dritte Ge-setz zur Änderung reiserechtlicher Vorschriften** vom 17.07.2017 (BGBl 2017 I, S. 2394) in deutsches Recht umgesetzt. Diese Neuregelung der §§ 651a ff. BGB und diverser weite-rer Vorschriften, insbesondere im EGBGB, gilt gemäß Art. 229 § 42 EGBGB für alle seit dem 01.07.2018 abgeschlossenen Verträge. Eine der wesentlichen Neuerungen mit zen-traler Bedeutung für digitale Geschäftsmodelle sind die Regelungen zu sogenannten Click-through-Buchungen, die in Abhängigkeit von der jeweiligen Buchungssituation abgestufte Schutzstandards für die Kunden einführen (Pauschalreise oder verbundene Reiseleistungen).

Pauschalreisen und verbundene Online-Buchungen

Die Pauschalreise ist in § 651a Abs. 2 BGB definiert als eine **Gesamtheit von mindestens zwei verschiedenen Arten von Reiseleistungen für den Zweck derselben Reise**, auch wenn sie auf Wunsch/Auswahl des Kunden zusammengestellt oder von diesem erst zu einem späteren Zeitpunkt aus einem Angebot ausgewählt werden (z. B. bei Geschenkboxen). Die vier möglichen **Arten von Reiseleistungen** sind gemäß § 651a Abs. 3 S. 1 BGB die Personenbeförderung (Nr. 1), die Beherbergung außer zu Wohnzwecken (Nr. 2), die Vermietung von bestimmten Kfz oder Krafträdern (Nr. 3) und touristische Leistungen (Nr. 4). Durch Kombination einer Reiseleistung nach Nr. 1–3 mit einer touristischen Leistung nach Nr. 4 entsteht eine Pauschalreise jedoch nur, wenn die touristische Leistung zusätzlich bestimmte Voraussetzungen erfüllt, s. 651a Abs. 4 BGB. Touristische Leistungen können etwa Eintrittskarten für Konzerte, Sportveranstaltungen, Ausflüge oder Themenparks, Führungen, Skipässe, Verleihen von Sportausrüstungen oder Wellnessbehandlungen sein (so der Erwägungsgrund 18 der Pauschalreiserichtlinie von 2015; zu den touristischen Leistungen eingehend Staudinger 2019, § 5 Rn. 6 ff.; Alexander 2021, § 651a BGB Rn. 466 ff.). **Nicht anwendbar** sind die Regelungen über Pauschalreisen in den in § 651a Abs. 5 BGB genannten Fällen: Gelegenheitsreisen, Tagesreisen und Geschäftsreisen, die auf Grundlage eines Rahmenvertrages gebucht werden. Alle anderen **Geschäftsreisen** fallen hingegen unter das Pauschalreiserecht; dessen Anwendungsbereich ist nicht auf Urlaubsreisen bzw. Verbraucher als Kunden beschränkt (s. o. 5.5.3).

Auch wenn der Kunde bei einem Reisemittler zwei verschiedene Arten von Reiseleistungen für den Zweck derselben Reise bucht, kann dies unter bestimmten Voraussetzungen trotz **Vermittlerklausel** als Pauschalreise und der Reisemittler als Reiseveranstalter angesehen werden, **§ 651b BGB**. Zu den hier relevanten Anwendungsfällen bei OTAs ausführlich unter 5.5.5.

Mit der Pauschalreiserichtlinie von 2015 wurden zudem die sogenannten **Click-through-Buchungen** gesetzlich normiert. Einen Unterfall bilden die in **§ 651c BGB** umschriebenen **verbundenen Online-Buchungsverfahren**. Demnach ist ein Unternehmer als Reiseveranstalter anzusehen, wenn er mit dem Kunden im Wege eines Online-Buchungsverfahrens einen Vertrag über eine Reiseleistung (z. B. einen Flug) geschlossen oder einen solchen vermittelt hat und dem Kunden dann eine andere Reiseleistung (z. B. Hotel oder Mietwagen) vermittelt, indem er dem Kunden den Zugriff auf das Online-Buchungsverfahren eines anderen Unternehmers ermöglicht, beispielsweise durch (konkrete) Verlinkung zur weiteren Reiseleistung oder durch Einbau in eine Buchungsstrecke (Erwägungsgrund 12 der Pauschalreiserichtlinie von 2015; Staudinger 2019, § 6 Rn. 2; Alexander 2021, § 651c Rn. 18). Die Rechtsfolge des § 651c BGB tritt allerdings nur dann ein, wenn der Unternehmer zusätzlich bestimmte Kundendaten (nämlich dessen Namen, E-Mailadresse und Zahlungsdaten) an den zweiten Unternehmer weitergibt und der Vertrag mit diesem über die zweite Reiseleistung innerhalb von 24 Stunden zustande kommt, nachdem der erste

Vertrag bestätigt wurde. Wenn der Buchungsvorgang alle genannten Voraussetzungen erfüllt, werden beide Reiseleistungen durch die gesetzliche Fiktion des § 651c BGB zu einer Pauschalreise zusammengefasst, für die der erste Unternehmer als Reiseveranstalter haftet und entsprechende Informationspflichten hat (Staudinger 2019, § 6 Rn. 3). Durch entsprechende Gestaltung des Buchungsverfahrens, z. B. Weitergabe der Telefonnummer statt der E-Mailadresse, lässt sich diese Rechtsfolge jedoch relativ leicht vermeiden, ohne dass dies ohne Weiteres als Missbrauch anzusehen wäre (Geib 2021, § 651c BGB, Rn. 2 und 5; Staudinger 2019, § 6 Rn. 2). Die Einschränkungen bezüglich touristischer Leistungen und die Ausnahmen bezüglich Gelegenheits-, Tages- und Geschäftsreisen (§ 651a Abs. 4 und Abs. 5 BGB) gelten in teilweise modifizierter Form auch bezüglich der verbundenen Online-Buchungen.

Kommen nach den oben geschilderten Grundsätzen die Vorschriften über Pauschalreisen zur Anwendung, gelten insbesondere spezielle Rücktrittsmöglichkeiten für den Kunden, den Reiseanbieter treffen umfangreiche Informations- und Beistandspflichten sowie eine Insolvenzsicherungspflicht und es gilt die spezielle Haftung für Reisemängel, einschließlich der Möglichkeit des Kunden, bei Reisemängeln Entschädigung für nutzlos aufgewendete Urlaubszeit zu verlangen. Relevant für die Ausgestaltung des digitalen Buchungsprozesses sind dabei insbesondere die **in Art. 250 EGBGB detailliert geregelten Informationspflichten** zu verschiedenen vorgegebenen Zeitpunkten, unter anderem die Zurverfügungstellung von **Formblättern**. Zu den Einzelheiten sei hier verwiesen auf die einschlägige Literatur (z. B. Staudinger 2019; Tonner/Bergmann/Blankenburg 2018; Führich 2017), sowie die Kommentierungen der betreffenden Vorschriften.

Verbundene Reiseleistungen bei der Online-Reisevermittlung

Im Bereich der Reisevermittlung wurde durch die Pauschalreiserichtlinie von 2015 die neue Kategorie der **verbundenen Reiseleistungen** geschaffen, die in **§ 651w BGB** umgesetzt wurde. Dadurch soll den Kunden unter bestimmten Voraussetzungen auch bei der verbundenen Buchung einzelner Reiseleitungen für den Zweck derselben Reise ein **Basisschutz** gewährt werden, indem zum einen die Kunden darüber aufgeklärt werden müssen, dass sie keine Pauschalreise buchen und zum anderen in bestimmten Fällen ein Insolvenzschutz besteht (so die Gesetzesbegründung zum neuen § 651w BGB in BT-Drs. 18/10822, S. 94). Zu den hier relevanten Anwendungsfällen bei Online-Buchungen ausführlich unter 5.5.5 und 5.5.6.

5.5.5 Online-Reisevermittler

Eine zentrale Rolle beim Online-Vertrieb von Reiseleistungen spielen neben den eigenen Buchungsseiten der Reiseanbieter (dazu unter 5.5.6) die Online-Reisevermittler.

Diese verpflichten sich gegenüber dem Kunden nicht, selbst Reiseleistungen zu erbringen, sondern vermitteln dem Kunden lediglich fremde Reiseleistungen. Neben klar qualifizierbaren Fällen, in denen das Reiseportal lediglich eine reine Vermittlerfunktion innehat, bieten zahlreiche Reiseportale dem Kunden auch die Möglichkeit, aus verschiedenen Reiseleistungen ihre Reisen selbst zusammenzustellen. Insbesondere bei so genannten Click-through-Buchungen kann dadurch – je nach Ausgestaltung im Einzelfall – das Reiseportal auch zum Reiseveranstalter oder zum Vermittler verbundener Reiseleistungen werden.

Rechtliche Beziehungen bei reiner Vermittlungstätigkeit

Allgemein sei zu den rechtlichen Beziehungen der Akteure untereinander Folgendes vorweggeschickt: Zwischen dem Kunden und dem Reisevermittler entsteht in der Regel eine vertragliche Beziehung (**Vermittlungsvertrag**), die überwiegend als Geschäftsbesorgungsvertrag mit werkvertraglichem Charakter qualifiziert wird (Schulz 2010, S. 178 ff; Stenzel/Tonner 2018, § 3 Rn. 69). Dies gilt gleichermaßen für Online-Reisevermittler; insbesondere bezüglich der Vermittlung von Pauschalreisen macht die Pauschalreiserichtlinie von 2015 jedenfalls keinen Unterschied zwischen stationären Reisebüros und Online-Reisevermittlern (Stenzel/Tonner 2018, § 3 Rn. 69; Staudinger 2019, § 26 Rn. 1).

Zwischen dem Reiseportal und dem Leistungserbringer oder Reiseanbieter besteht wie im stationären Vertrieb bei einem ständigen Vermittlungsauftrag ein **Agenturvertrag** (Handelsvertretervertrag gemäß § 84 HGB) (Stenzel/Tonner 2018, § 3 Rn. 73). Tritt das Reiseportal hingegen erst anlässlich der konkreten Buchung mit dem Reiseunternehmen in Verbindung, handelt es sich mangels ständiger Interessenvertretung nicht um einen Agenturvertrag, sondern das Reiseportal wird als **Handelsmakler** im Sinne des § 93 HGB tätig (Schulz 2010, S. 165 f.; Stenzel/Tonner 2018, § 3 Rn. 73).

Einzelheiten zur Reisevermittlung über Reisevermittlungsportale (OTA)

Eine genauere Betrachtung der Reiseportale (Online Travel Agents – OTA) zeigt, dass diese je nach Ausgestaltung über ihre Webseiten sowohl Einzelreiseleistungen (etwa Hotelübernachtungen, Flüge und Mietwagen) als auch klassische, im Voraus von einem Reiseveranstalter gebündelte Pauschalreisen vermitteln. Die Reiseleistungen werden dabei meist über Reservierungssysteme (insbesondere Global Distribution Systems – GDS) oder über Consolidator abgefragt. Daneben werden meist noch zusätzliche Informationen über das jeweilige Reiseziel und häufig auch Kundenbewertungen zur Verfügung gestellt (Goecke 2020b, S. 14). Der Kunde wählt auf der Webseite des OTA das für ihn passende Angebot aus, füllt die Buchungsmaske aus und erteilt über eine Schaltfläche des Reiseportals (Bestellbutton) den Buchungsauftrag. Spätestens darin ist das Angebot des Kunden auf **Abschluss des Vermittlungsvertrags** zu sehen, der dann durch die Annahme durch den OTA zustande kommt, so sehen dies jedenfalls häufig die AGB der OTA vor (so z. B. bei Expedia, https://www.expedia.de/lp/lg-general-booking-conditions#agbtravelscapeI, zuletzt abgerufen am 22.02.2021. Schulz 2010, S. 176 ff., sieht hingegen das Angebot des Kunden bereits in der Eingabe von dessen Wünschen in die Suchmaske).

Aus dem Vermittlungsvertrag schuldet das Reiseportal dem Kunden eine sorgfältige **Information und Beratung** bei der Auswahl und die **Herbeiführung des gewünschten Vertragsschlusses über die Reiseleistung** (Tonner 2020, § 651b BGB, Rn. 56 und 64). Klauseln in AGB der Reiseportale, die die Haftung gegenüber dem Kunden beschränken, unterliegen der gerichtlichen Kontrolle und werden – etwa auf Klagen von Verbraucherschutzverbänden hin – am Maßstab der §§ 307 ff. BGB überprüft. So wurde der **Ausschluss jeglicher Haftung** eines Reiseportals für die angezeigten Informationen der Reiseanbieter und für eine erfolgreiche Vermittlung von Reiseleistungen als unzulässig angesehen (OLG München, Urteil v. 12.04.2018, Az. 29 U 2138/17, RRa 2019, 130).

Im Anwendungsbereich des Pauschalreiserechts gelten darüber hinaus die **§§ 651v und 651x BGB**, die u. a. zusätzliche Regelungen zu Informationspflichten, zur Annahme von Kundengeldern, zur Entgegennahme von Erklärungen des Kunden und zur Haftung für Buchungsfehler enthalten (hierzu im Einzelnen u. a. Staudinger 2019, §§ 11 und 26; Tonner 2020, § 651v und § 651x BGB; Meier 2020, § 651v und § 651x BGB).

Der Buchungsauftrag des Kunden auf der Website des OTA beinhaltet in der Regel gleichzeitig das Angebot des Kunden an den Reiseanbieter (z. B. Hotel, Airline, Autovermietung oder Reiseveranstalter) auf **Abschluss des Vertrages über die Reiseleistung**. Das Reiseportal übermittelt, zumeist wohl als Bote, dieses Angebot an das Reiseunternehmen. Wenn das Reiseunternehmen das Angebot annimmt, kommt damit der Vertrag über die Reiseleistung zustande. Ähnlich wie im stationären Reisevertrieb erhält das Portal hierfür eine **Provision** vom Anbieter der Reiseleistung oder eine **Vergütung vom Kunden** durch einen Aufschlag auf den Nettopreis der Reiseleistung(en) oder eine Servicepauschale. Sofern nur eine einzelne Reiseleistung oder eine von einem externen Anbieter oder einem anderen Unternehmen derselben Gruppe (so z. B. Expedia-Travel bzgl. des Bereichs „Flug + Hotel-Reise") gebündelte Pauschalreise gebucht wird, hat das Portal eine reine Vermittlerrolle und unterliegt nicht den Regelungen für Reiseveranstalter.

Reiseportale als Reiseveranstalter

Sofern ein OTA verschiedene Arten von Reiseleistungen im Sinne des Pauschalreiserechts (§ 651a Abs. 3 BGB) vermittelt, also Personenbeförderung, Beherbergung, Mietwagen oder -Krafträder und touristische Leistungen, besteht je nach Ausgestaltung des Buchungsverfahrens die Möglichkeit, dass das Portal bzgl. bestimmter Buchungen als Reiseveranstalter anzusehen ist.

Sofern der Kunde auf dem Reiseportal verschiedene Reiseleistungen (z. B. Flug und Hotel) für dieselbe Reise kombiniert in einem **einheitlichen Buchungsvor-**

gang buchen kann, ist das Portal gemäß § 651b Abs. 1 S. 3 BGB bezüglich einer solchen Buchung nicht mehr lediglich Vermittler, sondern selbst Reiseveranstalter, und zwar auch dann, wenn beispielsweise in den AGB des Portals festgehalten ist, dass dieses nur Reiseleistungen vermittelt. Darunter kann etwa die Bündelung von Reiseleistungen durch den OTA im Wege des **Dynamic Packaging** fallen. Wird hingegen der Buchungsvorgang bezüglich einer Reiseleistung (z. B. Flug) durch Abgabe der Willenserklärung des Reisenden (z. B. Anklicken des Bestellbuttons) abgeschlossen, bevor der Buchungsvorgang bezüglich einer weiteren Reiseleistung (z. B. Hotel) beginnt, greift diese Regelung nicht (Geib 2021, § 651b BGB, Rn. 7). Gemäß § 651b Abs. 1 BGB wird das Portal auch dann zum Reiseveranstalter, wenn es eine Kombination verschiedener Arten von Reiseleistungen zu einem **Gesamtpreis** anbietet oder **als Pauschalreise (o. ä.) bewirbt**.

Ebenso sind die nun in **§ 651c BGB** umschriebenen **Click-through-Buchungen bei OTA** denkbar. Demnach ist ein OTA als Reiseveranstalter anzusehen, wenn es dem Kunden im Wege eines Online-Buchungsverfahrens eine Reiseleistung (z. B. einen Flug) vermittelt hat und dem Kunden dann eine andere Reiseleistung (z. B. Hotel oder Mietwagen) vermittelt, indem es dem Kunden den Zugriff auf das Online-Buchungsverfahren eines anderen Unternehmers ermöglicht (zu den Voraussetzungen im Einzelnen s. o. 5.5.4). Wenn die Voraussetzungen des § 651c BGB nicht erfüllt sind, kann der OTA jedoch Vermittler verbundener Reiseleistungen im Sinne des § 651w BGB sein (dazu sogleich).

Reiseportale als Vermittler verbundener Reiseleistungen

Wenn der OTA an einen Kunden für den Zweck derselben Reise zwar verschiedene Arten von Reiseleistungen im Sinne des § 651a Abs. 3 BGB vermittelt, aufgrund der Ausgestaltung des Buchungsvorgangs aber nicht als Reiseveranstalter anzusehen ist (dazu s. o.), kann das Portal unter Umständen Vermittler verbundener Reiseleistungen im Sinne des § 651w BGB sein. Diese Möglichkeit wird von OTAs teilweise ausdrücklich in den AGB berücksichtigt (so z. B. bei Expedia, https://www.expedia.de/lp/lg-general-booking-conditions, zuletzt abgerufen am 07.04.2022).

Zwei Konstellationen kommen beim Reiseportal in Betracht: zum einen die **Buchung zweier Reiseleistungen anlässlich desselben Besuchs des Reiseportals** (§ 651w Abs. 1 S. 1 Nr. 1 2. Alt. BGB), bei dem der Kunde die Leistungen getrennt auswählt und entweder auch getrennt bezahlt oder sich zumindest getrennt zur Zahlung verpflichtet. Bei einer gemeinsamen Verpflichtung bzgl. mehrerer zuvor ausgewählter Reiseleistungen oder bei einer Rechnung über einen Gesamtpreis für die Reiseleistungen würde hingegen nach § 651b Abs. 1 S. 2 BGB eine Pauschalreise vorliegen (s. o.). Es hängt mithin von der genauen Ausgestaltung des Buchungs- und Bezahlvorgangs ab, ob es sich für das OTA um mehrere vermittelte Einzelleistungen, um verbundene Reiseleistungen oder um eine Pauschalreise handelt.

Die zweite Konstellation verbundener Reiseleistungen liegt gemäß § 651w Abs. 1 S. 1 Nr. 2 BGB vor, wenn das Reiseportal dem Kunden für den Zweck derselben Reise einen Vertrag über eine Reiseleistung vermittelt hat und dann dem Kunden z. B. über einen Link zu einem weiteren Reiseunternehmen **„in gezielter Weise" einen Vertragsschluss über eine andere Reiseleistung vermittelt,** der dann innerhalb von 24 Stunden nach Bestätigung der ersten Buchung zustande kommt. Diese Vorschrift enthält den **zweiten Unterfall der Click-through-Buchungen** und erfasst Buchungssituationen, die – etwa mangels Weitergabe von Kundendaten durch den OTA – nicht die Voraussetzungen der Click-through-Buchungen nach § 651c BGB erfüllen (Staudinger 2019, § 6 Rn. 2; Stenzel/Tonner 2018, § 3 Rn. 133 f.). Nach § 651w Abs. 1 S. 2 BGB reicht es für die gezielte Vermittlung allerdings nicht aus, wenn lediglich ein Kontakt zwischen dem Kunden und dem Anbieter der zweiten Reiseleistung hergestellt wird. Erforderlich ist vielmehr eine anlassbezogene Vermittlung, die auf den Kunden und seinen Reiseort und -zeitraum zugeschnitten ist (Staudinger/Ruks 2018, S. 13). Allgemeine Werbung oder eine Verlinkung nur auf die Hauptseite eines anderen Anbieters wird hingegen nicht als „gezielt" angesehen; gezielt ist die Vermittlung jedoch, wenn eine konkrete buchbare Gelegenheit isoliert zur Auswahl gestellt wird (Meier 2020, § 651w BGB Rn. 13). Ein Indiz für eine zielgerichtete Vermittlung kann es auch sein, wenn das Reiseportal für die Vermittlung von dem Anbieter der zweiten Reiseleistung eine abschlussabhängige Vergütung erhält (Weber 2020, § 651w BGB Rn. 19).

Wenn keiner der Ausnahmetatbestände aus § 651a Abs. 4 und Abs. 5 BGB greift und die Voraussetzungen für die Vermittlung verbundener Reiseleistungen erfüllt sind, muss das Reiseportal den Kunden entsprechend über seine Rechte und Pflichten informieren, indem es ihm das zutreffende **Formblatt** zur Verfügung stellt, bevor dieser die zweite Reiseleistung bucht (§ 651w Abs. 2 BGB, Art. 251 EGBGB; zu den Einzelheiten: Staudinger 2019, § 27 Rn. 8 ff.). Die **Insolvenzsicherung** gemäß § 651w Abs. 3 BGB ist nicht erforderlich, sofern der OTA nur Reiseleistungen vermittelt und nicht selbst Reiseleistungen erbringt und auch keine Zahlungen des Kunden für Reiseleistungen entgegennimmt. Wenn das Portal jedoch Kundenzahlungen auf vermittelte Reiseleistungen entgegennimmt, ist diesbezüglich eine Insolvenzsicherung erforderlich. Sofern das Portal seinen Verpflichtungen zur Information und/oder zur Insolvenzsicherung nicht ordnungsgemäß nachkommt, haftet das Portal als Quasi-Veranstalter (zu den Einzelheiten: Staudinger 2019, § 27 Rn. 16).

Reisesuchmaschinen

Fraglich ist, inwieweit das zu den OTAs Gesagte auch für Reisesuchmaschinen **(Travel Search Engine – TSE, auch Metasearcher)** gilt. OTAs und Metasearcher werden auf unterschiedlichen Marktstufen tätig. Während OTAs – vergleichbar den stationären Reisebüros – dem Kunden z. B. verschiedene Unterkünfte oder Flüge für ein bestimmtes Reiseziel zu einer bestimmten Reisezeit anzeigen, vergleichen die Metasearcher verschiedene Angebote von Reiseanbietern und OTAs bezüglich etwa einer bestimmten Flugverbindung (sog. „**horizontaler Vergleich**", s. Bundeskartellamt 2019, S. 30). In seine Sektoruntersuchung zu Vergleichsportalen hat das Bundeskartellamt zwar OTAs und Metasearcher gleichermaßen einbezogen (zur Kritik hieran vgl. Bundeskartellamt 2019, S. 31), dies bedeutet jedoch nicht, dass diese auch vertriebs- und reiserechtlich gleich zu behandeln wären. In ihrer ursprünglichen Funktionsweise durchsuchen die spezialisierten Reisesuchmaschinen auf Grundlage der Kundenwünsche oft mittels Webscraping automatisiert die Webseiten zahlreicher Anbieter (insbes. von Hotels, Fluggesellschaften und OTAs, teilweise auch von Reiseveranstaltern) und zeigen dem Kunden somit meist allgemein verfügbare Informationen der Anbieter an (Goecke 2020b, S. 21). Anders als typischerweise bei OTAs besteht zu den Anbietern der Reiseleistungen vorher nicht zwingend eine geschäftliche Beziehung, worauf die Suchmaschinenbetreiber in ihren AGB auch teilweise hinweisen (vgl. z. B. die AGB der KAYAK Europe GmbH, https://www.kayak.de/terms-of-use, zuletzt abgerufen am 19.02.2021). Eine ständige Interessenvertretung bestimmter Reiseanbieter ist bei typischen Suchmaschinenbetreibern gerade nicht gegeben.

Mehr und mehr entwickeln sich jedoch auch **den klassischen OTAs nähere Geschäftsmodelle bzw. Mischformen**, bei denen teilweise „kostenlose" Links in den Suchergebnissen angezeigt werden, teilweise aber auch solche Links, bei deren Anzeige die Suchmaschine eine Vergütung pro Klick und/oder pro abgeschlossenem Vertrag über eine Reiseleistung von den Anbietern bekommen (Goecke 2020b, S. 21 f.). Anders als bei der Buchung über ein Reiseportal wird dem Kunden auf der Suchmaschinen-Webseite häufig nicht ein Buchungs-Button zur Verfügung gestellt, sondern Deeplinks zu den angefragten Reiseleistungen auf den Webseiten der jeweiligen Anbieter der Reiseleistung oder Reiseportale (Goecke 2020b, S. 21). Auch schließen Suchmaschinenbetreiber teilweise ausdrücklich die Entgegennahme von Zahlungen für Reiseleistungen aus (vgl. z. B. die AGB der KAYAK Europe GmbH, https://www.kayak.de/terms-of-use, zuletzt abgerufen am 19.02.2021). Manche Suchmaschinenbetreiber differenzieren auch zwischen verschiedenen Buchungsmöglichkeiten, bei denen teilweise ein Vermittlungsvertrag zwischen dem Kunden und dem Suchmaschinenbetreiber ausdrücklich angenommen wird (vgl. z. B. die AGB der Trivago N. V., https://www.trivago.de/agb, zuletzt abgerufen am 24.02.2021).

Die Frage, inwiefern ein Suchmaschinenbetreiber den oben dargestellten zivil- und insbesondere reiserechtlichen Regelungen etwa bzgl. Haftung und Informationspflichten unterliegt, lässt sich aufgrund der sehr unterschiedlichen Ausgestaltung solcher Suchmaschinen und deren Nutzungsbedingungen letztlich nur im Einzelfall beantworten.

Ausgewählte lauterkeitsrechtliche Aspekte beim Vertrieb von Reiseleistungen über Vermittlungsplattformen: Preisdarstellung, Bestpreis-Klauseln, P2B-Verordnung

Zu einer umfassenden Darstellung von wettbewerbsrechtlichen Aspekten beim Angebot von Reiseleistungen vgl. z. B. Führich 2019, § 29 sowie Hofacker 2018. Kurz herausgegriffen seien hier nur einige ausgewählte Aspekte, die den Vertrieb über Vermittlungsportale betreffen.

Beim Vertrieb von Flügen sind bei der Gestaltung des Angebots und ggf. der Buchung auf der Website neben den allgemeinen **Vorgaben zur Preisdarstellung** nach der Preisangabenverordnung zusätzlich die luftverkehrsrechtlichen Besonderheiten zu beachten, die sich insbesondere aus Art. 23 Abs. 1 der VO (EG) 1008/2008 ergeben (dazu näher unter 5.5.6) und die auch beim Vertrieb von Flügen über Vermittlungsportale anwendbar sind (EuGH, Urteil v. 19.07.2012, Rs. C-112/11 – ebookers, NJW 2012, 2867).

Weiterhin relevant ist die Frage der Zulässigkeit von sogenannten **Bestpreisklauseln**. In AGB zwischen Leistungserbringern und Vermittlungsplattformen werden teilweise Verpflichtungen der Leistungserbringer vorgesehen, ihre Leistung auf der eigenen Webseite (sog. enge Bestpreisklausel) und teilweise auch auf anderen Vermittlungsplattformen (sog. weite Bestpreisklausel) nicht zu niedrigeren Preisen oder zu besseren Bedingungen anzubieten. Solche Bestpreisklauseln finden sich besonders häufig in den zwischen Hotelportalen und Hotels geltenden AGB. Während weite Bestpreisklauseln als kartellrechtswidrig angesehen werden, war dies bei engen Bestpreisklauseln zuletzt noch umstritten (Heidenreich 2020, S. 464) und hat die Gerichte immer wieder beschäftigt, jüngst im Fall von booking.com. Hier hat der BGH nun auch eine enge Bestpreisklausel als kartellrechtswidrig angesehen (BGH Beschluss v. 18.05.2021 – KVR 54/20, NJW-RR 2021, 1404). Weitergehend zur Problematik etwa auch Kühling/Ceni-Hulek/Engelbracht 2021.

Für das Verhältnis zwischen Plattformbetreibern und ihren gewerblichen Nutzern wurden mit der seit dem 12.07.2020 geltenden sogenannten **Plattform-to-Business-Verordnung** (P2B-VO, VO (EU) 2019/1150, ABlEU L 186/57 v. 11.07.2019) auf europäischer Ebene zusätzliche Regelungen geschaffen. Die Verordnung erfasst unter anderem Buchungsportale wie Booking, HRS und Expedia und Preisvergleichsportale wie Check24, Skyscanner und TripAdvisor (Busch 2019, S. 788). Sie gilt auch für nicht in der EU ansässige Plattformbetreiber, sofern diese ihre Tätigkeit auf in der EU ansässige gewerbliche Kunden (also z. B. Reiseanbieter) richten, die ihrerseits ihre Tätigkeit auf Verbraucher in der EU ausrichten (Art. 1 Abs. 2 der P2B-VO). Für das Kriterium des Ausrichtens ist dabei die Rechtsprechung zu Art. 6 der Rom-I-VO und Art. 17 der Brüssel-Ia-VO maßgeblich (so Erwägungsgrund 9 der P2B-VO; dazu 5.5.3). Die P2B-VO enthält u. a. Regelungen über die Ausgestaltung und Änderung der zwischen Plattformbetreiber und gewerblichem Kunden geltenden AGB, Anforderungen an die Transparenz bezüglich der Kriterien des Rankings und Transparenzanforderungen bezüglich einer etwaigen „Doppelrolle" des Plattformbetreibers, sofern dieser (bzw. ein verbundenes Unternehmen) auch eigene Produkte anbietet. Für die Reisebranche besonders relevant dürfte auch die Regelung des Art. 6 sein, der den Plattformbetreiber zur Transparenz darüber verpflichtet, ob über die Plattform auch Nebenprodukte angeboten werden, also etwa (Reise)versicherungen oder Flughafentransfers (Busch 2019, S. 794). Auch zu den oben angesprochenen Bestpreisklauseln sieht die P2B-VO eine Regelung vor, beschränkt sich allerdings auf ein Transparenzerfordernis (kritisch dazu Busch 2019, S. 795). Gemäß Art. 10 der P2B-VO muss demnach der Plattformbetreiber gegenüber seinen gewerblichen Nutzern offenlegen, warum Bestpreisklauseln vereinbart werden. Gemäß Art. 9 der P2B-VO müssen die Plattformbetreiber zudem in ihren AGB gegenüber ihren gewerblichen Nutzern offenlegen und begründen, zu welchen der im Rahmen der Nutzung der Plattform generierten Daten der gewerbliche Nutzer Zugang erhält und zu welchen nicht. Ergänzt werden diese Regelungen durch die Verpflichtung für Plattformbetreiber, ein internes Beschwerdemanagementsystem einzurichten und Mediatoren zur außergerichtlichen Beilegung von Konflikten mit ihren gewerblichen Nutzern zu benennen. Zu weiteren Einzelheiten der P2B-VO sei hier verwiesen u. a. auf Busch 2019, Tribess 2020, Naumann/Rodenhausen 2020.

5.5.6 Direktvertrieb von Einzelreiseleistungen

Parallel zum Vertrieb über Reisemittler bieten Leistungserbringer ihre Leistungen (z. B. Flug oder Hotelunterbringung) meist auch direkt über ihre eigenen Webseiten an. Spezifische rechtliche Fragestellungen des Online-Direktvertriebs von Flügen und Unterkünften werden nachfolgend dargestellt. Zu einer umfassenden Darstellung von wettbewerbsrechtlichen Aspekten beim Angebot von Reiseleistungen vgl. Führich 2019, § 29.

Flug

Der Personenbeförderungsvertrag wird – unabhängig vom Beförderungsmittel – als **Werkvertrag** gemäß §§ 631 ff. BGB eingestuft (für den Flug: BGH, Urteil v. 20.03.2018, Az. X ZR 25/17, NJW 2018, 2039; Führich 2019, § 34 Rn. 14). Im Bereich der Personenbeförderung sind neben nationalem Werkvertragsrecht und nationalen beförderungsrechtlichen Vorschriften auch die unmittelbar geltenden **europäischen Regelungen** und **internationalen Abkommen** anwendbar, im Bereich der Flugbeförderung unter anderem die VO (EG) 261/2004 (ABlEU L 46/1 vom 17.02.2004, Fluggastrechte-VO), die VO (EG) 1008/2008 (ABlEU L 293/3 vom 31.10.2008) sowie das Montrealer Übereinkommen. Zu allgemeinen Fragen des Personenbeförderungsrechts sei verwiesen auf die einschlägige Literatur, z. B. Führich 2018, §§ 34–46; Stenzel 2020, § 18b). Nachfolgend wird hier wegen der vergleichsweise großen Relevanz die Betrachtung auf die Flugbeförderung beschränkt.

Beim Vertrieb von Flügen sind neben den allgemeinen Vorgaben zur Preisdarstellung nach der Preisangabenverordnung zusätzlich die luftverkehrsrechtlichen Besonderheiten zu beachten, die sich insbesondere aus Art. 23 Abs. 1 der **VO (EG) 1008/2008** ergeben. Nach dieser Vorschrift ist der vom Kunden zu zahlende **Endpreis** einschließlich unvermeidbarer und vorhersehbarer Steuern, Gebühren, Zuschläge und Entgelte „stets", d. h. ab dem Zeitpunkt, zu dem der Flug zum ersten Mal auf der Webseite erscheint, anzugeben (EuGH, Urteil v. 15.01.2015, Rs. C-573/13 – Air Berlin I, NJW

2012, 2867). Darunter fallen auch unvermeidbare Check-in-Gebühren (wenn kein kostenloser Check-in angeboten wird), die Mehrwertsteuer auf Inlandsflüge sowie Gebühren für die Zahlung mit bestimmten Kreditkarten (EuGH, Urteil v. 23.04.2020, Rs. C-28/19 – Ryanair, RRa 2020, 181). Fakultative Zusatzkosten müssen zu Beginn des Buchungsvorgangs (d. h. nach Auffassung der Rechtsprechung: bei Beginn der Eingabe der Kundendaten) mitgeteilt werden und dürfen nur auf **Opt-in**-Basis einbezogen werden. Zu den weiteren Einzelheiten sei auf die einschlägige Literatur verwiesen (u. a. Tonner 2018a, § 8 Rn. 11 ff.; Führich 2018, § 29 Rn. 81 ff.).

Sofern die Fluggesellschaft im Zusammenhang mit der Flugbuchung auf der Website dem Kunden auch noch andere Arten Reiseleistungen anbietet, etwa indem gezielt verlinkt wird zu Angeboten von Hotels oder Mietwagenanbietern am Zielort zur betreffenden Reisezeit, kann die Fluggesellschaft hierdurch zum **Vermittler verbundener Reiseleistungen** werden und damit den unter 5.5.5 geschilderten Pflichten unterliegen. § 651w BGB setzt nicht voraus, dass ein klassischer Vermittler tätig wird, sondern spricht von „Unternehmer", sodass auch Leistungsträger zu Vermittlern verbundener Reiseleistungen werden können (Tonner 2020, § 651w BGB Rn. 11) und damit dann den entsprechenden Informationspflichten sowie ggf. der Insolvenzsicherungspflicht unterliegen. Auch dass Fluggesellschaften durch Zusammenfassung des Fluges mit einer weiteren Reiseleistung selbst zu Reiseveranstaltern werden, erscheint denkbar. Bei der Fluggesellschaft gebuchte **Rail & Fly-Angebote** stellen allein allerdings noch **keine Pauschalreisen** dar, denn hier handelt es sich nicht um zwei verschiedene Arten von Reiseleistungen im Sinne des § 651a Abs. 2 BGB, sondern um zwei Personenbeförderungsleistungen.

Unterkunft (Hotel, Ferienhaus bzw. -wohnung)

Der Beherbergungsvertrag zwischen einem Kunden und einem Hotel ist gerichtet auf die Zurverfügungstellung einer Unterkunft für eine bestimmte Zeit und – insbesondere beim Hotel – auf weitere damit verbundene Serviceleistungen. Der Hotelbeherbergungsvertrag ist als solcher nicht im BGB geregelt; es handelt sich um einen typengemischten Vertrag mit Elementen verschiedener Vertragstypen und **Schwerpunkt im Mietrecht** (§§ 535 ff. BGB) (Führich 2019, § 47 Rn. 3; Staudinger/Achilles-Pujol 2021, § 7 Rn. 132). Mietrecht ist ebenfalls anwendbar auf das Vertragsverhältnis zwischen einem Kunden und dem Vermieter eines Ferienhauses oder einer Ferienwohnung. Zu allgemeinen Fragen des Beherbergungsrechts sei hier verwiesen auf die einschlägige Literatur, z. B. Führich 2018, §§ 47–48; Stenzel 2020, § 18c.

Können Unterkünfte direkt auf der Webseite des Hotels bzw. Vermieters gebucht werden, gelten für das Zustandekommen des Vertrags die Ausführungen unter 5.5.2. Sofern das Hotel bzw. der Vermieter dem Kunden im Rahmen eines **Arrangements** zusätzlich noch weitere touristische Leistungen anbietet, z. B. (Tickets für) Sport- oder Freizeitbeschäftigungen oder Wellnessbehandlungen, kann dadurch ein **Pauschalreisevertrag** zwischen dem Hotel und dem Kunden zustande kommen. Voraussetzung ist, dass diese Zusatzleistungen einen gewissen Anteil am Gesamtwert haben oder ein wesentliches Merkmal der Zusammenstellung darstellen oder als solches beworben werden und dass der Kunde diese Leistungen nicht erst vor Ort bucht (§ 651a Abs. 4 BGB). Das Hotel unterliegt in diesen Fällen der Veranstalterhaftung, der Insolvenzsicherungspflicht etc. (dazu s. o. 5.5.4). Wenn das Hotel oder der Vermieter nach Abschluss des Beherbergungsvertrags dem Kunden über seine Website z. B. durch **Verlinkung im Wege einer Click-through-Buchung** anschließend in gezielter Weise noch eine Reiseleistung eines anderen Anbieters vermittelt, kann das Hotel oder der Vermieter dadurch gemäß § 651w Abs. 1 Nr. 2 BGB zum Vermittler verbundener Reiseleistungen werden und unterliegt dann den entsprechenden Informations- und Insolvenzsicherungspflichten (dazu s. o. 5.5.5).

5.5.7 Digitalisierung bei Vertragsdurchführung und Rechtsdurchsetzung: Smart Contracts, Legal Tech und Claims Management

Die Digitalisierung beeinflusst nicht nur die Produktion und den Vertrieb von Reiseleistungen, sondern zunehmend auch die Durchführung von Verträgen und die Rechtsdurchsetzung. Der touristische Bereich ist dabei ein wichtiger Anwendungsfall.

Unter der Bezeichnung „**Smart Contract**" werden aus juristischer Sicht softwarebasierte Computerprotokolle verstanden, die nach festgelegten Regeln bei Erfüllung bestimmter Bedingungen rechtlich relevante Folgen veranlassen, z. B. Zahlungen (Berberich 2020, § 27 Rn. 7; zu den verschiedenen Definitionsansätzen Braegelmann/Kaulartz 2019, Rn. 9 ff.). Im Bereich von Reiseleistungen ist es beispielsweise denkbar, dass eine Hotelzimmerkarte den Zugang automatisch sperrt, wenn der gebuchte Zeitraum abgelaufen ist (Legner 2021, S. 10). Gleichermaßen ist denkbar, dass eine Karte, ein Smartphone oder Ähnliches den Zugang automatisch entsperrt, sobald eine (An)zahlung geleistet ist. Zunehmend (aber nicht zwingend) basieren Smart Contracts auf der Blockchain-Technologie (Berberich 2020, Rn. 7; zu datenschutzrechtlichen Fragestellungen im Zusammenhang mit der Blockchain-Technologie vgl. Berberich 2020, § 27 Rn. 28 ff.). Der Begriff „Contract" wird dabei oft als irreführend bezeichnet, da es sich dabei nicht um einen Vertrag im Rechtssinne handelt, sondern ein nach den allgemeinen zivilrechtlichen Regeln bereits wirksam geschlossener Vertrag häufig vorausgesetzt wird, den der Smart Contract dann ausführen soll (Berberich 2020, § 27 Rn. 67; Legner 2021, S. 11 f). Dort wo Verträge auch durch schlüssiges Handeln (konkludent) geschlossen werden können, kann der konkludente Vertragsschluss mit der Durchführung des Smart Contracts zusammenfallen bzw. durch sie bewirkt werden (Berberich 2020, § 27 Rn. 69). Eingehend zu den Herausforderungen für Smart-Contract-Anwendungen bei Verbraucherverträgen vgl. Legner 2021.

Im Bereich der Flug- und Fahrgastrechte wird die vollständig **automatisierte Durchsetzung pauschaler Entschädigungszahlungen** nach der Fluggastrechteverordnung bzw. den Fahrgastrechteverordnungen bereits diskutiert. Wie dies rechtspolitisch zu beurteilen ist, kann an dieser Stelle nicht erörtert werden (dazu Steinrötter 2020, S. 261 ff.; Tavakoli 2020, S. 48). Da Smart Contracts jedenfalls immer noch dort an Grenzen stoßen, wo die zu erfüllenden Bedingungen mit auslegungsbedürftigen Begriffen zusammenhängen (etwa dem Entlastungstatbestand „außergewöhnliche Umstände" im Sinne von Art. 5 Abs. 3 der Fluggastrechte-Verordnung), erscheint eine vollständig automatisierte Durchsetzung derzeit noch schwer umsetzbar (so auch Steinrötter 2020, S 261; optimistischer sieht dies Tavakoli 2020, S. 48). Allerdings existierte zeitweise ein Versicherungsprodukt, bei dem zur Erfüllung reiseversicherungsrechtlicher Ansprüche (Auszahlung an den Kunden) im Zusammenhang mit Flugverspätungen ein Smart Contract auf Basis der Ethereum Blockchain genutzt wurde (https://www.computerwoche.de/a/axa-startet-erste-blockchain-versiche rung,3563749). Da die Zahlung unabhängig davon geleistet wurde, ob außergewöhnliche Umstände im Sinne der Fluggastrechteverordnung der Grund für die Verspätung waren, war eine vollautomatisierte Auszahlung an den Kunden möglich. Das Produkt wurde jedoch wieder von Markt genommen (hierzu Steinrötter 2020, S. 262).

Ebenfalls im Bereich von Fluggastforderungen werden zahlreiche Legal-Tech-Anbieter tätig, die Kundenforderungen gegenüber den Fluggesellschaften durchsetzen (**Fluggastportale**). Deren Geschäftsmodelle unterscheiden sich zwar im Einzelnen (dazu Steinrötter 2020, S. 262; Tavakoli 2020, S. 46), sie haben jedoch gemeinsam, dass sie auf einer weitgehend automatisierten Anspruchsprüfung basieren. Dabei werden die Erfolgsaussichten bezüglich der Durchsetzung eines Fluggastanspruchs mit Hilfe von Algorithmen und unter Zugriff u. a. auf Flugdatenbanken geprüft und je nach Ergebnis dieser Prüfung wird dem Kunden ein Angebot gemacht oder nicht. Ähnliche Legal-Tech-Anwendungen nutzen im Rahmen des **Claims Management** auf der anderen Seite auch die Fluggesellschaften, um zu prüfen, ob von Kunden geltend gemachte Ansprüche bestehen (Steinrötter 2020, S. 263; Tavakoli 2020, S. 48). Anders als beim Smart Contract werden die Legal-Tech-Anwendungen lediglich unterstützend eingesetzt. Auch die **Schlichtungsstelle** für den öffentlichen Personenverkehr nutzt unterstützend Legal-Tech-Anwendungen (Steinrötter 2020, S. 263). Teilweise wird bei den Passagierrechten sogar ein Potenzial für die **Automatisierung von Gerichtsverfahren** gesehen, etwa im Bereich von Flugpreiserstattungen (Quarch/Hähnle 2020, S. 1284 f.)

5.5.8 Umgang mit Kundendaten

Spätestens mit Beginn der Geltung der Datenschutz-Grundverordnung am 25.05.2018 (VO (EU) 2016/679 v. 27.04.2016, ABlEU L 119/1 v. 04.05.2016) sind datenschutzrechtliche Fragestellungen in den Fokus der Unternehmen gerückt. Gerade im Bereich von Reiseleistungen, wo es häufig Auslandsberührungen gibt und oft mehrere Unternehmen an Produktion und Vertrieb der Reiseleistung beteiligt sind, ergeben sich teilweise komplexe datenschutzrechtliche Fragestellungen, von denen im Rahmen dieser Darstellung nur einige im Überblick betrachtet werden können. Für eine umfassende Darstellung sei daher auf die einschlägige Literatur verwiesen, z. B. Härting 2017, S. 1 ff; Schmidt 2020; Haas 2020; Conrad 2019; Werry/Werry 2020; sowie die Kommentierungen der DSGVO. Eingehend zum Datenschutz im touristischen Bereich: Steinrötter 2017. Zu den aktuellen Entwicklungen vgl. u. a. Gola/Klug 2022.

Anwendungsbereich der DSGVO

Voraussetzung für die Anwendbarkeit der DSGVO ist in sachlicher Hinsicht die Verarbeitung personenbezogener Daten (Art. 2 DSGVO). Der Begriff der **Verarbeitung** ist dabei denkbar weit gefasst und umfasst in Bezug etwa auf einen Buchungsvorgang unter anderem das Erheben von personenbezogenen Kundeninformationen z. B. in Buchungsmasken, das Speichern und Verwenden dieser Daten etwa für Zwecke der Buchung, das Verknüpfen der Daten und die Übermittlung an Dritte (etwa Vertragspartner), um nur einige Beispiele zu nennen (diese und weitere Formen der Verarbeitung führt Art. 4 Nr. 2 DSGVO auf). Zentrale Voraussetzung ist dabei der **Personenbezug der Daten**, der gemäß Art. 4 Nr. 1 DSGVO vorliegt, wenn sich die Daten auf eine identifizierte oder identifizierbare natürliche Person beziehen. Bei der Buchung einer Reiseleistung dürfte dies im Ausgangspunkt immer der Fall sein, zumal für die Buchung jedenfalls der Name, meist auch E-Mailadresse, Anschrift und Geburtsdatum sowie weitere Informationen abgefragt werden, die unmittelbar mit einer konkreten Person verknüpft sind.

Adressat der DSGVO ist zum einen der so genannte **Verantwortliche**, also die Person, die über Zwecke und Mittel der Datenverarbeitung entscheidet (Art. 4 Nr. 7 DSGVO) und daneben u. a. die Person, die im Auftrag eines Verantwortlichen Daten verarbeitet (der so genannte **Auftragsverarbeiter**, Art. 4 Nr. 8 DSGVO).

In räumlicher Hinsicht gibt es mehrere Anknüpfungspunkte für die Anwendbarkeit: Zum einen findet die DSGVO Anwendung, wenn der Verantwortliche oder Auftragsverarbeiter eine **Niederlassung in der EU** hat (Art. 3 Abs. 1 DSGVO). Erwägungsgrund 22 der DSGVO setzt für eine Niederlassung eine feste Einrichtung voraus, unter der ein Zusammenwirken von persönlichen und sachlichen Mitteln mit einer gewissen Beständigkeit verstanden wird. Ein Rechenzentrum kann diese Voraussetzungen erfüllen, während dies mangels menschlicher Aktivitäten überwiegend abgelehnt wird, wenn lediglich ein Server in der EU existiert oder eine Webseite von der EU aus aufgerufen werden kann (Klar 2020, Art. 3 DSGVO Rn. 44 und 46; Haas 2020, § 5.5 Rn. 21 ff.). Umgekehrt ist es dem Wortlaut der Vorschrift nach nicht erforderlich, dass die Datenverarbeitung in der EU stattfindet, sodass im Fall einer EU-Niederlassung des Verantwortlichen die DSGVO auch dann greift, wenn die Daten außerhalb der EU verarbeitet werden. Zweitens ist nach dem in Art. 3 Abs. 2 DSGVO verankerten sogenannten **Marktortprinzip** der räumliche Anwendungsbereich der DSGVO auch dann eröffnet, wenn ein nicht in der EU ansässiger Verantwortlicher oder Auftragsverarbeiter personenbezogene Daten verarbeitet, um Personen in der EU Waren oder

Dienstleistungen anzubieten oder deren Verhalten zu beobachten (etwa durch Tracking, Profiling o. ä., vgl. dazu Erwägungsgrund 24 der DSGVO).

Rechtmäßigkeit der Datenverarbeitung

Damit eine Datenverarbeitung rechtmäßig ist, muss entweder eine Einwilligung der betroffenen Person oder ein sonstiger **Rechtfertigungsgrund** vorliegen (Art. 6 und Erwägungsgrund 40 der DSGVO), sog. Verbotsprinzip (dazu Schmidt 2020, § 2.1 Rn. 27; Schulz 2018, Art. 6 Rn. 2; zur Kritik Conrad/Treeger 2019, § 34 Rn. 125 ff., sowie Conrad 2019, § 34 Rn. 716). Bei der Datenverarbeitung im Zusammenhang mit der Buchung und der Erbringung von Reiseleistungen dürften neben der Einwilligung des Betroffenen (Art. 6 Abs. 1 S. 1 lit. a DSGVO) insbesondere die Erlaubnistatbestände lit. b (Erforderlichkeit zur Erfüllung eines Vertrages), lit. c (Erfüllung einer rechtlichen Verpflichtung des Verantwortlichen, etwa bzgl. Fluggastdaten oder bei Meldepflichten der Hotels) und lit. f (überwiegende Interessen des Verantwortlichen oder eines Dritten) relevant sein.

Bezüglich der **Einwilligung** lässt sich aus der Zusammenschau von Art. 4 Nr. 11 und Erwägungsgrund 32 der DSGVO Folgendes festhalten: Die Einwilligung muss freiwillig, für den konkreten Fall, in informierter Weise und unmissverständlich abgegeben werden. Dies kann etwa durch Anklicken eines Kästchens durch den Kunden geschehen, nicht aber durch ein bereits vorher angekreuztes Kästchen. Erforderlich ist also ein Opt-in. Die Einwilligung muss sich dabei auf alle beabsichtigten Datenverarbeitungszwecke beziehen. Die Nachweispflicht dafür, dass die Einwilligung erteilt wurde, trifft gemäß Art. 7 Abs. 1 DSGVO den Verantwortlichen, sodass eine erteilte Einwilligung immer ausreichend dokumentiert sein sollte. In Online-Buchungsverfahren dürfte dies gut durchführbar sein. Art. 7 Abs. 4 DSGVO betrifft das so genannte Koppelungsverbot. Demnach kann es der Freiwilligkeit der Einwilligung entgegenstehen, wenn damit die Verarbeitung (auch) von Daten erreicht werden soll, die für die Durchführung des Vertrages eigentlich nicht erforderlich wären. Aus Unternehmenssicht liegt eine entscheidende Schwäche der Einwilligung darin, dass sie vom Betroffenen jederzeit für die Zukunft widerrufen werden kann (Art. 7 Abs. 3 DSGVO). Sofern die Datenverarbeitung zusätzlich auf andere Rechtfertigungsgründe als auf eine Einwilligung gestützt werden kann, ist dies daher von Vorteil (zu Bedenken der parallelen Anwendung: Lutz 2020, § 2.4, Rn. 58). Umgekehrt kann es durchaus sinnvoll sein, (zusätzlich) eine Einwilligung einzuholen, wenn etwa Unsicherheit darüber besteht, ob einer der anderen Rechtfertigungsgründe greift. Hierzu und zu weiteren Einzelheiten der Einwilligung vgl. z. B. Klement 2019, Art. 7 DSGVO.

Unter den Rechtfertigungsgrund der **Erforderlichkeit der Datenverarbeitung für die Vertragserfüllung** (Art. 6 Abs. 1 S. 1 lit. b DSGVO) fällt auch die Weiterleitung an Dritte: Erforderlich ist demnach etwa die Weiterleitung der für die Flugbuchung oder Hotelreservierung benötigten Kundendaten durch den OTA an die Airline oder das Hotel (Steinrötter 2017, S. 270; Taeger 2019, Art. 6 DSGVO Rn. 58; Conrad 2019, § 34 Rn. 722). Nach Art. 49 Abs. 1 lit. b DSGVO gilt dies sogar für die

Übermittlung in ein Drittland, selbst wenn es weder einen Angemessenheitsbeschluss nach Art. 45 Abs. 3 DSGVO noch eine sonstige Garantie nach Art. 46 DSGVO gibt (Taeger 2019, Art. 6 DSGVO Rn. 58; Werry/Werry 2020, § 2.2 Rn. 147; Schulz 2018, Art. 6 DSGVO Rn. 40). Daneben deckt Art. 6 Abs. 1 S. 1 lit. b auch die Datenerhebung für die Durchführung vorvertraglicher Maßnahmen auf Anfrage des Betroffenen ab. Darunter kann etwa eine Bonitätsprüfung fallen oder die Erstellung eines individualisierten Angebots (Albers/Veit 2021, Art. 6 DSGVO Rn. 33).

Sehr strenge Anforderungen gelten gemäß Art. 9 DSGVO für die Verarbeitung der dort aufgeführten **besonders sensiblen Daten**, u. a. Gesundheitsdaten. Dies ist aktuell deshalb relevant, weil zur Bekämpfung der COVID-19 Pandemie teilweise Gesundheitsdaten etwa von Fluggästen verarbeitet werden bzw. dies erwogen wird (etwa Fiebermessen, Corona-Test). Art. 9 Abs. 2 lit. i DSGVO eröffnet hier eine Ausnahme (neben der nach lit. a ebenfalls möglichen Einwilligung), wenn es um den Schutz vor schwerwiegenden grenzüberschreitenden Gesundheitsgefahren geht. Erforderlich ist jedoch eine konkrete unions- oder mitgliedstaatliche Regelung als Grundlage (dazu: Schaefer 2020). Eine solche mitgliedstaatliche Regelung könnte wohl auf Grundlage der mittlerweile in § 36 Abs. 10 Nr. 2 lit. d IfSG vorgesehenen Verordnungsermächtigung geschaffen werden, wonach Beförderer verpflichtet werden können, die zur Früherkennung u. a. von Kranken und Ansteckungsverdächtigen notwendigen personenbezogenen Daten zu erheben und an die für den Aufenthaltsort der betroffenen Person zuständige Behörde zu übermitteln.

Zu den datenschutzrechtlichen **Besonderheiten bei Fluggastdaten** vgl. u. a. Conrad 2019, § 34 Rn. 849 ff. Zur Vorlage des VG Wiesbaden v. 13.05.2020 an der EuGH bezüglich der Vereinbarkeit der PNR-Richtlinie mit der EU-Grundrechte-Charta und den Informationspflichten aus Art. 13 und 14 DSGVO vgl. ZD 2020, 540 (m. Anm. Petri).

Rechte der betroffenen Person; Pflichten des Verantwortlichen

Die von der Datenverarbeitung betroffene Person hat die **Rechte aus Art. 12 ff DSGVO**, insbesondere auf Transparenz und Information, auf Berichtigung und Löschung von Daten, das Widerspruchsrecht bzgl. der Einwilligung sowie spezielle Rechte bei automatisierten Entscheidungen bzw. Profiling.

Den Verantwortlichen treffen darüber hinaus weitere Verpflichtungen aus den Art. 24 ff. DSGVO zu **technischen und organisatorischen Datenschutzmaßnahmen** (dazu im Einzelnen z. B. Krupna 2020, § 2.1 Rn. 41 ff.). Hervorzuheben ist hier die Verpflichtung, personenbezogene Daten ggf. zu verschlüsseln und schnellstmöglich zu pseudonymisieren, sowie die Verpflichtung zu datenschutzfreundlichen Voreinstellungen. Auch die Auswahl von etwaigen Auftragsverarbeitern muss so erfolgen, dass die Anforderungen an technische und organisatorische Datenschutzmaßnahmen erfüllt werden (Art. 28 DSGVO). Bei Verletzung des Schutzes personenbezogener Daten muss der Verantwortliche dies den Aufsichtsbehörden melden und ggf. auch die betroffenen Personen benachrichtigen (sog. Data breach notification, Art. 33 und 34 DSGVO).

Übermitteln von Daten; gemeinsame Kunden-Datenbanken; Cloud-Computing

Im Zusammenhang mit der Buchung und Erbringung von Reiseleistungen ist es häufig erforderlich, personenbezogene Kundendaten an Dritte im Sinne des Art. 4 Nr. 10 DSGVO weiterzuleiten. Abzugrenzen ist dies zunächst von der Weiterleitung innerhalb derselben verantwortlichen Stelle, etwa im selben Unternehmen von einer Abteilung an eine andere. Diese stellt keine Weiterleitung an einen Dritten dar und bedarf daher auch keiner eigenständigen Erlaubnis, sofern sie von der Zweckbindung und Erforderlichkeit umfasst ist (Schild 2021, Art. 4 DSGVO Rn. 49). Dritte sind hingegen verbundene, aber rechtlich selbständige Unternehmen, etwa innerhalb eines Konzerns (Conrad 2019, § 34 Rn. 721; Schild 2021, Art. 4 Rn. 116). Die Weiterleitung von Daten an ein anderes Konzernunternehmen ist daher eine (weitere) Datenverarbeitung, die einer eigenen Erlaubnis bedarf. Diese kann etwa darin liegen, dass das Vertragsverhältnis mit dem Kunden im Sinne des Erlaubnistatbestandes Art. 6 Abs. 1 lit. b DSGVO von vornherein die Erbringung von Leistungen durch mehrere Unternehmen beinhaltet, was insbesondere bei den Vermittlungsverhältnissen bei der Reisebuchung (z. B. OTA, Hotel, Fluggesellschaft) häufig der Fall ist (Conrad 2019, § 34 Rn. 722). Eine Möglichkeit zur gemeinsamen Nutzung von Kundendatenbanken in einer Unternehmensgruppe eröffnet wohl Erwägungsgrund 48 der DSGVO, wonach in einer Unternehmensgruppe ein berechtigtes Interesse (Art. 6 Abs. 1 S. 1 lit. f DSGVO) an einer gemeinsamen Nutzung von Kundendaten für interne Verwaltungszwecke bestehen kann (Conrad 2019, § 34 Rn. 722).

Im Zusammenhang mit der Weiterleitung von Daten spielt auch die **Auftragsverarbeitung** eine wichtige Rolle. Auftragsverarbeiter ist gemäß Art. 4 Nr. 8 DSGVO eine natürliche oder juristische Person, Behörde, Einrichtung oder andere Stelle, die personenbezogene Daten im Auftrag des Verantwortlichen verarbeitet. Der Datentransfer an einen Auftragsverarbeiter ist gegenüber dem Datentransfer an einen Dritten nach der DSGVO privilegiert und stellt für sich gesehen keine Übermittlung im Rechtssinne und somit keinen Datenverarbeitungstatbestand dar (Werry/Werry 2020, § 2.2 Rn. 7; Schild 2021, Art. 4 DSGVO Rn. 49). Der Verantwortliche ist dabei nach Art. 28 DSGVO verpflichtet, den Auftragsverarbeiter so auszuwählen, dass die technisch-organisatorischen datenschutzrechtlichen Vorgaben auch im Rahmen der Auftragsverarbeitung eingehalten werden. Zur Ausgestaltung des Vertrags mit dem Auftragsverarbeiter vgl. Schmidt 2020, § 2.1 Rn. 66 f. Auch innerhalb eines Konzerns kann die Auftragsverarbeitung Grundlage einer Datenweitergabe zwischen verschiedenen Konzernunternehmen sein (Conrad 2019, § 34 Rn. 722).

Auch das **Cloud-Computing** kann eine (ggf. mehrstufige) Auftragsverarbeitung durch den Cloud-Dienstleister darstellen (Schild 2021, Art. 4 Rn. 99a) oder – je nach Ausgestaltung des Cloud-Modells – seltener auch eine Datenübermittlung an Dritte

(Haas 2020, § 5.5 Rn. 27 f.). Aufgrund der verschiedenen Ausgestaltungsmöglichkeiten empfiehlt es sich, in Verträgen zum Cloud-Computing festzuhalten, wer Verantwortlicher und wer Auftragsverarbeiter in Bezug auf welche Daten ist (Haas 2020, § 5.5 Rn. 30). Daraus, dass meist weder der Cloud-Kunde noch der Cloud-Anwender die ausschließliche Kontrolle über die Daten haben, ergeben sich besondere Herausforderungen im Hinblick auf die Datenverfügbarkeit sowie die Gewährleistung der Vertraulichkeit und der Transparenz (Haas 2020, § 5.5 Rn. 17 ff.). Eingehend zu Funktionsweise und datenschutzrechtlichen Aspekten des Cloud-Computing: Haas 2020, § 5.5 Rn. 7 ff. Zu den besonderen Herausforderungen der Gestaltung des Auftragsverarbeitungsvertrages mit Cloud-Dienstleistern vgl. Schmidt 2020, § 2.1 Rn. 69 sowie Haas 2020, § 5.5 Rn. 31 ff.

Für die **Übermittlung personenbezogener Daten in so genannte Drittländer**, d. h. Staaten, die weder der EU noch dem EWR angehören (Pauly 2021, Art. 44 DSGVO Rn. 6 ff.; auch zur Frage, ob bzw. ab wann Großbritannien zu den Drittländern gehört), stellt die DSGVO in Art. 44 ff. hohe Anforderungen auf, um für EU-Bürger ein angemessenes Datenschutzniveau zu gewährleisten. Zusammengefasst gilt hier Folgendes (vgl. Werry/Werry 2020, § 2.2 Rn. 10 ff.): Liegt bezüglich des Drittstaates ein sogenannter Angemessenheitsbeschluss der EU-Kommission vor (Art. 45 DSGVO), ist die Datenübermittlung zulässig; so etwa jetzt der Angemessenheitsbeschluss vom 28.06.2021 in Bezug auf Großbritannien (C(2021) 4800 final). Andernfalls ist die Datenübermittlung zulässig, wenn eine geeignete Garantie nach Art. 46 oder Art. 47 DSGVO gegeben ist. Wenn auch dies nicht der Fall ist, ist eine Datenübertragung nur zulässig, sofern einer der in Art. 49 DSGVO genannten Ausnahmetatbestände greift (dazu s. o. im Fall der Reisebuchung). Im Verhältnis zu den USA hat der EuGH im Jahr 2020 das zuletzt bestehende sogenannte Privacy Shield, das nach Art. 45 DSGVO Datenübertragungen in die USA ermöglichte, für ungültig erklärt (EuGH, Urteil v. 16.07.2020, Rs. C-311/18 – Schrems II, NJW 2020, 2613). Ob auf der nächsten Stufe die von der Kommission beschlossenen Standarddatenschutzklauseln im Sinne des Art. 46 Abs. 2 die Datenübertragung in die USA ermöglichen, ist nach dem o. g. EuGH-Urteil davon abhängig, ob der Verantwortliche sicherstellen kann, dass dadurch im konkreten Fall ein ausreichendes Schutzniveau gewährleistet ist. Dies kann der Verantwortliche ggf. durch zusätzliche Garantien erreichen (dazu eingehend Pauly 2021, Art. 46 DSGVO Rn. 12a ff.). Zu den Einzelheiten des internationalen Datentransfers vgl. z. B. Werry/Werry 2020, § 2.2 Rn. 11 ff.

5.5.9 Analyse von Kunden- und Nutzerdaten; Online-Marketing

Analyse von Kunden- und Nutzerdaten

Unternehmen sind zunehmend bestrebt, Kunden- und Nutzerdaten bestmöglich auszuwerten und daraus Kundenwünsche und Hinweise auf zukünftiges Kundenverhalten abzuleiten, um auf Grundlage dieser Erkenntnisse unter anderem Produkte weiterzuentwickeln, Preise zu bestimmen und Kunden gezielt ansprechen zu können. Da solche Datenanalysen a priori eine Datenverarbeitung im Sinne der DSGVO darstellen, sind dabei die datenschutzrechtlichen Vorgaben zu beachten. Soweit sinnvoll und möglich sollten **personenbezogene Daten anonymisiert** werden, um dies zu verhinden. Eine aus dem Anwendungsbereich der DSGVO herausführende Anonymisierung der Daten liegt nur dann vor, wenn die betroffene Person nicht oder nicht mehr identifiziert werden kann (Erwägungsgrund 26 der DSGVO) und ist technisch teilweise nur schwer zu bewerkstelligen. Zudem kann sie naturgemäß den Zwecken der Datenanalyse zuwiderlaufen. Zu den Herausforderungen bezüglich der Anonymisierung von Daten vgl. Winter/Battis/Halvani 2019.

Soweit bei der Analyse nicht mit anonymen Daten gearbeitet werden kann, ist eine wesentliche datenschutzrechtliche Herausforderung die der **Zweckbindung**. Dabei handelt es sich um einen der in Art. 5 DSGVO normierten zentralen Grundsätze des Datenschutzes. Daten dürfen demnach nicht in einer Weise weiterverarbeitet werden, die mit den festgelegten, eindeutigen und legitimen Zwecken, zu denen sie erhoben wurden, nicht zu vereinbaren ist. Wurden also etwa Kundendaten zum Zweck der Buchung von Reiseleistungen erhoben, dürfen diese Daten später nicht für Datenanalysen verwendet werden, es sei denn, es ist auch für diesen Zweck ein Erlaubnistatbestand erfüllt. Gerade im Bereich von Big-Data-Auswertungen kann dies problematisch sein, denn der Analyse-Zweck steht im Zeitpunkt der Erhebung der Daten meist noch gar nicht fest (Krügel/Pfeiffenbring 2020, § 11 Rn. 24). Für die Frage, ob der spätere Zweck mit dem ursprünglichen Zweck vereinbar ist, gibt Art. 6 Abs. 4 DSGVO beispielhaft einige Kriterien vor. Ein Ansatzpunkt bei Datenanalysen können etwa die geeigneten Garantien in lit. e bieten, sofern die **Daten vor der Weiterverarbeitung verschlüsselt oder pseudonymisiert** werden (Schulz 2018, Art. 6 DSGVO Rn. 255). Problematisch kann es auch sein, eine spätere Datenanalyse auf eine vor der Datenerhebung erteilte Einwilligung zu stützen, insbesondere wenn in der Einwilligung mehrere Zwecke zusammengefasst werden. Selbst wenn die Einwilligung den Zweck der späteren Datenanalyse ausdrücklich nennt, ist darauf zu achten, dass die Freiwilligkeit der Einwilligung gewahrt sein muss. An der Freiwilligkeit kann es gemäß Art. 7 Abs. 4 DSGVO insbesondere fehlen, wenn der Kunde faktisch keine andere Wahl hat, als der Datenverarbeitung zuzustimmen, um in den Genuss der vertraglichen Leistung zu kommen (Koppelungsverbot). Umstritten ist, ob hier eine einschränkende Auslegung dahingehend erforderlich ist, dass das Koppelungsverbot nur greifen soll, wenn die betroffene Person auf die Leistung angewiesen ist und der Anbieter eine (faktische) Monopolstellung innehat (so etwa Schulz 2018, Art. 7 DSGVO Rn. 27). Die Gegenansicht (z. B. Stemmler 2021, Art. 7 DSGVO Rn. 43 ff.) wendet überzeugend ein, dass es für eine derartige Einschränkung im Wortlaut der Vorschrift keine Anhaltspunkte gibt.

Online-Marketing

Mit den datenschutzrechtlichen Aspekten des Online-Marketings beschäftigt sich eingehend Lutz 2020. Nachfolgend werden einige besonders relevante Aspekte herausgegriffen.

Die vorstehenden datenschutzrechtlichen Erwägungen zur Zweckbindung und zur Freiwilligkeit einer etwaigen Einwilligung gelten weitgehend auch im Bereich des Online-Marketings (eingehend dazu Lutz 2020, § 2.4). Zu ergänzen ist noch, dass darüber hinaus dem Erlaubnistatbestand der Wahrung berechtigter Interessen des Verarbeiters (Art. 6 Abs. 1 S. 1 lit. f DSGVO) im Rahmen des Marketings eine gewisse Bedeutung zukommt. Erwägungsgrund 47 der DSGVO geht nämlich davon aus, dass das Direktmarketing als berechtigtes Interesse im Sinne dieser Vorschrift gelten kann. Die im Rahmen dieser Vorschrift anzustellende Interessenabwägung muss dabei auf Seiten des Betroffenen (meist also des Kunden) u. a. berücksichtigen, welche Datenverarbeitungsprozesse im Rahmen der Geschäftsbeziehung erwartbar sind, womit der Kunde also rechnet. Daneben ist auch der Grad der Beeinträchtigung des Kunden durch die Datenverarbeitung von Bedeutung (Lutz 2020, § 2.4 Rn. 41 ff.).

Für das **Tracking mittels Cookies** stellte sich seit der Geltung der DSGVO die Frage, nach welchen Vorschriften die Zulässigkeit zu beurteilen ist. Da die Verabschiedung der e-Privacy-VO, die die betreffenden Fragen regeln soll, bis heute nicht erfolgt ist, bestand Unsicherheit darüber, ob sich die Zulässigkeit von nicht technisch notwendigen Cookies wie bisher nach § 15 Abs. 3 TMG richtet oder nunmehr nach der DSGVO. Der praktische Unterschied besteht vor allem darin, dass bislang nach § 15 Abs. 3 TMG eine Opt-out-Möglichkeit für den Kunden ausreichend war, während nach der DSGVO eine ausdrückliche Einwilligung notwendig ist. Umstritten war dabei aber auch, ob § 15 Abs. 3 TMG überhaupt die e-Privacy-Richtlinie (Vorgänger-Regelung zur geplanten e-Privacy-VO) korrekt umsetzt. Der BGH hat am 28.05.2020 (Az. I ZR 7/16, MMR 2020, 609 m. Anm. Gierschmann) entschieden, dass § 15 Abs. 3 TMG zwar vorrangig anwendbar, aber richtlinienkonform auszulegen sei. Aus der richtlinienkonformen Auslegung des § 15 Abs. 3 TMG ergibt sich, dass bei nicht technisch notwendigen Cookies eine aktive Einwilligung (Opt-in) erforderlich ist. Dass nach der e-Privacy-Richtlinie ein Opt-out bei Cookies keine wirksame Einwilligung darstellt, hatte bereits zuvor der EuGH entschieden (EuGH, Urteil v. 01.10.2019, Az. C-673/17 – Planet49, MMR 2019, 732 m. Anm. Moos/Rothkegel). Die BGH-Entscheidung aus 2020 berührt noch weitere Fragestellungen, etwa, ob First-Party-Cookies auch auf die Rechtsgrundlage des berechtigten Interesses gestützt werden können, wie die Einwilligung genau ausgestaltet sein muss, welche Anforderungen an die vor der Einwilligung zu erteilende Information zu stellen sind und unter welchen Voraussetzungen es (noch) zulässig ist, mit sogenannten Sponsorenlisten zu arbeiten. Hierzu sei auf die Anmerkung von Gierschmann zum BGH-Urteil verwiesen (aaO), sowie auf Piltz/Kühner 2021. Das Gesetz zur Regelung des Datenschutzes und des Schutzes der Privatsphäre in der Telekommunikation und bei Telemedien (TTDSG, vom 23.06.2021, BGBl I 2021 v. 28.06.2021, S. 1962) sieht in seinem § 25 eine Regelung vor, die für die Information und die Einwilligung des Nutzers bezüglich der Speicherung von oder des Zugriffs auf Informationen in der Endeinrichtung des Nutzers auf die DSGVO verweist. Diese Regelung bezieht sich u. a. auf die nicht unbedingt erforderlichen Cookies. Nach der Gesetzesbegründung im Regierungsentwurf (BT-Drs. 19/27441, S. 38) soll damit eine mit der e-Privacy-Richtlinie und der EuGH- Rechtsprechung in der Rs. Planet49 konforme Regelung geschaffen werden. Die Vorschrift ist technologieneutral ausgestaltet und hat einen sehr weiten Anwendungsbereich. Zum Referentenentwurf noch: Schwartmann/Benedikt/ Reif 2021. Inwieweit Cookies im Online-Marketing künftig überhaupt noch eine Rolle spielen werden und ob § 25 TTDSG und sonstige datenschutzrechtliche Regelungen auch etwaige stattdessen entwickelte „Ersatztechnologien" erfassen, bleibt abzuwarten.

Nicht ausdrücklich im TTDSG adressiert ist die Frage der Zulässigkeit von Cookies zur Webseiten-Optimierung bzw. Reichweitenmessung (**Analytics-Werkzeuge**). Dazu Schwartmann/Benedikt/Reif 2021, S. 100 sowie Lutz 2020, § 2.4 Rn. 78 ff. Zu den wettbewerbsrechtlichen Aspekten des Online-Marketings vgl. u. a. Härting 2017, Rn. 2089 ff.

5.5.10 Ausblick

Der digitale Tourismus betrifft mit dem Pauschalreiserecht, dem Recht des Online-Vertriebs und der Internetplattformen sowie des Datenschutzes Rechtsbereiche, in denen sowohl Gesetzgebung als auch Rechtsprechung und Literatur derzeit stark im Fluss sind. In die dadurch entstehende Unübersichtlichkeit ein wenig Licht zu bringen und die betroffenen Rechtsbereiche zueinander in Beziehung zu setzen, ist ein Anliegen dieses Beitrags. Es bleibt allerdings festzuhalten, dass Aussagen über den Rechtsstand teilweise nur eine zeitlich begrenzte Gültigkeit haben dürften und die weitere Entwicklung im Blick behalten werden muss.

So ist zu erwarten, dass die europäischen und die nationalen Gerichte im Bereich des neuen Pauschalreiserechts noch zahlreiche Zweifelsfragen klären werden; die Rechtsprechung steht diesbezüglich erst am Anfang. Die hier besonders relevanten und zudem neuen Regelungsbereiche der Click-through-Buchungen dürften dabei eine wichtige Rolle spielen. Zudem wurde in Folge der Insolvenz des Thomas-Cook-Konzerns jüngst die Insolvenzsicherung im Pauschalreiserecht neu geregelt und ein Systemwechsel hin zu einer Absicherung über einen Reisesicherungsfonds vollzogen (zur Neuregelung und den Ausnahmen u. a. Tonner 2021). Ein erster Bericht der Kommission über die Anwendung der neuen Pauschalreiserichtlinie wurde kürzlich veröffentlicht (Bericht COM(2021) 90 final vom 26.02.2021, abrufbar unter https://eur-lex.europa.eu/legal-content/DE/TXT/PDF/?uri=COM%3A2021%3A90% 3AFIN&from=EN).

Auch im Bereich des Datenschutzes ist neben der Rechtsprechungsentwicklung die Gesetzgebungstätigkeit sowohl auf europäischer (insbesondere: e-Privacy-Verordnung) als auch auf nationaler Ebene zu beobachten. Auch das am 28.05.2022 in

Kraft tretende Gesetz zur Stärkung des Verbraucherschutzes im Wettbewerbs- und Gewerberecht (BGBl. I 2021 v. 17.08.2021, S. 3504) enthält für den Online-Vertrieb relevante Regelungen, etwa bezüglich der Transparenz bei Rankings und Nutzerbewertungen (künftig § 5b UWG).

Mit dem geplanten Digital Services Act der EU sollen zudem weitere Regelungen für Online-Plattformen, etwa Haftungsregelungen und Transparenzpflichten, geschaffen werden (Vorschlag der Kommission vom 15.12.2020, COM (2020) 825 final, abrufbar unter https://eur-lex.europa.eu/legal-content/DE/TXT/PDF/?uri=CE LEX:52020PC0825&from=en).

Diese und weitere rechtliche Entwicklungen werden auch in Zukunft einen starken Einfluss auf die Anpassung bestehender und die Entwicklung neuer Geschäftsmodelle im digitalen Tourismus haben.

Quellen

Albers M., Veit R.-D., in: Brink S., Wolff H. A. (Hrsg.), BeckOK Datenschutz, 37. Aufl., München 2021.

Alexander C., Kommentierung zu §§ 651a, 651c, 651d, 651x und 651y BGB, in: Gsell B., Krüger W., Lorenz S., Reymann C. (Hrsg.), beck-online.Grosskommentar zum Zivilrecht, München 2021.

Auer-Reinsdorff, A. (Hrsg.), IT-Recht und Datenschutz im Hotel, Berlin 2021.

Bauer C., § 7 Der Rechtsrahmen für Vermittler nach neuem Pauschalreiserecht, in: Rott P., Tonner K., Online-Plattformen in der Rechtspraxis – Sharing Economy, Online-Vertrieb, Geschäftsmodelle, Baden-Baden 2018.

Berberich M., § 27 Blockchain, Distributed Ledger und Smart Contracts, in: Ebers M., Heinze C., Krügel T., Steinrötter B. (Hrsg.), Künstliche Intelligenz und Robotik – Rechtshandbuch, 1. Aufl., München 2020.

Braegelmann T., Kaulartz M., Kapitel 1 Einleitung, in: Braegelmann T., Kaulartz M. (Hrsg.) Rechtshandbuch Smart Contracts, München 2019.

Buchmüller C., Burke J., Zahlungsmittelentgelte im E-Commerce – Neuerungen durch die Umsetzung der Zweiten Zahlungsdiensterichtlinie ab Januar 2018, MMR Zeitschrift für IT-Recht und Recht der Digitalisierung, 11/2017, S. 728–730.

Bundeskartellamt, Bericht gemäß § 32e GWB zur Sektoruntersuchung Vergleichsportale, Bonn 2019, www.bundeskartellamt.de/SharedDocs/Publikation/DE/Sektoruntersuchungen/ Sektoruntersuchung_Vergleichsportale_Bericht.html.

Busch C., Mehr Fairness und Transparenz in der Plattformökonomie? – Die neue P2B-Verordnung im Überblick, Gewerblicher Rechtsschutz und Urheberrecht, 8/2019, S. 788–796.

Conrad I., in: Auer-Reinsdorff A., Conrad I. (Hrsg.), Handbuch IT- und Datenschutzrecht, 3. Aufl., München 2019.

Conrad I., Treeger C., in: Auer-Reinsdorff A., Conrad I. (Hrsg.), Handbuch IT- und Datenschutzrecht, 3. Aufl., München 2019.

Führich E., Das neue Pauschalreiserecht, Neue Juristische Wochenschrift, Heft 41/2017, S. 2945–2950.

Führich E., in: Führich, E., Staudinger A. (Hrsg.), Reiserecht, 8. Aufl., München 2019.

Gaff L., § 2.3 Datenschutz bei Virtual Reality und Augmented Reality, in: Specht-Riemenschneider L., Werry N., Werry S., Datenrecht in der Digitalisierung, Berlin 2020.

Geib S., Kommentierung zu §§ 651a–651c BGB in: Hau W., Poseck R., Beck'scher Online-Kommentar zum BGB, 59. Aufl., München 2021.

Goecke R., The Evolution of Online Booking Systems, in: Xiang Z. et al, Handbook of e-Tourism, Cham 2020 (2020a).

Goecke R., Advanced Web Technologies and E-Tourism Web Applications, in: Xiang Z. et al, Handbook of e-Tourism, Cham 2020 (2020b).

Gola P., Klug C., Die Entwicklung des Datenschutzrechts, Neue Juristische Wochenschrift, Heft 10/2022, S. 662-666.

Haas B., § 5.5 Daten-Outsourcing, in: Specht-Riemenschneider L., Werry N., Werry S., Datenrecht in der Digitalisierung, Berlin 2020.

Halfmeier A., § 9 Zum Kollisionsrecht der Plattformverträge am Beispiel Zimmervermittlung, in: Rott, P., Tonner, K., Online-Plattformen in der Rechtspraxis – Sharing Economy, Online-Vertrieb, Geschäftsmodelle, Baden-Baden 2018.

Harman D., Neue Instrumente des Zahlungsverkehrs: PayPal & Co., Zeitschrift für Bank- und Kapitalarktrecht, 11/2018, S. 457–465.

Härting N., Internetrecht, 6. Aufl., Köln 2017.

Heidenreich J., Entscheidungsbesprechung zu BGH, Beschluss v. 14.7.2020 – Az. KVZ 56/19, in: Gewerblicher Rechtsschutz und Urheberrecht, Praxis im Immaterialgüter- und Wettbewerbsrecht, 19/2020, S. 464.

Hofacker S., § 8 Lauterkeitsrecht in der Touristik, in: Tonner K. / Bergmann S. / Blankenburg D. (Hrsg.), Reiserecht, Baden-Baden 2018.

Klar M., in: Kühling J., Buchner B. (Hrsg.), Datenschutz-Grundverordnung, BDSG Kommentar, 3. Aufl., München 2020.

Klement J. H., in: Simitis S., Hornung G., Spieker genannt Döhmann I. (Hrsg.), Datenschutzrecht, Baden-Baden 2019.

König C., KI und Wettbewerbsrecht, in: Ebers M., Heinze C., Krügel T., Steinrötter B. (Hrsg.), Künstliche Intelligenz und Robotik – Rechtshandbuch, 1. Aufl., München 2020.

Kühling J., Ceni-Hulek L., Engelbracht T., Alles wieder auf Anfang – Zur kartellrechtlichen Bewertung enger Bestpreisklauseln auf Hotelportalen, Neue Zeitschrift für Kartellrecht, 2/2021, S. 76–83.

Krügel T., Pfeiffenbring J., § 11 Datenschutzrechtliche Herausforderungen von KI in: Ebers M., Heinze C., Krügel T., Steinrötter B. (Hrsg.), Künstliche Intelligenz und Robotik – Rechtshandbuch, 1. Aufl., München 2020.

Legner S., Smart Consumer Contracts – Die automatisierte Abwicklung von Verbraucherverträgen, in: Verbraucher und Recht, 1/2021, S. 10–18.

Lutz M., § 2.4 Datenschutz im Onlinemarketing, in: Specht-Riemenschneider L., Werry N., Werry S. (Hrsg.), Datenrecht in der Digitalisierung, Berlin 2020.

Meier P., Kommentierung zu § 651b und §§ 651u – 651x BGB, in: Gsell B., Krüger W., Lorenz S., Reymann C. (Hrsg.), beck-online.Grosskommentar zum Zivilrecht, München 2020.

Naumann, S., Rodenhausen A., Die P2B-Verordnung aus Unternehmenssicht: Herausforderungen für europäische Plattformen am Beispiel einer Hybrid-Plattform, Zeitschrift für Europäisches Privatrecht, 4/2020, S. 768–799.

Pauly D., in: Paal B., Pauly D. (Hrsg.), Beck'sche Kompakt-Kommentare Datenschutz-Grundverordnung Bundesdatenschutzgesetz, 3. Aufl., München 2021.

Piltz C., Kühner J., Ausnahmevorschriften bei Cookie-Einwilligungen – Auslegung des Begriffs „unbedingt erforderlich" nach der e-Privacy-RL, Zeitschrift für Datenschutz, 3/2021, S. 123–127.

Quarch B., Hähnle J., Zurück in die Zukunft: Gedanken zur Automatisierung von Gerichtsverfahren, Neue Juristische Online-Zeitschrift, 42/2020, S. 1281–1286.

Rott P., § 4 Die vertragsrechtliche Position des Online-Plattformbetreibers als Vermittler, in: Rott P., Tonner K., Online-Plattformen in der Rechtspraxis – Sharing Economy, Online-Vertrieb, Geschäftsmodelle, Baden-Baden 2018.

Schaefer C., Pandemieschutz im Luftverkehr: Von der Kreissäge zum Skalpell, Neue Zeitschrift für Verwaltungsrecht, 12/2020, S. 834–839.

Schild H., in: Brink S., Wolff H. A. (Hrsg.), BeckOK Datenschutz, 37. Aufl., München 2021.

Schmidt B., § 2.1 Überblick zum europäischen Datenschutzrecht, in: Specht-Riemenschneider L., Werry N., Werry S. (Hrsg.), Datenrecht in der Digitalisierung, Berlin 2020.

Schulz D., E-Commerce im Tourismus, Hamburg 2010.

Schulz S., in: Gola P. (Hrsg.), Datenschutz-Grundverordnung Kommentar, 2. Aufl., München 2018.

Schwartmann R., Benedikt K., Reif Y., Entwurf zum TTDSG: Für einen zeitgemäßen Online-Datenschutz? – Ein Zwischenruf, MMR Zeitschrift für IT-Recht und Recht der Digitalisierung, 2/2021, S. 99–102.

Staudinger A., in: Führich, E., Staudinger A., Reiserecht, 8. Aufl., München 2019.

Staudinger A., Ruks R., Das neue Pauschalreiserecht – Auswirkungen für Veranstalter und Vertrieb, ReiseRecht aktuell, 1/2018, S. 2–14.

Staudinger A., Achilles-Pujol C., § 7 Reiserecht, in: Schmidt H. (Hrsg), COVID-19 Rechtsfragen zur Corona-Krise, 3. Aufl., München 2021.

Steinrötter B., Alles neu macht der Mai 2018? Der Reisemarkt unter dem Regime der DSGVO, Reiserecht aktuell, 6/2017, S. 266–274.

Steinrötter B., Legal Tech im Reiserecht, ReiseRecht aktuell, 6/2020, S. 259–266.

Stemmer B., in: Brink S., Wolff H. A. (Hrsg.), BeckOK Datenschutz, 37. Aufl., München 2021.

Stenzel U., Tonner K., § 3 Recht der Reisevermittlung, in: Tonner K., Bergmann S., Blankenburg D. (Hrsg.), Reiserecht, Baden-Baden 2018.

Stenzel U., § 18 Verbraucherschutz im Bereich Tourismus und Freizeit, in: Tamm M., Tonner K., Brönneke T. (Hrsg.), Verbraucherrecht, 3. Aufl., Baden-Baden 2020.

Taeger J. in: Taeger J., Gabel D., Kommentar DSGVO – BDSG, 3. Aufl., Frankfurt/Main 2019.

Tavakoli A., Automatische Fluggast-Entschädigung durch smart contracts, Zeitschrift für Rechtspolitik, 2/2020, S. 46–49.

Tonner K., § 8 Der Vertrieb von Reiseleistungen über Online-Reiseportale, in: Rott P., Tonner K., Online-Plattformen in der Rechtspraxis – Sharing Economy, Online-Vertrieb, Geschäftsmodelle, Baden-Baden 2018 (2018a).

Tonner K., § 9 Internationaler Gerichtsstand und anwendbares Recht, in: Tonner K., Bergmann S., Blankenburg D. (Hrsg.), Reiserecht, Baden-Baden 2018 (2018b).

Tonner K., §§ 651a–Anh. § 651y BGB, in: Säcker F. J., Rixecker R., Oetker H., Limperg B. (Hrsg.), Münchener Kommentar zum Bürgerlichen Gesetzbuch, Bd. 6, 8. Aufl., 2020.

Tonner K., Die neue Insolvenzsicherung durch Reisesicherungsfonds, Monatsschrift für Deutsches Recht, Heft 20/2021, S. 1240–1246

Tribess A., P2B-Verordnung zur Förderung von Fairness und Transparenz von Online-Diensten, Gesellschafts- und Wirtschaftsrecht, 12/2020, S. 233–238.

Wendehorst C., Grinzinger J., § 4 Vertragsrechtliche Fragestellungen beim Einsatz intelligenter Agenten, in: Ebers M., Heinze C., Krügel T., Steinrötter B. (Hrsg.), Künstliche Intelligenz und Robotik – Rechtshandbuch, 1. Aufl., München 2020.

Werry N., Werry S., § 2.2 Internationaler Transfer personenbezogener Daten, in: Specht-Riemenschneider L., Werry N., Werry S., Datenrecht in der Digitalisierung, Berlin 2020.

Winter C., Battis V., Halvani O., Herausforderungen für die Anonymisierung von Daten, Zeitschrift für Datenschutz, 11/2019, S. 489–493.

Zahrte K., Aktuelle Entwicklungen im Zahlungsdiensterecht (2020–2021), Zeitschrift für Bank- und Kapitalmarktrecht, 2/2022, S. 69–78

Abbildungsverzeichnis

https://doi.org/10.1515/9783110786866-006

Tabellenverzeichnis

https://doi.org/10.1515/9783110786866-007

Personenverzeichnis

Prof. Dr. Charlotte Achilles-Pujol lehrt seit 2013 Wirtschaftsrecht, Tourismusrecht und rechtliche Aspekte der Digitalisierung an der Fakultät für Tourismus der Hochschule München und ist dort Studiendekanin und Leiterin des Bachelorstudiengangs Tourismusmanagement. Studium der Rechtswissenschaften an der Universität zu Köln, der Université Paris I Panthéon-Sorbonne und der Universität Freiburg i.Br. und Abschluss mit der Maîtrise en Droit/LL.M. Köln/Paris sowie dem Ersten Juristischen Staatsexamen. Promotion an der Universität Freiburg i.Br. Nach dem Referendariat im OLG-Bezirk Karlsruhe und dem Zweiten Juristischen Staatsexamen Tätigkeit als Rechtsanwältin und Fachanwältin für Steuerrecht in einer internationalen Wirtschaftskanzlei in München von 2006–2013. Charlotte Achilles-Pujol ist Mitglied im Herausgeberbeirat der Fachzeitschrift ReiseRecht aktuell, herausgegeben im Auftrag der Deutschen Gesellschaft für Reiserecht e.V.

Prof. Dr. Ralph Berchtenbreiter lehrt Digital Marketing, CRM und Informationsmanagement an der Fakultät für Tourismus der Hochschule München und leitet dort das Digital Lab. Er studierte Betriebswirtschaftslehre an der Ludwig-Maximilians-Universität München und promovierte am Lehrstuhl für ABWL und Wirtschaftsinformatik an der WFI der Katholischen Universität Eichstätt-Ingolstadt. Für seine Arbeiten im Bereich mobiler Technologien wurde ihm ein internationaler Preis verliehen, der ihn zu einer der größten deutschen Digitalagenturen führte, bei der er Mitglied der Geschäftsleitung der Techniktochter war. 2005 nahm er einen Ruf an die Duale Hochschule Baden-Württemberg Ravensburg an und erhielt dort den Lehrpreis 2008. Im Jahr 2009 folgte er dem Ruf an die Fakultät für Tourismus der Hochschule München. Neben Beratungstätigkeiten für Unternehmen ist er Lehrbeauftragter und Gastprofessor an Hochschulen und Universitäten in Deutschland, Österreich, Spanien und Südafrika. Seine Forschungsschwerpunkte liegen im Bereich des strategischen, operativen und analytischen Digital Marketings.

Prof. Dr. Thomas Brinkhoff studierte Informatik an der Universität Bremen. Er war wissenschaftlicher Mitarbeiter an der Ludwig-Maximilians-Universität München und promovierte dort mit einer Arbeit über die räumliche Anfragebearbeitung in Geodatenbanken. Im Anschluss war er Projektleiter für GIS-basierte Anwendungen in der Verkehrstelematik. Seit 1999 ist er Professor für Geoinformatik an der Jade Hochschule in Oldenburg. Seine Arbeitsschwerpunkte sind Geodatenbanken und Geodatenmanagement sowie die Entwicklung raumbezogener Anwendungen. Er ist Autor von rund 85 Veröffentlichungen und Autor des einzigen deutschsprachigen Lehrbuchs über Geodatenbanksysteme.

https://doi.org/10.1515/9783110786866-008

Prof. Armin Brysch, Studium der Betriebswirtschaftslehre an den Universitäten Trier und Dublin, Diplom-Kaufmann. Danach über 20 Jahre Praxiserfahrung in der Dienstleistungs- und Tourismusbranche, zuletzt Vorstand bei der Deutschen Zentrale für Tourismus e. V. (DZT). Zuvor Leiter des Referats Tourismus, Freizeitwirtschaft und Regionalpolitik beim Deutschen Industrie- und Handelskammertag (DIHK) und Senior Consultant beim Europäischen Tourismus Institut (ETI).

Seit 2010 Professor für Dienstleistungsorientierte BWL an der Hochschule Kempten (Service Management und Design, Digital Marketing, Qualitätsmanagement, XR) und Internationalisierungsbeauftragter der Fakultät Tourismus-Management. Mitglied der DGT und Vizepräsident des Travel Industry Clubs.

Janina Freimann M.A. hat an der Fachhochschule in Wilhelmshaven Tourismuswirtschaft studiert. Im Anschluss baute sie zunächst bei dem Reiseveranstalter Thomas Cook, dann bei der Autovermietung Sixt die Social-Media-Bereiche auf und verantwortete diese strategisch. Seit 2017 ist Janina Freimann an der Jade Hochschule in Wilhelmshaven als Lehrkraft für besondere Aufgaben für Marketing und E-Tourism beschäftigt. Zudem beteiligt sie sich nebenberuflich an regionalen touristischen Projekten. 2021 schloss sie den Master-Studiengang „Wirtschaft, Medien und Psychologie" an der FH Westküste (Abschluss Master of Arts) ab.

Constantin Foltin ist Digital Native, Dienstleister und Kreuzfahrtexperte. Mit der Verbindung zwischen der analogen und der digitalen Welt im Tourismus befasst er sich schon seit Langem. Er ist als Digitalmanager bei der TourismusMarketing Niedersachsen GmbH tätig und verfolgt dabei die Umsetzung einer einheitlich strukturierten und offenen Datenbank für Niedersachsen vor dem Hintergrund von Linked Open Data.

Prof. Dr. Robert Goecke lehrt Wirtschaftsinformatik mit dem Schwerpunkt Dienstleistungsmanagement an der Fakultät für Tourismus der Hochschule München. Nach dem Studium der Informatik Promotion zum Doktor der Wirtschaftswissenschaften an der TU München. 1996 ausgezeichnet mit dem Dissertationspreis der Alcatel-SEL-Stiftung für Kommunikationsforschung. 1995–1998 Vorstand von JUST – Joint Users of Siemens Telecommunications. 1999 Mitgründer, Vorstand und Aufsichtsrat der segm@ – Service Engineering & Management AG. Über 15 Jahre Erfahrung als Programmierer, Berater, Projektleiter und Forschungskoordinator in zahlreichen Organisations-, IT- und Internet-Projekten verschiedener Dienstleistungsbranchen. Robert Goecke ist Mitglied und Reviewer der IFITT (International Federation for IT and Travel & Tourism), Mitglied des Arbeitskreises Revenue Management der Gesellschaft für Operations Research (GOR) und Kursleiter an der VHB (Virtuelle Hochschule Bayern).

Prof. Dr. Eric Horster ist Mitglied im Deutschen Institut für Tourismusforschung (DITF) sowie Professor im Studiengang International Tourism Management an der Fachhochschule Westküste in Heide. Im Auftrag der Deutschen Zentrale für Tourismus e. V. (DZT) arbeitete er maßgeblich am Aufbau der Wissensplattform www.open-data-germany. org mit und begleitete in diesem Rahmen redaktionell das Handbuch „Open Data im Deutschlandtourismus". Derzeit arbeitet er an den Buchpublikationen „Digitales Tourismusmarketing" sowie „Customer Experience Management". Seine Arbeits- und Forschungsschwerpunkte sind folglich Open Data und Datenmanagement, digitales Tourismusmarketing sowie das Customer Experience Management.

Prof. Dr. Andreas Humpe ist Professor für Mathematik und Finanzen an der Fakultät für Tourismus der Hochschule für angewandte Wissenschaften München. Er hat in Ökonometrie promoviert und hält einen Masterabschluss in Intelligent Systems & Robotics sowie in Advanced Manufacturing Systems. Professor Humpe veröffentlichte in den letzten Jahren mehr als 25 Artikel in Peer-Review Journals und unterrichtet derzeit Mathematik, Statistik, fortgeschrittene Datenanalyse, Programmierung und Robotik an der Hochschule München.

Annette Kreczy studierte in München BWL/Tourismus. Heute ist sie Mitglied der Geschäftsleitung der DER Touristik Suisse in Zürich und ist als Chief Sales Officer (CSO) für die Kuoni Reisebüros sowie den Fremdvertrieb verantwortlich. Sie verfügt über mehr als 30 Jahre Erfahrung im Tourismus und in der Informationstechnologie, die sie sich über Stationen bei Amadeus in Frankreich, Lufthansa Citycenter und Lufthansa Systems in Deutschland sowie atraxis, EDS und Kuoni/DER Touristik Suisse in der Schweiz erworben hat.

Prof. Dr. Stephan Kull ist seit 2002 Professor für Marketing und E-Commerce an der Jade Hochschule in Wilhelmshaven. Hier leitet er auch die BWL-Online-Studiengänge seines Fachbereiches (Bachelor/Master). Nebenher war er für 10 Jahre Gastprofessor für Marketing an der Shanghai University of International Business and Economics (SUIBE) in China. Zudem ist der mehrfach ausgezeichnete Wissenschaftler in regionalen wie bundesweiten Projekten und Gremienbeiräten für Unternehmen aus Konsumgüterindustrie und Handel aktiv. Sein Lehr- und Forschungsgebiet erstreckt sich von allgemeinem und handelsspezifischem Marketing über Erlebnis- und Nachhaltigkeitszentrierung bis hin zum internetbasierten Marketing und Omni-Channel-Marketing. Im Anschluss an sein Studium der Wirtschaftswissenschaften an der Universität Hannover war er zunächst Forschungsassistent am dortigen Lehrstuhl Markt und Konsum bei Frau Prof. Dr. Dr. hc. Ursula Hansen. Nach seiner Promotion zum Handelsmarketing begann er seine Praxislaufbahn in der Tengelmann-Gruppe und sammelte danach als Strategie- und Organisationsberater bei Deloitte internationale Erfahrungen. Aus einer Position im Konzernmarketing der TUI-AG heraus nahm er schließlich nach sechsjährigen Praxiseinsichten den Ruf an die Jade Hochschule in Wilhelmshaven an, wo er bis heute zu den Schwerpunkten Marketing, Handel und E-Commerce lehrt und forscht.

Prof. Dr. Eberhard Kurz ist Professor für Digitalisierung in Tourismus und Verkehr an der Hochschule Worms. Er ist seit über 25 Jahren in der Reise-, Transport-, Tourismus- und Logistik-Industrie tätig und hat in Führungsfunktionen und in der Management-Beratung die Digitalisierung der Branche mitgestaltet.

Er war Chief Information Officer (CIO) der Deutschen Bahn AG sowie bei Thomas Cook West Europe und verfügt über langjährige Erfahrungen in der Managementberatung (McKinsey & Company, Arthur D. Little), in der Software-Industrie (SAP) und der Angewandten Forschung (Fraunhofer-Gesellschaft).

Marc Lindike ist seit 2001 bei der Flughafen München GmbH beschäftigt, bis 2007 als Vice President Operations and Services (Service Division Information Technology), seit 2017 als Head of Information Security Assurance (CDC & ISH). Seit 1984 „professionell" mit Computern in Berührung, arbeitete er als Softwareentwickler, Administrator (1991) und Technischer Manager (1998) für die GfK (Gesellschaft für Konsumforschung in Nürnberg), später dann auch als Senior Consultant (1998) in der debis Systemhaus ISM GmbH.

Bernd Rattey ist seit November 2021 Konzern-CIO der Deutschen Bahn AG.
Er hat nach seinem abgeschlossenen Studium als Diplom-Informatiker als SAP-Berater und Projektleiter in einem internationalen Chemiekonzern gearbeitet. Später wechselte er zur Deutschen Lufthansa AG und war in verschiedenen Managementrollen im Geschäftsfeld Passage und in der Holding tätig. 2014 wechselte er zur Deutsche Bahn Vertrieb und war dort als Bereichsleiter für den Vertriebskanal Automat verantwortlich. Von 2016 bis 2021 war er als CIO für die DB Fernverkehr AG tätig und berichtete direkt an den Vorstandsvorsitzenden der DB Fernverkehr AG.

Prof. Dr. Axel Schulz lehrt Tourismusmanagement an der Hochschule Kempten. Nach dem Studium der Betriebswirtschaftslehre anschließende Promotion zum Thema globale Distributionssysteme (GDS) und elektronische Märkte. Gleichzeitige Tätigkeit bei der Deutschen Lufthansa AG im Marketingbereich, Projektleiter für Neue Medien.
Heute sind seine Forschungsschwerpunkte Management von Verkehrsträgern und Informationsmanagement im Tourismus. Er ist Autor zahlreicher Tourismuspublikationen. Weitere Informationen unter www.tourismus-schulz.de

Prof. Dr. Nico Stengel studierte Verkehrswirtschaft (Diplom) mit Schwerpunkt Tourismuswirtschaft an der TU Dresden. Er war als wissenschaftlicher Mitarbeiter an der Hochschule Harz tätig und promovierte an der Leuphana Universität Lüneburg bei Prof. Dr. Edgar Kreilkamp. Berufliche Erfahrungen sammelte er bei Reiseveranstaltern und Online-Reisebüros. Seit 2018 ist er Professor für Reiseveranstaltungsmanagement und Reisevertrieb an der Hochschule Kempten. Seine Schwerpunkte in der Lehre liegen in der Reiseveranstaltung, Online-Reisevertrieb, MICE und Krisenmanagement im Tourismus. Seine Forschungsschwerpunkte liegen in der digitalen Reiseveranstaltung, Online-Reisevertrieb und IT-Anwendungen im Veranstaltungssegment.

Prof. Dr. Uwe Weithöner, Studium der Wirtschaftswissenschaften, Diplom-Ökonom 1979, wissenschaftlicher Mitarbeiter im Institut für Unternehmensplanung der Universität Hannover, Promotion 1984. Leitender Dozent bei einem privaten Bildungsträger im Fachgebiet Wirtschaftsinformatik. Projektleiter und Systementwicklung bei der damaligen TUI Software GmbH.
Seit Winter 1993/94 Professor für Wirtschaftsinformatik und Tourismus IT an der Hochschule in Wilhelmshaven, nebenberuflich Berater für tourismuswirtschaftliche Systeme, seit 2008 Vizepräsident der Hochschule zuständig für IT- und Mediensysteme sowie Internationales.
Seit 09.2020 im Ruhestand. Heute Berater zum Themengebiet Digitalisierung und Gesellschaft.

Stichwortverzeichnis

https://doi.org/10.1515/9783110786866-009

www.ingramcontent.com/pod-product-compliance
Lightning Source LLC
Chambersburg PA
CBHW081207220326
41598CB00037B/6699